Theodor Storm
Märchen, Novellen und Gedichte

THEODOR STORM

MÄRCHEN, NOVELLEN UND GEDICHTE

Albatros

Bibliographische Information der Deutschen Nationalbibliothek

Die Deutsche Nationalbibliothek verzeichnet diese Publikation in
der Deutschen Nationalbibliographie; detaillierte bibliographische
Daten sind im Internet unter http://dnb.d-nb.de abrufbar.

© 2010 Patmos Verlagsgruppe, Mannheim
Albatros Verlag, Mannheim
Alle Rechte vorbehalten.
Umschlaggestaltung: butenschoendesign.de
Umschlagmotiv: Max Liebermann, Meer und Düne, 1909
Printed in Germany
ISBN 978-3-538-07611-2
www.albatros-verlag.de

Inhalt

Erzählungen und Novellen
Marthe und ihre Uhr 7
Immensee 13
Im Schloß 43
Draußen im Heidedorf 87
Viola tricolor 117
Pole Poppenspäler 147
Aquis submersus 199
Carsten Curator 270
Renate 330
Der Herr Etatsrat 389
Hans und Heinz Kirch 434
Zur Chronik von Grieshuus 500
Ein Doppelgänger 588
Der Schimmelreiter 645

Märchen
Der kleine Häwelmann 757
Die Regentrude 761

Gedichte 789

Marthe und ihre Uhr

Während der letzten Jahre meines Schulbesuchs wohnte ich in einem kleinen Bürgerhause der Stadt, worin aber von Vater, Mutter und vielen Geschwistern nur eine alternde unverheiratete Tochter zurückgeblieben war. Die Eltern und zwei Brüder waren gestorben, die Schwestern bis auf die jüngste, welche einen Arzt am selbigen Ort geheiratet hatte, ihren Männern in entfernte Gegenden gefolgt. So blieb denn Marthe allein in ihrem elterlichen Hause, worin sie sich durch das Vermieten des früheren Familienzimmers und mit Hülfe einer kleinen Rente spärlich durchs Leben brachte. Doch kümmerte es sie wenig, daß sie nur Sonntags ihren Mittagstisch decken konnte; denn ihre Ansprüche an das äußere Leben waren fast keine; eine Folge der strengen und sparsamen Erziehung, welche der Vater sowohl aus Grundsatz, als auch in Rücksicht seiner beschränkten bürgerlichen Verhältnisse allen seinen Kindern gegeben hatte. Wenn aber Marthen in ihrer Jugend nur die gewöhnliche Schulbildung zuteil geworden war, so hatte das Nachdenken ihrer späteren einsamen Stunden, vereinigt mit einem behenden Verstande und dem sittlichen Ernst ihres Charakters, sie doch zu der Zeit, in welcher ich sie kennenlernte, auf eine für Frauen, namentlich des Bürgerstandes, ungewöhnlich hohe Bildungsstufe gehoben. Freilich sprach sie nicht immer grammatisch richtig, obgleich sie viel und mit Aufmerksamkeit las, am liebsten geschichtlichen oder poetischen Inhalts; aber sie wußte sich dafür meistens über das Gelesene ein richtiges Urteil zu bilden, und, was so wenigen gelingt, selbständig das Gute vom Schlechten zu unterscheiden. Mörikes »Maler Nolten«, welcher damals erschien, machte großen Eindruck auf sie, so daß sie ihn immer wieder las; erst das Ganze, dann diese oder jene Partie, wie sie ihr eben zusagte. Die Gestalten des Dichters wurden für sie selbstbestimmende lebende Wesen, deren Handlungen nicht mehr an die Notwendigkeit des dichterischen Organismus gebunden waren; und sie konnte stundenlang darüber nachsinnen, auf welche Weise das hereinbrechende Verhängnis von so vielen geliebten Menschen dennoch hätte abgewendet werden können.

Die Langeweile drückte Marthen in ihrer Einsamkeit nicht, wohl aber zuweilen ein Gefühl der Zwecklosigkeit ihres Lebens nach außen hin; sie bedurfte jemandes, für den sie hätte arbeiten und sorgen können. Bei dem Mangel näher Befreundeter kam dieser löbliche Trieb ihren jeweiligen Mietern zugute, und auch ich habe manche Freundlichkeit und Aufmerksamkeit von ihrer Hand erfahren. – An Blumen hatte sie eine große Freude, und es schien mir ein Zeichen ihres anspruchslosen und resignierten Sinnes, daß sie unter ihnen die weißen und von diesen wieder die einfachen am liebsten hatte. Es war immer ihr erster Festtag im Jahre, wenn ihr die Kinder der Schwester aus deren Garten die ersten Schneeglöckchen und Märzblumen brachten; dann wurde ein kleines Porzellankörbchen aus dem Schranke herabgenommen, und die Blumen zierten unter ihrer sorgsamen Pflege wochenlang die kleine Kammer.

Da Marthe seit dem Tode ihrer Eltern wenig Menschen um sich sah, und namentlich die langen Winterabende fast immer allein zubrachte, so lieh die regsame und gestaltende Phantasie, welche ihr ganz besonders eigen war, den Dingen um sie her eine Art von Leben und Bewußtsein. Sie borgte Teilchen ihrer Seele aus an die alten Möbel ihrer Kammer, und die alten Möbeln erhielten so die Fähigkeit, sich mit ihr zu unterhalten; meistens freilich war diese Unterhaltung eine stumme, aber sie war dafür desto inniger und ohne Mißverständnis. Ihr Spinnrad, ihr braungeschnitzter Lehnstuhl, waren gar sonderbare Dinge, die oft die eigentümlichsten Grillen hatten; vorzüglich war dies aber der Fall mit einer altmodischen Stutzuhr, welche ihr verstorbener Vater vor über fünfzig Jahren, auch damals schon als ein uraltes Stück, auf dem Trödelmarkt zu Amsterdam gekauft hatte. Das Ding sah freilich seltsam genug aus: zwei Meerweiber, aus Blech geschnitten und dann übermalt, lehnten zu jeder Seite ihr langhaariges Antlitz an das vergilbte Zifferblatt; die schuppigen Fischleiber, welche von einstiger Vergoldung zeugten, umschlossen dasselbe nach unten zu; die Weiser schienen dem Schwanze eines Skorpions nachgebildet zu sein. Vermutlich war das Räderwerk durch langen Gebrauch verschlissen; denn der Perpendikelschlag war hart und ungleich, und die Gewichte schossen zuweilen mehrere Zoll mit einem Mal hinunter. – Diese Uhr war die beredteste Gesellschaft ihrer Besitzerin; sie mischte sich aber auch in alle ihre Gedanken. Wenn Marthe in ein Hinbrüten über ihre Einsamkeit verfallen wollte, dann ging der Perpendikel tick, tack! tick, tack! immer härter, immer eindringlicher; er ließ ihr keine Ruh, er schlug immer mitten in ihre Gedanken hinein. Endlich mußte sie aufsehen; – da schien die Sonne so warm in die Fensterscheiben, die Nelken auf dem Fensterbrett dufteten so süß; draußen schossen die Schwalben singend durch den Himmel. Sie mußte wieder fröhlich sein, die Welt um sie her war gar zu freundlich.

Die Uhr hatte aber auch wirklich ihren eigenen Kopf; sie war alt geworden und kehrte sich nicht mehr so gar viel an die neue Zeit; daher schlug sie oft sechs, wenn sie zwölf schlagen sollte, und ein andermal, um es wieder gutzumachen, wollte sie nicht aufhören zu schlagen, bis Marthe das Schlaglot von der Kette nahm. Das wunderlichste war, daß sie zuweilen gar nicht dazu kommen konnte; dann schnurrte und schnurrte es zwischen den Rädern, aber der Hammer wollte nicht ausholen; und das geschah meistens mitten in der Nacht. Marthe wurde jedesmal wach; und mochte es im klingendsten Winter und in der dunkelsten Nacht sein, sie stand auf und ruhte nicht, bis sie die alte Uhr aus ihren Nöten erlöst hatte. Dann ging sie wieder zu Bette und dachte sich allerlei, warum die Uhr sie wohl geweckt habe, und fragte sich, ob sie in ihrem Tagewerk auch etwas vergessen, ob sie es auch mit guten Gedanken beschlossen habe.

Nun war es Weihnachten. Den Christabend, da ein übermäßiger Schneefall mir den Weg zur Heimat versperrte, hatte ich in einer befreundeten, kinderreichen Familie zugebracht; der Tannenbaum hatte gebrannt, die Kinder waren jubelnd in die lang verschlossene Weihnachtsstube gestürzt; nachher hatten wir die unerläßlichen Karpfen gegessen und Bischof dazu getrunken; nichts von der herkömmlichen Feierlichkeit war versäumt worden. – Am andern Morgen trat ich zu Marthe in die Kammer, um ihr den gebräuchlichen Glückwunsch zum Feste abzustatten. Sie saß mit untergestütztem Arm am Tische; ihre Arbeit schien längst geruht zu haben.

»Und wie haben Sie denn gestern Ihren Weihnachtabend zugebracht?« fragte ich.

Sie sah zu Boden und antwortete: »Zu Hause.«

»Zu Hause? Und nicht bei Ihren Schwesterkindern?«

»Ach«, sagte sie, »seit meine Mutter gestern vor zehn Jahren hier in diesem Bette starb, bin ich am Weihnachtabend nicht ausgegangen. Meine Schwester schickte gestern wohl zu mir, und als es dunkel wurde, dachte ich wohl daran, einmal hinzugehen; aber – die alte Uhr war auch wieder so drollig; es war akkurat, als wenn sie immer sagte: Tu es nicht, tu es nicht! Was willst du da? Deine Weihnachtsfeier gehört ja nicht dahin!«

Und so blieb sie denn zu Haus in dem kleinen Zimmer, wo sie als Kind gespielt, wo sie später ihren Eltern die Augen zugedrückt hatte, und wo die alte Uhr pickte ganz wie dazumalen. Aber jetzt, nachdem sie ihren Willen bekommen und Marthe das schon hervorgezogene Festkleid wieder in den Schrank verschlossen hatte, pickte sie so leise, ganz leise und immer leiser, zuletzt unhörbar. – Marthe durfte sich ungestört der Erinnerung aller Weihnachtabende ihres Lebens überlassen: Ihr Vater saß wieder in dem braungeschnitzten Lehnstuhl; er trug das feine Sammetkäppchen und den schwarzen Sonntagsrock; auch blickten seine ernsten Augen heute so freundlich; denn es war Weihnachtabend, Weihnachtabend vor – ach, vor sehr, sehr vielen Jahren! Ein Weihnachtsbaum zwar brannte nicht auf dem Tisch – das war ja nur für reiche Leute; – aber statt dessen zwei hohe dicke Lichter; und davon wurde das kleine Zimmer so hell, daß die Kinder ordentlich die Hand vor die Augen halten mußten, als sie aus der dunklen Vordiele hineintreten durften. Dann gingen sie an den Tisch, aber nach der Weise des Hauses ohne Hast und laute Freudenäußerung, und betrachteten was ihnen das Christkind einbeschert hatte. Das waren nun freilich keine teuern Spielsachen, auch nicht einmal wohlfeile; sondern lauter nützliche und notwendige Dinge, ein Kleid, ein Paar Schuhe, eine Rechentafel, ein Gesangbuch und dergleichen mehr; aber die Kinder waren gleichwohl glücklich mit ihrer Rechentafel und ihrem neuen Gesangbuch, und sie gingen eins ums andere dem Vater die Hand zu küssen, der währenddessen zufrieden lächelnd in seinem Lehnstuhl geblieben war. Die Mutter mit ihrem milden freundlichen Gesicht unter dem enganliegenden Scheiteltuch band ihnen die neue Schürze vor und malte ihnen Zahlen und Buchstaben zum Nachschreiben auf die neue Tafel. Doch sie hatte nicht gar lange Zeit, sie mußte in die Küche und Apfelkuchen backen; denn das war für die Kinder eine Hauptbescherung am Weihnachtabend; die mußten notwendig gebacken werden. Da schlug der Vater das neue Gesangbuch auf, und stimmte mit seiner klaren Stimme an: ›Frohlockt, lobsinget Gott‹; die Kinder aber, die alle Melodien kannten, stimmten ein: ›Der Heiland ist gekommen‹; und so sangen sie den Gesang zu Ende, indem sie alle um des Vaters Lehnstuhl herumstanden. Nur in den Pausen hörte man in der Küche das Hantieren der Mutter und das Prasseln der Apfelkuchen. – –

Tick, tack! ging es wieder; tick, tack! immer härter und eindringlicher. Marthe fuhr empor; da war es fast dunkel um sie her, draußen auf dem Schnee nur lag trüber Mondschein. Außer dem Pendelschlag der Uhr war es totenstill im Hause. Keine Kinder sangen in der kleinen Stube, kein Feuer prasselte in der Küche. Sie war ja ganz allein zurückgeblieben; die andern waren alle, alle fort. – Aber was wollte die alte Uhr denn wieder? – Ja, da warnte es auf elf – und ein anderer Weihnachtabend tauchte in Marthens Erinnerung auf, ach! ein ganz anderer; viele, viele Jahre später. Der Vater und die Brüder waren tot, die Schwestern verheiratet; die Mutter, welche nun mit Marthen allein geblieben war, hatte schon längst des Vaters Platz im braunen Lehnstuhl eingenommen und ihrer Tochter die kleinen Wirtschaftssorgen übertragen; denn sie kränkelte seit des Vaters Tode, ihr mildes Antlitz wurde immer blässer, und ihre freundlichen Augen blickten immer matter; endlich mußte sie auch den Tag über im Bette bleiben. Das war schon über drei Wochen, und nun war es Weihnachtabend. Marthe saß an ihrem Bett und horchte auf den Atem der Schlummernden; es war totenstill in der Kammer, nur die Uhr pickte. Da warnte es auf elf, die Mutter schlug die Augen auf und verlangte zu trinken. »Marthe«, sagte sie, »wenn es erst Frühling wird und ich wieder zu Kräften gekommen bin, dann wollen wir deine Schwester Hanne besuchen; ich habe ihre Kinder eben im Traume gesehen, – du hast hier gar zu wenig Vergnügen.« – Die Mutter hatte ganz vergessen, daß Schwester Hannes Kinder im Spätherbst gestorben waren; Marthe erinnerte sie auch nicht daran, sie nickte schweigend mit dem Kopf, und faßte ihre abgefallenen Hände. Die Uhr schlug elf. –

Auch jetzt schlug sie elf, aber leise, wie aus weiter, weiter Ferne. –

Da hörte Marthe einen tiefen Atemzug; sie dachte, die Mutter wolle wieder schlafen. So blieb sie sitzen, lautlos, regungslos, die Hand der Mutter noch immer in der ihren; am Ende verfiel sie in einen schlummerähnlichen Zustand. Es mochte so eine Stunde vergangen sein; da schlug die Uhr zwölf! – Das Licht war ausgebrannt, der Mond schien hell ins Fenster; aus den Kissen sah das bleiche Gesicht der Mutter. Marthe hielt eine kalte Hand in der ihrigen. Sie ließ diese kalte Hand nicht los, sie saß die ganze Nacht bei der toten Mutter. –

So saß sie jetzt bei ihren Erinnerungen in derselben Kammer, und die alte Uhr pickte bald laut, bald leise; sie wußte von allem, sie hatte alles mit erlebt, sie erinnerte Marthe an alles, an ihre Leiden, an ihre kleinen Freuden. –

Ob es noch so gesellig in Marthens einsamer Kammer ist? Ich weiß es nicht; es sind viele Jahre her seit ich in ihrem Hause wohnte, und jene kleine Stadt liegt weit von meiner Heimat. – Was Menschen, die das Leben lieben, nicht auszusprechen wagen, pflegte sie laut und ohne Scheu zu äußern:

»Ich bin niemals krank gewesen; ich werde gewiß sehr alt werden.«

Ist ihr Glaube ein richtiger gewesen, und sollten diese Blätter den Weg in ihre Kammer finden, so möge sie sich beim Lesen auch meiner erinnern. Die alte Uhr wird helfen; sie weiß ja von allem Bescheid.

Immensee

Der Alte

An einem Spätherbstnachmittage ging ein alter, wohlgekleideter Mann langsam die Straße hinab. Er schien von einem Spaziergang nach Hause zurückzukehren; denn seine Schnallenschuhe, die einer vorübergegangenen Mode angehörten, waren bestäubt. Den langen Rohrstock mit goldenem Knopf trug er unter dem Arm; mit seinen dunkeln Augen, in welche sich die ganze verlorene Jugend gerettet zu haben schien und welche eigentümlich von den schneeweißen Haaren abstachen, sah er ruhig umher oder in die Stadt hinab, welche im Abendsonnendufte vor ihm lag. – Er schien fast ein Fremder; denn von den Vorübergehenden grüßten ihn nur wenige, obgleich mancher unwillkürlich in diese ernsten Augen zu sehen gezwungen wurde. Endlich stand er vor einem hohen Giebelhause still, sah noch einmal in die Stadt hinaus und trat dann in die Hausdiele. Bei dem Schall der Türglocke wurde drinnen in der Stube von einem Guckfenster, welches nach der Diele hinausging, der grüne Vorhang weggeschoben und das Gesicht einer alten Frau dahinter sichtbar. Der Mann winkte ihr mit seinem Rohrstock. »Noch kein Licht!« sagte er in einem etwas südlichem Akzent; und die Haushälterin ließ den Vorhang wieder fallen. Der Alte ging nun über die weite Hausdiele, dann durch einen Pesel, wo große Eichschränke mit Porzellanvasen an den Wänden standen; durch die gegenüberstehende Tür trat er in einen kleinen Flur, von wo aus eine enge Treppe zu den oberen Zimmern des Hinterhauses führte. Er stieg sie langsam hinauf, schloß oben eine Tür auf und trat dann in ein mäßig großes Zimmer. Hier war es heimlich und still; die eine Wand war fast mit Repositorien und Bücherschränken bedeckt; an der anderen hingen Bilder von

Menschen und Gegenden; vor einem Tische mit grüner Decke, auf dem einzelne aufgeschlagene Bücher umherlagen, stand ein schwerfälliger Lehnstuhl mit rotem Sammetkissen. – Nachdem der Alte Hut und Stock in die Ecke gestellt hatte, setzte er sich in den Lehnstuhl und schien mit gefalteten Händen von seinem Spaziergange auszuruhen. – Wie er so saß, wurde es allmählich dunkler; endlich fiel ein Mondstrahl durch die Fensterscheiben auf die Gemälde an der Wand, und wie der helle Streif langsam weiter rückte, folgten die Augen des Mannes unwillkürlich. Nun trat er über ein kleines Bild in schlichtem, schwarzen Rahmen. »Elisabeth!« sagte der Alte leise; und wie er das Wort gesprochen, war die Zeit verwandelt –; er war in seiner Jugend.

Die Kinder

Bald trat die anmutige Gestalt eines kleinen Mädchens zu ihm. Sie hieß Elisabeth und mochte fünf Jahre zählen; er selbst war doppelt so alt. Um den Hals trug sie ein rotseidenes Tüchelchen; das ließ ihr hübsch zu den braunen Augen.

»Reinhard!« rief sie. »Wir haben frei, frei! Den ganzen Tag keine Schule, und morgen auch nicht.«

Reinhard stellte die Rechentafel, die er schon unterm Arm hatte, flink hinter die Haustür, und dann liefen beide Kinder durchs Haus in den Garten, und durch die Gartenpforte hinaus auf die Wiese. Die unverhofften Ferien kamen ihnen herrlich zustatten. Reinhard hatte hier mit Elisabeths Hilfe ein Haus aus Rasenstücken aufgeführt; darin wollten sie die Sommerabende wohnen; aber es fehlte noch die Bank. Nun ging er gleich an die Arbeit; Nägel, Hammer und die nötigen Bretter lagen schon bereit. Währenddessen ging Elisabeth an dem Wall entlang und sammelte den ringförmigen Samen der wilden Malve in ihre Schürze; davon wollte sie sich Ketten und Halsbänder machen; und als Reinhart endlich trotz manches krumm geschlagenen Nagels seine Bank dennoch zustande gebracht hatte und nun wieder in die Sonne hinaustrat, ging sie schon weit davon am anderen Ende der Wiese.

»Elisabeth!« rief er. »Elisabeth!« Und da kam sie, und ihre Locken flogen. »Komm«, sagte er, »nun ist unser Haus fertig. Du bist ja ganz heiß geworden; komm herein, wir wollen uns auf die neue Bank setzen. Ich erzähl' dir etwas.«

Dann gingen sie beide hinein und setzten sich auf die neue Bank. Elisabeth nahm ihre Ringelchen aus der Schürze und zog sie auf lange Bindfäden; Reinhard fing an zu erzählen: »Es waren einmal drei Spinnfrauen – –«

»Ach«, sagte Elisabeth, »das weiß ich ja auswendig; du mußt auch nicht immer dasselbe erzählen.«

Da mußte Reinhart die Geschichte von den drei Spinnfrauen steckenlassen, und statt dessen erzählte er die Geschichte von dem armen Mann, der in die Löwengrube geworfen war.

»Nun war es Nacht«, sagte er, »weißt du? ganz finstere, und die Löwen schliefen. Mitunter aber gähnten sie im Schlaf und reckten die roten Zungen aus; dann schauderte der Mann und meinte, daß der Morgen komme. Da warf es um ihn her auf einmal einen hellen Schein, und als er aufsah, stand ein Engel vor ihm. Der winkte ihm mit der Hand und ging dann gerade in die Felsen hinein.«

Elisabeth hatte aufmerksam zugehört. »Ein Engel?« sagte sie. »Hatte er denn Flügel?«

»Es ist nur so eine Geschichte«, antwortete Reinhart, »es gibt ja gar keine Engel.«

»O pfui, Reinhart!« sagte sie und sah ihm starr ins Gesicht. Als er sie aber finster anblickte, fragte sie ihn zweifelnd: »Warum sagen sie es denn immer? Mutter und Tante und auch in der Schule?«

»Das weiß ich nicht«, antwortete er.

»Aber du«, sagte Elisabeth, »gibt es denn auch keine Löwen?«

»Löwen? Ob es Löwen gibt! In Indien; da spannen die Götzenpriester sie vor den Wagen und fahren mit ihnen durch die Wüste. Wenn ich groß bin, will ich einmal selber hin. Da ist es vieltausendmal schöner als hier bei uns; da gibt es gar keinen Winter. Du mußt auch mit mir. Willst du?«

»Ja«, sagte Elisabeth, »aber Mutter muß dann auch mit und deine Mutter auch.«

»Nein, sagte Reinhard, »die sind dann zu alt, die können nicht mit.«

»Ich darf aber nicht allein.«

»Du sollst schon dürfen; du wirst dann wirklich meine Frau, und dann haben die andern dir nichts zu befehlen.«

»Aber meine Mutter wird weinen.«

»Wir kommen ja wieder!« sagte Reinhard heftig, »sag es nur gerade heraus, willst du mit mir reisen? Sonst geh' ich allein; und dann komme ich nimmer wieder.«

Der Kleinen kam das Weinen nahe.

»Mach nur nicht so böse Augen«, sagte sie, »ich will ja mit nach Indien.«

Reinhard faßte sie mit ausgelassener Freude bei beiden Händen und zog sie hinaus auf die Wiese. »Nach Indien, nach Indien«, sang er und schwenkte sich mit ihr im Kreise, daß ihr das rot Tüchelchen vom Halse flog. Dann aber ließ er sie plötzlich los und sagte ernst »Es wird doch nichts daraus werden; du hast keine Courage«

– – »Elisabeth! Reinhard!« rief es jetzt von der Gartenpforte. »Hier! Hier!« antworteten die Kinder und sprangen Hand in Hand nach Hause.

Im Walde

So lebten die Kinder zusammen; sie war ihm oft zu still, er war ihr oft zu heftig, aber sie ließen deshalb nicht voneinander; fast alle Freistunden teilten sie, winters in den beschränkten Zimmern ihrer Mütter, sommers in Busch und Feld. – Als Elisabeth einmal in Reinhards Gegenwart von dem Schullehrer gescholten wurde, stieß er seine Tafel zornig auf den Tisch, um den Eifer des Mannes auf sich zu lenken. Es wurde nicht bemerkt. Aber Reinhard verlor alle Aufmerksamkeit an den geographischen Vorträgen; statt dessen verfaßte er ein langes Gedicht; darin verglich er sich selbst mit einem jungen Adler, den Schulmeister mit einer grauen Krähe, Elisabeth war die weiße Taube; der Adler gelobte, an der grauen Krähe Rache zu nehmen, sobald ihm die Flügel gewachsen sein würden. Dem jungen Dichter standen die Tränen in den Augen; er kam sich sehr erhaben vor. Als er nach Hause gekommen war, wußte er sich einen Pergamentband mit vielen weißen Blättern zu verschaffen: auf die ersten Seiten schrieb er mit sorgsamer Hand sein erstes Gedicht. – Bald darauf kam er in eine andere Schule; hier schloß er manche neue Kameradschaft mit Knaben seines Alters; aber sein Verkehr mit Elisabeth wurde dadurch nicht gestört. Von den Märchen, welche er ihr sonst erzählt und wieder erzählt hatte, fing er jetzt an, die, welche ihr am besten gefallen hatten, aufzuschreiben; dabei wandelte ihn oft die Lust an, etwas von seinen eigenen Gedanken hineinzudichten; aber, er wußte nicht weshalb, er konnte immer nicht dazu gelangen. So schrieb er sie genau auf, wie er sie selber gehört hatte. Dann gab er die Blätter an Elisabeth, die sie in einem Schubfach ihrer Schatulle sorgfältig aufbewahrte; und es gewährte ihm eine anmutige Befriedigung, wenn er sie mitunter abends diese Geschichten in seiner Gegenwart aus den von ihm geschriebenen Heften ihrer Mutter vorlesen hörte.

Sieben Jahre waren vorüber. Reinhard sollte zu seiner weiteren Ausbildung die Stadt verlassen. Elisabeth konnte sich nicht in den Gedanke finden, daß es nun eine Zeit ganz ohne Reinhard geben werde. Es freute sie, als er eines Tages sagte, er werde, wie sonst, Märchen für sie aufschreiben; er wolle sie ihr mit den Briefen an seine Mutter schicken; sie müsse ihm dann wieder schreiben, wie sie ihr gefallen hätten. Die Abreise rückt heran; vorher aber kam noch manche Reim in den Pergamentband. Daß allein war für Elisabeth ein Geheimnis obgleich sie die Veranlassung zu dem ganzen Buche und zu den meisten Liedern war, welche nach und nach fast die Hälfte der weißen Blätter gefüllt hatten.

Es war im Juni; Reinhard sollte am andern Tage reisen. Nun wollte man noch einmal einen festlichen Tag zusammen begehen. Dazu wurde eine Landpartie nach einer der nahe gelegenen Holzungen in größerer Gesellschaft veranstaltet. Der stundenlange Weg bis an den Saum des Waldes wurde zu Wagen zurück gelegt; dann nahm man die Proviantkörbe herunter und marschierte weiter. Ein Tannengeholz mußte zuerst durchwandert werden; es war kühl und dämmerig und der Boden überall mit feinen Nadeln bestreut. Nach halbstündigem Wandern kam man aus dem Tannendunkel in eine frische Buchenwaldung; hier war alles licht und grün, mitunter brach ein Sonnenstrahl durch die blätterreichen Zweige; ein Eichkätzchen sprang aber ihren Köpfen von Ast zu Ast. – Auf einem Platze, über welchem uralte Buchen mit ihren Kronen zu einem durchsichtigen Laubgewölbe zusammenwuchsen, machte die Gesellschaft halt. Elisabeths Mutter öffnete einen der Körbe; ein alter Herr warf sich zum Proviantmeister auf. »Alle um mich herum, ihr jungen Vögel!« rief er. »Und merket genau, was ich euch zu sagen habe. Zum Frühstück erhält jetzt ein jeder von euch zwei trockene Wecken; die Butter ist zu Hause geblieben, die Zukost müßt ihr euch selber suchen. Es stehen genug Erdbeeren im Walde, das heißt, für den, der sie zu finden weiß. Wer ungeschickt ist, muß sein Brot trocken essen; so geht es überall im Leben. Habt ihr meine Rede begriffen?«

»Jawohl!« riefen die Jungen.

»Ja seht«, sagte der Alte, »sie ist aber noch nicht zu Ende. Wir Alten haben uns im Leben schon genug umhergetrieben; darum bleiben wir jetzt zu Haus, das heißt, hier unter diesen breiten Bäumen, und schälen die Kartoffeln und machen Feuer und rüsten die Tafel, und wenn die Uhr zwölf ist, sollen auch die Eier gekocht werden. Dafür seid ihr uns von euren Erdbeeren die Hälfte schuldig, damit wir auch einen Nachtisch servieren können. Und nun geht nach Ost und West und seid ehrlich!«

Die Jungen machten allerlei schelmische Gesichter. »Halt!« rief der Alte noch einmal. »Das brauche ich euch wohl nicht zu sagen, wer keine findet, braucht auch keine abzuliefern; aber das schreibt euch wohl hinter eure feinen Ohren, von uns Alten bekommt er auch nichts. Und nun habt ihr für diesen Tag gute Lehren genug; wenn ihr nun noch Erdbeeren dazu habt, so werdet ihr für heute schon durchs Leben kommen.«

Die Jungen waren derselben Meinung und begannen sich paarweise auf die Fahrt zu machen.

»Komm, Elisabeth«, sagte Reinhard, »ich weiß einen Erdbeerenschlag; du sollst kein trockenes Brot essen.«

Elisabeth knüpfte die grünen Bänder ihres Strohhutes zusammen und hängte ihn über den Arm. »So komm«, sagte sie, »der Korb ist fertig.«

Dann gingen sie in den Wald hinein, tiefer und tiefer; durch feuchte, undurchdringliche Baumschatten, wo alles still war, nur unsichtbar über ihnen in den Lüften das Geschrei der Falken; dann wieder durch dichtes Gestrüpp, so dicht, daß Reinhard vorangehen mußte, um einen Pfad zu machen, hier einen Zweig zu knicken, dort eine Ranke beiseite zu biegen. Bald aber hörte er hinter sich Elisabeth seinen Namen rufen. Er wandte sich um. »Reinhard.« rief sie. »Warte doch, Reinhard!« Er konnte sie nicht gewahr werden; endlich sah er sie in einiger Entfernung mit den Sträuchern kämpfen; ihr feines Köpfchen schwamm nur kaum über den Spitzen der Farnkräuter. Nun ging er noch einmal zurück und führte sie durch das Wirrnis der Kräuter und Stauden auf einen freien Platz hinaus, wo blaue Falter zwischen den einsamen Waldblumen flatterten. Reinhard strich ihr die feuchten Haare aus dem erhitzten Gesichtchen; dann wollte er ihr den Strohhut aufsetzen, und sie wollte es nicht leiden; dann aber bat er sie, und dann ließ sie es doch geschehen.

»Wo bleiben denn aber deine Erdbeeren?« fragte sie endlich, indem sie stehenblieb und einen tiefen Atemzug tat.

»Hier haben sie gestanden«, sagte er, »aber die Kröten sind uns zuvorgekommen, oder die Marder, oder vielleicht die Elfen.«

»Ja«, sagte Elisabeth, »die Blätter stehen noch da; aber sprich hier nicht von Elfen. Komm nur, ich bin noch gar nicht müde; wir wollen weiter suchen.«

Vor ihnen war ein kleiner Bach, jenseits wieder der Wald. Reinhard hob Elisabeth auf seine Arme und trug sie hinüber. Nach einer Weile traten sie aus dem schattigen Laube wieder in eine weite Lichtung hinaus. »Hier müssen Erdbeeren sein«, sagte das Mädchen, »es duftet so süß.«

Sie gingen suchend durch den sonnigen Raum; aber sie fanden keine. »Nein«, sagte Reinhard, »es ist nur der Duft des Heidekrautes.«

Himbeerbüsche und Hülsendorn standen überall durcheinander; ein starker Geruch von Heidekräutern welche abwechselnd mit kurzem Grase die freien Stellen des Bodens bedeckten, erfüllte die Luft. »Hier ist es einsam«, sagte Elisabeth, »wo mögen die andern sein?«

An den Rückweg hatte Reinhard nicht gedacht. »Warte nur; woher kommt der Wind?« sagte er und hob seine Hand in die Höhe. Aber es kam kein Wind.

»Still!« sagte Elisabeth, »mich dünkt, ich hörte sie sprechen. Rufe einmal dahinunter.«

Reinhard rief durch die hohle Hand: »Kommt hieher!« – »Hieher!« rief es zurück.

Sie antworten!« sagte Elisabeth und klatschte in die Hände.

»Nein, es war nichts, es war nur der Widerhall.«

Elisabeth faßte Reinhards Hand. »Mir graut!« sagte sie.

»Nein«, sagte Reinhard, »das muß es nicht. Hier ist es prächtig. Setz dich dort in den Schatten zwischen die Kräuter. Laß uns eine Weile ausruhen; wir finden die andern schon.« Elisabeth setzte sich unter eine überhängende Buche und lauschte aufmerksam nach allen Seiten; Reinhard saß einige Schritte davon auf einem Baumstumpf und sah schweigend nach ihr hinüber. Die Sonne stand gerade über ihnen; es war glühende Mittagshitze; kleine goldglänzende, stahlblaue Fliegen standen flügelschwingend in der Luft; rings um sie her ein feines Schwirren und Summen, und manchmal hörte man tief im Walde das Hämmern der Spechte und das Kreischen der andern Waldvögel.

»Horch,« sagte Elisabeth, »es läutet.«

»Wo?« fragte Reinhard.

»Hinter uns. Hörst du? Es ist Mittag.«

»Dann liegt hinter uns die Stadt; und wenn wir in dieser Richtung gerade durchgehen, so müssen wir die andern treffen.«

So traten sie ihren Rückzug an; das Erdbeerensuchen hatten sie aufgegeben, denn Elisabeth war müde geworden. Endlich klang zwischen den Bäumen hindurch das Lachen der Gesellschaft; dann sahen sie auch ein weißes Tuch am Boden schimmern, das war die Tafel, und darauf standen Erdbeeren in Hülle und Fülle. Der alte Herr hatte eine Serviette im Knopfloch und hielt den Jungen die Fortsetzung seiner moralischen Reden, während er eifrig an einem Braten herumtranchierte.

»Da sind die Nachzügler!« riefen die Jungen, als sie Reinhard und Elisabeth durch die Bäume kommen sahen.

»Hieher!« rief der alte Herr. »Tücher ausgeleert. Hüte umgekehrt! Nun zeigt her, was ihr gefunden habt.«

»Hunger und Durst!« sagte Reinhard.

»Wenn das alles ist«, erwiderte der Alte und hob ihnen die volle Schüssel entgegen, »so müßt ihr es auch behalten. Ihr kennt die Abrede; hier werden keine Müßiggänger gefüttert.« Endlich ließ er sich aber doch erbitten, und nun wurde Tafel gehalten; dazu schlug die Drossel aus den Wacholderbüschen.

So ging der Tag hin. – Reinhard hatte aber doch etwas gefunden; waren es keine Erdbeeren, so war es doch auch im Walde gewachsen. Als er nach Hause gekommen war, schrieb er in seinen alten Pergamentband:

> Hier an der Bergeshalde
> verstummet ganz der Wind;
> die Zweige hängen nieder,
> darunter sitzt das Kind.
>
> Sie sitzt in Thymiane,
> sie sitzt in lauter Duft;
> die blauen Fliegen summen
> und blitzen durch die Luft.
>
> Es steht der Wald so schweigend,
> sie schaut so klug darein;
> um ihre braunen Locken
> hin fließt der Sonnenschein.
>
> Der Kuckuck lacht von ferne,
> es geht mir durch den Sinn:
> Sie hat die goldnen Augen
> der Waldeskönigin.

So war sie nicht allein sein Schützling; sie war ihm auch der Ausdruck für alles Liebliche und Wunderbare seines aufgehenden Lebens.

Da stand das Kind am Wege

Weihnachtabend kam heran. – Es war noch nachmittags, als Reinhard mit andern Studenten im Ratskeller am alten Eichentisch zusammen saß. Die Lampen an den Wänden waren angezündet, denn hier unten dämmerte es schon; aber die Gäste waren sparsam versammelt, die Kellner lehnten müßig an den Mauerpfeilern. In einem Winkel des Gewölbes saßen ein Geigenspieler und ein Zithermädchen mit seinen zigeunerhaften Zügen; sie hatten ihre Instrumente auf dem Schoße liegen und schienen teilnahmslos vor sich hin zu sehen.
Am Studententische knallte ein Champagnerpfropfen. »Trinke, mein böhmisch Liebchen!« rief ein junger Mann von junkerhaftem Äußerem, indem er ein volles Glas zu dem Mädchen hinüberreichte.

»Ich mag nicht«, sagte sie, ohne ihre Stellung zu verändern.

»So singe!« rief der Junker und warf ihr eine Silbermünze in den Schoß. Das Mädchen strich sich langsam mit den Fingern durch ihr schwarzes Haar während der Geigenspieler ihr ins Ohr flüsterte: aber sie warf den Kopf zurück und stützte das Kinn auf ihre Zither. »Für den spiel' ich nicht«, sagte sie.

Reinhard sprang mit dem Glase in der Hand auf und stellte sich vor sie.

»Was willst du?« fragte sie trotzig.

»Deine Augen sehen.«

»Was gehen dich meine Augen an?«

Reinhard sah funkelnd auf sie nieder. Ich weiß wohl, sie sind falsch!« – Sie legte ihre Wange in die flache Hand und sah ihn lauernd an. Reinhard hob sein Glas an den Mund. »Auf deine schönen, sündhaften Augen!« sagte er und trank.

Sie lachte und warf den Kopf herum. »Gib!« sagte sie, und indem sie ihre schwarzen Augen in die seinen heftete, trank sie langsam den Rest. Dann griff sie einen Dreiklang und sang mit tiefer, leidenschaftlicher Stimme:

> Heute, nur heute
> bin ich so schön;
> morgen, ach morgen
> muß alles vergehn!

Nur diese Stunde
bist du noch mein;
sterben, ach sterben
soll ich allein.

Während der Geigenspieler mit raschem Tempo das Nachspiel einsetzte, gesellte sich noch ein Ankömmling zu der Gruppe.
»Ich wollte dich abholen, Reinhard«, sagte er. »Du warst schon fort; aber das Christkind war bei dir eingekehrt.«
»Das Christkind?« sagte Reinhard. »Das kommt nicht mehr zu mir.«
»Ei was! Dein ganzes Zimmer roch nach Tannenbaum und braunen Kuchen«
Reinhard setzte das Glas aus der Hand und griff nach seiner Mütze.
»Was willst du?« fragte das Mädchen?«
»Ich komme schon wieder.«
Sie runzelte die Stirn. »Bleib!« rief sie leise und sah ihn vertraulich an.
Reinhard zögerte. »Ich kann nicht, sagte er.
Sie stieß ihn lachend mit der Fußspitze. »Geh!« sagte sie. »Du taugst nichts; ihr taugt alle miteinander nichts«. Und während sie sich abwandte stieg Reinhard langsam die Kellertreppe hinauf.
Draußen auf der Straße war es tiefe Dämmerung; er fühlte die frische Winterluft an seiner heißen Stirn. Hie und da fiel der helle Schein eines brennenden Tannenbaums aus den Fenstern, dann und wann hörte man von drinnen das Geräusch von kleinen Pfeifen und Blechtrompeten und dazwischen jubelnde Kinderstimmen. Scharen von Bettelkindern gingen von Haus zu Haus oder stiegen auf die Treppengeländer und suchten durch die Fenster einen Blick in die versagte Herrlichkeit zu gewinnen. Mitunter wurde auch eine Tür plötzlich aufgerissen, und scheltende Stimmen trieben einen ganzen Schwarm solcher kleinen Gäste aus dem hellen Hause auf die dunkle Gasse hinaus; anderswo wurde auf dem Hausflur ein altes Weihnachtslied gesungen ; es waren klare Mädchenstimmen darunter. Reinhard hörte sie nicht, er ging rasch an allem vorüber, aus einer Straße in die andere. Als er an seine Wohnung gekommen, war es fast völlig

dunkel geworden; er stolperte die Treppe hinauf und trat in seine Stube. Ein süßer Duft schlug ihm entgegen; das heimelte ihn an, daß roch wie zu Haus der Mutter Weihnachtsstube. Mit zitternder Hand zündete er sein Licht an ; da lag ein großes Paket auf dem Tisch, und als er es öffnete, fielen die wohl bekannten braunen Festkuchen heraus; auf einigen waren die Anfangsbuchstaben seines Namens in Zucker ausgestreut; das konnte niemand anders als Elisabeth getan haben. Dann kam ein Päckchen mit feiner, gestickter Wäsche zum Vorschein, Tücher und Manschetten, zuletzt Briefe von der Mutter und von Elisabeth. Reinhard öffnete zuerst den letzteren; Elisabeth schrieb:

»Die schönen Zuckerbuchstaben können Dir wohl erzählen, wer bei Kuchen mit geholfen hat; dieselbe Person hat die Manschetten für Dich stickt. Bei uns wird es nun Weihnachtabend sehr still werden; Mutter stellt immer schon um zehn ihr Spinnrad in die Ecke; es ist gar so einsam diesen Winter, wo Du nicht hier bist. Nun ist auch vorigen Sonntag der Hänfling gestorben, den Du mir geschenkt hattest; ich habe sehr geweint, aber ich hab' ihn doch immer gut gewartet. Der sang sonst immer nachmittags, wenn die Sonne auf sein Bauer schien; Du weißt, die Mutter hängte oft ein Tuch über, um ihn zu geschweigen, wenn er so recht aus Kräften sang. Da ist es nun noch stiller in der Kammer, nur daß Dein alter Freund Erich uns jetzt mitunter besucht. Du sagtest einmal, er sähe seinem braunen Überrock ähnlich. Daran muß ich nun immer denken, wenn er zur Tür hereinkommt, und er ist gar zu komisch; sag es aber nicht zur Mutter, sie wird dann leicht verdrießlich. – Rat, was ich Deiner Mutter zu Weihnachten schenke! Du rätst es nicht? Mich selber! Der Erich zeichnet mich in schwarzer Kreide; ich habe ihm schon dreimal sitzen müssen, jedesmal eine ganze Stunde. Es war mir recht zuwider, daß der fremde Mensch mein Gesicht so auswendig lernte. Ich wollte auch nicht, aber die Mutter redete mir zu; sie sagte: es würde der guten Frau Werner eine gar große Freude machen.

Aber Du hältst nicht Wort, Reinhard. Du hast keine Märchen geschickt. Ich habe Dich oft bei Deiner Mutter verklagt; sie sagt dann immer, Du habest jetzt mehr zu tun als solche Kindereien. Ich glaub' es aber nicht; es ist wohl anders.«

Nun las Reinhard auch den Brief seiner Mutter, und als er beide Briefe gelesen und langsam wieder zusammengefaltet und weggelegt hatte, überfiel ihn unerbittliches Heimweh. Er ging eine Zeitlang in seinem Zimmer auf und nieder; er sprach leise und dann halbverständlich zu sich selbst:

> Er wäre fast verirrt
> und wußte nicht hinaus;
> da stand das Kind am Wege
> und winkte ihm nach Haus!

Dann trat er an sein Pult, nahm einiges Geld heraus und ging wieder auf die Straße hinab. – Hier war es mittlerweile stiller geworden; die Weihnachtsbäume waren ausgebrannt, die Umzüge der Kinder hatten aufgehört. Der Wind fegte durch die einsamen Straßen; Alte und Junge saßen in ihren Häusern familienweise zusammen; der zweite Abschnitt des Weihnachtabends hatte begonnen. –

Als Reinhard in die Nähe des Ratskellers kam, hörte er aus der Tiefe herauf Geigenstriche und den Gesang des Zithermädchens; nun klingelte unten die Kellertür, und eine dunkle Gestalt schwankte die breite, matt erleuchtete Treppe herauf. Reinhard trat in den Häuserschatten und ging dann rasch vorüber. Nach einer Weile erreichte er den erleuchteten Laden eines Juweliers; und, nachdem er hier ein kleines Kreuz von roten Korallen eingehandelt hatte, ging er auf demselben Wege, den er gekommen war, wieder zurück.

Nicht weit von seiner Wohnung bemerkte er ein kleines, in klägliche Lumpen gehülltes Mädchen an einer hohen Haustür stehen, in vergeblicher Bemühung, sie zu öffnen. »Soll ich dir helfen?« sagte er. Das Kind erwiderte nichts, ließ aber die schwere Türklinke fahren. Reinhard hatte schon die Tür geöffnet. »Nein«, sagte er, »sie könnten dich hinausjagen; komm mit mir! Ich will dir Weihnachtskuchen geben« Dann machte er die Tür wieder zu und faßte das kleine Mädchen an der Hand, das stillschweigend mit ihm in seine Wohnung ging.

Er hatte das Licht beim Weggehen brennen lassen. »Hier hast du Kuchen«, sagte er und gab ihr die Hälfte seines ganzen Schatzes in die Schürze, nur keine mit Zuckerbuchstaben. »Nun geh nach Hause und gib deiner Mutter auch davon.« Das Kind sah mit einem scheuen Blick zu ihm hinauf; es schien solcher Freundlichkeit ungewohnt und nichts darauf erwidern zu können. Reinhard machte die Tür auf und leuchtete ihr, und nun flog die Kleine wie ein Vogel mit ihren Kuchen die Treppe hinab und zum Hause hinaus.

Reinhard schürte das Feuer in seinem Ofen an und stellte das bestaubte Tintenfaß auf seinen Tisch: dann setzte er sich hin und schrieb, und schrieb die ganze Nacht Briefe an seine Mutter, an Elisabeth. Der Rest der Weihnachtskuchen lag unberührt neben ihm; aber die Manschetten von Elisabeth hatte er angeknöpft, was sich gar wunderlich zu seinem weißen Flauschrock ausnahm. So saß er noch, als die Wintersonne auf die gefrorenen Fensterscheiben fiel und ihm gegenüber im Spiegel ein blasses, ernstes Antlitz zeigte.

Daheim

Als es Ostern geworden war, reiste Reinhard in die Heimat. Am Morgen nach seiner Ankunft ging er zu Elisabeth. »Wie groß du geworden bist«, sagte er, als das schöne schmächtige Mädchen ihm lächelnd entgegenkam. Sie errötete, aber sie erwiderte nichts; ihre Hand, die er beim Willkommen in die seine genommen, suchte sie ihm sanft zu entziehen. Er sah sie zweifelnd an; das hatte sie früher nicht getan; nun war es, als trete etwas Fremdes zwischen sie. – Das blieb auch, als er schon länger dagewesen und als er Tag für Tag immer wiedergekommen war. Wenn sie allein zusammen saßen, entstanden Pausen, die ihm peinlich waren und denen er dann ängstlich zuvorzukommen suchte. Um während der Ferienzeit eine bestimmte Unterhaltung zu haben, fing er an, Elisabeth in der Botanik zu unterrichten, womit er sich in den ersten Monaten seines Universitätslebens angelegentlich beschäftigt hatte. Elisabeth, die ihm in allem zu folgen gewohnt und überdies lehrhaft war, ging bereitwillig darauf ein. Nun wurden mehrere Male in der Woche Exkursionen ins Feld oder in die Heiden gemacht; und hatten sie dann mittags die grüne Botanisierkapsel voll Kraut und Blumen nach Hause gebracht, so kam Reinhard einige Stunden später wieder, um mit Elisabeth den gemeinschaftlichen Fund zu teilen.

In solcher Absicht trat er eines Nachmittags ins Zimmer, als Elisabeth am Fenster stand und ein vergoldetes Vogelbauer, das er sonst nicht dort gesehen, mit frischem Hühnerschwarm besteckte. Im Bauer saß ein Kanarienvogel, der mit den Flügeln schlug und kreischend nach Elisabeths Finger pickte. Sonst hatte Reinhards Vogel an dieser Stelle gehangen. »Hat mein armer Hänfling sich nach seinem Tode in einen Goldfinken verwandelt?« fragte er heiter.

»Das pflegen die Hänflinge nicht«, sagte die Mutter, welche spinnend im Lehnstuhle saß. »Ihr Freund Erich hat ihn heut mittag für Elisabeth von seinem Hofe hereingeschickt.«

»Von welchem Hofe?«

»Das wissen Sie nicht?«

»Was denn?«

»Daß Erich seit einem Monat den zweiten Hof seines Vaters am Immensee angetreten hat?«

»Aber Sie haben mir kein Wort davon gesagt.«

»Ei, sagte die Mutter, »Sie haben sich auch noch mit keinem Worte nach Ihrem Freunde erkundigt. Er ist ein gar lieber, verständiger junger Mann.«

Die Mutter ging hinaus, um den Kaffee zu besorgen; Elisabeth hatte Reinhard den Rücken zugewandt und war noch mit dem Bau ihrer kleinen Laube beschäftigt. »Bitte, nur ein kleines Weilchen«, sagte sie; »gleich bin ich fertig.« – Da Reinhard wider seine Gewohnheit nicht antwortete, so wandte sie sich um. In seinen Augen lag ein plötzlicher Ausdruck von Kummer, den sie nie darin gewahrt hatte. »Was fehlt dir, Reinhard?« fragte sie indem sie nahe zu ihm trat.

»Mir?« fragte er gedankenlos und ließ seine Augen träumerisch in den ihren ruhen.

»Du siehst so traurig aus.«

»Elisabeth«, sagte er, »ich kann den gelben Vogel nicht leiden.«

Sie sah ihn staunend an; sie verstand ihn nicht. »Du bist so sonderbar«, sagte sie.

Er nahm ihre beiden Hände, die sie ruhig in den seinen ließ. Bald trat die Mutter wieder herein.

Nach dem Kaffee setzte diese sich an ihr Spinnrad; Reinhard und Elisabeth gingen ins Nebenzimmer, um ihre Pflanzen zu ordnen. Nun wurden Staubgefäße gezählt, Blätter und Blüten sorgfältig ausgebreitet und von jeder Art zwei Exemplare zum Trocknen zwischen die Blätter eines großen Folianten gelegt. Es war sonnige Nachmittagsstille; nur nebenan schnurrte der Mutter Spinnrad, und von Zeit zu Zeit wurde Reinhards gedämpfte Stimme gehört, wenn er die Ordnungen und Klassen der Pflanzen nannte oder Elisabeths ungeschickte Aussprache der lateinischen Namen korrigierte.

»Mir fehlt noch von neulich die Maiblume«, sagte sie jetzt, als der ganze Fund bestimmt und geordnet war.

Reinhard zog einen kleinen weißen Pergamentband aus der Tasche. »Hier ist ein Maiblumenstengel für dich«, sagte er, indem er die halbgetrocknete Pflanze herausnahm.

Als Elisabeth die beschriebenen Blätter sah, fragte sie: »Hast du wieder Märchen gedichtet?«

»Es sind keine Märchen«, antwortete er und reichte ihr das Buch.

Es waren lauter Verse, die meisten füllten höchstens eine Seite. Elisabeth wandte ein Blatt nach dem andern um; sie schien nur die Überschriften zu lesen. »Als sie vom Schulmeister gescholten war.« »Als sie sich im Walde verirrt hatten.« »Mit dem Ostermärchen.« »Als sie mir zum erstenmal geschrieben hatte«; in der Weise lauteten fast alle. Reinhard blickte forschend zu ihr hin, und indem sie immer weiterblätterte, sah er, wie zuletzt auf ihrem klaren Antlitz ein zartes Rot hervorbrach und es allmählich ganz überzog. Er wollte ihre Augen sehen; aber Elisabeth sah nicht auf und legte das Buch am Ende schweigend vor ihm hin.

»Gib es mir nicht so zurück!« sagte er.

Sie nahm ein braunes Reis aus der Blechkapsel. »Ich will dein Lieblingskraut hineinlegen«, sagte sie und gab ihm das Buch in seine Hände. – –

Endlich kam der letzte Tag der Ferienzeit und der Morgen der Abreise. Auf ihre Bitte erhielt Elisabeth von der Mutter die Erlaubnis, ihren Freund an den Postwagen zu begleiten, der einige

Straßen von ihrer Wohnung seine Station hatte. Als sie vor die Haustür traten, gab Reinhard ihr den Arm; so ging er schweigend neben dem schlanken Mädchen her. Je näher sie ihrem Ziele kamen, desto mehr war es ihm, er habe ihr, ehe er auf so lange Abschied nehme, etwas Notwendiges mitzuteilen –, etwas, wovon aller Wert und alle Lieblichkeit seines künftigen Lebens abhänge, und doch konnte er sich des erlösenden Wortes nicht bewußt werden. Das ängstigte ihn; er ging immer langsamer.

»Du kommst zu spät«, sagte sie, »es hat schon zehn geschlagen auf St. Marien.«

Er ging aber darum nicht schneller. Endlich sagte er stammelnd: »Elisabeth, du wirst mich nun in zwei Jahren gar nicht sehen – – wirst du mich wohl noch ebenso liebhaben wie jetzt, wenn ich wieder da bin?«

Sie nickte und sah ihm freundlich ins Gesicht. – »Ich habe dich auch verteidigt«, sagte sie nach einer Pause.

»Mich? Gegen wen hattest du das nötig?«

»Gegen meine Mutter. Wir sprachen gestern abend, als du weggegangen warst, noch lange über dich. Sie meinte, du seiest nicht mehr so gut, wie du gewesen.«

Reinhard schwieg einen Augenblick; dann aber nahm er ihre Hand in die seine, und indem er ihr ernst in ihre Kinderaugen blickte, sagte er: »Ich bin noch ebenso gut, wie ich gewesen bin; glaube du das nur fest! Glaubst du es Elisabeth?«

»Ja«; sagte sie. Er ließ ihre Hand los und ging rasch mit ihr durch die letzte Straße. Je näher ihm der Abschied kam, desto freudiger ward sein Gesicht; er ging ihr fast zu schnell.

»Was hast du, Reinhard?« fragte sie.

»Ich habe ein Geheimnis, ein schönes!« sagte er und sah sie mit leuchtenden Augen an. »Wenn ich nach zwei Jahren wieder da bin, dann sollst du es erfahren.«

Mittlerweile hatten sie den Postwagen erreicht; es war noch eben Zeit genug. Noch einmal nahm Reinhard ihre Hand. »Leb wohl«, sagte er, »leb wohl, Elisabeth. Vergiß es nicht!«

Sie schüttelte mit dem Kopf. »Leb wohl!« sagte sie. Reinhard stieg hinein, und die Pferde zogen an.

Als der Wagen um die Straßenecke rollte, sah er noch einmal ihre liebe Gestalt, wie sie langsam den Weg zurückging.

Ein Brief

Fast zwei Jahre nachher saß Reinhard vor seiner Lampe zwischen Büchern und Papieren in Erwartung eines Freundes, mit welchem er gemeinschaftliche Studien übte. Man kam die Treppe herauf. »Herein!« – Es war die Wirtin. »Ein Brief für Sie, Herr Werner!« Dann entfernte sie sich wieder.

Reinhard hatte seit seinem Besuch in der Heimat nicht an Elisabeth geschrieben und von ihr keinen Brief mehr erhalten. Auch dieser war nicht von ihr es war die Hand seiner Mutter. Reinhard brach und las, und bald las er folgendes:

»In Deinem Alter, mein liebes Kind hat noch fast jedes Jahr sein eigenes Gesicht: denn die Jugend läßt sich nicht ärmer machen. Hier ist auch manches anders geworden, was Dir wohl erstan weh tun wird, wenn ich Dich sonst recht verstanden habe. Erich hat sich gestern endlich das Jawort von Elisabeth geholt, nachdem er in dem letzten Vierteljahr zweimal vergebens angefragt hatte. Sie hat sich immer nicht dazu entschließen können; nun hat sie es endlich doch getan; sie ist auch noch gar so jung. Die Hochzeit soll bald sein, und die Mutter wird dann mit ihnen fortgehen.«

Immensee

Wiederum waren Jahre vorüber. – Auf einem abwärts führenden schattigen Waldwege wanderte an einem warmen Frühlingsnachmittage ein junger Mann mit kräftigem, gebräuntem Antlitz. Mit seinen ernsten grauen Augen sah er gespannt in die Ferne, als erwarte er endlich eine Veränderung des einförmigen Weges, die jedoch immer nicht eintreten wollte. Endlich kam ein Karrenfuhrwerk langsam von unten herauf. »Holla! guter Freund«, rief der Wanderer dem nebengehenden Bauer zu, »geht's hier recht nach Immensee?«

»Immer geradeaus«, antwortete der Mann und rückte an seinem Rundhute.

»Hat's denn noch weit bis dahin?«

»Der Herr ist dicht davor. Keine halbe Pfeif' Tobak, so haben's den See; das Herrenhaus liegt hart daran.«

Der Bauer fuhr vorüber; der andere ging eiliger unter den Bäumen entlang. Nach einer Viertelstunde hörte ihm zur Linken plötzlich der Schatten auf; der Weg führte an einem Abhang, aus dem die Wipfel hundertjähriger Eichen nur kaum hervorragten. Über sie hinweg öffnete sich eine weite, sonnige Landschaft. Tief unten lag der See, ruhig, dunkelblau, fast ringsum von grünen, sonnbeschienenen Wäldern umgeben; nur an einer Stelle traten sie auseinander und gewährten eine tiefe Fernsicht, bis auch diese durch blaue Berge geschlossen wurde. Quer gegenüber, mitten in dem grünen Laub der Wälder, lag es wie Schnee darüberher; das waren blühende Obstbäume, und daraus hervor auf dem hohen Ufer erhob sich das Herrenhaus, weiß mit roten Ziegeln. Ein Storch flog vom Schornstein auf und kreiste langsam aber dem Wasser. – »Immensee!« rief der Wanderer. Es war fast, als hätte er jetzt das Ziel seiner Reise erreicht; denn er stand unbeweglich und sah über die Wipfel der Bäume zu seinen Füßen hinüber ans andere Ufer, wo das Spiegelbild des Herrenhauses leise schaukelnd auf dem Wasser schwamm. Dann setzte er plötzlich seinen Weg fort.

Es ging jetzt fast steil den Berg hinab, so daß die untenstehenden Bäume wieder Schatten gewährten, zugleich aber die Aussicht auf den See verdeckten, der nur zuweilen zwischen den Lücken der Zweige hindurchblitzte. Bald ging es wieder sanft empor, und nun verschwand rechts und links die Holzung; statt dessen streckten sich dichtbelaubte Weinhügel am Wege entlang; zu beiden Seiten desselben standen blühende Obstbäume voll surrender, wühlender Bienen. Ein stattlicher Mann in braunem Überrock kam dem Wanderer entgegen. Als er ihn fast erreicht hatte, schwenkte er seine Mütze und rief mit heller Stimme: »Willkommen, willkommen, Bruder Reinhard! Willkommen auf Gut Immensee!«

»Gott grüß dich, Erich, und Dank für dein Willkommen!« rief ihm der andere entgegen.

Dann waren sie zueinander gekommen und reichten sich die Hände. »Bist du es denn aber auch?« sagte Erich, als er so nahe in das ernste Gesicht seines alten Schulkameraden sah.

»Freilich bin ich's, Erich, und du bist es auch; nur siehst du noch fast heiterer aus, als du schon sonst immer getan hast.«

Ein frohes Lächeln machte Erichs einfache Züge bei diesen Worten noch um vieles heiterer. »Ja, Bruder Reinhard«, sagte er, diesem noch einmal seine Hand reichend, »ich habe aber auch seitdem das große Los gezogen, du weißt es ja.« Dann rieb er sich die Hände und rief vergnügt: »Das wird eine Überraschung! Den erwartet sie nicht, in alle Ewigkeit nicht!«

»Eine Überraschung?« fragte Reinhard. »Für wen denn?«

»Für Elisabeth.«

»Elisabeth! Du hast ihr nicht von meinem Besuch gesagt?«

»Kein Wort, Bruder Reinhard; sie denkt nicht an dich, die Mutter auch nicht. Ich hab' dich ganz im geheim verschrieben, damit die Freude desto größer sei. Du weißt, ich hatte immer so meine stillen Plänchen.«

Reinhard wurde nachdenklich; der Atem schien ihm schwer zu werden, je näher sie dem Hofe kamen. An der linken Seite des Weges hörten nun auch die Weingärten auf und machten einem weitläufigen Küchengarten Platz, der sich bis fast an das Ufer des Sees hinabzog. Der Storch hatte sich mittlerweile niedergelassen und spazierte gravitätisch zwischen den Gemüsebeeten umher. »Holla, rief Erich, in die Hände klatschend, »stiehlt mir der hochbeinige Ägypter schon wieder meine kurzen Erbsenstangen!« Der Vogel erhob sich langsam und flog auf das Dach eines neuen Gebäudes, das am Ende des Küchengartens lag und dessen Mauern mit aufgebundenen Pfirsich- und Aprikosenbäumen überzweigt waren. »Das ist die Spritfabrik«, sagte Erich; »ich habe sie erst vor zwei Jahren angelegt. Die Wirtschaftsgebäude hat mein Vater selig neu aufsetzen lassen; das Wohnhaus ist schon von meinem Großvater gebaut worden. So kommt man immer ein bißchen weiter.«

Sie waren bei diesen Worten auf einen geräumigen Platz gekommen, der an den Seiten durch die ländlichen Wirtschaftsgebäude, im Hintergrunde durch das Herrenhaus begrenzt wurde, an dessen beide Flügel sich eine hohe Gartenmauer anschloß; hinter dieser sah man die Züge dunkler Taxuswände, und hin und wieder ließen Syringenbäume ihre blühenden Zweige in den Hofraum hinunterhängen. Männer mit sonnen- und arbeitsheißen Gesichtern gingen über den Platz und grüßten die Freunde, während Erich dem einen und dem anderen einen

Auftrag oder eine Frage über ihr Tagewerk entgegenrief. – Dann hatten sie das Haus erreicht. Ein hoher, kahler Hausflur nahm sie auf, an dessen Ende sie links in einen etwas dunkleren Seitengang einbogen. Hier öffnete Erich eine Tür, und sie traten in einen geräumigen Gartensaal, der durch das Laubgedränge, welches die gegenüberliegenden Fenster bedeckte, zu beiden Seiten mit grüner Dämmerung erfüllt war; zwischen diesen aber ließen zwei hohe, weit geöffnete Flügeltüren den vollen Glanz der Frühlingssonne hereinfallen und gewahrten die Aussicht in einen Garten mit gezirkelten Blumenbeeten und hohen, steilen Laubwänden, geteilt durch einen graden breiten Gang, durch welchen man auf den See und weiter auf die gegenüberliegenden Wälder hinaussah. Als die Freunde hineintraten, trug die Zugluft ihnen einen Strom von Duft entgegen.

Auf einer Terrasse vor der Gartentür saß eine weiße, mädchenhafte Frauengestalt. Sie stand auf und ging den Eintretenden entgegen; aber auf halbem Wege blieb sie wie angewurzelt stehen und starrte den Fremden unbeweglich an. Er streckte ihr lächelnd die Hand entgegen. »Reinhard!« rief sie. »Reinhard! Mein Gott, du bist es! – Wir haben uns lange nicht gesehen.«

»Lange nicht«, sagte er und konnte nichts weiter sagen; denn als er ihre Stimme hörte, fühlte er einen feinen körperlichen Schmerz am Herzen und wie er zu ihr aufblickte, stand sie vor ihm, dieselbe leichte, zärtliche Gestalt, der er vor Jahren in seiner Vaterstadt Lebewohl gesagt hatte.

Erich war mit freudestrahlendem Antlitz an der Tür zurückgeblieben. »Nun Elisabeth«, sagte er, »gelt, den hättest du nicht erwartet, den in alle Ewigkeit nicht!«

Elisabeth sah ihn mit schwesterlichen Augen an. »Du bist so gut, Erich!« sagte sie.

Er nahm ihre schmale Hand liebkosend in die seinen. »Und nun wir ihn haben«, sagte er, »nun lassen wir ihn so bald nicht wieder los. Er ist so lange draußen gewesen; wir wollen ihn wieder heimisch machen. Schau nur, wie fremd und vornehm er aussehen worden ist.«

Ein scheuer Blick Elisabeths streifte Reinhards Antlitz.« Es ist nur die Zeit, die wir nicht beisammen waren«, sagte er.

In diesem Augenblick kam die Mutter, mit einem Schlüsselkörbchen am Arm, zur Tür herein. »Herr Werner«, sagte sie, als sie Reinhard erblickte; »ein ebenso lieber wie unerwarteter Gast« – Und nun ging die Unterhaltung in Fragen und Antworten ihren ebenen Tritt. Die Frauen setzten sich zu ihrer Arbeit, und während Reinhard die für ihn bereiteten Erfrischungen genoß, hatte Erich seinen soliden Meerschaumkopf angebrannt und saß dampfend und diskurrierend an seiner Seite.

Am andern Tage mußte Reinhard mit ihm hinaus; auf die Acker, in die Weinberge, in den Hopfengarten, in die Spritfabrik. Es war alles wohl bestellt; die Leute, welche auf dem Felde und bei den Kesseln arbeiteten, hatten alle ein gesundes und zufriedenes Aussehen. Zu Mittag kam die Familie im Gartensaal zusammen, und der Tag wurde dann, je nach der Muße der Wirte, mehr oder minder gemeinschaftlich verlebt Nur die Stunden vor dem Abendessen, wie die ersten des Vormittags, blieb Reinhard arbeitend auf seinem Zimmer. Er hatte seit Jahren, wo er deren habhaft werden konnte, die im Volke lebenden Reime und Lieder gesammelt und ging daran seinen Schatz zu ordnen und womöglich mit neuen Aufzeichnungen aus der Umgegend zu vermehren. – Elisabeth war zu allen Zeiten sanft und freundlich; Erichs immer gleichbleibende Aufmerksamkeit nahm sie mit einer fast demütigen Dankbarkeit auf, und Reinhard dachte mitunter, das heitere Kind von ehedem habe wohl eine weniger stille Frau versprochen.

Seit dem zweiten Tage seines Hierseins pflegte er abends einen Spaziergang an deren Ufer des Sees zu machen. Der Weg führte hart unter dem Garten vorbei. Am Ende desselben, auf einer vorspringenden Bastei, stand eine Bank unter hohen Birken; die Mutter hatte sie die Abendbank getauft, weil der Platz gegen Abend lag und des Sonnenuntergangs halber um diese Zeit am meisten benutzt wurde. – Von einem Spaziergange auf diesem Wege kehrte Reinhard eines Abends zurück als er vom Regen überrascht wurde Er suchte Schutz unter einer an Wasser stehenden Linde; aber die schweren Tropfen schlugen bald durch die Blätter. Durchnäßt, wie er war, ergab er sich darein und setzte langsam seinen Rückweg fort. Es war fast dunkel; der Regen fiel immer dichter. Als er sich der Abendbank näherte, glaubte er zwischen den schimmernden Birkenstämmen eine weiße Frauengestalt zu unterscheiden. Sie stand unbeweglich und, wie er beim Näherkommen zu erkennen meinte, zu ihm hingewandt, als wenn sie jemanden erwarte. Er glaubte, es sei Elisabeth. Als er aber rascher zuschritt, um sie zu erreichen und dann mit ihr zusammen durch den Garten ins Haus zurückzukehren, wandte sie sich langsam ab und verschwand in die dunklen Seitengänge. Er konnte das nicht reimen; er war aber fast zornig auf Elisabeth, und dennoch zweifelte er, ob sie es gewesen sei; aber er scheute sich, sie danach zu fragen; ja, er ging bei seiner Rückkehr nicht in den Gartensaal, nur um Elisabeth nicht etwa durch die Gartentür hereintreten zu sehen.

Meine Mutter hat's gewollt

Einige Tage nachher, es ging schon gegen Abend, saß die Familie, wie gewöhnlich um diese Zeit, im Gartensaal zusammen. Die Türen standen offen; die Sonne war schon hinter den Wäldern jenseit des Sees.

Reinhard wurde um die Mitteilung einiger Volkslieder gebeten, welche er am Nachmittag von einem auf dem Lande wohnenden Freunde geschickt bekommen hatte. Er ging auf sein Zimmer und kam gleich darauf mit einer Papierrolle zurück, welche aus einzelnen sauber geschriebenen Blättern zu bestehen schien.

Man setzte sich an den Tisch, Elisabeth an Reinhards Seite. »Wir lesen auf gut Glück«, sagte er, »ich habe sie selber noch nicht durchgesehen.«

Elisabeth rollte das Manuskript auf. »Hier sind Noten«, sagte sie, »das mußt du singen, Reinhard.«

Und dieser las nun zuerst einige Tiroler Schnaderhüpferl, indem er beim Lesen je zuweilen die lustige Melodie mit halber Stimme anklingen ließ. Eine allgemeine Heiterkeit bemächtigte sich der kleinen Gesellschaft. »Wer hat doch aber die schönen Lieder gemacht?« fragte Elisabeth.

»Ei«, sagte Erich, »das hört man den Dingern schon an; Schneidergesellen und Friseure und derlei luftiges Gesindel.«

Reinhard sagte: »Sie werden gar nicht gemacht; sie wachsen, sie fallen aus der Luft, sie fliegen über Land wie Mariengarn, hierhin und dorthin und werden an tausend Stellen zugleich gesungen. Unser eigenstes Tun und Leiden finden wir in diesen Liedern; es ist, als ob wir alle an ihnen mitgeholfen hätten.«

Er nahm ein anderes Blatt: »Ich stand auf hohen Bergen ...«

»Das kenne ich!« rief Elisabeth. »Stimme nur an, Reinhard, ich will dir helfen.«

Und nun sangen sie jene Melodie, die so rätselhaft ist, daß man nicht glauben kann, sie sei von Menschen erdacht worden; Elisabeth mit ihrer etwas verdeckten Altstimme dem Tenor sekundierend.

Die Mutter saß inzwischen emsig an ihrer Näherei, Erich hatte die Hände ineinander gelegt und hörte andächtig zu. Als das Lied zu Ende war, legte Reinhard das Blatt schweigend beiseite. – Vom Ufer des Sees herauf kam durch die Abendstille das Geläute der Herdenglocken; sie horchten unwillkürlich; da hörten sie eine klare Knabenstimme singen:

> Ich stand auf hohen Bergen
> Und sah ins tiefe Tal ...

Reinhard lächelte: »Hört ihr es wohl? So geht's von Mund zu Mund.«

»Es wird oft in dieser Gegend gesungen«, sagte Elisabeth.

»Ja«, sagte Erich, »es ist der Hirtenkaspar; er treibt die Starken heim.«

Sie horchten noch eine Weile, bis das Geläute oben hinter den Wirtschaftsgebäuden verschwunden war. »Das sind Urtöne«, sagte Reinhard; »sie schlafen in Waldesgründen; Gott weiß, wer sie gefunden hat.«

Er zog ein neues Blatt heraus.

Es war schon dunkler geworden; ein roter Abendschein lag wie Schaum auf den Wäldern jenseit des Sees. Reinhard rollte das Blatt auf, Elisabeth legte an der einen Seite ihre Hand darauf und sah mit hinein. Dann las Reinhard:

> Meine Mutter hat's gewollt,
> den andern ich nehmen sollt;
> was ich zuvor besessen,
> mein Herz sollt es vergessen;
> das hat es nicht gewollt.

> Meine Mutter klag ich an,
> sie hat nicht wohl getan;
> was sonst in Ehren stünde,
> nun ist es worden Sünde;
> was fang ich an?
>
> Für all mein Stolz und Freud
> gewonnen hab ich Leid.
> Ach, war das nicht geschehen,
> ach, könnt ich betteln gehen
> über die braune Heid!

Während des Lesens hatte Reinhard ein unmerkliches Zittern des Papiers empfunden; als er zu Ende war, schob Elisabeth leise ihren Stuhl zurück und ging schweigend in den Garten hinab. Ein Blick der Mutter folgte ihr. Erich wollte nachgehen; doch die Mutter sagte: »Elisabeth hat draußen zu tun.« So unterblieb es.

Draußen aber legte sich der Abend mehr und mehr über Garten und See die Nachtschmetterlinge schossen surrend an den offenen Türen vorüber durch welche der Duft der Blumen und Gesträuche immer stärker herein drang; vom Wasser herauf kam das Geschrei der Frösche, unter den Fenstern schlug eine Nachtigall, tiefer im Garten eine andere; der Mond sah über die Bäume. Reinhard blickte noch eine Weile auf die Stelle, wo Elisabeths feine Gestalt zwischen den Laubgängen verschwunden war; dann rollte er sein Manuskript zusammen, grüßte die Anwesenden und ging durchs Haus an das Wasser hinab.

Die Wälder standen schweigend und warfen ihr Dunkel weit auf den See hinaus, während die Mitte desselben in schwüler Mondesdämmerung lag. Mitunter schauerte ein leises Säuseln durch die Bäume; aber es war kein Wind, es war nur das Atmen der Sommernacht. Reinhard ging immer am Ufer entlang. Einen Steinwurf vom Lande konnte er eine weiße Wasserlilie erkennen. Auf einmal wandelte ihn die Lust an, sie in der Nähe zu sehen; er warf seine Kleider ab und stieg ins Wasser. Es war flach, scharfe Pflanzen und Steine schnitten ihn an den Füßen, und er kam immer nicht in die zum Schwimmen nötige Tiefe. Dann war es plötzlich unter ihm weg, die Wasser quirlten über ihm zusammen und es dauerte eine Zeitlang, ehe er wieder auf die Oberfläche kam. Nun regte er Hand und Fuß und schwamm im Kreise umher, bis er sich bewußt geworden, von wo er hineingegangen war. Bald sah er auch die Lilie wieder; sie lag einsam zwischen den großen blanken Blättern. – Er schwamm lansam hinaus und hob mitunter die Arme aus dem Wasser, daß die herabrieselnden Tropfen im Mondlicht blitzten; aber es war, als ob die Entfernung zwischen ihm und derBlume dieselbe bliebe; nur das Ufer lag, wenn er sich umblickte, in immer ungewisserem Dufte hinter ihm. Er gab indes sein Unternehmen nicht auf, sondern schwamm rüstig in derselben Richtung fort. Endlich war er der Blume so nahe gekommen, daß er die silbernen Blätter deutlich im Mondlicht unterscheiden konnte; zugleich aber fühlte er sich wie in einem Netze verstrickt; die glatten Stengel langten vom Grunde herauf und rankten sich an seine nackten Glieder. Das unbekannte Wasser lag so schwarz um ihn her, hinter sich hörte er das Springen eines Fisches; es wurde ihm plötzlich so unheimlich in dem fremden Elemente, daß er mit Gewalt das Gestrick der Pflanzen zerriß und in atemloser Hast dem Lande zuschwamm. Als er von hier auf den See zurückblickte lag die Lilie wie zuvor fern und einsam über der dunkelen Tiefe. – Er kleidete sich an und ging langsam nach Hause zurück. Als er aus dem Garten in den Saal trat, fand er Erich und die Mutter in den Vorbereitungen einer kleinen Geschäftsreise, welche am andern Tage vor sich gehen sollte.

»Wo sind denn Sie so spät in der Nacht gewesen?« rief ihm die Mutter entgegen.

»Ich?« erwiderte er; »Ich wollte die Wasserlilie besuchen; es ist aber nichts daraus geworden.«

»Das versteht wieder einmal kein Mensch!« sagte Erich. »Was tausend hattest du denn mit der Wasserlilie zu tun?«

»Ich habe sie früher einmal gekannt«, sagte Reinhard; »es ist aber schon lange her.«

Elisabeth

Am folgenden Nachmittag wanderten Reinhard und Elisabeth jenseit des Sees, bald durch die Holzung, bald auf dem hohen vorspringenden Uferrande. Elisabeth hatte von Erich den Auftrag erhalten, während seiner und der Mutter Abwesenheit Reinhard mit den schönsten Aussichten der nächsten Umgegend, namentlich von der andern Uferseite auf den Hof selber, bekannt zu machen. Nun gingen sie von einem Punkt zum andern. Endlich wurde Elisabeth müde und setzte sich in den Schatten überhängender Zweige, Reinhard stand ihr gegenüber an einen Baumstamm gelehnt; da hörte er tiefer im Walde den Kuckuck rufen, und es kam ihm plötzlich, dies alles sei schon einmal ebenso gewesen. Er sah sie seltsam lachelnd an. »Wollen wir Erdbeeren suchen?« fragte er.

»Es ist keine Erdbeerenzeit«, sagte sie.

»Sie wird aber bald kommen.«

Elisabeth schüttelte schweigend den Kopf; dann stand sie auf, und beide setzten ihre Wanderung fort; und wie sie so an seiner Seite ging, wandte sein Blick sich immer wieder nach ihr hin; denn sie ging schön, als wenn sie von ihren Kleidern getragen würde. Er blieb oft unwillkürlich einen Schritt zurück, um sie ganz und voll ins Auge fassen zu können. So kamen sie an einen freien, heidebewachsenen Platz mit einer weit ins Land reichenden Aussicht. Reinhard bückte sich und pflückte etwas von den am Boden wachsenden Kräutern. Als er wieder aufsah, trug sein Gesicht den Ausdruck leidenschaftlichen Schmerzes. »Kennst du diese Blume?« sagte er.

Sie sah ihn fragend an. »Es ist eine Erika. Ich habe sie oft im Walde gepflückt.«

»Ich habe zu Hause ein altes Buch«, sagte er, »ich pflegte sonst allerlei Lieder und Reime hineinzuschreiben; es ist aber lange nicht mehr geschehen. Zwischen den Blättern liegt auch eine Erika; aber es ist nur eine verwelkte. Weißt du, wer sie mir gegeben hat?«

Sie nickte stumm; aber sie schlug die Augen nieder und sah nur auf das Kraut, das er in der Hand hielt. So standen sie lange. Als sie die Augen gegen ihn aufschlug, sah er, daß sie voll Tränen waren.

»Elisabeth«, sagte er, »hinter jenen blauen Bergen liegt unsere Jugend. Wo ist sie geblieben?«

Sie sprachen nichts mehr; sie gingen stumm nebeneinander zum See hinab. Die Luft war schwül, im Westen stieg schwarzes

Gewölk auf. »Es wird Gewitter«, sagte Elisabeth, indem sie ihren Schritt beeilte. Reinhard nickte schweigend, und beide gingen rasch am Ufer entlang, bis sie ihren Kahn erreicht hatten.

Während der Überfahrt ließ Elisabeth ihre Hand auf dem Rande des Kahnes ruhen. Er blickte beim Rudern zu ihr hinüber; sie aber sah an ihm vorbei in die Ferne. So glitt sein Blick herunter und blieb auf ihrer Hand; und diese blasse Hand verriet ihm, was ihr Antlitz ihm verschwiegen hatte. Er sah auf ihr jenen feinen Zug geheimen Schmerzes, der sich so gern schönen Frauenhände bemächtigt, die nachts auf krankem Herzen liegen. – Als Elisabeth sein Auge auf ihrer Hand ruhen fühlte, ließ sie sie langsam über Bord ins Wasser gleiten.

Auf dem Hofe angekommen, trafen sie einen Scherenschleiferkarren vor dem Herrenhause; ein Mann mit schwarzen, niederhängenden Locken trat emsig das Rad und summte eine Zigeunermelodie zwischen den Zähnen, während ein eingeschirrter Hund schnaufend daneben lag. Auf dem Hausflur stand in Lumpen gehüllt ein Mädchen mit verstörten, schönen Zügen und streckte bettelnd die Hand gegen Elisabeth aus.

Reinhard griff in seine Tasche; aber Elisabeth kam ihm zu vor und schüttete hastig den ganzen Inhalt ihrer Börse in die offene Hand der Bettlerin. Dann wandte sie sich eilig ab, und Reinhard hörte, wie sie schluchzend die Treppe hinaufging.

Er wollte sie aufhalten, aber er besann sich und blieb an der Treppe zurück. Das Mädchen stand noch immer auf dem Flur, unbewegt, das empfangene Almosen in der Hand. »Was willst du noch?« fragte Reinhard.

Sie fuhr zusammen. »Ich will nichts mehr«, sagte sie; dann den Kopf nach ihm zurückwendend, ihn anstarrend mit den verirrten Augen, ging sie langsam gegen die Tür. Er rief einen Namen aus, aber sie hörte es nicht mehr; mit gesenktem Haupte, mit über der Brust gekreuzten Armen schritt sie aber den Hof hinab.

> Sterben, ach sterben
> soll ich allein!

Ein altes Lied brauste ihm ins Ohr, der Atem stand ihm still; eine kurze Weile, dann wandte er sich ab und ging auf sein Zimmer.

Er setzte sich hin, um zu arbeiten, aber er hatte keine Gedanken. Nachdem er es eine Stunde lang vergebens versucht hatte, ging er ins Familienzimmer hinab. Es war niemand da, nur kühle, grüne Dämmerung; auf Elisabeths Nähtisch lag ein rotes Band, das sie am Nachmittag um den Hals getragen hatte. Er nahm es in die Hand, aber es tat ihm weh, und er legte es wieder hin. Er hatte keine Ruhe, er ging an den See hinab und band den Kahn los; er ruderte hinüber und ging noch einmal alle Wege, die er kurz vorher mit Elisabeth zusammen gegangen war. Als er wieder nach Hause kam, war es dunkel; auf dem Hofe begegnete ihm der Kutscher, der die Wagenpferde ins Gras bringen wollte; die Reisenden waren eben zurückgekehrt. Bei seinem Eintritt in den Hausflur hörte er Erich im Gartensaal auf und ab schreiten. Er ging nicht zu ihm hinein; er stand einen Augenblick still und stieg dann leise die Treppe hinauf nach seinem Zimmer. Hier setzte er sich in den Lehnstuhl am Fenster; er tat vor sich selbst, als wolle er die Nachtigall hören, die unten in den Taxuswänden schlug, aber er hörte nur den Schlag seines eigenen Herzens. Unter ihm im Hause ging alles zur Ruh, die Nacht verrann er fühlte es nicht. – So saß er stundenlang. Endlich stand er auf und legte sich ins offene Fenster. Der Nachttau rieselte zwischen den Blättern, die Nachtigall hatte aufgehört zu schlagen. Allmählich wurde auch das tiefe Blau des Nachthimmels von Osten her durch einen blaßgelben Schimmer verdrängt; ein frischer Wind erhob sich und streifte Reinhards heiße Stirn; die erste Lerche stieg jauchzend in die Luft. – Reinhard kehrte sich plötzlich um und trat an den Tisch; er tappte nach einem Bleistift, und als er diesen gefunden, setzte er sich und schrieb damit einige Zeilen auf einen weißen Bogen Papier. Nachdem er hiermit fertig war, nahm er Hut und Stock, und das Papier zurücklassend, öffnete er behutsam die Tür und stieg in den Flur hinab. Die Morgendämmerung ruhte noch in allen Winkeln; die große Hauskatze dehnte sich auf der Strohmatte und sträubte den Rücken gegen seine Hand, die er ihr gedankenlos entgegenhielt. Draußen im Garten aber priesterten schon die Sperlinge von der Zweigen und sagten es allen, daß die Nacht vorbei sei. Da hörte er oben im Hause eine Tür gehen; es kam die Treppe herunter, und als er aufsah stand Elisabeth vor ihm. Sie legte die

Hand auf seinen Arm, sie bewegte die Lippen, aber er hörte keine Worte. »Du kommst nicht wieder«, sagte sie endlich. »Ich weiß es, lüge nicht; du kommst nie wieder.«

»Nie«, sagte er. Sie ließ die Hand sinken und sagte nichts mehr. Er ging über den Flur der Tür zu; dann wandte er sich noch einmal. Sie stand bewegungslos an derselben Stelle und sah ihn mit toten Augen an. Er tat einen Schritt vorwärts und streckte die Arme nach ihr aus. Dann kehrte er sich gewaltsam ab und ging zur Tür hinaus. – Draußen lag die Welt im frischen Morgenlichte, die Tauperlen, die in den Spinngeweben hingen, blitzten in den ersten Sonnenstrahlen. Er sah nicht rückwärts; er wanderte rasch hinaus; und mehr und mehr versank hinter ihm das stille Gehöft, und vor ihm auf stieg die große, weite Welt. – –

Der Alte

Der Mond schien nicht mehr in die Fensterscheiben, es war dunkel geworden; der Alte aber saß noch immer mit gefalteten Händen in seinem Lehnstuhl und blickte vor sich hin in den Raum des Zimmers. Allmählich verzog sich vor seinen Augen die schwarze Dämmerung um ihn her zu einem breiten, dunkeln See; ein schwarzes Gewässer legte sich hinter das andere, immer tiefer und ferner, und auf dem letzten, so fern, daß die Augen des Alten sie kaum erreichten, schwamm einsam zwischen breiten Blättern eine weiße Wasserlilie.

Die Stubentür ging auf, und ein heller Lichtstrahl fiel ins Zimmer. »Es ist gut, daß Sie kommen, Brigitte«, sagte der Alte. »Stellen Sie das Licht nur auf den Tisch.«

Dann rückte er auch den Stuhl zum Tische, nahm eins der aufgeschlagenen Bücher und vertiefte sich in Studien, an denen er einst die Kraft seiner Jugend geübt hatte.

Im Schloß

Von der Dorfseite

Vom Kirchhofe des Dorfes, ein Viertelstündchen hinauf durch den Tannenwald, dann lag es vor einem: zunächst der parkartige Garten, von alten ungeheueren Lindenalleen eingefaßt, an deren einer Seite der Weg vom Dorf vorbeiführte; dahinter das große steinerne Herrenhaus, das nach vorn hinaus mit den Flügelgebäuden einen geräumigen Hof umfaßte. Es war früher das Jagdschloß eines reichsgräflichen Geschlechts gewesen; die lebensgroßen Familienbilder bedeckten noch jetzt die Wände des im oberen Stock gelegenen Rittersaales, wo sie vor einem halben Jahrhundert beim Verkaufe des Gutes mit Bewilligung des neuen Eigentümers vorläufig hängen geblieben und seitdem, wie es schien, vergessen waren. Vor etwa zwanzig Jahren war das Gut, dessen wenig umfangreiche Ländereien zu den Baulichkeiten in keinem Verhältnis standen, in Besitz einer alten weißköpfigen Exzellenz, eines früheren Gesandten, gekommen. Er hatte zwei Kinder mitgebracht, ein blasses, etwa zehnjähriges Mädchen mit blauen Augen und glänzend schwarzen Haaren und einen noch sehr jungen kränklichen Knaben, welche beide der Obhut einer ältlichen Verwandten anvertraut waren. Später hatte sich noch ein alter Baron, ein Vetter des Gesandten, hinzugefunden, der einzige von der Schloßgesellschaft, der sich zuweilen unten im Dorfe blicken ließ und auch mit den Leuten im Felde mitunter einen kurzen Diskurs führte; denn im heißen Sommer oder an hellen Frühlingstagen pflegte er weit umherzuwandern, um allerhand Geziefer einzusammeln, das er dann in Schachteln und Gläsern mit nach Hause nahm. Selten einmal war auch das junge Fräulein bei ihm; sie trug dann wohl eine der leichteren Fanggerätschaften und ging eifrig redend an des

Oheims Seite; aber um die Begegnenden kümmerte sie sich nicht weiter. Die kleine hagere Gestalt der alten Exzellenz hatte, außer beim sonntäglichen Gottesdienste in dem herrschaftlichen Kirchenstuhl, kaum jemand anders als vom Wege aus gesehen, wenn er in der breiten Lindenallee des Gartens auf und ab wandelte oder, stehenbleibend, das Moos auf dem Steige mit seinem Rohrstocke losstieß. Den scheuen Gruß der vorübergehenden Bauern pflegte er wohl mit einer leichten Handbewegung zu erwidern; was er sonst mit ihnen zu schallen hatte, wurde von dem Verwalter abgetan, dem die Bewirtschaftung des kleinen Gutes überlassen war.

Nach Jahren wurde diese Hausgenossenschaft noch durch einen Lehrer des kleinen Barons vermehrt. Die Leute im Dorf erinnerten sich seiner noch sehr wohl; er war aus der Umgegend und stammte auch von Bauern her. Man hatte ihn oft mit dem alten Baron gesehen, und das Fräulein, damals schon eine junge Dame, war mitunter auch in ihrer Gesellschaft gewesen. Man erzählte sich noch, wie er mit dem alten Herrn in den Tannen einen Dohnenstieg angelegt; aber das Fräulein sei meist schon vor ihnen dagewesen und habe die Drosseln, die sich lebendig in den Schlingen gefangen, heimlich wieder fliegen lassen. Einmal auch hatte der junge freundliche Herr den kleinen verkrüppelten Knaben auf dem Arm durch das Tannicht getragen; denn mit dem Rollstühlchen war auf dem schmalen Steige nicht fortzukommen gewesen, und das Kind hatte die gefangenen Vögel selbst aus den Dohnen nehmen können.

Bald aber war es wieder einsamer geworden; der arme Knabe war gestorben und der Hauslehrer fortgegangen. Schon früher hatte man im Dorfe von den Gutsnachbarn oder aus der Stadt drüben nur vereinzelt einen Besuch den Weg nach dem Schlosse fahren sehen; jetzt kam fast niemand mehr; auch die alte Exzellenz sah man immer seltener in der breiten Allee des Gartens wandeln.

Nur noch einmal, im Herbste des folgenden Jahres, war es droben auf einige Tage wieder lebendig geworden; als die Hochzeit des jungen Fräuleins gefeiert wurde. Unten in der Dorfkirche war die Trauung gewesen. Seit lange hatte man dort so viele vornehme Leute nicht gesehen; aber die hagere Gestalt des

Bräutigams mit dem dünnen Haar und den vielen Orden wollte den Leuten nicht gefallen; auch die Braut, als sie von der alten Exzellenz an die mit Teppichen belegten Altarstufen geführt wurde, hatte in dem langen weißen Schleier, mit den dicht zusammenstehenden schwarzen Augenbrauen ganz totenhaft ausgesehen; was aber das schlimmste war, sie hatte nicht geweint, wie es doch den Bräuten ziemt. Der alte Baron, der in sich zusammengesunken in dem herrschaftlichen Stuhl gesessen und mit trübseligen Augen auf die Braut geblickt hatte, war nach Beendigung der Zeremonie allein und heimlich seitwärts über die Felder gegangen. – –

Am darauffolgenden Nachmittag hielt der Wagen mit den Neuvermählten eine kurze Zeit in der Durchfahrt des Dorfkruges; und die Leute standen umher und besahen sich das Wappen auf dem Kutschenschlage, einen Eberkopf im blauen Felde. Der hagere vornehme Mann war ausgestiegen und brachte der jungen Frau eigenhändig ein Glas Wasser an den Wagen; von dieser selbst war wenig zu sehen; sie saß im Dunkel des Fonds schweigend in ihre Mäntel gehüllt.

Der Wagen fuhr davon, und seitdem vergingen Jahre, ohne daß man von dem Fräulein wieder etwas hörte. Nur dem Prediger hatte einmal der alte Baron erzählt, daß ein Knabe, den sie im zweiten Jahre der Ehe geboren, von einer Kinderepidemie dahingerafft sei; und später dann, als die alte Exzellenz gestorben und abends bei Fackelschein auf dem Kirchhof hinter den Tannen zur Erde gebracht wurde, sollte sie nachts auf dem Schlosse gewesen sein; aber von den Leuten im Dorfe hatte niemand sie gesehen. – Bald darauf verließ auch der alte Baron mit seinen Sammlungen und Büchern das Schloß, wie es hieß, um bei einem andern Vetter seine harmlosen Studien fortzusetzen.

Einen Sommer lang wohnte niemand in dem steinernen Hause, und das Gras wuchs ungestört auf den breiten Steigen der Gartenallee.

Da, eines Nachmittags, es mochte jetzt ein Jahr vergangen sein, hielt wiederum der Wagen mit dem Eberkopf vor dem Wirtshause des Dorfes. Die junge Frau saß darin, das einstige Fräulein vom Schloß; sie sprach freundlich zu den Leuten, erzählte ihnen, daß sie ihr Gut jetzt selbst bewirtschaften und bewohnen werde, und bat um treue Nachbarschaft. Aber froh sah sie nicht aus, auch nicht ganz jung mehr, obwohl sie kaum mehr als fünfundzwanzig Jahre zählen mochte.

Die Leute wußten sich keinen Vers daraus zu machen; bald aber kam das Gerücht über Stadt und Land und auch in die Gaststube des Dorfkruges. Das in der Kirche drüben geschlossene vornehme Ehebündnis war nicht zum Guten ausgeschlagen. Die junge Frau sollte in der Residenz, wo ihr Gemahl eine Hofamt bekleidete, eine Liebschaft mit einem jungen Professor gehabt haben. Einige hatten sogar gehört, es sei der ihnen wohlbekannte Hauslehrer des verstorbenen kleinen Junkers. Die Dame, hieß es, sei so etwas wie verbannt und dürfe nicht in die Residenz zurückkehren. Dann noch ein anderes, was aufs neue die müßigen Ohren reizte: der zweifelhafte Ursprung jenes unlängst begrabenen Kindes sollte zu der Trennung des Ehepaars die nächste Veranlassung gegeben haben. Das Gerücht war von allem unterrichtet, von dem, was geschehen, und noch mehr von dem, was nicht geschehen war.

Währenddessen hauste die Baronin droben in dem alten Schlosse, in großer Einsamkeit; denn niemals sah man aus der Stadt oder von den benachbarten Adelsfamilien einen Wagen an dem Tannicht hinauffahren. Wie der Schullehrer sagte, hatte sie sich Bücher aus der Stadt kommen lassen, in denen sie die Landwirtschaft studierte; auch mit den Dorfleuten, wenn sie solche auf ihren täglichen Spaziergängen traf, führte sie gern derartige Gespräche. Ja, man hatte sie am heißen Juninachmittage gesehen, wie sie auf einem Acker die Steine in ihre seidene Schürze sammelte und auf die Seite trug, begleitet von einem großen schwarzen Sankt Bernhardshunde, der nie von ihrer Seite wich.

Sie mochte sich indessen doch der übernommenen Aufgabe nicht ganz gewachsen fühlen; denn vor etwa einem Vierteljahr war ein Verwalter angelangt; aber es war ein junger vornehmer Herr, für den der Vater längst ein mehr als doppelt so großes Gut in Bereitschaft hatte. Die Bauern konnten nicht begreifen, was der in der kleinen Wirtschaft profitieren wolle, zumal sie es bald heraushatten, daß er seine Sache aus dem Fundament verstehe; der Schulmeister meinte freilich, es sei ein weitläufiger

Vetter der Baronin; allein der Förster wollte die Anwesenheit des jungen Herrn nicht als verwandtschaftliche Hülfeleistung gelten lassen. Er kniff die Augen ein und sagte geheimnisvoll: »Was einmal in der Stadt geschehen — nun, Gevatter, Ihr seid ja ein Schulmeister, macht Euch den Satz selber zu Ende!«

Im Schloß

An dem linken Ende der Front neben dem stumpfen Eckturm führte eine schwere Tür ins Haus. Rechts hinab, an der gegenüberliegenden breiten Treppenflucht vorbei, auf welcher man in das obere Stockwerk gelangte, zog sich ein langer Korridor mit nackten weißen Wänden. Den hohen Fenstern gegenüber, welche auf den geräumigen Steinhof hinaussahen, lag eine Reihe von Zimmern, deren Türen jetzt verschlossen waren. Nur das letzte wurde noch bewohnt. Es war ein mäßig großes, düsteres Gemach; das einzige Fenster, welches nach der Gartenseite hinaus lag, war mit dunkelgrünen Gardinen von schwerem Wollenstoffe halb verhangen. In der tiefen Fensternische stand eine schlanke Frau in schwarzem Seidenkleide. Während sie mit der einen Hand den Schildpattkamm fester in die schwere Flechte ihres schwarzen Haares drückte, lehnte sie mit der Stirn an eine Glasscheibe und schaute wie träumend in den Septembernachmittag hinaus. Vor dem Fenster lag ein etwa zwanzig Schritte breiter Steinhof, welcher den Garten von dem Hause trennte. Ihre tiefblauen Augen, über denen sich ein Paar dunkle, dicht zusammenstehende Brauen wölbten, ruhten eine Weile auf den kolossalen Sandsteinvasen, welche ihr gegenüber auf den Säulen des Gartentores standen. Zwischen den steinernen Rosengirlanden, womit sie umwunden waren, ragten Federn und Strohhalme hervor. Ein Sperling, der darin sein Nest gebaut haben mochte, hüpfte heraus und setzte sich auf eine Stange des eisernen Gittertors; bald aber breitete er die Flügel aus und flog den schattigen Steig entlang, der zwischen hohen Hagebuchenwänden in den Garten hinabführte. Hundert Schritte etwa von dem Tore wurde dieser Laubgang durch einen weiten sonnigen Platz unterbrochen, in dessen Mitte zwischen wuchernden Astern und Reseda die Trümmer einer Sonnenuhr auf einem kleinen Postamente sichtbar waren. Die Augen der Frau folgten dem Vogel; sie sah ihn eine Weile auf dem metallenen Weiser ruhen; dann sah sie ihn auffliegen und in dem Schatten des dahinterliegenden Laubganges verschwinden.

Mit leichtem Schritt, daß nur kaum die Seide ihres Kleides rauschte, trat sie ins Zimmer zurück, und nachdem sie auf einem Schreibtische einige beschriebene Blätter geordnet und weggeschlossen hatte, nahm sie einen Strohhut von dem an der Wand stehenden Flügel und wandte sich nach der Tür. Von einem Teppich neben dem Kamin erhob sich ein schwarzer Sankt Bernhardshund und drängte sich neben ihr auf den Korridor hinaus. Während sie wie im stillen Einverständnis ihre Hand auf dem schönen Kopf des Tieres ruhen ließ, erreichten beide eine Tür, welche unterhalb der großen Haupttreppe in den schmalen Hof hinausführte. Sie gingen über die mit Gras durchwachsenen Steine und durch das dem Fenster des Wohnzimmers gegenüberliegende Gittertor in den breiten Gartensteig hinab.

Die Luft war erfüllt von dem starken Herbstdufte der Reseda, welcher sich von dem sonnigen Rondell aus über den ganzen Garten hin verbreitete. Hier, an der rechten Seite desselben, bildete die Fortsetzung des Buchenganges eine Nachahmung des Herrenhauses; die ganze Front mit allen dazugehörigen Tür- und Fensteröffnungen, das Erdgeschoß und das obere Stockwerk, sogar der stumpfe Turm neben dem Haupteingange, alles war aus der grünen Hecke herausgeschnitten und trotz der jahrelangen Vernachlässigung noch gar wohl erkennbar; davor breitete sich ein Obstgarten von lauter Zwergbäumen aus, an denen hie und da noch ein Apfel oder eine Birne hing. Nur ein Baum schien aus der Art geschlagen; denn er streckte seine vielverzweigten Äste weit über die Höhe des grünen Laubschlosses hinaus. Die Dame blieb bei demselben stehen und warf einen flüchtigen Blick umher; dann setzte sie den geschmeidigen Fuß in die unterste Gabel des Baumes und stieg leicht von Ast zu Ast, bis die Umgebung der hohen Laubwände ihren Blick nicht mehr beschränkte.

Seitwärts, unmittelbar am Garten, erhob sich der Tannenwald und verdeckte das tiefer liegende Dorf; vor ihr aber war die

Schau ins Land hinaus eine unbegrenzte. Unterhalb des Hochlandes, worauf das Schloß lag, breitete sich nach beiden Seiten eine dunkle Heidestrecke fast bis zum Horizont; in braunviolettem Dufte lag sie da; nur an einer Stelle im Hintergrunde standen schattenhaft die Türme einer Stadt. Die schlanke Frauengestalt lehnte sorglos an einen schwanken Ast, indes die scharfen Augen in die Ferne drangen. – Ein Schrei aus der Luft herab machte sie emporsehen. Als sie über sich in der sonnigen Höhe den revierenden Falken erkannte hob sie die Hand und schwenkte wie grüßend ihr Schnupftuch gegen den wilden Vogel. Ihr fiel ein altes Volkslied ein; sie sang es halblaut in die klare Septemberluft hinaus. Aber unten neben dem auf dem Boden liegenden Sommerhut stand der Hund, die Schnauze gegen den Baum gedrückt, mit den braunen Augen zu seiner Herrin emporschend. Jetzt kratzte er mit der Pfote an den Stamm. »Ich komme, Türk, ich komme!« rief sie hinab; und bald war sie unten und ging mit ihrem stummen Begleiter den hinteren Buchengang hinab, der von dem Rondell aus nach der breiten Lindenallee führte.

Als sie in diese eintrat, kam ihr ein junger, kaum mehr als zwanzigjähriger Mann entgegen, in dessen gebräuntem Antlitz mit der feinen vorspringenden Nase eine Familienähnlichkeit mit ihr nicht zu verkennen war. »Ich suchte dich, Anna!« sagte er, indem er der schönen Frau die Hand küßte.

Ihre Augen ruhten mit dem Ausdruck einer kleinen mütterlichen Überlegenheit auf ihm, als sie ihn fragte: »Was hast du, Vetter Rudolf?«

»Ich muß dir Vortrag halten!« erwiderte er, während er sie höfisch zu einer in der Nähe stehenden Gartenbank führte. Dann begann er, vor ihr stehend, einen ernsthaften Vortrag über die Dränierung einer kaltgrundigen Gutswiese; über die Art, wie dies am zweckmäßigsten ins Werk zu richten sei, und über die Kosten, die dadurch veranlaßt werden könnten. – Er hatte schon eine Zeitlang gesprochen. Sie lehnte sich zurück und gähnte heimlich hinter der vorgehaltenen Hand. Endlich sprang sie auf. »Aber Rudolf«, rief sie, »ich verstehe von alledem nichts; du hast mir das ja selbst erklärt!«

Er runzelte die Stirn. »Gnädige Frau!« sagte er bittend.

Sie lachte. »So sprich nur; ich habe schon Geduld!« –

Dann brachte er's zu Ende. – Sie reichte ihm die Hand und sagte herzlich: »Du bist ein gewissenhafter Verwalter, Rudolf; aber ich werde mich nach einem andern umsehen müssen; ich kann dies Opfer nicht länger von dir fordern.«

Ein leidenschaftlicher Blick traf sie aus seinen Augen. »Es ist kein Opfer«, sagte er; »du weißt es wohl.«

»Nun, nun! Ich weiß es«, erwiderte sie ruhig, »du bist ja sogar als zehnjähriger Knabe mein getreuer Ritter gewesen. – Bestelle mir nur den Rappen; wir können gleich miteinander zur Wiese hinabreiten.«

Er ging, und sie sah ihm nachdenklich und leise mit dem Kopfe schüttelnd nach.

Bald waren beide zu Pferde. Der junge Reiter suchte an ihrer Seite zu bleiben; aber sie war ihm immer um einige Kopfeslängen voraus. Sie ließ den Rappen ausgreifen, der Schaum flog von den Ketten des Gebisses, während der Hund in großen Sätzen nebenhersprang. Ihre Augen schweiften in die Ferne, über die braune Heide, auf der sich schon die Schatten des Abends zu lagern begannen. – – – –

Einige Stunden später saß sie wieder allein in ihrem Zimmer am Schreibtisch, die am Nachmittage weggeschlossenen Blätter vor sich. Neben ihr auf seinem Teppich ruhte Türk. - Von der Lampe beleuchtet, erschien ihre nicht gar hohe Stirn gegen die Schwärze des schlicht zurückgestrichenen Haars von fast durchsichtiger Blässe. Sie schrieb nur langsam; mitunter ließ sie die Feder gänzlich ruhen und blickte vor sich hin, als suche sie die Gestalten ferner Dinge zu erkennen.

Sie gedachte einer Novembernacht, da sie zum letztenmal vor ihrem gegenwärtigen Aufenthalt das Schloß betreten hatte. – Der Brief des Oheims, der ihr die Nachricht von der tödlichen Erkrankung ihres Vaters in die Residenz brachte, trug auf dem Kuverte einen mehrere Tage alten Poststempel. Eilig war sie abgereist; nun dämmerte schon der zweite Abend, und die Wälder und Fluren an der Seite des Weges wurden allmählich ihr bekannter. Schon machte aus der Dunkelheit die Nähe des letzten Dorfes sich bemerklich; sie hörte die Hunde bellen und spürte den Geruch des Heidebrennens. An einem kleinen Hause in der

Dorfstraße hielt der Wagen. Ihre Jungfer stieg ab, der sie erlaubt hatte, bei ihren dort wohnenden Eltern bis zum andern Morgen zu bleiben. Dann ging es weiter; sie hatte sich in die Wagenecke gedrückt und zog fröstelnd den Mantel um ihre Schultern. Vor ihrem innern Auge war die Gestalt ihres Vaters; sie sah ihn, wie er in der letzten Zeit ihres Zusammenlebens zu tun pflegte, im Zwielicht in dem öden Rittersaale mit seinem Rohrstock auf und ab wandern; den weißen Kopf gesenkt, nur zuweilen vor einem der alten Bilder stehenbleibend oder aus den schwarzen Augen von unten auf einen Blick zu ihr hinüberwerfend. – – Es war ganz finster geworden, die Pferde gingen langsam; aber sie wagte nicht, den Postillion zum Schnellerfahren zu ermuntern. Eine unbewußte Scheu schloß ihr den Mund; es war ihr fast lieb, daß der Augenblick der Ankunft sich verzögerte. Immer aber, wenn sie die Augen schloß, sah sie die kleine hagere Gestalt an sich vorüberwandern, und unter dem Wehen des Windes war es ihr, als höre sie den bekannten abgemessenen Schritt und das Aufstoßen des Rohrstocks auf den Fußboden. – – Als die Ulmenallee erreicht war, welche über die Brücke nach dem Schloßhof führte, vernahm sie das Schlagen der Turmuhr, deren Regulierung die alte Exzellenz immer selbst überwacht hatte. Sie atmete auf und lehnte sich aus dem Wagen. Eine ungewöhnliche Helligkeit blendete ihre Augen, als sie in den Hof einfuhren. Die ganze obere Front des Gebäudes schien erleuchtet. Der Wagen rasselte über das Steinpflaster und hielt vor der Eingangstür neben dem Turm; der Postillion klatschte mit der Peitsche, daß es an den Mauern des alten Reitsaals widerklang; aber es kam niemand. – Nach einer Weile vergeblichen Wartens ließ die zitternde Frau sich den Schlag öffnen und bezeichnete ihrem Fuhrmann einen Raum, worin er seine Pferde zur Nacht unterbringen könne. Dann stieg sie aus und trat, nachdem sie die schwere Tür zurückgedrängt, in den großen Korridor des Erdgeschosses. Einige Augenblicke blieb sie stehen und blickte unentschlossen um sich her. Auf den Geländersäulen der breiten Treppe, die in das obere Stockwerk führte, brannten Walratkerzen in schweren silbernen Leuchtern. Sie beugte sich vor und lauschte; aber es war alles still. Leise, kaum aufzutreten wagend, begann sie die Stufen hinaufzusteigen. Da war ihr, als hörte sie droben auf dem Flur die Tür zum Rittersaale knarren; und gleich darauf kam es ihr entgegen, die Treppe herab. Sie sah es nun auch, es war der Hund ihres Vaters; sie rief ihn bei Namen; aber das Tier hörte nicht darauf, es jagte an ihr vorbei auf den Korridor hinab und entfloh durch die offene Tür ins Freie. – – Erst jetzt fiel ihr ein dumpfer Geruch von Rauchwerk auf. Sie stieg langsam die letzten Stufen in dem erleuchteten Treppenhause hinauf, bis sie den oberen Flur erreicht hatte. Die Tür des Rittersaals stand offen; in der Mitte des weiten Raumes sah sie zwei Reihen brennender Kerzen auf hohen Gueridons; dazwischen wie ein Schatten lag ein schwarzer Teppich. Aber es war niemand drinnen; nur die Bilder verschollener Menschen standen wie immer schweigend an den Wänden. Die gegenüberliegende Tür zu des Oheims Zimmer war weit geöffnet, und auch dort schienen Kerzen zu brennen; denn sie konnte deutlich die vergoldeten Engelköpfe unter dem Kamingesims erkennen. – Zögernd trat sie über die Schwelle in den Saal, aber von Scheu befangen, blieb sie zunächst der Tür in einer Fensternische stehen. Ihr war, als vernähme sie Choralgesang aus der Ferne, und da sie durch die Scheiben einen Blick in das Dunkel hinauswarf, sah sie jenseit der Tannen, von drüben, wo der Kirchhof lag, einen roten Schein am Himmel lodern. – – Sie wußte es nun, sie war zu spät gekommen; unwillkürlich mußte sie die Augen in den leeren Saal zurückwenden. Die Kerzen brannten leise knisternd weiter; nur mitunter, wo der Sarg mochte gestanden haben, lief ein Krachen über die Dielen, als drängte es sie, sich von der unheimlichen Last zu erholen, die sie hatten tragen müssen. – Sie drückte sich schauernd in die Fensterecke; es war nicht Trauer, es war nur Grauen, das sie empfand. – – – –

Aber ihre Gedanken waren ihrer Feder weit voraus.

Die beschriebenen Blätter

Ich will es niederschreiben, mir zur Gesellschaft; denn es ist einsam hier, einsamer noch, als es schon damals war. Sie sind alle fort; es ist nur Täuschung, wenn ich draußen im Korridor mitunter das Husten der Tante Ursula oder die Krücke des kleinen

Kuno zu vernehmen glaube. Es war ein klarer Spätherbstmorgen, als wir das Kind begruben; die Leute aus dem Dorfe standen alle umher mit jener schaurigen Neugier, die wenigstens den letzten Zipfel vom Leilaken des Todes noch in die Grube will schlüpfen sehen. – Dann, als ich fern war, starb die Tante, und dann mein Vater. Wie oft habe ich heimlich in seinen Augen geforscht, was wohl im Grund der Seele ruhen möge, aber ich habe es nicht erfahren; mir war, als hielten jene ausgeprägten Muskeln seines feinen Antlitzes gewaltsam das Wort der Liebe nieder, das zu mir drängte und niemals zu mir kam. – Droben im Rittersaal hängen noch die Bilder; die stumme Gesellschaft verschollener Männer und Frauen schaut noch wie sonst mit dem fremdartigen Gesichtsausdruck aus ihren Rahmen in den leeren Saal hinein; aber aus dem dahinterliegenden Zimmer läßt sich jetzt weder das Pfeifen des Dompfaffen noch das Gekrächze Don Pedros, des lahmen Starmatzes, vernehmen; der gute Oheim, mit seinen harten Worten und seinem weichen Herzen, mit seinem toten und lebendigen Getier, hat es seit lange verlassen. Aber er lebt noch; er wird vielleicht zurückkehren, wenn es Frühling wird; und ich werde wieder, wie damals, meine Zuflucht in dem abgelegenen Zimmer suchen.

Damals! – – Ich bin immer ein einsames Kind gewesen; seit der Geburt des kleinen Kuno steigerte sich die Kränklichkeit meiner Mutter, so daß ihre Kinder nur selten um sie sein durften. Nach ihrem Tode siedelten wir hier hinüber. In der Stadt hatten wir, wie hergebracht, nur das Geschoß eines großen Hauses bewohnt; jetzt hatte ich ein ganzes Schloß, einen großen seltsamen Garten und unmittelbar dahinter einen Tannenwald. Auch Freiheit hatte ich genug; der Vater sah mich meistens nur bei Tische, wo wir Kinder schweigend unser Mahl verzehren mußten; die Tante Ursula war eine gute förmliche Dame, die nicht gern ihren Platz dort in der Fensternische verließ, wo sie ihre saubern Strick- und Filetarbeiten für ferne und nahe Freunde verfertigte; hatte ich meinen Saum genäht und meine Lafontainesche Fabel bei ihr aufgesagt, so warf sie höchstens einen Blick durchs Fenster, wenn ich mit dem grauen Windspiel meines Vaters zwischen den Buchenhecken des Gartens hinabrannte.

Spielgenossen hatte ich keine; mein Bruder war fast acht Jahre jünger als ich, und die von Adelsfamilien bewohnten Güter lagen sehr entfernt. Von den bürgerlichen Beamten aus der Stadt waren im Anfang zwar einzelne mit ihren Kindern zu uns gekommen; da wir jedoch ihre Besuche nur selten und flüchtig erwiderten, so hatte der kaum begonnene Verkehr bald wieder aufgehört. – Aber ich war nicht allein; weder in den weiten Räumen des Schlosses noch draußen zwischen den Hecken des Gartens oder den aufstrebenden Stämmen des Tannenwaldes; der »liebe Gott«, wie ihn die Kinder haben, war überall bei mir. Aus einem alten Bilde in der Kirche kannte ich ihn ganz genau; ich wußte, daß er ein rotes Unterkleid und einen weiten blauen Mantel trug; der weiße Bart floß ihm wie eine sanfte Welle über die breite Brust herab. Mir ist, als sähe ich mich noch mit dem Oheim drüben in den Tannen; es war zum ersten Mal, daß ich über mir das Sausen des Frühlingswindes in der Krone eines Baumes hörte. »Horch!« rief ich und hob den Finger in die Höhe. »Da kommt er!« – »Wer denn?« – »Der liebe Gott!« – Und ich fühlte, wie mir die Augen groß wurden; mir war, als sähe ich den Saum seines blauen Mantels durch die Zweige wehen. Noch viele Jahre später, wenn abends auf meinem Kissen der Schlaf mich überkam, war mir, als läge ich mit dem Kopf in seinem Schoß und fühlte seinen sanften Atem an meiner Stirn.

Mein Lieblingsaufenthalt im Hause war der große Rittersaal, der das halbe obere Stockwerk in seiner ganzen Breite einnimmt. Leise und nicht ohne Scheu vor der schweigenden Gesellschaft drinnen schlich ich mich hinein; über dem Kamin im Hintergrund des Saales, von Marmor in Basrelief gehauen, ist der Krieg des Todes mit dem menschlichen Geschlechte dargestellt. Wie oft habe ich davorgestanden und mit neugierigem Finger die steinernen Rippchen des Todes nachgefühlt! – Vor allem zogen mich die Bilder an: auf den Zehen ging ich von einem zu dem andern; nicht müde konnte ich werden, die Frauen in ihren seltsamen roten und feuerfarbenen Roben, mit dem Papageien auf der Hand oder dem Mops zu ihren Füßen, zu betrachten, deren grelle braune Augen so eigen aus den blassen Gesichtern herausschauten, so ganz anders, als ich es bei den lebenden Menschen gesehen hatte. Und dann dicht neben der

Eingangstür das Bild des Ritters mit dem bösen Gewissen und dem schwarzen krausen Bart, von dem es hieß, er werde rot, sobald ihn jemand anschaue. Ich habe ihn oftmals angeschaut, fest und lange; und wenn, wie es mir schien, sein Gesicht ganz mit Blut überlaufen war, so entfloh ich und suchte des Oheims Tür zu erreichen. Aber über dieser Tür war ein anderes Bild; es mochten die Porträts von Kindern sein, die vor einigen hundert Jahren hier gespielt hatten; in steifen brokatenen Gewändern mit breiten Spitzenkragen standen sie wie die Kegel nebeneinander, Knaben und Mädchen, eines immer kleiner als das andere. Die Farben waren verkalkt und ausgeblichen, und wenn ich unter dem Bilde durch die Tür lief, war es mir, als blickten sie alle aus den kleinen begrabenen Gesichtern mit ihren beerschwarzen Augen auf mich herab. War dann der Oheim in seinem Zimmer, so flog ich auf ihn zu, und er, von seinen Büchern auffahrend, schalt mich dann wohl und rief: »Was ist? Sind dir die albernen Bilder schon wieder einmal auf den Hacken?«

Großes Bedenken hatte es für mich, in der Dämmerung durch den Saal zu kommen. Zum Glück waren die sich gegenüberstehenden Türen an der Gartenseite, die Fenster sahen hier nach Westen, und der Abendschein stand tröstlich über dem Tannenwald. In des Oheims Zimmer waren dann die Vogelstimmen schlafen gegangen; nur draußen vor dem Fenster wurde der Kauz in seinem großen Käfig nun lebendig. Der Oheim saß dann wohl mit gefalteten Händen in seinem Lehnstuhl, während das Abendrot friedlich durch die Fenster leuchtete. Aber ich wußte ihn zum Sprechen zu bringen; ich ließ mich nicht abweisen, bis er mir das Märchen von der Frau Holle oder die Sage vom Freischützen erzählte, an der ich mich nie ersättigen konnte. Einmal freilich, als die Geschichte eben im besten Zuge war, stand er plötzlich auf und sagte: »Aber, Anna, glaubst du denn all das dumme Zeug? – Wart nur ein wenig«, fuhr er fort, indem er seine Schiebelampe anzündete; »du sollst etwas hören, was noch viel wunderbarer ist.« Dann haschte er eine Fliege, und nachdem er sie getötet, legte er sie vor uns auf den Tisch. »Betrachte sie einmal genau!« sagte er. »Siehst du an ihrem Körperchen die silbernen Pünktchen auf dem schwarzen

Sammetgrunde; die zwei schönen Federchen an ihrem Kopf?« Und während ich seiner Anweisung folgte, begann er mir den kunstreichen Bau dieses verachteten Tierchens zu erklären. Aber ich langweilte mich; die Wunder der Natur hatten keinen Reiz für mich nach den phantastischen Wundern der Märchenwelt. – – –

Indessen war ich unmerklich herangewachsen; und wenn ich, was selten genug geschah, einmal vor meinem Spiegel stand, so schaute mir eine schmächtige Gestalt mit einem gelben scharfgeschnittenen Gesicht entgegen. Zwar bemerkte ich die auffallende Bläue meiner Augen; im übrigen aber hatte dies zigeunerhafte Wesen mit dem schwarzen Haar keineswegs meinen Beifall. Mein Aussehen kümmerte mich indessen wenig. Ich war über die Bibliothek meines Vaters geraten, in der sich eine Anzahl schönwissenschaftlicher Bücher aus dem Ende des vorigen Jahrhunderts befand. Ich begann zu lesen, und bald befiel mich eine wahre Lesewut; ich kauerte mit meinen Büchern in den heimlichsten Winkeln des Hauses oder des Gartens und hatte manche Rüge meines Vaters zu erdulden, wenn ich den Ruf zum Mittagessen überhörte. Eines Nachmittags war ich draußen, mein Lesefutter in der Tasche, in eine der oberen Fensterhöhlen des Laubschlosses hineingeklettert und hatte es mir auf dem flachgeschorenen Gezweig bequem zu machen gewußt. Ich saß im Schatten, die grüne Blätterwölbung über mir, und hatte mich bald in ein Bändchen von Musäus' Volksmärchen vertieft, während unten in der Mitte des Rondells die heiße Junisonne kochte. Plötzlich kam die Stimme des Oheims in meine Märchenwelt hinein. Als ich hinabblickte, sah ich ihn zwischen den Zwergbäumchen stehen und, die Augen mit der Hand beschattend, zu mir hinauffreden. »So«, rief er, »es wird sich wohl niemand darum kümmern, wenn du hier das Genick brichst?«

»Ich breche ja nicht das Genick, Onkel«, rief ich hinunter; »es sind lauter alte, vernünftige Bäume!«

Aber er ließ sich nicht beruhigen; er holte eine Gartenleiter, stieg zu mir hinauf und überzeugte sich selbst von der Sicherheit meines luftigen Sitzes. »Nun«, sagte er, nachdem er noch einen kurzen Blick in mein Buch geworfen hatte, »du bist ja doch nicht zu hüten; spinne nur weiter, du wilde Katz!« –

Um dieselbe Zeit war es, daß eine seltsame Schwärmerei von mir Besitz nahm. Im Rittersaal auf dem Bilde oberhalb der Tür befand sich seitab von den reichgekleideten Kindern noch die Gestalt eines etwa zwölfjährigen Knaben in einem schmucklosen braunen Wams. Es mochte der Sohn eines Gutsangehörigen sein, der mit den Kindern der Schloßherrschaft zu spielen pflegte; auf der Hand trug er, vielleicht zum Zeichen seiner geringen Herkunft, einen Sperling. Die blauen Augen blickten trotzig genug unter dem schlicht gescheitelten Haar heraus; aber um den fest geschlossenen Mund lag ein Zug des Leidens. Früher hatte ich diese unscheinbare Gestalt kaum bemerkt; jetzt wurde es plötzlich anders. Ich begann der möglichen Geschichte dieses Knaben nachzusinnen; ich studierte in bezug auf ihn die Gesichter seiner vornehmen Spielgenossen. Was war aus ihm geworden, war er zum Manne erwachsen, und hatte er später die Kränkungen gerächt, die vielleicht jenen Schmerz um seine Lippen und jenen Trotz auf seine Stirn gelegt hatten? – Die Augen sahen mich an, als ob sie reden wollten; aber der Mund blieb stumm. Ein schwermütiges, mir selber holdes Mitgefühl bewegte mein Herz; ich vergaß es, daß diese jugendliche Gestalt nichts sei als die wesenlose Spur eines vor Jahrhunderten vorübergegangenen Menschenlebens. Sooft ich in den Saal trat, war mir, als fühle ich die Augen des Bildes auf meinen Lidern, bis ich emporsah und den Blick erwiderte; und abends vor dem Einschlafen war es nun nicht sowohl das Antlitz des lieben Gottes als viel öfter noch das blasse Knabenantlitz, das sich über das meine neigte. Einmal, da der Oheim über Feld war, trat ich aus seinem Zimmer, wo ich die Fütterung des Käuzchens besorgt hatte. Während ich durch den Saal ging, wandte ich den Kopf zurück und sah das Bild oberhalb der Tür von der Nachmittagssonne beleuchtet, die durch die nahe liegenden hohen Fenster schien. Das Gesicht des Knaben trat dadurch in einer Lebendigkeit hervor, wie ich es bisher noch nicht gesehen, und mich erfaßte plötzlich eine unwiderstehliche Sehnsucht, es in nächster Nähe zu betrachten. Ich horchte, ob alles still sei. Dann schleppte ich mit Mühe einige an den Wänden stehende Tische vor des Oheims Tür und türmte sie aufeinander, bis ich die Höhe des Bildes erreicht hatte. Während ich mitunter einen scheuen Blick über die schweigende Gesellschaft an den Wänden gleiten ließ, mit der ich mich in dem großen Raume eingeschlossen hatte, kletterte ich mit Lebensgefahr hinauf. Als ich oben stand, wallte mein Blut so heftig, daß ich das laute Klopfen meines Herzens hörte. Das Angesicht des Knaben war grade vor dem meinen; aber die Augen lagen schon wieder im Schatten, nur die roten, fest geschlossenen Lippen waren noch von der Sonne beleuchtet. Ich zögerte einen Augenblick, ich fühlte, wie mir der Atem schwer wurde, wie mir das Blut mit Heftigkeit ins Gesicht schoß; aber ich wagte es und drückte leise meinen Mund darauf. – Zitternd, als hätte ich einen Raub begangen, kletterte ich wieder hinab und brachte die Tische an ihre Stelle.

Dies alles hatte ein plötzliches Ende. An meinem vierzehnten Geburtstag kündigte mein Vater mir an, daß ich die nächsten drei Jahre bis nach meiner Einsegnung, die dort erfolgen solle, bei der Tante in einer großen Stadt sein würde. – Und so geschah es. Ich war wieder, wie in den ersten Jahren meiner Kindheit, auf den Raum einiger Zimmer beschränkt, ohne Wald, ohne Garten, ohne ein Plätzchen, wo ich meine Träume spinnen konnte. Ich sollte alles lernen, was ich bisher nicht gelernt hatte, ich wurde dressiert von innen und außen, und die Tante, unter deren Augen ich jetzt mein ganzes Leben führte, war eine strenge Frau, die von den hergebrachten Formen kein Tüttelchen herunterließ. Der einzige, der etwas über sie vermochte, war vielleicht der kleine Rudolf, dessen allzu leidenschaftliche Anhänglichkeit mich gegenwärtig zu beunruhigen beginnt. Mit ihm vereint gelang es mitunter, uns zu einer gemeinschaftlichen Wanderung in die Anlagen vor der Stadt loszubitten. – Der Aufenthalt wurde erst erträglich, als der Musikunterricht mir größere Teilnahme abgewann und als ich durch Vermittlung meines Lehrers die Erlaubnis erhielt, einem Gesangvereine beizutreten. Freilich wurde sie nur widerwillig gegeben; denn die Gesellschaft war eine aus allen Ständen gemischte – ›mauvais genre‹, wie die Tante mit einer ablehnenden Handbewegung zu sagen pflegte. Mich kümmerte das nicht. In den Pausen hielt ich mich zu der Schwester einer Hofdame und einer schon ältlichen Baronesse, die beide leidenschaftliche Sängerinnen waren; ein paar Leutnants von der Linie traten zu uns, und wir plauderten, bis der Taktstock wieder das Zeichen gab. Ich hätte von den übrigen kaum einen Namen anzugeben vermocht. Später waren dann die Bedienten zeitig da, um uns nach Hause zu geleiten.

Dann und wann kam ein kurzer förmlicher Brief meines Vaters, der mich ermahnte, in allem der Tante Folge zu leisten, oder ein längerer des Oheims, der kaum etwas anderes enthielt als das Gegenteil davon, bisweilen freilich auch einen Bericht über Schloß und Garten, der mich mit Heimweh nach diesen einsamen Orten erfüllte.

Endlich war der dreijährige Zeitraum verflossen; Tante Ursula und mein Vater kamen, um mich nach Hause zu holen und Rudolfs Mutter übergab mich ihnen als ein nicht ganz mißlungenes Werk ihrer Erziehung. Auch mein Bruder Kuno hatte die Reise mitgemacht; er war gewachsen, aber er sah blaß und leidend aus, und es schnitt mir ins Herz, als bei der Ankunft eine kleine Krücke mit ihm vom Wagen gehoben wurde. Wir waren bald vertraute Freunde; auf dem Heimwege saß er zwischen mir und der Tante und ließ meine Hand nicht aus der seinen.

An einem klaren Aprilnachmittage langten wir zu Hause an. Schon als wir über die Brücke in den Hof einfuhren, sah ich den Oheim neben dem Turme in der Tür stehen. Er war barhäuptig wie gewöhnlich; sein volles graues Haar schien in der Zwischenzeit nicht bleicher geworden. »Nun, da bist du ja!« sagte er trocken und reichte mir die Hand. Als wir im Wohnzimmer waren und ich mich aus meinen Umhüllungen herausgeschält hatte, ließ er einen mißtrauischen Blick über meine modische Kleidung gleiten. »Wie willst du denn mit den Fahnen in die Beletage deines Gartenschlosses hinaufkommen?« sagte er, indem er den Saum meiner weiten Ärmel mit den Fingerspitzen faßte. »Und ich hab es eben expreß für dich putzen lassen.«

Aber seine Besorgnis war überflüssig; das Wesen, das in den Kleidern mit Volants und Spitzen steckte, war dem Kerne nach kein anderes als das in den knappen Kinderkleidern. Es ließ mir keine Ruhe; mit Entzücken lief ich in den Garten, wo eben das junge Grün an den Buchenhecken hervorsprang, durch das Hinterpförtchen in den Tannenwald und von dort wieder zurück ins Haus. Ich flog die breite Treppe hinauf; es kam mir alles so groß und luftig vor. Dann begrüßte ich die altfränkischen Herren und Damen im Rittersaal; aber ich trat unwillkürlich leiser auf, es war mir doch fast unheimlich, daß sie nach so langer Zeit noch ebenso wie sonst mit ihren grellen Augen in den Saal hineinschauten. Droben über der Tür neben den kleinen Grafenkindern stand noch immer der Knabe mit dem Sperling; aber mein Herz blieb ruhig. Ich ging achtlos, und ohne seinen trotzigen Blick zu erwidern, unter dem Bilde weg in das Zimmer des Oheims. Da saß er schon wieder wie sonst in seinem alten Lehnstuhl, unter seinen Büchern und seinem lebenden und toten Getier; Don Pedro, der lahme Starmatz, krächzte noch ganz in alter Weise, als ich den Finger durch die Stangen seines Käfigs steckte; und auch draußen vor dem Fenster saß wieder ein Käuzchen in einem großen hölzernen Bauer und schaute träumend in den Tag. Der Oheim hatte seine Bücher fortgelegt; und während ich die bekannten Dinge eines nach dem andern wieder begrüßte, fühlte ich bald, wie seine grauen Augen mit der alten Innigkeit auf mich gerichtet waren.

Als ich nach einer Weile in die Wohnstube hinabkam, saß auch Tante Ursula schon strickend in ihrer Fensternische, und nebenan in seinem Zimmer sah ich durch die offene Tür meinen Vater über seine Korrespondenzen und Zeitungen gebückt. So war denn alles noch beim alten; nur eine Vermehrung unserer Hausgenossenschaft stand bevor, da noch am selbigen Abend ein junger Mann erwartet wurde, der von meinem Vater auf die Empfehlung eines Gymnasialdirektors als Lehrer für den kleinen Kuno engagiert war. Er hatte Philologie und Geschichte studiert und sich nach einem längern Aufenthalt in Italien dem akademischen Lehrfach widmen wollen, war aber durch äußere Umstände zu einer vorläufigen Annahme dieser Privatstellung genötigt worden. Außer seinen sonstigen Kenntnissen sollte er, was besonders mich interessieren mußte, ein durchgebildeter Klavierspieler sein.

Ich sah ihn zuerst am folgenden Tage, da er unten an der Mittagstafel neben seinem Zögling saß. Das blasse Gesicht mit den raschblickenden Augen kam mir bekannt vor; aber ich sann umsonst über eine Ähnlichkeit nach. Während er die Fragen meines Vaters über seinen Aufenthalt in der Fremde beantwortete, strich er mitunter mit einer leichten Kopfbewegung das schlichte braune Haar an der Schläfe zurück, als wolle er dadurch ein tiefes inneres Sinnen mit Gewalt zurückdrängen. Nach Beendigung des Mittagessens brachte mein Vater das Gespräch auf Musik und bat ihn, bisweilen meinem Gesange mit seinem Akkompagnement zu Hülfe zu kommen.

Obgleich aber dies mit Bereitwilligkeit zugesagt wurde, so verflossen doch einige Wochen, ohne daß ich mich dieser Abrede erinnert hatte; überhaupt bekümmerte ich mich um den neuen Hausgenossen nicht weiter, als daß ich ihn zu Mittag und bei dem gemeinschaftlichen Abendtee in der herkömmlichen Weise begrüßte. Eines Nachmittags aber war mit einer jungen Dame aus der Stadt, mit der ich zuweilen zu singen pflegte, eine Sendung neuer Musikalien angelangt. Wir hatten ein Duett von Schumann hervorgesucht; aber die eigensinnige Begleitung ging über unsere Kräfte. »Wir wollen den Lehrer bitten«, sagte ich und schickte den Diener nach dessen Zimmer.

Er kam nach einer Weile zurück »Herr Arnold könne augenblicklich nicht, werde aber so bald wie möglich die Ehre haben.« So mußten wir denn warten; ich sah nach der Uhr, eine Minute nach der andern verging, es war schon über eine Viertelstunde. Wir hatten uns eben wieder selbst darangemacht, da ging die Tür, und Arnold trat herein. »Ich bedauere, meine Damen; die Stunde des Kleinen war noch nicht zu Ende.«

Ich erwiderte hierauf nichts. – »Wollen Sie die Güte haben!« sagte ich und zeigte auf das aufgeschlagene Notenblatt.

Er trat einen Schritt zurück. »Darf ich bitten, mich der Dame vorzustellen?«

»Herr Arnold!« sagte ich leichthin und ohne aufzublicken; ich nannte den Namen des jungen Mädchens nicht, ich wollte es nicht.

Er sah mich an. Ein überlegenes Lächeln glitt über sein Gesicht, und die leicht aufgeworfenen Lippen zuckten unmerklich. »Fangen wir an!« sagte er dann, indem er sich auf das Taburett setzte und mit Sicherheit die einleitenden Takte anschlug. Dann setzten wir ein; nicht eben geschickt, ich vielleicht am wenigsten; nur die Sicherheit des Klavierspielers hielt uns. Als wir aber bis auf die Mitte des Stückes gekommen waren, hielt er inne.

»Ancora!« rief er, indem er mit der flachen Hand die Noten bedeckte; »aber jede Stimme einzeln! – Sie, mein Fräulein – ich darf mir vielleicht Ihren Namen erbitten!«

Die junge Dame nannte ihn.

»Wollen Sie den Anfang machen!« – Und nun begann, bald auch mit mir, eine strenge Übung; unerbittlich wurde jeder Einsatz und jede Figur wiederholt, wir sangen mit heißen Gesichtern; es war, als seien wir plötzlich in der Gewalt unseres jungen Meisters. Mitunter fiel er selbst mit seiner milden Baritonstimme ein; und allmählich trat das Musikstück in seinen einzelnen Teilen immer klarer hervor, bis wir es endlich unaufgehalten bis zu Ende sangen.

Als er sich lächelnd zu uns wandte, stand mein Vater hinter ihm, der unvermerkt herangetreten war. Das etwas abgespannte Gesicht des alten Herrn, der für Musik kein besonderes Interesse hatte, nahm sich zu der herkömmlichen Freundlichkeit zusammen. »Bravo, mein lieber Herr Arnold«, sagte er, indem er den jungen Mann auf die Schulter klopfte, »Sie haben den Damen heiß gemacht; aber Sie sollten uns auch nun selbst noch etwas singen!«

Arnold, der noch die eine Hand auf den Tasten hatte, setzte sich wieder und begann eines jener italienischen Volkslieder, in denen die Klage um den Glanz der alten Zeit wie ein ruheloser Geist umgeht. Mein Vater blieb noch einige Augenblicke stehen; dann wandte er sich ab und ging, die Hände auf dem Rücken, im Zimmer auf und ab. Seine Gedanken waren längst bei andern Dingen, vielleicht bei dem Bildnis des Königs, das er durch Vermittlung eines einflußreichen Freundes als Geschenk der Majestät zu empfangen Hoffnung hatte. Statt seiner war der kleine Kuno mit seiner Krücke ans Klavier geschlichen und lehnte sich schweigend an seinen Lehrer. Dieser legte unter dem Spielen den Arm um ihn und sang so das Lied zu Ende. – »Hörst du das gern, mein Junge?« fragte er, und als der Knabe nickte und mit zärtlichen Augen zu ihm aufsah, nahm er ihn auf den Schoß und sang halblaut, als solle es dem Kleinen ganz allein gehören, das liebe deutsche Lied: »So viel Stern' am Himmel stehen!«

Aber, ob mit oder ohne Willen, auch für mich war es gesungen. Er sang es später noch oft für mich; denn unmerklich bildete sich seit diesem Tage ein freundlicher Verkehr zwischen uns. Es war aber nicht nur die Musik, die uns zusammenführte; der kleine Kuno hatte bald seine Liebe zwischen mir und seinem Lehrer geteilt und veranlaßte uns dadurch zu mannigfachem Beisammensein in und außer dem Hause.

Eines Tages im Juli waren der Oheim, Arnold und ich mit dem Knaben in der Stadt, um uns nach einem Rollstühlchen für ihn umzutun; denn schon damals begann das Gehen ihm mitunter schwer zu werden. Da unser Geschäft bald besorgt war, so nahmen wir auf Arnolds Vorschlag einen etwas weiteren Rückweg, der am Saume eines schönen Buchenwaldes entlangführte. Hinter demselben in einem Dorfe ließen wir den Wagen halten und wandelten miteinander die Straße hinab, zwischen den meist großen strohbedeckten Bauerhäusern. Nach einer Weile bog Arnold wie zufällig in einen Fußweg ein, welcher zwischen zwei mit Nußgebüsch und Brombeerranken bewachsenen Wällen entlangführte. Wir andern folgten ihm; Kuno, der sich heute kräftiger als sonst zu fühlen schien, hatte seine Augen auf den Hummeln und Schmetterlingen, welche im Sonnenschein um die Disteln schwärmten. Es dauerte indes nicht lange, so hörten zu beiden Seiten die Wälle auf, und vor uns in einer weiten Busch- und Wieseneinsamkeit lag ein stattlicher Bauernhof. Unter einer Gruppe dunkelgrüner Eichen erhob sich das Gebäude mit dem mächtigen, fast bis zur Erde reichenden Strohdache, die braungetünchte Giebelseite uns entgegen, aus der die weißgestrichenen Fenster freundlich hervorleuchteten.

»In jenem Hause«, sagte Arnold, »bin ich als Knabe oft gewesen, und weil es mir hier wie fast nirgends in der Welt gefallen hat, so wünschte ich, daß auch Sie es einmal sähen.«

Der Oheim nickte. »Wer ist denn der Besitzer jenes schönen Gutes?«

»Es ist der Schulze Hinrich Arnold.«

»Hinrich Arnold?«

»Ja, der Bauer auf diesem Gute heißt allzeit Hinrich Arnold.«

»Aber«, fragte ich jetzt, »heißen denn Sie nicht auch so?«

»Die ältesten Söhne aus der Familie tragen alle diesen Namen«, erwiderte er; »auch bei dem Zweige derselben, der in die

Stadt übergesiedelt ist. Der Vater des gegenwärtigen Besitzers war der Bruder des meinigen.«

Mittlerweile waren wir bei dem Hause angelangt. Durch das offenstehende Eingangstor am andern Ende des Gebäudes führte uns Arnold auf die große, die ganze Höhe desselben einnehmende Diele, an deren beiden Seiten sich die jetzt leerstehenden Stallungen für das Vieh befanden. Ein leichter Rauchgeruch empfing uns in dem dämmerigen Raume. Im Hintergrunde, wo vor den Türen der Wohnzimmer sich die Diele erweiterte und durch niedrige Seitenfenster erhellt war, saß neben einem am Boden spielenden kleinen Knaben eine alte Frau in der gewöhnlichen Bauerntracht von dunkelm eigengemachtem Zeuge, das graue Haar unter die schwarzseidene Kappe zurückgestrichen. Als wir näher getreten waren, stand sie langsam auf und musterte uns gelassen mit ein Paar grauen Augen, die unter noch schwarzen Brauen kräftig aus dem gebräunten Gesicht hervorsahen. »Sieh, sieh; Hinrich!« sagte sie nach einer Weile, indem sie unserm jungen Freunde die Hand schüttelte, scheinbar ohne uns andern weiter zu beachten.

»Das ist meine Großmutter«, sagte dieser; »da meine Eltern nicht mehr leben, meine nächste Blutsfreundin.« Dann bedeutete er ihr, wer wir seien; und sie reichte nun auch uns, der Reihe nach, die Hand.

Während sie halb mitleidig, halb musternd auf die Krücke des kleinen Kuno blickte, fragte Arnold: »Ist denn der Schulze zu Haus, Großmutter?«

»Sie heuen unten auf den Wiesen«, erwiderte sie.

»Und Ihr«, sagte mein Onkel, »wartet indessen vermutlich den jüngsten Hinrich Arnold?«

»Das mag wohl sein!« erwiderte sie, indem sie die Tür des einen Zimmers öffnete; »so ein abgenutzter alter Mensch muß sehen, wie er sein bißchen Leben noch verdient.«

»Die Großmutter«, sagte Arnold, als wir hineingetreten waren, »kann es nicht lassen, den Jüngeren behilflich zu sein. – Aber«, fuhr er zu dieser fort, »Ihr wißt es wohl, dem Schulzen ist es schon eine Freude, daß Ihr noch da seid und daß er und die Kinder Euch noch sehen, wenn sie von der Arbeit heimkommen.«

»Freilich, Hinrich, freilich«, erwiderte die Alte; »aber es erträgt einer doch nicht allzeit, wenn der andere so überzählig nebenher geht.« – Sie hatte währenddes zu dem Antlitz ihres Enkels emporgeblickt. »Du siehst nur schwach aus, Hinrich«, sagte sie, »das kommt von all dem Bücherlesen. – Er hätte es besser haben können«, fuhr sie dann zu uns gewendet fort; »denn sein Vater war doch der Älteste zum Hof, und er war wieder der Älteste. Aber der Vater wurde studiert; da muß nun auch der Sohn bei fremden Leuten herum sein Brot verdienen.«

Arnold lächelte; der Oheim sandte ihr einen beobachtenden Blick nach, als sie bei diesen Worten aus der Tür ging. Bald aber kam sie mit einigen Gläsern Buttermilch zurück, die Arnold für uns erbeten hatte.

In der Stube, die nicht zum täglichen Gebrauch bestimmt schien, standen mehrere sehr große Tragkisten an den Wänden, grün oder rot gestrichen, mit blankem Messingbeschlag, die eine auch mit leidlicher Blumenmalerei versehen; so daß fast nur auf der unter dem Fenster hinlaufenden Bank sich Platz zum Sitzen fand. Ich wollte der Alten eine Güte tun. »Ihr seid hier schön eingerichtet; mit all den saubern Kisten!« sagte ich.

Sie sah mich forschend an. »Meinen Sie das?« erwiderte sie, »ich dächte, ein paar eichene Schränke, daneben noch ein Stuhl oder ein Kanapee Platz hätte, wären doch wohl besser; aber es ist einmal die Mode so.«

Der Oheim nahm schweigend eine Prise, indem er mit seinen verschmitztesten Augen zu mir hinüberblickte. Die Alte war nach der Tür gegangen, um von einem über derselben befindlichen Brettchen einen Apfel für meinen Bruder herabzuholen. Da sie nicht hinauflangen konnte, trug ich rasch einen Stuhl herbei, stieg hinauf und reichte ihr den Apfel; zugleich erfreut, dadurch eine Verlogenheit zu verbergen, die ich nicht zu unterdrücken vermochte. Sie ließ mich ruhig gewähren. »Ja«, sagte sie, während sie dem kleinen Kuno den Apfel in die Hand drückte, »das hat jüngere Beine, da kann man nicht mehr mit.« Als ich aber bald darauf die strengen Augen der alten Bäuerin mit dem Ausdruck einer milden Freundlichkeit auf mich gerichtet sah, war mir unwillkürlich, als habe ich etwas gewonnen, das ebenso wertvoll als schwer erreichbar sei.

Bald darauf verließen wir die Stube und besahen die Einrichtung des Gebäudes, vorab den großen, Sauberkeit und Frische atmenden Milchkeller, wie Arnold bemerkte, das eigentliche Staatszimmer unserer Bauern. Dann, während die Alte bei dem künftigen Hoferben zurückblieb, traten wir aus dem Eingangstor ins Freie, unter den Schatten der alten vollbelaubten Eichen. »Ihre Großmutter ist eine Frau von wenig Komplimenten«, sagte der Oheim im Gehen; »aber man weiß nun doch, wo Sie zu Hause sind.«

Arnold ergriff für einen Augenblick die Hand des alten Herrn, die dieser, ohne aufzublicken, ihm gereicht hatte.

Vor uns, seitwärts von dem Hauptgebäude, lag das jetzt leerstehende Abnahmehäuschen. Auf einer Wiese dahinter befanden sich die Reste eines im Viereck gezogenen lebendigen Zaunes, welche die Neugierde meines Bruders erregten. Auch ein Paar Pfähle standen noch in den Büschen, zwischen denen einst ein Pförtchen den Eingang in den kleinen Raum verschlossen haben mochte. »Es ist ein Bienenhof«, sagte Arnold, »den mein Vater als Knabe vor vielen Jahren angelegt hat. Als sein Bruder später das Gut erhielt, hatte er zwar weder Zeit noch Lust, den Betrieb des jungen Bienenvaters fortzusetzen; aber er ließ den Zaun zu seinem Angedenken stehen, und mir zuliebe hat es auch der Schulze so gelassen.«

Vor uns lag, so weit das Auge reichte, eine ausgedehnte Wiesenfläche, hie und da durch lebendige Hecken oder einzelne Baumgruppen unterbrochen. Arnold wies mit der Hand hinaus und sagte: »Hier ist es mir seltsam ergangen. Als zwölfjähriger Knabe, da ich in den Sommerferien bei dem Oheim auf Besuch war, wanderte ich eines Morgens mit meinem einige Jahre älteren Vetter, dem jetzigen Schulzen, da hinab in die Wiesen. Wir gingen immer gradeaus, mitunter durch ein Gebüsch brechend, das unsern Weg durchschnitt. Ich blies dabei auf einer Pfeife, die mir mein Vetter aus Kälberrohr geschnitten hatte; auch ist mir noch wohl erinnerlich, wie an einigen Stellen das Auftreten auf dem sumpfigen, mit weißen Blumen überwachsenen Boden mir ein heimliches Grauen erregte. Nach einer Viertelstunde etwa kamen wir in einen dichten Laubwald, und nach der Sommerhitze draußen empfing uns eine plötzliche Schattenkühle; denn der Sonnenschein spielte nur sparsam durch die Blätter. Mein Vetter war bald weit voran; ich vermochte nicht so schnell fortzukommen, wegen des Unterholzes, das überall umherstand. Mitunter hörte ich ihn meinen Namen rufen, und ich antwortete ihm dann auf meiner Pfeife. Endlich trat ich aus dem Gebüsch in eine kleine sonnige Lichtung. Ich blieb unwillkürlich stehen; mich überkam ein Gefühl unendlicher Einsamkeit. Es war so seltsam still hier; ein paar Schmetterlinge gaukelten lautlos über einer Blume, der Sonnenschein lag schimmernd auf den Blättern, und ein schwerer, würziger Duft schien wie eingefangen in dem abgeschiedenen Raume. In der Mitte desselben auf einem bemoosten Baumstumpf lag eine glänzend grüne Eidechse und sah mich wie verzaubert mit ihren goldenen Augen an. – – Ich weiß dies alles genau; ich weiß bestimmt, daß wir vom Bienenhof hier in grader Richtung über die Wiesen fortgegangen sind. Und doch lacht der Schulze mich aus, wenn ich ihn jetzt daran erinnere; denn dort hinunter liegt kein Wald und hat auch seit Menschengedenken keiner mehr gelegen. – Wo aber bin ich damals denn gewesen?«

»Vielleicht dort nach der andern Seite hin«, sagte mein Oheim.

»Dann hätte der Weg nicht über die Wiesen führen können.«

»Hm; eine grüne Eidechse? Ich habe hier herum so eine noch nicht gefunden. – Wissen Sie, Herr Arnold, es ist doch gut, daß Sie nicht der Schulze hier geworden sind. Sie sind ja ein Phantast, trotz der Anna da mit ihren alten Bildern.«

Ich weiß nicht, weshalb wir beide rot wurden, als der Oheim uns bei diesen Worten eines nach dem andern ansah; aber ich bemerkte noch, wie Arnold mit jener leichten Bewegung den Kopf schüttelte und wie zur Abwehr das Haar mit der Hand zurückstrich.

Auf dem Heimwege, den wir bald darauf antraten, wurde wenig zwischen uns gesprochen. Der kleine Kuno saß bald schlafend in meinem Arm; mir war still und friedlich zu Sinne. Als wir zu Hause anlangten, lagen schon die bräunlichen Tinten des Abends am Horizont, und einzelne Sterne drangen durch den Himmel.

Der Sommer ging auf die Neige, während das Leben im Schlosse seinen ruhigen einförmigen Verlauf nahm. Arnold und sein kleiner Schüler schienen immer mehr Gefallen aneinander zu finden; denn der Knabe lernte leicht und willig, wenn die Unterrichtsstunden auch mitunter durch seine Kränklichkeit unterbrochen wurden. Auffallend schwer wurde ihm dagegen das Auswendiglernen alter Kirchenlieder, von denen er an jedem Sonntagmorgen einige Verse vor dem Vater in dessen Zimmer aufsagen mußte. – Eines Vormittags wollte ich, um ihn zu ermutigen, das ihm aufgegebene Lied von Nicolai gleichfalls auswendig lernen. Ich war in den Rittersaal hinaufgegangen; bald aber trat ich durch die offenstehende Tür in das Zimmer des Oheims, der wie gewöhnlich um diese Zeit im Lehnstuhl an seinem Tische saß. Er warf einen flüchtigen Blick zu mir hinüber und fuhr dann schweigend fort, die am vorhergehenden Tage gefangenen Insekten auf einer Korktafel auszuspannen. Ich ging mit meinem Buche im Zimmer auf und ab, erst leise und allmählich lauter die Worte des Gesanges vor mir hermurmelnd. So kam ich an den dritten Vers:

> Geuß sehr tief in mein Herz hinein,
> Du heller Jaspis und Rubin,
> Die Flammen deiner Liebe.

Mein Onkel erhob plötzlich den Kopf und sah mich scharf durch seine großen Brillengläser an. »Tritt her!« sagte er. »Was lernst du da?« Als ich Folge geleistet hatte, zeigte er mit dem Finger auf einen schwarzen Käfer, der mit aufgesperrten Kiefern an der Nadel steckte. »Weißt du«, fuhr er fort, »wie der Carabus den Maikäfer frißt?« – – Und nun begann er mit unerbittlicher Ausführlichkeit die grausame Weise darzulegen, womit dies gefräßige Insekt sich von andern seinesgleichen nährt. – Ich hatte selbst so etwas in unserm Garten wohl gesehen, aber es hatte weitere Gedanken nicht in mir angeregt. Meine Augen hingen regungslos an den Lippen des alten Mannes; es überfiel mich eine unbestimmte Furcht vor seinen Worten.

»Und das, mein Kind«, sprach er weiter, indem er jedes seiner Worte einzeln betonte, »ist die Regel der Natur. – – Liebe ist nichts als die Angst des sterblichen Menschen vor dem Alleinsein.«

Ich antwortete nicht; mir war plötzlich, als wäre der Boden unter meinen Füßen fortgezogen worden. Der Ausdruck meines Gesichts mochte das verraten haben, denn auch mein Oheim schien über die Wirkung seiner Worte bestürzt zu werden. »Nun, nun«, sagte er, indem er mich sanft in seinen Arm nahm; »es mag vielleicht nicht so sein; nur etwas anders doch, als es dort in deinem Katechismus steht.« – –

Aber die Worte wühlten in mir fort; mein Herz hatte in der Einsamkeit so oft nach Liebe geschrien, während ich in den weiten Gemächern des Hauses umherstrich, wo nie die Hand einer Mutter nach der meinen langte. Um die Mittagszeit sah ich die Leute von der Feldarbeit zurückkehren. Mir war, als müßte der Ausdruck der Trostlosigkeit auf allen Gesichtern zu lesen sein; aber sie schlenderten wie gewöhnlich gleichgültig und lachend über den Hof.

Am Nachmittage, als müßte ich ihn zwingen weiterzureden, trieb es mich wieder nach dem Zimmer des Oheims. Die Tür stand offen, aber er selbst war nicht dort. – Mitten auf der Diele lag eine schwarze Katze, eine gefangene Maus zwischen den Krallen, die sich in der Nachmittagsstille hervorgewagt haben mochte. Ich blieb auf der Schwelle stehen und schaute grübelnd zu. Die Katze begann ihr Spiel zu treiben; sie zog die Krallen ein, und die Maus rannte hurtig über die Dielen und an den Wänden entlang. Aber die grünen glimmenden Augen hatten sie nicht losgelassen; ein heimliches Spannen der Muskeln, ein Satz, und wieder lag das Raubtier da, mit dem glänzenden Schwanz den Boden fegend, die gefangene Maus vorsichtig mit den spitzen Zähnen fassend. Sie war noch nicht aufgelegt, ein Ende zu machen; das Spiel begann von neuem. Manchmal, wenn sie die kleine entrinnende Kreatur immer wieder mit der zierlich gekrümmten Pfote an sich riß, wollte mich fast das Mitleid überwältigen; aber ein Gefühl, halb Trotz, halb Neugier, hielt mich jedesmal zurück.

Während ich so für mich hinbrütend dastand, hörte ich die gegenüberliegende Tür gehen, indes die Katze mit ihrem noch lebenden Opfer davonsprang. »Sie, gnädiges Fräulein!« sagte eine jugendliche Stimme; und als ich aufblickte, sah ich Arnold vor mir stehen, der seit einiger Zeit mit dem Oheim viel verkehrte. Da ich ihm nichts erwiderte, so machte er eine Bewegung, als wollte er sich entfernen; plötzlich aber, als habe er auf meinem Antlitz die Hülflosigkeit meines Innern gelesen, zögerte er wieder und sagte fast demütig: »Kann ich Ihnen in irgend etwas dienen, Fräulein Anna?«

Es war ein Ausdruck in seinen Augen, der mich reden machte. Ich trat an den Tisch und zeigte ihm des Oheims Spannbrett, auf welchem noch der schwarze Käfer steckte.

»Befreien Sie mich von dem«, sagte ich, »und – von der schwarzen Katze!« Und als er mich zweifelnd ansah, erzählte ich ihm, was mir am Vormittage hier geschehen und was soeben vor meinen Augen vorgegangen war. Er hörte mich ruhig an. »Und nun?« fragte er, als ich zu Ende war.

»Ich habe bisher noch immer den Finger des lieben Gottes in meiner Hand gehalten«, sagte ich schüchtern.

Seine Augen ruhten eine Weile wie prüfend auf mir. Dann sagte er leise: »Es gibt noch einen andern Gott.«

»Aber der ist unbegreiflich.«

Ein mildes Lächeln glitt über sein Antlitz. »Das sind noch die Kinderhände, die nach den Sternen langen.« – Er stand einige Augenblicke in Nachdenken verloren; dann sagte er: »In der Bibel steht ein Wort: So ihr mich von ganzem Herzen suchet, so will ich mich finden lassen! – Aber sie scheinen es nicht zu verstehen; sie begnügen sich mit dem, was jene vor Jahrtausenden gefunden oder zu finden glaubten.« – Und nun begann er mit schonender Hand die Trümmer des Kinderwunders hinwegzuräumen, das über mir zusammengebrochen war; und indem er bald ein Geheimnis in einen geläufigen Begriff des Altertums auflöste, bald das höchste Sittengesetz mir in den Schriften desselben vorgezeichnet wies, lenkte er allmählich meinen Blick in die Tiefe. Ich sah den Baum des Menschengeschlechtes heraufsteigen, Trieb um Trieb, in naturwüchsiger ruhiger Entfaltung, ohne ein anderes Wunder als das der ungeheuren Weltschöpfung, in welchem seine Wurzeln lagen.

Die Begeisterung hatte seine Wangen gerötet, seine Augen glänzten; ich horchte regungslos auf diese Worte, die wie Tautropfen in meine durstige Seele fielen. Da, als ich zufällig aufblickte, sah ich meinen Oheim an dem gegenüberliegenden Fenster stehen, scheinbar an den Käfigen seiner Vögel beschäftigt; als aber jetzt auch Arnold den Kopf zu ihm wandte, hob er drohend den Finger. »Wenn das meine brüderliche Exzellenz wüßte!« sagte er. »Steht denn der Unterricht auch in dem allerhöchst genehmigten Stundenplan? – Nun, nun«, fuhr er lächelnd fort, »ich werde das nicht verraten!« Dann trat er an den Tisch, und indem er mit einer gewissen Feierlichkeit seine Hand über die darauf liegenden Werke der neueren Naturforscher hingleiten ließ, sagte er halblaut, wie zu sich selber: »Das sind die Männer, die ihn suchen, von denen er sich wird finden lassen; aber der Weg ist lang und führt oftmals in die Irre.« – – –

Ich gedenke noch, wie dieser Tag sich neigte. – Das Abendrot leuchtete an den Wänden der Wohnstube; mein kleiner Bruder, der an dem Tischchen in der Fensternische saß und über den Hof in den Garten hinabblickte, wollte noch gern einmal ins Freie; aber ich und »der liebe Arnold« sollten mit. Da mein Vater auswärts war, so ließ die Tante sich bereden. Nachdem Arnold von seinem Zimmer herabgekommen, packten wir den Knaben in sein Rollstühlchen und ließen es durch den Diener in den Garten bringen. Aber dann durfte wiederum niemand anfassen, als Arnold und ich; und so schoben wir denn, jeder mit einer Hand, das kleine Gefährte in der breiten Lindenallee auf und ab. Die Tante mit ihrem Filettüchlein um den Kopf ging nebenher und zog mitunter das Mäntelchen dichter um die Füße des Knaben. Aber kaum ein Wort wurde gewechselt; es war still bis in die weiteste Ferne; nur mitunter sank leise ein Blatt aus dem Gezweig zur Erde, und oben über den Wipfeln war das stumme, ruhelose Blitzen der Sterne. Das Kind saß zusammengesunken und träumend in seinen weichen Kissen; nur einmal richtete es sich auf und rief: »Arnold, Anna! da flog ein Goldkäferchen, ganz oben bei den Sternen!«

»Das war eine Sternschnuppe, mein Kind«, sagte Tante Ursula.

Ich sah, wie Arnold den Kopf zu mir wandte; aber wir sprachen nicht; wir fühlten, glaub ich, beide, daß dieselben Gedanken uns bewegten. Als wir bald darauf mit dem schlafenden

Kinde in das Haus zurückgekehrt waren, stand ich noch lange am Fenster und blickte in die Nacht hinaus. Es war ein Gefühl ruhigen Glückes in mir; ich weiß nicht, war es die neue, bescheidenere Gottesverehrung, die jetzt in meinem Herzen Raum erhielt, oder gehörte es mehr der Erde an, die mir noch nie so hold erschienen war.

Im September hatten wir, da in den unteren Zimmern eine Reparatur vorgenommen wurde, uns oben in dem großen Bildersaale eingerichtet. Es war an einem Sonntagvormittage. Am Abend sollte in der Stadt die Einweihung des neuerbauten Rathauses mit festlichen Aufführungen und darauffolgendem Ball begangen werden. Mein Vater, der guter Laune war, da das erhoffte Königsbild seit einigen Tagen nun wirklich in seinem Zimmer hing, hatte auf die Einladung der städtischen Behörde für uns alle zugesagt. Die Oberforstmeisterin von dem uns zunächst gelegenen Gute und eine bei ihr lebende Schwester, welche den nach meiner Rückkehr abgestatteten Besuch noch nicht erwidert hatten, wurden zu Tisch erwartet. Die Damen waren gleichfalls eingeladen und wollten am Abend gemeinschaftlich mit uns zur Stadt fahren.

Ich saß mit einer Handarbeit am Fenster. Arnold, mit dem ich zuvor gesungen hatte, stand noch im Gespräche neben mir. Er hatte mich eben auf den Abend um einen Tanz gebeten, als meine Tante mit den erwarteten Gästen in den Saal trat. Die Oberforstmeisterin war ein stattliche Dame in mittleren Jahren; ihre Augen waren beständig halb geschlossen, als sei die Welt ihres vollen Blicks nicht wert, und ich dachte immer, ihr Fuß müsse jedes kleine Geschöpf auf ihrem Wege zertreten; sowenig sah sie, was unter ihr am Boden war. Aber die Fältchen um ihre Augen verschwanden, als sie auf mich zukam; sie küßte mich, sie war entzückt von der Frische meines Teints und dem Glanz meiner Augen; in ihrer matten Sprechweise überschüttete sie mich mit Zärtlichkeiten. Meine Tante hatte ihr Arnolds Namen genannt, und sie hatte, während sie das Gespräch mit mir fortsetzte, seine Verbeugung leicht und höflich erwidert.

»Ist der junge Mann ein Verwandter des Herrn von Arnold auf Grünholz?« fragte sie mich nach einiger Zeit.

Ich hatte nicht den Mut, es einfach zu verneinen, als ich in das hochmütige Gesicht dieser Frau blickte. »Ich glaube kaum«, sagte ich leise; »er hat uns nicht davon gesprochen.«

Aber er mußte meine Lüge gehört haben; denn schon war er näher getreten, und während ich seinen ernsten Blick auf meinen niedergeschlagenen Augen zu fühlen glaubte, hörte ich ihn sagen: »Ich heiße Arnold, gnädige Frau, und bin seit einigen Monaten der Lehrer des jungen Barons.«

Die Oberforstmeisterin ließ wie musternd ihre Augen über ihn hingleiten. »So?« sagte sie trocken; »der Kleine macht Ihnen gewiß recht große Freude!« Dann wandte sie sich mit einem verbindlichen Lächeln zu meiner Tante und begann mit dieser ein Gespräch.

Arnold blickte ruhig über sie hin; es war ein Ausdruck der Verwunderung in seinen dunkeln Augen.

Bald darauf ging meine Tante mit den beiden Damen nach ihrem Zimmer. Ich blieb bei meiner Arbeit am Fenster sitzen; Arnold stand neben dem offenen Klavier. Keiner von uns sprach; es war wie beklommene Luft im Zimmer. »Singen Sie doch etwas«, sagte ich endlich; »ein Volkslied, oder was Sie wollen!«

Er setzte sich, ohne zu antworten, ans Klavier, und nach ein paar leidenschaftlichen Akkordenfolgen sang er in bekannter Volksweise:

> Als ich dich kaum gesehn,
> Mußt es mein Herz gestehn,
> Ich könnt dir nimmermehr
> Vorübergehn.
>
> Fällt nun der Sternenschein
> Nachts in mein Kämmerlein,
> Lieg ich und schlafe nicht,
> Und denke dein.

Die Melodie hatte ich oft gehört; aber der Text war ein anderer. Mir kam eine Ahnung, daß diese Worte mir galten; ich fühlte, wie seine Stimme bebte, als er weitersang. Aber die Worte klangen süß, daß ich wie träumend die Arbeit ruhen ließ.

> Ist doch die Seele mein
> So ganz geworden dein,
> Zittert in deiner Hand,
> Tu ihr kein Leid!

Er sang die Strophe nicht zu Ende; er war aufgesprungen und stand vor mir. »Fräulein Anna«, sagte er, und in seiner Stimme klang noch die ganze Aufregung des Gesanges; »weshalb verleugneten Sie mich vor jener Frau?«

»Arnold!« rief ich. »Oh, bitte, Arnold!« Denn die Worte hatten mich grade ins Herz getroffen.

Als ich aufblickte, fuhr ein Strahl von Stolz und Zorn aus seinen Augen. Ich konnte es nicht hindern, daß mir die Tränen über die Wangen liefen und auf meine Arbeit herabfielen. Er sah mich einen Augenblick schweigend an; dann aber verschwand der Ausdruck der Heftigkeit aus seinem Antlitz. »Weinen Sie nicht, Anna«, sagte er; »es mag schwer zu überwinden sein, wenn einem die Lüge schon als Angebinde in die Wiege gelegt ist.«

»Welche Lüge? Was meinen Sie, Herr Arnold?«

Seine Augen ruhten mit einem Ausdruck des Schmerzes auf mir. »Daß man mehr sei als andere Menschen«, sagte er langsam. »Wer wäre so viel, daß er nicht einmal auf Augenblicke dadurch herabgezogen würde!«

»O Arnold«, rief ich, »Sie wollen alles in mir umstürzen!«

Er sah mich wieder mit jenen resoluten Augen an, als da ich zum ersten Mal ihm gegenüberstand; und jetzt plötzlich wußte ich es, was mich so vertraut aus diesem Antlitz ansprach. Ich schwieg; denn mir war, als fühlte ich das Blut in meine Wangen steigen. Dann aber, als er mich fragend anblickte, suchte ich mich zu fassen und wies mit der Hand nach jenem alten Familienbilde oberhalb der Tür. »Sehen Sie keine Ähnlichkeit?« fragte ich. »Der eine von jenen Knaben muß Ihr Vorfahr sein.«

Er warf einen flüchtigen Blick auf das Bild. »Sie wissen ja«, erwiderte er kopfschüttelnd, »ich gehöre nicht zu den Ihrigen.«

»Ich meine den Knaben, der den Sperling auf der Hand trägt«, sagte ich.

Ein Ausdruck des bittersten Hohnes flog über sein Gesicht. »Den Prügeljungen? – Das wäre möglich; meine Familie ist ja hier zu Haus.« Aber gleich darauf strich er mit jener leichten Kopfbewegung das Haar zurück und sagte fast weich: »Verzeihen Sie mir, Fräulein Anna; ich bin nicht immer gut.«

Ich war aufgestanden, und ich glaube, ich habe ihn mit meinen finstersten Augen angesehen. »Sie machen mir den Vorwurf«, erwiderte ich, »aber Sie selbst, meine ich, sind der Hochmütige!«

»Nein, nein«, rief er, indem er die Hand wie abwehrend von sich streckte, »das ist es nicht; ich schätze niemanden gering.«

Unser Gespräch wurde unterbrochen. Die Damen kamen zurück, und ich hatte Mühe, meine Aufregung zu verbergen.

Am Abend befanden wir uns alle, außer dem Oheim, der niemals eine Gesellschaft besuchte, in dem schönen, hell erleuchteten Rathaussaale der nächsten Stadt.

Es war eine Reihe von lebenden Bildern gestellt, welche die verschiedenen Epochen der städtischen Entwicklung zur Anschauung bringen sollten. Nun wurde der Saal geräumt, um Platz zum Tanzen zu gewinnen; jung und alt stand umher, sich über die eben beendigten Aufführungen unterhaltend. »Scharmant; in der Tat scharmant!« hörte ich die Stimme meines Vaters; ich sah ihn bald mit diesem, bald mit jenem in verbindlicher Weise konversieren; er lächelte, er bot den Herren seine Dose; es schien überall eine harmlose Gegenseitigkeit zu walten. Ich hatte mich Arnold zum ersten Tanz versagt; mir klopfte das Herz; denn ich hatte seit lange nicht und niemals noch mit ihm getanzt. Meine gesangskundige Freundin hatte sich zu mir gefunden; wir hatten Arm in Arm gelegt und wandelten unter den brennenden Kronleuchtern plaudernd auf und ab. Während schon die Musikanten ihre Geigen stimmten, kam mein Vater auf uns zu. Er machte der jungen Dame über ihre Mitwirkung in den gestellten Bildern ein Kompliment und sagte dann wie beiläufig: »Du wirst dich fertigmachen müssen, Anna; der Wagen ist vorgefahren.«

»Was, Sie wollen schon fort? – Anna! Die Uhr ist ja kaum erst zehn!« rief das junge Mädchen.

Mein Vater neigte sich höflich zu ihr. »Wir müssen herzlich bedauern; aber ich hoffe, Sie werden uns recht bald bei uns zu Hause das Vergnügen machen.«

Mir quoll das Herz, aber ich schwieg; es konnte mich nicht überraschen, was geschah; ich hatte es in meiner Freude nur vergessen.

Nun traten auch andere hinzu; und es erfolgten Bitten und freundliches Drängen von allen Seiten; mein Vater hatte vollauf zu tun, das alles in leicht hingeworfenen Worten abzulehnen. Die Vorwände waren zwar augenscheinlich nichtig; aber sie waren ja auch nicht darauf berechnet, Glauben zu erwecken. Man begann denn auch allmählich zu begreifen; es entstand eine Stille, und die Leute zogen sich einer nach dem andern zurück. Mein Vater wandte sich an seinen Hauslehrer. »Amüsieren Sie sich, liebster Herr Arnold, und haben Sie nur die Güte, dem Kutscher zu sagen, wann Sie geholt sein wollen.«

»Ich danke, Exzellenz; ich werde gehen.«

Dann brachen wir auf. Tante Ursula, die Oberforstmeisterin und ihre Schwester nahmen mich in ihre Mitte; so schritten wir an der schweigenden Gesellschaft vorbei den Saal hinab. Es waren Männer darunter, die den Stempel langjähriger ernster Gedankenarbeit auf der Stirn trugen, Jünglinge mit tiefen vornehmen Augen, Mädchen mit allem Stolz und aller Grazie der Jugend; wir aber waren etwas zu Apartes, um uns mehr als andeutungsweise mit ihnen zu bemengen. Im Vorübergehen sah ich den stillen Ausdruck der Kränkung auf manchem jungen Antlitz, auf manchem alten ein ruhiges Lächeln. Ich mußte die Augen niederschlagen; ich haßte – nein, ich verachtete, mit Füßen hätte ich sie von mir stoßen mögen, die mich zwangen, mich so vor mir selber zu erniedrigen.

Am andern Vormittag, da ich noch ganz erfüllt von solchen Gedanken in den Garten gegangen war, begegnete mir Arnold in dem hinteren Quergange der Lindenallee. Es lag eine finstere Trauer in seinen Augen, als er langsam auf mich zukam. Wie von innerer Gewalt gedrängt, streckte ich beide Hände gegen ihn aus. »Arnold!« rief ich, »das war nicht meine Schuld!«

Er ergriff sie und sah mir eine Weile voll und tief in die Augen. »Dank, Dank für dieses Wort«, sagte er, indem alle Düsterkeit aus seinem Angesicht verschwand; »es hat nicht helfen wollen, daß ich es mir selbst schon tausendmal gesagt habe.«

Dann gingen wir schweigend nebeneinander ins Schloß zurück; mir war, als sei eine Zentnerlast von meiner Brust gefallen, als ich jetzt wieder zu der Tante in den Saal trat.

Bald darauf wurde es eine trübe, einsame Zeit. Die Schwäche des kleinen Kuno nahm in einer Weise zu, daß der Arzt jeden Unterricht auf Jahre hinaus untersagte. – Infolgedessen verließ uns Arnold; er wollte nach der Residenz, um sich an der dortigen Universität als Dozent zu habilitieren.

Der kleine Kranke war fast nicht zu trösten; Arnold mußte ihm versprechen, daß er wiederkommen oder daß er ihn zu sich holen wolle, sobald seine Kräfte wieder zugenommen hätten. Wenn wir vorausgewußt hätten, daß schon nach einem Monat das kleine Bett leer stehen würde, er wäre wohl so lange noch geblieben.

An einem klaren Novembervormittag hielt unser Wagen unten auf dem Hofe, um ihn zur nahen Stadt zu bringen. Ich war, von einem Gefühl schmerzlicher Unruhe getrieben, in den Garten hinabgegangen; die Buchenhecken waren schon gelichtet, die letzten gelben Blätter wehten von den Bäumen. Während ich in dem Gange hinter dem Laubschlosse auf und ab ging, sah ich Arnold in dem Hauptsteige herabkommen; er stand mitunter still und blickte um sich her; ich fühlte wohl, daß er mich suchte. Aber ich ging ihm nicht entgegen; ein Trotz, eine Wollust des Schmerzes überfiel mich; ich sollte ihn auf immer verlieren, so wollte ich auch diese letzten, armseligen Minuten von mir werfen. Ich schlich mich leise durch die Büsche in die Seitenallee und floh wie ein gejagtes Wild den Steig hinab. Unten durch eine Lücke des Zaunes schlüpfte ich in das angrenzende Gehölz. Dann, nachdem ich seitwärts durch die Bäume gegangen war, so weit, daß ich den Hauptgang des Gartens überblicken konnte, stand ich still und schlang den Arm um einen Tannenstamm. Ich sah noch, wie Arnold aus dem Garten trat, wie hinter ihm das eiserne Gittertor zuschlug. Ich rührte mich nicht; als ich nach einer Weile hörte, wie der Wagen über das Steinpflaster des Hofes rollte, warf ich mich auf den Boden und weinte bitterlich.

Da legte sich eine Hand sanft auf meine Schulter. Es war mein Oheim. »Komm«, sagte er, »komm, mein Kind; wir wollen noch einige Kiefernäpfel für meinen Kreuzschnabel suchen.« Er hob mich vom Boden auf und strich mit der Hand die trockenen Tannennadeln aus meinen Haaren; dann, während er einige Kienäpfel zwischen den Stämmen aufsammelte, führte er mich ins Haus und über eine Hintertreppe auf sein Zimmer. »So«, sagte er und drückte mich in seinen großen Lehnstuhl nieder und streichelte mir die Wangen, »besinne dich, mein Kind!« – Ein paarmal ging er, die Hände auf dem Rücken, im Zimmer auf und nieder; dann fütterte er den Kreuzschnabel und den lahmen Starmatz und machte sich draußen vor dem Fenster am Bauer des Käuzchens was zu tun; endlich kam er wieder zu mir zurück. »Es wird recht einsam für dich werden«, sagte er; »im Winter allein mit all den alten Menschen; aber um Ostern – ich hab es mir bedacht –, da reisen wir beide einmal – was meinst du von der Residenz? – Ich werde den Vetter bitten, daß er dich mit mir reisen läßt. – – Der Arnold ist dann auch dort«, setzte er wie beiläufig hinzu; »er kann uns umherführen; der Bursche muß ja dann schon überall Bescheid wissen.«

Als ich bei diesen Worten seine Augen mit dem Ausdruck der zartesten Fürsorge auf mich gerichtet sah, gedachte ich unwillkürlich der seltsamen Erklärung der Liebe, die er mir vor einiger Zeit und an derselben Stelle gegeben hatte. »Onkel«, sagte ich leise, während ich den Druck seiner Hand an der meinen fühlte, »ist denn das auch nur die Furcht vor dem Alleinsein?«

»Freilich«, erwiderte er, »was denn anders, Kind? – Mein lahmer Starmatz und der alte Herr mit den Brillenaugen dort draußen vor dem Fenster, es sind zuzeiten schon ganz unterhaltende Gesellen; aber sie gehören denn doch, wie Hegel sagt, zu dem schlechthin Fremdartigen; und – mitunter, glaub ich, verstehen sie mich nicht ganz.«

Ich sah ihn zärtlich an und schüttelte den Kopf.

»Nun, nun«, fügte er sanft hinzu, »vielleicht ist es auch die Furcht, daß du allein seist.«

─────────

Hier brachen die beschriebenen Blätter ab.

Ein anderer Tag

Die schweren Fenstervorhänge des Wohnzimmers schienen heute fast zu dunkel; denn draußen über dem Garten lag ein feuchter Oktobernachmittag. – Zwischen der Gutsherrin und ihrem jungen Verwandten war soeben ein Gespräch verstummt, das von besonderer Bedeutung gewesen sein mußte; denn während sie an ihren Schreibtisch ging und das Heft hervornahm, woran sie vor einigen Wochen geschrieben hatte, lehnte er in der Fensternische und blickte, augenscheinlich mit einer schmerzlichen Verstimmung kämpfend, in den trüben Tag hinaus.

»Lies das, Rudolf, lies es jetzt gleich«, sagte sie, die Blätter vor ihm auf die Fensterbank legend; »ich dachte, es sei nur für mich selbst, als ich es niederschrieb; aber ich vertraue dir, und es wird gut sein, wenn du weißt, wie es einst mit mir gewesen ist.«

Er nahm schweigend das Heft und begann zu lesen. Sie sah ihm eine Weile zu; dann setzte sie sich in einen Sessel vor dem Kamin, in welchem der kühlen Jahreszeit wegen schon ein leichtes Feuer brannte. – Sie durchdachte noch einmal den Inhalt des Geschriebenen, und unwillkürlich schrieb sie in Gedanken weiter. Wie Nebelbilder erhellten sich einzelne Szenen ihrer Vergangenheit vor ihrem innern Auge und verblaßten wieder. Als Rudolf einmal unter dem Lesen einen Blick nach ihr hinüberwarf, sah er, wie sie die geballten Hände gegen ihre Augen drückte. Es waren die Tage ihrer Hochzeit, die grell beleuchtet vor ihr standen. Sie suchte mit körperlicher Gewalt der Bilder Herr zu werden, die sich frech und meisterlos zu ihr herandrängten und nicht weichen wollten. Und es gelang ihr auch. Es wurde finster um sie her; ihr war, als ginge sie durch den Bauch der Erde. Sie hörte vor sich einen kleinen schlurfenden Schritt; in tödlicher Sehnsucht streckte sie die Arme aus; sie wußte es, es war ihr totes Kind, das vor ihr ging, ganz einsam durch die dichte Nacht; es konnte nicht fort, es hatte Erde auf den kleinen Füßen. Aber wo war es? Ihre zitternden Hände griffen umsonst in die leere Finsternis. – Da blickten ein Paar Augen durch die Nacht; und es wurde wieder hell; denn diese Augen gehörten noch dem Leben an. »Arnold«, sprach sie leise. – So hatte er sie angeschaut, als die kleinen Augen ihres Kindes sich geschlossen, tröstlich und doch ein Spiegel ihres Schmerzes; so auch, jahrelang nach jenem stummen Abschiednehmen dort im Garten, als sie in der Residenz, mit ihrem Gemahl in eine Gesellschaft tretend, ihn zum ersten Male wiedergesehen hatte. Sein Name war damals schon ein vielgenannter; er war ein Mann von »Distinktion« geworden, und auch hochgestellten Personen schmeichelte es, ihn unter ihren Gästen nennen zu können. So geschah es, daß sie sich von nun an zuweilen am dritten Orte sahen; bald aber kam er auch in ihr Haus, oft und öfter, zuletzt fast täglich, wenn auch nur auf Augenblicke. Was er für seine Vorlesungen, was er sonst zur Veröffentlichung niederschrieb, es war zuvor in geistigem Austausch zwischen ihnen hin und wider gegangen. Sie wurde allmählich sein Gewissen in diesen Dingen; er konnte ihrer Bestätigung kaum noch entbehren. – Mittlerweile war ihr Kind geboren und nach kaum Jahresfrist wieder gestorben. Sie hatten sich dadurch unwillkürlich nur um so fester aneinandergeschlossen; sie ahnten wohl selber kaum, daß ihr Verhältnis allmählich ein Gegenstand des öffentlichen Tadels geworden sei. Auch dem Gemahl der jungen Frau schien dies verborgen geblieben; sein Amt vergönnte ihm nur geringe Zeit in seinem eigenen Hause; er suchte überdies nicht dort, sondern in den tausend kleinen Dingen bei Hofe den Schwerpunkt seines Leens. – Endlich, wie es nicht ausbleiben konnte, kam ihnen selbst der Augenblick plötzlicher Erkenntnis. – Sie sah es noch, wie er damals die Blätter, aus denen er ihr gelesen, zusammenrollte, wie seine Hand zitterte und wie er durch die Tür verschwand. Kein Wort einer schmerzlichen Erklärung war zwischen ihnen laut geworden; aber sie wußten es beide, er, daß er nicht wiederkehren dürfe, sie, daß er nicht wiederkehren würde. – – Es war zu spät gewesen. Rastlos und heimlich hatte das Gerücht geschafft, und schon war auch das letzte Körnchen zugetragen, das die über ihren Häuptern drohende Lawine herabstürzte. Sie mußte in eine Trennung von ihrem Gemahl willigen; seine Stellung zum Hofe und zur Gesellschaft verlangten das. – Öde, trostlose Tage folgten.

Rudolf hatte die Geschichte seiner Verwandten gelesen, soweit jene Blätter sie enthielten. Er blickte durch das Fenster den

Buchengang hinab. Dort am Ende desselben hinter der Lindenallee lag der Tannenwald, in dem damals um einen ihm unbekannten Menschen von niedriger Herkunft ihre heißen Tränen geflossen waren. – »Und wie kam es dann später?« fragte er nach einer Weile, während er die Blätter aus der Hand legte.

Sie blickte auf, als müsse sie erst den Sinn zu dem Wortlaute finden, der eben an ihr Ohr gedrungen war. »Dann«, sagte sie endlich – »dann kam ein Augenblick der Schwäche.«

Rudolf nickte. »Ich weiß, du hast ihn wiedergesehen.«

Eine dunkle Röte bis unter das schwarze Haar überlief ihre Stirn. »Nein«, sagte sie »das war es nicht. Aber ich war so jung; ich duldete es, daß mich mein Vater einem fremden Mann zur Ehe gab.«

»Noblesse oblige!« erwiderte er leichthin. »Was hätte denn geschehen sollen?«

»Sprich nicht so, Rudolf; die Anmaßung wird nicht schöner dadurch, daß man sie als ein apartes Pflichtgebot formuliert.«

»Es hat sich so gefügt«, sagte er mit einer gewissen Strenge, »daß du durch diese Grundsätze gelitten hast.«

Sie nickte. »Oh«, rief sie, »ich habe gelitten! Und nach Jahren, als mein Herz bitter und mein Sinn hart geworden – es ist wahr, wir haben uns wiedergesehen; und jene armselige Ehe ist darüber fast zerbrochen. – Aber – sie logen, sie logen alle!« Sie war aufgesprungen und preßte zitternd ihre Hände gegeneinander. – »So«, rief sie, »so, Rudolf, habe ich mein Herz gehalten.«

»Und doch«, erwiderte er, »ich lebte damals viele Meilen von deinem Wohnorte, und doch habe ich auch dort gehört, wie sie es sich gierig in die Ohren raunten.« Er verstummte plötzlich, als habe er zuviel gesagt.

Aber sie blickte ihn finster an. »Sprich nur«, sagte sie; »ich weiß es alles, alles!«

Er sah ihr voll leidenschaftlicher Spannung in die Augen. »Und jenes Kind?« fragte er endlich.

»Es war das meine«, sagte sie, und ihre Stimme bebte vor Schmerz.

»Das deine; – und nicht auch das seine?«

Sie sah ihn mit weit aufgerissenen Augen an, während eine Flut von Tränen über ihr Gesicht stürzte; Trotz und Verachtung gegen die Menschen, die sie besudeln wollten, fraßen an ihrem Herzen. »Nein, Rudolf«, rief sie, »leider nein!« – Einen Augenblick stand sie hoch aufgerichtet; dann warf sie sich in den Lehnstuhl und drückte beide Hände vor die Augen.

Der junge Mann war neben ihr aufs Knie gesunken; sein Blick ruhte angstvoll auf ihren blassen Fingern, durch welche immer neue Tränen hervorquollen. Einmal erhob er die Hand, als wolle er die ihrigen herabziehen; aber er ließ sie wieder sinken. – Als sie ruhiger geworden, ließ sie einige Sekunden ihre Augen auf dem jungen Antlitz ruhen, aus dem die Anbetung wie ein Opfer zu ihr emporstieg. Bald aber lehnte sie den Kopf zurück und starrte mit zusammengezogenen Brauen gegen die Zimmerdecke. »Geh jetzt, Rudolf!« sagte sie leise.

Der junge Mann ergriff die Hand, die wie leblos in ihrem Schoße lag, und küßte sie. Dann stand er auf und ging.

Es war dämmerig geworden; ein greller Abendschein leuchtete an der Wand; aber in den Ecken und am Kamin dunkelte es schon, und allmählich wuchs die Dämmerung. Die in dem tiefen Lehnsessel ruhende Frauengestalt war kaum noch erkennbar; dann fiel ein bleiches Mondlicht über den getäfelten Fußboden. Draußen erhob sich der Wind. Er kam aus weiter Ferne; ihr war, als sähe sie, wie er drunten über die mondhelle Heide fegte, wie er die Wolkenschatten vor sich hertrieb; sie hörte es näher kommen, die Tannen sausten, die alten Linden der Gartenallee; und nun fuhr es gegen die Fenster und warf einen Schauer von abgerissenen Blättern an die Scheiben. – Der große Hund erhob sich von seinem Teppich und legte seinen Kopf auf ihren Schoß. Sie blickte eine Weile auf das glänzende Auge des Tieres; endlich sprang sie auf aus dem weichen Sessel und drückte mit beiden Händen das Haar an den Schläfen zurück, als wollte sie alles Träumen gewaltsam von sich abstreifen. »Ausharren!« rief sie leise. Dann trat sie zur Tür und zog die Klingelschnur; über sich hörte sie Rudolf in seinem Zimmer auf und ab gehen. Es wurde Licht gebracht. »Und was denn nun zunächst?« – Aber sie wußte es schon; nachdem sie noch einen Augenblick in das verglimmende Kaminfeuer geblickt hatte, setzte sie sich an ihren Schreibtisch. Nach einer Stunde stand sie auf und siegelte einen Brief; die Adresse lautete an Rudolfs Mutter.

Es wird Frühling

Es war Winter geworden und einsam. In dem Zimmer oben ließ sich kein Schritt mehr hören; Rudolf hatte, wie sie es gewollt, das Schloß verlassen. Draußen vor dem Fenster sauste es in den nackten Zweigen, und in der Dämmerung vernahm man vom Korridor her das Schrillen der Spitzmäuse, welche in den öden Gängen umherhuschten. Manchmal, wenn sie abends aus dem Wohnzimmer in ihr Schlafgemach trat, blieb sie wie angewurzelt auf der Schwelle stehen. »Eine Kammer zum Sterben!« Sie schauderte. »Aber man braucht nur stillzuhalten; die Natur besorgt es ganz von selber!«

Sie ging umher, grübelnd, ob das, was ihre Gedanken zu dem fernen Geliebten zwang, nur die geistige Übereinstimmung ihres Wesens oder nicht vielmehr jene berauschende Naturgewalt sei, der sie keine Berechtigung zugestehen wollte. So reifte in ihr der Entschluß, soviel sie selbst vermöge, die Wiederherstellung ihrer Ehe zu versuchen. Zu dem Ende schrieb sie an ihren Gemahl, ausführlich und mit aller Wahrhaftigkeit und aller Milde, deren sie fähig war; eine aussichtslose Arbeit jenem Manne gegenüber, für den die Ehe nur die Bedeutung eines äußeren Anstandsverhältnisses hatte.

Der Brief war abgesandt; aber ein Tag nach dem andern verging, es kam keine Antwort. Ruhelos wanderte sie umher in den weiten Räumen; das trübe Dunkel des Wintertags lastete auf ihr wie eine Schwermut, die sie nicht abzuwerfen vermochte.

Doch es wurde wieder heller in dem alten Hause. Um Weihnachten war Schnee gefallen und leuchtete in die Fenster. Eine freundliche Wintersonne begann zu scheinen. Eines Nachmittags war mit den Zeitungen ein Schreiben angelangt, das den Poststempel der Residenzstadt trug. Ihre Hände zitterten, als sie das Siegel brach. Einen Augenblick noch, und ein Schrei stieg aus ihrer Brust, wie es dem Erstickenden geschehen mag, wenn ihn plötzlich wieder der frische Strom der Luft berührt.

Sie hatte den Tod ihres Mannes gelesen.

Noch an demselben Tage reiste sie ab. – Einige Wochen vergingen; dann war sie wieder da. Während draußen allmählich der Schnee zerschmolz, wurde ein lebhafter Briefwechsel mit dem alten Oheim geführt; und endlich war es ausgemacht, sobald im Garten die Buchenhecken grün seien, wollte er kommen und sein altes Quartier beziehen; denn früher sei die große lebendige Vogelsammlung nicht zu transportieren. Als sie den Brief bekommen hatte, ging sie hinauf in das obere Stockwerk, durch den Saal in das einst so trauliche Zimmer des guten Oheims. Die Wände waren kahl, aber draußen vor dem Fenster hing noch der große Holzkäfig des Käuzchens. Sie ging wieder zurück; sie schloß eine Tür nach der andern auf, sie ging unten durch die ganze Zimmerreihe, die sie während ihrer Anwesenheit noch nicht betreten; die verlassenen dumpfigen Räume schienen ihr nicht öde; überall in ihnen war ja Raum für den Beginn eines neuen Lebens.

Und endlich kam der Frühling. – Über der schwarzen Erde sprang an Gebüsch und Bäumen das frische Grün hervor; im Garten an den Grasrändern der Buchenhecken stand es blau von Veilchen, und morgens und abends hörte man drüben vom Tannenwald die Amseln schlagen.

An einem solchen Tage wandelte die junge Schloßherrin in der Seitenallee ihres Gartens. Mitunter blickte sie über den niedrigen Zaun auf den Weg hinaus, oder jenseit desselben in die weite morgenhelle Landschaft. Zwischen den Feldern stand hie und da ein Baum, wie brennend im Sonnenfeuer; es war alles so licht, so heiter klangen die Grüße der vorübergehenden Arbeiter, und in der Luft schwammen die »süßen ahnungsreichen« Düfte des Frühlings.

Da sah sie zwei Männer aus dem Tannicht den Weg heraufkommen, ein Bursche vom Dorf trug ihnen das Gepäck nach. Der eine, dessen Haar völlig weiß war, blieb stehen und blickte, die Augen mit der Hand beschattend, nach dem Garten hinüber. Auch sein jüngerer Begleiter zögerte; er hatte den Hut abgenommen und schüttelte mit einer leichten Bewegung den Kopf, während er an den Schläfen das schlichte Haar zurückstrich. Dann kamen sie näher; und schon waren sie von ihr erkannt. »Arnold, Onkel Christoph!« rief sie und streckte weit die Arme ihnen entgegen. »Beide! Alle beide seid ihr da!«

Der alte Herr schwenkte seine Mütze. »Geduld, Geduld!« rief er zurück. »Erst um die Ecke dort, und dann über den Hof ins

Haus! – Kommen Sie, Professor!« setzte er hinzu, indem er fürbaß schritt.

Aber Arnold war schon jenseit des niedrigen Zauns und hielt die Geliebte fest in seinen Armen.

»Ja so!« brummte der Alte, als er sich nach seinem Reisegefährten umsah. »Aber so geht's mit der Kameradschaft.« Dann schritt er, etwas langsamer als zuvor, den Weg hinauf, der nach dem Hoftor führte.

Arnold und Anna traten aus der Allee auf das Rondell hinaus, dem Laubschloß gegenüber, das hell von der Sonne beleuchtet vor ihnen lag. Er hatte ihre Hand gefaßt. So gingen sie den grünen Buchengang hinab, dem Hause zu. – Drinnen auf dem Korridor vor der Tür des Wohnzimmers trafen sie den Oheim wieder. Er schloß sein Lieblingskind in seine Arme; sie sah an seinen Lippen, daß er sprechen wollte; aber er schwieg und legte nur sanft die Hand auf ihren Kopf.

»So«, sagte er dann, als ob es ihn haste fortzukommen; »geht jetzt hinein; ich komme nach, ich muß einmal nach oben, mein altes Quartier zu revidieren.«

Sie hob ihr Haupt empor, das sie unter der Hand des alten Mannes gesenkt hatte, und blickte ihm nach, wie er eilig den Korridor hinabschritt und am Ende desselben in dem Treppenhause verschwand. Dann legte sie die Hand auf den Arm des Geliebten, der schweigend danebengestanden hatte. »Arnold«, sagte sie, »lebt denn die Großmutter auf dem Schulzenhofe noch?«

»Sie lebt; aber sie wartet nicht mehr den jungen Hinrich Arnold; es hat sich umgekehrt, sie sitzt in ihrem Lehnstuhl in der Stube, und der kleine Hinrich bedient jetzt seine Urgroßmutter.«

»So laß uns morgen zu ihr, damit auch von den Deinigen sich eine Hand auf unsere Häupter lege.«

Dann traten sie in das Wohnzimmer. Als er den offenstehenden Flügel sah, überkam es ihn plötzlich. Wie trunken griff er in die Tasten und sang ihr zu:

>   Als ich dich kaum gesehn,
>   Mußt es mein Herz gestehn,
>   Ich könnt dir nimmermehr
>   Vorübergehn!

Sie stand ihm lächelnd gegenüber und sah ihn groß mit ihren blauen Augen an, während sie wie träumend mit der Hand ihr glänzend schwarzes Haar zurückstrich. Er vermochte nicht weiterzusingen; er sprang auf und faßte sie mit beiden Händen und hielt sie weit vor sich hin; seine Augen ließen nicht von ihr, als könnten sie sich nicht ersättigen an ihrem Anblick. »Und nun?« fragte er endlich.

»Nun, Arnold, mit dir zurück in die Welt, in den hohen, hellen Tag!« -

Dann gingen sie Arm in Arm, zögernd, als müßten sie die Seligkeit jeder Sekunde zurückhalten, die breite Treppe in das obere Stockwerk hinauf. Als sie in den Rittersaal traten, kam ihnen der Oheim aus seinem Zimmer entgegen. Seine Gestalt war noch ungebeugt, und seine Augen blickten noch so innig wie vor Jahren. »Du brauchst einen Verwalter, Anna«, sagte er; »gegen freies Quartier werde ich diesen Posten übernehmen.«

Sie wollte Einwendungen machen. »Nein, nein, Anna, es wird nicht anders; ich bleibe hier und sehe nach dem Rechten. Aber ich habe eine Bedingung; in den Sommerferien kommen der Herr und die Frau Professorin auf das Schloß, um meine Jahresrechnung abzunehmen!«

Sie gelobten das.

Über ihnen auf dem alten Bilde stand wie immer der Prügeljunge mit seinem Sperling, seitab von den geputzten kleinen Grafen, und schaute stumm und schmerzlich herab auf die Kinder einer andern Zeit.

Draußen im Heidedorf

Es war an einem Herbstabend; ich hatte in der Amtsvogtei ein paar am Mittage eingebrachte Holzfrevler vernommen und ging nun langsam meinem Hause zu. Die Gaserleuchtung war derzeit für unsere Stadt noch nicht erfunden; nur die kleinen Handlaternen wankten wie Irrlichter durch die dunklen Gassen. Einer dieser Scheine aber blieb unverrückt an derselben Stelle und zog dadurch meine müßigen Augen auf sich.

Als ich näher gekommen war, sah ich vor dem Wirtshause, wo damals die nach Ost belegenen Dörfer ihre Anfahrt hatten, noch einen angeschirrten Bauerwagen halten; der alte Hausknecht stand mit der Stalleuchte daneben, während die Leute sich zur Abfahrt rüsteten.

»Macht fertig, Hinrich!« sprach es vom Wagen herab; »Ihr habt nun genug gealbert! Carsten Krügers und Carsten Deckers Frau warten alle beid auf ihre Stunde; es läßt mir nicht Ruh mehr.« – Die etwas ältliche Stimme kam von einer breiten, anscheinend weiblichen Person, welche, in Tücher und Mäntel eingemummt, unbeweglich auf dem zweiten Wagenstuhle saß.

Ich war unwillkürlich an der Ecke der hier abgehenden Querstraße stehengeblieben. Wenn man stundenlang gearbeitet hat, so sieht man gern einmal die andern Menschen eine Szene vor sich abspielen, und der Knecht hielt die Leuchte hoch genug, daß ich alles bequem betrachten konnte.

Neben einer jugendlichen Frauengestalt, deren Wuchs sich auffallend von der gedrungenen Statur unserer gewöhnlichen Landmädchen unterschied, stand ein junger Bauer, dessen blondes krauses Haar unter der Tuchmütze hervorquoll; in der einen Hand hielt er Zügel und Peitsche, mit der anderen hatte er die Lehne eines hölzernen Stuhles gefaßt, der zum Auftritt an den Wagen gerückt war. Es lag etwas Brütendes in dem Gesichte des jungen Menschen; der breite Stirnknochen trat so weit vor, daß er die Augen fast verdeckte. – »Komm, Margret, steig nun auf!« sagte er, indem er nach der Hand des Mädchens haschte.

Aber sie stieß ihn zurück. »Ich brauch dich nicht!« rief sie. »Paß du nur deine Braunen!«

»So laß doch die Narrenspossen, Margret!«

Auf diese mit kaum verhehlter Ungeduld gesprochenen Worte wandte sie den Kopf. Bei dem Schein der Leuchte sah ich nur den unteren Teil des Gesichtes; aber diese weichen, blassen Wangen waren schwerlich jemals dem Wetter der ländlichen Saat- und Erntezeit preisgegeben gewesen; was mir besonders auffiel, waren die weißen spitzen Zähne, die jetzt von den lächelnden Lippen bloßgelegt wurden.

Sie hatte dem jungen Menschen auf seine letzten Worte nichts erwidert; aber nach der Haltung des Kopfes konnte ich annehmen, daß ihre Augen jetzt die Antwort gaben. Zugleich trat sie leis mit einem Fuße auf den Holzstuhl, und als er sie nun umfaßte, ließ sie sich weich an seine Schulter sinken, und ich bemerkte, wie ihre Wangen eine Weile aneinander ruhten. Ich sah aber auch, wie er sie nach dem vorderen Wagensitze hinzudrängen suchte; allein sie entschlüpfte ihm und hatte sich im Augenblick auf dem zweiten Stuhl neben der dicken Frau zurechtgesetzt, die jetzt wieder ein »Mach fertig, Hinrich, mach fertig!« aus ihren Tüchern herausrief.

Der junge Bauer blieb noch wie unentschlossen an dem Wagen stehen. Dann zupfte er dem Mädchen an den Kleidern. »Margret!« stieß er dumpf hervor, »setz dich nach vorne, Margret!«

»Viel Dank, Hinrich!« erwiderte sie laut; »ich sitz hier gut genug.«

Der junge Mensch riß heftiger an ihren Kleidern. »Ich fahr nicht ab, Margret, wenn du nicht bei mir sitzen willst!«

Jetzt bog sie sich über den Rand des Sitzes zu ihm herab; ich sah ein Paar dunkle Augen in dem blassen Antlitz blitzen, und die weißen Zähne wurden wieder sichtbar zwischen den üppigen Lippen. »Willst du dich schicken, Hinrich!« sprach sie leise, fast wie mit verheißender Zärtlichkeit, »oder sollen wir ein andermal mit Hans Ottsen zur Stadt fahren? Er hat mich oft genug darum geplagt.«

Der junge Mann murmelte etwas, das ich nicht verstand; dann sprang er ungestüm zwischen die Pferde durch auf den vorderen Wagensitz, knallte ingrimmig mit der Peitsche und riß in die Zügel, daß die Braunen sich steil in die Höhe bäumten. Und gleich darauf, unter dem Aufschrei der Frauen, rasselte das Gefährt in die Nacht hinaus, daß der Holzstuhl, vom Rade getroffen, zertrümmert auf das Pflaster stürzte und der alte Hausknecht mit einem »Gott bewahr uns in Gnaden« zurücktaumelte und dann scheltend mit seiner Leuchte durch die Haustür verschwand.

Wie ein Schattenspiel war alles vorüber; und nachdenklich setzte ich meinen Weg nach Hause fort.

Etwa ein halbes Jahr danach wurde in der Amtsvogtei der Tod des Eingesessenen Hinrich Fehse zur Anzeige gebracht, der in einem der Ostdörfer eine große, aber, wie mir bekannt war, stark verschuldete Bauernstelle besaß. Da er außer seiner Witwe und einem mündigen Sohne gleichen Namens zwei unmündige Kinder hinterließ, so mußte die Masse in gerichtliche Behandlung genommen werden. Zum Vormunde der Unmündigen wurde, in Ermangelung naher Verwandten, auf den Wunsch der Witwe der frühere Küster des Dorfes bestellt; ein Mann, der während seiner Amtsführung sich weniger um die ihm anvertraute Jugend, als um seinen schon derzeit nicht geringen Landbetrieb bekümmert hatte, seit Niederlegung des Amtes aber seinen einstigen Schülern um so mehr in allen Vorkommnissen des Lebens mit seinem oft nur allzu weltklugen Rat zur Seite stand.

Als ich am Tage der Erbregulierung in die Gerichtsstube trat, fand ich den gewichtigen Mann schon in eifriger Durchsicht der Dokumente neben dem Pulte des Gevollmächtigten sitzen. Nachdem er mich durch seine runden Brillengläser erkannt hatte, strich er bedächtig die Seitenhärchen über seinen kahlen Scheitel und stand dann auf, um mich mit der ihm eigenen Würde zu begrüßen. Zugleich wies er auf einen jungen Menschen, der sich bei meinem Eintritt gleichfalls von einem Stuhl erhoben hatte, und sagte: »Das hier, Herr Amtsvogt, ist Hinrich Fehse, der älteste Sohn des Verstorbenen.«

Mir war in diesem Augenblick, als sei ich diesem eckigen Kopfe schon sonst einmal begegnet; nur über das Wie und Wo konnte ich nicht ins reine kommen. Aber wohl niemals hatte ich auf einem jugendlichen Antlitz einen solchen Ausdruck gleichgültiger Verdrossenheit gesehen: die grauen tiefliegenden Augen schienen es kaum der Mühe wert zu halten, die Wimpern zu mir aufzuheben.

Drüben an der Wand saß eine alte Bäuerin mit harten Zügen und dunkeln Augenbrauen, das graue Haar unter das schwarze Käppchen zurückgestrichen; sie saß unbeweglich und hielt ihre Hände mit dem Sacktuch auf der blaugedruckten Leinwandschürze. Das war die Witwe des verstorbenen Hufners Hinrich Fehse.

Es war mir darum zu tun, die etwas verwickelte Angelegenheit zunächst mit dem Küster allein zu besprechen, und ich trat deshalb mit ihm in mein nebenan liegendes Arbeitszimmer.

»Die Stelle wird sich schwerlich für die Familie halten lassen«, sagte ich, zugleich das Inventurprotokoll der Masse vor ihm aufschlagend: »wir werden leider zum Verkauf genötigt sein.«

Der Küster sah mich mit seinen runden Augen an. »Das bin ich nicht der Meinung!« sagte er dann im gewichtigen Schulton.

Ich wies auf die lange Reihe der im Protokoll verzeichneten Schulden. »Wenn das Altenteil der Witwe noch dazu kommt, so wird dem Annehmer der Stelle nicht genug bleiben, um auch noch die Erbteile der Geschwister auszukehren.«

»Das allerdings nicht!« Und der würdevolle Mann klemmte die fleischigen Lippen ein und blickte auf mich mit einer Sicherheit, als ob er das Gegenmittel schon fix und fertig in der Tasche hätte.

»Und trotz dessen«, fragte ich wieder, »wollen Sie ihn die große Hufe übernehmen lassen?«

»Das wäre so meine Meinung!«

»Und das Geld, woher wollen Sie das bekommen?«

»Dafür müßte freilich schon gesorgt sein!« Und er nannte die Tochter eines wohlhabenden Hufners aus demselben Dorfe. »Gestern«, fuhr er fort, »haben wir bereits den Verspruch gefeiert, und die Fehsesche Stelle kann nun von den beiden jungen Leuten gemeinschaftlich übernommen werden.«

Der Küster legte die Hände auf den Rücken und erwartete gehobenen Hauptes den Ausdruck meiner Bewunderung. Mir aber war es unter dieser Eröffnung plötzlich klargeworden, wo ich dem jungen Hinrich Fehse schon begegnet sei. Ich sah ihn wieder neben jenem gefährlichen Mädchen am Wagen stehen und hörte ihn sein düsteres »Margret, Margret!« ausstoßen. –
»Mir ist«, sagte ich endlich, »als hätte ich Ihren Bräutigam schon auf anderen Wegen getroffen! Hat etwa die Hebamme Ihres Dorfes eine besonders hübsche Tochter?«

»Also das wissen Herr Amtsvogt auch schon!« erwiderte etwas überrascht der Küster. »Nun, wir haben das Mädchen sechs Meilen weit in die Stadt als Nähjungfer vermietet, und morgen geht sie dahin ab. Mit solider Bauernarbeit hat die Mamsell sich doch ihr Lebtag nicht befassen mögen.«

Ich mußte lachen. »Und wie haben Sie denn das nur wieder fertiggebracht?«

Das selbstzufriedene Lächeln im Gesichte des Küsters zuckte so tief, als es die starken Wangen zuließen. »Mit Erlaubnis, Herr Amtsvogt, für Geld kann man den Teufel tanzen lassen, warum denn nicht ein altes Weib!«

»In der Tat, Sie haben mehr als recht; und die Tochter der Hebamme ist voraussetzlich ohne Mittel?«

»Mit dem glatten Gesicht, Herr Amtsvogt, konnte uns nicht gedient sein, und sonst ist nichts da, was sie hätte in die Wirtschaft bringen können. Überdies«, und er stimmte seinen Ton zu vertraulichem Flüstern, »ihr Großvater war ein Slowak von der Donau und, Gott weiß wie, bei uns hängengeblieben; dazu die alte Hebamme mit ihrem Kartenlegen und Geschwulstbesprechen, womit sie den Dummen die Schillinge aus der Tasche lockt – das hätte übel gepaßt in eine alte Bauernfamilie!«

»Und hat sich denn Ihr Hinrich so leicht von jenem Mädchen trennen lassen?« fragte ich noch einmal.

Der Küster setzte seinen weltklugen Kopf in Positur. »Wenn ich es geradheraus sagen soll«, erwiderte er ausweichend, »es war noch ganz die Frage, ob die Dirne ihn genommen hätte; da sind noch andere, die sie hinter sich herzieht und die schwerer ins Gewicht fallen. Die junge Frau aber wird nicht mit ihm betrogen, denn das muß ihm jeder lassen, ein Bauer ist er aus dem Fundament!«

Unsere Unterredung war zu Ende. Von Gerichts wegen war gegen den gemachten Vorschlag nichts einzuwenden; im Gegenteil, alle Schwierigkeiten wurden dadurch wie von selbst gelöst.

– – Als wir wieder in die Gerichtsstube traten, hatte sich dort inzwischen auch die Braut mit ihrem Vater eingefunden. Sie mußte fast um zehn Jahre älter sein, als der ihr bestimmte Bräutigam; das Gesicht war wohlgeformt, aber reizlos, wie es bei denen zu sein pflegt, die schon mit ihrer Kinderseele um den Erwerb gerechnet haben; das fahlblonde Haar zeigte deutlich, daß es ungeschützt allem Wetter und Sonnenbrand ausgesetzt wurde. Ihr gegenüber an der andern Wand saß jetzt der Bräutigam; den Kopf gesenkt, die Hände zwischen den gespreizten Beinen vor sich hin gefaltet. – Bei den nun folgenden Verhandlungen zeigte er sich mit allem einverstanden; ein dürftiges »Ja« oder »Nein« oder »Das muß ja denn wohl sein«, war indessen alles, womit er diese Zustimmung ausdrückte; dabei fuhr er mit dem Rücken der Hand ein paarmal über seine Stirn, als wenn es dort etwas fortzuwischen gäbe. Endlich, als mit sämtlichen Beteiligten alles besprochen und das Vereinbarte zu Papier gebracht war, erfolgte, wie Rechtens, die Unterschrift des Protokolls.

Auch Hinrich Fehse, als an ihn die Reihe kam, trat an das Pult des Gevollmächtigten und malte in steilen, widerhaarigen Buchstaben seinen Vornamen unter die Verhandlung; dann aber setzte er mit einem tiefen Atemzug die Feder ab und starrte unbeweglich vor sich hin. Vor seinem inneren Auge mochte jetzt ein üppiger Mädchenkopf erscheinen; vielleicht flog gar der erschütternde Gedanke durch sein Gehirn, den Bann des alten bäuerlichen Herkommens zu durchbrechen. Aber der Küster, der ihn während der ganzen Verhandlung nicht aus den Augen gelassen hatte, trat jetzt, die Hände in den Taschen, zu ihm heran und sagte ruhig: »Bloß deinen Namen, Hinrich; bloß deinen Namen!«

Und Hinrich, wie von der eisernen Notwendigkeit am Draht gezogen, malte nun auch sein »Fehse« in denselben steilen Zügen noch dahinter.

»Actum ut supra« und Sand darauf; die Sache war erledigt. Hinrich Fehse verließ das Gericht als ein gemachter Mann; mit der Frau hatte er das Betriebskapital für die Hufe in Händen; wenn er als Bauer seine Schuldigkeit tat, so konnte es ihm nicht fehlen. – Und bald auch hörte ich, daß die Hochzeit mit allem Pompe bäuerlichen Herkommens gefeiert worden sei.

Der Eindruck, den diese Vorgänge mir gemacht hatten, war allmählich verblaßt. Anfänglich hatte ich wohl darauf geachtet, wenn an Markttagen der junge Bauer mit seiner Frau an mir vorüberfuhr; von der letzteren hatte ich dann auch wohl ein Kopfnicken bekommen, während er selbst, ohne sich umzuwenden, auf seine Pferde peitschte. Dann, geraume Zeit nachher, da es schon spät am Abend war, hatte ich ihn einmal in dem erleuchteten Hausflur jenes Wirtshauses an der Ecke gesehen; es war mir auch damals wohl durch den Kopf gegangen: »Was hat denn der wieder so spät in der Stadt zu tun!« Weitere Gedanken hatte ich mir darüber nicht gemacht. Da – es war wieder einmal Herbst geworden, der November stand schon vor der Tür – ging ich bei der Rückkehr von einer Morgenwanderung durch die Neustadt, wo eben Pferdemarkt gehalten wurde. Die edlen Tiere standen wie gewöhnlich zu beiden Seiten der Straße vor den Häusern angebunden, und ich drängte mich eben durch einen Haufen von Käufern und Verkäufern und vergnügter Stadtjugend, als mir von einem Hause ein lautes Rufen und Händeschlagen entgegenschallte. Im Näherkommen erkannte ich Hinrich Fehse, der mit einem jütischen Bauern in eifrigem Handeln begriffen war. Den Gegenstand, wie mir bald klar wurde, bildeten zwei höchst elend aussehende Pferde, die mit gesenktem Kopf danebenstanden, indes der Jüte den Schweif des einen Tieres lobpreisend zur Seite riß.

»Ja, ja«, sagte der andere, ohne auch nur hinzusehen; »die Schindmähren sind just gut genug.«

»Hundertunddörtig für die beide!« rief der Jüte wieder.

Aber Hinrich zog seine Hand zurück. »Hundertundzwanzig«, sagte er düster; »keinen Schilling mehr.«

Und klatschend fielen die Hände ineinander. Hinrich Fehse schnallte seine lederne Geldkatze los, zahlte dem anderen die harten Taler in die Hand und rüstete sich dann, die erhandelten Tiere von dem Rickwerk loszubinden.

Im Weitergehen, wo ich über den Eindruck des Gesehenen zum deutlicheren Bewußtsein kam, wollte mich bedünken, als ob der junge Bauer seit unserer letzten Begegnung, wie man bei uns sagt, bös verspielt habe. Das Gesicht war scharf und mager geworden, und die ohnehin kleinen Augen waren unter der vortretenden Stirn fast verschwunden; überhaupt, der an sich gewöhnliche Vorgang hatte mir jetzt etwas Auffallendes, so daß ich nicht umhin konnte, mich später beim Eintritt in die Gerichtsstube gegen meinen landkundigen Gevollmächtigten darüber auszusprechen.

Der alte Aktenmann machte vom Pultbock herab seine bedenklichste Handbewegung.

»So«, sagte ich; »die Sachen stehen also schlecht?«

»Gar nicht stehen sie!« erwiderte er. »Seit einem halben Jahr ist die Margret wieder im Dorf, und seitdem sitzt auch der Fehse fast alle Abend bei den Hebammenleuten; sogar in die Stadt ist er ihr nachgelaufen, als sie um Pfingsten in der Anfahrt hier zu nähen saß. Und dabei verkauft er, was los und fest ist, Futter und Saatroggen, so daß zum Winter wohl die leeren Scheunen nachbleiben werden; heut haben nun sogar die schönen braunen Wallachen daran glauben müssen – wissen, Herr Amtsvogt, die im Inventar zu fünfhundert Taler taxiert waren – und statt dessen hat er sich die jütschen Kracken eingehandelt. Dafür aber promeniert draußen im Dorf das Hebammenfräulein in seidenen Jacken und goldenen Vorstecknadeln; mag auch wohl manche Tonne Fehseschen Hafers an ihrem Leibe tragen!« Und der Alte nahm eine große Prise.

»Am Ende auch noch die beiden Wallachen, Brüttner!«

Der kleine graue Mann steckte die Feder hinters Ohr und segelte auf seinem Drehbock vollends zu mir herum. »Nun«, sagte er schmunzelnd, »wohin der Überschuß seinen Weg nimmt, das wäre wohl nicht schwer zu raten!«

»Und woher wissen Sie das alles so genau?«

Brüttner wollte eben antworten, als der Amtsdiener in die Stube trat: »Der Herr Küster ließen grüßen, heut könne er nicht wieder vorkommen; aber nächsten Donnerstag, und da wolle er die beiden Fehseschen Weiber gleich mit aufs Amt bringen.«

»Also der Küster ist hier gewesen?« fragte ich.

»Hm, freilich«, versetzte Brüttner; »und er meinte, nach den letzten Passagen wär's doch am besten, wenn die Frauen den Fehse unter Kuratel stellen ließen; er würde dem Herrn Amtsvogt schon alles auseinandersetzen.«

Bevor jedoch der Küster diesen kühnen Plan in Angriff nehmen konnte, wurde mir – es war an einem Mittwoch – von dem Bauervogt des Dorfes die schriftliche Anzeige gemacht, daß der Eingesessene Hinrich Fehse seit letztem Sonntagabend verschwunden sei. Die Meinung einiger gehe dahin, daß er mit dem neulich aus einem Pferdehandel gewonnenen Gelde auf einem Auswandererschiff von Hamburg fortgegangen sei; andere dagegen hegten die Befürchtung, er könne sich ein Leides angetan haben. Außer dem bekannten Verhältnis mit der Tochter der Hebamme sei ein besonderes Ereignis, welches sein Verschwinden erklären könne, nicht bekannt geworden. Übrigens hätten die angestellten Nachforschungen bis jetzt keinen Erfolg gehabt. –

– – Ich beschloß sofort, noch am Nachmittag die Sache an Ort und Stelle zu untersuchen. – Um desto unbehinderter zu sein, verzichtete ich auf einen Protokollführer und nahm nur den Amtsdiener als Begleitung mit. Wir fuhren auf einem offenen Wagen; denn es war ein milder Herbsttag, wie uns deren in unserer Gegend immer einige vor dem entschiedenen Eintritt des Winters beschert zu werden pflegen. Die lebendigen Hecken, welche wir während der ersten Stunde zu beiden Seiten des Weges hatten, trugen noch einen Teil ihres Laubes; hie und da zwischen Hasel- und Eichenbusch drängte sich ein Spillbaum vor, an dessen dünnen Zweigen noch die roten zierlichen Pfaffenkäppchen schwebten. Meine Augen begleiteten im Vorüberfahren das ebenso sanfte als schwermütige Schauspiel, wie fortwährend unter dem noch warmen Strahl der Sonne sich gelbe Blätter lösten und zur Erde sanken, zumal wenn vor dem Schnauben unserer Pferde eine verspätete Drossel, ihren Angstschrei ausstoßend, durch die Büsche flatterte.

Aber die Gegend wurde anders; die bewachsenen Wälle mit den bebauten Feldern dahinter hörten auf. Statt dessen fuhren wir hart am Rande des sogenannten »Wilden Moors« entlang, das sich derzeit, so weit der Blick reichte, nach Norden hinauszog. Es schien hier, als sei plötzlich der letzte Sonnenschein, der noch auf Erden war, von dieser düsteren Steppe eingeschluckt worden. Zwischen dem schwarzbraunen Heidekraut, oft neben größeren oder kleineren Wassertümpeln, ragten einzelne Torfhaufen aus der öden Fläche; mitunter aus der Luft herab kam der melancholische Schrei des großen Regenpfeifers, der einsam darüber hinflog. Das war alles, was man sah und hörte.

Mir kam in den Sinn, was ich einst – ich meine über die noch von dem slawischen Urstamm bewohnten Steppen an der unteren Donau – gelesen hatte. Dort aus den Heiden erhebt sich in der Dämmerung ein Ding, das einem weißen Faden gleicht und das sie dort den »weißen Alp« nennen. Es wandert gegen die Dörfer, es stiehlt sich in die Häuser, und wenn die Nacht gekommen ist, legt es sich an den offenen Mund der Schlafenden; dann schwillt und wächst der anfänglich dünne Faden zu einer schwerfälligen Ungestalt. Am Morgen darauf ist alles verschwunden; aber der Schläfer, der dann die Augen auftut, ist über Nacht blödsinnig geworden; der weiße Alp hat ihm die Seele ausgetrunken. Er bekommt sie nimmer wieder; weit auf die Heide hinaus in feuchte Schluchten, zwischen Moor und Torf, hat das Unwesen sie verschleppt.

Nicht der weiße Alp war hier zu Hause; aber zu andern, nicht minder unheimlichen Dingen verdichteten sich auch die Dünste dieses Moors, denen manche, besonders der älteren Dorfbewohner, nachts und im Zwielicht wollten begegnet sein.

An der südlichen Grenze desselben lag unser Reiseziel, das Dorf, dessen spitzer Turm und schwarze Strohdächer schon lange vor uns sichtbar gewesen waren. – Als wir endlich anlangten, ließ ich zunächst vor dem Hause des alten Küsters halten, um durch diesen etwas Näheres über die Verhältnisse im Fehseschen Hause zu erfahren. Ich traf ihn mit seinem Knechte beim Aufladen des Düngers beschäftigt, im blauwollenen Futterhemd, die Furke in der Hand; doch war er deshalb nicht weniger würdevoll, als er erst seinen »Goldhaufen« mit der ebenen Erde vertauscht hatte. »Ich will's Ihnen sagen, Herr Amtsvogt«, hub er an, nachdem er zuvor seine Sprachwerkzeuge durch ein paar Ansätze fetten Hustens in Bereitschaft gesetzt hatte, »wem nicht zu raten ist, dem ist auch nicht zu helfen! Dieser Hinrich hat mit Gewalt sein Glück nicht erkennen wollen; Gott weiß, ob's mit der Kuratel noch zu kurieren ist!«

Wir waren unterdessen in das Haus und in die Wohnstube getreten. Hinter dem Ofen, in welchem trotz der milden Witterung ein Feuer brannte, saß ein kränklich aussehendes Mütterchen, fast verdeckt von einer großen Wollenstrickerei, die sie mit ihren mageren Fingern handhabte. Sie entschuldigte sich klagend, daß sie wegen ihrer Kreuzschmerzen nicht vom Lehnstuhl auf könne, um mich zu begrüßen; dann klinkte sie von ihrem Sitze aus die daneben befindliche Küchentür auf und rief mit scharfer Stimme: »Kathrin! Setz den Kessel auf, Kathrin!« Und zugleich hörte ich auch draußen den Dreifuß auf den Herd werfen und im Feuerloch rumoren.

Die Frau Küsterin klappte die Tür wieder zu und strickte weiter; aber ihre kleinen matten Augen folgten unablässig, während ich mit ihrem Eheherrn im Gespräche auf und ab wandelte.

»Wenn's erlaubt ist zu reden, Herr Amtsvogt«, sagte sie endlich, ihr Strickzeug von sich schiebend; »es hat schon einen Vorspuk gegeben; dazumal, als mein Mann hier noch im Amte war. – Ich hab die Rosen so gern«, fuhr sie hüstelnd fort; »es sollte just am andern Tage das Ringlaufen für die Schule sein, und abends dann, mit hoher Erlaubnis, die Tanzlustbarkeit im Kruge; da waren auf einmal alle meine Rosen abgerissen. Ich wußte wohl gleich, wo mein Spitzbube zu suchen war; aber bei unserm Vater in der Schule hat's der Hinrich so zu drehen gewußt, daß das Strafrohr auf seinen Rücken gefallen ist. Und die Dirne saß mausestill dabei und guckte in ihr Gesangbuch.«

»Aber Mutter«, versuchte der Küster einzureden, »so erzähl doch dem Herrn Amtsvogt nicht die alten Kindergeschichten!«

»Meinst du, Vater?« versetzte sie. – »Sie standen beide vor der Konfirmation; es ist nur ein Faden, und der läuft bis heute hin.«

Ich bat höflich um die Fortsetzung des Berichts.

Das Mütterchen nickte. »Ich hatte damals noch meine Gesundheit, Herr Amtsvogt«, begann sie wieder; »aber als ich anderen Abends mit der Frau Pastorin nur kaum in den Tanzsaal getreten war, so sah ich auch schon, daß der Hinrich seinen Willen hatte; denn in dem Kranze, den die Slowakendirne auf ihren schwarzen Haaren trug, saßen richtig meine roten Rosen; und herumgeschwenkt hat sie sich auch mit ihm, daß dem hölzernen Jungen der Schweiß von den Backen rann.

Nun, nun, Vater!« unterbrach sie sich, als der Küster zu einer neuen Bemerkung anhub. »Ich weiß wohl, die Freude dauerte nicht lang; ich will's dem Herrn Amtsvogt alles schon erzählen. Es war nämlich einer unter den größeren Jungen, der nicht wie die andern in das Hebammenmädchen vernarrt war, obschon sie sich genug um ihn zu tun machte; und das war der Sohn von dem reichen Klaus Ottsen hier! – Als eben die Musikanten zu einem neuen Walzer aufspielten, kommt der anstolziert, in seiner blauen Jacke mit Perlmutterknöpfen, die silberne Uhrkette über der Weste, und sieht sich unter den Dirnen um, als wenn sie nur alle so für ihn zu Kauf stünden. Er war aber auch ein schlanker, braunhaariger Junge und hat noch heute so was Stolzes an sich. – Vor Hinrich und Margret, die eben wieder in die Reihe treten wollten, blieb er stehen und sah höhnisch auf sie herab. »Hehler und Stehler?« sagte er lachend. »Der Rosenhinrich und die Slowakenmargret? Ihr macht ein sauberes Paar zusammen!« – Die Dirne glotzte ihn an mit ihren schwarzen Augen. »Läßt d' mich schimpfen, Hinrich?« rief sie. Und im Handumdrehen hatte auch mein Ottsen seine zwei Faustschläge in den Nacken. »Das für die Slowakenmargret! Und das für den Rosenhinrich!« – Und dabei fiedelten die Musikanten, und die Kinder tanzten und stolperten über den Hans, der sich eben vom Fußboden wieder aufsammelte; und in all dem Lärm hör ich die Stimme unseres Herrn Pastors und sehe auch, wie er den Hinrich am Kragen hat und ihn gegen den Türpfosten stellt. »Daß du es weißt, Fehse!« hör ich ihn noch sagen; »mit dem Tanzen ist es heute abend aus für dich!« – Da stand er nun und biß sich die Lippen blutig, und die Margret reckte ihren Schwarzkopf auf und schaute durch den Saal nach einem andern Tänzer aus. – –

's ist aber ein wunderlich Ding, das Menschenherz, Herr Amtsvogt! Schon lange hatt ich gesehen, daß Hans Ottsen dastand, als wenn er die Dirne mit den Augen verschlingen wollte; und es hilft einmal nicht, die gestohlenen Rosen ließen ihr verwettert gut zu ihrem feinen, unverschämten Stumpfnäschen. Und richtig! Sie hatte nun auch den am Band. »Was meinst, Margret?« sagte ganz kleinlaut der Hans Hoffart; »willst jetzt mit mir halten heute abend?« – Erst, als er nach ihrer Hand griff, stieß sie ihn vor die Brust und tat wild wie 'ne Katze; aber als sie merkte, daß es Ernst war, ward sie auch ebenso geschmeidig und lacht' und wies ihre weißen Zähne und tanzte mit ihrem schmucken Hans an dem armen Burschen vorüber, als hätte es für sie nimmer einen Hinrich Fehse auf der Welt gegeben. Der aber stand noch immer wie angenagelt auf seinem Posten; nur seine kleinen Augen fuhren hinter den beiden her; es war ein Glück, daß sie nicht mit Flintenkugeln geladen waren!

Was weiter im Saal passiert ist«, fuhr die Erzählerin fort, nachdem sie eine Weile Atem geschöpft hatte, »das hab ich nicht gesehen; die Frau Pastorin holte mich nach der Hinterstube, wo unsere Männer sich zu ihrem Kartenspiel gesetzt hatten. Die Zeit verging; es war eben Feierabend geboten, ich stand just am Fenster und hörte nach den Wildgänsen droben in der Luft, denn es war eine milde Nacht, und das Getier flog über die Heide nach dem Haff – da auf einmal hieß es: »Wo ist Hinrich Fehse?« – Ja, Hinrich Fehse war nicht da. – »Ich sah ihn draußen im Weg«, meinte einer; »er wird nach Haus gelaufen sein.«- Aber die Mutter kam gejammert; zu Hause war er auch nicht. – Der alte Hinrich Fehse, ein Querkopf trotz seinem Jungen, stand vorn im dicken Haufen in der Schenkstube und stieß sein Glas auf den Tisch, daß er nur noch den Fuß in der Hand behielt, und räsonierte auf den Herrn Pastor; er lasse seinen Jungen nicht kujonieren, wenn er ihn auch nicht wie die reichen Bauern mit Uhrketten und Perlmutterknöpfen besetzen könne; nein, zum Teufel, das leide er nicht!

Ich war in den Tanzsaal zurückgegangen, wo eben die Musikanten ihre Fiedeln in die Ledersäcke steckten. Da stand noch die Hebammendirne mit Hans Ottsen auf der leeren Diele; sie allein schien alles das nicht anzufechten. »Nun, Margret«, fragte ich, »weißt du denn nicht, wo der Hinrich abgeblieben ist?« – »Ich? – Nein!« sagte sie kurz, zog einen ihrer kleinen Schuhe aus und zupfte die rote Bandschleife darauf zurecht; dann funkelte sie wieder auf den Hans mit ihren schwarzen Augen und schlug ihn neckisch auf die Hände: »Du, was hast mich eingestaubt, du! Du bist so wild; wart nur, ich tanz nicht mehr mit solch 'nem Tollen!«

Und das war die Margret, Herr Amtsvogt; der Hinrich aber kam auch am anderen Morgen noch nicht wieder; sie meinten, der Mittag würde ihn nach Hause treiben; aber da hatte auch eine Eule gesessen; das ganze Dorf kam in die Beine, sie suchten ihn mit Leitern und mit Stangen. Und endlich! Wo war er gewesen, Herr Amtsvogt? – Bei den Wasserkröten hatte er in der Nacht gesessen; dort hinten im Moor bei der schwarzen Lake. Der Finkeljochim, der da seine Besen schneidet, kam ins Dorf gelaufen und erzählte es. Da haben sie ihn denn nach Haus geholt mitsamt dem Gliederreißen, das er sich vom feuchten Moorgrund heimgebracht. Ein paar Wochen hat er in den Kissen liegen müssen, und als der Doktor nicht angeschlagen, haben sie die Sympathie gebraucht: und mit drei Tassen Kamillentee und ein paar Handvoll Kirchhofserde ist dann auch alles wieder in seinen Schick gekommen.«

Der Kaffee war inzwischen aufgetragen, und der Küster erinnerte, nicht ohne scheinbare Vorsicht, seine Frau daran, daß der Herr Amtsvogt noch mit ihm zu reden habe.

»Ich will nicht im Wege sein, Vater«, versetzte diese, von ihrem Lehnstuhl aus die Tassen vollschenkend; »ich sage nur und hab's dem Herrn Pastor auch schon gesagt: erst, als die Dirne wieder aus der Stadt zurück war, lief nur der Hinrich bei den Hebammensleuten, und es gefiel ihr schon, daß sie gleich wieder einen hinter sich herzuziehen hatte; und wenn auch nur um die junge Frau zu ärgern, die ihn geheiratet hat; seit es aber mit dem alten Klaus Ottsen aufs Letzte geht und der nicht mehr den Daumen gegenhalten kann, weiß auch sein Hans mit Dunkelwerden den Weg dorthin zu finden. Ich wundre mich nicht, daß der Fehse auch diesmal wieder fortgelaufen ist; denn mit sich selber umzugehen, was doch die größte Kunst vom Menschenleben ist, das hat er immer noch nicht lernen können. Ich begreif nicht, was darum soviel Aufhebens im Dorf ist; er wird schon wiederkommen, wenn er's satt hat!«

Die kleine gebrechliche Frau, deren blasse Wangen unter dem

lebhaften Erzählen wieder aufgeblüht waren, schwieg jetzt und suchte mit der Feuerzange die Kohlen in ihrem Ofen aufzustören. – Ich tat noch diese und jene Frage; dann ließ ich mich von dem Küster, dem draußen sichtlich seine Würde wieder zuwuchs, an meinen Wagen geleiten.

»Ja, ja, mein wohlgeborener Herr Amtsvogt«, sagte er, gleichsam die Summe eines langen Gedankenexempels ziehend; »ich habe manchen Gang um diese Heirat gemacht; aber der Mensch soll ja auf den Dank der Welt nicht rechnen! Nehmen Sie nur die Mamsell Margret aufs Korn; die wird Ihnen über alles Bescheid geben können.«

Unterdessen hatte er das Schutzleder vor meinem Sitze zugeknöpft, und, mit majestätischer Handbewegung entlassen, rumpelte mein Fuhrwerk auf der schlecht gepflasterten Dorfstraße weiter.

Hinter der zur Rechten liegenden Kirche, an deren granitner Mauer ich im Vorüberfahren die Jahreszahl 1470 las, blickte aus jetzt fast entlaubten Holunderhecken ein Häuschen mit grünen Fensterläden.

»Den Hebammensleuten gehört es«, erwiderte auf meine Frage der Amtsdiener, sich vom Kutschersitze zu mir wendend, »sie halten's gewaltig sauber; in Geschäften bin ich ein paarmal dort gewesen.«

Nach einer Weile hörten zur Linken die Häuser auf. Die an der Kirchseite sich noch eine gute Strecke entlangziehenden Gehöfte lagen gegen Westen, nur durch den Weg und einige eingewallte Acker- und Wiesenstücke von dem großen Moor getrennt; das letzte derselben, einsam und weit hinaus belegen, war mir als das des Hinrich Fehse bezeichnet worden.

Vor vielen dieser Häuser bemerkte ich Gruppen von Menschen, anscheinend in lebhafter Unterhaltung, zuweilen auch wohl mit ausgestrecktem Arm nach dem Moor hinausweisend. Es war augenscheinlich eine besondere Aufregung unter den Dorfbewohnern.

Endlich fuhren wir auf die Fehsesche Hofstelle. An dem Hause, welches etwa hundert Schritt vom Wege zurücktrat, waren noch die Früchte der wohlhabenden Heirat sichtbar: die nördliche Hälfte mit dem großen Scheunentor und den halbrunden Stallfenstern war augenscheinlich kaum vor Jahresfrist gebaut, die andere dagegen, welche die Wohnungsräume enthielt, mochte in diesem Zustande schon lange von Vater auf Sohn vererbt worden sein. Vor den niedrigen Fenstern, auf welche das schwere schwarzbraune Strohdach drückte, zog sich ein ziemlich ödes Gartenstück bis an den Weg hinab.

Da sich niemand von den Hausgenossen zeigte, als wir oben vor dem Scheunentor hielten, so schickte ich den Amtsdiener in das Haus, der dann auch bald in Begleitung einer alten Frau wieder an den Wagen trat. Ich wollte sie als Witwe Fehse begrüßen, aber sie erwiderte, sie habe nur als Nachbarin das Haus gehütet; die alte und die junge Frau Fehse seien zum Bauervogt gegangen; denn die Tochter des Finkeljochim hätte erzählt, daß sie noch gestern abend, da eben der Mond aufgegangen sei, den Hinrich dort hinten auf dem Moor gesehen habe; auf diese Nachricht seien wieder Leute zum Suchen hinausgeschickt worden.

Ich fragte näher nach.

»Es wird wohl nichts daran sein, Herr Amtsvogt«, meinte die Alte; »die Dirne ist so was simpel; und seit der Hans Ottsen ihr vergangenen Winter was in den Kopf gesetzt hat, ist sie vollends faselig geworden.«

»Aber wo ist das Mädchen jetzt zu finden?«

»Jetzt bekommen Herr Amtsvogt sie nicht. Sie ist mit den Leuten in die Heide, um ihnen den Platz zu zeigen.«

Ich ließ mich zunächst von der Alten in das Wohnzimmer weisen und einen Tisch in die Mitte stellen, auf welchem ich zur Aufnahme der nötigen Notizen mein mitgebrachtes Schreibmaterial bereitlegte.

Es war ein niedriges, aber geräumiges Zimmer; der weiße Sand auf den Dielen, die blanken Messingknöpfe an dem Beileger-Ofen, alles zeugte von Sauberkeit und Ordnung. Den Fenstern gegenüber befanden sich zwei verhangene Wandbetten; vor dem einen, mit der zwischen Vergißmeinnicht gemalten Überschrift: »Ost un West, to Huus is best«, stand eine jetzt leere hölzerne Wiege.

Um keine Zeit zu verlieren, hieß ich den Amtsdiener, mir die in der Nähe wohnende Tochter der Hebamme zur Stelle zu bringen, während die Alte es übernahm, die Fehseschen Frauen von der entlegeneren Wohnung des Bauervogtes herbeizuholen. – Ich befand mich allein im Hause; von der Wand tickte der harte Schlag einer Schwarzwälder Uhr; in Erwartung der kommenden Dinge war ich ans Fenster getreten und sah in die gelbe Herbstsonne, die schon tief jenseit der Heide stand.

Das Rauschen von Frauenkleidern weckte mich aus den Gedanken, worin ich mich einzuspinnen begann. Als ich mich umwandte, erblickte ich eine schlanke volle Mädchengestalt in städtischer Kleidung, deren kleine und, wie mir schien, zitternde Hand eben ein schwarzes Kopftuch von dem Nacken streifte.

Ich konnte nicht zweifeln, wen ich vor mir hatte; zum ersten Mal sah ich den verführerischen Kopf jenes Mädchens unverhüllt.

»Sie sind Margarete Glansky!« sagte ich.

Ein kaum hörbares »Ja« war die Antwort.

Ich setzte mich ihr gegenüber an den Tisch und nahm die Feder zur Hand.

»Sie kennen den jungen Hinrich Fehse?« fragte ich weiter.

Ein ebenso leises »Ja« erfolgte.

»Ich meine, Sie haben in näherer Bekanntschaft mit ihm gestanden?«

Sie antwortete nicht. Als ich aufblickte, sah ich, daß sie totenblaß war; ich hörte, wie die weißen Zähnchen aufeinanderschlugen. Die Angst vor äußerlicher Verantwortlichkeit wegen einer vielleicht innerlichen Schuld mochte sie ergriffen haben.

»Weshalb fürchten Sie sich?« fragte ich.

»Ich fürchte mich nicht; – aber die Bauernweiber haben alle einen Haß auf mich.«

»Es handelt sich nicht um Sie, Margarete Glansky, sondern um den jungen Mann, der seit einigen Tagen vermißt wird.«

»Ich weiß nichts davon; ich bin nicht schuld daran!« stieß sie, noch immer nach Atem ringend, hervor.

»Aber wir müssen ihn zu finden suchen«, fuhr ich fort. »Kurz vor seiner Heirat sind Sie in die Stadt gezogen und dann vor einem halben Jahre wieder zurückgekommen?«

»Es gefiel mir dort nicht, ich hatte nicht nötig zu dienen; – es reut mich noch, daß ich so dumm mich hatte fortschicken lassen!« Und die starken Augenbrauen des Mädchens zogen sich dicht zusammen.

»Hinrich Fehse«, sagte ich, »ist dann oft des Abends zu Ihnen gekommen?«

»Wir konnten ihn doch nicht fortjagen.«

»Er kam zuletzt, so sagt man, jeden Abend und blieb dann oft bis Mitternacht.«

»Das lügen die Weiber!«

»Aber Sie haben Geschenke von ihm angenommen?«

Ein heißes Rot flog über ihr Gesicht. »Wer hat das gesagt?«

»Das singen die Spatzen von den Dächern; es hat argen Unfrieden zwischen den Eheleuten gesetzt.«

»Nun, und wenn's auch wäre!« rief sie und warf trotzig ihre roten Lippen auf. »Wer hat sie geheißen, ihn zu heiraten!«

»Und würden Sie ihn denn geheiratet haben?« fragte ich.

Aber bevor sie zu antworten vermochte, wurde die Stubentür aufgerissen, und die beiden Fehseschen Frauen, die junge mit ihrem Kinde auf dem Arm, traten in das Zimmer. Ich sah noch, wie die Augen der alten Bäuerin und der Hebammentochter in unverhohlenem Hasse aufeinander blitzten; dann stellte die Alte sich vor mir hin und sagte zitternd:

»Herr Amtsvogt, was tut die Person da in unserem Hause? Ich bin der Meinung, daß ich das wohl nicht zu leiden brauche!«

»Die Person«, erwiderte ich, und schob dabei die beiden Frauen unmerklich wieder zur Tür hinaus, »wird gerichtlich vernommen und ist von mir hieher beschieden worden.«

Wir standen draußen auf dem Hausflur. Die alte hagere Frau rang die Hände. »Ach, das Elend!« rief sie; »das Elend!« – Die junge Bäuerin trocknete von den Wangen ihres schlafenden Kindes die Tränen, die sie fortwährend darauf weinte.

»Wir hatten es so gut das erste Jahr«, sagte sie, »wenn nur die nicht wiedergekommen wär; unsereins versteht so was nicht; aber sie muß es ihm doch angetan haben! Und das viele Geld, das er neulich für die Pferde gelöst hat; – wir haben die Schatulle und alles durchgesucht, aber es ist nichts davon zu finden.«

Durch die offene Haustür sah ich draußen einen Mann mit

einer langen Stange vorübergehen und den Weg ins Moor hinunter nehmen. Die Alte war hinausgetreten und kam jammernd zurück. Plötzlich aber fuhr sie sich mit der Schürze über die Augen. »Der da oben wird wissen, wo er ist«, sagte sie. »Er war nicht gottlos, mein Hinrich! – Auf die Knie hat er sich geworfen und seinen armen Kopf in meinen Schoß gedrückt; denn er war ja immer doch mein Kind! ›Mutter‹, hat er gesagt, ›Ihr saht mich auf dem Braunen fortreiten, und ich sagte Euch, daß ich wegen der Zinsen zum Müller nach der Nordermühle müßte; – das war gelogen, Mutter; in der Irre bin ich fünf Stunden lang für wild herumgeritten; Ihr habt selbst dem Braunen den Schaum von den Flanken gestrichen, als ich heimgekommen; – ich hab nur nicht zu ihr hinüber wollen; aber es hat mich doch wie bei den Haaren dahin zurückgezogen; – es kriegt mich unter; ich kann's nicht helfen, Mutter!‹

Und er war doch so gut, mein Hinrich!« fuhr die Alte, wie mit sich selber redend, fort. »Noch als das Kind geboren war! In unserm Hof hier, aufs Pferd hab ich's ihm reichen müssen; die Sonne schien so warm, drüben in der Koppel stand die Sommersaat so grün. ›Was meinst, Mutter‹, sagt' er, ›ich könnt es gut ein bißchen mit aufs Feld nehmen!‹ Er war so glücklich über sein Kind; ich hatt meine Not, es ihm wieder abzukriegen; und es war doch erst sechs Wochen alt!«

Ich machte mich von den Frauen los, indem ich ihnen bedeutete, daß sie wegen ihrer eigenen Vernehmung zur Stelle bleiben müßten. Als ich wieder in das Zimmer trat, fielen schon die schrägen Strahlen der Abendsonne durch die Fenster. Das Mädchen stand noch auf demselben Platze wie vorhin; aber sie schien ruhiger geworden und sogar, vielleicht nur weil ich den andern Frauen gegenüber ihre Anwesenheit vertreten hatte, ein Vertrauen zu mir gefaßt zu haben. »Ich will's Ihnen wohl erzählen, Herr Amtsvogt«, begann sie, indem sie mit beiden Händen ihr glänzendschwarzes Haar zurückstrich; – »ob ich ihn geheiratet hätte, wenn er das Geld von der andern nicht hätte brauchen müssen; – ich weiß das nicht, und ist auch wohl übrig jetzt zu fragen; ich bin gut Freund mit ihm gewesen; wir tanzten wohl zusammen; aber – und das ist die Wahrheit! Herr Amtsvogt – ich hatte nicht gedacht, daß er's gar so ernsthaft nehmen würde.«

»Sie wußten doch«, sagte ich, »daß er von Jugend auf Ihnen nachgegangen war; und ich meine, der sah nicht aus, als ob er mit solchen Dingen spielen könnte.«

Sie hatte seitwärts einen raschen Blick in den kleinen, mit Pfauenfedern geschmückten Spiegel geworfen, und eine Sekunde lang brach es wie heiße Lebenslust aus ihren dunklen Augen. »Nun«, sagte sie, »zuletzt hab ich's schon merken müssen; aber da hab ich ihn nicht mehr fortbringen können. Versucht hab ich's genug; denn er plagte mich bis aufs Blut mit seinen Grillen; zumal wenn sonst junge Leute zu uns kamen, wie das doch nicht anders ist. Er konnte mit den Zähnen knirschen, wenn ich nur einen an die Haustür brachte; oder gar, als einmal Hans Ottsen aus Narretei mir die Haarzöpfe losmachen wollte; und er hatte doch sein Weib zu Hause!«

Ich sah sie fest an. »Also der Ottsen kam in der letzten Zeit auch zu Ihnen? Sie wissen vielleicht, daß sein Vater ihm um Johanni die Hufe übergeben hat.«

Sie stutzte einen Augenblick wie verwirrt; dann aber, als habe sie meine Bemerkung nicht gehört, fuhr sie fort: »Manchen Abend, wenn der Wächter zu neun geblasen, hat meine Mutter ihn angerufen, nach Haus zu gehen. Aber er ging nicht. ›Frau Nachbarn‹, sagt' er dann wohl, ›Sie wird mir doch den Stuhl in Ihrem Hause gönnen; ich verlang ja weiter nichts!‹ Und so sind wir denn sitzen geblieben; ich an meinem Nähstein vor der einen Tischschublade, er vor der andern. ›Hinrich‹, hab ich oft gesagt, ›sei nicht so hintersinnig! Du kannst ja Sonntag im Krug mit mir tanzen; nimm doch deine Frau mit, und laß uns alle miteinander vergnügt sein.‹ Aber er stieß dann nur ein höhnisches Lachen aus und sah mich aus seinen kleinen Augen an, als wollte er mir damit ein Leides tun.

Nur einmal«, fuhr sie nach einer Weile fort, »ist er eine Zeitlang weggeblieben; – als ihm das Kind geboren war, und ich dachte schon, er sei nun zur Vernunft gekommen. Da, etwa vier Wochen nachher, wurde seine Frau schwer krank; sie glaubten alle, es geh mit ihr aufs Letzte, auch meine Mutter, die ihr doch in der Geburt hatte beistehen müssen. Und da, Herr Amtsvogt – kam er wieder.«

Das Mädchen atmete schwer auf. – »Er war ganz anders geworden, mehr so wie damals, als er noch ein junger Bursche war; er konnte wieder erzählen und sprach wieder von seiner Wirtschaft und was er tun und treiben wollte. Einmal aber – meine Mutter war eben außer Hause – faßte er mich plötzlich an beiden Schultern und sah mich an, wie unsinnig vor Freude. ›Margret!‹ – rief er, ›denk's einmal aus! Wenn – o wenn!‹ – – Er verstummte dann und ließ mich los; aber ich wußte doch, wie's gemeint war, und hab's auch bald nachher gesehen. Deshalb dachte ich, ihn auf andere Gedanken zu bringen. ›Ist denn der Doktor heute bei euch gewesen?‹ fragte ich. ›Wie geht's mit Ann-Marieken?‹ – Es war erst, als wenn er nicht antworten mochte. ›Sie hat wieder ein neues Glas gekriegt‹, sagte er dann; ›ich weiß nicht, was der Doktor meinte.‹ Dabei hatte er sich das Punktierbuch meiner Mutter aus deren Nähkasten gekramt, setzte sich mir gegenüber und fing nun an, mit Kreide auf den Tisch zu strichen. Er tat das so hastig und wurde so heiß um den Kopf dabei, daß ich ihn fragte: ›Hinrich, auf was punktierst du da?‹

›Laß, laß!‹ sagte er. ›Bleib du bei deiner Näharbeit!‹ Aber ich bog mich unbemerkt über den Tisch und las in dem Buch die Nummer, auf welche er den Finger hielt. Da war es die Frage, ob der Kranke genesen werde? – Ich schwieg und setzte mich wieder an meine Arbeit; und er strichelte weiter, zählte ›Eben‹ oder ›Uneben‹ und punktierte sich nachher die Figuren mit der Kreide auf den Tisch. ›Nun‹, fragte ich, ›bist du fertig? Kann man's jetzt zu wissen kriegen?‹ – Er hatte den Kopf in die Hand gestützt und sah mich schweigend an, aber still und weich, wie er's lang nicht getan hatte. Dann stand er auf und gab mir die Hand. ›Gute Nacht, Margret!‹ sagte er; ›ich muß nun nach Hause.‹ Und somit ging er fort; es war noch früh am Abend. – Da die Figuren auf dem Tische stehengeblieben waren, so schlug ich in dem Büchlein nach. Da lautete die Antwort: ›Tröstet die Seele des Kranken und laßt alle Hoffnung fahren!‹ – – Aber es war diesmal nicht getroffen; die Frau erholte sich bald hernach; und nun ward's mit ihm schlimmer, als es je gewesen war. Glauben Sie's mir, Herr Amtsvogt, wenn ich was an ihm versehen habe, es ist mit Angst und Not gebüßt.«

Da sie bei diesen Worten in ein krampfhaftes Weinen ausbrach, so ließ ich sie auf einen Stuhl niedersitzen. Bald aber erhob sie wieder ihren Kopf, den sie in beide Hände gepreßt hatte, und sah mich an. – Im Zimmer war nur noch das Licht des Sonnenuntergangs, in dem die roten Lippen des Mädchens auffallend gegen ihr blasses Gesicht und ihre dunklen Augen hervortraten.

Aber ich mußte weiterfragen. »Hinrich Fehse«, sagte ich, »hat in der vorigen Woche einen Pferdehandel gemacht, woraus er viel Geld hätte nach Hause bringen müssen; die Fehseschen Frauen aber versichern, daß sie es nirgends haben finden können.«

»Wir haben das Geld nicht, Herr Amtsvogt!« sagte sie düster.

»Und Sie wissen auch nicht, wo es hingekommen ist?«

Sie nickte. »Doch; das weiß ich.«

»Es haben einige gemeint«, fuhr ich fort, »er sei nach Hamburg, um von dort mit einem Auswandererschiff nach Amerika zu gehen?«

»Nein, Herr Amtsvogt; wohin er gegangen ist, das weiß ich nicht; aber mit dem Geld ist er nicht nach Amerika. – Ich will Ihnen auch das erzählen; so wahr, als wenn ich vor Gott stünde! – Am letzten Sonntagabend war's, es mochte gegen acht Uhr sein; meine Mutter, die über Nacht aus gewesen war, saß im Lehnstuhl und nickte über ihrem Strickzeug; wir waren ganz allein, und ich wunderte mich, daß auch Hinrich Fehse nicht kam; denn am Vormittag in der Kirche hatte er mich wieder einmal angestarrt, daß alle Weiber die Köpfe nach mir wandten. – Draußen ging der Sturm; aber zwischen den Windstößen glaubt ich mitunter bei unserm Hause gehen zu hören. Mir war das unheimlich, und ich trat vor die Haustür, um zu sehen, was es gäbe. Es war kein Mondschein, Herr Amtsvogt; aber es war nachthell; ich konnte durch den kahlen Fliederzaun ganz deutlich die Kreuze auf dem Kirchhof unterscheiden, der an unsern Garten stößt; und so sah ich auch, daß unterm Zaune einer stand; und da ich hinzutrat, war es Hinrich Fehse. ›Was stehst du hier und läßt dich durchkälten?‹ sagte ich. ›Warum kommst du nicht herein?‹ – ›Ich muß dich allein sprechen, Margret!‹ erwiderte er. – ›Nun, so sprich, wir sind hier allein; es wird auch niemand kommen in dem Unwetter.‹ – Aber er sprach nicht, bis ich sagte: ›Mich friert; ich will hinein und mein Umschlagetuch holen!‹ Da griff er mich bei der Hand und sagte schwer: ›'s geht so nicht länger, Margret; ich muß ein Ende machen.‹ – Er kam mir so seltsam vor; ich wußte nicht, was ich ihm darauf antworten sollte. ›Hinrich‹, sagte ich; ›am besten wär's, ich ginge wieder fort; dann wird wohl alles noch gut werden!‹ – ›Wir müssen beide fort, miteinander fort, Margret!‹ antwortete er. Dabei zog er einen Beutel hervor und ließ ihn mehrmals auf der Kante des Brunnens klingen, an dem wir in diesem Augenblicke standen. ›Hörst du?‹ sagte er; ›das ist Gold! Vorgestern hab ich meine Braunen verkauft; ich geh zu meinem Vetter über See in die Neue Welt; es ist leicht, dort sein Brot zu finden.‹ – ›Das wirst du deiner Frau nicht antun!‹ sagte ich. – ›Nicht antun, Margret? Es ist kein Segen für sie, wenn ich dableib; die paar tausend Taler, die sie in die Wirtschaft gebracht hat, gehen bald darauf; ich bin kein Bauer mehr, ich hab keine Gedanken ohne dich!‹ – Er wollte mich umfassen, aber ich sprang zurück.

›Das würde mir anstehen‹, sagt ich, ›als deine Beiläuferin mit dir in die weite Welt zu rennen!‹ – ›Hör mich nur‹, begann er wieder; ›wir gehen heimlich fort; meine Frau wird dann auf Scheidung klagen; dann können wir uns dort zusammengeben lassen.‹ – ›Nein, Hinrich; ich tu's nicht, ich geh so nicht fort.‹ – Auf diese Worte ward er wie unsinnig; er warf sich auf die Erde, ich weiß nicht, was er alles sprach; auch heulte der Sturm um die Kirche, daß ich's kaum verstehen konnte; meine Kleider flogen, ich war ganz verklommen. ›Geh nach Haus, Hinrich‹, bat ich, ›du bist heut nicht bei dir, laß uns morgen über die Sache sprechen!‹ – Indem hörte ich hinter uns vom Kirchhofsteige laute Stimmen; Hans Ottsen war darunter, und ich horchte nach unserer Pforte; denn er war in den letzten Wochen bisweilen zu uns gekommen. Aber sie mußten vorübergegangen sein; ich hörte das Kreuz im großen Kirchhofstor drehen und bald auch die Stimmen weiter unten auf dem Dorfwege. – Als ich den Kopf zurückwandte, stand Hinrich vor mir. ›Margret‹, sagte er, und er würgte die Worte nur so heraus; ›willst du mit mir gehen?‹ – Aber bevor ich noch zu antworten vermochte, legte er die Hand auf meinen Mund. ›Sprich nicht zu früh!‹ rief er, ›denn ich frag nicht wieder – nimmer wieder.‹ – Ich antwortete nicht; es schnürte mir die Kehle zu; was hätte ich ihm auch antworten sollen! – ›Siehst du!‹ sagte er; ›ich wußte es wohl; du bist falsch, du wartest auf den anderen!‹ – Er machte eine Bewegung mit dem Arm, und gleich darauf hörte ich es auch unten im Brunnen aufklatschen. – ›Hinrich, dein Gold!‹ rief ich. ›Was tust du, Hinrich!‹ – ›Laß nur!‹ sagt' er; ›ich brauch's nun nicht mehr; – aber‹ – und er faßte mich mit beiden Händen und hielt mich vor sich, als ob er wie aus der Ferne mich betrachten wollte – ›küß mich noch einmal, Margret!«‹

– »Und dann?« fragte ich, als das Mädchen stockte.

»Ich will nicht lügen, Herr Amtsvogt; ich hätt's ihm nicht gewehrt: aber er stieß mich plötzlich von sich. – Ich wollte der Haustür zulaufen; da rief er zornig meinen Namen; und als ich darauf nicht hörte, sprang er hinter mir her und packte mich wie mit eisernen Armen. Das Haar war mir losgegangen; er schlang einen meiner Zöpfe um seine Hand und riß mir damit den Kopf in den Nacken. ›Noch einen Augenblick, Margret‹, sagte er, und trotz der Nacht sah ich, wie seine kleinen Augen über mir funkelten; und während der Sturm mir fast die Kleider vom Leibe riß, schrie er mir ins Ohr: ›Ich will dir was Heimliches anvertrauen, Margret; aber sprich's nicht weiter! Für uns beid zusammen ist kein Platz mehr auf der Welt; du sollst verflucht sein, Margret!‹ – Ich stieß einen lauten Schrei aus; ich glaubt, er wolle mich erwürgen. Da ließ er mich los und rannte davon; ich hörte noch, wie er drüben die Kirchhofspforte zuschlug; und gleich darauf war auch meine Mutter vor die Haustür getreten und rief nach mir. – ›Er wird sich morgen schon besinnen‹, sagte sie, nachdem ich ihr alles, so gut als ich es vermochte, erzählt hatte; ›da kann er auch sein Gold sich selber wieder fischen.‹ Dann holte sie ein Vorlegeschloß und legte es vor den Brunnendeckel, den einst mein Großvater ungebetener Gäste wegen hatte machen lassen; es hätte ja jemand anders den Beutel im Eimer mit heraufziehen können. – – Als wir ins Haus gegangen waren, legte meine Mutter sich ins Bett, und ich setzte mich wieder an meine Arbeit. Draußen stürmte es noch immer fort; mitunter hörte ich unten im Dorf den Wächter blasen; im Kirchturm schlug die große Glocke an. Mir war ganz unheimlich; aber es ließ mir keine Ruh; ich dachte immer, er könne sich ein Leids angetan haben. Als ich merkte, daß meine Mutter eingeschlafen war, nahm ich mein Umschlagetuch und schlich mich fort. – Es begegnete mir niemand; die meisten Häuser waren schon dunkel; nur auf der Fehseschen Stelle sah ich vom Wege aus noch Licht durch die Öffnung der Fensterläden scheinen. Ich nahm mir ein Herz und ging den Wall hinauf und in die Gartenpforte. Als ich mich an das Fenster stellte, hörte ich drinnen die Spinnräder schnurren, bisweilen auch ein Wort von der alten Fehse. – ›Was sie nur sprechen mögen!‹ dachte ich und legte das Ohr an den Laden, aber ich konnt es nicht verstehen. Da gewahrte ich unter dem anderen Fenster eine umgestürzte Schubkarre, und als ich hinaufgestiegen war und mich auf den Zehen hob, reichte mein Auge bis an das Herz des Ladens. Ich konnte dort das Wandbett übersehen; auch sah ich, daß jemand darinlag, und als der Kopf sich auf dem Kissen umwarf, erkannte ich, daß es Hinrich war. Mit einem Mal aber richtete er sich in den Kissen auf und stierte mit den Augen auf mich zu. Da befiel mich die Angst, ich sprang von der Karre herab und rannte fort, über den Weg, über den Kirchhof; – um die Turmecke pfiff und heulte es; der alte Finkeljochim sagt dann immer, die Toten schreien in den Gräbern. Mir grauste, ich weiß nicht mehr, wie ich wieder ins Haus und ins Bett gekommen bin. – Am andern Morgen aber hieß es, Hinrich Fehse sei in der Nacht verschwunden; ich habe nichts wieder von ihm gesehen.«

Sie schwieg. – Es war inzwischen dämmerig geworden. Als ich durch die kleinen Scheiben einen Blick ins Freie tat, war fern am Horizont nur noch ein schwacher Abendschein; die Bäume im Garten standen schwarz, unten über dem Moor aber zogen die Nebel wie weiße Schleier. – Ich ließ zwei Talgkerzen anzünden und vor mir auf den Tisch stellen; dann rief ich die Fehseschen Frauen in das Zimmer.

»Soll denn die dabei sein?« fragte die alte Bäuerin, indem sie einen halb scheuen, halb haßerfüllten Blick auf das Mädchen warf, die nach meinem Geheiß sich in die eine Fensterecke gesetzt hatte.

»Die wird Sie nicht stören, Frau Fehse!« erwiderte ich.

»Nun, meinethalb; was ich zu sagen habe, kann Gott und alle Welt hören; aber« – und sie erhob drohend ihren dürren Finger – »die Bösen werden ihren Lohn bekommen!«

Das Mädchen schien von diesen Worten nichts zu hören; sie hatte wie erschöpft den Kopf so weit gegen die Wand gelehnt, daß ihr das schwarze Haar von den Schläfen zurückgefallen war. – »Lassen Sie das, Frau Fehse!« sagte ich. »Erzählen Sie mir, wie sich die Sache zutrug.«

Sie schien wie aus tiefen Gedanken aufgestört zu werden.

»Ja«, sagte sie, »er war auch den Abend drüben gewesen, da, bei der! Aber er kam doch früh nach Haus; denn Ann-Marieken lag so schlecht, der Doktor hatte ihr eben ein neues Glas verschrieben, da hat er die ganze Nacht an ihrem Bett gesessen, gewiß, das hat er! und ihre Hand gestreichelt. ›Ann-Marieken‹, sagte er, ›du bist nicht schuld daran; verklag mich nicht zu hart da oben; du wirst's da besser haben als bei mir.‹«

Die junge Frau, die eben ihr Kind in die Wiege legte, brach in bitterliche Tränen aus.

»Ich meine, Frau Fehse«, erinnerte ich, »wie es an dem letzten Abend war, da Euer Sohn das Haus verlassen hat.«

»Ja, wie war's?« erwiderte sie. »'s war am letzten Sonntagabend; das Essen hatten wir abgeräumt, und die Magd war in ihre Kammer gegangen – nein, es muß schon hin um zehn Uhr gewesen sein; Ann-Marieken und ich saßen noch bei unserem Spinnrad. Mein Hinrich war vordem ganz verstürzt nach Hause gekommen, nun lag er schon lange in dem Wandbett da. Aber er schlief wohl nicht, denn er warf sich fleißig herum und stöhnte auch wohl so vor sich hin; wir waren das schon an ihm gewohnt, Herr Amtsvogt. – – Draußen war's Unwetter, wie das jetzt im November wohl zu sein pflegt; der Nordwest war zu Gang und riß die Blätter von den Bäumen; mir bangte immer, er sollte auch den Birnbaum an der Scheune umstürzen; denn mein Vater selig hat ihn bei der Taufe von meinem Hinrich selbst gepflanzt. Da hör ich's draußen leise vor dem Fenster trotten, und ich horchte darauf; denn, Herr Amtsvogt, ich wußte nicht, war es ein Tier oder war es eines Menschen Fußtritt. Ich frag: ›Hörst du das, Ann-Marieken?‹ frag ich. Aber sie greift in ihr Spinnrad und sagt: ›Nein, Mutter, ich höre nichts!‹ – Nun rück ich 'nen Stuhl zum Fenster und sehe durch das Herz des Fensterladens; denn wir hatten wegen des Unwetters die Läden angeschroben. Da stand der Birnbaum gegen den grauen Nachthimmel und ächzte und wehrte sich zum Erbarmen gegen den Sturm; auch über die Koppeln und die Wischen hinunter konnte ich sehen und sah auch hinten im Moor die Wassertümpel blenkern, denn die Luft war hell dazumalen. Lebiges war nicht zu sehen. Aber das merkt ich wohl, es drückte sich was unter das Fenster, und es rutschte, als scheuere ein Zottelpelz an der Mauer lang. Da ich vom Stuhl herabsteige, kratzt es draußen an dem andern Laden und sogleich hör ich auch drüben in der Wand das Bettband knacken, und mein Hinrich sitzt steidel aufrecht in den Kissen und starrt mit ganz toten Augen nach dem Fenster zu. – Als ich ruf: ›Herr Jes', Hinrich! was ist denn?‹ da ist auch hinten im Stall das Vieh in die Unruhe gekommen, und durch all das Unwetter hör ich den Bullen brüllen und mit Gewalt an seiner Kette reißen. Aber mein Hinrich sitzt noch immer so tot und glasig, daß mir ganz graulich wurde, und als ich mich nun selber umende – Herr, du mein Jesus Christ! –, da guckt' ein Tier durch den Fensterladen! Ich sah ganz deutlich die weißen, spitzen Zähne und die schwarzen Augen!«

Die Alte wischte sich mit der Schürze den Schweiß von der Stirn und begann leise vor sich hinzumurmeln.

»Ein Tier, Frau Fehse?« fragte ich; »habt Ihr denn so große Hunde im Dorf?«

Sie schüttelte den Kopf: »Es war kein Hund, Herr Amtsvogt!«

»Aber Wölfe gibt's hier doch nicht mehr bei uns!«

Die Alte drehte langsam den Kopf nach dem Mädchen und sagte dann mit scharfer Stimme: »Es mag auch wohl kein rechter Wolf gewesen sein!«

»Mutter! Mutter!« rief das junge Weib; »Ihr habt mir doch immer gesagt, es sei die Hebammens-Margret gewesen, die ins Fenster gesehen habe!«

»Hm, Ann-Marieken, ich sage auch nicht, daß sie es nicht gewesen ist.« Und die alte Frau verfiel wieder in ihr unverständliches Klagen und Murmeln.

»Was faselt Ihr, Mutter Fehse!« rief ich. Und doch, als ich das Mädchen so leblos mit ihrem kreideweißen Gesicht und den roten Lippen dasitzen sah – der weiße Alp fiel mir ein aus der Heimat ihres Großvaters, und ich hätte fast hinzugefügt: »Ihr irrt Euch, ich weiß es besser, Mutter Fehse, sie hat ihm die Seele ausgetrunken; vielleicht ist er fort, um sie zu suchen!« Aber ich sagte nur: »Erzählt mir ordentlich, wie wurde es denn weiter mit Euerem Hinrich?«

»Mit meinem Hinrich?« wiederholte sie. »Er griff ans Bettband und war auf einmal mit beiden Füßen auf der Diele. ›Laß mich, Hinrich!‹ sagte ich. Aber er fuhr hastig in die Kleider: ›Nein, nein, Mutter, Ihr haltet den Bullen nicht!‹ und dabei hatte er immer die Augen nach dem Fensterladen. Als er dann im Fortgehen an die Wiege stieß, die so wie heut dort neben dem Bette stand, da streckte das Kleine im Schlaf seine Ärmchen auf und griff mit den Fingerchen in die Luft. Mein Hinrich blieb noch einmal stehen und bückte sich über die Wiege, und ich hörte, wie er bei sich selber sagte: ›Das Kind! Das Kind!‹ Er streckte auch schon seine Hand nach den kleinen Händchen aus, als just der Sturm wieder gegen die Laden stieß und das Rumoren draußen im Stalle wieder anhub. Da tat er einen tiefen Seufzer und ging wie taumelig zur Türe hinaus.« – –

Schon länger hatte ich bemerkt, daß Margret den Kopf wie lauschend gegen das Fenster hielt; jetzt hörte ich auch das dumpfe Rumpeln eines Wagens, der den Weg vom Moor heraufzukommen schien. –

»Und seitdem«, fragte ich die Alte wieder, »habt Ihr Euren Sohn nicht mehr gesehen?«

Ich erhielt keine Antwort. Die Stubentür knarrte, und durch die Türspalte drängte sich ein graues Hündchen, naß und beschmutzt; es lief zu der alten Bäuerin und sah sie einen Augenblick wie fragend an, schnoberte winselnd an der Bettstelle herum und lief dann ebenso wieder zur Tür hinaus. Die beiden Frauen, welche atemlos das Tier mit den Augen verfolgt hatten, brachen in laute Klagen aus. Es war, wie ich daraus entnehmen konnte, der Hund des Vermißten, den er selber aufgezogen und dann immer um sich gehabt hatte; das kleine Tier war seit jenem Abend ebenfalls verschwunden gewesen.

Das Rumpeln des Wagens kam indessen näher, und zugleich sah ich, wie am Fenster das Mädchen ihren Kopf aufreckte und mit weit aufgerissenen Augen hinausstarrte. Die Unschlittkerzen leuchteten nicht so weit, aber es fiel von außen eine Mondhelle durch die Scheiben. Gleich einer Schlange glitt sie in die

Höhe und blieb dann mit offenem Munde stehen. In demselben Augenblick fuhr auch der Wagen dröhnend auf die Tenne des Hauses.

Eine Weile war es lautlos still, dann wurden Männerstimmen auf dem Hausflur laut, die Stubentür wurde weit geöffnet, und ein breitschulteriger Mann trat auf die Schwelle. »Wir sind mit der Leiche da«, sagte er; »hinten im Moor in der schwarzen Lake hat sie gelegen.«

Das Zetergeschrei der Frauen brach herein; das junge Weib hatte sich mit beiden Armen über die Wiege ihres Kindes geworfen, das jetzt, vom Schlafe aufgestört, sein schrilles Stimmchen mit dareinmischte.

Aber die alte Bäuerin besann sich plötzlich; ihre knochige Hand schüttelnd, trat sie vor das Mädchen hin, die noch immer wie versteinert in die leere Nacht hinausstarrte. »Hörst du's?« rief sie; »er ist tot! Geh nun! Du hast hier weiter nichts zu schaffen.«

Das Mädchen wandte den Kopf, als habe sie nichts davon verstanden; aber trotz des verhüllenden Gewandes sah ich, daß ein Schauder über ihre Glieder lief, während sie schweigend zur Tür hinausging. Durch das Fenster sah ich sie den Hof hinabschreiten; sie hatte den Kopf im Nacken, als sei er ihr herumgedreht, der Scheune zugewendet, worin der Tote lag. Plötzlich, als sie den Weg erreicht hatte, begann sie zu laufen, mit aufgehobenen Armen, als sei was hinter ihr, dem sie entrinnen müßte. Bald aber verschwand sie in den weißen Nebeln, die vom Moor herauf den Weg überschwemmt hatten.

Ich ließ anspannen, mein Geschäft war für heut zu Ende. Als ich durch das Dorf fuhr, kam der Küster von seiner Hofstelle mir entgegen und legte die Hand auf meinen Wagen. »Es tut mir leid um den Hinrich, Herr Amtsvogt!« sagte er. »Aber wer weiß, ob es nicht so am besten ist; wir müssen jetzt nur sehen, daß wir einen tüchtigen Setzwirt bekommen, der die Witwe heiraten und die Stelle für den kleinen Hinrich Fehse bewirtschaften kann. Es soll schon alles besorgt werden, Herr Amtsvogt!« Und in seiner alten Unerschütterlichkeit grüßte er gravitätisch mit der Hand, während ich, diese tröstlichen Worte noch im Ohr, aus dem Dorfe hinausfuhr, an dem Moor entlang, das von einem trüben Mond beleuchtet wurde.

Um mit meinem Bericht zu Ende zu kommen: der Brunnen der Hebammensleute wurde schon am andern Tage ausgeschöpft, und der versenkte Schatz kam wirklich wieder an das Tageslicht. Auch der Mann für die junge Witwe fand sich, nachdem das Kind noch binnen Jahresfrist mittels eines Bräune-Anfalls seinem Vater in jenes unbekannte Land gefolgt war. Hans Ottsen zog es vor, statt die verrufene Hebammen-Margret zu seinem Weibe zu machen, zu der väterlichen Hufe auch noch die Fehsesche Stelle auf dem einfachen Wege der Heirat zu erwerben. Und so war denn, nach dem Rezept der Küsterin, mit ein paar Handvoll Kirchhofserde wieder alles in seinen Schick gebracht.

Will man noch nach dem Slowakenmädchen fragen, so vermag ich darauf keine Antwort zu geben; sie soll in ich weiß nicht welche große Stadt gezogen und dort in der Menschenflut verschollen sein.

Viola tricolor

Es war sehr still in dem großen Hause; aber selbst auf dem Flur spürte man den Duft von frischen Blumensträußen.

Aus einer Flügeltür der breiten in das Oberhaus hinaufführenden Treppe gegenüber, trat eine alte sauber gekleidete Dienerin. Mit einer feierlichen Selbstzufriedenheit drückte sie hinter sich die Tür ins Schloß und ließ dann ihre grauen Augen an den Wänden entlangstreifen, als wolle sie auch hier jedes Stäubchen noch einer letzten Musterung unterziehen; aber sie nickte beifällig und warf dann einen Blick auf die alte englische Hausuhr, deren Glockenspiel eben zum zweitenmal seinen Satz abgespielt hatte.

»Schon halb!« murmelte die Alte, »und um acht, so schrieb der Herr Professor, wollten die Herrschaften da sein!«

Hierauf griff sie in ihrer Tasche nach einem großen Schlüsselbund und verschwand dann in den hinteren Räumen des Hauses. – Und wieder wurde es still; nur der Perpendikelschlag der Uhr tönte durch den geräumigen Flur und in das Treppenhaus hinauf; durch das Fenster über der Haustür fiel noch ein Strahl der Abendsonne und blinkte auf den drei vergoldeten Knöpfen, welche das Uhrgehäuse krönten.

Dann kamen von oben herab kleine leichte Schritte, und ein etwa zehnjähriges Mädchen erschien auf dem Treppenabsatz. Auch sie war frisch und festlich angetan; das rot und weiß gestreifte Kleid stand ihr gut zu dem bräunlichen Gesichtchen und den glänzendschwarzen Haarflechten. Sie legte den Arm auf das Geländer und das Köpfchen auf den Arm und ließ sich so langsam hinabgleiten, während ihre dunklen Augen träumerisch auf die gegenüberliegende Zimmertür gerichtet waren.

Einen Augenblick stand sie horchend auf dem Flur; dann drückte sie leise die Tür des Zimmers auf und schlüpfte durch die schweren Vorhänge hinein. – Es war schon dämmerig hier, denn die beiden Fenster des tiefen Raumes gingen auf eine von hohen Häusern eingeengte Straße; nur seitwärts über dem Sofa leuchtete wie Silber ein venezianischer Spiegel auf der dunkelgrünen Sammettapete. In dieser Einsamkeit schien er nur dazu bestimmt, das Bild eines frischen Rosenstraußes zurückzugeben, der in einer Marmorvase auf dem Sofatische stand. Bald aber erschien in seinem Rahmen auch das dunkle Kinderköpfchen. Auf den Zehen war die Kleine über den weichen Fußteppich herangeschlichen; und schon griffen die schlanken Finger hastig zwischen die Stengel der Blumen, während ihre Augen nach der Tür zurückflogen. Endlich war es ihr gelungen, eine halb erschlossene Moosrose aus dem Strauße zu lösen; aber sie hatte bei ihrer Arbeit der Dornen nicht geachtet, und ein roter Blutstropfen rieselte über ihren Arm. Rasch – denn er wäre fast in das Muster der kostbaren Tischdecke gefallen – sog sie ihn mit ihren Lippen auf; dann, leise, wie sie gekommen, die geraubte Rose in der Hand, schlüpfte sie wieder durch die Türvorhänge auf den Flur hinaus. Nachdem sie auch hier noch einmal gehorcht hatte, flog sie die Treppe wieder hinauf, die sie zuvor herabgekommen war, und droben weiter einen Korridor entlang, bis an die letzte Tür desselben. Einen Blick noch warf sie durch eines der Fenster, vor dem im Abendschein die Schwalben kreuzten; dann drückte sie die Klinke auf.

Es war das Studierzimmer ihres Vaters, das sie sonst in seiner Abwesenheit nicht zu betreten pflegte; nun war sie ganz allein zwischen den hohen Repositorien, die mit ihren unzähligen Büchern so ehrfurchtgebietend umherstanden. Als sie zögernd die Tür hinter sich zugedrückt hatte, wurde unter einem zur Linken von derselben befindlichen Fenster der mächtige Anschlag eines Hundes laut. Ein Lächeln flog über die ernsten Züge des Kindes; sie ging rasch an das Fenster und blickte hinaus. Drunten breitete sich der große Garten des Hauses in weiten Rasen- und Gebüschpartien aus; aber ihr vierbeiniger Freund schien schon andere Wege eingeschlagen zu haben; so sehr sie spähte, nichts war zu entdecken. Und wie Schatten fiel es allmählich wieder über das Gesicht des Kindes; sie war ja zu was anderem hergekommen; was ging sie jetzt der Nero an!

Nach Westen hinaus, der Tür, durch welche sie eingetreten, gegenüber, hatte das Zimmer noch ein zweites Fenster. An der Wand daneben, so daß das Licht dem daran Sitzenden zur Hand fiel, befand sich ein großer Schreibtisch mit dem ganzen Apparat eines gelehrten Altertumsforschers; Bronzen und Terrakotten aus Rom und Griechenland, kleine Modelle antiker Tempel und Häuser und andere dem Schutt der Vergangenheit entstiegene Dinge füllten fast den ganzen Aufsatz desselben. Darüber aber, wie aus blauen Frühlingslüften heraustretend, hing das lebensgroße Brustbild einer jungen Frau; gleich einer Krone der Jugend lagen die goldblonden Flechten über der klaren Stirn. – »Holdselig«, dies veraltete Wort hatten ihre Freunde für sie wieder hervorgesucht; – einst, da sie noch an der Schwelle dieses Hauses mit ihrem Lächeln die Eintretenden begrüßte. – Und so blickte sie noch jetzt im Bilde mit ihren blauen Kinderaugen von der Wand herab; nur um den Mund spielte ein leichter Zug von Wehmut, den man im Leben nicht an ihr gesehen hatte. Der Maler war auch derzeit wohl darum gescholten worden; später, da sie gestorben, schien es allen recht zu sein.

Das kleine schwarzhaarige Mädchen kam mit leisen Schritten näher; mit leidenschaftlicher Innigkeit hingen ihre Augen an dem schönen Bildnis.

»Mutter, meine Mutter!« sprach sie flüsternd; doch so, als wolle mit den Worten sie sich zu ihr drängen.

Das schöne Antlitz schaute, wie zuvor, leblos von der Wand herab; sie aber kletterte, behend wie eine Katze, über den davor stehenden Sessel auf den Schreibtisch und stand jetzt mit trotzig aufgeworfenen Lippen vor dem Bilde, während ihre zitternden Hände die geraubte Rose hinter der unteren Leiste des Goldrahmens zu befestigen suchten. Als ihr das gelungen war, stieg sie rasch wieder zurück und wischte mit ihrem Schnupftuch sorgsam die Spuren ihrer Füßchen von der Tischplatte.

Aber es war, als könne sie jetzt aus dem Zimmer, das sie zuvor so scheu betreten hatte, nicht wieder fortfinden; nachdem sie schon einige Schritte nach der Tür getan hatte, kehrte sie wieder um; das westliche Fenster neben dem Schreibtische schien diese Anziehungskraft auf sie zu üben.

Auch hier lag unten ein Garten, oder richtiger, eine Gartenwildnis. Der Raum war freilich klein; denn wo das wuchernde Gebüsch sie nicht verdeckte, war von allen Seiten die hohe Umfassungsmauer sichtbar. An dieser, dem Fenster gegenüber, befand sich, in augenscheinlichem Verfall, eine offene Rohrhütte; davor, von dem grünen Gespinste einer Klematis fast bedeckt, stand noch ein Gartenstuhl. Der Hütte gegenüber mußte einst eine Partie von hochstämmigen Rosen gewesen sein; aber sie hingen jetzt wie verdorrte Reiser an den entfärbten Blumenstöcken, während unter ihnen mit unzähligen Rosen bedeckte Zentifolien ihre fallenden Blätter auf Gras und Kraut umherstreuten.

Die Kleine hatte die Arme auf die Fensterbank und das Kinn in ihre beiden Hände gestützt, und schaute mit sehnsüchtigen Augen hinab.

Drüben in der Rohrhütte flogen zwei Schwalben aus und ein; sie mußten wohl ihr Nest darin gebaut haben. Die andern Vögel waren schon zur Ruhe gegangen; nur ein Rotbrüstchen sang dort noch herzhaft von dem höchsten Zweige des abgeblühten Goldregens und sah das Kind mit seinen schwarzen Augen an.

– »Nesi, wo steckst du denn?« sagte sanft eine alte Stimme, während eine Hand sich liebkosend auf das Haupt des Kindes legte.

Die alte Dienerin war unbemerkt hereingetreten. Das Kind wandte den Kopf und sah sie mit einem müden Ausdruck an. »Anne«, sagte es, »wenn ich nur einmal wieder in Großmutters Garten dürfte!«

Die Alte antwortete nicht darauf; sie kniff nur die Lippen zusammen und nickte ein paarmal wie zur Betimmung. »Komm, komm!« sagte sie dann. »Wie siehst du aus! Gleich werden sie da sein, dein Vater und deine neue Mutter!« Damit zog sie das Kind in ihre Arme und strich und zupfte ihr Haar und Kleider zurecht. – »Nein, nein, Neschen! Du darfst nicht weinen; es soll eine gute Dame sein, und schön, Nesi; du siehst ja gern die schönen Leute!«

In diesem Augenblick tönte das Rasseln eines Wagens von der Straße herauf. Das Kind zuckte zusammen; die Alte aber faßte es bei der Hand und zog es rasch mit sich aus dem Zimmer. Sie kamen noch früh genug, um den Wagen vorfahren zu sehen; die beiden Mägde hatten schon die Haustür aufgeschlagen.

– Das Wort der alten Dienerin schien sich zu bestätigen. Von einem etwa vierzigjährigen Manne, in dessen ernsten Zügen man Nesis Vater leicht erkannte, wurde eine junge schöne Frau aus dem Wagen gehoben. Ihr Haar und ihre Augen waren fast so dunkel wie die des Kindes, dessen Stiefmutter sie geworden war; ja man hätte sie, flüchtig angesehen, für die rechte halten können, wäre sie dazu nicht zu jung gewesen. Sie grüßte freundlich, während ihre Augen wie suchend umherblickten; aber ihr Mann führte sie rasch ins Haus und in das untere Zimmer, wo sie von dem frischen Rosenduft empfangen wurde.

»Hier werden wir zusammen leben«, sagte er, indem er sie in einen weichen Sessel niederdrückte, »verlaß dies Zimmer nicht, ohne hier die erste Ruhe in deinem neuen Heim gefunden zu haben!«

Sie blickte innig zu ihm auf. »Aber du – willst du nicht bei mir bleiben?«

– »Ich hole dir das Beste von den Schätzen unseres Hauses.«

»Ja, ja, Rudolf, deine Agnes! Wo war sie denn vorhin?«

Er hatte das Zimmer schon verlassen. Den Augen des Vaters war es nicht entgangen, daß bei ihrer Ankunft Nesi sich hinter der alten Anne versteckt gehalten hatte; nun, da er sie wie verloren draußen auf dem Hausflur stehen fand, hob er sie auf beiden Armen in die Höhe und trug sie so in das Zimmer.

– »Und hier hast du die Nesi!« sagte er und legte das Kind zu den Füßen der schönen Stiefmutter auf den Teppich; dann, als habe er Weiteres zu besorgen, ging er hinaus; er wollte die beiden allein sich finden lassen.

Nesi richtete sich langsam auf und stand nun schweigend vor der jungen Frau; beide sahen sich unsicher und prüfend in die Augen. Letztere, die wohl ein freundliches Entgegenkommen als selbstverständlich vorausgesetzt haben mochte, faßte endlich die Hände des Mädchens und sagte ernst: »Du weißt doch, daß ich jetzt deine Mutter bin, wollen wir uns nicht liebhaben, Agnes?« Nesi blickte zur Seite.

»Ich darf aber doch Mama sagen?« fragte sie schüchtern.

– »Gewiß, Agnes; sag, was du willst, Mama oder Mutter, wie es dir gefällt!«

Das Kind sah verlegen zu ihr auf und erwiderte beklommen: »Mama könnte ich gut sagen!«

Die junge Frau warf einen raschen Blick auf sie und heftete ihre dunkeln Augen in die noch dunkleren des Kindes. »Mama; aber nicht Mutter?« fragte sie.

»Meine Mutter ist ja tot«, sagte Nesi leise.

In unwillkürlicher Bewegung stießen die Hände der jungen Frau das Kind zurück; aber sie zog es gleich und heftig wieder an ihre Brust.

»Nesi«, sagte sie, »Mutter und Mama ist ja dasselbe!«

Nesi aber erwiderte nichts; sie hatte die Verstorbene immer nur Mutter genannt.

– Das Gespräch war zu Ende. Der Hausherr war wieder eingetreten, und da er sein Töchterchen in den Armen seiner jungen Frau erblickte, lächelte er zufrieden.

»Aber jetzt komm«, sagte er heiter, indem er der letzteren seine Hand entgegenstreckte, »und nimm als Herrin Besitz von allen Räumen dieses Hauses!«

Und sie gingen miteinander fort; durch die Zimmer des unteren Hauses, durch Küche und Keller, dann die breite Treppe hinauf in einen großen Saal und in die kleineren Stuben und Kammern, die nach beiden Seiten der Treppe auf den Korridor hinausgingen.

Der Abend dunkelte schon; die junge Frau hing immer schwerer an dem Arm ihres Mannes, es war fast, als sei mit jeder Tür, die sich vor ihr geöffnet, eine neue Last auf ihre Schultern gefallen; immer einsilbiger wurden seine froh hervorströmenden Worte erwidert. Endlich, da sie vor der Tür seines Arbeitszimmers standen, schwieg auch er und hob den schönen Kopf zu sich empor, der stumm an seiner Schulter lehnte.

»Was ist dir, Ines?« sagte er, »du freust dich nicht!«

»O doch, ich freue mich!«

»So komm!«

Als er die Tür geöffnet hatte, schien ihnen ein mildes Licht entgegen. Durch das westliche Fenster leuchtete der Schein des Abendgoldes, das drüben jenseits der Büsche des kleinen Gartens stand. – In diesem Lichte blickte das schöne Bild der Toten von der Wand herab; darunter auf dem matten Gold des Rahmens lag wie glühend die frische rote Rose.

Die junge Frau griff unwillkürlich mit der Hand nach ihrem Herzen und starrte sprachlos auf das süße lebensvolle Bild. Aber schon hatten die Arme ihres Mannes sie fest umfangen.

»Sie war einst mein Glück«, sagte er; »sei du es jetzt!«

Sie nickte, aber sie schwieg und rang nach Atem. Ach, diese Tote lebte noch, und für sie beide war doch nicht Raum in einem Hause!

Wie zuvor, da Nesi hier gewesen, tönte jetzt wieder aus dem großen, zu Norden belegenen Garten die mächtige Stimme eines Hundes.

Mit sanfter Hand wurde die junge Frau von ihrem Gatten an das dorthinaus liegende Fenster geführt. »Sieh einmal hier hinab!« sagte er.

Drunten auf dem Steige, der um den großen Rasen führte, saß ein schwarzer Neufundländer; vor ihm stand Nesi und beschrieb mit einer ihrer schwarzen Flechten einen immer engeren Kreis um seine Nase. Dann warf der Hund den Kopf zurück und bellte, und Nesi lachte und begann das Spiel von neuem.

Auch der Vater, der diesem kindischen Treiben zusah, mußte lächeln; aber die junge Frau an seiner Seite lächelte nicht, und wie eine trübe Wolke flog es über ihn hin. »Wenn es die Mutter wäre!« dachte er; laut aber sagte er: »Das ist unser Nero, den mußt du auch noch kennenlernen, Ines; der und Nesi sind gute Kameraden, sogar vor ihren Puppenwagen läßt sich das Ungeheuer spannen.«

Sie blickte zu ihm auf. »Hier ist so viel, Rudolf«, sagte sie, wie zerstreut, »wenn ich nur durchfinde!«

– »Ines, du träumst! Wir und das Kind, der Hausstand ist ja so klein wie möglich.«

»Wie möglich?« wiederholte sie tonlos, und ihre Augen folgten dem Kinde, das jetzt mit dem Hunde um den Rasen jagte; dann plötzlich, wie in Angst zu ihrem Mann emporsehend, schlang sie die Arme um seinen Hals und bat: »Halte mich fest, hilf mir! Mir ist so schwer.«

Wochen, Monate waren vergangen. – Die Befürchtungen der jungen Frau schienen sich nicht zu verwirklichen; wie von selber ging die Wirtschaft unter ihrer Hand. Die Dienerschaft fügte sich gern ihrem zugleich freundlichen und vornehmen Wesen, und auch wer von außen hinzutrat, fühlte, daß jetzt wieder eine dem Hausherrn ebenbürtige Frau im Innern walte. Für die schärfer blickenden Augen ihres Mannes freilich war es anders; er erkannte nur zu sehr, daß sie mit den Dingen seines Hauses wie mit Fremden verkehre, woran sie keinen Teil habe, das als gewissenhafte Stellvertreterin sie nur um desto sorgsamer verwalten müsse. Es konnte den erfahrenen Mann nicht beruhigen, wenn sie sich zuweilen mit heftiger Innigkeit in seine Arme drängte, als müsse sie sich versichern, daß sie ihm, er ihr gehöre.

Auch zu Nesi hatte ein näheres Verhältnis sich nicht gebildet. Eine innere Stimme – der Liebe und der Klugheit – gebot der jungen Frau, mit dem Kinde von seiner Mutter zu sprechen, an die es die Erinnerung so lebendig, seit die Stiefmutter ins Haus getreten war, so hartnäckig bewahrte. Aber – das war es ja! Das süße Bild, das droben in ihres Mannes Zimmer hing – selbst ihre inneren Augen vermieden, es zu sehen. Wohl hatte sie mehrmals schon den Mut gefaßt; sie hatte das Kind mit beiden Händen an sich gezogen, dann aber war sie verstummt; ihre Lippen hatten ihr den Dienst versagt, und Nesi, deren dunkle Augen bei solcher herzlichen Bewegung freudig aufgeleuchtet, war traurig wieder fortgegangen. Denn seltsam, sie sehnte sich nach der Liebe dieser schönen Frau; ja, wie Kinder pflegen, sie betete sie im stillen an. Aber ihr fehlte die Anrede, die der Schlüssel jedes herzlichen Gespräches ist; das eine – so war ihr – durfte sie, das andere konnte sie nicht sagen.

Auch dieses letzte Hemmnis fühlte Ines, und da es das am leichtesten zu Beseitigende schien, so kehrten ihre Gedanken immer wieder auf diesen Punkt zurück.

So saß sie eines Nachmittags neben ihrem Mann im Wohnzimmer und blickte in den Dampf, der leise singend aus der Teemaschine aufstieg.

Rudolf, der eben seine Zeitung durchgelesen hatte, ergriff ihre Hand. »Du bist so still, Ines; du hast mich heute nicht ein einzig Mal gestört!«

»Ich hätte wohl etwas zu sagen«, erwiderte sie zögernd, indem sie ihre Hand aus der seinen löste.

– »So sag es denn!«

Aber sie schwieg noch eine Weile.

– »Rudolf«, sagte sie endlich, »laß dein Kind mich Mutter nennen!«

– »Und tut sie denn das nicht?«

Sie schüttelte den Kopf und erzählte ihm, was am Tage ihrer Ankunft vorgefallen war.

Er hörte ihr ruhig zu. »Es ist ein Ausweg«, sagte er dann, »den hier die Kinderseele unbewußt gefunden hat. Wollen wir ihn nicht dankbar gelten lassen?«

Die junge Frau antwortete nicht darauf, sie sagte nur: »So wird das Kind mir niemals nahekommen.«

Er wollte wieder ihre Hand fassen, aber sie entzog sie ihm.

»Ines«, sagte er, »verlange nur nichts, was die Natur versagt; von Nesi nicht, daß sie dein Kind, und nicht von dir, daß du ihre Mutter seist!«

Die Tränen brachen ihr aus den Augen. »Aber, ich soll doch ihre Mutter sein«, sagte sie fast heftig.

– »Ihre Mutter? Nein, Ines, das sollst du nicht.«

»Was soll ich denn, Rudolf?«

– Hätte sie die naheliegende Antwort auf diese Frage jetzt verstehen können, sie würde sie sich selbst gegeben haben. Er fühlte das und sah ihr sinnend in die Augen, als müsse er dort die helfenden Worte finden.

»Bekenn es nur!« sagte sie, sein Schweigen mißverstehend, »darauf hast du keine Antwort.«

»O Ines!« rief er. »Wenn erst aus deinem eigenen Blut ein Kind auf deinem Schoße liegt!«

Sie machte eine abwehrende Bewegung; er aber sagte: »Die Zeit wird kommen, und du wirst fühlen, wie das Entzücken, das aus deinem Auge bricht, das erste Lächeln deines Kindes weckt und wie es seine kleine Seele zu dir zieht. – Auch über Nesi haben einst zwei selige Augen so geleuchtet; dann schlug sie den kleinen Arm um einen Nacken, der sich zu ihr niederbeugte, und sagte: ›Mutter!‹ – Zürne nicht mit ihr, daß sie es zu keiner andern auf der Welt mehr sagen kann!«

Ines hatte seine Worte kaum gehört; ihre Gedanken verfolgten nur den einen Punkt. »Wenn du sagen kannst: Sie ist ja nicht dein Kind, warum sagst du denn nicht auch: Du bist ja nicht mein Weib!«

Und dabei blieb es. Was gingen sie seine Gründe an!

Er zog sie an sich; er suchte sie zu beruhigen; sie küßte ihn und sah ihn durch Tränen lächelnd an; aber geholfen war ihr damit nicht. – –

Als Rudolf sie verlassen hatte, ging sie hinaus in den großen Garten. Bei ihrem Eintritt sah sie Nesi mit einem Schulbuche in der Hand um den breiten Rasen wandern, aber sie wich ihr aus und schlug einen Seitenweg ein, der zwischen Gebüsch an der Gartenmauer entlangführte.

Dem Kinde war beim flüchtigen Aufblick der Ausdruck von Trauer in den schönen Augen der Stiefmutter nicht entgangen, und, wie magnetisch nachgezogen, immer lernend und ihre Lektion vor sich her murmelnd, war auch sie allmählich in jenen Steig geraten.

Ines stand eben vor einer in der hohen Mauer befindlichen Pforte, die von einem Schlinggewächs mit lila Blüten fast verhangen war. Mit abwesenden Blicken ruhten ihre Augen darauf, und sie wollte schon ihre stille Wanderung wieder beginnen, als sie das Kind sich entgegenkommen sah.

Nun blieb sie stehen und fragte: »Was ist das für eine Pforte, Nesi?«

– »Zu Großmutters Garten!«

»Zu Großmutters Garten? – Deine Großeltern sind doch schon lange tot!«

»Ja, schon lange, lange.«

»Und wem gehört denn jetzt der Garten?«

– »Uns!« sagte das Kind, als verstehe sich das von selbst.

Ines bog ihren schönen Kopf unter das Gesträuch und begann an der eisernen Klinke der Tür zu rütteln; Nesi stand schweigend dabei, als wolle sie den Erfolg dieser Bemühungen abwarten.

»Aber er ist ja verschlossen!« rief die junge Frau, indem sie abließ und mit dem Schnupftuch den Rost von ihren Fingern wischte. »Ist es der wüste Garten, den man aus Vaters Stubenfenster sieht?«

Das Kind nickte.
– »Horch nur, wie drüben die Vögel singen!«
Inzwischen war die alte Dienerin in den Garten getreten. Als sie die Stimmen der beiden von der Mauer her vernahm, beeilte sie sich, in ihre Nähe zu kommen. »Es ist Besuch drinnen«, meldete sie.

Ines legte freundlich ihre Hand an Nesis Wange. »Vater ist ein schlechter Gärtner«, sagte sie im Fortgehen, »da müssen wir beide noch hinein und Ordnung schaffen.«
– Im Hause kam Rudolf ihr entgegen.

»Du weißt, das Müllersche Quartett spielt heute abend«, sagte er, »die Doktorsleute sind da und wollen uns vor Unterlassungssünden warnen.«

Als sie zu den Gästen in die Stube getreten waren, entspann sich ein langes, lebhaftes Gespräch über Musik; dann kamen häusliche Geschäfte, die noch besorgt werden mußten. Der wüste Garten war für heut vergessen.

Am Abend war das Konzert. – Die großen Toten, Haydn und Mozart, waren an den Hörern vorübergezogen, und eben verklang auch der letzte Akkord von Beethovens C-Moll-Quartett, und statt der feierlichen Stille, in der allein die Töne auf- und niederglänzten, rauschte jetzt das Geplauder der fortdrängenden Zuhörer durch den weiten Raum.

Rudolf stand neben dem Stuhle seiner jungen Frau. »Es ist aus, Ines«, sagte er, sich zu ihr niederbeugend; »oder hörst du noch immer etwas?«

Sie saß noch wie horchend, ihre Augen nach dem Podium gerichtet, auf dem nur noch die leeren Pulte standen. Jetzt reichte sie ihrem Manne die Hand. »Laß uns heimgehen, Rudolf«, sagte sie aufstehend.

An der Tür wurden sie von ihrem Hausarzte und dessen Frau aufgehalten, den einzigen Menschen, mit denen Ines bis jetzt in einen näheren Verkehr getreten war.

»Nun?« sagte der Doktor und nickte ihnen mit dem Ausdruck innerster Befriedigung zu. »Aber kommen Sie mit uns, es ist ja auf dem Wege; nach so etwas muß man noch ein Stündchen zusammensitzen.«

Rudolf wollte schon mit heiterer Zustimmung antworten, als er sich leise am Ärmel gezupft fühlte und die Augen seiner Frau mit dem Ausdrucke dringenden Bittens auf sich gerichtet sah. Er verstand sie wohl. »Ich verweise die Entscheidung an die höhere Instanz«, sagte er scherzend.

Und Ines wußte unerbittlich den nicht so leicht zu besiegenden Doktor auf einen andern Abend zu vertrösten.

Als sie am Hause ihrer Freunde sich von diesen verabschiedet hatten, atmete sie auf wie befreit.

»Was hast du heute gegen unsere lieben Doktorsleute?« fragte Rudolf.

Sie drückte sich fest in den Arm ihres Mannes. »Nichts«, sagte sie; »aber es war so schön heute abend; ich muß nun ganz mit dir allein sein.«

Sie schritten rascher ihrem Hause zu.

»Sieh nur«, sagte er, »im Wohnzimmer unten ist schon Licht, unsere alte Anne wird den Teetisch schon gerüstet haben. Du hattest recht, daheim ist doch noch besser als bei andern.«

Sie nickte nur und drückte ihm still die Hand. – Dann traten sie in ihr Haus; lebhaft öffnete sie die Stubentür und schlug die Vorhänge zurück.

Auf dem Tische, wo einst die Vase von den Rosen gestanden hatte, brannte jetzt eine große Bronzelampe und beleuchtete einen schwarzhaarigen Kinderkopf, der schlafend auf die mageren Ärmchen hingesunken war; die Ecken eines Bilderbuches ragten nur eben darunter hervor.

Die junge Frau blieb wie erstarrt in der Tür stehen; das Kind war ganz aus ihrem Gedankenkreise verschwunden gewesen. Ein Zug herber Enttäuschung flog um ihre schönen Lippen. »Du, Nesi!« stieß sie hervor, als ihr Mann sie vollends in das Zimmer hineingeführt hatte. »Was machst du denn noch hier?«

Nesi erwachte und sprang auf. »Ich wollte auf euch warten«, sagte sie, indem sie halb lächelnd mit der Hand über ihre blinzelnden Augen fuhr.

»Das ist unrecht von Anne; du hättest längst zu Bette sein sollen.«

Ines wandte sich ab und trat an das Fenster; sie fühlte, wie ihr die Tränen aus den Augen quollen. Ein unentwirrbares Gemisch von bitteren Gefühlen wühlte in ihrer Brust; Heimweh, Mitleid mit sich selber, Reue über ihre Lieblosigkeit gegen das Kind des geliebten Mannes; sie wußte selber nicht, was alles jetzt sie überkam; aber – und mit der Wollust und der Ungerechtigkeit des Schmerzes sprach sie es sich selber vor – das war es: ihrer Ehe fehlte die Jugend, und sie selber war doch noch so jung!

Als sie sich umwandte, war das Zimmer leer. – Wo war die schöne Stunde, auf die sie sich gefreut? – Sie dachte nicht daran, daß sie sie selbst verscheucht hatte.

– – Das Kind, welches mit fast erschreckten Augen dem ihm unverständlichen Vorgange zugesehen hatte, war von dem Vater still hinausgeführt worden.

»Geduld!« sprach er zu sich selber, als er, den Arm um Nesi geschlungen, mit ihr die Treppe hinaufstieg; und auch er, in einem andern Sinne, setzte hinzu: »Sie ist ja noch so jung.«

Eine Kette von Gedanken und Plänen tauchte in ihm auf; mechanisch öffnete er das Zimmer, wo Nesi mit der alten Anne schlief und in dem sie von dieser schon erwartet wurde. Er küßte sie und sprach: »Ich werde Mama von dir gute Nacht sagen.« Dann wollte er zu seiner Frau hinabgehen; aber er kehrte wieder um und trat am Ende des Korridors in sein Studierzimmer.

Auf dem Aufsatze des Schreibtisches stand eine kleine Bronzelampe aus Pompeji, die er kürzlich erst erworben und versucheshalber mit Öl gefüllt hatte; er nahm sie herab, zündete sie an und stellte sie wieder an ihren Ort unter das Bildnis der Verstorbenen; ein Glas mit Blumen, das auf der Platte des Tisches gestanden, setzte er daneben. Er tat dies fast gedankenlos; nur, als müsse er auch seinen Händen zu tun geben, während es ihm in Kopf und Herzen arbeitete. Dann trat er dicht daneben an das Fenster und öffnete beide Flügel desselben.

Der Himmel war voll Wolken; das Licht des Mondes konnte nicht herabgelangen. Drunten in dem kleinen Garten lag das wuchernde Gesträuch wie eine dunkle Masse; nur dort, wo zwischen schwarzen pyramidenförmigen Koniferen der Steig zur Rohrhütte führte, schimmerte zwischen ihnen der weiße Kies hindurch.

Und aus der Phantasie des Mannes, der in diese Einsamkeit

hinabsah, trat eine liebliche Gestalt, die nicht mehr den Lebenden angehörte; er sah sie unten auf dem Steige wandeln, und ihm war, als gehe er an ihrer Seite.

»Laß dein Gedächtnis mich zur Liebe stärken«, sprach er; aber die Tote antwortete nicht; sie hielt den schönen, bleichen Kopf zur Erde geneigt; er fühlte mit süßem Schauder ihre Nähe, aber Worte kamen nicht von ihr.

Da bedachte er sich, daß er hier oben ganz allein stehe. Er glaubte an den vollen Ernst des Todes; die Zeit, wo sie gewesen, war vorüber. – Aber unter ihm lag noch wie einst der Garten ihrer Eltern; von seinen Büchern durch das Fenster sehend, hatte er dort zuerst das kaum fünfzehnjährige Mädchen erblickt; und das Kind mit den blonden Flechten hatte dem ernsten Manne die Gedanken fortgenommen, immer mehr, bis sie zuletzt als Frau die Schwelle seines Hauses überschritten und ihm alles und noch mehr zurückgebracht hatte. – Jahre des Glückes und freudigen Schaffens waren mit ihr eingezogen; den kleinen Garten aber, als die Eltern früh verstorben waren und das Haus verkauft wurde, hatten sie behalten und durch eine Pforte in der Grenzmauer mit dem großen Garten ihres Hauses verbunden. Fast verborgen war schon damals diese Pforte unter hängendem Gesträuch, das sie ungehindert wachsen ließen; denn sie gingen durch dieselbe in den fraulichsten Ort ihres Sommerlebens, in welchen selbst die Freunde des Hauses nur selten hineingelassen wurden. – – In der Rohrhütte, in welcher er einst von seinem Fenster aus die jugendliche Geliebte über ihren Schularbeiten belauscht hatte, saß jetzt zu den Füßen der blonden Mutter ein Kind mit dunkeln, nachdenklichen Augen; und wenn er nun den Kopf von seiner Arbeit wandte, so tat er einen Blick in das vollste Glück des Menschenlebens. – – Aber heimlich hatte der Tod sein Korn hineingeworfen. Es war in den ersten Tagen eines Junimondes, da trug man das Bett der schwer Erkrankten aus dem daranliegenden Schlafgemach in das Arbeitszimmer ihres Mannes; sie wollte die Luft noch um sich haben, die aus dem Garten ihres Glückes durch das offene Fenster wehte. Der große Schreibtisch war beiseite gestellt; seine Gedanken waren nun alle nur bei ihr. – Draußen war ein unvergleichlicher Frühling aufgegangen; ein Kirschbaum stand mit Blüten überschneit. In unwillkürlichem Drange hob er die leichte Gestalt aus den Kissen und trug sie an das Fenster. »Oh, sieh es noch einmal! Wie schön ist doch die Welt!«

Aber sie wiegte leise ihren Kopf und sagte: »Ich sehe es nicht mehr.« – –

Und bald kam es, da wußte er das Flüstern, welches aus ihrem Munde brach, nicht mehr zu deuten. Immer schwächer glimmte der Funken; nur ein schmerzliches Zucken bewegte noch die Lippen, hart und stöhnend im Kampfe um das Leben ging der Atem. Aber es wurde leiser, immer leiser, zuletzt süß wie Bienengetön. Dann noch einmal war's, als wandle ein blauer Lichtstrahl durch die offenen Augen; und dann war Frieden.

»Gute Nacht, Marie!« – Aber sie hörte es nicht mehr.

– – Noch ein Tag, und die stille, edle Gestalt lag unten in dem großen, dämmerigen Gemach in ihrem Sarge. Die Diener des Hauses traten leise auf; drinnen stand er neben seinem Kinde, das die alte Anne an der Hand hielt.

»Nesi«, sagte diese, »du fürchtest dich doch nicht?«

Und das Kind, von der Erhabenheit des Todes angeweht, antwortete: »Nein, Anne, ich bete.«

Dann kam der allerletzte Gang, welcher noch mit ihr zu gehen ihm vergönnt war; nach ihrer beider Sinn ohne Priester und Glockenklang, aber in der heiligen Morgenfrühe, die ersten Lerchen stiegen eben in die Luft.

Das war vorüber; aber er besaß sie noch in seinem Schmerze; wenn auch ungesehen, sie lebte noch mit ihm. Doch unbemerkt entschwand auch dies; er suchte sie oft mit Angst, aber immer seltener wußte er sie zu finden. Nun erst schien ihm sein Haus unheimlich leer und öde; in den Winkeln saß eine Dämmerung, die früher nicht dort gesessen hatte; es war so seltsam anders um ihn her; und sie war nirgends.

– – Der Mond war aus dem Wolkendunst hervorgetreten und beleuchtete hell die untenliegende Gartenwildnis. Er stand noch immer an derselben Stelle, den Kopf gegen das Fensterkreuz gelehnt; aber seine Augen sahen nicht mehr, was draußen war.

Da öffnete sich hinter ihm die Tür, und eine Frau von dunkler Schönheit trat herein.

Das leise Rauschen ihres Kleides hatte den Weg zu seinem Ohr gefunden; er wandte den Kopf und sah sie forschend an.

»Ines!« rief er; er stieß das Wort hervor, aber er ging ihr nicht entgegen.

Sie war stehengeblieben. »Was ist dir, Rudolf? Erschrickst du vor mir?«

Er schüttelte den Kopf und versuchte zu lächeln. »Komm«, sagte er, »laß uns hinuntergehen.«

Aber während er ihre Hand faßte, waren ihre Augen auf das von der Lampe beleuchtete Bild und die daneben stehenden Blumen gefallen. – Wie ein plötzliches Verständnis flog es durch ihre Züge. – »Es ist ja bei dir wie in einer Kapelle«, sagte sie, und ihre Worte klangen kalt, fast feindlich.

Er hatte alles begriffen. »Oh, Ines«, rief er, »sind nicht auch dir die Toten heilig!«

»Die Toten! Wem sollten die nicht heilig sein! Aber, Rudolf«, – und sie zog ihn wieder an das Fenster; ihre Hände zitterten und ihre schwarzen Augen flimmerten vor Erregung –, »sag mir, die ich jetzt dein Weib bin, warum hältst du diesen Garten verschlossen und lässest keines Menschen Fuß hinein?«

Sie zeigte mit der Hand in die Tiefe; der weiße Kies zwischen den schwarzen Pyramidensträuchern schimmerte gespenstisch; ein großer Nachtschmetterling flog eben darüber hin.

Er hatte schweigend hinabgeblickt. »Das ist ein Grab, Ines«, sagte er jetzt, »oder, wenn du lieber willst, ein Garten der Vergangenheit.«

Aber sie sah ihn heftig an. »Ich weiß das besser, Rudolf! Das ist der Ort, wo du bei ihr bist; dort auf dem weißen Steige wandelt ihr zusammen; denn sie ist nicht tot; noch eben, jetzt in dieser Stunde warst du bei ihr und hast mich, dein Weib, bei ihr verklagt. Das ist Untreue, Rudolf, mit einem Schatten brichst du mir die Ehe!«

Er legte schweigend den Arm um ihren Leib und führte sie, halb mit Gewalt, vom Fenster fort. Dann nahm er die Lampe von dem Schreibtisch und hielt sie hoch gegen das Bild empor. »Ines wirf nur einen Blick auf sie!«

Und als die unschuldigen Augen der Toten auf sie herabblickten, brach sie in einen Strom von Tränen aus. »Oh, Rudolf, ich fühle es, ich werde schlecht!«

»Weine nicht so«, sagte er. »Auch ich habe unrecht getan; aber habe auch du Geduld mit mir!« – Er zog ein Schubfach seines Schreibtisches auf und legte einen Schlüssel in ihre Hand. »Öffne du den Garten wieder, Ines! – – Gewiß, es macht mich glücklich, wenn dein Fuß der erste ist, der wieder ihn betritt. Vielleicht, daß im Geiste sie dir dort begegnet und mit ihren milden Augen dich so lange ansieht, bis du schwesterlich den Arm um ihren Nacken legst!«

Sie sah unbeweglich auf den Schlüssel, der noch immer in ihrer offenen Hand lag.

»Nun, Ines, willst du nicht annehmen, was ich dir gegeben habe?«

Sie schüttelte den Kopf.

»Noch nicht, Rudolf, ich kann noch nicht, später – später; dann wollen wir zusammen hineingehen.« Und indem ihre schönen dunkeln Augen bittend zu ihm aufblickten, legte sie still den Schlüssel auf den Tisch.

Ein Samenkorn war in den Boden gefallen, aber die Zeit des Keimens lag noch fern.

Es war im November. – Ines konnte endlich nicht mehr daran zweifeln, daß auch sie Mutter werden solle, Mutter eines eigenen Kindes. Aber zu dem Entzücken, das sie bei dem Bewußtsein überkam, gesellte sich bald ein anderes. Wie ein unheimliches Dunkel lag es auf ihr, aus dem allmählich sich ein Gedanke gleich einer bösen Schlange emporwand. Sie suchte ihn zu verscheuchen, sie flüchtete sich vor ihm zu allen guten Geistern ihres Hauses, aber er verfolgte sie, er kam immer wieder und immer mächtiger. War sie nicht nur von außen wie eine Fremde in dies Haus getreten, das schon ohne sie ein fertiges Leben in sich schloß? – Und eine zweite Ehe – gab es denn überhaupt eine solche? Mußte die erste, die einzige, nicht bis zum Tode beider fortdauern? – Nicht nur bis zum Tode! Auch weiter – weiter bis in alle Ewigkeit! Und wenn das? – Die heiße Glut schlug ihr ins Gesicht; sich selbst zerfleischend, griff sie nach den härtesten Worten. – Ihr Kind – ein Eindringling, ein Bastard würde es im eigenen Vaterhause sein!

Wie vernichtet ging sie umher; ihr junges Glück und Leid

trug sie allein; und wenn der, welcher den nächsten Anspruch hatte, es mit ihr zu teilen, sie besorgt und fragend anblickte, so schlossen sich ihre Lippen wie in Todesangst.

– – In dem gemeinschaftlichen Schlafgemache waren die schweren Fenstervorhänge heruntergelassen, nur durch eine schmale Lücke zwischen denselben stahl sich ein Streifen Mondlicht herein. Unter quälenden Gedanken war Ines eingeschlafen, nun kam der Traum; da wußte sie es: sie konnte nicht bleiben, sie mußte fort aus diesem Hause, nur ein kleines Bündelchen wollte sie mitnehmen, dann fort, weit weg – – zu ihrer Mutter, auf Nimmerwiederkehr! Aus dem Garten, hinter den Fichten, welche die Rückwand desselben bildeten, führte ein Pförtchen in das Freie; den Schlüssel hatte sie in ihrer Tasche, sie wollte fort – – gleich. – –

Der Mond rückte weiter, von der Bettstatt auf das Kissen, und jetzt lag ihr schönes Antlitz voll beleuchtet in seinem blassen Schein. – Da richtete sie sich auf. Geräuschlos entstieg sie dem Bett und trat mit nackten Füßen in ihre davor stehenden Schuhe. Nun stand sie mitten im Zimmer in ihrem weißen Schlafgewand; ihr dunkles Haar hing, wie sie es nachts zu ordnen pflegte, in zwei langen Flechten über ihre Brust. Aber ihre sonst so elastische Gestalt schien wie zusammengesunken; es war, als liege noch die Last des Schlafes auf ihr. Tastend, mit vorgestreckten Händen, glitt sie durch das Zimmer, aber sie nahm nichts mit, kein Bündelchen, keinen Schlüssel. Als sie mit den Fingern über die auf einem Stuhl liegenden Kleider ihres Mannes streifte, zögerte sie einen Augenblick, als gewinne eine andere Vorstellung in ihr Raum; gleich darauf aber schritt sie leise und feierlich zur Stubentür hinaus und weiter die Treppe hinab. Dann klang unten im Flur das Schloß der Hoftür, kalte Luft blies sie an, der Nachtwind hob die schweren Flechten auf ihrer Brust.

– – Wie sie durch den finstern Wald gekommen, der hinter ihr lag, das wußte sie nicht; aber jetzt hörte sie es überall aus dem Dickicht hervorbrechen; die Verfolger waren hinter ihr. Vor ihr erhob sich ein großes Tor; mit aller Macht ihrer kleinen Hände stieß sie den einen Flügel auf; eine öde, unabsehbare Heide dehnte sich vor ihr aus, und plötzlich wimmelte es von großen schwarzen Hunden, die in emsigem Laufe gegen sie daherrannten; sie sah die roten Zungen aus ihren dampfenden Rachen hängen, sie hörte ihr Gebell immer näher – tönender – –

Da öffneten sich ihre halbgeschlossenen Augen, und allmählich begann sie es zu fassen. Sie erkannte, daß sie eben innerhalb des großen Gartens stehe; ihre eine Hand hielt noch die Klinke der eisernen Gittertür. Der Wind spielte mit ihrem leichten Nachtgewande; von den Linden, welche zur Seite des Einganges standen, wirbelte ein Schauer von gelben Blättern auf sie herab. – Doch – was war das? – Drüben aus den Tannen, ganz wie sie es vorhin zu hören glaubte, erscholl auch jetzt das Bellen eines Hundes, sie hörte deutlich etwas durch die dürren Zweige brechen. Eine Todesangst überfiel sie. – Und wieder erscholl das Gebell.

»Nero«, sagte sie; »es ist Nero.«

Aber sie hatte sich mit dem schwarzen Hüter des Hauses nie befreundet, und unwillkürlich lief ihr das wirkliche Tier mit den grimmigen Hunden des Traumes in eins zusammen; und jetzt sah sie ihn von jenseits des Rasens in großen Sprüngen auf sich zukommen. Doch er legte sich vor ihr nieder, und jenes unverkennbare Winseln der Freude ausstoßend, leckte er ihre nackten Füße. Zugleich kamen Schritte vom Hofe her, und einen Augenblick darauf umfingen sie die Arme ihres Mannes; gesichert legte sie den Kopf an seine Brust.

Vom Gebell des Hundes aufgewacht, hatte er mit jähem Schreck ihr Lager an seiner Seite leer gesehen. Ein dunkles Wasser glitzerte plötzlich vor seinem inneren Auge; es lag nur tausend Schritte hinter ihrem Garten an einem Feldwege unter dichten Erlenbüschen. Wie vor einigen Tagen sah er sich mit Ines an dem grünen Uferrande stehen; er sah sie bis in das Schilf hinabgehen und einen Stein, den sie vorhin am Wege aufgesammelt, in die Tiefe werfen. »Komm zurück, Ines!« hatte er gerufen, »es ist nicht sicher dort.« Aber sie war noch immer stehengeblieben, mit den schwermütigen Augen in die Kreise starrend, welche langsam auf dem schwarzen Wasserspiegel ausliefen. »Das ist wohl unergründlich?« hatte sie gefragt, da er sie endlich in seinen Armen fortgerissen.

Das alles war in wilder Flucht durch seinen Kopf gegangen, als er die Treppe nach dem Hofe hinabgestürmt. – Auch damals waren sie durch den Garten von ihrem Hause fortgegangen, und jetzt traf er sie hier, fast unbekleidet, das schöne Haar vom Nachttau feucht, der noch immer von den Bäumen tropfte.

Er hüllte sie in den Plaid, welchen er sich selbst vorm Hinuntergehen übergeworfen hatte. »Ines«, sagte er – das Herz schlug ihm so gewaltig, daß er das Wort fast rauh hervorstieß –, »was ist das? Wie bist du hierhergekommen?«

Sie schauerte in sich zusammen.

»Ich weiß nicht, Rudolf – – ich wollte fort – mir träumte; o Rudolf, es muß etwas Furchtbares gewesen sein!«

»Dir träumte? Wirklich, dir träumte!« wiederholte er und atmete auf, wie von einer schweren Last befreit.

Sie nickte nur und ließ sich wie ein Kind ins Haus und in das Schlafgemach zurückführen.

Als er sie hier sanft aus seinen Armen ließ, sagte sie: »Du bist so stumm, du zürnst gewiß?«

»Wie sollt ich zürnen, Ines! Ich hatte Angst um dich. Hast du schon früher so geträumt?«

Sie schüttelte erst den Kopf, bald aber besann sie sich. »Doch – – einmal; nur war nichts Schreckliches dabei.«

Er trat ans Fenster und zog die Vorhänge zurück, so daß das Mondlicht voll ins Zimmer strömte.

»Ich muß dein Antlitz sehen«, sagte er, indem er sie auf die Kante ihres Bettes niederzog und sich dann selbst an ihre Seite setzte. »Willst du mir nun erzählen, was dir damals Liebliches geträumt hat? Du brauchst nicht laut zu sprechen; in diesem zarten Lichte trifft auch der leiseste Ton das Ohr.«

Sie hatte den Kopf an seine Brust gelegt und sah zu ihm empor.

»Wenn du es wissen willst«, sagte sie nachsinnend. »Es war, glaub ich, an meinem dreizehnten Geburtstag; ich hatte mich ganz in das Kind, in den kleinen Christus, verliebt, ich mochte meine Puppen nicht mehr ansehen.«

»In den kleinen Christus, Ines?«

»Ja, Rudolf«, und sie legte sich wie zur Ruhe noch fester in seinen Arm; »meine Mutter hatte mir ein Bild geschenkt, eine

Madonna mit dem Kinde; es hing hübsch eingerahmt über meinem Arbeitstischchen in der Wohnstube.«

»Ich kenne es«, sagte er, »es hängt ja noch dort; deine Mutter wollte es behalten zur Erinnerung an die kleine Ines.« –

– »O, meine liebe Mutter!«

Er zog sie fester an sich; dann sagte er: »Darf ich weiter hören, Ines?«

– »Doch! Aber ich schäme mich, Rudolf.« Und dann leise und zögernd fortfahrend: »Ich hatte an jenem Tage nur Augen für das Christkind; auch nachmittags, als meine Gespielinnen da waren; ich schlich mich heimlich hin und küßte das Glas vor seinem kleinen Munde – – es war mir ganz, als wenn's lebendig wäre – – hätte ich es nur auch wie die Mutter auf dem Bild in meine Arme nehmen können!« – Sie schwieg; ihre Stimme war bei den letzten Worten zu einem flüsternden Hauch herabgesunken.

»Und dann, Ines?« fragte er. »Aber du erzählst mir so beklommen!«

– »Nein, nein, Rudolf! Aber – – in der Nacht, die darauf folgte, muß ich auch im Traume aufgestanden sein; denn am andern Morgen fanden sie mich in meinem Bette, das Bild in beiden Armen, mit meinem Kopf auf dem zerdrückten Glase eingeschlafen.«

Eine Weile war es totenstill im Zimmer.

– – »Und jetzt?« fragte er ahnungsvoll und sah ihr tief und herzlich in die Augen. »Was hat dich heute denn von meiner Seite in die Nacht hinausgetrieben?«

»Jetzt, Rudolf?« – – Er fühlte, wie ein Zittern über alle ihre Glieder lief. Plötzlich schlang sie die Arme um seinen Hals, und mit erstickter Stimme flüsterte sie angstvolle und verworrene Worte, deren Sinn er nicht verstehen konnte.

»Ines, Ines«, sagte er und nahm ihr schönes kummervolles Antlitz in seine beiden Hände.

– »O, Rudolf! Laß mich sterben; aber verstoße nicht unser Kind!«

Er war vor ihr aufs Knie gesunken und küßte ihr die Hände. Nur die Botschaft hatte er gehört und nicht die dunkeln Worte, in denen sie ihm verkündigt wurde; von seiner Seele flogen alle

Schatten fort, und hoffnungsreich zu ihr emporschauend, sprach er leise:

»Nun muß sich alles, alles wenden!«

Die Zeit ging weiter, aber die dunkeln Gewalten waren noch nicht besiegt. Nur mit Widerstreben fügte Ines die noch aus Nesis Wiegenzeit vorhandenen Dinge der kleinen Ausrüstung ein, und manche Träne fiel in die kleinen Mützen und Jäckchen, an welchen sie jetzt stumm und eifrig nähte.

– – Auch Nesi war es nicht entgangen, daß etwas Ungewöhnliches sich vorbereite. Im Oberhause, nach dem großen Garten hinaus, stand plötzlich eine Stube fest verschlossen, in der sonst ihre Spielsachen aufbewahrt gewesen waren; sie hatte durchs Schlüsselloch hineingeguckt; eine Dämmerung, eine feierliche Stille schien darin zu walten. Und als sie ihre Puppenküche, die man auf den Korridor hinausgesetzt hatte, mit Hülfe der alten Anne auf den Hausboden trug, suchte sie dort vergebens nach der Wiege mit dem grünen Taffetschirme, welche, solange sie denken konnte, hier unter dem schrägen Dachfenster gestanden hatte. Neugierig spähte sie in alle Winkel.

»Was gehst du herum wie ein Kontrolleur?« sagte die Alte.

– »Ja, Anne, wo ist aber meine Wiege geblieben?«

Die Alte blickte sie mit schlauem Lächeln an. »Was meinst«, sagte sie, »wenn dir der Storch noch so ein Brüderchen brächte?«

Nesi sah betroffen auf; aber sie fühlte sich durch diese Anrede in ihrer elfjährigen Würde gekränkt. »Der Storch?« sagte sie verächtlich.

»Nun freilich, Nesi.«

– »Du mußt nicht so was zu mir sprechen, Anne. Das glauben die kleinen Kinder; aber ich weiß wohl, daß es dummes Zeug ist.«

»So? – Wenn du es besser weißt, Mamsell Naseweis, woher kommen denn die Kinderchen, wenn nicht der Storch sie bringt, der es doch schon die Tausende von Jahren her besorgt hat?«

– »Sie kommen vom lieben Gott«, sagte Nesi pathetisch. »Sie sind auf einmal da.«

»Bewahr uns in Gnaden!« rief die Alte. »Was doch die Guckindiewelte heutzutage klug sind! Aber du hast recht, Nesi; wenn du's gewiß weißt, daß der liebe Gott den Storch vom Amte gesetzt hat – ich glaub's selber, er wird es schon allein besorgen können. – Nun aber – wenn's denn so auf einmal da wär, das Brüderchen – oder wolltest du lieber ein Schwesterlein? –, würd's dich freuen, Neschen?«

Nesi stand vor der Alten, die sich auf einen Reisekoffer niedergelassen hatte; ein Lächeln verklärte ihr ernstes Gesichtchen, dann aber schien sie nachzusinnen.

»Nun, Neschen«, forschte wieder die Alte. »Würd's dich freuen, Neschen?«

»Ja, Anne«, sagte sie endlich, »ich möchte wohl eine kleine Schwester haben, und Vater würde sich gewiß auch freuen; aber – –«

»Nun, Neschen, was hast du noch zu abern?«

»Aber«, wiederholte Nesi und hielt dann wieder einen Augenblick wie grübelnd inne, – »das Kind würde ja dann doch keine Mutter haben!«

»Was?« rief die Alte ganz erschrocken und strebte mühsam von ihrem Koffer auf; »das Kind keine Mutter! Du bist mir zu gelehrt, Nesi; komm, laß uns hinabgehen! – Hörst du? Da schlägt's zwei! Nun mach, daß du in die Schule kommst!«

Schon brausten die ersten Frühlingsstürme um das Haus; die Stunde nahte. –

– »Wenn ich's nicht überlebte«, dachte Ines, »ob er auch meiner dann gedenken würde?«

Mit scheuen Augen ging sie an der Tür des Zimmers vorüber, welches schweigend sie und ihr künftiges Geschick erwartete; leise trat sie auf, als sei darinnen etwas, was sie zu wecken fürchte.

Und endlich war dem Hause ein Kind, ein zweites Töchterchen geboren. Von außen pochten die lichtgrünen Zweige an die Fenster; aber drinnen in dem Zimmer lag die junge Mutter bleich und entstellt; das warme Sonnenbraun der Wangen war verschwunden; aber in ihren Augen brannte ein Feuer, das den Leib verzehrte. Rudolf saß an dem Bett und hielt ihre schmale Hand in der seinen.

Jetzt wandte sie mühsam den Kopf nach der Wiege, die unter der Hut der alten Anne an der andern Seite des Zimmers stand. »Rudolf«, sagte sie matt, »ich habe noch eine Bitte!«

– »Noch eine, Ines? Ich werde noch viel von dir zu bitten haben.«

Sie sah ihn traurig an; nur eine Sekunde lang; dann flog ihr Auge hastig wieder nach der Wiege. »Du weißt«, sagte sie, immer schwerer atmend, »es gibt kein Bild von mir! Du wolltest immer, es solle nur von einem guten Meister gemalt werden – – wir können nicht mehr warten auf die Meisterhand. – Du könntest einen Photographen kommen lassen, Rudolf; es ist ein wenig umständlich; aber – mein Kind, es wird mich nicht mehr kennenlernen; es muß doch wissen, wie die Mutter ausgesehen.«

»Warte noch ein wenig!« sagte er und suchte einen mutigen Ton in seine Stimme zu legen. »Es würde dich jetzt zu sehr erregen; warte, bis deine Wangen wieder voller werden!«

Sie strich mit beiden Händen über ihr schwarzes Haar, das lang und glänzend auf dem Deckbette lag, indem sie einen fast wilden Blick im Zimmer umherwarf.

»Einen Spiegel!« sagte sie, indem sie sich völlig in den Kissen aufrichtete. »Bringt mir einen Spiegel!«

Er wollte wehren; aber schon hatte die Alte einen Handspiegel herbeigeholt und auf das Bett gelegt. Die Kranke ergriff ihn hastig; aber als sie hineinblickte, malte sich ein heftiges Erschrecken in ihren Zügen; sie nahm ein Tuch und wischte an dem Glase; doch es wurde nicht anders; nur immer fremder starrte das kranke Leidensantlitz ihr entgegen.

»Wer ist das?« schrie sie plötzlich. »Das bin nicht ich! – O, mein Gott! Kein Bild, kein Schatten für mein Kind!«

Sie ließ den Spiegel fallen und schlug die mageren Hände vors Gesicht.

Da drang ein Weinen an ihr Ohr. Es war nicht ihr Kind, das ahnungslos in seiner Wiege lag und schlief; Nesi hatte sich unbemerkt hereingeschlichen; sie stand mitten im Zimmer und sah mit düsteren Augen auf die Stiefmutter, während sie schluchzend in ihre Lippe biß.

Ines hatte sie bemerkt. »Du weinst, Nesi?« fragte sie.

Aber das Kind antwortete nicht.

»Warum weinst du, Nesi?« wiederholte sie heftig.

Die Züge des Kindes wurden noch finsterer. »Um meine Mutter!« brach es fast trotzig aus dem kleinen Munde.

Die Kranke stutzte einen Augenblick; dann aber streckte sie die Arme aus dem Bett, und als das Kind, wie unwillkürlich, sich genähert hatte, riß sie es heftig an ihre Brust. »O Nesi, vergiß deine Mutter nicht!«

Da schlangen zwei kleine Arme sich um ihren Hals, und nur ihr verständlich, hauchte es: »Meine liebe, süße Mama!«

– »Bin ich deine liebe Mama, Nesi?«

Nesi antwortete nicht; sie nickte nur heftig in die Kissen.

»Dann, Nesi«, und in traulich seligem Flüstern sprach es die Kranke, »vergiß auch mich nicht! O, ich will nicht gern vergessen werden!«

– – Rudolf hatte regungslos diesen Vorgängen zugesehen, die er nicht zu stören wagte; halb in tödlicher Angst, halb in stillem Jubel; aber die Angst behielt die Oberhand. Ines war in ihre Kissen zurückgesunken; sie sprach nicht mehr; sie schlief – plötzlich.

Nesi, die sich leise von dem Bett entfernt hatte, kniete vor der Wiege ihres Schwesterchens; voll Bewunderung betrachtete sie das winzige Händchen, das sich aus den Kissen aufreckte, und wenn das rote Gesichtlein sich verzog und der kleine unbeholfene Menschenlaut hervorbrach, dann leuchteten ihre Augen vor Entzücken. Rudolf, der still herangetreten war, legte liebkosend die Hand auf ihren Kopf; sie wandte sich um und küßte die andere Hand des Vaters; dann schaute sie wieder auf ihr Schwesterchen. –

Die Stunden rückten weiter. Draußen leuchtete der Mittagsschein, und die Vorhänge an den Fenstern wurden fester zugezogen. Längst schon saß er wieder an dem Bette der geliebten Frau, in dumpfer Erwartung; Gedanken und Bilder kamen und gingen; er schaute sie nicht an, er ließ sie kommen und gehen. Schon einmal früher war es so wie jetzt gewesen; ein unheimliches Gefühl befiel ihn; ihm war, als lebe er zum zweitenmal. Er sah wieder den schwarzen Totenbaum aufsteigen und mit den düsteren Zweigen sein ganzes Haus bedecken. Angstvoll sah er nach der Kranken; aber sie schlummerte sanft; in ruhigen Atemzügen hob sich ihre Brust. Unter dem Fenster, in den blühenden Syringen sang ein kleiner Vogel immerzu; er hörte ihn nicht; er war bemüht, die trügerischen Hoffnungen fortzuscheuchen, die ihn jetzt umspinnen wollten.

Am Nachmittage kam der Arzt; er neigte sich über die Schlafende und nahm ihre Hand, die ein warmer feuchter Hauch bedeckte. Rudolf blickte gespannt in das Antlitz seines Freundes, dessen Züge den Ausdruck der Überraschung annahmen.

»Schone mich nicht!« sagte er. »Laß mich alles wissen!«

Aber der Doktor drückte ihm die Hand.

– »Gerettet!« – Das einzige Wort hatte er behalten. Er hörte auf einmal den Gesang des Vogels; das ganze Leben kam zurückgeflutet. »Gerettet!« – Und er hatte auch sie schon verloren gegeben in die große Nacht; er hatte geglaubt, die heftige Erschütterung des Morgens müsse sie verderben; doch:

> Es ward ihr zum Heil,
> Es riß sie nach oben!

In diese Worte des Dichters faßte er all sein Glück zusammen; wie Musik klangen sie fort und fort in seinen Ohren.

– – Immer noch schlief die Kranke; immer noch saß er wartend an ihrem Bette. Nur die Nachtlampe dämmerte jetzt in dem stillen Zimmer; draußen aus dem Garten kam statt des Vogelsangs nun das Rauschen des Nachtwindes; manchmal wie Harfenton wehte es auf und zog vorüber; die jungen Zweige pochten leise an die Fenster.

»Ines!« flüsterte er, »Ines!« Er konnte es nicht lassen, ihren Namen auszusprechen.

Da schlug sie die Augen auf und ließ sie fest und lange auf ihm ruhen, als müsse aus der Tiefe des Schlafes ihre Seele erst zu ihm hinauf gelangen.

»Du, Rudolf?« sagte sie endlich. »Und ich bin noch einmal wieder aufgewacht!«

Er blickte sie an und konnte sich nicht ersättigen an ihrem Anblick. »Ines«, sagte er – fast demütig klang seine Stimme – »ich sitze hier, und stundenlang schon trage ich das Glück wie eine schwere Last auf meinem Haupte; hilf es mir tragen, Ines!«

»Rudolf –!« Sie hatte sich mit einer kräftigen Bewegung aufgerichtet.

– »Du wirst leben, Ines!«

»Wer hat das gesagt?«

– »Dein Arzt, mein Freund; ich weiß, er hat sich nicht getäuscht.«

»Leben! O mein Gott! Leben! – Für mein Kind, für dich!« – Es war, als käme ihr plötzlich eine Erinnerung; sie schlang die Hände um den Hals ihres Mannes und drückte sein Ohr an ihren Mund. »Und für deine – für euere, unsre Nesi!« flüsterte sie. Dann ließ sie seinen Nacken los, und seine beiden Hände ergreifend, sprach sie zu ihm sanft und liebevoll. »Mir ist so leicht!« sagte sie. »Ich weiß gar nicht mehr, warum alles sonst so schwer gewesen ist!« Und ihm zunickend: »Du sollst nur sehen, Rudolf; nun kommt die gute Zeit! Aber –« und sie hob den Kopf und brachte ihre Augen ganz dicht an die seinen – »ich muß teilhaben an deiner Vergangenheit, dein ganzes Glück mußt du mir erzählen! Und, Rudolf, ihr süßes Bild soll in dem Zimmer hängen, das uns gemeinschaftlich gehört; sie muß dabei sein, wenn du mir erzählst!«

Er sah sie an wie ein Seliger.

»Ja, Ines; sie soll dabei sein!«

»Und Nesi! Ich erzähl ihr wieder von ihrer Mutter, was ich von dir gehört habe; – was für ihr Alter paßt, Rudolf, nur das – –«

Er konnte nur stumm noch nicken.

»Wo ist Nesi?« fragte sie dann, »ich will ihr noch einen Gutenachtkuß geben!«

»Sie schläft, Ines«, sagte er und strich sanft mit der Hand über ihre Stirn. »Es ist ja Mitternacht!«

»Mitternacht! So mußt auch du nun schlafen! Ich aber – lache mich nicht aus, Rudolf –, mich hungert; ich muß essen! Und dann, nachher, die Wiege vor mein Bett; ganz nahe, Rudolf! Dann schlaf auch ich wieder; ich fühl's; gewiß, du kannst ganz ruhig fortgehen.«

Er blieb noch.

»Ich muß erst eine Freude haben!« sagte er.

»Eine Freude?«

»Ja, Ines, eine ganz neue; ich will dich essen sehen!«
– »O du!«
– Und als ihm auch das geworden, trug er mit der Wärterin die Wiege vor das Bett.

»Und nun gute Nacht! Mir ist, als sollte ich noch einmal in unseren Hochzeitstag hineinschlafen.«

Sie aber wies glücklich lächelnd auf ihr Kind.

– Und bald war alles still. Aber nicht der schwarze Totenbaum streckte seine Zweige über das Dach des Hauses; aus fernen goldnen Ährenfeldern nickte sanft der rote Mohn des Schlummers. Noch eine reiche Ernte stand bevor.

Und es war wieder Rosenzeit. – Auf dem breiten Steige des großen Gartens hielt ein lustiges Gefährt. Nero war augenscheinlich avanciert; denn nicht vor einem Puppen-, sondern vor einem wirklichen Kinderwagen stand er angeschirrt und hielt geduldig still, als Nesi an seinem mächtigen Kopfe jetzt die letzte Schnalle zuzog. Die alte Anne beugte sich zu dem Schirm des Wägelchens und zupfte an den Kissen, in denen das noch namenlose Töchterchen des Hauses mit großen offenen Augen lag; aber schon rief Nesi: »Hü, hott, alter Nero!«, und in würdevollem Schritt setzte die kleine Karawane sich zu ihrer täglichen Spazierfahrt in Bewegung.

Rudolf und mit ihm Ines, die schöner als je an seinem Arme hing, hatten lächelnd zugeschaut; nun gingen sie ihren eigenen Weg; seitwärts schlugen sie sich durch die Büsche entlang der Gartenmauer, und bald standen sie vor der noch immer verschlossenen Pforte. Das Gesträuch hing nicht wie sonst herab; ein Gestelle war untergebaut, so daß man wie durch einen schattigen Laubengang hinangelangte. Einen Augenblick horchten sie auf den vielstimmigen Gesang der Vögel, die drüben in der noch ungestörten Einsamkeit ihr Wesen trieben. Dann aber, von Ines' kleinen kräftigen Händen bezwungen, drehte sich der Schlüssel, und kreischend sprang der Riegel zurück. Drinnen hörten sie die Vögel aufrauschen, und dann war alles still. Um eine Handbreit stand die Pforte offen; aber sie war an der Binnenseite von blühendem Geranke überstrickt; Ines wandte alle ihre Kräfte auf, es knisterte und knickte auch dahinter; aber die Pforte blieb gefangen.

»Du mußt!« sagte sie endlich, indem sie lächelnd und erschöpft zu ihrem Mann emporblickte.

Die Männerhand erzwang den vollen Eingang; dann legte Rudolf das zerrissene Gesträuch sorgsam nach beiden Seiten zurück.

Vor ihnen schimmerte jetzt in hellem Sonnenlicht der Kiesweg; aber leise, als sei es noch in jener Mondnacht, gingen sie zwischen den tiefgrünen Koniferen auf ihm hin, vorbei an den Zentifolien, die mit Hunderten von Rosen aus dem wuchernden Kraut hervorleuchteten, und am Ende des Steiges unter das verfallene Rohrdach, vor welchem jetzt die Klematis den ganzen Gartenstuhl besponnen hatte. Drinnen hatte, wie im vorigen Sommer, die Schwalbe ihr Nest gebaut; furchtlos flog sie über ihnen aus und ein.

Was sie zusammen sprachen? – Auch für Ines war jetzt heiliger Boden hier. – Mitunter schwiegen sie und hörten nur auf das Summen der Insekten, die draußen in den Düften spielten. Vor Jahren hatte Rudolf es schon ebenso gehört; immer war es so gewesen. Die Menschen starben; ob denn diese kleinen Musikanten ewig waren?

»Rudolf, ich habe etwas entdeckt!« begann jetzt Ines wieder. »Nimm einmal den ersten Buchstaben meines Namens und setz ihn an das Ende! Wie heißt er dann?«

»Nesi!« sagte er lächelnd. »Das trifft sich wunderbar.«

»Siehst du!« fuhr sie fort, »so hat die Nesi eigentlich meinen Namen. Ist's nicht billig, daß nun mein Kind den Namen ihrer Mutter erhält? – Marie! – Es klingt so gut und mild; du weißt, es ist nicht einerlei, mit welchem Namen die Kinder sich gerufen hören!«

Er schwieg einen Augenblick.

»Laß uns mit diesen Dingen nicht spielen!« sagte er dann und sah ihr innig in die Augen. »Nein, Ines; auch mit dem Antlitz meines lieben kleinen Kindes soll mir ihr Bild nicht übermalt werden. Nicht Marie, auch nicht Ines – wie es deine Mutter wünschte – darf das Kind mir heißen! Auch Ines ist für mich nur einmal und niemals wieder auf der Welt.« – Und nach einer

Weile fügte er hinzu: »Wirst du nun sagen, daß du einen eigensinnigen Mann hast?«

»Nein, Rudolf; nur, daß du Nesis rechter Vater bist!«

»Und du, Ines?«

»Hab nur Geduld; – ich werde schon dein rechtes Weib! – Aber –«

»Ist doch noch ein Aber da?«

»Kein böses, Rudolf! – Aber – wenn einst die Zeit dahin ist – denn einmal kommt ja doch das Ende – wenn wir alle dort sind, woran du keinen Glauben hast, aber vielleicht doch eine Hoffnung, – wohin sie uns vorangegangen ist; dann« – und sie hob sich zu ihm empor und schlang beide Hände um seinen Nacken – »schüttle mich nicht ab, Rudolf! Versuch es nicht; ich lasse doch nicht von dir!«

Er schloß sie fest in seine Arme und sagte: »Laß uns das nächste tun; das ist das beste, was ein Mensch sich selbst und andern lehren kann.«

»Und da wäre?« fragte sie.

»Leben, Ines; so schön und lange, wie wir es vermögen!«

Da hörten sie Kinderstimmen von der Pforte her; kleine, zum Herzen dringende Laute, die noch keine Worte waren, und ein helles »Hü!« und »Hott!« von Nesis kräftiger Stimme. Und unter dem Vorspann des getreuen Nero, behütet von der alten Dienerin, hielt die fröhliche Zukunft des Hauses ihren Einzug in den Garten der Vergangenheit.

Pole Poppenspäler

Ich hatte in meiner Jugend einige Fertigkeit im Drechseln und beschäftigte mich sogar wohl etwas mehr damit, als meinen gelehrten Studien zuträglich war; wenigstens geschah es, daß mich eines Tags der Subrektor bei Rückgabe eines nicht eben fehlerlosen Exerzitiums seltsamerweise fragte, ob ich vielleicht wieder eine Nähschraube zu meiner Schwester Geburtstag gedrechselt hätte. Solch kleine Nachteile wurden indessen mehr als aufgewogen durch die Bekanntschaft mit einem trefflichen Manne, die mir infolge jener Beschäftigung zuteil wurde. Dieser Mann war der Kunstdrechsler und Mechanicus Paul Paulsen, auch deputierter Bürger unserer Stadt. Auf die Bitte meines Vaters, der für alles, was er mich unternehmen sah, eine gewisse Gründlichkeit forderte, verstand er sich dazu, mir die für meine kleinen Arbeiten erforderlichen Handgriffe beizubringen.

Paulsen besaß mannigfache Kenntnisse und war dabei nicht nur von anerkannter Tüchtigkeit in seinem eignen Handwerk, sondern er hatte auch eine Einsicht in die künftige Entwicklung der Gewerke überhaupt, so daß bei manchem, was jetzt als neue Wahrheit verkündigt wird, mir plötzlich einfällt: das hat dein alter Paulsen ja schon vor vierzig Jahren gesagt. – Es gelang mir bald seine Zuneigung zu erwerben, und er sah es gern, wenn ich noch außer den festgesetzten Stunden am Feierabend einmal zu ihm kam. Dann saßen wir entweder in der Werkstätte oder sommers – denn unser Verkehr hat jahrelang gedauert – auf der Bank unter der großen Linde seines Gärtchens. In den Gesprächen, die wir dabei führten, oder vielmehr, welche mein älterer Freund dabei mit mir führte, lernte ich Dinge kennen und auf Dinge meine Gedanken richten, von denen, so wichtig sie im Leben sind, ich später selbst in meinen Primaner-Schulbüchern keine Spur gefunden habe.

Paulsen war seiner Abkunft nach ein Friese und der Charakter dieses Volksstammes aufs schönste in seinem Antlitz ausgeprägt; unter dem schlichten blonden Haar die denkende Stirn und die blauen sinnenden Augen; dabei hatte, vom Vater ererbt, seine Stimme noch etwas von dem weichen Gesang seiner Heimatsprache.

Die Frau dieses nordischen Mannes war braun und von zartem Gliederbau, ihre Sprache von unverkennbar süddeutschem Klange. Meine Mutter pflegte von ihr zu sagen, ihre schwarzen Augen könnten einen See ausbrennen, in ihrer Jugend aber sei sie von seltener Anmut gewesen. – Trotz der silbernen Fädchen, die schon ihr Haar durchzogen, war auch jetzt die Lieblichkeit dieser Züge noch nicht verschwunden, und das der Jugend angeborene Gefühl für Schönheit veranlaßte mich bald, ihr, wo ich immer konnte, mit kleinen Diensten und Gefälligkeiten an die Hand zu gehen.

»Da schau mir nur das Buberl«, sagte sie dann wohl zu ihrem Mann; »Wirst doch nit eifersüchtig werden, Paul?«

Dann lächelte Paul. Und aus ihren Scherzworten und aus seinem Lächeln sprach das Bewußtsein innigsten Zusammengehörens.

Sie hatten außer einem Sohne, der damals in der Fremde war, keine Kinder, und vielleicht war ich den beiden zum Teil deshalb so willkommen, zumal Frau Paulsen mir wiederholt versicherte, ich habe grad ein so lustigs Naserl wie ihr Joseph. Nicht verschweigen will ich, daß letztere auch eine mir sehr zusagende, in unserer Stadt aber sonst gänzlich unbekannte Mehlspeise zu bereiten verstand und auch nicht unterließ, mich dann und wann zu Gast zu bitten. – So waren denn dort der Anziehungskräfte für mich genug. Von meinem Vater aber wurde mein Verkehr in dem tüchtigen Bürgerhause gern gesehen. »Sorge nur, daß du nicht lästig fällst!« war das einzige, woran er in dieser Beziehung zuweilen mich erinnerte. Ich glaube indessen nicht, daß ich meinen Freunden je zu oft gekommen bin.

Da geschah es eines Tages, daß in meinem elterlichen Hause einem alten Herrn aus unserer Stadt das neueste und wirklich ziemlich gelungene Werk meiner Hände vorgezeigt wurde.

Als dieser seine Bewunderung zu erkennen gab, bemerkte

mein Vater dagegen, daß ich ja aber auch schon seit fast einem Jahr bei Meister Paulsen in der Lehre sei.

»So, so«, erwiderte der alte Herr; »bei Pole Poppenspäler!«

Ich hatte nie gehört, daß mein Freund einen solchen Beinamen führe, und fragte, vielleicht ein wenig naseweis, was das bedeuten solle.

Aber der alte Herr lächelte nur ganz hinterhältig und wollte keine weitere Auskunft geben. –

Zum kommenden Sonntag war ich von den Paulsenschen Eheleuten auf den Abend eingeladen, um ihnen ihren Hochzeitstag feiern zu helfen. Es war im Spätsommer, und da ich mich frühzeitig auf den Weg gemacht und die Hausfrau noch in der Küche zu wirtschaften hatte, so ging Paulsen mit mir in den Garten, wo wir uns zusammen unter der großen Linde auf die Bank setzten. Mir war das »Pole Poppenspäler« wieder eingefallen, und es ging mir so im Kopf herum, daß ich kaum auf seine Reden Antwort gab; endlich, da er mich fast ein wenig ernst wegen meiner Zerstreuung zurechtgewiesen hatte, fragte ich ihn gradezu, was jener Beiname zu bedeuten habe.

Er wurde sehr zornig. »Wer hat dich das dumme Wort gelehrt?« rief er, indem er von seinem Sitze aufsprang. Aber bevor ich noch zu antworten vermochte, saß er schon wieder neben mir. »Laß, laß!« sagte er, sich besinnend, »es bedeutet ja eigentlich das Beste, was das Leben mir gegeben hat. – Ich will es dir erzählen; wir haben wohl noch Zeit dazu.« –

In diesem Haus und Garten bin ich aufgewachsen, meine braven Eltern wohnten hier, und hoffentlich wird einst mein Sohn hier wohnen! – Daß ich ein Knabe war, ist nun schon lange her; aber gewisse Dinge aus jener Zeit stehen noch, wie mit farbigem Stift gezeichnet, vor meinen Augen.

Neben unserer Haustür stand damals eine kleine weiße Bank mit grünen Stäben in den Rück- und Seitenlehnen, von der man nach der einen Seite die lange Straße hinab bis an die Kirche, nach der anderen aus der Stadt hinaus bis in die Felder sehen konnte. An Sommerabenden saßen meine Eltern hier, der Ruhe nach der Arbeit pflegend; in den Stunden vorher aber pflegte ich sie in Beschlag zu nehmen und hier in der freien Luft und unter erquickendem Ausblick nach Ost und West meine Schularbeiten anzufertigen.

So saß ich auch eines Nachmittags – ich weiß noch gar wohl, es war im September, eben nach unserem Michaelis-Jahrmarkte – und schrieb für den Rechenmeister meine Algebra-Exempel auf die Tafel, als ich unten von der Straße ein seltsames Gefährte heraufkommen sah. Es war ein zweirädriger Karren, der von einem kleinen rauhen Pferde gezogen wurde. Zwischen zwei ziemlich hohen Kisten, mit denen er beladen war, saß eine große blonde Frau mit steifen hölzernen Gesichtszügen und ein etwa neunjähriges Mädchen, das sein schwarzhaariges Köpfchen lebhaft von einer Seite nach der andern drehte; nebenher ging, den Zügel in der Hand, ein kleiner, lustig blickender Mann, dem unter seiner grünen Schirmmütze die kurzen schwarzen Haare wie Spieße vom Kopfe abstanden.

So, unter dem Gebimmel eines Glöckchens, das unter dem Halse des Pferdes hing, kamen sie heran. Als sie die Straße vor unserem Hause erreicht hatten, machte der Karren halt. »Du Bub«, rief die Frau zu mir herüber, »wo ist denn die Schneiderherberg?«

Mein Griffel hatte schon lange geruht; nun sprang ich eilfertig auf und trat an den Wagen. »Ihr seid grad davor«, sagte ich und wies auf das alte Haus mit der viereckig geschorenen Linde, das, wie du weißt, noch jetzt hier gegenüber liegt.

Das feine Dirnchen war zwischen den Kisten aufgestanden, streckte das Köpfchen aus der Kapuze ihres verschossenen Mäntelchens und sah mit ihren großen Augen auf mich herab; der Mann aber, mit einem »Sitz ruhig, Diendl!« und »Schönen Dank, Bub!« peitschte auf den kleinen Gaul und fuhr vor die Tür des bezeichneten Hauses, aus dem auch schon der dicke Herbergsvater in seiner grünen Schürze ihm entgegentrat.

Daß die Ankömmlinge nicht zu den zunftberechtigten Gästen des Hauses gehörten, mußte mir freilich klar sein; aber es pflegten dort – was mir jetzt, wenn ich es bedenke, mit der Reputation des wohlehrsamen Handwerks sich keineswegs reimen will – auch andere, mir viel angenehmere Leute einzukehren. Droben im zweiten Stock, wo noch heute statt der Fenster nur einfache Holzluken auf die Straße gehen, war das hergebrachte

Quartier aller fahrenden Musikanten, Seiltänzer oder Tierbändiger, welche in unserer Stadt ihre Kunst zum besten gaben.

Und richtig, als ich am andern Morgen oben in meiner Kammer vor dem Fenster stand und meinen Schulsack schnürte, wurde drüben eine der Luken aufgestoßen; der kleine Mann mit den schwarzen Haarspießen steckte seinen Kopf ins Freie und dehnte sich mit beiden Armen in die frische Luft hinaus; dann wandte er den Kopf hinter sich nach dem dunklen Raum zurück, und ich hörte ihn »Lisei! Lisei!« rufen. – Da drängte sich unter seinem Arm ein rosiges Gesichtlein vor, um das wie eine Mähne das schwarze Haar herabfiel. Der Vater wies mit dem Finger nach mir herüber, lachte und zupfte sie ein paarmal an ihren seidenen Strähnen. Was er zu ihr sprach, habe ich nicht verstehen können; aber es mag wohl ungefähr gelautet haben. »Schau dir ihn an, Lisei! Kennst ihn noch, den Bubn von gestern? – Der arme Narr, da muß er nun gleich mit dem Ranzen in die Schule traben! – Was du für ein glückliches Diendl bist, die du allweg nur mit unserem Braunen landab, landauf zu fahren brauchst!« – Wenigstens sah die Kleine ganz mitleidig zu mir herüber, und als ich es wagte, ihr freundlich zuzunicken, nickte sie sehr ernsthaft wieder.

Bald aber zog der Vater seinen Kopf zurück und verschwand im Hintergrund seines Bodenraumes. Statt seiner trat jetzt die große blonde Frau zu dem Kinde; sie bemächtigte sich ihres Kopfes und begann ihr das Haar zu strählen. Das Geschäft schien schweigend vollzogen zu werden, und das Lisei durfte offenbar nicht mucksen, obgleich es mehrmals, wenn ihr der Kamm so in den Nacken hinabfuhr, die eckigsten Figuren mit ihrem roten Mäulchen bildete. Nur einmal hob sie den Arm und ließ ein langes Haar über die Linde draußen in die Morgenluft hinausfliegen. Ich konnte von meinem Fenster aus es glänzen sehen; denn die Sonne war eben durch den Herbstnebel gedrungen und schien drüben auf den oberen Teil des Herberghauses.

Auch in den vorhin undurchdringlich dunklen Bodenraum konnte ich jetzt hineinsehen. Ganz deutlich erblickte ich in einem dämmerigen Winkel den Mann an einem Tische sitzen; in seiner Hand blinkte etwas wie Gold oder Silber; dann wieder war's wie ein Gesicht mit einer ungeheueren Nase; aber so sehr ich meine Augen anstrengte, ich vermochte nicht klug daraus zu werden.

Plötzlich hörte ich, als wenn etwas Hölzernes in einen Kasten geworfen würde, und nun stand der Mann auf und lehnte aus einer zweiten Luke sich wieder auf die Straße hinaus.

Die Frau hatte indessen der kleinen schwarzen Dirne ein verschossenes rotes Kleidchen angezogen und ihr die Haarflechten wie einen Kranz um das runde Köpfchen gelegt.

Ich sah noch immer hinüber. »Einmal« dachte ich, »könnte sie doch wieder nicken.«

– – »Paul, Paul!« hörte ich plötzlich unten aus unserem Hause die Stimme meiner Mutter rufen.

»Ja, ja, Mutter!«

Es war mir ordentlich wie ein Schrecken in die Glieder geschlagen.

»Nun«, rief sie wieder, »der Rechenmeister wird dir schön die Zeit verdeutschen! Weißt du denn nicht, daß es lang schon sieben geschlagen hat?«

Wie rasch polterte ich die Treppe hinunter!

Aber ich hatte Glück; der Rechenmeister war grad dabei, seine Bergamotten abzunehmen, und die halbe Schule befand sich in seinem Garten, um mit Händen und Mäulern ihm dabei zu helfen. Erst um neun Uhr saßen wir alle mit heißen Backen und lustigen Gesichtern an Tafel und Rechenbuch auf unseren Bänken.

Als ich um elf, die Taschen noch von Birnen starrend, aus dem Schulhofe trat, kam eben der dicke Stadtausrufer die Straße herauf. Er schlug mit dem Schlüssel an sein blankes Messingbecken und rief mit seiner Bierstimme:

»Der Mechanicus und Puppenspieler Herr Joseph Tendler aus der Residenzstadt München ist gestern hier angekommen und wird heute abend im Schützenhofsaale seine erste Vorstellung geben. Vorgestellt wird: Pfalzgraf Siegfried und die heilige Genoveva, Puppenspiel mit Gesang in vier Aufzügen.«

Dann räusperte er sich und schritt würdevoll in der meinem Heimwege entgegengesetzten Richtung weiter. Ich folgte ihm von Straße zu Straße, um wieder und wieder die entzückende

Verkündigung zu hören; denn niemals hatte ich eine Komödie, geschweige denn ein Puppenspiel gesehen. – Als ich endlich umkehrte, sah ich ein rotes Kleidchen mir entgegenkommen; und wirklich, es war die kleine Puppenspielerin; trotz ihres verschossenen Anzugs schien sie mir von einem Märchenglanz umgeben.

Ich faßte mir ein Herz und redete sie an: »Willst du spazierengehen, Lisei?«

Sie sah mich mißtrauisch aus ihren schwarzen Augen an. »Spazieren?« wiederholte sie gedehnt. »Ach du – du bist g'scheit!«

»Wohin willst du denn?«

– »Zum Ellenkramer will i!«

»Willst du dir ein neues Kleid kaufen?« fragte ich tölpelhaft genug.

Sie lachte laut auf. »Geh! laß mi aus! – Nein; nur so Fetz'ln!«

»Fetz'ln, Lisei?«

– »Freili! Halt nur so Resteln zu G'wandl für die Pupp'n; 's kost't immer nit viel!«

Ein glücklicher Gedanke fuhr mir durch den Kopf. Ein alter Onkel von mir hatte damals am Markte hier eine Ellenwarenhandlung, und sein alter Ladendiener war mein guter Freund. »Komm mit mir!« sagte ich kühn, »es soll dir gar nichts kosten, Lisei!«

»Meinst?« fragte sie noch; dann liefen wir beide nach dem Markt und in das Haus des Onkels. Der alte Gabriel stand wie immer in seinem pfeffer- und salzfarbenen Rock hinter dem Ladentisch, und als ich ihm unser Anliegen deutlich gemacht hatte, kramte er gutmütig einen Haufen »Rester« auf den Tisch zusammen.

»Schau, das hübsch Brinnrot!« sagte Lisei und nickte begehrlich nach einem Stückchen französischen Kattuns hinüber.

»Kannst es brauchen?« fragte Gabriel. – Ob sie es brauchen konnte! Der Ritter Siegfried sollte ja auf den Abend noch eine neue Weste geschneidert bekommen.

»Aber da gehören auch die Tressen noch dazu«, sagte der Alte und brachte allerlei Endchen Gold- und Silberflitter. Bald kamen noch grüne und gelbe Seidenläppchen und Bänder, endlich ein ziemlich großes Stück braunen Plüsches. »Nimm's nur, Kind!« sagte Gabriel. »Das gibt ein Tierfell für euere Genoveva, wenn das alte vielleicht verschossen wäre!« Dann packte er die ganze Herrlichkeit zusammen und legte sie der Kleinen in den Arm.

»Und es kost't nix?« fragte sie beklommen.

Nein, es kostete nichts. Ihre Augen leuchteten. »Schön' Dank, guter Mann! Ach, wird der Vater schauen!«

Hand in Hand, Lisei mit ihrem Päckchen unter dem Arm, verließen wir den Laden; als wir aber in die Nähe unserer Wohnung kamen, ließ sie mich los und rannte über die Straße nach der Schneiderherberge, daß ihr die schwarzen Flechten in den Nacken flogen.

– – Nach dem Mittagessen stand ich vor unserer Haustür und erwog unter Herzklopfen das Wagnis, schon heute zur ersten Vorstellung meinen Vater um das Eintrittsgeld anzugehen; ich war ja mit der Galerie zufrieden, und sie sollte für uns Jungens nur einen Doppelschilling kosten. Da, bevor ich's noch bei mir ins reine gebracht hatte, kam das Lisei über die Straße zu mir hergeflogen. »Der Vater schickt's!« sagte sie, und eh ich mich's versah, war sie wieder fort; aber in meiner Hand hielt ich eine rote Karte, darauf stand mit großen Buchstaben: Erster Platz.

Als ich aufblickte, winkte auch von drüben der kleine schwarze Mann mit beiden Armen aus der Bodenluke zu mir herüber. Ich nickte ihm zu; was mußten das für nette Leute sein, diese Puppenspieler! »Also heute abend«, sagte ich zu mir selber, »heute abend und – Erster Platz!«

– – Du kennst unsern Schützenhof in der Süderstraße; auf der Haustür sah man damals noch einen schön gemalten Schützen in Lebensgröße, mit Federhut und Büchse; im übrigen war aber der alte Kasten damals noch baufälliger, als er heute ist. Die Gesellschaft war bis auf drei Mitglieder herabgesunken; die vor Jahrhunderten von den alten Landesherzögen geschenkten silbernen Pokale, Pulverhörner und Ehrenketten waren nach und nach verschleudert; den großen Garten, der, wie du weißt, auf den Bürgersteig hinausläuft, hatte man zur Schaf- und Ziegengräsung verpachtet. Das alte zweistöckige Haus wurde von niemandem weder bewohnt noch gebraucht; windrissig und verfallen stand es da zwischen den munteren Nachbarhäusern; nur in dem öden weißgekalkten Saale, der fast das ganze obere Stockwerk einnahm, produzierten mitunter starke Männer oder durchreisende Taschenspieler ihre Künste. Dann wurde unten die große Haustür mit dem gemalten Schützenbruder knarrend aufgeschlossen.

– – Langsam war es Abend geworden; und – das Ende trug die Last, denn mein Vater wollte mich erst fünf Minuten vor dem angesetzten Glockenschlage laufen lassen; er meinte, eine Übung in der Geduld sei sehr vonnöten, damit ich im Theater stille sitze.

Endlich war ich an Ort und Stelle. Die große Tür stand offen, und allerlei Leute wanderten hinein; denn derzeit ging man noch gern zu solchen Vergnügungen; nach Hamburg war eine weite Reise, und nur wenige hatten sich die kleinen Dinge zu Hause durch die dort zu schauenden Herrlichkeiten leid machen können. – Als ich die eichene Wendeltreppe hinaufgestiegen war, fand ich Liseis Mutter am Eingange des Saales an der Kasse sitzen. Ich näherte mich ihr ganz vertraulich und dachte, sie würde mich so recht als einen alten Bekannten begrüßen; aber sie saß stumm und starr und nahm mir meine Karte ab, als wenn ich nicht die geringste Beziehung zu ihrer Familie hätte. – Etwas gedemütigt trat ich in den Saal; der kommenden Dinge harrend, plauderte alles mit halber Stimme durcheinander; dazu fiedelte unser Stadtmusicus mit drei seiner Gesellen. Das erste, worauf meine Augen fielen, war in der Tiefe des Saales ein roter Vorhang oberhalb der Musikantenplätze. Die Malerei in der Mitte desselben stellte zwei lange Trompeten vor, die kreuzweise über einer goldenen Leier lagen; und, was mir damals sehr sonderbar erschien, an dem Mundstück einer jeden hing, wie mit den leeren Augen daraufgeschoben, hier eine finster, dort eine lachend ausgeprägte Maske. – Die drei vordersten Plätze waren schon besetzt; ich drängte mich in die vierte Bank, wo ich einen Schulkameraden bemerkt hatte, der dort neben seinen Eltern saß. Hinter uns bauten sich die Plätze schräg ansteigend in die Höhe, so daß der letzte, die sogenannte Galerie, welche nur zum Stehen war, sich fast mannshoch über dem Fußboden befinden mochte. Auch dort schien es wohlgefüllt zu sein; genau vermochte ich es nicht zu sehen, denn die wenigen Talglichter, welche in Blechlampetten an den beiden Seitenwänden brannten, verbreiteten nur eine schwache Helligkeit; auch dunkelte die schwere Balkendecke des Saales. Mein Nachbar wollte mir eine Schulgeschichte erzählen; ich begriff nicht, wie er an so etwas denken konnte, ich schaute nur auf den Vorhang, der von den Lampen des Podiums und der Musikantenpulte feierlich beleuchtet war. Und jetzt ging ein Wehen über seine Fläche, die geheimnisvolle Welt hinter ihm begann sich schon zu regen; noch einen Augenblick, da erscholl das Läuten eines Glöckchens, und während unter den Zuschauern das summende Geplauder wie mit einem Schlage verstummte, flog der Vorhang in die Höhe. – Ein Blick auf die Bühne versetzte mich um tausend Jahre rückwärts. Ich sah in einen mittelalterlichen Burghof mit Turm und Zugbrücke; zwei kleine ellenlange Leute standen in der Mitte und redeten lebhaft miteinander. Der eine mit dem schwarzen Barte, dem silbernen Federhelm und dem goldgestickten Mantel über dem roten Unterkleide war der Pfalzgraf Siegfried; er wollte gegen die heidnischen Mohren in den Krieg reiten und befahl seinem jungen Hausmeister Golo, der in blauem silbergesticktem Wamse neben ihm stand, zum Schutze der Pfalzgräfin Genoveva in der Burg zurückzubleiben. Der treulose Golo aber tat gewaltig wild, daß er seinen guten Herrn so allein in das grimme Schwerterspiel sollte reiten lassen. Sie drehten bei diesen Wechselreden die Köpfe hin und her und fochten heftig und ruckweise mit den Armen. – Da tönten kleine langgezogene Trompetentöne von draußen hinter der Zugbrücke, und zugleich kam auch die schöne Genoveva in himmelblauem Schleppkleide hinter dem Turm hervorgestürzt und schlug beide Arme über des Gemahls Schultern: »O, mein herzallerliebster Siegfried, wenn dich die grausamen Heiden nur nicht massakrieren!« Aber es half ihr nichts; noch einmal ertönten die Trompeten, und der Graf schritt steif und würdevoll über die Zugbrücke aus dem Hof; man hörte deutlich draußen den Abzug des gewappneten Trupps. Der böse Golo war jetzt Herr der Burg. –

Und nun spielte das Stück sich weiter, wie es in deinem Lesebuch gedruckt steht. – Ich war auf meiner Bank ganz wie verzaubert; diese seltsamen Bewegungen, diese feinen oder schnarrenden Puppenstimmchen, die denn doch wirklich aus ihrem Munde kamen, – es war ein unheimliches Leben in diesen kleinen Figuren, das gleichwohl meine Augen wie magnetisch auf sich zog.

Im zweiten Aufzuge aber sollte es noch besser kommen. – Da war unter den Dienern auf der Burg einer im gelben Nankinganzug, der hieß Kasperl. Wenn dieser Bursche nicht lebendig war, so war noch niemals etwas lebendig gewesen; er machte die ungeheuersten Witze, so daß der ganze Saal vor Lachen bebte; in seiner Nase, die so groß wie eine Wurst war, mußte er jedenfalls ein Gelenk haben; denn wenn er so sein dumm-pfiffiges Lachen herausschüttelte, so schlenkerte der Nasenzipfel hin und her, als wenn auch er sich vor Lustigkeit nicht zu lassen wüßte; dabei riß der Kerl seinen großen Mund auf und knackte, wie eine alte Eule, mit den Kinnbacksknochen. »Pardauz!« schrie es; so kam er immer auf die Bühne gesprungen; dann stellte er sich hin und sprach erst bloß mit seinem großen Daumen; den konnte er so ausdrucksvoll hin und wider drehen, daß es ordentlich ging wie »Hier nix und da nix! Kriegst du nix, so hast du nix!« Und dann sein Schielen; – das war so verführerisch, daß im Augenblick dem ganzen Publikum die Augen verquer im Kopfe standen. Ich war ganz vernarrt in den lieben Kerl!

Endlich war das Spiel zu Ende, und ich saß wieder zu Hause in unserer Wohnstube und verzehrte schweigend das Aufgebratene, das meine gute Mutter mir warm gestellt hatte. Mein Vater saß im Lehnstuhl und rauchte seine Abendpfeife. »Nun, Junge«, rief er, »waren sie lebendig?«

»Ich weiß nicht, Vater«, sagte ich und arbeitete weiter in meiner Schüssel; mir war noch ganz verwirrt zu Sinne.

Er sah mir eine Weile mit seinem klugen Lächeln zu. »Höre, Paul«, sagte er dann, »du darfst nicht zu oft in diesen Puppenkasten; die Dinger könnten dir am Ende in die Schule nachlaufen.«

Mein Vater hatte nicht unrecht. Die Algebraaufgaben gerieten mir in den beiden nächsten Tagen so mäßig, daß der Rechenmeister mich von meinem ersten Platz herabzusetzen drohte. – Wenn ich in meinem Kopfe rechnen wollte: »a + b gleich x – c«, so hörte ich statt dessen vor meinen Ohren die feine Vogelstimme der schönen Genoveva: »Ach, mein herzallerliebster Siegfried, wenn dich die bösen Heiden nur nicht massakrieren!« Einmal – aber es hat niemand gesehen – schrieb ich sogar »x + Genoveva« auf die Tafel. – Des Nachts in meiner Schlafkammer rief es einmal ganz laut »Pardauz«, und mit einem Satz kam der liebe Kasperl in seinem Nankinganzug zu mir ins Bett gesprungen, stemmte seine Arme zu beiden Seiten meines Kopfes in das Kissen und rief grinsend auf mich herabnickend: »Ach, du liebs Brüderl, ach, du herztausig liebs Brüderl!« Dabei hackte er mir mit seiner langen roten Nase in die meine, daß ich davon erwachte. Da sah ich denn freilich, daß es nur ein Traum gewesen war.

Ich verschloß das alles in meinem Herzen und wagte zu Hause kaum den Mund aufzutun von der Puppenkomödie. Als aber am nächsten Sonntag der Ausrufer wieder durch die Straßen ging, an sein Becken schlug und laut verkündigte: »Heute abend auf dem Schützenhof: Doktor Fausts Höllenfahrt, Puppenspiel in vier Aufzügen!« – da war es doch nicht länger auszuhalten. Wie die Katze um den heißen Brei, so schlich ich um meinen Vater herum, und endlich hatte er meinen stummen Blick verstanden. – »Pole«, sagte er, »es könnte dir ein Tropfen Blut vom Herzen gehen; vielleicht ist's die beste Kur, dich einmal gründlich satt zu machen.« Damit langte er in die Westentasche und gab mir einen Doppeltschilling.

Ich rannte sofort aus dem Hause; erst auf der Straße wurde es mir klar, daß ja noch acht lange Stunden bis zum Anfang der Komödie abzuleben waren. So lief ich denn hinter den Gärten auf den Bürgersteig. Als ich an den offenen Grasgarten des Schützenhofs gekommen war, zog es mich unwillkürlich hinein; vielleicht, daß gar einige Puppen dort oben aus den Fenstern guckten; denn die Bühne lag ja an der Rückseite des Hauses. Aber ich mußte dann erst durch den oberen Teil des Gartens, der mit Linden- und Kastanienbäumen dicht bestanden war. Mir wurde etwas zag zumute; ich wagte doch nicht weiter vorzudringen. Plötzlich erhielt ich von einem großen, hier angepflockten Ziegenbock einen Stoß in den Rücken, daß ich um zwanzig Schritte weiter flog. Das half; als ich mich umsah, stand ich schon unter den Bäumen.

Es war ein trüber Herbsttag; einzelne gelbe Blätter sanken schon zur Erde; über mir in der Luft schrien ein paar Strandvögel, die ans Haff hinausflogen; kein Mensch war zu sehen noch zu hören. Langsam schritt ich durch das Unkraut, das auf den Steigen wucherte, bis ich einen schmalen Steinhof erreicht hatte, der den Garten von dem Hause trennte. – Richtig! Dort von oben schauten zwei große Fenster in den Hof herab; aber hinter den kleinen in Blei gefaßten Scheiben war es schwarz und leer, keine Puppe war zu sehen. Ich stand eine Weile, mir wurde ganz unheimlich in der mich rings umgebenden Stille.

Da sah ich, wie unten die schwere Hoftür von innen eine Handbreit geöffnet wurde, und zugleich lugte auch ein schwarzes Köpfchen daraus hervor.

»Lisei!« rief ich.

Sie sah mich groß mit ihren dunklen Augen an. »B'hüt Gott!« sagte sie, »hab i doch nit gewußt, was da außa rumkraxln tät! Wo kommst denn du daher?«

»Ich? – Ich geh spazieren, Lisei! – Aber sag mir, spielt ihr denn schon jetzt Komödie?«

Sie schüttelte lachend den Kopf.

»Aber, was machst du denn hier?« fragte ich weiter, indem ich über den Steinhof zu ihr trat.

»I wart auf den Vater«, sagte sie; »er ist ins Quartier, um Band und Nagel zu holen, er macht's halt firti für heunt abend.«

»Bist du denn ganz allein hier, Lisei?«

– »O nei; du bist ja aa no da!«

»Ich meine«, sagte ich, »ob nicht deine Mutter oben auf dem Saal ist?«

Nein, die Mutter saß in der Herberge und besserte die Puppenkleider aus; das Lisei war hier ganz allein.

»Hör«, begann ich wieder, »du könntest mir einen Gefallen tun; es ist unter eueren Puppen einer, der heißt Kasperl; den möcht ich gar zu gern einmal in der Nähe sehen.«

»Den Wurstl meinst?« sagte Lisei und schien sich eine Weile zu bedenken. »Nu, es ging scho; aber g'schwind mußt sein, eh denn der Vater wieder da ist!«

Mit diesen Worten waren wir schon ins Haus getreten und liefen eilig die steile Wendeltreppe hinauf. – Es war fast dunkel in dem großen Saale; denn die Fenster, welche sämtlich nach dem Hofe hinaus lagen, waren von der Bühne verdeckt; nur einzelne Lichtstreifen fielen durch die Spalten des Vorhangs.

»Komm!« sagte Lisei und hob seitwärts an der Wand die dort aus einem Teppich bestehende Verkleidung in die Höhe; wir schlüpften hindurch, und da stand ich in dem Wundertempel. – Aber, von der Rückseite betrachtet, und hier in der Tageshelle, sah er ziemlich kläglich aus; ein Gerüst aus Latten und Brettern, worüber einige buntbekleckste Leinwandstücke hingen; das war der Schauplatz, auf welchem das Leben der heiligen Genoveva so täuschend an mir vorübergegangen war.

Doch ich hatte mich zu früh beklagt; dort, an einem Eisendrahte, der von einer Kulisse nach der Wand hinübergespannt war, sah ich zwei der wunderbaren Puppen schweben; aber sie hingen mit dem Rücken gegen mich, so daß ich sie nicht erkennen konnte.

»Wo sind die andern, Lisei?« fragte ich; denn ich hätte gern die ganze Gesellschaft auf einmal mir besehen.

»Hier im Kast'l«, sagte Lisei und klopfte mit ihrer kleinen Faust auf eine im Winkel stehende Kiste; »die zwei da sind schon zug'richt; aber geh nur her dazu und schau's dir a; er is scho dabei, dei Freund, der Kasperl!«

Und wirklich, er war es selber. »Spielt denn der heute abend auch wieder mit?« fragte ich.

»Freili, der is allimal dabei!«

Mit untergeschlagenen Armen stand ich und betrachtete meinen lieben lustigen Allerweltskerl. Da baumelte er, an sieben Schnüren aufgehängt; sein Kopf war vornübergesunken, daß seine großen Augen auf den Fußboden stierten und ihm die rote Nase wie ein breiter Schnabel auf der Brust lag. »Kasperle, Kasperle«, sagte ich bei mir selber, »wie hängst du da elendiglich.« Da antwortete es ebenso: »Wart nur, liebs Brüderl, wart nur bis heut abend!« – War das auch nur so in meinen Gedanken, oder hatte Kasperl selbst zu mir gesprochen? –

Ich sah mich um. Das Lisei war fort; sie war wohl vor die Haustür, um die Rückkehr ihres Vaters zu überwachen. – Da hörte ich sie eben noch von dem Ausgang des Saales rufen: »Daß d' mir aber nit an die Puppen rührst!« – – Ja, – nun konnte ich es aber doch nicht lassen. Leise stieg ich auf eine neben mir stehende Bank und begann erst an der einen, dann an der andern Schnur zu ziehen; die Kinnladen fingen an zu klappen, die Arme hoben sich, und jetzt fing auch der wunderbare Daumen an, ruckweise hin und her zu schießen. Die Sache machte gar keine Schwierigkeit; ich hatte mir die Puppenspielerei doch kaum so leicht gedacht. – Aber die Arme bewegten sich nur nach vorn und hinten aus; und es war doch gewiß, daß Kasperle sie in dem neulichen Stück auch seitwärts ausgestreckt, ja, daß er sie sogar über dem Kopf zusammengeschlagen hatte! Ich zog an allen Drähten, ich versuchte mit der Hand die Arme abzubiegen; aber es wollte nicht gelingen. Auf einmal tat es einen leisen Krach im Innern der Figur. »Halt!« dachte ich, »Hand vom Brett! Da hättest du können Unheil anrichten!«

Leise stieg ich wieder von meiner Bank herab, und zugleich hörte ich auch Lisei von außen in den Saal treten.

»G'schwind, g'schwind!« rief sie und zog mich durch das Dunkel an die Wendeltreppe hinaus; »'s is eigentli nit recht«, fuhr sie fort, »daß i di eilass'n hab; aber, gel, du hast doch dei Gaudi g'habt!«

Ich dachte an den leisen Krach von vorhin. »Ach, es wird ja nichts gewesen sein!« Mit dieser Selbsttröstung lief ich die Treppe hinab und durch die Hintertür ins Freie.

So viel stand fest, der Kaspar war doch nur eine richtige Holzpuppe; aber das Lisei – was das für eine allerliebste Sprache führte! und wie freundlich sie mich gleich zu den Puppen mit hinaufgenommen hatte! – Freilich, und sie hatte es ja auch selbst gesagt, daß sie es so heimlich vor ihrem Vater getan, das war nicht völlig in der Ordnung. Unlieb – zu meiner Schande muß ich's gestehen – war diese Heimlichkeit mir grade nicht; im Gegenteil, die Sache bekam für mich dadurch noch einen würzigen Beigeschmack, und es muß ein recht selbstgefälliges Lächeln auf meinem Gesicht gestanden haben, als ich durch die Linden- und Kastanienbäume des Gartens wieder nach dem Bürgersteig hinabschlenderte.

Allein zwischen solchen schmeichelnden Gedanken hörte ich

von Zeit zu Zeit vor meinem inneren Ohre immer jenen leisen Krach im Körper der Puppe; was ich auch vornahm, den ganzen Tag über konnte ich diesen, jetzt aus meiner eigenen Seele heraraftönenden unbequemen Laut nicht zum Schweigen bringen.

Es hatte sieben Uhr geschlagen; im Schützenhofe war heute, am Sonntagabend, alles besetzt; ich stand diesmal hinten, fünf Schuh hoch über dem Fußboden, auf dem Doppelschillingsplatze. Die Talglichter brannten in den Blechlampetten, der Stadtmusicus und seine Gesellen fiedelten; der Vorhang rollte in die Höhe.

Ein hochgewölbtes gotisches Zimmer zeigte sich. Vor einem aufgeschlagenen Folianten saß im langen schwarzen Talar der Doktor Faust und klagte bitter, daß ihm all seine Gelehrsamkeit so wenig einbringe; keinen heilen Rock habe er mehr am Leibe, und vor Schulden wisse er sich nicht zu lassen; so wolle er denn jetzo mit der Hölle sich verbinden. – »Wer ruft nach mir?« ertönte zu seiner Linken eine furchtbare Stimme von der Wölbung des Gemaches herab. – »Faust, Faust, folge nicht!« kam eine andere feine Stimme von der Rechten. – Aber Faust verschwor sich den höllischen Gewalten. – »Weh, weh deiner armen Seele!« Wie ein seufzender Windeshauch klang es von der Stimme des Engels; von der Linken schallte eine gellende Lache durchs Gemach. – – Da klopfte es an die Tür. »Verzeihung, Euere Magnifizenz!« Fausts Famulus Wagner war eingetreten. Er bat, ihm für die grobe Hausarbeit die Annahme eines Gehülfen zu gestatten, damit er sich besser aufs Studieren legen könne. »Es hat sich«, sagte er, »ein junger Mann bei mir gemeldet, welcher Kasperl heißt und gar fürtreffliche Qualitäten zu besitzen scheint.« – Faust nickte gnädig mit dem Kopfe und sagte: »Sehr wohl, lieber Wagner, diese Bitte sei Euch gewährt.« Dann gingen beide miteinander fort. – –

»Pardauz!« rief es; und da war er. Mit einem Satz kam er auf die Bühne gesprungen, daß ihm das Felleisen auf dem Buckel hüpfte.

– – »Gott sei gelobt!« dachte ich; »er ist noch ganz gesund; er springt noch ebenso wie vorigen Sonntag in der Burg der schönen Genoveva!« Und seltsam, so sehr ich ihn am Vormittage in meinen Gedanken nur für eine schmähliche Holzpuppe erklärt hatte, – mit seinem ersten Worte war der ganze Zauber wieder da.

Emsig spazierte er im Zimmer auf und ab. »Wenn mich jetzt mein Vater Papa sehen tät«, rief er, »der würd sich was Rechts freuen! Immer pflegt er zu sagen: ›Kasperl, mach, daß du dein Sach in Schwung bringst!‹ – Oh, jetzund hab ich's in Schwung; denn ich kann mein Sach haushoch werfen!« – Damit machte er Miene, sein Felleisen in die Höhe zu schleudern; und es flog auch wirklich, da es am Draht gezogen wurde, bis an die Deckenwölbung hinauf; aber – Kasperls Arme waren an seinem Leibe klebengeblieben; es ruckte und ruckte, aber sie kamen um keine Handbreit in die Höhe.

Kasperl sprach und tat nichts weiter. – Hinter der Bühne entstand eine Unruhe, man hörte leise, aber heftig sprechen, der Fortgang des Stückes war augenscheinlich unterbrochen.

Mir stand das Herz still; da hatten wir die Bescherung! Ich wäre gern fortgelaufen, aber ich schämte mich. Und wenn gar dem Lisei meinetwegen etwas geschähe!

Da begann Kasperl auf der Bühne plötzlich ein klägliches Geheule, wobei ihm Kopf und Arme schlaff herunterhingen, und der Famulus Wagner erschien wieder und fragte ihn, warum er denn so lamentiere.

»Ach, mei Zahnerl, mei Zahnerl!« schrie Kasperl.

»Guter Freund«, sagte Wagner, »so laß Er sich einmal in das Maul sehen!« – Als er ihn hierauf bei der großen Nase packte und ihm zwischen die Kinnladen hineinschaute, trat auch der Doktor Faust wieder in das Zimmer. – »Verzeihen Eure Magnifizenz«, sagte Wagner, »ich werde diesen jungen Mann in meinem Dienst nicht gebrauchen können; er muß sofort in das Lazarett geschafft werden!«

»Is das a Wirtshaus?« fragte Kasperle.

»Nein, guter Freund«, erwiderte Wagner, »das ist ein Schlachthaus. Man wird Ihm dort einen Weisheitszahn aus der Haut schneiden, und dann wird er seiner Schmerzen ledig sein.«

»Ach, du liebs Hergottl«, jammerte Kasperl, »muß mi arms Viecherl so ein Unglück treffen! Ein Weisheitszahnerl, sagt Ihr, Herr Famulus? Das hat noch keiner in der Famili gehabt! Da geht's wohl auch mit meiner Kasperlschaft zu End?«

»Allerdings, mein Freund«, sagte Wagner; »eines Dieners mit Weisheitszähnen bin ich baß entraten; die Dinger sind nur für uns gelehrte Leute. Aber Er hat ja noch einen Brudersohn, der sich auch bei mir zum Dienst gemeldet hat. Vielleicht«, und er wandte sich gegen den Doktor Faust, »erlauben Eure Magnifizenz!«

Der Doktor Faust machte eine würdige Drehung mit dem Kopfe.

»Tut, was Euch beliebt, mein lieber Wagner«, sagte er; »aber stört mich nicht weiter mit Eueren Lappalien in meinem Studium der Magie!«

– – »Heere, mei Gutester«, sagte ein Schneidergesell, der vor mir auf der Brüstung lehnte, zu seinem Nachbar, »das geheert ja nicht zum Stück, ich kenn's, ich hab es vor ä Weilchen erst in Seifersdorf gesehn.« – Der andere aber sagte nur: »Halt's Maul, Leipziger!« und gab ihm einen Rippenstoß.

– – Auf der Bühne war indessen Kasperle, der zweite, aufgetreten. Er hatte eine unverkennbare Ähnlichkeit mit seinem kranken Onkel, auch sprach er ganz genau wie dieser; nur fehlte ihm der bewegliche Daumen, und in seiner großen Nase schien er kein Gelenk zu haben.

Mir war ein Stein vom Herzen gefallen, als das Stück nun ruhig weiterspielte, und bald hatte ich alles um mich her vergessen. Der teuflische Mephistopheles erschien in seinem feuerfarbenen Mantel, das Hörnchen vor der Stirn, und Faust unterzeichnete mit seinem Blute den höllischen Vertrag:

»Vierundzwanzig Jahre sollst du mir dienen; dann will ich dein sein mit Leib und Seele.«

Hierauf fuhren beide in des Teufels Zaubermantel durch die Luft davon. Für Kasperle kam eine ungeheure Kröte mit Fledermausflügeln aus der Luft herab. »Auf dem höllischen Sperling soll ich nach Parma reiten?« rief er, und als das Ding wackelnd mit dem Kopfe nickte, stieg er auf und flog den beiden nach.

– – Ich hatte mich ganz hinten an die Wand gestellt, wo ich besser über alle die Köpfe vor mir hinwegsehen konnte. Und jetzt rollte der Vorhang zum letzten Aufzug in die Höhe.

Endlich ist die Frist verstrichen. Faust und Kasper sind beide wieder in ihrer Vaterstadt. Kasper ist Nachtwächter geworden; er geht durch die dunklen Straßen und ruft die Stunden ab:

>»Hört ihr Herrn und laßt euch sagen,
>Meine Frau hat mich geschlagen;
>Hüt't euch vor dem Weiberrock!
>Zwölf ist der Klock! Zwölf ist der Klock!

Von fern hört man eine Glocke Mitternacht schlagen. Da wankt Faust auf die Bühne; er versucht zu beten, aber nur Heulen und Zähneklappern tönt aus seinem Halse. Von oben ruft eine Donnerstimme:

»Fauste, Fauste, in aeternum damnatus es!«

Eben fuhren im Feuerregen drei schwarzhaarige Teufel herab, um sich des Armen zu bemächtigen, da fühlte ich eins der Bretter zu meinen Füßen sich verschieben. Als ich mich bückte, um es zurechtzubringen, glaubte ich aus dem dunkeln Raume unter mir ein Geräusch zu hören; ich horchte näher hin; es klang wie das Schluchzen einer Kinderstimme. – »Lisei!« dachte ich; »wenn es Lisei wäre!« Wie ein Stein fiel meine ganze Untat mir wieder aufs Gewissen; was kümmerte mich jetzt der Doktor Faust und seine Höllenfahrt!

Unter heftigem Herzklopfen drängte ich mich durch die Zuschauer und ließ mich seitwärts an dem Brettergerüst herabgleiten. Rasch schlüpfte ich in den darunter befindlichen Raum, in welchem ich an der Wand entlang ganz aufrecht gehen konnte; aber es war fast dunkel, so daß ich mich an den überall untergestellten Latten und Balken stieß. »Lisei!« rief ich. Das Schluchzen, das ich eben noch gehört hatte, wurde plötzlich still; aber dort in dem tiefsten Winkel sah ich etwas sich bewegen. Ich tastete mich weiter bis an das Ende des Raumes, und – da saß sie, zusammengekauert, das Köpfchen in den Schoß gedrückt. Ich zupfte sie am Kleide.

»Lisei!« sagte ich leise, »bist du es? Was machst du hier?«

Sie antwortete nicht, sondern begann wieder vor sich hin zu schluchzen. »Lisei«, fragte ich wieder; »was fehlt dir? So sprich doch nur ein einziges Wort!«

Sie hob den Kopf ein wenig. »Was soll i da red'n!« sagte sie; »Du weißt's ja von selber, daß du den Wurstl hast verdreht.«

»Ja, Lisei!«, antwortete ich kleinlaut; »ich glaub es selber, daß ich das getan habe.«

– »Ja, du! – Und i hab dir's doch g'sagt!«

»Lisei, was soll ich tun?«

– »Nu, halt nix!«

»Aber was soll denn daraus werden?«

– »Nu, halt aa nix!« Sie begann wieder laut zu weinen. »Aber i – wenn i z'Haus komm – da krieg i die Peitsch'n!«

»Du die Peitsche, Lisei!« – Ich fühlte mich ganz vernichtet. »Aber ist dein Vater denn so strenge?«

»Ach, mei guts Vaterl!« schluchzte Lisei.

Also die Mutter! Oh, wie ich, außer mir selber, diese Frau haßte, die immer mit ihrem Holzgesichte an der Kasse saß!

Von der Bühne hörte ich Kasperl, den zweiten, rufen: »Das Stück ist aus! Komm, Gret'l, laß uns Kehraus tanzen!« Und in demselben Augenblick begann auch über unsern Köpfen das Scharren und Trappeln mit den Füßen, und bald polterte alles von den Bänken herunter und drängte sich dem Ausgange zu; zuletzt kam der Stadtmusicus mit seinen Gesellen, wie ich aus dem Tönen des Brummbasses hörte, mit dem sie beim Fortgehen an den Wänden anstießen.

Dann allmählich wurde es still, nur hinten auf der Bühne hörte man noch die Tendlerschen Eheleute miteinander reden und wirtschaften. Nach einer Weile kamen auch sie in den Zuschauerraum; sie schienen erst an den Musikantenpulten, dann an den Wänden die Lichter auszuputzen; denn es wurde allmählich immer finsterer.

»Wenn i nur wüßt, wo die Lisei abblieben ist!« hörte ich Herrn Tendler zu seiner an der gegenüberliegenden Wand beschäftigten Frau hinüberrufen.

»Wo soll't sie sein!« rief diese wieder; »'s ist 'n störrig Ding; ins Quartier wird sie gelaufen sein!«

»Frau«, antwortete der Mann, »du bist auch zu wüst mit dem Kind gewesen; sie hat doch halt so a weichs Gemüt!«

»Ei was«, rief die Frau; »ihr' Straf muß sie hab'n; sie weiß recht gut, daß die schöne Marionett noch von mei'm Vater selig ist! Du wirst sie nit wieder kurieren, und der zweit' Kasper ist doch halt nur ein Notknecht!«

Die lauten Wechselreden hallten in dem leeren Saale wider. Ich hatte mich neben Lisei hingekauert; wir hatten uns bei den Händen gefaßt und saßen mäuschenstille.

»G'schieht mir aber schon recht«, begann wieder die Frau, die eben gerade über unseren Köpfen stand, »warum hab ich's gelitten, daß du das gotteslästerlich Stück heute wieder aufgeführt hast! Mein Vater selig hat's nimmer wollen in seinen letzten Jahren!«

»Nu, nu, Resel!« rief Herr Tendler von der andern Wand; »dein Vater war ein b'sondrer Mann. Das Stück gibt doch allfort eine gute Cassa; und ich mein', es ist doch auch a Lehr und Beispiel für die vielen Gottlosen in der Welt!«

»Ist aber bei uns zum letztenmal heut geb'n. Und nu red mir nit mehr davon!« erwiderte die Frau.

Herr Tendler schwieg. – Es schien jetzt nur noch ein Licht zu brennen, und die beiden Eheleute näherten sich dem Ausgange.

»Lisei«, flüsterte ich, »wir werden eingeschlossen.«

»Laß!« sagte sie, »i kann nit; i geh nit furt!«

»Dann bleib ich auch!«

– »Aber dei Vater und Mutter!«

»Ich bleib doch bei dir!«

Jetzt wurde die Tür des Saales zugeschlagen; dann ging's die Treppe hinab, und dann hörten wir, wie draußen auf der Straße die große Haustür abgeschlossen wurde.

Da saßen wir denn. Wohl eine Viertelstunde saßen wir so, ohne auch nur ein Wort miteinander zu reden. Zum Glück fiel mir ein, daß sich noch zwei Heißewecken in meiner Tasche befanden, die ich für einen meiner Mutter abgebettelten Schilling auf dem Herwege gekauft und über all dem Schauen ganz vergessen hatte. Ich steckte Lisei den einen in ihre kleinen Hände; sie nahm ihn schweigend, als verstehe es sich von selbst, daß ich das Abendbrot besorge, und wir schmausten eine Weile. Dann war auch das zu Ende. – Ich stand auf und sagte: »Laß uns hinter die Bühne gehen; da wirds's heller sein; ich glaub, der Mond scheint draußen!« Und Lisei ließ sich geduldig durch die kreuz und quer stehenden Latten von mir in den Saal hinausleiten.

Als wir hinter der Verkleidung in den Bühnenraum geschlüpft waren, schien dort vom Garten her das helle Mondlicht in die Fenster.

An dem Drahtseil, an dem am Vormittage nur die beiden Puppen gehangen hatten, sah ich jetzt alle, die vorhin im Stück aufgetreten waren. Da hing der Doktor Faust mit seinem scharfen blassen Gesicht, der gehörnte Mephistopheles, die drei kleinen schwarzhaarigen Teufelchen, und dort neben der geflügelten Kröte waren auch die beiden Kasperls. Ganz stille hingen sie da in der bleichen Mondscheinbeleuchtung; fast wie Verstorbene kamen sie mir vor. Der Hauptkasperl hatte zum Glück wieder seinen breiten Nasenschnabel auf der Brust liegen, sonst hätte ich geglaubt, daß seine Blicke mich verfolgen müßten.

Nachdem Lisei und ich eine Weile, nicht wissend, was wir beginnen sollten, an dem Theatergerüste umhergestanden und -geklettert waren, lehnten wir uns nebeneinander auf die Fensterbank. – Es war Unwetter geworden; am Himmel, gegen den Mond, stieg eine Wolkenbank empor; drunten im Garten konnte man die Blätter zu Haufen von den Bäumen wehen sehen.

»Guck«, sagte Lisei nachdenklich, »wie's da aufi g'schwomma kimmt! Da kann mei alte gute Bas' nit mehr vom Himm'l abi schaun.«

»Was für eine alte Bas', Lisei?« fragte ich.

– »Nu, wo i g'west bin, bis sie halt g'storb'n ist.«

Dann blickten wir wieder in die Nacht hinaus. – Als der Wind gegen das Haus und auf die kleinen undichten Fensterscheiben stieß, fing hinter mir an dem Drahtseil die stille Gesellschaft mit ihren hölzernen Gliedern an zu klappern. Ich drehte mich unwillkürlich um und sah nun, wie sie, vom Zugwind bewegt, mit den Köpfen wackelten und die steifen Arm' und Beine durcheinanderregten. Als aber plötzlich der kranke Kasperl seinen Kopf zurückschlug und mich mit seinen weißen Augen anstierte, da dachte ich, es sei doch besser, ein wenig an die Seite zu gehen.

Unweit vom Fenster, aber so, daß die Kulissen dort vor dem Anblick dieser schwebenden Tänzer schützen mußten, stand die große Kiste; sie war offen; ein paar wollene Decken, vermutlich zum Verpacken der Puppen bestimmt, lagen nachlässig darüber hingeworfen.

Als ich mich eben dorthin begeben hatte, hörte ich Lisei vom Fenster her so recht aus Herzensgrunde gähnen.

»Bist du müde, Lisei?« fragte ich.

»O, nein«, erwiderte sie, indem sie ihre Ärmchen fest zusammenschränkte; »aber i frier halt!«

Und wirklich, es war kalt geworden in dem großen leeren Raume, auch mich fror. »Komm hierher!« sagte ich, »wir wollen uns in die Decken wickeln.«

Gleich darauf stand Lisei bei mir und ließ sich geduldig von mir in die eine Decke wickeln; sie sah aus wie eine Schmetterlingspuppe, nur daß oben noch das allerliebste Gesichtchen herausguckte. »Weißt«, sagte sie, und sah mich mit zwei großen müden Augen an, »i steig ins Kistl, da hält's warm!«

Das leuchtete auch mir ein; im Verhältnis zu der wüsten Umgebung winkte hier sogar ein traulicher Raum, fast wie ein dichtes Stübchen. Und bald saßen wir armen törichten Kinder wohlverpackt und dicht aneinandergeschmiegt in der hohen Kiste. Mit Rücken und Füßen hatten wir uns gegen die Seitenwände gestemmt; in der Ferne hörten wir die schwere Saaltür in den Falzen klappen; wir aber saßen ganz sicher und behaglich.

»Friert dich noch, Lisei?« fragte ich.

»Ka bisserl!«

Sie hatte ihr Köpfchen auf meine Schulter sinken lassen; ihre Augen waren schon geschlossen. »Was wird mei guts Vaterl –« lallte sie noch; dann hörte ich an ihren gleichmäßigen Atemzügen, daß sie eingeschlafen war.

Ich konnte von meinem Platze aus durch die oberen Scheiben des einen Fensters sehen. Der Mond war aus seiner Wolkenhülle wieder hervorgeschwommen, in der er eine Zeitlang verborgen gewesen war; die alte Bas' konnte jetzt wieder vom Himmel herunterschauen, und ich denke wohl, sie hat's recht gern getan. Ein Streifen Mondlicht fiel auf das Gesichtchen, das nahe an dem meinen ruhte; die schwarzen Augenwimpern lagen wie seidene Fransen auf den Wangen, der kleine rote Mund atmete leise, nur mitunter zuckte noch ein kurzes Schluchzen aus der Brust herauf; aber auch das verschwand; die alte Bas' schaute gar so mild vom Himmel. – Ich wagte mich nicht zu rühren. »Wie schön müßte es sein«, dachte ich, »wenn das Lisei deine Schwester wäre, wenn sie dann immer bei dir bleiben könnte!« Denn ich hatte keine Geschwister, und wenn ich auch nach Brüdern kein Verlangen trug, so hatte ich mir doch oft das Leben mit einer Schwester in meinen Gedanken ausgemalt, und konnte es nie begreifen, wenn meine Kameraden mit denen, die sie wirklich besaßen, in Zank und Schlägerei gerieten.

Ich muß über solchen Gedanken doch wohl eingeschlafen sein; denn ich weiß noch, wie mir allerlei wildes Zeug geträumt hat. Mir war, als säße ich mitten in dem Zuschauerraum, die Lichter an den Wänden brannten, aber niemand außer mir saß auf den leeren Bänken. Über meinem Kopfe, unter der Balkendecke des Saales, ritt Kasperl auf dem höllischen Sperling in der Luft herum und rief einmal übers andere: »Schlimms Brüderl! Schlimms Brüderl!« oder auch mit kläglicher Stimme: »Mein Arm! Mein Arm!«

Da wurde ich von einem Lachen aufgeweckt, das über meinem Kopfe erschallte; vielleicht auch von dem Lichtschein, der mir plötzlich in die Augen fiel. »Nun seh mir einer dieses Vogelnest!« hörte ich die Stimme meines Vaters sagen, und dann etwas barscher: »Steig heraus, Junge!«

Das war der Ton, der mich stets mechanisch in die Höhe trieb. Ich riß die Augen auf und sah meinen Vater und das Tendlersche Ehepaar an unserer Kiste stehen; Herr Tendler trug eine brennende Laterne in der Hand. Meine Anstrengung, mich zu erheben, wurde indessen durch Lisei vereitelt, die, noch immer fortschlafend, mit ihrer ganzen kleinen Last mir auf die Brust gesunken war. Als sich aber jetzt zwei knochige Arme ausstreckten, um sie aus der Kiste herauszuheben, und ich das Holzgesicht der Frau Tendler sich auf uns niederbeugen sah, da schlug ich die Arme so ungestüm um meine kleine Freundin, daß ich dabei der guten Frau fast ihren alten italienischen Strohhut vom Kopfe gerissen hätte.

»Nu, nu, Bub!« rief sie und trat einen Schritt zurück; ich aber, aus unserer Kiste heraus, erzählte mit geflügelten Worten, und ohne mich dabei zu schonen, was am Vormittag geschehen war.

»Also, Madame Tendler«, sagte mein Vater, als ich mit meinem Bericht zu Ende war, und machte zugleich eine sehr verständliche Handbewegung, »da könnten Sie es mir ja wohl überlassen, dieses Geschäft allein mit meinem Jungen abzumachen.«

»Ach ja, ach ja!« rief ich eifrig, als wenn mir soeben der angenehmste Zeitvertreib verheißen wäre.

Lisei war indessen auch erwacht und von ihrem Vater auf den Arm genommen worden. Ich sah, wie sie die Arme um seinen Hals schlang und ihm bald eifrig ins Ohr flüsterte, bald ihm zärtlich in die Augen sah oder wie beteuernd mit dem Köpfchen nickte. Gleich darauf ergriff auch der Puppenspieler die Hand meines Vaters. »Lieber Herr«, sagte er, »die Kinder bitten füreinander. Mutter, du bist ja auch nit gar so schlimm! Lassen wir es diesmal halt dabei!«

Madame Tendler sah indes noch immer unbeweglich aus ihrem großen Strohhute. »Du magst selb schauen, wie du ohne den Kasperl fertig wirst!« sagte sie mit einem strengen Blick auf ihren Mann.

In dem Antlitz meines Vaters sah ich ein gewisses lustiges Augenzwinkern, das mir Hoffnung machte, es werde das Unwetter diesmal so an mir vorüberziehen; und als er jetzt sogar versprach, am andern Tage seine Kunst zur Herstellung des Invaliden aufzubieten, und dabei Madame Tendlers italienischer Strohhut in die holdseligste Bewegung geriet, da war ich sicher, daß wir beiderseits im trocknen waren.

Bald marschierten wir unten durch die dunkeln Gassen, Herr Tendler mit der Laterne voran, wir Kinder Hand in Hand den Alten nach. – Dann: »Gut Nacht, Paul! Ach, will i schlaf'n!« Und weg war das Lisei; ich hatte gar nicht gemerkt, daß wir schon bei unseren Wohnungen angekommen waren.

Am anderen Vormittage, als ich aus der Schule gekommen war, traf ich Herrn Tendler mit seinem Töchterchen schon in unserer Werkstatt. »Nun, Herr Kollege«, sagte mein Vater, der eben das Innere der Puppe untersuchte, »das sollte denn doch schlimm zugehen, wenn wir zwei Mechanici den Burschen hier nicht wieder auf die Beine brächten!«

»Gel, Vater«, rief das Lisei, »da werd aa die Mutter nit mehr brumm'n.«

Herr Tendler strich zärtlich über das schwarze Haar des Kindes; dann wendete er sich zu meinem Vater, der ihm die Art der beabsichtigten Reparatur auseinandersetzte. »Ach, lieber Herr«, sagte er, »ich bin kein Mechanicus, den Titel hab ich nur so mit den Puppen übernommen; ich bin eigentlich meines Zeichens ein Holzschnitzer aus Berchtesgaden. Aber mein Schwiegervater selig – Sie haben gewiß von ihm gehört –, das war halt einer, und mein Reserl hat noch allweg ihr kleins Gaudi, daß sie die Tochter vom berühmten Puppenspieler Geißelbrecht ist. Der hat auch die Mechanik in dem Kasperl da g'macht; ich hab ihm derzeit nurs G'sichtl ausgeschnitten.«

»Ei nun, Herr Tendler«, erwiderte mein Vater, »das ist ja auch schon eine Kunst. Und dann – sagt mir nur, wie war's denn möglich, daß Ihr Euch gleich zu helfen wußtet, als die Schandtat meines Jungen da so mitten in dem Stück zum Vorschein kam?«

Das Gespräch begann mir etwas unbehaglich zu werden; in Herrn Tendlers gutmütigem Angesicht aber leuchtete plötzlich die ganze Schelmerei des Puppenspielers. »Ja, lieber Herr«, sagte er, »da hat man halt für solch Fäll sein Gspaßerl in der Taschen! Auch ist da noch so ein Bruderssöhnerl, ein Wurstl Nummer zwei, der grad 'ne solche Stimm hat, wie dieser da!«

Ich hatte indessen die Lisei am Kleide gezupft und war glücklich mit ihr nach unserem Garten entkommen. Hier unter der Linde saßen wir, die auch über uns beide jetzt ihr grünes Dach ausbreitet; nur blühten damals nicht mehr die roten Nelken auf den Beeten dort; aber ich weiß noch wohl, es war ein sonniger Septembernachmittag. Meine Mutter kam aus ihrer Küche und begann ein Gespräch mit dem Puppenspielerkinde; sie hatte denn doch auch so ihre kleine Neugierde.

Wie es denn heiße, fragte sie, und ob es denn schon immer so von Stadt zu Stadt gefahren sei? – – Ja, Lisei heiße es – ich hatte das meiner Mutter auch schon oft genug gesagt –, aber dies sei seine erste Reis'; drum könne es auch das Hochdeutsch noch nit so völlig firti krieg'n. – – Ob es denn auch zur Schule gegangen sei. – – Freili; es sei scho zur Schul gang'n; aber das Nähen und Stricken habe es von seiner alten Bas' gelernt; die habe auch so a Gärtl g'habt, da drin hätten sie zusammen auf dem Bänkerl gesessen; nun lerne es bei der Mutter, aber die sei gar streng!

Meine Mutter nickte beifällig. – Wie lange ihre Eltern denn

wohl hier verweilen würden? fragte sie das Lisei wieder. – – Ja, das wüßt es nit, das käme auf die Mutter an; doch pflegten sie so ein vier Wochen am Ort zu bleiben. – – Ja, ob's denn auch ein warmes Mäntelchen für die Weiterreise habe; denn so im Oktober würde es schon kalt auf dem offenen Wägelchen. – – Nun, meinte Lisei, ein Mäntelchen habe sie schon, aber ein dünnes sei es nur; es hab sie auch schon darin gefroren auf der Herreis'.

Und jetzt befand sich meine gute Mutter auf dem Fleck, wonach ich sie schon lange hatte zusteuern sehen. »Hör, kleine Lisei«, sagte sie, »ich hab einen braven Mantel in meinem Schranke hängen, noch von den Zeiten her, da ich ein schlankes Mädchen war; ich bin aber jetzt herausgewachsen und habe keine Tochter, für die ich ihn noch zurechtschneidern könnte. Komm nur morgen wieder, Lisei, da steckt ein warmes Mäntelchen für dich darin.«

Lisei wurde rot vor Freude und hatte im Umsehen meiner Mutter die Hand geküßt, worüber diese ganz verlegen wurde; denn du weißt, hierzulande verstehen wir uns schlecht auf solche Narreteien! – Zum Glück kamen jetzt die beiden Männer aus der Werkstatt. »Für diesmal gerettet«, rief mein Vater; »aber – –!« Der warnend gegen mich geschüttelte Finger war das Ende meiner Buße.

Fröhlich lief ich ins Haus und holte auf Geheiß meiner Mutter deren großes Umschlagtuch; denn, um den kaum Genesenen vor dem zwar wohlgemeinten, aber immerhin unbequemen Zujauchzen der Gassenjugend zu bewahren, das ihn auf seinem Herwege begleitet hatte, wurde der Kasper jetzt sorgsam eingehüllt; dann nahm Lisei ihn auf den Arm, Herr Tendler das Lisei an der Hand, und so, unter Dankesversicherungen, zogen sie vergnügt die Straße nach dem Schützenhof hinab.

Und nun begann eine Zeit des schönsten Kinderglückes. – Nicht nur am andern Vormittage, sondern auch an den folgenden Tagen kam das Lisei; denn sie hatte nicht abgelassen, bis ihr gestattet worden, auch selbst an ihrem neuen Mäntelchen zu nähen. Zwar war's wohl mehr nur eine Scheinarbeit, die meine Mutter in ihre kleinen Hände legte; aber sie meinte doch, das Kind müßte recht ordentlich angehalten sein. Ein paarmal setzte ich mich daneben und las aus einem Bande von Weißens Kinderfreunde vor, den mein Vater einmal auf einer Auktion für mich gekauft hatte, zum Entzücken Liseis, der solche Unterhaltungsbücher noch unbekannt waren. »Das is g'schickt!« oder »Ei du, was geit's für Sachan auf der Welt!« Dergleichen Worte rief sie oft dazwischen und legte die Hände mit ihrer Näharbeit in den Schoß. Mitunter sah sie mich auch von unten mit ganz klugen Augen an und sagte: »Ja, wenn's Geschichtl nur nit derlog'n is!« – Mir ist's, als hörte ich es noch heute.«

– – Der Erzähler schwieg, und in seinem schönen männlichen Antlitz sah ich einen Ausdruck stillen Glückes, als sei das alles, was er mir erzählte, zwar vergangen, aber keineswegs verloren. Nach einer Weile begann er wieder:

»Meine Schularbeiten machte ich niemals besser als in jener Zeit; denn ich fühlte wohl, daß das Auge meines Vaters mich strenger als je überwachte und daß ich mir den Verkehr mit den Puppenspielerleuten nur um den Preis eines strengen Fleißes erhalten könne. »Es sind reputierliche Leute, die Tendlers«, hörte ich einmal meinen Vater sagen; »der Schneiderwirt drüben hat ihnen auch heute ein ordentliches Stübchen eingeräumt; sie zahlen jeden Morgen ihre Zeche; nur, meinte der Alte, sei es leider blitzwenig, was sie draufgehen ließen. – Und das«, setzte mein Vater hinzu, »gefällt mir besser als dem Herbergsvater; sie mögen an den Notpfennig denken, was sonst nicht die Art solcher Leute ist.« – – Wie gern hörte ich meine Freunde loben! Denn das waren sie jetzt alle; sogar Madame Tendler nickte ganz vertraulich aus ihrem Strohhute, wenn ich – keiner Einlaßkarte mehr bedürftig – abends an ihrer Kasse vorbei in den Saal schlüpfte. – Und wie rannte ich jetzt vormittags aus der Schule! Ich wußte wohl, zu Hause traf ich das Lisei entweder bei meiner Mutter in der Küche, wo sie allerlei kleine Dienste für sie zu verrichten wußte, oder es saß auf der Bank im Garten, mit einem Buche oder mit einer Näharbeit in der Hand. Und bald wußte ich sie auch in meinem Dienste zu beschäftigen; denn nachdem ich mich genügend in den inneren Zusammenhang der Sache eingeweiht glaubte, beabsichtigte ich nichts Geringeres, als nun auch meinerseits ein Marionettentheater einzurichten. Vorläufig begann ich mit dem Ausschnitzen der Puppen, wobei Herr

Tendler, nicht ohne eine gutmütige Schelmerei in seinen kleinen Augen, mir in der Wahl des Holzes und der Schnitzmesser mit Rat und Hülfe zur Hand ging; und bald ragte auch in der Tat eine mächtige Kasperlenase aus dem Holzblöckchen in die Welt. Da aber andererseits der Nankinganzug des »Wurstl« mir zuwenig interessant erschien, so mußte indessen das Lisei aus »Fetz'ln«, die wiederum der alte Gabriel hatte hergeben müssen, gold- und silberbesetzte Mäntel und Wämser für Gott weiß welche andere künftige Puppen anfertigen. Mitunter trat auch der alte Heinrich mit seiner kurzen Pfeife aus der Werkstatt zu uns, ein Geselle meines Vaters, der, solang ich denken konnte, zur Familie gehörte; er nahm mir dann wohl das Messer aus der Hand und gab durch ein paar Schnitte dem Dinge hie und da den rechten Schick. Aber schon wollte meiner Phantasie selbst der Tendlersche Haupt- und Prinzipalkasperl nicht mehr genügen; ich wollte noch ganz etwas anderes leisten; für den meinigen ersann ich noch drei weitere, nie dagewesene und höchst wirkungsvolle Gelenke, er sollte seitwärts mit dem Kinne wackeln, die Ohren hin und her bewegen und die Unterlippe auf- und abklappen können; und er wäre auch jedenfalls ein ganz unerhörter Prachtkerl geworden, wenn er nur nicht schließlich über all seinen Gelenken schon in der Geburt zugrunde gegangen wäre. Auch sollte leider weder der Pfalzgraf Siegfried noch irgendein anderer Held des Puppenspiels durch meine Hand zu einer fröhlichen Auferstehung gelangen. – Besser glückte es mir mit dem Bau einer unterirdischen Höhle, in der ich an kalten Tagen mit Lisei auf einem Bänkchen zusammensaß und ihr bei dem spärlichen Lichte, das durch eine oben angebrachte Fensterscheibe fiel, die Geschichten aus dem Weißeschen Kinderfreunde vorlas, die sie immer von neuem hören konnte. Meine Kameraden neckten mich wohl und schalten mich einen Mädchenknecht, weil ich, statt wie sonst mit ihnen, jetzt mit der Puppenspielertochter meine Zeit zubrachte. Mich kümmerte das wenig; wußte ich doch, es redete nur der Neid aus ihnen, und wo es mir zu arg wurde, da brauchte ich denn auch einmal ganz wacker meine Fäuste.

– – Aber alles im Leben ist nur für eine Spanne Zeit. Die Tendlers hatten ihre Stücke durchgespielt; die Puppenbühne auf dem Schützenhofe wurde abgebrochen; sie rüsteten sich zum Weiterziehen.

Und so stand ich denn an einem stürmischen Oktobernachmittage draußen vor unserer Stadt auf dem hohen Heiderücken, sah bald traurig auf den breiten Sandweg, der nach Osten in die kahle Gegend hinausläuft, bald sehnsüchtig nach der Stadt zurück, die in Dunst und Nebel in der Niederung lag. Und da kam es herangetrabt, das kleine Wägelchen mit den zwei hohen Kisten darauf und dem munteren braunen Pferde in der Gabeldeichsel. Herr Tendler saß jetzt vorn auf einem Brettchen, hinter ihm Lisei in dem neuen warmen Mäntelchen neben ihrer Mutter. – Ich hatte schon vor der Herberge von ihnen Abschied genommen; dann aber war ich vorausgelaufen, um sie alle noch einmal zu sehen und um Lisei, wozu ich von meinem Vater die Erlaubnis erhalten hatte, den Band von Weißens Kinderfreunde als Angedenken mitzugeben; auch eine Düte mit Kuchen hatte ich um einige ersparte Sonntagssechslinge für sie eingehandelt. »Halt! Halt!« rief ich jetzt und stürzte von meinem Heidehügel auf das Fuhrwerk zu. – Herr Tendler zog die Zügel an, der Braune stand, und ich reichte Lisei meine kleinen Geschenke in den Wagen, die sie neben sich auf den Stuhl legte. Als wir uns aber, ohne ein Wort zu sagen, an beiden Händen griffen, da brachen wir armen Kinder in ein lautes Weinen aus. Doch in demselben Augenblicke peitschte auch schon Herr Tendler auf sein Pferdchen. »Ade, mein Bub! Bleib brav und dank aa no schön dei'm Vaterl und dei'm Mutterl!«

»Ade! Ade!« rief das Lisei; das Pferdchen zog an, das Glöckchen an seinem Halse bimmelte; ich fühlte die kleinen Hände aus den meinen gleiten, und fort fuhren sie, in die weite Welt hinaus.

Ich war wieder am Rande des Weges emporgestiegen, und blickte unverwandt dem Wägelchen nach, wie es durch den stäubenden Sand dahinzog. Immer schwächer hörte ich das Gebimmel des Glöckchens; einmal noch sah ich ein weißes Tüchelchen um die Kisten flattern; dann allmählich verlor es sich mehr und mehr in den grauen Herbstnebeln. – Da fiel es plötzlich wie eine Todesangst mir auf das Herz: du siehst sie nimmer, nimmer wieder! – »Lisei!« schrie ich, »Lisei!« – Als aber dessenungeachtet, vielleicht wegen einer Biegung der Landstraße, der nur noch im Nebel schwimmende Punkt jetzt völlig meinen Augen entschwand, da rannte ich wie unsinnig auf dem Wege hintendrein. Der Sturm riß mir die Mütze vom Kopf, meine Stiefel füllten sich mit Sand; aber so weit ich laufen mochte, ich sah nichts anderes als die öde baumlose Gegend und den kalten grauen Himmel, der darüberstand. – Als ich endlich bei einbrechender Dunkelheit zu Hause wieder angelangt war, hatte ich ein Gefühl, als sei die ganze Stadt indessen ausgestorben. Es war eben der erste Abschied meines Lebens.

Wenn in den nun folgenden Jahren der Herbst wiederkehrte, wenn die Krammetsvögel durch die Gärten unserer Stadt flogen und drüben vor der Schneiderherberge die ersten gelben Blätter von den Lindenbäumen wehten, dann saß ich wohl manchesmal auf unserer Bank und dachte, ob nicht endlich einmal das Wägelchen mit dem braunen Pferdchen wie damals wieder die Straße heraufgebimmelt kommen würde.

Aber ich wartete umsonst; das Lisei kam nicht wieder.

Es war um zwölf Jahre später. – Ich hatte nach der Rechenmeisterschule, wie es damals manche Handwerkersöhne zu tun pflegten, auch noch die Quarta unserer Gelehrtenschule durchgemacht und war dann bei meinem Vater in die Lehre getreten. Auch diese Zeit, in der ich mich, außer meinem Handwerk, vielfach mit dem Lesen guter Bücher beschäftigte, war vorübergegangen. Jetzt, nach dreijähriger Wanderschaft, befand ich mich in einer mitteldeutschen Stadt. Es war streng katholisch dort, und in dem Punkte verstanden sie keinen Spaß; wenn man vor ihren Prozessionen, die mit Gesang und Heiligenbildern durch die Straßen zogen, nicht selbst den Hut abnahm, so wurde er einem auch wohl heruntergeschlagen; sonst aber waren es gute Leute. – Die Frau Meisterin, bei der ich in Arbeit stand, war eine Witwe, deren Sohn gleich mir in der Fremde arbeitete, um die nach den Zunftgesetzen vorgeschriebenen Wanderjahre bei der späteren Bewerbung um das Meisterrecht nachweisen zu können. Ich hatte es gut in diesem Hause; die Frau tat mir, wovon sie wünschen mochte, daß es in der Ferne andere Leute an ihrem Kinde tun möchten, und bald war unter uns das Vertrauen so gewachsen, daß das Geschäft so gut wie ganz in meinen Händen lag. – Jetzt steht unser Joseph dort bei ihrem Sohn in Arbeit, und die Alte, so hat er oft geschrieben, hätschelt mit ihm, als wäre sie die leibhaftige Großmutter zu dem Jungen.

– – Nun, damals saß ich eines Sonntagnachmittags mit meiner Frau Meisterin in der Wohnstube, deren Fenster der Tür des großen Gefangenenhauses gegenüberlagen. Es war im Januar; das Thermometer stand zwanzig Grad unter Null; draußen auf der Gasse war kein Mensch zu sehen; mitunter kam der Wind pfeifend von den nahen Bergen herunter und jagte kleine Eisstücke klingend über das Straßenpflaster.

»Da behagt 'n warmes Stübchen und 'n heißes Schälchen Kaffee«, sagte die Meisterin, indem sie mir die Tasse zum dritten Male vollschenkte.

Ich war ans Fenster getreten. Meine Gedanken gingen in die Heimat; nicht zu lieben Menschen, die hatte ich dort nicht mehr, das Abschiednehmen hatte ich jetzt gründlich gelernt. Meiner Mutter war mir noch vergönnt gewesen selbst die Augen zuzudrücken; vor einigen Wochen hatte ich nun auch den Vater verloren, und bei dem damals noch so langwierigen Reisen hatte ich ihn nicht einmal zu seiner Ruhestatt begleiten können. Aber die väterliche Werkstatt wartete auf den Sohn ihres heimgegangenen Meisters. Indes, der alte Heinrich war noch da und konnte mit Genehmigung der Zunftmeister die Sache schon eine kurze Zeit aufrechterhalten; und so hatte ich denn auch meiner guten Meisterin versprochen, noch ein paar Wochen bis zum Eintreffen ihres Sohnes bei ihr auszuhalten. Aber Ruhe hatte ich nicht mehr, das frische Grab meines Vaters duldete mich nicht länger in der Fremde.

In diesen Gedanken unterbrach mich eine scharfe scheltende Stimme drüben von der Straße her. Als ich aufblickte, sah ich das schwindsüchtige Gesicht des Gefängnisinspektors sich aus der halbgeöffneten Tür des Gefangenenhauses hervorrecken; seine erhobene Faust drohte einem jungen Weibe, das, wie es schien, fast mit Gewalt in diese sonst gefürchteten Räume einzudringen strebte.

»Wird wohl was Liebes drinnen haben«, sagte die Meisterin, die von ihrem Lehnstuhle aus ebenfalls dem Vorgange zugesehen hatte; »aber der alte Sünder da drüben hat kein Herz für die Menschheit.«

»Der Mann tut wohl nur seine Pflicht, Frau Meisterin«, sagte ich, noch immer in meinen eigenen Gedanken.

»Ich möcht nicht solche Pflicht zu tun haben«, erwiderte sie und lehnte sich fast zornig in ihren Stuhl zurück.

Drüben war indes die Tür des Gefangenenhauses zugeschlagen, und das junge Weib, nur mit einem kurzen wehenden Mäntelchen um die Schultern und einem schwarzen Tüchelchen um den Kopf geknotet, ging langsam die übereiste Straße hinab. – Die Meisterin und ich waren schweigend auf unserem Platz geblieben; ich glaube – denn auch meine Teilnahme war jetzt geweckt –, es war uns beiden, als ob wir helfen müßten und nur nicht wüßten, wie.

Als ich eben vom Fenster zurücktreten wollte, kam das Weib wieder die Straße herauf. Vor der Tür des Gefangenenhauses blieb sie stehen und setzte zögernd einen Fuß auf den zur Schwelle führenden Treppenstein; dann aber wandte sie den Kopf zurück, und ich sah ein junges Antlitz, dessen dunkle Augen mit dem Ausdruck ratlosester Verlassenheit über die leere Gasse streiften; sie schien doch nicht den Mut zu haben, noch einmal der drohenden Beamtenfaust entgegenzutreten. Langsam und immer wieder nach der geschlossenen Tür zurückblickend, setzte sie ihren Weg fort; man sah es deutlich, sie wußte selbst nicht, wohin. Als sie jetzt aber an der Ecke der Gefangenenanstalt in das nach der Kirche hinaufführende Gäßchen einbog, riß ich unwillkürlich meine Mütze vom Türhaken, um ihr nachzugehen.

»Ja, ja, Paulsen, das ist das Rechte!« sagte die gute Meisterin; »geht nur, ich werde derweil den Kaffee wieder heiß setzen!«

Es war grimmig kalt, als ich aus dem Hause trat; alles schien wie ausgestorben; von dem Berge, der am Ende der Straße die Stadt überragt, sah fast drohend der schwarze Tannenwald herab; vor den Fensterscheiben der meisten Häuser saßen die weißen Eisgardinen; denn nicht jeder hatte, wie meine Meisterin, die Gerechtigkeit von fünf Klaftern Holz auf seinem Hause. – Ich ging durch das Gäßchen nach dem Kirchenplatz; und dort vor dem großen hölzernen Kruzifixe auf der gefrorenen Erde lag das junge Weib, den Kopf gesenkt, die Hände in den Schoß gefaltet. Ich trat schweigend näher; als sie aber jetzt zu dem blutigen Antlitz des Gekreuzigten aufblickte, sagte ich: »Verzeiht mir, wenn ich Eure Andacht unterbreche; aber Ihr seid wohl fremd in dieser Stadt?«

Sie nickte nur, ohne ihre Stellung zu verändern.

»Ich möchte Euch helfen!« begann ich wieder, »sagt mir nur, wohin Ihr wollt!«

»I weiß nit mehr, wohin«, sagte sie tonlos und ließ das Haupt wieder auf ihre Brust sinken.

»Aber in einer Stunde ist es Nacht; in diesem Totenwetter könnt Ihr nicht länger auf der offenen Straße bleiben!«

»Der liebi Gott wird helfen«, hörte ich sie leise sagen.

»Ja, ja«, rief ich, »und ich glaube fast, er hat mich selbst zu Euch geschickt!«

Es war, als habe der stärkere Klang meiner Stimme sie erweckt; denn sie erhob sich und trat zögernd auf mich zu; mit vorgestrecktem Halse näherte sie ihr Gesicht mehr und mehr dem meinen, und ihre Blicke drangen auf mich ein, als ob sie mich damit erfassen wolle. »Paul!« rief sie plötzlich, und wie ein Jubelruf flog das Wort aus ihrer Brust – »Paul! Ja di schickt mir der liebe Gott!«

Wo hatte ich meine Augen gehabt! Da hatte ich es ja wieder, mein Kindsgespiel, das kleine Puppenspieler-Lisei! Freilich, eine schöne schlanke Jungfrau war es geworden, und auf dem sonst so lachenden Kindergesicht lag jetzt, nachdem der erste Freudenstrahl darüberhingeflogen, der Ausdruck eines tiefen Kummers.

»Wie kommst du so allein hierher, Lisei?« fragte ich. »Was ist geschehen? Wo ist denn dein Vater?«

»Im Gefängnis, Paul.«

»Dein Vater, der gute Mann! – Aber komm mit mir; ich stehe hier bei einer braven Frau in Arbeit; sie kennt dich, ich habe ihr oft von dir erzählt.«

Und Hand in Hand, wie einst als Kinder, gingen wir nach dem Hause meiner guten Meisterin, die uns schon vom Fenster aus entgegensah. »Das Lisei ist's!« rief ich, als wir in die Stube traten, »denkt Euch, Frau Meisterin, das Lisei!«

Die gute Frau schlug die Hände über ihre Brust zusammen. »Heilige Mutter Gottes, bitt für uns! das Lisei! – also so hat's ausgeschaut! – Aber«, fuhr sie fort, »wie kommst denn du mit dem alten Sünder da zusammen?« – und sie wies mit dem ausgestreckten Finger nach dem Gefangenhause drüben – »der Paulsen hat mir doch gesagt, daß du ehrlicher Leute Kind bist!«

Gleich darauf aber zog sie das Mädchen weiter in die Stube hinein und drückte sie in ihren Lehnstuhl nieder, und als jetzt Lisei ihre Frage zu beantworten anfing, hielt sie ihr schon eine dampfende Tasse Kaffee an die Lippen.

»Nun trink einmal«, sagte sie, »und komm erst wieder zu dir; die Händchen sind dir ja ganz verklommen.«

Und das Lisei mußte trinken, wobei ihr zwei helle Tränen in die Tasse rollten, und dann erst durfte sie erzählen.

Sie sprach jetzt nicht, wie einst und wie vorhin in der Einsamkeit ihres Kummers, in dem Dialekt ihrer Heimat, nur ein leichter Anflug war ihr davon geblieben; denn waren ihre Eltern auch nicht mehr bis an unsere Küste hinabgekommen, so hatten sie sich doch meistens in dem mittleren Deutschland aufgehalten. Schon vor einigen Jahren war die Mutter gestorben. »Verlaß den Vater nicht!« das hatte sie der Tochter im letzten Augenblicke noch ins Ohr geflüstert, »sein Kindsherz ist zu gut für diese Welt.«

Lisei brach bei dieser Erinnerung in heftiges Weinen aus; sie wollte nicht einmal von der aufs neue vollgeschenkten Tasse trinken, mit der die Meisterin ihre Tränen zu stillen gedachte, und erst nach einer ziemlichen Weile konnte sie weiterberichten.

Gleich nach dem Tode der Mutter war es ihre erste Arbeit gewesen, an deren Stelle sich die Frauenrollen in den Puppenspielen von ihrem Vater einlernen zu lassen. Dazwischen waren die Bestattungsfeierlichkeiten besorgt und die ersten Seelenmessen für die Tote gelesen; dann, das frische Grab hinter sich lassend, waren Vater und Tochter wiederum ins Land hineingefahren und hatten, wie vorhin, ihre Stücke abgespielt, den verlorenen Sohn, Die heilige Genoveva und wie sie sonst noch heißen mochten.

So waren sie gestern auf der Reise in ein großes Kirchdorf gekommen, wo sie ihre Mittagsrast gehalten hatten. Auf der harten Bank vor dem Tische, an welchem sie ihr bescheidenes Mahl verzehrten, war Vater Tendler ein halbes Stündchen in einen festen Schlaf gesunken, während Lisei draußen die Fütterung ihres Pferdes besorgt hatte. Kurz darauf, in wollene Decken wohlverpackt, waren sie aufs neue in die grimmige Winterkälte hinausgefahren.

»Aber wir kamen nit weit«, erzählte Lisei; »gleich hinterm Dorf ist ein Landreiter auf uns zugeritten und hat gezetert und gemordiot. Aus dem Tischkasten sollt dem Wirt ein Beutel mit Geld gestohlen sein, und mein unschuldigs Vaterl war doch allein in der Stube dort gewesen! Ach, wir haben kei Heimat, kei Freund, kei Ehr; es kennt uns niemand nit!«

»Kind, Kind«, sagte die Meisterin, indem sie zu mir hinüberwinkte, »versündige dich auch nicht!«

Ich aber schwieg, denn Lisei hatte ja nicht unrecht mit ihrer Klage. – Sie hatten in das Dorf zurückgemußt; das Fuhrwerk mit allem, was daraufgeladen, war vom Schulzen dort zurückgehalten worden; der alte Tendler aber hatte die Weisung erhalten, den Weg zur Stadt neben dem Pferde des Landreiters herzutraben. Lisei, von dem letzteren mehrfach zurückgewiesen, war in einiger Entfernung hinterhergegangen, in der Zuversicht, daß sie wenigstens, bis der liebe Gott die Sache aufkläre, das Gefängnis ihres Vaters werde teilen können. Aber – auf ihr ruhte kein Verdacht; mit Recht hatte der Inspektor sie als eine Zudringliche von der Tür gejagt, die auf ein Unterkommen in seinem Hause nicht den geringsten Anspruch habe.

Lisei wollte das zwar noch immer nicht begreifen; sie meinte, das sei ja härter als alle Strafe, die später doch gewiß den wirklichen Spitzbuben noch ereilen würde; aber, fügte sie gleich hinzu, sie wolle ihm auch so harte Strafe nit wünschen, wenn nur die Unschuld von ihrem guten Vaterl an den Tag komme; ach, der werd's gewiß nit überleben!

Ich besann mich plötzlich, daß ich sowohl dem alten Korporal da drüben als auch dem Herrn Kriminalkommissarius eigentlich ein unentbehrlicher Mann sei; denn dem einen hielt ich seine Spinnmaschinen in Ordnung, dem andern schärfte ich seine kostbaren Federmesser; durch den einen konnte ich wenigstens Zutritt zu dem Gefangenen erhalten, bei dem andern konnte ich ein Leumundszeugnis für Herrn Tendler ablegen und ihn vielleicht zur Beschleunigung der Sache veranlassen. Ich bat Lisei, sich zu gedulden, und ging sofort in das Gefangenhaus hinüber.

Der schwindsüchtige Inspektor schalt auf die unverschämten Weiber, die immer zu ihren spitzbübischen Männern oder Vätern in die Zellen wollten. Ich aber verbat mir in betreff meines alten Freundes solche Titel, solange sie ihm nicht durch das Gericht »von Rechts wegen« beigelegt seien, was, wie ich sicher wisse, nie geschehen werde; und endlich, nach einigem Hin- und Widerreden, stiegen wir zusammen die breite Treppe nach dem Oberbau hinauf.

In dem alten Gefangenhause war auch die Luft gefangen, und ein widerwärtiger Dunst schlug uns entgegen, als wir oben durch den langen Korridor schritten, von welchem aus zu beiden Seiten Tür an Tür in die einzelnen Gefangenzellen führte. An einer derselben, fast zu Ende des Ganges, blieben wir stehen; der Inspektor schüttelte sein großes Schlüsselbund, um den rechten herauszufinden; dann knarrte die Tür, und wir traten ein.

In der Mitte der Zelle, mit dem Rücken gegen uns, stand die Gestalt eines kleinen mageren Mannes, der nach dem Stückchen Himmel hinaufzublicken schien, das grau und trübselig durch ein oben in der Mauer angebrachtes Fenster auf ihn herabdämmerte. An seinem Haupte bemerkte ich sogleich die kleinen abstehenden Haarspieße; nur hatten sie, wie jetzt draußen die Natur, sich in die Farbe des Winters gekleidet. Bei unserem Eintritt wandte der kleine Mann sich um.

»Sie kennen mich wohl nicht mehr, Herr Tendler?« fragte ich.

Er sah flüchtig nach mir hin. »Nein, lieber Herr«, erwiderte er, »hab nicht die Ehre.«

Ich nannte ihm den Namen meiner Vaterstadt und sagte: »Ich bin der unnütze Junge, der Ihnen damals Ihren kunstreichen Kasperl verdrehte!«

»Oh, schad't nichts, gar nichts!« erwiderte er verlegen und machte mir einen Diener; »ist lange schon vergessen.«

Er hatte offenbar nur halb auf mich gehört; denn seine Lippen bewegten sich als spräche er zu sich selber von ganz anderen Dingen.

Da erzählte ich ihm, wie ich vorhin sein Lisei aufgefunden habe, und jetzt erst sah er mich mit offenen Augen an. »Gott Dank! Gott Dank!« sagte er und faltete die Hände. »Ja, ja, das kleine Lisei und der kleine Paul, die spielten derzeit miteinander! – Der kleine Paul! Seid Ihr der kleine Paul? O, i glaub's Euch schon; das herzige G'sichtl von dem frischen Bub'n, das schaut da no heraus!« Er nickte mir so innig zu, daß die weißen Haarspießchen auf seinem Kopfe bebten. »Ja, ja, da drunten an der See bei euch; wir sind nit wieder hingekommen; das war no gute Zeit dermal; da war aa noch mein Weib, die Tochter vom großen Geißelbrecht, dabei! ›Joseph!‹ pflegte sie zu sagen, ›wenn nur die Menschen aa so Dräht an ihre Köpf hätten, da könntst du aa mit ihne firti werd'n!‹ – Hätt sie nur heute noch gelebt, sie hätten mich nicht eingesperrt. Du lieber Gott; ich bin kein Dieb, Herr Paulsen.«

Der Inspektor, der draußen vor der angelehnten Tür im Gange auf und ab ging, hatte schon ein paarmal mit seinem Schlüsselbund gerasselt. Ich suchte den alten Mann zu beruhigen und bat ihn, sich bei seinem ersten Verhör auf mich zu berufen, der ich hier bekannt und wohlgeachtet sei.

Als ich wieder zu meiner Meisterin in die Stube trat, rief diese mir entgegen: »Das ist ein trotzigs Mädel, Paulsen; da helft mir nur gleich ein wenig; ich hab ihr die Kammer zum Nachtquartier geboten; aber sie will fort, in die Bettelherberg oder Gott weiß wohin!«

Ich fragte Lisei, ob sie ihre Pässe bei sich habe.

»Mein Gott, die hat der Schulz im Dorf uns abgenommen!«

»So wird kein Wirt dir seine Tür aufmachen«, sagte ich, »das weißt du selber wohl.«

Sie wußte es freilich, und die Meisterin schüttelte ihr vergnügt die Hände. »Ich denk wohl«, sagte sie, »daß du dein eignes Köpfchen hast; der da hat mir's haarklein erzählt, wie ihr zusammen in der Kiste habt gesessen; aber so leicht wärst du doch nicht von mir fortgekommen!«

Das Lisei sah etwas verlegen vor sich nieder; dann aber fragte sie mich hastig aus nach ihrem Vater. Nachdem ich ihr Bescheid gegeben hatte, erbat ich mir ein paar Bettstücke von der Meisterin, nahm von den meinigen noch etwas hinzu und trug es selbst hinüber in die Zelle des Gefangenen, wozu ich vorhin von dem Inspektor die Erlaubnis erhalten hatte. – So konnten wir, als nun die Nacht herankam, hoffen, daß im warmen Bette und auf dem besten Ruhekissen, das es in der Welt gibt, auch unseren alten Freund in seiner öden Kammer ein sanfter Schlaf erquicken werde.

Am anderen Vormittage, als ich eben, um zum Herrn Kriminalkommissarius zu gehen, auf die Straße trat, kam von drüben der Inspektor in seinen Morgenpantoffeln auf mich zugeschritten. »Ihr habt recht gehabt, Paulsen«, sagte er mit seiner gläsernen Stimme, »für diesmal ist's kein Spitzbube gewesen; den Richtigen haben sie soeben eingebracht; Euer Alter wird noch heute entlassen werden.«

Und richtig, nach einigen Stunden öffnete sich die Tür des Gefangenhauses, und der alte Tendler wurde von der kommandierenden Stimme des Inspektors zu uns hinübergewiesen. Da das Mittagessen eben aufgetragen war, so ruhte die Meisterin nicht, bis auch er seinen Platz am Tische eingenommen hatte; aber er berührte die guten Speisen kaum, und wie sie sich auch um ihn bemühen mochte, er blieb wortkarg und in sich gekehrt neben seiner Tochter sitzen; nur mitunter bemerkte ich, wie er deren Hand nahm und sie zärtlich streichelte. Da hörte ich draußen vom Tore her ein Glöckchen bimmeln; ich kannte es ganz genau, aber es läutete mir weither aus meiner Kinderzeit.

»Lisei!« sagte ich leise.

»Ja, Paul, ich hör es wohl.«

Und bald standen wir beide draußen vor der Haustür. Siehe, da kam es die Straße herab, das Wägelchen mit den beiden hohen Kisten, wie ich daheim es mir so oft gewünscht hatte. Ein Bauernbursche ging nebenher mit Zügel und Peitsche in der Hand; aber das Glöckchen bimmelte jetzt am Halse eines kleinen Schimmels.

»Wo ist das Braunchen geblieben?« fragte ich Lisei.

»Das Braunchen«, erwiderte sie, »das ist uns eines Tags vorm

Wagen hingefallen; der Vater hat sogleich den Tierarzt aus dem Dorfe geholt; aber es hat nimmer leben können.«

Bei diesen Worten stürzten ihr die Tränen aus den Augen.

»Was fehlt dir, Lisei?« fragte ich, »es ist ja nun doch alles wieder gut!«

Sie schüttelte den Kopf. »Mein Vaterl gfallt mir nit; er ist so still; die Schand, er verwind't es nit.«

– – Und Lisei hatte mit ihren treuen Tochteraugen recht gesehen. Als kaum die beiden in einem kleinen Gasthofe untergebracht waren, und der Alte schon seine Pläne zur Weiterfahrt entwarf – denn hier wollte er jetzt nicht vor die Leute treten – da zwang ihn ein Fieber, im Bett zu bleiben. Bald mußten wir einen Arzt holen, und es entwickelte sich ein längeres Krankenlager. In Besorgnis, daß sie dadurch in Not geraten könnten, bot ich Lisei meine Geldmittel zur Hülfe an; aber sie sagte: »I nimm's ja gern von dir; doch sorg nur nit, wir sind nit gar so karg.« Da blieb mir denn nichts anderes zu tun, als in der Nachtwache mit ihr zu wechseln oder, als es dem Kranken besser ging, am Feierabend ein Stündchen an seinem Bett zu plaudern.

So war die Zeit meiner Abreise herangenaht, und mir wurde das Herz immer schwerer. Es tat mir fast weh, das Lisei anzusehen; denn bald fuhr es ja auch mit seinem Vater von hier wieder in die weite Welt hinaus. Wenn sie nur eine Heimat gehabt hätten! Aber wo waren sie zu finden, wenn ich Gruß und Nachricht zu ihnen senden wollte! Ich dachte an die zwölf Jahre seit unserem ersten Abschied; – sollte wieder so lange Zeit vergehen oder am Ende gar das ganze Leben?

»Und grüß mir aa dein Vaterhaus, wenn du heimkommst!« sagte Lisei, da sie am letzten Abend mich an die Haustür begleitet hatte. »I seh's mit mein' Augen, das Bänkerl vor der Tür, die Lind im Gart'l; ach, i vergiß es nimmer; so lieb hab ich's nit wieder g'funden in der Welt!«

Als sie das sagte, war es mir, als leuchte aus dunkler Tiefe meine Heimat zu mir auf; ich sah die zärtlichen Augen meiner Mutter, das feste ehrliche Antlitz meines Vaters. »Ach, Lisei«, sagte ich, »wo ist denn jetzt mein Vaterhaus! Es ist ja alles öd und leer.«

Lisei antwortete nicht; sie gab mir nur die Hand und blickte mich mit ihren guten Augen an.

Da war mir, als hörte ich die Stimme meiner Mutter sagen: »Halte diese Hand fest und kehr mit ihr zurück, so hast du deine Heimat wieder!« – und ich hielt die Hand fest und sagte: »Kehr du mit mir zurück, Lisei, und laß uns zusammen versuchen, ein neues Leben in das leere Haus zu bringen, ein so gutes, wie es die geführt haben, die ja auch dir einst lieb gewesen sind!«

»Paul«, rief sie, »was meinst du? I versteh di nit.«

Aber ihre Hand zitterte heftig in der meinen, und ich bat nur: »Ach, Lisei, versteh mich doch!«

Sie schwieg einen Augenblick. »Paul«, sagte sie dann, »i kann nit von mei'm Vaterl gehen.«

»Der muß ja mit uns, Lisei! Im Hinterhause, die beiden Stübchen, die jetzt leer stehen, da kann er wohnen und wirtschaften; der alte Heinrich hat sein Kämmerchen dicht daneben.« Lisei nickte. »Aber Paul, wir sind landfahrende Leut. Was werden sie sagen bei dir daheim?«

»Sie werden mächtig reden, Lisei!«

»Und du hast nit Furcht davor?«

Ich lachte nur dazu.

»Nun«, sagte Lisei, und wie ein Glockenlaut schlug es aus ihrer Stimme, »wenn du sie hast – i hab schon die Kuraschi!«

»Aber tust du's denn auch gern?«

»Ja, Paul, wenn i's nit gern tät«, – und sie schüttelte ihr braunes Köpfchen gegen mich – »gel, da tät i's nimmermehr!« –

»Und, mein Junge«, unterbrach sich hier der Erzähler, »wie einen bei solchen Worten ein Paar schwarze Mädchenaugen ansehen, das sollst du nun noch lernen, wenn du erst ein Stieg Jahre weiter bist!«

»Ja, ja«, dachte ich, »zumal so ein Paar Augen, die einen See ausbrennen können!«

»Und nicht wahr«, begann Paulsen wieder, »nun weißt du auch nachgerade, wer das Lisei ist?«

»Das ist die Frau Paulsen!« erwiderte ich. »Als ob ich das nicht längst gemerkt hätte! Sie sagt ja noch immer ›nit‹ und hat auch noch die schwarzen Augen unter den feingepinselten Augenbrauen.«

Mein Freund lachte, während ich mir im stillen vornahm, die Frau Paulsen, wenn wir ins Haus zurückkämen, doch einmal recht darauf anzusehen, ob noch das Puppenspieler-Lisei in ihr zu erkennen sei. – »Aber«, fragte ich, »wo ist denn der alte Herr Tendler hingekommen?«

»Mein liebes Kind«, erwiderte mein Freund, »wohin wir schließlich alle kommen. Drüben auf dem grünen Kirchhof ruht er neben unserem alten Heinrich; aber es ist noch einer mehr in sein Grab mit hineingekommen; der andere kleine Freund aus meiner Kinderzeit. Ich will dir's wohl erzählen; nur laß uns ein wenig hintenaus gehen; meine Frau könnte nachgerade einmal nach uns sehen wollen, und sie soll die Geschichte doch nicht wieder hören.«

Paulsen stand auf, und wir gingen auf den Spazierweg hinaus, der auch hier hinter den Gärten der Stadt entlangführt. Nur wenige Leute kamen uns entgegen; denn es war schon um die Vesperzeit.

»Siehst du« – begann Paulsen seine Erzählung wieder – »der alte Tendler war derzeit mit unserem Verspruch gar wohl zufrieden; er gedachte meiner Eltern, die er einst gekannt hatte, und er faßte auch zu mir Vertrauen. Überdies war er des Wanderns müde; ja, seit es ihn in die Gefahr gebracht hatte, mit den verworrensten Vagabunden verwechselt zu werden, war in ihm die Sehnsucht nach einer festen Heimat immer mehr heraufgewachsen. Meine gute Meisterin zwar zeigte sich nicht so einverstanden; sie fürchtete, bei allem guten Willen möge doch das Kind des umherziehenden Puppenspielers nicht die rechte Frau für einen seßhaften Handwerksmann abgeben. – Nun, sie ist seit lange schon bekehrt worden!

– – Und so war ich denn nach kaum acht Tagen wieder hier, von den Bergen an die Nordseeküste, in unserer alten Vaterstadt. Ich nahm mit Heinrich die Geschäfte rüstig in die Hand und richtete zugleich die beiden leerstehenden Zimmer im Hinterhause für den Vater Joseph ein. – Vierzehn Tage weiter – es strichen eben die Düfte der ersten Frühlingsblumen über die Gärten – da kam es die Straße heraufgebimmelt. »Meister, Meister«, rief der alte Heinrich, »sie kommen, sie kommen!« Und da hielt schon das Wägelchen mit den zwei hohen Kisten vor unserer Tür. Das Lisei war da, der Vater Joseph war da, beide mit munteren Augen und roten Wangen; und auch das ganze Puppenspiel zog mit ihnen ein; denn ausdrückliche Bedingung war es, daß dies den Vater Joseph auf sein Altenteil begleiten solle. Das kleine Fuhrwerk dagegen wurde in den nächsten Tagen schon verkauft.

Dann hielten wir die Hochzeit; ganz in der Stille; denn Blutsfreunde hatten wir weiter nicht am Ort; nur der Hafenmeister, mein alter Schulkamerad, war als Trauzeuge mit zugegen. Lisei war, wie ihre Eltern, katholisch; daß aber das ein Hindernis für unsere Ehe sein könne; ist uns niemals eingefallen. In den ersten Jahren reiste sie wohl zur österlichen Beichte nach unserer Nachbarstadt, wo, wie du weißt, eine katholische Gemeinde ist; nachher hat sie ihre Kümmernisse nur noch ihrem Mann gebeichtet.

Am Hochzeitsmorgen legte Vater Joseph zwei Beutel vor mir auf den Tisch, einen größeren mit alten Harzdritteln, einen kleinen voll Kremnitzer Dukaten.

»Du hast nit danach fragt, Paul!« sagte er. »Aber so völlig arm is doch mein Lisei dir nit zubracht. Nimm's! i brauch's allfurt nit mehr.« –

Das war der Sparpfennig, von dem mein Vater einst gesprochen, und er kam jetzt seinem Sohne beim Neubeginn seines Geschäfts zu ganz gelegener Zeit. Freilich hatte Liseis Vater damit sein ganzes Vermögen hingegeben und sich selbst der Fürsorge seiner Kinder anvertraut; aber er war dabei nicht müßig; er suchte seine Schnitzmesser wieder hervor und wußte sich bei den Arbeiten in der Werkstatt nützlich zu machen.

Die Puppen nebst dem Theater-Apparat waren in einem Verschlage auf dem Boden des Nebenhauses untergebracht. Nur an Sonntagnachmittagen holte er bald die eine, bald die andere in sein Stübchen herunter, revidierte die Drähte und Gelenke und putzte oder besserte dies und jenes an den selben. Der alte Heinrich stand dann mit seiner kurzen Pfeife neben ihm und ließ sich die Schicksale der Puppen erzählen, von denen fast jede ihre eigene Geschichte hatte; ja, wie es jetzt herauskam, der so wirkungsvoll geschnitzte Kasper hatte einst für seinen jungen Verfertiger sogar den Brautwerber um Liseis Mutter abgegeben. Mitunter wurden zur besseren Veranschaulichung der einen oder anderen Szene auch wohl die Drähte in Bewegung gesetzt;

Lisei und ich haben oftmals draußen an den Fenstern gestanden, die schon aus grünem Weinlaub gar traulich auf den Hof hinausschauten; aber die alten Kinder drinnen waren meist so in ihr Spiel vertieft, daß ihnen erst durch unser Beifallklatschen die Gegenwart der Zuschauer bemerklich wurde. – – Als das Jahr weiterrückte, fand Vater Joseph eine andere Beschäftigung; er nahm den Garten unter seine Obhut, er pflanzte und erntete, und am Sonntage wandelte er, sauber angetan, zwischen den Rabatten auf und ab, putzte an den Rosenbüschen oder band Nelken und Levkojen an feine selbstgeschnitzte Stäbchen.

So lebten wir einig und zufrieden; mein Geschäft hob sich mehr und mehr. Über meine Heirat hatte unsere gute Stadt sich ein paar Wochen lebhaft ausgesprochen; da aber fast alle über die Unvernunft meiner Handlungsweise einig waren, und dem Gespräche so die gedeihliche Nahrung des Widerspruches vorenthalten blieb, so hatte es sich bald selber ausgehungert.

Als es dann abermals Winter wurde, holte Vater Joseph an den Sonntagen auch wieder die Puppen aus ihrem Verschlage herunter, und ich dachte nicht anders, als daß in solchem stillen Wechsel der Beschäftigung ihm auch künftig die Jahre hingehen würden. Da trat er eines Morgens mit gar ernsthaftem Gesichte zu mir in die Wohnstube, wo ich eben allein an meinem Frühstück saß. »Schwiegersohn«, sagte er, nachdem er sich wie verlegen ein paarmal mit der Hand durch seine weißen Haarspießchen gefahren war, »ich kann's doch nit wohl länger ansehn, daß ich alleweil so das Gnadenbrot an euerm Tische soll essen.«

Ich wußte nicht, wo das hinaussollte, aber ich fragte ihn, wie er auf solche Gedanken komme; er schaffe ja mit in der Werkstatt, und wenn mein Geschäft jetzt einen größeren Gewinn abwerfe, so sei dies wesentlich der Zins seines eigenen Vermögens, das er an unserem Hochzeitsmorgen in meine Hand gelegt habe.

Er schüttelte den Kopf. Das reiche alles nicht; aber eben jenes kleine Vermögen habe er zum Teil einst in unserer Stadt gewonnen; das Theater sei ja noch vorhanden, und die Stücke habe er auch alle noch im Kopfe.

Da merkte ich's denn wohl, der alte Puppenspieler ließ ihm keine Ruhe; sein Freund, der gute Heinrich, genügte ihm nicht mehr als Publikum, er mußte einmal wieder öffentlich vor versammeltem Volke seine Stücke aufführen.

Ich suchte es ihm auszureden; aber er kam immer wieder darauf zurück. Ich sprach mit Lisei, und am Ende konnten wir nicht umhin, ihm nachzugeben. Am liebsten hätte nun freilich der alte Mann gesehen, wenn Lisei wie vor unserer Verheiratung die Frauenrollen in seinen Stücken gesprochen hätte; aber wir waren übereingekommen, seine dahin zielenden Anspielungen nicht zu verstehen; für die Frau eines Bürgers und Handwerksmeisters wollte sich das denn doch nicht ziemen.

Zum Glück – oder, wie man will, zum Unglück – war derzeit ein ganz reputierliches Frauenzimmer in der Stadt, die einst bei einer Schauspielertruppe als Souffleuse gedient hatte und daher in derlei Dingen nicht unbewandert war. Diese – Kröpel-Lieschen nannten sie die Leute von wegen ihrer Kreuzlahmheit – ging sofort auf unser Anerbieten ein, und bald entwickelte sich am Feierabend und an den Sonntagnachmittagen die lebhafteste Tätigkeit in Vater Josephs Stübchen. Während vor dem einen Fenster der alte Heinrich an den Gerüststücken des Theaters zimmerte, stand vor dem andern zwischen frisch angemalten Kulissen, die von der Zimmerdecke herunterhingen, der alte Puppenspieler und exerzierte mit Kröpel-Lieschen eine Szene nach der anderen. Sie sei ein dreimal gewürztes Frauenzimmer, versicherte er stets nach solcher Probe; nicht einmal die Lisei hab es so schnell kapiert; nur mit dem Singen ginge es nit gar so schön; sie grunze mit ihrer Stimme immer in der Tiefe, was für die schöne Susanne, die das Lied zu singen habe, nicht eben harmonierlich sei.

Endlich war der Tag der Aufführung festgesetzt. Es sollte alles möglichst reputierlich vor sich gehen; nicht auf dem Schützenhofe, sondern auf dem Rathaussaale, wo auch die Primaner um Michaelis ihre Redeübungen hielten, sollte jetzt der Schauplatz sein; und als am Sonnabendnachmittage unsere guten Bürger ihr frisches Wochenblättchen auseinanderfalteten, sprang ihnen in breiten Lettern die Anzeige in die Augen:

»Morgen Sonntagabend sieben Uhr auf dem Rathaussaale Marionetten-Theater des Mechanicus Joseph Tendler hieselbst. Die schöne Susanna, Schauspiel mit Gesang in vier Aufzügen.«

Es war aber damals in unserer Stadt nicht mehr die harmlose schaulustige Jugend aus meinen Kinderjahren; die Zeiten des Kosakenwinters lagen dazwischen, und namentlich war unter den Handwerkslehrlingen eine arge Zügellosigkeit eingerissen; die früheren Liebhaber unter den Honoratioren aber hatten ihre Gedanken jetzt auf andere Dinge. Dennoch wäre vielleicht alles gutgegangen, wenn nur der schwarze Schmidt und seine Jungen nicht gewesen wären.« – –

Ich fragte Paulsen, wer das sei, denn ich hatte niemals von einem solchen Menschen in unserer Stadt gehört.

»Das glaub ich wohl«, erwiderte er, »der schwarze Schmidt ist schon vor Jahren im Armenhaus verstorben; damals aber war er Meister gleich mir; nicht ungeschickt, aber lüderlich in seiner Arbeit wie im Leben; der sparsame Verdienst des Tages wurde abends im Trunk und Kartenspiel vertan. Schon gegen meinen Vater hatte er einen Haß gehabt, nicht allein, weil dessen Kundschaft die seinige bei weitem überstieg, sondern schon aus der Jugend her, wo er dessen Nebenlehrling gewesen und wegen eines schlechten Streiches gegen ihn vom Meister fortgejagt worden war. Seit dem Sommer hatte er Gelegenheit gefunden, diese Abneigung in erhöhtem Maße auch auf mich auszudehnen; denn bei der damals hier neu errichteten Kattunfabrik war, trotz seiner eifrigen Bemühung um dieselbe, die Arbeit an den Maschinen allein mir übertragen worden, infolgedessen er und seine beiden Söhne, die bei dem Vater in Arbeit standen und diesen an wüstem Treiben womöglich überboten, schon nicht verfehlt hatten, mir ihren Verdruß durch allerlei Neckereien kundzugeben. Ich hatte indessen jetzt keine Gedanken an diese Menschen.

So war der Abend der Aufführung herangekommen. Ich hatte noch an meinen Büchern zu ordnen und habe, was geschah, erst später durch meine Frau und Heinrich erfahren, welche zugleich mit unserem Vater nach dem Rathaussaale gingen.

Der Erste Platz dort war fast gar nicht, der Zweite nur mäßig besetzt gewesen; auf der Galerie aber hatte es Kopf an Kopf gestanden. – Als man vor diesem Publikum das Spiel begonnen, war anfänglich alles in der Ordnung vorgegangen; die alte Lieschen hatte ihren Part fest und ohne Anstoß hingeredet. – Dann aber kam das unglückselige Lied! Sie bemühte sich vergebens, ihrer Stimme einen zarteren Klang zu geben; wie Vater Joseph vorhin gesagt hatte, sie grunzte wirklich in der Tiefe. Plötzlich rief eine Stimme von der Galerie: »Höger up, Kröpel-Lieschen! Höger up!« Und als sie, diesem Rufe gehorsam, die unerreichbaren Diskanttöne zu erklettern strebte, da scholl ein rasendes Gelächter durch den Saal.

Das Spiel auf der Bühne stockte, und zwischen den Kulissen heraus rief die bebende Stimme des alten Puppenspielers: »Meine Herrschaft'n, i bitt g'wogentlich um Ruhe!« Kasperl, den er eben an seinen Drähten in der Hand hielt und der mit der schönen Susanna eine Szene hatte, schlenkerte krampfhaft mit seiner kunstvollen Nase.

Neues Gelächter war die Antwort. »Kasperl soll singen!« – »Russisch! Schöne Minka, ich muß scheiden!« – »Hurra für Kasperl!« – »Nichts doch; Kasperl sein' Tochter soll singen!« – – »Jawohl, wischt euch's Maul! Die ist Frau Meisterin geworden, die tut's halt nimmermehr!«

So ging's noch eine Weile durcheinander. Auf einmal flog, in wohlgezieltem Wurfe, ein großer Pflasterstein auf die Bühne. Er hatte die Drähte des Kasperls getroffen; die Figur entglitt der Hand ihres Meisters und fiel zu Boden.

Vater Joseph ließ sich nicht mehr halten. Trotz Liseis Bitten hat er gleich darauf die Puppenbühne betreten. – Donnerndes Händeklatschen, Gelächter, Fußtrampeln empfing ihn, und es mag sich freilich seltsam genug präsentiert haben, wie der alte Mann, mit dem Kopf oben in den Suffitten, unter lebhaftem Händearbeiten seinem gerechten Zorne Luft zu machen suchte. – Plötzlich, unter allem Tumult, fiel der Vorhang, der alte Heinrich hatte ihn herabgelassen.

– – Mich hatte indes zu Hause bei meinen Büchern eine gewisse Unruhe befallen; ich will nicht sagen, daß mir Unheil ahnte, aber es trieb mich dennoch fort, den Meinigen nach. – Als ich die Treppe zum Rathaussaal hinaufsteigen wollte, drängte eben die ganze Menge von oben mir entgegen. Alles schrie und lachte durcheinander. »Hurra! Kasper is dod! Lott is dod. Die Kamedie ist zu End!« – Als ich aufsah, erblickte ich die schwarzen Gesichter der Schmidt-Jungen über mir. Sie waren augenblicklich still und rannten an mir vorbei zur Tür hinaus; ich aber hatte für mich jetzt die Gewißheit, wo die Quelle dieses Unfugs zu suchen war.

Oben angekommen, fand ich den Saal fast leer. Hinter der Bühne saß mein alter Schwiegervater wie gebrochen auf einem Stuhl und hielt mit beiden Händen sein Gesicht bedeckt. Lisei, die auf den Knien vor ihm lag, richtete sich, da sie mich gewahrte langsam auf. »Nun, Paul«, fragte sie, mich traurig ansehend, »hast du noch die Kuraschi?«

Aber sie mußte wohl in meinen Augen gelesen haben, daß ich sie noch hatte; denn bevor ich noch antworten konnte, lag sie schon an meinem Halse. »Laß uns nur fest zusammenhalten, Paul!« sagte sie leise.

– – Und siehst du! Damit und mit ehrlicher Arbeit sind wir durchgekommen.

– – Als wir am andern Morgen aufgestanden waren, da fanden wir jenes Schimpfwort »Pole Poppenspäler« – denn ein Schimpfwort sollte es ja sein – mit Kreide auf unsere Haustür geschrieben. Ich aber habe es ruhig ausgewischt, und als es dann später noch ein paarmal an öffentlichen Orten wieder lebendig wurde, da habe ich einen Trumpf daraufgesetzt; und weil man wußte, daß ich nicht spaße, so ist es danach still geworden. – – Wer dir es jetzt gesagt hat, der wird nichts Böses damit gemeint haben; ich will seinen Namen auch nicht wissen.

Unser Vater Joseph aber war seit jenem Abend nicht mehr der alte. Vergebens zeigte ich ihm die unlautere Quelle jenes Unfugs und daß derselbe ja mehr gegen mich als gegen ihn gerichtet gewesen sei. Ohne unser Wissen hatte er bald darauf alle seine Marionetten auf eine öffentliche Auktion gegeben, wo sie zum Jubel der anwesenden Jungen und Trödelweiber um wenige Schillinge versteigert waren; er wollte sie niemals wiedersehen. – Aber das Mittel dazu war schlecht gewählt; denn als die Frühlingssonne erst wieder in die Gassen schien, kam von den verkauften Puppen eine nach der andern aus den dunkeln Häusern an das Tageslicht. Hier saß ein Mädchen mit der heiligen Genoveva auf der Haustürschwelle, dort ließ ein Junge den Doktor Faust auf seinem schwarzen Kater reiten; in einem Garten in der Nähe des Schützenhofes hing eines Tages der Pfalzgraf Siegfried neben dem höllischen Sperling als Vogelscheuche in einem Kirschbaum. Unserem Vater tat die Entweihung seiner Lieblinge so weh, daß er zuletzt kaum noch Haus und Garten bei uns verlassen mochte. Ich sah es deutlich, daß dieser übereilte Verkauf an seinem Herzen nagte, und es gelang mir, die eine und die andere Puppe zurückzukaufen; aber als ich sie ihm brachte, hatte er keine Freude daran; das Ganze war ja überdies zerstört. Und, seltsam, trotz aller aufgewendeten Mühe konnte ich nicht erfahren, in welchem Winkel sich die wertvollste Figur von allen, der kunstreiche Kasperl, verborgen halte. Und was war ohne ihn die ganze Puppenwelt!

Aber vor einem andern, ernsteren Spiel sollte bald der Vorhang fallen. Ein altes Brustleiden war bei unserem Vater wieder aufgewacht, sein Leben neigte sich augenscheinlich zu Ende. Geduldig und voll Dankbarkeit für jeden kleinen Liebesdienst lag er auf seinem Bette. »Ja, ja«, sagte er lächelnd und hob so heiter seine Augen gegen die Bretterdecke des Zimmers, als sähe er durch dieselbe schon in die ewigen Fernen des Jenseits, »es is scho richtig g'wes'n: mit den Menschen hab' ich nit immer könne firti werd'n; da drobn mit den Engeln wird's halt besser gehn; und – auf alle Fäll, Lisei, i find ja doch die Mutter dort.«

– – Der gute kindliche Mann starb; Lisei und ich, wir haben ihn bitterlich vermißt; auch der alte Heinrich, der ihm nach wenigen Jahren folgte, ging an seinen noch übrigen Sonntagnachmittagen umher, als wisse er mit sich selber nicht wohin, als wolle er zu einem, den er doch nicht finden könne.

Den Sarg unseres Vaters bedeckten wir mit allen Blumen des von ihm selbst gepflegten Gartens; schwer von Kränzen wurde er auf den Kirchhof hinausgetragen, wo unweit von der Umfassungsmauer das Grab bereitet war. Als man den Sarg hinabgelassen hatte, trat unser alter Propst an den Rand der Gruft und sprach ein Wort des Trostes und der Verheißung; er war meinen seligen Eltern stets ein treuer Freund und Rater gewesen; ich war von ihm konfirmiert, Lisei und ich von ihm getraut worden. Ringsum auf dem Kirchhofe war es schwarz von Menschen; man schien von dem Begräbnisse des alten Puppenspielers noch ein ganz besonderes Schauspiel zu erwarten. – Und etwas Besonderes geschah auch wirklich; aber es wurde nur von uns bemerkt, die wir der Gruft zunächst standen. Lisei, die an meinem Arme mit hinausgegangen war, hatte eben krampfhaft meine Hand gefaßt, als jetzt der alte Geistliche dem Brauche gemäß den bereitgestellten Spaten ergriff und die erste Erde auf den Sarg hinabwarf. Dumpf klang es aus der Gruft zurück. »Von der Erden bist du genommen!« erscholl jetzt das Wort des Priesters; aber kaum war es gesprochen, als ich von der Umfassungsmauer her über die Köpfe der Menschen etwas auf uns zufliegen sah. Ich meinte erst, es sei ein großer Vogel; aber es senkte sich und fiel grade in die Gruft hinein. Bei einem flüchtigen Umblick – denn ich stand etwas erhöht auf der aufgeworfenen Erde – hatte ich einen der Schmidt-Jungen sich hinter die Kirchhofmauer ducken und dann davonlaufen sehen, und ich wußte plötzlich, was geschehen war. Lisei hatte einen Schrei an meiner Seite ausgestoßen, unser alter Propst hielt wie unschlüssig den Spaten zum zweiten Wurfe in den Händen. Ein Blick in das Grab bestätigte meine Ahnung: oben auf dem Sarge, zwischen den Blumen und der Erde, die zum Teil sie schon bedeckte, da hatte er sich hingesetzt, der alte Freund aus meiner Kinderzeit, Kasperl, der kleine lustige Allerweltskerl. – Aber er sah jetzt gar nicht lustig aus; seinen großen Nasenschnabel hatte er traurig auf die Brust gesenkt; der eine Arm mit dem kunstreichen Daumen war gegen den Himmel ausgestreckt; als solle er verkünden, daß, nachdem alle Puppenspiele ausgespielt, da droben nun ein anderes Stück beginnen werde.

Ich sah das alles nur auf einen Augenblick, denn schon warf der Probst die zweite Scholle in die Gruft: »Und zur Erde wieder sollst du werden!« – Und wie es von dem Sarg hinabrollte, so fiel auch Kasperl aus seinen Blumen in die Tiefe und wurde von der Erde überdeckt.

Dann mit dem letzten Schaufelwurf erklang die tröstliche Verheißung: »Und von der Erden sollst du auferstehen!«

Als das Vaterunser gesprochen war und die Menschen sich verlaufen hatten, trat der alte Propst zu uns, die wir noch immer in die Grube starrten. »Es hat eine Ruchlosigkeit sein sollen«, sagte er, indem er liebreich unsere Hände faßte. »Laßt uns es anders nehmen! In seiner Jugendzeit, wie ihr es mir erzählet, hat der selige Mann die kleine Kunstfigur geschnitzt, und sie hat einst sein Eheglück begründet; später, sein ganzes Leben lang, hat er durch sie, am Feierabend nach der Arbeit, gar manches Menschenherz erheitert, auch manches Gott und den Menschen wohlgefällige Wort der Wahrheit dem kleinen Narren in den Mund gelegt; – ich habe selbst der Sache einmal zugeschaut, da ihr noch beide Kinder waret. – Laßt nur das kleine Werk seinem Meister folgen; das stimmt gar wohl zu den Worten unserer Heiligen Schrift! Und seid getrost; denn die Guten werden ruhen von ihrer Arbeit.«

– Und so geschah es. Still und friedlich gingen wir nach Hause; den kunstreichen Kasperl aber und unseren guten Vater Joseph, haben wir niemals wiedergesehen.

– – Alles das«, setzte nach einer Weile mein Freund hinzu, »hat uns manches Weh bereitet; aber gestorben sind wir beiden jungen Leute nicht daran. Nicht lange nachher wurde unser Joseph uns geboren, und wir hatten nun alles, was zu einem vollen Menschenglück gehört. An jene Vorgänge aber werde ich noch jetzt Jahr um Jahr durch den ältesten Sohn des schwarzen Schmidt erinnert. Er ist einer jener ewig wandernden Handwerksgesellen geworden, die, verlumpt und verkommen, ihr elendes Leben von den Geschenken fristen, die nach Zunftgebrauch auf ihre Ansprache die Handwerksmeister ihnen zu verabreichen haben. Auch meinem Hause geht er nie vorbei.«

Mein Freund schwieg und blickte vor sich in das Abendrot, das dort hinter den Bäumen des Kirchhofs stand; ich aber hatte schon eine Zeitlang über der Gartenpforte, der wir uns jetzt wieder näherten, das freundliche Gesicht der Frau Paulsen nach uns ausblicken sehen. »Hab ich's nit denkt!« rief sie, als wir nun zu ihr traten. »Was habt ihr wieder für ein Langes abzuhandeln? Aber nun kommt ins Haus! Die Gottsgab steht auf dem Tisch; der Hafenmeister is auch schon da; und ein Brief vom Joseph und der alt Meisterin! – – Aber was schaust mi denn so an, Bub?«

Der Meister lächelte. »Ich hab ihm was verraten, Mutter. Er will nun sehen, ob du auch richtig noch das kleine Puppenspieler-Lisei bist!«

»Ja, freili!« erwiderte sie, und ein Blick voll Liebe flog zu ihrem Mann hinüber. »Schau nur richti zu, Bub! Und wenn du es nit kannst find'n – der da, der weiß es gar genau!«

Und der Meister legte schweigend seinen Arm um sie. Dann gingen wir ins Haus zur Feier ihres Hochzeitstages. –

Es waren prächtige Leute, der Paulsen und sein Puppenspieler-Lisei.

Aquis submersus

In unserem zu dem früher herzoglichen Schlosse gehörigen, seit Menschengedenken aber ganz vernachlässigten »Schloßgarten« waren schon in meiner Knabenzeit die einst im altfranzösischen Stile angelegten Hagebuchenhecken zu dünnen, gespenstischen Alleen ausgewachsen; da sie indessen immerhin noch einige Blätter tragen, so wissen wir Hiesigen, durch Laub der Bäume nicht verwöhnt, sie gleichwohl auch in dieser Form zu schätzen; und zumal von uns nachdenklichen Leuten wird immer der eine oder andere dort zu treffen sein. Wir pflegen dann unter dem dürftigen Schatten nach dem sogenannten »Berg« zu wandeln, einer kleinen Anhöhe in der nordwestlichen Ecke des Gartens oberhalb dem ausgetrockneten Bette eines Fischteiches, von wo aus der weitesten Aussicht nichts im Wege steht.

Die meisten mögen wohl nach Westen blicken, um sich an dem lichten Grün der Marschen und darüberhin an der Silberflut des Meeres zu ergötzen, auf welcher das Schattenspiel der langgestreckten Insel schwimmt; meine Augen wenden unwillkürlich sich nach Norden, wo, kaum eine Meile fern, der graue, spitze Kirchturm aus dem höher belegenen, aber öden Küstenlande aufsteigt; denn dort liegt eine von den Stätten meiner Jugend.

Der Pastorssohn aus jenem Dorfe besuchte mit mir die »Gelehrtenschule« meiner Vaterstadt, und unzählige Male sind wir am Sonnabendnachmittage zusammen dahinaus gewandert, um dann am Sonntagabend oder montags früh zu unserem Nepos oder später zu unserem Cicero nach der Stadt zurückzukehren. Es war damals auf der Mitte des Weges noch ein gut Stück ungebrochener Heide übrig, wie sie sich einst nach der einen Seite bis fast zur Stadt, nach der anderen ebenso gegen das Dorf erstreckt hatte. Hier summten auf den Blüten des duftenden Heidekrauts die Immen und weißgrauen Hummeln und rannte unter den dürren Stengeln desselben der schöne, goldgrüne Laufkäfer; hier in den Duftwolken der Eriken und des harzigen Gagelstrauches schwebten Schmetterlinge, die nirgends sonst zu finden waren. Mein ungeduldig dem Elternhause zustrebender Freund hatte oft seine liebe Not, seinen träumerischen Genossen durch all die Herrlichkeiten mit sich fortzubringen; hatten wir jedoch das angebaute Feld erreicht, dann ging es auch um desto munterer vorwärts, und bald, wenn wir nur erst den langen Sandweg hinaufwateten, erblickten wir auch schon über dem dunkeln Grün einer Fliederhecke den Giebel des Pastorhauses, aus dem das Studierzimmer des Pastors mit seinen kleinen, blinden Fensterscheiben auf die bekannten Gäste hinabgrüßte.

Bei den Pastorsleuten, deren einziges Kind mein Freund war, hatten wir allezeit, wie wir hier zu sagen pflegen, fünf Quartier auf der Elle, ganz abgesehen von der wunderbaren Naturalverpflegung. Nur die Silberpappel, der einzig hohe und also auch einzig verlockende Baum des Dorfes, welche ihre Zweige ein gut Stück oberhalb des bemoosten Strohdaches rauschen ließ, war gleich dem Apfelbaum des Paradieses uns verboten und wurde daher nur heimlich von uns erklettert; sonst war, soviel ich mich entsinne, alles erlaubt und wurde ja nach unserer Altersstufe bestens von uns ausgenutzt.

Der Hauptschauplatz unserer Taten war die große »Priesterkoppel«, zu der ein Pförtchen aus dem Garten führte. Hier wußten wir mit dem den Buben angebotenen Instinkte die Nester der Lerchen und der Grauammern aufzuspüren, denen wir dann die wiederholtesten Besuche abstatteten, um nachzusehen, wie weit in den letzten zwei Stunden die Eier oder die Jungen nun gediehen seien; hier auf einer tiefen und, wie ich jetzt meine, nicht weniger als jene Pappel gefährlichen Wassergrube, deren Rand mit alten Weidenstümpfen dicht umstanden war, fingen wir die flinken schwarzen Käfer, die wir »Wasserfranzosen« nannten, oder ließen wir ein andermal unsere auf einer eigens angelegten Werft erbaute Kriegsflotte aus Walnußschalen und Schachteldeckeln schwimmen. Im Spätsommer geschah es dann auch wohl, daß wir aus unserer Koppel einen Raubzug nach des Küsters Garten machten, welcher gegenüber dem des Pastorates an der anderen Seite der Wassergrube lag; denn wir hatten dort von zwei verkrüppelten Apfelbäumen unseren Zehnten einzuheimsen, wofür uns freilich gelegentlich eine freundschaftliche Drohung von dem gutmütigen alten Manne zuteil wurde. – So viele Jugendfreuden wuchsen auf dieser Priesterkoppel, in deren dürrem Sandboden andere Blumen nicht gedeihen wollten; nur den scharfen Duft der goldknopfigen Rainfarren, die hier haufenweis auf allen Wällen standen, spüre ich noch heute in der Erinnerung, wenn jene Zeiten mir lebendig werden.

Doch alles dieses beschäftigte uns nur vorübergehend; meine dauernde Teilnahme dagegen erregte ein anderes, dem wir selbst in der Stadt nichts an die Seite zu setzen hatten. – Ich meine damit nicht etwa die Röhrenbauten der Lehmwespen, die überall aus den Mauerfugen des Stalles hervorragten, obschon es anmutig genug war, in beschaulicher Mittagsstunde das Aus- und Einfliegen der emsigen Tierchen zu beobachten; ich meine den viel größeren Bau der alten und ungewöhnlich stattlichen Dorfkirche. Bis an das Schindeldach des hohen Turmes war sie von Grund auf aus Granitquadern aufgebaut und beherrschte, auf dem höchsten Punkt des Dorfes sich erhebend, die weite Schau über Heide, Strand und Marschen. – Die meiste Anziehungskraft für mich hatte indes das Innere der Kirche; schon der ungeheure Schlüssel, der von dem Apostel Petrus selbst zu stammen schien, erregte meine Phantasie. Und in der Tat erschloß er auch, wenn wir ihn glücklich dem alten Küster abgewonnen hatten, die Pforte zu manchen wunderbaren Dingen, aus denen eine längst vergangene Zeit hier wie mit finstern, dort mit kindlich frommen Augen, aber immer in geheimnisvollem Schweigen zu uns Lebenden aufblickte. Da hing mitten in die Kirche hinab ein schrecklich übermenschlicher Crucifixus, dessen hagere Glieder und verzerrtes Antlitz mit Blute überrieselt waren; dem zur Seite an einem Mauerpfeiler haftete gleich einem Nest die braungeschnitzte Kanzel, an der aus Frucht- und Blattgewinden allerlei Tier- und Teufelsfratzen sich hervorzudrängen schienen. Besondere Anziehung aber übte der große, geschnitzte Altarschrank im Chor der Kirche, auf dem in bemalten Figuren die Leidensgeschichte Christi dargestellt war; so seltsam wilde Gesichter, wie das des Kaiphas oder die der Kriegsknechte, welche in ihren goldenen Harnischen um des Gekreuzigten Mantel würfelten, bekam man draußen im Alltagsleben nicht zu sehen; tröstlich damit kontrastierte nur das holde Antlitz der am Kreuze hingesunkenen Maria; ja, sie hätte leicht mein Knabenherz mit einer phantastischen Neigung bestricken können, wenn nicht ein anderes mit noch stärkerem Reize des Geheimnisvollen mich immer wieder von ihr abgezogen hätte.

Unter all diesen seltsamen oder wohl gar unheimlichen Dingen hing im Schiff der Kirche das unschuldige Bildnis eines toten Kindes, eines schönen, etwa fünfjährigen Knaben, der, auf einem mit Spitzen besetzten Kissen ruhend, eine weiße Wasserlilie in seiner kleinen, bleichen Hand hielt. Aus dem zarten Antlitz sprach neben dem Grauen des Todes, wie hülfeflehend, noch eine letzte holde Spur des Lebens; ein unwiderstehliches Mitleid befiel mich, wenn ich vor diesem Bilde stand.

Aber es hing nicht allein hier; dicht daneben schaute aus dunklem Holzrahmen ein finsterer schwarzbärtiger Mann in Priesterkragen und Sammar. Mein Freund sagte mir, es sei der Vater jenes schönen Knaben; dieser selbst, so gehe noch heute die Sage, solle einst in der Wassergrube unserer Priesterkoppel seinen Tod gefunden haben. Auf dem Rahmen lasen wir die Jahreszahl 1666; das war lange her. Immer wieder zog es mich zu diesen beiden Bildern; ein phantastisches Verlangen ergriff mich, von dem Leben und Sterben des Kindes eine nähere, wenn auch noch so karge Kunde zu erhalten; selbst aus dem düsteren Antlitz des Vaters, das trotz des Priesterkragens mich fast an die Kriegsknechte des Altarschranks gemahnen wollte, suchte ich sie herauszulesen.

– – Nach solchen Studien in dem Dämmerlicht der alten Kirche erschien dann das Haus der guten Pastorsleute nur um so gastlicher. Freilich war es gleichfalls hoch zu Jahren, und der Vater meines Freundes hoffte, so lange ich denken konnte, auf einen Neubau; da aber die Küsterei an derselben Altersschwäche litt, so wurde weder hier noch dort gebaut. – Und doch, wie freundlich waren trotzdem die Räume des alten Hauses; im

Winter die kleine Stube rechts, im Sommer die größere links vom Hausflur, wo die aus den Reformationsalmanachen herausgeschnittenen Bilder in Mahagonirähmchen an der weißgetünchten Wand hingen, wo man aus dem westlichen Fenster nur eine ferne Windmühle, außerdem aber den ganzen weiten Himmel vor sich hatte, der sich abends in rosenrotem Schein verklärte und dann das ganze Zimmer überglänzte! Die lieben Pastorsleute, die Lehnstühle mit den roten Plüschkissen, das alte tiefe Sofa, auf dem Tisch beim Abendbrot der traulich sausende Teekessel, – es war alles helle, freundliche Gegenwart. Nur eines Abends – wir waren derzeit schon Sekundaner – kam mir der Gedanke, welch eine Vergangenheit an diesen Räumen hafte, ob nicht gar jener tote Knabe einst mit frischen Wangen hier leibhaftig umhergesprungen sei, dessen Bildnis jetzt wie mit einer wehmütig holden Sage den düsteren Kirchenraum erfüllte.

Veranlassung zu solcher Nachdenklichkeit mochte geben, daß ich am Nachmittage, wo wir auf meinen Antrieb wieder einmal die Kirche besucht hatten, unten in einer dunklen Ecke des Bildes vier mit roter Farbe geschriebene Buchstaben entdeckt hatte, die mir bis jetzt entgangen waren.

»Sie lauten C. P. A. S.«, sagte ich zu dem Vater meines Freundes; »aber wir können sie nicht enträtseln.«

»Nun«, erwiderte dieser; »die Inschrift ist mir wohl bekannt; und nimmt man das Gerücht zu Hülfe, so möchten die beiden letzten Buchstaben wohl mit ›Aquis submersus‹, also mit ›Ertrunken‹ oder wörtlich ›Im Wasser versunken‹ zu deuten sein; nur mit dem vorangehenden C. P. wäre man dann noch immer in Verlegenheit! Der junge Adjunktus unseres Küsters, der einmal die Quarta passiert ist, meint zwar, es könne ›Casu periculoso‹ – ›Durch gefährlichen Zufall‹ heißen; aber die alten Herren jener Zeit dachten logischer; wenn der Knabe dabei ertrank, so war der Zufall nicht nur bloß gefährlich.«

Ich hatte begierig zugehört. »Casu« sagte ich; »es könnte auch wohl ›Culpa‹ heißen?«

»Culpa?« wiederholte der Pastor. »Durch Schuld? – aber durch wessen Schuld?«

Da trat das finstere Bild des alten Predigers mir vor die Seele, und ohne viel Besinnen rief ich: »Warum nicht: Culpa Patris?«

Der gute Pastor war fast erschrocken. »Ei, ei, mein junger Freund«, sagte er und erhob warnend den Finger gegen mich. »Durch Schuld des Vaters? – So wollen wir trotz seines düsteren Ansehens meinen seligen Amtsbruder doch nicht beschuldigen. Auch würde er dergleichen wohl schwerlich von sich haben schreiben lassen.«

Dies letztere wollte auch meinem jugendlichen Verstande einleuchten; und so blieb denn der eigentliche Sinn der Inschrift nach wie vor ein Geheimnis der Vergangenheit.

Daß übrigens jene beiden Bilder sich auch in der Malerei wesentlich vor einigen alten Predigerbildnissen auszeichneten, welche gleich daneben hingen, war mir selbst schon klargeworden; daß aber Sachverständige in dem Maler einen tüchtigen Schüler altholländischer Meister erkennen wollten, erfuhr ich freilich jetzt erst durch den Vater meines Freundes. Wie jedoch ein solcher in dieses arme Dorf verschlagen worden, oder woher er gekommen und wie er geheißen habe, darüber wußte auch er mir nichts zu sagen. Die Bilder selbst enthielten weder einen Namen noch ein Malerzeichen.

Die Jahre gingen hin. Während wir die Universität besuchten, starb der gute Pastor, und die Mutter meines Schulgenossen folgte später ihrem Sohne auf dessen inzwischen anderswo erreichte Pfarrstelle; ich hatte keine Veranlassung mehr, nach jenem Dorfe zu wandern. – Da, als ich selbst schon in meiner Vaterstadt wohnhaft war, geschah es, daß ich für den Sohn eines Verwandten ein Schülerquartier bei guten Bürgersleuten zu besorgen hatte. Der eigenen Jugendzeit gedenkend, schlenderte ich im Nachmittagssonnenscheine durch die Straßen, als mir an der Ecke des Marktes über der Tür eines alten hochgegiebelten Hauses eine plattdeutsche Inschrift in die Augen fiel, die verhochdeutscht etwa lauten würde:

> Gleich so wie Rauch und Staub verschwindt,
> Also sind auch die Menschenkind.

Die Worte mochten für jugendliche Augen wohl nicht sichtbar sein; denn ich hatte sie nie bemerkt, so oft ich auch in meiner Schulzeit mir einen Heißewecken bei dem dort wohnenden

Bäcker geholt hatte. Fast unwillkürlich trat ich in das Haus; und in der Tat, es fand sich hier ein Unterkommen für den jungen Vetter. Die Stube ihrer alten »Möddersch« (Mutterschwester) – so sagte mir der freundliche Meister –, von der sie Haus und Betrieb geerbt hätten, habe seit Jahren leer gestanden; schon lange hätten sie sich einen jungen Gast dafür gewünscht.

Ich wurde eine Treppe hinaufgeführt, und wir betraten dann ein ziemlich niedriges, altertümlich ausgestattetes Zimmer, dessen beide Fenster mit ihren kleinen Scheiben auf den geräumigen Marktplatz hinausgingen. Früher, erzählte der Meister, seien zwei uralte Linden vor der Tür gewesen; aber er habe sie schlagen lassen, da sie allzusehr ins Haus gedunkelt und auch hier die schöne Aussicht ganz verdeckt hätten.

Über die Bedingungen wurden wir bald in allen Teilen einig; während wir dann aber noch über die jetzt zu treffende Einrichtung des Zimmers sprachen, war mein Blick auf ein im Schatten eines Schrankes hängendes Ölgemälde gefallen, das plötzlich meine ganze Aufmerksamkeit hinwegnahm. Es war noch wohlerhalten und stellte einen älteren, ernst und milde blickenden Mann dar, in einer dunklen Tracht, wie in der Mitte des siebzehnten Jahrhunderts sie diejenigen aus den vornehmeren Ständen zu tragen pflegten, welche sich mehr mit Staatssachen oder gelehrten Dingen als mit dem Kriegshandwerke beschäftigten.

Der Kopf des alten Herrn, so schön und anziehend und so trefflich er immer gemalt sein mochte, hatte indessen nicht diese Erregung in mir hervorgebracht; aber der Maler hatte ihm einen blassen Knaben in den Arm gelegt, der in seiner kleinen schlaff herabhängenden Hand eine weiße Wasserlilie hielt; – und diesen Knaben kannte ich ja längst. Auch hier war es wohl der Tod, der ihm die Augen zugedrückt hatte.

»Woher ist dieses Bild?« fragte ich endlich, da ich plötzlich innewurde, daß der vor mir stehende Meister mit seiner Auseinandersetzung innegehalten hatte.

Er sah mich verwundert an. »Das alte Bild? Das ist von unserer Möddersch«, erwiderte er; »es stammt von ihrem Urgroßonkel, der ein Maler gewesen und vor mehr als hundert Jahren hier gewohnt hat. Es sind noch andre Siebensachen von ihm da.«

Bei diesen Worten zeigte er nach einer kleinen Lade von Eichenholz, auf welcher allerlei geometrische Figuren recht zierlich eingeschnitten waren.

Als ich sie von dem Schranke, auf dem sie stand, herunternahm, fiel der Deckel zurück, und es zeigten sich mir als Inhalt einige stark vergilbte Papierblätter mit sehr alten Schriftzügen.

»Darf ich die Blätter lesen?« frug ich.

»Wenn's Ihnen Pläsier macht«, erwiderte der Meister, »so mögen Sie die ganze Sache mit nach Hause nehmen; es sind so alte Schriften; Wert steckt nicht darin.«

Ich aber erbat mir und erhielt auch die Erlaubnis, diese wertlosen Schriften hier an Ort und Stelle lesen zu dürfen; und während ich mich dem alten Bilde gegenüber in einen mächtigen Ohrenlehnstuhl setzte, verließ der Meister das Zimmer, zwar immer noch erstaunt, doch gleichwohl die freundliche Verheißung zurücklassend, daß seine Frau mich bald mit einer guten Tasse Kaffee regalieren werde.

Ich aber las und hatte im Lesen bald alles um mich her vergessen.

So war ich denn wieder daheim in unserm Holstenlande; am Sonntage Cantate war es Anno 1661! – Mein Malgeräth und sonstiges Gepäcke hatte ich in der Stadt zurückgelassen und wanderte nun fröhlich fürbaß, die Straße durch den maiengrünen Buchenwald, der von der See ins Land hinaufsteigt. Vor mir her flogen ab und zu ein paar Waldvöglein und letzten ihren Durst an dem Wasser, so in den tiefen Radgeleisen stund; denn ein linder Regen war gefallen über Nacht und noch gar früh am Vormittage, so daß die Sonne den Waldesschatten noch nicht überstiegen hatte.

Der helle Drosselschlag, der von den Lichtungen zu mir scholl, fand seinen Widerhall in meinem Herzen. Durch die Bestellungen, so mein theurer Meister van der Helst im letzten Jahre meines Amsterdamer Aufenthalts mir zugewendet, war ich aller Sorge quitt geworden; einen guten Zehrpfennig und einen Wechsel auf Hamburg trug ich noch itzt in meiner Taschen; dazu war ich stattlich angethan: mein Haar fiel auf mein Mäntelchen mit feinem Grauwerk, und der Lütticher Degen fehlte nicht an meiner Hüfte.

Meine Gedanken aber eilten mir voraus; immer sah ich Herrn Gerhardus, meinen edlen großgünstigen Protector, wie er von der Schwelle seines Zimmers mir die Hände würd' entgegenstrecken, mit seinem milden Gruße: »So segne Gott deinen Eingang, mein Johannes!«

Er hatte einst mit meinem lieben, ach, gar zu früh in die ewige Herrlichkeit genommenen Vater zu Jena die Rechte studiret und war auch nachmals den Künsten und Wissenschaften mit Fleiße obgelegen, so daß er dem Hochseligen Herzog Friederich bei seinem edlen, wiewohl wegen der Kriegsläufte vergeblichen Bestreben um Errichtung einer Landesuniversität ein einsichtiger und eifriger Berather gewesen. Obschon ein adeliger Mann, war er meinem lieben Vater doch stets in Treuen zugethan blieben, hatte auch nach dessen seligem Hintritt sich meiner verwaiseten Jugend mehr, als zu verhoffen, angenommen und nicht allein meine sparsamen Mittel aufgebessert, sondern auch durch seine fürnehme Bekanntschaft unter dem Holländischen Adel es dahin gebracht, daß mein theuer Meister van der Helst mich zu seinem Schüler angenommen.

Meinte ich doch zu wissen, daß der verehrte Mann unversehrt auf seinem Herrenhofe sitze, wofür dem Allmächtigen nicht genug zu danken; denn, derweilen ich in der Fremde mich der Kunst beflissen, war daheim die Kriegsgreuel über das Land gekommen; so zwar, daß die Truppen, die gegen den kriegswüthigen Schweden dem Könige zum Beistand hergezogen, fast ärger als die Feinde selbst gehauset, ja selbst der Diener Gottes mehrere in jämmerlichen Tod gebracht. Durch den plötzlichen Hintritt des Schwedischen Carolus war nun zwar Friede; aber die grausamen Stapfen des Krieges lagen überall; manch Bauern- oder Käthnerhaus, wo man mich als Knaben mit einem Trunke süßer Milch bewirthet, hatte ich auf meiner Morgenwanderung niedergesenget am Wege liegen sehen und manches Feld in ödem Unkraut, darauf sonst um diese Zeit der Roggen seine grünen Spitzen trieb.

Aber solches beschwerete mich heut nicht allzu sehr; ich hatte nur Verlangen, wie ich dem edlen Herrn durch meine Kunst beweisen möchte, daß er Gab und Gunst an keinen Unwürdigen verschwendet habe; dachte auch nicht an Strolche und verlaufen Gesindel, das vom Kriege her noch in den Wäldern Umtrieb halten sollte. Wohl aber tückete mich ein anderes, und das war der Gedanke an den Junker Wulf. Er war mir nimmer hold gewesen, hatte wohl gar, was sein edler Vater an mir gethan, als einen Diebstahl an ihm selber angesehen; und manches Mal, wenn ich, wie öfters nach meines lieben Vaters Tode, im Sommer die Vacanz auf dem Gute zubrachte, hatte er mir die schönen Tage vergället und versalzen. Ob er anitzt in seines Vaters Hause sei, war mir nicht kund geworden, hatte nur vernommen, daß er noch vor dem Friedensschlusse bei Spiel und Becher mit den Schwedischen Offiziers Verkehr gehalten, was mit rechter Holstentreue nicht zu reimen ist.

Indem ich dieß bei mir erwog, war ich aus dem Buchenwalde in den Richtsteig durch das Tannenhölzchen geschritten, das schon dem Hofe nahe liegt. Wie liebliche Erinnerung umhauchte mich der Würzeduft des Harzes; aber bald trat ich aus dem Schatten in den vollen Sonnenschein hinaus; da lagen zu beiden Seiten die mit Haselbüschen eingehegten Wiesen, und nicht lange, so wanderte ich zwischen den zwo Reihen gewaltiger Eichbäume, die zum Herrensitz hinaufführten.

Ich weiß nicht, was für ein bang Gefühl mich plötzlich überkam, ohn alle Ursach, wie ich derzeit dachte; denn es war eitel Sonnenschein umher, und vom Himmel herab klang ein gar herzlich und ermunternd Lerchensingen. Und siehe, dort auf der Koppel, wo der Hofmann seinen Immenhof hat, stand ja auch noch der alte Holzbirnenbaum und flüsterte mit seinen jungen Blättern in der blauen Luft.

»Grüß dich Gott!« sagte ich leis, gedachte dabei aber weniger des Baumes, als vielmehr des holden Gottesgeschöpfes, in dem, wie es sich nachmals fügen mußte, all Glück und Leid und auch all nagende Buße meines Lebens beschlossen sein sollte, für jetzt und alle Zeit. Das war des edlen Herrn Gerhardus Töchterlein, des Junkers Wulfen einzig Geschwister.

Item, es war bald nach meines lieben Vaters Tode, als ich zum ersten Mal die ganze Vacanz hier verbrachte; sie war derzeit ein neunjährig Dirnlein, die ihre braunen Zöpfe lustig fliegen ließ; ich zählte um ein paar Jahre weiter. So trat ich eines Morgens aus dem Thorhaus; der alte Hofmann Dieterich, der ober der Einfahrt wohnt und neben dem als einem getreuen Mann mir mein Schlafkämmerlein eingeräumt war, hatte mir einen Eschenbogen zugerichtet, mir auch die Bolzen von tüchtigem Blei dazu gegossen, und ich wollte nun auf die Raubvögel, deren genug bei dem Herrenhaus umherschrien; da kam sie vom Hofe auf mich zugesprungen.

»Weißt du, Johannes«, sagte sie; »ich zeig dir ein Vogelnest; dort in dem hohlen Birnbaum; aber das sind Rotschwänzchen, die darfst du ja nicht schießen!«

Damit war sie schon wieder vorausgesprungen; doch eh sie noch dem Baum auf zwanzig Schritte nah gekommen, sah ich sie jählings stillestehn. »Der Buhz, der Buhz!« schrie sie und schüttelte wie entsetzt ihre beiden Händlein in der Luft.

Es war aber ein großer Waldkauz, der ober dem Loche des hohlen Baumes saß und hinabschauete, ob er ein ausfliegend Vögelein erhaschen möge. »Der Buhz, der Buhz!« schrie die Kleine wieder. »Schieß, Johannes, schieß!« – Der Kauz aber, den die Freßgier taub gemacht, saß noch immer und stierete in die Höhlung. Da spannte ich meinen Eschenbogen und schoß, daß das Raubthier zappelnd auf dem Boden lag; aus dem Baume aber schwang sich ein zwitschernd Vöglein in die Luft.

Seit der Zeit waren Katharina und ich zwei gute Gesellen mit einander; in Wald und Garten, wo das Mägdlein war, da war auch ich. Darob aber mußte mir gar bald ein Feind erstehen; das war der Kurt von der Risch, dessen Vater eine Stunde davon auf seinem reichen Hofe saß. In Begleitung seines gelahrten Hofmeisters, mit dem Herr Gerhardus gern der Unterhaltung pflag, kam er oftmals auf Besuch; und da er jünger war als Junker Wulf, so war er wohl auf mich und Katharinen angewiesen; insonders aber schien das braune Herrentöchterlein ihm zu gefallen. Doch war das schier umsonst; sie lachte nur über seine krumme Vogelnase, die ihm, wie bei fast allen des Geschlechtes, unter buschigem Haupthaar zwischen zwo merklich runden Augen saß. Ja, wenn sie seiner nur von fern gewahrte, so reckte sie wohl ihr Köpfchen vor und rief »Johannes, der Buhz, der Buhz!« Dann versteckten wir uns hinter den Scheunen oder rannten wohl auch spornstreichs in den Wald hinein, der sich in einem Bogen um die Felder und danach wieder dicht an die Mauern des Gartens hinanzieht.

Darob, als der von der Risch deß inne wurde, kam es oftmals zwischen uns zum Haarraufen, wobei jedoch, da er mehr hitzig denn stark war, der Vortheil meist in meinen Händen blieb.

Als ich, um von Herrn Gerhardus Urlaub zu nehmen, vor meiner Ausfahrt in die Fremde zum letzten Mal, jedoch nur kurze Tage, hier verweilte, war Katharina schon fast wie eine Jungfrau; ihr braunes Haar lag itzt in einem goldnen Netz gefangen; in ihren Augen, wenn sie die Wimpern hob, war oft ein spielend Leuchten, das mich schier beklommen machte. Auch war ein alt gebrechlich Fräulein ihr zur Obhut beigegeben, so man im Hause nur »Bas' Ursel« nannte; sie ließ das Kind nicht aus den Augen und ging überall mit einer langen Tricotage neben ihr.

Als ich so eines Octobernachmittags im Schatten der Gartenhecken mit beiden auf und ab wandelte, kam ein lang aufgeschossener Gesell, mit spitzenbesetztem Lederwams und Federhut ganz alamode gekleidet, den Gang zu uns herauf; und siehe da, es war der Junker Kurt, mein alter Widersacher. Ich merkte allsogleich, daß er noch immer bei seiner schönen Nachbarin zu Hofe ging; auch, daß insonders dem alten Fräulein solches zu gefallen schien. Das war ein »Herr Baron« auf alle Frag' und Antwort; dabei lachte sie höchst obligeant mit einer widrig feinen Stimme und hob die Nase unmäßig in die Luft; mich aber, wenn ich ja ein Wort dazwischen gab, nannte sie stetig »Er« oder kurzweg auch »Johannes«, worauf der Junker dann seine runden Augen einkniff und an seinem Teile that, als sähe er auf mich herab, obschon ich ihn um halben Kopfes Länge überragte.

Ich blickte auf Katharinen; die aber kümmerte sich nicht um mich, sondern ging sittig neben dem Junker, ihm manierlich Red und Antwort gebend; den kleinen rothen Mund aber verzog mitunter ein spöttisch stolzes Lächeln, so daß ich dachte: »Getröste dich, Johannes; der Herrensohn schnellt itzo deine Waage in die Luft!« Trotzig blieb ich zurück und ließ die andern dreie vor mir gehen. Als aber diese in das Haus getreten waren und ich davor noch an Herrn Gerhardus' Blumenbeeten stand, darüber brütend, wie ich, gleich wie vormals, mit dem von der Risch ein tüchtig Haarraufen beginnen möchte, kam plötzlich Katharina wieder zurückgelaufen, riß neben mir eine Aster von den Beeten und flüsterte mir zu: »Johannes, weißt du was? Der Buhz sieht einem jungen Adler gleich; Bas' Ursel hat's gesagt!« Und fort war sie wieder, eh ich mich's versah. Mir aber war auf einmal all Trotz und Zorn wie weggeblasen. Was kümmerte mich itzund der von der Risch! Ich lachte hell und fröhlich in den güldnen Tag hinaus; denn bei den übermüthigen Worten war wieder jenes süße Augenspiel gewesen. Aber diesmal hatte es mir gerad ins Herz geleuchtet.

Bald danach ließ mich Herr Gerhardus auf sein Zimmer rufen; er zeigte mir auf einer Karte noch einmal, wie ich die weite Reise nach Amsterdam zu machen habe, übergab mir Briefe an seine Freunde dort und sprach dann lange mit mir, als meines lieben seligen Vaters Freund. Denn noch selbigen Abends hatte ich zur Stadt zu gehen, von wo ein Bürger mich auf seinem Wagen mit nach Hamburg nehmen wollte.

Als nun der Tag hinabging, nahm ich Abschied. Unten im Zimmer saß Katharina an einem Stickrahmen; ich mußte der Griechischen Helena gedenken, wie ich sie jüngst in einem Kupferwerk gesehen; so schön erschien mir der junge Nacken, den das Mädchen eben über ihre Arbeit neigte. Aber sie war nicht allein; ihr gegenüber saß Bas' Ursel und las laut aus einem französischen Geschichtenbuche. Da ich näher trat, hob sie die Nase nach mir zu. »Nun, Johannes«, sagte sie, »Er will mir wohl Ade sagen? So kann Er auch dem Fräulein gleich Seine Reverenze machen!« – Da war schon Katharina von ihrer Arbeit aufgestanden; aber indem sie mir die Hand reichte, traten die Junker Wulf und Kurt mit großem Geräusch ins Zimmer; und sie sagte nur: »Leb wohl, Johannes!« Und so ging ich fort.

Im Thorhaus drückte ich dem alten Dieterich die Hand, der Stab und Ranzen schon für mich bereit hielt; dann wanderte ich zwischen den Eichbäumen auf die Waldstraße zu. Aber mir war dabei, als könne ich nicht recht fort, als hätt ich einen Abschied noch zu Gute, und stand oft still und schaute hinter mich. Ich war auch nicht den Richtweg durch die Tannen, sondern, wie von selber, den viel weiteren auf der großen Fahrstraße hingewandert. Aber schon kam vor mir das Abendroth überm Wald herauf, und ich mußte eilen, wenn mich die Nacht nicht überfallen sollte. »Ade, Katharina, ade!« sagte ich leise und setzte rüstig meinen Wanderstab in Gang.

Da, an der Stelle, wo der Fußsteig in die Straße mündet – in stürmender Freude stund das Herz mir still – plötzlich aus dem Tannendunkel war sie selber da; mit glühenden Wangen kam sie hergelaufen, sie sprang über den trocknen Weggraben, daß die Fluth des seidenbraunen Haars dem güldnen Netz entstürzete; und so fing ich sie in meinen Armen auf. Mit glänzenden Augen, noch mit dem Odem ringend, schaute sie mich an. »Ich – ich bin ihnen fortgelaufen!« stammelte sie endlich; und dann, ein Päckchen in meine Hand drückend, fügte sie leis hinzu: »Von mir, Johannes! Und du sollst es nicht verachten!« Auf einmal aber wurde ihr Gesichtchen trübe; der kleine schwellende Mund wollte noch was reden, aber da brach ein Thränenquell aus ihren Augen, und wehmüthig ihr Köpfchen schüttelnd, riß sie sich hastig los. Ich sah ihr Kleid im finstern Tannensteig verschwinden; dann in der Ferne hörte ich noch die Zweige rauschen, und dann stand ich allein. Es war so still, die Blätter konnte man fallen hören. Als ich das Päckchen auseinander faltete, da war's ihr güldner Pathenpfennig, so sie mir oft gewiesen hatte; ein Zettlein lag dabei, das las ich nun beim Schein des Abendrothes. »Damit du nicht in Noth gerathest«, stund darauf geschrieben. – Da streckt ich meine Arme in die leere Luft: »Ade, Katharina, ade, ade!« – wohl hundertmal rief ich es in den stillen Wald hinein; – und erst mit sinkender Nacht erreichte ich die Stadt.

– – Seitdem waren fast fünf Jahre dahingegangen. – Wie würd' ich heute alles wiederfinden?

Und schon war ich am Thorhaus und sah drunten im Hof die alten Linden, hinter deren lichtgrünem Laub die beiden Zackengiebel des Herrenhauses itzt verborgen lagen. Als ich aber durch den Thorweg gehen wollte, jagten vom Hofe her zwei fahlgraue Bullenbeißer mit Stachelhalsbändern gar wild gegen mich heran; sie erhuben ein erschreckliches Geheul, der eine sprang auf mich und fletschete seine weißen Zähne dicht vor meinem Antlitz. Solch einen Willkommen hatte ich noch niemalen hier empfangen. Da, zu meinem Glück, rief aus den Kammern ober dem Thore eine rauhe, aber mir gar traute Stimme. »Hallo!« rief sie; »Tartar, Türk!« Die Hunde ließen von mir ab, ich hörte es die Stiege herabkommen, und aus der Thür, so unter dem Thorgang war, trat der alte Dieterich.

Als ich ihn anschaute, sahe ich wohl, daß ich lang in der Fremde gewesen sei; denn sein Haar war schlohweiß geworden, und seine sonst so lustigen Augen blickten gar matt und betrübsam auf mich hin. »Herr Johannes!« sagte er endlich und reichte mir seine beiden Hände.

»Grüß Ihn Gott, Dieterich!« entgegnete ich. »Aber seit wann haltet Ihr solche Bluthunde auf dem Hof, die die Gäste anfallen gleich den Wölfen?«

»Ja, Herr Johannes«, sagte der Alte, »die hat der Junker hergebracht.«

»Ist denn der daheim?« Der Alte nickte.

»Nun«, sagte ich, »die Hunde mögen schon vonnöthen sein; vom Krieg her ist noch viel verlaufen Volk zurückgeblieben.«

»Ach, Herr Johannes!« Und der alte Mann stund immer noch, als wolle er mich nicht zum Hof hinauf lassen. »Ihr seid in schlimmer Zeit gekommen!«

Ich sah ihn an, sagte aber nur: »Freilich, Dieterich; aus mancher Fensterhöhlung schaut statt des Bauern itzt der Wolf heraus; hab dergleichen auch gesehen; aber es ist ja Frieden worden, und der gute Herr im Schloß wird helfen, seine Hand ist offen.«

Mit diesen Worten wollte ich, obschon die Hunde mich wieder anknurreten, auf den Hof hinausgehen; aber der Greis trat mir in den Weg. »Herr Johannes«, rief er, »ehe Ihr weiter gehet, höret mich an! Euer Brieflein ist zwar richtig mit der Königlichen Post von Hamburg kommen; aber den rechten Leser hat es nicht mehr finden können.«

»Dieterich!« schrie ich. »Dieterich!«

»- Ja, ja, Herr Johannes! Hier ist die gute Zeit vorbei; denn unser theurer Herr Gerhardus liegt aufgebahret dort in der Kapellen, und die Gueridons brennen an seinem Sarge. Es wird nun anders werden auf dem Hofe; aber – ich bin ein höriger Mann, mir ziemet Schweigen.«

Ich wollte fragen: »Ist das Fräulein, ist Katharina noch im Hause!« Aber das Wort wollte nicht über meine Zunge.

Drüben, in einem hinteren Seitenbau des Herrenhauses, war eine kleine Kapelle, die aber, wie ich wußte, seit lange nicht benutzt war. Dort also sollte ich Herrn Gerhardus suchen.

Ich fragte den alten Hofmann: »Ist die Kapelle offen?«, und als er es bejahete, bat ich ihn, die Hunde anzuhalten; dann ging ich über den Hof, wo niemand mir begegnete; nur einer Grasmücke Singen kam oben aus den Lindenwipfeln.

Die Thür zur Kapellen war nur angelehnt, und leis und gar beklommen trat ich ein. Da stund der offene Sarg, und die rothe Flamme der Kerzen warf ihr flackernd Licht auf das edle Antlitz des geliebten Herrn; die Fremdheit des Todes, so darauf lag, sagte mir, daß er itzt eines andern Lands Genosse sei. Indem ich aber neben dem Leichnam zum Gebete hinknien wollte, erhub sich über den Rand des Sarges mir gegenüber ein junges blasses Antlitz, das aus schwarzen Schleiern fast erschrocken auf mich schaute.

Aber nur, wie ein Hauch verweht, so blickten die braunen Augen herzlich zu mir auf, und es war fast wie ein Freudenruf. »O, Johannes, seid Ihr's denn? Ach, Ihr seid zu spät gekommen!« Und über dem Sarge hatten unsere Hände sich zum Gruß gefaßt; denn es war Katharina, und sie war so schön geworden, daß hier im Angesicht des Todes ein heißer Puls des Lebens mich durchfuhr. Zwar, das spielende Licht der Augen lag itzt zurückgeschrecket in der Tiefe; aber aus dem schwarzen Häubchen drängten sich die braunen Löcklein, und der schwellende Mund war um so röther in dem blassen Antlitz.

Und fast verwirret auf den Todten schauend, sprach ich: »Wohl kam ich in der Hoffnung, an seinem lebenden Bilde ihm mit meiner Kunst zu danken, ihm manche Stunde genüber zu sitzen und sein mild und lehrreich Wort zu hören. Laßt mich denn nun die bald vergehenden Züge festzuhalten suchen.«

Und als sie unter Thränen, die über ihre Wangen strömten, stumm zu mir hinübernickte, setzte ich mich in ein Gestühle und begann auf einem von den Blättchen, die ich bei mir führte, des Todten Antlitz nachzubilden. Aber meine Hand zitterte; ich weiß nicht, ob alleine vor der Majestät des Todes.

Währenddem vernahm ich draußen vom Hofe her eine Stimme, die ich für die des Junker Wulf erkannte; gleich danach schrie ein Hund wie nach einem Fußtritt oder Peitschenhiebe; und dann ein Lachen und einen Fluch von einer andern Stimme, die mir gleicherweise bekannt deuchte.

Als ich auf Katharinen blickte, sah ich sie mit schier entsetzten Augen nach dem Fenster starren; aber die Stimmen und die Schritte gingen vorüber. Da erhub sie sich, kam an meine Seite und sahe zu, wie des Vaters Antlitz unter meinem Stift entstund. Nicht lange, so kam draußen ein einzelner Schritt zurück; in demselben Augenblick legte Katharina die Hand auf meine Schulter, und ich fühlte, wie ihr junger Körper bebte.

Sogleich auch wurde die Kapellenthür aufgerissen; und ich erkannte den Junker Wulf, obschon sein sonsten bleiches Angesicht itzt roth und aufgedunsen schien.

»Was huckst du allfort an dem Sarge!« rief er zu der Schwester. »Der Junker von der Risch ist da gewesen, uns seine Condolenze zu bezeigen; du hättest ihm wohl den Trunk kredenzen mögen!«

Zugleich hatte er meiner wahrgenommen und bohrete mich mit seinen kleinen Augen an. – »Wulf«, sagte Katharina, indem sie mit mir zu ihm trat; »es ist Johannes, Wulf.«

Der Junker fand nicht vonnöthen, mir die Hand zu reichen; er musterte nur mein violenfarben Wams und meinte: »Du trägst da einen bunten Federbalg; man wird dich ›Sieur‹ nun tituliren müssen!«

»Nennt mich, wie's Euch gefällt!« sagte ich, indem wir auf den Hof hinaustreten. »Obschon mir dorten, von wo ich komme, das ›Herr‹ vor meinem Namen nicht gefehlet – Ihr wißt wohl, Eueres Vaters Sohn hat großes Recht an mir.«

Er sah mich was verwundert an, sagte dann aber nur: »Nun wohl, so magst du zeigen, was du für meines Vaters Gold erlernet hast; und soll dazu der Lohn für deine Arbeit dir nicht verhalten sein.«

Ich meinete, was den Lohn anginge, den hätte ich längst voraus bekommen; da aber der Junker entgegnete, er werd es halten, wie sich's für einen Edelmann gezieme, so fragte ich, was für Arbeit er mir aufzutragen hätte.

»Du weißt doch«, sagte er und hielt dann inne, indem er scharf auf seine Schwester blickte – »wenn eine adelige Tochter das Haus verläßt, so muß ihr Bild darin zurückbleiben.«

Ich fühlte, daß bei diesen Worten Katharina, die an meiner Seite ging, gleich einer Taumelnden nach meinem Mantel haschte; aber ich entgegnete ruhig: »Der Brauch ist mir bekannt; doch, wie meinet Ihr denn, Junker Wulf?«

»Ich meine«, sagte er hart, als ob er einen Gegenspruch erwarte, »daß du das Bildniß der Tochter dieses Hauses malen sollst!«

Mich durchfuhr's fast wie ein Schrecken; weiß nicht, ob mehr über den Ton oder die Deutung dieser Worte; dachte auch, zu solchem Beginnen sei itzt kaum die rechte Zeit.

Da Katharina schwieg, aus ihren Augen aber ein flehentlicher Blick mir zuflog, so antwortete ich: »Wenn Eure edle Schwester es mir vergönnen will, so hoffe ich Eueres Vaters Protection und meines Meisters Lehre keine Schande anzuthun. Räumet mir nur wieder mein Kämmerlein ober dem Thorweg bei dem alten Dieterich, so soll geschehen, was Ihr wünschet.«

Der Junker war das zufrieden und sagte auch seiner Schwester, sie möge einen Imbiß für mich richten lassen.

Ich wollte über den Beginn meiner Arbeit noch eine Frage thun; aber ich verstummte wieder, denn über den empfangenen Auftrag war plötzlich eine Entzückung in mir aufgestiegen, daß ich fürchtete, sie könne mit jedem Wort hervorbrechen. So war ich auch der zwo grimmen Köter nicht gewahr worden, die dort am Brunnen sich auf den heißen Steinen sonnten. Da wir aber näher kamen, sprangen sie auf und fuhren mit offenem Rachen gegen mich, daß Katharina einen Schrei that, der Junker aber einen schrillen Pfiff, worauf sie heulend ihm zu Füßen krochen. »Beim Höllenelemente«, rief er lachend, »zwo tolle Kerle; gilt ihnen gleich, ein Sauschwanz oder Flandrisch Tuch!«

»Nun, Junker Wulf«, – ich konnte der Rede mich nicht wohl enthalten –, »soll ich noch einmal Gast in Eueres Vaters Hause sein, so möget Ihr Euere Thiere bessere Sitte lehren!«

Er blitzte mich mit seinen kleinen Augen an und riß sich ein paar Mal in seinen Zwickelbart. »Das ist nur so ihr Willkommsgruß, Sieur Johannes!«, sagte er dann, indem er sich bückte, um die Bestien zu streicheln. »Damit jedweder wisse, daß ein ander Regiment allhier begonnen; denn – wer mir in die Quere kommt, den hetz ich in des Teufels Rachen!«

Bei den letzten Worten, die er heftig ausgestoßen, hatte er sich hoch aufgerichtet; dann pfiff er seinen Hunden und schritt über den Hof dem Thore zu.

Ein Weilchen schaute ich hinterdrein; dann folgte ich Katharinen, die unter dem Lindenschatten stumm und gesenkten Hauptes die Freitreppe zu dem Herrenhaus emporstieg; ebenso schweigend gingen wir mitsammen die breiten Stufen in das Oberhaus hinauf, allwo wir in des seligen Herrn Gerhardus Zimmer traten. – Hier war noch alles, wie ich es vordem gesehen; die goldgeblümten Ledertapeten, die Karten an der Wand, die saubern Pergamentbände auf den Regalen, über dem Arbeitstische der schöne Waldgrund von dem älteren Ruisdael – und dann davor der leere Sessel. Meine Blicke blieben daran haften; gleichwie drunten in der Kapellen der Leib des Entschlafenen, so schien auch dies Gemach mir itzt entseelet und, obschon vom Walde draußen der junge Lenz durchs Fenster leuchtete, doch gleichsam von der Stille des Todes wie erfüllet.

Ich hatte auf Katharinen in diesem Augenblicke fast vergessen. Da ich mich umwandte, stand sie schier reglos mitten in dem Zimmer, und ich sah, wie unter den kleinen Händen, die sie daraufgepreßt hielt, ihre Brust in ungestümer Arbeit ging. »Nicht wahr«, sagte sie leise, »hier ist itzt niemand mehr; niemand als mein Bruder und seine grimmen Hunde?«

»Katharina!« rief ich; »was ist Euch? was ist das hier in Eueres Vaters Haus?«

»Was es ist, Johannes?« Und fast wild ergriff sie meine beiden Hände; und ihre jungen Augen sprühten wie in Zorn und Schmerz. »Nein, nein; laß erst den Vater in seiner Gruft zur Ruhe kommen! Aber dann – du sollst mein Bild ja malen, du wirst eine Zeitlang hier verweilen – dann, Johannes, hilf mir; um des Todten willen, hilf mir!«

Auf solche Worte, von Mitleid und von Liebe ganz bezwungen, fiel ich vor der Schönen, Süßen nieder und schwur ihr mich und alle meine Kräfte zu. Da lösete sich ein sanfter Thränenquell aus ihren Augen, und wir saßen nebeneinander und sprachen lange zu des Entschlafenen Gedächtniß.

Als wir sodann wieder in das Unterhaus hinabgingen, fragte ich auch dem alten Fräulein nach.

»O«, sagte Katharina, »Bas' Ursel! Wollt Ihr sie begrüßen? Ja, die ist auch noch da; sie hat hier unten ihr Gemach, denn die Treppen sind ihr schon längsthin zu beschwerlich.«

Wir traten also in ein Stübchen, das gegen den Garten lag, wo auf den Beeten vor den grünen Heckenwänden soeben die Tulpen aus der Erde brachen. Bas' Ursel saß, in der schwarzen Tracht und Krepphaube nur wie ein schwindend Häufchen anzuschauen, in einem hohen Sessel und hatte ein Nonnenspielchen vor sich, das, wie sie nachmals mir erzählte, der Herr Baron – nach seines Vaters Ableben war er solches itzund wirklich – ihr aus Lübeck zur Verehrung mitgebracht.

»So«, sagte sie, da Katharina mich genannt hatte, indeß sie behutsam die helfenbeinern Pflöcklein um einander steckte, »ist Er wieder da, Johannes? Nein, es geht nicht aus! O, c'est un jeu très-compliqué!«

Dann warf sie die Pflöcklein übereinander und schauete mich an. »Ei«, meinte sie, »Er ist gar stattlich angethan; aber weiß Er denn nicht, daß Er in ein Trauerhaus getreten ist?«

»Ich weiß es, Fräulein«, entgegnete ich; »aber da ich in das Thor trat, wußte ich es nicht.«

»Nun«, sagte sie und nickte gar begütigend; »so eigentlich gehöret Er ja auch nicht zur Dienerschaft.«

Über Katharinens blasses Antlitz flog ein Lächeln, wodurch ich mich jeder Antwort wohl enthoben halten mochte. Vielmehr rühmte ich der alten Dame die Anmuth ihres Wohngemaches; denn auch der Epheu des Thürmchen, das draußen an der Mauer aufstieg, hatte sich nach dem Fenster hingesponnen und wiegete seine grünen Ranken vor den Scheiben.

Aber Bas' Ursel meinete, ja, wenn nur nicht die Nachtigallen wären, die itzt schon wieder anhüben mit ihrer Nachtunruhe; sie könne ohnedem den Schlaf nicht finden; und dann auch sei es schier zu abgelegen; das Gesinde sei von hier aus nicht im Aug zu halten; im Garten draußen aber passire eben nichts, als etwan, wann der Gärtnerbursche an den Hecken oder Buchsrabatten putze.

– Und damit hatte der Besuch seine Endschaft; denn Katharina mahnte, es sei nachgerade an der Zeit, meinen wegemüden Leib zu stärken.

Ich war nun in meinem Kämmerchen ober dem Hofthor einlogiret, dem alten Dieterich zur sondern Freude; denn am Feierabend saßen wir auf seiner Tragkist, und ließ ich mir, gleich wie in der Knabenzeit, von ihm erzählen. Er rauchte dann wohl eine Pfeife Tabak, welche Sitte durch das Kriegsvolk auch hier in Gang gekommen war, und holete allerlei Geschichten aus den Drangsalen, so sie durch die fremden Truppen auf dem Hof und unten in dem Dorf hatten erleiden müssen; einmal aber, da ich seine Rede auf das gute Frölen Katharina gebracht und er erst nicht hatt ein Ende finden können, brach er gleichwohl plötzlich ab und schauete mich an.

»Wisset Ihr, Herr Johannes«, sagte er, »'s ist grausam schad, daß Ihr nicht auch ein Wappen habet gleich dem von der Risch da drüben!«

Und da solche Rede mir das Blut ins Gesicht jagete, klopfte er mit seiner harten Hand mir auf die Schulter, meinend: »Nun, nun, Herr Johannes; 's war ein dummes Wort von mir; wir müssen freilich bleiben, wo uns der Herrgott hingesetzet.«

Weiß nicht, ob ich derzeit mit solchem einverstanden gewesen, fragete aber nur, was der von der Risch denn itzund für ein Mann geworden.

Der Alte sah mich gar pfiffig an und paffte aus seinem kurzen Pfeiflein, als ob das theure Kraut am Feldrain wüchse. »Wollet Ihr's wissen, Herr Johannes?« begann er dann. »Er gehöret zu denen muntern Junkern, die im Kieler Umschlag den Bürgersleuten die Knöpfe von den Häusern schießen; Ihr möget glauben, er hat treffliche Pistolen! Auf der Geigen weiß er nicht so gut zu spielen; da er aber ein lustig Stücklein liebt, so hat er letzthin den Rathsmusikanten, der überm Holstenthore wohnt, um Mitternacht mit seinem Degen aufgeklopft, ihm auch nicht Zeit gelassen, sich Wams und Hosen anzuthun. Statt der Sonnen stand aber der Mond am Himmel, es war octavis trium regum und fror Pickelsteine; und hat also der Musikante, den Junker mit dem Degen hinter sich, im blanken Hemde vor ihm durch die Gassen geigen müssen! – – Wollet Ihr mehr noch wissen, Herr Johannes? – Zu Haus bei ihm freuen sich die Bauern, wenn der Herrgott sie nicht mit Töchtern gesegnet; und dennoch – – aber nach seines Vaters Tode hat er Geld, und unser Junker, Ihr wisset's wohl, hat schon vorher von seinem Erbe aufgezehrt.«

Ich wußte freilich nun genug; auch hatte der alte Dieterich schon mit seinem Spruche: »Aber ich bin nur ein höriger Mann«, seiner Rede Schluß gemacht.

– – Mit meinem Malgeräth war auch meine Kleidung aus der Stadt gekommen, wo ich im Goldenen Löwen Alles abgeleget, so daß ich anitzt, wie es sich ziemete, in dunkler Tracht einherging. Die Tagesstunden aber wandte ich zunächst in meinen Nutzen. Nämlich, es befand sich oben im Herrenhause neben des seligen Herrn Gemach ein Saal, räumlich und hoch, dessen Wände fast völlig von lebensgroßen Bildern verhänget waren, so daß nur noch neben dem Kamin ein Platz zu zweien offen stund. Es waren das die Voreltern des Herrn Gerhardus, meist ernst und sicher blickende Männer und Frauen, mit einem Antlitz, dem man wohl vertrauen konnte; er selbsten in kräftigem Mannesalter und Katharinens früh verstorbene Mutter machten dann den Schluß. Die beiden letzten Bilder waren gar trefflich von unserem Landsmanne, dem Eiderstedter Georg Ovens, in seiner kräftigen Art gemalet; und ich suchte nun mit meinem Pinsel die Züge meines edlen Beschützers nachzuschaffen; zwar in verjüngtem Maßstabe und nur mir selber zum Genügen; doch hat es später zu einem größeren Bildniß mir gedienet, das noch itzt hier in meiner einsamen Kammer die theuerste Gesellschaft meines Alters ist. Das Bildniß seiner Tochter aber lebt mit mir in meinem Innern.

Oft, wenn ich die Palette hingelegt, stand ich noch lange vor den schönen Bildern. Katharinens Antlitz fand ich in dem der beiden Eltern wieder: des Vaters Stirn, der Mutter Liebreiz um die Lippen; wo aber war hier der harte Mundwinkel, das kleine Auge des Junker Wulf? – Das mußte tiefer aus der Vergangenheit heraufgekommen sein! Langsam ging ich die Reih der älteren Bildnisse entlang, bis über hundert Jahre weit hinab. Und siehe, da hing im schwarzen, von den Würmern schon zerfressenen Holzrahmen ein Bild, vor dem ich schon als Knabe, als ob's mich hielte, still gestanden war. Es stellete eine Edelfrau von etwa vierzig Jahren vor; die kleinen grauen Augen sahen kalt und stechend aus dem harten Antlitz, das nur zur Hälfte zwischen dem weißen Kinntuch und der Schleierhaube sichtbar wurde. Ein leiser Schauer überfuhr mich vor der so lang schon heimgegangenen Seele; und ich sprach zu mir: »Hier, diese ist's! Wie räthselhafte Wege gehet die Natur! Ein saeculum und drüber rinnt es heimlich wie unter einer Decke im Blute der Geschlechter fort; dann, längst vergessen, taucht es plötzlich wieder auf, den Lebenden zum Unheil. Nicht vor dem Sohn des edlen Gerhardus; vor dieser hier und ihres Blutes nachgeborenem Sprößling soll ich Katharinen schützen.« Und wieder trat ich vor die beiden jüngsten Bilder, an denen mein Gemüthe sich erquickte.

So weilte ich derzeit in dem stillen Saale, wo um mich nur die Sonnenstäublein spielten, unter den Schatten der Gewesenen.

Katharinen sah ich nur beim Mittagstische, das alte Fräulein und den Junker Wulf zur Seiten; aber wofern Bas' Ursel nicht in ihren hohen Tönen redete, so war es stets ein stumm und betrübsam Mahl, so daß mir oft der Bissen im Munde quoll. Nicht die Trauer um den Abgeschiedenen war deß Ursach, sondern es lag zwischen Bruder und Schwester, als sei das Tischtuch durchgeschnitten zwischen ihnen. Katharina, nachdem sie fast die Speisen nicht berührt, entfernte sich allzeit bald, mich kaum nur mit den Augen grüßend; der Junker aber, wenn ihm die Laune stund, suchte mich dann beim Trunke festzuhalten; hatte mich also hiegegen und, so ich nicht hinaus wollte über mein gestecktes Maß, über dem wider allerort Flosculn zu wehren, welche gegen mich gespitzet wurden.

Inzwischen, nachdem der Sarg schon mehrere Tage geschlossen gewesen, geschahe die Beisetzung des Herrn Gerhardus drunten in der Kirche des Dorfes, allwo das Erbbegräbniß ist und wo itzt seine Gebeine bei denen seiner Voreltern ruhen, mit denen der Höchste ihnen dereinst eine fröhliche Urständ wolle bescheren!

Es waren aber zu solcher Trauerfestlichkeit zwar mancherlei

Leute aus der Stadt und den umliegenden Gütern gekommen, von Angehörigen aber fast wenige und auch diese nur entfernte, maßen der Junker Wulf der Letzte seines Stammes war und des Herrn Gerhardus Ehgemahl nicht hiesigen Geschlechts gewesen; darum es auch geschahe, daß in der Kürze alle wieder abgezogen sind.

Der Junker drängte nun selbst, daß ich mein aufgetragen Werk begönne, wozu ich droben in dem Bildersaale an einem nach Norden zu belegenen Fenster mir schon den Platz erwählet hatte. Zwar kam Bas' Ursel, die wegen ihrer Gicht die Treppen nicht hinaufkonnte, und meinete, es möge am besten in ihrer Stuben oder im Gemach daran geschehen, so sei es uns beiderseits zur Unterhaltung; ich aber, solcher Gevatterschaft gar gern entrathend, hatte an der dortigen Westsonne einen rechten Malergrund dagegen, und konnte alles Reden ihr nicht nützen. Vielmehr war ich am andern Morgen schon dabei, die Nebenfenster des Saales zu verhängen und die hohe Staffelei zu stellen, so ich mit Hülfe Dieterichs mir selber in den letzten Tagen angefertigt.

Als ich eben den Blendrahmen mit der Leinwand darauf gelegt, öffnete sich die Thür aus Herrn Gerhardus' Zimmer, und Katharina trat herein. – Aus was für Ursach, wäre schwer zu sagen; aber ich empfand, daß wir uns dießmal fast erschrocken gegenüberstanden; aus der schwarzen Kleidung, die sie nicht abgeleget, schaute das junge Antlitz in gar süßer Verwirrung zu mir auf.

»Katharina«, sagte ich, »Ihr wisset, ich soll Euer Bildniß malen; duldet Ihr's auch gern?«

Da zog ein Schleier über ihre braunen Augensterne, und sie sagte leise: »Warum doch fragt Ihr so, Johannes?«

Wie ein Thau des Glückes sank es in mein Herz. »Nein, nein, Katharina! Aber sagt, was ist, worin kann ich Euch dienen? – Setzet Euch, damit wir nicht so müßig überrascht werden, und dann sprecht! Oder vielmehr, ich weiß es schon. Ihr braucht mir's nicht zu sagen!«

Aber sie setzte sich nicht, sie trat zu mir heran. »Denket noch, Johannes, wie Ihr einst den Buhz mit Euerem Bogen niederschosset? Das thut dießmal nicht noth, obschon er wieder ob dem Neste lauert; denn ich bin kein Vöglein, das sich von ihm zerreißen läßt. Aber, Johannes – ich habe einen Blutsfreund –, hilf mir wider den!«

»Ihr meinet Eueren Bruder, Katharina!«

– »Ich habe keinen andern. – – Dem Manne, den ich hasse, will er mich zum Weibe geben! Während unseres Vaters langem Siechbett habe ich den schändlichen Kampf mit ihm gestritten, und erst an seinem Sarg hab ich's ihm abgetrotzt, daß ich in Ruhe um den Vater trauern mag; aber ich weiß, auch das wird er nicht halten.«

Ich gedachte eines Stiftsfräuleins zu Preetz, Herrn Gerhardus' einzigen Geschwisters, und meinete, ob die nicht um Schutz und Zuflucht anzugehen sei.

Katharina nickte. »Wollt Ihr mein Bote sein, Johannes? – Geschrieben habe ich ihr schon, aber in Wulfs Hände kam die Antwort, und auch erfahren habe ich sie nicht, nur die ausbrechende Wuth meines Bruders, die selbst das Ohr des Sterbenden erfüllet hätte, wenn es noch offen gewesen wäre für den Schall der Welt; aber der gnädige Gott hatte das geliebte Haupt schon mit dem letzten Erdenschlummer zugedecket.«

Katharina hatte sich nun doch auf meine Bitte mir genüber gesetzet, und ich begann die Umrisse auf die Leinewand zu zeichnen. So kamen wir zu ruhiger Berathung; und da ich, wenn die Arbeit weiter vorgeschritten, nach Hamburg mußte, um bei dem Holzschnitzer einen Rahmen zu bestellen, so stelleten wir fest, daß ich alsdann den Umweg über Preetz nähme und also meine Botschaft ausrichtete. Zunächst jedoch sei emsig an dem Werk zu fördern.

Es ist gar oft ein seltsam Widerspiel im Menschenherzen. Der Junker mußte es schon wissen, daß ich zu seiner Schwester stand; gleichwohl – hieß nun sein Stolz ihn, mich geringzu schätzen, oder glaubte er mit seiner ersten Drohung mich genug geschrecket –, was ich besorget, traf nicht ein; Katharina und ich waren am ersten wie an den andern Tagen von ihm ungestöret. Einmal zwar trat er ein und schalt mit Katharinen wegen ihrer Trauerkleidung, warf aber dann die Thür hinter sich, und wir hörten ihn bald auf dem Hofe ein Reiterstücklein pfeifen. Ein ander Mal noch hatte er den von der Risch an seiner Seite. Da Katharina eine heftige Bewegung machte, bat ich sie, auf ihrem Platz zu bleiben, und malete ruhig weiter. Seit dem Begräbnißtage, wo ich einen fremden Gruß mit ihm getauschet, hatte der Junker Kurt sich auf dem Hofe nicht gezeigt; nun trat er näher und beschauete das Bild und redete gar schöne Worte, meinete aber auch, weshalb das Fräulein sich so sehr vermummt und nicht vielmehr ihr seidig Haar in freien Locken auf den Nacken habe wallen lassen; wie es ein Engelländischer Poet so trefflich ausgedrücket, »rückwärts den Winden leichte Küsse werfend?« Katharina aber, die bisher geschwiegen, wies auf Herrn Gerhardus' Bild und sagte: »Ihr wisset wohl nicht mehr, daß das mein Vater war!«

Was Junker Kurt hierauf entgegnete, ist mir nicht mehr erinnerlich; meine Person aber schien ihm ganz nicht gegenwärtig oder doch nur gleich einer Maschine, wodurch ein Bild sich auf die Leinewand malete. Von letzterem begann er über meinen Kopf hin dieß und jenes noch zu reden; da aber Katharina nicht mehr Antwort gab, so nahm er alsbald seinen Urlaub, der Dame angenehme Kurzweil wünschend.

Bei diesem Wort jedennoch sah ich aus seinen Augen einen raschen Blick gleich einer Messerspitze nach mir zücken.

– – Wir hatten nun weitere Störniß nicht zu leiden, und mit der Jahreszeit rückte auch die Arbeit vor. Schon stand auf den Waldkoppeln draußen der Roggen in silbergrauem Blust, und unten im Garten brachen schon die Rosen auf; wir beide aber – ich mag es heut wohl niederschreiben –, wir hätten itzund die Zeit gern stille stehen lassen; an meine Botenreise wagten, auch nur mit einem Wörtlein, weder sie noch ich zu rühren. Was wir gesprochen, wüßte ich kaum zu sagen; nur daß ich von meinem Leben in der Fremde ihr erzählte und wie ich immer heim gedacht; auch daß ihr güldner Pfennig mich in Krankheit einst vor Noth bewahrt, wie sie in ihrem Kinderherzen es damals fürgesorget, und wie ich später dann gestrebt und mich geängstet, bis ich das Kleinod aus dem Leihhaus mir zurückgewonnen hatte. Dann lächelte sie glücklich; und dabei blühete aus dem dunkeln Grund des Bildes immer süßer das holde Antlitz auf; mir schien's, als sei es kaum mein eigenes Werk. – Mitunter war's, als schaue mich etwas heiß aus ihren Augen an; doch wollte ich es dann fassen, so floh es scheu zurück; und dennoch floß es durch den Pinsel heimlich auf die Leinewand, so daß mir selber kaum bewußt ein sinnberückend Bild entstand, wie nie zuvor und nie nachher ein solches aus meiner Hand gegangen ist. – – Und endlich war's doch an der Zeit und festgesetzet, am andern Morgen sollte ich meine Reise antreten.

Als Katharina mir den Brief an ihre Base eingehändigt, saß sie noch einmal mir genüber. Es wurde heute mit Worten nicht gespielet; wir sprachen ernst und sorgenvoll mitsammen; indessen setzete ich noch hie und da den Pinsel an, mitunter meine Blicke auf die schweigende Gesellschaft an den Wänden werfend, deren ich in Katharinens Gegenwart sonst kaum gedacht hatte.

Da, unter dem Malen, fiel mein Auge auch auf jenes alte Frauenbildniß, das mir zur Seite hing und aus den weißen Schleiertüchern die stechend grauen Augen auf mich gerichtet hielt. Mich fröstelte, ich hätte nahezu den Stuhl verrücket.

Aber Katharinens süße Stimme drang mir in das Ohr: »Ihr seid ja fast erbleichet; was flog Euch übers Herz, Johannes?«

Ich zeigte mit dem Pinsel auf das Bild. »Kennet Ihr die, Katharina? Diese Augen haben hier all die Tage auf uns hingesehen.«

»Die da? – Vor der hab ich schon als Kind eine Furcht gehabt, und gar bei Tage bin ich oft wie blind hier durchgelaufen. Es ist die Gemahlin eines früheren Gerhardus; vor weit über hundert Jahren hat sie hier gehauset.«

»Sie gleicht nicht Euerer schönen Mutter«, entgegnete ich; »dies Antlitz hat wohl vermocht, einer jeden Bitte nein zu sagen.«

Katharina sah gar ernst zu mir herüber. »So heißt's auch«, sagte sie »sie soll ihr einzig Kind verfluchet haben; am andern Morgen aber hat man das blasse Fräulein aus einem Gartenteich gezogen, der nachmals zugedämmet ist. Hinter den Hecken, dem Walde zu, soll es gewesen sein.«

»Ich weiß, Katharina; es wachsen heut noch Schachtelhalm und Binsen aus dem Boden.«

»Wisset Ihr denn auch, Johannes, daß eine unseres Geschlechtes sich noch immer zeigen soll, sobald dem Hause Unheil droht? Man sieht sie erst hier an den Fenstern gleiten, dann draußen in dem Gartensumpf verschwinden.«

Ohnwillens wandten meine Augen sich wieder auf die unbeweglichen des Bildes. »Und weshalb«, fragte ich, »verfluchete sie ihr Kind?«

»Weshalb?« – Katharina zögerte ein Weilchen und blickte mich fast verwirret an mit allem ihrem Liebreiz. »Ich glaub, sie wollte den Vetter ihrer Mutter nicht zum Ehgemahl.«

– »War es denn ein gar so übler Mann?«

Ein Blick fast wie ein Flehen flog zu mir herüber, und tiefes Rosenroth bedeckete ihr Antlitz. »Ich weiß nicht«, sagte sie beklommen; und leiser, daß ich's kaum vernehmen mochte, setzte sie hinzu: »Es heißt, sie hab einen andern liebgehabt; der war nicht ihres Standes.«

Ich hatte den Pinsel sinken lassen; denn sie saß vor mir mit gesenkten Blicken; wenn nicht die kleine Hand sich leis aus ihrem Schoße auf ihr Herz geleget, so wäre sie selber wie ein leblos Bild gewesen.

So hold es war, ich sprach doch endlich: »So kann ich ja nicht malen; wollet Ihr mich nicht ansehen, Katharina?«

Und als sie nun die Wimpern von den braunen Augensternen hob, da war kein Hehlens mehr; heiß und offen ging der Strahl zu meinem Herzen. »Katharina!« Ich war aufgesprungen. »Hätte jene Frau auch dich verfluchet?«

Sie athmete tief auf. »Auch mich, Johannes!« – Da lag ihr Haupt an meiner Brust, und fest umschlossen standen wir vor dem Bild der Ahnfrau, die kalt und feindlich auf uns niederschauete.

Aber Katharina zog mich leise fort. »Laß uns nicht trotzen, mein Johannes!« sagte sie. – Mit Selbigem hörte ich im Treppenhause ein Geräusch, und war es, als wenn etwas mit dreien Beinen sich mühselig die Stiegen heraufarbeitete. Als Katharina und ich uns deshalb wieder an unsern Platz gesetzet und ich Pinsel und Palette zur Hand genommen hatte, öffnete sich die Thür, und Bas' Ursel, die wir wohl zuletzt erwartet hätten, kam an ihrem Stock hereingehustet. »Ich höre«, sagte sie, »Er will nach Hamburg, um den Rahmen zu besorgen; da muß ich mir nachgerade doch Sein Werk besehen!«

Es ist wohl männiglich bekannt, daß alte Jungfrauen in Liebessachen die allerfeinsten Sinne haben und so der jungen Welt gar oft Bedrang und Trübsal bringen. Als Bas' Ursel auf Katharinens Bild, das sie bislang noch nicht gesehen, kaum einen Blick geworfen hatte, zuckte sie gar stolz empor mit ihrem runzeligen Angesicht und frug mich allsogleich: »Hat denn das Fräulein Ihn so angesehen, als wie sie da im Bilde sitzet?«

Ich entgegnete, es sei ja eben die Kunst der edlen Malerei, nicht bloß die Abschrift des Gesichts zu geben. Aber schon mußte an unsern Augen oder Wangen ihr Sonderliches aufgefallen sein, denn ihre Blicke gingen spähend hin und wider. »Die Arbeit ist wohl bald am Ende?« sagte sie dann mit ihrer höchsten Stimme. »Deine Augen haben kranken Glanz, Katharina; das lange Sitzen hat dir nicht wohl gedienet.«

Ich entgegnete, das Bild sei bald vollendet, nur an dem Gewande sei noch hie und da zu schaffen.

»Nun, da braucht Er wohl des Fräuleins Gegenwart nicht mehr dazu! – Komm, Katharina, dein Arm ist besser als der dumme Stecken hier!«

Und so mußt ich von der dürren Alten meines Herzens holdselig Kleinod mir entführen sehen, da ich es eben mir gewonnen glaubte; kaum daß die braunen Augen mir noch einen stummen Abschied senden konnten.

Am andern Morgen, am Montage vor Johannis, trat ich meine Reise an. Auf einem Gaule, den Dieterich mir besorget, trabte ich in der Frühe aus dem Thorweg; als ich durch die Tannen ritt, brach einer von des Junkers Hunden herfür und fuhr meinem Thiere nach den Flechsen, wann schon selbiges aus ihrem eigenen Stalle war; aber der oben im Sattel saß, schien ihnen allzeit noch verdächtig. Kamen gleichwohl ohne Blessur davon, ich und der Gaul, und langeten abends bei guter Zeit in Hamburg an.

Am andern Vormittage machte ich mich auf und befand auch bald einen Schnitzer, so der Bilderleisten viele fertig hatte, daß man sie nur zusammenzustellen und in den Ecken die Zieraten darauf zu thun brauchte. Wurden also handelseinig, und versprach der Meister, mir das alles wohl verpacket nachzusenden.

Nun war zwar in der berühmten Stadt vor einen Neubegierigen gar vieles zu beschauen, so in der Schiffergesellschaft des Seeräubern Störtebeker silberner Becher, welcher das zweite Wahrzeichen der Stadt genennet wird, und ohne den gesehen zu haben, wie es in einem Buche heißt, niemand sagen dürfe, daß er in Hamburg sei gewesen; sodann auch der Wunderfisch mit eines Adlers richtigen Krallen und Fluchten, so eben um diese Zeit in der Elbe war gefangen worden und den die Hamburger, wie ich nachmalen hörete, auf einen Seesieg wider die türkischen Piraten deuteten; allein, obschon ein rechter Reisender solcherlei Seltsamkeiten nicht vorbeigehen soll, so war doch mein Gemüthe, beides, von Sorge und von Herzenssehnen, allzusehr beschweret. Derohalben, nachdem ich bei einem Kaufherrn noch meinen Wechsel umgesetzt und in meiner Nachtherbergen Richtigkeit getroffen hatte, bestieg ich um Mittage wieder meinen Gaul und hatte allsobald allen Lärmen des großen Hamburg hinter mir.

Am Nachmittage danach langete ich in Preetz an, meldete mich im Stifte bei der hochwürdigen Dame und wurde auch alsbald vorgelassen. Ich erkannte in ihrer stattlichen Person allsogleich die Schwester meines theuren seligen Herrn Gerhardus; nur, wie es sich an unverehelichten Frauen oftmals zeiget, waren die Züge des Antlizes gleichwohl strenger als die des Bruders. Ich hatte, selbst nachdem ich Katharinens Schreiben überreichet, ein lang und hart Examen zu bestehen; dann aber verhieß sie ihren Beistand und setzete sich zu ihrem Schreibgeräthe, indeß die Magd mich in ein ander Zimmer führen mußte, allwo man mich gar wohl bewirthete.

Es war schon spät am Nachmittage, da ich wieder fortritt; doch rechnete ich, obschon mein Gaul die vielen Meilen hinter uns bereits verspürete, noch gegen Mitternacht beim alten Dieterich anzuklopfen. – Das Schreiben, das die alte Dame mir für Katharinen mitgegeben, trug ich wohl verwahret in einem Ledertäschlein unterm Wamse auf der Brust. So ritt ich fürbaß in die aufsteigende Dämmerung hinein; gar bald an sie, die eine, nur gedenkend und immer wieder mein Herz mit neuen lieblichen Gedanken schreckend.

Es war aber eine lauwarme Juninacht; von den dunkelen Feldern erhub sich der Ruch der Wiesenblumen, aus den Knicken duftete das Geißblatt; in Luft und Laub schwebete ungesehen das kleine Nachtgeziefer oder flog auch wohl surrend meinem schnaubenden Gaule an die Nüstern; droben aber an der blauschwarzen ungeheueren Himmelsglocke über mir strahlte im Südost das Sternenbild des Schwanes in seiner unberührten Herrlichkeit.

Da ich endlich wieder auf Herrn Gerhardus' Grund und Boden war, resolvirte ich mich sofort, noch nach dem Dorfe hinüberzureiten, welches seitwärts von der Fahrstraßen hinterm Wald belegen ist. Denn ich gedachte, daß der Krüger Hans Ottsen einen paßlichen Handwagen habe; mit dem solle er morgen einen Boten in die Stadt schicken, um die Hamburger Kiste für mich abzuholen; ich aber wollte nur an sein Kammerfenster klopfen, um ihm solches zu bestellen.

Also ritte ich am Waldesrande hin, die Augen fast verwirret von den grünlichen Johannisfünkchen, die mit ihren spielerischen Lichtern mich hier umflogen. Und schon ragete groß und finster die Kirche vor mir auf, in deren Mauern Herr Gerhardus bei den Seinen ruhte; ich hörte, wie im Thurm soeben der Hammer ausholete, und von der Glocken scholl die Mitternacht ins Dorf hinunter. »Aber sie schlafen alle«, sprach ich bei mir selber, »die Todten in der Kirchen oder unter dem hohen Sternenhimmel hieneben auf dem Kirchhof, die Lebenden noch unter den niedern Dächern, die dort stumm und dunkel vor dir liegen.« So ritt ich weiter. Als ich jedoch an den Teich kam, von wo aus man Hans Ottsens Krug gewahren kann, sahe ich von dorten einen dunstigen Lichtschein auf den Weg hinausbrechen, und Fiedeln und Klarinetten schalleten mir entgegen.

Da ich gleichwohl mit dem Wirthe reden wollte, so ritt ich herzu und brachte meinen Gaul im Stalle unter. Als ich danach auf die Tenne trat, war es gedrang voll von Menschen, Männern und Weibern, und ein Geschrei und wüst Getreibe, wie ich solches, auch beim Tanz, in früheren Jahren nicht vermerket. Der Schein der Unschlittkerzen, so unter einem Balken auf einem Kreuzholz schwebten, hob manch bärtig und verhauen Antlitz aus dem Dunkel, dem man lieber nicht allein im Wald begegnet wäre. – Aber nicht nur Strolche und Bauerbursche schienen hier sich zu vergnügen; bei den Musikanten, die drüben vor der Döns auf ihren Tonnen saßen, stund der Junker von der Risch; er hatte seinen Mantel über dem einen Arm, an dem andern hing ihm eine derbe Dirne. Aber das Stücklein schien ihm nicht zu gefallen; denn er riß dem Fiedler seine Geigen aus den Händen, warf eine Handvoll Münzen auf seine Tonne und verlangte, daß sie ihm den neumodischen Zweitritt aufspielen sollten. Als dann die Musikanten ihm gar rasch gehorchten und wie toll die neue Weise klingen ließen, schrie er nach Platz und schwang sich in den dichten Haufen; und die Bauerburschen glotzten drauf hin, wie ihm die Dirne im Arme lag, gleich einer Tauben vor dem Geier.

Ich aber wandte mich ab und trat hinten in die Stube, um mit dem Wirth zu reden. Da saß der Junker Wulf beim Kruge Wein und hatte den alten Ottsen neben sich, welchen er mit allerhand Späßen in Bedrängniß brachte; so drohete er, ihm seinen Zins zu steigern, und schüttelte sich vor Lachen, wenn der geängstete Mann gar jämmerlich um Gnad und Nachsicht supplicirte. – Da er mich gewahr worden, ließ er nicht ab, bis ich selbdritt mich an den Tisch gesetzet; frug nach meiner Reise und ob ich in Hamburg mich auch wohl vergnüget; ich aber antwortete nur, ich käme eben von dort zurück, und werde der Rahmen in Kürze in der Stadt eintreffen, von wo Hans Ottsen ihn mit seinem Handwäglein leichtlich möge holen lassen.

Indeß ich mit letzterem solches nun verhandelte, kam auch der von der Risch hereingestürmet und schrie dem Wirthe zu, ihm einen kühlen Trunk zu schaffen. Der Junker Wulf aber, dem bereits die Zunge schwer im Munde wühlete, faßte ihn am Arm und riß ihn auf den leeren Stuhl hernieder.

»Nun, Kurt!« rief er. »Bist du noch nicht satt von deinen Dirnen! Was soll die Katharina dazu sagen? Komm, machen wir alamode ein ehrbar hazard mitsammen!« Dabei hatte er ein Kartenspiel unterm Wams hervorgezogen. »Allons donc! – Dix et dame! – Dame et valet!«

Ich stand noch und sah dem Spiele zu, so dermalen eben Mode worden; nur wünschend, daß die Nacht vergehen und der Morgen kommen möchte. – Der Trunkene schien aber dieses Mal des Nüchternen Übermann; dem von der Risch schlug nacheinander jede Karte fehl.

»Tröste dich, Kurt!« sagte der Junker Wulf, indeß er schmunzelnd die Speciesthaler auf einen Haufen scharrte:

> »Glück in der Lieb
> Und Glück im Spiel,
> Bedenk, für einen
> Ist's zu viel!

Laß den Maler dir hier von deiner schönen Braut erzählen! Der weiß sie auswendig; da kriegst du's nach der Kunst zu wissen.«

Dem andern, wie mir am besten kund war, mochte aber noch nicht viel von Liebesglück bewußt sein; denn er schlug fluchend auf den Tisch und sah gar grimmig auf mich her.

»Ei, du bist eifersüchtig, Kurt!«, sagte der Junker Wulf vergnüglich, als ob er jedes Wort auf seiner schweren Zunge schmeckete; »aber getröste dich, der Rahmen ist schon fertig zu dem Bilde; dein Freund der Maler, kommt eben erst von Hamburg.«

Bei diesem Worte sah ich den von der Risch aufzucken gleich einem Spürhund bei der Witterung. »Von Hamburg heut? – So muß er Fausti Mantel sich bedienet haben; denn mein Reitknecht sah ihn heut zu Mittag noch in Preetz! Im Stift, bei deiner Base ist er auf Besuch gewesen.«

Meine Hand fuhr unversehens nach der Brust, wo ich das Täschlein mit dem Brief verwahret hatte; denn die trunkenen Augen des Junkers Wulf lagen auf mir; und war mir's nicht anders, als sähe er damit mein ganz Geheimniß offen vor sich liegen. Es währete auch nicht lange, so flogen die Karten klatschend auf den Tisch. »Oho!« schrie er. »Im Stift, bei meiner Base! Du treibst wohl gar doppelt Handwerk, Bursch! Wer hat dich auf den Botengang geschickt?«

»Ihr nicht, Junker Wulf!« entgegnet ich; »und das muß Euch genug sein!« – Ich wollt nach meinem Degen greifen, aber er war nicht da; fiel mir auch bei nun, daß ich ihn an den Sattelknopf gehänget, da ich vorhin den Gaul zu Stalle brachte.

Und schon schrie der Junker wieder zu seinem jüngeren Kumpan: »Reiß ihm das Wams auf, Kurt! Es gilt den blanken Haufen hier, du findest eine saubere Briefschaft, die du ungern möchtst bestellet sehen!«

Im selbigen Augenblick fühlte ich auch schon die Hände des von der Risch an meinem Leibe, und ein wüthend Ringen zwischen uns begann. Ich fühlte wohl, daß ich so leicht, wie in der Bubenzeit, ihm nicht mehr über würde; da aber fügete es sich zu meinem Glücke, daß ich ihm beide Handgelenke packte und er also wie gefesselt vor mir stund. Es hatte keiner von uns ein Wort dabei verlauten lassen; als wir uns aber itzund in die Augen sahen, da wußte jeder wohl, daß er's mit seinem Todfeind vor sich habe.

Solches schien auch der Junker Wulf zu meinen; er strebte von seinem Stuhl empor, als wolle er dem von der Risch zu Hülfe kommen; mochte aber zu viel des Weins genossen haben, denn er taumelte auf seinen Platz zurück. Da schrie er, so laut seine lallende Zung es noch vermochte: »He, Tartar! Türk! Wo steckt ihr! Tartar, Türk!« Und ich wußte nun, daß die zwo grimmen Köter, so ich vorhin auf der Tenne an dem Ausschank hatte lungern sehen, mir an die nackte Kehle springen sollten. Schon hörete ich sie durch das Getümmel der Tanzenden daher schnaufen, da riß ich mit einem Rucke jählings meinen Feind zu Boden, sprang dann durch eine Seitenthür aus dem Zimmer, die ich schmetternd hinter mir zuwarf, und gewann also das Freie.

Und um mich her war plötzlich wieder die stille Nacht und Mond- und Sternenschimmer. In den Stall zu meinem Gaul wagt ich nicht erst zu gehen, sondern sprang flugs über einen Wall und lief über das Feld dem Walde zu. Da ich ihn bald erreichet, suchte ich die Richtung nach dem Herrenhofe einzuhalten; denn es zieht sich die Holzung bis hart zur Gartenmauer. Zwar war die Helle der Himmelslichter hier durch das Laub der Bäume ausgeschlossen; aber meine Augen wurden der Dunkelheit gar bald gewohnt, und da ich das Täschlein sicher unter meinem Wamse fühlte, so tappte ich rüstig vorwärts; denn ich gedachte den Rest der Nacht noch einmal in meiner Kammer auszuruhen, dann aber mit dem alten Dieterich zu berathen, was allfort geschehen solle; maßen ich wohl sahe, daß meines Bleibens hier nicht fürder sei.

Bisweilen stund ich auch und horchte; aber ich mochte bei meinem Abgang wohl die Thür ins Schloß geworfen und so einen guten Vorsprung mir gewonnen haben: von den Hunden war kein Laut vernehmbar. Wohl aber, da ich eben aus dem Schatten auf eine vom Mond erhellete Lichtung trat, hörete ich nicht gar fern die Nachtigallen schlagen; und von wo ich ihren Schall hörte, dahin richtete ich meine Schritte; denn mir war wohl bewußt, sie hatten hier herum nur in den Hecken des Herrengartens ihre Nester; erkannte nun auch, wo ich mich befand, und daß ich bis zum Hofe nicht gar weit mehr hatte.

Ging also dem lieblichen Schallen nach, das immer heller vor mir aus dem Dunkel drang. Da plötzlich schlug was anderes an mein Ohr, das jählings näher kam und mir das Blut erstarren machte. Nicht zweifeln konnt ich mehr, die Hunde brachen durch das Unterholz; sie hielten fest auf meiner Spur, und schon hörete ich deutlich hinter mir ihr Schnaufen und ihre gewaltigen Sätze in dem dürren Laub des Waldbodens. Aber Gott gab mir seinen gnädigen Schutz; aus dem Schatten der Bäume stürzte ich gegen die Gartenmauer, und an eines Fliederbaums Geäste schwang ich mich hinüber. Da sangen hier im Garten immer noch die Nachtigallen; die Buchenhecken warfen tiefe Schatten. In solcher Mondnacht war ich einst vor meiner Ausfahrt in die Welt mit Herrn Gerhardus hier gewandelt. »Sieh dir's noch einmal an, Johannes!« hatte dermalen er gesprochen; »es könnt geschehen, daß du bei deiner Heimkehr mich nicht daheim mehr fändest, und daß alsdann ein Willkomm nicht für dich am Thor geschrieben stünde; – ich aber möcht nicht, daß du diese Stätte hier vergäßest.«

Das flog mir itzund durch den Sinn, und ich mußte bitter lachen; denn nun war ich hier als ein gehetzt Wild; und schon hörete ich die Hunde des Junker Wulf gar grimmig draußen an der Gartenmauer rennen. Selbige aber war, wie ich noch tags zuvor gesehen, nicht überall so hoch, daß nicht das wüthige Gethier hinüber konnte; und rings im Garten war kein Baum, nichts als die dichten Hecken und drüben gegen das Haus die Blumenbeete des seligen Herrn. Da, als eben das Bellen der Hunde wie ein Triumphgeheule innerhalb der Gartenmauer scholl, ersahe ich in meiner Noth den alten Epheubaum, der sich mit starkem Stamme an dem Thurm hinaufreckt; und da dann die Hunde aus den Hecken auf den mondhellen Platz hinausraseten, war ich schon hoch genug, daß sie mit ihrem Anspringen mich nicht mehr erreichen konnten; nur meinen Mantel, so von der Schulter geglitten, hatten sie mit ihren Zähnen mir herabgerissen.

Ich aber, also angeklammert und fürchtend, es werde das nach oben schwächere Geäste mich auf die Dauer nicht ertragen, blickte suchend um mich, ob ich nicht irgend besseren Halt gewinnen möchte; aber es war nichts zu sehen als die dunklen Epheublätter um mich her. – Da, in solcher Noth, hörete ich ober mir ein Fenster öffnen, und eine Stimme scholl zu mir herab – möchte ich sie wieder hören, wenn du, mein Gott, mich bald nun rufen läßt aus diesem Erdenthal! – »Johannes!« rief sie; leis doch deutlich hörete ich meinen Namen, und ich kletterte höher an dem immer schwächeren Gezweige, indeß die schlafenden Vögel um mich auffuhren und die Hunde von unten ein Geheul heraufstießen. – »Katharina! Bist du es wirklich, Katharina?«

Aber schon kam ein zitternd Händlein zu mir herab und zog mich gegen das offene Fenster; und ich sah in ihre Augen, die voll Entsetzen in die Tiefe starrten.

»Komm!« sagte sie. »Sie werden dich zerreißen.« Da schwang ich mich in ihre Kammer. – Doch als ich drinnen war, ließ mich das Händlein los, und Katharina sank auf einen Sessel, so am Fenster stund, und hatte ihre Augen dicht geschlossen. Die dicken Flechten ihres Haares lagen über dem weißen Nachtgewand bis in den Schoß hinab; der Mond, der draußen die Gartenhecken überstiegen hatte, schien voll herein und zeigete mir alles. Ich stund wie fest gezaubert vor ihr; so lieblich fremde und doch so ganz mein eigen schien sie mir; nur meine Augen tranken sich satt an all der Schönheit. Erst als ein Seufzen ihre Brust erhob, sprach ich zu ihr: »Katharina, liebe Katharina, träumet Ihr denn?«

Da flog ein schmerzlich Lächeln über ihr Gesicht: »Ich glaub wohl fast, Johannes! – Das Leben ist so hart; der Traum ist süß!«

Als aber von unten aus dem Garten das Geheul aufs neu heraufkam, fuhr sie erschreckt empor. »Die Hunde, Johannes!« rief sie. »Was ist das mit den Hunden?«

»Katharina«, sagte ich, »wenn ich Euch dienen soll, so glaub ich, es muß bald geschehen; denn es fehlt viel, daß ich noch einmal durch die Thür in dieses Haus gelangen sollte.« Dabei hatte ich den Brief aus meinem Täschlein hervorgezogen und erzählete auch, wie ich im Kruge drunten mit den Junkern sei in Streit gerathen.

Sie hielt das Schreiben in den hellen Mondenschein und las; dann schaute sie mich voll und herzlich an, und wir beredeten, wie wir uns morgen in dem Tannenwalde treffen wollten; denn Katharina sollte noch zuvor erkunden, auf welchen Tag des Junker Wulfen Abreise zum Kieler Johannismarkte festgesetzet sei.

»Und nun, Katharina«, sprach ich, »habt Ihr nicht etwas, das einer Waffe gleich sieht, ein eisern Ellenmaß oder so dergleichen, damit ich der beiden Thiere drunten mich erwehren könne?«

Sie aber schrak jäh wie aus einem Traum empor. »Was sprichst du, Johannes!« rief sie; und ihre Hände, so bislang in ihrem Schoß geruhet, griffen nach den meinen. »Nein, nicht fort, nicht fort! Da drunten ist der Tod; und gehst du, so ist auch hier der Tod!«

Da war ich vor ihr hingekniet und lag an ihrer jungen Brust, und wir umfingen uns in großer Herzensnoth. »Ach, Käthe«, sprach ich, »was vermag die arme Liebe denn! Wenn auch dein Bruder Wulf nicht wäre; ich bin kein Edelmann und darf nicht um dich werben.«

Sehr süß und sorglich schauete sie mich an; dann aber kam es wie Schelmerei aus ihrem Munde: »Kein Edelmann, Johannes? – Ich dächte, du seiest auch das! Aber – ach nein! Dein Vater war nur der Freund des meinen – das gilt der Welt wohl nicht!«

»Nein, Käthe; nicht das, und sicherlich nicht hier«, entgegnete ich und umfaßte fester ihren jungfräulichen Leib; »aber drüben in Holland, dort gilt ein tüchtiger Maler wohl einen deutschen Edelmann; die Schwelle von Mynherr van Dycks Palaste zu Amsterdam ist wohl dem Höchsten ehrenvoll zu überschreiten. Man hat mich drüben halten wollen, mein Meister van der Helst und andre! Wenn ich dorthin zurückginge, ein Jahr noch oder zwei; dann – wir kommen dann schon von hier fort; bleib mir nur feste gegen euere wüsten Junker!«

Katharinens weiße Hände strichen über meine Locken; sie

herzete mich und sagte leise: »Da ich in meine Kammer dich gelassen, so werd ich doch dein Weib auch werden müssen.«

– – Ihr ahnete wohl nicht, welch einen Feuerstrom dies Wort in meine Adern goß, darin ohnedies das Blut in heißen Pulsen ging. – Von dreien furchtbaren Dämonen, von Zorn und Todesangst und Liebe ein verfolgter Mann, lag nun mein Haupt in des vielgeliebten Weibes Schoß.

Da schrillte ein geller Pfiff, die Hunde drunten wurden jählings stille, und da es noch einmal gellte, höerte ich sie wie toll und wild von dannen rennen.

Vom Hofe her wurden Schritte laut; wir horchten auf, daß uns der Athem stille stund. Bald aber wurde dorten eine Thür erst auf-, dann zugeschlagen und dann ein Riegel vorgeschoben. »Das ist Wulf«, sagte Katharina leise; »er hat die beiden Hunde in den Stall gesperrt.« – Bald hörten wir auch unter uns die Thür des Hausflurs gehen, den Schlüssel drehen und danach Schritte in dem untern Corridor, die sich verloren, wo der Junker seine Kammer hatte. Dann wurde alles still.

Es war nun endlich sicher, ganz sicher; aber mit unserem Plaudern war es mit einem Male schier zu Ende. Katharina hatte den Kopf zurückgelehnt; nur unser beider Herzen höerte ich klopfen. – »Soll ich nun gehen, Katharina?« sprach ich endlich.

Aber die jungen Arme zogen mich stumm zu ihrem Mund empor; und ich ging nicht.

Kein Laut war mehr als aus des Gartens Tiefe das Schlagen der Nachtigallen und von fern das Rauschen des Wässerleins, das hinten um die Hecken fließt. – –

Wenn, wie es in den Liedern heißt, mitunter noch in Nächten die schöne heidnische Frau Venus aufersteht und umgeht, um die armen Menschenherzen zu verwirren, so war es dazumalen eine solche Nacht. Der Mondschein war am Himmel ausgethan, ein schwüler Ruch von Blumen hauchte durch das Fenster, und dorten überm Walde spielete die Nacht in stummen Blitzen. – O Hüter, Hüter, war dein Ruf so fern?

– – Wohl weiß ich noch, daß vom Hofe her plötzlich scharf die Hähne krähten, und daß ich ein blaß und weinend Weib in meinen Armen hielt, die mich nicht lassen wollte, unachtend, daß überm Garten der Morgen dämmerte und rothen Schein in unsre Kammer warf. Dann aber, da sie deß inne wurde, trieb sie, wie von Todesangst geschreckt, mich fort.

Noch einen Kuß, noch hundert; ein flüchtig Wort noch: wann für das Gesind zu Mittage geläutet würde, dann wollten wir im Tannenwald uns treffen; und dann – ich wußte selber kaum, wie mir's geschehen – stund ich im Garten, unten in der kühlen Morgenluft.

Noch einmal, indem ich meinen von den Hunden zerfetzten Mantel aufhob, schaute ich empor und sah ein blasses Händlein mir zum Abschied winken. Nahezu erschrocken aber wurd ich, da meine Augen bei einem Rückblick aus dem Gartensteig von ungefähr die unteren Fenster neben dem Thurme streiften; denn mir war, als sähe hinter einem derselbigen ich gleichfalls eine Hand; aber sie drohete nach mir mit aufgehobenem Finger und schien mir farblos und knöchern gleich der Hand des Todes. Doch war's nur wie im Husch, daß solches über meine Augen ging; dachte zwar erstlich des Märleins von der wiedergehenden Urahne; redete mir dann aber ein, es seien nur meine eigenen aufgestörten Sinne, die solch Spiel mir vorgegaukelt hätten.

So, deß nicht weiter achtend, schritt ich eilends durch den Garten, merkete aber bald, daß in der Hast ich auf den Binsensumpf gerathen; sank auch der eine Fuß bis übers Änkel ein, gleichsam, als ob ihn was hinunterziehen wollte. »Ei«, dachte ich, »faßt das Hausgespenste doch nach dir!« Machte mich aber auf und sprang über die Mauer in den Wald hinab.

Die Finsterniß der dichten Bäume sagte meinem träumenden Gemüthe zu; hier um mich her war noch die selige Nacht, von welcher meine Sinne sich nicht lösen mochten. – Erst da ich nach geraumer Zeit vom Waldesrande in das offene Feld hinaustrat, wurd ich völlig wach. Ein Häuflein Rehe stund nicht fern im silbergrauen Thau, und über mir vom Himmel scholl das Tageslied der Lerche. Da schüttelte ich all müßig Träumen von mir ab; im selbigen Augenblick stieg aber auch wie heiße Noth die Frage mir ins Hirn: »Was weiter nun, Johannes? Du hast ein theures Leben an dich rissen; nun wisse, daß dein Leben nichts gilt als nur das ihre!«

Doch was ich sinnen mochte, es deuchte mir allfort das beste, wenn Katharina im Stifte sichern Unterschlupf gefunden, daß ich dann zurück nach Holland ginge, mich dort der Freundeshülf versicherte und allsobald zurückkäm, um sie nachzuholen. Vielleicht, daß sie gar der alten Base Herz erweichet'; und schlimmsten Falles – es mußte auch gehen ohne das!

Schon sahe ich uns auf einem fröhlichen Barkschiff die Wellen des grünen Zuidersees befahren, schon hörete ich das Glockenspiel vom Rathhausthurme Amsterdams und sah am Hafen meine Freunde aus dem Gewühl hervorbrechen und mich und meine schöne Frau mit hellem Zuruf grüßen und im Triumph nach unserem kleinen, aber trauten Heim geleiten. Mein Herz war voll von Muth und Hoffnung; und kräftiger und rascher schritt ich aus, als könnte ich bälder so das Glück erreichen.

– Es ist doch anders kommen.

In meinen Gedanken war ich allmählich in das Dorf hinabgelanget und trat hier in Hans Ottsens Krug, von wo ich in der Nacht so jählings hatte flüchten müssen. – »Ei, Meister Johannes«, rief der Alte auf der Tenne mir entgegen; »was hattet Ihr doch gestern mit unseren gestrengen Junkern? Ich war just draußen bei dem Ausschank; aber da ich wieder eintrat, fluchten sie schier grausam gegen Euch; und auch die Hunde raseten an der Thür, die Ihr hinter Euch ins Schloß geworfen hattet.«

Da ich aus solchen Worten abnahm, daß der Alte den Handel nicht wohl begriffen habe, so entgegnete ich nur: »Ihr wisset, der von der Risch und ich, wir haben uns schon als Jungen oft einmal gezauset; da mußt's denn gestern noch so einen Nachschmack geben.«

»Ich weiß, ich weiß!« meinte der Alte; »aber der Junker sitzt heut auf seines Vaters Hof; Ihr solltet Euch hüten, Herr Johannes; mit solchen Herren ist nicht sauber Kirschen essen.«

Dem zu widersprechen, hatte ich nicht Ursach, sondern ließ mir Brot und Frühtrunk geben und ging dann in den Stall, wo ich mir meinen Degen holete, auch Stift und Skizzenbüchlein aus dem Ranzen nahm.

Aber es war noch lange bis zum Mittagläuten. Also bat ich Hans Ottsen, daß er den Gaul mit seinem Jungen mög zum Hofe bringen lassen; und als er mir solches zugesaget, schritt ich wieder hinaus zum Wald. Ich ging aber bis zu der Stelle auf dem

Heidenhügel, von wo man die beiden Giebel des Herrenhauses über die Gartenhecken ragen sieht, wie ich solches schon für den Hintergrund zu Katharinens Bildniß ausgewählet hatte. Nun gedachte ich, daß, wann in zu verhoffender Zeit sie selber in der Fremde leben und wohl das Vaterhaus nicht mehr betreten würde, sie seines Anblicks doch nicht ganz entrathen solle; zog also meinen Stift herfür und begann zu zeichnen, gar sorgsam jedes Winkelchen, woran ihr Auge einmal mocht gehaftet haben. Als farbig Schilderei sollt es dann in Amsterdam gefertigt werden, damit es ihr sofort entgegengrüße, wann ich sie dort in unsre Kammer führen würde.

Nach ein paar Stunden war die Zeichnung fertig. Ich ließ noch wie zum Gruß ein zwitschernd Vögelein darüber fliegen; dann suchte ich die Lichtung auf, wo wir uns finden wollten, und streckte mich nebenan im Schatten einer dichten Buche; sehnlich verlangend, daß die Zeit vergehe.

Ich mußte gleichwohl darob eingeschlummert sein; denn ich erwachte von einem fernen Schall und wurd deß inne, daß es das Mittagläuten von dem Hofe sei. Die Sonne glühte schon heiß hernieder und verbreitete den Ruch der Himbeeren, womit die Lichtung überdeckt war. Es fiel mir bei, wie einst Katharina und ich uns hier bei unseren Waldgängen süße Wegzehrung geholet hatten; und nun begann ein seltsam Spiel der Phantasie; bald sahe ich drüben zwischen den Sträuchern ihre zarte Kindsgestalt, bald stund sie vor mir, mich anschauend mit den seligen Frauenaugen, wie ich sie letzlich erst gesehen, wie ich sie nun gleich, im nächsten Augenblicke, schon leibhaftig an mein klopfend Herze schließen würde.

Da plötzlich überfiel mich's wie ein Schrecken. Wo blieb sie denn? Es war schon lang, daß es geläutet hatte. Ich war aufgesprungen, ich ging umher, ich stund und spähete scharf nach aller Richtung durch die Bäume; die Angst kroch mir zum Herzen; aber Katharina kam nicht; kein Schritt im Laube raschelte; nur oben in den Buchenwipfeln rauschte ab und zu der Sommerwind.

Böser Ahnung voll ging ich endlich fort und nahm einen Umweg nach dem Hofe zu. Da ich unweit dem Thore zwischen die Eichen kam, begegnete mir Dieterich. »Herr Johannes«, sagte er und trat hastig auf mich zu, »Ihr seid die Nacht schon in Hans Ottsens Krug gewesen; sein Junge brachte mir Euren Gaul zurück; – was habet Ihr mit unsern Junkern vorgehabt?«

»Warum fragst du, Dieterich?«

– »Warum, Herr Johannes? – Weil ich Unheil zwischen euch verhüten möcht.«

»Was soll das heißen, Dieterich?« frug ich wieder; aber mir war beklommen, als sollte das Wort mir in der Kehle sticken.

»Ihr werdet's schon selber wissen, Herr Johannes!« entgegnete der Alte. »Mir hat der Wind nur so einen Schall davon gebracht; vor einer Stund mag's gewesen sein; ich wollte den Burschen rufen, der im Garten an den Hecken putzte. Da ich an den Thurm kam, wo droben unser Fräulein ihre Kammer hat, sah ich dorten die alte Bas' Ursel mit unserem Junker dicht beisammenstehen. Er hatte die Arme unterschlagen und sprach kein einzig Wörtlein; die Alte aber redete einen um so größeren Haufen und jammerte ordentlich mit ihrer feinen Stimme. Dabei wies sie bald nieder auf den Boden, bald hinauf in den Epheu, der am Thurm hinaufwächst. – Verstanden, Herr Johannes, hab ich von dem allem nichts; dann aber, und nun merket wohl auf, hielt sie mit ihrer knöchern Hand, als ob sie damit drohete, dem Junker was vor Augen; und da ich näher hinsah, war's ein Fetzen Grauwerk, just wie Ihr's da an Euerem Mantel traget.«

»Weiter, Dieterich!« sagte ich; denn der Alte hatte die Augen auf meinen zerrissenen Mantel, den ich auf dem Arme trug.

»Es ist nicht viel mehr übrig« erwiderte er; »denn der Junker wandte sich jählings nach mir zu und frug mich, wo Ihr anzutreffen wäret. Ihr möget mir es glauben, wäre er in Wirklichkeit ein Wolf gewesen, die Augen hätten blutiger nicht funkeln können.«

Da frug ich: »Ist der Junker im Hause, Dieterich?«

– »Im Haus? Ich denke wohl; doch was sinnet ihr, Herr Johannes?«

»Ich sinne, Dieterich, daß ich allsogleich mit ihm zu reden habe.«

Aber Dieterich hatte bei beiden Händen mich ergriffen. »Gehet nicht, Johannes«, sagte er dringend; »erzählet mir zum wenigsten, was geschehen ist; der Alte hat Euch ja sonst wohl guten Rath gewußt!«

»Hernach, Dieterich, hernach!« entgegnete ich. Und also mit diesen Worten riß ich meine Hände aus den seinen.

Der Alte schüttelte den Kopf. »Hernach, Johannes«, sagte er, »das weiß nur unser Herrgott!«

Ich aber schritt nun über den Hof dem Hause zu. – Der Junker sei eben in seinem Zimmer, sagte eine Magd, so ich im Hausflur drum befragte.

Ich hatte dieses Zimmer, das im Unterhause lag, nur einmal erst betreten. Statt wie bei seinem Vater sel. Bücher und Karten, war hier vielerlei Gewaffen, Handröhre und Arkebusen, auch allerart Jagdgeräthe an den Wänden angebracht; sonst war es ohne Zier und zeigete an ihm selber, daß niemand auf die Dauer und mit seinen ganzen Sinnen hier verweile.

Fast wär ich an der Schwelle noch zurückgewichen, da ich auf des Junkers ›Herein‹ die Thür geöffnet; denn als er sich vom Fenster zu mir wandte, sah ich eine Reiterpistole in seiner Hand, an deren Radschloß er hantirete. Er schauete mich an, als ob ich von den Tollen käme. »So!« sagte er gedehnet; »wahrhaftig, Sieur Johannes, wenn's nicht schon sein Gespenste ist!«

»Ihr dachtet, Junker Wulf«, entgegnet ich, indem ich näher zu ihm trat, »es möcht der Straßen noch andre für mich geben, als die in Euere Kammer führen!«

– »So dachte ich, Sieur Johannes! Wie Ihr gut rathen könnt! Doch immerhin, Ihr kommt mir eben recht; ich hab Euch suchen lassen!«

In seiner Stimme bebte was, das wie ein lauernd Raubthier auf dem Sprunge lag, so daß die Hand mir unversehens nach dem Degen fuhr. Jedennoch sprach ich: »Höret mich und gönnet mir ein ruhig Wort, Herr Junker!«

Er aber unterbrach meine Rede: »Du wirst gewogen sein, mich erstlich auszuhören! Sieur Johannes«, – und seine Worte, die erst langsam waren, wurden allmählich gleichwie ein Gebrüll – »vor ein paar Stunden, da ich mit schwerem Kopf erwachte, da fiel's mir bei und reuete mich gleich einem Narren, daß ich im Rausch die wilden Hunde dir auf die Fersen gehetzet hatte; – seit aber Bas' Ursel mir den Fetzen vorgehalten, den sie dir aus deinem Federbalg gerissen, – beim Höllenelement! mich reut's nur noch, daß mir die Bestien solch Stück Arbeit nachgelassen!«

Noch einmal suchte ich zu Worte zu kommen; und da der Junker schwieg, so dachte ich, daß er auch hören würde. »Junker Wulf«, sagte ich, »es ist schon wahr, ich bin kein Edelmann; aber ich bin kein geringer Mann in meiner Kunst und hoffe, es auch wohl noch einmal den Größeren gleich zu thun; so bitte ich Euch geziementlich, gehet Euere Schwester Katharina mir zum Ehgemahl – –«

Da stockte mir das Wort im Munde. Aus seinem bleichen Antlitz starrten mich die Augen des alten Bildes an; ein gellend Lachen schlug mir in das Ohr, ein Schuß – – – dann brach ich zusammen und hörete nur noch, wie mir der Degen, den ich ohn Gedanken fast gezogen hatte, klirrend aus der Hand zu Boden fiel.

Es war manche Woche danach, daß ich in dem schon bleicheren Sonnenschein auf einem Bänkchen vor dem letzten Haus des Dorfes saß, mit matten Blicken nach dem Wald hinüberschauend, an dessen jenseitigem Rande das Herrenhaus belegen war. Meine thörichten Augen suchten stets aufs neue den Punkt, wo, wie ich mir vorstellte, Katharinens Kämmerlein von drüben auf die schon herbstlich gelben Wipfel schaue; denn von ihr selber hatte ich keine Kunde.

Man hatte mich mit meiner Wunde in dies Haus gebracht, das von des Junkers Waldhüter bewohnt wurde; und außer diesem Mann und seinem Weibe und einem mir unbekannten Chirurgus war während meines langen Lagers niemand zu mir gekommen. – Von wannen ich den Schuß in meine Brust erhalten, darüber hat mich niemand befragt, und ich habe niemandem Kunde gegeben; des Herzogs Gerichte gegen Herrn Gerhardus' Sohn und Katharinens Bruder anzurufen, konnte nimmer mir zu Sinne kommen. Er mochte sich dessen auch wohl getrösten; noch glaubhafter jedoch, daß er allen diesen Dingen trotzete.

Nur einmal war mein guter Dieterich da gewesen; er hatte mir in des Junkers Auftrage zwei Rollen Ungarischer Dukaten überbracht als Lohn für Katharinens Bild, und ich hatte das Gold genommen, in Gedanken, es sei ein Theil von deren Erbe, von dem sie als mein Weib wohl später nicht zu viel empfahen würde. Zu einem traulichen Gespräch mit Dieterich, nach dem mich sehr verlangete, hatte es mir nicht gerathen wollen, maßen das gelbe Fuchsgesicht meines Wirthes allaugenblicks in meine Kammer schaute; doch wurde so viel mir kund, daß der Junker nicht nach Kiel gereiset, und Katharina seither von niemandem weder in Hof noch Garten war gesehen worden; kaum konnte ich noch den Alten bitten, daß er dem Fräulein, wenn sich's treffen möchte, meine Grüße sage, und daß ich bald nach Holland zu reisen, aber bälder noch zurückzukommen dächte, was alles in Treuen auszurichten er mir dann gelobete.

Überfiel mich aber danach die allergrößeste Ungeduld, so daß ich gegen den Willen des Chirurgus und bevor im Walde drüben noch die letzten Blätter von den Bäumen fielen, meine Reise ins Werk setzete; langete auch schon nach kurzer Frist wohlbehalten in der holländischen Hauptstadt an, allwo ich von meinen Freunden gar liebreich empfangen wurde, und mochte es auch ferner vor ein glücklich Zeichen wohl erkennen, daß zwo Bilder, so ich dort zurückgelassen, durch die hilfsbereite Vermittelung meines theuren Meisters van der Helst beide zu ansehnlichen Preisen verkaufet waren. Ja, es war dessen noch nicht genug: ein mir schon früher wohlgewogener Kaufherr ließ mir sagen, er habe nur auf mich gewartet, daß ich für sein nach dem Haag verheirathetes Töchterlein sein Bildniß malen möge; und wurde mir auch sofort ein reicher Lohn dafür versprochen. Da dachte ich, wenn ich solches noch vollendete, daß dann genug des helfenden Metalles in meinen Händen wäre, um auch ohne andere Mittel Katharinen in ein wohl bestellet Heimwesen einzuführen.

Machte mich also, da mein freundlicher Gönner desselbigen Sinnes war, mit allem Eifer an die Arbeit, so daß ich bald den Tag meiner Abreise gar fröhlich nah und näher rücken sahe, unachtend, mit was vor üblen Anständen ich drüben noch zu kämpfen hätte.

Aber des Menschen Augen sehen das Dunkel nicht, das vor ihm ist. – Als nun das Bild vollendet war und reichlich Lob und Gold um dessen willen mir zu Theil geworden, da konnte ich nicht fort. Ich hatte in der Arbeit meiner Schwäche nicht geachtet, die schlecht geheilte Wunde warf mich wiederum danieder. Eben wurden zum Weihnachtsfeste auf allen Straßenplätzen die Waffelbuden aufgeschlagen, da begann mein Siechthum und hielt mich länger als das erste Mal gefesselt. Zwar der besten Arzteskunst und liebreicher Freundespflege war kein Mangel, aber in Ängsten sahe ich Tag um Tag vergehen, und keine Kunde konnte von ihr, keine zu ihr kommen.

Endlich nach harter Winterzeit, da der Zuidersee wieder seine grünen Wellen schlug, geleiteten die Freunde mich zum Hafen; aber statt des frohen Muthes nahm ich itzt schwere Herzensorge mit an Bord. Doch ging die Reise rasch und gut von Statten.

Von Hamburg aus fuhr ich mit der königlichen Post; dann, wie vor nun fast einem Jahre hiebevor, wanderte ich zu Fuße durch den Wald, an dem noch kaum die ersten Spitzen grüneten. Zwar probten schon die Finken und die Ammern ihren Lenzgesang; doch was kümmerten sie mich heute! – Ich ging aber nicht nach Herrn Gerhardus' Herrengut; sondern, so stark mein Herz auch klopfete, ich bog seitwärts ab und schritt am Waldesrand entlang dem Dorfe zu. Da stund ich bald in Hans Ottsens Krug und ihm gar selber gegenüber.

Der Alte sah mich seltsam an, meinete aber dann, ich lasse ja recht munter. »Nur«, fügte er bei, »mit den Schießbüchsen müsset Ihr nicht wieder spielen; die machen ärgere Flecken als so ein Malerpinsel.«

Ich ließ ihn gern bei solcher Meinung, so, wie ich wohl merkete, hier allgemein verbreitet war, und that vors erste eine Frage nach dem alten Dieterich.

Da mußte ich vernehmen, daß er noch vor dem ersten Winterschnee, wie es so starken Leuten wohl passiret, eines plötzlichen, wenn auch gelinden Todes verfahren sei. »Der freuet sich«, sagte Hans Ottsen, »daß er zu seinem alten Herrn da droben kommen; und ist für ihn auch besser so.«

»Amen!« sagte ich; »mein herzlieber alter Dieterich!«

Indeß aber mein Herz nur, und immer banger, nach einer Kundschaft von Katharinen seufzete, nahm meine furchtsam Zunge einen Umweg, und ich sprach beklommen: »Was machet denn Euer Nachbar, der von der Risch?«

»Oho«, lachte der Alte; »der hat ein Weib genommen, und eine, die ihn schon zu Richte setzen wird.«

Nur im ersten Augenblick erschrak ich, denn ich sagte mir sogleich, daß er nicht so von Katharinen reden würde; und da er dann den Namen nannte, so war's ein ältlich, aber reiches Fräulein aus der Nachbarschaft; forschete also muthig weiter, wie's drüben in Herrn Gerhardus' Haus bestellet sei, und wie das Fräulein und der Junker miteinander hauseten.

Da warf der Alte mir wieder seine seltsamen Blicke zu. »Ihr meinet wohl«, sagte er, »daß alte Thürm' und Mauern nicht auch plaudern könnten!«

»Was soll's der Rede?« rief ich; aber sie fiel mir centnerschwer aufs Herz.

»Nun, Herr Johannes«, und der Alte sahe mir gar zuversichtlich in die Augen, »wo das Fräulein hinkommen, das werdet doch Ihr am besten wissen! Ihr seid derzeit im Herbst ja nicht zum letzten hier gewesen; nur wundert's mich, daß Ihr noch einmal wiederkommen; denn Junker Wulf wird, denk ich, nicht eben gute Mien zum bösen Spiel gemachet haben.«

Ich sah den alten Menschen an, als sei ich selber hintersinnig worden; dann aber kam mir plötzlich ein Gedanke. »Unglücksmann!« schrie ich, »Ihr glaubet doch nicht etwan, das Fräulein Katharina sei mein Eheweib geworden?«

»Nun, lasset mich nur los!« entgegnete der Alte – denn ich schüttelte ihn an beiden Schultern. – »Was geht's mich an! Es geht die Rede so! Auf alle Fäll'; seit Neujahr ist das Fräulein im Schloß nicht mehr gesehen worden.«

Ich schwur ihm zu, derzeit sei ich in Holland krank gelegen; ich wisse nichts von alledem.

Ob er's geglaubet, weiß ich nicht zu sagen; allein er gab mir kund, es sollte dermalen ein unbekannter Geistlicher zur Nachtzeit und in großer Heimlichkeit auf den Herrenhof gekommen sein; zwar habe Bas' Ursel das Gesinde schon zeitig in ihre Kammern getrieben; aber der Mägde eine, so durch die Thürspalt gelauschet, wolle auch mich über den Flur nach der Treppe haben gehen sehen; dann später hätten sie deutlich einen Wagen aus dem Thorhaus fahren hören, und seien seit jener Nacht nur noch Bas' Ursel und der Junker in dem Schloß gewesen.

– – Was ich von nun an alles und immer doch vergebens unternommen, um Katharinen oder auch nur eine Spur von ihr zu finden, das soll nicht hier verzeichnet werden. Im Dorf war nur das thörichte Geschwätz, davon Hans Ottsen mich die Probe schmecken lassen; darum machete ich mich auf nach dem Stifte zu Herrn Gerhardus' Schwester; aber die Dame wollte mich nicht vor sich lassen; wurde im übrigen mir auch berichtet, daß keinerlei junges Frauenzimmer bei ihr gesehen worden. Da reisete ich wieder zurück und demüthigte mich also, daß ich nach dem Hause des von der Risch ging und als ein Bittender vor meinen alten Widersacher hintrat. Der sagte höhnisch, es möge wohl der Buhz das Vöglein sich geholet haben; er habe dem nicht nachgeschaut; auch halte er keinen Aufschlag mehr mit denen von Herrn Gerhardus' Hofe.

Der Junker Wulf gar, der davon vernommen haben mochte, ließ nach Hans Ottsens Kruge sagen, so ich mich unterstünde, auch zu ihm zu dringen, er würde mich noch einmal mit den Hunden hetzen lassen. – Da bin ich in den Wald gegangen und hab gleich einem Strauchdieb am Weg auf ihn gelauert; die Eisen sind von der Scheide bloß geworden; wir haben gefochten, bis ich die Hand ihm wund gehauen und sein Degen in die Büsche flog. Aber er sahe mich nur mit seinen bösen Augen an; gesprochen hat er nicht. – Zuletzt bin ich zu längerem Verbleiben nach Hamburg kommen, von wo aus ich ohne Anstand und mit größerer Umsicht meine Nachforschungen zu betreiben dachte.

Es ist alles doch umsonst gewesen.

Aber ich will vors erste nun die Feder ruhen lassen. Denn vor mir liegt dein Brief, mein lieber Josias; ich soll dein Töchterlein, meiner Schwester sel. Enkelin, aus der Taufe heben. – Ich werde auf meiner Reise dem Walde vorbeifahren, so hinter Herrn Gerhardus' Hof belegen ist. Aber das alles gehört ja der Vergangenheit.

*

Hier schließt das erste Heft der Handschrift. – Hoffen wir, daß der Schreiber ein fröhliches Tauffest gefeiert und inmitten seiner Freundschaft an frischer Gegenwart sein Herz erquickt habe.

Meine Augen ruhten auf dem alten Bild mir gegenüber: ich konnte nicht zweifeln, der schöne ernste Mann war Herr Gerhardus. Wer aber war jener tote Knabe, den ihm Meister Johannes hier so sanft in seinen Arm gebettet hatte? – Sinnend nahm ich das zweite und zugleich letzte Heft, dessen Schriftzüge um ein weniges unsicherer erschienen. Es lautete wie folgt:

>Geliek as Rook un Stoof verswindt,
>Also sind ock de Minschenkind.

Der Stein, darauf diese Worte eingehauen stehen, saß ob dem Thürsims eines alten Hauses. Wenn ich daran vorbeiging, mußte ich allzeit meine Augen dahin wenden, und auf meinen einsamen Wanderungen ist dann selbiger Spruch oft lange mein Begleiter blieben. Da sie im letzten Herbste das alte Haus abbrachen, habe ich aus den Trümmern diesen Stein erstanden, und ist er heute gleicherweise ob der Thüre meines Hauses eingemauert worden, wo er nach mir noch manchen, der vorübergeht, an die Nichtigkeit des Irdischen erinnern möge. Mir aber soll er eine Mahnung sein, ehbevor auch an meiner Uhr der Weiser stillesteht, mit der Aufzeichnung meines Lebens fortzufahren. Denn du, meiner lieben Schwester Sohn, der du nun bald mein Erbe sein wirst, mögest mit meinem kleinen Erdengute dann auch mein Erdenleid dahin nehmen, so ich bei meiner Lebzeit niemandem, auch, aller Liebe ohnerachtet, dir nicht habe anvertrauen mögen.

Item: anno 1666 kam ich zum ersten Mal in diese Stadt an der Nordsee; maßen von einer reichen Branntweinbrenner-Witwen mir der Auftrag worden, die Auferweckung Lazari zu malen, welches Bild sie zum schuldigen und freundlichen Gedächtniß ihres Seligen, der hiesigen Kirchen aber zum Zierath zu stiften gedachte, allwo es denn auch noch heute über dem Taufsteine mit den vier Aposteln zu schauen ist. Daneben wünschte auch der Bürgermeister, Herr Titus Axen, so früher in Hamburg Thumherr und mir von dort bekannt war, sein Conterfey von mir gemalet, so daß ich für eine lange Zeit allhier zu schaffen hatte. – Mein Losament aber hatte ich bei meinem einzigen und älteren Bruder, der seit lange schon das Secretariat der Stadt bekleidete; das Haus, darin er als unbeweibter Mann lebte, war hoch und räumlich, und war es dasselbig Haus mit den zwo Linden an der Ecken von Markt und Krämerstraße, worin ich, nachdem es durch meines lieben Bruders Hintritt mir angestorben, anitzt als alter Mann noch lebe und der Wiedervereinigung mit den vorangegangenen Lieben in Demuth entgegenharre.

Meine Werkstätte hatte ich mir in dem großen Pesel der Witwe eingerichtet; es war dorten ein gutes Oberlicht zur Arbeit und bekam alles gemacht und gestellet, wie ich es verlangen mochte. Nur daß die gute Frau selber gar zu gegenwärtig war; denn allaugenblicklich kam sie draußen von ihrem Schenktisch zu mir hergetrottet mit ihren Blechgemäßen in der Hand; drängte mit ihrer Wohlbeleibtheit mir auf den Malstock und roch an meinem Bild herum; gar eines Vormittages, da ich soeben den Kopf des Lazarus untermalet hatte, verlangte sie mit viel überflüssigen Worten, der auferweckte Mann solle das Antlitz ihres Seligen zur Schau stellen, obschon ich diesen Seligen doch niemalen zu Gesicht bekommen, von meinem Bruder auch vernommen hatte, daß selbiger, wie es die Brenner pflegen, das Zeichen seines Gewerbes als eine blaurothe Nasen im Gesicht herumgetragen; da habe ich denn, wie man glauben mag, dem unvernünftigen Weibe gar hart den Daumen gegenhalten müssen. Als dann von der Außendiele her wieder neue Kundschaft nach ihr gerufen und mit den Gemäßen auf den Schank geklopft, und sie endlich von mir lassen müssen, da sank mir die Hand mit dem Pinsel in den Schoß, und ich mußte plötzlich des Tages gedenken, da ich eines gar andern Seligen Antlitz mit dem Stifte nachgebildet, und wer da in der kleinen Kapelle so still bei mir gestanden sei. – Und also rückwärts sinnend, setzete ich meinen Pinsel wieder an; als aber selbiger eine gute Weile hin und wider gegangen, mußte ich zu eigener Verwunderung gewahren, daß ich die Züge des edlen Herrn Gerhardus in des Lazari Angesicht hineingetragen hatte. Aus seinem Leilach blickte des Todten Antlitz gleichwie in stummer Klage gegen mich, und ich gedachte: So wird er dir einstmals in der Ewigkeit entgegentreten!

Ich konnte heut nicht weiter malen, sondern ging fort und schlich auf meine Kammer ober der Hausthür, allwo ich mich ans Fenster setzte und durch den Ausschnitt der Lindenbäume auf den Markt hinabsah. Es gab aber groß Gewühl dort, und war bis drüben an die Rathswaage und weiter bis zur Kirchen alles voll von Wagen und Menschen; denn es war ein Donnerstag und noch zur Stunde, daß Gast mit Gaste handeln durfte, also daß der Stadtknecht mit dem Griper müßig auf unseres Nachbaren Beischlag saß, maßen es vor der Hand keine Brüchen zu erhaschen gab. Die Ostenfelder Weiber mit ihren rothen Jacken, die Mädchen von den Inseln mit ihren Kopftüchern und feinem Silberschmuck, dazwischen die hochgethürmten Getreidewagen und darauf die Bauern in ihren gelben Lederhosen – dies alles mochte wohl ein Bild für eines Malers Auge geben, zumal wenn selbiger, wie ich, bei den Holländern in die Schule gegangen war; aber die Schwere meines Gemüthes machte das bunte Bild mir trübe. Doch war es keine Reu, wie ich vorhin an mir erfahren hatte; ein sehnend Leid kam immer gewaltiger über mich; es zerfleischete mich mit wilden Krallen und sah mich gleichwohl mit holden Augen an. Drunten lag der helle Mittag auf dem wimmelnden Markte; vor meinen Augen aber dämmerte silberne Mondnacht, wie Schatten stiegen ein paar Zackengiebel auf, ein Fenster klirrte, und gleich wie aus Träumen schlugen leis und fern die Nachtigallen. O du mein Gott und mein Erlöser, der du die Barmherzigkeit bist, wo war sie in dieser Stunde, wo hatte meine Seele sie zu suchen? – –

Da hörete ich draußen unter dem Fenster von einer harten Stimme meinen Namen nennen, und als ich hinausschaute, ersahe ich einen großen hageren Mann in der üblichen Tracht eines Predigers, obschon sein herrisch und finster Antlitz mit dem schwarzen Haupthaar und dem tiefen Einschnitt ob der Nase wohl eher einem Kriegsmann angestanden wäre. Er wies soeben einem andern, untersetzten Manne von bäuerischem Aussehen, aber gleich ihm in schwarzwollenen Strümpfen und Schnallenschuhen, mit seinem Handstocke nach unserer Hausthür zu, indem er selbst zumal durch das Marktgewühle von dannen schritt.

Da ich dann gleich darauf die Thürglocke schellen hörte, ging ich hinab und lud den Fremden in das Wohngemach, wo er von dem Stuhle, darauf ich ihn genöthigt, mich gar genau und aufmerksam betrachtete.

Also war selbiger der Küster aus dem Dorfe norden der Stadt, und erfuhr ich bald, daß man dort einen Maler brauche, da man des Pastors Bildniß in die Kirche stiften wolle. Ich forschete ein wenig, was für Verdienst um die Gemeine dieser sich erworben hätte, daß sie solche Ehr ihm anzuthun gedächten, da er doch seines Alters halben noch nicht gar lang im Amte stehen könne; der Küster aber meinete, es habe der Pastor freilich wegen eines Stück Ackergrundes einmal einen Proceß gegen die Gemeine angestrenget, sonst wisse er eben nicht, was Sondres könne vorgefallen sein; allein es hingen allbereits die drei Amtsvorweser in der Kirchen, und da sie, wie er sagen müsse, vernommen hätten, ich verstünde das Ding gar wohl zu machen, so sollte der guten Gelegenheit wegen nun auch der vierte Pastor mit hinein; dieser selber freilich kümmere sich nicht eben viel darum.

Ich höretem dem allen zu; und da ich mit meinem Lazarus am liebsten auf eine Zeit pausiren mochte, das Bildniß des Herrn Titus Axen aber wegen eingetretenen Siechthums desselbigen nicht beginnen konnte, so hub ich an, dem Auftrage näher nachzufragen.

Was mir an Preis für solche Arbeit nun geboten wurde, war zwar gering, so daß ich erstlich dachte: sie nehmen dich für einen Pfennigmaler, wie sie im Kriegstrosse mitziehen, um die Soldaten für ihre heimgebliebenen Dirnen abzumalen; aber es muthete mich plötzlich an, auf eine Zeit allmorgendlich in der goldnen Herbstessonne über die Heide nach dem Dorf hinauszuwandern, das nur eine Wegstunde von unserer Stadt belegen ist. Sagete also zu, nur mit dem Beding, daß die Malerei draußen auf dem Dorfe vor sich ginge, da hier in meines Bruders Hause paßliche Gelegenheit nicht befindlich sei.

Deß schien der Küster gar vergnügt, meinend, das sei alles hiebevor schon fürgesorget; der Pastor habe sich solches gleichfalls ausbedungen; item, es sei dazu die Schulstube in seiner Küsterei erwählet; selbige sei das zweite Haus im Dorfe und liege nahe am Pastorate, nur hintenaus durch die Priesterkoppel davon geschieden, so daß also auch der Pastor leicht hinübertreten könne. Die Kinder, die im Sommer doch nichts lernten, würden dann nach Haus geschicket.

Also schüttelten wir uns die Hände, und da der Küster auch

die Maße des Bildes fürsorglich mitgebracht, so konnte alles Malgeräth, deß ich bedurfte, schon Nachmittages mit der Priesterfuhr hinausbefördert werden.

Als mein Bruder dann nach Hause kam – erst spät am Nachmittage; denn ein Ehrsamer Rath hatte dermalen viel Bedrängniß von einer Schinderleichen, so die ehrlichen Leute nicht zu Grabe tragen wollten –, meinete er, ich bekäme da einen Kopf zu malen, wie er nicht oft auf einem Priesterkragen sitze, und möchte mich mit Schwarz und Braunroth wohl versehen; erzählete mir auch, es sei der Pastor als Feldcapellan mit den Brandenburgern hier ins Land gekommen, als welcher er's fast wilder als die Offiziers getrieben haben solle; sei übrigens itzt ein scharfer Streiter vor dem Herrn, der seine Bauern gar meisterlich zu packen wisse. – Noch merkete mein Bruder an, daß bei desselbigen Amtseintritt in unserer Gegend adelige Fürsprach eingewirket haben solle, wie es heiße, von drüben aus dem Holsteinischen her; der Archidiaconus habe bei der Klosterrechnung ein Wörtlein davon fallen lassen. War jedoch Weiteres meinem Bruder darob nicht kund geworden.

So sahe mich denn die Morgensonne des nächsten Tages rüstig über die Heide schreiten, und war mir nur leid, daß letztere allbereits ihr rothes Kleid und ihren Würzeduft verbrauchet und also diese Landschaft ihren ganzen Sommerschmuck verloren hatte; denn von grünen Bäumen war weithin nichts zu ersehen; nur der spitze Kirchthurm des Dorfes, dem ich zustrebte – wie ich bereits erkennen mochte, ganz von Granitquadern auferbauet – stieg immer höher vor mir in den dunkelblauen Octoberhimmel. Zwischen den schwarzen Strohdächern, die an seinem Fuße lagen, krüppelte nur niedrig Busch- und Baumwerk; denn der Nordwestwind, so hier frisch von der See heraufkommt, will freien Weg zu fahren haben.

Als ich das Dorf erreichet und auch alsbald mich nach der Küsterei gefunden hatte, stürzete mir sofort mit lustigem Geschrei die ganze Schul entgegen; der Küster aber hieß an seiner Hausthür mich willkommen. »Merket Ihr wohl, wie gern sie von der Fibel laufen!« sagte er. »Der eine Bengel hatte Euch schon durchs Fenster kommen sehen.«

In dem Prediger, der gleich danach ins Haus trat, erkannte ich denselbigen Mann, den ich schon tags zuvor gesehen hatte. Aber auf seine finstere Erscheinung war heute gleichsam ein Licht gesetzet; das war ein schöner blasser Knabe, den er an der Hand mit sich führete; das Kind mochte etwan vier Jahre zählen und sahe fast winzig aus gegen des Mannes hohe knochige Gestalt.

Da ich die Bildnisse der früheren Prediger zu sehen wünschte, so gingen wir mitsammen in die Kirche, welche also hoch belegen ist, daß man nach den anderen Seiten über Marschen und Heide, nach Westen aber auf den nicht gar fernen Meeresstrand hinunterschauen kann. Es mußte eben Fluth sein; denn die Watten waren überströmet und das Meer stund wie ein lichtes Silber. Da ich anmerkete, wie oberhalb desselben die Spitze des Festlandes und von der andern Seite diejenige der Insel sich gegeneinander strecketen, wies der Küster auf die Wasserfläche, so dazwischen liegt. »Dort«, sagte er, »hat einst meiner Eltern Haus gestanden; aber anno 34 bei der großen Fluth trieb es gleich hundert anderen in den grimmen Wassern; auf der einen Hälfte des Daches ward ich an diesen Strand geworfen, auf der anderen fuhren Vater und Bruder in die Ewigkeit hinaus.«

Ich dachte: »So stehet die Kirche wohl am rechten Ort; auch ohne den Pastor wird hier vernehmlich Gottes Wort geprediget.«

Der Knabe, welchen letzterer auf den Arm genommen hatte, hielt dessen Nacken mit beiden Ärmchen fest umschlungen und drückte die zarte Wange an das schwarze bärtige Gesicht des Mannes, als finde er so den Schutz vor der ihn schreckenden Unendlichkeit, die dort vor unseren Augen ausgebreitet lag.

Als wir in das Schiff der Kirche eingetreten waren, betrachtete ich mir die alten Bildnisse und sahe auch einen Kopf darunter, der wohl eines guten Pinsels werth gewesen wäre; jedennoch war es alles eben Pfennigmalerei, und sollte demnach der Schüler van der Helsts hier in gar sondere Gesellschaft kommen.

Da ich solches eben in meiner Eitelkeit bedachte, sprach die harte Stimme des Pastors neben mir: »Es ist nicht meines Sinnes, daß der Schein des Staubes dauere, wenn der Odem Gottes ihn verlassen; aber ich habe der Gemeine Wunsch nicht widerstreben mögen; nur, Meister, machet es kurz; ich habe besseren Gebrauch für meine Zeit.«

Nachdem ich dem finsteren Manne, an dessen Antlitz ich gleichwohl für meine Kunst Gefallen fand, meine beste Bemühung zugesaget, fragete ich einem geschnitzten Bilde der Maria nach, so von meinem Bruder mir war gerühmet worden.

Ein fast verachtend Lächeln ging über des Predigers Angesicht. »Da kommet ihr zu spät«, sagte er, »es ging in Trümmer, da ich's aus der Kirche schaffen ließ.«

Ich sah ihn fast erschrocken an. »Und wolltet Ihr des Heilands Mutter nicht in Euerer Kirche dulden?«

»Die Züge von des Heilands Mutter«, entgegnete er, »sind nicht überliefert worden.«

– »Aber wollet Ihr's der Kunst mißgönnen, sie in frommem Sinn zu suchen?«

Er blickte eine Weile finster auf mich herab; denn, obschon ich zu den Kleinen nicht zu zählen, so überragte er mich doch um eines halben Kopfes Höhe; – dann sprach er heftig: »Hat nicht der König die holländischen Papisten dort auf die zerrissene Insel herberufen; nur um durch das Menschenwerk der Deiche des Höchsten Strafgericht zu trotzen? Haben nicht noch letzlich die Kirchenvorsteher drüben in der Stadt sich zwei der Heiligen in ihr Gestühlte schnitzen lassen? Betet und wachet! Denn auch hier geht Satan noch von Haus zu Haus! Diese Marienbilder sind nichts als Säugammen der Sinnenlust und des Papismus; die Kunst hat allzeit mit der Welt gebuhlt!«

Ein dunkles Feuer glühte in seinen Augen, aber seine Hand lag liebkosend auf dem Kopf des blassen Knaben, der sich an seine Knie schmiegte.

Ich vergaß darob des Pastors Worte zu erwidern; mahnete aber danach, daß wir in die Küsterei zurückgingen, wo ich alsdann meine edele Kunst an ihrem Widersacher selber zu erproben anhub.

Also wanderte ich fast einen Morgen um den andern über die Heide nach dem Dorfe, wo ich allzeit den Pastor schon meiner harrend antraf. Geredet wurde wenig zwischen uns; aber das Bild nahm desto rascheren Fortgang. Gemeiniglich saß der Küster neben uns und schnitzete allerlei Geräthe gar säuberlich aus Eichenholz, dergleichen als eine Hauskunst hier überall betrieben wird; auch habe ich das Kästlein, woran er derzeit arbeitete, von ihm erstanden und darin vor Jahren die ersten Blätter dieser Niederschrift hinterleget, alswie denn auch mit Gottes Willen diese letzten darin sollen beschlossen sein. –

In des Predigers Wohnung wurde ich nicht geladen und betrat selbige auch nicht; der Knabe aber war allzeit mit ihm in der Küsterei; er stand an seinen Knien, oder er spielte mit Kieselsteinchen in der Ecke des Zimmers. Da ich selbigen einmal fragte, wie er heiße, antwortete er: »Johannes!« – »Johannes?« entgegnete ich, »so heiße ich ja auch!« – Er sah mich groß an, sagte aber weiter nichts.

Weshalb rühreten diese Augen so an meine Seele? – Einmal gar überraschete mich ein finsterer Blick des Pastors, da ich den Pinsel müßig auf der Leinewand ruhen ließ. Es war etwas in dieses Kindes Antlitz, das nicht aus seinem kurzen Leben kommen konnte; aber es war kein froher Zug. So, dachte ich, sieht ein Kind, das unter einem kummerschweren Herzen ausgewachsen. Ich hätte oft die Arme nach ihm breiten mögen; aber ich scheuete mich vor dem harten Manne, der es gleich einem Kleinod zu behüten schien. Wohl dachte ich oft: »Welch eine Frau mag dieses Knaben Mutter sein?« –

Des Küsters alte Magd hatte ich einmal nach des Predigers Frau befraget; aber sie hatte mir kurzen Bescheid gegeben: »Die kennt man nicht; in die Bauernhäuser kommt sie kaum, wenn Kindelbier und Hochzeit ist.« – Der Pastor selbst sprach nicht von ihr. Aus dem Garten der Küsterei, welcher in eine dichte Gruppe von Fliederbüschen ausläuft, sahe ich sie einmal langsam über die Priesterkoppel nach ihrem Hause gehen; aber sie hatte mir den Rücken zugewendet, so daß ich nur ihre schlanke jugendliche Gestalt gewahren konnte, und außerdem ein paar gekräuselte Löckchen, in der Art, wie sie sonst nur von den Vornehmeren getragen werden, und die der Wind von ihren Schläfen wehte. Das Bild ihres finsteren Ehgesponsen trat mir vor die Seele, und mir schien, es passe dieses Paar nicht wohl zusammen.

– – An den Tagen, wo ich nicht da draußen war, hatte ich auch die Arbeit an meinem Lazarus wieder aufgenommen, so daß nach einiger Zeit diese Bilder miteinander nahezu vollendet waren.

So saß ich eines Abends nach vollbrachtem Tagewerke mit meinem Bruder unten in unserem Wohngemache. Auf dem Tisch am Ofen war die Kerze fast herabgebrannt, und die holländische Schlaguhr hatte schon auf Elf gewarnt; wir aber saßen am Fenster und hatten der Gegenwart vergessen; denn wir gedachten der kurzen Zeit, die wir mitsammen in unserer Eltern Haus verlebet hatten; auch unseres einzigen lieben Schwesterleins gedachten wir, das im ersten Kindbette verstorben und nun seit lange schon mit Vater und Mutter einer fröhlichen Auferstehung entgegenharrete. – Wir hatten die Läden nicht vorgeschlagen; denn es that uns wohl, durch das Dunkel, so draußen auf den Erdenwohnungen der Stadt lag, in das Sternenlicht des ewigen Himmels hinauszublicken.

Am Ende verstummten wir beide in uns selber, und wie auf einem dunklen Strome trieben meine Gedanken zu ihr, bei der sie allzeit Rast und Unrast fanden. – – Da, gleich einem Stern aus unsichtbaren Höhen, fiel es mir jählings in die Brust: Die Augen des schönen blassen Knaben, es waren ja ihre Augen! Wo hatte ich meine Sinne denn gehabt! – – Aber dann, wenn sie es war, wenn ich sie selber schon gesehen? – Welch schreckbare Gedanken stürmten auf mich ein!

Indem legte sich die eine Hand meines Bruders mir auf die Schulter, mit der andern wies er auf den dunkeln Markt hinaus, von wannen aber itzt ein heller Schein zu uns herüberschwankte. »Sieh nur!« sagte er. »Wie gut, daß wir das Pflaster mit Sand und Heide ausgestopfet haben! Die kommen von des Glockengießers Hochzeit; aber an ihren Stockleuchten sieht man, daß sie gleichwohl hin und wider stolpern.«

Mein Bruder hatte recht. Die tanzenden Leuchten zeugeten deutlich von der Trefflichkeit des Hochzeitschmauses; sie kamen uns so nahe, daß die zwei gemalten Scheiben, so letzlich von meinem Bruder als eines Glasers Meisterstück erstanden waren, in ihren satten Farben wie in Feuer glühten. Als aber dann die Gesellschaft an unserem Hause laut redend in die Krämerstraße einbog, hörete ich einen unter ihnen sagen: »Ei freilich; das hat der Teufel uns verpurret! Hatte mich leblang darauf gespitzet, einmal eine richtige Hex so in der Flammen singen zu hören!«

Die Leuchten und die lustigen Leute gingen weiter, und draußen die Stadt lag wieder still und dunkel.

»O weh!« sprach mein Bruder; »den trübet, was mich tröstet.«

Da fiel es mir erst wieder bei, daß am nächsten Morgen die Stadt ein grausam Spectacul vor sich habe. Zwar war die junge Person, so wegen einbekannten Bündnisses mit dem Satan zu Aschen sollte verbrannt werden, am heutigen Morgen vom Frone todt in ihrem Kerker aufgefunden worden; aber dem todten Leibe mußte gleichwohl sein peinlich Recht geschehen.

Das war nun vielen Leuten gleich einer kalt gestellten Suppen. Hatte doch auch die Buchführer-Witwe Liebernickel, so unter dem Thurm der Kirche den grünen Bücherschranken hat, mir am Mittage, da ich wegen der Zeitung bei ihr eingetreten, aufs heftigste geklaget, daß nun das Lied, so sie im voraus darüber habe anfertigen und drucken lassen, nur kaum noch passen werde, wie die Faust aufs Auge. Ich aber, und mit mir mein viellieber Bruder, hatte so meine eigenen Gedanken von dem Hexenwesen, und freuete mich, daß unser Herrgott – denn der war es doch wohl gewesen – das arme junge Mensch so gnädiglich in seinen Schoß genommen hatte.

Mein Bruder, welcher weichen Herzens war, begann gleichwohl der Pflichten seines Amts sich zu beklagen; denn er hatte drüben von der Rathhaustreppe das Urthel zu verlesen, sobald der Racker den todten Leichnam davor aufgefahren, und hernach auch der Justification selber zu assistiren. »Es schneidet mir schon itzund in das Herz«, sagte er, »das greuelhafte Gejohle, wenn sie mit dem Karren die Straße herabkommen; denn die Schulen werden ihre Buben und die Zunftmeister ihre Lehrburschen loslassen. – An deiner Statt«, fügete er bei, »der du ein freier Vogel bist, würde ich aufs Dorf hinausmachen und an dem Conterfey des schwarzen Pastors weitermalen!«

Nun war zwar festgesetzt worden, daß ich am nächstfolgenden Tage erst wieder hinauskäme; aber mein Bruder redete mir zu, unwissend, wie er die Ungeduld in meinem Herzen schürete; und so geschah es, daß alles sich erfüllen mußte, was ich getreulich in diesen Blättern niederschreiben werde.

Am andern Morgen, als drüben vor meinem Kammerfenster nur kaum der Kirchthurmhahn in rothem Frühlicht blinkte, war ich schon von meinem Lager aufgesprungen; und bald schritt ich über den Markt, allwo die Bäcker, vieler Käufer harrend, ihre Brotschragen schon geöffnet hatten; auch sahe ich, wie an dem Rathhause der Wachtmeister und die Fußknechte in Bewegung waren, und hatte Einer bereits einen schwarzen Teppich über das Geländer der großen Treppe aufgehangen; ich aber ging durch den Schwibbogen, so unter dem Rathause ist, eilends zur Stadt hinaus.

Als ich hinter dem Schloßgarten auf dem Steige war, sahe ich drüben bei der Lehmkuhle, wo sie den neuen Galgen hingesetzet, einen mächtigen Holzstoß aufgeschichtet. Ein paar Leute hantirten noch daran herum, und mochten das der Fron und seine Knechte sein, die leichten Brennstoff zwischen die Hölzer thaten; von der Stadt her aber kamen schon die ersten Buben über die Felder ihnen zugelaufen. – Ich achtete deß nicht weiter, sondern wanderte rüstig fürbaß, und da ich hinter den Bäumen hervortrat, sahe ich mir zur Linken das Meer im ersten Sonnenstrahl entbrennen, der im Osten über die Heide emporstieg. Da mußte ich meine Hände falten:

> O Herr, mein Gott und Christ,
> Sei gnädig mit uns allen,
> Die wir in Sünd gefallen,
> Der du die Liebe bist! – –

Als ich draußen war, wo die breite Landstraße durch die Heide führte, begegneten mir viele Züge von Bauern; sie hatten ihre kleinen Jungen und Dirnen an den Händen und zogen sie mit sich fort.

»Wohin strebet ihr denn so eifrig?« fragte ich den einen Haufen; »es ist ja doch kein Markttag heute in der Stadt.«

Nun, wie ich's wohl zum voraus wußte, sie wollten die Hexe, das junge Satansmensch, verbrennen sehen.

– »Aber die Hexe ist ja todt!«

»Freilich, das ist ein Verdruß«, meinten sie; »aber es ist unserer Hebamme, der alten Mutter Siebenzig, ihre Schwestertochter; da können wir nicht außen bleiben und müssen mit dem Reste schon fürliebnehmen.« –

– – Und immer neue Scharen kamen daher; und itzund tauchten auch schon Wagen aus dem Morgennebel, die statt mit Kornfrucht heut mit Menschen voll geladen waren. – Da ging ich abseits über die Heide, obwohl noch der Nachtthau von dem Kraute rann; denn mein Gemüth verlangte nach der Einsamkeit; und ich sahe von fern, wie es den Anschein hatte, das ganze Dorf des Weges nach der Stadt ziehen. Als ich auf dem Hünenhügel stund, der hier inmitten der Heide liegt, überfiel es mich, als müsse auch ich zur Stadt zurückkehren oder etwan nach links hinab an die See gehen, oder nach dem kleinen Dorfe, das dort unten hart am Strande liegt; aber vor mir in der Luft schwebete etwas wie ein Glück, wie eine rasende Hoffnung, und es schüttelte mein Gebein, und meine Zähne schlugen aneinander. »Wenn sie es wirklich war, so letzlich mit meinen eigenen Augen ich erblicket, und wenn dann heute –« Ich fühlte mein Herz gleich einem Hammer an den Rippen; ich ging weit um durch die Heide; ich wollte nicht sehen, ob auf der Wagen einem auch der Prediger nach der Stadt fahre. – Aber ich ging dennoch endlich seinem Dorfe zu.

Als ich es erreichet hatte, schritt ich eilends nach der Thür des Küsterhauses. Sie war verschlossen. Eine Weile stund ich unschlüssig; dann hub ich mit der Faust zu klopfen an. Drinnen blieb alles ruhig; als ich aber stärker klopfte, kam des Küsters alte halbblinde Trienke aus einem Nachbarhause.

»Wo ist der Küster?« fragte ich.

– »Der Küster? Mit dem Priester in die Stadt gefahren.«

Ich starrete die Alte an; mir war, als sei ein Blitz durch mich dahingeschlagen.

»Fehlet Euch etwas, Herr Maler?« frug sie.

Ich schüttelte den Kopf und sagte nur: »So ist wohl heute keine Schule, Trienke?«

– »Bewahre! Die Hexe wird ja verbrannt!«

Ich ließ mir von der Alten das Haus aufschließen, holte mein Malergeräthe und das fast vollendete Bildniß aus des Küsters Schlafkammer und richtete, wie gewöhnlich, meine Staffelei in dem leeren Schulzimmer. Ich pinselte etwas an der Gewandung;

aber ich suchte damit nur mich selber zu belügen; ich hatte keinen Sinn zum Malen; war ja um dessen willen auch nicht hieher gekommen.

Die Alte kam hereingelaufen, stöhnte über die arge Zeit und redete über Bauern- und Dorfsachen, die ich nicht verstund; mich selber drängete es, sie wieder einmal nach des Predigers Frau zu fragen, ob selbige alt oder jung, und auch, woher sie gekommen sei; allein ich brachte das Wort nicht über meine Zungen. Dagegen begann die Alte ein lang Gespinste von der Hex und ihrer Sippschaft hier im Dorfe und von der Mutter Siebenzig, so mit Vorspuksehen behaftet sei; erzählte auch, wie selbige zur Nacht, da die Gicht dem alten Weibe keine Ruh gelassen, drei Leichlaken über des Pastors Hausdach habe fliegen sehen: es gehe aber solch Gesichte allzeit richtig aus, und Hoffart komme vor dem Falle; denn sei die Frau Pastorin bei aller ihrer Vornehmheit doch nur eine blasse und schwächliche Kreatur.

Ich mochte solch Geschwätz nicht fürder hören; ging daher aus dem Hause und auf dem Wege herum, da wo das Pastorat mit seiner Fronte gegen die Dorfstraße liegt; wandte auch unter bangem Sehnen meine Augen nach den weißen Fenstern, konnte aber hinter den blinden Scheiben nichts gewahren als ein paar Blumenscherben, wie sie überall zu sehen sind. – Ich hätte nun wohl umkehren mögen; aber ich ging dennoch weiter. Als ich auf den Kirchhof kam, trug von der Stadtseite der Wind ein wimmernd Glockenläuten an mein Ohr; ich aber wandte mich und blickte hinab nach Westen, wo wiederum das Meer wie lichtes Silber am Himmelssaume hinfloß, und war doch ein tobend Unheil dort gewesen, worin in einer Nacht des Höchsten Hand viel tausend Menschenleben hingeworfen hatte. Was krümmete denn ich mich so gleich einem Wurme? – Wir sehen nicht, wie seine Wege führen!

Ich weiß nicht mehr, wohin mich damals meine Füße noch getragen haben; ich weiß nur, daß ich in einem Kreis gegangen bin; denn da die Sonne fast zur Mittagshöhe war, langete ich wieder bei der Küsterei an. Ich ging aber nicht in das Schulzimmer an meine Staffelei, sondern durch das Hinterpförtlein wieder zum Hause hinaus. – –

Das ärmliche Gärtlein ist mir unvergessen, obschon seit jenem Tage meine Augen es nicht mehr gesehen. – Gleich dem des Predigerhauses von der anderen Seite, trat es als ein breiter Streifen in die Priesterkoppel; inmitten zwischen beiden aber war eine Gruppe dichter Weidenbüsche, welche zur Einfassung einer Wassergrube dienen mochten; denn ich hatte einmal eine Magd mit vollem Eimer wie aus einer Tiefe daraus hervorsteigen sehen.

Als ich ohne viel Gedanken, nur mein Gemüthe erfüllet von nicht zu zwingender Unrast, an des Küsters abgeheimseten Bohnenbeeten hinging, hörete ich von der Koppel draußen eine Frauenstimme von gar holdem Klang, und wie sie liebreich einem Kinde zusprach.

Unwillens schritt ich solchem Schalle nach; so mochte einst der griechische Heidengott mit seinem Stabe die Todten nach sich gezogen haben. Schon war ich am jenseitigen Rande des Holundergebüsches, das hier ohne Verzäunung in die Koppel ausläuft, da sahe ich den kleinen Johannes mit einem Ärmchen voll Moos, wie es hier in dem kümmerlichen Grase wächst, gegenüber hinter die Weiden gehen; er mochte sich dort damit nach Kinderart ein Gärtchen angeleget haben. Und wieder kam die holde Stimme an mein Ohr: »Nun heb nur an; nun hast du einen ganzen Haufen! Ja, ja; ich such derweil noch mehr; dort am Holunder wächst genug!«

Und dann trat sie selber hinter den Weiden hervor; ich hatte ja längst schon nicht gezweifelt. – Mit den Augen auf dem Boden suchend, schritt sie zu mir her, so daß ich ungestört sie betrachten durfte; und mir war, als gliche sie nun gar seltsam dem Kinde wieder, das sie einst gewesen war, für das ich den »Buhz« einst von dem Baum herabgeschossen hatte; aber dieses Kinderantlitz von heute war bleich und weder Glück noch Muth darin zu lesen.

So war sie mählich näher kommen, ohne meiner zu gewahren; dann kniete sie nieder an einem Streifen Moos, der unter den Büschen hinlief; doch ihre Hände pflückten nicht davon; sie ließ das Haupt auf ihre Brust sinken, und es war, als wolle sie nur ungesehen vor dem Kinde in ihrem Leide ausruhen.

Da rief ich leise: »Katharina!«

Sie blickte auf, ich aber ergriff ihre Hand und zog sie gleich einer Willenlosen zu mir unter den Schatten der Büsche. Doch als ich sie endlich also nun gefunden hatte und keines Wortes mächtig vor ihr stund, da sahen ihre Augen weg von mir, und mit fast einer fremden Stimme sagte sie: »Es ist nun einmal so, Johannes! Ich wußte wohl, du seiest der fremde Maler; ich dachte nur nicht, daß du heute kommen würdest.«

Ich hörete das, und dann sprach ich es aus: »Katharina, – – so bist du des Predigers Eheweib?«

Sie nickte nicht; sie sah mich starr und schmerzlich an. »Er hat das Amt dafür bekommen«, sagte sie, »und dein Kind den ehrlichen Namen.«

– »Mein Kind, Katharina?«

»Und fühltest du das nicht? Er hat ja doch auf deinem Schoß gesessen; einmal doch, er selbst hat es mir erzählet.«

– – Möge keines Menschen Brust ein solches Weh zerfleischen!
– »Und du, du und mein Kind, ihr solltet mir verloren sein!«

Sie sah mich an, sie weinte nicht, sie war nur gänzlich todtenbleich.

»Ich will das nicht!« schrie ich; »ich will ...« Und eine wilde Gedankenjagd rasete mir durchs Hirn.

Aber ihre kleine Hand hatte gleich einem kühlen Blatte sich auf meine Stirn gelegt, und ihre braunen Augensterne auf dem blassen Antlitz sahen mich flehend an. »Du, Johannes«, sagte sie, »du wirst es nicht sein, der mich noch elender machen will.«

– »Und kannst denn du so leben, Katharina?«

»Leben? – – Es ist ja doch ein Glück dabei; er liebt das Kind; – was ist denn mehr noch zu verlangen?«

– »Und von uns, von dem, was einst gewesen ist, weiß er davon?« – –

»Nein, nein!« rief sie heftig. »Er nahm die Sünderin zum Weibe: mehr nicht. O Gott, ist's denn nicht genug, daß jeder neue Tag ihm angehört!«

In diesem Augenblicke tönete ein zarter Gesang zu uns herüber. – »Das Kind«, sagte sie. »Ich muß zu dem Kinde; es könnte ihm ein Leids geschehen!«

Aber meine Sinne zieleten nur auf das Weib, das sie begehrten. »Bleib doch«, sagte ich, »es spielet ja fröhlich dort mit seinem Moose.«

Sie war an den Rand des Gebüsches getreten und horchete hinaus. Die goldene Herbstsonne schien so warm hernieder, nur leichter Hauch kam von der See herauf. Da hörten wir von jenseit durch die Weiden das Stimmlein unseres Kindes singen:

> Zwei Englein, die mich decken,
> Zwei Englein, die mich strecken,
> Und zweie, so mich weisen
> In das himmlische Paradeisen.

Katharina war zurückgetreten, und ihre Augen sahen groß und geisterhaft mich an. »Und nun leb wohl, Johannes«, sprach sie leise; »auf Nimmerwiedersehen hier auf Erden!«

Ich wollte sie an mich reißen; ich streckte beide Arme nach ihr aus; doch sie wehrete mich ab und sagte sanft: »Ich bin des anderen Mannes Weib; vergiß das nicht.«

Mich aber hatte auf diese Worte ein fast wilder Zorn ergriffen. »Und wessen, Katharina«, sprach ich hart, »bist du gewesen, ehe bevor du sein geworden?«

Ein weher Klaglaut brach aus ihrer Brust; sie schlug die Hände vor ihr Angesicht und rief. »Weh mir! O wehe, mein entweihter armer Leib!«

Da wurd ich meiner schier unmächtig; ich riß sie jäh an meine Brust, ich hielt sie wie mit Eisenklammern und hatte sie endlich, endlich wieder! Und ihre Augen sanken in die meinen, und ihre rothen Lippen duldeten die meinen; wir umschlangen uns inbrünstiglich; ich hätte sie tödten mögen, wenn wir also miteinander hätten sterben können. Und als dann meine Blicke voll Seligkeit auf ihrem Antlitz weideten, da sprach sie, fast erstickt von meinen Küssen: »Es ist ein langes, banges Leben! O, Jesu Christ, vergib mir diese Stunde!«

– – Es kam eine Antwort; aber es war die harte Stimme jenes Mannes, aus dessen Munde ich itzt zum ersten Male ihren Namen hörte. Der Ruf kam von drüben aus dem Predigergarten, und noch einmal und härter rief es: »Katharina!«

Da war das Glück vorbei; mit einem Blicke der Verzweiflung sahe sie mich an; dann stille wie ein Schatten war sie fort.

– – Als ich in die Küsterei trat, war auch schon der Küster wieder da. Er begann sofort von der Justification der armen

Hexe auf mich einzureden. »Ihr haltet wohl nicht viel davon«, sagte er; »sonst wäret Ihr heute nicht aufs Dorf gegangen, wo der Herr Pastor gar die Bauern und ihre Weiber in die Stadt getrieben.«

Ich hatte nicht die Zeit zur Antwort; ein gellender Schrei durchschnitt die Luft; ich werde ihn leblang in den Ohren haben.

»Was war das, Küster?« rief ich.

Der Mann riß ein Fenster auf und horchete hinaus; aber es geschah nichts weiter. »So mir Gott«, sagte er, »es war ein Weib, das so geschrien hat; und drüben von der Priesterkoppel kam's.«

Indem war auch die alte Trienke in die Thür gekommen. »Nun, Herr?« rief sie mir zu. »Die Leichlaken sind auf des Pastors Dach gefallen!«

– »Was soll das heißen, Trienke?«

»Das soll heißen, daß sie des Pastors kleinen Johannes soeben aus dem Wasser ziehen.«

Ich stürzete aus dem Zimmer und durch den Garten auf die Priesterkoppel; aber unter den Weiden fand ich nur das dunkle Wasser und Spuren feuchten Schlammes daneben auf dem Grase. – Ich bedachte mich nicht, es war ganz wie von selber, daß ich durch das weiße Pförtchen in des Pastors Garten ging. Da ich eben ins Haus wollte, trat er selber mir entgegen.

Der große knochige Mann sah gar wüste aus; seine Augen waren geröthet und das schwarze Haar hing wirr ihm ins Gesicht. »Was wollt Ihr?« sagte er.

Ich starrete ihn an; denn mir fehlete das Wort. Ja, was wollte ich denn eigentlich?

»Ich kenne Euch!« fuhr er fort. »Das Weib hat endlich alles ausgeredet.«

Das machte mir die Zunge frei. »Wo ist mein Kind!« rief ich.

Er sagte: »Die beiden Eltern haben es ertrinken lassen.«

– »So laßt mich zu meinem todten Kinde!«

Allein, da ich an ihm vorbei in den Hausflur wollte, drängete er mich zurück. »Das Weib«, sprach er, »liegt bei dem Leichnam und schreit zu Gott aus ihren Sünden. Ihr sollt nicht hin, um ihrer armen Seelen Seligkeit!«

Was dermalen selber ich gesprochen, ist mir schier vergessen;

aber des Predigers Worte gruben sich in mein Gedächtniß. »Höret mich!« sprach er. »So von Herzen ich Euch hasse, wofür dereinst mich Gott in seiner Gnade wolle büßen lassen, und Ihr vermuthendlich auch mich, – noch ist Eines uns gemeinsam. – Geht itzo heim und bereitet eine Tafel oder Leinewand! Mit solcher kommet morgen in der Frühe wieder und malet darauf des todten Knaben Antlitz. Nicht mir oder meinem Hause; der Kirchen hier, wo er sein kurz unschuldig Leben ausgelebet, möget Ihr das Bildniß stiften. Mög es dort die Menschen mahnen, daß vor der knöchern Hand des Todes alles Staub ist!«

Ich blickte auf den Mann, der kurz vordem die edle Malerkunst ein Buhlweib mit der Welt gescholten; aber ich sagte zu, daß alles so geschehen möge.

– – Daheim indessen wartete meiner eine Kunde, so meines Lebens Schuld und Buße gleich einem Blitze jählings aus dem Dunkel hob, so daß ich Glied um Glied die ganze Kette vor mir leuchten sahe.

Mein Bruder, dessen schwache Constitution von dem abscheulichen Spectacul, dem er heute assistiren müssen, hart ergriffen war, hatte sein Bette aufgesucht. Da ich zu ihm eintrat, richtete er sich auf. »Ich muß noch eine Weile ruhen«, sagte er, indem er ein Blatt der Wochenzeitung in meine Hand gab; »aber lies doch dieses! Da wirst du sehen, daß Herrn Gerhardus' Hof in fremde Hände kommen, maßen Junker Wulf ohn Weib und Kind durch eines tollen Hundes Biß gar jämmerlichen Todes verfahren ist.«

Ich griff nach dem Blatte, das mein Bruder mir entgegenhielt; aber es fehlte nicht viel, daß ich getaumelt wäre. Mir war's bei dieser Schreckenspost, als sprängen des Paradieses Pforten vor mir auf; aber schon sahe ich am Eingange den Engel mit dem Feuerschwerte stehen, und aus meinem Herzen schrie es wieder: O Hüter, Hüter, war dein Ruf so fern! – – Dieser Tod hätte uns das Leben werden können; nun war's nur ein Entsetzen zu den andern.

Ich saß oben auf meiner Kammer. Es wurde Dämmerung, es wurde Nacht; ich schaute in die ewigen Gestirne, und endlich suchte auch ich mein Lager. Aber die Erquickung des Schlafes ward mir nicht zu Theil. In meinen erregten Sinnen war es mir gar seltsamlich, als sei der Kirchthurm drüben meinem Fenster nah gerückt; ich fühlte die Glockenschläge durch das Holz der Bettstatt dröhnen, und ich zählete sie alle die ganze Nacht entlang. Doch endlich dämmerte der Morgen. Die Balken an der Decke hingen noch wie Schatten über mir, da sprang ich auf, und ehbevor die erste Lerche aus den Stoppelfeldern stieg, hatte ich allbereits die Stadt im Rücken.

Aber so frühe ich auch ausgegangen, ich traf den Prediger schon auf der Schwelle seines Hauses stehen. Er geleitete mich auf den Flur und sagte, daß die Holztafel richtig angelanget, auch meine Staffelei und sonstiges Malergeräth aus dem Küsterhause herübergeschaffet sei. Dann legte er seine Hand auf die Klinke einer Stubenthür.

Ich jedoch hielt ihn zurück und sagte: »Wenn es in diesem Zimmer ist, so wollet mir vergönnen, bei meinem schweren Werke allein zu sein!«

»Es wird Euch niemand stören«, entgegnete er und zog die Hand zurück. »Was Ihr zur Stärkung Eueres Leibes bedürfet, werdet Ihr drüben in jenem Zimmer finden.« Er wies auf eine Thür an der anderen Seite des Flures; dann verließ er mich.

Meine Hand lag itzund statt der des Predigers auf der Klinke. Es war todtenstill im Hause; eine Weile mußte ich mich sammeln, bevor ich öffnete.

Es war ein großes, fast leeres Gemach, wohl für den Confirmandenunterricht bestimmt, mit kahlen weißgetünchten Wänden; die Fenster sahen über öde Felder nach dem fernen Strand hinaus. Inmitten des Zimmers aber stund ein weißes Lager aufgebahrt. Auf dem Kissen lag ein bleiches Kinderangesicht; die Augen zu; die kleinen Zähne schimmerten gleich Perlen aus den blassen Lippen.

Ich fiel an meines Kindes Leiche nieder und sprach ein brünstiglich Gebet. Dann rüstete ich alles, wie es zu der Arbeit nöthig war; und dann malte ich – rasch, wie man die Todten malen muß, die nicht zum zweiten Mal dasselbig Antlitz zeigen. Mitunter wurd ich wie von der andauernden großen Stille aufgeschrecket; doch wenn ich innehielt und horchte, so wußte ich bald, es sei nichts da gewesen. Einmal auch war es, als drängen leise Odemzüge an mein Ohr. – Ich trat an das Bette des Todten, aber da ich mich zu dem bleichen Mündlein niederbeugete, berührte nur die Todeskälte meine Wangen.

Ich sahe um mich; es war noch eine Thür im Zimmer; sie mochte zu einer Schlafkammer führen, vielleicht daß es von dort gekommen war! Allein so scharf ich lauschte, ich vernahm nichts wieder; meine eigenen Sinne hatten wohl ein Spiel mit mir getrieben.

So setzete ich mich denn wieder, sahe auf den kleinen Leichnam und malete weiter; und da ich die leeren Händchen ansahe, wie sie auf dem Linnen lagen, so dachte ich: »Ein klein Geschenk doch mußt du deinem Kinde geben!« Und ich malete auf seinem Bildniß ihm eine weiße Wasserlilie in die Hand, als sei es spielend damit eingeschlafen. Solcher Art Blumen gab es selten in der Gegend hier, und mocht es also ein erwünschet Angebinde sein.

Endlich trieb mich der Hunger von der Arbeit auf, mein ermüdeter Leib verlangte Stärkung. Legete sonach den Pinsel und die Palette fort und ging über den Flur nach dem Zimmer, so der Prediger mir angewiesen hatte. Indem ich aber eintrat, wäre ich vor Überraschung bald zurückgewichen; denn Katharina stund mir gegenüber, zwar in schwarzen Trauerkleidern, und doch in all dem Zauberschein, so Glück und Liebe in eines Weibes Antlitz wirken mögen.

Ach, ich wußte es nur zu bald; was ich hier sahe, war nur ihr Bildniß, das ich selber einst gemalet. Auch für dieses war also nicht mehr Raum in ihres Vaters Haus gewesen. – Aber wo war sie selber denn? Hatte man sie fortgebracht oder hielt man sie auch hier gefangen? – Lang, gar lange sahe ich das Bildniß an; die alte Zeit stieg auf und quälete mein Herz. Endlich, da ich mußte, brach ich einen Bissen Brot und stürzete ein paar Gläser Wein hinab; dann ging ich zurück zu unserem todten Kinde.

Als ich drüben eingetreten und mich an die Arbeit setzen wollte, zeigete es sich, daß in dem kleinen Angesicht die Augenlider um ein weniges sich gehoben hatten. Da bückete ich mich hinab, im Wahne, ich möchte noch einmal meines Kindes Blick gewinnen; als aber die kalten Augensterne vor mir lagen, überlief mich Grausen; mir war, als sähe ich die Augen jener Ahne des Geschlechtes, als wollten sie noch hier aus unseres Kindes Leichenantlitz künden: »Mein Fluch hat doch euch beide eingeholet!« – Aber zugleich – ich hätte es um alle Welt nicht lassen können – umfing ich mit beiden Armen den kleinen blassen Leichnam und hob ihn auf an meine Brust und herzete unter bittern Thränen zum ersten Male mein geliebtes Kind. »Nein, nein, mein armer Knabe, deine Seele, die gar den finstern Mann zur Liebe zwang, die blickte nicht aus solchen Augen; was hier herausschaut, ist alleine noch der Tod. Nicht aus der Tiefe schreckbarer Vergangenheit ist es heraufgekommen; nichts anderes ist da als deines Vaters Schuld; sie hat uns alle in die schwarze Fluth hinabgerissen.«

Sorgsam legte ich dann wieder mein Kind in seine Kissen und drückte ihm sanft die beiden Augen zu. Dann tauchte ich meinen Pinsel in ein dunkles Roth und schrieb unten in den Schatten des Bildes die Buchstaben: C. P. A. S. Das sollte heißen: Culpa Patris Aquis Submersus, »Durch Vaters Schuld in der Fluth versunken«. – Und mit dem Schalle dieser Worte in meinem Ohre, die wie ein schneidend Schwert durch meine Seele fuhren, malete ich das Bild zu Ende.

Während meiner Arbeit hatte wiederum die Stille im Hause fortgedauert, nur in der letzten Stunde war abermalen durch die Thür, hinter welcher ich eine Schlafkammer vermuthet hatte, ein leises Geräusch hereingedrungen. – War Katharina dort, um ungesehen bei meinem schweren Werk mir nah zu sein? Ich konnte es nicht enträthseln.

Es war schon spät. Mein Bild war fertig, und ich wollte mich zum Gehen wenden; aber mir war, als müsse ich noch einen Abschied nehmen, ohne den ich nicht von hinnen könne. –

So stand ich zögernd und schaute durch das Fenster auf die öden Felder draußen, wo schon die Dämmerung begunnte sich zu breiten; da öffnete sich vom Flure her die Thür, und der Prediger trat zu mir herein.

Er grüßte schweigend; dann mit gefalteten Händen blieb er stehen und betrachtete wechselnd das Antlitz auf dem Bilde und das des kleinen Leichnams vor ihm, als ob er sorgsame Vergleichung halte. Als aber seine Augen auf die Lilie in der gemalten Hand des Kindes fielen, hub er wie im Schmerze seine beiden

Hände auf, und ich sahe, wie seinen Augen jählings ein reicher Thränenquell entstürzete.

Da streckte auch ich meine Arme nach dem Todten und rief überlaut: »Leb' wohl, mein Kind! O mein Johannes, lebe wohl!«

Doch in demselben Augenblicke vernahm ich leise Schritte in der Nebenkammer; es tastete wie mit kleinen Händen an der Thür; ich hörte deutlich meinen Namen rufen – oder war es der des todten Kindes? – Dann rauschte es wie von Frauenkleidern hinter der Thüre nieder, und das Geräusch vom Falle eines Körpers wurde hörbar.

»Katharina!« rief ich. Und schon war ich hinzugesprungen und rüttelte an der Klinke der fest verschlossenen Thür; da legte die Hand des Pastors sich auf meinen Arm: »Das ist meines Amtes!« sagte er. »Gehet itzo! Aber gehet in Frieden; und möge Gott uns allen gnädig sein!«

– – Ich bin dann wirklich fortgegangen; ehe ich es selbst begriff, wanderte ich schon draußen auf der Heide auf dem Weg zur Stadt.

Noch einmal wandte ich mich um und schaute nach dem Dorf zurück, das nur noch wie Schatten aus dem Abenddunkel ragte. Dort lag mein todtes Kind – Katharina – alles, alles! – Meine alte Wunde brannte mir in meiner Brust; und seltsam, was ich niemals hier vernommen, ich wurde plötzlich mir bewußt, daß ich vom fernen Strand die Brandung tösen hörte. Kein Mensch begegnete mir, keines Vogels Ruf vernahm ich; aber aus dem dumpfen Brausen des Meeres tönete es mir immerfort, gleich einem finstern Wiegenliede: Aquis submersus – aquis submersus!

*

Hier endete die Handschrift.

Dessen Herr Johannes sich einstens im Vollgefühl seiner Kraft vermessen, daß er's wohl auch einmal in seiner Kunst den Größeren gleich zu tun verhoffe, das sollten Worte bleiben, in die leere Luft gesprochen.

Sein Name gehört nicht zu denen, die genannt werden, kaum dürfte er in einem Künstlerlexikon zu finden sein; ja selbst in seiner engeren Heimat weiß niemand von einem Maler seines

Namens. Des großen Lazarusbildes tut zwar noch die Chronik unserer Stadt Erwähnung, das Bild selbst aber ist zu Anfang dieses Jahrhunderts nach dem Abbruch unserer alten Kirche gleich den anderen Kunstschätzen derselben verschleudert und verschwunden.

Aquis submersus.

Carsten Curator

Eigentlich hieß er Carsten Carstens und war der Sohn eines Kleinbürgers, von dem er ein schon vom Großvater erbautes Haus an der Twiete des Hafenplatzes ererbt hatte und außerdem einen Handel mit gestrickten Wollwaren und solchen Kleidungsstücken, wie deren die Schiffer von den umliegenden Inseln auf ihren Seefahrten zu gebrauchen pflegten. Da er indes von etwas grübelnder Gemütsart und ihm, wie manchem Nordfriesen, eine Neigung zur Gedankenarbeit angeboren war, so hatte er sich von jung auf mit allerlei Büchern und Schriftwerk beschäftigt und war allmählich unter seinesgleichen in den Ruf gekommen, daß er ein Mann sei, bei dem man sich in zweifelhaften Fällen sicheren Rat erholen möge. Gerieten, was wohl geschehen konnte, durch seine Leserei ihm die Gedanken auf einen Weg, wo seine Umgebung ihm nicht hätte folgen können, so lud er auch niemanden dazu ein und erregte folglich dadurch auch niemandes Mißtrauen. So war er denn der Curator einer Menge von verwitweten Frauen und ledigen Jungfrauen geworden, welche nach der damaligen Gesetzgebung bei allen Rechtsgeschäften noch eines solchen Beistandes bedurften.

Da bei ihm, wenn er die Angelegenheiten anderer ordnete, nicht der eigene Gewinn, sondern die Teilnahme an der Arbeit selbst voranstand, so unterschied er sich wesentlich von denen, welche sonst derartige Dinge zu besorgen pflegten; und bald wußten auch die Sterbenden als Vormund ihrer Kinder und die Gerichte als Verwalter ihrer Konkurs- und Erbmassen keinen besseren Mann als Carsten Carstens an der Twiete, der jetzt unter dem Namen »Carsten Curator« als ein unantastbarer Ehrenmann allgemein bekannt war.

Der kleine Handel freilich sank bei so vielen Vertrauensämtern, welche seine Zeit in Anspruch nahmen, zu einer Nebensache herab und lag fast nur in den Händen einer unverheirateten Schwester, welche mit ihm im elterlichen Hause zurückgeblieben war.

Im übrigen war Carsten ein Mann von wenig Worten und kurzem Entschluß und, wo er eine niedrige Absicht sich gegenüber fühlte, auch auf eigene Kosten unerbittlich. Als eines Tages ein sogenannter »Ochsengräser«, der seit Jahren eine Fenne Landes, nach derzeitigen Verhältnissen zu billigem Zinse, von ihm in Heuer gehabt hatte, unter Beteuerungen versicherte, daß er für das nächste Jahr bei solchem Preise nicht bestehen könne, und endlich, als er damit kein Gehör fand, sich dennoch zu dem früheren und, da jetzt auch dieses Angebot zurückgewiesen wurde, sogar zu einem höheren Heuerzinse verstand, erklärte Carstens ihm, daß es keineswegs seine Sache sei, jemanden mit seiner Fenne in unbedachten Schaden zu bringen, und gab hierauf das Landstück zu dem alten Preise an einen Bürger, der ihn früher darum angegangen war.

Und dennoch hatte es einen Zeitraum in seinem Leben gegeben, wo man auch über ihn die Köpfe schüttelte. Nicht als ob er in den ihm anvertrauten Angelegenheiten etwas versehen hätte, sondern weil er in der Leitung seiner eigenen unsicher zu werden schien; aber der Tod, bei einer Gelegenheit, die er öfters wahrnimmt, hatte nach ein paar Jahren alles wieder ins gleiche gebracht. – Es war während der Kontinentalsperre, in der hier sogenannten Blockadezeit, wo die kleine Hafenstadt sich mit dänischen Offizieren und französischem Seevolk und andererseits mit mancher Art fremder Spekulanten gefüllt hatte, als einer der letzteren auf dem Boden seines Speichers erhängt gefunden wurde. Daß dies durch eigene Hand geschehen, war nicht anzuzweifeln; denn die Verhältnisse des Toten waren durch rasch folgende Verluste in Ruin geraten; der einzige Aktivbestand seines Nachlasses, so wurde gesagt, sei seine Tochter, die hübsche Juliane; aber bis jetzt hätten sich viele Beschauer und noch keine Käufer gefunden.

Schon am anderen Vormittag gelangte von dieser die Bitte an Carstens, sich der Regulierung ihrer Angelegenheiten zu unterziehen; aber er wies das Ansuchen kurz zurück: »Ich will mit den Leuten nichts zu tun haben.« Als indessen der alte Hafenarbeiter, der dasselbe überbracht hatte, am Nachmittage wiederkam: »Seid nicht so hart, Carstens; es ist ja nur noch das Mädchen da; sie schreit, sie müsse sich ein Leides tun«, da stand er rasch auf, nahm seinen Stock und folgte dem Boten in das Sterbehaus.

In der Mitte des Zimmers, wohinein ihn dieser führte, stand der offene Sarg mit dem Leichnam; daneben auf einem niedrigen Schemel, mit angezogenen Knien, saß halb angekleidet ein schönes Mädchen. Sie hatte einen schildpattenen Frisierkamm in der Hand und strich sich damit durch ihr schweres goldblondes Haar, das aufgelöst über ihren Rücken herabhing; dabei waren ihre Augen gerötet, und ihre Lippen zuckten von heftigem Weinen; ob aus Ratlosigkeit oder aus Trauer über ihren Vater, mochte schwer entscheidbar sein.

Als Carstens auf sie zuging, stand sie auf und empfing ihn mit Vorwürfen. »Sie wollen mir nicht helfen?« rief sie; »und ich verstehe doch nichts von alledem. Was soll ich machen? Mein Vater hat viel Geld gehabt; aber es wird wohl nichts mehr da sein! Da liegt er nun; wollen Sie, daß ich auch so liegen soll?«

Sie setzte sich wieder auf ihren Schemel, und Carstens sah sie fast staunend an. »Sie sehen ja, Mamsell«, sagte er dann, »ich bin eben hier, um Ihnen zu helfen; wollen Sie mir die Bücher Ihres Vaters anvertrauen?«

»Bücher? Ich weiß nichts davon; aber ich will suchen.« Sie ging in ein Nebenzimmer und kam bald wieder mit einem Schlüsselbund zurück. »Da«, sagte sie, indem sie es vor Carstens auf den Tisch legte; »Sie sollen ein guter Mann sein; machen Sie, was Sie wollen; ich kümmere mich nun um nichts.«

Carstens sah verwundert, wie anmutig es ihr ließ, da sie diese leichtfertigen Worte sprach; denn ein Aufatmen ging durch ihren ganzen Körper und ein Lächeln wie plötzlicher Sonnenschein über ihr hübsches Angesicht.

Und wie sie es gesagt hatte, so ward es: Carstens arbeitete, und sie kümmerte sich um nichts; wozu sie eigentlich ihre Zeit verbrauchte, konnte er nie erforschen. Aber die frischen roten Lippen lachten wieder, und der schwarze Traueranzug ward an ihr zum verführerischen Putze. Einmal, da er sie seufzen hörte, fragte er, ob sie Kummer habe; sie möge es ihm sagen. Sie sah ihn mit einem halben Lächeln an. »Ach, Herr Carstens«, sagte sie und seufzte noch einmal; »es ist so langweilig, daß man in den schwarzen Kleidern gar nicht tanzen darf!« Dann, wie ein spiellustiges Kind, fragte sie ihn, was er meine, ob sie dieselben nicht bald, mindestens für einen Abend, einmal würde wechseln können; der Vater hab sie immer tanzen lassen, und nun sei er ja auch längstens schon begraben.

Als Carstens dem ungeachtet es verneinte, ging sie schmollend fort. Sie hatte längst gemerkt, daß sie ihn so für seine Sittenstrenge am besten strafen könne; denn während unter seiner Hand die Vermögensverwirrung des Toten sich wenigstens insoweit gelöst hatte, daß Gut und Schuld sich auszugleichen schienen, war er selbst in eine andere Verwirrung hineingeraten; die lachenden Augen der schönen Juliane hatten den vierzigjährigen Mann betört. Was ihn sonst wohl stutzen gemacht hätte, erschien in dieser Zeit, wo der gleichmäßige Gang des bürgerlichen Lebens ganz zurückgedrängt war, weit weniger bedenklich, und da andererseits das der Arbeit ungewohnte Mädchen einen sicheren Unterschlupf den sie sonst erwartenden Mühseligkeiten vorzog, so kam trotz Schwester Brigittens Kopfschütteln zwischen diesen beiden ungleichen Menschen ein rasch geschlossener Ehebund zustande. Die Schwester freilich, die jetzt in der Wirtschaft nur um so unentbehrlicher war, hatte nichts als eine doppelte Arbeitslast dadurch empfangen; den Bruder aber erfüllte der plötzliche Besitz von soviel Jugend und Schönheit, worauf er nach seiner Meinung weder durch seine Person noch durch seine Jahre einen Anspruch hatte, mit einem überströmenden Dankgefühl, das ihn nur zu nachgiebig gegen die Wünsche seines jungen Weibes machte. So geschah es, daß man den sonst so stillen Mann bald auf allen Festlichkeiten finden konnte, mit denen die stadt- und landfremden Offiziere bemüht waren, die Überfülle ihrer müßigen Stunden zu beseitigen; eine Geselligkeit, die nicht nur über seinen Stand und seine Mittel hinausging, sondern in die man ihn auch nur seines Weibes wegen hineinzog, während er selbst dabei eine unbeachtete und unbeholfene Rolle spielte.

Doch Juliane starb im ersten Kindbett. – »Wenn ich erst wieder tanzen kann!« hatte sie während ihrer Schwangerschaft mehrmals geäußert; aber sie sollte niemals wieder tanzen, und somit war für Carsten die Gefahr beseitigt. Freilich auch zugleich das Glück; denn mochte sie auch kaum ihm angehört haben, wie sie vielleicht niemandem angehören konnte, und wie man sie auch schelten mochte, sie war es doch gewesen, die mit dem Licht der Schönheit in sein Werktagsleben hineingeleuchtet hatte; ein fremder Schmetterling, der über seinen Garten hinflog und dem seine Augen noch immer nachstarrten, nachdem er längst schon seinem Blick entschwunden war. Im übrigen wurde Carstens wieder, und mehr noch, als er es zuvor gewesen, der verständige, ruhig abwägende Mann. Den von der Toten nachgelassenen Knaben, der sich bald als der körperliche und allmählich auch als der geistige Erbe seiner schönen Mutter herausstellte, erzog er mit einer seinem Herzen abgekämpften Strenge; dem gutmütigen, aber leicht verführbaren Liebling wurde keine verdiente Züchtigung erspart; nur wenn die schönen Kinderaugen, wie es in solchen Fällen stets geschah, mit einer Art ratlosen Entsetzens zu ihm aufblickten, mußte der Vater sich Gewalt tun, um nicht den Knaben gleich wieder mit leidenschaftlicher Zärtlichkeit in seine Arme zu schließen.

Seit Julianens Tode waren über zwanzig Jahre vergangen. Heinrich – so hatte man nach seines Vaters Vater den Knaben getauft – war in die Schule und aus der Schule in die Kaufmannslehre gekommen; aber in seinem angeborenen Wesen hatte sich nichts Merkliches verändert. Seine Anstelligkeit ließ ihn sich leicht an jedem Platz zurechtfinden; aber auch ihm, wie einst seiner Mutter, stand es hübsch, wenn er den Kopf mit den lichtbraunen Locken zurückwarf und lachend seinen Kameraden zurief: »Muß gehen! Wir kümmern uns um nichts!« Und in der Tat war dies der einzige Punkt, in dem er gewissenhaft sein Wort zu halten pflegte; er kümmerte sich um nichts oder doch nur um Dinge, um die er besser sich nicht gekümmert hätte. Tante Brigitte weinte oftmals seinetwegen, und auch mit Carsten legte sich abends in seinem Alkovenbette etwas auf das Kissen, was ihm, er wußte nicht wie, den Schlaf verwehrte; und wenn er sich aufrichtete und sich besann, so sah er seinen Knaben vor sich, und ihm war, als sähe er mit Angst ihn größer werden.

Aber Heinrich blieb nicht das einzige Kind des Hauses. – Ein entfernter Verwandter, der mit Carstens durch gegenseitige Anhänglichkeit verbunden war, starb plötzlich mit Hinterlassung eines achtjährigen Mädchens; und da das Kind die Mutter bereits bei seiner Geburt verloren hatte, so wurde nach dem Wunsche des Verstorbenen Carstens nicht nur der Vormund der kleinen Anna, sondern sie kam auch völlig zu Kost und Pflege in sein Haus. Seine Treue gegen den Heimgegangenen aber bewies er insbesondere damit, daß er durch Leistung von Vorschüssen und derzeit nicht gefahrloser Bürgschaft für dessen Tochter derselben einen kleinen Landbesitz erhielt, der später unter verbesserten Zeitläuften zu erhöhtem Werte veräußert werden konnte.

Anna war einer anderen Mutter nachgeartet als der um ein Jahr ältere Heinrich. Dieser, trotz des besten Willens, brachte es nie zustande, so wenig wie sein eigenes, so auch nur der Allernächsten Wohl und Wehe bei seinem Treiben zu bedenken; bei Anna dagegen – wie oft griff Tante Brigitte in die Tasche und gab ihr zur Schadloshaltung einen Dreiling und einen derben Schmatz dazu: »Du dumme Trine, hast dich denn richtig wieder selbst vergessen!« Zu ihrem Bruder aber, wenn sie ihn erwischen konnte, sprach sie dann wohl: »Der Vetter Martin hat's doch gut mit uns gemeint; er hat uns seinen Segen nachgelassen!«

Bei aller Herzensgüte war das Wesen des Mädchens doch von einer frohen Sicherheit, und wenn Carstens auf seine mitunter ängstliche Erkundigung nach Heinrich von Brigitte die Antwort erhielt: »Er ist bei Anna; sie näht ihm Segel zu seinen Schiffen«, oder: »Sie hat ihn sich geholt; er muß ihr die Kirschbaumnetze flicken helfen«, dann nickte er und setzte sich beruhigt an seine Arbeit. – Zur Zeit, wo wir diese Erzählung weiterführen, an einem Spätsommervormittage, war das Mädchen eben mündig geworden und stand, eine vollausgewachsene blonde Jungfrau, mit ihrem grauhaarigen Vormunde auf dem Rathause vor dem Bürgermeister, um die infolgedessen nötigen Handlungen zu vollziehen.

»Ohm«, hatte sie vor dem Eintritt in das Gerichtszimmer gesagt, »ich fürcht mich.«

– »Du, Kind? Das ist nicht deine Art.«

»Ja, Ohm; aber auf Herrendiele!«

Der alte hagere Mann, der dort ganz zu Hause war, hatte lächelnd auf das frische Mädchenantlitz geblickt, das mit heißen Wangen zu ihm aufsah, und dann die Tür des Gerichtszimmers aufgedrückt.

Aber der Bürgermeister war ein alter jovialer Herr. »Mein liebes Kind«, sagte er, mit Wohlgefallen sie betrachtend, »Sie wissen doch, daß Sie noch einmal wieder unmündig werden müssen; freilich nur, wenn Sie sich den goldenen Ring an den Finger stecken lassen! Mög dann Ihr Leben in ebenso getreue Hand kommen!«

Er warf einen herzlichen Blick zu Carstens hinüber. Dem Mädchen aber, obgleich ein leichtes Rot ihr hübsches Antlitz überflog, war bei diesem Lobe ihres Vormundes alle Befangenheit vergangen. Ruhig ließ sie sich den Bestand ihres Vermögens vorlegen und sah, wie man es von ihr verlangte, alles sorgfältig und verständig durch; dann aber sagte sie fast beklommen: »Achttausend Taler! Nein, Ohm, das geht nicht.«

– »Was geht nicht, Kind?« fragte Carstens.

»Das da, Ohm, das mit den vielen Talern« – und sie richtete sich in ihrer ganzen jugendlichen Gestalt vor ihm auf – »was soll ich damit machen? Ihr habt mich das nicht lernen lassen; nein, Herr Bürgermeister, verzeiht, ich kann heute noch nicht mündig werden.«

Da lachten die beiden Alten und meinten, das hülfe ihr nun nichts; mündig sei sie und mündig müsse sie für jetzt auch bleiben. Aber Carstens sagte: »Sei ruhig, Anna; ich werde dein Curator; bitte nur den Herrn Bürgermeister, daß er mich dazu bestelle.«

– »Curator, Ohm? Ich weiß wohl, daß die Leute Euch so heißen.«

»Ja, Kind; aber diesmal ist es so: du behältst mein und meiner alten Schwester Leib und Seele in deiner Obhut, und ich helfe dir wie bisher die bösen Taler tragen; so wird's wohl richtig sein.«

»Amen«, sagte der alte Bürgermeister; dann wurde die Quittung über richtige Verwaltung des Vermögens von Anna durch ihre saubere Namensunterschrift vollzogen.

Während sie und Carsten sich hierauf beurlaubten, hatte der

Bürgermeister, wie von Geschäften aufatmend, einen Blick auf die Straße hinaus getan.

»O weh!« rief er; »Herr Makler Jaspers! Was mag der Stadtunheilsträger mir wieder aufzutischen haben!«

Carsten lächelte und faßte unwillkürlich die Hand seiner Pflegetochter.

Als die beiden draußen die breite Treppe ins Unterhaus hinabzusteigen begannen, stieg ein kleiner ältlicher Mann in einem braunen abgeschlissenen Rock dieselbe in die Höhe. Auf dem Treppenabsatz angelangt, stützte er sich keuchend auf sein schwankes Stöckchen und starrte aus kleinen grauen Augen zu den Herabsteigenden hinauf, indem er ein paarmal seinen hohen Zylinderhut über einer fuchsigen Perücke lüftete.

Carsten wollte mit einem kurzen »Guten Tag« vorbeipassieren; aber der andere streckte seinen Stock vor den beiden aus. »Oho, Freundchen!« – Und es war eine wirkliche Altweiberstimme, die aus dem kleinen faltigen Gesicht herauskrähte. – »So kommt Ihr mir nicht durch!«

»Der Bürgermeister wartet schon auf Euch«, sagte Carsten und schob den Stock zur Seite.

»Der Bürgermeister?« Herr Jaspers lachte ganz vergnüglich. »Laßt ihn warten! Dieses Mal war's auf Euch abgesehen, Freundchen; ich wußte, daß Ihr hierherum zu haben waret.«

»Auf mich, Jaspers?« wiederholte Carstens, und aus seiner Stimme klang eine Unsicherheit, die ihm sonst nicht eigen war. Wie schon seit lange bei allem Unerwarteten, das ihm angekündigt wurde, war der Gedanke an seinen Heinrich ihm durch den Kopf gefahren. Derselbe stand seit kurzem bei einem hiesigen Senator im Geschäft; aber der strenge alte Herr, mit dem Carstens selbst einst bei dessen Vater in der Kaufmannslehre gewesen war, hatte sich bis jetzt zufrieden gezeigt und nur einmal ein scharfes Wort über den jungen Menschen fallenlassen. Erst gestern, am Sonntag, war Heinrich von einer Geschäftsreise für seinen Prinzipal zurückgekehrt. Nein, nein; von Heinrich konnte Herr Jaspers nichts zu erzählen haben.

Dieser hatte indes mit offenem Munde zu dem weit größeren Carstens aufgeblickt und voll augenscheinlichen Behagens dessen wechselnden Gesichtsausdruck beobachtet. »He, Freundchen!« rief er jetzt, und es klang eine einladende Munterkeit aus seiner Stimme. »Ihr wißt ja, 's kann immer noch schlimmer kommen; und wenn der Kopf auch weggeht, es bleibt doch immer noch ein Stummel sitzen.«

»Was wollt Ihr von mir, Jaspers?« sagte Carstens düster. »Tut's nur hier gleich von Euch, so seid Ihr die Last ja los.«

Doch Herr Jaspers zog ihn am Rockschoß zu sich herab. »Das sind nicht Dinge, von denen man hier im Rathaus spricht.« Dann, sich zu dem Mädchen wendend, setzte er hinzu: »Die Mamsell Anna findet wohl allein den Weg nach Hause.«

Und mit seiner haspeligen Hand, die immer nach etwas zu greifen schien, noch einmal den Zylinder lüftend, stapfte er geschäftig die Treppe wieder hinab.

Als sie aus dem Hause getreten waren, wies er mit seinem Stöckchen nach einer Nebengasse, an deren Ecke seine Wohnung lag. Anna blickte fragend ihren Vormund an; der aber winkte ihr schweigend mit der Hand und folgte wie unter lähmendem Bann dem »Stadtunheilsträger«, der jetzt an seiner Seite eifrig die Straße hinaufstrebte.

In dem kleinen Hofe hinter dem Hause an der Twiete stand außer dem Kirschbaum, für den die Kinder einst die Netze flickten, an der Längsseite eines schmalen Bleichplätzchens ein mächtiger Birnbaum, der die Freude der Nachbarkinder und zugleich eine Art Familienheiligtum war; denn der Großvater des jetzigen Besitzers hatte ihn gepflanzt, der Vater selbst in seiner Lehrzeit ihn aus den in der Stadt beliebtesten Sorten mit drei verschiedenen Reisern gepfropft, die jetzt, zu vielverzweigten Ästen aufgewachsen, je nach der ihnen eigenen Zeit eine Fülle saftiger Früchte reiften. Was davon mit der Brunnenstange zu erreichen war, das pflegte freilich nicht ins Haus zu kommen; sonst hätten die Kinder bei Jungfer Anna nicht so freien Anlauf haben müssen. So aber, wenn von den nach Westen anliegenden Höfen aus die Nachbarn ein herzliches Mädchenlachen hörten, wußten sie auch schon, daß Anna an dem Baum zu Gange war, und daß die junge Brut sich auf dem Rasen um die herabgeschlagenen Früchte balgte.

Auch jetzt, als sie vom Rathaus kommend ins Haus treten

wollte, hatte Anna ein solches Nachbarspummelchen sich aufgesackt. Im Pesel, einem kühlen mit Fliesen ausgelegten Raume hinter dem Hausflur, legte sie Hut und Tuch ab und trat dann, das Kind rittlings vor sich auf den Armen haltend, durch die von hier nach dem Hofe führende Tür in den Schatten des mächtigen Baumes.

»Siehst du, Levke«, sagte sie, »da oben liegt die Katz; die möchte auch die schöne gelbe Birne haben! Aber wart nur, ich will die Stange holen.«

Als sie sich aber hierauf dem hinter der Hoftür des Hauses befindlichen Brunnen zuwandte, stieß sie einen Schrei aus und ließ das Kind fast hart zu Boden fallen. Auf der vermorschten Holzeinfassung, deren Erneuerung nur durch einen Zufall verzögert war, saß ihr Jugendgenosse, ihr Kindsgespiel, die Füße über der Tiefe hängend, den Kopf wie schon zum Sturze vorgebeugt.

Im selben Augenblicke aber war sie auch schon dort, hatte von hinten mit beiden Armen ihn umschlungen und zog ihn rückwärts, daß die morschen Bretter krachend unter ihm zusammenbrachen. Sie war in die Knie gesunken, während der blasse, fast weiblich hübsche Kopf des jungen Menschen noch an ihrer Brust ruhte.

Dieser rührte sich nicht; es war, als wenn er sich allem, was ihm geschähe, willenlos überlassen habe. Auch als das Mädchen endlich aufsprang, blieb er, ohne sie anzusehen, mit aufgestütztem Kopfe zwischen den Brettertrümmern liegen. Sie aber sah ihn fast zornig an, indem ein paar Tränen in ihre blauen Augen sprangen. »Was fehlt dir, Heinrich? Warum hast du mich so erschreckt? Weshalb bist du nicht auf deinem Kontor beim Senator?«

Da strich er sich das seidenweiche Haar aus der Stirn und sah sie müde an. »Zum Senator geh ich nicht wieder«, sagte er.

»Nicht wieder zum Senator?«

»Nein; denn ich habe nur noch zwei Wege; entweder hier in den Brunnen oder zum Büttel ins Gefängnis.«

»Was sprichst du für dummes Zeug! Steh auf, Heinrich! Bist du toll geworden?«

Er stand gehorsam auf und ließ sich von ihr nach der kleinen Bank unter dem Birnbaum führen. – Aber da war noch das Kind, das mit verwunderten Augen dem allen zugesehen hatte.

»Armes Ding«, sagte Anna, »hast noch immer keine Birne! Da, kauf dir heute einen Dreilingskuchen!«

Und als das Kind mit der geschenkten Münze davongelaufen war, stand das Mädchen wieder vor dem jungen Menschen.

»Nun sprich!« sagte sie, während sie sich den dicken blonden Zopf wieder aufsteckte, der ihr vorhin in den Nacken gestürzt war. »Sprich rasch, bevor dein Vater wieder da ist!«

Mit fliegendem Atem harrte sie einer Antwort; aber er schwieg und sah zur Erde.

»Du kamst am Sonnabend von Flensburg!« sagte sie dann. »Du hattest Geld für den Senator einzukassieren!«

Er nickte, ohne aufzublicken.

»Sag's nur! Ich kann's schon denken – du bist einmal wieder leichtsinnig gewesen; du hast das Geld umherliegen lassen, im Gastzimmer oder sonstwo! Und nun ist's fort!«

»Ja, es ist fort«, sagte er.

»Aber vielleicht ist es noch wiederzubekommen! Warum sprichst du nicht? So erzähl doch!«

»Nein, Anna – es ist nicht so verloren, wie du es meinst. Wir waren lustig; es wurde gespielt – «

»Verspielt, Heinrich? Verspielt?« Die Tränen stürzten ihr aus den Augen, und sie warf sich an seine Brust, mit beiden Armen seinen Hals umschlingend.

Oben in der Krone des Baumes rauschte ein leiser Wind in den Blättern; sonst war nichts hörbar, als dann und wann ein tiefes Schluchzen des Mädchens, in der alle kurz zuvor entwickelte Tätigkeit gebrochen schien.

Aber der junge Mensch selbst suchte sie jetzt mit sanfter Abwehr zu entfernen; die schöne Last, die das Mitleid ihm an die Brust geworfen hatte, schien ihn zu erdrücken. »Weine nicht so«, sagte er; »ich kann das nicht ertragen.«

Es hätte dieser Mahnung nicht bedurft; Anna war schon von selber aufgesprungen und suchte eilig ihre Tränen abzutrocknen. »Heinrich«, rief sie, »es ist schrecklich, daß du es getan hast; aber ich habe Geld, ich helfe dir!«

»Du, Anna?«

»Ja, ich! Ich bin ja mündig geworden. Sag nur, wieviel du dem Senator abzuliefern hast.«

»Es ist viel«, sagte er zögernd.

»Wieviel denn? Sprich nur rasch!«

Er nannte eine nicht eben kleine Summe.

»Nicht mehr? Gott sei Dank! Aber« – und sie stockte, als sei ein neues Hindernis ihr aufgestiegen – »du hättest heute auf deinem Kontor sein sollen. Wenn er fragt, was willst du dem Senator sagen?«

Heinrich schüttelte sich die weichen Locken von der Stirn, und schon flog wieder der alte Ausdruck sorglosen Leichtsinns über sein Gesicht. »Dem Senator, Anna? Oh, der wird nicht fragen; und wenn auch, das laß meine Sorge sein.«

Sie blickte ihn ernsthaft an. »Siehst du; nun müssen wir auch schon lügen!«

»Nur ich, Anna; und ich versprech es dir, nicht mehr, als nötig ist. Und das Geld – «

»Ja, das Geld!«

»Ich verzins' es dir, ich stelle dir einen Schuldschein aus; du sollst keinen Schaden bei mir leiden.«

»Sprich nicht wieder so dummes Zeug, Heinrich. Bleib hier im Garten; wenn dein Vater kommt, werd ich ihn um die Summe bitten.«

Er wollte etwas erwidern; aber sie war schon ins Haus zurückgegangen. Behutsam schlich sie an der Küche vorüber, wo heute Tante Brigitte für sie am Herd hantierte, und dann hinauf in ihre Kammer, um sich zunächst die verweinten Augen klar zu waschen.

Nicht viel jüngeren Datums als der alte Birnbaum waren Einrichtung und Gerät des schmalen Wohnzimmers, das mit seinen Ausbaufenstern nach dem Hafenplatz hinauslag. In dem Alkovenbette dort in der Tiefe desselben, dessen Glastüren über Tag geschlossen waren, hatten schon die Eltern des Hausherrn sich zum nächtlichen und nacheinander auch zum ewigen Schlafe hingelegt; schon derzeit, wie noch heute, stand in der Westecke des Ausbaues der lederbezogene Lehnstuhl, in dem nach beendigtem Einkauf die alten Kapitäne vor dem ihnen gegenübersitzenden Hausherrn ihr Gespinste abzuwickeln pflegten. Die Sachen waren dieselben geblieben; nur den Menschen hatten sich unmerklich andere untergeschoben; und während einst dem weiland Vater Carstens derlei Berichte aus fremden Welten nur einen Stoff zum behaglichen Weitererzählen geliefert hatten, regten sie in dem Sohne oft eine Kette von Gedanken an, für deren Verarbeitung er nur auf sich selber angewiesen war.

Auch der Tisch, der zwischen einem Stuhle und dem Ledersessel unter den Ausbaufenstern stand, hatte seinen alten Platz behauptet; nur waren die ausländischen Muscheln, welche jetzt auf demselben als Papierbeschwerer für allerlei Schriftwerk dienten, früher eine Zierde der seitwärts stehenden Schatulle gewesen; statt dessen hatte auf dieser der jetzige Besitzer ein kleines Regal errichten lassen, auf welchem außer einzelnen mathematischen Werken und den Chroniken von Stadt und Umgegend auch Bücher wie Lessings »Nathan« und Hippels »Lebensläufe in auf- und absteigender Linie« zu finden waren.

Ein Kanapee war nicht ins Zimmer gekommen; es wäre auch kein Platz dazu gewesen. Andererseits aber fehlte es nicht an einem ziemlich stattlichen Ahnenbilde, in dessen Anschauung der kleinbürgerliche Mann, wenn auch nicht in der französischen Formulierung »Noblesse oblige«, in schweren Stunden sein wankendes Gemüt zu stärken pflegte.

Es war dies freilich kein farbenbrennendes Ölbild, sondern ganz im Gegenteil nur eine mächtig große Silhouette, welche, in braun untermalten Glasleisten eingerahmt, an der westlichen Wand zunächst dem Ausbaue hing, so daß der Hausherr von seinem Arbeitstische aus die Augen darauf ruhen lassen konnte. Sein Vater, von dem freilich nicht viel mehr zu sagen ist, als daß er ein einfacher und sittenstrenger Mann gewesen, hatte es bald nach dem Tode seiner Ehefrau von einem durchreisenden Künstler anfertigen lassen; so zwar, daß es einen Abendspaziergang der nun halbverwaisten Familie darstellte. Voran ging der Vater selbst, wie jetzt der Sohn, eine hagere Gestalt, im Dreispitz und langem Rockelor, eine gebückte alte Frau, die Mutter der Verstorbenen, am Arme führend; dann kam ein hoher Baum von unbestimmter Gattung, sonst aber augenscheinlich auf den Spätherbst deutend; denn seine Äste waren fast entlaubt, und unter dem Glase der Schilderei klebten hier und dort kleine schwarze Fetzchen, die man mit einiger Phantasie als herabgewehte Blätter erkennen mochte. Dahinter folgte ein etwa vierjähriger Junge, gar munter mit geschwungener Peitsche auf einem Steckenpferde reitend; den Beschluß machten ein stakig aufgeschossenes Mädchen und ein anderer, etwa zehnjähriger Knabe mit einer tellerrunden Mütze, welche beiden, wie es schien, in bewundernder Betrachtung des munteren Steckenreiters, keinen Blick für die Anmut der Abendlandschaft übrig hatten. Und doch war hierzu just die rechte Stunde und solches auch in dem Bilde sinnig ausgeführt; denn während im Vordergrunde Baum und Menschen aus tiefschwarzem Papier geschnitten waren, zogen sich dahinter, abendliche Ferne andeutend, die Linien einer sanft gehobenen Ebene, aus dunklem und dann aus lichtgrauem Löschpapier gebildet. Das übrige aber hatte die Malerei vollendet; hinter der letzten Ferne ergoß sich durch den ganzen Horizont ein mild leuchtendes Abendrot, das die Schatten der sämtlichen Spaziergänger nur um so schärfer hervortreten ließ; darüber in braunvioletter Dämmerung kam dann die Nacht herab.

Das lustige Reiterlein war bald nach Anfertigung des Bildes von den schwarzen Blattern hingerafft, und nur sein Steckenpferdchen hatte noch lange in dem Gehäuse der Wanduhr gestanden, die dem Bilde gegenüber noch jetzt wie damals mit gleichmäßigem Ticktack die fliegende Zeit zu messen suchte. Von den fünf Abendspaziergängern lebten nur noch die beiden älteren Geschwister, wie damals unter demselben Dache und, selbst während der kurzen Ehe des Bruders, ungetrennt. Manchmal, in stiller Abendstunde oder wenn ein Leid sie überfiel, hatten sie – sie wußten selbst kaum wie – sich vor dem Bilde Hand in Hand gefunden und sich der Eltern Tun und Wesen aus der Erinnerung wachgerufen. »Da sind wir übrigen denn noch beisammen«, hatte der Vater gesagt, als er das Bild an demselben Stifte an die Wand hing, der es auch noch heute trug; »eure Mutter ist nicht mehr da, dafür ist nun das Abendrot am Himmel«; und dann nach einer Weile, nachdem er den Kindern sein Antlitz abgewendet und einige starke Hammerschläge auf den Stift getan: »Auch von den Toten bleibt auf Erden noch ein Schein zurück; und die Nachgelassenen sollen nicht vergessen, daß sie in seinem Lichte stehen, damit sie sich Hände und Antlitz rein erhalten.«

Tante Brigitte, die als alte Jungfer von etwas seufzender Gemütsart war und es liebte, mit völliger Uneigennützigkeit Luftschlösser in die Vergangenheit hineinzubauen, pflegte nach solchen Erinnerungen, auf den Schatten des kleinen Steckenreiters deutend, wohl hinzuzusetzen:

»Ja, Carsten, wenn nur unser Bruder Peter noch am Leben wäre! Meinst du nicht auch, daß er von uns dreien doch der Klügste war?« Und das Gespräch der Geschwister mochte dann etwa folgenden Verlauf nehmen.

»Wie meinst du das, Brigitte?« entgegenredete der Bruder. »Er starb ja schon in seinem fünften Jahre.«

»Freilich starb er leider dessen, Carsten; aber du weißt doch, wie unsere große gelbbunte Henne immer ihre Eier hinter dem Aschberg weglegte! Er war erst vier Jahre alt, aber er war schon klüger als die Henne; er ließ sie erst ihre Eier legen, und dann eines schönen Morgens brachte er sein ganzes Schürzchen voll mit in die Küche. Ach, Carsten, des Senators Vater hatte ja zu ihm Gevatter gestanden; er würde gewiß auf die Lateinische Schule gekommen sein und nicht wie du bloß beim Rechenmeister.«

Und der lebende Bruder ließ sich eine solche Bevorzugung des früh Verstorbenen allzeit gern gefallen. – – Das Zimmer mit seinem alten Geräte und seinen alten Erinnerungen war noch immer leer, obgleich nur die vor dem Hause stehende Lindenreihe die Strahlen der schon hochgestiegenen Mittagssonne abhielt. Der weiße Seesand, womit Anna vor ihrem Gange nach dem Rathause die Dielen bestreut hatte, zeigte noch fast keine Fußspur, und die alte Wanduhr tickte in der Einsamkeit so laut, als wolle sie ihren Herrn an die gewohnte Arbeit rufen. Da endlich schellte die Haustürglocke, und Anna, die oben harrend in ihrer Kammer saß, hörte den Schritt ihres Pflegevaters, der gleich darauf unten in dem Wohnzimmer verschwand. Noch eine kleine Weile, dann richtete sie sich zu raschem Entschluß auf, drückte noch ein paarmal mit einem feuchten Tuch auf ihre Augen und ging ins Unterhaus hinab.

Als sie das Wohnzimmer betrat, sah sie ihren Pflegevater noch mit Hut und Stock in der Hand stehen, fast als müsse er sich erst besinnen, was er in seinen eigenen Wänden jetzt beginnen solle. Eine Furcht befiel das Mädchen; es kam ihr vor, als sei er auf einmal unsäglich alt geworden. Gern wäre sie unbemerkt wieder fortgeschlichen; aber sie hatte ja keine Zeit zu verlieren.

»Ohm!« sagte sie leise.

Der Ton ihrer Stimme machte ihn fast zusammenschrecken als er aber das Mädchen vor sich stehen sah, trat ein freundliches Licht in seine Augen. »Was willst du von mir, mein Kind?« sagte er milde.

»Ohm!« – Nur zögernd brachte sie es heraus. »Ich bin doch mündig; ich möchte etwas von meinem Vermögen haben; ich brauche es ganz notwendig.«

»Jetzt schon, Anna? Das geht ja schnell.«

»Nicht viel, Ohm; das heißt, ich habe ja noch so viel mehr; nur etwa hundert Taler.«

Sie schwieg; und der alte Mann sah eine Weile stumm auf sie herab. »Und wozu wolltest du das viele Geld gebrauchen?« fragte er dann.

Ein flehender Blick traf ihn aus ihren Augen; sie murmelte etwas, das er nicht verstand.

Er faßte ihre Hand. »So sag es doch nur laut, mein Kind!«

»Ich wollte es nicht für mich«, erwiderte sie zögernd.

»Nicht für dich, für wen denn anders?«

Sie hob wie ein bittendes Kind beide Hände gegen ihn auf. »Laß mich's nicht sagen, Ohm! Oh, ich muß, ich muß es aber haben!«

»Und nicht für dich, Anna?« – Wie in plötzlichem Verständnis ließ er die Augen auf ihr ruhen. »Wenn du es für Heinrich wolltest – da sind wir beide schon zu spät gekommen.«

»O nein, Ohm! O nein!« Und sie schlang ihre Arme um den Hals des alten Mannes.

»Doch, Kind! Was meinst du, daß Herr Jaspers mir anders zu erzählen hatte? Schon gestern war der Senator von allem unterrichtet.«

»Aber wenn doch Heinrich ihm das Geld nun bringt?«

»Ich habe es ihm selber bringen wollen; aber er wollte weder mein Geld noch meinen Sohn. Und was das letzte anbelangt, – ich konnte nichts dawider sagen.«

»Ach, Ohm, was wird mit ihm geschehen?«

»Mit ihm, Anna? Er wird mit Schande das ehrenwerte Haus verlassen.«

Als sie erschreckt das reine Antlitz zu dem ihres Pflegevaters emporhob, blickte ihr daraus ein Gram entgegen, wie sie ihn nie in einem Menschenangesichte noch gesehen hatte. »Ohm, Ohm!« rief sie. »Was aber habt denn Ihr verbrochen?« Und aus den jungfräulichen Augen brach ein so mütterliches Erbarmen, daß der alte Mann den grauen Kopf auf ihren Nacken senkte.

Dann aber, sich wieder aufrichtend und die Hand auf ihren blonden Scheitel legend, sprach er ruhig: »Ich, Anna, bin sein Vater. Geh nun und rufe mir meinen Sohn!«

Auch dieser Tag verging. Nach dem schweren Vormittag eine Mittags- und später ebenso eine Abendmahlzeit, bei der die Speisen, fast wie sie aufgetragen, wieder abgetragen wurden; dazwischen ein nicht enden wollender Nachmittag, während dessen Heinrich, durch den überlegenen Willen des Vaters gezwungen, noch einmal zum Senator mußte und von dem entlassen wurde. – Auch dieser Tag war endlich nun vergangen und die Nacht gekommen. Nur der Hausherr wanderte noch unten im Zimmer auf und ab; mitunter blieb er vor dem Bilde mit den Familienschatten stehen, bald aber strich er mit der Hand über die Stirn und setzte sein unruhiges Wandern fort. Daß Anna in raschem jugendlichem Entschlusse ebenfalls bei dem Senator gewesen war, davon hatte er ebensowenig etwas erfahren, als daß dieser ihr gegenüber nur kaum, aber schließlich dennoch seine Unerbittlichkeit behauptet hatte.

Die kleine Schirmlampe, welche auf dem Arbeitstische brannte, beleuchtete zwei Briefe, der eine nach Kiel, der andere nach Hamburg adressiert; denn für Heinrich mußten auswärts neue Wege aufgesucht werden.

Carsten war ans Fenster getreten und blickte in die mondhelle Nacht hinaus; es war so still, daß er weit unten das Rinnenwasser in den Hafen strömen hörte, mitunter ein mattes Flattern in den Wimpeln der Halligschiffe. Jenseit des Hafens zog sich der Seedeich wie eine schimmernde Nebelbank; wie oft an der Hand seines Vaters war er als Knabe dort hinausgewandert, um ihre derzeit erworbene Fenne zu besichtigen!

Carsten wandte sich langsam um; dort lagen die beiden Briefe auf seinem Arbeitstische; er hatte ja jetzt selber einen Sohn.

In der Tiefe des Zimmers waren die Glastüren des Alkovens, wie jeden Abend, von Anna offengestellt, und die abgedeckten Kissen des darin stehenden Bettes schienen den an gute Bürgerszeit Gewöhnten einzuladen, dem überlangen Tag ein Ende zu machen. Er nahm auch seine große silberne Taschenuhr aus dem Gehäuse und zog sie auf. »Mitternacht!« sagte er, indem er in den Alkoven trat. Als er aber, wie er zu tun pflegte, die Uhr am Bettpfosten aufhängen wollte, hatte die stählerne Kette sich in einen goldnen Ring verhäkelt, den er am kleinen Finger trug, daß dieser herabgerissen wurde und klirrend auf dem Boden fortrollte. Mit fast jugendlicher Raschheit bückte sich der alte Mann danach, und als der Ring wieder in seiner Hand war, trat er in das Zimmer zurück und hielt ihn sorgsam unter den Schirm der Lampe. Seine Augen schienen nicht loszukönnen von dem Weibernamen, der auf der inneren Seite eingegraben war; aber aus seinem Munde brach ein Stöhnen, wie um Erlösung flehend.

Da hörte er auf dem Flur die Stiegen der Treppe krachen. Er machte eine hastige Bewegung, als wolle er den Ring an den Finger stecken, als eine Hand sich sanft auf seinen Arm legte. »Bruder Carsten«, sagte seine alte Schwester, die in ihrem Nachtgewande zu ihm eingetreten war, »ich hörte dich hier unten wandern; willst du noch nicht zur Ruhe gehen?«

Er sah ihr wie erwägend in die Augen. »Es gibt Gedanken, Brigitte, die uns keine Ruhe gönnen, die immer wieder ins Gehirn steigen, weil sie nie herausgelassen werden.«

Die alte Jungfrau blickte ihren Bruder völlig ratlos an. »Ach, Carsten«, sagte sie, »ich bin eine alte einfältige Person! Wäre unser Bruder Peter nur am Leben geblieben; vielleicht wäre er jetzt unser Pastor und hätte unseren Heinrich getauft und konfirmiert; der hätte gewiß auch heute Rat gewußt.«

»Vielleicht, Brigitte«, erwiderte der Bruder sanft; »vielleicht auch hätten wir uns nicht so ganz verstanden; du aber lebst und bist meine alte treue Schwester.«

»Ja, ja, Carsten, leider Gottes! Wir beide sind allein noch übrig.«

Er hatte ihre Hand gefaßt. »Brigitte«, sagte er hastig, »sahst du, wie blaß der Junge heute abend war, als er in seine Kammer hinaufging? Noch nimmer hat er seiner Mutter so geglichen; so sah Juliane in ihren letzten Tagen aus, als schon der Tod die irdischen Gedanken von ihr genommen hatte.«

»Sprich nicht von ihr, Bruder; das tut dir jetzt nicht gut; sie ruht ja längst.«

»Längst, Brigitte; – aber nicht hier, hier nicht!« Und er drückte die Hand, in der er noch den Ring umschlossen hielt, an seine Brust. »Es kommt mir alles immer wieder; am letzten Ostersonntag waren es grade dreiundzwanzig Jahre!«

»Am letzten Ostersonntage? Ja, ja, Bruder, ich weiß es nun wohl; ihr waret dazumal beide, wo ihr nimmer hättet sein sollen.«

»Schilt jetzt nicht, Schwester«, sagte Carsten; »du selber konntest nicht die Augen von ihr wenden, als du ihr damals die blaue Schärpe umgeknüpft hattest. Ich weiß jetzt wohl, daß sie nicht für mich ihr schönes Haar aufsteckte und die Atlasschuhe über ihre kleinen Füße zog; ich gehörte nicht in diese Gesellschaft vornehmer und ausgelassener Leute, wo sich niemand um mich kümmerte, am wenigsten mein eigenes Weib.

Nein, nein!« rief er, da die Schwester ihn unterbrechen wollte. »Laß mich es endlich einmal sagen! – Siehst du, ich wollte zwar auch meinen Platz ausfüllen, ich tanzte ein paarmal mit meiner Frau; aber sie wurde mir immer von den Offizieren fortgeholt. Und wie anders tanzte sie mit diesen Menschen! Ihre Augen leuchteten vor Lust; sie ging von Hand zu Hand; ich fürchtete, sie würden mir mein Weib zu Tode tanzen. Sie aber konnte nicht genug bekommen und lachte nur dazu, wenn ich sie bat, daß sie sich schonen möchte. Ich ertrug das nicht länger und konnt es doch nicht ändern; darum setzte ich mich in die Nebenstube, wo die alten Herren an ihrem L'Hombre saßen, und nagte an meinen Nägeln und an meinen eigenen Gedanken.

Du weißt, Brigitte; der französische Kaperkapitän, den die anderen den ›schönen Teufel‹ nannten – wenn ich je zuweilen in den Saal hineinguckte, immer war sie mit ihm am Tanzen.

Als es gegen drei Uhr und der Saal schon halb geleert war, stand sie neben ihm am Schenktisch, beide mit einem vollen Glas Champagner in der Hand. Ich sah, wie sie rasch atmete, und wie seine Worte, die ich nicht verstehen konnte, einmal über das andere ein fliegendes Rot über ihr blasses Gesicht jagten; sie selber sagte nichts, sie stand nur stumm vor ihm; aber als beide jetzt das Glas an ihre Lippen hoben, sah ich, wie ihre Augen ineinandergingen. – Ich sah das alles wie ein Bild, als sei es hundert Meilen von mir; dann aber plötzlich überfiel es mich, daß jenes schöne Weib dort mir gehöre, daß sie mein Weib sei; und dann trat ich zu ihnen und zwang sie, mit mir nach Hause zu gehen.«

Carsten stockte, als habe er die Grenze seiner Erzählung erreicht; seine Brust hob sich mühsam, sein hageres Gesicht war gerötet. Aber er war noch nicht zu Ende; nur blickte er nicht wie vorhin zur Schwester hinab, er sprach über ihren Kopf weg in die leere Luft.

»Und als wir dann in unserer Kammer waren, als sie mir keinen Blick gönnte, sondern wie zornig Gürtel und Mieder von sich warf, und als sie dann mit einem Ruck den Kamm aus ihren Haaren riß, daß es wie eine goldene Flut über ihre Hüften stürzte – es ist nicht immer, wie es sein sollte, Schwester – denn was mich hätte von ihr stoßen sollen, – ich glaub fast, daß es mich nur mehr betörte.«

Die Schwester legte sanft die Hand auf seinen Arm. »Laß das Gespenst in seiner Gruft, Bruder; laß sie, sie gehörte nicht zu uns.«

Er achtete nicht darauf. »So« – sprach er weiter – »hatte ich nimmer sie gesehen; nicht in unserer kurzen Ehe und auch im Brautstande nicht. Aber es war nicht die Schönheit, die unser Herrgott ihr gegeben hatte, es war die böse Lust, die sie so schön machte, die noch in ihren Augen spielte. – Und so wie an jenem Abend und in jener Nacht war es noch viele Male, viele Wochen und Monde, bis nur ein halbes Jahr vor ihrem Tode übrig war; – als alle diese Fremden unsere Stadt verließen.«

»Bruder Carsten«, sagte Brigitte wieder, »hast du nicht neues Leid genug? Wenn du schwach warst gegen dein Weib, weil du sie lieber hattest, als dir gut war – es ist schon bald ein

Menschenleben darüber hin; was quälst du dich noch jetzt damit!«

»Jetzt, Brigitte? Ja, warum sprech ich denn dies alles jetzt zu dir? – War sie mein Eheweib in jener Zeit, wo ihre Sinne von leichtfertigen Gedanken taumelten, die nichts mit mir gemein hatten? – Und doch – aus dieser Ehe wurde jener arme Junge dort geboren. Meinst du« – und er bückte sich hinab zum Ohr der Schwester – »daß die Stunde gleich sei, in der unter des allweisen Gottes Zulassung ein Menschenleben aus dem Nichts hervorgeht? – Ich sage dir, ein jeder Mensch bringt sein Leben fertig mit sich auf die Welt; und alle, in die Jahrhunderte hinauf, die nur einen Tropfen zu seinem Blute gaben, haben ihren Teil daran.«

Draußen vom Kirchturm schlug es eins. »Stell es dem lieben Gott anheim, Bruder«, sagte Brigitte; »ich versteh das nicht, was aus deinen Büchern dir im Kopf herumgeht; ich weiß nur, daß der Junge, leider Gottes, nach der Mutter eingeschlagen ist.«

Carsten fühlte wohl, daß er eigentlich nur mit sich selbst gesprochen habe und daß er nach wie vor mit sich allein sei. »Geh schlafen, meine gute alte Schwester«, sagte er und drängte sie sanft auf den Flur hinaus; »ich will es auch versuchen.«

Auf der untersten Treppenstiege, wo Brigitte es zuvor gelassen hatte, brannte ein Licht mit langer Schnuppe. Sie blickte noch einmal mit fest geschlossenen Lippen und gefalteten Händen den Bruder an; dann nickte sie ihm zu und ging mit dem Lichte in das Oberhaus hinauf.

Aber Carsten dachte nicht an Schlaf; nur allein hatte er wieder sein wollen. Noch einmal nahm er den kleinen Ring und hielt ihn vor sich hin; durch den engen Rahmen sah er, wie tief in der Vergangenheit, die Luftgestalt des schönen Weibes, deren außer ihm kein Mensch auf Erden noch gedachte. Ein seliges Selbstvergessen lag auf seinem Antlitz; dann aber zuckte plötzlich ein Schmerz darüber hin: sie schien so gar verlassen ihm dort unten. – Als er sich aufrichtete, steckte er den Ring an seinen Finger; und es geschah das mit einer feierlichen Innigkeit, als wolle er die Tote sich noch einmal, und fester als zuvor im Leben, anvermählen; so wie sie einst gewesen war, in ihrer Schönheit und in ihrer Schwäche und mit der kargen Liebe, die sie einst für ihn gehegt hatte. Dann schritt er zur Tür und horchte auf den Flur hinaus; als alles ruhig blieb, ging er zur Treppe und stieg behutsam zur Kammer seines Sohnes hinauf. Er fand den jungen Menschen ruhig atmend und in tiefem Schlafe, obgleich der Mond sein volles Licht über das unter dem Fenster stehende Bett ausgoß. Bei dem gelockten lichtbraunen Haar, das sich seidenweich an die Schläfen legte, hätte man das hübsche blasse Antlitz des Schlafenden für das eines Weibes halten können.

Carsten war dicht herangetreten; ein leises Zittern lief durch seinen Körper. »Juliane!« sagte er. »Dein Sohn! Auch er wird mir das Herz zerreißen!« Und gleich darauf: »Mein Herr und Gott, ich will ja leiden für mein Kind, nur laß ihn nicht verlorengehen!«

Bei diesen unwillkürlich laut gesprochenen Worten schlug der Schlafende die Augen auf; seine Seele aber mochte schlummernd in den Schrecknissen des vergangenen Tages fortgeträumt haben; denn als er plötzlich in der Nacht die brennenden Augen und den zitternd über ihn erhobenen Arm des alten Mannes erblickte, stieß er einen Schrei aus, als ob er den Todesstoß von seines Vaters Hand erwarte; dann aber streckte er flehend beide Arme zu ihm auf.

Und mit einem Laut, als müsse es ihm die Brust zersprengen: »Mein Kind, mein einziges Kind!« brach der Vater an dem Bette des verbrecherischen Sohns zusammen.

Durch einen Freund in Hamburg hatte Carstens es möglich gemacht, seinen Sohn dort in einem kleineren Geschäfte unterzubringen. Indessen war trotz der Achtung, der er sich erfreute, dies Ereignis seines Hauses schonungslos genug in der kleinen Stadt besprochen, freilich bei dieser Gelegenheit auch das Gedächtnis der armen Juliane nicht eben sanft aus ihrer Gruft hervorgeholt worden. Nur Carsten selbst erfuhr nichts davon. Als er eines Tages aus einem befreundeten Bürgerhause auffallend gedrückt nach Haus gekommen war, fragte Brigitte ihn besorgt: »Was ist dir, Carsten? Du hast doch nichts Schlimmes über unseren Heinrich gehört?« – »Schlimmes?« erwiderte der Bruder; »o nein, Brigitte; man hat, seit er fort ist, auch nicht einmal seinen Namen gegen mich genannt.« – Und mit gesenktem Haupte ging er an seinen Arbeitstisch.

Briefe von Heinrich kamen selten, und oftmals forderten sie Geld, da mit dem geringen Gehalte sich dort nicht auskommen lasse. – Sonst ging das Leben seinen stillen Gang; der alte Birnbaum im Hofe hatte wieder einmal geblüht und dann zur rechten Zeit und zur Freude der Nachbarkinder seine Frucht getragen. Besonderes war nicht vorgefallen, wenn nicht, daß Anna den Heiratsantrag eines wohlstehenden jungen Bürgers abgelehnt hatte; sie war keine von den Naturen, die durch ihr Blut der Ehe zugetrieben werden: sie hatte ihre alten Pflegeeltern noch nicht verlassen wollen.

Als aber kurz vor Weihnachten Carstens seinem Sohne den plötzlich eingetroffenen Tod des Senators gemeldet hatte, erfolgte in einigen Tagen schon eine Antwort, worin Heinrich seinen Besuch zum Weihnachtabend ansagte. Eine Geldforderung enthielt der Brief nicht; nicht einmal die Reisekosten hatte er sich ausgebeten.

Es war doch eine Freudenbotschaft, die sofort im Hause verkündigt wurde. Und wie eine glückliche Unruhe kam es über alle, da nun das Fest heranrückte; die Händedrücke, die Carsten im Vorbeigehen mit seiner alten Schwester zu wechseln pflegte, wurden inniger; mitunter haschte er sich die geschäftige Pflegetochter, hielt sie einen Augenblick an beiden Händen und sah ihr zärtlich in die heiteren Augen.

Endlich war der Nachmittag des heiligen Abends herangekommen. Im Hause hatte eine erwartungsvolle Tätigkeit gewaltet; doch bald schien alles zum Empfange des Christkinds und des Gastes vorbereitet. Vom Arbeitstische, der heute von allen Rechnungs- und Kontobüchern entlastet war, blinkte auf schneeweißem Damast das Teegeschirr mit goldenen Sternchen, während daneben die frischgebackenen Weihnachtskuchen dufteten. Der Tür gegenüber auf der Kommode war Heinrichs Bescherung von den Frauen ausgebreitet: ein Dutzend Strümpfe aus feinster Zephirwolle, woran die sorgsame Tante das ganze Jahr gestrickt hatte; daneben von Annas sauberen Händen eine reichgestickte Atlasweste und eine grünseidene Börse, durch deren Maschen die von Carsten gespendeten Dukaten blinkten.

Dieser selbst ging eben in den Keller, um aus seinem bescheidenen Vorrat zwei ganz besondere Flaschen heraufzuholen, die er vor Zeiten von einem dankbaren Schutzbefohlenen zum Geschenk erhalten hatte; es sollte heute einmal nichts gespart werden.

Statt seiner trat Tante Brigitte herein, zwei blankpolierte Leuchter in den Händen, auf denen schneeweiße russische Lichte in ebenso weißen Papiermanschetten steckten, denn schon war die Dämmerung des heiligen Abends hereingebrochen; draußen zogen schon die Scharen der kleinen Weihnachtsbettler, und ihr Gesang tönte durch die Straßen: »Vom Himmel hoch, da komm ich her.«

Als Carsten wieder eintrat, brannten auch die Lichter schon; die Stube sah ganz festlich aus. Die alten Geschwister wandten die Gesichter gegeneinander und blickten sich herzlich an. »Es wird auch Zeit, Carsten!« sagte Brigitte; »die Post pflegt immer schon um vier zu kommen.«

Carsten nickte, und nachdem er noch eilig seine Flaschen hinter dem warmen Ofen aufgepflanzt hatte, langte er mit zitternder Hand seinen Hut vom Türhaken.

»Soll ich nicht mit Euch, Ohm?« rief Anna; »hier ist für mich nichts mehr zu tun.«

– »Nein, nein, mein Kind; das muß ich ganz allein.« Mit diesen Worten nahm er sein Bambusrohr aus dem Uhrgehäuse und ging hinaus.

Das Postgebäude lag derzeit hoch oben in der Norderstraße; aber es war völlig windstill, ein leichter Frostschnee sank ebenmäßig herab. Carsten schritt rüstig vorwärts, ohne rechts oder links zu sehen; als er jedoch fast sein Ziel erreicht hatte, hörte er sich plötzlich angerufen: »He, Freundchen, Freundchen, nehmt mich mit!« Und Herrn Jaspers' selbst in der Dunkelheit nicht zu verkennende Gestalt schritt aus einer Nebenstraße, munter mit dem Schnupftuche winkend, auf ihn zu. »Merk's schon«, sagte er, »Ihr wollt Euern Heinrich von der Post holen? Hab nur gehört, soll ein Staatskerl geworden sein, der junge Schwerenöter!«

»Aber«, sagte Carsten, indem er längere Schritte machte, denen der andere, mit beiden Armen schaukelnd, nachzukommen strebte, »ich dächte, Jaspers, Ihr hättet niemanden zu erwarten!«

»Nein, Gott sei Dank, Carsten! Nein, niemanden! Aber – zum Henker, Ihr braucht nicht so zu rennen! – man muß doch sehen, was zum lieben Fest für Gäste kommen.«

Sie waren an einer Straßenecke in der Nähe des Posthauses angelangt, wo sich bereits eine Anzahl Menschen angesammelt hatte, um die Ankunft der Post hier abzuwarten, als Herr Jaspers von einem vorübergehenden Amtsschreiber angerufen wurde.

»Hört Ihr nicht, Jaspers? Der Mann wünscht Euch zu sprechen«, sagte Carsten, der eben aus der Tiefe der Straße das Rummeln eines schweren Wagens heraufkommen hörte.

Aber der andere stand wie gemauert. »Ei, Gott bewahre, Carsten! Laßt den Hasenfuß laufen! Ich bleibe bei Euch, Freundchen; wer weiß, was noch passieren kann! Ihr kennt doch die Geschichte von dem Flensburger Kandidaten, der seine Liebste aus der Kutsche heben wollte und dem ein schwarzer Negerjunge auf den Nacken sprang!«

»Ich kenne alle Eure Geschichten, Jaspers«, erwiderte Carsten ungeduldig; »aber wenn Ihr's denn wissen wollt, ich wünsche meinen Sohn allein zu empfangen; ich brauche Euch nicht dabei!«

Herrn Jaspers' unerschütterliche Antwort wurde von Peitschenknall und dem schmetternden Klang eines Posthorns übertönt; und gleich darauf rollte auch der schwerfällige Wagen vor die Tür des Posthauses, in den matten Schein, den die darüber befindliche Laterne auf die leicht beschneite Straße hinauswarf. Dann sprang der Postillion vom Bock, vom Schirrmeister wurde die Wagentür aufgerissen, und die Leute drängten sich herzu, um die Fahrgäste aussteigen zu sehen.

Carsten war etwas zurück im Schatten der Mauer stehengeblieben. Da er von hoher Statur war, so konnte er auch von hier aus die in Mäntel und Pelze vermummten Gestalten, welche eine nach der anderen aus dem Wagenkasten auf die Straße traten, deutlich genug erkennen.

»Niemand mehr darin?« frug der Schirrmeister.

»Nein, nein!« tönte es von mehreren Seiten; und die Wagentür wurde zugeworfen.

Carsten umklammerte die Krücke seines Stockes und stützte sich darauf; sein Heinrich war nicht gekommen. – Er blickte wie abwesend auf die dampfenden Pferde, die auf dem Pflaster scharrten und klirrend ihre Messingbehänge schüttelten, und wollte sich endlich schon zum Gehen wenden, als er bemerkte, daß er hier nicht der einzige Getäuschte sei. Eine junge Dirne hatte sich an den Postillion herangemacht, der eben die Decken über seine Tiere warf, und schien ihn mit aufgeregten Fragen zu bedrängen. »Ja, ja, Mamsellchen«, hörte er diesen antworten, »es kann noch immer sein; es kommt noch eine Beichaise.«

»Noch eine Beichaise!« Carsten wiederholte die Worte unwillkürlich; ein tiefer Atemzug entrang sich seiner Brust. Der Postillion war ihm bekannt; er hätte ihn fragen können: »Sitzt denn mein Heinrich mit darin?« Aber er vermochte sich nicht vom Fleck zu rühren; mit geschlossenen Lippen stand er und sah bald darauf den Wagen fortfahren und blickte auf die leeren Geleise, die in dem Schnee erkennbar waren, auf welche leis und unaufhaltsam neuer Schnee herabsank und sie bald bedeckte.

Um ihn her war es ganz still geworden, selbst Herr Jaspers schien verschwunden; das Mädchen hatte sich schweigend neben ihn gestellt, die Arme in ihr Umschlagetuch gewickelt. Mitunter klingelte eine Türschelle, dann sangen die Kinderstimmen: »Vom Himmel hoch, da komm ich her!« Die kleinen Weihnachtsbettler mit ihrem tröstlichen Verkündigungsliede zogen noch immer von Haus zu Haus.

Endlich kam es abermals die Straße herauf, näher und näher kam es, noch einmal knallte die Peitsche und schmetterte das Posthorn, und jetzt rollte die verheißene Beichaise in den Laternenschein des Posthauses hinein.

Und ehe die Pferde noch zum Stehen gebracht waren, sah Carsten die Gestalt eines hohen Mannes behende aus dem Wagen springen und gegen sich herankommen. »Heinrich!« rief er und stürzte vorwärts, daß er fast gestrauchelt wäre; aber der Mann wandte sich zu dem Mädchen, die jetzt mit einem Freudenschrei an seinem Halse hing. »Ich dachte schon, du wärst nicht mehr gekommen!« – »Ich? Nicht kommen, am Weihnachtabend? Oh!«

Carsten blickte den beiden nach, wie sie durch den fallenden

Schnee Arm in Arm die Straße hinabgingen; als er sich umwandte, war auch der Platz vor dem Hause leer, wo vorhin die Chaise gehalten hatte. »Er ist nicht gekommen, er wird krank geworden sein«, sagte er halblaut zu sich selber.

Da legte sich eine breite Hand auf seinen Arm. »Oho, Freundchen!« sprach dicht neben ihm Herrn Jaspers' wohlbekannte Stimme, »dachte ich's nicht, daß Ihr Euch Grillen fangen würdet! Krank, meint Ihr? Nein, Carsten, das laßt Euch den Heiligen Abend nicht verderben. Ihr wißt doch, in Hamburg gibt's ganz andere Weihnachten für die jungen Bursche als in Eurem alten Urgroßvaterhause an der Twiete. Aber, seht Ihr, war's nicht hübsch, daß ich Euch warten half? Da habt Ihr doch Gesellschaft auf dem Rückweg!«

Herrn Jaspers' Stimme hatte einen fast zärtlichen Ausdruck angenommen; aber Carsten hörte nicht darauf. Auch auf dem Rückwege ließ er Herrn Jaspers ungestört an seiner Seite traben; er war ein geduldiger Mann geworden.

Als er wieder in sein Haus trat, hörte er rasch die Stubentür von innen anziehen. »Noch einen Augenblick Geduld!« rief Annas helle Stimme; dann gleich darauf wurde die Tür weit aufgeschlagen und die schlanke Mädchengestalt stand wie in einem Bilderrahmen auf der Schwelle. Sie schritt auch nicht hinaus, sie starrte regungslos auf ihren alten Pflegevater.

»Allein, Ohm?« fragte sie endlich.

»Allein, mein Kind.«

Dann gingen beide zu Tante Brigitte in die festlich aufgeschmückte Stube, und die Frauen, während Carsten schweigend in dem Ledersessel daneben saß, erschöpften sich in immer neue Mutmaßungen, was es nur gewesen sein könne, das ihnen alle Freude so zerstört habe, bis endlich der Abend vergangen war und sie still die Lichter löschten und die Geschenke wieder forträumten, welche sie kurz zuvor so geschäftig zusammengetragen hatten.

Auch die Weihnachtsfeiertage verflossen, ohne daß Heinrich selber oder ein Lebenszeichen von ihm erschienen wäre. Als auch der Neujahrsabend herankam und die langerwartete Poststunde wieder so vorüberging, hatten in dem alten Manne die

Sorgen der letzten Tage sich zu einer fast erstickenden Angst gesteigert. Was konnte geschehen sein? Wenn Heinrich krank läge dort in der großen fremden Stadt! Die diesmal ruhigere Überlegung der Frauen vermochte ihn nicht zurückzuhalten, er mußte selber hin und sehen. Vergebens stellten sie ihm die Beschwerlichkeit der langen Reise bei dem eingetretenen scharfen Frost vor Augen; er suchte sich das nötige Reisegeld zusammen und hieß Brigitte seinen Koffer packen; dann ging er in die Stadt, um sich zum anderen Morgen Fuhrwerk zu verschaffen.

Als er nach vielfachem Umherrennen erschöpft nach Hause kam, war ein Brief von Heinrich da; ein Versehen des Postboten hatte die Abgabe verspätet. Hastig riß er das Siegel auf; die Hände flogen ihm, daß er kaum seine Brille aus der Tasche ziehen konnte. Aber es war ein ganz munterer Brief; Herr Jaspers hatte recht gehabt: mit Heinrich war nichts Besonderes vorgefallen; er hatte nur gedacht, es sei doch richtiger, den Weihnachtsmarkt in Hamburg zu genießen und dann später nach Haus zu kommen, wenn erst im Hof der große Birnbaum blühe und sie miteinander auf den Deich hinausspazieren könnten; dann folgte die lustige Beschreibung verschiedener Feste und Schaustellungen; von den Kümmernissen, die er den Seinen zugefügt, schien ihm keine Ahnung gekommen zu sein.

Auch eine Nachschrift enthielt der Brief: er habe auf eigene Hand mit einem guten Freunde einige Geschäfte eingefädelt, die schon hübschen Gewinn abgeworfen hätten; er wisse jetzt, wo Geld zu holen sei, sie würden bald noch anderes von ihm hören. – Wie gewagt, nach mehr als einer Seite hin, diese Geschäftsverbindung sei, davon freilich war nichts geschrieben.

Carsten, da er alles einmal und noch einmal gelesen hatte, lehnte sich müde in seinen Stuhl zurück; der Name »Juliane« drängte sich unwillkürlich über seine Lippen. Aber jedenfalls – Heinrich war gesund; es war nichts Schlimmes vorgefallen.

»Nun, Ohm?« fragte Anna, die auf Mitteilung harrend mit Tante Brigitte vor ihm stand.

Er reichte ihnen den Brief. »Leset selbst«, sagte er, »vielleicht daß ich heute einmal besser schlafe! Und dann, Anna, bestelle mir den Fuhrmann ab, meine alten Beine können nun nicht mehr!«

Er sah fast glücklich aus bei diesen Worten; ein Ruhepunkt war eingetreten, und er wollte ihn redlich zu benutzen suchen.

Am anderen Morgen wurden die Weihnachtsgeschenke aus den Schubladen wieder hervorgeholt und, sorgsam in ein Kistchen verpackt, an Heinrich auf die Post gegeben; oben auf lag ein Brief von Anna, voll herzlichen Zuredens und voll ehrlicher Entrüstung. Als Antwort erhielt sie nach einigen Monaten ein Osterei von Zucker, aus welchem, da es sich öffnen ließ, eine goldene Vorstecknadel zum Vorschein kam; einige neckende Knittelverse, welche für die guten Lehren dankten, waren auf einem Papierstreifchen darumgewunden.

Wenn die goldene Nadel ein Ertrag der eingefädelten Geschäfte war, so blieb sie jedenfalls das einzige Zeichen, das davon nach Haus gelangte; in den spärlichen Briefen geschah derselben entweder gar nicht oder nur noch in allgemeinen Andeutungen Erwähnung.

Die Zeit rückte weiter, und nach den Ostern war jetzt der Nachmittag des Pfingstfestes herangekommen. Die Frauen befanden sich beide auf dem sonnigen Hausflur in emsiger Beschäftigung; Tante Brigitte hatte das Gardinenbrett des Ladenfensters vor sich auf dem Zahltisch liegen, bemüht, einen blütenweißen Vorhang daran festzunadeln; Anna, der eine Anzahl grüner Waldmeisterkränze über dem einen Arm hingen, suchte gegenüber an der frisch getünchten Wand nach Haken oder Nägeln, um daran den Festschmuck zu befestigen. Zwei der Kränze waren glücklich angebracht; bei dem dritten saß der Nagel doch zu hoch, als daß der ausgestreckte Arm des schlanken Mädchens ihn mit dem Kranz erreichen konnte.

»Kind, Kind!« rief Tante Brigitte vom Ladentisch herüber; »du wirst ja kochheiß, so hol doch einen Schemel!«

»Nein, Tante, es muß!« erwiderte Anna lachend und begann unter herzlichem Stöhnen ihre vergeblichen Anstrengungen zu erneuern.

Plötzlich wurde die Haustür aufgerissen, daß das Läuten der Schelle betäubend durch den Flur schallte; dazwischen rief eine jugendliche Männerstimme: »Mannshand oben!« und zugleich war auch der Kranz aus Annas aufgestreckter Hand genommen und hing im selben Augenblicke oben an dem Nagel. Anna selbst sah sich in den Armen eines schönen Mannes mit gebräuntem Antlitz und stattlichem Backenbarte, dessen Kleidung den Großstädter nicht verkennen ließ. Aber schon hatte sie mit einer so kräftigen Bewegung ihn von sich gestoßen, daß er geradewegs auf Tante Brigitte zuflog, die vor ihrem Gardinenbrett beide Hände über dem Kopf zusammenschlug. Da brach der Mißhandelte in ein lustiges Gelächter aus, das noch das Ausläuten der Türschelle übertönte.

»Heinrich, Heinrich! Du bist es!« riefen die Frauen wie aus einem Munde.

»Nicht wahr, Tante Brigitte, das nennt man überraschen!«

»Junge«, sagte die Alte noch halb erzürnt; »in deinem modischen Rock steckt doch noch der alte Hans Dampf; wenn du dich ansagst, kann man sich zu Tode warten, und wenn du kommst, könnte man vor Schreck den Tod davon haben.«

»Nun, nun, Tante Brigitte, ihr sollt mich auch bald genug schon wieder loswerden; unsereiner hat nicht lange Zeit zu feiern.«

»Ei, Heinrich«, sagte die gute Tante, indem sie ihn mit sichtlicher Zufriedenheit betrachtete, »so sollte es nicht gemeint sein! Was du gesund aussiehst, Junge! Nun aber hilf auch mir noch ein paar Augenblicke mit deiner hübschen Leibeslänge!«

Mit einem Satz war Heinrich über den Ladentisch hinüber und stand gleich darauf auf der Fensterbank, das Gardinenbrett mit den daranhängenden weißen Fahnen in den Händen.

Als kurz darauf ein gemessenes Läuten der Türschelle die Ankunft des bisher abwesenden Hausherrn anzeigte, saß Heinrich bereits wohlversorgt im Zimmer vor dem Kaffeetische, den aufhorchenden Frauen die Wunder der Großstadt und seiner eigenen Tätigkeit verkündend. Gleich darauf stand er dem Vater gegenüber, und dieser ergriff seine beiden Hände und sah ihm mit verhaltenem Atem in die Augen. »Mein Sohn!« sagte er endlich; und Heinrich fühlte, wie aus dem Körper des alten Mannes ein Zittern in den seinen überging.

Noch lange, als sie schon mit den anderen am Tische saßen, hingen so die Blicke des Vaters an des Sohnes Antlitz, während dessen bald wieder in Fluß gekommene Reden fast unverstanden an seinem Ohr vorübergingen. Heinrich schien ihm äußerlich fast ein Fremder; die Ähnlichkeit mit Juliane war zurückgetreten, er sagte sich das mit schmerzlicher Befriedigung; die Zeit seines Fortganges aus der Vaterstadt, obgleich nur wenige Jahre seitdem vergangen waren, lag jetzt weit dahinter. Ein freudiger Gedanke erfüllte plötzlich das Herz des Vaters: was auch damals geschehen war, es war nur der Fehler eines in der Entwickelung begriffenen, noch knabenhaften Jünglings, wofür die Verantwortlichkeit dem jetzt vor ihm sitzenden Manne nicht mehr aufgebürdet werden konnte. Carsten faltete unwillkürlich seine Hände; als Annas Blicke sich zufällig auf ihn wandten, hörte auch sie nicht mehr auf Heinrichs Wunderdinge: ihr alter Ohm saß da, als ob er betete.

Später freilich, als Sohn und Vater sich allein gegenübersaßen, mußte Heinrich auch diesem Rede stehen. Er war jetzt auf einer Geschäftsreise für seine Firma; am zweiten Festtag schon mußte er weiter, dem Norden zu. Aus dem eleganten Taschenbuche, das Heinrich hervorzog, wurde Carsten in manche Einzelheiten eingeweiht, und er nickte zufrieden, da er den Sohn in wohlgeordneter Tätigkeit erblickte. Weniger deutlich waren die Mitteilungen, die Heinrich über seine auf eigene Hand betriebenen Geschäfte machte; er verstand es, über diese selbst mit leichter Andeutung fortzugehen und sich dagegen ausführlich über neue Unternehmungen auszulassen, die mit dem unzweifelhaften Gewinn der ersteren begonnen werden sollten. Carsten war in solchen Dingen nicht erfahren; aber wenn in Heinrichs wortreicher Darlegung die Projekte immer höher stiegen und das Gold aus immer reicheren Quellen floß, dann war es ihm mitunter, als blickten plötzlich wieder Julianens Züge aus des Sohnes Antlitz, und zugleich in Angst und Zärtlichkeit ergriff er dessen Hände, als könnte er ihn so auf festem Boden halten.

Dennoch, als sie am anderen Vormittage miteinander in der Kirche saßen, konnte er sich einer kleinen Genugtuung nicht erwehren, wenn über den Gesangbüchern in allen Bänken sich die Köpfe nach dem stattlichen jungen Mann herumwandten; ja, es war ihm fast leid, daß heute nicht auch Herr Jaspers aus seinem gewohnten Stuhl herüber psalmodierte.

Am Nachmittage, während drinnen Carsten und Brigitte ihr

Schläfchen hielten, saßen Heinrich und Anna draußen auf der Bank unter dem Birnbaume. Auch sie hielten Mittagsruhe, nur daß die jungen Augen nicht zufielen wie die alten drinnen; zwar sprachen sie nicht, aber sie hörten auf den Sommergesang der Bienen, der tönend aus dem mit Blüten überschneiten Baume zu ihnen herabklang. Bisweilen, und dann immer öfter, wandte Anna den Kopf und betrachtete verstohlen das Gesicht ihres Jugendgespielen, der mit seinem Spazierstöckchen den Namen einer berühmten Kunstreiterin in den Sand schrieb. Sie konnte sich noch immer nicht zurechtfinden; der bärtige Mann an ihrer Seite, dessen Stimme einen so ganz anderen Klang hatte, war das der Heinrich noch von ehedem? – Da flog ein Star vom Dach herab auf die Einfassung des Brunnens, blickte sie mit seinen blanken Augen an und begann mit geschwellter Kehle zu schnattern, als wollte er ihr ins Gedächtnis rufen, wer dort statt seiner einst gesessen habe. Anna öffnete die Augen weit und blickte hinauf nach einem Stückchen blauen Himmels, das durch die Zweige des Baumes sichtbar war; sie fürchtete den Schatten, der drunten aus der Brunnenecke in diesen goldenen Sommertag hineinzufallen drohte.

Aber auch Heinrichs Erinnerung war durch den geschwätzigen Vogel geweckt worden; nur sahen seine Augen keinerlei Schatten aus irgendeiner Ecke. »Was meinst du, Anna«, sagte er, mit seinem Stöckchen nach dem Brunnen zeigend; »glaubst du, daß ich damals wirklich in das dumme Ding hineingesprungen wäre?«

Sie erschrak fast über diese Worte. »Wenn ich es glauben müßte«, erwiderte sie, »so wärest du jedenfalls nicht wert gewesen, daß ich dich davon zurückgerissen hätte.«

Heinrich lachte. »Ihr Frauen seid schlechte Rechenmeister! Dann hättest du mich ja jedenfalls nur sitzen lassen können!«

»O Heinrich, sage lieber, daß so etwas nie – nie wieder geschehen könne!«

Statt der Antwort zog er seine kostbare goldene Uhr aus der Tasche und ließ diese und die Kette vor ihren Augen spielen. »Wir machen jetzt selbst Geschäfte«, sagte er dann; »nur noch einige Monate weiter, da werfe ich den Erben des Senators die paar lumpigen Taler vor die Füße; wollen sie's nicht aufheben, so mögen sie es bleibenlassen; denn freilich, bezahlt muß so was werden.«

»Sie werden es schon nehmen, wenn du es bescheiden bietest«, sagte Anna.

»Bescheiden?« Er hatte sich vor ihr hingestellt und sah ihr ins Gesicht, das sie sitzend zu ihm erhoben hatte. »Nun, wenn du meinst«, setzte er wie gedankenlos hinzu, während seine Augen den Ausdruck aufmerksamer Betrachtung annahmen. »Weißt du wohl, Anna«, rief er plötzlich, »daß du eigentlich ein verflucht hübsches Mädchen bist!«

Die Worte hatten so sehr den Ton unwillkürlicher Bewunderung, daß Anna fast verlegen wurde. »Du hast dir wohl andere Augen aus Hamburg mitgebracht«, sagte sie.

»Freilich, Anna; ich verstehe mich jetzt darauf! Aber weißt du auch wohl, daß du nun bald dreiundzwanzig Jahre alt bist! Warum hast du immer noch keinen Mann?«

»Weil ich keinen wollte. Was sind das für Fragen, Heinrich!«

»Ich weiß wohl, was ich frage, Anna; heirate mich, dann bist du aus aller Verlegenheit.«

Sie sah ihn zornig an. »Das sind keine schönen Späße!«

»Und warum sollen es denn Späße sein?« erwiderte er und suchte ihre Hand zu fassen.

Sie richtete sich fast zu gleicher Höhe vor ihm auf. »Nimmer, Heinrich, nimmer.« Und als sie diese Worte, heftig mit dem Kopfe schüttelnd, ausgestoßen hatte, machte sie sich los und ging ins Haus zurück; aber sie war blutrot dabei geworden bis in ihr blondes Stirnhaar hinauf.

Die Geschäfte, von denen Heinrich sich goldene Berge versprochen hatte, mußten doch einen anderen Erfolg gehabt haben. Kaum einen Monat nach seiner Abreise kamen Briefe aus Hamburg, von ihm selbst und auch von Dritten, deren Inhalt Carsten den Frauen zu verbergen wußte, der ihn aber veranlaßte, sich bei seinem Gönner, dem sowohl im bürgerlichen als im peinlichen Rechte wohlerfahrenen alten Bürgermeister, eine vertrauliche Besprechung zu erbitten. Und schon am nächsten Abend im Ratsweinkeller rannte Herr Jaspers bei seinem Spitzglas Roten seinem Nachbar, dem Stadtwaagemeister, zu, der alte Carstens –

der Narr mit seinem liederlichen Jungen – es sei aus guter Quelle, daß er vormittags mehrere seiner besten Hypothekverschreibungen mit einer hübschen Draufgabe gegen Bares umgesetzt habe. Der Stadtwaagemeister wußte schon noch mehr: das Geld, eine große Summe, war bereits am Nachmittage nach Hamburg auf die Post gegeben. Man kam überein, es müsse dort etwas geschehen sein, das rasche und unabweisbare Hülfe erfordert habe. »Hülfe!« wiederholte Herr Jaspers, mit den dünnen Lippen behaglich den Rest seines Roten schlürfend; »Hans Christian wollte auch der Ratze helfen und füllte kochend Wasser in die Kesselfalle!«

Jedenfalls, wenn eine Gefahr vorhanden gewesen war, so schien sie für diesmal abgewendet; selbst Herr Jaspers konnte nichts Weiteres erkundschaften, und was an Gesprächen darüber in der kleinen Stadt gesummt hatte, verstummte allmählich. Nur an Carsten zeigte sich von dieser Zeit an eine auffallende Veränderung; seine noch immer hohe Gestalt schien plötzlich zusammengesunken, die ruhige Sicherheit seines Wesens war wie ausgelöscht; während er das eine Mal ersichtlich den Blicken der Menschen auszuweichen suchte, schien er ein andermal in ihnen fast ängstlich eine Zustimmung zu suchen, die er sonst nur in sich selbst gefunden hatte. Über mancherlei unbedeutende Dinge konnte er in jähem Schreck zusammenfahren; so, wenn unerwartet an seine Stubentür geklopft wurde, oder wenn der Postbote abends zu ihm eintrat, ohne daß er ihn vom Fenster aus vorher gesehen hatte. Man hätte glauben können, der alte Carsten habe sich noch in seinen hohen Jahren ein böses Gewissen zugelegt.

Die Frauen sahen das; sie hatten auch wohl ihre eigenen Gedanken, im übrigen aber trug Carsten seine Last allein; nur sprach er mitunter sein Bedauern aus, daß er statt aller anderen Dinge nicht lieber seine ganze Kraft auf die Vergrößerung des ererbten Geschäftes gelegt habe, so daß Heinrich es jetzt übernehmen und in ihrer aller Nähe leben könnte. – Es stand nicht zum besten in dem Hause an der Twiete; denn auch Tante Brigitte, deren sorgende Augen stets an ihrem Bruder hingen, kränkelte; nur aus Annas Augen leuchtete immer wieder die unbesiegbare Heiterkeit der Jugend.

Es war an einem heißen Septembernachmittag, als die Glocke an der Haustür läutete und gleich darauf Tante Brigitte aus der Küche, wo sie mit Anna beschäftigt war, auf den Flur hinaustrat. »In Christi Namen!« rief sie, »da kommt der Stadtunheilsträger, wie der Herr Bürgermeister ihn nennt! Was will der von uns!«

»Fort mit Schaden!« sagte Anna und klopfte mit dem Messer, das sie in der Hand hielt, unter den Tisch. »Nicht wahr, Tante, das hilft?«

Mittlerweile stand der Berufene schon vor der offenen Küchentür. »Ei, schönsten guten Tag miteinander!« rief er mit seiner Altweiberstimme, indem er mit seinem blaukarierten Taschentuche sich die Schweißtropfen von den Haarspitzen seiner fuchsigen Perücke trocknete. »Nun, wie geht's, wie geht's? Freund Carstens zu Hause? Immer fleißig an der Arbeit?«

Aber bevor er noch eine Antwort bekommen konnte, hatte er die alte Jungfrau mit einem neugierigen Blick gemustert. »Ei, ei, Brigittchen, Ihr seht übel aus; Ihr habt verspielt, seit wir uns nicht gesehen.«

Tante Brigitte nickte. »Freilich, es will nicht mehr so recht; aber der Physikus meint, jetzt bei dem schönen Wetter werd es besser werden.«

Herr Jaspers ließ ein vergnügliches Lachen hören. »Ja, ja, Brigittchen, das meinte der Physikus auch bei der kleinen dänischen Marie im Kloster, als sie die Schwindsucht hatte. Ihr wißt, sie nannte ihr Stübchen immer ›min lütje Paradies‹« – er lachte wieder höchst vergnüglich – »aber sie mußte doch fort aus dat lütje Paradies.«

»Gott bewahr uns in Gnaden«, rief Tante Brigitte, »Ihr alter Mensch könntet einem ja mit Euren Reden den Tod auf den Hals jagen!«

»Nun, nun, Brigittchen; alte Jungfern und Eschenstangen, die halten manche Jahre!«

»Jetzt aber macht, daß Ihr aus meiner Küche kommt, Herr Jaspers«, sagte Brigitte; »mein Bruder wird Euch besser auf Eure Komplimente dienen.«

Herr Jaspers retirierte; zugleich aber hob er sich die dampfende Perücke von seinem blanken Schädel und reichte sie auf einem Finger gegen Anna hin. »Jungfer«, sagte er, »sei Sie doch so gut und hänge Sie mir derweile das Ding zum Trocknen auf Ihren Plankenzaun; aber paß Sie auch ein wenig auf, daß es die Katze nicht holt.«

Anna lachte. »Nein, nein, Herr Jaspers; tragt Euer altes Scheusal nur selbst hinaus! Und unsere Katz, die frißt solch rote Ratzen nicht.«

»So, so? Ihr seid ja ein naseweises Ding!« sagte der Stadtunheilsträger, besah sich einen Augenblick seinen abgehobenen Haarschmuck, trocknete ihn mit seinem blaukarierten Taschentuche, stülpte ihn wieder auf und verschwand gleich darauf in der Tür des Wohnzimmers.

Als Carsten, der bei seinen Rechnungsbüchern saß, Herrn Jaspers' vor Geschäftigkeit funkelnde Äuglein durch die Stubentür erscheinen sah, legte er mit einer hastigen Bewegung seine Feder hin. »Nun, Jaspers«, sagte er, »was für Botschaft führt Ihr denn heute wiederum spazieren?«

»Freilich, freilich, Freundchen«, erwiderte Herr Jaspers, »aber Ihr wißt ja, des einen Tod, des anderen Brot!«

»Nun, so macht es kurz und schüttet Eure Taschen aus!«

Herr Jaspers schien den gespannten Blick nicht zu beachten, der aus den großen, tiefliegenden Augen auf sein kleines, faltenreiches Gesicht gerichtet war. »Geduld, Geduld, Freundchen!« sagte er und zog sich behaglich einen Stuhl herbei – »also: der kleine Krämer in der Süderstraße, wo die Ostenfelder immer ihre Notdurft holen – Ihr kennt ihn ja; das Kerlchen hatte immer eine blanke wohlgekämmte Haartolle; aber das hat ihm nichts geholfen, Carsten, nicht für einen Sechsling! Ich hoffe nicht, daß Ihr mit diesem kleinen Kiebitz irgendwo verwandt seid.«

»Ihr meint durch meinen Geldbeutel? Nein, nein, Jaspers; aber was ist mit dem? Es war bei seinen Eltern eine gute Brotstelle.«

»Allerdings, Carsten; aber eine gute Brotstelle und ein dummer Kerl, die bleiben doch nicht lang zusammen; er muß verkaufen. Ich hab's in Händen; viertausend Taler Anzahlung, fünftausend protokollierte Schulden gehen in den Kauf. – Nun? Guckt Ihr mich an? – Aber ich dachte gleich, das wäre so etwas für Euren Heinrich, wie es Euch nicht alle Tage in die Hände läuft!«

Carsten hörte das; er wagte nicht zu antworten; unruhig schob er die Papiere, die vor ihm lagen, durcheinander. Dann aber sagte er, und die Worte schienen ihm schwer zu werden: »Das geht noch nicht; mein Heinrich muß erst noch älter werden!«

»Älter werden?« Herr Jaspers lachte wieder höchst vergnüglich. »Das meinte auch unser Pastor von seinem Jungen; aber, Freundchen, was zu einem Esel geboren ist, wird sein Tage nicht kein Pferd.«

Carsten spürte starken Drang, gegen seinen Gast sein Hausrecht zu gebrauchen; aber er fürchtete unbewußt, die Sache selber mit zur Tür hinauszuwerfen.

»Nein, nein, Freundchen«, fuhr der andere unbeirrt fort; »ich weiß Euch besseren Rat: eine Frau müßt Ihr dem Heinrich schaffen, versteht mich, eine fixe; und eine, die auch noch so ein paar Tausende in bonis hat! Nun« – und er machte mit seiner Fuchsperücke eine Bewegung nach der Gegend der Küche hin – »Ihr habt ja alles nahebei.«

Carsten sagte fast mechanisch: »Was Ihr Euch doch um anderer Leute Kinder für Sorgen macht!«

Aber Herr Jaspers war aufgestanden und sah mit einem schlauen Blick auf den Sitzenden hinab. »Überlegt's Euch, Freundchen, ich muß noch auf die Kämmerei; bis morgen halt ich Euch die Sache offen.«

Er war bei diesen Worten schon zur Tür hinaus. Carsten blieb mit aufgestütztem Kopf an seinem Tische sitzen; er sah es nicht, wie gleich darauf, während Herrn Jaspers' hoher Zylinder sich draußen an den Fenstern vorüberschob, die kleinen zudringlichen Augen noch einen scharfen Blick ins Zimmer warfen.

Die Vorschläge des »Stadtunheilsträgers« schienen dennoch nachgewirkt zu haben. – Das war es ja, wonach Carsten sich so lange umgesehen; das zu Kauf gestellte, jetzt zwar herabgekommene Geschäft konnte bei guter Führung und ohne zu hohe Zinsenlast als eine sichere Versorgung gelten. Hier am Orte konnte der Vater selbst ein Auge darauf halten, und Heinrich würde allmählich auf sich selber stehen lernen. Carsten faßte sich ein Herz; mit zitternder Hand holte er noch einmal aus seinem Schreibpult jene Hamburger Briefe, die ihm vor nicht langer Zeit den größten Teil seines kleinen Vermögens gekostet hatten, und las sie, einen nach dem andern, sorgsam durch. Dem letzten lag ein quittierter Wechsel bei; der Name unter dem Akzept war mit vielen Strichen unleserlich gemacht.

Wie oft hatte er jene Briefe nicht schon durchgesehen, um immer aufs neue sich zu überzeugen, daß alles geordnet sei, daß für die Zukunft kein Unheil mehr daraus entstehen könne! Aber sie sollten endlich nun vernichtet werden. Er zerriß sie in kleine Fetzen und warf sie in den Ofen, wo dann das erste Winterfeuer sie ganz verzehren mochte.

Als habe er heimlich eine böse Tat begangen, so leise drückte er die Tür des Ofens wieder zu. Dann stand er lange noch vor seinem offenen Pulte, den Schlüssel in der Hand; er atmete mühsam, und sein grauer Kopf sank immer tiefer auf die Brust. Aber dennoch – und immer wieder stand ihm das vor Augen – wozu die Verhältnisse der Großstadt den schwachen Sohn verführt hatten, hier in der kleinen Stadt war das unmöglich! Wenn er ihn nur bald, nur gleich zur Stelle hätte! Eine fieberhafte Angst befiel ihn, sein Sohn könne eben jetzt, im letzten Augenblick, wo doch vielleicht der sichere Hafen ihm bereitstehe, noch einmal sich in einen Strudel wagen.

Das Pult zwar wurde endlich abgeschlossen; aber wohl eine Stunde lang ging der sonst nie müßige Mann wie zwecklos in Haus und Hof umher, sprach bald mit den Frauen ein Wort über Dinge, um die er sich nie zu kümmern pflegte, bald ging er durch den Pesel in den Hof, um die seit lange hergestellte Brunneneinfassung zu besichtigen. Von hier zurückkommend, öffnete er eine Tür, die aus dem Pesel in einen Seitenbau und in dessen oberem Stockwerk zu Julianens Sterbekammer führte. Die schmale, seit Jahren nicht gebrauchte Treppe krachte unter seinen Tritten, als führe die alte Zeit aus ihrem Schlafe auf. Droben in der Kammer, unter dem Fenster, das auf die düstere Twiete ging, stand ein leeres, von Würmern halb zerstörtes Bettgestell. Carsten zog den einzigen Stuhl heran und blieb hier sitzen. Vor seinen Augen füllten sich die nackten Bretter; aus weißen Kissen sah ein blasses Antlitz, zwei brechende Augen blickten ihn an, als wollten sie ihm jetzt verheißen, was zu gewähren doch zu spät war.

Erst spät am Nachmittage saß Carsten wieder an seinem Arbeitstisch. Doch waren es nicht die gewohnten Dinge, die er heute vornahm; eine Kuratelrechnung, obwohl sie morgen zur Konkurssache eingereicht werden sollte, war beiseite geschoben und dagegen ein kleines Buch aus dem Pult genommen, das den Nachweis des eigenen Vermögensstandes enthielt; die großen dunkeln Augen irrten unstet über die aufgeschlagenen Paginas. Der Alte seufzte; über die besten Nummern war ein roter Strich gezogen. Dennoch begann er sorgsam seinen Status aufzustellen: was gegenwärtig an Mitteln noch vorhanden war, worauf er in Zukunft noch zu rechnen hatte. Da es nicht reichen wollte, kalkulierte er überdies den Wert seiner kleinen Marschfenne, die er bisher noch immer festgehalten hatte; aber die Landpreise waren in jener Zeit nur unerheblich. Er dachte daran, zu seinen übrigen Arbeiten noch ein städtisches Amt zu übernehmen, das man ihm neulich angeboten, das er aber seiner geschwächten Gesundheit halber nicht anzunehmen gewagt hatte; nun meinte er, er sei zu zag gewesen; gleich morgen wolle er sich zu der noch immer unbesetzten Stelle melden. Und aufs neue machte er seine Berechnung; aber das gehoffte Resultat wollte nicht erscheinen. Er legte die Feder hin und wischte sich den Schweiß aus seinen grauen Haaren.

Da klang ihm vor den Ohren, was Herr Jaspers ihm geraten hatte, und seine Gedanken begannen in den wohlhabenden Bürgerhäusern herumzuwandern. Freilich, es waren schon Mädchen dort zu finden, wirtschaftlich und sittsam, und einzelne – so dachte er – wohl fest genug, um einen schwachen Mann zu stützen; aber würde er für seinen Heinrich dort anzuklopfen wagen?

Während er sich selbst zur Antwort langsam seinen Kopf schüttelte, trat Anna in der ganzen heiteren Entschlossenheit ihres Wesens in die Stube; wie ein Aufleuchten flog es über seine Augen, und unwillkürlich streckte er beide Arme nach ihr aus.

Anna sah ihn befremdet an. »Wolltet Ihr was, Carsten Ohm?« fragte sie freundlich.

Carsten ließ die Arme sinken. »Nein, Kind«, sagte er fast beschämt, »ich wollte nichts; laß dich nicht stören; du wolltest wohl zum Vesperbrote anrichten.«

Er nahm wieder die Feder, als wolle er in der vor ihm liegenden Berechnung fortfahren; aber seine Augen blieben an dem Mädchen hängen, während diese den Klapptisch von der Wand ins Zimmer rückte und dann, kaum hörbar, mit ihrer sicheren Hand die Dinge zum gewohnten Abendtee zurechtsetzte. Ein Bild der Zukunft stieg in seiner Seele auf, vor dem er alle seine Sorgen niederlegte. – – Aber nein, nein; er hatte immer treu für dieses Kind gesorgt! Ja, wenn das letzte nicht geschehen wäre!

Er war aufgestanden und vor sein bescheidenes Familienbild getreten. Als er es ansah, schien ihm das gemalte Abendrot zu flammen, und die Schattengestalten begannen einen Körper anzunehmen. Er nickte ihnen zu; ja, ja, das war sein Vater, seine Großmutter; das waren ehrliche Leute, die da spazierengingen!

– – Als bald darauf die Hausgenossen beim Abendbrot zusammensaßen, forschten Brigittens schwesterliche Augen immer eindringlicher in des Bruders Antlitz, das den Ausdruck der Verstörung nicht verhehlen konnte. »Tu's von dir, Carsten!« sagte sie endlich, seine Hand erfassend. »Was für eine Tracht Unheils hat der elende Mensch denn dieses Mal auf dich abgeladen?«

»Kein Unheil just, Brigitte«, erwiderte Carsten, »nur eine Hoffnung, die sich nicht erfüllen kann.« Und dann berichtete er den Frauen von dem Angebot des Geweses, von seinen Wünschen und endlich – daß es sich denn doch nicht zwingen lasse.

Es folgte eine Stille nach diesen Worten. Anna schaute auf das Teekraut in ihrer leeren Tasse; aber sie fand kein Orakel darin, wie die alten Weiber das verstehen. Ihr kleiner Reichtum drückte sie wieder einmal; endlich faßte sie sich Mut, und die Augen zu ihrem Pflegevater aufhebend, sagte sie leise: »Ohm!«

»Was meinst du, Kind?«

– »Zürnt mir nicht, Ohm! Aber Ihr habt nicht gut gerechnet!«

»Nicht gut gerechnet! Anna, willst du es etwa besser machen?«

»Ja, Ohm!« sagte sie fest, und ein paar helle Tränen sprangen aus ihren blauen Augen; »sind meine dummen Taler denn auch dieses Mal nicht zu gebrauchen?«

Carsten blickte eine Weile schweigend zu ihr hinüber. »Ich hätte es mir von dir wohl denken sollen«, sagte er dann; »aber nein, Anna, auch diesmal nicht.«

– »Weshalb nicht? Saget nur, weshalb nicht?«

»Weil eine solche Vermögensanlage keine Sicherheit gewährt.«

»Sicherheit?« – – Sie war aufgesprungen, und seine beiden Hände ergreifend, war sie vor ihm hingekniet; ihr junges Antlitz, das sie jetzt zu ihm erhob, war ganz von Tränen überströmt. »Ach, Ohm, Ihr seid schon alt; Ihr haltet das nicht aus; Ihr solltet nicht so viele Sorgen haben!«

Aber Carsten drängte sie von sich. »Kind, Kind, du willst mich in Versuchung führen; weder ich noch Heinrich dürfen solches annehmen.«

Hülfesuchend wandte Anna den Kopf nach Tante Brigitte; die aber saß wie ein Bild, die Hände vor sich auf den Tisch gefaltet. »Nun, Ohm«, sagte sie, »wenn Ihr mich zurückstoßet, so werde ich an Heinrich selber schreiben.«

Carsten legte sanft die Hand auf ihren Kopf. »Gegen meinen Willen, Anna? Das wirst du nimmer tun.«

Das Mädchen schwieg einen Augenblick; dann schüttelte sie leise den Kopf unter seiner Hand. »Nein, Ohm, das ist wohl wahr, nicht gegen Euren Willen. Aber seid nicht so hart: es gilt ja doch sein Glück!«

Carsten hob ihr Antlitz von seinen Knien zu sich auf und sagte: »Ja, Anna, das denk ich auch; aber den Einsatz darf nur einer geben; der eine, der ihm auch das Leben gab. Und nun, mein liebes Kind, nichts mehr von dieser Sache!«

Er drückte sie sanft von sich ab; dann schob er seinen Stuhl zurück und ging hinaus.

Anna blickte ihm nach; bald aber sprang sie auf und warf sich Tante Brigitte in die Arme.

»Wir wollen es dem lieben Gott anheimstellen«, sagte die alte Frau; »ich habe dieses Mal meinen Bruder wohl verstanden.« Dann hielt sie das große Mädchen noch lange in ihren Armen.

– – Carsten war in den Hof gegangen. In der schon eingetretenen Dunkelheit saß er unter dem alten Familienbaum, der längst von Früchten leer war und aus dessen Krone er jetzt Blatt um Blatt neben sich zu Boden fallen hörte. Er dachte rückwärts in die Vergangenheit; und bald waren es Bilder, die von selber kamen und vergingen. Die Gestalt seines schönen Weibes zog an ihm vorüber, und er streckte die Arme in die leere Luft; er wußte selbst nicht, ob nach ihr oder nach dem fernen Sohn, der ihn noch unauflöslicher an ihren Schatten band. Dann wieder sah er sich selber auf der Bank sitzen, wo er gegenwärtig saß; aber als einen Knaben, mit einem Buche in der Hand; aus dem Hause hörte er die Stimme seines Vaters, und der kleine Peter kam auf seinem Steckenpferde in den Hof geritten. Bald aber mußte er sich fragen, weshalb dieses friedensvolle Bild ihn jetzt mit solchem Weh füllte. Da überkam's ihn plötzlich: »Damals – – ja, damals hatte er sein Leben selbst gelebt; jetzt tat ein anderer das; er hatte nichts mehr, das ihm selbst gehörte – – keine Gedanken – – keinen Schlaf –«

Er ließ seinen müden Körper gegen den Stamm des Baumes sinken; fast beruhigend klang der leise Fall der Blätter ihm ins Ohr.

– – Aber es sollte noch ein anderes geschehen, ehe dieser Tag zu Ende ging. – Drinnen hatte Brigitte sich endlich in gewohnter Weise an ihr Spinnrad gesetzt, und Anna begann den Tisch abzuräumen. Als sie mit dem Geschirr auf den Flur hinaustrat, ging eben der Postbote vorüber. »Für die Mamsell«, sagte er und reichte ihr einen Brief durch die halboffene Haustür. Bei dem Lichte, das auf dem Ladentisch brannte, erkannte Anna mit Verwunderung in der Adresse Heinrichs Handschrift; er hatte niemals so an sie geschrieben. Nachdenklich nahm sie das Licht und zog, als sie hineingetreten war, die Tür der Küche hinter sich ins Schloß.

Es dauerte lange, bevor sie wieder in die Stube kam; aber Brigitte hatte es nicht gemerkt; ihr Spinnrad schnurrte gleichmäßig weiter, während Anna wie alle Tage jetzt den Tisch zusammenklappte und wieder an die Wand setzte. Nur etwas unsicherer und lauter geschah das heute; von dem Briefe sagte sie weder der alten Frau noch ihrem Pflegevater, als dieser nach einiger Zeit ins Zimmer kam und sich an seine Bücher setzte.

Endlich gingen die Frauen in das Oberhaus nach ihrer gemeinschaftlichen Schlafkammer, welche gegen den Hof hinaus lag. Die Fenster hatten offengestanden und die Abendfrische eingelassen; aber Anna konnte den Schlaf nicht finden; in das Rauschen des Birnbaums trug der Wind in langen gemessenen Pausen den Schall der Kirchenuhr herüber, und sie zählte eine Stunde nach der anderen.

Auch Brigitte schien heute nicht zu ihrem Recht zu kommen; denn sie setzte sich auf und sah nach dem Bette des Mädchens, das dem ihrigen gegenüber an der Wand stand. »Kind, hast du noch immer nicht geschlafen?« fragte sie.

– »Nein, Tante Brigitte.«

»Nicht wahr, du grämst dich um meinen alten Bruder? Aber ich kenne ihn, bitte ihn nicht mehr darum; es wäre ganz um seine Ruh geschehen, wenn du ihn bereden könntest.«

Anna antwortete nicht.

»Schläfst du, Kind?« fragte Brigitte wieder.

– »Ich will es versuchen, Tante.«

Brigitte fragte nicht mehr; Anna hörte sie bald im ruhigen Schlummer atmen.

Es war fast Vormittag, als das junge Mädchen aus einem tiefen Schlaf erwachte, den sie endlich doch gefunden und aus dem die gute Tante sie nicht hatte wecken wollen. Rasch war sie in den Kleidern und ging ins Unterhaus hinab, wo sie durch die offene Tür des Pesels Brigitte an einem der dort befindlichen großen Schränke beschäftigt sah; aber sie ging nicht zu ihr, sondern in die Küche und ließ sich auf dem hölzernen Stuhl am Herde nieder. Nachdem sie von dem Kaffee, der für sie warm gestellt war, in eine Tasse geschenkt, eine Weile müßig davor gesessen und dann dieselbe zur Hälfte ausgetrunken hatte, stand sie mit einer entschlossenen Bewegung auf und trat gleich darauf ins Wohnzimmer.

Carsten stand am Fenster und schaute müßig auf den Hafenplatz hinaus. Jetzt wandte er sich langsam zu der Eintretenden: »Du hast nicht schlafen können«, sagte er, ihr die Hand reichend.

– »O doch, Ohm; ich hab ja nachgeschlafen.«

»Aber du bist blaß, Anna. Du bist zu jung, um für anderer Leute Sorgen deinen Schlaf zu geben.«

»Anderer Leute, Ohm?« Sie sah ihm eine Weile ruhig in die Augen. Dann sagte sie: »Ich habe auch für mich selber viel zu denken gehabt.«

– »So sprich es aus, wenn du meinst, daß ich dir raten kann!«

»Sagt mir nur«, erwiderte sie hastig, »ist das Gewese in der Süderstraße noch zu kaufen? Ich hab's doch nicht verschlafen? Herr Jaspers ist doch nicht schon wieder hier gewesen?«

Carsten sagte fast hart: »Was soll das, Anna? Du weißt, daß ich es nicht kaufen werde.«

– »Das weiß ich, Ohm, aber – – «

»Nun, Anna, was denn: aber?«

Sie war dicht vor ihn hingetreten. »Ihr sagtet gestern, ich dürfe nicht zu Heinrichs Glück den Einsatz geben, aber – wenn Ihr gestern recht hattet, es ist nun anders geworden über Nacht.«

»Laß das, Kind!« sagte Carsten; »du wirst mich nicht bereden.«

»Ohm, Ohm!« rief Anna, und eine freudige Zärtlichkeit klang aus ihrer Stimme; »es hilft Euch nun nichts mehr, denn Euer Heinrich hat mich zur Frau verlangt, und ich werde ihm mein Jawort geben.«

Carsten starrte sie an, als sei der Blitz durch ihn hindurchgeschlagen. Er sank auf den neben ihm stehenden Ledersessel, und mit den Armen um sich fahrend, als müsse er unsichtbare Feinde von sich abwehren, rief er heftig: »Du willst dich uns zum Opfer bringen! Weil ich dein Geld allein nicht wollte, so gibst du dich nun selber in den Kauf!«

Aber Anna schüttelte den Kopf. »Ihr irrt Euch, Ohm! So lieb ihr mir auch alle seid, das könnt ich nimmer; danach bin ich nicht geschaffen.«

Zaghaft, als könne sein Wort das nahende Glück zerstören, entgegnete Carsten: »Wie ist denn das? Ihr waret doch allzeit nur wie Geschwister!«

»Ja, Ohm!« und ein fast schelmisches Lächeln flog über ihr hübsches Angesicht; »ich habe das auch gemeint; aber auf einmal war's doch nicht mehr so.« Dann, plötzlich ernst werdend, zog sie einen Brief aus ihrer Tasche. »Da leset selbst«, sagte sie, »ich erhielt ihn gestern vor dem Schlafengehen.«

Seine Hände griffen danach; aber sie bebten, daß seine Augen kaum die Zeilen fassen konnten.

Was sie ihm gegeben hatte, war der Brief eines Heimwehkranken. »Ich tauge nicht hier!« schrieb Heinrich; »ich muß nach Hause; und wenn Du bei mir bleiben willst, Du, Anna, mein ganzes Leben lang, dann werde ich gut sein, dann wird alles gut werden.«

Der Brief war auf den Tisch gefallen; Carsten hatte mit beiden Armen das Mädchen zu sich herabgezogen. »Mein Kind, mein liebes Kind«, flüsterte er ihr zu, während unaufhörlich Tränen aus seinen Augen quollen, »ja, bleibe bei ihm, verlaß ihn nicht; er war ja doch ein so guter kleiner Junge!«

Aber plötzlich, wie von einem inneren Schrecken getrieben, drückte er sie wieder von sich. »Hast du es bedacht, Anna?« sagte er; – »ich könnte dir nicht raten, meines Sohnes Frau zu werden.«

Ein leichtes Zucken flog über das Gesicht des Mädchens, während der alte Mann mit geschlossenen Lippen vor ihr saß. Ein paarmal nickte sie ihm zu. »Ja, Ohm«, sagte sie dann, »ich weiß wohl, er ist nicht der Bedachteste, sonst hättet Ihr ja keine Sorgen; aber was damals, vor Jahren hier geschah, Ihr sagtet selbst einmal, Ohm, es war ein halber Bubenstreich; und wenn er auch den Ersatz noch nicht geleistet hat, so etwas ist doch nicht mehr vorgekommen.«

Carsten erwiderte nichts. Unwillkürlich gingen seine Blicke nach dem Ofen, worin die Fetzen jener Briefe lagen. – Wenn er sie jetzt hervorholte! Wenn er vor ihren Augen sie jetzt wieder Stück für Stück zusammenfügte! – Weder Anna noch Brigitte wußten von diesen Dingen.

Seine Tränen waren versiegt; aber er nahm sein Schnupftuch, um sich die hervorbrechenden Schweißperlen von der Stirn zu trocknen. Er versuchte zu sprechen; aber die Worte wollten nicht über seine Lippen.

Das schöne blonde Mädchen stand wieder aufgerichtet vor ihm; mit steigender Angst suchte sie die Gedanken von seinem stummen Antlitz abzulesen.

»Ohm, Ohm!« rief sie. »Was ist geschehen? Ihr waret so still und sorgenvoll die letzte Zeit!« – Aber als er wie flehend zu ihr aufblickte, da strich sie mit der Hand ihm die gefurchte Wange. »Nein, sorget Euch nur nicht so sehr; nehmt mich getrost zur Tochter an; Ihr sollet sehen, was eine gute Frau vermag!«

Und als er jetzt in ihre jungen mutigen Augen blickte, da vermochte er das Wort nicht mehr hervorzubringen, vor dem mit einem Schlag seines Kindes Glück verschwinden konnte.

Plötzlich ergriff Anna, die einen Blick durchs Fenster getan hatte, seine Hände. »Da kommt Herr Jaspers!« sagte sie. »Nicht so? Ihr macht nun alles richtig?« Und ohne eine Antwort abzuwarten, ging sie rasch zur Tür hinaus.

Da wurde ihm die Zunge frei. »Anna, Anna!« rief er; wie ein Hülferuf brach es aus seinem Munde. Aber sie hörte es nicht mehr; statt ihrer schob sich Herrn Jaspers' Fuchsperücke durch die Stubentür, und mit ihm hinein drängten sich wieder die schmeichelnden Zukunftsbilder und halfen, unbekümmert um das Dunkel hinter ihnen, den Handel abzuschließen.

Mit dem Eckhause an der andern Seite der Twiete beginnt vom Hafenplatz nach Osten zu die Krämerstraße, deren gegenüberliegende Häuserreihe, am Markt vorüber, sich in der langen Süderstraße fortsetzt. Dort, in einem geräumigen Hause, wohnten Heinrich und Anna. Vor dem Laden auf dem geräumigen Hausflur wimmelte es an den Markttagen jetzt wieder von einkaufenden Bauern, und Anna hatte dann vollauf zu tun, die Gewichtigeren von ihnen in die Stube zu nötigen, zu bewirten und zu unterhalten; denn das gewandte und umgängliche Wesen ihres Mannes hatte die Kundschaft nicht nur zurückgebracht, sondern auch vermehrt.

Carsten konnte es sich nicht versagen, täglich einmal bei seinen Kindern vorzugucken. Von dem Hafenplatze, dort wo die Schleuse nach Osten zu die Häuserreihe unterbricht, führte ein anmutiger Fußweg hinter den Gärten jener Straßen, auf welchem man derzeit zu einer bestimmten Vormittagsstunde ihn unfehlbar wandern sehen konnte. Aber er gönnte sich Weile; gestützt auf seinen treuen Bambus, stand er oftmals im Schatten der hohen Gartenhecken und schaute nach der anderen Seite auf die Wiesen, durch welche der Meerstrom sich ins grüne Land hinausdrängt; jetzt zwar gebändigt durch die Schleuse, im

Herbst oder Winter aber auch wohl darüber hinstürzend, die Wiesen überschwemmend und die Gärten arg verwüstend. – Bei solchen Gedanken kamen Stock und Beine des Alten wieder in Bewegung: er mußte sogleich doch Anna warnen, daß sie zum Oktober ihre schönen Sellerie zeitig aus der Erde nehme. Hatte er dann das Lattenpförtchen zu Annas Garten erreicht, so kam die hohe Frauengestalt ihm meistens auf dem langen Steige schon entgegen; ja, als es zum zweiten Male Sommer wurde, kam sie nicht allein; sie trug einen Knaben auf ihrem Arm, der ihr eigen und der auf den Namen seines Vaters getauft war. Und wie gut ihr das mütterliche Wesen ließ, wenn sie, die frische Wange an die ihres Kindes lehnend, leise singend den Garten hinabschritt! Selbst Carsten hatte auf diesen Gängen jetzt Gesellschaft; denn durch das Kind war, trotz ihrer vorgeschrittenen Altersschwäche, auch Brigitte in Bewegung gebracht. Unten am Pförtchen schon, wenn droben kaum die junge Frau mit dem Kinde aus den Bäumen trat, riefen die alten Geschwister den beiden zärtliche Worte zu. Brigitte nickte, und Carsten winkte grüßend mit seinem Bambusrohr, und wenn sie endlich nahe gekommen waren, so konnte Brigitte an dem Anblick des Kindes, Carsten noch mehr an dem der Mutter sich kaum ersättigen.

– – Das Glück ging vorüber, ja, es war schon fort, als Carsten und Brigitte noch in seinem Schein zu wandeln glaubten; ihre Augen waren nicht mehr scharf genug, um die feinen Linien zu gewahren, die sich zwischen Mund und Wangen allmählich auf Annas klarem Antlitz einzugraben begannen.

Heinrich, der anfänglich mit seinem rasch verfliegenden Feuereifer das Geschäft angefaßt hatte, wurde bald des Kleinhandels und des dabei vermachten persönlichen Verkehrs mit dem Landvolke überdrüssig. Zu mehrerem Unheil war um jene Zeit wieder einmal ein großsprechender Spekulant in die Stadt gekommen, nur wenig älter als Heinrich und dessen Verwandter von mütterlicher Seite; er war zuletzt in England gewesen und hatte von dort zwar wenig Mittel, aber einen Kopf voll halbreifer Pläne mit herübergebracht, für die er bald Heinrichs lebhafte Teilnahme zu entzünden wußte.

Zunächst versuchte man es mit einem Viehexport auf England, der bisher in den Händen einer günstig belegenen Nachbarstadt gewesen war. Nachdem dies mißlungen war, wurde draußen vor der Stadt unter dem Seedeich ein Austerbehälter angelegt, um mit den englischen Natives den hiesigen Pächtern Konkurrenz zu machen; aber dem an sich aussichtslosen Unternehmen fehlte überdies die sachkundige Hand, und Carsten, dessen Warnung man vorher verachtet hatte, mußte einen Posten nach dem andern decken und eine Schuld über die andere auf seine Grundstücke einschreiben lassen.

Anna sah jetzt ihren Mann nur selten einen Abend noch im Hause; denn der unverheiratete Vetter nahm ihn mit in eine Wirtsstube, in der er den Beschluß seines Tagewerkes zu machen pflegte. Hier beim heißen Glase wurden die Unternehmungen beraten, womit man demnächst die kleine Stadt in Staunen setzen wollte; nachher, wenn dazu der Kopf nicht mehr taugte, kamen die Karten auf den Tisch, wo Einsatz und Erfolg sich rascher zeigte.

Heinrich hatte bei alledem die Augen für sein Weib noch nicht verloren. Warf das Glück ihm einen augenblicklichen Gewinn zu, der ihn in seinem Sinne jedesmal zum reichen Manne machte, so gab er wohl die Hälfte davon hin, sei es für goldene Ketten oder Ringe oder für einen kostbaren Stoff, um ihren schönen Leib damit zu schmücken. Aber was sollte Anna, als die Frau eines Kleinhändlers, mit diesen Dingen, zumal da nach und nach die ganze Leitung des Ladengeschäftes auf ihre Schultern gekommen war?

Eines Sonntags – die erste Ladung Austern war damals eben rasch und glücklich ausverkauft – da sie, ihren Knaben auf dem Arm, im Zimmer auf und ab ging, trat Heinrich rasch und fröhlich zu ihr ein. Nachdem er eine Weile seine Augen auf ihrem Antlitz hatte ruhen lassen, führte er sie vor den Spiegel und legte dann plötzlich ein Halsband mit à jour gefaßten Saphiren um ihren Nacken; glücklich wie ein Kind betrachtete er sie. »Nun, Anna? – Laß dir's gefallen, bis ich dir Diamanten bringen kann!«

Der Knabe griff nach den funkelnden Steinen und stieß Laute des Entzückens aus, aber Anna sah ihren Mann erschrocken an. »O Heinrich, du hast mich lieb; aber du verschwendest! Denk an dich, an unser Kind!«

Da war die Freude auf seinem Antlitz ausgelöscht; er nahm den Schmuck von ihrem Halse und legte ihn wieder in die Kapsel, aus der er ihn zuvor genommen hatte. »Anna!« sagte er nach einer Weile und ergriff fast demütig die Hand seiner Frau, »ich habe meine Mutter nicht gekannt, aber ich habe von ihr gehört – nicht zu Hause, mein Vater hat mir nie von ihr gesprochen; ein alter Kapitän in Hamburg, der in seiner Jugend einst ihr Tänzer war, erzählte mir von ihr – sie ist schön gewesen; aber sie hat auch nichts anderes wollen, als nur schön und fröhlich sein; für meinen Vater ist ihr Tod vielleicht ein Glück gewesen – ich hatte oftmals Sehnsucht nach dieser Mutter; aber, Anna – ich glaube, ihren Sohn, den hättest du besser nicht zum Mann genommen.«

In leidenschaftlicher Bewegung schlang das junge Weib den freien Arm um ihres Mannes Nacken. »Heinrich, ich weiß es, ich bin anders als du, als deine Mutter; aber darum eben bin ich dein und bin bei dir; wolle auch du nur bei mir sein, geh nur abends nicht immer fort, auch um deines alten Vaters willen tu das nicht! Er grämt sich, wenn er dich in der Gesellschaft weiß.«

Aber bei Heinrich hatte infolge der letzten Worte die Stimmung schon gewechselt. Er löste Annas Arm von seinem Halse, und mit einem Scherz, der etwas unsicher über seine Lippen kam, sagte er: »Was kann denn ich dafür, wenn der Wein, den ich trinke, meinem Vater Kopfweh macht?«

Mit einer heftigen Bewegung schloß Anna den Knaben an ihre Brust. »Sei versichert, Heinrich, ich werde treulich sorgen, daß dieses Kind das nicht dereinst von seinem Vater sage!«

»Nun, nun, Anna! Es war ja nicht so bös gemeint.«

– – Wie es immer gemeint sein mochte, anders war es deshalb nicht geworden. Der Nachtwächter, wenn er derzeit auf seiner Runde sich Heinrichs Hause näherte, sah oft den Kopf der jungen Frau aus dem offenen Fenster in die nächtlich stille Gasse hinaushorchen; er kannte sie wohl, denn er war der Vater jenes Nachbarkindes, mit dem Anna sich einst so liebreich umhergeschleppt hatte. Ehrerbietig, ohne von ihr bemerkt zu werden, zog er im Vorübergehen seinen Hut und rief erst weit hinter ihrem Hause die späte Stunde ab. Aber Anna hatte doch jeden Glockenschlag gezählt, und wenn endlich der bekannte Schritt von unten aus der Straße ihr entgegenscholl, so war er meistens nicht so sicher, als sie ihn am Tage doch noch zu hören gewohnt war. Dann floh sie ins Zimmer zurück und warf angstvoll die Arme über die Wiege ihres Kindes.

In der Stadt schüttelten schon längst die klugen wie die dummen Leute ihre Köpfe, und abends im Ratskeller konnte man von vergnüglichem Lachen die Fuchsperücke auf Herrn Jaspers' Haupte hüpfen sehen; ja, er konnte sich nicht enthalten, seinem Freunde, dem Stadtwaagemeister, wiederholt die tröstliche Zuversicht auszusprechen, daß das Haus in der Süderstraße bald noch einmal durch seine schmutzigen Maklerhände gehen werde.

Indessen hatte Carsten einen stillen, immer wiederkehrenden Kampf mit seinem eigenen Kinde zu bestehen. Damals bei Eingehung der Ehe hatte er es bei den Brautleuten durchgesetzt, daß ein Teil von Annas Vermögen als deren Sondergut unter seiner Verwaltung geblieben war; jetzt sollte auch dieses in das Kompaniegeschäft hineingerissen werden; aber Anna, welche, seit sie Mutter geworden war, diesen Rest als das Eigentum ihres Kindes betrachtete, hatte alles in ihres Ohms und Vaters treue Hand gelegt. – Stöhnend, wenn nach solcher Verhandlung der Sohn ihn unwillig verlassen hatte, blickte der Greis wohl nach dem Ofen, in dem vor Jahren die Reste jener Briefe verbrannt waren, oder er stand vor seinem Familienbilde und hielt stummen, schmerzlichen Zwiesprach mit dem Schatten seiner eigenen Jugend.

Ein anscheinend unbedeutender Umstand kam noch hinzu. In einer Nacht, es mochte schon gegen zwei Uhr morgens sein, erkrankte die alte Brigitte plötzlich, und da nur über Tag eine Aushülfsfrau im Hause war, so machte Carsten sich selber auf, den Arzt zu holen.

Sein Rückweg führte ihn an jener vorerwähnten Wirtsstube vorüber, aus deren Fenstern allein in der dunkeln Häuserreihe noch ein Lampenschein auf die Straße hinausfiel. Gäste schienen nicht mehr dort zu sein, denn es war ganz still darinnen; und schon hatte Carsten das Haus im Rücken, da drang von dort ein heiserer Laut in seine Ohren, der ihn plötzlich stillstehen machte; in dieser häßlichen Menschenstimme, in der sich eine andere, ihm bekannte zu verstecken schien, war etwas, das ihn auf den Tod erschreckte. Er konnte nicht weiter, er mußte zurück; lauernd und gierig, noch einmal und genauer dann zu hören, stand er unter dem Fenster der verrufenen Kneipe. Und noch einmal kam es, müde, wie von lallender Zunge ausgestoßen. Da schlug der Alte beide Hände über dem Kopf zusammen, und sein Stock fiel schallend auf die Steine.

Brigitte genas allmählich, soweit man im fünfundsiebzigsten Jahre noch genesen kann; Carsten aber hatte seit jener Nacht auch seinen letzten Schlaf verloren. Immer meinte er, von jener Trinkstube her, die doch mehrere Straßen weit entfernt lag, die heisere Stimme seines Sohnes zu hören; er setzte sich auf in seinen Kissen und horchte auf die Stille der Nacht; aber immer wieder in kleinen Pausen löste sich aus ihr jener furchtbare Ton; seine hagere Hand griff in das Dunkel hinein, als wolle sie die des Sohnes fassen; aber schlaff fiel sie alsbald über den Rand des Bettes nieder.

Seine Gedanken flogen zurück in Heinrichs Kinderzeit; er suchte sich das glückliche Gesicht des Knaben zurückzurufen, wenn es hieß: »Am Deich spazieren gehen«; er suchte seinen Jubel zu hören, wenn ein Lerchennest gefunden oder eine große Seespinne von der Flut ans Ufer getrieben wurde. Aber auch hier kam etwas, um seinen kargen Schlaf mit ihm zu teilen. Nicht nur, wenn es von den Nordseewatten her an sein Fenster wehte, sondern auch in todstiller Nacht, immer war jetzt das eintönige Tosen des Meeres in seinen Ohren; wie zur Ebbezeit von weit draußen, hinter der Schmaltiefe schien es herzukommen; statt des glücklichen Gesichtes seines Knaben sah er die bloßgelegten Strecken des gärenden Wattenschlamms im Mondschein blänkern, und daraus flach und schwarz erhob sich eine öde Hallig. Es war dieselbe, bei der er einst mit Heinrich angefahren, um Möwen- oder Kiebitzeier dort zu suchen. Aber sie hatten keine gefunden; nur den aufgeschwemmten Leichnam eines Ertrunkenen. Er lag zwischen dem urweltlichen Kraut des Queller, von großen Vögeln umflogen, die Arme ausgestreckt, das furchtbare Totenantlitz gegen den Himmel gekehrt. Schreiend, mit entsetzten Augen, hatte bei diesem Anblick der Knabe sich an den Vater angeklammert.

Immer wieder, ja selbst im Traum, wohin diese Vorstellungen ihn verfolgten, suchte der Greis seine Gedanken nach friedlicheren Orten hinzulenken; aber jedes Wehen der Luft führte ihn zurück auf jenes furchtbare Eiland.

Auch die Tage waren anders geworden; der alte Carsten Curator führte zwar noch diesen seinen Beinamen; aber er führte ihn fast nur noch wie ein pensionierter Beamter seinen Amtstitel, und freilich ohne alle Pension. Die meisten seiner derartigen Geschäfte waren in jüngere Hände übergegangen; nur das kleine städtische Amt, das er derzeit wirklich erhalten hatte, wurde noch von ihm bekleidet, und auch der Wollwarenhandel ging in Brigittens alternder Hand seinen, freilich immer schwächeren Gang.

Es war an einem Nachmittag zu Anfang des November. Der Wind kam steif aus Westen; der Arm, mit dem die Nordsee in Gestalt des schmalen Hafens in die Stadt hineinlangt, war von trübgrauem Wasser angefüllt, das kochend und schäumend schon die Hafentreppen überflutet hatte und die kleinen vor Anker liegenden Inselschiffe hin und wider warf. Hie und da begann man schon vor Haustüren und Kellerfenstern die hölzernen Schotten einzulassen, zwischen deren doppelte Wände dann der Dünger eingestampft wurde, der schon seit Wochen auf allen Vorstraßen lagerte.

Aus dem Hause an der Twiete trat, von Brigitte zur Tür geleitet, ein junger Schiffer, der sich mit einer wollenen Jacke für den Winter ausgerüstet hatte; aber der Sturm riß ihm das Papier von seinem Packen und den Hut vom Kopfe. »Oho, Jungfer Brigitte«, rief er, indem er seinem Hute nachlief, »der Wind ist umgesprungen; das gibt bös Wasser heut!«

»Herr du mein Jesus!« schrie die Alte; »sie dämmen überall schon vor! Christinchen, Christinchen!« – sie wandte sich zu einem Nachbarskinde, das sie in Abwesenheit der Eltern in ihrer Obhut hatte – »die Schotten müssen aus dem Keller! Lauf in die Krämerstraße; der lange Christian, er muß sogleich herüberkommen!«

Das Kind lief; aber der Sturm faßte es und hätte es wie einen armen Vogel gegen die Häuser geworfen, wenn nicht zum Glück der lange Christian schon gekommen wäre und es mit zurückgebracht hätte.

Die Schotten wurden herbeigeholt und vor der Haustür bis zu halber Manneshöhe eingelassen. Als die Dämmerung herabfiel, war fast der ganze Hafenplatz schon überflutet; aus den dem Bollwerk nahe gelegenen Häusern brachte man mit Böten die Bewohner nach den höheren Stadtteilen. Die Schiffe drunten rissen an den Ankerketten, die Masten schlugen gegeneinander; große weiße Vögel wurden mitten zwischen sie hineingeschleudert oder klammerten sich schreiend an die schlotternden Taue.

Brigitte und das Kind hatten eine Zeitlang der Arbeit des langen Christian zugesehen; jetzt saßen sie im Dunkeln in der Stube hinter den fest angeschrobenen Fensterläden. Draußen das Klatschen des Wassers, das Pfeifen in den Schiffstauen, das Rufen und Schreien der Menschen; wie grimmig zerrte es an den Läden, als wollte es sie herunterreißen. »Hu«, sagte das Kind, »es kommt herein, es holt mich!«

»Kind, Kind«, rief die Alte, »was sprichst du da? Was soll hereinkommen?«

»Ich weiß nicht, Tante; das, was da außen ist!«

Brigitte nahm das Kind auf ihren Schoß.

»Das ist der liebe Gott, Christinchen; was der tut, das ist wohlgetan. – Aber komm wir wollen oben nach meiner Kammer gehen!«

Währenddessen war Carsten hinten im Pesel beschäftigt; er packte die in dem einen Schranke lagernden alten Papiere und Rechnungsbücher aus und trug sie nach der Kammer des Seitenbaues hinauf; denn erst nach etwa einer Stunde war hohe Flut; das untere Haus war heute nicht sicher vor dem Wasser.

Eben trat er, eine brennende Unschlittkerze in der Hand, wieder in den Pesel; das im Zuge qualmende Licht, welches er in Ermangelung eines Tisches auf die Fensterbank niedersetzte, ließ den hohen Raum mit den mächtigen Schränken nur um so düsterer erscheinen; bei dem schräg von Westen einfallenden Sturme rasselten die in Blei gefaßten Scheiben, als sollten sie jeden Augenblick auf die Fliesen hinabgeschleudert werden.

Der Greis schien es desungeachtet und trotz der Schreie und Rufe, die von der Straße zu ihm hereindrangen, nicht eben eilig mit seiner Arbeit zu haben. Sein Haus, das steinerne, würde schon stehenbleiben; ein anderer Untergang seines Hauses stand ihm vor der Seele, dem er nicht zu wehren wußte. Am Vormittage war Anna dagewesen und hatte, als letzte Rettung ihres Mannes, nun selbst die Auslieferung ihrer Wertpapiere von ihm verlangt; aber auch ihr, die zu dieser Forderung berechtigt war, hatte er sie abgeschlagen. »Verklage mich; dann können sie mir gerichtlich abgenommen werden!«

Er wiederholte sich jetzt diese Worte, mit denen er sie entlassen hatte, und Annas gramentstelltes Antlitz stand vor ihm auf, eine stumme Anklage, der er nicht entgehen konnte.

Als er sich endlich wieder an dem Schranke niederbückte, hörte er draußen die Tür, welche von der Twiete in den Hof führte, gewaltsam aufreißen; bald darauf wurde auch die Hoftür des Pesels aufgeklinkt, und wie vom Sturm hereingeworfen, stand mitten in dem düsteren Raume eine Gestalt, in der Carsten allmählich seinen Sohn erkannte.

Aber Heinrich sprach nicht und machte auch keine Anstalt, die Tür, durch welche der Sturm hereinblies, wieder zu schließen. Erst nachdem sein Vater ihn aufgefordert hatte, tat er das; doch war ihm mehrmals die Klinke dabei aus der Hand geflogen.

»Du hast mir noch keinen guten Abend geboten, Heinrich«, sagte der Alte.

»Guten Abend, – Vater.«

Carsten erschrak, als er den Ton dieser Stimme hörte; nur einmal, in einer Nacht nur hatte er ihn gehört. »Was willst du?« frug er. »Weshalb bist du nicht bei Frau und Kind? Das Wasser wird schon längst in eurem Garten sein.«

Was Heinrich hierauf erwiderte, war bei dem Tosen, das von allen Seiten um das Haus fuhr, kaum zu hören.

»Ich verstehe dich nicht! Was sagst du?« rief der Greis. – »Das Geld? Die Papiere deiner Frau? – Nein, die gebe ich nicht!«

»Aber – ich bin bankerott – schon morgen!« Die Worte waren gewaltsam hervorgestoßen, und Carsten hatte sie verstanden.

»Bankerott!« Wie betäubt wiederholte er das eine Wort. Aber bald danach trat er dicht zu seinem Sohn, und die hagere Hand wie zu eigener Stütze gegen seine Brust pressend, sagte er fast ruhig: »Ich bin weit mit dir gegangen, Heinrich; Gott und dein armes Weib wollen mir das verzeihen! Ich gehe nun nicht weiter; was morgen kommt, – wir büßen beide dann für eigene Schuld.«

»Vater! mein Vater!« stammelte Heinrich. Er schien die Worte, die zu ihm gesprochen wurden, nicht zu fassen.

In jähem Andrang streckte der Greis beide Arme nach dem Sohne aus; und wenn die in dem großen Raume herrschende Dämmerung es gestattet hätte, und wenn seine Augen klar genug gewesen wären, Heinrich hätte vor dem Ausdruck in seines Vaters Angesicht erschrecken müssen; aber die Schwäche, welche diesen für einen Augenblick überwältigt hatte, ging vorüber. »Dein Vater?« sagte er, und seine Worte klangen hart. »Ja, Heinrich! – Aber ich war noch etwas anderes – die Leute nannten mich danach – nur ein Stück noch habe ich davon behalten; sieh zu, ob du es aus meinen alten Händen reißen kannst! Denn – betteln gehen, das soll dein Weib doch nicht, weil ihr Curator sie für seinen schlechten Sohn verraten hat!« Von draußen drang ein Geschrei herein, und aus entfernten Straßen scholl der dumpfe herkömmliche Notruf: »Water! Water!«

»Hörst du nicht?« rief der Alte; »die Schleuse ist gebrochen! Was stehst du noch? Ich habe keine Hülfe mehr für dich!«

Aber Heinrich antwortete nicht; er ging auch nicht; mit schlaff herabhängenden Armen blieb er stehen.

Da, wie in plötzlicher Anwandlung, griff Carsten nach der flackernden Unschlittkerze und hielt sie dicht vor seines Sohnes Angesicht.

Zwei stumpfe gläserne Augen starrten auf ihn hin.

Der Greis taumelte zurück. »Betrunken!« schrie er, »du bist betrunken!«

Er wandte sich ab; mit der einen Hand die qualmende Kerze vor sich haltend, die andere abwehrend hinter sich gestreckt, wankte er nach der Tür des Seitenbaues. Als er hindurchschritt, fühlte er sich an seinem Rocke gezerrt; aber er machte sich los, es wurde finster im Pesel, und von der andern Seite drehte sich der Schlüssel in der Tür.

Der Trunkene war plötzlich seiner Sinne mächtig geworden. Wie aus dem Nebel eines Traumes erwachend, fand er sich allein in dem ihm wohlbekannten dunklen Raume; er wußte mit einem Male jedes Wort, das zu ihm gesprochen war. Er tastete an der verschlossenen Tür, er rüttelte daran. »Vater! hör mich!« rief er, »hilf mir, mein Vater! nur noch dies eine, letzte Mal!« Und wieder rüttelte er, und noch einmal mit lauter Stimme rief er es. Aber, ob der Sturm es verwehte, oder ob seines Vaters Ohr für ihn verschlossen war, ihm wurde nicht geöffnet; nichts hörte er als das Toben in den Lüften und zwischen den Schluchten der Höfe und Häuser.

Eine Weile noch stand er, das Ohr gegen die Tür gedrückt; dann endlich ging er fort. Aber nicht durch den Hof nach der Twiete, wo die Tür vielleicht noch frei von Wasser war; er ging durch den Flur an die Schotten der offenen Haustür, an denen schon bis zur halben Höhe das Wasser hinaufklatschte. Der Mond war aufgestiegen; aber am Himmel flogen die Wolken; Licht und Dunkel jagten abwechselnd über die schäumenden Wasser. Vor ihm über der Schleuse, wo es ostwärts durch die Häuserlücke nach den Gärten und Wiesen geht, schien jetzt ein mächtiger Strom hinabzuschießen; er glaubte den Todesschrei der Tiere zu hören, welche die erbarmungslosen Naturgewalten wie im Taumel dort vorüberrissen. Ihn schauderte; – was wollte er hier? – Aber gleich darauf warf er den bleichen, noch immer jugendlich schönen Kopf zurück. »Oiho, Jens!« rief er plötzlich; er hatte seitwärts unter den Häusern ein mit zwei Leuten bemanntes Boot erblickt, das zu einem der früheren Austerschiffe gehörte. Ein trotziger Übermut sprühte aus seinen eben noch so stumpfen Augen. »Gib mir das Boot, Jens! Oder habt ihr selbst noch was damit?«

»Diesmal nicht!« scholl es zurück. »Aber wohin will der Herr?«

»Wohin? Ja, wohin? Dort, nur querüber nach der Krämerstraße!«

Das winzige Boot legte sich an die Schotten.

»Steigt ein, Herr; aber setzt uns hier nebenan beim Schlachter ab!«

Heinrich stieg ein, und die beiden andern wurden, wie sie es verlangten, ausgesetzt. Als sie aber dort hinter den Schotten in der Haustür standen, sahen sie bald, daß das Boot nicht, wie Heinrich angegeben, in den sicheren Paß der Straße lenkte. »Herr, zum Teufel«, schrie der eine, »wo wollt Ihr hin?«

Heinrich war noch im Schutze der Häuserreihe.

»Nach Haus!« rief er zurück. »Hintenum nach Haus!«

»Herr, seid Ihr toll! Das geht nicht! Das Boot kentert, eh Ihr um die Schleuse seid!«

»Muß gehen!« kam es noch einmal halb verweht zurück; dann schoß das Boot in den wüsten Wasserschwall hinaus. Noch einen Augenblick sahen sie es wie einen Schatten von den Wellen auf- und abgeworfen; als es über der Schleuse in die Häuserlücke gelangte, wurde es vom Strom gefaßt. Die Leute stießen einen Schrei aus; das Boot war jählings ihrem Blick verschwunden. – –

»War mir doch«, sagte Brigitte oben in ihrer Kammer zu dem Kinde, »als hätte ich vorhin des Onkel Heinrichs Stimme gehört! Aber wie sollte der hierherkommen!« Dann ging sie hinaus und rief von der Treppe in den dunkeln Flur hinab: »Heinrich, bist du da, Heinrich?« – Als keine Antwort kam, schüttelte sie den Kopf und horchte noch einmal; aber nur das Wasser klatschte gegen die Schotten.

Sie ging vollends in das Unterhaus hinab, entzündete mit Mühe ein Licht und stellte es in das Ladenfenster; dann, nachdem sie den Wasserstand besichtigt hatte, stieg sie wieder hinauf in ihre Kammer. »Sei ruhig, Christinchen, das Wasser kommt heute nicht ins Haus; aber der Onkel Heinrich ist auch nicht dagewesen.«

Wohl eine Viertelstunde war vergangen; draußen schien es ruhiger zu werden, die Leute saßen abwartend in ihren Häusern. Da setzte Brigitte plötzlich das Kind von ihrem Schoße. »Was war das? Hörtest du das, Christinchen?« Und wieder lief sie nach der Treppe. »Ist jemand unten?« rief sie in den Flur hinab.

Eine Männerstimme antwortete durch die offene Haustür.

»Was wollt Ihr? Seid Ihr's denn, Nachbar?« fragte die Alte. »Wie seid Ihr an das Haus gekommen?«

»Ich hab ein Boot, Brigitte, aber kommt einmal herab!«

So rasch sie vor dem Kinde konnte, das sich wieder an ihren Rock geklammert hatte, stieg sie die Treppe hinab. »Was ist denn, Nachbar? Gott schütze uns vor Unglück!«

»Ja, ja, Brigitte, Gott schütze uns! Aber hinter der Krämerstraße auf den Fennen ist ein Mensch in Not.«

»Allbarmherziger Gott, ein Mensch! Wollt Ihr das große Tau von unserem Boden?«

Der Mann schüttelte den Kopf. »Es ist zu weit, der Mensch sitzt auf dem hohen Scheuerpfahl, der nur noch eben über Wasser ist. Hört nur! Man kann ihn schreien hören! – Nein, nein, es war nur der Wind. Aber drüben von des Bäckers Hausboden können sie ihn sehen.«

»Bleibt noch!« sagte die Alte. »Ich will Carsten rufen; vielleicht weiß der noch Rat.«

Ein paar Worte noch wechselten sie; dann lief Brigitte nach dem Pesel. Aber es war dunkel, Carsten war nicht dort. Als sie sich mit dem Kinde nach der Ecke des Seitenbaues hingetastet hatte, fand sie die Tür verschlossen.

»Carsten, Carsten!« rief sie und schlug mit beiden Händen darauf los. Endlich kam es die Treppe herab, der Schlüssel drehte sich, und Carsten mit der heruntergebrannten Kerze in der Hand trat ihr totenbleich entgegen.

»Um Gottes willen, Bruder, wie siehst du aus! Warum verschließt du dich? Was hast du oben in der Totenkammer aufgestellt?«

Er sah sie ruhig, aber wie abwesend aus seinen großen Augen an.

»Was willst du, Schwester?« fragte er. »Ist denn das Wasser schon im Fallen?«

»Nein, Bruder; aber es hat ein Unglück gegeben!« Und sie berichtete mit fliegenden Worten, was der Nachbar ihr erzählt hatte.

Die steinerne Gestalt des Alten wurde plötzlich lebendig. »Ein Mensch? Ein Mann, Brigitte?« rief er und packte den Arm seiner alten Schwester.

»Freilich, freilich; ein Mann, Bruder!«

Das Kind, das Brigittens Rock nicht losgelassen hatte, streckte jetzt sein Köpfchen vor. »Ja, Carsten Ohm«, sagte es wichtig, »und der Mann ruft immer nach seinem Vater! Von Nachbar Bäcker seinem Boden können sie ihn schreien hören!«

Carsten ließ das Licht auf die Fliesen fallen und stürzte fort. Er war schon drunten vor den Schotten und wäre in das Wasser hinausgestiegen, wenn ihm der Nachbar nicht noch zur Not ins Boot geholfen hätte.

Einige Augenblicke später stand er drüben in der Krämerstraße auf dem dunklen Boden des Bäckers und ließ durch die offene Luke seine Blicke in den nächtlichen Graus hinausirren.

»Wo? wo?« fragte er zitternd.

»Guckt nur gradeaus! Der Pfahl auf Peter Hansens Fenne!« antwortete der dicke Bäcker, der, mit den Daumen in den Armlöchern seiner Weste, neben ihm stand; »'s ist nur zu dunkel jetzt; Ihr müßt warten, bis der Mond wieder vorkommt! Aber ich geh nach unten; ich bin zu weich; ich halt's nicht aus, das Schreien hier mit anzuhören.«

»Schreien? Ich höre nichts!«

»Nicht? Nun, helfen kann's dem drüben auch nicht weiter.«

Eine blendende Mondhelle brach durch die vorüberjagenden Wolken und beleuchtete das geisterbleiche Gesicht des Greises, der sein fliegendes Haar mit beiden Händen hielt, während die großen Augen angstvoll über die schäumende Wasserwüste schweiften.

Plötzlich zuckte er zusammen.

»Carsten, alle Teufel, Carsten!« rief der Bäcker, der trotz seines weichen Herzens noch zur Stelle war; denn in demselben Augenblicke war Carsten lautlos in die Arme des dicken Mannes hingefallen.

»Ja, so«, setzte der hinzu, als er nun auch einen Blick durch die Luke tat; »der Pfahl ist, bei meiner armen Seele, leer! Aber was zum Henker ging denn das den Alten an!«

Es ist zwar nie ermittelt worden, wer der Mensch gewesen, dessen Notschrei derzeit von der Flut erstickt wurde; gewiß aber ist es, daß Heinrich weder in jener Nacht noch später wieder nach Hause gekommen oder überhaupt gesehen worden ist.

Im übrigen hat Herrn Jaspers' fröhliche Zuversicht sich mehr noch als bewährt; nicht nur das Haus in der Süderstraße, auch das an der Twiete ging bald durch seine Hände. Nur Tante Brigittens Sarg stand noch im kühlen Pesel und wurde von da zur ewigen Ruhe hinausgetragen. Carsten mußte ausziehen; während drinnen der Auktionshammer schallte, ging er, von Anna gestützt, aus seinem alten Hause, um es niemals wieder zu betreten. Oben in der Süderstraße, weit hinter Heinrichs früherem

Gewese, dort wo die letzten kleinen Häuser mit Stroh gedeckt sind, war jetzt ihre gemeinschaftliche Heimat. Ein Amt bekleidete Carsten nicht mehr, auch sonst betrieb er keine Geschäfte; denn in jener Nacht war er vom Schlage getroffen worden, und sein Kopf hatte gelitten; dagegen war er noch wohl geeignet, den kleinen Heinrich zu warten, welcher den halben Tag auf seines Großvaters Schoße zubrachte. Not litt der Alte nicht, obgleich Anna auch den letzten Bruchteil ihres Vermögens um des Gedächtnisses ihres Mannes willen hingegeben hatte; aber ihre Hände und ihr Mut waren nimmer müde. Sie war völlig verblüht, nur ihr schönes blondes Haar hatte sie noch behalten; aber eine geistige Schönheit leuchtete jetzt von ihrem Antlitz, die sie früher nicht besessen hatte; und wer sie damals in ihrer hohen Gestalt zwischen dem Kinde und dem zum Kind gewordenen Manne erblickt hat, dem mußten die Worte der Bibel ins Gedächtnis kommen: Stirbt auch der Leib, doch wird die Seele leben!

Für den Greis aber bildete es eine täglich wiederkehrende Lust, die Züge der Mutter in dem kleinen Antlitz seines Enkels aufzusuchen. »Dein Sohn, Anna; ganz dein Sohn!« pflegte er nach längerer Betrachtung auszurufen. »Er hat ein glückliches Gesicht!« Dann nickte Anna und sagte lächelnd: »Ja, Großvater; aber der Junge hat ganz Eure Augen.«

Und so geht es fort in den Geschlechtern: die Hoffnung wächst mit jedem Menschen auf; aber keiner denkt daran, daß er mit jedem Bissen seinem Kinde zugleich ein Stück des eigenen Lebens hingibt, das von demselben bald nicht mehr zu lösen ist.

Heil dem, dessen Leben in seines Kindes Hand gesichert ist; aber auch dem noch, welchem von allem, was er einst besessen, nur eine barmherzige Hand geblieben ist, um seinem armen Haupte die letzten Kissen aufzuschütteln.

Renate

In einiger Entfernung von meiner Vaterstadt, doch so, daß es für Lustfahrten dahin nicht zu weit ist, liegt das Dorf Schwabstedt, welcher Name nach einigen Chronisten soviel heißen soll als: Suavestätte, d. i. lieblicher Ort. Hoch oberhalb des weiten wiesenreichen Treenetales, durch welches sich der Fluß in schönen Krümmungen windet, ist der alte Kirchspielskrug, dessen Wirt bis zu der neuesten, alle Traditionen aufhebenden Zeit immer Peter Behrens hieß, und wo »Mutter Behrens«, je nach den Geschlechtern eine andere, aber immer eine saubere, sei es junge oder alte Frau, als eine wahre Mutter für die Leibesnotdurft ihrer Gäste sorgte. Die lange Lindenlaube mit dem »schlohweiß« gedeckten Kaffeetisch darunter, die steile granitne Treppe, die unter den alten Silberpappeln zum Fluß hinabführte, die Kahnfahrten zwischen den schwimmenden Teichrosen, diese Dinge werden bei vielen älteren Leuten ein hübsches Abseits ihres Jugendparadieses bilden.

Und Schwabstedt bot noch anderes für die jugendliche Phantasie; denn Sage und halb erloschene Geschichte flechten ihren dunklen Efeu um diesen Ort. Freilich, wenn man sichtbare Spuren aufsuchen wollte, so mußte man genügsam sein: wo einst osten dem Dorfe ein Hafen der gefürchteten Vitalienbrüder gewesen sein sollte, sah man jetzt nur aus dem Flußtal eine Schlucht ins Land hinein; von dem festen Hause der schleswigschen Bischöfe, welches sich einst oberhalb des Flusses hart am Dorf erhob, war nichts mehr übrig als die Vertiefungen der Burggräben und karge Mauerreste, die hie und da aus dem Rasen hervorsahen; wenn man nicht etwa die Zähne von Wildschweinen hinzurechnen will, deren wir Knaben einmal eine Menge unter der Grasnarbe hervorwühlten, so daß wir das Zeugnis des großen Wild- und Waldreichtums, der einst hier geherrscht haben sollte, leibhaftig in den Händen hielten.

Aber mehr noch als durch diese Örtlichkeiten wurde meine Neugier durch ein sichtlich dem Verfalle preisgegebenes Gehöft erregt, das seitwärts von der Bischofshöhe lag, fast versteckt unter uralten hohen Eichbäumen. Das Haus, das schon durch seine zwei Stockwerke sich von den übrigen Bauernhäusern unterschied, gewann allmählich eine geheimnisvolle Anziehungskraft für mich, aber die Blödigkeit der Jugend hinderte mich, näher heranzugehen. Ich mochte schon ein hoch aufgeschossener Junge sein, als ich dieses Wagstück ausführte; ich entsinne mich dessen noch mit allen Umständen.

Während ich zögernd auf der einsamen Hofstätte umherging und bald auf die blinden Fenster des Hauses blickte, bald hinauf in das Gezweig der alten Bäume, wo ein paar Elstern aus ihrem Neste schrien, kam ein altes Weib um die Ecke, die von dem herabgefallenen Astholz in ihre Schürze sammelte. Als ich ihr unter den groben Strohhut guckte, erkannte ich das braune scharfe Gesicht der allbekannten »Mutter Pottsacksch«, welche je nach der Jahreszeit mit Maililien und Waldmeisterkränzen oder Nüssen und Moosbeeren in der Stadt hausieren ging.

»Mutter Pottsacksch!« rief ich, »wohnt Sie hier in dem großen Hause?«

»Je, junge Herr«, erwiderte in ihrem Platt die Alte; »ick hol de Kram hier man wat upreckt!«

Und auf weitere Fragen erfuhr ich, daß einst ein großes Bauerngut bei diesem Hause gewesen, daß aber schon vor hundert Jahren das Land davon gekommen sei und in nächster Zeit auch der Hof – denn so werde das Haus noch jetzt genannt – auf Abbruch verkauft und die Bäume niedergeschlagen werden sollten.

Mich dauerten die armen Elstern, die droben so mühsam sich ihr Nest gebaut hatten; dann aber fragte ich: »Und vor hundert Jahren, wer hat denn damals hier gewohnt?«

»Dotomal?« rief die Alte und stemmte die freie Hand in ihre Seite. »Dotomal hätt de Hex hier wahnt!«

»De Hex?« wiederholte ich. »Hat's denn Hexen hier bei Euch gegeben?«

Die Alte winkte mit der Hand. »Oha! Lat de Herr dat man

betämen!« Womit sie sagen wollte, ich solle das nur sachte angehen lassen, es sei damit auch heut noch nicht geheuer.

Als ich frug, ob jene Hexe denn verbrannt sei, schüttelte sie heftig ihren alten Kopf. »Oha, Oha!« rief sie wieder und gab dann zu verstehen, der Amtmann und der Landvogt hätten nur nicht heran wollen; denn – na, ich verstünde wohl – –; und nun machte sie unter bedeutsamem Kopfnicken die Gebärde des Geldzählens. Die Zerstückelung des Gutes sei nämlich erst nach dem Tode der Hexe vor sich gegangen, sie selber habe noch ihre Wirtschaft streng betrieben und sei eine gewaltige Bäuerin gewesen.

Was diese Hexe denn aber eigentlich gehext habe, davon schien Mutter Pottsacksch nichts zu wissen. »Düwelswark, Herr!« sagte sie. »Wat so 'n Slag bedrivt!« Soviel jedoch sei sicher: Sonntags, wenn andre Christenmenschen in der Kirche gesessen hätten, um Gottes Wort zu hören, dann habe sie sich auf ein Pferd gesetzt und sei nach Norden zu in Heide und Moor hinausgeritten; was sie dort betrieben habe, davon sei wohl übel Nachricht einzuholen. Plötzlich aber habe dieses aufgehört, und seitdem habe sie sonntags ihr großes düsteres Zimmer nicht mehr verlassen; noch Mutter Pottsacksch Urgroßmutter habe das blasse Gesicht mit den großen brennenden Augen hinter den kleinen Fensterscheiben sitzen sehen.

Mehr vermochte ich von der Alten nicht herauszubringen.

»Und war das Pferd, worauf sie ritt, denn schwarz?« fragte ich endlich, um mein schnell geschaffenes Phantasiebild doch in etwas zu vervollständigen.

»Swart?« schrie Mutter Pottsacksch, wie entrüstet über eine so überflüssige Frage. »Gnidderswart! Dat mag de Herr wull löwen (glauben)!«

Noch lange mußte ich an die Schwabstedter Hexe denken; auch tat ich nach verschiedenen Seiten hin noch manche Fragen nach ihrem näheren Geschick; allein was Mutter Pottsacksch nicht erzählt hatte, das konnten auch andere nicht erzählen. Mir ahnte freilich nicht, daß ich die Antwort in nächster Nähe, daß ich sie auf dem Boden meines elterlichen Hauses hätte suchen sollen.

Viele Jahre nachher, da ich diese Dinge längst vergessen hatte, saß ich vor einer dort beiseite gestellten Schatulle aus meines Großvaters Hausrat und kramte in ihren Schubfächern nach dessen Bräutigamsbriefen an meine Großmutter. Bei dieser Gelegenheit fiel mir ein Heft in augenscheinlich noch viel älterer Schrift in die Hände, welches ich, nachdem später noch ein demnächst zu erwähnender Fund hinzugekommen, nunmehr in nachstehendem mitteile.

An der Schreib- und Vortragsweise habe ich soviel geändert, als zur lebendigeren Darstellung des Inhalts nötig erschien; an einzelnen Stellen für manche Leser vielleicht kaum genug; an dem Inhalte selbst ist nicht von mir gerührt worden.

Und somit möge der Schreiber jenes alten Aufsatzes selbst das Wort nehmen.

*

1700. Um diese Zeit war mein lieber nun in Gott ruhender Vater Capellan oder Diaconus im Dorfe Schwesen, allwo er seine dürftige Einkünfte, als mehrentheils an Butter, Korn und Fleisch, von Haus zu Hause einsammeln und überdieß zu seinem Predigtdienst auch noch die Schule halten mußte. Da aber meine lieben Eltern sich alles an ihrem Munde absparten und anderseits wohlgesinnte Leute mir mittags einen Platz an ihrem Tische gönneten, so kam ich auf die Lateinische Schule zu Husum, welcher derzeit der treffliche Nicolaus Rudlof als Rector vorstund, und hatte bei einer frommen Schneiderswitwen mein Quartier. War auch mit Gottes Hülfe schon in die Secunda aufgerücket, als mir eine Leibesgefahr widerfuhr, welche gar leicht allen Studien eine plötzliche Endschaft hätte bereiten können.

So war es am Nachmittage letzten Sonntages Octobris, daß ich nach der gewöhnten Sonnabendseinkehr unter mein elterlich Dach von unserem Dorfe wieder nach der Stadt zurückwanderte! Ich hatte mich jedoch zuvor schon müd gelaufen; denn da die Gemeinde einen Schweinehirten, wie mein Vater selig zu sagen pflegte, einen Gergesener, in den letzten Jahren nicht mehr dulden wollen, so waren unsere Ferkel von dem grünen Weideplane äußerst des Dorfes ausgerissen, also daß wir an diesem letzten heißen Tage des Jahres eine gar tolle Jagd hatten anstellen müssen. Schritt aber desunerachtet auch itzt, da es über solchem Beginnen spät geworden und schon die sinkende Sonne einen rothen Dunst über die Heide warf, mit eilenden Schritten fürbaß; streifete nämlich nach dem erst jüngst verglichenen Kriege mit dem Könige von Dänemark allerlei loses Volk umher und verübte Raub und Einbruch; auch sollten drüben nach dem Holze zu, wo die alten Weiber die Moosbeeren holen, in voriger Nacht die Irrwisch gar arg getanzet haben, dessen Anblick in alle Wege besser zu umgehen.

Da ich endlich in die Stadt und nach dem Markt hinunterkam, stunden schon die Giebel der Häuser dunkel gegen den Abendhimmel, und war ob des Sonntags eine große Stille auf der Gassen; nur aus der alten Kirche hinter den Lindenbäumen tönete ein sanftes Orgelspiel.

Ich wußte wohl, es sei der Organiste Georg Bruhn, des noch berühmteren Nicolaus Bruhn Bruder und successor, der es liebte, in den Schummerstunden nur für sich und seinen Gott seine meisterliche Kunst zu üben; und da ich inne ward, daß die Kirchthür unter den sogenannten Mutterlinden offen stund, so ging ich hinein und setzete mich in der Nordseite still in eines der alten Mönchsgestühle. Es war aber, wenn gleich die Bäume draußen schon die meisten Blätter abgeworfen hatten, hier innen eine Dämmerung, daß ich die Bilder und Figuren an den Epitaphien, so diese gewaltige Kirche zieren, nur kaum erkennen mochte. Gleichwohl spielte da droben der unvergleichliche Meister noch immerzu; und wie ich so in meiner Ecken saß, ganz allein hier unten, und von dem Dunkel immer mehr umhüllet ward, in das hinein die lieblichen Tongänge der Flöten und Oboen gleich sanften Lichtern spielten, da war mir, als wenn die beiden Engel drüben von dem Crucifix des Altarbildes zu mir herabflögen und mich mit ihren goldenen Flügeln deckten. Wie lange ich in solcher Huth geruhet, ist mir unbewußt; schreckte aber itzt davon empor, daß der Schlag der Thurmuhr dröhnend in den weiten Raum hinunter hallte. Durch die nahezu kahlen Bäume schien der Mond in die hohen Fenster; insonders war das mächtige Reiterstandbild des St. Jürgen mit dem Drachen, so eigentlich dem Gasthaus angehörte, zur Zeit aber hier neben dem Altar aufgestellet war, in einer so hellen Beleuchtung, daß ich das grimme Antlitz des Ritters und unter den Hufen des bäumenden Hengstes gleicherweise den aufgesperrten Schlund des Drachen von meinem Sitze aus gar wohl erkennen mochte.

Aber das Tonspiel droben von der Orgel hatte aufgehört, und drüben an dem Altarbilde schwebten wieder die Engel zur Seiten des Gekreuzigten. Es war eine große Stille um mich her; nur da ich, um hinauszugehen, die Thür des Gestühltes öffnete, scholl es von meinen Tritten weithin durch das Schiff der Kirchen. Eilends rannte ich, erst an die Norder-, dann an die Thurm-, dann an die Süderthür, fand aber alle fest geschlossen, und alles Klopfen, so ich mit meinen Fäusten itzt vollführete, schien an keines Menschen Ohr zu reichen. Da ich mich dann rathlos umwandte, fielen meine Blicke auf das große Epitaphium, das sich gegenüber an dem Pfeiler zeigt, bei dessen Fuße der alte Bürgermeister Ägidius Herfort begraben lieget. Man hatte aber an selbigem vorgestellet, daß der Tod, als ein natürliches Gerippe ganz aus Holz geschnitzt, gleich einer ungeheueren Spinnen an dem Conterfey des seligen Mannes heraufkriechet. Solches wollte mir anitzt nicht eben wohl gefallen; denn durch die Schatten der vor den Fenstern wankenden Gezweige, so mit den Mondlichtern ihr Spiel darüber trieben, wollte mich fast bedünken, als ob das grimmig Unwesen mit dem Kopfe rucke und die spitzen Knochenfinger an des Seligen Gesicht hinaufstrecke. Da fuhr es mir gar noch durch den Sinn, selbiges könne auch wohl einmal abwärts an dem Pfeiler hinunterklettern oder sich gar umwenden und auf das nächste Gestühlte zuspringen. Wußte zwar, es sei das nur ein thörichtes Phantasma, drückte mich aber doch längs dem Steige nach dem großen Reiterbilde des Heiligen, fast unwillens wähnend, daß ich bei selbigem Schutz und Hülfe finden müsse. Freilich fiel mir bei, daß dieß papistische Gedanken und das hölzern Standbild nur gleichsam als ein Symbol zu betrachten sei, legte aber doch meine Hand um den gespornten Fuß des Ritters. Da vernahm ich, wie drüben in der Vorderthür der große Schlüssel rasselte, und wollte schon dem Ausgange zustürzen, als ich die schwere Thür sich aufthun, aber in selbigem Augenblick sich wieder schließen sahe. Darauf vermochte ich hier innen weder etwas zu sehen noch eines Menschen Tritte zu vernehmen. Däuchte mir aber gleichwohl, daß etwas mit mir in der Kirchen sei, und itzo, da ich mit beklommenem Odem lauschte, hörte ich es deutlich schnaufen und drunten durch den Quergang trotten. Zitternd setzte ich meinen Fuß auf den des Reiterbildes, um solcher Weise mich auf das hölzern Roß hinaufzuschwingen. Es mochte dabei einiges Geräusch erfolget sein; denn mit selbigem erscholl ein furchtbar dröhnend Geheul, und in weiten Sprüngen sahe ich einen schwarzen gar gewaltigen Hund gegen mich daher rennen. Aber schon stund ich oben auf dem Bug des Pferdes; die eine Hand hatte ich um des Ritters Hals geleget, mit der andern nach des barmherzigen Gottes Eingebung dessen Lanze herausgerissen, so nur lose durch den Handschuh steckte.

Da gab es einen Kampf zwischen einem vierzehnjährigen Buben und einer gar grimmigen und starken bestia. Mit funkelnden Augen sprang das Unthier an mir auf, mit seinen Tatzen riß es an meinem Schuhzeug, und ich sahe in den offenen Rachen mit der rothen dampfenden Zunge; nur einer Spannen Weite brauchte es, so hatten die weißen Zähne, so gegen mich gefletschet waren, mich gefaßt und auf den Grund gerissen. Aber ich wehrte mich meines Leibes und stach dem Unthier mit meiner Lanzen in sein zottig Fell, daß es mehrmals heulend auf die Seite flog.

Mir ist nicht bewußt, daß ich in solcher Noth der Menschen Hülfe angerufen, nur ein stumm und heiß Gebet zu Gott und seinen Engeln stieg aus meiner Brust; auch meiner lieben Eltern gedachte ich, wenn sie mich hier an Gottes Altar so elendiglich zerrissen finden sollten. Denn da das Thier unter heiserem Geschnaufe allzeit aufs neue gegen mich sprang, so sahe ich wohl, daß ich aufs letzt ihm doch zur Beute werden mußte. Schon begunnten die Sinne mir zu schwinden, und war mir, als sei es nun nicht mehr der Hund, sondern der Tod selber sei von dem Epitaphio herabgeklommen und von einem der Gestühlte auf mich zu gesprungen. Schon packten die knöchern Hände meine Lanze, da vernahm ich drunten in der Kirchen ein Rufen und Getöse, und wurde mir allzugleich, als flöge oben von dem Crucifix der eine Engel wiederum zu mir herab und risse mit seinen Armen den grimmen Tod von meinem jungen Leibe.

»Türk, Türk, du Mordshund!« hörte ich eine kleine tapfere Stimme unter mir, und als ich schwindelnd niederblickte, sah ich hart an dem rauhen Kopf des Unthiers ein gar lieblich Angesicht, das mit zwei dunklen Augen angstvoll zu mir emporstarrete. Wohl strebte das Unthier noch mit Gewinsel zu mir auf; aber zwei braune Ärmchen hatten sich um seinen Hals geklammert und ließen es nicht los; auch leckte des Thieres Zunge ein paarmal wie liebkosend nach dem schönen Antlitz hin. Das alles gewahrte ich gleichsam mit einem Blick, da der Mond noch hell durch die Kirchenfenster leuchtete. Noch hörte ich eine Männerstimme rufen: »Ein Kind, ein Knabe, des Pastors Sohn aus Schwesen!«, dann vergingen mir die Sinne, und ich stürzte von dem hölzern Roß herab.

– – Da ich meiner wieder mächtig worden, fand ich mich in meinem Logement in meiner Bettstatt liegend und sahe meine alte Schneiderswitwen neben mir auf dem Stuhle, ihr grünes Fläschchen mit den Herztropfen auf dem Schoße. Ich that aber gleichwohl, als ob ich noch in Ohnmacht läge; denn das Gesichtlein neben dem Kopf des grimmen Thieres stand mir gar lieblich vor, sobald ich nur die Augen schloß; erwog auch bei mir selber, wenn es ein Engel möge gewesen sein, so hab es doch das Haar unter ein goldglitzernd Käpplein zurückgestrichen gehabt, wie es am Sonntag hierherum die Dirnen auf den Dörfern tragen; ja, überkam mich fast die Lust, noch einmal auf St. Jürgens Gaul hinaufzuklettern. Erst als das gute Mütterchen mit der qualmenden Lampe mir unter die Nase fuhr, richtete ich mich auf in meinen Kissen. Da rief sie einmal über das andere ein großes Lobe-Gott, dann zapfte sie mir aus ihrer grünen Flaschen und sagte: »Es ist gut, Josias, daß du heut morgen bei deinem Vater Gottes Wort gehört; denn unter dem Thurm bei dem alten Taufstein soll unterweilen itzt der Teufel sitzen und bös Ding sein, mit weltlichen Gedanken ihm vorbeizukommen.«

Ich aber frug gar ängstlich, ob sie mich denn dort hinausgetragen.

»Freilich, Josias«, entgegnete sie; »'s war ja der Küster; wer im Beruf gehet, der braucht sich nicht zu fürchten.«

Da freute ich mich, daß ich meiner Sinne ganz unmächtig gewesen; denn ob meine Engelgedanken, die ich aus der Kirchen mitgenommen, geistlich oder aber weltlich seien, das wollte mir allganz nicht deutlich werden. Im übrigen fiel mir bei, daß der grausame Quadrupede, mit welchem ich gekämpfet, des Küsters Albert Carstens seiner müsse gewesen sein; er hatte, wie ich wußte, einem dänischen Capitän gehört, der bei letzterem in Quartier gelegen, bei der Berennung der Finkenhausschanze aber sein Leben hatte lassen müssen. Und erzählete mir auch das gute Mütterlein, daß der vielen Einbrüch wegen sie den Hund zur Wache hätten in die Kirchen eingelassen. Woher aber der Engel kommen, der mich vor ihm bewahret, das wurde mir nicht kund; mochte auch späterhin, aus weß Ursach war mir selber nicht bewußt, bei anderen Leuten mich nicht darum befragen. Und ist mir in meiner noch übrigen Schulzeit, so viel ich an den Markttagen danach spähete, das lieblich Antlitz mit dem glitzernden Käpplein niemalen mehr begegnet.

Anno Dom. 1705. Es gab zwar zu Zeiten des Administratoris, Hochfürstlichen Durchlaucht Christian August, mit denen geistlichen Ämtern sonderbaren Umgang; hatte doch der gewaltige Rath von Goertz das Pastorat zu Böel in Angeln auf der Hamburger Börsen an den Meistbietenden verkaufen lassen; an einen Schlemmer und Spielbruder, dem man, da es hernach mit ihm zum Sterben ging, die Karten vorgehalten, ob er daran die Farben noch erkennen möge. Gleichwohl glücketees meinem lieben Vater, daß er aus seinem elendigen Diaconate zu Schwesen in das einträglichere Pastorat zu Schwabstätte gelangte und darin bestätiget wurde. Da ich bereits auf der Universität zu Kiel inscribiret war, so machten mich die von meinen lieben Eltern nun viel reichlicher fließende Subsidien für eine Weile gar übermüthig; denn ich stolzirte in hohen Stiefeln und einem rothen Rockelor mit einem Degen an der Seiten; ja, hatte gar einmal einen Ehrenhandel mit einem aus dem Adel, maßen selbiger meines Hauswirths ehrbare Tochter, so mich aber sonsten nichts anging, vor eine Studentenmetze proclamiret hatte. Im übrigen blieb ich nicht dahinter, weder in theologicis noch in philosophicis; hielt mich in ersteren aber meist zu denen älteren professoribus; denn insonders unter den magistri legenties waren derer, so entgegen der Lehre Pauli und unseres Dr. Martini die

Macht des Teufels zu verkleinern und sein Reich bei den Kindern dieser Welt aufzuheben trachteten. Solches aber war nicht in meinem und meines lieben Vaters Sinne.

Weil nun aber nach dem alten Spruche die Repetition die Mutter der Studien ist, so wurde nach absolvirtem biennio unter uns beschlossen, daß ich zu solchem Zwecke den Sommer des obbezeichneten Jahres im elterlichen Hause verleben, sodann aber zu weiterer Erudition für eine Zeitlang noch die berühmte Universität zu Halle beziehen solle. Langte also eines Nachmittages mit guter Gelegenheit in Husum an und bedienete mich für die noch übrige zwo Meilen der Beförderung der heiligen Apostel.

Ich war freilich bislang in Schwabstätte noch nicht gewesen und des Weges unbekannt; es führete selbiger aber zuerst durch die Marsch, wo er auf dem Lagedeiche geradehin läuft; und wo es aufwärts dann in Sand und Heide ging, zeigte sich wohl hie und da eine Kathe, so daß ich mich leichtlich weiterfragen mochte. Plötzlich, da der Weg sich zu einer Anhöhe hinaufgewunden und schon der Abend seine Schatten warf, sahe ich unter mir das Dorf mit seinen rauchenden Dächern, wie es zwischen Busch und Bäumen längs dem Ufer des lieblichen Treeneflusses hingestrecket lag. Da klopfte mir das Herz, daß ich zu meinen lieben Eltern käme, und warf nur kaum noch einen Blick auf den Thurm des alten Bischofshauses, der im Abendgeleucht wie gülden an der Wasserseite aufragete, sondern schwang meinen Stab und sang gar lustig:

> »Hier oben von der Höhe
> Da kommt der Herr Student!
> Herr Vater, o Frau Mutter,
> Nun schüttelt mir die Händ!

Mit solchem war ich auch schon unten, und die Dorfshunde fuhren bellend nach meinen Stiefeln, die Weiber, so vor den Thüren stunden, glotzeten nach meinem rothen Rocke und stießen sich mit den Ellenbogen. Da ich aber durch die kleinen Häuser in das Dorf hineinschritt, erblickte ich hinter denselben, nach dem Flusse zu, ein groß und zweistöckig Gebäu, das lag wie in Einsamkeit und nahezu versteckt unter gewaltigen Bäumen; war auch kein lebend Wesen dort zu sehen, weder am Hause noch an der Scheune, so dahinter lag; nur oben aus den Baumkronen erhub sich groß Gevögel und flog dazwischen hin und wider.

Da frug ich einen Alten: »Wer wohnet denn dort unten?«
– »Das wisset Ihr nicht?«
»Nein; ich frage Euch eben derohalben.«
– »Dort wohnet der Hofbauer«, entgegnete er, strich mit der Hand um seinen Stoppelbart und ging in seine Kathen.

Schritt also mit solchem Bescheide fürbaß; wandte aber, unwillens fast, wiederholentlich den Kopf und sehe rückwärts nach den Fenstern, die dorten so schwarz und heimlich unter den düstern Bäumen glitzerten. Da, wie ich so eine Weile fast in Gedanken fortgegangen, hörete ich plötzlich »Josias, Josias!« wie aus der Luft zu mir herabgerufen. Und war es mein lieb Mütterlein, die stund oberhalb des Kirchhofes auf der Höhe, darauf sie das Glockenhaus gebaut, und hatte durch den Abend nach mir ausgesehen. Da war ich flugs an ihrer Seiten und hielt sie an meiner Brust und frug alsbald, wo unsere Heimstätte itzo denn belegen sei; und da sie nur über den Weg hinüber auf ein freundlich Haus und Garten zeigte, hub ich die fein und handlich Frau auf meine Arme und trug sie den Berg hinab.

Und wiederum, aber solches Mal vom Hause her, rief es: »Josias, Josias!« und unter herzlichem Lachen: »Aber gehet man so mit seiner Mutter um!« Das war mein lieber Vater; der war vor die Tür getreten und nahm sich nun die Mutter aus des Sohnes Armen; denn er war von denen, welche wohl wissen, was ein Scherz bedeute, der aus reiner Herzensfreud quillet. Da aber mein Mütterlein nach ihrer lebhaften Art ihn drängte, ihren stattlichen Sohn gleich ihr mit Worten zu bewundern, entgegnete er fürsichtig: »Ja, ja, Mutter; ich sehe, der Bruder studiosus ist gar wohl gerathen; wollen sehen, ob der theologus darum nicht schlechter sei.«

Dann führten die Eltern mich in meine Kammer; die lag anmuthig nach dem Wald hinaus, und hat selbiger mich dorten oftmals nach meinem Nachtgebete sanft in Schlaf gerauschet. Zwar war der Fußboden nur mit Backsteinen ausgelegt; aber mein Mütterlein hatte eine Decken übergebreitet, wie solche von den kleinen Leuten hier aus den Flußbinsen angefertigt werden.

Bald stellete ich meine Bücher und die wohlgebundenen Collegienhefte auf den großen Tisch und saß zu meines lieben Vaters Freude mit großem Eifer über meiner Arbeit. Meine Mutter aber störete mich dann wohl, suchte mich ins Freie hinauszutreiben und sprach: »Was sollten doch die Leute denken, so dir in deiner Mutter Pflege die frischen Wangen einfielen!« Und eines Abends, da es eben neun vom Glockenthurm geschlagen hatte, rief sie gar: »Da sitzest du noch, Josias, und weißt doch, daß des Kirchenältesten Tochter Hochzeit hält! Da will es sich schicken, daß auch des Pastors Sohn mit der Braut ein Tänzchen mache!« Dann hub sie meinen Rock vom Nagel, bürstete ihn säuberlich und steckte mir einen Hochzeitsthaler in die Taschen. Und itzt vernahm ich auch von fern das Fiedeln und Trompetten, und währete es nicht lang, so war ich mitten in der Hochzeit.

Es sind aber nach altsächsischer Art die Häuser hier gebaut, also daß das Vieh, welches, wie dazumal im Sommer, auf den Koppeln oder Fennen weidet, zur Winterszeit zu beiden Seiten der großen Diele seinen Stand hat, die Stuben für den Bauern und seine Leute aber, was sie »Döns« benennen, der Thorfahrt gegenüber zu unterst an der Dielen liegen.

Da ich nun von draußen aus der sommerlichen Abendstille eintrat, war mir erstan, als sähe ich ein seltsam und beweglich Schattenspiel; denn die Unschlittkerzen an den Ständern warfen nur karge rothe Lichter über die Köpfe derer, die hier sich durch einander drängten oder zu Paaren ihren Zweitritt tanzten und mit Juchzen und Gestampf den Musikanten Hülfe gaben. Und da der große Raum mit Gästen fast gefüllt war, so dauerte es eine Weile, ehe ich die Flitterkrone der Braut daraus emportauchen sahe; machte dann meine Reverenz und drehte mich, obschon in dem Gedrang eine eigene Baurenkunst dazu gehörte, ein Dutzend Male mit selbiger hindurch. Hienach aber setzete ich mich zu einem Krämer aus der Stadt, so von der Schulzeit mir bekannt war, oder zu dem und jenen von denen älteren Bauren, die unter den Tonnen der Musikanten oder drinnen in der Döns an ihrem Bierkrug saßen.

Es mochte solcher Weise die Zeit bis Mitternacht verflossen sein, da sahe ich auf dem Tritt zur Oberstuben eine Dirne stehen, abseits von den andern, als zieme ihr nicht, sich in den Haufen zu verlieren; und da ich ihr im Rücken näher trat, gewahrete ich, daß sie zwar in Baurentracht gekleidet, ihr Röcklein aber von schwarzem Seidentaffet und das Käppchen auf ihrem braunen Haar von rothem Sammet und gar reich mit Gold gesticket war. Mit dem, da itzt die Musikanten auf einen neuen Tanz anhuben, war ein junger Knecht zu ihr herangetreten; der stieß einen Juchzer aus und winkte ihr, daß sie mit ihm in die Reihe träte. Aber sie wandte nur leichthin den Kopf, als sähe sie ihn kaum, und rührte sich nicht von ihrem Platze. Da stampfte der Bursche gar grimmig und mit einem Fluche auf den Boden; und dauerte es nicht lang, so sahe ich ihn mit einer andern im Gedrang verschwinden.

Die zierliche Dirn aber stund noch an dem Thürgerüste; und hatte ich, da sie vorhin den Kopf gewandt, bemerket, daß sie die Kinderschuh noch nicht gar lang verworfen habe; denn ihre bräunlichen Wangen waren noch wie von zartem Pfirsichflaum bedecket.

»Saget mir«, frug ich ein altes Weib, so eben mit einem Fäßchen Bier an mir vorüber wollte, »wer ist die feine Dirne dort?«

»Die, Jungherr? Das ist die Renate vom Hof.«

– »Vom Hof? Da norden vor dem Dorf?«

»Ja, ja, Herr! Oh, die ist stolz! Wollen immer was Bessers sein, die vom Hof; sind aber auch nur Bauern, sind sie!«

– »Und wer war«, frug ich wieder, »der junge Knecht, den sie soeben fortschickte?«

»Hab's nicht gesehen, Herr; wird aber wohl nicht hoch genug gewesen sein.«

Nach solchem sahe ich gar fröhlich auf meinen rothen Rock und meine hohen Stiefel, zu mir selber sprechend: »Du bist der Rechte!« Ging also näher, und indem ich sanft mit der Hand an ihren Arm fassete, sprach ich: »Mit Verlaub, Jungfer, wir tanzen wohl einmal mitsammen!« Erhielt aber auf so zierliche Anrede von dem kleinen Ellenbogen einen Stoß, daß ich fast getaumelt wäre. »Was will der dumme Jung!« rief sie; und als sie dabei das

Köpfchen zu mir kehrte, da blickten ein Paar großer dunkler Augen gar zornig auf mich hin.

Da ich dann entgegnete: »Das war nicht fein, Jungfer; aber ich hab dich wohl erschrecket«, geschah es mit einem Male, als fiele es mir wie Schuppen von den Augen: der Engel von Sanct Jürgens Standbild, er war es, und hatte mich gar eben kräftiglich gegrüßet! Da sie aber noch stumm mit offenem Mündlein mir ins Antlitz blickte, rief ich: »Ja, ja, Jungfer, gucket nur; ich bin's und habe den Engel nicht vergessen!«

Bei solchen Worten flog ein lieblich Roth über ihr junges Gesicht; da ich nun aber dachte, sie zum Tanze frisch weg von ihrem Tritt herabzuziehen, setzten jählings die Musikanten Ihre Geigen und Trompetten ab, und lief alles in großem Tumulte auf der Dielen durch einander; angesehen nunmehro die Überreichung der Hochzeitsgaben vor sich gehen sollte. War auch bald eine Tafel hergerichtet; dahinter saßen Braut und Bräutigam, jeder von ihnen mit einer irden Schüsseln vor sich. Da drängte alles sich heran und brachte, wie es Brauch ist, der eine einen Kronthaler, der andere ein lübisch Markstück, die Fürnehmeren auch wohl ein silbern Geräthstück; und in wessen Schüssel es geleget wurde, der trank dem Geber aus einem Glase zu, so neben einer Flasche Weines gleichfalls vor ihrer jedem stund. Griff also auch in meine Taschen und hatte nicht groß Mühe, das schöne Silberstück darin zu finden; doch waren meine Gedanken bei dem Dirnlein, das ich schier nirgendwo erschauen mochte. So trat ich auf die Stufen, da sie zuvor gestanden; und siehe, mitten im Gedrange glitzerte das güldne Käpplein; gewahrete auch einen silbern Suppenlöffel, so von einer kleinen Faust emporgehalten wurde. Aber hart vor dem Mädchen spreizete sich der junge Knecht, dem sie zuvor den Tanz versaget hatte; der winkte seinen Kameraden, worauf alle sich fest zusammenschlossen und also das Mädchen nicht mehr vorwärts konnte.

Ei Tausend, war ich rasch von meinem Tritt herunter und brauchte meine Arme, bis ich gar bald an ihrer Seiten war. »Renate«, frug ich, »darf ich dir helfen?«

Da nickte sie fast scheu zu mir hinüber; ich aber in dem dichten Haufen, wo wir stunden, suchte ihre freie Hand und sprach:

»Nun danke ich dir auch herzlich für dazumalen an St. Jürgens Reiterbildniß.«

Sie schlug die Augen nieder und entgegnete: »O ja, Ihr hattet meinem armen Türk gar jämmerlich das Fell zerstochen!«

»Und wolltest du denn lieber, daß mich das grimmig Vieh zerrissen hätte?«

Da lachte sie leise auf; dann aber sprach sie traurig: »Das war ja gar kein grimmig Vieh; das war der frömmste Hund im ganzen Dorf!«

»Möchte ihm doch lieber nicht begegnen!« sagte ich.

»Begegnet ihm hier auch keiner mehr«, entgegnete sie; »die Tatern haben ihn über Nacht verlockt; er muß nun wohl ihre Karren ziehen oder ihre schmutzigen Kinder auf sich reiten lassen.«

Indem sie dieses sagte, rückten vor uns die Bursche nach dem Brauttische zu. Da fassete ich ihre kleine Hand fest in die meine. »Jetzt!« raunte ich ihr ins Ohr, und mit einem Rucke brach ich für uns beide Bahn; merkete aber noch, wie Renate das Näschen hob, als wolle sie ihrer keinen sehen, so da mit einem Fluche oder höhnischem Lachen auf die Seiten wichen. Dann aber traten wir mitsammen vor die Hochzeitleute. Ich warf mein Silberstück in des Bräutigams Schüssel und leerete das Glas, daraus er mir zutrank, auf einen Zug; da ich mich aber nach dem Mädchen wandte, sahe ich wohl, daß sie von ihrem Munde das volle Glas der Braut zurückgab.

Als wir sodann uns wieder rückwärts durch den Haufen drängten, erhub sich wiederum ein spöttlich Reden hinter uns, so daß ich sagte: »Du hast dir übel Feindschaft gemacht, Renate; war dir der junge Knecht nicht gut genug zum Tanze?«

Da sahe sie mich gar fürnehm aus ihren dunkeln Augen an: »Den kennet Ihr nicht, Herr Studiosi; das ist des Bauervogten Sohn; der ist ein Prunkhans, er trotzet auf seines Vaters Geldsack und meinet, er brauche nur zu winken.«

Gläubete wohl ihrer Rede; denn es kostete dazumal noch die Last Gerste hundert und der Weizen mehr denn hundertundfünfzig Thaler; das machte die Bauern überthätig, die Jungen mehr noch denn die Alten.

Wir stunden aber wiederum in dem offenen Thürgerüste zu der Oberstuben, darin von den städtischen Gästen mit den fürnehmeren Bauern am Kartentische saßen und viele Lichter brannten. So konnte ich in rechter Muße ihr Angesicht betrachten.

Betrachtete es also, so daß ich es von Stund an nimmer hab vergessen können; des klage ich zu Gott und danke ihm doch dafür. Es war aber von lieblich ovaler Bildung, die Stirn fast schmal und die obere Lippe ihres Mündleins ein wenig aufgeworfen, als hebe es eben an zu sprechen: »Ja, gläubet nur, ich laß mir so nicht winken!«

Schon war der Brauttisch fortgeräumt, und die Musikanten von ihren hohen Sitzen probireten wieder ihre Instrumente. »Wie wird's, Renate«, wollte ich eben fragen, »tanzen wir denn itzo miteinander?« Da hörte ich neben aus der Stuben des Mädchens Namen rufen; und da ich den Kopf wandte, sahe ich sie schon am Stuhle eines hageren Mannes stehen, der hatte gleich ihr so dunkle, spitze Wimpern an den Augen, und dachte wohl, daß es ihr Vater wäre. Sie hatte aber ihren Arm um des Mannes Nacken und er den seinen um ihren Leib geleget; so hielt er müßig in der Hand sein Kartenspiel und schaute in seines Kindes Angesicht, unachtend, daß die andern Trumpf und Herzendaus von ihm verlangten. Da Renate aber meines Vaters Namen nannte, so trat ich näher und grüßete den Mann.

Selbiger streifte mit einem scharfen Blick an meinem prunkenden Habit und sprach: »Ihr schaut gar lustig aus, Herr Studiosi; werden aber wohl bald die schwarzen Federn darüber wachsen!«

Worauf in gleichem Scherz ich gegenredete, die müßten freilich noch schon wachsen; gäb's ohne solche ja auch keinen ausgewachsenen Raben, der doch, wie wohlbekannt, der Pastor unter dem Vogelvolke sei.

Hierauf sah er mich wieder mit seinen scharfen Augen an und meinete, er kenne auch so was die modi auf denen Universitäten; »denn«, sagte er, »Ihr wisset wohl, drüben in Husum meines Schwagers Sohn gehöret auch zu Euerem Orden.«

Da frug ich geziementlich, wie denn der Name sei, und erhielt die Antwort: »Es ist der Küster Albert Carstens; meine Renate war das letzte Jahr in seinem Hause, damit sie ein wenig mehr erlerne, als hier in der Bauernschul zu kaufen ist.«

Hierüber erschrak ich sehr und dachte: »Weh deinem armen Engel, daß er unter eines solchen Atheisten Dach gerathen!« War mir nämlich bewußt, daß selbiger Carstens, als derzeit noch ein studiosus, hier im Dorf gewesen und gar heftig gegen den exorcismum geredet, auch ein alt mandatum, so die Gottorpischen Calvinisten im vorigen saeculo zuwege gebracht, wieder vorgekramet habe, wonach es in der Taufeltern Belieben war gestellet worden, ob sie den Antichrist in ihrem Kinde wollten beschwören haben oder nicht. Deß hatte mein Vater als bei seinem hiesigen Amtsantritte große Noth gehabt, maßen der redefertige Neuerer auch den Diaconum und manchen sonst gläubigen Christen in seine Schwärmerei hineingezogen hatte.

Da mir nun solches gar widerwärtig meinen Sinn durchkreuzete, fühlte ich plötzlich meine Hand ergriffen: »Aber, Herr Studiosi«, sprach Renate, »Ihr wolltet ja mit des Hofbauern Tochter tanzen!«

»Ja, ja«, fügte der Bauer bei, »tanzet nun miteinander; Renate hat es in der Stadt gelernt. Und besuchet uns einmal, Herr Studiosi; der Hofbauer hat wohl noch eine Flasche Rheinischen in seinem Keller.«

Da flogen all schwere Gedanken fort. Mit dem schönen Dirnlein an der Hand tauchte ich gleichsam in das dunkle Gedräng hinab, so daß mir däuchte, wir seien schier darin verloren. Über uns weg von ihren Tonnen bliesen und fiedelten die Musikanten; und um uns her stampfeten und schrien die jungen Knechte und Dirnen. Kümmerte aber das alles uns nicht sehr; so nur ein freier Raum entstund, fassete ich sie um und schwenkte das leichte Kind in meinen Armen, und wenn's nicht weiter gehen wollte, stunden wir still und schaueten uns voll Freud und Neugier in die Augen. Und wenn ich heut zurücke denke, so wüßt ich nicht zu sagen, wobei sich mein Herz zumeist ergötzete; auch nicht, wie in solch anmuthigem Wechsel uns die Nacht zerronnen; denn da ich einmal über der Tänzer Köpfen nach dem offenen Thore blickte, waren am Himmel schier die Stern' erblichen und streifete ein bleicher Schein die Balken an der Bodendecke. »Sieh, Renate«, sprach ich, »so geht die Lust zu End.«

Da fühlte ich, daß sie sich leise an mich drängte; aber sie entgegnete nichts und schaute auch nicht auf. Als ich aber gewahrete, wie ihre Wangen glühten, frug ich: »Dürstet dich auch, Renate? So wollen wir drüben zu dem Tische gehen.«

Und da sie nickte, gingen wir hin; und ich nahm einer frischen Dirne, so eben dort getrunken hatte, das Glas aus der Hand, um es aus einem Bierkrug wiederum zu füllen. Aber Renate ergriff ein anderes, das auf dem Tische stund, und bückte sich damit zu einem Eimer Wasser.

»Ei«, rief ich lachend, »trinkst du mit den Vögeln, was unser Herrgott selbst gebrauet?« Doch sie hatte das Glas nur ausgeschwenkt.

»O nein, Herr Studiosi«, entgegnete sie fast verschämet; »schenket nur ein; ich trink schon, was die Männer trinken!«

Da sie dann aber ihr Hälschen aufreckte und gar durstig trank, kam eine sehr alte Frau mit einer schwarzen Kappen auf dem greisen Haar gelaufen, zupfte sie an ihrem Taffetröckchen und raunete: »Der Bauer ist schon heim; der Bauer ist schon heim!«

Und als Renate ihr Glas hinsetzte, rufend: »Marik', ich komme schon, Marik'!« da war die Alte nimmermehr zu schauen.

Ich aber haschte des Mädchens Hand und sagte: »Du wolltest mir doch also nicht entlaufen? Ich gehe schon mit dir, Renate, so du gehst!«

Und so gingen wir schweigend mitsammen aus dem Hochzeithause. Und da wir auf die Höhe vor dem Bischofshause kamen, wo der Steig hinüberführt, blieben wir unter dem Thurme stehen und schauten in die Tiefe unter uns; denn vor dem aufsteigenden Morgen floß dorten der Strom mit dunkelrothem Glanze in das noch dämmerige Land hinaus. Zugleich aber wehete eine scharfe Luft von Osten her, und da Renaten schauderte, legte ich meinen Arm ihr um das nackte Hälschen und zog ihre Wange dicht zu mir heran. Da wehrete sie mir sanft. »Lasset, Herr Studiosi«, sprach sie, »ich muß nun heim!«, und wies hinab nach ihres Vaters Hause, so seitwärts unter den düsteren Bäumen lag. Und als nun gar ein heller Hahnenkraht daraus emporstieg, da sahe ich sie schon den Berg hinunterlaufen; dann aber wandte sie sich und schaute unverhohlen mit ihren dunkeln Augen zu mir auf.

»Renate!« rief ich.

Da nickte sie noch einmal und schritt dann eilig über die bethauten Wiesen nach dem Hofe zu. Ich aber stund noch lange oben in der scharfen Morgenluft und starrete hinunter auf die düsteren Eichen, aus deren dürrer Krone itzt ein paar Elstern aufflogen und krächzend den Nachtschlaf von den schweren Flügeln schüttelten.

Andern Tages fiel die Sonne schon hoch in meine Kammer, da mein Mütterlein mir die Morgensuppe an meine Bettstatt brachte; und da sie in ihrer liebreichen Weise mich über die Lustbarkeit befragte, hörete sie nicht ungern von der Bekanntschaft mit des reichen Hofbauren Tochter und spann, wie die Mütter pflegen, schon ihre festen Fäden für die Zukunft. Als sie dann aber nachmittags, da ihr Gespinste nahezu fertig war, solches voll Freudigkeit vor meinem lieben Vater auszubreiten begann, schien selbiger nicht völlig gleichen Sinnes, sondern rieb sich, wie er in Zweifelsfällen es gewöhnt war, bedächtig mit dem Finger an der Nasen und wiegte schweigend seinen Kopf dazu.

»Wie, Vater«, brausete die Mutter auf, »ist dir die liebe Gottesgabe, das Geld und Gut, etwan im Wege? Und meinest du, daß ein künftiger Diener Gottes müsse allemal in Armuth leben, weil solches, leider Gottes, unser Theil gewesen ist?«

»Nein, o nein, Mutter!« entgegnete er. »Nein, das gewißlich nicht!«

»Nun, Gott sei gedanket!« rief die Mutter. »Was ist denn nun noch für ein Aber?«

– »Ja, Mutter, ihr Weiber wollet euch gar am eignen Sohn den Kuppelpelz verdienen; aber – ich denke, der Josias geht wohl andere Wege.«

Damit ging er in seine Kammer und setzete sich zu seiner morgenden Sonntagspredigt; und hatte ich, der fast beschämt dabeigestanden, nun wohl vermerket, daß mein lieber Vater von diesen Dingen nicht mehr wolle geredet haben; – nicht minder, daß wegen der Hofleute was immer für eine Bedenklichkeit in ihm versire.

Ich war aber hiedurch in eine gar üble Unruhe versetzet worden. Ich lief aus dem Hause und über den Weg auf den Glockenberg und sahe hinüber nach dem Schloßthurm, von wo ich in der Frühe mit Renaten in das stille Land hinausgeblicket; lief wiederum zurücke, warf mich an meine Arbeit und brachte aber nichts zustande, als daß ich den Buchstaben R wohl hundertmal in meine Hefte malte, gleichsam als hätt ich's wegen dieses einen noch von der Schreibstub nachzuholen.

Drum, als es Abend wurde, trieb mich's nach dem Kruge, der oberhalb der Treene liegt, ob ich dorten was erfahren möchte; redete auch mit dem und jenem und kehrete dann gelegentlich das Wort auch auf den Hofbauren. Da sahe ich wohl, daß er geringen Anhang hatte; redeten ihm nach, obschon er weitaus noch kein Bauer aus dem Fundamente sei, so schlage alles ihm doch zu! denn da vor Jahren hier die Seuche in das Vieh gekommen, so sei in seinem Stalle ihm kein Stück gefallen, und wenn auf ihrem Boden die Mäus' und Ratzen ihnen das Korn zerschroten, so habe in einer mondhellen Herbstnacht der Feldhüter es mit leiblichen Augen angesehen, wie aus des Hofbauren Scheune, gar greulich anzuschauen, sothanes Geschmeiß in hellen Haufen zur Treene hinabgerannt und sich mit Quieksen und Gepfeife in den Fluß gestürzet habe. Zog mich sogar der blasse Dorfschneider bei einem Rockknopf in die Ecken und sprach gar heimlich: »Jungherr, Jungherr! Wisset Ihr, was die schwarze Kunst bedeutet?« Schlug sich dann aufs Maul und zeigte mit der Hand dahin, als wo der Hof belegen.

War mir nun zwar bewußt, daß wohl gar geistliche Herren sich mit solcher Kunst befasset, wie denn der vorig Pastor in Medelbye darin gar sonderbar geschickt sollte gewesen sein; auch daß solches, wenn gleich kein endgültig Pactum mit dem Seelenfeinde, so doch ein frevelig Spiel um Seel und Seligkeit sei, so bei der menschlichen Schwachheit gar leicht in das ewige Verderben führen könne; sahe aber gleicher Weise, daß diese Leute dem Hofbauren seinen Reichthum neideten, ihm auch aufsätzig waren wegen seiner Hoffart und schon von seines Vaters wegen nicht vergessen konnten, daß selbiger gegen der Gemeinde Willen sich einen Emporstuhl in der Kirchen durchgesetzet.

– – Schritt also, wie ich dem Hofbauren das versprochen, am andren Nachmittage nach der Predigt über die Bischofshöhe den Fußsteig zu dem Hof hinab. Da ich herzutrat, lag das große

Gebäu gar stille unter seinen alten Eichbäumen; bellte auch kein Hund vom Flur heraus; nur droben in den Wipfeln erhuben die Elstervögel ein Gekrächze, als ob sie hier die Wacht am Hause hätten. Indem vernahm ich einen Tritt von drinnen, und das alte Baurenweib, so in der Nacht Renaten von der Hochzeit abgerufen hatte, öffnete die Hausthür; dabei hatte sie einen langen Wollenstrumpf in Händen, an welchem sie sogleich wieder zu stricken fortfuhr.

»Ist Er des Priesters Sohn?« frug sie; und als ich das bejahete, that sie ein Zimmer auf und sagte: »Geh Er nur hinein; da steht auch eine Faulbank; ich will den Bauern rufen.«

Und war das ein breit und hoch, aber gleichwohl düsteres Gemach; denn zu Nord und Osten, überall vor den Fenstern, hing das Gezweig herab, so daß man aus den letzteren nur kaum noch an den Fluß hinunterschauen mochte. Unter den Stühlen war wohl auch ein Kanapee; sonst aber an den weißgetünchten Wänden ein paar große Tragkisten und sonstig Bauerngeräth; doch prunkete auf einer Schatullen eine Theekanne mit einem halben Dutzend Tassen, desgleichen ich bei Bauern bislang nur noch auf den großen Marschhöfen gesehen hatte. Daneben aber erblickte ich, und däuchte mir solches wohl ein seltsam Zierath, ein unförmlich und scheußlich Graunbild, fast eines Fußes hoch und, wie mir schien, aus rothem Thon gebildet. Da ich solch Unding noch mit widerwilliger Neubegier betrachtete, trat der Bauer in die Stuben. »Ja, ja, Herr Studiosi«, sprach er und reichte mir die Hand, »beschaut's Euch nur! Wird in der Welt zu allerlei Ding gebetet! Der Rothe hier, das ist ein Heidengötze, den hat mein Vaterbruder, so ein Steuermann gewesen, mit über See gebracht.«

Ich sahe nun erst, welch ein groß gewachsener Mann es war, der solches redete. Sein Antlitz war etwas bleich; aber er trug seinen Kopf mit dem schwarzen Bart und dem dunkelen, kurz geschorenen Haupthaar gar hoch auf seinen Schultern.

Das alte Weib, das mit dem Bauren eingetreten und mit ihrem langen Strickstrumpf auf und ab gewandert war, zeigete mit selbigem auf den Götzen und raunte mir ins Ohr: »Das ist der Fingaholi! Der Pastor darf's nicht wissen; aber gläub Er mir, der ist gar gut gegen die Mäus' und Ratten.«

Mir fielen die Reden des Schneiders bei; aber der Bauer, der es wohl vernommen hatte, lachete und sprach: »Ich meint, daß du mir die vertrieben hättst, Marike!«

Die Alte warf ihm einen bösen Blick zu und begann, vor sich hin scheltend und strickend, wieder auf und ab zu wandern.

Draußen in den Bäumen schrachelten die Elstern; mir war's mit einem Mal gar einsam in dem großen, düsteren Gemache.

Da that die Thür sich abermalen auf und geschahe mir, als sei es itzt jählings helle worden; und war doch nur ein braun und bläßlich Dirnlein, so hereingetreten ein Brett mit Flasch und Gläsern worauf setzete sie vor dem Kanapee auf den Tisch und der Bauer rief: »Da kommt der Rheinische, Herr Studiosi; setzet Euch nun, so wollen wir eins mitsammen reden.«

Renate aber, welche itzt ein sorglich Auge auf die alte Frau gewendet, hing sich an deren Arm und redete ihr leise zu, indes sie einige Male mit ihr auf und ab wanderte. So wurde die Alte wieder ruhig und ging gar bald hinaus. »Es ist meines Vaters Kindsmagd, Herr Studiosi«, sprach das Mädchen; »sie meinet noch immer, sie allein nur könne ihm die Strümpfe stricken. Sonst aber ist sie nur schwach – wisset, da, hier herum!« Und dabei strich sie mit dem Finger über ihre Stirn. Dann trat sie zu dem Bauren, der schon den hellen Wein in die Gläser goß, und wie im Scherze mit ihrer kleinen Faust ihm drohend, sprach sie: »Vater, Vater, was hat Er mit Seiner Marike wieder angestellt.«

Der aber sahe sie unwirsch an und sagte: »Laß gut sein, Renate; das alte Tropf, es könnt mich noch zu Ding und Recht reden! Kommet, Herr Studiosi«, fügte er bei, »und probet einmal! Weiß nicht, ob im Pastorshause besserer zu haben ist.«

That also Bescheid und entgegnete, im Pastorshause sei der Wein gar selten; aber daß in dem dumpfen Keller gar das Bier verderben müsse, des habe mein lieber Vater arge Noth.

Da lachte der Mann und griff sich in die silbern Knöpfe seines Wamses: »Lasset den Pastor nur mit dem Hofbauren reden; er soll bald einen Keller für sein Bier bekommen.«

Ich sahe auf Renaten, die am Fenster saß und an einem Namentüchlein stichelte. Dachte immer, sie solle einmal wieder die großen Augen auf mich wenden; aber sie schaute nur auf ihre Arbeit, und ich, des jungfräulichen Herzens unkundig, wurde in mir fast unwillig, daß sie unsere Bekanntschaft also verleugnen mochte. Dachte aber, ich müsse der höflichen Anerbietung des Bauren eins entgegenbringen und begann also die anmuthige Lage seines Hofes oberhalb des Treeneflusses in das Licht zu stellen, was er gar gern zu hören schien.

»Das möget Ihr wohl sagen, Herr Studiosi«, hub er an, »und hat auch seine eigene Bewandtniß. Der stammet noch aus der katholischen Zeit vom alten Gottorpschen Bischof Schondeleff, der drüben in dem wüsten Thurmgebäu residiret, wo später der König seinen Amtmann sitzen hatte. Müsset nämlich wissen, bevor sie Anno 1621 da drunten die Stadt und die große Eiderschleuse bauten, kam die Fluth auch hier herauf, und was Ihr drunten durch das Fenster sehet, war damals ein breit und mächtig Wasser, so mit seinen Buchten in den Wald hineinging. Trieb sich aber damals auf allen Meeren ein wild und gefährlich Gesindel um, die sich Likedeler hießen; Ihr wisset, die Vitalienbrüder unter dem Godeke Michels und dem Störtebeker, dem sie auf dem Hamburger Grasbrooke den Kopf heruntergeschlugen.«

Von denen hatte ich denn freilich wohl vernommen. Nicht minder, daß selbige, so sie von den Hansestädten oder den Mecklenburgern gejaget wurden, sich oftmalen mit ihren Schiffen die Treene hier herauf retiriret hätten, allwo ihnen der dicke Wald im Rücken war. Merkte das also an und sagte auch: »Es wird aber erzählet, der Bischof selber habe hier den Räubern einen Hafen angewiesen.«

Da lachte der Bauer und griff in seinen schwarzen Bart: »Ihr meinet nach der Regel, wo der Marder sein Nest hat, da holet er die Hühner nicht! Ist aber Altweiberrede; der alte Schondeleff hatte gar übeln Vertrag mit denen und hätte wohl gar sein Leben an sie lassen müssen, wenn meiner Mutter Urahn ihn nicht mit seiner guten Axt herausgehauen hätte. Derohalben aber hat er ihn mit diesem Hof nebst Wald und Gründen begabt und ihm den Namen ›Ohm‹ beigeleget, weil er nicht als ein Diener, sondern als ein Freund und Ohm an ihm gehandelt habe.«

Und da ich frug, wo solche Kriegsthat denn geschehen sei, antwortete der Bauer: »Es ist nur ein Viertelstündchen osten dem Dorfe, an dem Vitalienhafen, der freilich itzo nichts als eine leere Höhlung ist, darum sie es auch ›Holbek‹ zu nennen pflegen; aber hart dahinter stehet noch der Wald wie dazumal, und von der Höhe ist ein Ausblick weit in das Dithmarscher Land hinaus.«

Muß wohl bekennen, daß bei solchem Zwiesprach meine Gedanken nur halb zugegen waren; sie gingen nach drüben zu dem Fenster, daran Renate saß; noch immer über ihre Näherei geneiget. Hier innen war's noch düsterer geworden; aber draußen hinter den Bäumen spieleten die Lichter der Nachmittagssonne, daß sich der Abriß ihres lieblichen Angesichtes gleich einem Schattenbilde auf grüngüldenem Grunde abhub.

»Nun, Herr Studiosi«, rief der Bauer, da ich im Hinschauen wohl schier mochte verstummet sein, »was gucket Ihr so ans Fenster? Ihr meinet auch wohl, ich sollte ein paar Klafter Holz aus meinen alten Bäumen hauen?«

Da stürzte ich rasch mein Glas herunter; war es mir doch schier, als sei ich auf verbotenem Weg ertappet worden; ingleichen aber, als ob der Bauer mit seinem Rheinischen mich hier am Tisch gefangen halte. Sprang also von meinem Stuhle auf und sprach: »Was meinet Ihr, Hofbauer; draußen ist noch lichter Tag; kommet mit Eurer Tochter und zeiget mir, wo Euer Ohm den Bischof freigehauen!«

Der Bauer entgegnete, er wolle schon mit durchs Dorf hinaus; danach aber habe er noch einen Gang aufs Moor, wo in der Woche seine Leute bei dem Torf gearbeitet; doch werde seine Tochter mir den Weg schon weisen.

Und als ich hinsah, nickte Renate ihrem Vater zu und stund von ihrem Stuhle auf; der Bauer aber ging noch erst mit mir auf seine Hofstelle und durch Stall und Scheuer; und gewahrete ich darinnen manches, das däuchte mir anders und auch verständiger, als wie es sonst von Vater auf den Sohn die Bauren sich herzurichten pflegen.

»Sehet einmal hier, Herr Studiosi«, sagte der Hofbauer, »Ihr mögt's mir glauben, um dieser Rinne wegen möchten die Kerle hier mich gar am liebsten fressen; nur weil ich letzt beim Neubau den alten Ungeschick nicht wiederum verneuern wollte. Aber, 's ist schon richtig, die Ochsen, wenn sie ziehen sollen, müssen das Brett vorm Kopfe haben.« Er nahm eine Furke, so am Wege lag, und warf sie mit kraftvollem Schwung in eine Ecken.

Als wir aus dem Stalle traten, kam Renate zu uns, und wir schritten miteinander durch das Dorf. Einen Büchsenschuß dahinter, unweit des Waldes, nahm der Bauer seinen Abschied. »Ihr kennet nun den Hof«, sagte er; »und vergesset das Wiederkommen nicht; ich muß hier nach Norden zu. In Husum der Rathsverwandte Feddersen soll ein Dutzend Tagesgrift für seine Brauerei geliefert haben, da muß ich schauen, ob auch die richtige Stückzahl in den Ringeln ist.«

Und dann gingen wir zu zweien weiter.

Nur das Moor liegt zwischen hier und dorten, ein Vogel mag sich bald hinüberschwingen; aber auch wohl dreißig Jahre sind seit jenem Tag zur Ewigkeit gegangen – ohne sie zu mehren; denn nur der Mensch ist in der Zeitlichkeit – im Dorfe Ostenfelde sitze ich hier als ein zu früh mit Körperschwäche befallener emeritus und leidiger Kostgänger bei dem pastor loci, meinem lieben kerngesunden Vetter Christian Mercatus. Hätte somit der Muße genug, um, wie meine übrige Lebensumstände, so auch die Vorgänge jenes Nachmittages aufzuzeichnen. Lieget mir selbiger doch gleich einem Überschwang holdseliger Erinnerung im Gemüthe; habe auch einen ganzen Bogen Papieres dazu hergerichtet und mir die Federn von dem Küster schneiden lassen, und nun vermag mein inneres Auge nichts zu sehen als vor mir einen einsamen Weg zwischen grünen Knicken, der sich allgemach zum Wald hinaufwindet. Weiß aber wohl, es ist der Weg, den wir dazumal an jenem Nachmittage gingen, und ist mir, als wehe noch ein sommerlich Düften von Geißblatt und Hagerosen um mich her. – –

»Renate!« sagte ich, nachdem wir lange stumm dahingeschritten.

»Ja, Herr Studiosi?« Sie hatte den Kopf gewandt und hielt die dunkeln Augen mir entgegen.

Da wußt ich nimmer, was ich sagen sollte, und dachte doch: »Es muß nicht gelten, daß ein Studirter und zukünftiger Kanzelmann einem Bauerdirnlein gegenüber also den Text verlieret.« Aber selbiges Dirnlein war ja der Engel von St. Jürgens

Bildniß, und so fiel's mir bei: »Renate«, frug ich, »habet Ihr denn itzo keinen Hund auf Eurem Hofe?«

»Einen Hund? Nein, Herr Studiosi; es wollt nicht gehen mit dem Aufziehn. Ich mag auch keinen, seit sie meinen Türk gestohlen haben.«

– »Ich mein aber, der Türk habe dem Küster in Husum zugehört?«

»Freilich; aber er hatte sich mir zugewöhnt und ist mir nachgelaufen; da hat ihn der Vetter mir gelassen.«

– »Und nun«, sagte ich, »habet Ihr nur die Krähenvögel in Eueren alten Bäumen.«

»Ihr spaßet, Herr Studiosi«, entgegnete sie; »aber es braucht bei uns kaum eines Hundes; mein armer Vater leidet an der Luft und schläft allzeit nur leis. Wenn es arg ihn überfällt, rufet er wohl nach mir; wir wandern dann gar manche Stunde mit einander, in der Stube und über den Flur in den Pesel, wo das Bild vom Schloß und von dem alten Bischof hängt. Da sind die draußen nimmer sicher, daß nicht ein Paar Augen durchs Fenster in die Nacht hinausschauen.«

Sie sahe gar bekümmert aus, da sie solches erzählte, und ich sagte: »Du bist doch noch so jung, Renate!«

– »Ja; aber mein Vater hat gar niemanden sonst; meine Mutter ist lang schon tot.«

Und somit waren wir unter die breiten Buchen in den Wald geschritten; da schlug noch eine Drossel aus dem Wipfel eines Baumes, und in der Ferne hörten wir es durch die Büsche brechen. »Das sind die Hirsche«, sagte das Mädchen; »zu Herzog Adolfs Zeiten soll die Unmenge hier gewesen sein.«

Dann theilete sie mit den Händen das Gezweige voneinander und sprach: »Hier ist's, Herr Studioi!« – Und wir standen oben an Störtebekers Hafen und sahen unter uns in das weite Treenethal hinaus. Es war aber nur eine Höhlung, so in das sandige Hochland hier hineinging; das Wasser floß itzt fern davon in seinem schön geschlängelten Laufe durch die Wiesen. Renate führte mich zu einer dicken schrundigen Eichen und zeigete auf einen schier vernarbten Spalt in deren Stamme. »Sehet, Herr Studiosi, hier hat der Urahn seine Axt hineingehauen, als die Kriegsarbeit gethan war und die Räuber da hinab zu ihren

Schiffen rannten. Er hat auch eine Tochter gehabt, die hat, wie ich, Renate geheißen, und weil ihr Vater im Gefecht es so gelobet, so hat sie in ein Kloster sollen; da sie aber aufgewachsen, hat sie dazu nein gesprochen und ist hernach dann meine Ahne worden.«

Sie hatte sich an den Baum gelehnt und ihre Hände vor sich in den Schoß gefaltet; so schauete sie in das Abendgold hinaus, das itzo allgemach am Erdenrand emporglomm. Ich aber blickte auf dies junge ernste Antlitz und mußte mich fast sorglich fragen, was denn wohl sie in solchem Fall gesprochen haben würde; und lobete im stillen unsern Vater, Dr. Martinum, daß er dem Unwesen der Klöster bei uns ein Ziel gesetzet.

Indem ich solches dachte, richtete sie sich jählings auf. »Nehmt's nicht für ungut«, sprach sie hastig; »aber ich bitt Euch, wollet itzo mit mir durch das Holz gehen; es führt von hier ein Richtsteig nach dem Moor hinüber.«

Und da ich eine Unruhe auf ihrem Antlitze las, so frug ich, ob sie etwan um ihren Vater sorge.

Da schüttelte sie sich als wie aus einem Traume und sagte: »Es wird nichts sein, Herr Studiosi; aber wenn Ihr wollt, so lasset uns eilen; vielleicht, er mag uns dann entgegenkommen!«

So gingen wir in den tiefen Wald hinein. Immer stiller wurde es um uns her, und immer mächtiger wuchs die Dunkelheit; nur kaum noch mochte ich Renatens anmuthige Gestalt erkennen, wie selbige unter den hohen Stämmen so rasch vor mir dahinschritt. War mir mitunter, als gaukele vor mir dort mein Glück, und müsse ich es halten, wenn ich's nicht verlieren wolle. Wußte aber gar wohl, daß des Mädchens Sinnen itzo auf nichts als einzig nur auf ihren Vater zielete.

Endlich dämmerte es durch die Bäume wie graues Abendlicht, der Wald höret auf, und da lag es vor uns – weit und dunstig; hie und da blänkerte noch ein Wassertümpel, und schwarze Torfringeln rageten daneben auf; ein großer dunkler Vogel, als ob er Verlorenes suchte, revierete mit trägem Flügelschlage über dem Boden hin. An meiner Seite stund Renate; ich hörte ihren Odem gehen und konnte gewahren, wie ihre Augen angstvoll und nach allen Seiten in die vor uns hingestreckte Nacht hinausschauten; denn uns im Rücken hinter den gewaltigen Schatten des Waldes lag das letzte Tageleuchten. Da mußte ich mit dem Psalmisten sprechen: »Herr, du machest Finsterniß, und es wird Nacht; aber Himmel und Erde sind dein: denn du hast sie gegründet und alles, was darinnen ist!«

Indem aber rühretet Renate mit der einen Hand an meine Schulter, und mit der anderen wies sie auf das Moor hinaus.

»Was meinest du, Renate?« frug ich.

– »Sehet Ihr nicht? Dort?«

Und da ich meine Augen anstrengte, meinete ich fern im Duste einen Schatten schreiten zu sehen; aber nur eines Athemzuges lang. »War das dein Vater?« frug ich wieder.

Da nickte sie und sprach: »Verzeihet, meine Angst war thöricht; er ist schon jenseits unseres Moores auf der festen Geest.«

»So lasset uns eilen«, rief ich; »ob wir ihn noch erreichen mögen!«

Aber sie ergriff mit beiden Händen meinen Arm: »Das Moor, Herr Studiosi, kennet Ihr das Moor? Wir können nimmermehr hinüber!« Dann, als ob ein plötzlich Grauen sie befiele, zog sie mich zurück und sagte »Kommet, hier führt der Weg am Wald hinab!« und ließ meine Hand nicht los, so lange wir den düstern Ungrund an unserer Seiten ...

*

Die Handschrift ist hier lückenhaft; zunächst fehlen einige Blätter gänzlich, das dann Folgende ist durch Wasserflecke fast zerstört. Doch ist zu ersehen, daß der Studiosus Josias ein Musikfreund und mit seinem Vater der Ansicht Dr. Luthers war, die lateinische Sprache habe viel feiner musica und Gesanges in sich, daher man sie keineswegs aus dem Gottesdienste solle wegkommen lassen. – Schon als Knabe hatte er zu den auserwählten Schülern gehört, welche dem derzeitigen Husumer Kantor Petrus Steinbrecher vor der Frühpredigt assistierten und »zur Ehre Gottes und zur Erweckung eines jedes Christen Devotion« von der Orgel in die damalige gewaltige Kirche hinab das Te Deum laudamus mitgesungen. Hier in Schwabstedt werden derzeit sich auch noch Reste des lateinischen Kirchengesanges erhalten haben; denn es gelingt ihm – wo, ist nicht ersichtlich – eine Anzahl junger Kirchensänger und -sängerinnen um sich zu versammeln, wie es heißt, »zur besseren Einübung der bekannten, sowie Erlernung einiger neu hinzugebrachter Lieder«. Renatens Stimme, welche »gleich einem silbern Licht ob allen andern schwebete«, scheint den Zauber noch verstärkt zu haben, den die Bauerntochter so unbewußt auf unseren Gottesgelahrten ausübte. Worauf sonst in jenem Sommer der Verkehr der beiden jungen Menschen sich erstreckt habe, ist nicht erkennbar; erst mit dem Ende desselben beginnen wieder die bis zu einem gewissen Punkte fortlaufend erhaltenen Teile der Handschrift, der nun wieder wie vorhin das Wort gelassen wird.

*

... war es eines Abends Ende Septembris, als ich mit meinem Vater sel. in dessen Studirstüblein über Abfassung einer Supplike an unsern allergnädigsten Herzog beisammensaß; denn da meinen lieben Vater wegen übermäßiger studia in seiner Jugend eine Augenschwäche befallen, so hatte er es gern, wenn ich für ihn die Feder führte. Wollte nämlich die Angelegenheit mit unserem Keller noch immer keinen Fortgang nehmen. Zwar hatte der Hofbauer, nur auf meine frühere Rede – denn mein Vater wollte ihn nicht um seine Dienste angehen – die Sache noch einmal in der Gemeinde fürbracht; aber die Bauren hatten ihm erwidert, der alte Pastor habe bei seinem Bier gut predigen können, so werd der Keller auch wohl für den neuen reichen.

Es war nun an diesem Abend ein gar wüstes Wetter, und brausete es draußen von dem Walde her, daß man hier innen oft die Worte kaum erfassen konnte.

»Schreibe nun so«, sagte mein Vater, indem er zu mir rückte: »Obgleich die meisten meiner Beichtkinder mir herzlich gern einen besseren Keller gönneten, so waren doch derer, die halsstarrig dawider stritten; von Mitten Maji bis hieher habe kein frisch und kühl, sondern nur sauer Bier gehabt; und was mir das vor eine Plage gewesen, ist Gott am besten bekannt; wie viel aber von solchen Gaben Gottes, salvo honore, zum Schweinetrank hingießen lassen, will ich hier seufzend übergehen.«

Ich entsinne mich noch aller dieser Worte meines lieben Vaters; denn ich setzte die Feder ab, weil mich ein Bedenken anwandelte, Hochfürstliche Gnaden also wegen des pastoris saurem Bier in Compassion zu nehmen. Als ich aber solches eben nur geäußert, hörte ich draußen auf der Hausdiele ein laut Gerede mit unserer alten Margreth. Wurde dann auch unsere Stubenthür gewaltsam aufgerissen, und erschien ein Mann in schier beschmutzten Reisekleidern, scheinbar von meines Vaters Alter und auch wohl geistlichen Standes, aber mit vollem braunrothen Antlitz, daraus ein Paar kleine blanke Augen gar hurtige Blicke über uns hinlaufen ließen. »Salve, Christiane, confrater dilectissime!« schrie er; »komme gar spät unter dein gastlich Dach! Aber der Teufel, der mir als seinem scharfen Widersacher allzeit auf den Hacken ist, hatte mit seiner höllischen Kunst meinen Gaul vom Wege in das Moor hineingegaukelt, also daß ich ihn durch ein paar Käthner zwischen den Bülten habe müssen herausgraben lassen; der Unsaubere hatte es wohl gerochen, daß ich unter meinem Wamse eine neu geschmiedete Waffen gegen ihn am Leibe trug.« Und dabei schlug der heftige Mann gegen seine Brust und zog alsdann unter seinem Mantel ein dick manuscriptum herfür; das warf er vor uns auf den Tisch in meine Schreiberei hinein. »Siehe da«, rief er, »mein ›Höllischer Morpheus‹ hat zwar dem holländischen Schwarmgeist, dem unverschämten Dr. Balthasar Beckern und seiner ›Bezauberten Welt‹, den Text geseget; aber der verworfenen Zauberer- und Hexenadvokaten erstehen immer mehr! Nitimur in vetitum, Herr Bruder! Es thut Noth, der unvernünftigen Vernunft den Daumen gegenzuhalten!«

Aus solcher Rede wurd mir inne, daß ein gar hochgelahrter Mann in unser Haus getreten; und war es Herr Petrus Goldschmidt, derzeitiger Pastor zu Sterup, welcher als ein Husumer einstmals mit meinem lieben Vater auf dortiger Schulen und später auf der Universität beisammen gewesen. Er hatte aber nach seinem hochberühmten ›Morpheus‹ ein zweites Werk fertiggestellet, und zwar gegen den Hallischen Professor Thomasius, der in seinem derzeit erst verdeutscheten Buche »De crimine magiae« all Teufelsbündniß vor ein Hirngespinst erkläret und solcher Weise als ein rechter advocatus das unselige Hexen- und Trudenvolk der irdischen Gerechtigkeit zu entreißen strebte. Fehlete dem Herrn Petrus zur Edirung seines neuen

Werkes nur noch die Einsicht etlicher Schriften, so er selber nicht besaß, aber wußte, daß selbige unter meines Vaters Büchern seien; ad exemplum des Remigii Daemonologia, des Christ. Kortholdi Traktätlein von dem glüenden Ringe und etliche andere.

»Habe zwar einen festen Kopf, Christiane«, rief er; »mißtraue aber weislich der menschlichen Schwachheit; und würde doch dem Pastor zu Sterup übel anstehen, sich von dem Vater der Lügen über faulen Citaten ertappen zu lassen!«

Da nun mein Vater ihn willkommen hieß, warf er Hut und Mantel hochvergnüget von sich, und hörete ich mit Attention der beeden wohlerfahrenen Männer Wechselreden, so bald emsig hin und wider gingen. Zwar hatte ich wegen meiner Studien und um jugendlicher allotria willen, mit denen ich meine Zeit erfüllet, weder den Goldschmidtischen Morpheus noch seiner Widersacher Schriften gelesen, fassete aber gegen letztere, da der gelahrte Mann sie explicirte, gar bald einen lebhaften Abscheu und wurde auch, da ich solchen kund that, von selbigem weidlich belobt und verwarnet, daß ich auch künftighin mich nicht zu denen Atheisten und Schwarmgeistern gesellen möge.

Auch über dem Reisbrei, den meine liebe Mutter dem Gaste zu Ehren auf die Abendtafel brachte, nahmen diese Gespräche ihren Fortgang, so daß mein Mütterlein wohl gern von anderem gehöret hätte, und sie lieber anhub, ihr mäßig Bier mit vielen Worten zu entschuldigen und die Elendigkeit des Kellers zu beklagen.

Der Mann Gottes aber ergriff den vor ihm stehenden vollen Krug, stürzete ihn mit eins hinunter und sprach mit gravitätischer Verbeugung: »Frau Pastorin, man soll auch so der Gottesgabe nicht verschmähen!« Dann stäubte er sich mit der Hand die Tropfen aus dem Barte und begann ein neu Gespräch vom exorcismo, so daß meiner lieben Mutter nichts verblieb, als den geleerten Krug zu neuer Füllung an das Faß zu tragen. Herr Petrus aber frug nun meinen Vater, was eine formula bei der Taufen allhier gebräuchlich sei, und da dieser entgegnete, daß er zum Täufling rede: »Entsagest du dem bösen Geist und seinen Werken?« so sprang der gewaltige Mann von seinem Stuhle auf, daß ihm der Löffel über den Tisch hinüberflog. »Christiane, eheu

Christiane!« rief er. »Was weiß denn solch ein Saugkalb, ob es den Widerchrist in seinen dünnen Därmen hat! Exi immunde spiritus! Fahre aus, unsauberer Geist! So sollst du sprechen! Dann mag es dir wohl glücken, daß du den Argen als einen stinkenden Rauch aus des Täuflings Mündlein herfürgehen siehest!« Er ergriff aufs neue seinen Löffel, den meine Mutter auf seinen Platz zurückgelegt, und that der wohlmeinenden Gastfreundschaft meiner lieben Eltern nochmals alle Ehre an. Da aber mein Vater geziementlich fürbrachte, daß doch das Kind durch der Gevattern Mund die Antwort gebe, da schüttelte Herr Petrus nur seinen Löwenkopf und meinete: »Ja, wenn die Klotzköpfe der unsauberen Geister nur nicht in ihrem eigenen Leibe hätten!«

Über solcher Materie war es nach Mitternacht worden, daß wir den verehrten Mann zum Schlaf in seine Kammer brachten.

»Laß dich nicht stören, Petre, so du etwas hören solltest«, sagte mein Vater, indem er ihm das Nachtlicht auf den Tisch setzte; »es sind nur die Ratten, die auf unserem Boden hausen.«

Da entfuhr mir das Wort, das ich im Scherze sagte: »Wir müssen den Hofbauren nur um seinen Fingaholi bitten!«

Auf solches stutzete der Gast und frug: »Was ist das mit dem Fingaholi?«

Und da ich's ihm erzählet hatte, kniff er mit Daumen und Zeigefinger sich seine starken Lippen und sagte: »Der Fingaholi, wie Ihr ihn nennet, junger Mann, ist nur ein Fetisch; aber dem mit unseres Gottes Zulassung die Herrschaft über das Geschmeiß verliehen wurde, ist gar ein anderer und kein leblos und unmächtig Bild gleich diesem Heidengötzen oder den papistischen Heiligen.«

Hierauf entgegnete ich, es sei das nur ein alt und schwachsinnig Weib, das diese Dinge hingeredet habe. Er aber wandte sich zu meinem Vater und rief abermalen: »Christiane, Christiane! Siehe zu in der Gemeinde! Und packe den höllischen Gaukelnarren, so du ihn findest, feste bei den Ohren, daß du ihn samt seinem Sauschwanze fundatim exstirpiren mögest!«

– – In dieser Nacht lag ich gar lange wachend in meiner Bettstatt, sahe durch die Scheiben die schwarzen Wolken über den hellen Himmel fliegen und hörte auf das Brausen, das vom Wald herüberfuhr. Wollte mich fast reuen, daß ich das von dem

Fingaholi gegen unsern Gast herausgeredet; denn an die leutselige Art meines lieben Vaters gewöhnet, wollte dessen gewaltige Rede mir nicht sogleich gefallen, obschon seine geistliche Weisheit und Eifer für das Reich Gottes meine gerechte Ehrerbietung heischeten.

Er selber aber schien indessen eines gar kräftigen Schlafes zu genießen; denn da gegen Morgen draußen das Toben sich geleget hatte, hörte ich durch Böden und Wände von der Gastkammer herauf sein mächtig und ebenmäßig Schnarchen.

In den zweien Tagen, welche Herr Petrus Goldschmidt noch bei uns verblieb, saß selbiger am Vormittage eifrig unter meines Vaters Büchern, wobei er, wenn ich zu ihm eintrat, durch seine prompte Kenntniß der sonderbarsten loci mein gerechtes Staunen herausforderte. Meine Anerbietung, ihm dabei zu dienen, wies er mit einer ruhevollen Bewegung seiner Hand zurück: »Betreibet Euere eigenen studia, junger Mann! Was einer vermag, dazu soll man nicht zweie brauchen!«

Am Nachmittage aber, wenn mein lieber Vater der Ruhe pflegte, nahm er seinen Stock und Dreispitz und wanderte im Dorf umher, redete mit Weibern und Greisen und klopfete die Kinder auf ihre blonden Köpfe, daß am anderen Tage schon alles vor die Thüren lief, da er wieder mit seinem tönenden Räuspern nur von fern dahergeschritten kam.

Als sodann am dritten Tage der merkwürdige Mann seinen Gaul bestiegen hatte und davongeritten war, wurde es gar still in unserem Hause. Mein lieber Vater sahe ein wenig müde aus, und meine Mutter sagte scherzend: »Ich muß dich pflegen, Christian; eine so gewaltige und robuste Gottesgelahrtheit ist nicht vor eines jeden Constitution!«

Im Dorfe aber war es wie in einem Bienenstocke, der da schwärmen soll; überall ein Gemunkel, welches nicht laut werden wollte und doch nicht stumm sein konnte; die Älteren redeten wieder von der Hexen, so sie vor zwanzig Jahren in Husum hätten einäschern sehen sollen, der aber die Nacht zuvor in der Fronerei ihr Herr und Meister das Genick gebrochen; aus Flensburg kam einer, der hatte auf dem Südermarkt gehört, die Hexen hätten wieder einmal in der Förde alle Fisch vergiftet; im

Dorfe selber wurde Unheimliches auf den und jenen gedeutet; so fast beklommen ich aber aufmerkete, des Hofbauren geschah darunter nicht Erwähnung.

So rückete die Zeit heran, daß auch ich, und auf gar lange, meinen Abschied nehmen sollte. Renate war seit etlichen Tagen bei dem Husumer Küster auf Besuch, und da ich abends vor meiner Abreise auf den Hof kam, war sie noch nicht wieder da. »Ich hätt sie heut erwartet«, sagte der Bauer; »nun wird's wohl morgen werden; da möget Ihr sie unterweges treffen oder in Husum zu dem Küster gehen!«

Mit dem kam die alt Marike mit ihrem langen Strickstrumpf in die Thür, sahe den Bauer fast verstöret an und wollte wieder fort. Der aber rief ihr zu, sie solle heut als wie zum Abschiedstrunke noch eine von den Rheinischen aus dem Keller holen; und die Alte brummelte so etwas für sich hin und lief zur Thür hinaus. Nach einer Weile kam auch die Jungmagd und setzete eine Flasche auf den Tisch; aber der gute Wein wollte mir heut gar übel munden, da wir in dem weiten Gemache so allein beisammensaßen. Nahm deshalben auch bald meinen Abschied und war mir gar seltsam im Gemüthe, da ich aus dem Hause unter die alten Eichen hinaustrat, welche mit ihrem gelben Herbstlaub schon den Grund bestreuet hatten.

Der Hofbauer stund noch und hatte meine Hand gefaßt. »Lebet wohl, Herr Studiosi«, sagte er; »habet nur da draußen recht die Augen offen; und wenn Ihr heimkommet, ich denke, des Hofbauren Thür, die werdet Ihr wohl wiederfinden!«

Er schaute mich mit seinen dunklen Augen an, als wolle er mich noch zurückhalten oder als habe er noch etwas mir zu sagen. Aber er sprach nichts mehr, und ich ging fort, ohn' Ahnung, daß ich diesen Mann niemalen sollte wiedersehen.

– – Da ich an diesem Abend meinen lieben Eltern gute Nacht gegeben hatte, öffnete ich mein Kammerfenster und schaute auf das Dorf hinaus. Eine Weile sahe ich nach einem einzeln Lichtschein drüben in des diaconi Hause, bis auch der erlosch; aber mein Gemüthe war voll Unruh, und endlich, da es vom Glockenthurm die eilfte Stunde schlug, war ich schon draußen in der freien Nacht und schritt bald danach über die Bischofshöhe den bekannten Steig hinab.

Es war aber Anfang Octobris, und eine klare Mondhelle stund über der schönen Gotteswelt; der Hof unter seinen düsteren Bäumen lag, als ob er schliefe, in dem mit sanftem Licht erfülleten Erdenraume. Es war so still, daß ich nur das Fallen der Blätter hörte und unterweilen den Schrei eines Hirschen aus dem Wald herüber. Ich horchte nach dem Hause; aber dorten war kein Laut zu hören; dann trat ich unter die Bäume und schaute durch ein Fenster in die große Stube. Dicht vor mir sahe ich die Lehne von Renatens Stuhle ragen; sonst war es still und finster drinnen. Ich konnte gleichwohl nicht von hinnen finden und ging hart an der Mauer und um die Ecke herum, bis wo die Hausthür ist. Dort, in dem tiefen Schatten, regete sich etwas, und ein Freudenschauer überströmete mein Herz; denn obschon ich nichts gewahren konnte, so wußte ich doch, es war das Rauschen ihres Kleides, welches ich vernommen hatte.

»Renate!« rief ich.

Da lagen ein Paar warme Hände in den meinen. »Ich wußte wohl, Josias, daß Ihr kommen würdet!«

Sie horchte noch einmal in die Thür; dann zog ich sie in den hellen Mondenschein hinaus; denn mich verlangte sehr nach ihrem Anblick.

Wir schlossen unsere Hände ineinander und schritten so mitsammen über die weite Hofstatt nach dem Flusse zu. Was wir sprachen, mag nicht viel gewesen sein; doch ist mir noch bewußt, wir sahen beid auf unsere Schatten, wie sie vereinet vor uns auf den Rasen fielen, und so das Mondlicht zwischen ihnen Platz gewinnen wollte, neigeten wir uns schweigend zueinander und schaueten darauf hin, wie sie aufs neue in eins zusammenflossen. Dann stunden wir auf der Uferhöhe und sahen schweigend in das Land hinaus und hörten auf das Strömen des Flusses, der darunten mit seinen Wassern nach dem Meer hinabzog.

Da schlug es Mitternacht vom Dorfe herüber; und mit jedem Schlage, auf den wir mit verhaltenem Odem lauschten, schlossen unsere Hände sich fester ineinander. »Renate«, sagte ich leise; »das war der letzte Tag.«

»Ja, Josias!« entgegnete sie ebenso.

– »Und werde ich dich denn hier noch finden, so ich wieder heimgekommen?«

»Ich denke; wer sollte mich denn holen?«

– »Wer, Renate? Versuch es nur, sie nicht mehr fortzustoßen!«

Ich weiß nicht, was mich also zwang zu reden; denn einem Geier gleich hatte plötzlich die Angst der Eifersucht mich überfallen. Sie aber warf das Köpfchen in den Nacken, daß das Gold auf ihrem Käpplein glitzerte.

»Was redet Ihr, Josias!« sprach sie. »Mit denen Lümmeln hab ich nichts zu schaffen; sie mögen kommen oder nicht!«

Das war nun wohl ein hoffärtig Wort; und müßte doch lügen, daß es sich mir derzeit nicht wie Balsam auf mein Herz geleget.

Aber es kam itzt ein anderes, das solche Gedanken jählings von mir nahm. Wir stunden nämlich, da wir solches sprachen, vor dem großen Scheunenthor, welches fast taghell vom Mond beleuchtet war. Vor etlichen Wochen hatte ich dort unter Peitschenknall den schweren Gottessegen einfahren sehen; nun lag alles da in großer Stille.

Und doch; oder hatte mich mein Ohr getäuschet? Da drinnen in der Scheuer rührete es sich; Renatens Hand zuckte in der meinen, und ihre Augen starreten; und itzt, gleich einem breiten grauen Schatten, quoll es unter dem Scheunenthor herfür, immer mehr und mehr, als ob's von unhörbarem Peitschenschlag getrieben würde. Das rannte, daß wir kaum die Füße wahreten, an uns vorbei und über die bethaueten Wiesen nach dem Fluß hinab; und weiß ich nimmer, wo es in der Nacht verschwunden blieb.

Wohl merkte ich, wie Renate am ganzen Leibe bebte; ich aber schwieg lange Zeit, denn was meine Augen hier gesehen, das konnte ich fürder nicht vor mir verleugnen. Endlich sagte ich: »Das war gar wunderbar, Renate; du bist gar sehr erschrocken!«

Da richtete sie sich auf und sprach: »Die Ratten machen mich nicht fürchten, die laufen hier und überall; aber ich weiß gar wohl, was sie von meinem Vater reden, ich weiß es gar wohl! Aber ich hasse sie, das dumm und übergläubig Volk! Wollt nur, daß er über sie käme, den sie allezeit in ihren bösen Mäulern führen!«

Wegen solcher Rede entsetzete ich mich arg, denn das Mädchen hatte dräuend ihre kleine Faust zum Himmel aufgehoben. »Renate!« rief ich, »Renate!«

»Ja, ja; ich wollt es!« sprach sie wieder. »Aber er ist unmächtig; er kann nicht kommen!«

Ich hatte ihre erhobene Hand herabgezogen. »Berufe ihn nicht, Renate«, rief ich; »bete zu Gott und unserem Heiland, daß sie ihn von dir halten! Aber es ist der Geist des Husumer Atheisten, der aus deinem jungen Munde redet.«

»Atheist?« frug sie. »Ich kenne das Wort nicht; wen wollt Ihr damit schelten?«

Was Art Erklärung ich ihr hierauf gegeben, entsinne mich nicht mehr. Aber sie schüttelte nur den Kopf und sagte traurig: »Und unser arm alt Mariken, das haben sie mir nun auch allganz verwirret, daß schier nicht mehr mit ihr zu hausen ist! Es wird gar einsam werden, wenn auch Ihr nicht mehr kommt, Josias.«

Ich nahm ihr Antlitz in meine beiden Hände, und da ich es gegen das volle Mondlicht wandte, sahe ich, daß es sehr blaß war und ihre Augen voll von Thränen stunden. Da konnte ich es nicht lassen, daß ich sie an mich zog; und sie duldete es und legte ihren Kopf, als ob sie müde sei, in meinen Arm und sahe zu mir auf, als ob sie also ruhen möchte.

Im selbigen Augenblick aber wurde aus der Tiefe des Hauses, so daß ich schier davor erschrak, mit einer angstvollen und stöhnenden Stimme ihr Namen wiederholentlich gerufen.

»Mein Vater! Mein armer, lieber Vater!« stieß sie da herfür. Dann fühlte ich ihre Arme um meinen Hals und einen warmen Kuß auf meinem Munde. »Leb wohl, Josias! Lieber Josias, lebe wohl!«

Und da sich dann von innen auch die Hausthür schloß, so stund ich alleine auf der Hofstatt und hörete wieder nur den Fall des Laubes und den leisen nächtlichen Gesang der Wasser. Aber das unheimlich Wesen, das vorhin ich hatte tagen sehen, lag noch gleich einem Schauder auf mir und stritt wider meines jungen Herzens Seligkeit.

Am andern Morgen, da ich von meinen lieben Eltern Abschied genommen hatte und schon auf den Wagen steigen wollte, kam der blasse Schneider angelaufen, bittend, er solle zur Stadt zum Ellenkrämer, ob er mit dem Jungherrn die Gelegenheit benützen dürfe. Hatte also einen Reisegefährten; dazu einen, dem allezeit das Maul überlief, während ich doch lieber mit meinem bedrängten Herzen allein dahingefahren wäre. Wickelte mich auch in meinen Mantel und hörete nur halb im Traum, wie seine unruhige Zunge in allem Unholden rührete, was die letzte Zeit unter den Dorfleuten war im Schwang gewesen.

Als wir aber eben von der Sandgeest in die Marsch hinunterfuhren, hub er an und mochte wohl wissen, daß er damit sich Gehör erwerbe. »Ja, Jungherr«, sprach er; »Ihr kennet ihn ja besser als wie ich, den fremden Pastor; aber das ist einer, so ein Allerweltskerl! Auch dem alt Mariken auf dem Hofe hat er das Maul aufgethan. Ihr habet wohl gesehen, Jungherr, wie dem Bauren allzeit der eine Strumpf um seine Hacke schlappet! Hat immer schon geheißen, er dürfe nur ein Knieband tragen, sonst sei es mit all seinem Reichthum und mit ihm selbst am bösen Ende; möcht Euch aber gerathen haben, rühret nicht daran; denn da mich eines Tages der Fürwitz plagte, fuhr er mir übers Maul: ›Ja, Schneider‹, sprach er, ›das eine hat die Katz geholt; willt du das ander haben, um deinen dürren Hals daran zu henken?‹«

Als ich entgegnete, daß ich dergleichen an des Bauren Strümpfen nicht gesehen, meinte er:

»Ja, ja; Ihr kommet nur des Sonntags auf den Hof, da trägt der Bauer seine hohen Stiefeln!«

Da sich das in Wahrheit also verhielt, so schwieg ich; der Schneider schob sich einen Schrot Tabak hinter seine magere Wange und sagte, seinen Hals zu meinem Ohre reckend: »Es liegen wohl oftmalen zwei der Strumpfbänder vor seinem Bette; aber der Bauer hütet sich; er weiß es wohl, wer ihm das zweite hingelegt! Die alt Marike hat zwar versucht, die Strümpf ihm enger zu stricken, damit sie nicht herunterfallen; aber wenn sie dran kommt – sie hat's mir gestern selbst erzählt –, so tanzet es ihr wie Fliegen vor den Augen oder wimmelt wie Unzeug über ihren alten Leib. Will auch wohl scheinen, als ob dem – Ihr wisset, wen ich meine, Jungherr – das Spiel schon allzu lange währe; denn der Bauer hat nächtens oft harte Anfechtungen zu bestehen, daß er in seinem Bett nicht dauern kann; es wälzet sich was über ihn und dränget ihm den Odem ab; dann springt er auf und wandert umher in seinen finsteren Stuben und schreit nach seinem Kinde.«

Als ich bei diesen Worten mich in meinem Sitze aufhub, sagte der Schneider: »Ich weiß, Jungherr, Ihr habet vielen Aufschlag gehabt mit dem Mädchen; wüßt auch kein Unthätlein an ihr, als daß sie gar stolz thut gegen unser einen; mag aber auch besser zu Euresgleichen passen!«

Der Mann redete in solcher Art noch lange fort, obschon ich fürder mit keinem Wörtlein ihn ermunterte. War aber eine üble Wegzehrung, welche ich also mitbekommen. Zwar sagte ich mir zu hundert Malen: es war ein Schwätzer, der dir solches zutrug, so einer, der die schwimmenden Gerüchte sich fetzenweise aus der Luft herunterholet, um seinen leeren Kopf damit zu füllen; wollte aber gleichwohl der bittere Schmack mir nicht von meiner Zungen weichen.

1706. In Anbetracht meiner Studien zu Halle will hier nur anmerken, daß ich dort manche hochberühmte Theologos und andere zu meinem Zwecke arbeitende Männer hörte und deren collegia gewissenhaft frequentirte, so daß ich hoffen durfte, in kurzem eine solide systematische Erudition mir anzueignen. Spürete auch kein Verlangen, meinen schwarzen Habit, so ich vor meiner Abreise mir von dem blassen Schneider hatte anmessen lassen, aufs neu mit einem rothen zu vertauschen.

Nur unterweilen, zumal wenn ich zum abendlichen Spaziergange dem Ufer der Saale entlang wandelte, wenn die Wasser sich rötheten und ihr sanftes Strömen an mein Ohr klang, überfielen mich wohl schwere sehnende Gedanken nach der Heimath; und wenn dann im Südost der Mond emporstieg und mit seinem bleichen Licht die Gegend füllte, so sahe ich in jedem düstern Fleck den Hof am fernen Treeneflusse, und mein Herz schrie nach dem Mädchen, so ich dort verlassen hatte.

Nach einem solchen Gange, da schon ein Jahr verflossen und wiederum der Herbst sein rothes Laub verstreuete, kam ich eines Abends heim auf meine Kammer, und da ich das Licht mir angezündet, fand ich einen dicken Brief mit meines lieben Vaters Handschrift auf dem Tische liegen. Ich brach das Siegel, und meine Hände zitterten vor Freude; denn auch meine Mutter pflegte stets ein Blättlein anzulegen, und wenn auch nur ein kurz und unterlaufend Wörtlein von Renaten drinnen stand, so konnt ich's wohl zu hundert Malen lesen. Aber das Schreiben, so ich gleich den wenigen, welche ich noch von dieser verehrten Hand erhalten sollte, getreulich aufbewahret, war allein von meinem Vater und lautete nach viel herzlichen Worten, wie hier folgt:

»Was aber die Gemeinde in solche Wirrniß setzet, daß selbst mein mahnend Wort nur kaum gehöret wird, das darf auch Dir, mein Josias, nicht gar verschwiegen bleiben.

Es war am letzten Sonnabend, da ich nachmittags an meiner Predigt saß, als der Höftmann Hansen mit ungestümen Schritten zu mir eintrat. ›Was habt Ihr, Höftmann?‹ sagte ich; ›Ihr wisset, daß ich um diese Zeit ungern gestöret bin.‹

›Ja, ja, Herr Pastor‹, sprach er; ›wisset Ihr's denn schon? Fort ist er und wird nicht wiederkommen!‹

Und da ich schier erschrocken nachfrug: ›Wer ist denn fort?‹, entgegnete er: ›Wer anders als der Hofbauer! Hab's mir schon lang gedacht, daß es so kommen müsse!‹

›So sprecht, Höftmann‹, sagte ich und schob mein Schreibewerk zurück; ›was ist's mit dem?‹

›Weiß nicht, Herr Pastor; aber ein Stöhnen und Ramenten haben die Mägde nachts von seiner Kammer aus gehört; doch da die Tochter nicht daheim ist, so hat keine sich hinein getrauet; erst als die alt Marike aufgestanden, haben sie der sich an den Rock gehangen. Ist auch ein groß Geschrei geworden, da sie in die Kammerthür getreten; denn als sei die ganze Bettstatt umgestürzet, so hat alles, Pfühl und Kissen, über den Fußboden hin verstreut gelegen; das alte Weib aber ist auf ihren Knien in dem Wust umhergerutscht, hat darin umhergefunselt und jedes Häuflein Bettstroh sorgsam aufgehoben, als wolle sie darunter ihren Bauren suchen, von dem doch keine Spur zu finden war.‹

›Nun, Höftmann‹, sagte ich fürsichtig; ›es ist noch früh am Tage; der Hofbauer wird schon wiederkommen.‹

Der aber schüttelte den Kopf: ›Herr Pastor, es ist schon über eine Stunde Mittag.‹

Da ich dann erfuhr, daß die Tochter wieder einmal bei dem Küster und Klosterprediger Carstens in Husum auf Besuch sei, so vermochte ich den Höftmann, ihres Vaters Wagen mit Botschaft nach der Stadt zu schicken. Aber schon um drei Uhr ist sie von selber wieder auf dem Hof gewesen; und hat es die Weiber, welche dort zusammengelaufen, schier verwundert, daß das Mädchen, so doch kaum achtzehn Jahre alt, so schweigend zwischen ihnen hingegangen und nicht geweinet, noch eine Klage um den Vater ausgestoßen; nur ihre Augen seien noch viel dunkler in dem blassen Angesicht gestanden. In den alten Bäumen – so wird erzählet – habe es von den Vögeln an diesem Tag gelärmet, als seien alle Elstern aus dem ganzen Wald dahin berufen worden.

Das Mädchen hat aber fürgeben, ihr Vater müsse auf dem Moor bei seinem Torf verunglückt sein, wo er die letzten Tage noch habe fahren lassen; da sie jedoch außer ihren beiden Knechten noch Leute aus dem Dorf hat aufbieten wollen, so sind nur gar wenige ihr dahin gefolget, denn sie fand keinen Glauben mit ihren Worten, und auch die Wenigen sind schon vor Dunkelwerden heimgekehret; denn bei den Torfgruben sei vom Bauer keine Spur zu finden, und sei das Moor zu unermeßlich groß, um alle Sümpf und Tümpel darin durchzusuchen.

Als nun der allmächtige Gott Wald und Felder und auch das wüste Moor mit Finsterniß gedecket, ist der Schmied Held Carstens, der seine Schwiegermutter, so ihrer Tochter in den Wochen beigestanden, nach Ostenfeld zurückgebracht, um Mitternacht am Rand des Waldes wieder heimgefahren. Der Mann hat sein alt treuherzig Gespann am Zügel gehabt und ist schier ein wenig eingenickt; da aber die sonst so frommen Gäule plötzlich unruhig worden und mit Schnauben nach der Waldseite zu gedränget, so hat er sich ermuntert und ist nun selber schier erschrocken; denn drüben auf dem Moore hat aus der Finsterniß ein Schein gleich einem Licht gezucket; das ist bald stillgestanden, bald hat es hin und her gewanket. Er hat gemeinet, daß die Irrwisch ihren Tanz beginnen würden, hat aber als ein beherzter Mann während dem Fahren noch mehrmals hingesehen, und da es letztlich näher kommen, ist eine dunkle Gestalt ihm kenntlich worden, so neben dem Irrschein zwischen den schwarzen Gruben und Bülten umgegangen. Da hat er ein still Gebet gesprochen und auf seine Gäule losgepeitschet, damit er nur nach Hause komme. Am andern Morgen in der Frühe aber haben die Leute drunten an der Straße des Hofbauren Tochter ohne Kappe, mit zerzausetem Haar und eine zertrümmerte Laterne in der Hand, langsam nach ihres Vaters Hofe zuschreiten sehen.

Als ich am Vormittage dann dahin ging, wie es meine Amtspflicht heischet, vernahm ich, daß sie abermalen mit ihren Knechten nach dem Moor hinaus sei; da ich aber spät am Nachmittage wiederkam, trat sie in schier zerrissenen und besudelten Kleidern mir entgegen und sahe mich fast finster aus ihren dunkeln Augen an. Ich wollte sie auf den verweisen, ohn dessen Hülf und Willen all unsre Kraft nur eitel Unmacht ist; allein sie sprach: ›Habet Dank, Herr Pastor, für die gute Meinung; aber es ist nicht Zeit zu dem; schaffet mir Leute, so Ihr helfen wollet!‹ Was ich entgegnete, hörte sie schon nicht mehr; denn sie war nach Leitern und Stricken mit ihren Knechten der Scheune zugegangen. Auf dem Heimweg, den ich also nothgedrungen antrat, glückte es mir, ihr ein paar junge Burschen nachzusenden; und auf Deiner guten Mutter Zureden, dem jungen Blut zum Troste, wie sie meinte, hat auch unsere Margreth sich denselben angeschlossen. Diese verständige und, wie auch Dir bekannt, in keine Wege schreckbare Person ist jedoch am späten Abend mit wankenden Knien und verstürzetem Antlitz wieder heimgekommen. Das Suchen nach dem verlorenen Mann – so berichtete sie, alsbald sie ihres Odems wieder Herr geworden – sei ganz umsonst gewesen. Aber da endlich alle jungen Knechte schier verdrossen fortgegangen und Margreth mit dem Mädchen, das nicht wegzubringen gewesen, nun dorten ganz allein verblieben, so ist mit Dunkelwerden ein Irrwisch nach dem andern aus dem Moore aufgeduket und ein Gemunkel und Geflimmer angegangen, daß sie das Blänkern des Wassertümpels habe sehen können, an welchem dieser gräueliche Tanz sich umgedrehet. – Lasse das dahingestellet. Es ist aber noch ein anderes geschehen, und will Dir zuvor ins Gedächtniß bringen, daß wir unsre Margreth auf einer Lügen niemals noch betreten haben.

Als nämlich die Irrwisch so getanzet, hat des Bauren Tochter gleich einer stummen Säulen darauf hingeschaut; da aber Margreth sie bei der Hand gezogen, daß sie schleunig mit ihr heimgehe, hat sie plötzlich überlaut um ihren Vater gejammert und wie in das Leere hineingeschrien, ob ihr etwas von ihm Kunde geben möchte. Und hat es darauf eine kurze Weile nur gedauert, so ist aus der finsteren Luft gleich wie zur Antwort ein erschreckliches Geheul herabgekommen, und es ist gewesen, als ob hundert Stimmen durcheinanderriefen und eine mehr noch habe künden wollen als die andere.

Da hat die Alte Gott und seine Heerscharen angerufen, hat aber das Mädchen, als ob es angeschmiedet gewesen, mit ihren starken Armen nicht vom Platze bringen können, als bis das Toben über ihnen, gleich wie es gekommen, so wieder in der Finsterniß verschollen war.

Wenn Dich, mein Josias, schmerzet, was ich hier hab schreiben müssen, da des Mädchens irdische Schönheit, wie mir wohl bewußt, Dein unerfahren Herz bethöret hat, so gedenke dessen und baue auf ihn, welcher gesprochen: ›Wer sein Leben verlieret um meinetwillen, der findet es.‹ Und sinne diesem nach, daß Du das Rechte wählest!

Will dann zum Schlusse noch Erwähnung thun, daß unser Gastfreund Petrus Goldschmidt, welchen in meiner geistlichen Bedrängniß wegen obbemeldter Dinge ich mir vielmals hergewünschet, letzthin zum Superintendenten in der Stadt Güstrow, sowie ob seiner Gelahrtheit und Verdienste um das Reich Gottes von der... (die Handschrift ist hier unleserlich) Fakultät zum Doctor honoris causa ist creiret worden.«

– – Also lautete meines lieben Vaters Brief. Und will hier nicht vermerken, was Herzensschwere ich davon empfangen, wie ich in vielen schlaflosen Nächten mit mir und meinem Gott gerungen, auch gemeinet, ich könne nicht anders, als daß ich heim müsse, um der Armen Leib und Seel zu retten, und wie dann immer das erwachend Tageslicht mir die Unmöglichkeit für solch Beginnen klargeleget.

Aber, wie die Rede ist, es sei das eine Leid ein Helfer für das andre, so geschahe es auch mir. Denn noch vor dem heiligen Christfeste empfing ich von meiner Mutter einen Brief, daß mein lieber Vater mit unvermutheter Schwachheit befallen sei und selbige allen gebrauchten irdischen Mitteln entgegen ihn fast sehr entkräftet habe; und dann nach wenig Wochen einen zweiten, der mich drängte, meine Studien zu vollenden, da der theuere und getreue Mann nicht lang mehr selber seines Amtes werde warten können.

Solche mein Herz aufs neu erschütternde Nachrichten trieben mich früh und spät zu strenger Arbeit, und wurd ich bald auch dessen inne, daß ich nur so den Weg zur Heimat kürzen könne.

1707. Es währete doch noch bis gegen den März des beigefügeten Jahres, daß ich als ordinirter Adjunctus meines Vaters in meiner lieben Eltern Hause eintraf. Nur noch zum Troste, nicht zur Freude; denn ich fand meinen Vater auf seinem Siechbette, von dem ich wohl sahe, daß er nach Gottes allweisem Ratschluß nicht mehr erstehen solle. Da er nun in den Tagen, die er als seine letzten wohl erkannte, seines einzigen Kindes nicht entbehren mochte, so hatte ich niemanden aus dem Dorfe noch gesehen; auch Renaten nicht. Meine Eltern itzt nach ihr zu fragen, trug ich billig Scheu, und so hörete ich nur noch einmal von unserer alten Margreth, was ich in meines Vaters Briefe schon gelesen hatte.

Es war aber am Sonntage Reminiscere, an welchem ich zum ersten Male für meinen lieben Vater predigen sollte. Er hatte das heilige Abendmahl seit lange nicht ertheilen können, und so hatten viele sich gemeldet, um es bei seinem Sohne zu empfangen. Dachte auch, Renate würde unter ihnen kommen; aber sie kam nicht.

Die Nacht zuvor, in welcher mit meiner lieben Mutter ich die Krankenwacht getheilet, hatte der Sturm gar laut gebraust; nun aber lag alles in der lichten Morgensonne, und eben, da ich in den Kirchhof eintrat, scholl mir gleich Auferstehungsgruß ein Drosselschlag vom Wald herüber. Und währete es nicht lange, so stund ich in der Kirchen vor dem Altar und sprach aus inbrünstigem Herzen das »Ostende nobis, Domine, misericordiam tuam«; und die Gemeinde respondirte andächtig: »Et salutare tuum da nobis!« »Ja, Gott Vater«, sprach ich leise nach, »dein Heil schenke uns; und auch ihr, für die ich hier im Staube zu dir flehe!« Und da itzt der Gesang anhub: »Benedicamus Domino«, wobei die rauhen Kehlen der Männer mit dareinsangen, da schwamm gleich einem silbern Lichtlein ein Ton dazwischen, der leuchtete hinab in mein bekümmert Herz; denn ich wußte, welche Stimme ich gehöret hatte.

Also in fast freudigem Muthe erstieg ich die Stufen zu der Kanzel, und da ich die Augen aufhub, sahe ich gegenüber in dem Emporstuhl ein blasses Angesicht, das ich des Gitters ohnerachtet wohl erkennen mochte. Da hub ich meine Predigt an: »Und siehe, ein kananäisch Weib schrie ihm nach: ›Ach, Herr, du Sohn Davids, erbarme dich meiner; meine Tochter wird vom Teufel übel geplaget!‹, und er entgegnete ihr kein Wort. Da aber die Jünger sprachen: ›Laß sie von dir, Herr; denn sie schreiet uns nach‹, antwortete er und sprach: ›Ich bin nicht gesandt, denn nur zu den verlorenen Schafen von dem Hause Israel!‹« Und mein Herz schwoll mir, und das Wort kam auf meine Lippen; was ich daheim für meine Predigt angemerket, war nur ein Staub, darüber meine Seele sich erhob, und meine Rede ging hervor einem Strome gleich aus heiligen Quellen. In der vollen Kirchen war kaum eines Odems Leben; Männer und Greise sahen zu mir auf, und die Weiber in ihren Gestühlten saßen mit betendem Angesicht. Neben mir in dem Stundenglase verrann der Sand; aber ich merkte es nicht und wußte nicht, wie ich an das Ende meiner Rede kam: »Herr, Herr! Locke sie mit deiner lieblichen Stimme; denn ein Tisch steht bereitet, wo sie dich empfahen mögen und dein Heil und deine Gnade. Amen.«

Und da ich nach dem Vaterunser einen Blick gegenüber nach dem Gitter warf, sahe ich in dem blassen Angesicht die großen dunklen Augen starr auf mich gerichtet.

»Mit deiner Stimme, Herr, o locke sie!« So betete ich nochmals und schritt dann hinab in die Sacristey, um mit dem feierlichen Meßgewand mich zu bekleiden, so derzeit noch gebräuchlich war.

Da ich dann vor den Altar trat, brannten auf selbigem schon die Kerzen in den großen Leuchtern, und aus den Gestühlten drängten sie sich heran, Mann und Weib, Alt und Jung; doch indeß ich den Leib des Herrn austheilete und den Kelch an aller Lippen reichte, rief es unaufhörlich in meinem Herzen: »Herr, bringe auch sie, auch sie zu deinem Tische!« Aber über dem Gesang der Gemeinde schwebte noch immerfort der silberne Ton ihrer Stimme. Da plötzlich, als schon die Letzten sich dem Altar naheten, verstummte er, und ich vernahm einen leichten Schritt die Stufen des Emporstuhles herabkommen. – Aber noch waren andre, so auch des Heils begehrten; ein Greis und eine Greisin, von ihren Enkeln unterstützet, kamen herangewankt und schauten mit blöden Augen zu mir auf; und da ich ihnen den Kelch bot, vermochten ihre zitternden Lippen den Rand desselben kaum zu fassen.

Sie wurden hinweggeführet; und dann stund sie, Renate, vor mir; blaß und mit gesenkten Augen, in schwarz Gewand gekleidet, ein schwarzes Käpplein auf den braunen Haaren. Nach fast zwei Jahren sahe ich sie hier zum ersten Male wieder; ich zögerte, denn mein Herz wallete mir über; und indem ich dann die Hostie aus der Patene nahm und zwischen ihre Lippen legte, betete ich: »Herr, mache meine Seele heilig!« Dann erst sprach ich: »Nimm hin! Dies ist mein Leib, der für euch gegeben wurde!«

Ich wandte mich zum Altare und nahm den Kelch. Da ich aber selbigen an ihre Lippen brachte, sahe ich, wie ihr schönes Antlitz sich verzog und wie sie schauderte ob dem Trunke, der darinnen war. Da sprach ich die Einsetzungsworte: »Das ist mein Blut, das für euch vergossen wurde!« Und sie neigete ihr Antlitz in den fast geleerten Kelch; ob ihre Lippen ihn berühret, vermochte ich nicht zu sehen. Da ich aber – aus weß Ursach, vermag ich nicht zu sagen – auf die Seite blickte, gewahrete ich die Hostie in dem Schmutz des Fußbodens; ihre Lippen hatten sie verschmähet, und die Spitze ihres Schuhes trat das Brot, so als den Leib des Herrn sie empfangen hatte.

Mein Gebein erzitterte, und fast wäre der Kelch aus meiner Hand gestürzet. »Renate!« rief ich leise; in Todesangst brach dieser Ruf aus meinem Munde: »Renate!«

Wohl sahe ich, daß ein Zittern über die schöne Gestalt des Mädchens hinlief; dann aber, ohne aufzusehen, ihr weißes Sacktuch in die Hände pressend, wandte sie sich ab, und bei dem Schlußgesange der Gemeinde sahe ich sie langsam den langen Steig hinabschreiten.

– – Wie ich mein Meßgewand abgeleget und in meiner Eltern

Haus zurückgekommen, vermöchte ich kaum zu sagen; wußte nur, als ich daheim an meinem Pulte stand, daß auch wohl ein junger Prediger, der ich war, nicht mit also ungestümen Schritten über den Kirchsteig hätte dahinstürmen sollen. An meines Vaters Krankenbette vermochte ich itzo nicht zu treten; ich stützte den Kopf in beide Hände, und mit geschlossenen Augen spähete ich nach dem Weg der Pflicht, den ich zu gehen hatte.

Aber nur eine kurze Weile; dann schritt ich den wohlbekannten Fußsteig nach dem Hof hinab. Wieder, wie vor Jahren, schrien die Elstern oben in den Bäumen; und da ich links vom Flur in das Zimmer eingetreten war, schien es mir weiter und einsamer, als ich es zuvor gesehen. Dennoch hatte ich Renaten sogleich erblickt; sie saß drüben auf ihrem Platz am Fenster, den Kopf gesenkt, die Hände vor sich hin gefaltet. Da ich dann näher trat, erhub sie sich langsam, als ob sie müde sei; und in dem langen, schwarzen Gewande, das sie itzo trug, erschien sie mir größer und fast gleich einer Fremden. Als ich aber stehen blieb und sie mit ihrem Namen anredete, rief auch sie: »Josias!« und streckte beide Arme gegen mich.

War es die Liebe, so Gott zwischen Mann und Weib gesetzet, die aus ihrer Stimme klang, oder war es ein Hülferuf, ich vermochte das nicht zu erkennen; aber ich zog sie nicht an meine Brust, wozu mein Herz mich mit gewaltigen Schlägen drängte, sondern beharrete auf meinem Platz und sprach: »Du irrest, Renate; es ist nicht Josias, es ist der Priester, der hier vor dir stehet.«

Da ließ sie die Arme sinken und sagte dumpfen Tones: »So sprecht! Was habt Ihr mir zu sagen?«

Und wie sie mich itzt aus dem ernsten Antlitz mit ihren großen Augen ansah, da schrie es in mir auf: »Du kannst sie nimmer lassen; in diesem Weibe ist all dein irdisch Glück!« Aber ich rief zu meinem Gott, und er half mir, bei meinem heiligen Amte die weltlichen Gedanken in die Tiefe bannen.

»Renate!« sprach ich; »wer war es, der dich zu der Todsünde versuchte, daß du den Leib des Herrn von deinen Lippen spieest? Nenne seinen Namen, daß wir mit Gottes Engeln ihn besiegen!«

Aber sie wiegete nur das Haupt. »O die armen alten Leute!« rief sie. »Ich weiß, es war eine Sünde! Aber da ich ihr Antlitz sahe, von den greisenhaften Gebresten so ganz entstellt, da schauderte mich, daß ich mit ihnen aus einem Kelche trinken sollte, und die heilige Hostie entfiel meinen Lippen in den Staub. Bete für mich, Josias, daß ich dieser Schuld entlastet werde!«

Ich glaubte ihren Worten nicht. »So«, dachte ich, »will der Versucher dir entrinnen«, und sprach laut: »Vor einem Schenkenglase mag dir ekeln; aber der Kelch des Herrn ist rein für alle, denen er geboten wird! Ein höllisch Blendwerk hat dein Aug verwirret; und es kommt von dem, mit welchem auch dein Vater sein unselig Spiel getrieben, bis Leib und Seele ihm dabei verloren worden.«

Bei diesen meinen Worten stürzete sie auf ihre Kniee und hub die Arme auf und schrie: »Mein Vater, o mein armer Vater!«

»Ja, schreie nur um ihn, Renate!« sprach ich. »Und möge unseres Gottes Allbarmherzigkeit in seinen tiefen Pfuhl hinunterleuchten!«

Sie sahe zu mir auf und sprach mit fester Stimme: »Die wird ihm leuchten, Josias, so gut wie allen andern, die ein jäher Tod ereilet!«

Ich aber rief: »Das ist des Teufels Hochmuth, der von deinen Lippen redet! Demüthige dich gegen den, bei dem alleine Rettung ist, und schütte dein Herz aus vor mir, der hier stehet an seiner Statt!« Und da sie hierauf schwieg, so sprach ich weiter: »Da du mit unserer alten Margreth nächtens auf dem Moore gingest, wen hast du angerufen, daß er dir von deinem Vater Kunde brächte, und was war es, das aus der leeren Luft herab mit schrecklichem Geheul dir Antwort gab?«

»Ich weiß von keinem Geheul«, entgegnete sie; »aber du, Priester Gottes«, – und ein trotzig Feuer brannte in ihren schönen Augen – »so ich wüßte, daß dort Kunde wär, zur Stund noch ging' ich und schriee meine Noth ins Moor hinaus und fragete nicht viel, von wannen mir die Antwort käme!«

»Renate!« rief ich. »Exi immunde spiritus!« und spreizete beide Hände ihr entgegen. »Bekenne! Bekenne, mit welch argen Geistern hast auch du dein Spiel getrieben!«

Sie hatte sich vom Boden aufgerichtet; und da ich sie anschaute, war ein kalter Glanz in ihren Augen. Sie strich mit den

Händen über ihr Gewand und sagte: »Ich verstehe nicht, was Ihr redet; aber mir ist, als sei das große Gemach hier so düster, wie es nimmer noch gewesen.« Und da in diesem Augenblicke an die Thür gepocht ward, welcher ich den Rücken wandte, und selbige sich aufthat, setzete sie hinzu: »Tretet näher, Margreth! Euer Herr ist hier!«

Ich aber wandte mich um und sahe unsre alte Margreth vor mir stehen; die schaute mich gar ernsthaft an und sprach nach einer Weile: »Kommet heim, Herr Josias; denn Euer lieber Vater will nun sterben, und ihn verlangt nach einem letzten Wort mit Euch.«

Da war mir, als bräche der Boden unter mir zusammen, und ich verließ Renaten und eilete nach meines Vaters Sterbekammer. – Da ich eintrat, saß er laut redend in seinen Kissen, aber seine Stimme däuchte mir fremd, gleich als hätt ich nimmer sie gehöret.

»Es ist dein Großvater, von dem er redet«, raunete mir meine Mutter zu.

»Er sieht mich nicht, Mutter!« entgegnete ich leise.

»Nein, Josias, er ist bei denen, die ihm zu Gottes Thron vorausgegangen.«

Und mein Vater sahe mit glänzenden Augen vor sich hin und redete weiter: »Lang, gar lange habe ich für ihn gepredigt – Josias thäte das gar gerne auch für mich – denn er wurde sehr alt; sein leiblich Augenlicht war erloschen und der Schall der Welt drang nur verworren noch zu seinem Ohre. Aber da er seine Stunde nahen fühlte, hieß er mich und meine Schwestern ihn in die Kirche führen, und wir geleiteten ihn auf die Kanzel. Da wandte er sein Antlitz rings umher und grüßte unmerklich mit der Hand; und sein silbern Haar hing über seine blinden Augen. Er meinete, es sei Sonntag und die Gemeinde sei versammelt. Er irrte; die Schwestern waren oben an seiner Seiten, und drunten war nur ich allein. Aber der Greis auf der Kanzel erhub seine Stimme, und sie scholl stark in der leeren Kirchen; denn er nahm Abschied und redete erschütternd zu allen, die hier nicht zugegen waren.«

Der Kranke hatte die Arme über das Deckbett hingestrecket, und sein abgezehrtes Antlitz leuchtete wie von innerem Lichte.

»Ja, mein Vater«, rief er, »aus der Ewigkeit herüber höre ich deine Stimme, wie du sprachest: ›Und so wie einst herauf, so führe an deiner Hand mich jetzt hinab von dieser Stätte! Aber, mein Gott und Herr, du hellest das Dunkel vor mir; gleich meinen Vätern werden Sohn und Enkelsöhne von deinem Stuhle aus dein Wort verkünden. Laß sie dein sein, o Herr! Nimm ihren schwachen Geist in deiner Gnaden Schutz‹!«

Nach diesen Worten schwieg mein lieber Vater; und als nun meine Mutter ihre Arme um ihn schlang, da sank sein Haupt zurück auf ihre Schulter. – Aber er erhub es wieder; und da sie zu ihm redete: »Mein Christian, spare deine Kräfte und ruhe nun«, da schüttelte er leise mit dem Haupt und sagte nur: »Nachher, nachher, Maria!« Dann sahe er liebevoll, aber mit fast flehentlichen Blicken zu mir auf und sprach langsam und wie mit großer Mühe: »Du kommst vom Hof, Josias; ich weiß es. Der Bauer ist nicht mehr, und möge Gott ihm ein barmherziger Richter sein – aber seine Tochter lebt! Josias, das rechte Leben ist erst das, wozu der Tod mir schon die Pforten aufgethan!«

Die Hand des Sterbenden haschete ins Leere nach der meinen, und da ich sie ihm gegeben, hielt er sie sehr fest in seinen magern Fingern.

Noch einmal begann er: »Wir sind ein alt Geschlecht von Predigern; die ersten von den Unsern saßen zu Dr. Martini und Melanchthons Füßen. Josis!« er rief meinen Namen, daß es gleich Schwertesschnitt durch meine Seele ging – »vergiß nicht unseres heiligen Berufes! – – Des Hofbauren Haus ist keines, daraus der Diener Gottes sich das Weib zur Ehe holen soll!«

Der Odem des Sterbenden wurde stärker; aber seine Stimme sank zu einem Flüstern, und da wir lautlos horchten, kamen wie fernhin verhallend noch die Worte: »Versprich – – das Irdische ist eitel – –«

Darauf verstummete er ganz; seine Finger löseten sich von meiner Hand, und der Friede des Herrn ging über sein erbleichend Angesicht. Ich aber neigete mich zu dem Ohr des Todten und rief: »Ich gelobe es, mein Vater! Mög die entfliehende Seele noch deines Sohnes Wort vernehmen!«

Da sahe meine Mutter mich voll Mitleid an; dann zog sie das

Laken über das geliebte Todtenantlitz, fiel an dem Bette nieder und sprach: »Gott gebe uns selige Nachfolge und sammle uns wieder in der frohen Ewigkeit.«

Als meines lieben Vaters Grab geschlossen war, kamen noch mehr der ersten Frühlingstage; von dem Strohdach unseres Hauses tropfete der Schnee herab, und die Vögel trugen den Sonnenschein auf ihren Schwingen; aber das Schöpfungswort: »Es werde Licht!« wollte sich noch nicht an mir bewähren. Da geschahe es am Sonntage danach, nachmittages, daß ich von dem Dorfe Hude auf dem Fußsteig nach Schwabstedte zurückging; ich war in meiner Amtstracht, denn ich hatte einen Kranken mit den Tröstungen unserer heiligen Religion versehen. Die ersten Tage meines Amtes waren schwer gewesen, und ich ging dahin in tiefem Sinnen.

Unweit vom Dorfe aber schneidet ein Bach den Weg, der aus dem Walde zu dem Treenefluß hinabgeht. An selbigem pflegen die Vögel sich zu sammeln, welche das Wasser lieben, und war auch itzt von Finken und Amseln hier ein fröhlich Schallen, als wollten sie schon des Maien Ankunft melden. Und so von des Ortes Lieblichkeit gehalten, schritt ich nicht über den Steg, der von dem Fußweg hinüberführt, sondern ging diesseits ein paar Schritte an den Wald hinauf und setzete mich an das Ufer, wo sich der Bach zu einem kleinen Teich erweitert. Das Wasser aber, wie es um diese Zeit zu sein pflegt, war so klar, daß ich am tiefen Grunde das Wurzelgeflecht der Teichrosen und die daran keimenden Blätter gar leicht erkennen und also Gottes Weisheit auch in diesen kleinen Dingen bewundern mochte, so für gewöhnlich unserem Aug verborgen sind.

Da wurd ich jählings aufgeschrecket, und auch die Vögel, die eben ihren durch meine Ankunft gestöreten Gesang aufs neue anhuben, rauschten auf und flogen fort; denn von jenseit des Baches kam ein Geschrei: Hoido! hoido! und war es, als wie bei der Kloppjagd die Bauerkerle den Hirsch zu jagen pflegen. Da ich aber den Kopf wandte, sahe ich drüben aus den Tannen einen Haufen junger Knechte hervorbrechen. »Schwimmen! Schwimmen!« schrien sie. »Ins Wasser mit der Hex!« Und jetzt erst gewahrte ich unter ihnen ein Frauenbild, das gescheuchet vor dem einen und dem anderen floh und nach dem Stege zu entkommen suchte. Aber einer von den Burschen sprang voran dahin und versperrete ihr so den Weg. Ich kannte ihn wohl, von Zeit der großen Hochzeit schon; denn es war der Sohn des Bauernvogtes; und das Wild, so hier gejaget wurde, war Renate.

Nun kam ich eilends auf die Füße, lief zu dem Steg hinab und rief hinüber: »Ihr dort, was wollet ihr beginnen?«

Da schrien sie hinwieder: »Die Hex! Die Hex!«

Ich aber frug sie: »Wollet ihr richten? Wer hat zu Richtern euch bestellt?«

Und als sie hierauf schwiegen, trat einer aus dem Haufen und sprach: »Das Brennholz ist theuer worden; die Unholden laufen frei herum, und der Amtmann und der Landvogt fassen sie nicht an.« Und alle schrien wieder: »Hoido! hoido! Ins Wasser mit der Hex!«

Da setzete ich meinen Fuß auf den Steg und rief: »Rühret sie nicht an! Im Namen Gottes, ich gebiete es euch!«

Aber der Bursche, welcher auf dem Stege war, drängte mich zurück. »Ihr trotzet auf Euer Priesterkleid!« sprach er. »Ihr würdet sonst die großen Worte sparen; ich rath Euch, thut das nicht zu sicher!« Und dabei stund er vor mir mit gekniffenen Fäusten, und unter seinem Kraushaar funkelten die kleinen Augen.

Da überkam es mich, und ich lösete mein geistlich Gewand und warf es von mir auf den Boden; denn das junge Blut war damals noch in meinen Adern. Und als ich einen Blick nach drüben that, sahe ich, daß einer von den Burschen Renaten gefaßt hatte und ihr die Hände über ihren Rücken hielt; ihre Augen aber ruheten auf mir und waren wie leuchtend in dem blassen Angesicht.

»Gib Raum!« schrie ich und packte den Burschen mit meinen beiden Fäusten; und ich bin mir heut noch wohl bewußt, in den tiefsten Abgrund hätt ich ihn gestürzet, so ich das vermocht und solcher unter uns gewesen wäre.

Einen Augenblick wurd eine Todtenstille; denn er hatte auch mich ergriffen, und wir stunden wie in Erz gegossen aneinander. Da gewahrete ich, daß sie Renaten an den Bach hinabzuzerren strebten; und ohne Laut zu geben, rang ich mit meinem Feinde, Knie an Knie und Aug in Aug. »Geduld, du Hexenpriester!« schrie er mit heiserer Stimme. »Erst soll sie schwimmen, eh sie der Teufel dir ins Brautbett leget!«

Ein laut Gelächter und Hoido von drüben scholl als Antwort; vergebens suchte ich Renaten zu erblicken. Aber schon hatte ich den Burschen auf den Steg zurückgedrängt und griff nach seinem Hals, um ihn hinabzuwerfen, da empfing ich selber einen Stoß auf meine Brust, und mit einem Schrei, der mir unwillens von dem jähen Schmerz entfuhr, sank ich zu Boden.

Es mochte ein Schrecken dadurch in die ganze Schar gefallen sein; denn ich fühlte nicht, daß eine fremde Hand noch an mir sei, und hörte, wie jenseit des Wassers der Trupp von dannen zog.

Als ich aber mich mühselig aufgerichtet hatte, da schlangen zwei Weiberarme sich um meinen Hals, und die Stimme, welche ich niemalen hab vergessen können, sprach leise meinen Namen: »Josias, ach, Josias!« Und da ich mit der Hand des Mädchens Haar zurückstrich, so ihr wirr auf Stirn und Augen fiel, da sahe ich um ihren Mund, was ich noch itzt ein selig Lächeln nennen muß, und ihr Antlitz erschien mir in unsäglicher Schönheit.

»Renate!« rief ich leise, und meine Augen hingen in sehnsüchtiger Begier an ihren Lippen.

Sie regeten sich noch einmal, als wollten sie mir Antwort geben; aber ich lauschte vergebens; des Mädchens Arme sanken von meinem Halse, ein Zittern flog um ihren Mund, und ihre Augen schlossen sich.

Ich starrte angstvoll auf sie hin und wußte nicht, was ich beginnen sollte. Als ich aber auf dem schönen Antlitz das Leben also in den Tod vergehen sahe, wurd mir mit einem Male, als blickten meine Augen weithin über den Rand der Erde, und vor meinen Ohren hörte ich meines sterbenden Vaters Stimme: »Vergiß nicht unseres heiligen Berufes! – – – Das Irdische ist eitel!«

Und da ich noch die ohnmächtige Gestalt in meinen Armen hielt, gewahrete ich, daß unser Nachbar, der Schmied Held Carstens, mit seinem Weibe von diesseits des Weges dahergegangen kam. Da erzählete ich ihnen, wie von den jungen Knechten das Mädchen sei geschrecket worden, und bat, daß sie sich um sie annehmen möchten; denn es sei eine andre Pflicht, so mich von hinnen rufe.

Der Schmied aber trat nur zögernd näher; und auf die Ohnmächtige hinblickend, sprach er: »Die da? – – Nun, wenn Ihr es heischet, Herr Josias?«

Da bat ich abermalen; und itzt kam auch das Weib heran, welches als gar verständig im ganzen Dorf berufen ist. Als ich dann aber des Mädchens Leib aus meinen Armen in die ihren sinken ließ, durchstach mir ein jäher Schmerz die Brust, daß nicht viel fehlete, es hätte mich aufs neu dahingeworfen.

Und so, zwiefach verwundet, ging ich heim und sahe nicht mehr hinter mich zurück. Aber in meines Vaters Sterbekammer hab ich an diesem Abend lang inbrünstiglich gebetet.

Was meine liebe Mutter auch dagegen reden mochte, und obschon die Nachfolge in meines Vaters Amte mir so gut wie zugesaget war, ich wußte doch, daß meines Bleibens nicht mehr hier am Orte sei. Und so reisete ich schon andern Tags nach Schleswig, um mich nach einem andern Amte umzusehen. Aber dort angekommen, befiel mich eine Schwäche, daß meine Mutter zu meinem Krankenbett herbeigeholet werden mußte. Und als dann eines Nachts gar ein Blutstrom aus meinem Mund hervorbrach, da schrie sie laut, daß sie anitzo auch ihr einzig Kind dahingeben müsse.

Aber ich genas mit Gottes Hülfe, erhielt auch ein geistlich Amt im Norden unseres Landes, von Schwabstedte viele Meilen fern, und dienete noch über zwanzig Jahre dieser Gemeinde mit redlichem Willen und nach meinen besten Kräften. Ich begrub dort meine liebe Mutter und beweinete sie sehr; nach ihrem Tode hatte ich keine, in der die Liebe so sichtbarlich an meiner Seite ging.

Von Renaten höret ich noch einige Male; zunächst und bald nach meinem Fortgange, daß sie derzeit über das Wasser und auf den Blättern der Teichrosen, welche sie getragen hätten, zu mir hingelaufen sei. Ich aber weiß von solchem nichts; müßte auch ein Gaukelwerk des argen Geistes gewesen sein, maßen ich ja selbst die Mummelblätter unter dem Kristall des Wassers noch in ihren Hüllen hatte liegen sehen.

Dann, wohl fünf Jahre später, von einem Manne, der mit Binsenmatten durch das Land ging, wurde mir erzählt, daß eines Abends ein mächtig großer schwarzer Hund auf ihren Hof gekommen sei, beschmutzt und abgemagert und mit einem abgerissenen Strick an seinem Halse. Da sei sie zu ihm hingekniet und habe mit beiden Armen das alte Thier umfangen und seinen rauhen Kopf an ihre Brust gezogen.

– Ob sie noch itzt auf dieser Erde ist, ob Gott sich ihrer schon barmherzig angenommen, darüber ist mir keine Kunde mehr geworden.

*

So weit die Handschrift.

Aber der Zufall, der uns vergönnt hat, das Bahrtuch über einem verschollenen Menschenleben aufzuheben, lüpft es noch einmal; wenn auch weniger, als manche, die dies lesen, wünschen mögen.

Die zu Anfang der Erzählung erwähnte Schatulle auf dem Boden unseres alten Erbhauses ward eine tönende Vergangenheit, sobald man Mut und Geduld hatte, den Staub in ihrem Innern aufzuregen. Ich hatte das nicht immer. Aber ein paar Jahre nach dem Funde unserer Handschrift, an einem herbstlichen Sonntagnachmittage, saß ich doch wieder einmal vor ihren eingeklemmten Schubfächern und zog, oft mühsam, eines um das andere auf. Papiere über Papiere; und fast überall jene anheimelnde leserliche Schrift des vorigen Jahrhunderts. Von vielen Päckchen hatte ich schon die Bindfäden aufgelöst und sie, nachdem ich dies und das darin gelesen, wiederum zu ihrer Ruh gelegt. Da kam ich an eines, welches allerlei Papiere über die Erbschaft eines alten Predigers in Ostenfeld enthielt; ein Bruder meines Urgroßvaters, wie ich aus beiliegenden, an ihn gerichteten Briefen sah, hatte sich dieser Angelegenheit für eine in Husum wohnende Predigerwitwe angenommen. Und bald nahm ein ungewöhnlich langes Schreiben, datiert von 1778 aus einem ostschleswigschen Dorfe und unterschrieben »Jensen, past.«, meine ganze Aufmerksamkeit in Anspruch; denn es war augenscheinlich der Begleitbrief, mit dem einst das Manuskript des Pastors Josias, allerdings sub pet. rem., an meinen Urgroßonkel übersandt war.

Die ersten Seiten beschäftigten sich unter Beifügung eines sauber ausgeführten Stammbaumes nur mit den Erbverhältnissen jenes Ostenfelder Pastors; wie bald ersichtlich, des Vetters unseres Josias, in dessen Hause er das Gedächtnis seines Jugendlebens niederschrieb. Dann aber hieß es weiter:

Unseres von Dir erwähnten Schülerbesuches bei meinen Junggesellen-Onkeln in dem Ostenfelder Pastorate entsinne ich mich gar wohl; und daß Du den Onkel Josias in so warmer Affection behalten, hat mir insonders wohlgethan; die Fragen aber, die Du über ihn gestellet, wirst Du indessen hier angeschlossener eigener Handschrift insgesamt beantwortet finden.

In Wahrheit, es waren zwei recht verschiedene Menschen, der Herr Josias mit seinem Johanneskopfe und der derbe aufbrausende pastor loci. Oftmals in meiner eigenen Amtsthätigkeit habe ich des ersten Sonntags dort gedenken müssen; Du kamest erst des Abends zu uns, ich aber saß schon vormittags an Onkel Josias' Seite in der Kirche. Noch sehe ich unter den Abendmahlsgästen die leidtragenden Frauen vor dem Altare, welche nach damaliger Sitte bis über das Kinn in schwarze Decken eingehüllt waren; und wie der Onkel Pastor der einen mit den durch die ganze Kirche hin vernehmlichen Worten »Weg, weg damit!« die Decken voll Ungeduld zur Seite riß, indeß er mit der anderen Hand den Kelch emporhielt. Onkel Josias aber schüttelte still den Kopf und lehnte mit einem Lächeln sich in seinen Stuhl zurück. Gleichwohl, wie ich später beobachtet, da ich den letzten Sommer vor dem großen Examen dort meine Repetitionen machte, lebten die beiden Verwandten in guter Eintracht miteinander. Beide waren Männer, die, wie man sagt, das Ihrige gelernet hatten und dies nicht in Vergessenheit gerathen lassen wollten. Sie unterhielten sich oft über gelehrte Gegenstände und disputirten dann, auch wohl lateinisch, miteinander.

In einem Punkte aber stimmten sie völlig überein; sie beide glaubten noch an Teufelsbündnisse und an schwarze Kunst und erachteten solch thörichten Wahn für einen nothwendigen Theil des orthodoxen Christenglaubens. Der Ostenfelder Pastor that dieses im zornigen Bewußtsein eines wohlgerüsteten Kämpfers, der Onkel Josias dagegen, zu dessen zarter Gemüthsbeschaffenheit dieser wilde Glaube gar übel paßte, schien selbigen mir gleich einer Last zu tragen. Deshalb suchte ich oft, wenn wir alleine waren, mit Gründen aus der Heiligen Schrift wie aus der menschlichen Vernunft ihm solches auszureden; allein mit allem seinem Scharfsinn, wenngleich als wie in schmerzlicher Ergebung, vertheidigte er die gottlose Macht des Erzfeindes.

Als der Sommer zu Ende ging, wurde für seine Gesundheit die strengste Vorsicht nöthig; er durfte Sonntags die Kirche nicht mehr besuchen, kaum noch das Haus verlassen; aber seine milde Freundlichkeit und seine, ich möchte sagen, schwermuthsvolle Heiterkeit blieben sich auch dann noch gleich.

Da war es kurz vor meiner Abreise an einem Morgen im October; der erste Reif war gefallen und eine frische Klarheit durch die Luft verbreitet. Ich wandelte im Garten auf und ab und sah dabei bisweilen in die Zeitung, welche der Stadtbote mir soeben durch den Zaun gereicht hatte. Als ich nun las, daß der einst vielberühmte, aber seit lange seines Amtes wegen Simonie entsetzte Petrus Goldschmidt als ein Schenkenwirth bei Hamburg das Zeitliche gesegnet habe, eilete ich ins Haus und dachte, nicht ohne eine kleine Schadenfreude, solches dem Onkel Josias zu verkünden.

Als ich zu ihm eintrat, war mir, als sei auch in dieses sonst etwas dunkle Zimmer der schöne lichte Morgen eingedrungen; denn trotz des brennenden Ofenfeuers standen beide Fensterflügel offen, und der Schall von den benachbarten Dreschtennen und von hellen Kinderstimmen hatte freien Eingang.

Aber zu meiner beabsichtigten Mittheilung kam ich nicht.

Feierlich, mit strahlendem Antlitz, trat Herr Josias mir entgegen. »Mein Andreas«, rief er, »wir werden fürder nicht mehr disputiren; ich weiß es itzt in diesem Augenblick: der Teufel ist nur ein im Abgrund liegender unmächtiger Geist!«

Indeß ich vor Erstaunen schier verstummte, gewahrte ich das Buch des Thomasius von dem Laster der Zauberei auf seinem Tische aufgeschlagen. Ich hatte es nach unserer letzten Disputation dort heimlich hingelegt und frug nun, ob ihm daraus die heilvolle Erkenntniß zugekommen.

Aber Herr Josias schüttelte den Kopf. »Nein«, sprach er, »nicht aus jenem guten Buch; es hat das Licht sich plötzlich in mein Herz ergossen. Ich denke so, Andreas: die Schatten des Todes wachsen immer höher; da will der Allbarmherzige die anderen Schatten von mir nehmen.«

Seine Augen leuchteten wie in überirdischer Verklärung; er wandte sich gegen das Licht und breitete die Arme aus.

»O Gott der Gnaden«, rief er, »aus meiner Jugend tritt ein Engel auf mich zu; verwirf mich nicht ob meiner finsteren Schuld!«

Ich wollte ihn stützen, denn er wurde todtenbleich, und mir war, als sähe ich ihn wanken; er aber lächelte und sprach: »Ich bin nicht schwach in diesem Augenblick.«

Dann ging er an seinen Schrank und reichte mir daraus dasselbe manuscriptum, welches Du mit diesem Brief empfängst.

»Nimm es, mein Andreas«, sagte er, »und bewahre es zu meinem Gedächtniß; ich bedarf desselbigen nun nicht mehr.«

– – Kurz darauf reiste ich ab; und was nun folget, hat mir erst lange nachher der Sohn des dortigen Küsters erzählt, welcher einige Jahre hier im Dorfe Lehrer war.

Noch in dem Monat meiner Abreise nämlich verbreitete sich das Gerücht im Dorfe: wenn Sonntags alles in der Kirche und die Straßen leer seien, so stehe ein fahlgraues Pferd, desgleichen man sonst in der Gemeinde nicht gesehen, vor der Pforte des Pastorates angebunden; und bald danach: es komme von Süden her ein Weib über die Heide geritten, die binde ihr Pferd an den Mauerring und kehre im Pastorate ein; wenn aber der Pastor und der Strom der Gemeinde aus der Kirche heimkomme, dann sei sie jedesmal schon wieder fortgeritten.

Daß dieses Weib den Herrn Josias besuche, war unschwer zu errathen; denn um solche Stunde weilte niemand außer ihm im Hause. Dabei aber ereignete sich gar Sonderliches; denn obschon sie unzweifelhaft schon in älteren Jahren gestanden, so ist doch von etlichen, welche sie gesehen haben, dawider gestritten und behauptet worden, daß sie noch jung, von anderen, daß sie auch schön gewesen sei; wenn man aber des Näheren nachgefragt, so hatten sie nichts wahrgenommen als zwei dunkle Augen, aus denen das Weib sie im Vorüberreiten angeblickt.

Im ganzen Dorfe ist nur ein einziger gewesen, der von diesen Dingen nichts erfahren hat, und zwar der Pastor selber, denn alle haben des Mannes aufflammende Heftigkeit gefürchtet, und alle haben den Onkel Josias lieb gehabt.

Aber eines Sonntages, da es wieder Frühling worden und die Veilchen in den Gärten schon geblüht haben, ist die Heidefrau auch wieder da gewesen; und auch diesmal, da der Pastor aus der Kirche heimgekommen, hat er weder sie noch ihren Gaul gesehen; es ist wie immer alles still und einsam gewesen, da er seinen Hof und dann sein Haus betreten hat. Und da er, wie itzo nach der Kirche pflegte, in seines Verwandten Zimmer ging, war es auch dort sehr still. Die Fenster standen offen, so daß von draußen aus dem Garten die Frühlingsdüfte den ganzen Raum erfüllet hatten, und der Eintretende sah Herrn Josias in seinem großen Lehnstuhl sitzen; doch, was ihn wundernahm, ein kleiner Vogel saß furchtlos auf einer seiner Hände, die er vor sich auf dem Schoß gefaltet hatte. Aber der Vogel flog fort und in die freie Himmelsluft hinaus, als der Pastor itzt mit seinem schweren Schritt herankam und sich über den Lehnstuhl beugte.

Herr Josias saß noch immer unbeweglich, und sein Angesicht war voller Frieden; nur war derselbe nicht von dieser Welt.

– Nun aber hat es bald ein laut Gerücht im Dorf gegeben, und auch dem Onkel Pastor haben alle es erzählt, von denen er es hat hören wollen; man wisse nun, die Hexe von Schwabstedte sei es gewesen, die auf ihrem Roß all Sonntags in das Dorf gekommen; ja derer etliche hatten sichere Kunde, daß sie, unter Vorspiegelung trügerischer Heilkunst, dem armen Herrn Josias das Leben abgewonnen habe.

Wir aber, wenn Du alles nun gelesen, Du und ich, wir wissen besser, was sie war, die seinen letzten Hauch ihm von den Lippen nahm.

Der Herr Etatsrat

Wir hatten über Personen und Zustände gesprochen, wie sie zur Zeit meiner Jugend in unserer Vaterstadt gewesen waren, und zuletzt auch einer eigentümlichen und derzeit nicht eben in bester Weise vielbesprochenen Persönlichkeit Erwähnung getan.

»Sie müssen die Bestie ja noch in Person gekannt haben?« wandte sich ein etwas derber junger Freund zu mir. »Ich habe nur so von fern darüber reden hören.«

»Wenn Sie«, erwiderte ich, »mit diesem Worte den ›Herrn Etatsrat‹ bezeichnen wollen, so habe ich ihn in gewisser Beziehung allerdings gekannt; ihn und auch die Seinen. Übrigens gehörte er ohne Zweifel zu der Gattung homo sapiens; denn er hatte unbewegliche Ohren und ging, wenn er nicht betrunken war, trotz seiner kurzen Beine aufrecht. Freilich soll eine Nachtwächterfrau, da sie einst im Schummerabend ihm begegnete, mit Zetergeschrei davongelaufen sein, weil sie ihn für einen Tanzbären hielt, den sie tags vorher auf dem Jahrmarkte gesehen hatte. Und in der Tat, der dicke braunrote Kopf mit dem kurzgeschorenen Schwarzhaar, welcher unmittelbar aus dem fleischigen Brustkasten herausgewachsen schien, mochte alten Frauen immerhin einen gerechten Schrecken einjagen.

Bei uns Jungen war die Wirkung freilich eine andere. Mir ist noch wohl erinnerlich, wie einst an einem Sonntagvormittage ein armer Bube unter dem Versprechen eines Sechslings bei der etatsrätlichen Gartenplanke von uns angestellt wurde, um uns zu rufen, sobald der mächtige Herr den einzigen Ort betreten hätte, worin er derzeit außer seinem Hause noch in Person zu sehen war.

Und bald, auf einen vorsichtig erteilten Wink des Jungen, lagen auch wir mit plattgedrückten Nasen an der Planke. »Dat is em! Dat is em!« ging es flüsternd von dem einen zum anderen, als endlich die groteske Gestalt, aus einer riesigen Meerschaumpfeife rauchend, unter dröhnendem Räuspern auf dem Gartensteige dahergewatschelt kam und sich dann in einer offenen Laube in einen kräftig gezimmerten Lehnsessel sinken ließ. Nachdem er den verlorenen Atem wiedergewonnen hatte, blickte er mit einer herablassenden Miene um sich und räusperte sich dann noch einmal, daß es weit über die Nachbargärten hinscholl. Diesmal aber war es unverkennbar ein demonstratives Räuspern: »Ihr kleinen Leute, wisset es alle, der Herr Etatsrat wird jetzt seine Gartenruhe halten!« Dann suchte er seinen dicken Kopf zwischen den Schultern aufzurichten und rief ein paarmal hintereinander: »Käfer – Käfer!«

Es war kein Insekt, das auf diesen Ruf erschien, sondern ein etwa achtzehnjähriger Bursche, der als Schreiber und Bediener in einer Person bei ihm beschäftigt wurde. Vom Hause her brachte er erst einen kleinen Tisch, dann einen Schemel, einen Tabakskasten, eine Zeitung und zuletzt auf einem Präsentierbrettchen ein großes Kelchglas, aus dem ein starker Dampf emporstieg. Der Bursche mit seinem zarten, blassen Gesicht und den weichgelockten braunen Haaren sah keineswegs so übel aus; aber die Art, womit er alle diese Dinge schob und rückte und dem Herrn Etatsrat handgerecht zu machen wußte, war von einer so glatten Beflissenheit und doch wiederum so unverkennbar von verstohlenem Trotz begleitet, daß ich schon damals einen mir sehr bewußten Widerwillen gegen diesen Käfer faßte. Mir sind im späteren Leben ähnliche Gesichter begegnet, welche, ohne daß etwas Besonderes von ihnen ausgegangen wäre, meine flache Hand ins Zucken brachten und mir dadurch über meine derzeitigen Gefühle und Wünsche in betreff jenes schmucken Gesellen zur völligen Klarheit halfen.

Wie lange übrigens damals der Herr Etatsrat in seinem Gartensessel ruhte und wie oft der dampfende Kelch geleert wurde, vermag ich nicht zu sagen; jedenfalls hörten wir noch mehrere Male das »Käfer – Käfer!« und sahen den geschmeidigen Burschen mit einer neuen Füllung aus dem Hause kommen.

Ob der Herr Etatsrat, welcher eine höhere Stelle in dem Wasserbauwesen unseres Landes bekleidete, wirklich mit so viel Verstand und Kenntnissen ausgestattet war, wie man dies von ihm behauptete, oder ob diese Behauptung nur aus einem unwillkürlichen Drange hervorgegangen war, sei es, die breiten Schatten dieser Persönlichkeit durch eine Zutat von Licht zu mildern oder aber dieselben noch etwas kräftiger herauszuarbeiten, darüber vermag ich nicht zu urteilen. Wenigstens scheint es, daß es ihm an jenem Dritten, wodurch alle anderen geistigen Eigenschaften erst für die tatsächliche Anwendung flüssig werden, ich meine, daß es an Phantasie ihm nicht gebrochen habe; nur pflegte sie, zum mindesten außerhalb seines Faches, sich nicht eben mit Dingen zu beschäftigen, welche anderer Menschen Herz erfreuen.

So befand sich in seinem, übrigens mit dem kärglichsten Geräte ausgestatteten Gartensaale ein sehr hoher Schrank in Gestalt eines Altars, welchen er genau nach eigenen Zeichnungen hatte anfertigen lassen. Am Fußende des schwarzen Kreuzes, welches durch die Türleisten gebildet wurde, lagen die Symbole des Todes: Schädel und Beinknochen, in abscheulicher Natürlichkeit aus Buchs geschnitten; darunter, so daß sie bequem von einem davorstehenden Stuhle aus gehandhabt werden konnte, sah man eine Glasharmonika, zu deren rechter Seite eine Punschbowle von getriebenem Silber stand.

Wenn die Nachbarn abends von ihren Höfen oder Gärten aus die Töne der Harmonika vernahmen, und das geschah im Hochsommer mehrmals in der Woche, dann wußten sie schon, daß bis nach Mitternacht auf keinen Schlaf zu rechnen sei; denn der Herr Etatsrat saß an seinem Altare und spielte auf seinem Lieblingsinstrument; aber er spielte nicht nur, er sang auch dazu. Nicht etwa, wie man hätte glauben mögen, Lieder des Todes und der Auferstehung; wer hinten an der Gartenplanke lauschen wollte, konnte Melodie und Worte des »Landesvaters«, des »Fürst von Thoren« und anderer alter Studentenlieder deutlich genug erkennen.

Drinnen im Saale, wenn vom Garten aus kein Licht mehr durch die Fenster drang, brannte dann zu jeder Seite des Altars eine Kerze auf hohem Silberleuchter; die mächtige Schale war mit dampfendem Trank gefüllt, und je nach Beendigung eines Liedes, mitunter auch einer Strophe, faßte der Herr Etatsrat sie bei den silbernen Ohren und ließ einen breiten Strom über seine dehnbaren Lippen fließen. Bisweilen, wenn, von irgendeinem Zuge bewegt, die Kerzen flackerten und die Schatten in den Augenhöhlen des Totenkopfes spielten, unterbrach er auch wohl seinen Gesang und stierte eine Weile darauf hin. Aber der Anblick des Todes schien für ihn nur das Gewürz zu den Freuden des Lebens; kameradschaftlich, aber doch als müsse er den armen Burschen zur Ruhe verweisen, klopfte er mit dem Harmonikahammer auf die Stirn des Schädels und intonierte dann nur um so dröhnender: »Freude, Göttin edler Herzen«, oder wozu sonst der Geist ihn treiben mochte.

Ich habe übrigens, wie ich bemerken muß, diese Dinge nicht aus eigener Wahrnehmung, sondern von dem nächsten Grundnachbarn des Herrn Etatsrats, einem alten Schnurren liebenden Rotgießermeister, der im Abenddunkel mitunter durch den Grenzzaun schlüpfte und dann an einem der unverhangenen Saalfenster in stillvergnügter Einsamkeit diesen musikalischen Festen beiwohnte; oft bis nach Mitternacht, um, wie er sagte, das Ende nicht zu versäumen, was bei einer richtigen Komödie ja doch das Beste sein müsse.

Und in der Tat, dieses Ende ließ bisweilen nichts zu wünschen übrig. Wenn die Bowle auf die Neige ging, begann der heiße Trank den Herrn Etatsrat allgemach zu drangsalieren; der Lauscher draußen sah es deutlich, wie unter dem schwarzen Borstenhaar der dicke Kopf gleich einer Feuerkugel glühte.

Dann riß der Herr Etatsrat an seinem Halstuch, daß ihm die Augen aus den Höhlen quollen und der teilnehmende Rotgießermeister erst wieder aufatmete, wenn endlich das Tuch mit zorniger Gebärde fortgeschleudert wurde. Diesem folgte alsbald unter mühseliger und gefahrvoller Häutung noch das eine oder andere Gewandstück, bis er zuletzt in greuelvoller Unbekleidung dasaß.

Aber nicht jedesmal gelang ihm dies in gleicher Weise; mitunter – und das war eben das Hauptstück für den vergnüglichen Zuschauer – erscholl um solche Zeit aus dem Saale ein dumpfer Fall, und abgerissene, elementare Laute, einem Windstoß in der Esse nicht unähnlich, drangen in die Nacht hinaus. Wenn dann nach einer Weile die Hausgenossenschaft zusammenstürzte, rannten die Mägde wohl mit Geschrei im selben Augenblicke wieder fort; denn auf dem Fußboden neben seinem Altar lag der Herr Etatsrat gleich einem ungeheuren Roßkäfer auf dem Rücken und arbeitete mit seinen kurzen Beinen ganz vergebens in der Luft umher, bis Herr Käfer, das allmählich immer unentbehrlicher gewordene Faktotum, und der einzige Sohn des Hauses den Verunglückten mit geübter Kunst wieder aufgerichtet hatten und in seinem Kabinett zur Ruhe brachten.

Dieser Sohn war von guter und heiterer Gemütsart und hatte vom Vater nichts als das ungewöhnlich große, bei ihm jedoch mit spärlichem erbsenblondem Haar bewachsene Haupt, welches er mit seinem Halstuch zwischen zwei spitzen Vatermördern derart einzuschnüren pflegte, daß die runden Augen stets mit etwas gewaltsamer Freundlichkeit daraus hervorsahen; darunter aber saß ein ebenso zierliches als winziges Körperchen mit lächerlich kleinen Händen und Füßen, welche letzteren ihn übrigens befähigt hatten, sich zum geschickten und nicht unbeliebten Tänzer auszubilden.

Der Vater hatte ihn auf den Namen Archimedes taufen lassen, ohne jedoch später die Mittel zu gewähren, welche dem Sohn eine Nachfolge seines klassischen Taufpaten hätten ermöglichen können. Zwar kümmerte er sich nicht darum, daß Archimedes auf der städtischen Gelehrtenschule, wo er in der Tat für die Mathematik eine glückliche Begabung zeigte, aus einer Klasse in die andere rückte, und auch die stets erst nach mehrfachen Anmahnungen des Pedellen und unter allerlei Zornausbrüchen erfolgende Auskehrung des Quartalschulgeldes veranlaßte hierin keine Unterbrechung; statt aber dann den absolvierten Primaner auf die Universität zu schicken, gebrauchte ihn der Vater zu untergeordneten Arbeiten seines Amtes oder kümmerte sich auch gar nicht weiter um den Sohn.

Wenn der kleine Archimedes sich einmal zu der schüchternen Bitte aufschwang, ihn nun doch endlich zu der Alma mater zu entlassen, dann blickte der Herr Etatsrat ihn nur eine Weile strafend mit seinen stieren Augen an und sagte leise, aber nachdrücklich: »Zeige einmal her, Archimedes, wie steht es mit der Schleusenrechnung?« oder: »Wie weit bist du denn eigentlich mit der Karte vom Westerkoog gediehen?« Dann holte Archimedes voll stillen Zorns die halb oder ganz vollendete Arbeit, war aber zugleich für lange Zeit mit seinen Bitten aus dem Felde geschlagen.

So blieb er denn zurück, während seine Schulgenossen erst lustige Studenten wurden, dann einer nach dem anderen sein Examen machte und auch wohl schon in die praktischen Geschäfte seines erwählten Berufes eintrat. Dabei machte es sich von selbst, daß Archimedes mit der Prima unserer Gelehrtenschule in einem gewissen Verkehr blieb, auch nachdem der letzte fort war, der noch zugleich mit ihm unserem armen Kollaborator das Leben sauer gemacht hatte. Dies geschah schon dadurch, daß er zur Aufbesserung seines spärlichen Taschengeldes, das ihm der Vater für seine Kontorarbeiten zufließen ließ, an faule oder schwach beanlagte Schüler einen nicht üblen Unterricht in der Mathematik erteilte. Ich, der ich jene beiden Arten in mir vereinigte, genoß diesen schon als Sekundaner, konnte jedoch hergebrachtermaßen seines freundschaftlichen Umganges erst als Primaner teilhaftig werden. Noch lebhaft entsinne ich mich, daß in meiner letzten Sekundanerzeit mir die Aussicht auf dieses Aufrücken kein geringerer Ehrenpunkt war, als der Übergang in die höhere Klasse selbst; denn Archimedes imponierte uns durch eine gewisse Fertigkeit seiner geselligen Manieren, wie er denn überhaupt, soweit es sich nicht um seinen Vater handelte, unbefangen genug in seinen zierlichen Stiefeln auftrat. Er hatte, vielleicht als Erbteil aus seiner mütterlichen Familie, etwas von dem Wesen der Offiziere aus meiner Knabenzeit, bei denen ich nie darüber ins klare kam, ob die eigentümlich stramme Haltung ihres Kopfes mehr eine Folge der steifen Halsbinden oder ihres ritterlichen Standesbewußtseins war.

»Trefflich, trefflich!« pflegte Archimedes auszurufen, wenn ich später, in meiner Primanerzeit, den Vorschlag zu einem ihm wohlgefälligen Unternehmen tat, sei es zu einem »thé dansant« oder zu einer Schlittenparde, wo es galt, bei jungen und jüngsten Damen den Kavalier zu machen; »trefflich, trefflich, lieber Freund; wir werden das in Überlegung ziehen!« Und während um seinen Mund das verbindlichste Lächeln spielte, sahen mich unter den kriegerisch aufgezogenen Brauen die richtigen Offiziersaugen an, wie ich sie als Kind bei unserem Vetter Major bewundert hatte, wenn er in der roten Galauniform meiner Mutter seine Neujahrsvisite machte.

Indessen fanden dergleichen Vorschläge meist nur ihre Ausführung, wenn in den Ferien unsere Studenten wieder eingerückt waren, von denen übrigens die sportslustigen vor allen zu seinen Freunden zählten. Dann war seine Festzeit, in der er förmlich aufblühte; noch sehe ich ihn mit leuchtenden Augen zwischen ihnen sitzen, während sie prahlend ihre glücklichen Torheiten vor ihm auskramten. »Brillant – brillant!« rief er, wenn die Geschichte ihren mit Spannung erwarteten Höhepunkt erstiegen hatte, streckte den eingeschnürten Kopf gegen den Erzähler und stemmte beide Hände an die Hüften. Was Wunder, daß die anderen erzählten, solange auch nur ein Tittelchen noch übrig war!

So kam es, daß er in der alten Universitätsstadt, welche er andauernd in der Phantasie bewohnte, allmählich besser Bescheid wußte als die, welche zwar in Wirklichkeit, aber nur vorübergehend dort zu Hause waren. Hatte er jedoch den Ankömmlingen ihre Studenten- und Professorengeschichten glücklich abgewonnen, so ruhte er nicht, bis mit oder im Notfall auch ohne Damenwelt die eine oder andere Lustbarkeit zustande kam. Da sein Stundengeld ihn niemals ohne eine kleine Kasse ließ, so wurde es bei solchem Anlaß fast zur Regel, daß Archimedes, nachdem die anderen die Erschöpfung ihrer Kasse eingestanden hatten, seine wohlbekannte grünseidene Börse hervorzog und mit einem wahrhaft kindlichen Triumphe den für diese Festzeit gesparten Inhalt auf der Tischplatte tanzen ließ, dann aber bereitwillig auf den nächsten Wechsel seiner Freunde Vorschuß leistete.

Freilich zu dem stets ersehnten Besuche der Universität reichte diese bescheidene Kasse nicht; und der Tag, welcher am Ende der Ferien die Studenten unserer Vaterstadt wiederum entführte, war für Archimedes, was für den lustigen Katholiken der Aschermittwoch ist. Er pflegte ihn auch selber so zu nennen, und wenn ich am Nachmittag darauf sein Zimmer betrat, so traf ich ihn mit den Händen in der Tasche eifrig auf und ab gehend, als ob er einen Gesundheitsbrunnen abzuwandeln habe; erst nach einer Weile blieb er vor mir stehen und fuhr ohne weiteren Gruß mit der Hand über seine Stirn. »Asche, Asche, lieber Freund!« sagte er dann seufzend, und sein Finger machte das Zeichen des Kreuzes.

Sprach ich hierauf: »Wollen wir nicht lieber unsere Mathematik vornehmen?« so war er auch hierzu bereit, legte Buch und Tafel auf den Tisch, und wir nahmen unsere Stunde. War dieselbe in aller Pünktlichkeit gehalten worden, dann – es war sicher darauf zu rechnen – stellte Archimedes zwei kleine geschliffene Gläser auf den Tisch und füllte sie mit einem feinen Kopenhagener Kümmel, den er sich, ich weiß nicht woher, mitunter zu verschaffen wußte. »Trink einmal«, sagte er während des Einschenkens; »das vertreibt die Grillen!« Und gleichzeitig leerte er auf einen Zug sein Glas.

»Ich habe keine Grillen, Archimedes«, pflegte ich zu erwidern; »und wer kann so früh am Tag schon trinken!«

»Freilich, freilich!« stieß er hervor. »Aber« – und er begann wieder mit den Händen in der Tasche auf und ab zu schreiten, wobei seine Augen wie ins Leere um sich blickten.

Eine Weile sah ich dem zu; dann hieß es: »Prosit, Archimedes!« und von seiner Seite wie im Echo: »Prosit!« und darauf, wie aus Träumen auffahrend, während ich zur Tür hinausging, noch einmal: »Prosit, prosit, lieber Freund!«

Diese Szene hat sich in fast wörtlicher Wiederholung mehr als einmal zwischen uns abgespielt.

Ich hätte wohl schon erwähnen sollen, daß Archimedes eine Schwester hatte; sie war zugleich sein einziges Geschwister, jedoch um viele Jahre jünger als der Bruder. Gesehen hatte ich sie bis zu meiner Sekundanerzeit nur im Vorübergehen, dagegen oftmals von ihr reden hören; denn sie war eines der Hauptkapitel einer unverheirateten Hausfreundin, die wir, nicht etwa weil sie alles konnte, aber weil sie alles wußte, »Tante Allmacht« nannten.

Daß die Mutter des Kindes bald nach dessen Geburt ihr freudloses Leben hingegeben hatte, war freilich bekannt genug; Tante Allmacht aber, deren Magd vordem in dem etatsrätlichen

Hause gedient hatte, wußte noch hinzuzufügen, daß ihr durch den unvermuteten Eintritt ihres Herrn Gemahls in die Wochenstube gleich jener Nachtwächterfrau ein Schrecken widerfahren sei, dem sie in ihrem Zustande und bei ihrer zarteren Organisation notwendig habe erliegen müssen. Da kein weibliches Wesen wieder in das Haus kam, welches die Stelle der Mutter hätte vertreten können, so mußte, nachdem die unumgängliche Säugamme entlassen war, die kleine Waise zwischen Köchin und Hausmagd aufwachsen, »die, Gott tröst es«, sagte Tante Allmacht, »dort alle Halbjahr neue Gesichter haben! – Meine Stine«, setzte sie hinzu, »die gute Kreatur, hat freilich ein rundes Jahr in dem unseligen Hause ausgehalten, bloß um des lieben Kindes willen, das sich sogar sein bißchen Mittag in der Küche betteln mußte. Wenn's Abend wurde, dann hat es freilich wohl der gutmütige junge Mensch, der Archimedes, mit auf seine Stube genommen; da saß es dann auf einem Schemelchen und verschmauste sein Butterbrot, und Stine hatte ihm auch mitunter noch ein Ei dazu gekocht. Sie war nicht bang, meine Stine, vor diesem Herrn Etatsrat; sie hat ihn manches Mal vor seiner alten Harmonika wieder auf die Beine gestellt, als der Musche Käfer das noch lange nicht gewagt hat; und bei solchem Anlaß hat sie's denn auch einmal durchgesetzt, daß das arme Kind aus der Klippschule zum mindesten in die ordentliche Mädchenschule gekommen ist; denn sie hat ihm keine Handreichung tun wollen, bevor der musikalische Oger ihr nicht solches mit teuern Eiden zugeschworen hatte. Wohin die kleine Phia, ob sie nach rechts oder links ihren Schulweg nahm, darum hat das Ungeheuer sich nicht gekümmert; nur wenn zu Ende des Quartals das jetzt um etwas höhere Schulgeld gezahlt werden mußte, hat es einen argen Sturm gesetzt; denn der Herr Etatsrat hat es der treuen Magd in ihrem Lohne kürzen wollen; aber – sie wußte ihn zu bestehen; und um sein Getobe, darum quälte sie sich so viel, als wenn der Wind um unsere Ecke weht.«

So hatte Tante Allmacht wieder einmal geredet, als ich tags darauf meinen ersten Mathematikunterricht bei Archimedes hatte. Er war eben beschäftigt, mir die außerordentliche Einfachheit des pythagoreischen Lehrsatzes auseinanderzusetzen, als sich die Stubentür öffnete und ich zugleich eine junge lebhafte Stimme rufen hörte: »Archi, hilf mir, ich kann das dumme Exempel nicht ...«

Ein feingebautes, etwa zwölfjähriges Mädchen mit zwei langen schwarzen Haarzöpfen stand im Zimmer; sie war, da sie einen Fremden bei ihrem Bruder sah, plötzlich verstummt und hielt diesem nun mit einer halb bittenden, halb verschämten Gebärde ihre große Rechentafel hin.

»Wollen Sie nicht erst Ihrer Schwester helfen?« sagte ich zu Archimedes, von dem mir derzeit das vertrauliche »Du« noch nicht zuteil geworden war.

Er entschuldigte sich höflich, daß er seine Schwester von dieser neuen Stunde noch nicht in Kenntnis gesetzt habe; dann winkte er sie zu sich. »Nun aber rasch, mein lieber kleiner Dummbart!« sagte er und legte den einen Arm um das jetzt an seiner Seite stehende Mädchen, während sie ihr schwarzhaariges Köpfchen an das seine lehnte, als habe sie nun ihren ganzen kleinen Notstand auf den Bruder abgeladen.

Archimedes hatte ihre Tafel vor sich auf den Tisch gelegt. »Du mußt aber auch hübsch selbst mit zusehen, Phia!« sagte er, indem er bereits den Griffel in Bewegung setzte.

»Ja, Archi!« Und sie sah für ein Weilchen gehorsam auf ihre Rechnerei herab, in welcher der Bruder unter stummem Kopfschütteln und manchem nicht zu unterdrückenden »Außerordentlich!« eine ziemliche Verwüstung anzurichten begann.

Ich hatte indessen Muße, mir diese in ihrem Äußeren so ungleichen Geschwister zu betrachten. Das Mädchen erinnerte in keinem Zuge weder an den Bruder noch an den Vater; ihr schmales Antlitz war blaß – auffallend blaß; dies trat noch mehr hervor, wenn sie, noch zärtlicher sich an ihren Bruder drängend, unter tiefem Atemholen ihre dunklen Augen von der Tafel aufschlug, bis eine neue, leise gesprochene Ermahnung sie hastig wieder abwärts blicken ließ. – »Das Kind einer toten Mutter«, so hatte ich von einer alten feinen Dame ihr Äußeres einmal bezeichnen hören; meine Phantasie ging jetzt noch weiter: ich hatte vor kurzem in einem englischen Buche von den Willis gelesen, welche im Mondesdämmer über Gräbern schweben; seit dieser Stunde dachte ich mir jene jungfräulichen Geister nur unter der Gestalt der blassen Phia Sternow; aber auch umgekehrt blieb an dem Mädchen selber etwas von jenem bleichen Märchenschimmer haften.

»Nein, kleine Phia«, hörte ich jetzt Archimedes sagen, »du wirst dein Leben lang kein Rechenmeister!«

Ich sah noch, wie sie fast heimlich die Arme um den Hals des Bruders schlang; dann war sie, ich weiß nicht wie, verschwunden, und Archimedes hatte seine Augen zärtlich auf die geschlossene Stubentür gerichtet. »Sie kann nicht rechnen«, sagte er. »Außerordentlich; aber sie kann gar nicht rechnen!«

Eine Art phantastischen Mitleids mit diesem Kinde hatte sich meiner bemächtigt. Ich begann wieder, wenn ich dort vorbeiging, durch die Plankenritzen in den etatsrätlichen Garten hineinzuspähen, hinter welchem sich ein wenig benutzter Fußweg mit dem Kirchhofswege kreuzte. Und oftmals nach der Nachmittagsschulzeit, wenn die Gartenruhe des Herrn Etatsrats längst vorüber war, habe ich sie dort beobachtet; meistens in dem vom Hause abgelegeneren Teile, wo die an der Planke hingereihten Linden und eine Menge alter Obstbäume die darunter liegenden Rasenpartien fast ganz beschatteten. Hier sah ich sie, in der niedrigen Astgabel eines Baumes sitzend, an einem Kranz aus Immergrün und Primeln winden; ich sah sie dann, da ich nach längerer Zeit denselben Weg zurückkam, das dunkle Köpfchen mit dem fertigen Kranze geschmückt, auf den schon dämmerigen Gartensteigen hin und wider wandeln, die Hände ineinandergefaltet, wie in heimlicher Glückseligkeit. Als es Herbst geworden war, sammelte sie wohl auch einen Apfel aus dem tiefen Grase und biß frisch hinein mit ihren weißen Zähnchen; aber immer sah ich sie allein; niemals war eine Gespielin bei ihr, welche mit ihr in die saftigen Äpfel hätte beißen oder sie in ihrem Primelkranze hätte bewundern können. Den letzteren hatte ich einige Tage nach seiner Anfertigung auf einem vernachlässigten Grabe des nahen Kirchhofs liegen sehen; es mochte ihr leid geworden sein, sich so für sich allein damit zu schmücken.

Aber auch in der Schule schien die Tochter des Etatsrats keine Genossin zu haben, wenigstens hatte ich mehrfach beobachtet, wie sie auf dem Heimwege mit ihrer schweren Büchertasche allein hinter dem plaudernden Schwarm einherging, der Arm in Arm die ganze Straßenbreite einnahm.

»Warum«, sagte ich zu meiner Schwester, »laßt ihr Sophie Sternow so allein gehen?«

Sie sah mich mit ihren lebhaften Augen an. »Bist du plötzlich Sophie Sternows Ritter geworden?«

Beschämt, meine zarten Empfindungen verraten zu haben, erwiderte ich nachlässig: »Ich meinte nur, sie tut mir leid; ist sie denn nicht nett?«

»Nett? Ich weiß nicht; ich glaube wohl, daß sie ganz nett ist.«

»Du sagst das ja, als wenn du Almosen austeiltest!«

»Nein, nein; ich kann sie ganz gut leiden, aber sie will nur immer meine Freundin werden!«

»Und warum willst du das denn nicht?«

»Warum? Ich habe ja schon eine; man kann doch nicht zwei Freundinnen haben!«

»So könntest du sie doch einmal zu dir einladen«, sagte ich nach einigen Bedenken.

»Die Blasse scheint dir ja sehr am Herzen zu liegen!« erwiderte meine Schwester mit einem unausstehlichen Anstarren.

»Ach, Unsinn! Sie dauert mich; ihr Mädchen seid hartherzige Kreaturen.«

Nach diesem geschwisterlichen Zwiegespräche kam Archimedes' Schwester einige Male in unser Haus. Mit Genugtuung beobachtete ich, wie meine Mutter das schmächtige Mädchen zärtlich zu sich heranzog; es war unverkennbar, daß diese sich dann Gewalt antat, um nicht die ungewohnte Liebkosung mit allem Ungestüm der Jugend zu erwidern. Im übrigen war sie schüchtern, besonders wenn sie die Hand zum Abschied reichte; es schien sie dann zu drücken, daß sie nicht auch ihrerseits meine Schwester zu sich einladen konnte. Aber eines Sonntagvormittags erschien sie strahlend mit vor Freude geröteten Wangen. »Ich soll dich einladen«, sagte sie zu meiner Schwester; »ich darf noch viele einladen; mein Vater hat es mir erlaubt!«

Und wirklich, der Herr Etatsrat hatte es erlaubt. Er hatte kürzlich herausgefunden, daß er eine Tochter habe, welche abends, wo die geröteten Augen ihm nicht selten ihren Dienst versagten, zum Vorlesen von Zeitungen und auch wohl amtlicher Aktenstücke trefflich zu gebrauchen sei; dann hatte er sich auch fernerer Vaterpflichten entsonnen und schließlich seine Tochter aufgefordert, »die kleinen Fräulein«, welche mit ihr in die Schule gingen, auf den Sonntag zu sich einzuladen.

Nach geheimem Zwiesprach zwischen unseren Eltern wurde, wohl nicht ganz unbedenklich, meiner Schwester die Zusage gestattet, und Phia Sternow ging mit leuchtenden Augen weiter, um auch ihre übrigen Gäste einzuladen.

Der Tag verging. Als wir übrigen im elterlichen Hause bei unserer Abendmahlzeit saßen und eben hin und her erwogen wurde, ob ich oder unser Kutscher meine Schwester von der etatsrätlichen Gesellschaft heimgeleiten solle, ging draußen die Haustür, und die Besprochene stand plötzlich vor uns, den Hut etwas verschoben auf dem Kopfe, ihren Umhang über dem Arm.

»Da bist du?« rief meine Mutter. »Ist die Gesellschaft denn schon aus?«

»Nein, Mutter – noch nicht; ich bin nur fortgelaufen.«

»Fortgelaufen? – War's denn nicht gut sein dort?«

»O, – ja, zuerst! Phia war reizend! Wir waren alle im Garten; die anderen spielten Greif um die großen Rasen; Phia und ich aber saßen ganz allein miteinander auf dem Altar; wißt ihr, da in der Ecke, wo man nach dem Kirchhof hinübersieht. Sie kannte all die kleinen Kindergräber und erzählte so wunderbare Geschichten von den toten Kindern; man sah sie ordentlich mit ihren kleinen blassen Gesichtern zwischen den Kirchhofsblumen laufen; ihr könnt es euch nicht denken, so reizend und so unbeschreiblich traurig! Ich sah sie an und frug, ob sie das alles doch nicht nur geträumt habe; da fiel sie mir um den Hals und küßte mich.«

Meine Mutter hörte teilnehmend zu; mein Vater sagte: »Das ist recht schön, Margrete; aber vor den toten Kindern bist du doch nicht fortgelaufen!?«

Meine Schwester nickte ein paarmal kräftig. »Wart nur, Papa! – Um acht Uhr, nach dem Abendessen – es war übrigens sehr gut, zuletzt Schokoladepudding mit Vanillecreme –, da kam der Herr Etatsrat zu uns in den Gartensaal. Es ist ganz gewiß, er mußte sich an eine Stuhllehne halten, als er uns seinen Diener machte; er ist so wunderlich gewachsen! Dann setzte er sich vor seinen Altar und spielte auf seiner Glasharmonika, und wir sollten danach tanzen. ›Verstehet ihr Menuett, kleine Fräulein? Trà-là-lalà-lalà-lalà!‹ Er sang das mit einer ganz fürchterlichen Stimme und sagte, es sei aus dem Don Juan. Aber wir konnten kein Menuett. ›Immer zu Diensten der Damen!‹ rief er, und dann spielte er einen Walzer, und danach tanzten wir miteinander.«

»Wo war denn der gute Archimedes?« frug ich dazwischen. »An dem hättet ihr doch wenigstens einen Herrn gehabt.«

»Der gute Archimedes? Ja, der kam auch mal herein und wollte mit mir tanzen; aber der Herr Etatsrat sagte, unsere Eltern würden es als sehr unschicklich vermerken, wenn er gestatten wollte, daß eine so junge männliche Person allein zwischen all den kleinen Fräulein tanze. Und so mußte er wieder zum Saal hinaus. Aber paßt nur auf, das Schlimtnste kommt nun noch!«

Mein Vater lächelte doch. »Was war denn das, Margrete?«

»Ja, glaub nur, es war schlimm genug! So eine riesengroße silberne Bowle, ganz voll von Punsch, und so stark, ich glaube, ich wurde schon vom bloßen Riechen schwindlig! Und dabei sagte der schreckliche Mensch: ›Das ist ein wenig Zuckerwasser für die Damen!‹ Eigentlich, weißt du, Papa, es schmeckte ganz gut; aber ich mußte doch greulich danach husten, als ich nur eben davon nippte. Der Herr Etatsrat aber trank gleich drei Gläser nacheinander, und er goß sich noch jedesmal etwas dazu aus einer kleinen Flasche, die er neben seinem Altar stehen hatte. – Und dann mußten wir wieder tanzen, und dann trank er auf unsere Gesundheit: ›Die Rosen im Lebensgarten, die Damen leben hoch!‹ Sehr schön, nicht wahr? Wir mußten alle mit ihm anstoßen, und dann füllte er sein Glas wieder, bis er zuletzt einen Kopf hatte wie eine Feuerkugel, – ganz greulich sah er aus! ›Tanzet, kleine Fräulein, tanzet!‹ rief er immer; aber er konnte gar nicht mehr Takt halten; ich glaube gewiß, Papa, er war betrunken!«

»Ich glaube auch, Margrete.«

»Ja, und wir waren auch so bange; wir saßen alle in der weitesten Ecke, ganz übereinander wie die Fliegen. Mich dauerte nur Phia – Papa, wenn ich solche Angst vor dir haben müßte, schrecklich! – Wie ein kleiner Geist stand sie vor uns und flehte uns ordentlich an: ›Wollt ihr nicht mehr tanzen? O, bitte, versucht es doch noch einmal!‹ Sie streckte ihre Arme aus, daß eine von uns sie aufnehmen möchte, denn sie tanzte immer nur als Dame; als wir uns aber nicht aus unserer Ecke wagten, ging sie von der einen zu der anderen und bat uns um Verzeihung, wir möchten doch nicht böse sein, daß sie uns zu sich eingeladen habe. Und da wollten wir auch wieder tanzen, aber als wir eben ein wenig im Gange waren, da fing der schreckliche Etatsrat auf einmal an zu singen: ›Was kommt dort von der Höh, was kommt dort von der ledernen Höh?‹ – Kennt ihr es? Ein ganz scheußliches Studentenlied! – Und dabei wurde er so hitzig, daß er sich das Tuch vom Halse riß und es dicht vor meine Füße schleuderte!«

»Und dann, Margrete?« frug mein Vater, als sie hoch aufatmend innehielt.

»Dann? Ja, glaubt nur, daß ich mich erschrocken hatte! Dann – bin ich fortgelaufen. Hu! ich mußte ganz dicht bei dem fürchterlichen Mann vorbei; ich weiß noch selbst nicht, wie ich aus dem Saal gekommen bin.«

»Arme Phia!« dachte ich in demselben Augenblicke, als meine Mutter diese Worte aussprach.

Mein Vater wiegte leise seinen Kopf und sagte nachdenklich wie zu sich selber: »Es geht doch nicht; das darf nicht wiederkommen.«

Und es ging auch nicht. Für Phia Sternow blieb dieses Fest mit ihren Jugendgenossinnen das einzige ihres Lebens.

Als endlich bei Beginn eines Sommersemesters auch die Zeit meines Abganges zur Universität heranrückte, verfiel Archimedes in eine große Traurigkeit; die Szene mit den kleinen Gläsern, da es nachher nicht mehr möglich war, hatte sich schon jetzt in einigen Variationen abgespielt, und das Mitleid bedrängte mich derart, daß es sich notwendig in irgendeiner heldenhaften Tat entladen mußte.

Bei dem Abschiedsbesuche, den ich Archimedes auf seinem oben nach dem Garten hinausliegenden Zimmer abstattete, bot sich hierzu die günstigste Gelegenheit; denn da ich, während mein armer Freund schweigend auf und ab wandelte, ebenso stumm und erregten Herzens aus dem Fenster blickte, gewahrte ich drunten den Herrn Etatsrat, der, in einer großen Zeitung lesend, in seinem Gartenstuhle saß. Mein Entschluß war sofort gefaßt; ich nahm kurzen Abschied, drängte den verbindlichen Archimedes zurück, als er mich die Treppe hinabbegleiten wollte, ging dann aber statt auf die Straße, hinten nach dem Garten und stand gleich darauf dem Herrn Etatsrat gegenüber.

Er schien trotz meines Grußes meine Anwesenheit nicht zu bemerken, wenigstens las er ruhig weiter, während ich ebenso ruhig, aber keineswegs mit besonderer Behaglichkeit, vor ihm stehenblieb. Endlich ließ er den Arm mit dem Zeitungsblatte sinken. »Was wollen Sie, mein Freund?« sagte er. »Nicht wahr, Sie sind der Sohn des Justizrats Soundso?«

Diese Worte sind nicht etwa eine Abkürzung seiner Rede; er sprach das wirklich, obgleich er mit meinem Vater längst in mannigfacher, mitunter vielleicht ein wenig heikler Geschäftsverbindung stand.

Etwas betroffen suchte ich meine Gedanken möglichst rasch zu ordnen und plädierte dann auch mit allen Gründen des Kopfes und des Herzens und, wie ich mehr und mehr zu empfinden meinte, in siegverheißendster Weise für den Lebenswunsch des armen Archimedes.

Der Herr Etatsrat hatte mich ausreden lassen, dann aber winkte er mich näher zu sich heran und legte, nachdem ich Folge geleistet hatte, seine Hand schwer auf meine Schulter. »Junger Mann«, begann er mit immer gewaltigerem Brustton, »Sie haben sonder Zweifel davon reden hören: vor meiner Zeit war hier kein Deich, der standhielt; Menschen und Vieh ersoffen gleich wie zu Noä Zeiten; hier war nichts als Pestilenz und gelbes Fieber! Erst von mir, von dem Sie einst erzählen mögen, daß Sie den Mann mit eigenen Augen noch gesehen haben, datiert die eigentliche Ära unseres Deichbauwesens! Holländische Staatsingenieure wurden hergesandt, um die Konstruktion meiner Profile zu studieren; denn es ist mein Werk, daß diese ehrenreiche Stadt samt Ihnen, junger Freund, und dem Justizrat, Ihrem Vater, nicht Anno fünfundzwanzig von der Flut verschlungen worden, und daß hier, wo ich jetzt die Ehre Ihrer Unterhaltung genieße, nicht Hai und Rochen miteinander konversieren! Aber« – und die vorquellenden Augen verbaten sich jeden Widerspruch – »nach mir ist mein Sohn Archimedes der erste Mathematikus des Landes!«

Er zog seine Hand zurück und machte gegen mich von seinem Sessel aus eine Art unbehülflichen Entlassungskompliments.

Unwillkürlich erwiderte ich dasselbe und ging dann recht beschämt davon, in der, wie ich noch jetzt meine, wohlbegründeten Überzeugung, daß meine grüne Beredsamkeit gegen diese Art denn doch nicht aufzukommen vermöge.

So blieb denn Archimedes abermals zurück, während ich voll mutiger Erwartung in das neue Leben hinaussteuerte.

Ich habe hier nicht von mir und meinem Studentenleben zu reden, sonst müßte ich erzählen, wie diese Erwartungen nur zum kleinsten Teil erfüllt wurden; denn die Leute, mit denen ich zusammentraf, erschienen mir, sei es durch ihre Persönlichkeit oder nur durch ihr derzeitiges Tun und Treiben, um einige Stufen niedriger als die, welche ich zurückgelassen hatte. So kam es, daß ich manchen Brief in meine Heimat sandte und wiederum von dort empfing; auch Archimedes schrieb mir einige Male; sein Übergewicht an Jahren, seine treuherzige Anhänglichkeit boten für das ihm etwa Fehlende genügenden Ersatz, und seine Briefe waren so ganz er selber, daß ich beim Lesen ihn leibhaftig vor mir sah, den kleinen guten Mann mit seinem erbsengelben Haarpull, seinem verbindlichen Lächeln bei dem kriegerischen Aufblick seiner runden Äuglein. Das freilich war die Hauptsache; denn seine Mitteilungen beschränkten sich auf die einfachen Vorkommnisse seines Lebens. Einmal aber, im Hochsommer, war eine neue Art der Unterhaltung für ihn aufgekommen. Der Herr Etatsrat hatte gegen irgendwelchen Ungehorsam seines Leibes den Gebrauch des »Erdbades«, wie er diese selbstersonnene Kur nannte, für notwendig befunden; ob von jener nur allzu gründlichen Heilkraft unserer guten Mutter Erde ausgehend, ob in anderer Anleitung, mochte er selbst am besten wissen. Um aber zugleich die Gunst der Seeluft zu genießen, ließ er sich – und es geschah dies einen um den anderen Tag – eine

Stunde weit an den Strand hinausfahren, und da er hierbei außer dem Kutscher noch einer weiteren Hülfe bedurfte, so mußte Archimedes stets bei diesem aufsitzen. Unweit eines dort belegenen Dorfkruges, an einer Stelle, wo neben zwei im Sande steckenden Spaten bereits ein entsprechend tiefes Loch gegraben war, wurde haltgemacht und der Herr Etatsrat aus dem verdeckten Wagen unter das Angesicht des Himmels herausgeschafft. Glücklicherweise aber verschwand er unter dem eifrigen Schaufeln des Kutschers und eines bereitstehenden Arbeiters gleich darauf wieder in den Schoß der Erde, so daß nach vollbrachter Arbeit nur noch der braunrote Kopf über der weiten Strandfläche hervorsah.

Die Wellen rauschten, die Möwen schrien, der Herr Etatsrat badete.

Dann folgte der zweite Teil der Kur. Das mächtige Haupt drehte sich mühsam nach der Gegend des Dorfkruges: »Sohn Archimedes«, rief es, »eile jetzo, deinen Vater zu erquicken!«

Auf diese pathetisch vorgebrachten Worte schritt Archimedes nach dem Kruge, wo unter den Flaschen auf dem Schenkregal eine mit der Aufschrift »Pomeranzen« prangte. Nachdem er, wie nicht unbillig, sich zuvörderst selbst erquickt hatte, kehrte er eilig mit mehreren Gläsern dieses Trankes an den Strand zurück und kredenzte sie dort in gewohnter Zierlichkeit dem über unkindliche Säumnis scheltenden Haupte seines Vaters.

Damit war das Bad beendet; nur daß sich alle dann noch nach dem Wirtshause begaben, wo der Herr Etatsrat sich eine letzte Stärkung nicht entgehen ließ; für Archimedes war von seinem Vater als das ihm angemessenste Getränk ein für allemal ein Glas Eierbier bestellt, welches er denn auch mit vielsagendem Lächeln zu sich nahm. Bei einer der letzten Fahrten aber geschah etwas Unerwartetes. »Sohn Archimedes«, begann der Herr Etatsrat feierlich, als er nach genossenem Erdbade pustend in dem Flickenpolsterstuhle des Wirtes ruhte, »heute, als an deinem siebenundzwanzigsten Geburtstage, darfst auch du wohl einmal von diesem Tranke kosten, welcher den Jünglingen Verderben, den Männern aber Labsal ist!«

Herablassend winkte seine schwere Hand dem Wirte; dieser aber, während er den braunen Saft ins Glas goß, warf einen verständnisvollen Blick erst auf Herrn Archimedes, sodann auf eine hübsche Reihe von Kreidestrichen, welche an der Stubentür verzeichnet standen.

Der Zusammenhang dieser Gebärden wurde völlig klar, als später, nachdem die Zeche des Etatsrats in hergebrachter Weise durch den Kutscher berichtigt worden, auch Archimedes seine damals gerade wohlgefüllte Börse zog und hierauf jene Striche sämtlich von der Tür verschwanden.

Er hatte diese Vorgänge in jenem harmlos heiteren Ton erzählt, der im persönlichen Verkehr mich immer freundlich anzusprechen pflegte; gleichwohl entsinne ich mich, daß ich derzeit diesen Brief nicht ohne ein Gefühl von Unbehaglichkeit beiseite legte. Vorübergehend kam mir auch wohl die Frage, weshalb denn der Herr Etatsrat nicht sein Faktotum Käfer statt des ihm ferner stehenden Sohnes bei diesen Badefahrten mit sich führe; aber freilich, der Schlingel mochte es schon verstanden haben, sich von solchen Diensten frei zu machen.

Ein Jahr war dahingegangen, die Ferienzeit war fast verstrichen, und die anderen Studenten waren längst schon heimgereist; durch mancherlei Umstände aber war es gekommen, daß ich nur die letzten Tage vor Beginn des neuen Sommersemesters im elterlichen Hause verleben konnte. Als ich eintraf, sah ich wohl, daß Archimedes schon unter dem grauen Gespinst der Abschiedsstimmung einherwandelte. »Asche, Asche, lieber Freund!« rief er sogleich nach der ersten Freude des Wiedersehens. »Um ein paar Tage seid ihr alle wieder fort: und schau nur her!« – er hob das spärliche Haar von seinen Schläfen – »da kommen schon die silbernen! Wenn ihr wiederkehrt, ihr werdet einen alten Mann dann finden!«

Und freilich, ein paar weiße Härchen zeigten sich, und der kurze Rest der Ferien ging rasch zu Ende. Es wurde indessen anders, als irgendeiner es erwarten konnte.

Ich weiß nicht sicher, ob Archimedes immer einen schwarzen Frack und einen glattgebürsteten Zylinder trug; ich glaube es fast; unvergeßlich ist mir, wie ich ihn so am letzten Tage vor der Abreise zu mir in die Stube treten sah, während ich am Fußboden kniend meinen Koffer packte.

Archimedes sagte nichts, er ging nur, sein Stöckchen schwingend, mit sehr elastischen Schritten auf und ab; dann räusperte er sich ein paarmal, machte seine exaktesten Kopfbewegungen, aber sagte wieder nichts.

»Nun?« rief ich.

»Nun?« rief Archimedes.

Ich faßte ihn jetzt recht fest ins Auge; aber in meinem Leben habe ich nicht so die Freude auf einem Menschenantlitz ausgeprägt gesehen.

»Archimedes«, rief ich, »was ist geschehen?«

Er räusperte sich noch einmal; er schien zu geizen mit der gleichwohl stumm von seinen Lippen redenden Glückesbotschaft. »Lieber Freund«, sagte er endlich mit erkünstelter Trockenheit und tickte mit seinem Stöckchen mich leise auf der Schulter; »ich möchte nur bescheiden bei dir anfragen, ob morgen noch ein Plätzchen auf deines Vaters Wagen offen ist?«

Ich erhob mich von meinem Koffer und betrachtete meinen kleinen Freund, der mit seinem Stöckchen wippte, als ob er ein mutiges Pferd besteigen wolle.

»Wart nur«, sagte ich, »wie viele sind wir denn? Peter Krümp, der Rantzauer, Jochen Fürchterlich – – freilich, es ist just ein Platz noch offen! Willst du uns begleiten, oder ... am Ende gar? Hat der Alte herausgerückt?«

»Halt!« rief Archimedes. »Bester Freund, du sollst noch Ratsherr werden!« Und damit zog er seine bekannte grünseidene Börse aus der Tasche, deren außerordentlicher Umfang mir heute zum ersten Male recht erkennbar wurde, und setzte daraus einen Stapel blanker Speziestaler nach dem anderen auf den Tisch. »Schau her!« rief er, »hier Kollegiengelder, für die du kein Verständnis hast; dann in schwindender Proportion, hier für eine Kneipe in der Wolfsschlucht, hier für den etwas mageren Kosttisch, an dem die Theologen futtern!« Er warf mit kurzem Lachen seinen Kopf zurück und sah mich ganz verwegen an. »Ja, ja, Bester, ich fürchte mich nicht vor den zähen Pfannekuchen und werde sie keineswegs wie gewisse Leute so schnöde an die Stubentüren nageln! Und somit, das erste Semester wäre in Sicherheit!«

Auf einmal begann er, sein Stöckchen schwingend, wieder auf

und ab zu wandeln; sein Gesicht hatte einen ernsten, fast sorgenvollen Ausdruck angenommen.

»Woran denkst du, Archimedes?« frug ich.

»Hm, im Grunde nicht so außerordentlich!« Und er setzte noch immer seinen Spaziergang fort. »Meine arme kleine Schwester; sie hatte an mir doch einen Kameraden!«

Ich schwieg beklommen, denn auch mit meiner Schwester hatte der Verkehr ja aufgehört.

»Ich weiß wohl«, fuhr er fort; »der Alte ist ja eigentümlich; das ist kein Haus für junge Damen.« Er schwieg plötzlich und schneuzte sich heftig mit seinem großen rotseidenen Taschentuche.

»Archimedes«, sagte ich, »die Mädchen könnten ja doch hier zusammenkommen! Mutter und Schwester haben deine Phia beide gern.« Ich sagte das aufs Geratewohl; ich konnte nicht anders.

Er blieb stehen. »Ist das dein Ernst? Darf ich es ihr sagen?« rief er lebhaft.

»Gewiß darfst du das.«

Seine Augen leuchteten ordentlich. »Trefflich! trefflich!« rief er und drückte mir die Hand. »Freilich, wenn der Alte sie nur fahren läßt! Abends muß sie ihm vorlesen, bis ihr die Brust weh tut; sie ist nicht stark, die kleine Phia. Und tages ... nach ihrer Konfirmation ist gleich die eine Dienstmagd abgeschafft; sie hat so viel zu tun, das arme Ding. Aber gewiß, ich werd's ihr sagen; nun wird die Reise viel fröhlicher vonstatten gehen!«

Aber Archimedes hatte noch ein Bedenken oder wenigstens noch einen Widerhaken im Gemüte; und ich war nun einmal sein Vertrauter.

»Weißt du auch«, begann er wieder, »wem ich diese außerordentliche, ja ganz unglaubliche Erfüllung meines Wunsches zu verdanken habe?«

»Ich denke, deinem Vater«, erwiderte ich, »du sagtest es ja schon.«

Archimedes vollführte einen scharfen Hieb mit seinem Stöckchen durch die Luft. »Freilich, Bester; aber – der Günstling, der Haus- und Kassenverwalter Käfer hat es hinter meinem Rücken bei dem Alten durchgesetzt; die Sache ist ganz sicher,

Phia hat es mich versichert; sie hält diesen Käfer für den besten aller Menschen! Siehst du, das wurmt mich; ich mag dieser Kreatur nichts zu verdanken haben.«

»Nun«, sagte ich – ich weiß nicht, wie es mir eben auf die Zunge kam – »vielleicht hast du ihm auch nichts zu danken; vielleicht mag's ihm selber daran liegen, dich aus dem Hause loszuwerden.«

Archimedes starrte mich fast erschrocken an. »Du sagst es!« rief er; »aber ich habe auch schon daran gedacht! Nur wüßte ich eigentlich nicht, warum; ich habe mich nie darum gekümmert, wie aus des Alten Schatulle das Silber in seine Tasche fließt; glaubt er indessen, durch meine Abwesenheit diesen Strom noch zu verstärken, basta! so möge er seinen Lohn dahinhaben!«

Damit war unsere Unterhaltung zu Ende. »Auf morgen denn!« rief Archimedes in seiner alten Fröhlichkeit; die Ausprägung jenes letzten Gedankens schien seine Bedenklichkeiten ganz verscheucht zu haben. Und auch mir schien damit alles erklärt zu sein; denn Herr Käfer mußte augenscheinlich nicht wenig Geld verbrauchen. Er kleidete sich gut, man konnte sagen, mit Geschmack; er ließ sich auch sonst nichts abgehen. Trotz seines noch immer etwas weibischen Gesichtes machte er keine üble Figur, so daß alte Damen ihn einen feinen jungen Menschen nannten; auch ich selber wäre vielleicht weniger dagegen gewesen, wenn ich ihn mir nicht zehn Jahre früher durch die Planke so genau betrachtet hätte. Er war unablässig bemüht, sich in die bessere Gesellschaft einzudrängen, und hatte es sogar fertiggebracht, mit einer Anzahl von drei weißen Kugeln von der Harmoniegesellschaft zurückgewiesen zu werden. Und somit machte auch ich mir keine weiteren Gedanken.

Am Tage darauf, am schönsten Junimorgen, fuhren wir Studenten ab. Archimedes war anfänglich etwas still. »Ein harter Abschied«, flüsterte er mir zu und drückte krampfhaft meine Hand. Aber die Abschiedsstimmung hielt nicht stand; am Waldesrande, etwa eine Meile hinter unserer Vaterstadt, sprangen wir alle vom Wagen und schmückten Pferde und Geschirr mit frischem Buchengrün, uns selbst nicht zu vergessen. Der junge

Kutscher meines Vaters, »Thoms Knappe« von uns genannt, hatte die Fahrt schon mehrfach mitgemacht; er kannte alle unsere Lieder und sang mit seiner klingenden Tenorstimme frisch dazwischen, als es jetzt wieder in das freie Land hinausging. Ich entsinne mich kaum einer Reise, wo mir die Sonne so ins Herz gelacht hätte; es war aber auch nicht allein die Sonne, zur Seite des rollenden Wagens flogen die hellsten Genien des Lebens, Hoffnung und Jugend, mit ihrer weithin leuchtenden Aureole.

Auf der Hälfte des Weges, in dem großen baumreichen Dorfe, wo man im Vorüberfahren in des Hardesvogts Garten den kleinen Springbrunnen mit der goldenen Kugel spielen sah, vor dem stattlichen Wirtshause, dem der mit dunklen Tannen bestandene Hügel gegenüber lag, wurden die dampfenden Pferde abgeschirrt und den Herren Studenten das helle Staatszimmer zur Mittagstafel eingeräumt. Und bald auch saßen wir alle, Thoms Knappe nicht ausgenommen, um den sauber gedeckten Tisch; glänzende Schinkenschnitte, Eier und Eierkuchen, und was sonst noch in den hochbeladenen Schüsseln aufgetragen wurde, verschwand mit unglaublicher Geschwindigkeit. Buttermilch wurde nicht getrunken, vielmehr kann nicht verschwiegen werden, daß neben jedem Teller ein tüchtiges Glas Grog seinen erquickenden Dampf versandte, während zur Tafelmusik Finken und Rotschwänze drüben aus den Tannen schlugen.

Mit einem unsäglich frohen Angesicht saß Archimedes neben mir; er schien alles, was ihn daheim belastet hatte, hinter sich geworfen zu haben; sooft er mit vergnügtem Lächeln sein dampfendes Glas zum Munde führte, machte er seine kriegerischsten Augen, als wollte er sagen: »Leben, wo bist du? Komm heraus; wir wollen dich bestehen!« Und »Prosit! Prosit, Archimedes!« klang es von allen Seiten.

Einige Tage nach unserer Ankunft in der Stadt der Alma mater, da ich auf meinem Zimmer mich eben mit dem rätselvollen Kapitel der Korrealobligationen plagte, stand Archimedes plötzlich vor mir; er nickte mir zu, hob sich auf die Fußspitzen und drückte den Kopf in den Nacken, als fordere er mich heraus, ihn zu betrachten.

»Alle Wetter, Archimedes!« rief ich; »wo hast du dir dies strahlende Angesicht geholt?«

Er hob den Kopf noch höher aus den spitzen Vatermördern. »Nur drei Häuser weit von hier, lieber Freund; von dem rectore magnifico! Ich bin Student, immatrikuliert – data dextera – der alte Celeberrimus in Schlafrock und Pantoffeln! Wahrhaft rührend, ganz erhebend! Aber«, fuhr er fort, indem er sich zum Fenster wandte, »dein Spiegel hängt auch ganz verteufelt hoch!« Und damit nahm er mir mein dickes schweinsledernes corpus juris vor der Nase fort und legte es als Schemel auf den Fußboden; nachdem er also seiner Kürze nachgeholfen, betrachtete er sich in der fleckigen Spiegelscheibe mit augenscheinlichem Behagen. »Student!« sagte er noch einmal. »Meinst du nicht auch, der Schnurrbart ist in den kurzen acht Tagen doch schon hübsch gewachsen! Vivat der Alte! Weißt du, wir wollen heute abend seine Gesundheit trinken; ich werde sehr guten Stoff besorgen. Nicht so, du willst doch? Der Alte hat es in der Tat verdient!«

»Freilich will ich«, erwiderte ich; »sage nur auch die anderen an, alles übrige werde ich besorgen.«

»Trefflich, trefflich!« rief Archimedes. »Aber hier hast du dein corpus juris wieder; ich muß zunächst nun meine mathematica belegen; denn, lieber Freund, es soll höllisch jetzt geochst werden!«

Wie tanzend schritt er nach der Tür, nachdem er mir ein paarmal mutig zugenickt hatte; plötzlich aber hielt er inne. »Weiß der Henker«, sagte er; »ich muß immer wieder an diesen Schuft, den Käfer, denken! Er ist nicht mal ein ordentlicher Käfer, höchstens ein Insekt der siebenten Ordnung, so eine Schnabelkerfe oder dergleichen etwas!«

Meine Gedanken waren schon wieder bei den Korrealobligationen. »Was kümmert dich der Bursche«, sagte ich obenhin; »der ist ja weit von hier!«

»Freilich, freilich«, erwiderte Archimedes, indem er aus der Tür ging; »wir wollen die Naturgeschichte ruhen lassen.« – –

Die kleine Kneiperei ging dann auch am Abend zur Herzensberuhigung unseres Freundes in bester Heiterkeit vonstatten; als wir aber feierlich die Gesundheit seines Alten tranken, flüsterte er mir ganz ergrimmt ins Ohr: »Und daß er bald der Schnabelkerfe einen Fußtritt gebe!« dann stürzte er sein volles Glas herunter.

Es ist mir später klargeworden, daß in betreff jenes Menschen eine unbestimmte Furcht in seiner Seele lag, die er selber freilich nicht mehr bestätigt sehen sollte. Im weiteren Verlaufe des Semesters erwähnte er desselben nicht wieder; seine Arbeiten mochten diese Dinge bei ihm zurückgedrängt haben; denn seiner Ankündigung gemäß betrieb er diese vom Morgenrot bis in die Mitternacht hinein.

Bei Beginn der Herbstferien reiste Archimedes nach Hause, weil mit dem Semester auch seine dafür berechnete Kasse ihr Ende erreicht hatte; ich blieb noch, um unter Benutzung der Universitätsbibliothek eine bestimmte Materie durchzuarbeiten. Erst kurz vor dem Wiederbeginn der Kollegien folgte auch ich, um wenigstens ein paar Tage mit den Meinen zu verleben.

Archimedes fand ich besonders heiter und in großer Regsamkeit. »Du kommst verteufelt spät, lieber Freund!« rief er mir entgegen; »aber der Alte ist splendid gewesen, ich reise wieder mit euch! Übrigens...« Und nun erfuhr ich, daß am letzten Tage noch ein Ball stattfinden solle, den ich nicht versäumen dürfe; seine kleine Phia würde auch erscheinen.

Dann schwieg er eine Weile und sah mit seinem kindlichen Lächeln zu mir auf. »Weißt du, lieber Freund«, begann er wieder, »ich habe dabei auf dich gerechnet! Sie hat noch keinen Ball besucht; sie hat daher nicht so ihre gewohnten Tänzer wie die anderen; nicht wahr, du hilfst mir, sie gleich ein wenig mit hineinzubringen?«

Ich dachte plötzlich wieder an die Willis. »Deine Schwester muß ja bezaubernd tanzen«, sagte ich. »Wie wär's mit Polonäse und Kotillon? Willst du meine Bitte überbringen?«

Archimedes drückte mir die Hand. »Trefflich, trefflich, lieber Freund! Aber nun muß ich zum Schuster, ob meine neuen Lackierten doch auch fertig sind!« –

Am Morgen des Festabends waren wir alle in Bewegung; die einen, um Handschuhe oder seidene Strümpfe einzukaufen – denn Archimedes war der einzige, der stets in Lackstiefeln tanzte – die anderen, um bei dem Gärtner einen heimlichen Strauß für die Angebetete zu bestellen. Diese letzteren belächelte Archimedes, indem er sanft den Kopf emporschob; er hatte niemals eine Herzdame, sondern nur eine allgemeine kavaliermäßige Verehrung für das ganze Geschlecht, worin er vor allem seine Schwester einschloß. Ich entsinne mich fast keiner Schlittenpartie, wobei sie nicht die Dame des eigenen Bruders war; es schien bei solchem Anlaß, als möge er sie keinem Dritten anvertrauen; sorgsam vor der Abfahrt breitete er alle Hüllen um und über sie, während das blasse Gesichtchen ihn dankbar anlächelte; und ebenso sorgsam und ritterlich hob er bei Beendigung der Fahrt sie wieder aus dem Schlitten.

So war denn Archimedes zum Festordner wie geschaffen und auch diesmal dazu erwählt worden. Als ich, wie gewöhnlich sein Gehülfe bei solcher Gelegenheit, am Vormittag des Festes in den Ballsaal trat, wo noch einiges mit dem Wirte zu ordnen war, fand ich ihn mit diesem bereits in lebhafter Unterhandlung. »Vorzüglich, ganz vorzüglich!« hörte ich ihn eben sagen; »also noch ein Dutzend Spiegellampetten an den Wänden, damit die Toiletten der Damen sich im gehörigen Lüster präsentieren, und, Liebster, nicht zu vergessen die bewußten Draperien, um auch die Musikantenbühne in etwas zu verschönern!«

Während der Wirt sich entfernte, schritt Archimedes auf mich zu, der ich am anderen Ende des Saales die Tischchen mit den Kotillonraritäten revidierte; aber der Ausdruck seines guten Gesichts schien den heiteren Worten, die ich erst eben von ihm gehört hatte, wenig zu entsprechen.

»Was fehlt dir, Archimedes?« frug ich. »Deine Schwester ist heute abend doch nicht abgehalten?«

»Nein, nein!« rief er. »Sie wird schon kommen, und wenn auch erst um zehn Uhr, nachdem der Alte zur Ruhe gegangen ist; aber ich denke sie noch früher loszunesteln!«

»Nun also, was ist es denn?«

»O, es ist eigentlich nichts, lieber Freund; aber dieser Käfer, der Herr Hausverwalter! Ich glaube, das arme Ding fürchtet sich ordentlich vor ihm. Stelle dir's vor, er unterstand sich heute, auf mein Zimmer zu kommen und uns beiden zu erklären, der Herr Etatsrat werde das sehr übel vermerken, wenn das Fräulein auf den Ball ginge; und das Fräulein hing so verzagt an seinem unverschämten Munde; es fehlte nur noch, daß er ihr geradezu den Ball verboten hätte!«

Archimedes zuckte mit seinem Stöckchen ein paarmal heftig durch die Luft. »Ich werde diesem Käfer noch die Flügeldecken ausreißen!« sagte er und machte seine Offiziersaugen. »Der Mensch unterstand sich sogar, mich bei meinem Vornamen anzureden; da habe ich ihm denn seinen Standpunkt klargemacht und ihn hierauf sanft aus der Tür geschoben; siehst du« – und er erhob den Arm – »mit dieser meiner eigenen Hand, die leider ohne Handschuh war!« Er ging ein paarmal auf und nieder. »Zu toll, zu toll!« rief er. »Während meiner Philippika hatte das Kind mich fortwährend am Rock gezupft; nun der Bursche fort war, bat sie mich unter Tränen, sie doch zu Haus zu lassen. Aber sie soll nicht; sie soll auch einmal wie andere eine Freude haben; und sie hat mir's denn endlich auch versprochen.«

Archimedes steckte beide Hände in die Taschen und blickte eine Weile schweigend gegen die Saaldecke. »Das arme Ding«, sagte er; »sie hatte so ein Paar große erschrockene Kinderaugen! Wenn der Halunke es sie später nur nicht entgelten läßt! Nun, am Ende, wir sind denn doch nicht aus der Welt!«

Und allmählich beruhigten sich seine Gesichtszüge, und sein gutes Lächeln trat wieder um seinen wohlgeformten Mund. »Aber noch eines, lieber Freund«, begann er aufs neue; »ich weiß, du bist auch so etwas für die Blumensträuße, und du meinst es stets aufs trefflichste; aber – sende ihr keinen! Nicht um meiner Grille halber, es würde sie ja wohl erfreuen; es ist nur – in unserem Hause paßt das mit den Blumensträußen nicht. Aber komm und hilf mir; die kleine Phia soll denn doch nicht ohne Blumen auf den Ball!«

Und dann gingen wir miteinander fort und kauften die schönste dunkelrote Rose für das schwarze Haar des blassen Mädchens.

Meine Schwester war von einem leichten Unwohlsein befallen; so kam es, daß ich abends allein und erst kurz vor Beginn des Tanzes in das Vorzimmer des Ballsaales trat.

Archimedes kam mir schon entgegen. »Ah!« rief er, »vortrefflich, daß du da bist! Nun wollen wir auch sofort beginnen!«

Aber ich hielt ihn noch zurück. »Einen Augenblick!« sagte ich; »ich muß mir erst die Handschuh knöpfen.« In Wahrheit aber wollte ich ihn selber nur betrachten; dieser kunstvoll frisierte Haarpull, der kohlschwarz gewichste Schnurrbart, dazu das fröhliche und doch gemessene Werfen des Kopfes, das elegante Schwenken des kleinen Chapeau claque – in Wahrheit, er imponierte mir noch immer.

»Deine Schwester ist doch drinnen?« frug ich dann, nach der offenen Tür des Saales zeigend, indem ich mich zugleich für vollkommen tanzfähig erklärte.

Er drückte mir die Hand. »Alles in Ordnung, lieber Freund!« Als dann gleich darauf die Musik einsetzte, schritt Archimedes erhobenen Hauptes in den Saal, und ich folgte ihm, um meiner Dame zur Polonäse die Hand zu reichen. Aber sie war nicht unter ihren Altersgenossinnen, die am anderen Ende des Saales sich wie zu einem Blumenbeet zusammengeschart hatten; ich fand sie gleich am Eingang bei einem mir unbekannten, unschönen und plump gekleideten Mädchen sitzend. Sophie Sternow trug ein weißes Kleid mit silberblauem Gürtelbande; das glänzende, an den Schläfen schlicht herabgestrichene Haar war im Nacken zu einem schweren Knoten aufgeschürzt; aber weder die Rose, welche ihr Bruder unter meinem Beirat vormittags für sie gekauft hatte, noch sonst ein Schmuck, wie ihn die Mädchen lieben, war daran zu sehen.

Ein leichtes Rot flog über ihr Antlitz, als ich auf sie zutrat. »Freund Archimedes«, sagte ich, »wird mir hoffentlich den Tanz gesichert haben; ich möchte nicht zu spät gekommen sein.«

Ein flüchtiger Blick aus ihren dunklen Augen streifte mich. »Ich danke Ihnen«, sagte sie fast demütig, indem sie, mich kaum berührend, ihre Hand auf den ihr dargereichten Arm legte, »aber auch ohnedies wären Sie nicht zu spät gekommen.«

Ich hatte sie lange nicht gesehen; aber Archimedes irrte, das waren keine Kinderaugen mehr.

Wir tanzten dann, und ich würde noch jetzt sagen, daß sie trefflich tanze; nur empfand ich in ihren anmutigen Bewegungen nichts von jener frohen Kraft der Jugend, die sonst in den Rhythmen des Tanzes so gern ihren Ausdruck findet. Dies und die etwas zu schmalen Schultern beeinträchtigten vielleicht in etwas die sonst so eigentümlich schöne Mädchenerscheinung.

Nach beendigtem Tanze führte ich sie an ihren Platz zurück, und sie setzte sich wieder neben das häßliche Mädchen, welches von niemandem aufgefordert war und jetzt froh schien, wenigstens für den Augenblick aus seiner Verlassenheit erlöst zu werden. Als ich in dem Gewirre der sich auflösenden Paare Archimedes zu Gesicht bekam, konnte ich die Frage nicht unterlassen, ob er denn die Rose von heute morgen seiner Schwester nicht gegeben habe.

»Freilich, freilich!« erwiderte er, indem er zugleich einen Inspektionsblick in dem Saal umherwarf; »aber die Kleine scheint auf einmal eigensinnig geworden; sie wollte keine Blumen tragen; sie konnte nicht einmal sagen, weshalb sie es nicht wollte; sie bat mich flehentlich um Verzeihung, daß sie es nicht könne; denn, in der Tat, ich wurde fast ein wenig zornig! – Nun, lieber Freund«, setzte er in munterem Ton hinzu, »die Damen haben ihre Launen, und jetzt werde ich selber mit der kleinen Dame tanzen!«

Während er dann zunächst noch zu den Musikanten ging, blickte ich im Saal umher. Die blasse Phia Sternow war die einzige, deren junges Haupt mit keiner Blume geschmückt war; in dem duftweißen Kleide mit dem Silbergürtel erschien sie fast nur wie ein Mondenschimmer neben ihrer plump geputzten Nachbarin. Und wieder mußte ich an die Willis denken, und jenes phantastische Mitgefühl, das ich als halber Knabe für sie empfunden hatte, überkam mich jetzt aufs neue. Dies verleitete mich auch, als ich später mit der Busenfreundin meiner Schwester im Contretanze stand, diese etwas männliche Brünette mit ziemlich unbedachten Vorwürfen wegen einer solchen, wie ich mich ausdrückte, absichtlichen Trennung von der früheren Schulgenossin zu überhäufen. Hatte ich doch mit steigender Erregung wahrgenommen, daß keine der hiesigen jungen Damen sie begrüßte, wenn sie an ihrem Platz vorübergingen, ja daß eine derselben mit plötzlicher Bewegung den Kopf zur Seite wandte, da sie unerwartet in der Tanzkette ihr die Fingerspitzen reichen mußte.

Schon während meiner Rede hatte ich bemerkt, daß meine Tänzerin eine kriegsbereite Haltung annahm. »Sprechen Sie nur weiter!« sagte sie jetzt, als ich zu Ende war; »ich höre schon.«

Und dabei trat sie einen Schritt zurück, als wolle sie mich besser Aug in Aug fassen.

Als ich hierauf noch einmal betonte, was nach meiner Meinung in diesem Falle vorzubringen war, ließ die schöne Braune mich ruhig ausreden; dann sagte sie mit einer Gemessenheit, die seltsam zu dem jungen Munde stand: »Ich verstehe das alles wohl; aber finden Sie nicht selbst, daß es Fräulein Sternow völlig freisteht, unsere Gesellschaft aufzusuchen, wenn sie anders meinen sollte, daß sie noch dahin gehöre?«

»Dahin gehöre?« Ich wiederholte es fast erschrocken. »Sie wollen doch die Ärmste nicht für ihr väterliches Haus verantwortlich machen?«

Fräulein Juliane – so hieß die schöne Männin – zuckte nur die Achseln; gleich darauf mußten wir tanzen. Als wir wieder auf unserem Platz standen, gewahrte ich die Besprochene in der anderen Reihe neben uns, und so konnte das Gespräch nicht wieder aufgenommen werden. Zu meiner stillen Genugtuung bemerkte ich indessen, daß Phia Sternow von den Tänzern nicht vergessen wurde, wenn diese auch meist nur aus den Freunden ihres Bruders und diesem selbst bestanden. Sie erschien mir jetzt, da der Tanz ein leichtes Rot auf ihre Wangen gehaucht hatte, so über alle schön, daß ich fast laut zu mir selber sagte: »Der Neid; es ist der Neid, der sie verfemt.«

Die Hälfte des Abends war vorüber, der Kotillon, der Tanz, wo es gilt, die Pausen zu verplaudern, führte mich wieder mit ihr zusammen. Den vorhergehenden Walzer hatte ich in einem Anfalle von Barmherzigkeit mit ihrer unschönen Nachbarin getanzt, und Sophie Sternow hatte mich, da ich sie von ihrer Seite holte, mit einem dankbaren Lächeln angeblickt, dem einzigen, das ich an diesem Abend auf ihrem jungen Antlitz sehen sollte. »Wer ist das Mädchen?« frug ich jetzt. »Sie scheint eben keine beliebte Tänzerin.«

Phia blickte flüchtig zu mir auf. »Sie ist eine Fremde«, sagte sie dann; »sie hat hier keine Freunde.«

Sie schwieg, und ich suchte nach einem anderen Unterhaltungsstoff. Was aber sollte ich reden, ohne bei der Armseligkeit dieses Lebens anzustoßen! Da begann ich von ihrem Bruder, von seinem redlichen Fleiße, von unserem treuen Zusammenhalten. Nur aus den geöffneten Lippen und den regungslos auf mich gerichteten Augen erkannte ich, mit welcher Teilnahme sie meinen Worten folgte; aber auch jetzt brach kein Lächeln durch den leidenden Ernst dieser jungen Züge.

»Fräulein Sophie«, sagte ich, »ich weiß es, Sie haben durch den Fortgang dieses Bruders viel verloren!«

Ein kaum hörbares »Ja« war die Antwort. Als ich aber dann, des aufs neue bevorstehenden Scheidens gedenkend, hinzufügte: »Diesmal werden Sie ihn schon nach ein paar Monden wiederhaben!« da schloß sie die Augen, als wolle sie in keine Zukunft blicken, und hielt ihr Antlitz wie das einer schönen Toten mir entgegen.

»Fräulein Sophie!« erinnerte ich leise; denn ich sollte meine Dame zu dem mit Blumensträußen gefüllten Körbchen führen.

Sie schlug langsam die Augen wieder auf, und wir tanzten diese und noch manche andere Tour; gesprochen aber haben wir nicht viel mehr miteinander.

Gern hätte ich noch vor der gemeinschaftlichen Abreise am anderen Morgen meine Schwester über die Vorgänge des verflossenen Abends ausgeforscht; aber der Wagen hielt schon früh um fünf Uhr vor dem Hause, und ihres Unwohlseins halber durfte sie nicht wie sonst das letzte Viertelstündchen beim Morgentee mit mir verplaudern.

Es kann endlich nicht länger verschwiegen werden, daß Archimedes während der langen Wartezeit daheim auch bei anderen als den bisher erwähnten Anlässen mit jenen kleinen Gläsern in Berührung gekommen war. – Im Hinterstübchen eines Gasthofes, wo sonst nur die Leute aus der Marsch ihre Anfahrt hielten, pflegte sich ein paarmal wöchentlich ein Kleeblatt älterer Männer zusammenzufinden, sämtlich voll mannigfacher Welterfahrung und scharfer rücksichtsloser Beurteilung aller übrigen Menschen. Bei einer Pfeife Petit-Kanasters und einem Gläschen feinsten und nur in diesem Stübchen zum Ausschank kommenden Pomeranzen-Liquors, das ohne Bestellung vor jeden hingestellt und ebenso erneuert wurde, verstanden sie es, die respektabelsten Häupter der Stadt in so einseitige Beleuchtung zu rücken, daß sie jedem als die lustigsten Karikaturen erscheinen mußten. Diesen Leuten, welche in halbem Bruche mit der übrigen Gesellschaft sich selbst genug waren, hatte im letzten Winter Archimedes sich als vierter angeschlossen, nachdem er eines Nachmittags mit dem Hauptwortführer, einem früheren Offizier, auf der Eisfläche des Mühlenteiches in allen Kunstformen des Schlittschuhlaufs gewetteifert hatte.

Zwar hatte er, als dann abends im Hinterstübchen des Gasthofes die bestbeleumdeten Honoratioren in so possenhafter Verwandlung vorgeführt wurden, anfänglich sein gutmütiges Haupt geschüttelt; das Gläschen, welches auch ihm gesetzt und gefüllt wurde, war für ihn durchaus notwendig, um nur die spaßhafte Seite dieses Puppenspiels zu sehen; aber freilich, das Mittel schlug auch an, und so kam es, daß er an den betreffenden Abenden meist schon als der erste des nunmehrigen Vierblattes vor seinem Gläschen saß, in ungeduldiger Erwartung, daß mit dem Erscheinen der drei anderen Gäste das Stück aufs neue beginnen möge. Er bedurfte eben eines kräftigeren Anreizes, als der Verkehr mit den ihm immer grüner erscheinenden Gelehrtenschülern ihm zu bieten vermochte.

Daß eine eigentliche Neigung zum Trinken in Archimedes steckte, habe ich nie bemerkt; jedenfalls schien zu solchem Bedenken jeder Anlaß verschwunden, sobald er den Boden der Universität betreten hatte. Da tauchte, etwa einen Monat nach unserer letzten Rückkehr, unter einer Anzahl ihm bekannter Korpsstudenten eine Tollheit auf, welche vielleicht von einzelnen älteren Herren noch jetzt als ein Auswuchs ihres Jugendübermuts belächelt wird, welche aber für andere der Anfang des Endes wurde. Ohne Ahnung jener späteren Ära des Absinthes, behaupteten sie, in dem »Pomeranzen-Bittern« den eigentlichen Feind des Menschengeschlechts entdeckt zu haben, und erklärten es für eine der idealsten Lebensaufgaben, selbigen, wo er immer auch betroffen würde, mit Hintenansetzung von Leben und Gesundheit zu vertilgen. Dieser Erkenntnis folgte rasch die Tat: eine »Bitternvertilgungskommission« wurde gebildet, die an immer neu erforschten Lagerorten des Feindes ihre fliegenden Sitzungen hielt. Die Sache wurde bekannt und begann über die Studentenkreise hinaus Anstoß zu erregen; sogar ein Anschlag am schwarzen Brett erschien, welcher den Studenten unter Androhung der Relegation den Besuch einer Reihe näher bezeichneter Häuser untersagte; natürlich nur ein Sporn zu noch heldenhafteren Taten.

Zu meinem Schrecken erfuhr ich, daß auch Archimedes sich diesem Unwesen zugesellte. Hatte die Öde seines niedergehaltenen Lebens ihn zu jenem älteren Kleeblatt hingetrieben, so war es jetzt das in dieser Sache steckende Stückchen Sport, das ihn heranzog; er kannte ja jenen Feind des menschlichen Geschlechts seit lange, er mußte mit dabei sein. Vergebens suchte ich ihn zurückzuhalten. »Liebster«, sagte er, »laß mich auch einmal, wie du es nennst, ein wenig toll sein; ich versäume ja nichts damit! Und so beruhige dein treues Herz, auch wenn dir für unsere erhabene Sache das Verständnis fehlen sollte!«

Er machte seine kriegerischen Augen und sah mich dabei mit seinem besten Lächeln an; mir blieb zuletzt nichts übrig, als der Sache ihren Lauf zu lassen. Denn darin freilich unterschied er sich von den Genossen seiner Tollheit, außer seiner Gesundheit wurde nichts von ihm versäumt. Gewissenhaft, und wenn die Stunde noch so früh war, besuchte er seine Kollegien, und war die eine Nacht durchrast, so wurde unfehlbar die darauffolgende hindurch gearbeitet. Auf seiner Spritmaschine, welche brennend neben ihm stand, filtrierte er sich den stärksten Kaffee, und vermochte auch der dem erschöpften Körper die Müdigkeit nicht fernzuhalten, so holte Archimedes, wenn alle andern Bewohner des Hauses schliefen, sich aus der Pumpe auf dem Hofe einen Eimer eiskalten Wassers, um seine nackten Füße dahinein zu stecken und dann frei von jedem verführerischen Schlafverlangen in seiner Arbeit fortzufahren.

Diese zweite, wenn auch achtungswerte Tollheit hatte er vor mir wie vor allen anderen verborgen gehalten; aber freilich, ihre Folgen konnten nicht verborgen bleiben. Wir waren diesmal beide in den Weihnachtsferien nicht nach Hause gewesen; es ging schon in den März, als ich eine auffallende Veränderung in dem Wesen meines Freundes wahrnahm: der sonst so ordnungsliebende Mann war verschwenderisch geworden; er machte wiederholt allerlei seltsame Ankäufe, die seine knappen Mittel bei weitem überstiegen. Außer den teuersten Zirkeln, welche ihm gleichwohl immer nicht genügten, war seine Erwerbslust auf verschiedene Arten von Stoßrappieren gerichtet, eine Waffe, die auf unserer Universität nicht gebräuchlich war, aber freilich, seiner Person entsprechend, gern und mit Geschick von ihm gehandhabt wurde; endlich kamen sogar Lackstiefel mit immer dünneren und biegsameren Sohlen an die Reihe.

Als ich ihn über diese mir ganz unverständliche Verschwendung zur Rede stellte, glaubte ich etwas Unheimliches in seinen Augen aufleuchten zu sehen. »Geduld, Geduld!« sagte er hastig. »Kein voreiliges Urteil, Liebster! Ich habe jetzt endlich einen Schuster aufgefunden, ein exzellenter Bursche, ausnehmend exzellent! Wenn sie fertig sind, werde ich in den durchaus vollkommenen Stiefeln zu dir kommen –«

»Aber Archimedes«, unterbrach ich ihn, »was willst du damit und mit all deinen Zirkeln und Rappieren?«

Er sah mich mit weit aufgerissenen Augen an; der Erwerb jener letzteren Dinge war ihm offenbar entfallen, obgleich die Rappiere in seinem Zimmer eine halbe Wand bedeckten.

Plötzlich, einige Tage danach, in welchen ich ihn nicht gesehen hatte, hieß es, Archimedes liege am Nervenfieber, es stehe schlecht mit ihm. Eilig ging ich nach seiner Wohnung; aber ich erschrak, ich erkannte ihn fast nicht; in seinem Bette lag etwas wie ein kleiner abgezehrter Greis, und noch heute würde ich die Möglichkeit einer so raschen Wandlung bestreiten, wenn ich sie nicht mit offenen Augen erlebt hätte. – Ein uns beiden befreundeter junger Arzt von anerkannter Tüchtigkeit hatte ihn in seine Behandlung genommen; auch eine von diesem besorgte Wärterin war vorhanden.

Archimedes bewegte seinen Kopf, als ob er mir zunicken wolle. »Lieber Freund«, flüsterte er, »ich fürchte, ich bin recht wunderlich gewesen die letzte Zeit; aber nun, es wird nun besser werden!« Er versuchte zu lächeln, nachdem er langsam und kaum verständlich dies gesprochen hatte; aber es gelang ihm ebensowenig wie der Versuch, sich dann auf seinen Kissen umzuwenden; die Wärterin stand auf, und wir beide hoben und legten ihn, bis er zufrieden war.

Bald darauf kam auch der Arzt. Als wir nach einiger Zeit zusammen das Haus verließen, wollte er keine bestimmte Hoffnung geben; als ein eigentliches Nervenfieber bezeichnete er die

Krankheit nicht; der Grund derselben liege in den fortgesetzten Ausschreitungen nach zweien Seiten, welche dieser an sich zarte Körper nicht habe ertragen können.

In meiner Wohnung angelangt, setzte ich mich sofort hin und gab dem Vater brieflich über diesen Stand der Dinge Auskunft; ich glaubte ihm anheimstellen zu müssen, ob er bei dem ungewissen Ausgang persönlich kommen oder aber der Schwester die Reise an das Krankenbett des Bruders gestatten wolle; zugleich bat ich, mit Rücksicht auf das zu Ende gehende Quartal, um Übersendung einer Geldsumme für diesen außerordentlichen Fall.

Mit umgehender Post erhielt ich auch ein eigenhändiges Schreiben des Herrn Etatsrats: sein herrlicher Archimedes solle erfahren, daß sein Vater sich der vollen Verantwortlichkeit bewußt sei, einen Jüngling wie ihn der Mit- und Nachwelt zu erhalten; durch den Herrn Käfer würden instanter die ausreichendsten Mittel an mich, dem er sein vollstes Vertrauen entgegenbringe, eingehen; im übrigen solle ich den Arzt zum Teufel jagen; die Sternows hätten allzeit eine Konstitution gehabt, welche ohne diese Pfuscherkünste in das Geleise der Natur zurückzufinden wisse.

Damit schloß das Schreiben; von einem persönlichen Kommen, sei es des Schreibers selber oder seiner Tochter, war nichts erwähnt. Die Geldsendung indessen erfolgte wirklich; es war eine elende Summe, die kaum ausgereicht hätte, die Wärterin auf längere Zeit hin zu besolden. – Sie sollte freilich hiefür noch mehr als ausreichend gewesen sein. Acht Tage waren vergangen, Archimedes wurde immer schwächer.

Als ich dann eines Vormittags in sein Zimmer trat, fand ich ihn schwer atmend, mit geschlossenen Augen; in seinem Antlitz schien aufs neue eine Veränderung vorgegangen zu sein, ob zum Leben oder zum Tode, vermochte ich nicht zu erkennen; etwas wie eine ruhige Klarheit war in seinen Zügen; aber die Finger der Hand, welche auf der Decke lagen, zuckten unruhig durcheinander. Ich stand schon lange vor ihm, ohne daß er meine Anwesenheit bemerkt hätte.

»Der Herr ist schwerkrank!« sagte die Wärterin, die vor einer Tasse Kaffee in dem alten Lehnstuhl saß. »Sehen Sie nur« – und sie fuhr sich mit der Hand unter ihrer Mütze hin und her, als wolle sie andeuten, daß es auch unter der Hirnschale des Kranken nicht in Ordnung sei – »alle die lackierten Stiefelchen habe ich dem Bette gegenüber in eine Reihe stellen müssen, und es wollte immer doch nicht richtig werden, bis ich endlich dort das eine Pärchen obenan und dann noch wieder eine Handbreit vor den anderen hinausgerückt hatte. Du lieber Gott, so kleine Füßchen und so viel schöne Stiefelchen!«

Die Alte mochte dies etwas laut gesprochen haben; denn Archimedes fuhr mit beiden Händen an sein Gesicht und zupfte daneben in die Luft, als säße sein armer Kopf noch zwischen den steifen Vatermördern, die er in gewohnter Weise in die Richte ziehen müsse; dann schlug er die Augen auf und blickte um sich her. »Du?« sagte er, und ein Anflug seines alten verbindlichen Lächelns flog um seinen Mund. »Trefflich, trefflich!«

Er hatte das kaum verständlich hingemurmelt; aber plötzlich richtete er sich auf, und mich wie mühsam mit den Augen fassend, sprach er vernehmlich: »Ich wollte dir doch etwas sagen! Weißt du denn nicht? Du mußt mir helfen; ich wollte dich ja deshalb holen lassen. – Ja so! Ich glaube« – er stieß diese Worte sehr scharf hervor – »es hätte etwas aus mir werden können; nicht wahr, du bist doch auch der Meinung? Ich habe darüber nachgedacht.«

Er schwieg eine Weile; dann warf er heftig den Kopf auf seinem Kissen hin und her. »Pfui, Pfui, man soll seine Eltern ehren; aber, weißt du – auf meines Vaters Gesundheit kann ich doch nicht wieder trinken; und darum –« Seine Hände fuhren auf dem Deckbett hin und her. »Nein«, hub er wieder an, »lieber Freund, das war es doch nicht, was ich dir sagen wollte; entschuldige mich, du mußt das wirklich entschuldigen!«

Bei den letzten Worten waren seine Augen im Zimmer umhergeirrt, und seine Blicke verfingen sich an dem Stiefelpaar, womit er der Wärterin nach deren Erzählung so viele Mühe gemacht hatte; dem einzigen, welches Spuren des Gebrauches an sich trug.

Ein glückliches Lächeln ging über sein eingefallenes Antlitz. »Nun weiß ich es!« sagte er leise; und mit seiner abgezehrten Hand ergriff er die meine, die andere hob sich zitternd und wies mit vorgestrecktem Zeigefinger nach den Stiefeln. »Das war unser letzter Ball, lieber Freund; du tanztest mit meiner Schwester, mit meiner kleinen Phia; aber sie war doch nicht vergnügt ... sie ist noch so jung; aber sie konnte nicht vergnügt sein – ich habe immer daran denken müssen: so allein mit dem Alten und den Zeitungen und dem – verfluchten Käfer!«

Er hatte beide Arme aufgestemmt und sah mit wilden Blicken um sich. »Sie hat mir nicht geschrieben, gar nicht; auf alle meine Briefe nicht!«

Die Wärterin erhob warnend ihre Hand. »Der Herr spricht zu viel!« Aber Archimedes warf ihr seine Kavaliersaugen zu; »Dummes Weib!« murmelte er; dann, wie von der letzten Anstrengung ermüdet, ließ er sich zurücksinken und schloß die Augen. Er atmete ruhig, und ich glaubte, er werde schlafen; aber noch einmal, ohne sich zu regen, flüsterte er mit unaussprechlicher Zärtlichkeit: »Wenn ich nur erst das Examen ... Phia, meine liebe kleine Schwester!«

Dann schlief er wirklich; ich legte seine Hand, welche wieder die meine ergriffen hatte, auf das Deckbett und ging leise fort. – –

Als ich am anderen Morgen wieder durch den unteren Flur des Hauses ging, schlurfte der Eigentümer desselben, ein hagerer Knochendreher, auf seinen Pantoffeln hinter mir her und zog mich unter Höflichkeitsgebärden in eins der nächsten Zimmer, wo ich außerdem noch seine wohlgenährte Gattin, welche der eigentliche Mann des Hauses war, und eine ältliche Tochter antraf, die wie ein weiblicher Knochendreher aussah. Alle umringten mich und redeten durcheinander auf mich ein: sie hätten vor ein paar Jahren erst das teure Haus mit all den schönen Zimmern hier gekauft; das könne ich wohl denken, daß noch schwere Hypotheken darauf lasteten, und noch ständen just die besten Zimmer unvermietet, obschon die Herren es doch nirgend besser als bei ihnen haben könnten! – Ich wußte anfänglich nicht, wo alles dies hinaussollte; dann aber kam's: sie fürchteten für ihren rückständigen Mietzins; ich sollte ihnen helfen; denn – Archimedes war um Mitternacht verschieden.

Ich stieß diese Leute, die freilich nur ihr gutes Recht zu decken suchten, fast gewaltsam von mir und stieg langsam die

Treppe nach dem Oberhaus hinauf. – »Also doch! Tot; Archimedes tot!«

Und da stand ich vor seinem schon erkalteten Leichnam; aber sein eingefallenes Totenantlitz trug wieder den Ausdruck der Jugend, und mir war, als schwebe noch einmal sein gutes Lächeln um die erstarrten Lippen.

Als ich in den Osterferien nach Hause kam, war mein erster Gang zu dem Herrn Etatsrat; nicht daß mein Herz mich zu dem Vater meines verstorbenen Freundes hingetrieben hätte, es waren vielmehr geschäftliche Dinge, und nicht der angenehmsten Art. Die Begräbniskosten und die Forderungen des Hauswirts waren durch Herrn Käfer in irgendeiner Art geordnet; aber jene während der dem eigentlichen Krankenlager vorangegangenen Gemütsstörung zusammengekauften Gegenstände waren zum größten Teile von dem Verstorbenen unbezahlt gelassen. Zwar hatten später die Verkäufer dem Herrn Etatsrat ihre Rechnungen eingesandt; aber es war darauf weder Geld noch Antwort erfolgt. Nun hatten sie dieselben noch einmal ausgestellt und mir, den sie als Freund und Landsmann ihres Schuldners kannten, mit der Bitte um Verwendung bei dem Vater übergeben.

Bei meinem Eintritt in den Hausflur sah ich eine weibliche Gestalt mit einer blauen Küchenschürze als wolle sie nicht gesehen werden, durch eine Hintertür verschwinden; ob es eine Magd, oder wer sie sonst war, vermochte ich so rasch nicht zu erkennen. Da ich indessen den braunroten Kopf des Herrn Etatsrat von der Straße aus in einem der unteren Zimmer bemerkt hatte, so pochte ich, da sich sonst niemand zeigte, ohne weiteres an die betreffende Zimmertür. Es erfolgte jetzt etwas wie das Brummen eines Bären aus einer dahinter liegenden Höhle; ich nahm es für ein menschliches »Herein« und fand dann auch den Herrn Etatsrat im Lehnstuhl an seinem mit Papieren bedeckten Schreibtisch sitzen, wo ich ihn vorhin durchs Fenster erblickt hatte. Ihm zur Seite stand ein kleiner Tisch, darauf eine Kristallflasche mit Madeira und ein halbgeleertes Glas. Als ich näher trat, sah er mich eine Weile mit offenem Munde an; dann langte er hinter sich nach einem Schränkchen und brachte ein zweites Glas hervor, das er sofort füllte und nach der anderen Seite des Tisches schob.

»Sie sind der Sohn des Justizrats«, begann er; »aber setzen Sie sich, junger Mann! Sie waren der Freund meines unvergeßlichen Archimedes; Sie werden das zu schätzen wissen!«

Ich gab dem meine Zustimmung und erzählte, den Tod und die vermutliche Todesursache des Verstorbenen übergehend, von der Gewissenhaftigkeit, womit er unter allen Umständen und bis zuletzt seine Studien betrieben hatte, und von mancher freundlichen Äußerung seiner Fachprofessoren, welche nach seinem Tode mir zu Ohren gekommen war.

Der Herr Etatsrat hatte indessen sein Glas geleert und wiederum gefüllt. »Junger Mann«, sagte er, »erheben wir den Pokal und trinken wir auf das Gedächtnis des ersten Mathematikus unseres Landes; denn das war mein Archimedes schon jetzt in seinen jungen Jahren! Ich, der ich denn doch ein ganz anderer Gewährsmann bin als jene soeben von Ihnen in Bezug genommenen Professoren, ich selber habe ihn geprüft, als der Selige zum letzten Male in diesem Hause weilte. Wenn ich sage: geprüft, so will das Wort sich eigentlich nicht schicken; denn mein Archimedes war der größere von uns beiden!« – Und seine Blicke legten sich wie drückende Bleikugeln auf die meinen, während er mit mir anstieß und dann in einem Zug sein Glas heruntergoß.

Damals fürchtete ich mich noch nicht vor einem tüchtigen Trunk. »In memoriam«, sprach ich andächtig und folgte seinem Beispiel. Der Herr Etatsrat nickte und schenkte die Gläser wieder voll. »Sie haben«, hub er aufs neue an, »Ihren großen Kommilitonen mit allen studentischen Ehren zu seiner letzten Ruhestatt begleitet; so verhielten wir es auch zu meiner Zeit; besonders bei unserem Konsenior, den wir Mathematiker ›Rumboides‹ nannten! Er war ein Rheinländer; aber der Wein war bei ihm ein überwundener Standpunkt; er trank des Morgens Rum und des Abends wieder Rum; und so fiel er auch nicht, wie mein unsterblicher Archimedes, als ein Opfer der Wissenschaft, er war vielmehr dem Laster der Trunksucht ergeben und ging dadurch zugrunde. Des ohnerachtet bliesen wir ihn mit zwölf Posaunen zu Grabe und tranken sodann im Ratskeller so tapfer auf seine fröhliche Urständ, daß bei Anbruch des Morgens nur noch wenige von uns an das Tageslicht hinaufzugelangen vermochten. – Aber« – sein Blick war auf mein unberührtes Glas gefallen – »Sie haben ja nicht getrunken! ›Dulce merum‹, sagt Horatius; schenken Sie sich selber ein; es freut mich, einmal wieder mit einem flotten Studiosus den Pokal zu leeren!«

Aber die Gesellschaft des Hcrrn Etatsrats begann mir unheimlich zu werden, auch wollte ich endlich meine Rechnungen zur Sprache bringen und zog deshalb, indem ich zugleich seiner Aufforderung folgte, mein Päckchen aus der Tasche und begann die Papiere vor ihm hinzubreiten.

Er würdigte dieselben keines Blickes; die Erläuterungen aber, welche ich hinzuzufügen für nötig hielt, schien er aufmerksam anzuhören. »Gewiß, mein junger Freund«, sagte er dann, als ich zu Ende war, »mein herrlicher Archimedes wäre ja kein Student gewesen, wenn er nicht mit Hinterlassung etwelcher Schulden in die Ewigkeit gegangen wäre! Geben Sie, junger Mann, die Rechnungen dieser Böotier an den Herrn Käfer zur weiteren Hinterlegung, oder, was ich für das schicklichste erachte, retradieren Sie selbige an ihre ehrenwerten Autoren!«

Ich glaubte den Sinn dieser Worte nicht recht gefaßt zu haben. »Aber sie sollen doch bezahlt werden?« wagte ich einzuwenden.

»Nein, mein junger Freund«, – und die stumpfen Augen sahen unter den schwarzen Borstenhaaren mich fast höhnisch an – »ich sehe dazu nicht die mindeste Veranlassung.«

Ich mag dem Herrn Etatsrat wohl ein recht verblüfftes Gesicht gemacht haben, als ich meine Rechnungen zusammensammelte und wieder in die Tasche steckte; dann aber nahm ich meinen Abschied, so sehr er mich auch mit trunkener Höflichkeit zurückzuhalten suchte.

Als ich auf den Flur hinaustrat, vernahm ich dort ein halb unterdrücktes Weinen, und da ich den Kopf wandte, sah ich auf den Stufen einer Treppe, die hinter dem Zimmer des Etatsrats in das Oberhaus hinaufführte, eine weibliche Gestalt hingekauert; an der blauen Schürze, in die sie ihr Gesicht verhüllt hatte, glaubte ich sie für dieselbe zu erkennen, die sich vorhin so hastig meinem Blick entzogen hatte.

Als ich unwillkürlich näher trat, erhob sie den Kopf ein wenig, und zwei dunkle Augen blickten flüchtig zu mir auf.

»Fräulein Sophie!« rief ich; denn ich hatte sie erkannt, obgleich ihr schönes Antlitz durch einen fremden scharfen Zug entstellt war. »Ja, weinen Sie nur; er hat Sie sehr geliebt! O, Fräulein Phia, wenn Sie nicht kommen konnten, weshalb schwiegen Sie auf alle seine Briefe?« – Das einsame Sterbelager meines Freundes war vor mir aufgestiegen; ich hatte es nicht lassen können, diesen Vorwurf auszusprechen.

Sie antwortete mir nicht; sie wühlte das Haupt in ihren Schoß und streckte beide Arme händeringend vor sich hin; ein Schluchzen erschütterte den jungen Körper, als ob ein stumm getragenes ungeheures Leid zum Ausbruch drängte.

War das allein die Trauer um den Toten, was sich da vor meinen Augen offenbarte? – Unschlüssig stand ich vor ihr; dann begann ich zu berichten, was ich immerhin der Schwester des Verstorbenen schuldig zu sein meinte: von ihres Bruders letzten Tagen, von seiner Sehnsucht nach der fernen Schwester und wie ihr Name von seinem sterbenden Munde auch für mich das Abschiedswort von ihm gewesen sei.

Ich schwieg einen Augenblick. Als ich noch einmal beginnen wollte, streckte sie abwehrend, in leidenschaftlicher Bewegung die Hände gegen mich. »Dank, Dank!« rief sie mit einer Stimme, die ich nie vergessen werde; »aber gehen Sie, aus Barmherzigkeit, gehen Sie jetzt!« Und ehe ich es verhindern konnte, hatte sie meine Hand ergriffen; und ein paar fieberheiße Lippen drückten sich datauf.

Beschämt und verwirrt, zögerte ich noch, ihr zu gehorchen; da wurde aus dem Zimmer nebenan ihr Name gerufen; die rauhe Stimme ihres Vaters war nicht zu verkennen.

Schweigend und wie todmüde erhob sie sich; aber ich hielt sie noch zurück und sprach die Hoffnung aus, sie bald in ruhigerer Stunde in meiner Eltern Haus zu sehen.

Sie blickte nicht zu mir hin und antwortete mir nicht, weder durch Worte noch Gebärde; langsam schritt sie nach dem Zimmer ihres Vaters. Als ich die Haustür geöffnet hatte, wandte ich den Kopf zurück; da stand sie noch, die Klinke in der Hand, die großen Augen weit dem Sonnenlicht geöffnet, das von draußen in den dunklen Hausflur strömte; mir aber war, da hinter mir die schwere Tür ins Schloß fiel, als hätte ich sie in einer Gruft zurückgelassen.

Wie betäubt kam ich nach Hause; es nahm mich fast wunder, als ich hier alles wie gewöhnlich fand: meine Schwester saß mit einer großen Weißzeugnäherei am Fenster, neben ihr im Sofa Tante Allmacht mit ihrer ewigen Trikotage.

Ich konnte nicht an mir halten, ich erzählte den Frauen alles, was mir widerfahren war. »Was ist geschehen mit dem armen Kinde?« rief ich; »das war nicht nur ein Leid, das war Verzweiflung, was ich da gesehen habe.«

Ich erhielt keine Antwort; Tante Allmacht schloß ihre Lippen fest zusammen, meine Schwester packte ihre Näherei hinter sich auf den Stuhl und ging hinaus. Ich sah ihr erst erstaunt nach und machte dann Anstalt, sie zurückzurufen; aber Tante Allmacht faßte meine Hand: »Laß, laß, mein lieber Junge; das sind keine Dinge für die Ohren einer jungen Dame, wenn auch die ganze Stadt davon erfüllt ist!«

»Sprich nur, Tante«, sagte ich traurig: »ich weiß schon, was nun folgen wird!«

»Ja, ja, mein Junge; der Musche Käfer – es ist gekommen, wie es nicht anders kommen konnte; und wenn nicht ein noch größerer Skandal geschehen soll, so wird der Herr Etatsrat zu einer sehr unschicklichen und recht betrübten Heirat seinen Segen geben müssen. Im übrigen ist natürlich dieser Rabenvater der einzige, welcher von dem Stand der Dinge keine Ahnung hat.«

Tante Allmacht tat ein paar Seufzer. »Die arme Phia!« fügte sie dann mit seltener Milde bei; »ich habe kluge und gereifte Frauen an solch elenden Gesellen verderben sehen, warum denn nicht ein dummes unberatenes Kind!«

Zu der von Tante Allmacht vorhin bezeichneten Heirat kam es nicht. – Was nun noch folgte, habe ich nicht miterlebt; ich saß in unserer Universitätsstadt an meiner lateinischen Examensarbeit; aber mein Gewährsmann ist wiederum jener alte Handwerksmeister, der nächste Nachbar des Herrn Etatsrats.

Es war im Hochsommer desselben Jahres, in einer jener hellen Nächte, die auch schon unserer nördlicheren Heimat eigen sind, als er durch etwas wie aus der Nachbarschaft zu seinem Ohre Dringendes aus tiefem Schlaf emporgerissen wurde; ein Geräusch, ein ungewohnter Laut hatte die Stille der Nacht durchbrochen. Aufrecht in den Kissen sitzend, unterschied er deutlich die Haustürglocke des Herrn Etatsrats, im Hause selbst ein Treppenlaufen und Schlagen mit den Türen; nach einer Weile eine junge Stimme; nein, einen Schrei, wie in höchster Not aus armer hülfloser Menschenbrust hervorgestoßen!

Voll Entsetzen war der alte Mann von seinem Lager aufgesprungen, da hörte er draußen auf der Straße eilige Schritte näher kommen. Er stieß das Fenster auf und gewahrte eine alte Frau, die er in der Dämmerhelle zu erkennen glaubte. »Wieb! Wieb Peters«, rief er, »ist Sie es? Was ist denn das für ein Schrecken in der Nacht?«

Die alte, sonst so schweigsame Frau war dicht zu ihm herangetreten. »Geh Er nur wieder schlafen, Meister«, sagte sie und hielt dabei ihre großen unbeweglichen Augen auf ihn gerichtet; »was Er gehört hat, geht Ihn ganz und gar nichts an; oder wenn Er nicht schlafen kann, so helf Er den Herrn Etatsrat wecken, wenn Reu und Leid ihn noch nicht haben wecken können!«

Damit war sie fortgegangen; und gleich darauf hatte der Meister abermals die Türglocke des Nachbarhauses läuten hören. – – Was in dieser Nacht geschehen war, blieb nicht lange verborgen; schon am anderen Morgen lief es durch die Stadt; in den Häusern flüsterte man es sich zu, auf den Gassen erzählte man es laut: unter dem Dache des Herrn Etatsrat lagen zwei Leichen; die Stadt hatte auf Wochen Stoff zur Unterhaltung.

Dann kam der Begräbnistag. Dem Sarge, in welchem ein neugeborenes Kind an seiner jungen Mutter Brust lag, folgten zwei Schreiber und die nächsten Nachbarn; Herr Käfer hatte am selben Morgen eine Reise angetreten; der Herr Etatsrat hatte aus unbekanntem Grunde sich zurückgehalten. Als aber in dem Totengange der Leichenzug an der Gartenplanke entlangkam, sah man ihn auf dem Altane, der jetzt weit offenen Kirchhofspforte gegenüber, sitzen; er rauchte aus seiner Meerschaumpfeife und stieß mächtige Dampfwolken vor sich hin, während auf den

Schultern dürftig gekleideter Arbeitsleute die letzte Bettstatt seines Kindes näher schwankte.

Eine leuchtende Junisonne stand am Himmel und beschien den Sarg und den einzigen, aus Immergrün und Myrten gewundenen Kranz, den Tante Allmachts Stina heimlich am Abend vorher darauf gelegt hatte. Als der Zug unterhalb des Altanes angelangt war, scheuchte der Herr Etatsrat den blauen Tabaksqualm zur Seite, indem er herablassend gegen das Gefolge grüßte. »Contra vim mortis, meine Freunde! Contra vim mortis!« rief er und schüttelte mit kondolierender Gebärde seine runde Hand; »aber recht schönes Wetter hat sie sich noch zu ihrem letzten Gange ausgesucht!«

Der Zug hatte bei diesen Worten bereits die Kirchhofsschwelle überschritten, und bald waren die beiden armen Kinder in die für sie geöffnete Gruft hinabgesenkt.

– – Phia Sternow ruht neben ihrer fast in gleicher Jugend, aber ohne eine gleiche Kränkung der öffentlichen Meinung hingeschiedenen Mutter; wie ich mich später überzeugte, unter jenem vernachlässigten Hügel, auf dem ich einstmals ihren Primelkranz gefunden hatte. – Eine Willi ist sie nicht geworden, nur ein verdämmernder Schatten, der mit anderen einst Gewesener noch mitunter vor den Augen eines alten Mannes schwebt. – Arme Phia! Armer Archimedes!«

*

Ich schwieg. Mein junger Freund, dem ich dies alles auf eine hingeworfene Frage erzählt hatte, sah mich unbefriedigt an:

»Und der Herr Etatsrat?« frug er und langte aufs neue in die Zigarrenkiste, die ich ihm mittlerweile zugeschoben hatte, »was ist aus dem geworden?«

»Aus dem? Nun, was zuletzt aus allen und aus allem wird! Da ich einst nach elfjähriger Abwesenheit in unsere Vaterstadt zurückkehrte, war er nicht mehr vorhanden. Viele wußten gar nicht mehr von ihm; auch sein Amt existierte nicht mehr, und seine vielgerühmten Deichprofile sind durch andere ersetzt, die selbstverständlich nun die einzig richtigen sind; Sie aber sind der erste, dem zu erzählen mir die Ehre wurde, daß ich den großen Mann mit eigenen Augen noch gesehen habe.«

»Hm! Und Herr Käfer?«

»Ich bitte, fragen Sie mich nicht mehr! Wenn er noch lebt, so wird er jedenfalls sich wohl befinden; denn er verstand es, seine Person mit anderen zu sparen.«

»Das hol der Teufel!« sagte mein ungeduldiger junger Freund.

Hans und Heinz Kirch

Auf einer Uferhöhe der Ostsee liegt hart am Wasser hingelagert eine kleine Stadt, deren stumpfer Turm schon über ein Halbjahrtausend auf das Meer hinausschaut. Ein paar Kabellängen vom Lande streckt sich quervor ein schmales Eiland, das sie dort den »Warder« nennen, von wo aus im Frühling unablässiges Geschrei der Strand- und Wasservögel nach der Stadt herübertönt. Bei hellem Wetter tauchen auch wohl drüben auf der Insel, welche das jenseitige Ufer des Sundes bildet, rotbraune Dächer und die Spitze eines Turmes auf, und wenn die Abenddämmerung das Bild verlöscht hat, entzünden dort zwei Leuchttürme ihre Feuer und werfen über die dunkle See einen Schimmer nach dem diesseitigen Strand herüber. Gleichwohl, wer als Fremder durch die auf- und absteigenden Straßen der Stadt wandert, wo hie und da roh gepflasterte Stufen über die Vorstraße zu den kleinen Häusern führen, wird sich des Eindrucks abgeschlossener Einsamkeit wohl kaum erwehren können, zumal wenn er von der Landseite über die langgestreckte Hügelkette hier herabgekommen ist. In einem Balkengestelle auf dem Markte hing noch vor kurzem, wie seit Jahrhunderten, die sogenannte Bürgerglocke; um zehn Uhr abends, sobald es vom Kirchturme geschlagen hatte, wurde auch dort geläutet, und wehe dem Gesinde oder auch dem Haussohn, der diesem Ruf nicht Folge leistete; denn gleich danach konnte man straßab und -auf sich alle Schlüssel in den Haustüren drehen hören.

Aber in der kleinen Stadt leben tüchtige Menschen, alte Bürgergeschlechter, unabhängig von dem Gelde und dem Einfluß der umwohnenden großen Grundbesitzer; ein kleines Patriziat ist aus ihnen erwachsen, dessen stattlichere Wohnungen, mit breiten Beischlägen hinter mächtig schattenden Linden, mitunter die niedrigen Häuserreihen unterbrechen. Aber auch aus diesen Familien mußten bis vor dem letzten Jahrzehnt die Söhne den Weg gehen, auf welchem Eltern und Vorfahren zur Wohlhabenheit und bürgerlichen Geltung gelangt waren; nur wenige ergaben sich den Wissenschaften, und kaum war unter den derzeitig noch studierten Bürgermeistern jemals ein Eingeborener dagewesen; wenn aber bei den jährlichen Prüfungen in der Rektorschule der Propst den einen oder andern von den Knaben frug: »Mein Junge, was willst du werden?« dann richtete der sich stolz von seiner Bank empor, der mit der Antwort »Schiffer!« herauskommen durfte. Schiffsjunge, Kapitän auf einem Familien-, auf einem eignen Schiffe, dann mit etwa vierzig Jahren Reeder und bald Senator in der Vaterstadt, so lautete der Stufengang der bürgerlichen Ehren.

Auf dem Chor der von einem Landesherzog im dreizehnten Jahrhundert erbauten Kirche befand sich der geräumige Schifferstuhl, für den Abendgottesdienst mit stattlichen Metallleuchtern an den Wänden prangend, durch das an der Decke schwebende Modell eines Barkschiffes in vollem Takelwerke kenntlich. Auf diesen Raum hatte jeder Bürger ein Recht, welcher das Steuermannsexamen gemacht hatte und ein eigenes Schiff besaß; aber auch die schon in die Kaufmannschaft Übergetretenen, die ersten Reeder der Stadt, hielten, während unten in der Kirche ihre Frauen saßen, hier oben unter den andern Kapitänen ihren Gottesdienst; denn sie waren noch immer und vor allem meerbefahrene Leute, und das kleine schwebende Barkschiff war hier ihre Hausmarke.

Es ist begreiflich, daß auch manchen jungen Matrosen oder Steuermann aus dem kleinen Bürgerstande beim Eintritt in die Kirche statt der Andacht ein ehrgeiziges Verlangen anfiel, sich auch einmal den Platz dort oben zu erwerben, und daß er trotz der eindringlichen Predigt dann statt mit gottseligen Gedanken mit erregten weltlichen Entschlüssen in sein Quartier oder auf sein Schiff zurückkehrte.

Zu diesen strebsamen Leuten gehörte Hans Adam Kirch. Mit unermüdlichem Tun und Sparen hatte er sich vom Setzschiffer zum Schiffseigentümer hinaufgearbeitet; freilich war es nur eine kleine Jacht, zu der seine Mittel gereicht hatten, aber rastlos und in den Winter hinein, wenn schon alle andern Schiffer daheim hinter ihrem Ofen saßen, befuhr er mit seiner Jacht die Ostsee, und nicht nur Frachtgüter für andre, bald auch für eigne Rechnung brachte er die Erzeugnisse der Umgegend, Korn und Mehl, nach den größeren und kleineren Küstenplätzen; erst wenn bereits außen vor den Buchten das Wasser fest zu werden drohte, band auch er sein Schiff an den Pfahl und saß beim Sonntagsgottesdienste droben im Schifferstuhl unter den Honoratioren seiner Vaterstadt. Aber lang vor Frühlingsanfang war er wieder auf seinem Schiffe; an allen Ostseeplätzen kannte man den kleinen hageren Mann in der blauen schlotternden Schifferjacke, mit dem gekrümmten Rücken und dem vornüberhängenden dunkelhaarigen Kopfe; überall wurde er aufgehalten und angeredet, aber er gab nur kurze Antworten, er hatte keine Zeit; in einem Tritte, als ob er an der Fallreepstreppe hinauflaufe, sah man ihn eilfertig durch die Gassen wandern. Und diese Rastlosigkeit trug ihre Früchte; bald wurde zu dem aus der väterlichen Erbschaft übernommenen Hause ein Stück Wiesenland erworben, genügend für die Sommer- und Winterfütterung zweier Kühe; denn während das Schiff zu Wasser, sollten diese zu Lande die Wirtschaft vorwärtsbringen. Eine Frau hatte Hans Kirch sich im stillen vor ein paar Jahren schon genommen; zu der Hökerei, welche diese bisher betrieben, kam nun noch eine Milchwirtschaft; auch ein paar Schweine konnten jetzt gemästet werden, um das Schiff auf seinen Handelsfahrten zu verproviantieren; und da die Frau, welche er im Widerspruch mit seinem sonstigen Tun aus einem armen Schulmeisterhause heimgeführt hatte, nur seinen Willen kannte und überdies aus Furcht vor dem bekannten Jähzorn ihres Mannes sich das Brot am Munde sparte, so pflegte dieser bei jeder Heimkehr auch zu Hause einen hübschen Haufen Kleingeld vorzufinden.

In dieser Ehe wurde nach ein paar Jahren ein Knabe geboren und mit derselben Sparsamkeit erzogen. »All wedder 'n Dreling umsünst utgeb'n!« dies geflügelte Wort lief einmal durch die Stadt; Hans Adam hatte es seiner Frau zugeworfen, als sie ihrem Jungen am Werktag einen Sirupskuchen gekauft hatte. Trotz dieser dem Geize recht nahe verwandten Genauigkeit war und blieb der Kapitän ein zuverlässiger Geschäftsmann, der jeden ungeziemenden Vorteil von sich wies; nicht nur infolge einer angeborenen Rechtschaffenheit, sondern ebensosehr seines Ehrgeizes. Den Platz im Schifferstuhle hatte er sich errungen; jetzt schwebten höhere Würden, denen er nichts vergeben durfte, vor seinen Sinnen; denn auch die Sitze im Magistratskollegium, wenn sie auch meist den größeren Familien angehörten, waren mitunter von dem kleineren Bürgerstande aus besetzt worden. Jedenfalls, seinem Heinz sollte der Weg dazu gebahnt werden; sagten die Leute doch, er sei sein Ebenbild: die fest auslugenden Augen, der Kopf voll schwarzbrauner Locken seien väterliche Erbschaft, nur statt des krummen Rückens habe er den schlanken Wuchs der Mutter.

Was Hans Kirch an Zärtlichkeiten besaß, das gab er seinem Jungen; bei jeder Heimkehr lugte er schon vor dem Warder durch sein Glas, ob er am Hafenplatz ihn nicht gewahren könne; kamen dann nach der Landung Mutter und Kind auf Deck, so hob er zuerst den kleinen Heinz auf seinen Arm, bevor er seiner Frau die Hand zum Willkommen gab.

Als Heinz das sechste Jahr erreicht hatte, nahm ihn der Vater zum ersten Male mit sich auf die Fahrt, als »Spielvogel«, wie er sagte; die Mutter sah ihnen mit besorgten Augen nach; der Knabe aber freute sich über sein blankes Hütchen und lief jubelnd über das schmale Brett an Bord; er freute sich, schon jetzt ein Schiffer zu werden wie sein Vater, und nahm sich im stillen vor, recht tüchtig mitzuhelfen. Frühmorgens waren sie ausgelaufen; nun beschien sie die Mittagssonne auf der blauen Ostsee, über die ein lauer Sommerwind das Schiff nur langsam vorwärts trieb. Nach dem Essen, bevor der Kapitän zur Mittagsruhe in die Kajüte ging, wurde Heinz dem Schiffsjungen anvertraut, der mit dem Spleißen zerrissener Taue auf dem Deck beschäftigt war; auch der Knabe erhielt ein paar Tauenden, die er eifrig ineinander zu verflechten strebte.

Nach einer Stunde etwa stieg Hans Kirch wieder aus seiner Kajüte und rief, noch halb im Taumel: »Heinz! Komm her, Heinz, wir wollen Kaffee trinken!« Aber weder der Knabe selbst noch eine Antwort kam auf diesen Ruf; statt dessen klang drüben vom Bugspriet her der Gesang einer Kinderstimme. Hans Kirch wurde blaß wie der Tod; denn dort, fast auf der äußersten Spitze, hatte er seinen Heinz erblickt. Auf der Luvseite, behaglich an das matt geschwellte Segel lehnend, saß der Knabe, als ob er hier von seiner Arbeit ruhe. Als er seinen Vater gewahrte, nickte er ihm freundlich zu; dann sang er unbekümmert weiter, während am Bug das Wasser rauschte; seine großen Kinderaugen leuchteten, sein schwarzbraunes Haar wehte in der sanften Brise.

Hans Kirch aber stand unbeweglich, gelähmt von der Ratlosigkeit der Angst; nur er wußte, wie leicht bei der schwachen Luftströmung das Segel flattern und vor seinen Augen das Kind in die Tiefe schleudern konnte. Er wollte rufen; aber noch zwischen den Zähnen erstickte er den Ruf; Kinder, wie Nachtwandler, muß man ja gewähren lassen; dann wieder wollte er das Boot aussetzen und nach dem Bug des Schiffes rudern; aber auch das verwarf er. Da kam von dem Knaben selbst die Entscheidung; das Singen hatte er satt, er wollte jetzt zu seinem Vater und dem seine Taue zeigen. Behutsam, entlang dem unteren Rande des Segels, das nach wie vor sich ihm zur Seite blähte, nahm er seinen Rückweg; eine Möwe schrie hoch oben in der Luft, er sah empor und kletterte dann ruhig weiter. Mit stockendem Atem stand Hans Kirch noch immer neben der Kajüte; seine Augen folgten jeder Bewegung seines Kindes, als ob er es mit seinen Blicken halten müsse.

Da plötzlich, bei einer kaum merklichen Wendung des Schiffes, fuhr er mit dem Kopf herum. »Backbord!« schrie er nach der Steuerseite; »Backbord!« als ob es ihm die Brust zersprengen solle. Und der Mann am Steuer folgte mit leisem Druck der Hand, und die eingesunkene Leinewand des Segels füllte sich aufs neue.

Im selben Augenblicke war der Knabe fröhlich aufs Verdeck gesprungen; nun lief er mit ausgebreiteten Armen auf den Vater zu. Die Zähne des gefahrgewohnten Mannes schlugen noch aneinander: »Heinz, Heinz, das tust du mir nicht wieder!« Krampfhaft preßte er den Knaben an sich; aber schon begann die überstandene Angst dem Zorne gegen ihren Urheber Platz zu machen. »Das tust du mir nicht wieder!« Noch einmal sagte er es; aber ein dumpfes Grollen klang jetzt in seiner Stimme; seine Hand hob sich, als wolle er sie auf den Knaben fallen lassen, der erstaunt und furchtsam zu ihm aufblickte.

Es sollte für diesmal nicht dahin kommen; der Zorn des Kapitäns sprang auf den Schiffsjungen über, der eben in seiner lässigen Weise an ihnen vorüberschieben wollte; aber mit entsetzten Augen mußte der kleine Heinz es ansehen, wie sein Freund Jürgen, er wußte nicht weshalb, von seinem Vater auf das grausamste gezüchtigt wurde.

– – Als im nächsten Frühjahr Hans Kirch seinen Heinz wieder einmal mit aufs Schiff nehmen wollte, hatte dieser sich versteckt und mußte, als er endlich aufgefunden wurde, mit Gewalt an Bord gebracht werden; auch saß er diesmal nicht mehr singend unterm Klüversegel; er fürchtete seinen Vater und trotzte ihm doch zugleich. Die Zärtlichkeit des letzteren kam gleicherweise immer seltener zutage, je mehr der eigne Wille in dem Knaben wuchs; glaubte er doch selber nur den Erben seiner aufstrebenden Pläne in dem Sohn zu lieben.

Als Heinz das zwölfte Jahr erreicht hatte, wurde ihm noch eine Schwester geboren, was der Vater als ein Ereignis aufnahm, das eben nicht zu ändern sei. Heinz war zu einem wilden Jungen aufgeschossen; aber in der Rektorschule hatte er nur noch wenige über sich. »Der hat Gaben!« meinte der junge Lehrer, »der könnte hier einmal die Kanzel zieren.« Aber Hans Kirch lachte: »Larifari, Herr Rektor! Ums Geld ist es nicht; aber man sieht doch gleich, daß Sie hier nicht zu Hause sind.«

Gleichwohl ging er noch an demselben Tage zu seinem Nachbarn, dem Pastoren, dessen Garten sich vor dem Hause bis zur Straße hinab erstreckte. Der Pastor empfing den Eintretenden etwas stramm. »Herr Kirch«, sagte er, bevor noch dieser das Wort zu nehmen vermochte, »Ihr Junge, der Heinz, hat mir schon wieder einmal die Scheiben in meinem Stallgiebel eingeworfen!«

»Hat er das«, erwiderte Hans Kirch, »so muß ich sie einsetzen lassen, und Heinz bekommt den Stock; denn das Spielwerk ist zu teuer.«

Dann, während der andere zustimmend nickte, begann er mit dem, was ihn hergeführt, herauszurücken: der Pastor sollte seinen Heinz in die Privatstunden aufnehmen, welche er zur Aufbesserung seines etwas schmalen Ehrensoldes einigen Kostgängern und Söhnen der Honoratioren zu erteilen pflegte. Als dieser sich nach einigen Fragen bereit erklärte, machte Hans Kirch noch einen Versuch, das Stundengeld herabzudrücken; da aber der Pastor nicht darauf zu hören schien, so wiederholte er ihn nicht; denn Heinz sollte mehr lernen, als jetzt noch in der Rektorschule für ihn zu holen war.

Am Abend dieses Tages erhielt Heinz die angelobte Strafe und am Nachmittage des folgenden, als er zwischen den andern Schülern oben in des Pastors Studierzimmer saß, von Wohlehrwürden noch einen scharf gesalzenen Text dazu. Kaum aber war nach glücklich verflossener Stunde die unruhige Schar die Treppe hinab- und in den Garten hinausgestürmt, als der erlöste Mann von dorten unter seinem Fenster ein lautes Wehgeheul vernahm. »Ich will dich klickern lehren!« rief eine wütende Knabenstimme, und wiederum erscholl das klägliche Geheul. Als aber der Pastor sein Fenster öffnete, sah er unten nur seinen fahlblonden Kostgänger, der ihm am Morgen Heinzens Missetat verraten hatte, jetzt in eifriger Beschäftigung, mit seinem Schnupftuch sich das Blut von Mund und Nase abzutrocknen. Daß er selbst an jenem Spielwerk mitgeholfen hatte, fand er freilich sich nicht veranlaßt zu verraten; aber ebensowenig verriet er jetzt, wer ihm den blutigen Denkzettel auf den Weg gegeben hatte.

Der Pastor war des Segens eines Sohnes nicht teilhaftig geworden; nur zwei Töchter besaß er, einige Jahre jünger als Heinz und von nicht üblem Aussehen; aber Heinz kümmerte sich nicht um sie, und man hatte glauben können, daß auch er der Bubenregel folge, ein tüchtiger Junge dürfe sich nicht mit Dirnen abgeben, wenn in dem Hause dem Pastorengarten gegenüber nicht die kleine Wieb gewesen wäre. Ihre Mutter war die Frau eines Matrosen, eine Wäscherin, die ihr Kind sauberer hielt als, leider, ihren Ruf. »Deine Mutter ist auch eine Amphibie!« hatte einmal ein großer Junge dem Mädchen ins Gesicht geschrien, als eben in der Schule die Lehre von diesen Kreaturen vorgetragen war. – »Pfui doch, warum?« hatte entrüstet die kleine Wieb gefragt. – »Warum? Weil sie einen Mann zu Wasser und einen zu Lande hat!« – Der Vergleich hinkte; aber der Junge hatte doch seiner bösen Lust genuggetan.

Gleichwohl hielten die Pastorstöchter eine Art von Spielkameradschaft mit dem Matrosenkinde; freilich meist nur für die Werkeltage und wenn die Töchter des Bürgermeisters nicht bei ihnen waren; wenn sie ihre weißen Kleider mit den blauen Schärpen trugen, spielten sie lieber nicht mit der kleinen Wieb. Trafen sie diese dann etwas still und schüchtern vor der Gartenpforte stehen oder hatte gar die jüngste gutmütige Bürgermeisterstochter sie hereingeholt, dann sprachen sie wohl zu ihr sehr freundlich, aber auch sehr eilig: »Nicht wahr, kleine Wieb, du kommst doch morgen zu uns in den Garten?« Im Nachsommer steckten sie ihr auch wohl einen Apfel in die Tasche und sagten: »Wart, wir wollen dir noch einen mehr suchen!« und die kleine Wieb schlich dann mit ihren Äpfeln ganz begossen aus dem Garten auf die Gasse. Wenn aber Heinz darüber zukam, dann riß er sie ihr wohl wieder fort und warf sie zornig in den Garten zurück, mitten zwischen die geputzten Kinder, daß sie schreiend ins Haus stoben; und wenn dann Wieb über die Äpfel weinte, wischte er mit seinem Schnupftuch ihr die Tränen ab: »Sei ruhig, Wieb; für jeden Apfel hol ich dir morgen eine ganze Tasche voll aus ihrem Garen!« – Und sie wußte wohl, er pflegte Wort zu halten.

   Wieb hatte ein Madonnengesichtlein, wie der kunstliebende Schulrektor einmal gesagt hatte, ein Gesichtlein, das man nicht gut leiden sehen konnte; aber die kleine Madonna aß gleichwohl gern des Pastors rote Äpfel, und Heinz stieg bei erster Gelegenheit in die Bäume und stahl sie ihr. Dann zitterte die kleine Wieb; nicht weil sie den Äpfeldiebstahl für eine Sünde hielt, sondern weil die größeren Kostgänger des Pastors ihren Freund dabei mitunter überfielen und ihm den Kopf zu bluten schlugen. Wenn aber nach wohlbestandenem Abenteuer Heinz ihr hinten nach der Allee gewinkt hatte, wenn er vor ihr auf dem Boden kniete und seinen Raub in ihre Täschchen pfropfte, dann lächelte sie ihn ganz glückselig an, und der kräftige Knabe hob seinen Schützling mit beiden Armen in die Luft. »Wieb, Wiebchen, kleines Wiebchen!« rief er jubelnd; und er schwenkte sich mit ihr im Kreise, bis die roten Äpfel aus den Taschen flogen.

   Mitunter auch, bei solchem Anlaß, nahm er die kleine Madonna bei der Hand und ging mit ihr hinunter an den Hafen.

War auf den Schiffen alles unter Deck, dann löste er wohl ein Boot, ließ seinen Schützling sacht hineintreten und ruderte mit ihr um den Warder herum, weit in den Sund hinein; wurde der Raub des Bootes hinterher bemerkt und drangen nun von dem Schiffe zornige Scheltlaute über das Wasser zu ihnen herüber, dann begann er hell zu singen, damit die kleine Wieb nur nicht erschrecken möge; hatte sie es aber doch gehört, so ruderte er nur um so lustiger und rief: »Wir wollen weit von all den schlechten Menschen fort!« – Eines Nachmittages, da Hans Kirch mit seinem Schiffe auswärts war, wagten sie es sogar, drüben bei der Insel anzulegen, wo Wieb in dem großen Dorfe eine Verwandte wohnen hatte, die sie »Möddersch« nannte. Es war dort eben der große Michaelis-Jahrmarkt, und nachdem sie bei Möddersch eine Tasse Kaffee bekommen hatten, liefen sie zwischen die Buden und in den Menschendrang hinein, wo Heinz für sie beide mit tüchtigen Ellenbogenstößen Raum zu schaffen wußte. Sie waren schon im Karussell gefahren, hatten Kuchenherzen gegessen und bei mancher Drehorgel stillgestanden, als Wiebs blaue Augen an einem silbernen Ringlein haftenblieben, das zwischen Ketten und Löffeln in einer Goldschmiedsbude auslag. Hoffnungslos drehte sie ihr nur aus drei Kupfersechslingen bestehendes Vermögen zwischen den Fingern; aber Heinz, der gestern alle seine Kaninchen verkauft hatte, besaß nach der heutigen Verschwendung noch acht Schillinge, und dafür und für die drei Sechslinge wurde glücklich der Ring erhandelt. Nun freilich waren beider Taschen leer; zum Karussell für Wieb spendierte Möddersch noch einmal einen Schilling – denn soviel kostete es, da Wieb nicht wie vorhin in einem Stuhle fahren, sondern auf dem großen Löwen reiten wollte –; dann, als eben alle Lampen zwischen den schmelz- und goldgestickten Draperien angezündet wurden, waren für sie die Freuden aus, und auch die alte Frau trieb jetzt zur Rückfahrt. Manchmal, während Heinz mit kräftigen Schlägen seine Ruder brauchte, blickten sie noch zurück, und das Herz wurde ihnen groß, wenn sie im zunehmenden Abenddunkel den Lichtschein von den vielen Karussellampen über der Stelle des unsichtbaren Dorfes schweben sahen; aber Wieb hatte ihren silbernen Ring, den sie nun nicht mehr von ihrem Finger ließ.

Inzwischen hatte Kapitän Kirch seine Jacht verkauft. Mit einem stattlichen Schoner, der auf der heimischen Werft gebaut worden war, brachte er für fremde und mehr und mehr für eigne Rechnung Korn nach England und nahm als Rückfracht Kohlen wieder mit. So war zu dem Korn- nun auch ein Kohlenhandel gekommen, und auch diesen mußte, gleich der Milchwirtschaft, die Frau besorgen. Um seinen Heinz, wenn er bei seiner Heimkehr auf die kurze Frage »Hat der Junge sich geschickt?« von der Mutter eine bejahende Antwort erhalten hatte, schien er sich im übrigen nicht groß zu kümmern; nur beim Quartalschlusse pflegte er den Rektor und den Pastor zu besuchen, um zu erfahren, wie der Junge lerne. Dann hieß es allemal, das Lernen sei ihm nur ein Spiel, es bleibe dabei nur zuviel unnütze Zeit ihm übrig; denn wild sei er wie ein Teufel, kein Junge ihm zu groß und keine Spitze ihm zu hoch.

Auf Hans Adams Antlitz hatte sich, nach Aussage des Schulrektors, mehrmals bei solcher Auskunft ein recht ungeeignetes und fast befriedigtes Lächeln gezeigt, während er mit einem kurz hervorgestoßenen »Na, na!« zum Abschiede ihm die Hand gedrückt habe.

Wie recht übrigens auch Heinzens Lehrer haben mochten, so blieb doch das Schutzverhältnis zu der kleinen Wieb dasselbe, und davon wußte mancher frevle Junge nachzusagen. Auch sah man ihn wohl an Sonntagen mit seiner Mutter nach einem dürftigen, unweit der Stadt belegenen Wäldchen wandern und bei der Rückkehr nebst dem leeren Proviantkorbe sein Schwesterchen auf dem Rücken tragen. Mitunter war auch die allmählich aufwachsende Wieb bei dieser Sonntagswanderung. Die stille Frau Kirch hatte Gefallen an dem feinen Mädchen und pflegte zu sagen: »Laß sie nur mitgehen, Heinz; so ist sie doch nicht bei der schlechten Mutter.«

Nach seiner Konfirmation mußte Heinz ein paar Fahrten auf seines Vaters Schiffe machen, nicht mehr als »Spielvogel«, sondern als strenggehaltener Schiffsjunge; aber er fügte sich, und nach der ersten Rückkehr klopfte Kapitän Kirch ihm auf die Schulter, während er seiner Frau durch ein kurzes Nicken ihren Anteil an seiner Befriedigung zukommen ließ. Die zweite Reise geschah mit einem Setzschiffer; denn der wachsende Handel da-

443

heim verlangte die persönliche Gegenwart der Geschäftsherrn. Dann, nach zwei weiteren Fahrten auf größeren Schiffen, war Heinz als Matrose in das elterliche Haus zurückgekehrt. Er war jetzt siebzehn Jahre; die blaue schirmlose Schiffermütze mit dem bunten Rande und den flatternden Bändern ließ ihm so gut zu seinem frischen braunen Antlitz, daß selbst die Pastorstöchter durch den Zaun lugten, wenn sie ihn nebenan im elterlichen Garten mit seiner Schwester spielen hörten. Auch Kapitän Kirch selber konnte es sonntags beim Gottesdienste nicht unterlassen, von seinem Schifferstuhle nach unten in die Kirche hinabzuschielen, wo sein schmucker Junge bei der Mutter saß. Unterweilen schweiften auch wohl seine Blicke drüben nach dem Epitaphe, wo zwischen mannigfachen Siegestrophäen sich die Marmorbüste eines stattlichen Mannes in gewaltiger Allongeperücke zeigte; gleich seinem Heinz nur eines Bürgers Sohn, der gleichwohl als Kommandeur von dreien Seiner Majestät Schiffen hier in die Vaterstadt zurückgekommen war. Aber nein, so hohe Pläne hatte Hans Kirch doch nicht mit seinem Jungen, vorläufig galt es eine Reise mit dem Hamburger Schiffe »Hammonia« in die chinesischen Gewässer, von der die Rückkehr nicht vor einem Jahr erfolgen würde; und heute war der letzte Tag im elterlichen Hause.

Die Mutter hatte diesmal nicht ohne Tränen ihres Sohnes Kiste gepackt, und nach der Rückkehr aus der Kirche legte sie noch ihr eigenes Gesangbuch obenauf. Der Vater hatte auch in den letzten Tagen außer dem Notwendigen nicht viel mit seinem Sohn gesprochen; nur an diesem Abend, als er auf dem dunklen Hausflur ihm begegnete, griff er nach seiner Hand und schüttelte sie heftig: »Ich sitze hier nicht still, Heinz; für dich, nur für dich! Und komm auch glücklich wieder!« Hastig hatte er es hervorgestoßen; dann ließ er die Hand seines Sohnes fahren und trabte eilig nach dem Hof hinaus.

Überrascht blickte ihm Heinz eine Weile nach; aber seine Gedanken waren anderswo. Er hatte Wieb am Tage vorher wiedergesehen; doch nur zu ein paar flüchtigen Worten war Gelegenheit gewesen; nun wollte er noch Abschied von ihr nehmen, sie wie sonst noch einmal um den Warder fahren.

Es war ein kühler Maiabend; der Mond stand über dem Wasser, als er an den Hafen hinabkam; aber Wieb war noch nicht da. Freilich hatte sie ihm gesagt, daß sie abends bei einer alten Dame einige leichte Dienste zu versehen habe; desungeachtet, während er an dem einsamen Bollwerk auf und ab ging, konnte er seine Ungeduld kaum niederzwingen: er schalt sich selbst und wußte nicht, weshalb das Klopfen seines Blutes ihm fast den Atem raubte. Endlich sah er sie aus der höher belegenen Straße herabkommen. Bei dem Mondlicht, das ihr voll entgegenfiel, erschien sie ihm so groß und schlank, daß er erst fast verzagte, ob sie es wirklich sei. Gleichwohl hatte sie den Oberkörper in ein großes Tuch vermummt; einer Kopfbedeckung bedurfte sie nicht, denn das blonde Haar lag voll wie ein Häubchen über ihrem zarten Antlitz. »Guten Abend, Heinz!« sagte sie leise, als sie jetzt zu ihm trat; und schüchtern, fast wie ein Fremder, berührte er ihre Hand, die sie ihm entgegenstreckte. Schweigend führte er sie zu einem Boot, das neben einer großen Kuff im Wasser lag. »Komm nur!« sagte er, als er hineingetreten war und der auf der Hafentreppe Zögernden die Arme entgegenstreckte; »ich habe Erlaubnis, wir werden diesmal nicht gescholten.«

Als er sie in seinen Armen aufgefangen hatte, löste er die Taue, und das Boot glitt aus dem Schatten des großen Schiffes auf die weite, mondglitzernde Wasserfläche hinaus.

Sie saß ihm auf der Bank am Hinterspiegel gegenüber; aber sie fuhren schon um die Spitze des Warders, wo einige Möwen gackernd aus dem Schlafe auffuhren, und noch immer war kein weiteres Wort zwischen ihnen laut geworden. So vieles hatte Heinz der kleinen Wieb in dieser letzten Stunde sagen wollen, und nun war der Mund ihm wie verschlossen. Und auch das Mädchen, je weiter sie hinausfuhren, je mehr zugleich die kurze Abendzeit verrann, desto stiller und beklommener saß sie da; zwar seine Augen verschlangen fast die kindliche Gestalt, mit der er jetzt so einsam zwischen Meer und Himmel schwebte; die ihren aber waren in die Nacht hinaus gewandt. Dann stieg's wohl plötzlich in ihm auf, und das Boot schütterte unter seinen Ruderschlägen, daß sie jäh das Köpfchen wandte und das blaue Leuchten ihrer Augen in die seinen traf. Aber auch das flog rasch vorüber, und es war etwas wie Zorn, das über ihn kam, er wußte nicht, ob gegen sich selber oder gegen sie, daß sie so fremd ihm gegenübersaß, daß alle Worte, die ihm durch den Kopf fuhren, zu ihr nicht passen wollten. Mit Gewalt rief er es sich zurück: hatte er doch draußen schon mehr als einmal die trotzigste Dirne im Arm geschwenkt, auch wohl ein übermütiges Wort ihr zugeraunt; aber freilich, der jungfräulichen Gestalt ihm gegenüber verschlug auch dieses Mittel nicht.

»Wieb«, sagte er endlich, und es klang fast bittend, »kleine Wieb, das ist nun heut für lange Zeit das letzte Mal.«

»Ja, Heinz«, und sie nickte und sah zu Boden; »ich weiß es wohl.« Es war, als ob sie noch etwas andres sagen wollte, aber sie sagte es nicht. Das schwere Tuch war ihr von der Schulter geglitten; als sie es wieder aufgerafft hatte und nun mit ihrer Hand über der Brust zusammenhielt, vermißte er den kleinen Ring an ihrem Finger, den er einst auf dem Jahrmarkte ihr hatte einhandeln helfen. »Dein Ring, Wieb!« rief er unwillkürlich. »Wo hast du deinen Ring gelassen?«

Einen Augenblick noch saß sie unbeweglich; dann richtete sie sich auf und trat über die nächste Bank zu ihm hinüber. Sie mußte in dem schwankenden Boot die eine Hand auf seine Schulter legen, mit der andern langte sie in den Schlitz ihres Kleides und zog eine Schnur hervor, woran der Ring befestigt war. Mit stockendem Atem nahm sie ihrem Freunde die Mütze von den braunen Locken und hing die Schnur ihm um den Hals. »Heinz, o bitte, Heinz!« Der volle blaue Strahl aus ihren Augen ruhte in den seinen; dann stürzten ihre Tränen auf sein Angesicht, und die beiden jungen Menschen fielen sich um den Hals, und da hat der wilde Heinz die kleine Wieb fast totgeküßt.

– – Es mußte schon spät sein, als sie ihr Boot nach dem großen Schiff zurückbrachten; sie hatten keine Stunden schlagen hören; aber alle Lichter in der Stadt schienen ausgelöscht.

Als Heinz an das elterliche Haus kam, fand er die Tür verschlossen; auf sein Klopfen antwortete die Mutter vom Flure aus; aber der Vater war schon zur Ruhe gegangen und hatte den Schlüssel mitgenommen; endlich hörte Heinz auch dessen Schritte, wie sie langsam von droben aus der Kammer die Treppe hinabkamen. Dann wurde schweigend die Tür geöffnet und, nachdem Heinz hineingelassen war, ebenso wieder zugeschlossen; erst als er seinen »Guten Abend« vorbrachte, sah Hans Kirch ihn an: »Hast du die Bürgerglocke nicht gehört? Wo hast du dich umhergetrieben?«

Der Sohn sah den Jähzorn in seines Vaters Augen aufsteigen; er wurde blaß bis unter seine dunkeln Locken, aber er sagte ruhig: »Nicht umhergetrieben, Vater«; und seine Hand faßte unwillkürlich nach dem kleinen Ringe, den er unter seiner offnen Weste barg.

Aber Hans Kirch hatte zu lange auf seinen Sohn gewartet. »Hüte dich!« schrie er und zuckte mit dem schweren Schlüssel gegen seines Sohnes Haupt. »Klopf nicht noch einmal so an deines Vaters Tür! Sie könnte dir verschlossen bleiben.«

Heinz hatte sich hoch aufgerichtet; das Blut war ihm ins Gesicht geschossen; aber die Mutter hatte die Arme um seinen Hals gelegt, und die heftige Antwort unterblieb, die schon auf seinen Lippen saß. »Gute Nacht, Vater!« sagte er, und schweigend die Hand der Mutter drückend, wandte er sich ab und ging die Treppe hinauf in seine Kammer.

Am andern Tage war er fort. Die Mutter ging still umher in dem ihr plötzlich öde gewordenen Hause; die kleine Wieb trug schwer an ihrem jungen Herzen; nachdenklich und fast zärtlich betrachtete sie auf ihrem Arm die roten Striemen, durch welche die Mutter für die Störung ihrer Nachtruhe sich an ihr erholt hatte; waren sie ihr doch fast wie ein Angedenken an Heinz, das sie immer hätte behalten mögen; nur Hans Kirchs Dichten und Trachten strebte schon wieder rüstig in die Zukunft.

Nach sechs Wochen war ein Brief von Heinz gekommen; er brachte gute Nachricht; wegen kecken zugreifens im rechten Augenblick hatte der Kapitän freiwillig seine Heuer erhöht. Die Mutter trat herein, als ihr Mann den Brief soeben in die Tasche steckte. »Ich darf doch auch mitlesen?« frug sie scheu. »Du hast doch gute Nachricht?«

»Ja, ja«, sagte Hans Kirch; »nun, nichts Besonderes, als daß er dich und seine Schwester grüßen läßt.«

Am Tage darauf aber begann er allerlei Gänge in der Stadt zu machen; in die großen Häuser mit breiten Beischlägen und unter dunklem Lindenschatten sah man ihn der Reihe nach hineingehen. Wer konnte wissen, wie bald der Junge sein Steuermannsexamen hinter sich haben würde; da galt es auch für ihn noch eine Stufe höher aufzurücken. Im Deputiertenkollegium hatte er bereits einige Jahre gesessen; jetzt war ein Ratsherrnstuhl erledigt, der von den übrigen Mitgliedern des Rates zu besetzen war.

Aber Hans Adams Hoffnungen wurden getäuscht; auf dem erledigten Stuhl saß nach einigen Tagen sein bisheriger Kollege, ein dicker Bäckermeister, mit dem er freilich weder an Reichtum noch an Leibesgewicht sich messen durfte. Verdrießlich war er eben aus einer Deputiertensitzung gekommen, wo nun der Platz des Bäckers leer geworden war, und stand noch, an einem Tabakendchen seinen Groll zerkauend, unter dem Schwanz des Riesenfisches, den sie Anno Siebenzig hier gefangen und zum Gedächtnis neben der Rathaustür aufgehangen hatten, als ein ältliches, aber wehrhaftes Frauenzimmer über den Markt und grade auf ihn zukam; ein mit zwei großen Schinken beladener Junge folgte ihr.

»Das ging den verkehrten Weg, Hans Adam!« rief sie ihm schon von weitem zu.

Hans Adam hob den Kopf. »Du brauchst das nicht über die Straße hinzuschreien, Jule; ich weiß das ohne dich.«

Es war seine ältere Schwester, die nach ihres Mannes Tode mit der Kirchschen Rührigkeit eine Speckhökerei betrieb. »Warum sollte ich nicht schreien?« rief sie wiederum, »mir kann's recht sein, wenn sie es alle hören! Du bist ein Geizhals, Hans Adam; aber du hast einen scharfen Kopf, und den können die regierenden Herren nicht gebrauchen, wenn er nicht zufällig auf ihren eignen Schultern sitzt; da paßt ihnen so eine blonde Semmel besser, wenn sie denn doch einmal an uns Mittelbürgern nicht vorbeikönnen.«

»Du erzählst mir ganz was Neues!« sagte der Bruder ärgerlich.

»Ja, ja, Hans Adam, du bist auch mir zu klug, sonst säßest du nicht so halb umsonst in unserem elterlichen Hause!«

Die brave Frau konnte es noch immer nicht verwinden, daß von einem Kauflustigen ihrem Bruder einst ein höherer Preis geboten war, als wofür er das Haus in der Nachlaßteilung übernommen hatte. Aber Hans Kirch war diesen Vorwurf schon gewohnt, er achtete nicht mehr darauf, zum mindesten schien es für ihn in diesem Augenblicke nur ein Spornstich, um sich von dem erhaltenen Schlage plötzlich wieder aufzurichten. Äußerlich zwar ließ er den Kopf hängen, als sähe er etwas vor sich auf dem Straßenpflaster; seine Gedanken aber waren schon rastlos tätig, eine neue Bahn nach seinem Ziele hin zu schaufeln: das war ihm klar, es mußte noch mehr erworben und – noch mehr erspart werden; dem Druck des Silbers mußte bei wiederkehrender Gelegenheit auch diese Pforte noch sich öffnen; und sollte es für ihn selbst nicht mehr gelingen, für seinen Heinz, bei dessen besserer Schulbildung und stattlicherem Wesen würde es damit schon durchzubringen sein, sobald er seine Seemannsjahre nach Gebrauch als Kapitän beschlossen hätte.

Mit einer raschen Bewegung hob Hans Adam seinen Kopf empor. »Weißt du, Jule« – er tat wie beiläufig diese Frage-, »ob dein Nachbar Schmüser seinen großen Speicher noch verkaufen will?«

Frau Jule, die mit ihrer letzten Äußerung ihn zu einer ganz andern Antwort hatte reizen wollen und so lange schon darauf gewartet hatte, meinte ärgerlich, da tue er am besten, selbst darum zu fragen.

»Ja, ja; da hast du recht.« Er nickte kurz und hatte schon ein paar Schritte der Straße zu getan, in der Fritz Schmüser wohnte, als die Schwester, unachtend des Jungen, der seitwärts unter seinen Schinken stöhnte, ihn noch einmal festzuhalten suchte; so wohlfeil sollte er denn doch nicht davonkommen. »Hans Adam!« rief sie; »wart noch einen Augenblick! Dein Heinz …«

Hans Adam stand bei diesem Namen plötzlich still. »Was willst du, Jule?« frug er hastig. »Was soll das mit meinem Heinz?«

»Nicht viel, Hans Adam; aber du weißt wohl nicht, was dein gewitzter Junge noch am letzten Abend hier getrieben hat?«

»Nun?« stieß er hervor, als sie eine Pause machte, um erst die Wirkung dieses Eingangs abzuwarten; »sag's nur gleich auf einmal, Jule; ein Loblied sitzt doch nicht dahinter!«

»Je nachdem, Hans Adam, je nachdem! Bei der alten Tante war zum Adesagen freilich nicht viel Zeit; aber warum sollte er die schmucke Wieb, die kleine Matrosendirne, nicht von neun bis elf spazierenfahren? Es möchte wohl ein kalt Vergnügen gewesen sein da draußen auf dem Sund; aber wir Alten wissen's ja wohl noch, die Jugend hat allezeit ihr eigen Feuer bei sich.«

Hans Adam zitterte, seine Oberlippe zog sich auf und legte seine vollen Zähne bloß. »Schwatz nicht!« sagte er. »Sprich lieber, woher weißt du das?«

»Woher?« Frau Jule schlug ein fröhliches Gelächter auf – »das weiß die ganze Stadt, am besten Christian Jensen, in dessen Boot die Lustfahrt vor sich ging! Aber du bist ein Hitzkopf, Hans Adam, bei dem man sich leicht üblen Bescheid holen kann; und wer weiß denn auch, ob dir die schmucke Schwiegertochter recht ist? Im übrigen« – und sie faßte den Bruder an seinem Rockkragen und zog ihn dicht zu sich heran –, »für die neue Verwandtschaft ist's doch so am besten, daß du nicht auf den Ratsherrnstuhl hinaufgekommen bist.«

Als sie solcherweise ihre Worte glücklich angebracht hatte, trat sie zurück. »Komm, Peter, vorwärts!« rief sie dem Jungen zu, und bald waren beide in einer der vom Markte auslaufenden Gassen verschwunden.

Hans Kirch stand noch wie angedonnert auf derselben Stelle. Nach einer Weile setzte er sich mechanisch in Bewegung und ging der Gasse zu, worin Fritz Schmüsers Speicher lag; dann aber kehrte er plötzlich wieder um. Bald darauf saß er zu Hause an seinem Pult und schrieb mit fliegender Feder einen Brief an seinen Sohn, in welchem in verstärktem Maße sich der jähe Zorn ergoß, dessen Ausbruch an jenem letzten Abend durch die Dazwischenkunft der Mutter war verhindert worden.

Monate waren vergangen; die Plätze, von denen aus Heinz nach Abrede hätte schreiben sollen, mußten längst passiert sein, aber Heinz schrieb nicht; dann kamen Nachrichten von dem Schiffe, aber kein Brief von ihm. Hans Kirch ließ sich das so sehr nicht anfechten. ›Er wird schon kommen‹, sagte er zu sich selber; ›er weiß gar wohl, was hier zu Haus für ihn zu holen ist.‹ Und somit, nachdem er den Schmüserschen Speicher um billigen Preis erworben hatte, arbeitete er rüstig an der Ausbreitung seines Handels und ließ sich keine Mühe verdrießen. Freilich, wenn er von den dadurch veranlaßten Reisen, teils nach den Hafenstädten des Inlandes, einmal sogar mit seinem Schoner nach England, wieder heimkehrte, »Brief von Heinz?« war jedesmal die erste hastige Frage an seine Frau, und immer war ein trauriges Kopfschütteln die einzige Antwort, die er darauf erhielt.

Die Sorge, der auch er allmählich sich nicht hatte erwehren können, wurde zerstreut, als die Zeitungen die Rückkehr der »Hammonia« meldeten. Hans Kirch ging unruhig in Haus und Hof umher, und Frau und Tochter hörten ihn oft heftig vor sich hin reden; denn der Junge mußte jetzt ja selber kommen, und er hatte sich vorgesetzt, ihm scharf den Kopf zu waschen. Aber eine Woche verging, die zweite ging auch bald zu Ende, und Heinz war nicht gekommen. Auf eingezogene Erkundigung erfuhr man endlich, er habe auf der Rückfahrt nach Abkommen mit dem Kapitän eine neue Heuer angenommen; wohin, war nicht zu ermitteln. ›Er will mir trotzen!‹ dachte Hans Adam. ›Sehen wir, wer's am längsten aushält von uns beiden!‹ – Die Mutter, welche nichts von jenem Briefe ihres Mannes wußte, ging in kummervollem Grübeln und konnte ihren Jungen nicht begreifen; wagte sie es einmal, ihren Mann nach Heinz zu fragen, so blieb er entweder ganz die Antwort schuldig oder hieß sie, ihm mit dem Jungen ein für allemal nicht mehr zu kommen.

In einem zwar unterschied er sich von der gemeinen Art der Männer: er bürdete der armen Mutter nicht die Schuld an diesen Übelständen auf; im übrigen aber war mit Hans Adam jetzt kein leichter Hausverkehr.

Sommer und Herbst gingen hin, und je weiter die Zeit verrann, desto fester wurzelte der Groll in seinem Herzen; der Name seines Sohnes wurde im eignen Hause nicht mehr ausgesprochen, und auch draußen scheute man sich, nach Heinz zu fragen.

Schon wurde es wieder Frühling, als er eines Morgens von seiner Haustür aus den Herrn Pastor mit der Pfeife am Zaune seines Vorgartens stehen sah. Hans Kirch hatte Geschäfte weiter oben in der Straße und wollte mit stummem Hutrücken vorbeipassieren; aber der Nachbar Pastor rief mit aller Würde pfarramtlicher Überlegenheit ganz laut zu ihm hinüber: »Nun, Herr Kirch, noch immer keine Nachricht von dem Heinz?«

Hans Adam fuhr zusammen, aber er blieb stehen, die Frage war ihm lange nicht geboten worden. »Reden wir von was anderem, wenn's gefällt, Herr Pastor!« sagte er kurz und hastig.

Allein der Pastor fand sich zur Befolgung dieser Bitte nicht veranlaßt. »Mein lieber Herr Kirch, es ist nun fast das zweite Jahr herum; Sie sollten sich doch einmal wieder um den Sohn bekümmern!«

»Ich dächte, Herr Pastor, nach dem vierten Gebote wär das umgekehrt!«

Der Pastor tat die Pfeife aus dem Munde: »Aber nicht nach dem Gebote, in welchem nach des Herren Wort die andern all enthalten sind, und was wäre Euch näher als Euer eigen Fleisch und Blut!«

»Weiß nicht, Ehrwürden«, sagte Hans Kirch, »ich halte mich ans vierte.«

Es war etwas in seiner Stimme, das es dem Pastor rätlich machte, nicht mehr in diesem Tone fortzufahren. »Nun, nun«, sagte er begütigend, »er wird ja schon wiederkehren, und wenn er kommt, er ist ja von Ihrer Art, Herr Nachbar, so wird es nicht mit leeren Händen sein!«

Etwas von dem Schmunzeln, das sich bei dieser letzten Rede auf des Pastors Antlitz zeigte, war doch auch auf das des anderen übergegangen, und während sich der erstere mit einer grüßenden Handbewegung nach seinem Hause zurückwandte trabte Hans Kirch munterer als seit lange die Straße hinauf nach seinem großen Speicher.

Es war am Tage danach, als der alte Postbote dieselbe Straße hinabschritt. Er ging rasch und hielt einen dicken Brief in der Hand, den er schon im Vorwege aus seiner Ledertasche hervorgeholt zu haben schien; aber ebenso rasch schritt, lebhaft auf ihn einredend, ein etwa sechzehnjähriges blondes Mädchen an seiner Seite. »Von einem guten Bekannten sagst du? Nein, narre mich nicht länger, alter Marten! Sag's doch, von wem ist er denn?«

»Ei, du junger Dummbart«, rief der Alte, indem er mit dem Briefe ihr vor den Augen gaukelte, »kann ich das wissen? Ich weiß nur, an wen ich ihn zu bringen habe.«

»An wen, an wen denn, Marten?«

Er stand einen Augenblick und hielt die Schriftseite des Briefes ihr entgegen.

Die geöffneten Mädchenlippen versandten einen Laut, der nicht zu einem Wort gedieh.

»Von Heinz!« kam es dann schüchtern hintennach, und wie eine helle Lohe brannte die Freude auf dem jungen Antlitz.

Der Alte sah sie freundlich an. »Von Heinz?« wiederholte er schelmisch. »Ei, Wiebchen, mit den Augen ist das nicht darauf zu lesen!«

Sie sagte nichts; aber als er jetzt in der Richtung nach dem Kirchschen Hause zu schritt, lief sie noch immer nebenher.

»Nun?« rief er, »du denkst wohl, daß ich auch für dich noch einen in der Tasche hätte?«

Da blieb sie plötzlich stehen, und während sie traurig ihr Köpfchen schüttelte, ging der Bote mit dem dicken Briefe fort.

Als er die Kirchsche Wohnung betrat, kam eben die Hausmutter mit einem dampfenden Schüsselchen aus der Küche; sie wollte damit in das Oberhaus, wo im Giebelstübchen die kleine Lina an den Masern lag. Aber Marten rief sie an: »Frau Kirch! Frau Kirch! Was geben Sie für diesen Brief?«

Und schon hatte sie die an ihren Mann gerichtete Adresse gelesen und die Schrift erkannt. »Heinz!« rief auch sie, »oh, von Heinz!« Und wie ein Jubel brach es aus dieser stillen Brust. Da kam von oben her die Kinderstimme: »Mutter! Mutter!«

»Gleich, gleich, mein Kind!« Und nach einem dankbaren Nicken gegen den Boten flog sie die Treppen hinauf. »O Lina, Lina! Von Heinz, ein Brief von unserm Heinz!«

Im Wohnzimmer unten saß Hans Kirch an seinem Pulte, zwei aufgeschlagene Handelsbücher vor sich; er war mit seinem Verlustkonto beschäftigt, das sich diesmal ungewöhnlich groß erwiesen hatte. Verdrießlich hörte er das laute Reden draußen, das ihn in seiner Rechnung störte; als der Postbote hereintrat, fuhr er ihn an: »Was treibt Er denn für Lärmen draußen mit der Frau?«

Statt einer Antwort überreichte Marten ihm den Brief.

Fast grollend betrachtete er die Aufschrift mit seinen scharfen Augen, die noch immer der Brille nicht bedurften. »Von Heinz«, brummte er, nachdem er alle Stempel aufmerksam besichtigt hatte; »Zeit wär's denn auch einmal!«

Vergebens wartete der alte Marten, auch aus des Vaters Augen einen Freudenblitz zu sehen; nur ein Zittern der Hand – wie er zu seinem Trost bemerkte konnte dieser nicht bewältigen, als er jetzt nach einer Schere langte, um den Brief zu öffnen. Und schon hatte er sie angesetzt, als Marten seinen Arm berührte: »Herr Kirch, ich darf wohl noch um dreißig Schilling bitten!«

– »Wofür?« – er warf die Schere hin – »ich bin der Post nichts schuldig!«

»Herr, Sie sehen ja wohl, der Brief ist nicht frankiert.«

Er hatte es nicht gesehen; Hans Adam biß die Zähne aufeinander: dreißig Schillinge; warum denn auch nicht die noch zum Verlust geschrieben! Aber – die Bagatelle, die war's ja nicht; nein – was dahinterstand! Was hatte doch der Pastor neulich hingeredet? Er würde nicht mit leeren Händen kommen! – Nicht mit leeren Händen! – Hans Adam lachte grimmig in sich hinein. – Nicht mal das Porto hatte er gehabt! Und der, der sollte im Magistrat den Sitz erobern, der für ihn, den Vater, sich zu hoch erwiesen hatte!

Hans Kirch saß stumm und starr an seinem Pulte; nur im Gehirne tobten ihm die Gedanken. Sein Schiff, sein Speicher, alles, was er in so vielen Jahren schwer erworben hatte, stieg vor ihm auf und addierte wie von selber die stattlichen Summen seiner Arbeit. Und das, das alles sollte er diesem ... Er dachte den Satz nicht mehr zu Ende; sein Kopf brannte, es brauste ihm vor den Ohren. »Lump!« schrie er plötzlich, »so kommst du nicht in deines Vaters Haus!«

Der Brief war dem erschrockenen Boten vor die Füße geschleudert. »Nimm«, schrie er, »ich kauf ihn nicht; der ist für mich zu teuer!« Und Hans Kirch griff zur Feder und blätterte in seinen Kontobüchern.

Der gutmütige Alte hatte den Brief aufgehoben und versuchte bescheiden noch einige Überredung; aber der Hausherr trieb ihn fort, und er war nur froh, die Straße zu erreichen, ohne daß er der Mutter zum zweiten Mal begegnet wäre.

Als er seinen Weg nach dem Südende der Stadt fortsetzte, kam Wieb eben von dort zurück; sie hatte in einer Brennerei, welche hier das letzte Haus bildete, eine Bestellung ausgerichtet. Ihre Mutter war nach dem plötzlichen Tode »ihres Mannes zur See« in aller Form Rechtens die Frau »ihres Mannes auf dem Lande« geworden und hatte mit diesem eine Matrosenschenke am Hafenplatz errichtet. Viel Gutes wurde von der neuen Wirtschaft nicht geredet; aber wenn an Herbstabenden die über der Haustür brennende rote Lampe ihren Schein zu den Schiffen hinabwarf, so saß es da drinnen in der Schenkstube bald Kopf an Kopf, und der Brenner draußen am Stadtende hatte dort gute Kundschaft.

Als Wieb sich dem alten Postboten näherte, bemerkte sie sogleich, daß er jetzt recht mürrisch vor sich hin sah; und dann – er hatte ja den Brief von Heinz noch immer in der Hand. »Marten!« rief sie – sie hätte es nicht lassen können –, »der Brief, hast du ihn noch? War denn sein Vater nicht zu Hause?«

Marten machte ein grimmiges Gesicht. »Nein, Kind, sein Vater war wohl nicht zu Hause; der alte Hans Kirch war da; aber für den war der Brief zu teuer.«

Die blauen Mädchenaugen blickten ihn erschrocken an. »Zu teuer, Marten?«

– »Ja, ja; was meinst du, unter dreißig Schillingen war er nicht zu haben.«

Nach diesen Worten steckte Marten den Brief in seine Ledertasche und trat mit einem andern, den er gleichzeitig hervorgezogen hatte, in das nächste Haus.

Wieb blieb auf der Gasse stehen. Einen Augenblick noch sah sie auf die Tür, die sich hinter dem alten Mann geschlossen hatte; dann, als käme ihr plötzlich ein Gedanke, griff sie in ihre Tasche und klimperte darin, als wie mit kleiner Silbermünze. Ja, Wieb hatte wirklich Geld in ihrer Tasche; sie zählte es sogar, und es war eine ganze Handvoll, die sie schon am Vormittage hinter dem Schenktisch eingenommen hatte. Zwar, es gehörte nicht ihr, das wußte sie recht wohl; aber was kümmerte sie das, und mochte ihre Mutter sie doch immer dafür schlagen! »Marten«, sagte sie hastig, als dieser jetzt wieder aus dem Hause trat, und streckte eine Handvoll kleiner Münze ihm entgegen, »da ist das Geld, Marten; gib mir den Brief!«

Marten sah sie voll Verwunderung an.

»Gib ihn doch!« drängte sie. »Hier sind ja deine dreißig Schillinge!« Und als der Alte den Kopf schüttelte, faßte sie mit der freien Hand an seine Tasche: »Oh, bitte, bitte, lieber Marten, ich will ihn ja nur einmal zusammen mit seiner Mutter lesen.«

»Kind«, sagte er, indem er ihre Hand ergriff und ihr freundlich in die angstvollen Augen blickte, »wenn's nach mir ginge, so wollten wir den Handel machen aber selbst der Postmeister darf dir keinen Brief verkaufen.« Er wandte sich von ihr ab und schritt auf seinem Botenwege weiter.

Aber sie lief ihm nach, sie hing sich an seinen Arm, ihr einfältiger Mund hatte die holdesten Bitt- und Schmeichelworte für den alten Marten und ihr Kopf die allerdümmsten Einfälle; nur leihen sollte er ihr zum mindesten den Brief; er sollte ihn ja noch heute abend wiederhaben.

Der alte Marten geriet in große Bedrängnis mit seinem weichen Herzen; aber ihm blieb zuletzt nichts übrig, er mußte das Kind gewaltsam von sich stoßen.

Da blieb sie zurück; mit der Hand fuhr sie an die Stirn unter ihr goldblondes Haar, als ob sie sich besinnen müsse; dann ließ sie das Geld in ihre Tasche fallen und ging langsam dem Hafenplatze zu. Wer den Weg entgegenkam, sah ihr verwundert nach; denn sie hatte die Hände auf die Brust gepreßt und schluchzte überlaut.

Seitdem waren fünfzehn Jahre hingegangen. Die kleine Stadt erschien fast unverändert; nur daß für einen jungen Kaufherrn aus den alten Familien am Markt ein neues Haus erbaut war, daß Telegraphendrähte durch die Gassen liefen und auf dem Posthausschilde jetzt mit goldenen Buchstaben »Kaiserliche Reichspost« zu lesen war; wie immer rollte die See ihre Wogen an den Strand, und wenn der Nordwest vom Ostnordost gejagt wurde, so spülte das Hochwasser an die Mauern der Brennerei, die auch jetzt noch in der Roten Laterne ihre beste Kundschaft hatte; aber das Ende der Eisenbahn lag noch manche Meile landwärts hinter dem Hügelzuge, sogar auf dem Bürgermeisterstuhle saß trotz der neuen Segnungen noch im guten alten Stile ein studierter Mann, und der Magistrat behauptete sein altes Ansehen, wenngleich die Senatoren jetzt in »Stadträte« und die

Deputierten in »Stadtverordnete« verwandelt waren; die Abschaffung der Bürgerglocke als eines alten Zopfes war in der Stadtverordnetenversammlung von einem jungen Mitgliede zwar in Vorschlag gebracht worden, aber zwei alte Herren hatten ihr das Wort geredet: die Glocke hatte sie in ihrer Jugend vor manchem dummen Streich nach Haus getrieben; weshalb sollte jetzt das junge Volk und das Gesinde nicht in gleicher Zucht gehalten werden? Und nach wie vor, wenn es zehn vom Turm geschlagen hatte, bimmelte die kleine Glocke hinterdrein und schreckte die Pärchen auseinander, welche auf dem Markt am Brunnen schwatzten.

Nicht so unverändert war das Kirchsche Haus geblieben. Heinz war nicht wieder heimgekommen; er war verschollen; es fehlte nur, daß er auch noch gerichtlich für tot erklärt worden wäre; von den jüngeren Leuten wußte mancher kaum, daß es hier jemals einen Sohn des alten Kirch gegeben habe. Damals freilich, als der alte Marten den Vorfall mit dem Briefe bei seinen Gängen mit herumgetragen hatte, war von Vater und Sohn genug geredet worden; und nicht nur von diesen, auch von der Mutter, von der man niemals redete, hatte man erzählt, daß sie derzeit, als es endlich auch ihr von draußen zugetragen worden, zum ersten Mal sich gegen ihren Mann erhoben habe. »Hans! Hans!« so hatte sie ihn angesprochen, ohne der Magd zu achten, die an der Küchentür gelauscht hatte; »das ohne mich zu tun war nicht dein Recht! Nun können wir nur beten, daß der Brief nicht zu dem Schreiber wiederkehre; doch Gott wird ja so schwere Schuld nicht auf dich laden.« Und Hans Adam, während ihre Augen voll und tränenlos ihn angesehen, hatte hierauf nichts erwidert, nicht ein Sterbenswörtlein; sie aber hatte nicht nur gebetet; überallhin, wenn auch stets vergebens, hatte sie nach ihrem Sohne forschen lassen; die Kosten, die dadurch verursacht wurden, entnahm sie ohne Scheu den kleineren Kassen, welche sie verwaltete; und Hans Adam, obgleich er bald des inne wurde, hatte sie still gewähren lassen. Er selbst tat nichts dergleichen; er sagte es sich beharrlich vor, der Sohn, ob brieflich oder in Person, müsse anders oder niemals wieder an die Tür des Elternhauses klopfen.

Und der Sohn hatte niemals wieder angeklopft. Hans Adams

Haar war nur um etwas rascher grau geworden; der Mutter aber hatte endlich das stumme Leid die Brust zernagt, und als die Tochter aufgewachsen war, brach sie zusammen. Nur eins war stark in ihr geblieben, die Zuversicht, daß ihr Heinz einst wiederkehren werde; doch auch die trug sie im stillen. Erst da ihr Leben sich rasch zu Ende neigte, nach einem heftigen Anfall ihrer Schwäche, trat es einmal über ihre Lippen. Es war ein frostheller Weihnachtsmorgen, als sie, von der Tochter gestützt, mühsam die Treppe nach der oben belegenen Schlafkammer emporstieg. Eben, als sie auf halbem Wege, tief aufatmend und wie hülflos um sich blickend, gegen das Geländer lehnte, brach die Wintersonne durch die Scheiben über der Haustür und erleuchtete mit ihrem blassen Schein den dunkeln Flur. Da wandte die kranke Frau den Kopf zu ihrer Tochter. »Lina«, sagte sie geheimnisvoll, und ihre matten Augen leuchteten plötzlich in beängstigender Verklärung, »ich weiß es, ich werde ihn noch wiedersehen! Er kommt einmal so, wenn wir es gar nicht denken!«

»Meinst du, Mutter?« frug die Tochter fast erschrocken.

»Mein Kind, ich meine nicht; ich weiß es ganz gewiß!«

Dann hatte sie ihr lächelnd zugenickt; und bald lag sie zwischen den weißen Linnen ihres Bettes, welche in wenigen Tagen ihren toten Leib umhüllen sollten.

In dieser letzten Zeit hatte Hans Kirch seine Frau fast keinen Augenblick verlassen; der Bursche, der ihm sonst im Geschäfte nur zur Hand ging, war schier verwirrt geworden über die ihn plötzlich treffende Selbstverantwortlichkeit; aber auch jetzt wurde der Name des Sohnes zwischen den beiden Eltern nicht genannt; nur da die schon erlöschenden Augen der Sterbenden weit geöffnet und wie suchend in die leere Kammer blickten, hatte Hans Kirch, als ob er ein Versprechen gebe, ihre Hand ergriffen und gedrückt; dann hatten ihre Augen sich zur letzten Lebensruhe zugetan.

Aber wo war, was trieb Heinz Kirch in der Stunde, als seine Mutter starb?

Ein paar Jahre weiter, da war der spitze Giebel des Kirchschen Hauses abgebrochen und statt dessen ein volles Stockwerk auf das Erdgeschoß gesetzt worden; und bald hausete eine junge Wirtschaft in den neuen Zimmern des Oberbaues; denn die Tochter hatte den Sohn eines wohlhabenden Bürgers aus der Nachbarstadt geheiratet, der dann in das Geschäft ihres Vaters eingetreten war. Hans Kirch begnügte sich mit den Räumen des alten Unterbaues; die Schreibstube neben der Haustür bildete zugleich sein Wohnzimmer. Dahinter, nach dem Hofe hinaus, lag die Schlafkammer; so saß er ohne viel Treppensteigen mitten im Geschäft und konnte trotz des anrückenden Greisenalters und seines jungen Partners die Fäden noch in seinen Händen halten. Anders stand es mit der zweiten Seite seines Wesens; schon mehrmals war ein Wechsel in den Magistratspersonen eingetreten, aber Hans Kirch hatte keinen Finger darum gerührt; auch, selbst wenn er darauf angesprochen worden, kein Für oder Wider über die neuen Wahlen aus seinem Munde gehen lassen.

Dagegen schlenderte er jetzt oft, die Hände auf dem Rücken, bald am Hafen, bald in den Bürgerpark, während er sonst auf alle Spaziergänger nur mit Verachtung herabgesehen hatte. Bei anbrechender Dämmerung konnte man ihn auch wohl draußen über der Bucht auf dem hohen Ufer sitzen sehen; er blickte dann in die offene See hinaus und schien keinen der wenigen, die vorübergingen, zu bemerken. Traf es sich, daß aus dem Abendrot ein Schiff hervorbrach und mit vollen Segeln auf ihn zuzukommen schien, dann nahm er seine Mütze ab und strich mit der andern Hand sich zitternd über seinen grauen Kopf. – Aber nein, es geschahen ja keine Wunder mehr; weshalb sollte denn auch Heinz auf jenem Schiffe sein? Und Hans Kirch schüttelte sich und trat fast zornig seinen Heimweg an.

Der ganze Ehrgeiz des Hauses schien jedenfalls, wenn auch in anderer Form, jetzt von dem Tochtermann vertreten zu werden; Herr Christian Martens hatte nicht geruht, bis die Familie unter den Mitgliedern der Harmoniegesellschaft figurierte, von der bekannt war, daß nur angesehenere Bürger zugelassen wurden. Der junge Ehemann war, wovon der Schwiegervater sich zeitig und gründlich überzeugt hatte, ein treuer Arbeiter und keineswegs ein Verschwender; aber – für einen feinen Mann gelten, mit den Honoratioren einen vertraulichen Händedruck wechseln, etwa noch eine schwergoldene Kette auf brauner Sammetweste, das mußte er daneben haben. Hans Kirch zwar hatte anfangs sich gesträubt; als ihm jedoch in einem stillen Nebenstübchen eine solide Partie »Sechsundsechzig« mit ein paar alten seebefahrenen Herren eröffnet wurde, ging auch er mit seinen Kindern in die Harmonie.

So war die Zeit verflossen, als an einem sonnigen Vormittage im September Hans Kirch vor seiner Haustür stand; mit seinem krummen Rücken, seinem hängenden Kopfe und wie gewöhnlich beide Hände in den Taschen. Er war eben von seinem Speicher heimgekommen; aber die Neugier hatte ihn wieder hinausgetrieben, denn durchs Fenster hatte er links hin auf dem Markte, wo sonst nur Hühner und Kinder liefen, einen großen Haufen erwachsener Menschen, Männer und Weiber, und offenbar in lebhafter Unterhaltung miteinander, wahrgenommen; er hielt die Hand ans Ohr, um etwas zu erhorchen; aber sie standen ihm doch zu fern. Da löste sich ein starkes, aber anscheinend hochbetagtes Frauenzimmer aus der Menge; sie mochte halb erblindet sein, denn sie fühlte mit einem Krückstock vor sich hin; gleichwohl kam sie bald rasch genug gegen das Kirchsche Haus dahergewandert. »Jule!« brummte Hans Adam. »Was will Jule?«

Seitdem der Bruder ihr vor einigen Jahren ein größeres Darlehen zu einem Einkauf abgeschlagen hatte, waren Wort und Gruß nur selten zwischen ihnen gewechselt worden; aber jetzt stand sie vor ihm; schon von weitem hatte sie ihm mit ihrer Krücke zugewinkt. Im ersten Antrieb hatte er sich umwenden und in sein Haus zurückgehen wollen; aber er blieb doch. »Was willst du, Jule?« frug er. »Was verakkordieren die da auf dem Markt?«

»Was die verakkordieren, Hans? Ja, leihst du mir jetzt die hundert Taler, wenn ich dir's erzähle?«

Er wandte sich jetzt wirklich, um ins Haus zu treten.

»Nun, bleib nur!« rief sie. »Du sollst's umsonst zu wissen kriegen; dein Heinz ist wieder da!«

Der Alte zuckte zusammen. »Wo? Was?« stieß er hervor und fuhr mit dem Kopf nach allen Seiten. Die Speckhökerin sah mit Vergnügen, wie seine Hände in den weiten Taschen schlotterten.

»Wo?« wiederholte sie und schlug den Bruder auf den krummen Rücken. »Komm zu dir, Hans! Hier ist er noch nicht; aber in Hamburg, beim Schlafbaas in der Johannisstraße!«

Hans Kirch stöhnte. »Weibergewäsch!« murmelte er. »Siebzehn Jahre fort; der kommt nicht wieder – der kommt nicht wieder.«

Aber die Schwester ließ ihn nicht los. »Kein Weibergewäsch, Hans! Der Fritze Reimers, der mit ihm in Schlafstelle liegt, hat's nach Haus geschrieben!«

»Ja, Jule, der Fritze Reimers hat schon mehr gelogen!«

Die Schwester schlug die Arme unter ihrem vollen Busen umeinander. »Zitterst du schon wieder für deinen Geldsack?« rief sie höhnend. »Ei nun, für dreißig Reichsgulden haben sie unsern Herrn Christus verraten, so konntest du dein Fleisch und Blut auch wohl um dreißig Schillinge verstoßen. Aber jetzt kannst du ihn alle Tage wiederhaben! Ratsherr freilich wird er nun wohl nicht mehr werden; du mußt ihn nun schon nehmen, wie du ihn dir selbst gemacht hast!«

Aber die Faust des Bruders packte ihren Arm; seine Lippen hatten sich zurückgezogen und zeigten das noch immer starke, vollzählige Gebiß. »Nero! Nero!« schrie er mit heiserer Stimme in die offene Haustür, während sogleich das Aufrichten des großen Haushundes drinnen hörbar wurde. »Weib, verdammtes, soll ich dich mit Hunden von der Türe hetzen!«

Frau Jules sittliche Entrüstung mochte indessen nicht so tief gegangen sein; hatte sie doch selbst vor einem halben Jahre ihre einzige Tochter fast mit Gewalt an einen reichen Trunkenbold verheiratet, um von seinen Kapitalien in ihr Geschäft zu bringen; es hatte sie nur gereizt, ihrem Bruder, wie sie später meinte, für die hundert Taler auch einmal etwas auf den Stock zu tun. Und so war sie denn schon dabei, ihm wieder gute Worte zu geben, als vom Markte her ein älterer Mann zu den Geschwistern trat. Es war der Krämer von der Ecke gegenüber. »Kommt, Nachbar«, sagte dieser, indem er Hans Adams Hand faßte, »wir wollen in Ihr Zimmer gehen; das gehört nicht auf die Straße!«

Frau Jule nickte ein paarmal mit ihrem dicken Kopfe. »Das meine ich auch, Herr Rickerts«, rief sie, indem sie sich mit ihrem Krückstocke nach der Straße hinunterfühlte; »erzählen

Sie's ihm besser; seiner Schwester hat er es nicht glauben wollen! Aber Hans, wenn's dir an Reisegeld nach Hamburg fehlen sollte?«

Sie bekam keine Antwort; Herr Rickerts trat mit dem Bruder schon in dessen Zimmer. »Sie wissen es also, Nachbar!« sagte er; »es hat seine Richtigkeit; ich habe den Brief von Fritze Reimers selbst gelesen.«

Hans Kirch hatte sich in seinen Lehnstuhl gesetzt und starrte, mit den Händen auf den Knien, vor sich hin. »Von Fritze Reimers?« frug er dann. »Aber Fritze Reimers ist ein Windsack, ein rechter Weißfisch!«

»Das freilich, Nachbar, und er hat auch diesmal seine eigne Schande nach Haus geschrieben. Beim Schlafbaas in der Johannisstraße haben sie abends in der Schenkstube beisammengesessen, deutsche Seeleute, aber aus allen Meeren, Fritze Reimers und noch zwei andre unsrer Jungens mit dazwischen. Nun haben sie geredet über Woher und Wohin; zuletzt, wo ein jeder von ihnen denn zuerst die Wand beschrien habe. Als an den Reimers dann die Reihe gekommen ist, da hat er – Sie kennen's ja wohl, Nachbar – das dumme Lied gesungen, worin sie den großen Fisch an unserm Rathaus in einen elenden Bütt verwandelt haben; kaum aber ist das Wort herausgewesen, so hat vom andern Ende des Tisches einer gerufen: ›Das ist kein Bütt, das ist der Schwanz von einem Butzkopf, und der ist doppelt so lang als Arm und Bein bei dir zusammen!‹

Der Mann, der das gesprochen hat, ist vielleicht um zehn Jahre älter gewesen als unsere Jungens, die da mit gesessen, und hat sich John Smidt genannt.

Fritze Reimers aber hat nicht geantwortet, sondern weiter fortgesungen, wie es in dem Liede heißt: ›Und sie handeln, sagt er, da mit Macht, sagt er; hab'n zwei Böte, sagt er, und 'ne Jacht!‹«

»Der Schnösel!« rief Hans Kirch; »und sein Vater hat bis an seinen Tod auf meinem Schoner gefahren!«

»Ja, ja, Nachbar; der John Smidt hat auch auf den Tisch geschlagen. ›Pfui für den Vogel, der sein eigen Nest beschmutzt!‹«

»Recht so!« sagte Hans Kirch; »er hätte ihn nur auf seinen dünnen Schädel schlagen sollen!«

»Das tat er nicht; aber als der Reimers ihm zugerufen, was er dabei denn mitzureden habe, da –«

Hans Kirch hatte des andern Arm gefaßt. »Da?« wiederholte er.

»Ja, Nachbar« – und des Erzählers Stimme wurde leiser –, »da hat John Smidt gesagt, er heiße eigentlich Heinz Kirch, und ob er denn auch nun noch etwas von ihm kaufen wolle.- Sie wissen es ja, Nachbar, unsre Jungens geben sich da drüben manchmal andre Namen, Smidt oder Mayer, oder wie es eben kommen mag, zumal wenn's mit dem Heuerwechsel nicht so ganz in Ordnung ist. Und dann, ich bin ja erst seit sechzehn Jahren hier; aber nach Hörensagen, es muß Ihrem Heinz schon ähnlich sehen, das!«

Hans Kirch nickte. Es wurde ganz still im Zimmer, nur der Perpendikel der Wanduhr tickte; dem alten Schiffer war, als fühle er eine erkaltende Hand, die den Druck der seinigen erwarte.

Der Krämer brach zuerst das Schweigen. »Wann wollen Sie reisen, Nachbar?« frug er.

»Heute nachmittag«, sagte Hans Kirch und suchte sich so grade wie möglich aufzurichten.

– »Sie werden guttun, sich reichlich mit Gelde zu versehen; denn die Kleidung Ihres Sohnes soll just nicht im besten Stande sein.«

Hans Kirch zuckte. »Ja, ja; noch heute nachmittag.«

Dies Gespräch hatte eine Zuhörerin gehabt; die junge Frau, welche zu ihrem Vater wollte, hatte vor der halboffenen Tür des Bruders Namen gehört und war aufhorchend stehen geblieben. Jetzt flog sie, ohne einzutreten, die Treppe wieder hinauf nach ihrem Wohnzimmer, wo eben ihr Mann, am Fenster sitzend, sich zu besonderer Ergötzung eine Havanna aus dem Sonntagskistchen angezündet hatte. »Heinz!« rief sie jubelnd ihm entgegen, wie vor Zeiten ihre Mutter es gerufen hatte, »Nachricht von Heinz! Er lebt, er wird bald bei uns sein!« Und mit überstürzenden Worten erzählte sie, was sie unten im Flur erlauscht hatte. Plötzlich aber hielt sie inne und sah auf ihren Mann, der nachdenklich die Rauchwölkchen vor sich hin blies.

»Christian!« rief sie und kniete vor ihm hin; »mein einziger Bruder! Freust du dich denn nicht?«

Der junge Mann legte die Hand auf ihren Kopf: »Verzeih mir, Lina; es kam so unerwartet; dein Bruder ist für mich noch gar nicht dagewesen; es wird ja nun so vieles anders werden.« Und behutsam und verständig, wie es sich für einen wohldenkenden Mann geziemt, begann er dann ihr darzulegen, wie durch diese nicht mehr vermutete Heimkehr die Grundlagen ihrer künftigen Existenz beschränkt, ja vielleicht erschüttert würden. Daß seinerseits die Verschollenheit des Haussohnes, wenn auch ihm selbst kaum eingestanden, wenigstens den zweiten Grund zum Werben um Hans Adams Tochter abgegeben habe, das ließ er freilich nicht zu Worte kommen, so aufdringlich es auch jetzt vor seiner Seele stand.

Frau Lina hatte aufmerksam zugehört. Da aber ihr Mann jetzt schwieg, schüttelte sie nur lächelnd ihren Kopf:

»Du sollst ihn nur erst kennenlernen; oh, Heinz war niemals eigennützig.«

Er sah sie herzlich an. »Gewiß, Lina; wir müssen uns darein zu finden wissen; um desto besser, wenn er wiederkehrt, wie du ihn einst gekannt hast.«

Die junge Frau schlug den Arm um ihres Mannes Nacken: »Oh, du bist gut, Christian! Gewiß, ihr werdet Freunde werden!«

Dann ging sie hinaus; in die Schlafkammer, in die beste Stube, an den Herd; aber ihre Augen blickten nicht mehr so froh, es war auf ihre Freude doch ein Reif gefallen. Nicht, daß die Bedenken ihres Mannes auch ihr Herz bedrängten; nein, aber daß so etwas überhaupt sein könne; sie wußte selber kaum, weshalb ihr alles jetzt so öde schien.

Einige Tage später war Frau Lina beschäftigt, in dem Oberbau die Kammer für den Bruder zu bereiten; aber auch heute war ihr die Brust nicht freier. Der Brief, worin der Vater seine und des Sohnes Ankunft gemeldet hatte, enthielt kein Wort von einem frohen Wiedersehen zwischen beiden; wohl aber ergab der weitere Inhalt, daß der Wiedergefundene sich anfangs unter seinem angenommenen Namen vor dem Vater zu verbergen gesucht habe und diesem wohl nur widerstrebend in die Heimat folgen werde.

Als dann an dem bezeichneten Sonntagabend das junge Ehepaar zu dem vor dem Hause haltenden Wagen hinausgetreten war, sahen sie bei dem Lichtschein, der aus dem offenen Flur fiel, einen Mann herabsteigen, dessen wetterhartes Antlitz mit dem rötlichen Vollbart und dem kurzgeschorenen braunen Haupthaar fast einen Vierziger anzudeuten schien; eine Narbe, die über Stirn und Auge lief, mochte indessen dazu beitragen, ihn älter erscheinen zu lassen, als er wirklich war. Nach ihm kletterte langsam Hans Kirch vom Wagen. »Nun, Heinz«, sagte er, nacheinander auf die Genannten hinweisend, »das ist deine Schwester Lina und das ihr Mann Christian Martens; ihr müßt euch zu vertragen suchen.«

Ebenso nacheinander streckte diesen jetzt Heinz die Hand entgegen und schüttelte die ihre kurz mit einem trockenen »Very well!« Er tat dies mit einer unbeholfenen Verlegenheit; mochte die Art seiner Heimkehr ihn bedrücken, oder fühlte er eine Zurückhaltung in der Begrüßung der Geschwister; denn freilich, sie hatten von dem Wiederkehrenden sich ein anderes Bild gemacht.

Nachdem alle in das Haus getreten waren, geleitete Frau Lina ihren Bruder die Treppe hinauf nach seiner Kammer. Es war nicht mehr dieselbe, in der er einst als Knabe geschlafen hatte, es war hier oben ja alles neu geworden; aber er schien nicht darauf zu achten. Die junge Frau legte das Reisegepäck, das sie ihm nachgetragen hatte, auf den Fußboden. »Hier ist dein Bett«, sagte sie dann, indem sie die weiße Schutzdecke abnahm und zusammenlegte; »Heinz, mein Bruder, du sollst recht sanft hier schlafen!«

Er hatte den Rock abgeworfen und war mit aufgestreiften Ärmeln an den Waschtisch getreten. Jetzt wandte er rasch den Kopf, und seine braunen blitzenden Augen ruhten in den ihren. »Dank, Schwester«, sagte er. Dann tauchte er den Kopf in die Schale und sprudelte mit dem Wasser umher, wie es wohl Leuten eigen ist, die dergleichen im Freien zu verrichten pflegen. Die Schwester, am Türpfosten lehnend, sah dem schweigend zu; ihre Frauenaugen musterten des Bruders Kleidung, und sie erkannte wohl, daß alles neu geschafft sein mußte; dann blieben ihre Blicke auf den braunen sehnigen Armen des Mannes haften, die noch mehr Narben zeigten als das Antlitz. »Armer Heinz«, sagte sie, zu ihm hinübernickend, »die müssen schwere Arbeit getan haben!«

Er sah sie wieder an; aber diesmal war es ein wildes Feuer, das aus seinen Augen brach. »Demonio!« rief er, die aufgestreckten Arme schüttelnd; »allerlei Arbeit, Schwester! Aber – basta y basta!« Und er tauchte wieder den Kopf in die Schale und warf das Wasser über sich, als müsse er, Gott weiß was, herunterspülen.

Beim Abendtee, den die Familie zusammen einnahm, wollte eine Unterhaltung nicht recht geraten. »Ihr seid weit umhergekommen, Schwager«, sagte nach einigen vergeblichen Anläufen der junge Ehemann; »Ihr müßt uns viel erzählen.«

»Weit genug«, erwiderte Heinz; aber zum Erzählen kam es nicht; er gab nur kurze allgemeine Antwort.

»Laß ihn, Christian!« mahnte Frau Lina; »er muß erst eine Nacht zu Haus geschlafen haben.« Dann aber, damit es am ersten Abend nicht gar zu stille werde, begann sie selbst die wenigen Erinnerungen aus des Bruders Jugendjahren auszukramen, die sie nach eigenem Erlebnis oder den Erzählungen der Mutter noch bewahrte. Heinz hörte ruhig zu. »Und dann«, fuhr sie fort, »damals, als du dir den großen Anker mit deinem Namen auf den Arm geätzt hattest! Ich weiß noch, wie ich schrie, als du so verbrannt nach Hause kamst, und wie dann der Physikus geholt wurde. Aber« – und sie stutzte einen Augenblick – »war es denn nicht auf dem linken Unterarm?«

Heinz nickte: »Mag wohl ein; das sind so Jungensstreiche.«

»Aber Heinz – es ist ja nicht mehr da; ich meinte, so was könne nie vergehen!«

»Muß doch wohl, Schwester; sind verteufelte Krankheiten da drüben; man muß schon oft zufrieden sein, wenn sie einem nicht gar die Haut vom Leibe ziehen.«

Hans Kirch hatte nur ein halbes Ohr nach dem, was hier gesprochen wurde. Noch mehr als sonst in sich zusammengesunken, verzehrte er schweigend sein Abendbrot; nur bisweilen warf er von unten auf einen seiner scharfen Blicke auf den Heimgekehrten, als wolle er prüfen, was mit diesem Sohn noch zu beginnen sei.

– – Aber auch für die folgenden Tage blieb dies wortkarge Zusammensein. Heinz erkundigte sich weder nach früheren Bekannten, noch sprach er von dem, was weiter denn mit ihm geschehen solle. Hans Adam frug sich, ob der Sohn das erste Wort von ihm erwarte oder ob er überhaupt nicht an das Morgen denke; »ja, ja«, murmelte er dann und nickte heftig mit seinem grauen Kopfe; »er ist's ja siebzehn Jahre so gewohnt geworden.«

Aber auch heimisch schien Heinz sich nicht zu fühlen. Hatte er kurze Zeit im Zimmer bei der Schwester seine Zigarre geraucht, so trieb es ihn wieder fort; hinab nach dem Hafen, wo er dem oder jenem Schiffer ein paar Worte zurief, oder nach dem großen Speicher, wo er teilnahmlos dem Abladen der Steinkohlen oder andern Arbeiten zusah. Ein paarmal, da er unten im Kontor gesessen, hatte Hans Kirch das eine oder andere der Geschäftsbücher vor ihm aufgeschlagen, damit er von dem gegenwärtigen Stande des Hauses Einsicht nehme; aber er hatte sie jedesmal nach kurzem Hin- und Herblättern wie etwas Fremdes wieder aus der Hand gelegt.

In einem aber schien er, zur Beruhigung des jungen Ehemannes, der Schilderung zu entsprechen, die Frau Lina an jenem Vormittage von ihrem Bruder ihm entworfen hatte: an eine Ausnutzung seiner Sohnesrechte schien der Heimgekehrte nicht zu denken.

Und noch ein zweites war dem Frauenauge nicht entgangen. Wie der Bruder einst mit ihr, der soviel jüngeren Schwester, sich herumgeschleppt, ihr erzählt und mit ihr gespielt hatte, mit ihr und – wie sie von der Mutter wußte früher auch mit einer anderen, der er bis jetzt mit keinem Worte nachgefragt und von der zu reden sie vermieden hatte, in gleicher Weise ließ er jetzt, wenn er am Nachmittage draußen auf dem Beischlag saß, den kleinen Sohn des Krämers auf seinem Schoß umherklettern und sich Bart und Haar von ihm zerzausen; dann konnte er auch lachen, wie Frau Lina meinte, es einst im Garten oder auf jenen Sonntagswanderungen mit der Mutter von ihrem Bruder Heinz gehört zu haben. Schon am zweiten Tage, da sie eben in Hut und Tuch aus der Haustür zu ihm treten wollte, hatte sie ihn so getroffen. Der kleine Bube stand auf seinen Knien und hielt ihn bei der Nase. »Du willst mir was vorlügen, du großer Schiffer!« sagte er und schüttelte derb an ihm herum.

»Nein, nein, Karl, by Jove, es gibt doch Meerfrauen; ich habe sie ja selbst gesehen.«

Der Knabe ließ ihn los. »Wirklich? Kann man die denn heiraten?«

»Oho, Junge! Freilich kann man das! Da drüben in Texas, könntst allerlei da zu sehen bekommen, kannte ich einen, der hatte eine Meerfrau; aber sie mußte immer in einer großen Wassertonne schwimmen, die in seinem Garten stand.«

Die Augen des kleinen Burschen leuchteten; er hatte nur einmal einen jungen Seehund so gesehen, und dafür hatte er einen Schilling zahlen müssen. »Du«, sagte er heimlich und nickte seinem bärtigen Freunde zu; »ich will auch eine Wasserfrau heiraten, wenn ich groß geworden bin!«

Heinz sah nachdenklich den Knaben an. »Tu das nicht, Karl; die Wasserfrauen sind falsch; bleib lieber in deines Vaters Stor und spiel mit deines Nachbarn Katze.«

Die Hand der Schwester legte sich auf seine Schulter: »Du wolltest mit mir zu unserer Mutter Grabe!«

Und Heinz setzte den Knaben zur Erde und ging mit Frau Lina nach dem Kirchhof. Ja, er hatte sich später auch von ihr bereden lassen, den alten Pastor, der jetzt mit einer Magd im großen Pfarrhaus wirtschaftete, und sogar auch Tante Jule zu besuchen, um die der Knabe Heinz sich wenig einst gekümmert hatte.

So war der Sonntagvormittag herangekommen, und die jungen Eheleute rüsteten sich zum gewohnten Kirchgang; auch Heinz hatte sich bereit erklärt. Hans Kirch war am Abend vorher besonders schweigsam gewesen, und die Augen der Tochter, die ihn kannte, waren mehrmals angstvoll über des Vaters Antlitz hingestreift. Jetzt kam es ihr wie eine Beruhigung, als sie ihn vorhin den großen Flurschrank hatte öffnen und wieder schließen hören, aus dem er selber seinen Sonntagsrock hervorzuholen pflegte.

Als aber bald danach die drei Kirchgänger in das untere Zimmer traten, stand Hans Kirch, die Hände auf dem Rücken, in seiner täglichen Kleidung an dem Fenster und blickte auf die leere Gasse; Hut und Sonntagsrock lagen wie unordentlich hingeworfen auf einem Stuhl am Pulte.

»Vater, es ist wohl an der Zeit!« erinnerte Frau Lina schüchtern.

Hans Adam hatte sich umgewandt. »Geht nur!« sagte er trocken, und die Tochter sah, wie seine Lippen zitterten, als sie sich über den starken Zähnen schlossen.

»Wie, du willst nicht mit uns, Vater?«

– »Heute nicht, Lina!«

»Heute nicht, wo Heinz nun wieder bei uns ist?«

»Nein, Lina«, er sprach die Worte leise, aber es war, als müsse es gleich danach hervorbrechen; »ich mag heut nicht allein in unsern Schifferstuhl.«

»Aber, Vater, du tust das ja immer«, sprach Frau Lina zagend; »Christian sitzt ja auch stets unten bei mir.«

– »Ei was, dein Mann, dein Mann!« – und ein zorniger Blick schoß unter den buschigen Brauen zu seinem Sohn hinüber, und seine Stimme wurde immer lauter – »dein Mann gehört dahin; aber die alten Matrosen, die mit fünfunddreißig Jahren noch fremde Kapitäne ihres Vaters Schiffe fahren lassen, die längst ganz anderswo noch sitzen sollten, die mag ich nicht unter mir im Kirchstuhl sehen!«

Er schwieg und wandte sich wieder nach dem Fenster, und niemand hatte ihm geantwortet; dann aber legte Heinz das Gesangbuch, das seine Schwester ihm gegeben hatte, auf das Pult. »Wenn's nur das ist, Vater«, sagte er, »der alte Matrose kann zu Hause bleiben; er hat so manchen Sonntag nur den Wind in den Tauen pfeifen hören.«

Aber die Schwester ergriff des Bruders, dann des Vaters Hände. »Heinz! Vater! Laßt das ruhen jetzt! Hört zusammen Gottes Wort; ihr werdet mit guten Gedanken wiederkommen, und dann redet miteinander, was nun weiter werden soll!« Und wirklich, mochte es nun den heftigen Mann beruhigt haben, daß er, zum mindesten vorläufig, sich mit einem Worte Luft geschafft – was sie selber nicht erwartet hatte, sie brachte es dahin, daß beide in die Kirche gingen.

Aber Hans Kirch, während unten, wie ihm nicht entging, sich aller Blicke auf den Heimgekehrten richteten, saß oben unter den andern alten Kapitänen und Reedern und starrte, wie einst, nach der Marmorbüste des alten Kommandeurs; das war auch ein Stadtsjunge gewesen, ein Schulmeisterssohn, wie Heinz ein Schulmeistersenkel; wie anders war der heimgekommen!

– – Eine Unterredung zwischen Vater und Sohn fand weder nach dem Kirchgang noch am Nachmittage statt. Am Abend zog Frau Lina den Bruder in ihre Schlafkammer: »Nun, Heinz, hast du mit Vater schon gesprochen?«

Er schüttelte den Kopf: »Was soll ich mit ihm sprechen, Schwester?«

– »Du weißt es wohl, Heinz; er will dich droben in der Kirche bei sich haben. Sag ihm, daß du dein Steuermannsexamen machen willst; warum hast du es nicht längst gesagt?«

Ein verächtliches Lächeln verzerrte sein Gesicht. »Ist das eine Gewaltssache mit dem alten Schifferstuhl!« rief er. »Todos diabolos, ich alter Kerl noch auf der Schulbank! Denk wohl, ich habe manche alte Bark auch ohne das gesteuert!«

Sie sah ihn furchtsam an; der Bruder, an den sie sich zu gewöhnen anfing, kam ihr auf einmal fremd, ja unheimlich vor. »Gesteuert?« wiederholte sie leise; »wohin hast du gesteuert, Heinz? Du bist nicht weit gekommen.«

Er blickte eine Weile seitwärts auf den Boden; dann reichte er ihr die Hand. »Mag sein, Schwester«, sagte er ruhig; »aber – ich kann noch nicht wie ihr; muß mich immer erst besinnen, wo ich hinzutreten habe; kennt das nicht, ihr alle nicht, Schwester! Ein halbes Menschenleben – ja rechne, noch mehr als ein halbes Menschenleben kein ehrlich Hausdach überm Kopf; nur wilde See oder wildes Volk oder beides miteinander! Ihr kennt das nicht, sag ich, das Geschrei und das Gefluche, mein eignes mit darunter; ja, ja, Schwester, mein eignes auch, es lärmt mir noch immer in die Ohren; laßt's erst stiller werden, sonst – es geht sonst nicht!«

Die Schwester hing an seinem Halse. »Gewiß, Heinz, gewiß, wir wollen Geduld haben; o wie gut, daß du nun bei uns bist!«

Plötzlich, Gott weiß woher, tauchte ein Gerücht auf und wanderte emsig von Tür zu Tür: der Heimgekehrte sei gar nicht Heinz Kirch, es sei der Hasselfritz, ein Knabe aus dem Armenhause, der gleichzeitig mit Heinz zur See gegangen war und gleich diesem seitdem nichts von sich hatte hören lassen. Und jetzt, nachdem es eine kurze Weile darum herumgeschlichen, war es auch in das Kirchsche Haus gedrungen. Frau Lina griff sich mit beiden Händen an die Schläfen; sie hatte durch die Mutter wohl von jenem anderen gehört; wie Heinz hatte er braune Augen und braunes Haar gehabt und war wie dieser ein kluger wilder Bursch gewesen; sogar eine Ähnlichkeit hatte man derzeit zwischen ihnen finden wollen. Wenn alle Freude nun um nichts sein sollte, wenn es nun nicht der Bruder wäre! Eine helle Röte schlug ihr ins Gesicht: sie hatte ja an dieses Menschen Hals gehangen, sie hatte ihn geküßt – Frau Lina vermied es plötzlich, ihn zu berühren; verstohlen aber und desto öfter hafteten ihre Augen auf den rauhen Zügen ihres Gastes, während zugleich ihr innerer Blick sich mühte, unter den Schatten der Vergangenheit das Knabenantlitz ihres Bruders zu erkennen. Als dann auch der junge Ehemann zur Vorsicht mahnte, wußte Frau Lina sich auf einmal zu entsinnen, wie gleichgültig ihr der Bruder neulich an ihrer Mutter Grab erschienen sei; als ob er sich langweile, habe er mit beiden Armen sich über die Eisenstangen der Umfassung gelehnt und dabei seitwärts nach den andern Gräbern hingestarrt; fast als ob, wie bei dem Vaterunser nach der Predigt, nur das Ende abgewartet werden müsse.

Beiden Eheleuten erschien jetzt auch das ganze Gebaren des Bruders noch um vieles ungeschlachter als vordem; dies Sichumherwerfen auf den Stühlen, diese Nichtachtung vor Frau Linas sauberen Dielen. Heinz Kirch, das sagten alle, und den Eindruck bewahrte auch Frau Linas eigenes Gedächtnis, war ja ein feiner junger Mensch gewesen. Als beide dann dem Vater ihre Bedenken mitteilten, war es auch dem nichts Neues mehr; aber er hatte geschwiegen und schwieg auch jetzt; nur die Lippen drückte er fester aufeinander. Freilich, als er bald darauf seinen alten Pastor mit der Pfeife am Zaune seines Vorgartens stehen sah, konnte er doch nicht lassen, wie zufällig heranzutreten und so von weitem an ihm herumzuforschen.

»Ja, ja«, meinte der alte Herr, »es war recht schicklich von dem Heinz, daß er seinen Besuch mir gleich am zweiten Tage gönnte.«

»Schuldigkeit, Herr Pastor«, versetzte Kirch; »mag Ihnen aber auch wohl ergangen sein wie mir; es kostet Künste, in diesem Burschen mit dem roten Bart den alten Heinz herauszufinden.«

Der Pastor nickte; sein Gesicht zeigte plötzlich den Ausdruck oratorischer Begeisterung. »Ja mit dem Barte!« wiederholte er nachdrücklich und fuhr mit der Hand, wie auf der Kanzel, vor sich hin. »Sie sagen es, Herr Nachbar; und wahrlich, seit dieser unzierliche Zierat Mode worden, kann man die Knaben in den Jünglingen nicht wiedererkennen, bevor man sie nicht selber sich bei Namen rufen hörte; das habe ich an meinen Pensionären selbst erfahren! Da war der blonde Dithmarscher, dem Ihr Heinz – er wollte jetzo zwar darauf vergessen haben – einmal den blutigen Denkzettel unter die Nase schrieb; der glich wahrlich einem weißen Hammel, da er von hier fortging; und als er nach Jahren in meine friedliche Kammer so unerwartet eintrat – ein Löwe! Ich versichere Sie, Herr Nachbar, ein richtiger Löwe! Wenn nicht die alten Schafsaugen zum Glück noch standgehalten hätten, ich alter Mann hätte ja den Tod sonst davon haben können!« Der Pastor sog ein paarmal an seiner Pfeife und drückte sich das Sammetkäppchen fester auf den weißen Kopf.

»Nun freilich«, meinte Hans Kirch; denn er fühlte wohl, daß er ein Lieblingsthema wachgerufen habe, und suchte noch einmal wieder anzuknüpfen; »solche Signale wie Ihr Dithmarscher hat mein Heinz nicht aufzuweisen.«

Aber der alte Herr ging wieder seinen eigenen Weg. »Bewahre!« sagte er verächtlich und machte mit der Hand eine Bewegung, als ob er die Schafsaugen weit von sich in die Büsche werfe. »Ein Mann, ein ganzer Mann!« Dann hob er den Zeigefinger und beschrieb schelmisch lächelnd eine Linie über Stirn und Auge: »Auch eine Dekorierung hat er sich erworben; im Gefecht, Herr Nachbar, ich sage im Gefechte; gleich einem alten Studiosus! Zu meiner Zeit- Seeleute und Studenten, das waren die freien Männer, wir standen allzeit beieinander!«

Hans Kirch schüttelte den Kopf. »Sie irren, Ehrwürden; mein Heinz war nur auf Kauffahrteischiffen; im Sturm, ein Holzsplitter, eine stürzende Stenge tun wohl dasselbe schon.«

»Crede experto! Traue dem Sachkundigen!« rief der alte Herr

und hob geheimnisvoll das linke Ohrläppchen, hinter welchem die schwachen Spuren einer Narbe sichtbar wurden. »Im Gefecht, Herr Nachbar; oh, wir haben auch pro patria geschlagen.«

Ein Lächeln flog über das Gesicht des alten Seemanns, das für einen Augenblick das starke Gebiß bloßlegte. »Ja, ja, Herr Pastor; freilich, er war kein Hasenfuß, mein Heinz!«

Aber der frohe Stolz, womit diese Worte hervorbrachen, verschwand schon wieder; das Bild seines kühnen Knaben verblich vor dem des Mannes, der jetzt unter seinem Dache hauste Hans Kirch nahm kurzen Abschied; er gab es auf, es noch weiter mit der Geschwätzigkeit des Greisenalters aufzunehmen.

– – Am Abend war Ball in der Harmonie. Heinz wollte zu Hause bleiben, er passe nicht dahin; und die jungen Eheleute, die ihm auch nur wie beiläufig davon gesprochen hatten, waren damit einverstanden; denn Heinz, sie mochten darin nicht unrecht haben, war in dieser Gesellschaft für jetzt nicht wohl zu präsentieren. Frau Lina wollte ebenfalls zu Hause bleiben; doch sie mußte dem Drängen ihres Mannes nachgeben, der einen neuen Putz für sie erhandelt hatte. Auch Hans Kirch ging zu seiner Partie Sechsundsechzig; eine innere Unruhe trieb ihn aus dem Hause.

So blieb denn Heinz allein zurück. Als alle fort waren, stand er, die Hände in den Taschen, am Fenster seiner dunklen Schlafkammer, das nach Nordosten auf die See hinausging. Es war unruhiges Wetter, die Wolken jagten vor dem Mond; doch konnte er jenseit des Warders, in dem tieferen Wasser, die weißen Köpfe der Wellen schäumen sehen. Er starrte lange darauf hin; allmählich, als seine Augen sich gewöhnt hatten, bemerkte er auch drüben auf der Insel einen hellen Dunst; von dem Leuchtturm konnte das nicht kommen; aber das große Dorf lag dort, wo, wie er hatte reden hören, heute Jahrmarkt war. Er öffnete das Fenster und lehnte sich hinaus; fast meinte er, durch das Rauschen des Wassers die ferne Tanzmusik zu hören; und als packe es ihn plötzlich, schlug er das Fenster eilig zu und sprang, seine Mütze vom Türhaken reißend, in den Flur hinab. Als er ebenso rasch der Haustür zuging, frug die Magd ihn, ob sie mit dem Abschließen auf ihn warten solle; aber er schüttelte nur den Kopf, während er das Haus verließ.

Kurze Zeit danach, beim Rüsten der Schlafgemächer für die Nacht, betrat die Magd auch die von ihrem Gaste vorhin verlassene Kammer. Sie hatte ihr Lämpchen auf dem Vorplatze gelassen und nur die Wasserflasche rasch hineinsetzen wollen; als aber draußen eben jetzt der Mond sein volles Licht durch den weiten Himmelsraum ergoß, trat sie gleichfalls an das Fenster und blickte auf die wie mit Silberschaum gekrönten Wellen; bald aber waren es nicht mehr diese; ihre jungen weitreichenden Augen hatten ein Boot erkannt, das von einem einzelnen Manne durch den sprühenden Gischt der Insel zugetrieben wurde.

Wenn Hans Kirch oder die jungen Eheleute in die Harmonie gegangen waren, um dort nähere Aufschlüsse über jenes unheimliche Gerücht zu erhalten, so mußten sie sich getäuscht finden; niemand ließ auch nur ein andeutendes Wort darüber fallen; es war wieder wie kurz zuvor, als ob es niemals einen Heinz Kirch gegeben hätte.

Erst am andern Morgen erfuhren sie, daß dieser am Abend bald nach ihnen fortgegangen und bis zur Stunde noch nicht wieder da sei; die Magd teilte auf Befragen ihre Vermutungen mit, die nicht weit vom Ziele treffen mochten. Als dann endlich kurz vor Mittag der Verschwundene mit stark gerötetem Antlitz heimkehrte, wandte Hans Kirch, den er im Flur traf, ihm den Rücken und ging rasch in seine Stube. Frau Lina, der er auf der Treppe begegnete, sah ihn vorwurfsvoll und fragend an; sie stand einen Augenblick, als ob sie sprechen wolle; aber – wer war dieser Mann? – Sie hatte sich besonnen und ging ihm stumm vorüber.

Nach der schweigend eingenommenen Mittagsmahlzeit hatte Heinz sich oben in der Wohnstube des jungen Paares in die Sofaecke gesetzt. Frau Lina ging ab und zu; er hatte den Kopf gestützt und war eingeschlafen. Als er nach geraumer Zeit erwachte, war die Schwester fort; statt dessen sah er den grauen Kopf des Vaters über sich gebeugt; der Erwachende glaubte es noch zu fühlen, wie die scharfen Augen in seinem Antlitz forschten.

Eine Weile hafteten beider Blicke ineinander; dann richtete der Jüngere sich auf und sagte: »Laßt nur, Vater, ich weiß es schon, Ihr möchtet gern, daß ich der Hasselfritze aus der Armenkate wäre; möcht Euch schon den Gefallen tun, wenn ich mich selbst noch mal zu schaffen hätte.«

Hans Kirch war zurückgetreten. »Wer hat dir das erzählt?« sagte er, »du kannst nicht behaupten, daß ich dergleichen von dir gesagt hätte.«

»Aber Euer Gesicht sagt mir's; und unsre junge Frau, sie zuckt vor meiner Hand, als sollt sie eine Kröte fassen. Wußte erst nicht, was da unterwegs sei; aber heut nacht, da drüben, da schrien es beim Tanz die Eulen in die Fenster.«

Hans Kirch erwiderte nichts; der andre aber war aufgestanden und sah auf die Gasse, wo in Stößen der Regen vom Herbstwinde vorbeigetrieben wurde. »Eins aber«, begann er wieder, indem er sich finster zu dem Alten wandte, »mögt Ihr mir noch sagen! Warum damals, da ich noch jung war, habt Ihr das mit dem Brief mir angetan? Warum? Denn ich hätte Euch sonst mein altes Gesicht wohl wieder heimgebracht.«

Hans Kirch fuhr zusammen. An diesen Vorgang hatte seit dem Tode seines Weibes keine Hand gerührt; er selbst hatte ihn tief in sich begraben. Er fuhr mit den Fingern in die Westentasche und biß ein Endchen von der schwarzen Tabaksrolle, die er daraus hervorgeholt hatte. »Einen Brief?« sagte er dann; »mein Sohn Heinz war nicht für das Briefschreiben.«

»Mag sein, Vater; aber einmal – einmal hatte er doch geschrieben; in Rio hatte er den Brief zur Post gegeben, und später, nach langer Zeit – der Teufel hatte wohl sein Spiel dabei – in San Jago, in dem Fiebernest, als die Briefschaften für die Mannschaft ausgeteilt wurden, da hieß es: ›Hier ist auch was für dich.‹ Und als der Sohn, vor Freude zitternd, seine Hand ausstreckte und mit den Augen nur die Aufschrift des Briefes erst verschlingen wollte, da war's auch wirklich einer, der von Hause kam, und auch eine Handschrift von zu Hause stand darauf; aber – es war doch nur sein eigener Brief, der nach sechs Monaten uneröffnet an ihn zurückkam.«

Es sah fast aus, als seien die Augen des Alten feucht geworden; als er aber den trotzigen Blick des Jungen sich gegenüber sah, verschwand das wieder. »Viel Rühmliches mag auch nicht darin gestanden haben!« sagte er grollend.

Da fuhr ein hartes Lachen aus des Jüngeren Munde und gleich darauf ein fremdländischer Fluch, den der Vater nicht verstand. »Da mögt Ihr recht haben, Hans Adam Kirch; ganz regulär war's just nicht hergegangen; der junge Bursche wär auch damals gern vor seinem Vater hingefallen; lagen aber tausend Meilen zwischen ihnen; und überdem – das Fieber hatte ihn geschüttelt, und er war erst eben von seinem elenden Lazarettbett aufgestanden! Und später dann – was meint Ihr wohl, Hans Kirch? Wen Vaters Hand verstoßen, der fragt bei der nächsten Heuer nicht, was unterm Deck geladen ist, ob Kaffeesäcke oder schwarze Vögel, die eigentlich aber schwarze Menschen sind; wenn's nur Dublonen gibt; und fragt auch nicht, wo die der Teufel holt und wo dann wieder neue zu bekommen sind!«

Die Stimme, womit diese Worte gesprochen wurden, klang so wüst und fremd, daß Hans Kirch sich unwillkürlich frug: ›Ist das dein Heinz, den der Kantor beim Amensingen immer in die erste Reihe stellte, oder ist es doch der Junge aus der Armenkate, der nur auf deinen Beutel spekuliert?‹ Er wandte wieder seine Augen prüfend auf des andern Antlitz; die Narbe über Stirn und Auge flammte brandrot. »Wo hast du dir denn das geholt?« sagte er, an seines Pastors Rede denkend. »Bist du mit Piraten im Gefecht gewesen?«

Ein desperates Lachen fuhr aus des Jüngeren Munde. »Piraten?« rief er. »Glaubt nur, Hans Kirch, es sind auch dabei brave Kerle! Aber laßt das; das Gespinst ist gar zu lang, mit wem ich all zusammen war!«

Der Alte sah ihn mit erschrockenen Augen an. »Was sagst du?« frug er so leise, als ob es niemand hören dürfe.

Aber bevor eine Antwort darauf erfolgen konnte, wurden schwerfällige Schritte draußen auf der Treppe laut; die Tür öffnete sich, und von Frau Lina geführt, trat Tante Jule in das Zimmer. Während sie, pustend und mit beiden Händen sich auf ihren Krückstock lehnend, stehenblieb, war Heinz an ihr vorüber schweigend aus der Tür gegangen.

»Ist er fort?« sagte sie, mit ihrem Stocke hinter ihm her weisend.

»Wer soll fort sein?« frug Hans Kirch und sah die Schwester nicht eben allzu freundlich an.

»Wer? Nun, den du seit vierzehn Tagen hier in Kost genommen.«

– »Was willst du wieder, Jule? Du pflegst mir sonst nicht so ins Haus zu fallen.«

»Ja, ja, Hans«, und sie winkte der jungen Frau, ihr einen Stuhl zu bringen, und setzte sich darauf; »du hast's auch nicht um mich verdient; aber ich bin nicht so, Hans; ich will dir Abbitte tun; ich will bekennen, der Fritze Reimers mag doch wohl gelogen haben, oder wenn nicht er, so doch der andre!«

»Was soll die Rederei?« sagte Hans Kirch, und es klang, als ob er müde wäre.

– »Was es soll? Du sollst dich nicht betrügen lassen! Du meinst, du hast nun deinen Vogel wieder eingefangen; aber sieh nur zu, ob's auch der rechte ist!«

»Kommst du auch mit dem Geschwätz? Warum sollt's denn nicht der rechte sein?« Er sprach das unwirsch, aber doch, als ob es zu hören ihn verlange.

Frau Jule hatte sich in Positur gesetzt. »Warum, Hans? Als er am Mittwochnachmittage mit der Lina bei mir saß – wir waren schon bei der dritten Tasse Kaffee, und noch nicht einmal hatte er, ›Tante‹ zu mir gesagt! – ›Warum‹, frug ich, ›nennst du mich denn gar nicht Tante?‹ – ›Ja, Tante‹, sagt er, ›du hast ja noch allein gesprochen!‹ Und, siehst du, Hans, das war beim ersten Mal denn schon gelogen; denn das soll mir keiner nachsagen; ich lasse jedermann zu Worte kommen! Und als ich ihn dann nahe zu mir zog und mit der Hand und mit meinen elenden Augen auf seinem Gesicht herumfühlte – nun, Hans, die Nase kann doch nicht von Ost nach West gewachsen sein!«

Der Bruder saß mit gesenktem Kopf ihr gegenüber; er hatte nie darauf geachtet, wie seinem Heinz die Nase im Gesicht gestanden hatte. »Aber«, sagte er – denn das Gespräch von vorhin flog ihm durch den Kopf; doch schienen ihm die Worte schwer zu werden – »sein Brief von damals; wir redeten darüber; er hat ihn in San Jago selbst zurückerhalten!«

Die dicke Frau lachte, daß der Stock ihr aus den Händen fiel. »Die Briefgeschichte, Hans! Ja, die ist seit den vierzehn Tagen reichlich wieder aufgewärmt; davon konnte er für einen Dreiling bei jedem Bettelkinde einen Suppenlöffel voll bekommen!

Und er mußte dir doch auch erzählen, weshalb der echte Heinz denn all die Jahre draußen blieb. Laß dich nicht nasführen, Hans! Warum denn hat er nicht mit dir wollen, als du ihn von Hamburg holtest? War's denn so schlimm, wieder einmal an die volle Krippe und ins warme Nest zu kommen? – Ich will's dir sagen; das ist's: er hat sich so geschwind nicht zu dem Schelmenwagstück resolvieren können!«

Hans Adam hatte seinen grauen Kopf erhoben, aber er sprach nicht dazwischen; fast begierig horchte er auf alles, was die Schwester vorbrachte.

»Und dann«, fuhr diese fort, »die Lina hat davon erzählt.« – – Aber plötzlich stand sie auf und fühlte sich mit ihrer Krücke, die Lina ihr dienstfertig aufgehoben hatte, nach dem Fenster hin; von draußen hörte man zwei Männerstimmen in lebhafter Unterhaltung. »O Lina«, sagte Tante Jule; »ich hör's, der eine ist der Justizrat, lauf doch und bitte ihn, ein paar Augenblicke hier heraufzukommen!«

Der Justizrat war der alte Physikus; bei dem früheren Mangel passender Alterstitel hierzulande waren alle älteren Physici Justizräte.

Hans Kirch wußte nicht, was seine Schwester mit diesem vorhatte; aber er wartete geduldig, und bald auch trat der alte Herr mit der jungen Frau ins Zimmer. »Ei, ei«, rief er, »Tante Jule und Herr Kirch beisammen? Wo ist denn nun der Patient?«

»Der da«, sagte Tante Jule und wies auf ihren Bruder; »er hat den Star auf beiden Augen!«

Der Justizrat lachte. »Sie scherzen, liebe Madame; ich wollte, ich hätte selbst nur noch die scharfen Augen unseres Freundes.«

»Mach fort, Jule«, sagte Hans Kirch; »was gehst du lange um den Brei herum!«

Die dicke Frau ließ sich indes nicht stören. »Es ist nur so sinnbildlich, mein Herr Justizrat«, erklärte sie mit Nachdruck. »Aber besinnen Sie sich einmal darauf, wie Sie vor so ein zwanzig Jahren hier auch ins Haus geholt wurden; die Lina, die große Frau jetzt, schrie damals ein Zetermordio durchs Haus; denn ihr Bruder Heinz hatte sich nach Jungensart einen schönen Anker auf den Unterarm geätzt und sich dabei weidlich zugerichtet.«

Hans Kirch fuhr mit seinem Kopf herum; denn die ihm derzeit unbeachtet vorübergegangene Unterhaltung bei der ersten Abendmahlzeit kam ihm plötzlich, und jetzt laut und deutlich, wieder.

Aber der alte Doktor wiegte das Haupt: »Ich besinne mich nicht; ich hatte in meinem Leben so viele Jungen unter Händen.«

»Nun so, mein Herr Justizrat«, sagte Tante Jule; »aber Sie kennen doch dergleichen Jungensstreiche hier bei uns; es fragt sich nur, und das möchten wir von Ihnen wissen, ob denn in zwanzig Jahren solch ein Anker ohne Spur verschwinden könne.«

»In zwanzig Jahren?« erwiderte jetzt der Justizrat ohne Zögern; »ei, das kann gar leicht geschehen!«

Aber Hans Kirch mischte sich ins Gespräch: »Sie denken, wie sie's jetzt machen, Doktor, so mit blauer Tusche; nein, der Junge war damals nach der alten gründlichen Manier ans Werk gegangen; tüchtige Nadelstiche, und dann mit Pulver eingebrannt.«

Der alte Arzt rieb sich die Stirn. »Ja, ja; ich entsinne mich auch jetzt. Hm! – Nein, das dürfte wohl unmöglich sein; das geht bis auf die cutis; der alte Hinrich Jakobs läuft noch heut mit seinem Anker.«

Tante Jule nickte beifällig; Frau Lina stand, die Hand an der Stuhllehne, blaß und zitternd neben ihr.

»Aber«, sagte Hans Kirch, und auch bei ihm schlich sich die Stimme nur wie mit Zagen aus der Kehle, »sollte es nicht Krankheiten geben? Da drüben, in den heißen Ländern?«

Der Arzt bedachte sich eine Weile und schüttelte dann sehr bestimmt den Kopf. »Nein, nein; das ist nicht anzunehmen; es müßten denn die Blattern ihm den Arm zerrissen haben.«

Eine Pause entstand, während Frau Jule ihre gestrickten Handschuhe anzog. »Nun, Hans«, sagte sie dann; »ich muß nach Haus; aber du hast nun die Wahl: den Anker oder die Blatternarben! Was hat dein neuer Heinz denn aufzuweisen? Die Lina hat nichts von beiden sehen können; nun sieh du selber zu, wenn deine Augen noch gesund sind!«

– – Bald danach ging Hans Kirch die Straße hinauf nach seinem Speicher; er hatte die Hände über dem Rücken gefaltet, der Kopf hing ihm noch tiefer als gewöhnlich auf die Brust. Auch Frau Lina hatte das Haus verlassen und war dem Vater nachgegangen; als sie in den unteren dämmerhellen Raum des Speichers trat, sah sie ihn in der Mitte desselben stehen, als müsse er sich erst besinnen, weshalb er denn hieher gegangen sei. Bei dem Geräusche des Kornumschaufelns, das von den oberen Böden herabscholl, mochte er den Eintritt der Tochter überhört haben; denn er stieß sie fast zurück, als er sie jetzt so plötzlich vor sich sah: »Du, Lina! Was hast du hier zu suchen?«

Die junge Frau zitterte und wischte sich das Gesicht mit ihrem Tuche. »Nichts, Vater«, sagte sie; »aber Christian ist unten am Hafen, und da litt es mich nicht so allein zu Hause mit ihm – mit dem fremden Menschen! Ich fürchte mich; oh, es ist schrecklich, Vater!«

Hans Kirch hatte während dieser Worte wieder seinen Kopf gesenkt; jetzt hob er wie aus einem Abgrunde seine Augen zu denen seiner Tochter und blickte sie lange und unbeweglich an. »Ja, ja, Lina«, sagte er dann hastig; »Gott Dank, daß es ein Fremder ist!«

Hierauf wandte er sich rasch, und die Tochter hörte, wie er die Treppen zu dem obersten Bodenraum hinaufstieg.

Ein trüber Abend war auf diesen Tag gefolgt; kein Stern war sichtbar; feuchte Dünste lagerten auf der See. Im Hafen war es ungewöhnlich voll von Schiffen, meist Jachten und Schoner; aber auch ein paar Vollschiffe waren dabei und außerdem der Dampfer, welcher wöchentlich hier anzulegen pflegte. Alles lag schon in tiefer Ruhe, und auch auf dem Hafenplatz am Bollwerk entlang schlenderte nur ein einzelner Mann: wie es den Anschein hatte, müßig und ohne eine bestimmte Absicht. Jetzt blieb er vor dem einen der beiden Barkschiffe stehen, auf dessen Deck ein Junge sich noch am Gangspill zu schaffen machte; er rief einen »guten Abend« hinüber und fragte, wie halb gedankenlos, nach Namen und Ladung des Schiffes. Als ersterer genannt wurde, tauchte ein Kopf aus der Kajüte, schien eine Weile den am Ufer Stehenden zu mustern, spie dann weit hinaus ins Wasser und tauchte wieder unter Deck. Schiff und Schiffer waren nicht von hier; der am Ufer schlenderte weiter; vom Warder drüben kam dann und wann ein Vogelschrei; von der Insel her drang nur ein schwacher Schein von den Leuchtfeuern durch den Nebel. Als er an die Stelle kam, wo die Häuserreihe näher an das Wasser tritt, schlug von daher ein Gewirr von Stimmen an sein Ohr und veranlaßte ihn stillzustehen. Von einem der Häuser fiel ein roter Schein in die Nacht hinaus; er erkannte es wohl, wenngleich sein Fuß die Schwelle dort noch nicht überschritten hatte; das Licht kam aus der Laterne der Hafenschenke. Das Haus war nicht wohlbeleumdet; nur fremde Matrosen und etwa die Söhne von Setzschiffern verkehrten dort; er hatte das alles schon gehört. – Und jetzt erhob das Lärmen sich von neuem, nur daß auch eine Frauenstimme nun dazwischenkreischte. – Ein finsteres Lachen fuhr über das Antlitz des Mannes; beim Schein der roten Laterne und den wilden Lauten hinter den verhangenen Fenstern mochte allerlei in seiner Erinnerung aufwachen, was nicht guttut, wenn es wiederkommt. Dennoch schritt er darauf zu, und als er eben von der Stadt her die Bürgerglocke läuten hörte, trat er in die niedrige, aber geräumige Schenkstube.

An einem langen Tische saß eine Anzahl alter und junger Seeleute; ein Teil derselben, zu denen sich der Wirt gesellt zu haben schien, spielte mit beschmutzten Karten; ein Frauenzimmer, über die Jugendblüte hinaus, mit blassem, verwachtem Antlitz, dem ein Zug des Leidens um den noch immer hübschen Mund nicht fehlte, trat mit einer Anzahl dampfender Gläser herein und verteilte sie schweigend an die Gäste. Als sie an den Platz eines Mannes kam, dessen kleine Augen begehrlich aus dem grobknochigen Angesicht hervorspielten, schob sie das Glas mit augenscheinlicher Hast vor ihn hin; aber der Mensch lachte und suchte sie an ihren Röcken festzuhalten: »Nun, Ma'am, habt Ihr Euch noch immer nicht besonnen? Ich bin ein höflicher Mann, versichere Euch! Aber ich kenne die Weibergeographie: Schwarz oder Weiß, ist alles eine Sorte!«

»Laßt mich«, sagte das Weib; »bezahlt Euer Glas und laßt mich gehen!«

Aber der andre war nicht ihrer Meinung; er ergriff sie und zog sie jäh zu sich heran, daß das vor ihm stehende Glas umstürzte und der Inhalt sie beide überströmte. »Sieh nur, schöne Missis!« rief er, ohne darauf zu achten, und winkte mit seinem rothaarigen Kopfe nach einem ihm gegenübersitzenden Burschen, dessen flachsblondes Haar auf ein bleiches, vom Trunke gedunsenes Antlitz herabfiel; »sieh nur, der Jochum mit seinem greisen Kalbsgesicht hat nichts dagegen einzuwenden! Trink aus, Jochum, ich zahle dir ein neues!«

Der Mensch, zu dem er gesprochen hatte, goß mit blödem Schmunzeln sein Glas auf einen Zug hinunter und schob es dann zu neuem Füllen vor sich hin.

Einen Augenblick ruhten die Hände des Weibes, mit denen sie sich aus der gewaltsamen Umarmung zu lösen versucht hatte; ihre Blicke fielen auf den bleichen Trunkenbold, und es war, als wenn Abscheu und Verachtung sie eine Weile alles andere vergessen ließen.

Aber ihr Peiniger zog sie nur fester an sich: »Siehst du, schöne Frau! Ich dächte doch, der Tausch wäre nicht so übel! Aber, der ist's am Ende gar nicht! Nimm dich in acht, daß ich nicht aus der Schule schwatze!« Und da sie wiederum sich sträubte, nickte er einem hübschen, braunlockigen Jungen zu, der am unteren Ende des Tisches saß. »He, du Gründling«, rief er, »meinst du, ich weiß nicht, wer gestern zwei Stunden nach uns aus der Roten Laterne unter Deck gekrochen ist?«

Die hellen Flammen schlugen dem armen Weibe ins Gesicht; sie wehrte sich nicht mehr, sie sah nur hülfesuchend um sich. Aber es rührte sich keine Hand; der junge hübsche Bursche schmunzelte nur und sah vor sich in sein Glas.

Aus einer unbesetzten Ecke des Zimmers hatte bisher der zuletzt erschienene Gast dem allen mit gleichgültigen Augen zugesehen; und wenn er jetzt die Faust erhob und dröhnend vor sich auf die Tischplatte schlug, so schien auch dieses nur mehr wie aus früherer Gewohnheit, bei solchem Anlaß nicht den bloßen Zuschauer abzugeben. »Auch mir ein Glas!« rief er, und es klang fast, als ob er Händel suche.

Drüben war alles von den Sitzen aufgesprungen. »Wer ist das? Der will wohl unser Bowiemesser schmecken? Werft ihn hinaus! Goddam, was will der Kerl?«

»Nur auch ein Glas!« sagte der andre ruhig. »Laßt euch nicht stören! Haben, denk ich, hier wohl alle Platz!«

Die drüben waren endlich doch auch dieser Meinung und blieben an ihrem Tische; aber das Frauenzimmer hatte dabei

Gelegenheit gefunden, sich zu befreien, und trat jetzt an den Tisch des neuen Gastes. »Was soll es sein?« frug sie höflich; aber als er ihr Bescheid gab, schien sie es kaum zu hören; er sah verwundert, wie ihre Augen starr und doch wie abwesend auf ihn gerichtet waren und wie sie noch immer vor ihm stehenblieb.

»Kennen Sie mich?« sagte er und warf mit rascher Bewegung seinen Kopf zurück, so daß der Schein der Deckenlampe auf sein Antlitz fiel.

Das Weib tat einen tiefen Atemzug, und die Gläser, die sie in der Hand hielt, schlugen hörbar aneinander. »Verzeihen Sie«, sagte sie ängstlich; »Sie sollen gleich bedient werden.«

Er blickte ihr nach, wie sie durch eine Seitentür hinausging; der Ton der wenigen Worte, welche sie zu ihm gesprochen, war ein so anderer gewesen, als den er vorhin von ihr gehört hatte; langsam hob er den Arm und stützte seinen Kopf darauf; es war, als ob er mit allen Sinnen in eine weite Ferne denke. Es hätte ihm endlich auffallen müssen, daß seine Bestellung noch immer nicht ausgeführt sei; aber er dachte nicht daran. Plötzlich, während am andern Tisch die Karten mit den Würfeln wechselten, erhob er sich. Wäre die Aufmerksamkeit der übrigen Gäste auf ihn statt auf das neue Spiel gerichtet gewesen, er wäre sicher ihrem Hohne nicht entgangen; denn der hohe kräftige Mann zitterte sichtbar, als er jetzt mit auf den Tisch gestemmten Händen dastand.

Aber es war nur für einige Augenblicke; dann verließ er das Zimmer durch dieselbe Tür, durch welche vorhin die Aufwärterin hinausgegangen war. Ein dunkler Gang führte ihn in eine große Küche, welche durch eine an der Wand hängende Lampe nur kaum erhellt wurde. Hastig war er eingetreten; seine raschen Augen durchflogen den vor ihm liegenden wüsten Raum; und dort stand sie, die er suchte; wie unmächtig, die leeren Gläser noch in den zusammengefalteten Händen, lehnte sie gegen die Herdmauer. Einen Augenblick noch, dann trat er zu ihr; »Wieb!« rief er; »Wiebchen, kleines Wiebchen!«

Es war eine rauhe Männerstimme, die diese Worte rief und jetzt verstummte, als habe sie allen Odem an sie hingegeben.

Und doch, über das verblühte Antlitz des Weibes flog es wie ein Rosenschimmer, und während zugleich die Gläser klirrend auf den Boden fielen, entstieg ein Aufschrei ihrer Brust; wer hätte sagen mögen, ob es Leid, ob Freude war. »Heinz!« rief sie, »Heinz, du bist es; oh, sie sagten, du seist es nicht.«

Ein finstres Lächeln zuckte um den Mund des Mannes: »Ja, Wieb; ich wußt's wohl schon vorher; ich hätte nicht mehr kommen sollen. Auch dich – das alles war ja längst vorbei –, ich wollte dich nicht wiedersehen, nichts von dir hören, Wieb; ich biß die Zähne aufeinander, wenn dein Name nur darüber wollte. Aber – gestern abend – es war wieder einmal Jahrmarkt drüben – wie als Junge hab ich mir ein Boot gestohlen; ich mußte, es ging nicht anders; vor jeder Bude, auf allen Tanzböden hab ich dich gesucht; ich war ein Narr, ich dachte, die alte Mödderrsch lebe noch; o süße kleine Wieb, ich dacht wohl nur an dich; ich wüßte selbst nicht, was ich dachte!« Seine Stimme bebte, seine Arme streckten sich weit geöffnet ihr entgegen.

Aber sie warf sich nicht hinein; nur ihre Augen blickten traurig auf ihn hin. »O Heinz!« rief sie; »du bist es! Aber ich, ich bin's nicht mehr! – Du bist zu spät gekommen, Heinz!«

Da riß er sie an sich und ließ sie wieder los und streckte beide Arme hoch empor »Ja, Wieb, das sind auch nicht mehr die unschuldigen Hände, womit ich damals dir die roten Äpfel stahl; by Jove, das schleißt, so siebzehn Jahre unter diesem Volk!«

Sie war neben dem Herde auf die Knie gesunken. »Heinz«, murmelte sie, »o Heinz, die alte Zeit!«

Wie verlegen stand er neben ihr; dann aber bückte er sich und ergriff die eine ihrer Hände, und sie duldete es still.

»Wieb«, sagte er leise, »wir wollen sehen, daß wir uns wiederfinden, du und ich!«

Sie sagte nichts; aber er fühlte eine Bewegung ihrer Hand, als ob sie schmerzlich in der seinen zucke.

Von der Schenkstube her erscholl ein wüstes Durcheinander; Gläser klirrten, mitunter dröhnte ein Faustschlag. »Kleine Wieb«, flüsterte er wieder, »wollen wir weit von all den bösen Menschen fort?«

Sie hatte den Kopf auf den steinernen Herd sinken lassen und stöhnte schmerzlich. Da wurden schlurfende Schritte in dem Gang hörbar, und als Heinz sich wandte, stand ein Betrunkener in der Tür; es war derselbe Mensch mit dem schlaffen gemeinen

Antlitz, den er vorhin unter den andern Schiffern schon bemerkt hatte. Er hielt sich an dem Türpfosten, und seine Augen schienen, ohne zu sehen, in dem dämmerigen Raum umherzustarren. »Wo bleibt der Grog?« stammelte er. »Sechs neue Gläser. Der rote Jakob flucht nach seinem Grog!«

Der Trunkene hatte sich wieder entfernt; sie hörten die Tür der Schenkstube hinter ihm zufallen.

»Wer war das?« frug Heinz.

Wieb erhob sich mühsam. »Mein Mann«, sagte sie; »er fährt als Matrose auf England; ich diene bei meinem Stiefvater hier als Schenkmagd.«

Heinz sagte nichts darauf; aber seine Hand fuhr nach der behaarten Brust, und es war, als ob er gewaltsam etwas von seinem Nacken reiße. »Siehst du«, sagte er tonlos und hielt einen kleinen Ring empor, von dem die Enden einer zerrissenen Schnur herabhingen, »da ist auch noch das Kinderspiel! Wär's Gold gewesen, er wär so lang wohl nicht bei mir geblieben. Aber auch sonst – ich weiß nicht, war's um dich? Es war wohl nur ein Aberglaube, weil's doch noch das letzte Stück von Hause war.«

Wieb stand ihm gegenüber, und er sah, wie ihre Lippen sich bewegten.

»Was sagst du?« frug er.

Aber sie antwortete nicht; es war nur, als flehten ihre Augen um Erbarmen. Dann wandte sie sich und machte sich daran, wie es ihr befohlen war, den heißen Trank zu mischen. Nur einmal stockte sie in ihrer Arbeit, als ein feiner Metallklang auf dem steinernen Fußboden ihr Ohr getroffen hatte. Aber sie wußte es, sie brauchte nicht erst umzusehen; was sollte er denn jetzt noch mit dem Ringe!

Heinz hatte sich auf einen hölzernen Stuhl gesetzt und sah schweigend zu ihr hinüber; sie hatte das Feuer geschürt, und die Flammen lohten und warfen über beide einen roten Schein. Als sie fortgegangen war, saß er noch da; endlich sprang er auf und trat in den Gang, der nach der Schenkstube führte. »Ein Glas Grog; aber ein festes!« rief er, als Wieb ihm von dort her aus der Tür entgegenkam; dann setzte er sich wieder allein an seinen Tisch. Bald darauf kam Wieb und stellte das Glas vor ihm hin, und noch einmal sah er zu ihr auf »Wieb, kleines Wiebchen!«

murmelte er, als sie fortgegangen war; dann trank er, und als das Glas leer war, rief er nach einem neuen, und als sie es schweigend brachte, ließ er es, ohne aufzusehen, vor sich hinstellen.

Am andern Tische lärmten sie und kümmerten sich nicht mehr um den einsamen Gast; eine Stunde der Nacht schlug nach der andern, ein Glas nach dem andern trank er; nur wie durch einen Nebel sah er mitunter das arme schöne Antlitz des ihm verlorenen Weibes, bis er endlich dennoch nach den andern fortging und dann spät am Vormittag mit wüstem Kopf in seinem Bett erwachte.

In der Kirchschen Familie war es schon kein Geheimnis mehr, in welchem Hause Heinz diesmal seine Nacht verbracht hatte. Das Mittagsmahl war, wie am gestrigen Tage, schweigend eingenommen; jetzt am Nachmittage saß Hans Adam Kirch in seinem Kontor und rechnete. Zwar lag unter den Schiffen im Hafen auch das seine, und die Kohlen, die es von England gebracht hatte, wurden heut gelöscht, wobei Hans Adam niemals sonst zu fehlen pflegte; aber diesmal hatte er seinen Tochtermann geschickt; er hatte Wichtigeres zu tun: er rechnete, er summierte und subtrahierte, er wollte wissen, was ihm dieser Sohn, den er sich so unbedacht zurückgeholt hatte, oder – wenn es nicht sein Sohn war – dieser Mensch noch kosten dürfe. Mit rascher Hand tauchte er seine Feder ein und schrieb seine Zahlen nieder; Sohn oder nicht, das stand ihm fest, es mußte jetzt ein Ende haben. Aber freilich und seine Feder stockte einen Augenlick –, um weniges würde er ja schwerlich gehen; und – wenn es dennoch Heinz wäre, den Sohn durfte er mit wenigem nicht gehen heißen. Er hatte sogar daran gedacht, ihm ein für allemal das Pflichtteil seines Erbes auszuzahlen; aber die gerichtliche Quittung, wie war die zu beschaffen? Denn sicher mußte es doch gemacht werden, damit er nicht noch einmal wiederkomme. Er warf die Feder hin, und der Laut, der an den Zähnen ihm verstummte, klang beinahe wie ein Lachen: es war ja aber nicht sein Heinz! Der Justizrat, der verstand es doch; und der alte Hinrich Jakobs trug seinen Anker noch mit seinen achtzig Jahren!

Hans Kirch streckte die Hand nach einer neben ihm liegenden Ledertasche aus; langsam öffnete er sie und nahm eine Anzahl Kassenscheine von geringem Werte aus derselben. Nachdem er sie vor sich ausgebreitet und dann einen Teil und nach einigem Zögern noch einen Teil davon in die Ledertasche zurückgelegt hatte, steckte er die übrigen in ein bereitgehaltenes Kuvert; er hatte genau die mäßige Summe abgewogen.

Er war nun fertig; aber noch immer saß er da, mit herabhängendem Unterkiefer, die müßigen Hände an den Tisch geklammert. Plötzlich fuhr er auf, seine grauen Augen öffneten sich weit: »Hans! Hans!« hatte es gerufen; hier im leeren Zimmer, wo, wie er jetzt bemerkte, schon die Dämmerung in allen Winkeln lag. Aber er besann sich; nur seine eigenen Gedanken waren über ihn gekommen; es war nicht jetzt, es war schon viele Jahre her, daß ihn diese Stimme so gerufen hatte. Und dennoch, als ob er widerwillig einem außer sich Gehorsam leiste, öffneten seine Hände noch einmal die Ledertasche und nahmen zögernd eine Anzahl großer Kassenscheine aus derselben. Aber mit jedem einzelnen, den Hans Adam jetzt der vorher bemessenen kleinen Summe zugesellte, stieg sein Groll gegen den, der dafür Heimat und Vaterhaus an ihn verkaufen sollte; denn was zum Ausbau lang gehegter Lebenspläne hatte dienen sollen, das mußte er jetzt hinwerfen, nur um die letzten Trümmer davon wegzuräumen.

– – Als Heinz etwa eine Stunde später, von einem Gange durch die Stadt zurückkehrend, die Treppe nach dem Oberhaus hinaufging, trat gleichzeitig Hans Adam unten aus seiner Zimmertür und folgte ihm so hastig, daß beide fast miteinander in des Sohnes Kammer traten. Die Magd, welche oben auf dem Vorplatz arbeitete, ließ bald beide Hände ruhen; sie wußte es ja wohl, daß zwischen Sohn und Vater nicht alles in der Ordnung war, und drinnen hinter der geschlossenen Tür schien es jetzt zu einem heftigen Gespräch zu kommen. – Aber nein, sie hatte sich getäuscht, es war nur immer die alte Stimme, die sie hörte; und immer lauter und drohender klang es, obgleich von der andern Seite keine Antwort darauf erfolgte; aber vergebens strengte sie sich an, von dem Inhalte etwas zu verstehen; sie hörte drinnen den offenen Fensterflügel im Winde klappern, und ihr war, als würden die noch immer heftiger hervorbrechenden Worte dort in die dunkle Nacht hinausgeredet. Dann endlich wurde es still; aber zugleich sprang die Magd, von der aufgestoßenen Kammertür getroffen, mit einem Schrei zur Seite und sah ihren gefürchteten Herrn mit wirrem Haar und wild blickenden Augen die Treppe hinabstolpern und hörte, wie die Kontortür aufgerissen und wieder zugeschlagen wurde.

Bald danach trat auch Heinz aus seiner Kammer; als er unten im Flur der Schwester begegnete, ergriff er fast gewaltsam ihre beiden Hände und drückte sie so heftig, daß sie verwundert zu ihm aufblickte; als sie aber zu ihm sprechen wollte, war er schon draußen auf der Gasse. Er kam auch nicht zur Abendmahlzeit; aber als die Bürgerglocke läutete, stieg er die Treppe wieder hinauf und ging in seine Kammer.

– – Am andern Morgen in der Frühe stand Heinz vollständig angekleidet droben vor dem offenen Fenster; die scharfe Luft strich über ihn hin, aber es schien ihm wohlzutun; fast mit Andacht schaute er auf alles, was, wie noch im letzten Hauch der Nacht, dort unten vor ihm ausgebreitet lag. Wie bleicher Stahl glänzte die breitere Wasserstraße zwischen dem Warder und der Insel drüben, während auf dem schmaleren Streifen zwischen jenem und dem Festlandsufer schon der bläulichrote Frühschein spielte. Heinz betrachtete das alles; doch nicht lange stand er so; bald trat er an einen Tisch, auf welchem das Kuvert mit den so widerwillig abgezählten Kassenscheinen noch an derselben Stelle lag, wo es Hans Kirch am Abende vorher gelassen hatte.

Ein bitteres Lächeln umflog seinen Mund, während er den Inhalt hervorzog und dann, nachdem er einige der geringeren Scheine an sich genommen hatte, das übrige wieder an seine Stelle brachte. Mit einem Bleistift, den er auf dem Tische fand, notierte er die kleine Summe, welche er herausgenommen hatte, unter der größeren, die auf dem Kuvert verzeichnet stand; dann, als er ihn schon fortgelegt hatte, nahm er noch einmal den Stift und schrieb darunter: »Thanks for the alms and farewell for ever.« Er wußte selbst nicht, warum er das nicht auf deutsch geschrieben hatte.

Leise, um das schlafende Haus nicht zu erwecken, nahm er sein Reisegepäck vom Boden; noch leiser schloß er unten im Flur die Tür zur Straße auf, als er jetzt das Haus verließ.

In einer Nebengasse hielt ein junger Bursche mit einem einspännigen Gefährte; das bestieg er und fuhr damit zur Stadt hinaus. Als sie auf die Höhe des Hügelzuges gelangt waren, von wo aus man diese zum letzten Male erblicken kann, wandte er sich um und schwenkte dreimal seine Mütze. Dann ging's im Trabe in das weite Land hinaus.

Aber einer im Kirchschen Hause war dennoch mit ihm wach gewesen. Hans Kirch hatte schon vor dem Morgengrauen aufrecht in seinem Bett gesessen; mit jedem Schlage der Turmuhr hatte er schärfer hingehorcht, ob nicht ein erstes Regen in dem Oberhause hörbar werde. Nach langem Harren war ihm gewesen, als würde dort ein Fensterflügel aufgestoßen; aber es war wieder still geworden, und die Minuten dehnten sich und wollten nicht vorüber. Sie gingen dennoch; und endlich vernahm er das leise Knarren einer Tür, es kam die Treppe in den Flur hinab, und jetzt – er hörte es deutlich, wie sich der Schlüssel in dem Schloß der Haustür drehte. Er wollte aufspringen; aber nein, er wollte es ja nicht; mit aufgestemmten Armen blieb er sitzen, während nun draußen auf der Straße kräftige Mannestritte laut wurden und nach und nach in unhörbare Ferne sich verloren.

Als das übrige Haus allmählich in Bewegung kam, stand er auf und setzte sich zu seinem Frühstück, das ihm, wie jeden Morgen, im Kontor bereitgestellt war. Dann griff er nach seinem Hute – einen Stock hatte er als alter Schiffer bis jetzt noch nicht gebraucht – und ging, ohne seine Hausgenossen gesehen zu haben, an den Hafen hinab, wo er seinen Schwiegersohn bereits mit der Leitung des Löschens beschäftigt fand. Diesem von den letzten Vorgängen etwas mitzuteilen, schien er nicht für nötig zu befinden; aber er sandte ihn nach dem Kohlenschuppen und gab ihm Aufträge in die Stadt, während er selber hier am Platze blieb. Wortkarg und zornig erteilte er seine Befehle; es hielt schwer, ihm heute etwas recht zu machen, und wer ihn ansprach, erhielt meist keine Antwort; aber es geschah auch bald nicht mehr, man kannte ihn ja schon.

Kurz vor Mittag war er wieder in seinem Zimmer. Wie aus unwillkürlichem Antrieb hatte er hinter sich die Tür verschlossen; aber er saß kaum in seinem Lehnstuhl, als von draußen

Frau Linas Stimme dringend Einlaß begehrte. Unwirsch stand er auf und öffnete. »Was willst du?« frug er, als die Tochter zu ihm eingetreten war.

»Schelte mich nicht, Vater«, sagte sie bittend; »aber Heinz ist fort, auch sein Gepäck; oh, er kommt niemals wieder!«

Er wandte den Kopf zur Seite: »Ich weiß das, Lina; darum hättst du dir die Augen nicht dick zu weinen brauchen.«

»Du weißt es, Vater?« wiederholte sie und sah ihn versteinert an.

Hans Kirch fuhr zornig auf: »Was stehst du noch? Die Komödie ist vorbei; wir haben gestern miteinander abgerechnet.«

Aber Frau Lina schüttelte nur ernst den Kopf. »Das fand ich oben auf seiner Kammer«, sagte sie und reichte ihm das Kuvert mit den kurzen Abschiedsworten und dem nur kaum verkürzten Inhalt. »O Vater, er war es doch! Er ist es doch gewesen!«

Hans Kirch nahm es; er las auch, was dort geschrieben stand; er wollte ruhig bleiben, aber seine Hände zitterten, daß aus der offenen Hülle die Scheine auf den Fußboden hinabfielen.

Als er sie eben mit Linas Hülfe wieder zusammengerafft hatte, wurde an die Tür gepocht, und ohne die Aufforderung dazu abzuwarten, war eine blasse Frau hereingetreten, deren erregte Augen ängstlich von dem Vater zu der Tochter flohen.

»Wieb!« rief Frau Lina und trat einen Schritt zurück.

Wieb rang nach Atem. »Verzeihung!« murmelte sie. »Ich mußte; Ihr Heinz ist fort; Sie wissen es vielleicht nicht; aber der Fuhrmann sagte es, er wird nicht wiederkommen, niemals!«

»Was geht das dich an!« fiel ihr Hans Kirch ins Wort.

Ein Laut des Schmerzes stieg aus ihrer Brust, daß Linas Augen unwillkürlich voll Mitleid auf diesem einst so holden Antlitz ruhten. Aber Wieb hatte dadurch wieder Mut gewonnen. »Hören Sie mich!« rief sie. »Aus Barmherzigkeit mit Ihrem eigenen Kinde! Sie meinen, er sei es nicht gewesen; aber ich weiß es, daß es niemand anders war! Das«, und sie zog die Schnur mit dem kleinen Ringe aus ihrer Tasche, »es ist ja einerlei nun, ob ich's sage – das gab ich ihm, da wir noch halbe Kinder waren; denn ich wollte, daß er mich nicht vergesse! Er hat's auch wieder heimgebracht und hat es gestern vor meinen Augen in den Staub geworfen.«

Ein Lachen, das wie Hohn klang, unterbrach sie. Hans Kirch sah sie mit starren Augen an: »Nun, Wieb, wenn's denn dein Heinz gewesen ist, es ist nicht viel geworden aus euch beiden.«

Aber sie achtete nicht darauf, sie hatte sich vor ihm hingeworfen. »Hans Kirch!« rief sie und faßte beide Hände des alten Mannes und schüttelte sie. »Ihr Heinz, hören Sie es nicht? Er geht ins Elend, er kommt niemals wieder! Vielleicht – o Gott, sei barmherzig mit uns allen! Es ist noch Zeit vielleicht!«

Auch Lina hatte sich jetzt neben ihr geworfen; sie scheute es nicht mehr, sich mit dem armen Weibe zu vereinigen. »Vater«, sagte sie und streichelte die eingesunkenen Wangen des harten Mannes, der jetzt dies alles über sich ergehen ließ, »du sollst diesmal nicht allein reisen, ich reise mit dir; er muß ja jetzt in Hamburg sein; oh, ich will nicht ruhen, bis ich ihn gefunden habe, bis wir ihn wieder hier in unsern Armen halten! Dann wollen wir es besser machen, wir wollen Geduld mit ihm haben; oh, wir hatten sie nicht, mein Vater! Und sag nur nicht, daß du nicht mit uns leidest, dein bleiches Angesicht kann doch nicht lügen! Sprich nur ein Wort, Vater, befiehl mir, daß ich den Wagen herbestelle, ich will gleich selber laufen, wir haben ja keine Zeit mehr zu verlieren!« Und sie warf den Kopf an ihres Vaters Brust und brach in lautes Schluchzen aus.

Wieb war aufgestanden und hatte sich bescheiden an die Tür gestellt; ihre Augen sahen angstvoll auf die beiden hin.

Aber Hans Kirch saß wie ein totes Bild; sein jahrelang angesammelter Groll ließ ihn nicht los; denn erst jetzt, nach diesem Wiedersehen mit dem Heimgekehrten, war in der grauen Zukunft keine Hoffnung mehr für ihn. »Geht!« sagte er endlich, und seine Stimme klang so hart wie früher; »mag er geheißen haben, wie er will, der diesmal unter meinem Dach geschlafen hat; mein Heinz hat schon vor siebzehn Jahren mich verlassen.«

Für fremde Augen mochte es immerhin den Anschein haben, als ob Hans Kirch auch jetzt noch in gewohnter Weise seinen mancherlei Geschäften nachgehe; in Wirklichkeit aber hatte er das Steuer mehr und mehr in die Hand des jüngeren Teilhabers der Firma übergehen lassen; auch aus dem städtischen Kollegium war er, zur stillen Befriedigung einiger ruheliebender Mitglieder, seit kurzer Zeit geschieden; es drängte ihn nicht mehr, in den Gang der kleinen Welt, welche sich um ihn her bewegte, einzugreifen.

Seit wieder die ersten scharfen Frühlingslüfte wehten, konnte man ihn oft auf der Bank vor seinem Hause sitzen sehen, trotz seiner jetzt fast weißen Haare als alter Schiffer ohne jede Kopfbedeckung. – Eines Morgens kam ein noch weißerer Mann die Straße hier herab und setzte sich, nachdem er näher getreten war, ohne weiteres an seine Seite. Es war ein früherer Ökonom des Armenhauses, mit dem er als Stadtverordneter einst manches zu verhandeln gehabt hatte; der Mann war später in gleicher Stellung an einen andern Ort gekommen, jetzt aber zurückgekehrt, um hier in seiner Vaterstadt seinen Alterspfennig zu verzehren. Es schien ihn nicht zu stören, daß das Antlitz seines früheren Vorgesetzten ihn keineswegs willkommen hieß; er wollte ja nur plaudern, und er tat es um so reichlicher, je weniger er unterbrochen wurde; und eben jetzt geriet er an einen Stoff, der unerschöpflicher als jeder andere schien. Hans Kirch hatte Unglück mit den Leuten, die noch weißer als er selber waren; wo sie von Heinz sprechen sollten, da sprachen sie von sich selber, und wo sie von allem andern sprechen konnten, da sprachen sie von Heinz. Er wurde unruhig und suchte mit schroffen Worten abzuwehren; aber der geschwätzige Greis schien nichts davon zu merken. »Ja, ja; ei du mein lieber Herrgott!« fuhr er fort, behaglich in seinem Redestrome weiterschwimmend; »der Hasselfritze und der Heinz, wenn ich an die ›beiden Jungen‹ denke, wie sie sich einmal die großen Anker in die Arme brannten! Ihr Heinz, ich hörte wohl, der mußte vor dem Doktor liegen; den Hasselfritze aber hab ich selber mit dem Hasselstock kuriert.«

Er lachte ganz vergnüglich über sein munteres Wortspiel; Hans Kirch aber war plötzlich aufgestanden und sah mit offenem Munde gar grimmig auf ihn herab. »Wenn Er wieder schwatzen will, Fritz Peters«, sagte er, »so suche Er sich eine andere Bank; da drüben bei dem jungen Doktor steht just eine nagelneue!«

Er war ins Haus gegangen und wanderte in seinem Zimmer hin und wider; immer tiefer sank sein Kopf zur Brust hinab, dann aber erhob er ihn allmählich wieder. Was hatte er denn eigentlich vorhin erfahren? Daß der Hasselfritze ebenfalls das Ankerzeichen hätte haben müssen? Was war's denn weiter? – Welchen Gast er von einem Sonntag bis zum andern oder ein paar Tage noch länger bei sich beherbergt hatte, darüber brauchte ihn kein anderer aufzuklären.

Und auch dieser Tag ging vorüber, und die dann kamen, nahmen ihren gleichmäßigen Verlauf. – Im Oberhause wurde ein Kind geboren; der Großvater frug, ob es ein Junge sei; es war ein Mädchen, und er sprach dann nicht mehr darüber. Aber was hätte es ihm auch geholfen, wenn es ein künftiger Christian oder günstigen Falles ein Hans Martens gewesen wäre! Nur die Unruhe, die jetzt oft nächtens über seinem Kopfe in dem Schlafzimmer des jungen Paares herrschte, störte ihn.

Eines Abends, da es schon Herbst geworden – es jährte sich gerade mit der Abreise seines Sohnes –, war Hans Kirch wie gewöhnlich mit dem Schlage zehn in seine nach der Hofseite gelegene Schlafkammer getreten. Es war die Zeit der Äquinoktialstürme, und hierhinaus hörte man die ganze Gewalt des Wetters; bald heulte es in den obersten Luftschichten, bald fuhr es herab und tobte gegen die kleinen Fensterscheiben. Hans Kirch hatte seine silberne Taschenuhr hervorgezogen, um sie, wie jeden Abend, aufzuziehen; aber er stand noch immer mit dem Schlüssel in der Hand, hinaushorchend in die wilde Nacht.

Das Balken- und Sparrenwerk des neuen Daches krachte, als ob es aus den Fugen solle; aber er hörte es nicht; seine Gedanken fuhren draußen mit dem Sturm. »Südsüdwest!« murmelte er vor sich hin, während er den Uhrschlüssel in die Tasche steckte und die Uhr unaufgezogen über seinem Bette an den Haken hing. – Wer jetzt auf See war, hatte keine Zeit zum Schlafen; aber er war ja seit lange nicht mehr auf See; er wollte schlafen, wie er es bei manchem Sturm hier schon getan hatte; die Stürme kamen ja allemal im Äquinoktium, er hatte sie so manches Mal gehört.

Aber es mußte heute noch etwas anderes dabeisein; Stunden waren schon vergangen, und noch immer lag er wach in seinen Kissen. Ihm war, als könne er Hunderte von Meilen weit hinaushorchen nach einem klippenvollen Küstenwasser des Mitteländischen Meeres, das er in seiner Jugend als Matrose einst befahren hatte; und als endlich ihm die Augen zugefallen waren, riß er gleich darauf mit Gewalt sich wieder empor; denn ganz deutlich hatte er ein Schiff gesehen, ein Vollschiff mit gebrochenen Masten, das von turmhohen Wellen auf und ab geschleudert wurde. Er suchte sich völlig zu ermuntern, aber wieder drückte es ihm die Augen zu, und wiederum erkannte er das Schiff; deutlich sah er zwischen Bugspriet und Vordersteven die Galion, eine weiße mächtige Fortuna, bald in der schäumenden Flut versinken, bald wieder stolz emportauchen, als ob sie Schiff und Mannschaft über Wasser halten wolle. Dann plötzlich hörte er einen Krach; er fuhr jäh empor und fand sich aufrecht in seinem Bette sitzend.

Alles um ihn her war still, er hörte nichts; er wollte sich besinnen, ob es nicht eben vorher noch laut gestürmt habe; da überfiel es ihn, als sei er nicht allein in seiner Kammer; er stützte beide Hände auf die Bettkanten und riß weit die Augen auf. Und – da war es, dort in der Ecke stand sein Heinz; das Gesicht sah er nicht, denn der Kopf war gesenkt, und die Haare, die von Wasser trieften, hingen über die Stirn herab; aber er erkannte ihn dennoch – woran, das wußte er nicht und frug er sich auch nicht. Auch von den Kleidern und von den herabhängenden Armen troff das Wasser; es floß immer mehr herab und bildete einen breiten Strom nach seinem Bette zu.

Hans Kirch wollte rufen, aber er saß wie gelähmt mit seinen aufgestemmten Armen; endlich brach ein lauter Schrei aus seiner Brust, und gleich darauf auch hörte er es über sich in der Schlafkammer der jungen Leute poltern, und auch den Sturm hörte er wieder, wie er grimmig an den Pfosten seines Hauses rüttelte.

Als bald danach sein Schwiegersohn mit Licht hereintrat, fand dieser ihn in seinen Kissen zusammengesunken. »Wir hörten Euch schreien«, frug er, »was ist Euch, Vater?«

Der Alte sah starr nach jener Ecke. »Er ist tot«, sagte er, »weit von hier.«

– »Wer ist tot, Vater? Wen meint Ihr? Meint Ihr Eueren Heinz?«

Der Alte nickte. »Das Wasser«, sagte er; »geh da fort, du stehst ja mitten in dem Wasser!«

Der Jüngere fuhr mit dem Lichte gegen den Fußboden: »Hier ist kein Wasser, Vater, Ihr habt nur schwer geträumt.«

»Du bist kein Seemann, Christian; was weißt du davon!« sagte der Alte heftig. »Aber ich weiß es, so kommen unsere Toten.«

»Soll ich Euch Lina schicken, Vater?« frug Christian Martens wieder.

»Nein, nein, sie soll bei ihrem Kinde bleiben; geh nur, laß mich allein!«

Der Schwiegersohn war mit dem Lichte fortgegangen, und Hans Kirch saß im Dunkeln wieder aufrecht in seinem Bette; er streckte zitternd die Arme nach jener Ecke, wo eben noch sein Heinz gestanden hatte; er wollte ihn noch einmal sehen, aber er sah vergebens in undurchdringliche Finsternis.

– – Es ging schon in den Vormittag, als Frau Lina, da sie unten in die Stube trat, das Frühstück ihres Vaters unberührt fand; als sie dann in die Schlafkammer ging, lag er noch in seinem Bette; er konnte nicht aufstehen, denn ein Schlaganfall hatte ihn getroffen, freilich nur an der einen Seite und ohne ihn am Sprechen zu behindern. Er verlangte nach seinem alten Arzte, und die Tochter lief selbst nach dem Hause des Justizrats und stand bald wieder zugleich mit diesem an des Vaters Lager.

Es war nicht gar so schlimm, es würde wohl so vorübergehen, lautete dessen Ausspruch. Aber Hans Kirch hörte kaum darauf; mehr als bei seiner Krankheit waren seine Gedanken bei den Vorgängen der verflossenen Nacht; Heinz hatte sich gemeldet, Heinz war tot, und der Tote hatte alle Rechte, die er noch eben dem Lebenden nicht mehr hatte zugestehen wollen.

Als Frau Lina es ihm ausreden wollte, berief er sich eifrig auf den Justizrat, der ja seit Jahr und Tag in manches Seemannshaus gekommen sei.

Der Justizrat suchte zu beschwichtigen. »Freilich«, fügte er hinzu, »wir Ärzte kennen Zustände, wo die Träume selbst am hellen Werktag das Gehirn verlassen und dem Menschen leibhaftig in die Augen schauen.«

Hans Kirch warf verdrießlich seinen Kopf herum: »Das ist mir zu gelehrt, Doktor; wie war's denn damals mit dem Sohn des alten Rickerts?«

Der Arzt faßte den Puls des Kranken. »Es trifft, es trifft auch nicht«, sagte er bedächtig; »das war der ältere Sohn; der jüngere, der sich auch gemeldet haben sollte, fährt noch heute seines Vaters Schiff.«

Hans Kirch schwieg; er wußte es doch besser als alle andern, was weit von hier in dieser Nacht geschehen war.

Wie der Arzt es vorhergesagt hatte, so geschah es. Nach einigen Wochen konnte der Kranke das Bett und allmählich auch das Zimmer, ja sogar das Haus verlassen; nur bedurfte er dann, gleich seiner Schwester, eines Krückstockes, den er bisher verschmäht hatte. Von seinem früheren Jähzorn schien meist nur eine weinerliche Ungeduld zurückgeblieben; wenn es ihn aber einmal wie vordem überkam, dann brach er hinterher erschöpft zusammen.

Als es Sommer wurde, verlangte er aus der Stadt hinaus, und Frau Lina begleitete ihn mehrmals auf dem hohen Uferwege um die Bucht, von wo er nicht nur die Inseln, sondern ostwärts auch auf das freie Wasser sehen konnte. Da das Ufer an mehreren Stellen tief und steil gegen den Strand hinabfällt, so wagte man ihn hier nicht allein zu lassen und gab ihm zu andern Malen, wenn die Tochter keine Zeit hatte, einen der Arbeiter oder sonst eine andere sichere Person zur Seite.

– – Auf den Sommer war der Herbst gefolgt, und es war um die Zeit, da Heinzens kurze Einkehr in das Elternhaus zum zweiten Mal sich jährte. Hans Kirch saß auf einem sandigen Vorsprunge des steilen Ufers und ließ die Nachmittagssonne seinen weißen Kopf bescheinen, während er die Hände vor sich auf seinen Stock gefaltet hielt und seine Augen über die glatte See hinausstarrten. Neben ihm stand ein Weib, anscheinend in gleicher Teilnahmlosigkeit, welche den Hut des alten Mannes in der herabhängenden Hand hielt. Sie mochte kaum über dreißig Jahre zählen; aber nur ein schärferes Auge hätte in diesem Antlitz die Spuren einer früh zerstörten Anmut finden können. Sie schien nichts davon zu hören, was der alte Schiffer, ohne sich zu rühren, vor sich hin sprach; es war auch nur ein Flüstern, als ob er es den leeren Lüften anvertraue; allmählich aber wurde es lauter. »Heinz, Heinz!« rief er. »Wo ist Heinz Kirch geblieben?«

Dann wieder bewegte er langsam seinen Kopf: »Es ist auch einerlei, denn es kennt ihn keiner mehr.«

Da seufzte das Weib an seiner Seite, daß er sich wandte und zu ihr aufsah. Als sie das blasse Gesicht zu ihm niederbeugte, suchte er ihre Hand zu fassen: »Nein, nein, Wieb, du – du kanntest ihn; dafür« – und er nickte vertraulich zu ihr auf »bleibst du auch bei mir, solang ich lebe, und auch nachher ich habe in meinem Testament das festgemacht; es ist nur gut, daß dein Taugenichts von Mann sich totgetrunken.«

Als sie nicht antwortete, wandte er seinen Kopf wieder ab, und seine Augen folgten einer Möwe, die vom Strande über das Wasser hinausflog. »Und dort«, begann er wieder, und seine Stimme klang jetzt ganz munter, während er mit seinem Krückstock nach dem Warder zeigte, »da hat er damals dich herumgefahren? Und dann schalten sie vom Schiff herüber?« – Und als sie schweigend zu ihm herabnickte, lachte er leise vor sich hin. Aber bald verfiel er wieder in sein Selbstgespräch, während seine Augen vor ihm in die große Leere starrten.

»Nur in der Ewigkeit, Heinz! Nur in der Ewigkeit!« rief er, in plötzliches Weinen ausbrechend, und streckte zitternd beide Arme nach dem Himmel.

Aber seine laut gesprochenen Worte erhielten diesmal eine Antwort. »Was haben wir Menschen mit der Ewigkeit zu schaffen?« sprach eine heisere Stimme neben ihm. Es war ein herabgekommener Tischler, den sie in der Stadt den »Sozialdemokraten« nannten; er glaubte ein Loch in seinem Christenglauben entdeckt zu haben und pflegte nun nach Art geringer Menschen gegen andere damit zu trotzen.

Mit einer raschen Bewegung, die weit über die Kraft des gebrochenen Mannes hinauszugehen schien, hatte Hans Kirch sich zu dem Sprechenden gewandt, der mit verschränkten Armen stehenblieb.

»Du kennst mich wohl nicht, Jürgen Hans?« rief er, während der ganze arme Leib ihm zitterte. »Ich bin Hans Kirch, der seinen Sohn verstoßen hat, zweimal! Hörst du es, Jürgen Hans? Zweimal hab ich meinen Heinz verstoßen, und darum hab ich mit der Ewigkeit zu schaffen!«

Der andere war dicht an ihn herangetreten. »Das tut mir leid,

Herr Kirch«, sagte er und wog ihm trocken jedes seiner Worte zu; »die Ewigkeit ist in den Köpfen alter Weiber!«

Ein fieberhafter Blitz fuhr aus den Augen des greisen Mannes. »Hund!« schrie er, und ein Schlag des Krückstocks pfiff jäh am Kopf des anderen vorüber.

Der Tischler sprang zur Seite, dann stieß er ein Hohngelächter aus und schlenderte den Weg zur Stadt hinab.

Aber die Kraft des alten Mannes war erschöpft; der Stock entfiel seiner Hand und rollte vor ihm den Hang hinunter, und er wäre selber nachgestürzt, wenn nicht das Weib sich rasch gebückt und ihn in ihren Armen aufgefangen hätte.

Neben ihm kniend, sanft und unbeweglich, hielt sie das weiße Haupt an ihrer Brust gebettet, denn Hans Kirch war eingeschlafen. – Das Abendrot legte sich über das Meer, ein leichter Wind hatte sich erhoben, und drunten rauschten die Wellen lauter an den Strand. Noch immer beharrte sie in ihrer unbequemen Stellung; erst als schon die Sterne schienen, schlug er die Augen zu ihr auf. »Er ist tot«, sagte er, »ich weiß es jetzt gewiß; aber – in der Ewigkeit, da will ich meinen Heinz schon wiedererkennen.«

»Ja«, sagte sie leise, »in der Ewigkeit.«

Vorsichtig, von ihr gestützt, erhob er sich, und als sie seinen Arm um ihren Hals und ihren Arm ihm um die Hüfte gelegt hatte, gingen sie langsam nach der Stadt zurück. Je weiter sie kamen, desto schwerer wurde ihre Last; mitunter mußten sie stillestehn, dann blickte Hans Kirch nach den Sternen, die ihm einst so manche Herbstnacht an Bord seiner flinken Jacht geschienen hatten, und sagte: »Es geht schon wieder«, und sie gingen langsam weiter. Aber nicht nur von den Sternen, auch aus den blauen Augen des armen Weibes leuchtete ein milder Strahl; nicht jener mehr, der einst in einer Frühlingsnacht ein wildes Knabenhaupt an ihre junge Brust gerissen hatte, aber ein Strahl jener allbarmherzigen Frauenliebe, die allen Trost des Lebens in sich schließt.

Noch während der nächsten Jahre, meist an stillen Nachmittagen und wenn die Sonne sich zum Untergange neigte, konnte man Hans Kirch mit seiner steten Begleiterin auf dem Uferwege sehen; zur Zeit des Herbstäquinoktiums war er selbst beim Nordoststurm nicht daheim zu halten. Dann hat man ihn auf dem Friedhof seiner Vaterstadt zur Seite seiner stillen Frau begraben.

Das von ihm begründete Geschäft liegt in den besten Händen; man spricht schon von dem »reichen« Christian Martens, und Hans Adams Tochtermanne wird der Stadtrat nicht entgehen; auch ein Erbe ist längst geboren und läuft schon mit dem Ranzen in die Rektorschule, – wo aber ist Heinz Kirch geblieben?

Zur Chronik von Grieshuus

Zu meinen Jugendfreuden in der Heimat, wo uns die alte Gelehrtenschule nicht zu sehr den Geist verschnürte, gehörten die Wanderungen aus der Stadt ins Freie. Zwar ging es nicht, wie anderswo, durch Feld und Wald, auch selten nur durch Feld und Busch; denn nach Süden hin dehnte sich die Marsch mit ihrer weiten, von Wassergräben durchschnittenen Weidefläche, während nordwärts, zu Osten der nordfriesischen Küste, die sandige Geest aufsteigt, ohne Wälder oder Bäume, nur selten mit Schwarz- oder Weißdornbüschen auf den niedrigen Wällen, welche die einzelnen Felder voneinander scheiden. Gleichwohl fand sich für die Knabenseele Augenweide und anregendes Geheimnis hier genug: über den Sand am Wegrande huschten die Schlupfwespen, flogen die schönen grünen oder kupferfarbigen Cicindelen; an den gelbschimmernden Abstürzen der Sandgruben, die man hie und da passierte, zeichneten sich die dunkeln Eingänge zu den unabreichbaren Nestern der Uferschwalbe; kletterte man hinauf und stampfte oben auf der dürren Bodendecke, so huschten, einer nach dem andern, die schlanken Vögel aus ihren Höhlen und wimmelten oft scharenweise in der Luft, während über ihnen aus nimmermüder Kehle der unablässige Gesang der Lerchen tönte.

Wohin es aber an freien Nachmittagen mich am stärksten lockte, was auch noch jetzt mit seinem weltfremden Zauber der rauschendste Laubwald mir nicht ersetzen kann, das war die Heide, welche derzeit nach dieser Richtung hin noch unabsehbare Strecken mit ihrem bräunlichen Steppenkraut bedeckte. Besonders eine Stelle, welche von der Stadt aus nur nach mehrstündigem Wandern zu erreichen war, die ich aber gleichwohl am liebsten und fast immer nur allein besucht habe; und deutlich steht es vor mir, wie ich sie zuerst entdeckte.

Ich saß schon eine Zeitlang auf den Bänken unserer Prima, als ein stürmischer Oktobernachmittag mit seiner nordischen Sagenstimmung mich herausgelockt hatte; kein Tier ließ sich sehen, der feine Sand flog in Wolken vor mir auf; nur einmal huschte ein grauer Vogel über den Weg und verschwand in einer Ritze des seitwärts laufenden Steinwalles. Nach ein paar Stunden erreichte ich ein kleines Dorf; es lag zwischen mageren abgeheimsten Feldern, der aus rohen Felsquadern aufgemauerte Turm der tiefliegenden Kirche überragte kaum die niedrigen, nur selten durch eine Rüster oder Pappel halb verdeckten Strohdächer. Jenseit derselben begegnete mir ein alter Mann mit einer Furke auf der Schulter. »Guten Tag!« rief ich durch den Wind ihm zu. »Guten Tag auch!« wiederholte der Alte wie im Widerhall; ich sah es nicht, aber ich glaubte es zu fühlen, wie er stehenblieb und mir verwundert nachsah.

Ich schritt rüstig durch den Wind hindurch, bald auf schmalem Feldweg, bald quer über Feld und Wälle; ein paarmal flog die Mütze mir vom Kopf, aber der Boden stieg jetzt merklich aufwärts, und so war sie immer wieder bald zu haschen. Endlich stand ich vor der eingestürzten Wand einer ungewöhnlich großen, aber, wie es schien, seit lange außer Brauch gesetzten Sandgrube, welche mir jeden weiteren Ausblick wehrte. Als ich mit Hülfe einiger Ginsterbüsche emporgeklettert war, befand ich mich auf einer ebnen Fläche; doch kaum ein halbes Tausend Schritte weiter ging es, wenn auch ganz allmählich, wieder abwärts; und da hatte ich sie, die Heide.

Die Zeit ihrer Blüte mit dem bläulichroten Seidenschimmer war vergangen; düster, in ihrer ganzen feierlichen Einsamkeit, lag sie vor mir: ein breites, muldenförmiges Tal, anscheinend ohne Unterbrechung von der dunkeln Pflanzendecke überzogen, das sich wohl eine halbe Wegstunde weit zu meinen Füßen dehnte und sich dann durch die zusammenlaufenden, fast ganz mit niedrigem Eichenbusch bedeckten Höhenseiten abschloß.

Ich war oben bis an den Rand der Fläche vorgetreten: ein schmaler, scheinbar wenig benutzter Fußsteig lief in das Heidekraut hinab und mochte drüben an dem jetzt kaum erkennbaren Ausgang der Talmulde wieder zur Ebene emporsteigen. Als meine Blicke länger an dem fernen Punkt gehaftet hatten, meinte ich den Rest eines turmartigen Mauerwerkes zu gewahren; aber die Dämmerung brach jetzt rasch herein, im Westen lagerte unter schwarzvioletten Wolken ein Streifen düsteren Abendrots, und die Nacht begann das Heidetal zu füllen; auf den Höhen hörte ich wohl das Sausen des Windes in den Krüppeleichen; aber meine Augen sahen bald auch hier nur ein unterschiedloses graues Wogen. Nur meine Phantasie hatte sich dort den Turm erbaut. »Nicht jetzt, einst«, sagte ich mir, »hatte ein derartiges Gemäuer dort gestanden«; denn ich glaubte plötzlich zu wissen, wohin der Zufall mich geführt hatte. Nicht, daß ich jemals selber hier gewesen wäre, aber mit aufhorchenden Knabenohren hatte ich, und mehr als einmal, von diesem Orte reden hören.

Ich wandte mich zurück, denn es trieb mich, trotz der Dunkelheit, noch nähere Zeichen aufzuspüren; auch hatten am Westhimmel die Wolken sich verzogen, und es leuchtete noch ein letzter Abendschein über den mit kurzem Gras und Thymian bewachsenen Boden. Und bald, hin und wider gehend, erkannte ich breite Streifen auf demselben, die in hellerer Färbung nicht so ganz das karge Licht verschlangen, wo wie aus Schutt nur dürre Halme aufgeschossen waren. Augenscheinlich hatte ich drei Seiten eines geräumigen Vierecks vor mir; zwei derselben liefen bis an den Rand der Grube, die fehlende, welche das Ganze abgeschlossen hatte und von der an der Südostecke nur noch ein Stück erkennbar war, mußte darüber hinaus gelegen haben und später fortgegraben sein. Als ich mich über den Rand der Grube beugte, bemerkte ich drunten ein paar gewaltige Granitquadern, wie sie zu Fundamenten breiter Mauern dienen, die zwischen Backsteintrümmern aus dem Sande ragten.

Gegenüber, nach der Talmulde zu, schien eine kleinere, viereckige Zeichnung zwischen schmäleren Streifen anzudeuten, daß einst ein Torhaus hier gewesen sei.

»Grieshuus!« rief ich fast laut. »Hier hat Grieshuus gestanden!«

Noch einmal war ich gegen den Rand der Fläche vorgetreten und blickte in die jetzt so große Einsamkeit hinaus. Es reizte mich, da vor meinen Füßen den nur noch für die nächsten Schritte erkennbaren Heidestieg hinabzugehen; aber, ein Wort war plötzlich in mir laut geworden: »Die schlimmen Tage!« Wenn eben jetzt die schlimmen Tage wären! – Unwillkürlich hielt es mich zurück: ein Aberglaube schwebte über dieser Heide, der letzte Schatten eines düsteren Menschenschicksals, womit ein altes Geschlecht von der Erde verschwunden war. Es sollte eine Zeit im Jahre gehen oder einst gegeben haben, wo dem, welcher nach Sonnenuntergang dies Tal durchschritt, etwas Furchtbares widerfuhr, das die Kraft seines Lebens abstumpfte, wenn nicht gar völlig austat.

Auch war nicht alles Sage; man wußte noch von denen, welche als die Letzten hier gehaust hatten, wo jetzt der Sturm über die Heide fegte. Zum Teil lag es in alten Archiven, und es kam jeweilig bei dem Aufsuchen eines vergrabenen Dokumentes mit diesem oder jenem Brocken an das Tageslicht; anderes hatten die Augen der damals Lebenden gesehen, oder ein Wort, einen Ton, den man zu deuten wußte, hatte hier oder dort die Luft ihnen zugetragen; und an Winterabenden, hinter dem Bierkrug wie am Spinnrad, nicht nur im Dorfe, auch drüben in der Stadt, saß man beisammen und erzählte und fügte scheinbar sich Fernliegendes aneinander, von den Urahnen herab bis fast an den heutigen Tag; denn außer auf einem gar bald fürstlich und dann königlich gewordenen Gute hatte kein anderes Adelsgeschlecht in unserer Nachbarschaft gesessen.

An jenem Tage war ich spät erst heimgekommen; freilich zum Schlafen früh genug, denn immer wieder stiegen die alten Mauern vor mir aus dem Boden: ich stand in dem umschlossenen Hofe und sah durch den gewölbten Torweg auf das Heidetal hinaus: auf beiden Höhenseiten zogen sich jetzt dichte Eichenwälder bis drüben an den Aufstieg, wo ihre Kronen sich vereinten; der Mond stand am Himmel und beleuchtete dort ein stumpfes Turmgemäuer; mir war, als sähe ich eine hohe Gestalt in die Heide hinabschreiten und dort verschwinden. Während von den Höhen das Rauschen der mächtigen Laubmassen, die der Sturm bewegte, an mein Ohr drang, hatte ich mich umgewandt: ich sah auf die langgestreckte Front des Hauses, dessen graue Mauern von einer Doppelreihe niedriger Fenster durchbrochen waren; in der Mitte unter einem spitzen Treppengiebel lag das hohe Haustor, von welchem eine Steintreppe mit breiten Beischlägen auf den weiten Hof hinablief. – Schon wollte ich hinauf und in das Innere des Hauses treten; aber das Brausen des Sturmes wurde stärker, und ich sah plötzlich nichts als nur den Sand in Wirbeln über einem leeren Absturz treiben.

Die Bilder, welche in dieser Nacht in mir lebendig wurden, waren nicht nur Phantasiegemälde; in einem älteren Werke über die einstigen Herrensitze unseres Landes, das vor Jahren mir zur Hand gekommen war, hatte ich den Grundriß nebst einer kleinen äußeren Ansicht von Grieshuus gefunden und mich schon derzeit ganz darin vertieft. Von nun an aber ließ es mir keine Ruhe mehr; wo ich irgend in Schrift- oder Druckwerk oder im Gedächtnis eines Menschen derart Verborgenes witterte, mußte es hervorgegraben werden; vom Bürgermeister bis zu dem würdig redenden Barbier und Amtschirurgus, dessen Becken, wie der Staupbesen unseres letzten Scharfrichters, durch Jahrhunderte auf den jetzigen Inhaber herabgeerbt waren, mußten mir alle stillhalten. Auch trugen mein Fleiß und meine Unverschämtheit mir unerwartet reiche Frucht; mein Vater aber, wenn er mich die eingeheimsten Kunden in das eigens dazu hergerichtete Heft eintragen sah, nannte mich scherzend den »Chronisten von Grieshuus«.

Und als solcher, nachdem seit damals wiederum ein halbes Jahrhundert abgelaufen ist, will ich es jetzt erzählen.

Erstes Buch

Um die Mitte des siebzehnten Jahrhunderts und noch während eines Dezenniums später saß zu Grieshuus ob der Heidenmulde, »baven de Heidkul«, wie es in gleichzeitigen Akten heißt, ein Junker, dessen Familienname seit lange aus den Geschlechtsregistern unseres Adels verschwunden ist; auch weiß man von ihm selber nicht viel mehr, als daß seine Wirtschaft und sein Wappen die beiden Dinge gewesen sind, von denen er, wenn überhaupt, bei gutem Trunk am breitesten geredet hat; wie er dafür gerühmt worden, daß er seinen Acker nicht verunkrauten lasse, so hat er auch mit lebender und fast mit toter Hand gewehrt, daß sein adeliges Blut sich nicht an dem gemeinen roten Blut verfärbe. Gereiset ist er stets im Sattel; doch wenn die Glocken zum Gottesdienst geläutet haben, ist er in einen offenen Kastenwagen mit hohen roten Rädern eingestiegen; denn als Patron stand ihm allein das Recht zu, auf dem Kirchhof bis vor den Eingang in die Kirche anzufahren, das durfte nicht versäumt werden. An der Ostseite der Mauer, wo die Gruftkapelle war, befinden sich noch jetzt zwei ungefüge Ringe, an denen der Fuhrknecht dann die Pferde anband. Aber das alte Haus hat derzeit, die seinen ungerechnet, nur auf vier Augen noch gestanden.

Ein Paar von Zwillingsbrüdern ist es gewesen, im Anfang fast sich gleich an Antlitz und schlanker Wohlgestalt: ein schmales Haupt mit hart an der vorspringenden Nase stehenden Augen und schwarzbraunem Haupthaar ist allen dieses Geschlechtes eigen gewesen; bei dem ältesten der Brüder aber, dem Junker Hinrich, hat an den Schläfen sich das Haar gleich einem dunklen Gefieder aufgesträubt, so daß man ihn mit seinen grauen, oft jähe Funken werfenden Augen einem Adler soll verglichen haben. Bei dem Junker Detlev dagegen ist das anfangs wellige Haar allmählich schlichter worden, bis es in Strähnen auf das Wams herabfiel, und wenn, was drum nicht seltener geschehen, Zorn oder Grimm ihn überkommen, so sind seine Augen wie stumpf geworden, und hat niemand sehen können, was dahinter vorgegangen. Es ist nicht kundgeworden, daß er den Hörigen oder dem Gesinde etwas Übles angetan, aber dennoch sind sie gern ihm aus dem Weg gegangen, als ob solches gleichwohl von ihm zu fürchten sei.

Zwischen den Brüdern soll kaum je ein Zank, noch weniger aber eine Kameradschaft gewesen sein, ersteres wohl nur, weil jeder seinen eigenen Weg gegangen; denn während der Jüngere Liebling des Informators gewesen und auch noch nach den Lehrstunden in ihrer Kammer über den Büchern gesessen ist, hat der Ältere alsbald den Bauern und Knechten draußen bei der Arbeit zugesehen, auch wohl selber Sichel oder Pflug mit angefaßt; am liebsten ist er aus dem Torweg und dann geradezu den Fußsteig durch die Heidemulde hinabgerannt und hat drüben oberhalb des Aufstiegs, wo mit mächtigen Kronen die Wälder auf den Höhenseiten zueinandertraten, bei dem alten Revierjäger angeklopft, der dort mit einem Knechte in einem turmartigen Aufbau hauste. Unterweilen, wenn er trotz dessen Warnung an Spätherbstnachmittagen, die Mütze in der Hand, mit heißen Wangen durch das Hoftor stürzte, hat wohl der Alte ihn gescholten: »Was ist? Du hast den Wolf gesehen!« und »Komm mir so allein nicht wieder, Junker Hinrich!« Dann hat der Bube nur gelacht: »Brumme nicht, Owe Heikens! Komm und laß uns nun die Grube richten!« Und dann ist der Alte doch nur zu gern mit ihm gegangen.

Der Vater mochte, soweit er darum wußte, dies alles so geschehen lassen; denn obwohl ihm das Gut zu freier Erbverfügung stand, so war doch nach Haus- und Landesbrauch der Erstgeborene allzeit als künftiger Gutsherr angesehen worden, auch mag der Knabe selber solchen Sinns gewesen sein; die Bauern aber und die Hofesleute sind, je mehr die Brüder aufgewachsen, des nur immer froher worden. Zwar ist der Junker Hinrich, wie auch sonst die meisten seines Stammes, jach zur Tat gewesen; der Bibelspruch, das »Selig sind die Sanftmütigen«, den bei der Einsegnung der beiden Brüder der Geistliche ihm auf den Weg gab, hat dagegen nicht verschlagen wollen. Denn nicht lange danach war es, an einem Novembernachmittage die Dämmerung fiel schon herab, und noch immer suchte er nach seinem weißen Leibhund, den er seit Mittag schon vermißte. Grollend war er aus dem Torweg und bis zum Abstieg vorgeschritten. »Tiras! Tiras!« schrie er; dann ließ er durch die Finger einen gellen Pfiff erschallen; und alsbald, da er sich lauschend vorgebeugt, kam es wie Klagelaute drunten aus der Heide. Da lief er in das hohe Kraut hinab, dem Schalle folgend, der wieder und immer näher ihm entgegendrang, und schon erkannte er einen von den Knechten, der trug das große Tier auf seinen Armen. »Was soll das?« rief er. »Laß den Hund zu Boden!«

Das Tier aber streckte winselnd den Kopf nach seinem Herrn. »Es geht nicht«, sagte der Knecht; »unten am Moorloch hat er im Fuchseisen festgesessen.«

Der Junker stieß einen Fluch aus und wuchtete in der Faust den dicken Knotenstock, womit er es vorhin dem Hunde zugedacht hatte. »Wo ist Hans Christoph?« frug er. »Er sollt es fortnehmen; schon vor Mittag hatt ich's ihm geheißen.«

»Der Junge ist was vergeßlich, Herr; ich denk, er ist wohl schon zu Hof gegangen.«

Als der Junker nach der wunden Pfote faßte, schrie das Tier erbärmlich. »Vorwärts«, rief er dem Knechte zu; »wir wollen auch zu Hof!«

Der Junge Hans Christoph aber stand noch droben vor dem Torhaus und ein süßes zehnjähriges Dirnlein neben ihm. »Was willst du denn so spät noch?« frug er; »es wird ja balkendunkel, eh du wieder heim im Dorf bist; und hörst du? Es kommt Unwetter aus Nordwest!«

»Ja«, sagte sie und nickte mit ihrem blonden Köpfchen, »ich fürcht mich auch; aber ich trag hier Schriften, die so spät erst fertig worden; mein Vater hat sie für euren alten Herrn geschrieben, und du könntest sie ihm wohl bringen; ich scheu mich so vor ihm.«

Aber Hans Christoph antwortete nicht; mit entsetzten Augen starrte er auf den kleinen Zug, der eben jetzt den Heidestieg hinaufkam; denn in erschreckender Deutlichkeit baumelte das vergessene Eisen an der Hand des voraufgehenden Knechtes; darüber erblickte er den weißen Hund, der gleich einem wunden Wild auf dessen Armen lag. Und schon waren sie oben, und der Junker stand mit grimmem, schier verzerrtem Antlitz vor dem Jungen.

»Herr! Ach, Herr!« Im Schrecken suchte der des Junkers Arm zu fassen; aber schon hatte der schwere Stock des Jungen Kopf getroffen, daß er lautlos auf den Boden fiel.

Ein Schrei des blonden Dirnleins hat die Stille unterbrochen: »Pfui, pfui, der böse Junker!« Einen Augenblick noch hat sie groß und angstvoll zu ihm aufgeschaut; dann, unter stürzenden Tränen die Schriften, die sie noch in Händen hatte, von sich werfend, ist sie den Seitenstieg hinabgerannt, der um die Gebäude nach dem Dorfe führte.

Der Junker Hinrich, der wie leblos dagestanden, ist plötzlich aufgefahren: »Bärbe! Bärbe!«, denn er pflegte mit dem Kinde sonst manch gütig Wort zu reden; dann aber, da sie ihn nicht hörte, hat er sich über den wimmernden Jungen auf den Boden hingeworfen, Haar und Wangen ihm gestreichelt und ihn letzlich mit dem Knechte nach seiner Kammer und auf sein eigen Bett getragen.

Die dicke Ausgeberin, die mit der Magd schon vor der Küchentür gestanden, ist emsig hinterhergetrabt: »Nun, Junker, da habt Ihr Sauberes angerichtet; da draußen nichts als Nacht und Unwetter, und der Chirurgus meilenweit da drüben in der Stadt!«

Der Junker hat kein Wort darauf erwidert, aber er ist fort und nach dem Hof hinabgerannt; und kaum eine Stunde später hat er auf seines Vaters großem Rappen vor dem Stadttor angehalten. Als aber nach vielem Rufen ihm geöffnet worden, war auf den dunklen Gassen groß Gewimmel und Gejauchze; war doch am Nachmittage von gesamten Zimmerleuten aus Stadt und Amt der neue Galgen vor dem Ostertor in Präsenz des worthabenden Bürgermeisters aufgerichtet und ihnen dann frei Bier in großen Tonnen vom Magistrat verabreicht worden; da haben die anderen Gewerke auch nicht trocken sitzen wollen, und sind auf den Abend viel lustiger Leute in der Stadt gewesen.

An einem Häuschen, das sich auch im Dunkeln durch die im Winde klappernden Becken kenntlich machte, hatte der Junker seinen Rappen angebunden. »Holla, Frau Meisterin, ist denn Ihr Mann noch auf den Beinen?«

Die alte Frau, die mit einem qualmenden Lämpchen im Hausflur vor ihm stand, gab keine Antwort; mit verstürztem Antlitz wandte sie sich um und lief in eine Kammer. »He, Nikolaus, Nikolaus!« hörte er sie rufen, »der Junker von Grieshuus steht draußen!«

Aber der Junker stand schon in der Kammer und vor der Bettstatt, wo der Amtschirurgus schnarchend und voll süßen Bieres auf den Kissen lag. Da haben er und die Frau Meisterin den trunkenen Mann mit gütlichen Worten sanft gerüttelt, bis die müde Seele wie aus eines Brunnens Tiefe an die Oberwelt gelangte; als aber die mageren Beine nicht aus der Bettstatt vorwärts wollten, hat der Junker zur Ermunterung mit seiner Peitsche hin und her geklatscht und, als die Frau darüber schier verschrocken worden, dem Manne selbst in Wams und Hosen helfen müssen. »So, Meister Nikolaus, Er braucht heut keine Sporen; und soll der Ritt ihm gut vergolten werden!« Dann hat er ihm den Mantel umgeworfen und den Hut aufs Haupt gestülpt: »Nun das Verbandzeug und das Apostalipflaster!«

Und eh er sich's versehen, hat der Amtschirurgus hinter dem Junker hoch zu Roß gesessen, die Knie aufgezogen, die Hände um des Reiters Leib geklammert.

»Ade, Frau Meisterin!« Und unter des Junkers Sporen ist der hochbeinige Rappe durch die dunklen Gassen hingeflogen, dann durch das Tor und über die Felder in die Nacht hinaus. Als sie, schon nahe an Grieshuus, bei der Kirche im Dorf vorüberbrausten, hat der Küster, der eben von einer Hochzeit kam, ein »Alle guten Geister!« ausgestoßen und gemeinet, daß ein Hexenpaar an ihm vorbeifliege; denn der Mantel des Amtschirurgus hat wie ein Weiberrock im Wind gestanden.

Und endlich klapperten des Rappen Hufen in der Torfahrt von Grieshuus.

»Da bring ich ihn, Greth-Lise!« rief der Junker fröhlich, als er den hageren Chirurgus vorab in die Kammer schob.

»Still, still, Junker Hinrich!« Und die wackere Alte, welche eben des Jungen Kopf mit Wasser kühlte, winkte dem Eintretenden abwehrend mit der Hand: »Hier liegt ein Kranker, den Ihr selbst gemacht habt.«

Da warf der Junker sich vor dem Jungen an die Bettstatt: »Hans Christoph, verklag mich nicht da oben! Wir wollen's noch bei Lebzeit wettzumachen suchen!« Der Bursche aber richtete sich stöhnend auf dem Ellenbogen in die Höhe, so daß die Füße mit den groben Nagelschuhen, die man nicht abgenommen hatte, aus den Decken fuhren. »Junkherr«, sagte er bittend, »dann lasset unsern Tiras auch von dem Balbierer doktern!«

»Den Tiras?« – Dem Junker wollte die Stimme nicht recht aus der Kehle, und eine Weile hat er ihm nur eifrig zugenickt. »Ja, ja, Hans Christoph, auch den Tiras!«

Und danach hat der Amtschirurgus, dem der Nachtwind allen Dunst vom Hirn gefeget, sein barmherzig Werk verrichtet; an dem Jungen erst, dann an dem Hunde; und an beiden ist die Kunst des Mannes nicht zuschanden worden.

Zwar hat der Herrensohn noch manche Nacht im Wechsel mit der unermüdlichen Greth-Lise Krankenwacht gehalten; als aber eines Morgens der weiße Hund mit Sprüngen in die Kammer tobte und dann der Junker rief: »Tiras, hallo, so gib Hans

Christoph doch die Pfote!«, da hat der Junge vor Freuden hell aufgelacht und ist nach ein paar Tagen selbst vom Lager aufgestanden.

Nur nach dem blonden Dirnlein hat der Junker Hinrich noch manch ein Mal vergebens ausgeschaut, auch unterweilen sich verdrossen abgewandt, wenn statt ihrer ein verhutzelt Männlein mit Schriftwerk in der Hand den Anberg zu Grieshuus hinaufgestiegen ist.

– – Von dem jüngeren Zwillingsbruder, welcher derzeit in der Klosterschule zu Bordesholm gesessen, ist solcherlei Gewalttat niemals kundgeworden; als man später ihm davon berichtet, hat er zu beidem, was vor und nach geschehen, den Kopf geschüttelt und nur gesagt: »Er weiß nicht, was uns ziemet.« Zu dem Bruder selber hat er nie ein Wort davon geredet.

Auf der Universität zu Leipzig, die er bald danach beschritten, hat er seine Juridica und Humaniora mit Fleiß traktiert, auch sich in allen Dingen wohl verhalten, insonders bei der welschen Kleiderhoffart, die dort arg im Schwange ging, ein jedes Übermaß vermieden. Gleichwohl, da er eines Sonntagnachmittages während der Vakanzzeit mit dem Bruder durch das Dorf hinabschritt, reckten alle Bauern nebst Kindern und Gesinde den Hals aus Tür und Fenstern, um dem gelehrten Herrn in seiner Alamodekleidung, mit dem weißgepuderten Kopfe, Kniebändern und Manschetten, nachzuschauen. Als später Junker Hinrich den Weg allein zurückschritt, im grauen Wams, die Ledermütze mit der Falkenfeder auf dem dunkeln, kurzgestutzten Haar, da waren es nur die jungen Dirnen, welche möglichst weit die Augen auftaten; nur waren sie in die Tiefe des dunkeln Flurs zurückgetreten oder bargen sich hinter der offenen Haustür und sahen heimlich durch den Spalt, solange es irgend reichen mochte.

Es wäre nicht not gewesen, der Junker Hinrich hatte kein Auge für die Dirnen; sowenig, daß die jungen Knechte, die sich des doch hätten getrösten mögen, von ihm zu sagen pflegten, der Junker sei wohl schon ein Kerl; nur in dem einen nicht!

Um ein paar Jahre später hat gleichwohl auch ihm seine Stunde schlagen müssen; eine schicksalsschwere, die letzte seines Hauses angebrochen ist.

– – Jene arge Zeit war damals über unser Land gekommen, deren Greuel unter dem Namen des »Polackenkrieges« noch lange beim Bierkrug wie am Spinnrad im Gedächtnis blieben. Zwar unser Herzog führte keinen Krieg, er redete zum Frieden: aber von den Streitenden war der junge schwedische Kriegsfürst seiner Tochter Mann, der mißtrauische Dänenkönig war der Mitregent der Lande und schonte weder diese noch den Herzog, seinen Schwestersohn. Nicht dessen drückende Brandschatzung war indes das Schlimmste; aber ihm zu Hülfe überschwemmte fremdes Volk das Land: Kaiserliche und Brandenburger, am gefürchtetsten die Polen, unter denen Türken und Tataren mitzogen; sie plünderten und vergewaltigten und erschlugen, so sie es vermochten, was sich widersetzte.

Unter den trotz solchen Schreckens Couragierten zählte ein altes verbissenes Mannlein, das zeit seines Lebens mehr die Feder als die Waffen geführt hatte. In seinen besten Jahren ein herzoglicher Kornschreiber, hatte er noch vor Schluß des Mannesalters eine städtische Waise zur Ehe einzufangen verstanden und seit diesem einträglichen Geschäfte seinen beschwerlichen Dienst quittiert. Er hatte drunten in der Stadt sich in dem Erbhaus seines Weibes eingerichtet, nach eigenem Behagen dem Schreibwerk obliegend, das ihm von Kirchen- oder Gasthausvorstehern oder andern mit der Feder ungewandten Bürgern genugsam angetragen wurde. Aber die Frau verstarb im ersten Kindbett und ließ ihm statt ihrer eine Tochter, deren spätere Schönheit man weder der Mutter noch dem überlebenden Vater nachzurechnen wußte. Diesem selber aber, so gern er sonst abends in der Schenke seine Weisheit ausgeboten hatte, war seitdem die Stadt verleidet worden; sei es ob so plötzlicher Verwaisung seines Hauses, sei es wegen Haders mit der Sippe seines Weibes, die das Neugeborene nicht in seinen Händen lassen wollte.

Nun war es schon über ein Jahrzehnt, daß abseit des Dorfes unterhalb Grieshuus sich zur Verwunderung der Bauern ein städtisch Männlein angesiedelt hatte, das Sommer und Winter in spitzem Hut und einem Vielfraßpelze in die Kirche ging. Das vom Hofherrn in Erbheuer erworbene Grundstück hatte er zum Garten umschaffen, es dann mit Wällen einschließen und diese mit Weißbuchen und Hagedorn dicht bepflanzen lassen, so daß, als allmählich die Hecken aufgewachsen waren, die Giebelseite des kleinen Hauses wie aus einem grünen Nest hervorsah, während ringsum kahle Felder lagen.

Wer am Winterabend durch die kleinen Scheiben hier hineingesehen hätte, würde den Alten meistens mit der Feder in der Hand erblickt haben, vor einem Foliobogen gelblichen Papieres, worauf bei kargem Kerzenlichte ein Schreibwerk langsam weiterrückte. An Sommertagen mußte man ihn im Garten bei seinen Bienenkörben suchen, die dort gegen Osten in doppelten Reihen übereinander an dem hohen Zaune aufgestellt waren. Hier konnte man auch wohl das blonde Dirnlein sehen, das mit ihm eingezogen war; mitunter saßen sie beisammen auf einem Bänkchen unterhalb der grünen Hecke; der Alte hatte dann ein aufgeschlagen Buch in Händen und las ihr vor, oder er zeigte mit dem Finger und ließ die Kleine selber lesen. Ins Dorf hinunter kam sie nicht; nur eine Zeitlang, da sie größer worden, war sie wohl mit Schriften auf den Herrenhof gegangen, die ihr Vater für den alten Junker angefertigt hatte. Dann hatte auch dieses aufgehört; nun war sie seit Jahren hier nicht mehr gesehen worden: eine alte Frau in feinem Tuchmantel und verbrämter Kappe war mit ihr durch das Dorf und den Weg zur Stadt hinausgefahren, eine reiche »Möddersch«, wie man sich erzählte; das Kind sollte was Besseres lernen, als hier im Dorf zu haben war, und in der großen Kirche eingesegnet werden. Auch später hatte die Möddersch sie nicht missen wollen; als aber jetzt die Tausende des fremden Kriegsvolks gegen die Stadt anrückten, hatte das Männlein, fast mit Gewalt, die Tochter in sein Gartennest zurückgeholt. Allein eben hierher sprengte der Krieg sein losestes Gesindel; schon einmal hatte er vor des Herzogs Freunden, den längst arg berufenen Schweden, das Kind so tief unter dem Dach versteckt gehalten, daß es danach mit einem Spinnwebhäubchen auf dem blonden Haar hervorgezogen wurde; was er aber jetzt bei hellem Sonnenschein durch eine Lücke des Gartenzaunes gegen sein Haus heranlaufen sah, die langen Schnauzbärte und die roten Mäntel, das mußten Polacken, wenn nicht gar Tataren sein!

Die Knie des kleinen Mannes schlotterten; erst eben hatte er droben hinter dem offenen Giebelfenster eine helle Stimme singen hören. »Bärbe, Bärbe!« rief er an das Haus hinauf; »die Polacken, um Gottes Tod, schweig still!«

Als gleich danach ein angstvolles junges Antlitz aus dem Fenster fuhr, stand er schon wieder an seinem vorhin verlassenen Bienenstande, eine Drahtmaske vorgebunden, große Lederstulpen an den Händen. Hurtig rückte er einen kleinen Holztritt von einem Stock zum andern, und schon waren unter dem tönenden Gesumm der Bienen alle oberen Körbe umgekehrt und lehnten mit der offenen Seite an den Rand des Gartenzauns.

Der Alte nickte, ein grimmiges Lachen fuhr wie ein Schluchzen aus dem zahnlosen Munde; dann stieg er zum letzten Mal von seinem Tritt und steckte den Kopf mit dem wehenden Greishaar durch die Zaunlücke; als er aber die Kerle, voran ein schlanker Bursch mit gezogenem Pallasch, nach dem Hause zulaufen sah, winkte er ihnen mit der Hand und schrie laut und immer lauter: »Paschól! Paschól!«, ein Wort, dessen Sinn er zwar nicht kannte, das ihm aber in Entstehung eines andern hier verwendbar scheinen mochte. Und wie er es gewollt hatte, die Polacken wandten sich und kamen mit Geschrei gegen die Zaunlücke hergestürmt; das Männlein aber nickte ihnen noch einmal zu; dann packte er mit beiden Händen eine Stange und schlug damit wie toll, Reih auf und ab, gegen die offenen Bienenkörbe. »Paschól! Paschól!« schrie er; »und noch einmal Paschól!« Und die wütend gemachten Tiere stürzten sich über den Zaun auf die erschreckten Strolche, und Flüche und Lustgeschrei wurden zu Geheul und der Ansturm zu einer wilden Flucht.

Als das kluge Männlein abermals durch den Zaun lugte, ist der Haufe schon fern gewesen; die Hände vor den Augen, rannten sie blind ins Weite; nur der Anführer hat sich noch einmal umgewandt und unter unverständlichem Geschrei wie drohend seine Faust gehoben.

– – Am Abend desselben Spätsommertages ist es gewesen; der Mond, der eben glührot aus den Nebeln aufgestiegen war, warf jetzt sein silberklares Licht in die Gassen des kleinen Dorfes, als unter einem der niedrigen Strohdächer die hohe Gestalt des Junkers Hinrich in den hellen Schein heraustrat, der kunstfertige Hufschmied mochte an der neuen Pannenbüchse, die jetzt über seiner Schulter hing, den einen oder anderen Fehl beseitigt haben. Mit ihm hatten zwei große Hunde sich zur Tür hinausgedrängt; der Tiras war nicht mehr darunter, zwei lohbraune Schweißhunde waren es, die ihn jetzt meistens zu begleiten pflegten, nicht nur zum Schutze gegen streifendes Gesindel; wie nach dem großen Krieg im Reiche draußen, so hatte auch hier das Raubzeug sich vermehrt, gar auf den Landtagen hatte man über die Ausrottung des grausamen Wolfs verhandelt und Beschluß gefaßt; in den Eichen von Grieshuus aber fand das Gezüchte insonders seinen Unterschlupf, und Junker Hinrich und der alte Jäger Owe Heikens waren ihm mit Fallen wie mit Hunden auf dem Nacken.

Die Hände auf den mächtigen Köpfen der zu beiden Seiten schreitenden Tiere, war er durch das Dorf hinausgegangen; das weite Feld lag vor ihm; nur drüben wie im Nebel erhob sich das umbuschte Heimwesen einer Menschenwohnung. Langsam schritt er durch die Nachtstille aufwärts; da scholl von dort ein Schrei zu ihm herüber, ein »Hülfe! Mordio, Hülfe!« aus der Kehle eines Weibes, wohl eher eines Kindes, so daß er horchend stillstand und seine beiden Begleiter schnobernd die Lefzen von den weißen Zähnen zogen.

Nur einen Augenblick, dann bog er seitwärts in einen schmalen Weg, und bald schlich er, die Hunde hinter sich, das Schloß der Büchse mit den Fingern prüfend, unter überhängenden Büschen an einem Gartenzaun entlang. Durch die Laubwand von der anderen Seite kam ein Gesumme, wie spätabends aus Bienenkörben, bevor alles darin zur Ruhe geht. Bald aber schlugen andere Laute an sein Ohr: ein Krächzen wie aus der Kehle eines Gewürgten, dazwischen von ein paar heiseren Stimmen: »Ruf doch der Bien! Alte Paschól, ruf doch der Bien!« Ein wildes Lachen folgte; aber eine Antwort kam nicht darauf; nur in den Bienenkörben summte es schläfrig weiter, und von drüben erhob sich eine Unruhe wie von verzweifelter, aber schwacher Gegenwehr.

Die Zaunlücke, welche dem Junker jetzt zur Seite lag, gestattete einen Durchblick nach dem Garten; aber ein jäher wortloser Schrei der jungen Weiberstimme ließ ihn nur zum stummen Zeichen seine Hand ausstrecken; und mit dem tiefen, dumpf gezogenen Laut, der dieser Rasse eigen, schossen die Hunde, einer hart am andern, durch die Öffnung; Geschrei und Flüche folgten gleich danach; dann ward es still.

Als Junker Hinrich selber in dem Garten stand, hatte jedes der beiden Tiere seinen Mann gestellt; ihr heißer Rachen mit den blanken Zähnen lag, hier wie dort, vor einem dick verschwollenen Angesicht, aus dem das Weiß des Auges nur noch kaum hervorschien. Aber kein Weib, weder ein altes noch ein junges, war zu sehen. Ein schlotterndes Männlein mit fast haarlosem Kopfe stand zwischen den beiden Strolchen, das Ende eines langen Stricks am Halse.

»Ist Er es, Kornschreiber?« rief der Junker; »da wär Er wohl nahzu gehangen worden! Ich dachte einen Jungfernschrei zu hören.«

Der Alte bewegte den Kopf, wie um die Wirbel seines Genicks zu prüfen; dann nickte er heftig und streckte die mageren Hände vor sich hin.

»Halt fest, Türk! Fest, Hassan!« raunte der Junker zwischen den Zähnen seinen Hunden zu; dann zog er den Strick vom Hals des alten Mannes, und damit und noch einem andern, den die Kerle nebst ihren Säbeln auf den Grund geworfen hatten, waren ihnen bald die Hände auf dem Rücken festgeschnürt. Nur einmal versuchten sie eine Gegenrede; das Knurren und der heiße Brodem aus dem Hunderachen hielt sie lautlos am Boden festgebannt.

Der Junker aber hatte unter ihrem Wams einen Fetzen der grünen schwedischen Feldbinde in die Hand bekommen. »Hoho«, rief er, »ihr wolltet auch Polacken spielen; aber wir haben feste Keller in Grieshuus! Paß, Türk! Paß, Hassan!« Und der Zug setzte sich nach dem Hause zu in Marsch, neben welchem eine Pforte in das Freie führte. Doch der Schritt des Junkers stockte; denn seitwärts sah er ein Weib am Stamme eines Baumes stehen. »He, Jungfer«, rief er lustig, »ist Sie es, die vorhin geschrien hat? Sie hätt mir bei der sauberen Arbeit helfen sollen!«

Es blieb alles still; erst als er näher trat, erkannte er eine jugendliche Gestalt, die mit Stricken an den Baum gebunden war; der Kopf war auf die Brust gesunken, der Mond beleuchtete ein schönes Antlitz mit geschlossenen Augen. »Kanaillen!« schrie er; »verfluchte!« Aber er verstummte, als das schöne Haupt sich aufrichtete und ein Paar blaue Augen wie verwirrt zu ihm herüberblickten.

Junker Hinrich hatte die Kappe von seinem dunkeln Haupt gelüftet, ehrerbietiger fast als einst vor seiner gräflichen Muhme, da sie Grieshuus mit ihrer Gegenwart beehrt hatte; zaghaft, die Augen unablässig nach dem blassen Antzlitz, trat er näher. »Wer seid Ihr?« frug er zögernd. »Wie kommt Ihr in das Heimwesen dieses Mannes?«

Schon streckte er die Hände aus, um die Stricke von dem schlanken Leib zu lösen; aber ein dumpfer wütender Anschlag der beiden Hunde fuhr dazwischen. Da war er mit ein paar Sprüngen wiederum an ihrer Seite; er sah es wohl, der eine der Marodeure hatte entwischen wollen; doch die Tatzen des größten Hundes lagen ihm schon wie Eisenklammern an dem Nacken.

Noch einen Blick warf der Junker nach der Gefesselten; aber der Kornschreiber war zu ihr herangekeucht, und seine Gestalt verdeckte die kindliche des Mädchens, während er an der Ablösung der Stricke sich zu mühen schien. »Sind sie fort?« hörte der Junker ihn noch fragen. »Sind sie alle fort?« Und die junge zitternde Stimme frug dagegen: »Wen meint Er, Vater; die Polacken?«

»Ja, ja, Kind; die Polacken, der Junker, alle miteinander!«

Dann war er mit seinen Gefangenen schon draußen vor dem Hause. Als er nach dem Hauptwege hinunterblickte, sah er einen stämmigen Burschen auf sich zuschreiten. »Hans Christoph!« rief er. »Bist du's, Hans Christoph?«

»Ja, Herr; ich war im Dorfe noch bei meiner Mutter; da auf dem Rückweg, von hier herüber, hört ich Eure Hunde.«

Der Junker stand einen Augenblick: »So können wir sie hier lassen; es könnt vor morgen noch einmal Besuch kommen.«

Er hatte auf die beiden Strolche hingewiesen; dann bückte er sich zu den Hunden und raunte jedem ein Wort ins Ohr; und die mächtigen Tiere, in widerwilligem Gehorsam, streckten sich zu beiden Seiten der Haustür auf den Boden.

Hans Christoph hatte verwundert zugeschaut. »Herr Junker«,

sagte er, als ob er's nicht verhalten könne; »so Raubkerle haben oft verflixte Puffer; wollt Ihr um den alten Schreiber Eure schönen Hunde wagen?«

Der Junker sah ihn an, als ob er sich besinnen müsse: »Um den Kornschreiber, meinst du? O ja, Hans Christoph; auch um den Kornschreiber!«

Und der Zug setzte sich gegen den Hof zu in Bewegung, während die Augen der Hunde ihnen nachsahen, bis sie über den Feldern in dem ungewissen Licht des Mondes nicht mehr sichtbar waren.

– – Zu Grieshuus war mittlerweile große Unruh eingebrochen; schwedische Einquartierung war gekommen, in den Scheuern und auf dem Hofe drängte es sich von Pferden und Soldaten; drinnen im Herrenhause saßen die Offiziere hinter vollen Bechern, während der alte Herr voll Ungeduld nach seinem Sohne aussah. Als dieser mit den beiden Marodierern anlangte, fand er nach Verwahrung derselben zwar einen Profoß bei dem Kriegshaufen, bei den Hauptleuten aber geringe Lust, den Strolchen zur wohlverdienten Strafe zu verhelfen. Um so mehr flogen in dem nächtlichen Tumulte seine Gedanken immer wieder nach dem einsamen Hause, wo jetzt seine beiden Hunde Wache hielten; aber er konnte nicht fort, es gab zuviel zu schaffen und zu hüten.

Als draußen am Rand der Talmulde schon die Morgensonne auf den Heideblüten schimmerte, sah er Hans Christoph aus einem der Ställe treten, in denen jetzt die schwedischen Dragoner bei ihren Pferden schliefen. Dann winkte er ihn zu sich, er solle nach des Kornschreibers Haus hinabgehen und Futter für die Hunde mit sich nehmen; aber er solle sie dort lassen, nur sich nach allem umtun und ohne Aufenthalt Bericht erstatten.

Wohl zehnmal ist der Junker nach des Burschen Fortgang aus der Torfahrt getreten, um auf den Weg zum Dorf hinabzusehen; als aber endlich die untersetzte Gestalt desselben in den schrägen Sonnenstrahlen wieder sichtbar wurde, da sah er auch die beiden Hunde ihm zur Seite traben. »Hoho, Hans Christoph!« rief er, indem er ihm entgegenschritt, »ich hatte gesagt, du solltst die Hunde dort lassen.«

Hans Christoph zupfte sich an seinem dichten Flachshaar:

»Ja, Herr, ich hätte sie auch liegen lassen, obschon sie bettelhaft mit den Schwänzen klopften; aber es ist niemand mehr im Hause dagewesen.«

Junker Hinrich hatte die Hunde fortgestoßen, die vor Freude winselnd an ihm aufgesprungen waren. »Sprich weiter, Christoph!« rief er. »Ist doch ein Unheil losgebrochen?«

Aber es gab kein Unheil zu berichten; der Kornschreiber war vor Sonnenaufgang mit seiner Tochter zu Owe Heikens in den Turm hinaufgezogen. Er war Geschwisterkind mit ihm und pflegte auch allherbstlich, wenn er an den jährlichen Holzrechnungen mitgeholfen hatte, die Martinsgans dort mitzuspeisen. Hans Christoph war dem Burschen noch begegnet, der den Flüchtenden ein paar Bettstücke durch die Eichen nachgekarrt hatte. »Für so schmucke Jungfern«, sagte er schmunzelnd, »können anitzo die Mauern nicht zu fest sein.« Er sah es nicht, welch finsteren Blick der Junker ihm bei seiner munteren Rede zuwarf; er hatte noch immer zu erzählen; auch, wie der Bauer ihm berichtet hatte, daß sie vor den großen Hunden sich gefürchtet und gar hehlings durch den Garten abgezogen seien.

Hans Christoph konnte ungehindert reden; schweigend, den Schnauzbart mit den Fingern drehend, stieg der Junker neben ihm den Anberg zum Tore von Grieshuus hinauf.

Schon fast seit einer Woche waren die Schweden abgezogen, und noch war der Junker nicht drüben in dem Turm gewesen, obgleich er sonst kaum einen Tag um den anderen hatte verstreichen lassen, ohne bei dem alten Owe Heikens einzusprechen; fast war's, als scheue er sich, den jetzt dort wohnenden Gästen zu begegnen. Da kam die Kunde, daß eine Abteilung desselben Kriegsvolkes, welches jenseit des Waldes in der dortigen Flußniederung lagere, zu Zeltstangen und Faschinen die besten Bäume aus den jungen Eichenschlägen haue und schon bösliche Verwüstung angerichtet habe. Der alte Herr, der auf seinen Wald gar große Stücke hielt, ergrimmte heftig; der Junker sollte fort und mit den Offizieren unterhandeln, auch den Jäger Owe Heikens mit sich nehmen, um etwa nach dessen Anweisung aus anderen Schlägen Holz zum Kriegsbedarfe anzubieten.

Es war schon hoch am Vormittage, als Junker Hinrich mit raschen Schritten in den Heidestieg hinabging; aber sie wurden langsamer, je klarer drüben das stumpfe Turmhaus vor ihm aufstieg. Mit seinem oberen Stockwerke überragte es die hohe Mauer, welche zum Schutze gegen streifendes Raubgetier den davor liegenden Hof umschloß; das rote Tor derselben leuchtete weithin in der Herbstsonne. Die Heide hatte abgeblüht; dafür begannen schon die Eichen, welche den Bau umstanden, ihre Blätter bunt zu färben; lautlose Stille herrschte, die Zweige, die sich über das Dach erstreckten, lagen ohne Regung auf den schwarzbraunen Pfannen.

Der Junker stand schon oben und hatte den Griff der Pforte in der Hand, als von jenseit der Mauer der jähe Aufschrei eines Huhnes an sein Ohr schlug. »Holla!« rief er und erschrak fast selbst vor seinem lauten Ruf; »ist wieder mal der Falk hineingestoßen?«

Er hatte das Tor geöffnet; aber es war kein Falke aufgeflogen; statt dessen sah er drüben neben der Haustür das schöne Mädchen aus des Kornschreibers Garten auf dem großen Feldstein sitzen. Zwischen ihren Knien hielt sie ein schwarzes Huhn, das krächzend mit den Flügeln schlug und mit dem Schnabel nach der blonden Flechte hackte, die in ihren Schoß herabgestürzt war.

»Sie ist es, Jungfer!« sagte Herr Hinrich, indes er zögernd näher trat, und sah nun erst, daß ihr in der anderen Hand ein Messer blitzte.

Das erhitzte Köpfchen, das rückwärts gegen die Mauer lehnte, hatte sich aufgerichtet. »Ich kann nicht!« sprach sie wie zu sich selber. Sie grüßte nicht, nur ihre blauen Augen blickten ratlos und fast hülfesuchend auf den vor ihr Stehenden.

»Was könnet Ihr nicht, Jungfer?« frug Junker Hinrich, als ob er plötzlich einen Schalksstreich berge.

Da kam ein kläglich Lächeln auf des Mädchens Antlitz; sie hub das Huhn empor und sagte: »Der Ohm, da er mit dem Knecht früh in den Wald ging, hat es mir geschenkt; mein Vater verträgt anitzo nicht die rauhe Kost.«

– »Ist denn dein Vater krank?«

»Er ist alt, Herr; das jüngsthin in der Nacht, Ihr wisset ja, er hat das nicht verwinden können.« Dann stand sie plötzlich mit heißem Antlitz vor ihm: »Zürnet auch nicht, Herr Junker; ich hätt's Euch tausendmal schon danken sollen!«

Sie hatte das Messer samt dem Tiere fahrenlassen; doch Junker Hinrich hatte sich gebückt und beides aufgegriffen. »Vergeßt nur nicht auf Eures Vaters Süpplein, Jungfer!« sagte er.

Dann aber tat das schöne Mädchen gleichzeitig mit dem Huhne einen lauten Schrei, denn ein Blutstrahl war emporgeschossen, gar ein paar Tropfen standen rot auf ihrer weißen Schürze. »Ihr habt es totgemacht!« rief sie und sah bestürzt auf den noch zuckenden Vogel, den er jetzt nebst dem Messer auf den Steinsitz niederlegte.

»Ich wollt's dir abnehmen, Bärbe«, sprach er; »aber nun fürchtest du dich wieder vor mir, wie dazumal die kleine Bärbe, die dann nimmermehr auf unsern Hof gekommen ist; und, freilich, ich hatte ihr Ursach vollauf dazu gegeben.«

»Nein, o nein, Herr Junker!« Und sie sah wie eine Schuldige zu Boden. »Lasset doch das, Ihr waret dermalen noch so jung! – Itzt, ich weiß es, und alle wissen es, auch drüben in der Stadt – Ihr könntet keinem Kind ein Leides tun!«

Den Junker Hinrich überkam's: »Sprecht mich nicht heilig, Jungfer Bärbe; das mit dem Christoph mag schon ruhen bleiben; aber ein anderes ist noch, das sich nicht mehr bessern läßt.«

»Um Gott, Herr Junker!« rief sie, »Ihr habet doch nicht gar ein Menschenleben auf der Seele?«

Er schüttelte den Kopf: »Nein, Bärbe, es ist nur ein Hund ein weißer Hund! Aber er steht oft nachts vor meinem Bette und schaut mich an, als wollt er mir die Hände lecken; und ich hab ihn doch selbst im jähen Zorn erschlagen, da er nicht mit den anderen auf den Wolf wollte, den Owe und ich nach langer Jagd gestellet hatten.«

»Tiras!« rief das Mädchen. »Euren guten Tiras?«

Er nickte: »Und ich konnt's nicht einmal von ihm verlangen; es war ein Hund nur auf das leichte Wild und gegen seine Natur, den Wolf zu packen.«

»O Junker«, und sie streckte wie ein Kind die Hände gegen ihn; »tut doch solches nimmer wieder!«

Er ergriff sie heftig: »Nein, nein, so Gott mir helfe; man müßte mir denn ans Leben wollen!«

Die blauen Augen sahen strahlend in die seinen. »Merket« sprach sie leise, »das war ein Schwur!«

Und der Junker nickte: »Nur um mein Leben, Bärbe!«

Von droben aus dem Hause, gegen die kleinen Fensterscheiben, pochte eine schwache Hand, und »Bärbe! Bärbe!« scholl es wie mühsam von einer matten Stimme. Aber noch immer lagen die Hände ineinander.

Und noch einmal, und wie in ohnmächtiger Ungeduld, pochte es droben an das Fenster. »Mein Vater!« rief das Mädchen; und dann leiser: »Ihr hattet wohl mit meinem Ohm zu reden, Junker!«

»Ihr mahnet recht, Jungfer«, sagte er und ließ nur zögernd ihre kleinen Hände fahren; »und auch Euer Huhn verlangt wohl nach dem Feuer. Mir aber ist, Ihr hättet eine Last von mir genommen; wollet nun dulden, daß ich solches nimmermehr vergesse!«

Dann war er durch das Tor hinausgeschritten; sie aber stand noch, bis bei einem dritten Pochen die Splitter der zerbrochenen Scheibe ihr zu Füßen klirrten; da schrak sie empor und flog eilig durch die Haustür und treppauf nach ihres Vaters Kammer.

Es mußte wohl gewesen sein, daß der Junker etwas nicht hatte vergessen können; denn seit jenem Tage, auch nachdem im Punkt des Waldverwüstens den Wünschen des alten Herrn mit Glimpf genügt worden, ist immer eine andere Ursach aufgestanden, die den Junker den Heidestieg hinab und zu des Jägers Haus getrieben hat; dann aber, da schon die gelben Blätter wie Vogelschwärme von den Bäumen flogen, begann er plötzlich den offenen Heidegrund zu meiden und oberhalb der Mulde durch die Eichen sich den Weg zu machen; die Hunde, die ihn sonst begleiteten, wurden in den Stall geschlossen und winselten ihm vergebens durch die Pforte nach. Dem Kornschreiber konnten diese Gänge nicht wohl gelten; der hatte von jener Nacht im Garten eine Lähmung und saß im oberen Stockwerk in des Jägers Lehnstuhl, von dem Junker aber wurde die Schwelle des alten Turmbaues itzt fast selten überschritten; auch traf es sich zumeist nur um die Zeit des Vormittags, wo Owe

Heikens mit dem Knecht im Walde war. Kein Menschenauge, nur die Amseln, die noch durch die fast entblätterten Zweige hüpften, konnten es gesehen haben, daß dann ein Mädchen ihr blondes Haupt an seine Brust legte und seine Arme sie so sanft und doch so fest umfingen, als ob er gegen Feindesmacht sie schützen müsse.

Aber auch von heimlichster Liebe geht ein Schimmer aus, der sie verrät. Als eines Vormittags der Junker, das Haupt von jungem Glücke schwer, aus den hohen Bäumen hart an dem Turmhaus vorgeschritten war, sprach eine Stimme neben ihm: »Ich bin daheim geblieben, Junker, damit Ihr mich nicht allzeit verfehlen möget.«

Junker Hinrich brauchte nicht erst aufzublicken; er kannte Owe Heikens‹ Stimme schon seit seinen Kinderjahren; aber er war doch zusammengefahren und stand, keines Wortes mächtig, vor dem alten Freund und Diener, obwohl kein Arg in seinem Herzen war. Da sprach dieser von neuem: »Lasset uns wie sonst den Wolf jagen, Junker, oder eine Wildsau, wenn wieder trotz des Grauhunds sich eine hier herüberwagt; aber lasset das Kind in Frieden, das itzt unter meinem Dache schläft.«

Der Junker hob den Kopf, als ob er sprechen wolle. »Nein, redet nicht, Junker!« wehrte ihm der Alte; »ich weiß ja, was Ihr in Gedanken heget; Ihr seid nicht wie die andern drüben in des Königs Anteil, wo man ein Gesetz will ausgehen lassen, daß alle Jungfernschänder, hoch und nieder, es an Leib und Leben büßen müssen...«

Er kam nicht weiter. Herr Hinrich hatte strack sich aufgerichtet, ein jähes Feuer schoß aus seinen Augen. »Owe Heikens!« schrie er, und seine Faust griff nach des Alten Brust. Doch einen Augenblick nur, und er ließ sie wieder sinken; denn von drüben aus dem Turm scholl es, als ob drinnen leichte Füße die Treppe von dem oberen Stock hinunterhuschten, und dabei schwang ein süßer Sang sich durch die Luft:

>Sein Herz von meinem Herzen,
>Das bringet niemand los;
>O lieber Gott im Himmel,
>Die Lieb ist gar zu groß!

Mit verklärtem Antlitz stand der Junker; doch Owe Heikens sagte: »Sorget nicht, Herr Hinrich; sie wird nicht kommen heut; das Tor ist abgeschlossen und der Schlüssel hier in meinem Schubsack!«

Er hatte das fast zornig hingeredet; doch der Junker achtete dessen nicht. »Laß gut sein, Owe«, sprach er; »aber ich denke, du solltest mich nicht mit derlei Schelmenworten paaren!«

»Wenn Ihr das denkt, Herr Hinrich«, und der Alte sah schier traurig zu ihm auf, »was denket Ihr dann weiter? In welcher Kammer in Eures Vaters Hause soll Euer Ehbett mit des geringen Mannes Tochter stehen? Oder wolltet Ihr Euer Erbe gar darum verspielen? Und wenn Ihr es wolltet – ich sag nichts gegen unseres Herrn Söhne; aber es würde groß Klagen geben, so Euer hochgelahrter Herr Bruder hier zum Regiment gelangte.«

Da fuhr der Junker auf: »Du faselst, Ow'; wie sollten meines Bruders Hände nach meinem Gute greifen! Wenn unseres Vaters Augen, die Gott noch lang in dieser Zeitlichkeit belassen wolle, sich einst zu besserer Schau geschlossen haben, dann werden meine über euch sein, so wie es immer Recht und Brauch bei uns gewesen ist.«

Als er solches sagte, wurde inner des Hoftores wie von vorsichtiger Hand ein Rütteln hörbar. »Bärbe!« rief der Junker. »Schließ auf, Owe! Da sollst du sehen, daß Gottes Sonne uns bescheinen mag und keine Flecken dann zutage kommen!«

Aber der Alte zog den Schlüssel nicht aus seinem Schubsack. »Nein, nein, Herr Hinrich, ich schließ Euch keine Türen auf; wollet das nicht von mir heischen, so Ihr mich anders für unseres Herren Diener achtet!«

Der Junker sah ihn eine Weile mit seinen scharfen Augen an, dann sagte er: »Ich kann dich drum nicht schelten, Owe Heikens; sehe denn jeder, welcher Weg ihm taugen mag!«

Von jenseit durch die Pforte drang ein leichtes Atmen an sein Ohr; seine Augen streiften rasch dahin; dann aber nickte er dem Alten zu und schritt den Heidestieg hinab.

> Sein Herz von deinem Herzen,
> Das bringet niemand los!
> O lieber Gott im Himmel – –

Halb wie ein Trutzlied klang das schöne Liebeslied, und er sang es hell und heller, je weiter er durch das schwarze Kraut hinausschritt; die Lüfte, die ihm entgegenwehten, nahmen es auf und fuhren damit rückwärts; kein Wörtlein ist davon verlorengangen.

Es heißt wohl: »Liebe findet ihre Wege«, aber dem Junker waren sie seither doch arg verlegt worden. Es schuf ihm unliebsames Grübeln, weshalb der alte Herr, und eben zwar am Vormittage, seiner Hülfe so sonderlich mehr als sonst bedürfen wolle. War es nichts anderes, so waren Rechnungen aufzustellen oder für Rotuln und Rezesse in einem zähen Rechtshandel mit der Nachbarsdorfschaft Instruktionen aufzusetzen oder verschwundenen Dokumenten im Bodenschutte nachzustöbern; es fehlte selten etwas, um ihn festzuhalten.

Hatte er sich dennoch einmal fortgestohlen, dann ging die Furcht mit ihm, er möge droben die Gäste durch seinen Vater ausgetrieben finden. Freilich tröstete ihn bald im Näherkommen, wenn nicht das Pergamentgesicht des Kornschreibers, das hinter dem Fenster im Oberbau sichtbar wurde, so doch ein trocknes Husten, das von dort herniederzitterte. Aber schon beim Eintritt kam Owe Heikens ihm entgegen, und das Schmunzeln, das dabei unter dessen grauem Schnauzbart zuckte, brachte oft ein wildes Funkeln in des Junkers Augen; dann aber scholl wohl ein leichter Fußtritt von oben durch die Zimmerdecke, und er horchte nur auf dessen Wiederkehr und ließ den Alten über Kriegsvolk und Bauern, über Wild und Wälder reden.

Am besten traf er es gleichwohl, wenn das Tor verschlossen war; dann hatten von oben junge Augen nach ihm ausgespäht; und bald, während auf den kahlen Bäumen die Raben vor Frost und Hunger schrien, drangen heiße Worte durch die trennenden Bohlen hin und wider.

– – So war das neue Jahr gekommen. Die Kriegsunruhen dauerten fort; der junge Herzog Christian Albrecht war in seiner festen Stadt am Eiderstrome von den Dänen eingeschlossen; nur sein Vater, unser Herzog Friedrich, war schon vor dem Herbst auf immer zu dem von ihm ersehnten Frieden eingegangen.

Trotz alle diesem war um octavis trium regum in der herzoglichen Stadt ob dem Kiele die Ritterschaft nicht minder zahlreich als sonst vertreten; denn das Geld war knapp geworden, und dort, im Umschlage, konnte man solches zu bekommen hoffen.

Auch Junker Hinrich hatte auf des alten Herrn Geheiß sich dahin auf die Reise machen müssen. Zwar nicht um Geldnegocen abzuschließen; aber der jüngere Junker Detlev, der in der Kanzlei zu Gottorf unter des Herzogs Minister Kielmannsegge bereits einen ansehnlichen Platz bekleidete, sollte dort mit einer adeligen Jungfer aus alterbgesessenem Geschlecht sein Verlöbnis feiern; und Junker Hinrich hatte die Vermahnung mitbekommen, sich bei dem Tanze auf dem Rathaussaal in gleicher Weise umzutun; denn derzeit pflegten bei diesen Geschäftsreisen die Herren ihre Frauen und Töchter nicht daheim zu lassen, die auch heuer trotz der widrigen Zeitläufte die selten gebotene Lustbarkeit nicht würden meiden wollen. – Der alte Herr aber saß an jenem Abend, von der Gicht, der Alterskrankheit unseres Landes, geplagt, allein in seinem Gemache zu Grieshuus und warf einen Holzscheit nach dem anderen in die Flamme des Kamins, die an den weißgetünchten Wänden über seit lang zur Ruh gestellte Waffen und über das Bildnis eines längst begrabenen Weibes ihre roten Lichter spielen ließ. Nur unten in der großen Gesindestube, von wo kein Laut hinaufdrang, ging es bei süßem Brei und Braten laut und lustig her; von dem vornehmen Bräutigam freilich war nicht viel die Rede: die Jüngeren entsannen sich seiner kaum; war er doch fast fremd geworden in der Heimat.

– – Bei seiner Rückkehr mochte Junker Hinrich nicht eben nach des Vaters Wunsch berichtet haben: den Bräutigam hatte er meist nur inmitten der neuen Sippschaft oder sonstiger großer Grundherren angetroffen, am Festesabend auch wohl mit einzelnen Offizieren des Königs, die man dort nicht hatte auslassen wollen oder können; dem Vater und den Dingen von zu Hause hatte derselbe obenhin nur nachgefragt; die geschminkten Angesichter aber der trotz aller Not des Landes mit güldenen Flören, Ringen und Kettlein übermäßig aufgeputzten Tänzerinnen hatten es dem Junker nicht abgewinnen können; die Braut gar, an deren hochgepufftem Haar der zyprische Puder die natürliche Fuchsfarbe nicht hatte verbergen können, war ihm – er sprach das nur zu sich selber – wie eine angestrichene Jesabel vorgekommen. Freilich war er, da eben die Geiger eine neue französische Gavotte angestrichen, gar von ihr selbst zum Tanz gefordert worden; aber nach ein paar Gängen hatten ihre schmalen Lippen sich verzogen: »Ihr verstehet sicherlich die alten Tänze besser!« Und damit hatte sie ihn frostig angeschaut und seine Arme wieder fahrenlassen.

– – Daheim, und schon am andern Vormittage, glückte es dem Junker Hinrich besser. Im Turmhaus über der Heide, wo man noch nicht von seiner Rückkunft wußte, fand er die Türen unverschlossen; nur des gelähmten Mannes Husten zitterte vom Oberbau herab, da er unten in des Jägers Zimmer trat. Noch eine Weile stand er einsam: dann hing ein jugendlicher Leib in seinen Armen; ein blonder Kopf, ein schönes Antlitz drängte sich mit geschlossenen Augen gegen seine Brust.

»Du zitterst, Bärbe!« sprach er.

»Ja, weil du wieder da bist, Hinrich!« Und sie schloß noch fester ihre Hände um des Mannes Nacken.

Wie ehrfürchtig vor der jungfräulichen Schönheit strich seine Hand über ihre Wange, über ihr seidenweiches Haar. Dann überkam's ihn wie ein Übermut des Glückes, und er erzählte von seinem Reiseabenteuer, von den alamodisch aufgeputzten Frauenzimmern und wie übel ihm der neue Tanz bekommen sei; und da sie lachte, sprach er neckend: »Was meinst du, Liebste, wenn wir beide erst unter all den zieren Puppen tanzen?«

Aber sie schlug die Augen angstvoll zu ihm auf: »Nein, nein; was sagst du, Hinrich?«

Er sah sie lang und zärtlich an »Nichts, Bärbe aber ich halte dich; du darfst dich nicht so fürchten!«

Da scholl der Anschlag großer Hunde aus dem Walde; Owe Heikens kam mit seinem Knechte wieder heim. Aber das Gemach war leer, als er hineintrat, und nur die Hunde gingen spürend darin hin und wider.

Am Sonntage danach war, wie immer, das schwere herrschaftliche Fuhrwerk mit den roten Rädern an der Kirche aufgefahren; die Rappen standen angebunden an den Eisenringen der Kapellenmauer. Drinnen hielt der Pastor eine scharfe Predigt wider die Schwarmgeister und Wiedertäufer, die drüben in der Stadt aufs neue ihr Unwerk auszubreiten suchten; er schien sie gar leibhaftig vor sich zu haben, denn er riß das schwarze Käppchen von seinem grauen Haupt und dräuete damit in die volle Kirche hinunter. Der alte Herr von Grieshuus in seinem Patronatsstuhl droben vor dem Altar nickte eifrig seinem Pastor zu; die Bauern aber saßen mit schläfrigen Gesichtern; was kümmerten sie alle Schwarmgeister? Die Schatzung und das fremde Kriegsvolk saßen ihnen fühlbarer auf dem Nacken. Selbst für den stattlichen Junker an des Vaters Seite schien dieses Kanzelfeuer ganz verloren; seine Augen gingen immer wieder nach einem der Gestühlte unten, bis es wie Nebel ihm zerrann oder bis aus blauen Augen ein scheuer Blick zu ihm hinüberflog.

Als endlich am Schluß des Gottesdienstes der Pastor vor dem Altar die Kollekte verlesen und die Gemeinde ihr »Amen« respondiert hatte, blieb noch alles in den Kirchenständen, während die Herrschaft in die Kirche hinab und zwischen denselben dem Ausgange zuschritt. Der alte Herr aber ließ diesmal seinen Junker vor sich hergehen und streifte mit einem finsteren Blick das blonde Mädchen, das an der Seite seines alten Jägers sich von ihrem Sitz erhoben hatte.

Draußen in seinem Wagen hieß er den Fuhrknecht warten, bis der Pastor aus der Kirche trat; dann winkte er diesen heran und drückte ihm die Hand, und die Leute, welche jetzt, der Abfahrt ihrer Herrschaft harrend, zwischen den Gräbern umherstanden, hörten ihn dabei sagen: »Hol der Teufel alle Rottengeister, Pastor! Aber komm Er auf den Nachmittag zu mir; ein guter Trunk ist etwan auch noch in dem Keller!«

– – Zu Grieshuus warf am Nachmittage die Wintersonne ihre schrägen Strahlen durch das Fenster über dem Hauptportale, während drinnen im Kamin die großen Scheite loderten. Aber der Hausherr war noch allein; das sonst bleiche Antlitz des alten Junkers war gerötet; mit aufgestützter Faust stand er an dem breiten Eichentisch, von dem es hieß, er sei einst mit dem Hause hier hineingebaut, und die freie Hand fuhr unruhig über das kurzgeschorene Haupthaar. Auf dem Tische neben einem halbgefüllten Glase lag ein grob gedrucktes Blatt; es war die königliche Konstitution »von dem Amte und der Potestät der Kirchen wider die Unbußfertigen«, welche umlängst auch in dem herzoglichen Teile publiziert war. Der Kirchenbann, der bis zur Sühne von dem Abendmahl und von dem Platz in der Gemeinde ausschloß, war längst zwar eingeführt; aber das neuere Gesetz gab nähere Vorschrift über den Vollzug und wie dadurch die Lücken der weltlichen Gerechtigkeit zu füllen seien.

Der Junker hatte vorhin das Blatt aus der Hand gelegt; jetzt griff er wiederum danach; er schien zu grübeln, wie er es in seinem Dienst verwenden könne.

Schon mehrmals hatte es von draußen an der Tür gepocht, ohne daß ein Ruf darauf erfolgt war; jetzt wurde sie gleichwohl geöffnet, und der Gutsherr fuhr aus seinem Sinnen auf: »Er ist es, Pastor? Gut, daß Er gekommen ist.«

Nachdem derselbe dann ein zweites Glas gefüllt und der Pastor ihm daraus Bescheid getan hatte, schritt letzterer zu einem kleinen Tische an dem Mittelfenster, schüttete aus einem Kästchen die in Buchs geschnitzten Figuren eines Schachspiels und stellte sie auf die in die Tischplatte eingelegten Felder, ein schweigend übernommenes Amt, das er bei seinen Besuchen stets zu üben pflegte.

Auch heute ließ der Hausherr ihn gewähren, und bald saßen beide sich gegenüber der geistliche Herr im schwarzen Talar, das gleichfarbige Käppchen auf dem dünnen Haare, das an den hageren Schläfen niederhing; der andre im bequemen Hauskleid, das er oft zur Seite schlug, als ob es ihn beklemme; der Wein stand neben ihnen, und der Junker stürzte oft sein Glas hinunter. Aber sein Spiel war nicht wie sonst, wo er nach kurzer Weile dem Pastor ein »Viktoria!« zuzurufen pflegte; heut hatte er schon mehrmals auf bescheidene Erinnerung desselben seinen Zug zurückgenommen; aber immer wieder schob er Bauern und Offiziere unachtlich über die Felder und faßte sie, als ob er sie zerbrechen möchte.

»Mein Herr Patron«, sagte der Pastor, »wälzt wichtigere Dinge in Gedanken; Eure Dame steht abermals im Schach!«

Da schob der Junker das Tischlein von sich, daß die Figuren durcheinanderstürzten. »Das Spiel ein andermal! Ich hab mit Ihm zu reden, Pastor!«

Er war aufgestanden, und bald wanderten beide im Zwiegespräche auf und ab. Der Geistliche hatte mehr und mehr das Haupt erhoben, seine Antworten wurden kurz und sparsam; sicher und bedächtig schritt er an der Seite des immer lauter redenden Patrons. »Und seh Er es nicht an«, rief dieser, »wes Standes und Geschlechts der Sünder sei! Bete Er, wie vorgeschrieben, von der Kanzel über ihm und kündige ihm dann Bann und Gottes Zorn vor sitzender Gemeinde!«

»Ihr vergesset«, sprach der andere, »daß auch, so Euer Sohn der Sünder wäre, die Ladung durch den Küster und die Vermahnung in Gegenwart der Kirchenvorsteher vorangehen müßte, was Euch wohl kaum anstehen dürfte.«

»Ei was! Vermahnet hab ich selber!« rief der Herr von Grieshuus; »wenn's der Patron tut, braucht es nicht der Bauerntölpel!« Und als von der anderen Seite keine Antwort darauf erfolgte, fügte er hinzu: »Ich weiß ja, Er versteht's; mach Er's nur wie um letzte Ostern der Magister in der Stadt! Es war dort auch ein Bube, der gegen den Vater seine Faust gehoben hatte.«

Da sagte der Priester: »Das hat Junker Hinrich nimmermehr getan!«

Aber der Hausherr schrie: »Gegen alle seine Väter hat er die Faust gehoben; aber die unten in den Särgen liegen, können's nicht; darum muß ich ihr Recht verwahren!«

»Tuet es!« sagte der Pastor; »ich kann es Euch nicht verwehren.«

Der Edelmann hatte seinen Krückstock aus der Ecke gerissen und stieß damit heftig auf den Boden. »Verwehren, sagt Er? Er soll mir helfen, Pastor, wie es gegen Patron und Kirche Seine gottverfluchte Schuldigkeit!«

Der Redende war so laut geworden, daß im Unterhause das Gesinde auf den Schwellen stand; die naskluge Binnermagd hatte sich schon vordem hinaufgeschlichen und lag mit dem Ohr am Schlüsselloch.

Der geistliche Herr mochte auf jene Worte seines Patrones nur das Haupt geschüttelt haben; denn dieser hub aufs neue an: »Er wird's gar nicht verstanden haben, Pastor: zu seinem Ehgemahl will er das Weibsbild machen! Gleich nach der Kirchen, heut am Vormittage, da, wo Er itzo steht, hat mir der Junker von Grieshuus das ins Gesicht geworfen!«

»Das sieht ihm gleich«, sagte der Pastor; »Euer Sohn ist weder ein Gotteslästerer noch ein Jungfernschänder.«

Ein zornig Lachen entfuhr dem alten Herrn: »Ein Jungfernschänder? – – Er ist kein Edelmann; Er versteht's nicht Pastor: ein ganz Geschlecht von makellosen Rittern will er schänden!«

Da frug der geistliche Herr fast leise, daß es des Edelmannes Ohr nur kaum erreichte: »Hat unser Herr Martinus solches auch verschuldet, da er des Ritters Tochter in seine Kammer brachte?«

Aber der Junker schrie: »Laß Er mir den Martinus aus dem Spiel und red Er, ob man auf Ihn rechnen kann! Bedenk Er auch, der Sünder möchte so die leichtste Buße tragen!«

Fast drohend hatte er diese letzten Worte ausgestoßen; doch der Pastor antwortete: »Wider eine christliche Ehe hat die Kirche keine Buße; das andere aber ist meines gnädigen Herrn Patrones Sache, in welche ich nicht hineinzureden habe.«

Als diese Worte von dem Ohr der horchenden Dirne aufgefangen waren, hatten die Schritte drinnen sich der Tür genähert, und sie war eilig die Treppe, die sie hinaufgeschlichen, wieder hinabgeflogen. Bald auch wurde im Unterhause von droben auf dem Vorplatze der Kratzfuß und Empfehl des Pastors hörbar; die Dirne aber sah noch aus dem Seitenflügel, wie droben der alte Herr das eine Fenster aufstieß und mit braunrotem Angesicht dem Pastor nachschaute, der mit hastig spitzen Schritten über die Stapfsteine durch den schlammigen Hof hinausschritt.

– – »Ja, und die Beine zitterten ihm«, erzählte sie abends in der Gesindestube, »ein paarmal trat er nebenweg, daß ihm der Unflat um die schwarzen Strümpfe spritzte«

Die andern lachten; nur Hans Christoph, der mit dem lohbraunen Hassan am Kachelofen saß, hieß sie ihr allzu loses Maul in Obacht nehmen; aber sie fand zu guten Rückhalt hier, denn der Fuhrknecht und die übrigen Dirnen wollten wissen, was droben in der Herrenstube abgehandelt worden. Da hob sie ihre Stumpfnase und rief: »Hör du nur zu, Hans Christoph; du kannst's für deinen Junker profitieren!« Und als die andern drängten: »Nur frisch und schütt den Eimer aus!«, setzte sie sich bedachtsam dem langen Fuhrknecht auf den Schoß und sagte:

»Geduld! Erst als der Junker sich in Blust geredet, hab ich's verstehen können!«

Doch als sie endlich vollends ausgeschüttet hatte und ihre blanken Augen in die Runde laufen ließ, harrte sie umsonst des dankbaren Geplauders, das sie nach solchem Anlaß einzuheimsen pflegte. Hans Christoph streichelte schweigend den breiten Hundenacken; die Dirnen mochten des schmucken Junkers denken, und weshalb sein Auge nicht eben wohl auf sie gefallen sei; nur der Fuhrknecht, nachdem er eine Weile mit dem Finger an seiner Nase auf und ab gefahren war, sagte nachdenklich: »Darum denn auch! Da der Herr mich vorhin rufen ließ, bewahre mich der Heiland! ich dacht, er wollte mich zum Pferdejungen degradieren; und war doch nur, daß ich morgen den alten Landgerichtsnotar von drüben aus der Stadt bestellen sollte.«

»Den Landgerichtsnotar? Soll der auch predigen?« rief die Dirne. Aber in demselben Augenblicke ließ sie sich von seinen Knien gleiten, denn die dicke Ausgeberin Greth-Lise war eingetreten, und es wurde ganz stille; der Fuhrknecht zog ein versiegeltes Schreiben aus der Tasche, betrachtete die Aufschrift, als ob er sie lesen könne, und steckte es dann bedächtig wieder ein.

Als die Schlehen blühten, ist einmal wieder Friede geschlossen worden; auf und ab im Lande läuteten die Glocken, und das Gemenge fremder Völker verlor sich allgemach. Auch von der kleinen Dorfkirche unterhalb Grieshuus scholl das Geläute; aber eines Nachmittages, da es auf den anderen Türmen schwieg, begann es abermals. Nicht dem kurzen Frieden galt es, den mit unfriedlichem Herzen die Menschen in falsche Worte faßten; es galt dem, den kein Streiter noch gebrochen hat.

Von Grieshuus herunter kam ein Leichenzug; auf dem Deckel des Sarges hatte der kunstreiche Schmied des Dorfes das Wappen in Kupfer ausgeschlagen, denn der alte Herr von Grieshuus lag darunter. In dem offenen Wagen, der dann folgte, saßen die beiden Brüder, der Junker Hinrich und der herzogliche Rat; aber der letztere hatte es eilig; zu Gottorf gab es itzt überviel zu schlichten und zu richten; und während sie in dem Gruftgewölbe an des Vaters Sarg das letzte Amen sprachen, hielt drüben vor dem Kruge schon der Reitknecht sein und seines Herrn Pferd am Zügel.

Wie beim Verlöbnistanz zu Kiel, so waren auch heute zwischen den Brüdern der Worte wenige gewesen; nur als dann auf dem Kirchhofe der jüngere sich verabschiedete, sprach er, wie beiläufig, zu dem anderen: »Du weißt, des Vaters Testament ist jüngsthin auf dem Landgerichte hinterlegt worden?«

Herr Hinrich aber stutzte »Ein Testament? Wozu denn das? Mir ist nichts kundgeworden.«

Der herzogliche Rat hatte flüchtig seine Hand gestreift. »So will ich sorgen, daß terminus zur Publikation alsbald hier anberaumet werde.«

Dann schritt er auf dem Steig dem Kruge zu und ritt mit seinem Knecht davon.

In unruhigem Brüten war der Bruder stehengeblieben, während unter dem wiederbeginnenden Läuten ein zweiter, schlichter Sarg herzugetragen wurde; nur der alte Jäger Owe Heikens und ein weinendes Mädchen gingen hinterher. Aber die Leute auf dem Kirchhofe drängten sich auch zu dieser offenen Gruft; auch den der Tod in diese Lade hingestreckt hatte, lockte es sie begraben zu helfen. Und auch über ihn sprach der Pastor: »Und zur Erde sollst du wieder werden!« Als aber, da der schwere Schaufelwurf vom Sarge widerdröhnte, mit selbigem ein heller Wehlaut von der Gruft erscholl, da drängte sich die hohe Gestalt des Junkers Hinrich durch die Menge, und als sodann auch hier das letzte Vaterunser war gesprochen worden, nahm er vor aller Angesicht die Tochter des Begrabenen an seine Brust und hielt sie so unbeweglich, bis er den Pastor schon drunten auf dem Wege nach seinem Hause zu schreiten sah. »Komm!« sprach er leise zu dem schönen Mädchen, daß nur neben ihm ein altes Weib es hörte, die schier verwirrt zu ihm emporsah; und als ob jedes von ihnen wußte, daß sie beide eines Sinnes seien, folgten sie Hand in Hand dem geistlichen Herrn in sein Haus. Da sprach der Junker: »Ehrwürden, wir bitten, verlobet uns einander, daß diese hier an meinem Herzen ihre Heimat habe!«

Und die Hände des alten Priesters legten zitternd sich auf ihre Häupter.

Drüben von dem Kirchhof aber schritt Owe Heikens, mehr als einmal mit dem Kopfe schüttelnd, seinem Hause an den Eichen zu.

Die schon anberaumte Hochzeit des Junkers Detlev, welche durch die letzte Kriegszeit wider allen Brauch verzögert war, wurde durch das Trauerjahr aufs neue hinausgerückt; anders bei dem älteren Bruder: hier hatte der Tod zu raschem Ehebündnis getrieben.

Hinter den Eichen von Grieshuus, noch oberhalb der Niederung des Flusses, war in einem Lindenkranz ein Meierhof gelegen; einst zu einem später niedergelegten Gut gehörig und aus diesem einer Base von des Junkers Mutter zugekommen, war er von letzterer in ihrem Testamente diesem als ihrem Patenkinde zugeschrieben. Bisher hatte ein Pächter darauf gesessen; aber die Pacht war mit dem Herbste abgelaufen; seit Monaten wirtschaftete Hans Christoph dort, den noch der alte Herr zu dem Behuf dem Sohne überlassen hatte.

In dieses Haus war Junker Hinrich mit seinem jungen Weibe eingezogen. »Trete nur fest auf!« hatte er zu ihr gesprochen, da er nach der Trauung sie vom Wagen hob; »das hier ist mein; und nun – durch Gottes Gnade – unser!«

Noch heute, in des Erzählers Tagen, zeigt man in jener Gegend auf einem Vorsprung eine alte Linde, die trotz des völlig ausgehöhlten Stammes noch eine mächtige Krone in den Lüften wiegt; hier habe man derzeit die beiden schönen Menschen oftmals stehen sehen, wie sie Hand in Hand über das weite Flußtal hinausschauten, während der Sommerwind in ihren blonden Haaren wehte; auch abends wohl, dem Schrei der wilden Schwäne horchend, die im Sternenschein dem Wasser zuflogen.

– – Zu Anfang im Augustmonat nach der Hochzeit war es, als Junker Hinrich zur Testamentseröffnung nach Grieshuus hinüberritt. In dem großen, seit Jahren unbenutzten Saale, oben in einem Vorsprung nach der Dorfseite, traf er nur den Landgerichtsnotar und dessen Schreiber; vergebens suchten seine Augen nach dem Bruder. Statt dessen war ein schwarzer Herr mit gepuderter Perücke hereingetreten: »Der herzogliche Rat sei, ihm zuleide, durch häufende Geschäfte abgehalten«; und hatte sodann eine in aller Form Rechtens auf ihn ausgestellte Vollmacht auf dem Tische vor den Gerichtspersonen ausgebreitet.

Der Herr war einer von des Rates Unterbeamten, und die Formalien wurden für richtig angenommen. Danach wurden im Beisein der so Beteiligten die Siegel gelöst und das Testament verlesen. »Im Namen der Heiligen Dreifaltigkeit«, begann der alte Notarius, und der Junker stand wie gebannt, die Faust um eines Sessels Lehne, und horchte atemlos; bald aber, da die lange Eingangsformel abgelesen war, schoß ihm das Blut zu Häupten, er riß von seiner Brust das Wams zurück, und der schwere Stuhl klappte auf den Boden, daß es in dem weiten Raume widerhallte. Er hatte gehört, was zuvor nur wie ein Fieber ihm durchs Hirn geschossen war: an Geld und Gut zwar kürzte ihn des Vaters Wille kaum, aber Grieshuus, das Stammhaus, war dem jüngeren Bruder zugeschrieben. Der Vorleser hatte innegehalten; er begann aufs neue und brachte es zu Ende. Dann wurde das vom Schreiber geführte Protokoll vollzogen, das die gesetzlich geschehene Publikation beurkunden sollte; auch Junker Hinrich trat heran und unterschrieb, doch mit dem Zusatz: »Unter Vorbehalte meines arg verletzten Rechtes.«

Als er sich schon entfernen wollte, trat der schwarze Herr noch einmal auf ihn zu und überreichte ihm ein versiegelt Schriftstück: »Ich hab Euch zu ersuchen, daß Ihr von diesem Briefe Eueres Herrn Bruders noch hier, in diesem Raume, Kenntnis nehmen möget!«

Die feste Hand des Junkers bebte, als er das Siegel aufriß; aber schon flogen seine Augen über die Schrift des Bruders:

»Den mir zuvor bekannten Letzten Willen unseres Vaters«, so lautete der Inhalt, »habe ich, auch so ich es gekonnt hätte, aus gutem Grund nicht hindern wollen, obschon selbiger nicht nur Deinen, sondern gleichermaßen meinen Wünschen widersteht; denn jeder hat itzt, was dem andern dienen würde. So Du also, nachdem Dir solches kundgeworden, in Erkenntnis Deiner Pflicht gesonnen wärest, Dich des geringen Mädchens zu entledigen, so daß ich unseres Hauses Ehre ungefährdet wüßte, dann komme in den nächsten Wochen zu mir auf Schloß Gottorf, und wir werden unseres Erbes Tausch mit Glimpf vollziehen können. Solltest Du aber, wovon ein Hall zu mir gedrungen, in teuflischer Verblendung bereits den Ehebund mit jenem Weibe eingegangen sein, so werd ich Dir die Wege weisen, Dich ihrer dennoch abzutun, und soll zu solchem Dir meine brüderliche Hülfe nicht entstehen.«

Der andre stand noch immer vor dem Junker, der auf das Schriftstück starrte, als ob er mit den Augen es durchbohren müßte. »Wollet mir Urlaub geben«, sprach er; »was Antwort soll ich Euerem Bruder melden?«

Herr Hinrich schien ihn nicht zu hören.

Und wieder nach einer Weile: »Meine Zeit ist kurz«, begann er; »darf ich um Euere Antwort bitten?«

Da fuhr der Junker auf. »Hier ist sie!« schrie er und warf den Brief in Fetzen unter seine Füße. »Ihr aber, so Ihr wußtet, was Ihr mir gebracht, so seid Ihr einen Schurkenweg gegangen!«

Und mit starken Schritten ging er aus dem Saale und war schon drunten aus dem Haustor, als des anderen Hand nach seinem Schwerte fuhr.

Aber der Rappe mußte es fühlen, was auf dem Rückweg in dem Reiter tobte; und als Herr Hinrich vor seinem Hause aus dem Sattel sprang, da drohte ihm Frau Bärbe mit dem Finger: »Das arme Tier! Hattst du denn solche Unrast, zu deinem Weibe wieder heimzukommen?« Er aber legte schweigend seinen Arm um ihre Hüfte und führte sie ins Haus zurück; und als er eine Weile finster dagesessen, berichtete er nur eines, daß ihm Grieshuus im Testamente abgesprochen sei. »Aber ich will mein Recht, und sollt ich wider meinen toten Vater streiten!« Und als die Augen seines Weibes voll Sorge zu ihm aufsahen, rief er: »Du sollst hier nicht in dieser Bauernkate sitzen!«

Ihre Hand strich sanft an seine Wange: »Tu, was du mußt, Hinrich; nur nicht in Zorn und nicht um meinethalben!« Dann zog sie ihn hinaus ins Freie, wo schon das Abendrot am Himmel stand; und sie gingen in die Niederung durch ihre Felder, wo der Erntesegen in goldenen Ähren wogte. Aus einem Seitenwege kam Hans Christoph zu ihnen, zog seinen Hut und sprach: »So Ihr es meinet, Herr, ich denke, wir müßten bald ans Schneiden gehen!«

– – Und wieder nach einigen Tagen, als sie bei all dem Segen, der nun in ihre Scheuer eingefahren wurde, ihren Eheherrn so ohne Freud und ohne Worte zwischen den Leuten umherstehen sah, die Augen nach den mächtigen Wäldern von Grieshuus, die in der Ferne wie ein Gebirge lagen, da sprach Frau Bärbe, seine Hand ergreifend: »Sind das die Flitterwochen, Hinrich?« Und da er zärtlich zu ihr niederblickte, zog sie ihn in das Gärtchen, das hinter der Scheuer war. »Ich weiß wohl, was du sinnest«, sprach sie; »aber bedenke es wohl! Da du mich freitest, tatst du wider deinen Vater; du wolltest minder, als er für dich wollte; tu nun nach seinem Willen, daß du in dem andern dich begnügest!« Doch da sie sah, daß seine Augen noch immer wie im Grolle dicht beisammenstanden, sprach sie beklommen: »Du hast zu hohen Preis für mich gezahlt.«

Da hob er sie mit beiden Armen auf und preßte sie wie ein Kind an seine Brust: »Nein, nein; laß fahren, Bärbe! Ich zahlte für mein Leben; weh dem, der das mir anzutasten waget!«

Es fraß doch weiter in ihm. – Und Herbst und Winter war es geworden, und die Erbteilung war noch immer nicht geschehen. Soviel war zwischen den Brüdern festgesetzt: der Stammhof wurde bis auf weiteres von dem früheren Pächter des Meierhofs verwaltet; aber jeder von beiden betrachtete sich als dessen Herrn. Da, an einem Sonnabend, als in den Bauergarten das erste Grün der Stachelbeeren vorbrach, hieß es, die Braut des herzoglichen Rates und deren Mutter seien mit demselben auf dem Herrenhofe angelangt; die Braut habe, ehe sie den Mann nehme, sich Land und Sand besehen wollen.

Und am Sonntagvormittag war die Kirche voll, und die Weiber und die Dirnen hatten ihre besten Käppchen auf; nur droben im großen Patronatsstuhle war noch niemand, wie nun seit lange schon; denn der Wohnplatz des jungen Ehepaares gehörte zu einem andern Kirchspiel, und Junker Hinrich und sein Weib hatten seit seines Vaters Tode die Kirche hier nicht mehr betreten. Als aber der Pastor, nachdem die Gemeinde einen deutschen Psalm gesungen, vor dem Altar stand und eben das Kyrie eleison angestimmt hatte, ging eine Unruhe durch die Kirchenstände, Weiber und Männer stießen sich an und raunten ein flüchtig Wort mitsammen; auch der Pastor hatte einen Wagen auf dem Kirchhof fahren hören;

aber es war der schwere Gutswagen nicht, und gleichwohl klang es von den Mauerringen, als würden Pferde daran festgebunden.

Da wurde die Kirchtür aufgestoßen. »Sie kommen!« flüsterten die Dirnen und drehten ihre Hälse nach dem Steige. Aber die Erwarteten waren es nicht, obwohl es schon des Umsehens wert war; denn der Junker Hinrich mit seinem blonden Weibe schritt langsam durch die Kirche. Sie trug freilich nur ein schlicht Gewand; doch wurde ihr Haar, wie es derzeit dem Adel nur gestattet war, von einer goldenen Klammer gehalten, daß es in drei schimmernden Strähnen niederfloß; aber sie drückte sich an den hohen Mann, als ob sie Schutz bedürfe, und als beide die Treppe zum Emporium hinaufgestiegen waren, sahen es die Frauen, daß sie gesegneten Leibes sei.

Von droben blickte der Junker fast wie zornig in die Kirche hinab. »Dominus vobiscum«, sang der Pastor und wandte sich dann zum Altar.

Und wieder drehten in der Gemeinde sich die Köpfe abwärts nach dem Eingang: ein zweiter, aber schwerer Wagen fuhr draußen vor der Kirchtür auf; Peitschenklatschen, ein Fluch des Fuhrknechts war hereingedrungen, und während der Pastor die Kollekte las, war aufs neue die Kirchtür aufgestoßen. Es wurde totenstill: der herzogliche Rat mit ein Paar hohen, stolzen Frauen, denen eine Kammerzofe folgte, war in den Mittelsteig getreten.

Der Junker Hinrich hatte im Kieler Rathause doch wohl fehlgesehen; denn die jüngere der Frauen erschien gar stattlich, aber sie blickte kalt und strenge um sich. Als sie weiter vorgegangen waren und der Bräutigam nach dem Patronatsstuhl aufsah, stutzte er und hielt die Frauen an seinem Arm zurück. Die Augen der Brüder hatten sich gefaßt, und eine Weile standen sie wie still ineinander; der blonde Frauenkopf da oben war totenbleich geworden.

»Es ist besetzt«, sagte der da unten, »aber ich werde uns Platz zu schaffen wissen.« Und da der Pastor ausgelesen hatte, tönten diese Worte durch die ganze Kirche.

Hätten die Augen des Junkers Hinrich töten können, der Sprecher wäre lebendig nicht vom Platz gekommen; mit einem

Aufschrei griff Frau Bärbe nach ihres Mannes Hand, die ihm eiskalt auf seinen Knien lag.

Aber der herzogliche Rat schritt mit den Frauen aus der Kirche; man hörte den Wagen fortfahren, und ohne Störung ging der Gottesdienst zu Ende.

Es war am 24. Januar spät am Nachmittage. Junker Hinrich war in der Stadt gewesen, wo er mit dem Magistrat zu tun gehabt hatte; denn die alte Base seines Weibes war gestorben und hatte dieses als ihre Erbin eingesetzt. Behaglich ritt er durch das Heidetal, dann durch den Wald; aber vor seiner Haustür sprangen zwei Mägde ihm entgegen: »Ach, Herr! Ach, Junker Hinrich, Euer Weib!«

Und als er in die Kammer hinter dem Wohngemach getreten war, sah er sein Weib im Bette liegen; ein Unschlittlicht brannte auf dem Tische; aber er erkannte sie fast nicht. Die Hebamme des Dorfes war um sie; sie stand über einer Wiege, aus der das Winseln eines neugeborenen Kindes drang. »Was ist das hier?« sprach er; »der Erbe von Grieshuus sollte in zwei Monden erst geboren werden!«

»Es ist kein Erbe, nur eine Tochter«, sagte die Hebamme.

Aber eine der Dirnen war ihm in die Kammer nachgeschlichen. »Ein Bote ist dagewesen«, sagte sie; »vom Landgerichte, heut am Vormittag!«

»Was hat denn der gewollt?«

»Weiß nicht, er frug nach Euch; da hab ich zu der Frau ihn hingewiesen.«

»Bärbe!« sagte der Junker leise, und auf der Bettkante sitzend, strich er seinem Weibe die feuchten Haare von den Schläfen.

»Ja!« – – Wie ein Hauch kam es, und wie aus einer fernen Welt hob sich das junge durchsichtige Antlitz aus dem Kissen auf. »Bist du es, Hinrich?« – Und sie streckte heftig ihre beiden Hände um seinen Hals und schrie, als ob Entsetzen sie befalle: »Nein, nicht von dir; nicht von dir! Oh – lieber sterben!« Dann ließ sie los und sank mit geschlossenen Augen in die Kissen.

Der Junker war an der Bettstatt hingestürzt: »Nein, nicht von mir, nie, nie! – – Hör es, hör es doch; nie von mir, solange wir beide leben!«

Aber sie lag wie eine Tote.

Da besann er sich. »Der Bote muß was gebracht haben«, sprach er; »holet es mir!«

Und die dumme Dirne, die an der Tür stand und mit der Faust die Tränen von den Augen wischte, lief in das Wohngemach und brachte ihm etliche Schriftstücke und eine aufgerissene Hülse.

»Seh Sie nach meinem Weibe!« sagte er zu der Frau; dann las er; und nach einer Weile laut und immer lauter: »Dann Anno 1655 ist gen. Vater mit der Barbara in das Gut gezogen, hat aber verabsäumet, sich seine Freiheit von dem Grundherrn legaliter verbriefen zu lassen, und sind demnach die zwei Genannten, wie durch Urtelspruch des Landgerichts mehrfach schon bestätiget, desselben Eigene worden. Die Ehe des Beklagten mit selbiger Leibeigenen ist eine nichtige, da sic ohne des klägerischen per testamentum Eigentümers consensus ist geschlossen worden.«

»Der Teufel ist dein Leibeigener!« schrie der Junker und warf die Klageschrift des Bruders von sich.

Aber die Hebamme legte die Hand auf seinen Arm: »Herr, Euer Weib!«

»Ja, ja und das hat sie gelesen! Er wußte es, wo sie zu treffen war.« Und er neigte sich zu ihr; und da er ihre Hand ergriff, war sie fast kalt, und das Gesicht verwandelte sich seltsam.

»Was ist das?« frug er.

»Ich weiß nicht, Herr. Holt einen Arzt!«

»Bärbe, Bärbe, geh nicht von mir, bis ich wiederkomme!«

Und schon war er zur Tür hinaus. »Hans Christoph!« rief er; »Hans Christoph!«

Aber die Dirne war ihm nachgelaufen: »Was denkt Ihr, Herr! Er ist zum Schmied hinunter mit den Sensen.«

Da warf er sich selbst auf seinen Rappen, und mit todblassem Angesicht flog er durch die Eichen von Grieshuus hinüber nach der Stadt.

– – Ein paar Stunden war es weiter; der Mond war aufgegangen und stand zu Osten über der Heidemulde. Kein Tierlaut regte sich; die Vögel lagen im Kraut auf ihren Nestern; nur die hoch aufgeschossene stille Dirne aus der Besenbinderkate vom

Ende des Dorfes hatte sich verspätet; eifrig schnitt sie mit ihrem kurzen Messer die Heide ab und legte sie zu Haufen. Da galoppierte ein Reiter an ihr vorbei. »Heida!« Aber sie hatte ihn erkannt; es war der Reitknecht des herzoglichen Rates, der nach Grieshuus hinüberritt. »Was wollte der?« Und sie band sich ihr Tuch fester um das Kinn; denn aus Westen kam ein Wind vom Meer herauf.

Sie ging weiter nach Osten hinauf, denn da war die Heide länger, und lag eben unter ein paar Birken, als ein Geräusch von Grieshuus her sie aufsehen machte. Und wieder kam der Hufschlag eines Pferdes, ein Reiter, der wie rasend durch die Heide auf sie zuritt. Aber er war vorbeigeritten, und da eine Wolke vor den Mond fuhr, hatte sie ihn nicht erkannt. Sie schüttelte den Kopf und sah ihm nach. Und zum dritten Male, ihm entgegen – was war denn das? Sie hatte kaum jemals hier was reiten sehen – kam abermals ein Pferd; aber langsamer, fast war's, als würde es zurückgehalten.

Sie ließ die geschnittene Heide liegen und kroch auf Händen und Füßen näher heran. Aber es war zu weit; sie stieg an der Ostseite hinan, bis sie oben unter den Bäumen entlanglief; jetzt hörte sie die Pferde stoppen, laute zornige Worte, die sie nicht verstehen konnte; dann war's, als ob die Reiter von den Pferden auf den Boden sprangen.

Es mußte ihr gegenüber sein, und sie trat aus den Bäumen und sah hinab; aber der Mond lag noch hinter Wolken; ein Gewühl war drunten, sie konnte nichts erkennen. »Mein Leben! Mein Leben!« schrie eine Stimme. »Sie stirbt; ich will dafür das deine!«

Die Dirne reckte den Hals: »Das war Junker Hinrichs Stimme!« Da flogen die Wolken von dem Mond; blauhell lag es drunten, und sie erkannte deutlich den grauen Runenstein am Wassertümpel. Zwei gesattelte leere Rosse standen unweit in dem Kraute, ein braunes und ein schwarzes, das wiehernd in die Nacht hinausrief. Daneben sah sie zwei Brüder grimmig miteinander ringen. Sie stand wie angeschmiedet; dann war's, als ob ein Eisenblitz heraufzuckte, und ein Entsetzen jagte sie von dannen; aber sie entrann nicht: ein gellender Schrei, der über die Heide fuhr, hatte sie eingeholt. Noch einmal stand sie, beide

Hände an die Ohren gepreßt, zwischen den Bäumen; dann lief sie ohne Aufenthalt dem Dorfe zu. Voll Entsetzen, in Schweiß gebadet, ihr kurzes Messer in der Hand, kam sie nach Hause.

»He, Matten«, rief die Frau des Besenbinders, »was ist? Wie siehst du aus? Hat sich schon wieder was gemeldet?« Denn das Kind war damit angetan, daß sie Unheil voraussah, das noch geschehen sollte.

Aber Matten schwieg; die Mutter auch; denn man soll nicht davon reden, bis der Vorspuk ausgekommen ist.

Doch schon am Nachmittage danach sprach das Weib, die eben aus dem Dorf heraufgekommen war, zu ihrer Tochter: »Red nur! Drunten in dem Heidloch haben sie den herzoglichen Rat erschlagen! Es schad't uns nichts; nun ist der Junker Hinrich unser Herr!«

– – Aber wo war der Junker Hinrich? – In der Nacht sollte einer bei dem Pastor angepocht haben; er sollte es gewesen sein; aber der Pastor hat davon nichts wissen wollen; dann hat man nimmermehr von ihm gehört. Auf dem Meierhofe lag ein schönes, aber totes Weib, neben ihr ein Siebenmonatskind, ein Mädchen, in der Wiege. So stand es um die Erben von Grieshuus.

Zweites Buch

Das siebenzehnte Jahrhundert war vorüber; es saßen andere Leute auf Grieshuus.

Viele Jahre hindurch war niemand dort gewesen als ein gerichtlicher Verwalter, denn man wußte nicht, wem das Gut gehörte, ob dem Abwesenden, der jeden Tag sich wieder einstellen könne, ob dessen Tochter, einem schwachen Mädchen mit blaugeäderten Schläfen und dünnem blondem Haupthaar, das zu Schleswig im Kloster in der Hut einer entfernten Verwandten aufgezogen wurde. Als sie mündig geworden, hatte sie von dieser sich getrennt und sich in der Nähe des Klosters eingemietet; heiraten wollte sie nicht, obgleich dazu schon mehr als eine Anfrage an sie ergangen war, denn unter Vorbehalt der väterlichen Rechte war das Gut ihr übereignet worden. Gleichwohl hat sie gemeint, ihr Vater werde wiederkommen, und die Freier etwa so beschieden, indem sie hastig nach einer begonnenen Arbeit griff: »Zu danken für die erwünschete Gewogenheit! Aber mein Papa wird nicht so gar von seinem Hof und seiner Tochter lassen; sobald er heimgekehret, wird er für mich zu reden wissen.« Das aber haben alle für einen Abschlag aufgenommen und von dem schon vergessenen Vater auch nur ungern reden hören.

Zu Grieshuus und überall im Lande hat es wüste ausgesehen; unser Herzog Christian Albrecht, nachdem er mit dem von seinem Vater ererbten Diplom des Kaisers Ferdinand die Universität zu Kiel gestiftet hatte, war vierzehn Jahre lang von seiner Residenz vertrieben; dessen getreue Beamte ließ der Dänenkönig verjagen oder gefangensetzen und die Kraft des Landes durch seine nie ruhenden Kriegesrüstungen erschöpfen. So mochte es auch zu Grieshuus nicht heimelig sein, und Jungfer Henriette, wie sie nach ihres Vaters Namen war getauft worden, ist nimmer dort gewesen; das Archiv aber hat sie nach einem Zimmer in ihrem Hause zu Schleswig bringen lassen, und um Ostern und Martini mußte der Verwalter dort ihr Rechnung legen. Dann hat sie tagelang vor den großen Büchern dagesessen und über Kopfweh vor ihrer Magd geklagt; »denn«, hat sie gesagt. »es muß doch stimmen, wenn er wieder selbst regieren will«.

Aber der Junker Hinrich ist doch nicht gekommen. Zu Grieshuus blühte die Heide und verging; Sonnenschein und Schneewinde wechselten über den mächtigen Eichenwäldern; sie wuchsen, geschlagen wurde nicht darin, insonders seit die Vormundschaft zu Ende ging; das schlimmste war, daß das Unzeug sich in ihnen mehrte, Weihen und Falken, die in den Wipfeln horsteten, vor allem der Wolf, »de grise Hund«, wie ihn die Bauern nannten, der unter den Höhlen der mächtigsten Eichenwurzeln im Dickicht seine Jungen warf. Noch jetzt zeigt man die Stelle, wo eines Tagelöhners Kind, das Dohnen in dem Wald gestellt hatte, von ihm zerrissen worden; denn einen Jäger hat es zu Grieshuus nicht mehr gegeben, und bei dem Turmhaus hing die rote Pforte klappernd in dem Winde; der Verwalter wollte keinen neben sich. Oben im Herrenhause, in dem Gemache über dem Portal des Haustores und gegenüber in dem weiten Saale, lag fingerdicker Staub und totes Geziefer auf Simsen und Geräte. Und Junker Hinrich war noch immer nicht gekommen.

Als aber mehr als ein Menschenleben so vorüber war, langten schwedische Völker vom Wellingischen Regimente aus dem Bremischen an; dabei ein Oberst, der wegen einer aufgebrochenen Wunde in Schleswig sich verweilen mußte. Er hatte sich in der Nachbarschaft des Klosters eingemietet, und die Dame von Grieshuus hatte ihm durch den Friseur ein sonderbar heilendes Wasser offerieren lassen, was er dankbar akzeptieret hatte. Als er sodann nach seiner Genesung seine Aufwartung machte und alsbald ihr seinen Eheantrag ausrichten ließ, hat sie nicht mehr den Mut gehabt, ins Ungewisse zu verweisen, sondern nur gesagt: »Ich hoffe wohl, mein Vater, der unter Karl X. jung gewesen ist, wird nicht dawider sein.«

So ist sie des Obersten Weib geworden, der seinen Abschied aus dem Dienst genommen hat; aber nach Grieshuus hat sie auch jetzo nicht hinüber wollen; »denn«, sagte sie ihrem Eheherrn, »die Wölfe kommen dort gar in die Küche, und über die Heide geht ein Spukwerk; – o nein!«

»Ei, Narretei! Wer hat dir das erzählt?«

»Der Verwalter; der wird's doch wissen!«

Der Oberst lachte: »Das wohl, er hat die Herrin nicht ins Haus gewollt!«

Sie wurde dunkelrot und strich das dünne Haar sich von den Schläfen: »Nein, nein; du glaubst mir immer nicht!«

»Nun, ich werde selbst dahin gehen und mich informieren, Henni.«

Dann ist er ohne sie dahin gegangen; er hat im Hause etwas räumen und mit den Bauern einmal auf die Wölfe treiben lassen; aber die Wälder sind zu dicht und die rechten Hunde nicht am Platz gewesen; sie haben keinen Wolf gesehen. So ist er nach Schleswig wieder heimgekehrt.

Und am Jahrestag der Hochzeit ist ein Kind geboren worden; ein Knabe, in welchem von des Weibes Eltern alle Schönheit aufgestanden ist. Es ist auch zur glücklichen Niederkunft gratulieret worden; aber die Mutter hatte doch all ihre Kraft dem Kinde hingegeben. Noch ein paar Jahre hat sie, meist in Kammerluft, dahingelebt; dann eines Septembermorgens, da schon die gelben Blätter vor ihrem Fenster wehten, hat sie das Kind sich bringen lassen; und ihre magere Hand in seinen goldenen Haaren, hat sie gesprochen: »Er ist doch nicht gekommen, Rolf, und ich sterbe nun; ich war nur eine schlichte Frau, aber du, mein schöner Sohn« – und der Knabe stand an ihrem Kissen und sah mit seinen durchdringenden Augen zu ihr auf-, »du wirst ihn sehen; grüß ihn von mir! Rolf! Vergiß nicht – –« Lallend hatte sie die letzten Worte gesprochen; ihre Hand fiel von des Kindes Haupt. Und als sie eine Weile so gelegen, hat der Knabe mit seiner Hand ihr in das magere Angesicht gegriffen; aber sie rührte sich nicht mehr. Da schrie er, und die Wärterin trug ihn hinaus.

Als der Oberst vom Begräbnis auf dem Klosterkirchhof, wo man seine Frau nach ihrem Wunsch bestattet hatte, heimgekommen war, nahm er seinen Buben auf den Arm. »Die Mutter hat hier schlafen wollen«, sagte er, »wir beide gehen nach Grieshuus; ich will nun selber deinen Hof verwalten, da sollst du reiten lernen!«

Und der Junge sah seinen Vater fest aus seinen dicht beisammenstehenden blauen Augen an; dann tat er einen lauten Lustschrei.

– – So ist der Oberst, da im nächsten April an den Waldrändern von Grieshuus die Schlüsselblumen blühten, da die Äcker gedüngt und die Wintersaaten gewalzt wurden, mit seinem Buben in das Herrenhaus dort eingezogen. Eine ältliche Verwandte der Verstorbenen, das Klosterfräulein Heide von der Wisch, ist mit dahin gegangen, um, wie sie sagte, bis die Flüttezeit vorüber, être la mère à ce pauvre enfant; sie ist aber dort hängengeblieben und nach dem Kloster nicht zurückgekommen, obwohl der Knabe nie nach ihrer Hand gegriffen hat.

Oben im Hause sind die ungeschlachten Möbeln nach dem Boden hinauf- oder in die Gesinderäume hinabgeschafft worden; im Wohngemache standen nun geschweifte Schränke und Chiffonnieren, und auch ein Kanapee mit farbig gemustertem Bezuge, worüber neben dem vorgefundenen Bild der Urgroßmutter auch das der Mutter des Besitzers hing. Es pflegt so zu geschehen: das schönste, das Bild der Großmutter, fehlte zwischen beiden; sie war gekommen und gegangen, und keiner wußte noch von ihr.

Im Wesentlichen wurde es auf dem abgelegenen Hofe nicht gar anders, als es im vorigen Jahrhunderte gewesen war. Denn Deutschland erhob sich eben erst aus wüsten Träumen. Die neue Koppelwirtschaft wurde freilich eingeführt; aber der Oberst war ein Melancholikus und litt an den Übelständen einer alten Wunde; überdies war er weder ein Landwirt noch ein Jäger, und beides war hier groß vonnöten. Für letzteren gab sich zwar ein hungriger Verwandter der alten Herrschaft, der nach Jahr und Tag sich zum Besuche eingefunden hatte und gleichfalls nicht wieder fortgegangen wer; aber es hatte nichts Sonderliches zu bedeuten. Nur einmal, an einem Winterabend, war hinter dem Turmhaus ein Rehbock von ihm geschossen worden; allein zur Küche war er nicht gekommen, denn mit selbigem, daß das Tier zusammengebrochen, hatte ein dürrbeiniger Wolf sich darauf zugestürzt und es an der Kehle mühsam fortgeschleift; der Vetter aber war mit erhobenen Händen durch die Heidemulde nach dem Hofe zu gerannt. »Hol der Teufel Eure Wölfe hier! Das ist nicht in der Ordnung!« hatte er im Hausflur dem Oberst zugerufen; der aber hatte nur gelächelt: »Freilich nicht, Vetter; jedoch ich meinte, das sei Ihre Sache.«

»Ei, das versteht sich, Oberst! Aber die Hunde! Ich soll nur erst die rechten Hunde haben.«

»Aber ich denk, Ihr habt ja den ganzen Stall schon voll davon.«

»Nun, nun; gehet nur hinauf und kramet die Karten vor; ich will mir nur den nassen Rock vom Leibe ziehen; dann wollen wir die vier Könige jagen.«

Und bald saßen sie sich gegenüber bei ihrem Pikett; und der Oberst war damit zufrieden.

– – Als der Junker Rolf im siebenten Jahre war, lehrte der Vetter ihn lesen und nach Adam Riese rechnen; das konnte er, sogar auch mensa und amo deklinieren und konjugieren. Der Knabe lernte leicht und rief mitunter: »Ich kann's doch besser noch als du!« Dann freute sich der Vetter und lief zu dem Vater: »He, Oberst, höret, was Euer philosophus da redet!«, und den Jungen, wenn er hintennachgelaufen war, bei den Ohren in die

Höhe hebend, rief er: »Ich hab's dich doch gelehret, Tausendsakramenter!«

Des Knaben Freundin war eine alte Magd, die schon die Mutter als kleines Kind getragen hatte, die von hier zur Stadt und wieder von dort hieher zurückgebracht war. »Ich will Matten fragen!« rief der Bube, wenn er selbst nicht wußte, was er wollte. Sie hatte ihr Augenlicht fast ganz verloren und saß meist unten in der großen Gesindestube oder am Herde in der Küche, beschaffend, was einem blinden Menschen möglich war; und wenn er sie gefunden hatte und, auf sie losstürmend, sie an der Schürze riß, dann sagte sie wohl: »Kind, Kind, gib Ruh; was willst du denn? Bei Gott ist Rat und Tat!« und sah mit ihren toten in seine lebendigen blauen Augen. Und frug sie weiter: »Sprich, was willst du, Rolfchen?«, dann sprach er wohl ganz kleinlaut: »Weiß nicht, Matten; – erzähl mir was!« Und sie legte das Messer, oder was sonst ihre Finger hielten, fort und frug: »Was denn erzählen, Kind?« Er war auf ihren Schoß gekrochen und rief: »Von Owe Heikens, wie du zuviel Holz gebrochen hattest! Nein« – und er flüsterte ihr ins Ohr: »Erzähl mir von der schönen Frau, da auf dem Meierhof; wie hieß sie doch?« – »Kind, Kind, das war ja deine Großmutter!« – Der Knabe sah ihr lange ins Gesicht. »Großmutter?« sagte er langsam. »War sie denn schon alt?« – »Alt?« Und Matten wiegte ihren grauen Kopf. »So jung wie Maililien! Wenn der Tod kommt, bleiben auch die Großmütter jung. Sei still und halt's für dich, so will ich dir erzählen!«

In einem aber war der Vater selbst des Buben Lehrmeister; er kaufte ihm erst einen, und als er größer wurde, einen zweiten von den kleinen türkischen Kleppern und ließ draußen an der Ostseite eine Reitbahn richten; und die Peitsche des Obersten klatschte, und der Junge lag bald auf dem Rappen, bald auf dem braunen Klepper.

Plötzlich aber wurde es anders zu Grieshuus. Der Oberst, da an dessen Geburtstage der Junker mit einem unter des Vetters Anweisung gefertigten Glückwünschungsbriefe vor den »herzallerliebsten« Papa getreten war, hatte danach nichts Eiligeres zu tun, als durch seinen pastor loci einen Informator zu besorgen. Dadurch ist der Magister Caspar Bokenfeld auf den Hof gekommen, und mit ihm ein Mann, dem ich von nun an die Erzählung in eigenem Namen überlassen kann.

Während der ersten Herbstvakanz in meiner Studentenzeit war ich daheim und wurde bei einem Besuche der Stelle von Grieshuus durch ein heftig Wetter in das Haus des Küsters in dem nahen Dorfe eingetrieben. Er war ein schon bejahrter Mann, den ich bisher nicht kannte; wir saßen uns bald am Fenster gegenüber, und ich sah auf die Ostseite der alten Felsenkirche, an welcher noch die schweren Eisenringe hingen, so daß ich ohne Umstand das Gespräch auf jene alten Dinge bringen konnte. Er hatte mir ruhig zugehört; als ich jedoch bekannte, daß mir die dortigen Ereignisse des achtzehnten Jahrhunderts minder klargeworden seien als die des vorigen, stand er auf und ging nebenan in eine Kammer, aus der ich das Auf- und Zuschließen eines Schrankes oder einer Lade zu vernehmen glaubte. Als er zurückkam, legte er ein vergilbtes Schriftstück in den mir hinlänglich bekannten Zügen des letzten Jahrhunderts vor mir hin.

»Klar ist das auch nicht«, sagte er; »aber es ist erzählt, was sich begeben hat. Der Autor war einer meiner Vorfahren und Pastor an hiesiger Kirche, nachdem er sich das als Informator auf dem Hof verdient hatte.«

Ich faßte mit Andacht das Papier; die alte Zeit begann ja selbst zu sprechen. Dann hab ich's mit des Küsters Erlaubnis noch am selben Nachmittage abgeschrieben und bin erst nach Haus gekommen, als die derzeit einzige Gassenleuchte an der Hafenstraße schon von dem Nachtwächter ausgetan war.

Und hier ist es:

Die Niederschrift des Magisters Caspar Bokenfeld

Anno 1702, in welchem nachmals unser Herzog Fridericus IV., des hartgeprüften Christian Albrechts Sohn, bei Klissow in Polen für seinen Schwager, den Schwedischen Carolum XII., sein junges Leben gab, im Januar am Sonntage Epiphanias war es, da ich Grieshuus zum ersten Mal betrat. Es bimmelte schon unten von dem Kirchthurm zum Gottesdienste, und die helle Wintersonne strich an den Fenstern entlang, als der Herr Oberst auf seinem zierlich ausgerüsteten Zimmer mir seinen Sohn als Zögling zuführte. »Das ist der Magister Bokenfeld«, sprach er zu dem elfjährigen Knaben; »der soll nun versuchen, was aus dir zu machen ist.«

Der Bube sah mich aus ein Paar scharfen blauen Augen an, als ob er im hintersten Hirnwinkel mich aussuchen wolle, und sagte dann, mirabile dictu: »Kann Er auch reiten, Magister?«

Da lachte der Herr Oberst und schlug ihn auf die Schulter: »Ei, Teufelsjunge, reiten soll er dir nicht weisen; aber ›Sie‹ sollst du den Magister titulieren: er wird dir schon zeigen, wo die Geigen hängen!«

Siehe, da wurde mir der Odem leicht; denn mit denen von Adel hatte ich nimmer noch verkehret; der kleine Junker aber hat mich in Tagen nimmer angesprochen, bis das Herz ihm einmal jählings überquollen; da sprach er: »Sie sind gut, Herr Magister!« und gab mir seine feste kleine Hand; ich aber nahm das edle Kind in meinen Arm. »Wir wollen Freunde werden, Rolf!« sagte ich; da umfassete er mich heftig, und sein geringelt Goldhaar hing noch lange über meine Hand herab. Auch war das nicht umsonst gesprochen; – mein Rolf, mein schöner guter Knabe, weshalb der Vater droben dich doch so früh begehret hat!

– – Es war recht einsam zu Grieshuus. Der Oberst kränkelte und verließ das Haus nur selten; an jeglichem Abend spielte er sein Pikett oder eine Partie Dame mit einem Familienvetter, der hier im Hause lebte; ein sonderlicher Mann, der alles zu verstehen meinte und gleichwohl ohne alle Erudition war. Der Oberst war ein Wittmann; aber eine adelige Klosterjungfer Adelheid hielt strenge Hauswirtschaft; sie rief mir selber einmal am Sonntagnachmittage zu: »Gieb Er mir Seinen linken Strumpf, Magister; da soll die Sonn Ihm bald nicht mehr auf Seine Wade brennen!« Und als ich hinsah, siehe, da war ein Loch im Strumpfe, und ich schlich gar beschämt davon, um solchen Fehler aufzubessern.

Mir war das Zimmer über der Einfahrt in dem Thorhaus eingeräumt; ich hatte meine Bücher mit mir, und war es wohl zum ersten Male, daß Homerus und Virgilius, Arnoldus und Thomasius die Wände hier verzierten. In der Thorfahrt unten hatte der Meiereikeller ein Fenster, und es hieß, oftmals, so man nächtens vorüberschreite, solle von dort aus ein Rahmschöpfen und Umgießen deutlich hörbar werden, was in Wirklichkeit nicht sei; aber das sind nugae; es ist allzeit ruhig gewesen, wenn ich gegenüber meine enge Treppe aufgestiegen bin. Aber drinnen in meiner Kammer war es gar einsam, wenn die Nachtruhe über den Hof gekommen war und ich noch über meinen Büchern saß. Wenn dann der Mond am Himmel stand und ich von der Arbeit zu dem einzigen Fenster trat, dann sah ich ein tiefes Heidefeld, das zwischen zwei hohen Waldseiten auslief; und mitunter drang ein seltsam Heulen aus der Ferne, von dorten, wo ich bei Tage ein altes Thurmhaus hatte stehen sehen; da ich es zum ersten Male hörte, schritt ich zur Thür und schob den Riegel vor; dann löschte ich das Licht und legte mich schlafen. Das Heulen, das noch länger durch die Nacht scholl, ist aber von den hungerigen Wölfen kommen, deren derzeit im Übermaße hier gewesen; und ich hab noch lang gelegen und gehorchet; mir war, als könnten sie durch die offene Thorfahrt kommen und mit den Tatzen meine Thür anfallen.

Als ich am Morgen dem Junker Rolf davon erzählte, sprach er: »Da in der Heide müssen Sie itzt nimmer gehen, Herr Magister; ich bin zu Pferde dort gewesen und doch fast vom Leben abgekommen!«

Und auf meine Bitte hat er es also mir erzählet: Eine grimmige Kälte ist es dazumal gewesen, am Nachmittage vor dem letzten Heiligabend, zwei Wochen nur vor meiner Herkunft, und wie bleicher Messingglanz hat die Dezembersonne über die Heide hingeglinstert. Droben in dem großen Saale hat die Tante Heide herumgehamstert, ganz mutterseelenallein, und hat niemand hinein dürfen, weder vom Gesinde, noch auch der Junker Rolf, wohl selber kaum der Oberst; denn für alle ist da drinnen die Weihnachtsbescherung aufgebauet worden; der Vetter nur ist eigenwillig aus- und eingehuscht, denn er hat's gar besser noch verstanden als die Tante. Junker Rolf aber ist vor Ungeduld treppauf und – ab gesprungen, auch auf den Hof und in die Ställe eingelaufen und zuletzt dann in des Oberst Zimmer, wo dieser mit dem Verwalter vor der Gutsrechnung gesessen: »Was soll ich anfangen, Papa? Um fünf Uhr erst will Tante Heide schellen!«

»So geh zu deiner Freundin, der alten Matten!«

»Mag ich heut nicht, Papa.«

»So reit noch eine Stunde!« hat der Oberst ihm gesagt und kaum von seinen Büchern aufgesehen; »und nimm den Braunen an die Leine!«

Drauf ist der Junker in den Stall gegangen, wo die beiden Klepper an der Krippe standen, und hat dem Knecht gerufen, daß er ihm den Rappen sattle und ihm den Braunen an die Hand gehe.

»Hopp, Stella! Fera, hallo!« Und so ist er in den bleichen Winterschein auf die Heide hinausgeritten; die Mulde hinunter und weiter, immerzu über den hartgefrorenen Boden. »Hussa!« Und er hat seine kleine Kappe mit der braunen Geierfeder vor Lust geschwenket, und die kleinen feurigen Rosse haben getanzt, als wüßten auch sie, daß heut noch Weihnacht-Heiligabend sei.

Plötzlich ist die Sonne weg gewesen. Noch kurze Weile hat das schwarze Heidekraut geleuchtet; dann hat die große dunkle Schattendecke sich gebreitet, und bald danach ist vom Himmel mehr zu sehen gewesen als drunten von der Erden. »Oh, lieb Christkindel«, hat der kleine Reiter gerufen; »nun wird wohl bald für dich gebimmelt werden!«

Mit diesem wandte er seine beiden Rosse, die gleich als Hunde seiner jungen Hand gehorchten. »Hopp, Fera! Stella, hopp!« Und heimwärts ging es noch viel fröhlicher als hinaus. Mitunter ließ er seine flinken Augen seitwärts über die dunkeln Heidebreiten streichen, aber sehen konnte er nichts; nichts war zu hören als der Trab der Pferde auf dem harten Boden und das eigene Athemholen, denn das meiste Gethier schlief unten in seinen Winterhöhlen; nur über ihm flammten und zitterten die Sterne in der grimmen Winterkälte.

Da, als er schon der rechtshin auslaufenden Waldspitze gegenüber war, die sich noch schwach am Abendhimmel merkbar machte, hörte er von dorten etwas durch die Heide trotten. Um besser zu hören, zog er den Zügel an; aber die Pferde warfen mit den Köpfen, schnoben und drängten mit allen Kräften vorwärts. Der Junker hat zuerst gedacht, es sei ihr Hatzrüde, der seit ehegestern fort gewesen, und: »Fuko, Fuko!« hat er laut hinausgerufen.

Dann ist er vor seinem eigenen Ruf erschrocken, denn es ist ihm jäh aufs Herz gefallen, daß vor dem Fuko, der ihr Stallkamerad gewesen, seine Klepper nicht solch ein Zittern und Schäumen überkommen würde. Und immer näher ist es auf ihn zu getrottet. Der Pferde ist er so unmächtig geworden, daß sie mit ihrem jungen Reiter, als ob sie flögen, gegen den Herrenhof dahingeraset sind, der nur noch aus einem schwebenden Lichtschein über der Höhe kenntlich war.

Immer toller ist die Jagd gegangen, und da ist es dicht an ihm heran gewesen. »Ein Wolf! Ein Wolf! Hülfe, Hülfe!« hat das Kind geschrien und dabei seine Peitsche geschwungen, unachtend, daß es dessen nicht bedurfte. Dann gab es einen Ruck; der Rappe hatte mit den Vorderhufen ausgehauen, daß Junker Rolf die blanken Eisen durch das Dunkel blitzen sah; er hatte die Füße aufgezogen und lag mit der Brust auf dem Halse seines Pferdes.

Das aber stieß einen Zeterschrei aus, und sausend ging es nach dem Hofe und schon dem Aufstieg und dem Thore zu: »Kilian! Marten! Jens!« Er wußte selber nicht, wen er gerufen hatte, aber ein Geheul ist von dem Hofe losgebrochen; und Fuko und die andern Hunde sind hinausgestürzet und um das Pferd herum, und die glimmenden Augen an dessen Seite sind in die Nacht zurückgewichen. Rosse, Reiter und Hunde sind durch die offene Thorfahrt in den Hof hineingebrochen.

»Aber der Wolf, der grise Hund«, sagte der Junker und nickte mir mit seinen blauen Augen zu, »hat doch mein Pferd gebissen; es ist noch lang nicht besser; der Vetter kann es nicht kurieren.«

Es war kurz danach, am Vormittage des zweiten Sonntags nach Epiphanias. Draußen über den Reitplatz fegte der Nordost; derohalben ließ der Herr Oberst den kleinen Rappen nach dem Schloßhof führen, denn die Wunde an der Kehle, so der Wolf dem Thiere zugefüget, wollte noch immer sich nicht schließen, obschon von dem Vetter und dem alten Schäfer mit Wundwasser und Kräutersalben wacker dazu gethan war.

Der Junker Rolf stand neben mir auf der Freitreppe vor dem

Herrenhause; wir sahen zu, wie der Herr Oberst dem Rappen mit linder Hand über die wunde Stelle strich und dem muthigen Thiere beschwichtigende Worte zusprach.

»Wird bald baten, Gnaden Herr Oberst!« sagte der Schäfer; und der Vetter, der auch daneben stand, steckte die Hände in seine weiten Hosensäcke und sprach wie allzeit, wenn er seiner Weisheit auf den Boden sah: »Freilich, freilich, Oberst; will nur alles seine Weile haben.« Der Oberst aber schüttelte den Kopf und warf einen gar despektierlichen Blick auf den sorglosen alten Herrn: »Gegen Wölfe und Wunden helfen nicht bloße Worte, davon Ihr großen Vorrath habet!«

Indem hörte ich Schritte von der Einfahrt her und sah über den Rappen weg einen hohen, aber schon stark ergrauenden Mann in den Hof treten; er trug ein lederfarben Wams und hatte einen Hirschfänger am Gurte hängen, war auch sonst in seiner Kleidung wie damals solche, die im Jagd- oder Forstwesen in hoher Herren Diensten standen; aber in seinem Antlitz waren tiefe Furchen. Ihm zu jeder Seite ging ein gar gewaltiger brauner Schweißhund mit breitem Ohrgehänge, welche mit ihm auf uns zuschritten. Seltsam schien mir, daß er nicht um sich blickte, sondern geradeswegs nach der Stelle ging, wo der Oberst sich neben dem wunden Rosse hielt.

Als dieser sich aufrichtete und ihm sagte, er sei der Herr hier, und was Botschaft etwa er zu bringen habe, lüftete der Fremde ein wenig seine Kappe, aber fast nicht als ein Untergebener oder ein Begehrender, und hub dann im ruhigen Tone an, wie er als erprobter hirsch- und wolfgerechter Jäger den Wölfen nicht nur mit Schießen, Gruben oder Giftlegen, sondern auch auf minder bekannte Art beizukommen gute Wissenschaft erlanget, und zu dem Ende, da er von dem Nothstand hier vernommen dem Herrn Oberst seine Dienste offeriere.

»Oho!« rief der Vetter und warf sich in die Brust; »wir halten hier nichts auf solche Jägerstücklein und Teufelsspielereien; sind auch genug der fahrenden Weidgesellen, die viel versprechen und dann wenig halten!«

Der Oberst hieß ihn schweigen, deutete aber auf die Hunde, die schier unbeweglich standen, die klugen Augen zu denen des greisen Mannes gerichtet, und sprach zu diesem: »Wenn Er mir dienen will, was hat Er Seine Köter nicht am Thor gelassen? Hier binnen ist nur Platz für meine und meiner Freunde Hunde.«

Unter den buschigen Augbrauen des aufrechten Alten schoß es wie Funken; doch er entgegnete ruhig: »Wer ihren Herrn dingen will, der muß sie sich gefallen lassen; der Handel wird nur um so besser sein.«

Der Oberst schwieg einen Augenblick und frug dann: »Was für Atteste hat Er?«

Der Alte griff in sein Wams und übergab ihm eine Schrift; der Junker Rolf aber sah inzwischen nur nach den Hunden: »Oh, sehen Sie, Herr Magister, die beiden schönen Kerle!«

Er wollte zu ihnen; da rief ich laut und griff nach seiner Hand: »Laß, laß, Junker! Das sind von den grausamen Bluthunden, und sie kennen dich ja nimmer!«

Bei diesen Worten sah der Fremde, uns andere nicht beachtend, auf den Knaben; ja fast, als ob er mit den Augen ihn verschlingen wollte, daß er nicht hörte, wie der Oberst zu ihm redete: »Das wäre etwas; der König hat in seinem Preußen wohl weidgerechte Männer brauchen müssen. Hat Er mehr desgleichen?«

Aber es bedurfte eines weiteren Wortes, bevor der Fremde nochmals in sein Wams griff und ein zweites Schriftstück dem Oberst überreichte; zum Junker aber sprach er: »Es ist nicht Gefahr, so ich zugegen bin!« und raunete ein Wort zu beiden Thieren.

Da sprang der Knabe von der Treppe und lief zu den Hunden, die jetzt ihre großen Köpfe zu ihm wandten; der Fremde aber ließ langsam seine Hand auf des Junkers Scheitel sinken, und seine Lippen rühreten sich, als ob er heimlich bete.

Der Oberst hatte diesen Vorgang nicht gewahret; denn seine Augen hatten sich auf das Papier geheftet. »Oho!« rief er nun; »aus Schweden, vom König Carolus ein eigenes Sigill!« und er hob den Hut vom Kopfe, wie immer, wenn er den Namen seines einstigen Kriegsherrn sprach. »Wie kommt's denn, daß Er im Lande streifet, so Er solche Gönner aufzuweisen hat?«

»Lasset das!« sprach der Alte. »Es ist so meine Art.«

Der Oberst blickte ihn eine Weile an: »Ihr sehet mir zwar

nicht einem gleich, der dienen möchte; aber folget mir in mein Gemach, so wollen wir der Sache näher kommen!«

Die Hunde streckten sich auf Befehl des Alten neben der Treppe; dann gingen beide in das Haus.

– – Am folgenden Tage hieß es, der Fremde sei als Wildmeister von dem Oberst angenommen; er habe sich die Wohnung im Thurmhaus ob der Heide ausbedungen, nur drei Tage im Jahr, vom 23. auf 25. Januarius, müsse ihm auf dem Hofe selbst Quartier gegönnet werden.

Das gab gar viel Gerede in Grieshuus; denn es war ja einmal Friede hier zu Lande, obschon der ränkesüchtige Görtz regierte und die Frau Herzoginwitwe mit unserem kleinen Herzog sich in Schweden, in ihres Bruders Reiche, aufhielt; und geschahe hier sonst nichts anderes, als daß das Korn gedroschen und in den Ställen das Vieh gefüttert wurde.

An einem Abend, da ich im Herrenhause mit dem Junker unsere studia beendet hatte, stieg ich in die Gesindestub hinab, um meine Leuchte anzuzünden. Da saßen alle bei einander, und ich hörte den Kutscher sagen: »Was weiß denn der von unseren schlimmen Tagen, die auch nun vor der Thüre sind?«

Der alte Schäfer, der mit seinem rauhen Hund ihm gegenüber saß, nahm die kurze Pfeife aus dem Mund. »Ich hab so mein' Gedanken, Jochum«, sprach er; »er wird zum ersten Mal nicht hier sein. Eh denn der Herr hier eingezogen, da schon das Meisenzwitschern in den Büschen war, hat der junge Schmied da unten in der Schummerstunde einen auf der wüsten Stell am Dorf getroffen, wo einst ein Immengarten ist gewesen; der hat nach Grieshuus gewiesen und ihn gefraget: ›Wer wohnt denn dorten?‹ Und als er dann berichtet, ist er ihm eingefallen: ›Ein Schwed? Wie ist denn das?‹ – ›Ja, Herr, er hat sich eingefreiet; aber das Weib ist diesen Herbst verstorben.‹ Da er bei diesen Worten aufgeblicket, hat der Mann, der schon ergrauet und von großem herrenhaftem Aussehen ist gewesen, die Händ gefaltet und ist todtenbleich geworden; der Schmied aber hat gesagt, und, so er mir erzählet, er hätt's nicht lassen können ›Ja, Herr; aber einen stolzen Buben soll sie nachgelassen haben; und zum Frühjahr werden sie hier wohnen, gleich den alten Herren von Grieshuus, wo der ein erschlagen und der andere – –‹«

Als der Schäfer so weit gesprochen hatte, kam eine Stimme von der Ofenseite: »Gabriel, Gabriel! Spar deine unnützen Worte!« Das war die alte Matten; sie war blind, aber die Leute fürchteten sie, denn sie sah mit Geistesaugen, was erst die Zukunft bringen sollte, und so sie solcherweise anhub, meineten alle, daß sie prophezeien werde.

Und so ist es still geworden, aber die Alte sprach nicht weiter, und ich entzündete meine Leuchte, schritt über den Hof und dann im Thorhaus das Trepplein hinauf nach meinem Zimmer oben, und war der Kopf mir schwer, was für Verhängniß Gott hier möge zugelassen haben. Doch als ich bald danach ans Fenster trat, um in die Nacht hinauszuforschen, ob nicht ein Sternlein von dem Himmel strahle, da sah ich hier im Erdenthal ein Lichtlein flimmern, wohl eine Viertelstunde fern, das in dem Thurm da drüben brennen mochte. Das war der neue, nein, der sehr alte Wildmeister! – Was er betreiben mochte, das wußte ich nicht; aber mir war, ich sei nun hier nicht mehr allein; und da ich mein Licht gelöschet, sah ich das andere noch lang von meinem Bette aus. Und Gott sei mit uns allen!

Aber am nächsten Sonnabend, es mochte nach neun Uhr abends sein, saß ich wiederum auf meiner Kammer. Mein Vetter im Dorfe drunten, der Pastor Heike Madsen, hatte mir bei gestrigem Besuche ein Buch der holländischen Irrlehrerin, der Antoinette Bourignon, gegeben, so vor Jahren drunten in der Stadt in eigenem Hause eine Buchdruckerei gehalten hatte, um ihre thörichten Meinungen als Bücher ausgehen zu lassen; es führete den Titel. »Das Grab der falschen Theologie«, und ist Anno 1674 auf dem Markt zu Flensburg durch den Scharfrichter verbrennet worden; hatte mein Vetter aber curiositatis halber noch dies Exemplar geborgen. Mir war von dem frechen Wuste solcher Lehren der Kopf schier wüst geworden, und von draußen schlug der Sturm an die Fenster, als wolle er die Scheiben aus dem Blei reißen.

Da legete ich den Unflat bei Seite, denn mich fassete Begehr nach einem stillen Gruß von meinem Nachbar jenseit der Heide. Aber obwohl er bis hiezu noch um Mitternacht mit seinem Lichtlein in das Dunkel hinausgeleuchtet hatte, es war itzt alles schwarz da draußen. Der Sturm fuhr heran und wieder fort; und es war dann eine Zeitlang Todtenstille; nur in der Ferne hörete ich ihn tosen, als ob er dort zu schaffen habe, bis er zurückkam und mit frischen Kräften wieder gegen Mauer und Fenster tobte. Und diesmal lag ich lang, bevor ich schlafen konnte.

– – Als ich am Morgen über den Hof ging, sprach ich zu einem Knechte: »Das war schlecht Wetter in der Nacht!« »Ja, Herr, wie immer in den schlimmen Tagen«, entgegnete er und schritt vorüber. Ich schüttelte den Kopf; aber ich besann mich; wir schrieben den 24sten; so war der Wildmeister heute nacht im Herrenhaus gewesen. Auch vernahm ich drinnen, daß heute der Tag sei, wo alle Jahr die alte Matten ihren Kirchgang halte; der Knecht aber, der bei ihrer Blindheit sie stets geleite, habe sich den Fuß vertreten. Also ging ich zu ihr, traf sie auch wohlgeputzet in der Gesindestube, mit neuem Fürtuch und schwarzem Käppchen, und bot ihr meine Dienste an.

»Er will mit dem alten Weibe nach der Kirche?« frug sie; und als ich es bejahete: »So muß Er Geduld haben, Magister; denn so weite Wege gehe ich nur einmal in dem Jahr.«

»Ich habe schon Geduld«, sprach ich; »meine alte Mutter ist schwächer noch denn Sie.«

Da sah sie mich mit ihren todten Augen an und lächelte, daß ihr altes Antlitz mir gar hold erschien; dann aber seufzte sie und sprach schier traurig und wie nur zu sich selber: »Du wirst auch alle überleben, Kind.«

Und auf diese sonderliche Rede gab sie mir die Hand, und wir gingen den Kirchweg hinab. Der Herr Oberst hatte mir in seinem Wagen Raum geboten, aber ich hatte solches abgelehnt; und so sahen wir sie uns vorbeifahren; die Tante Adelheid und der Oberst nickten, der Junker warf uns ein Küßlein aus dem Wagen zu. Es war gut Wetter worden, und die Sonne schien; und auch wir kamen in die Kirche, wenn auch langsam.

Nach dem Gottesdienste wartete ich, bis alle hinaus waren. Matten saß noch mit gefalteten Händen im Gestühle und betete still vor sich hin. »Wollen wir gehen?« sprach ich leise; da hob sie sich, und wir gingen aus der Kirche.

Als wir draußen zu Osten an der Kapellenwand vorbeiwanderten, strich sie mit der Hand an der Mauer entlang. »Schlaft wohl, ihr Christenseelen alle!« murmelte sie; und dann, so daß ich es nur kaum vernahm: »Und genade Gott auch dir, Junker Hinrich!«

Da wir dann weitergingen, frug ich: »War Junker Hinrich einer von den alten Herren?«, denn die Geschichte des Geschlechtes war mir derzeit nicht bekannt.

»Das war er, Magister«, sprach die alte Frau mit schwerem Tone.

»Und lieget der auch hier begraben?«

Sie antwortete mir nicht und sah nicht auf. Da wir aber wiederum eine Strecke weiter waren, sprach sie: »Er war der Beste; aber – bei Gott ist Rath und That.« Dann faltete sie die Hände und ging schweigend neben mir.

Am Anberg bei Grieshuus waren wir von dem Vetter eingeholet worden, der erst im Dorfkrug mit den Bauern hatte schwatzen müssen.

»Halt, halt!« rief er mir zu; »so nehmet doch einen müden Christen mit, Ehrwürden!«, denn er nannte mich scherzend wohl schon damals mit dem epitheton ornans meines heutigen Berufes.

Und da wir dann nach Haus gekommen und die Alte in ihre Kammer gegangen war, frug ich auch ihn: »Saget, wer war denn Junker Hinrich, von dem die alte Matten redet?«

»Ei, Ehrwürden«, entgegnete der Vetter lustig, »das solltet Ihr wohl wissen; das war ein Hund, der seinen Zwillingsbruder um das Erbe todtschlug und dann von seinem neugeborenen Kind davonlief. Aber, redet nicht davon, denn er war der Großpapa von unserem jungen Prinzen!«

»Von Rolf? – Aber die Alte spricht anders von dem Manne.«

»Ja, die! Die ist nur halb bei Trost. Aber wisset, der Geist des Todten wartet auf der Heide, um ihn zu greifen, falls er in diesen Tagen dort vorüberkäme!« Der Vetter lachte: »Wird lange warten müssen, Ehrwürden! Drum aber vergreife sich's unterweilen auch! Der Fiedelfritz vom Dorf schleppt seit drei Jahren noch die Beine wie ein Seehund; beim Stein am Tümpel hat man ihn gefunden: 's ist eine bitterkalte Nacht gewesen, ein Wunder, daß kein Thier sich da herangewaget!«

»Ist das der Saufaus«, frug ich, »der neulich für ein neues Violon gebettelt hat?«

Der Vetter nickte: »Ich weiß, wo Ihr hinauswollet, Ehrwürden; aber der Wildmeister ist kein Säufer, und einen Hasenfuß werdet Ihr ihn auch nicht schelten wollen; der wird erst morgen wieder vom Hofe gehen; und die Dirne, so ihm das Essen zuträgt, sagt, es liege eine Bibel auf dem Tisch, sonst sei nichts da als der ergraute Mann; der sehe nicht und höre nicht, und die Speise hole sie fast unberührt wiederum zur Küche.«

Ich dachte an den furchtbaren Waldstein und an andere tapfre Männer, welche auch derlei Phantasmata hatten, aber ich sagte nichts darauf.

Inzwischen gedieh der Unterricht des Junkers mir nach Wunsche; insonders liebte er die Erzählung von den Weltbegebenheiten, so daß er mich oft gar sonntags damit plagete. So hatten wir eines Tages nach der Kirchzeit mitsammen in des Martini Greveri »Weltgemälden« von dem schönen Hohenstaufen-Jünglinge gelesen, dem König Enzio mit den goldnen Ringelhaaren, wie nach der Campagne bei Fossalta die Bologneser ihn in den Kerker stießen, so daß er nimmer wieder mit seinem wehenden Goldhaar durch den Frühlingsmorgen reiten konnte; und wie ein Weib, ein schönes, zu ihm hinabstieg und ihm den Frühling in die Nacht hinunterbrachte.

Nach dem Lesen waren wir in das gen Süden belegene Speisezimmer hinaufgestiegen, woselbst wir auch meinen Vetter, den Pastor, trafen, der erst zu Maitag sich sein Weib zur Pfarre holen wollte. Nach der Tafel liebte es der Herr Oberst noch ein Stündlein mit uns zu konversieren, denn er war ein Mann von guter Erudition; und also geschahe das auch heute; der Junker Rolf stand neben seines Vaters Sessel, und ich merkete wohl, er hörte nicht, was hier geredet wurde.

Der Oberst hatte ihn schon lang betrachtet; nun streckte er die Hand aus und schüttelte den Knaben: »Was sinnest du, Rolf?«

Da sprach dieser, als habe er bei sich schon lang davon geredet: »Und wissen Sie, Papa? Schön ist sie gewesen und jung und hat ihn nimmer doch verlassen! Und als der König Enzio endlich dann begraben worden, ist dicht am Sarge eine ältliche Matrone hergewankt, und eine schneeweiße Strähne ist in ihrem langen dunklen Haar gewesen!«

Und nun ließ es ihm nicht Ruhe mehr; seine Augen glänzten, und er erzählte alles, was er wußte, von dem König Enzio mit den goldnen Ringelhaaren; er schien es nicht zu fühlen, wie die schon kraftvolle Februariussonne in seinem eigenen Goldgelocke glühte!

Während seines Redens war der Wildmeister, der etwas zu melden haben mochte, in das Gemach getreten und, seiner Zeit gewärtig, an der Thür gestanden. Aber schon vorher hatte sich, was wohl um solche Zeit geduldet wurde, ein Schwesterenkelkind der alten Matten, ein braunes, zehnjähriges Dirnlein, in ihrem Sonntagsstaat hereingeschlichen. Wie mit Aug und Ohren horchend, war sie zu Anfang still gestanden, dann aber, ein Fingerlein an den Lippen, immer näher zu dem jungen Herrn hingeschlichen. Als aber dieser seine Rede kaum geschlossen hatte, wies sie mit ausgestreckter Hand auf einen Spiegel gegenüber, woraus des Knaben Bildniß mit seinem Goldgeringel widerschien. »Guck!« raunte sie ihm zu, »da ist er!« und zupfte ihn an seinem Ärmel.

Aber der Knabe wollte sich nicht stören lassen. »Wer denn? Was willst du, Abel?«

Da streckete die Dirne sich zu ihm auf. »König Enzio!« rief sie laut und rannte mit purpurrothem Angesicht zur Thür hinaus.

Der Oberst lachte; der alte Wildmeister aber war rasch ein paar Schritte vorgetreten, und die Hand nach dem Haupt des Knaben streckend, rief er hastig: »Gott nehme ihn in seinen Schutz!«

Der Oberst wandte sich in seinem Stuhle. »Das thue er in seiner Gnaden!« sprach er; »aber was hat Er, Wildmeister?«

Da sprach der andere schier verwirrt: »Verzeihet, das Ringelhaar des Hohenstaufen soll in Kerkersnacht gebleicht sein.«

»Er ist kein Kaiserssohn«, sagte der Oberst, »solches wird meinem Buben nicht geschehen«, und blickte liebevoll auf seinen Sohn. Aber viel heißer noch lagen des Alten Augen auf des Knaben Antlitz. Dann richtete er sich auf »Wenn es beliebte, Herr Oberst? Der Wolf ist unten auf dem Hofe, den meine Hunde heut nacht niederlegten!«

Da faßte unser Herr des Knaben Hand und ging mit dem Alten nach dem Hof hinab; ich und der Pastor folgeten. Auf der Treppe aber hielt dieser, der seine klugen Augen fleißig zwischen den Personen hatte hin und wider gehen lassen, mich am Arm zurück und raunte: »Was meinest du, Magister? Ich möcht wohl wissen, wie selbiger, den sie hier den Wildmeister heißen, in seinen jungen Tagen ausgesehen hat!«

Aber vom Hofe aus rief der Herr Oberst durch die offene Hausthür: »Wo bleibt die Geistlichkeit? Erlegter Feind ist ja auch ihr gar liebe Augenweide!«

Da schritten wir eilig hinab und sahen das erlegte Thier auf einem Schlitten liegen, denn es war Schnee gefallen in der Nacht.

Das Raubzeug minderte sich merklich, und immer seltener kam ein Schäfer mit Geschrei zum Hof hinauf gelaufen; und doch hatte der Wildmeister nur einen Mann zur ständigen Hülfe sich erbeten, der hieß Hans Christoph: er war mit ihm von fast demselben Alter und wohnete ehelos im Dorfe unten. Zur Nacht aber war der Wildmeister allzeit allein in seinem Thurmhaus, so nicht ein Sonderbares sollte unternommen werden; denn unterweilen, zumal im Winter, höretе ich auch um solche Zeit von mehr als einer Büchse das Krachen aus dem Walde, und war dann morgens meist ein Wolf zu Hof gebracht.

– – So waren ein paar Jahre hingegangen; der Junker war frisch hinaufgewachsen und wohl vierzehnjährig schon; dabei war er klug und hatte mich fast ausgelernet. Zu dem Wildmeister, der auch bei dem Obersten viel Ansehen hatte, hegte er ein groß Vertrauen. Der nahm ihn mit zur kleinen Jagd, wozu der Knabe seinen eigenen Hund besaß, und unterwies ihn, wie mit diesem und mit Schießgewehren richtig zu hantieren sei; obwohl von jäher Gemüthsart, nahm er strengen Tadel von ihm hin. Als sie einst im Herbste mit ihren Flinten über Feld gingen, frug der Wildmeister einen Knecht, der dorten Dünger über das Land streuete, wohin die Hühner, die sie jagten, wohl geflogen seien. Da hörte er, indeß er mit dem Knechte sprach, den Junker seines Hundes Namen: »Nero! Nero!« laut und zornig und noch immer lauter rufen; denn es war ein Igel, den der Hund nicht lassen wollte. Als aber der Alte seinen Kopf wandte, riß eben der Knabe des Knechtes Furke aus der Erde, um sie dem Hunde nach dem Leib zu stoßen.

Doch gleichwie von Eisenklammern fühlte er seine Hand von einer anderen gepacket. »Erschlag nicht deinen Hund!« rief über ihm der Wildmeister, »du könntest das später einem Menschen thun!«

»Und er sah mich so furchtbar an«, sagte der Junker, da er es mir erzählte, »ich meint, er wolle mich gar selbst erschlagen! Dann aber legte er sanft den Arm um mich und sprach: ›Das ist dein Blut, mein Kind; wir müssen wissen wogegen wir zu kämpfen haben!‹ Und so, mit einem Worte, rief er den Hund, der mit gesenktem Kopfe von dem Igel abließ.«

Der Wildmeister war wohl selbst ein jähzorniger Mann gewesen, aber er hatte gelernt, sich zu besiegen; davon erhielt ich Beweis in eigener Gegenwart. Unser Pastor war in der Stadt zum Diaconate präsentiert, und ich hatte Lust zu seiner Nachfolge hier im Dorfe. So ging ich zum Herrn Obersten, um mein Anliegen vorzubringen, aber ich traf ihn nicht in der besten Laune. Er hatte ein Schreiben in der Hand, mit dem er in seinem Zimmer auf und ab ging; die Tante Adelheid hatte sich bei meinem Eintritt mit einem Kopfaufwerfen durch die Seitenthür davonbegeben.

»Hat Er bei mir zu klagen, Magister?« sprach der Oberst, als ich meine Sache vorgetragen hatte, und da ich das verneinte: »So bleib Er! Er ist noch jung! Machen wir es gleich unserer Herzoginwitwe mit dem sechsjährigen Herzog, gehen wir nach Stockholm! Es wird auch dort für Ihn zu sorgen sein; Er kann doch nicht von meinem Buben lassen!«

Und da ich über solche Rede erstaunet und auch das letztere die Wahrheit war, so hatte ich nicht allsogleich die Antwort.

Da klopfte es; und auf ein heftiges »Herein« des Obersten war der Wildmeister in das Zimmer getreten. Aber jener beachtete ihn nicht. »Es ist hier nimmermehr zu hausen«, sprach er weiter; »die vormundschaftliche Regierung ist der Görtz, der steckt die Hälfte in die eigene Tasche und hat doch nie genug; und dabei kein Landtag und kein Landgericht! Aber hier ist einer« – und er schüttelte das Schreiben in seiner Faust-, »der hat mir

Handgeld für Grieshuus geboten! Freilich, die Tante ist in hellem Brand darüber.«

»Herr Oberst«, sagte der Wildmeister, »Sie werden Grieshuus doch nicht verkaufen wollen?« Und da ich ihn ansah, war es wie eine Angst in seinem Antlitz.

Der Oberst war stehengeblieben. »Und weshalb nicht?« frug er scharf.

Und der Wildmeister entgegnete ruhig: »Weil es das Erbe Ihres Sohnes ist.«

»Ja, freilich; doch ich bin der Vormund meines Sohnes.«

»Aber«, sagte der Alte, und in seiner Stimme war ein heimlich Beben, »Sie sind ein Fremder hier; doch Ihres Sohnes Ahnen, Jahrhunderte hinauf, schlafen dort unten in der Kapellengruft.«

»Da hat Er recht, Wildmeister«, entgegnete der andere verdrossen, »und der Großvater ist zum Glücke nicht dazwischen!«

»Herr Oberst!« rief der Alte mit seiner vollen Stimme und stand hoch aufgerichtet vor ihm; er war todtenblaß geworden, und ein Paar herrische Augen fielen so drohend auf den Oberst, als ob er ihn von Haus und Hof verjagen wollte.

Und eine Weile sahen sich die beiden an. »Wer ist Er eigentlich«, sprach der Hausherr, »daß Er also zu mir redet?«

Da schien der Alte seiner Sinne wieder Herr zu werden. »Ich bin um andere Dinge hergekommen«, sprach er nach einer Weile, »und bitte, daß Sie mich hören wollen!« Und auf des Herrn finsteres Nicken: »Hans Christoph ist gestern unten in der Stadt gewesen; der Magistrat hat dort beschlossen, den Hafen mit einem neuen Bollwerk einzufassen: ich dächte, das Eichenholz könnte wohl von hier dazu geliefert werden!« Und er begann dann, seine Pläne zu expliziren. Der Oberst, der erst zornig auf und ab gegangen war, stand endlich still und frug und hörete wieder. Ich aber beurlaubte mich und dachte wiederum der Worte meines Vetters.

Als aber die Lieferung des nöthigen Eichenholzes mit dem Magistrate abgeschlossen war, so ließ der Wildmeister Schneißen durch die Wälder hauen, da wo sie am dichtesten waren und das Raubwild seinen Unterschlupf bewahrete; denn solcherweis entstanden kleinere Vierkanten und war selbigem leichter beizukommen.

Sodann im Herbste stellte er eine Treibjagd an; denn schon im Sommer hatte er die besten Hunde vom Hofe alle auf den Wolf dressieret, und die Dorfburschen, so im Wald gehauen hatten, waren derzeit bei einzelnen Jagden schon unterwiesen worden. Noch seh ich es vor meinen alten Augen! Der Herr Oberst, welcher dazumal seiner Gesundheit insonders froh war, ritt selber mit hinaus, und neben ihm der Junker Rolf auf einem feurigen arabischen Pferde; das war bläulich, mit weißem wehendem Schweif und Mähnen, und hatte der Vater es ihm kurz zuvor verehret. Es war sehr klug. »Gieb acht«, sagte der Junker manches Mal im Scherze, »nun wird's bald sprechen!« und nannte es Falada nach dem Märlein.

Ich stand an jenem wonnigen Morgen des Augustmondes vor meinem offenen Fenster und sah, wie sie in das Heidethal hinabritten, von dessen Blüthe der Würzeduft zu mir hinaufstieg. Welch anmuthsvolles Bild, als im ersten Anlauf der Junker auf seinem federschnellen Roß dem Herrn Oberst weit vorüberschoß, dann aber leicht sein Thier sich wenden ließ und zierlich grüßend, sein Käpplein in der Hand, mit wehendem Goldhaar zu dem Vater wiederkehrte!

Ich aber, der ich nicht reite und nicht jage, blieb daheim; erst gegen Mittag ging ich vor dem Thorhaus draußen im Sonnenscheine auf und nieder, und allmählich scholl es mit Hallo, mit Pfeifen und Trommeln aus dem Walde; Hundegebell, Schüsse und Geheul klang durcheinander; und dann erst nachmittages kam hinter unseren beiden Reitern ein Wagen mit dem erlegten Wilde die Heide hinaufgefahren, redend und schreiend die Treiber mit den Hunden hinterdrein.

Mein Vetter war nicht Diaconus geworden, und vom Verkauf des Hofes hörte ich nichts mehr. Aber eines kam itzt, welches ich hier bemerken muß: die braune Abel, die sich auch gestrecket hatte, begann wie eine Katz um unseren Junker herzustreichen. Kreuzte er ihr den Weg, dann stand sie still, bis er vorüber war; so zwar, als ob sie keine Achtung von ihm nähme; denn sie wandte kaum den Kopf zu ihm; doch hab ich wohl gewahret, daß ihre dunkeln Augensterne bis in die äußersten Winkel ihres Auges drängten und ihm also heimlich folgeten; auch hatte sie itzt ob eine Blume oder einen Fetzen rothen Bandes sich an ihr braunes Haar geheftet und trachtete überall ihm zu begegnen.

Eines Abends im August, da alles Gesinde schon in den Betten lag, promenierte ich einsam, meiner fernen Mutter denkend, im Gärtlein hinter der Westseite des Hauses, das der Oberst schon zu Anfang seiner Ehe angeleget und gegen das grobe Raubzeug mit einer hohen Mauer hatte umschließen lassen. Die Singvögel waren schon zur Ruh gegangen; aber der Würzeduft von Nelken und Jasminen erfüllete ihn ganz; die Sterne schimmerten so ruhig, es war eine warme Sommernacht.

Da ich eben auf dem breiten Steige an dem Hause hinaufging, hörte ich unfern eine Eule schreien, die ich für den frechen Waldkauz wohl erkannte; dann war es wieder, als ob in einen Baum geworfen würde, und es polterte etwas durch das Gezweig zur Erde. Ich stand still; es kam noch einmal, und »Ksch, ksch!« rief eine kleine zornige Stimme; »flieg doch zu deinen Teufeln!«

›Wer ist das?‹ frug ich mich selber; und wiederum, schon ganz in meiner Nähe, fiel etwas durch die Zweige eines großen Dornbaumes; aus einem offenen Fenster zur Seite einer Gangthür, so aus dem Hause hier in den Garten führete, rief eine müde Stimme, wie aus schweren Kissen: »Laß nur den Vogel, Kind; die Nacht bleibt doch lebendig!«

Und im Sternenschein sah ich eine halb aufgeschossene Dirne, schier im bloßen Hemde, in dem offenen Fenster stehen. »Abel!« rief ich, »führest du Krieg hier mit den Eulen?«

»Ja, Herr Magister!« rief das Kind fast weinend, »sie will nicht weg; meine Möddersch kann nicht schlafen!«

Da ich unter den Baum trat, flog die Eule ohne Laut davon; aber aus den Zweigen fiel es noch einmal auf den Grund, und da ich mich bückte, lagen Schuh und Kloppen und Bürsten rings umher. »Du bist ein schlechter Schütze«, sagte ich, »und morgen wirst du hier zu sammeln haben; die Eule ist fort, leg dich nun schlafen!«

»Aber morgen«, entgegnete sie hadernd, »ist sie wieder da!« Dann rief sie rückwärts in das Zimmer: »Wartet nur, Möddersch; ich komme jetzt schon gleich!« Und ein Nachthauch blähete das Linnen um ihre Kniee und trieb die feinen Härchen um ihr Antlitz.

»Sei ruhig, Abel«, sagte ich, zu ihr hinantretend, »vor morgen nacht soll die Eule hier geschossen sein.«

Da huckte sie sich eilig nieder, und das Hemd auf ihre Füße ziehend, bog sie ihr Köpfchen hinaus, daß die dunkle Haarflechte über ihre Schulter fiel. »Dank; gute Nacht!« sagte sie leise und streckete mir den hageren Arm entgegen, so daß ich ihre Hand ergreifen mußte.

»Gute Nacht, Abel!«

Dann klappte das Fenster zu, und ich vernahm noch, wie sie drinnen mit leichten Füßen auf den Boden sprang.

– – Erst nach Jahren wurde es mir klar, weshalb ich in der Nacht darauf fast widerwillig nur geschlafen hatte. Aber da ich folgenden Tages meinen Junker bitten wollte, daß er den Ruhestörer schieße, überfiel es mich wie eine Scham; denn er achtete das Mädchen schier gering und schien von ihrem Treiben nichts zu merken. So sprach ich nur: »Die alte Matten kann davor nicht schlafen, Rolf!«

Da war er gleich bereit und abends, wo der Himmel, wie gestern, mit allen Sternen leuchtete, schlichen wir mit einander auf dem Gartensteige, der Knabe die gespannte Flinte in der Hand. Mir war, ich weiß es nicht, weshalb, beklommen, so daß ich aufschrak, als plötzlich der mißfällige Schrei des Kauzes aus dem Dornbaum scholl; Rolf aber trat behutsam näher; ein Schuß krachte, und ich hörete, wie der getroffene Vogel durch die Zweige fiel. Doch im selben Augenblicke wurde die Gangthür aus dem Hause aufgerissen; und ich sah wohl, daß es Abel war, denn so gleich einem Vogel konnte hier keine andere fliegen, auch schimmerte ihr graues Kleidchen in der Abendhelle; ich sah es, sie hatte die Hände des Junkers ergriffen und küßte sie wohl zu hundert Malen.

Er schien sie erst nicht zu erkennen; dann aber rief er: »Bist du toll? Ich will nicht deine Küsse; der Schuß war nicht für dich!« Und da das heftige Kind nicht allsogleich von ihm abließ, stieß er sie voll Zorn zurück, daß sie stolperte und mit einem Wehschrei ihr Antlitz auf den Boden schlug.

Rolf war im Augenblicke bei ihr, um sie aufzuheben. »Nein,

nein!« schrie sie und stieß mit beiden Händen gegen ihn; dann wie eine Katze war sie aufgesprungen und laut weinend durch die Gangthür in das Haus verschwunden.

Rolf wandte sich und schien seiner Beute nachzusuchen. »Das war nicht gut«, sagte ich, »daß du des Kindes Dank so von dir stießest! Sie wird sich arg zerschunden haben.«

Da war er zu mir getreten. »Lassen Sie es gut sein, Herr Magister«, sagte er; »das heilt schon wieder. Es ist kein Unglück, daß ich nicht bin wie meiner Mutter Vater; die alte Matten wird nun schlafen können.«

Er hatte das also ernst gesprochen, daß ich ihm nichts entgegnete; denn es war mir kund geworden, daß seine Großmutter eines geringen Mannes Kind gewesen und sein väterlich Geschlecht darob zu Grund gegangen sei.

Aber mit der Abel war's, als ob sie sich seitdem vor aller Welt verstecke; nur einmal, an der Küche, huschte sie an mir vorüber, und ich gewahrte, daß von der Stirne abwärts ein blutrünstiger Streifen ihr zart Gesicht verunzierte.

Da redete ich mit unserem Herrn und mit der alten Matten, und das Kind wurde bei guten Leuten in der Stadt untergebracht; es wurde auch für einige Unterweisung dabei gesorgt, darob ich eine sonderbare Befriedigung in mir verspürte.

In diesem Sommer waren manche Wölfe eingebracht; die Schüsse aus dem Walde hörte ich öfters, wenn ich in der Nacht erwachte; es war, als ob der Alte mit Gewalt itzt sein Revier ausräumen wollte. Nun hingen die Wälder voll Eicheln, und Gott hieß den Wind sie auf die Erde schütteln; da wurden nach manchem Jahr zum erstenmal wieder die Schweine am Rand der Forsten auf die Mast getrieben, und geschahe davon kein Unheil. Aber über den Wildmeister tauchte hie und da Gerede auf, was nicht laut zu werden wagte; denn der Herr Oberst hatte kein Ohr für das, was mit der Zunge Wunden machet. Der Herr Vetter stieß mich an und raunete mir zu: »Geduld, Ehrwürden; wir kriegen ihn noch! Wenn nur Hans Christoph und die alte Matten reden wollten!« Und Tante Adelheid, so sie oben vom Fenster aus den gescholtenen Mann über den Hof schreiten sah, kniff die Lippen ein und schüttelte das Haupt.

So stand es zu Ende des Septembers. Da meldete eines Nachmittags der Wildmeister unserem Herrn, er denke einen und, worüber er sich informiret, den letzten ausgewachsenen Wolf in seinem eigenen Hofe auf sonderliche Art zu fangen; wenn der Junker es mit erleben wolle, so werde er ihm hernach schon eine Bettstatt richten, denn die Nacht würde wohl darüber einfallen.

Und da der Herr Oberst ihn näher ausgefraget, sahe er mich und den Junker an, die wir dabei zugegen waren. »Das mag auf ihm selber bleiben!« sagte er, indem der Sohn fast mit versetztem Athem zu ihm aufsah. »Und der Herr Magister? Der käme ja dann auch einmal bequemlich auf die Wolfsjagd.« Da danketen wir ihm; und als die Dämmerung sich zu senken begann, gingen wir mit dem Wildmeister über die Heide. Als wir dort waren, wo rechts gegen den Wald hinauf der helle Stein am Tümpel durch das Dunkel schien, raunte der Greis des Junkers Namen, und als dieser dichte zu ihm ging, nahm er seine Hand, als ob ihm hier ein Übles widerfahren könne.

Am Thurmhaus wurde die Pforte in der hohen Mauer, welche den Hof umgab, von dem alten Hans Christoph aufgethan.

»Ist alles vorgerichtet?« frug der Wildmeister.

»Freilich, Herr!« Und mir war, als hörete ich eine Trauer aus den zwei armen Worten.

Ein steinern Trepplein war gegenüber vor der Hausthür; zur Seite unter einem Fenster ein desgleichen Sitz. Ich merkete mir alles, denn ich war noch nimmer hier gewesen. – Der Wildmeister ging mit uns in das Haus und in den oberen Stock hinauf, wo er uns in ein geräumiges Gemach brachte, das ein gewölbet Fenster, wohl mit dem Ausblick auf den Hof und über die Heide und seitwärts auf die Wälder, hatte; aber es war noch dunkel und nichts zu erkennen, denn eben erst kam im Osten die röthliche Scheibe des Mondes über den Rand der Erde.

»Wir müssen warten«, sagte der Alte; »wir dürfen heut kein Licht entzünden!« Und er drückte uns auf zwei Stühle nieder, während er selber wieder nach unten hinabschritt.

Noch bevor er wieder bei uns war, kam vom Hofe herauf das klägliche Geschrei eines Zickleins, das je mehr, um desto stärker wurde. Als er dann hereinkam, sprach er: »Tretet nun ans Fenster!« Und da das geschehen, sahen wir unten ein weißes Zicklein, das von einem aus dem Hause an einem Stricke vor der Thür gehalten wurde und zeitweilig seinen Lockruf in die Ferne schrie; denn der Mond war eben seitwärts von Grieshuus emporgestiegen und warf jetzt einen Schimmer draußen über den Mauerrand. Da sahe ich zwei Seile, die von dem Thor in unser Zimmer gingen, und der Wildmeister wies uns, wie er dasselbe damit aufthun und verschließen könne; aber er hielt es noch verschlossen.

Der Junker lugte mit heißen Wangen hinaus. »Wo sind die Hunde?« frug er.

»Eingeschlossen; wir brauchen sie heute nicht.«

Der Junker nickte.

»Es ist eine Wölfin«, sagte der Alte; »ein wild und grausam Thier, denn sie hat spät gewölfet; wenn sie abends ausgeht, ist kein Hausthier mehr draußen, und das Kleingewild verkriecht sich in die Erde.«

Ein seltsames Geräusch drang ins Gemach, das einem Schnarchen glich. »Hört!« sagte der Junker hastig.

Aber der Alte wies nach der Zimmerdecke und sprach kopfschüttelnd: »Das sind nur meine Eulen, Kind! Ein Jäger muß geduldig sein.«

Der Mond hatte indeß das Zimmer mit sanftem Licht erfüllet, und ich sahe, daß es mit alten Geräthstücken versehen war, so ich sonst auf dem Boden oder in den Seitenräumen zu Grieshuus gesehen hatte; ein ungeheurer Eichentisch in des Zimmers Mitte nahm wohl ein Viertheil alles Raumes ein; da herum eine Anzahl ungefüger Stühle; am Fenster stand ein Tischlein mit ausgelegten Feldern. Der Wildmeister führte uns wieder zu den Stühlen und setzte sich selber neben Rolf. Dann begann er von seinen Jagden zu erzählen, in Preußen, Schweden, auch im Jura; er hatte ein brav Stücklein von der Welt gesehen. Aber oftmals hielt er inne und blickte auf den Knaben, der sich an ihn lehnete. »Du bist müde, Rolf«, sagte er.

»Nein, o nein; ich bin nicht müde; erzählet nur!«

Aber der Greis legte von seinem Stuhle aus den Arm um des Knaben Schulter, daß dessen Haupt an seiner Brust zu ruhen kam, und sprach dann langsam weiter. Und bald vernahm ich, wie des Junkers Athemzüge anders würden. Er schlief; denn es mochte gegen Mitternacht sein, was ihm ungewohnte Stunde war. Da neigte der Alte sein Haupt an das des Knaben und zog ihn mit beiden Armen an sich. »O lieber Gott im Himmel, die Lieb ist gar zu groß!« So hörete ich ihn murmeln, und dann kam ein Stöhnen tief aus seiner Brust. Aber der Knabe schlief, und der Mond rückte weiter und warf sein Licht auf beider Antlitz. Gnädiger Gott, Allwisser, ich war doch schier erschrocken; die beiden mußten eines Stammes sein! So ähnlich erschienen mir in diesem Augenblick das alte und das junge Antlitz.

Der Greis saß schweigend und wandte seine Augen ins Gemach, als suchten sie etwas, das einst hier gewesen sei; da drang von unten ein Knurren der großen Hunde durch die Dielen, und mir war, als ob Hans Christoph sie zu stillen suche; dann schrie das Zicklein vor dem Hausthor, und ich meinete zu hören, daß von draußen etwas an der Hofmauer hinaufspringe, aber dorten wieder hinunter auf den Boden falle.

Der Wildmeister richtete sich auf, und ich sahe, wie er den Kopf des Junkers sanft zurückbeugte. »Wach auf, Kind!« sagte er; »der Wolf ist da!« Dann stund er auf, und der Knabe öffnete die Augen und schüttelte sein Haar zurück. Der Alte stieß mit einer Büchse, die er von der Wand genommen, kaum hörbar auf den Boden. »Nun komm, Rolf!« Und er faßte seine Hand und zog ihn an das Fenster. Draußen fiel das Raubthier, als wolle es sie zerbrechen, mit den Tatzen gegen die Planken des Hofthors; da griff der Wildmeister an die Leine, und ich, der ich gleichfalls an dem breiten Fenster stand, sahe nun den einen Thorflügel zurücksinken; aber dahinter war nur der leere Grund, auf welchen das Mondlicht schien. Der Wolf war fort und schien nicht rückkehren zu wollen. Wir standen lange, und ich dachte: ›Warum ließ der Alte nicht zu Anfang gleich das Thor geöffnet; denn nun scheuet sich das Thier? Oder wollte er nur um so länger sich des Knaben freuen?‹

Aber endlich, als ich wieder hinsah, stand auf dem leeren Flecke eine Kreatur, einem dürren, hochbeinigen Hund vergleichbar, und schritt, fürsichtig um sich lugend, in den Hof; stand still, warf den Kopf empor und schritt dann wieder weiter. Schon wollte es zum Sprunge ansetzen, jedoch im selben Augenblicke klappte hinter ihm das Thor; ein lothrechter Riegel fiel mit Gewalt herunter, und das Zicklein war in das Haus hineingezogen.

Der Alte nickte, indem er den einen Fensterflügel aufstieß. »Siehst du ihn?« frug er und wies nach einer Ecke des Hofes; aber wir sahen ihn nicht, denn es lag dort tiefer Schatten; nur zwei glimmende Punkte drangen von dorther durch das Dunkel.

Der Wildmeister legte die Büchse in des Knaben Hände. »Das ziemet dir«, sprach er; »es ist der letzte Wolf in deinen Wäldern.« Der Junker legte das Schießwerkzeug an seine Wange; aber da das schlagende Herz des Knaben dessen Arme zittern machte, hielt ihn der Alte mit der Hand zurück. »Halt, Rolf; ein so gestellet Thier darf nicht gefehlet werden!«

Da wandte ich mich um; ich wollte Weiteres nicht sehen.

»Nun schieß!«

Der Alte hatte es gesprochen; und es gab einen Krach, und durch die Dielen kam ein tobendes Geheul herauf. Noch hörte ich, wie der Wildmeister mit dem Knaben nach dem Hofe hinabging; dann, wie sie draußen mit Hans Christoph das erschossene Thier aus seinem Winkel zogen.

– – »Ihr möget kein Blut sehen, Herr Magister!« sprach der Alte zu mir, da sie beide wieder in das Zimmer traten.

»Ihr saget es«, entgegnete ich; »ich dachte an die Jungen des erschossenen Mutterthieres.«

»Das ist nun so«, sprach er und stand in sich versinkend vor mir; »'s ist doch kein schwanger Weib, aus dessen Schoß sich noch ein unreif Kind losreißen muß. Aber die jungen Wölfe sollen nicht verkümmern; ich und Hans Christoph«, sprach er wieder lauter, »holen sie noch heute nacht; so lange wir die Brut nicht haben, ist der Wald nicht rein.«

Dann entzündete er ein Licht mit seinem Zunderkästlein, öffnete eine Kammerthür und ließ uns eintreten. Hier stand eine schlichte Bettstatt, davor ein großer Sessel, ein Mantel lag darüber.

»Ihr werdet hier schon schlafen können«, sprach er freundlich; »und habet somit gute Nacht!« Er reichte mir die Hand, küßte den Knaben, und wir hörten, wie er durch das andere Zimmer fortging.

Ich setzte mich in den Sessel und deckte mir den Mantel über,

Rolf warf sich angekleidet auf das Bett. Er sprach kein Wort; er hatte den Kopf gestützt und starrte auf die Thür, durch welche der Alte sich entfernt hatte. »Wer war das?« rief er plötzlich, doch als ob er zu sich selber spräche. Da frug ich ihn: »Wen meinst du, Rolf? den Wildmeister?«

Er schien mich nicht zu hören, und der Glanz seiner Augen war gleichsam so nach innen gekehret, als sähen sie rückwärts in die weiteste Vergangenheit; vielleicht, denn es geschiehet ja also, stand er an dem Bette seiner Mutter, die er im vierten Jahre als eine allzeit kranke Frau verloren hatte. Und abermals rief er, jedoch frohlockend: »Jetzt weiß ich es! – Ich soll ihn grüßen!« Und seine Augen warfen wieder ihre blauen Demantstrahlen.

Als aber die Flurthür des anderen Zimmers aufging und der Schritt des Alten darin hörbar wurde, der etwa was Vergessenes zu holen kam, sprang er jählings aus der Bettstatt und ging hinein.

Aber die Thür blieb hinter ihm um eine Spalte offen; da sahe ich den Knaben in des Alten Armen hängen, ich sah das alte Gesicht sich auf das junge neigen und viele Thränen aus den alten Augen darauf fallen. Was sie zu einander sprachen, habe ich nicht verstanden, denn es war leise, gleich wie junges Vogelzwitschern. Aber ich stand auf und zog die Kammerthür zu, damit sie ganz allein wären. Ich dachte: ›Schweige! denn, wie Matten sagt, bei Gott ist Rath und That.‹ – – Am Abend des andern Tages sah ich kein Licht da drüben in dem Thurmhaus, und ist auch wohl nimmer wieder eines dort gewesen; denn der Wildmeister hatte sich vom Hofe beurlaubet, nachdem er noch die jungen Wölfe abgeliefert hatte. Hans Christoph sah ich mitunter bei dem Kirchgange, er blickte mich dann traurig an und zog schweigend seine Mütze. Der Vetter raunte mir zu: »Das war des Sünders Glück, Ehrwürden, daß er sich zeitig fortgehoben.« Der Junker aber redete nie von ihm und jener letzten Nacht. Nur der Herr Oberst sprach mitunter: »Das war doch anders, als noch der Wildmeister dort im Thurm hauste!«, denn der neue Förster, der im Dorfe wohnete, wollte ihm nicht behagen.

Anno 1713 war ich schon mehr denn vier Jahre hier als Successor des Pastor Heikens, der nach Wetzlar in der Wetterau berufen worden.

Der Mißwirthschaft in unserem Lande überdrüssigdenn der Geheimrath Görtz riß immer mehr die Zügel an sich und war mit dem Könige nur einig, wo es galt, die Stände und das Land zu drücken –, hatte der Herr Oberst schon Anno 1707 den Junker nach Stockholm gesandt, woselbst er als Page und Leibdiener unserer Herzogin eingestellet wurde; nach deren im darauf folgenden Jahre bereits erfolgtem traurigen Absterben trat er als Fahnenjunker in die schwedische Miliz und hatte nunmehr geschrieben, daß er als Lieutenant bei den Dragonern war installiert worden.

Auf Grieshuus saß nun der Oberst mit dem Vetter und der Tante Adelheid in großer Stille; auch machte die Wunde ihm gar oft zu schaffen. Jeden Montagabend brachte ich dorten zu; dann sprachen wir von unserem stolzen Knaben. War ein Brief gekommen, so mußte ich ihn vorlesen; Tante Adelheid hielt dann ihre Spindel müßig auf dem Schoße, und der Vetter rief dazwischen: »Nun, Ehrwürden, was saget Ihr zu unserem discipulus?« Dann nickte der Oberst lächelnd von seinem Kanapee, worauf er mit seinem kranken Beine lag. Um zehn Uhr ging ich wieder hinab nach meinem noch weit stilleren Hause in dem Dorfe; denn ich war noch unbeweibet. Die Abel war noch immer bei denselben Leuten in der Stadt, die ihrer nicht entrathen mochten; sie hatten einen Kramladen, und das Mädchen war zu einer braven und anstelligen Jungfer aufgewachsen; in den Laden kam wohl mancher ihrethalben, der anders nicht gekommen wäre. Ich aber dachte schon lange, sie mir zum Weibe zu gewinnen.

Von Wölfen wurde seit des Wildmeisters Abgang ferner nichts gespüret, und es konnte auch ein Kind itzt ruhig durch die Wälder gehen; aber über der Thorfahrt und im Thurmhaus wohnte niemand mehr, und von hüben und von drüben leuchtete kein Licht mehr nach der Heide. Auch von dem Nachtspuk dorten hörte ich nichts wieder.

So war es im Januarius des gedachten Jahres. Der gewaltige Kriegsfürst Carolus XII. war seit der schweren Niederlage bei Pultawa fern in der Türkei geblieben; da erhuben sich alle seine Feinde, zuerst die Russen und Sachsen und der Dänenkönig Friedrich IV., der sich in dessen deutschen Herzogthümern Bremen und Verden in seinem Übermuthe von den Unterthanen hatte huldigen lassen; aber der schwedische Feldmarschall Steenbock schlug ihn bei Gadebusch und ging bei Lübeck über die Grenze in unser armes Land. So hatten wir wieder einmal alle Molesten des Krieges und waren doch im Frieden mit Dänen wie mit Schweden. Der Steenbock zog plündernd und brandschatzend bis in unsere Gegend, und mußten die drunten in der Stadt zum Willkommen allsogleich fünfhundert Tonnen Vierthalerbieres und fünfhundert Tonnen Brotkorn zu dessen Armee liefern.

Grieshuus war wohl bisher noch nicht berühret worden, aber wir waren hier in anderen Sorgen; denn unser Junker Rolf zog mit in der Armee des schwedischen Feldmarschalls. Einmal, von Pommern aus, war an den Vater ein Brief von ihm gelanget: »Mon cher papa, ich denk, wir kommen auch noch nach Grieshuus; da lasse ich mich bei Ihnen ins Quartier legen, um alles Mißgefüge zu verhüten. Und meine Falada möcht ich wieder reiten, denn unsere Pferde taugen nicht. Lasset das adelige Thier bis dahin fleißig rühren!« Aber der Herr Oberst hatte ihm darauf erwidert: »Suche Dich loszumachen, Rolf; denn der König strecket auch über Grieshuus anitzo seinen Scepter, und er würd es Dir übel danken, so Du wider ihn gestritten hättest.« Es kam keine Antwort; er hat den Brief wohl nimmer erhalten. Aber ein mündlicher Gruß kam unerwartet durch einen Knecht, der unten in der Stadt gewesen war. Aus einer schwedischen Escadron Dragoner, so dorten auf dem Markte ihm vorbeigeritten, hatte er sich rufen hören: »Marten, Marten! Wie geht's zu Hause?« und auf seine fast erschreckte Antwort: »Oh, alles gut, Herr!« nur noch: »So grüß! Ich komme bald!« Dann war die Escadron schon weit; aber der Knecht wußte nun, es war der Junker Rolf gewesen; er hatte ihn nur nicht gleich erkannt mit dem gekürzten Haupthaar und dem leichten Barte.

Solches erzählte mir der Vater, in Freuden halb und halb in Kümmerniß; denn itzo war ich fast jeden Nachmittag ein Stündchen auf Grieshuus. – Am vierundzwanzigsten Januarius aber – es wird das Datum nimmer aus meinem Herzen schwinden – stand ich noch spät abends in dem Schlafgemach der Tante Adelheid und schauete in den hellen Hof hinab und nach dem weiten Himmel, von wo der Mond und alle Sterne auf die Erde schienen. Die Tante vermeinete zu sterben, obwohl der Doktor sie noch ein Dutzend Jahre wollte leben lassen, und ich war, nachdem ich schon nach Haus gegangen, aufs neue geholet worden, um ihr das heilige Abendmahl zu reichen. Die Wachskerzen waren eben ausgethan; sie lag in ihrem Himmelbette und seufzete nach dem Junker, um ihm noch ein ererbet Uhrlein mit Kette in die Hand zu geben. Die alte Matten saß an ihrem Lager, aber das übrige Haus war schon zur Ruhe.

Da ich also in die stille Winternacht hinausschauete und mir beifiel, daß heut und übel Wetter doch nicht allezeit beisammen seien, hörte ich unten von der Thorfahrt her ein Rütteln an dem Eisengitter, das der Herr Oberst in dieser Zeit hatte davorsetzen lassen.

»Auf! auf!« rief eine Weiberstimme, und noch einmal und lauter: »Machet auf; ich bin es!«

Wer war das? Aber ich wußte es schon und ging mit raschen Schritten nach der Thür.

Die Tante rief kläglich aus ihrem Bette: »Will Er mich schon verlassen, Pastor?« Aber ich vernahm es kaum; ich eilte über den Hof und holete den Schlüssel aus des Verwalters Schlafkammer, der seit Nachmittage mit dem Vetter jenseit des Waldes auf dem Meierhofe war.

Der Wind fegte durch die Thorfahrt, es war eisig kalt; draußen aber vor dem Gitter stand ein schlankes Mädchen mit wehenden Röcken, ein Tüchlein um den Kopf gebunden.

»Jungfer Abel!« rief ich und schloß das Gitter auf; »wo kommt Sie doch daher so mitten in der bitter kalten Nacht?«

Aber sie war also außer Athem, sie antwortete nicht, sondern setzte sich nur auf die Treppe, so nach meiner früheren Kammer führte, und ihre kleinen Hände waren schier verklommen.

»Einen Augenblick nur!« sprach sie dann; »aber eilet! Wecket den Herrn Oberst! Ich folge Euch sogleich – nur eilet, eilet!«

Da that ich, wie sie wollte, und ging eilig in das Haus.

Und als der Herr Oberst kaum aus seiner Schlafkammer in das Wohngemach gelanget war, da öffnete sich auch die Thür vom Flur aus, und das Mädchen war hereingetreten; die dunkeln Augen lagen fast schwarz in ihren Höhlen.

Der Oberst saß am Tisch inmitten des Zimmers; eine Flasche rothen Weines stand noch vom Abend halb gefüllet neben ihm; er saß bleich und matt in seinem Schlafpelz auf dem Sessel, sein altes Übel plagte ihn itzo sehr. »Abel«, sprach er, »warum kommst du mitten in der Nacht? Hast du Unfrieden gehabt mit deinen Leuten?«

Aber sie schüttelte den Kopf. »Der Wildmeister war in der Stadt!« sagte sie hastig; »aber er wollte erst ein Pferd sich suchen. Da bin ich ihm vorausgelaufen; denn die Schweden haben die Pferde all genommen! Lasset die Knechte wecken, Herr Oberst!« rief sie, indem sie ihm zu Füßen stürzte, »nehmt den besten; er muß reiten, über die Heide und durch die Wälder nach dem Fluß hinunter: aber keine Viertelstunde ist zu verlieren!«

»Was soll das?« sagte der Oberst. »Reiten? Und itzo in der Nacht? Du hast die schlimmen Tage wohl vergessen? Die Kerle fürchten den Teufel oder was sonst heute umgehen soll; ja, wenn der Wildmeister wirklich wieder da wäre!«

Abel hob ihr bleiches Haupt: »Der kommt zu spät, Herr Oberst! – So gebet mir ein Pferd! Gott wird mir helfen.«

»Das ist nicht Weibersache. Aber weshalb soll denn geritten werden? Das müssen wir doch zuerst wissen!«

Das Mädchen sah verwirret zu ihm auf: »Ja, ja, Herr Oberst! Aber der Junker Rolf stehet mit einem Posten schwedischer Dragoner drunten an dem Flusse; er soll die Brücke halten, denn die Russen wollen dort hinüber. Sie meinen in der Stadt, das würd noch Tage ausstehen; aber ich weiß, die Russen kommen noch in dieser Nacht! Lasset den Junker warnen, Herr! Sie könnten sonst alle verhauen werden!«

»Herr Pastor«, sprach der Oberst, nachdem er einen Augenblick todtenbleich, wie suchend, um sich her gesehen, »wollte Er die Knechte wecken?«

Und so ging ich hinaus und schüttelte die Kerle aus ihren schweren Betten. Als ich ihrer drei beisammen hatte, trat ich mit ihnen wieder in das Zimmer und hörete den Oberst zu dem Mädchen sagen, das an seinem Sessel stand: »Hätte ich den Verwalter nur nicht fortgesendet! – Ich selber?« Und er wiegte wie rathlos seinen Kopf. Als er aber die Knechte sahe, welche sich schläfrig an den Thüren aufstellten, rief er: »Nun, Leute, wer von euch will eurem jungen Herrn zuliebe heute nacht noch einen Ritt thun?« Und er berichtete, was zu wissen ihnen noth war. Aber sie antworteten ihm nicht, schielten sich an und stießen sich mit den Ellenbogen.

»Es soll nicht euer Schade sein!« sprach der Oberst wieder und bot ihnen eine Summe Geldes.

Da sagte der größte von den Kerlen: »Herr, wir haben ja die schlimmen Tag'; man lebet doch nur einmal.«

»Wisset ihr«, rief der Oberst, »daß ihr des Junkers Leute seid? Ich kann euch schicken, ohne euch zu fragen!«

Und da sie abermals schwiegen, schlug das Mädchen wie in Zorn und Verachtung die Hände ineinander: »Die würden nicht zum Heile reiten; aber gebet mir das Pferd, wenn sich die Mannsleut fürchten!«

»So nicht, Jungfer Abel!« rief ich; »ich bin kein Reiter; aber so man mich verlanget, bin ich gleich Ihr dazu bereit!«

Da, während sich allmählich ein Haufen Gesindes in das Zimmer gedrängt hatte, wurde unten die schwere Hausthür aufgestoßen: es kam die Stiegen zu uns herauf, hastend und doch mühsam; und alle Köpfe wandten sich. »Der Wildmeister!« rannte es unter den Leuten; »das ist der Wildmeister!« Sie wichen alle zurück, als die große Gestalt des Greises in das Zimmer trat. Aber er schritt nicht mehr aufrecht wie vor Jahren; er schien in diesem Augenblick wie am Ende seines Lebens. Trotz der eisigen Nachtkälte draußen rann der Schweiß in Tropfen ihm in den weißen Bart; er wollte sprechen, aber der Athem versagte ihm, und er neigte sich nur stumm vor seinem früheren Herrn.

Der reichte ihm beide Hände und sprach: »Ihr seid krank, Wildmeister; aber ich danke Euch, daß Ihr heut gekommen seid!«

Da erhielt der Greis die Sprache wieder: »Nur alt, Herr Oberst; geben Sie mir einen Trunk von jenem Wein!«

Der Oberst schenkte den großen Glaspokal zum Rande voll, und der Alte trank durstig bis zum letzten Tropfen. Und allmählich richtete er sich auf. »Wer ist zur Brücke?« frug er.

»Niemand!« sprach der Oberst.

Vom Kirchthurm unten aus dem Dorfe schlug es Mitternacht, und alle wandten das Haupt, um dem Schalle nachzuhorchen.

»Es ist Zeit!« rief der Alte und stand aufrecht, wie wir vor Jahren ihn gekannt hatten. »Gebet mir des Junkers Pferd Falada, so soll die Erde uns nicht lange halten!«

»Gehe, Marten«, sprach der Oberst, »und sattle die Falada!«

Und der Knecht trollete sich schweigend, und die andern Knechte und die Dirnen gingen mithinaus. Der Oberst reichte dem Wildmeister die Hände: »Ihr seid der Alte noch! Wir harren Euer, bis Ihr wiederkehret; und Gott geleite Euch!«

Doch als dieser sich zur Thüre wandte, stand Abel vor ihm, mit ihren großen schwarzen Augen zu ihm aufblickend. »Ich darf nicht«, sagte sie; »aber, Herr, Ihr werdet nichts versäumen!«

Da neigte der noch immer aufrechte Mann sich zu ihr, nahm den kleinen Kopf des Mädchens zwischen seine Hände und küßte sie liebevoll auf ihre Stirn. »Nein, Kind, so Gott will«, sagte er leise; »ich liebe ihn ja noch mehr als du!«

»Noch mehr?« murmelte das Mädchen und schüttelte finster mit dem Haupte. Das sah ich noch; dann war ich mit dem Wildmeister draußen vor dem Hausthor. Da stand schon die Falada, von dem Knecht gehalten; das edle Thier streckte den Hals und wieherte grüßend in die helle Nacht hinaus; der greise Mann aber reichte mir die Hand. »Lebet wohl, Herr Pastor!« sprach er, »betet für mich, Ihr kennet ja das Wort der Schrift: Unstet und flüchtig sollst du sein auf Erden! Noch dies; dann, hoffe ich, wird Ruhe sein.« Und da er mich itzt ansahe, war mir, als schaue ein lebenslanger Gram aus diesem edlen Antlitz.

Er bestieg das Roß, wandte es und ritt über den Hof zum Thore hinaus; ich aber ging ihm bis an den Rand der Mulde nach und sah noch eine Zeitlang die hellen Mähnen seines Rosses in der dunklen Heide fliegen.

– – Als ich die Treppe im Herrenhause wieder hinaufstieg, hörte ich die Thür des Krankenzimmers gehen, und mit ihrem Krückstock kam die blinde Matten daraus hervor.

»Wo will Sie hin, Matten?« frug ich.

»Zum Herrn«, entgegnete sie kurz; »aber faß Er mich an, Magister!«

So ging ich mit ihr hinein. Der Oberst saß wieder in seinem Sessel; Abel stand neben ihm, als sei sie gelähmt.

»Verzeihet, Herr!« sagte die Alte; »wir hören die Dirnen reden, und das Frölen Adelheid traget danach: Was ist mit dem Junker?« Dann hielt sie inne: »Ist hier noch jemand mehr zugegen?«

»Deine Abel«, sprach der Oberst; »sonst niemand.«

»Abel? Nein, die ist unten in der Stadt; das sei Gott geklaget, denn da ist rauhe Wirthschaft itzo.«

Aber das Mädchen ging zu ihr und berichtete, was sie hergetrieben hatte. Die Alte stand gebückt und lauschte. »Wer soll denn reiten?« frug sie.

»Der Wildmeister, Möddersch; denn der ist wieder da und gleich nach mir hieher gekommen.«

Die Alte hatte sich aufgerichtet: »Der Wildmeister? Den ihr hier den Wildmeister geheißen habt? Wo ist der? Der darf nicht reiten!«

»Was redest du da wieder, Matten?« sprach der Oberst. »Ein Besserer wär nicht zu finden. Er ist schon fort; er muß bald mitten in den Eichen sein.«

Da fiel die Alte auf die Knie, und ihren Krückstock; in die Höhe streckend, rief sie: »So stehen sie beide bald vor Gottes Angesicht!«

Das Kerzenlicht, welches allein in dem weiten Gemache brannte, und die Mondesdämmerung, welche durch die hohen Fenster schimmerte, erzeugeten ein seltsam wüstes Zwielicht; es war so kalt und öde hier; mir war mit einem Mal, als sei alle Hoffnung längst verloren.

Der Oberst hatte sich erhoben und wandelte hinkend auf und ab. »Die Stunde ist schwer, Matten«, sagte er; »mache sie nicht schwerer durch deine Thorheit.«

Die Alte entgegnete nichts, sie schien zu beten; doch Abel hob sanft und schweigend ihr altes Möddersch auf. Ich hörte, wie sie langsam den Korridor entlang und nach dem Krankenzimmer gingen.

– – Der Herr Oberst und ich waren itzt allein. Vom Dorf herauf kam mit dem Wind ein Schlag der Thurmglocke. »Eins!« sagte der Oberst.

»Ja, eins!« wiederholte ich; »vor vier Uhr kann der Wildmeister nicht zurück sein. Wollen der Herr Oberst sich nicht zur Ruhe legen bis dahin?«

Aber er schüttelte den Kopf: »Wenn Er, Magister, mit mir wachen wollte?« Und da ich dessen ihn versicherte, zog er den Glockenstrang. »Vielleicht, er könnte selber kommen!«

Ich schwieg; aber eine Magd kam, und bald entzündete sie ein mächtig Feuer in dem großen Ofen, und der Oberst hieß sie seinen Sessel und einen Stuhl für mich davor tragen.

Hier haben wir bei einander in der Nacht gesessen. Ein leichter Wind flirrete vor den Fenstern, und unterweilen ruckten wohl einmal die Wetterfahnen auf dem Dache. Sonst war alles still; nur wenn die Stunde wieder voll wurde, kam der Glockenschlag vom Dorf herauf. Geredet haben wir nicht viel mitsammen; des Obersten Gedanken mochten bei dem Sohne sein, auch wohl den greisen Reiter durch den Forst begleiten; denn einmal streckte er jählings beide Arme aus und rief als wie aus Träumen: »Gott schütz sie beide!«, schwieg dann aber wieder oder sprach dazwischen: »Wie weit mag's in der Zeit sein, Pastor?« – Ich selber aber – denn so voll selbstsüchtigen Gebarens ist unser Herz –, ich dachte allendlich doch immer wieder an Abel, und in meinen Gedanken summete dann allzeit ein Gebet: »Ja, schütze ihn, mein Herr und Gott; aber das Herz des Mädchens, das mein Glück ist und das ihm nicht tauget, das wende du zu mir und gib uns deinen Segen. Amen!«

Das Feuer im Ofen war längst verloschen; itzt prasselte auch das Licht auf und sank dann zusammen. Es wurde fast dunkel in dem Zimmer, obschon da draußen noch der Mond schien; und da ich wußte, wo das Feuerzeug zu finden, so stand ich auf und entzündete das neue Licht, das bei dem Leuchter lag. So war es wieder wie vorher.

Es mag schon nach fünf Uhr gewesen sein, da hob der Oberst seinen Kopf und horchete nach den Fenstern zu; dann plötzlich richtete er sich völlig auf. »Sie kommen!« rief er. »Hört Er es, Magister?«

Wir traten an das Fenster, sahen aber nichts, denn das Thorhaus ließ durch das Gitter von hier aus nur einen kurzen Blick nach draußen. Ich horchte. »Aber ein Wagen ist dabei, Herr Oberst!« sprach ich.

»Nein, nein; Er täuschet sich.«

Ich horchete wieder, und ich vernahm es deutlich. »Gewiß ein Wagen!« rief ich. »Aber ein Pferd, vielleicht ein Reiter, ist vorauf!«

Und immer näher kam es. »Ein Wagen! Ja, ich höre ihn«, sprach der Oberst. »Was hat der Wagen zu bedeuten?«

Bald trabte ein Reiter durch die offene Thorfahrt. Auf dem Hofe sprang er ab; aber er brachte selbst sein Pferd zu Stalle. Gleich danach höreten wir wieder draußen seinen Schritt; dann trat er in das Haus und stieg die Treppe zu uns herauf.

»Nur der Verwalter«, sagte der Oberst; »er kommt vom Meierhof. Aber wo ist der Vetter?«

Da war der Mann schon zu uns in das Zimmer getreten, stand am Thürpfosten und sah den Oberst an, als habe er Unheil zu verkünden, das den Mund nicht zu verlassen wage.

Sein Herr war auf ihn zugegangen: »Er ist's, Verwalter? Hat Er mich doch schier erschrecket!«

Aber der Mann schien vergebens an einem Wort zu würgen.

Der Oberst wurde unruhig. »So red Er doch!« rief er; »was hat Er mir zu melden?«

Da sprach der andere: »Wir bringen einen Todten.« Und nach einer Pause: »Wir trafen den Wagen vor dem Walde; der Herr Vetter blieb dabei; ich bin vorausgeritten.«

»Den Wildmeister!« rief der Oberst. »Wo habet ihr ihn gefunden?«

Aber der Verwalter starrte ihn an. »Was meinen Sie mit dem Wildmeister, Herr?«

Der Oberst wurde kreideweiß im Antlitz und griff hinter sich nach einem Tische; dann streckte er den Arm und ließ die Hand schwer auf des Verwalters Schulter fallen. »Sag Er nichts weiter; nur – wie habe ich meinen Sohn verloren?«

Aber seine Hand zitterte so gewaltig, daß der starke Mann darunter bebte.

»Herr, wenn Sie es wissen wollen!« sprach er; »überfallen sind sie worden, aber halb im Schlafe doch noch in den Sattel kommen; und ein Kampfgefühl jenseit der Brücken hat sich dann ergeben. Der Junker Rolf auf einem hohen Fuchs war überall voran, aber auch viele Lanzen – denn von solchem Reitervolk sind die Russischen gewesen – haben nach ihm gezielet. Da ist vom Wald herunter ein herrenloses dunkles Pferd herangekommen, mit weißem Schweif und Mähnen, die haben im Mondenschein geflogen; das ist, als sei es rasend, durch die Niederung und über die Brücke auf die streitenden Milizen losgestürmt; die dunkeln Augen haben gefunkelt, es hat den kleinen Kopf nach rechts und links herumgeworfen. ›Das war kein Pferd, wie wir sie haben‹, sagte der schwedische Soldat, der mir das erzählete. Und zwischen dem Junker und einem Offizier, der seine Lanze auf ihn eingeleget, ist es jach hindurchgestoben; aber des Junkers Augen, die er so nöthig brauchte, hat es mitgenommen. ›Falada!‹ hat er laut gerufen, dann –«

»Dann?« stammelte der Oberst.

»Ja, Herr, das ist sein letztes Wort gewesen; denn die Lanzenspitze des Russen hatte ihm das Herz durchstoßen.«

Ich faßte schweigend unseres Herrn Hand; da rollte ein Wagen langsam in den Hof, und wir stiegen hinab und hoben unseren Rolf, den schönen todten Offizier, herunter; wir trugen ihn hinauf in seine alte Kammer und legten ihn auf die Bettstatt; aber nicht mehr, damit er wie einstmals im Morgenroth von seinem Lager springe.

– – Ich hatte den Toten in seines Vaters Hut gelassen; denn mir lag zu sehr am Herzen, was nun zunächst uns zu besorgen oblag.

Da ich aus dem Hof getreten war, sahe ich ein zehnjährig Bürschlein vom Dorf heraufkommen; das erwartete ich, gab ihm eine kleine Münze und sprach: »Gehe ein Stücklein mit mir, Jürgen, falls ich einen Boten brauchte.«

Das war es zufrieden: und so gingen wir mitsammen an der rechten Seite oben durch den Waldesrand, und ich, wie wir fürder schritten, schauete von dorten allzeit über die Heide hin. »Wen suchet Ihr, Herr Pastor?« frug das Kind.

»Mir ist bang, ich suche einen Todten«, entgegnete ich ihm.

Da wurde das Kind gar stille, und wir gingen weiter; aber es drängte sich an mich, wenn Krähen oder Elstern in den nackten Bäumen rauschten. Als wir oberhalb des Steines vor dem Tümpel kamen, streckte es seine Hand dahin. »Sehet, Pastor«, sprach es; »da liegt einer!«

Und als wir durch das Kraut hinabgestiegen waren, da hatte ich gefunden, was ich suchte. Als habe er zu sanfter Ruhe sich gestreckt, lag hier der Wildmeister mit seinem weißen Kopfe an den Stein gestützet. Der Vorbote der aufgehenden Wintersonne war schon da: ein rother Morgenschimmer lag auf dem stillen Angesicht.

Scheu und fürsichtig war der Knabe näher kommen. »Der schläft nur!« sagte er.

Ich aber sprach: »Gehe hin zum Hofe und erzähle, was du hier gesehen; und bitte, daß sie einen Wagen senden; denn hier ist Gottes Frieden und der Schlaf der Ewigkeit.«

Und so knieete ich zu dem Todten und betete, daß Gott Erbarmen haben möge auch mit der Seele dieses Mannes. Der Knabe aber lief dem Hofe zu.

In der Woche vor dem vierten Sonntage Epiphanias standen die zwei Leichen oben in dem großen Saale aufgebahret, und es war der Tag, an welchem die Beisetzung geschehen sollte, denn auch der Wildmeister sollte in die Gruft derer von Grieshuus; so, hieß es, hatte der Oberst es verordnet, weil er sein Leben um den letzten Sohn des Hauses zugesetzet.

Als ich am Vormittage in den Hof kam, fand ich selbigen von Bauern ganz erfüllet, alt und jung, mit ihren Weibern und Kindern und Gesinde; der Oberst, sagte mir einer, habe sie herbestellt. Ich drängte in meinem langen Priesterrocke mich hindurch und trat in das Haus, wo auf dem Flur ein Rauchwerkdüften mir entgegendrang. »Wo ist der Herr Oberst?« frug ich eine Magd.

»In seinem Zimmer«, sprach sie; »aber die alte Matten ist bei ihm; er wünschet ungestört zu bleiben.«

So stieg ich die Stufen der breiten Treppe hinauf und öffnete die Thür des großen Saales. Da waren nur die beiden Todten. Hohe Wachskerzen auf silbernen Candelabern brannten an ihren Särgen, so mit einem Zwischenraume neben einander standen, und die Flammen knisterten leise, als müsse doch irgend etwas sich hier regen hinter ihnen hingen lange Leilaken vor den hohen Fenstern. Und da ich stand und mein Auge nicht von den Leichen wenden konnte, deren Angesichter zu mir gewendet waren, vernahm ich ein Rauschen wie von Weiberkleidern an des Junkers Sarge, und eine dunkle Gestalt, die lautlos dort gelegen, richtete sich empor. Es war Abel, und ich ging zu ihr, reichte ihr die Hand und sagte: »Hat Sie ihn denn so sehr geliebet, Jungfer?«

Sie neigte nur das Haupt und sprach: »Es hat ihm nichts genützet.«

Aber mein Herz erzürnte sich wegen ihrer Trauer für den armen Knaben. »Gottes Barmherzigkeit«, sprach ich hart, »wird alles ihm ersetzen.«

Da sahen ihre dunklen Augen fast gottlos in die meinen, als wollten sie mich lehren, daß nur ein Weib, nicht unser Herrgott selber, was er verloren, ihm ersetzen könne. Mir aber erschien in diesem Augenblick das Schweigen der Todten so ungeheuer, daß auch mein Mund verstummte. Ich blickte auf das starre Angesicht des Knaben, und eine Falte zwischen den fest geschlossenen Augen, so der Tod nicht ausgeglättet, deuchte mir zu sagen, daß er noch itzo seinem Schöpfer zürne, der ihn also früh berufen habe.

Da hatte sich die Thür geöffnet, und unser Herr in voller schwedischer Obristenuniform, den Hut mit Federn auf dem Haupt, war eingetreten; aber seine Wangen waren schlaff und seine Augen müde; ihm folgeten die alte Matten und der Vetter mit der Tante Adelheid, welche der Tod des Knaben von ihrem Bette aufgetrieben hatte.

Nachdem der Oberst zwischen die Särge hineingegangen war, kam es auch draußen die Treppenstufen herauf, und die Leute, so auf dem Hofe gestanden hatten, fülleten nun den ganzen Saal, ja standen überdem noch draußen vor den offenen Thüren auf dem Gange.

Der Oberst hob seinen Hut vom Haupte. »Ich habe euch herbestellet«, begann er mühsam; »ich mußte es, denn mein Mund ist der letzte, der hier noch reden kann.

So höret es! Nicht ich und nicht mein Sohn, den mir der Herr genommen – der Greis hier in dem zweiten Sarge« und er legte seine Hand sanfte auf die des Todten – »ist euer Herr gewesen bis an sein Ende. Aber ihr sahet ihn nicht, und da er kam als ein Dienender, habet ihr ihn nicht erkannt; unstet und flüchtig blieb er nach dem Fluch der Schrift ein langes Leben durch; denn seinen Zwillingsbruder hatte er im jähen Zorn erschlagen. Aber nicht wie Kain den Abel: der Bruder hatte ihm sein Glück, sein junges Weib, getödtet; und da zwang er ihn zum Kampf und erschlug ihn.« Und der Oberst legte die Faust auf seine Brust, daß die Spangen an dem Degenriemen klirrten: »Beim ewigen Gott! Ich hätt ihn auch erschlagen!«

Nach einer Pause sprach er dann noch einmal: »Das habe ich euch sagen müssen, um der Ehre des Todten und um der Wahrheit willen. – Und nun, ihr Alten, die ihr mit ihm jung gewesen, sehet ihn noch einmal an, ob ihr den Junker Hinrich von Grieshaus erkennen möchtet! Und fürchtet euch nicht, denn in seinem Angesicht ist Frieden.«

Da löste sich eine Reihe alter Leute aus dem Haufen, und sie traten langsam, gar einige auf Krücken oder von einem Kinde geführt, zu dem Sarge und blickten gierig und doch mit Scheu in des Todten Angesicht, das auf all ihr Schauen keine Miene regete. Bald aber erhob sich eine oder die andere Hand und strich liebkosend über das Leichenhemde oder gar an die Wange des Leichnams selber, und ich hörete: »Ach ja, der Junker! Unser Junker Hinrich!« Eine Stimme aber rief laut: »Mein Herr! mein guter Herr! Nun hast du deine Bärbe wieder!« Das war der alte Hans Christoph aus dem Dorfe.

Der Oberst hatte sich zu seinem Sohn gewendet; er faßte das schöne todte Haupt in seine Hände und küßte es zu vielen Malen. »Rolf«, sprach er leise; »mein Kind! mein Kind! Vor den Wölfen hat er dich bewahren können; der Wille Gottes ist für ihn zu stark gewesen!«

Die alte Matten stand auf ihren Stock gelehnt und horchete und hielt die Hand ans Ohr und nickte dann, als ob nun alles gut sei. Es war eine rechte Todtenstille geworden, die alten Leute lagen schweigend am Sarge ihres alten Herrn.

»Und nun gehet hinaus«, sprach der Oberst wieder, »und lasset mich ein Weilchen noch bei unseren Todten; dann wollen wir die Letzten ihres Stammes in der Gruft zur Ruhe setzen.«

Abel mit ihrem dunkeln und doch bleichen Antlitz stand zu

Häupten an des Junkers Sarge; als auch sie hinaus wollte, faßte der Oberst ihre Hand: »Nein, bleibe, Kind; und auch Er, Magister; denn die Stütze meines Lebens ist gefallen.«

Die Todten waren beigesetzt, und als hernach die kupfernen Kisten kamen, in welche ihre Särge eingesenket wurden, da ließ der Oberst die Kapellengruft vermauern, wie sie noch itzo ist. Ihn selbst aber hatte die Sippe seines Weibes vor Gericht gezogen; denn es war unerweisbar, wer zuerst gestorben, ob der Junker Hinrich, ob sein Enkel Rolf; war es der letztere, so hatte dessen Vater kein Erbrecht, weder an Grieshuus noch an den Meierhof. Da es aber bei unterschiedlichen Gerichten gelegen, haben sie endlich sich zu gütlichem Ausgleich hergelassen, und der Oberst hat den Hof gelassen und ist nach Stockholm hingezogen. Die Tante ist mit ihm dahin gegangen; der Vetter aber hatte inzwischen wieder Muth gewonnen, er ging zu einem anderen Vetter, bei welchem er sich auch hier im Land zu nähren dachte. »Ehrwürden«, sagte er mir bei seinem Abschied, »wir wären alle hier geblieben, wäre ich in jener Nacht auf Grieshuus statt auf dem Meierhof gewesen!« – Sie sind wohl itzo alle nicht mehr hienieden; denn außer zween Schreiben des Herrn Obersten, bald nach ihrem Abgang, habe ich von keinem etwas mehr vernommen.

Nach dem Begräbnisse aber war das Gerede von den schlimmen Tagen wieder aufgekommen: der Nachtspuk des Erschlagenen habe dem Junker Hinrich nun doch das Genick gebrochen und also ihn und sein Geschlecht vernichtet. Ich aber sage heut wie vormals: Das sind nugae, und es passet nicht zu des Allweisen Güte; das Pferd wird vor dem hellen Stein gescheuet haben, und so ein altes Leben findet bald ein Ende. Doch will ich eines nicht verschweigen.

Am Tage nach der Beisetzung ist ein Bauer auf den Hof gekommen, der hat die Falada am Stricke hinter sich gezogen und gefraget, ob das Thier nicht hier zu Haus gehöre. Eine Meile unterhalb der Brücke habe es am Fluß gestanden, mit gesenktem Kopfe in das Wasser schauend, gleich als wenn es sich besinne und sich nicht einig werden könne, ob es hinüber schwimmen solle oder nicht; aber da er näher gegangen, sei es noch immer so gestanden und habe auch weder um noch aufgeschauet; der Nachtmahr oder sonst was müsse es geritten haben.

Die Knechte kamen und auch der Herr und besahen das Pferd, das sich nicht rührete, und sagten: ja, das sei freilich die Falada, aber es sei vordem ein feueriges und gar kluges Thier gewesen.

Und da es erschrecklich mager war, meineten sie, es müsse nur erst wieder Kräfte sammeln, und führeten es in den Stall, wo es lange Zeit mit Fürsicht gut gefüttert wurde. Aber es blieb dasselbe noch nach Wochen, auch nach Monden; denn die schöne feuerige Falada war hintersinnig worden und zu keinem Ding auf Erden noch was nütze. Da hat der Oberst sich erbarmet und ihr selbst die Kugel durch den Kopf geschossen.

Die alte Matten hatte ich in mein Haus genommen, und da ich sie eines mondhellen Abends holete, ist sie, wie sie mir sagte, gern mit mir gegangen. Als wir auf dem Steige über dem Kirchhofe wanderten, nickte sie nur nach der Kapellenmauer und murmelte wie für sich selber: »Gute Nacht, ihr Christenseelen alle! Gute Nacht auch, Junker Hinrich und du kleiner Rolf! Bei Gott ist Rath und That!«

Und ein paar Jahre hat sie dann noch in Frieden unter meinem Dache gelebt.

In dieser Zeit aber ist aus dem großen Unglück der vornehmen Leute mein allergrößtes Glück erwachsen; denn Abel ist mein ehelich Weib geworden und eure Mutter, du, mein Kaspar, und du, meine Maria! Manchen holden Tag hat sie mir gemacht, und die Frommen haben sie geliebt; aber den »König Enzio« hat sie nimmer doch vergessen können. Da haben wir unsere Liebe für den Todten zusammengethan und die weißen und die rothen Rosen an der Mauer seiner Gruft gepflanzt und allezeit gepfleget. Und fast ein Menschenleben hat der Allgütige mir mein Glück gelassen; itzt ruhet auch sie unter Rosen, die meine Hand allein gepflanzet. Es ist geworden, wie einst Matten sagte: ich habe alle überlebt. Und nicht nur die Menschen; denn Grieshuus ist abgebrochen worden, nur noch Mauertrümmer ragen aus der Erde; die Wälder werden Jahr für Jahr geschlagen, daß bis in unser Dorf hinunter der Sturz der Rieseneichen schallet. So ist es, wie der Dichter singt:

Auf Erden stehet nichts, es muß vorüberfliegen;
Es kommt der Tod daher, du kannst ihn nicht besiegen.
Ein Weilchen weiß vielleicht noch wer, was du gewesen;
Dann wird das weggekehrt, und weiter fegt der Besen.

Ein Doppelgänger

Vor einigen Jahren im Hochsommer war es, und alle Tage echtes Sonnenwetter; ich hatte mich in Jena, wie einst Dr. Martinus, in der alten Gastwirtschaft zum Bären einquartiert, hatte mit dem Wirt schon mehr als einmal über Land und Leute geredet und mich mit Namen, Stand und Wohnort, welcher derzeit zugleich mein Geburtsort war, in das Fremdenbuch eingeschrieben.

Am Tage nach meiner Ankunft war ich nach Besteigung des Fuchsturms und nach manchem andern Auf- und Absteigen spätnachmittags in das geräumige, aber leere Gastzimmer zurückgekehrt und hatte mich sommermüde vor einer Flasche Ingelheimer hinter dem kühlen Ofen in einen tiefen Lehnstuhl gesetzt; eine Uhr pickte, die Fliegen summten am Fensterglas, und mir wurde die Gnade, davon in den Schlaf gewiegt zu werden, und zwar recht tief.

Das erste, was vom Außenleben wieder an mich herankam, war eine sonore milde Männerstimme, welche, wie zum Abschied, gute Lehren gebend, zu einem andern zu reden schien. Ich öffnete ein wenig die Augen: am Tische, unfern von meinem Lehnstuhl, saß ein ältlicher Herr, den ich nach seiner Kleidung als einen Oberförster zu erkennen meinte; ihm gegenüber ein noch junger Mann, gleichfalls im grünen Rock, zu dem er redete; ein rötlicher Abendschein lag schon auf den Wänden.

»Und dessen gedenke auch noch«, hörte ich den Alten sagen, »du bist ein Stück von einem Träumer, Fritz; du hast sogar schon einmal ein Gedicht gemacht; laß dir so was bei dem Alten nimmer beikommen! Und nun geh und grüß deinen neuen Herrn von mir; zur Herbstjagd werd ich mich nach dir erkundigen!«

Als dann der Junge sich entfernt hatte, rüttelte ich mich völlig auf; der Alte stand am Fenster und drückte die Stirn gegen eine

Scheibe, wie um dem Fortgehenden noch einmal nachzuschauen. Ich trank den Rest meines Ingelheimers, und als der Oberförster sich in das Zimmer zurückwandte, begrüßten wir uns wie nach abgetanen Werken, und bald, da niemand außer uns im Zimmer war, saßen wir plaudernd nebeneinander.

Es war ein stattlicher Mann von etwa fünfzig Jahren, mit kurzgeschorenem, schon ergrautem Haupthaar; über dem Vollbart schauten ein Paar freundliche Augen, und ein leichter Humor, der bald in seinen Worten spielte, zeugte von der Behaglichkeit seines inneren Menschen. Er hatte eine kurze Jagdpfeife angebrannt und erzählte mir von dem jungen Burschen, welchen er einige Jahre in seinem Hause gehabt und nun zur weiteren Ausbildung an einen älteren Freund und Amtsbruder empfohlen habe. Als ich ihn, seiner Vorhaltung an den Jungen gedenkend, frug, was für Leides ihm die Poeten denn getan hätten, schüttelte er lachend den Kopf.

»Gar keines, lieber Herr«, sagte er, »im Gegenteil! Ich bin ein Landpastorensohn, und mein Vater war selber so ein Stück von einem Poeten; wenigstens wird ein Kirchenlied von ihm, das er einmal als fliegendes Blatt hatte drucken lassen noch heutigen Tages nach ›Befiehl du deine Wege‹ in meinem Heimatdorf gesungen; und ich selber – als junger Gelbschnabel wußte ich sogar den halben Uhland auswendig, zumal in jenem Sommer« – er strich sich plötzlich mit der Hand über sein leicht errötend Antlitz und sagte dann, wie im stillen seine vorgehabte Rede ändernd –, »wo am Waldesrand das Geißblatt wie zuvor in keinem andern Jahre duftete! Aber ein Rehbock, ein andermal – und das war schwer verzeihlich – die seltene Jagdbeute, eine Trappe, sind mir darüber aus dem Schuß gekommen! – Nun, mit dem Jungen ist es nicht so schlimm; nur der Alte drüben wird schon fuchswild, wenn wir gelegentlich einmal anstimmen: ›Es lebe, was auf Erden stolziert in grüner Tracht‹; Sie kennen wohl das schöne Lied?«

Ich kannte zwar das Lied – hatte nicht auch Freiligrath seinen patriotischen Zorn an dem harmlosen Dinge ausgelassen? – Aber mir lag die plötzliche Erregung des alten Herrn im Sinne. »Hat das Geißblatt auch in späteren Jahren wieder so geduftet?« frug ich leise.

Ich fühlte meine Hand ergriffen und einen Druck, daß ich einen Schrei ersticken mußte. »Das war ja nicht von dieser Welt«, raunte der Mann mir zu, »der Duft ist unvergänglich – – solang sie lebt!« setzte er zögernd hinzu und schenkte sich sein Glas voll hellen Weines und trank es in einem Zuge leer.

Wir hatten noch eine Weile weitergeplaudert, und manche anziehende Mitteilung aus seinem Forst- und Jagdleben hatte ich von ihm gehört, manches Wort, das auf einen ruhigen Lebensernst in diesem Manne schließen ließ. Es war fast völlig dunkel geworden; die Stube füllte sich mit andern Gästen, und die Lichter wurden angezündet; da stand der Oberförster auf. »Ich säße noch gern ein Weilchen«, sagte er, »aber meine Frau würde nach mir aussehen; wir beide bilden jetzt allein die Familie, denn unser Sohn ist auf dem Forstinstitut zu Ruhla.« Er steckte seine Pfeife in die Tasche, rief einem braunen Hühnerhund, der, mir unbemerkt, in einem Winkel gelegen hatte, und reichte mir die Hand. »Wann denken Sie wieder fort von hier?« frug er.

»Ich dachte, morgen!«

Er sah ein paar Augenblicke vor sich hin. »Meinen Sie nicht«, frug er dann, ohne mich anzublicken, »wir könnten unsere neue Bekanntschaft noch ein wenig älter werden lassen?«

Seine Worte trafen meine eigene Empfindung; denn auf meiner nun zweiwöchentlichen Reise hatte ich heute zum erstenmal ein herzlich Wort mit einem Begegnenden gewechselt; aber ich antwortete nicht gleich; ich sann nach, wohin er zielen möge.

Und schon fuhr er fort: »Lassen Sie mich es offen gestehen: zu dem Eindruck Ihrer Persönlichkeit kommt noch ein anderes dazu: es ist Ihre Stimme, oder richtiger die Art Ihres Sprechens, was diesen Wunsch in mir erregt; mir ist, als gehe es mich ganz nahe an, und doch...« Statt des verständigenden Wortes aber ergriff er plötzlich meine beiden Hände. »Tun Sie es mir zulieb«, sagte er dabei, »meine Försterei liegt nur so reichlich eine Stunde von hier, zwischen Eichen und Tannen – darf ich Sie bei meiner lieben Alten als unsern Gast auf ein paar Tage anmelden?«

Der alte Herr sah mich so treuherzig an, daß ich gern und schon auf morgen zusagte. Er schüttelte mir lachend die Hände:

»Abgemacht! Prächtig! Prächtig!«, pfiff seinem Hunde, und nachdem er noch einmal seine Kappe mit der Falkenfeder gegen mich geschwenkt hatte, bestieg er seinen Rappen und ritt in freudigem Galopp davon.

Als er fort war, trat der Wirt zu mir: »Ein braver Herr, der Herr Oberförster; dacht schon, Sie würden Bekanntschaft machen!«

»Und warum dachten Sie das?« frug ich entgegen.

Der Wirt lachte. »Ei, da wissen's der Herr wohl selber noch gar nicht?«

»So sagen Sie es mir! Was soll ich wissen?«

»Ei, Sie und die Frau Oberförster sind doch gar Stadtkinder miteinander!«

»Ich und die Frau Oberförster? Davon weiß ich nichts; Sie sagen es mir zuerst; ich hab dem Herrn auch meine Heimat nicht genannt.«

»Nun«, sagte der Wirt, »da ging's freilich nicht; denn 's Fremdenbuch hat er nicht gelesen; das ist grade keine Zeitung!«

Ich aber dachte: ›Das war es also! Liegt der Heimatklang so tief und darum auch so unverwüstlich?‹ Aber ich kannte daheim alle jungen Mädchen unseres Schlages innerhalb der letzten dreißig Jahre; ich wußte keine, die so weit gen Süden geheiratet hätte. »Sie irren sich vielleicht«, sagte ich zu dem Wirt, »wie ist denn der Jungfernname der Frau Oberförster?«

»Kann nicht damit dienen, Herr«, entgegnete er, »aber mir ist's noch just wie heute, als die seligen Eltern des Herrn Oberförsters, die alten Pfarrersleute, mit dem derzeit kaum achtjährigen Dirnlein hier vorgefahren kamen.«

– – Ich wollte nicht weiterfragen und ließ es für itzt dabei bewenden; nur den Weg zur Oberförsterei ließ ich mir noch einmal, wie zuvor schon von dem Besitzer derselben, eingehend berichten.

Und schon in der Frühe des andern Morgens, als noch die Tautropfen auf den Blättern lagen und die ersten Vogelstimmen am Wege aus den Büschen riefen, befand ich mich auf der Wanderung. Nachdem ich etwa eine Stunde, zuletzt an einem Eichwald entlang, gegangen war, bog ich gemäß der empfangenen Weisung in einen breiten Fahrweg ein, der zur Linken unter die schattigen Wipfel durchführte. Bald mußte ich den Weg sich öffnen und das Heimwesen meines neuen Freundes vor mir liegen sehen! Dann, kaum eine Viertelstunde weiter, kam aus der großen Waldesstille ein Geräusch wie von wirtschaftlichem Leben mir entgegen; die Schatten um mich hörten auf, und ein blinkender Teich und jenseit desselben ein altes, stattliches Gebäu mit mächtigem Hirschgeweih über dem offenen, auf einer Treppenplatte befindlichen Tore lagen in der lichten Morgensonne vor mir; ein wütendes Gebell von wenigstens einem halben Dutzend großer und kleiner Jagdhunde erhob sich und verstummte plötzlich auf einen gellenden Pfiff.

»Grüß Gott und tausendmal willkommen!« rief statt dessen die mir schon bekannte Männerstimme; und da kam er selbst aus dem Hause, die Stiege herab und um den kleinen Teich herum; aber nicht allein: eine zarte Frau, fast mädchenhaft, ging an seinem Arm; doch sah ich im Näherkommen wohl, daß sie den Vierzig nahe sein müsse. Sie begrüßte mich, indem sie fast nur die Worte ihres Mannes wiederholte; aber ein Zug von Güte um den halbgeöffneten Mund, der noch ein Weilchen in dem stillen Angesicht verblieb, ließ keinen Zweifel an ihrer Echtheit aufkommen. Während wir dann miteinander dem Hause zugingen, fiel es mir auf, wie sie mitunter ihren Arm auf seinem ruhen ließ, als wollte sie ihm sagen: »Du trägst mein Leben, und du trägst es gern; dein Glück und meines sind dasselbe!«

Als wir dann drinnen in dem bürgerlich schlichten Zimmer beim Morgenkaffee saßen, den man für mich aufgeschoben hatte, legte der Oberförster sich behaglich in seinen Lehnsessel zurück. »Christinchen«, sagte er, mich und seine Frau mit einem schelmischen Blicke streifend, »ich habe dir einen lieben Gast gebracht, von dem ich gleichwohl weder Namen noch Stand weiß; er mag uns beides sagen, wenn er uns verläßt, damit wir ihn doch wiederfinden können: es ist so tröstlich, auch einmal mit einem Menschen und nicht eben mit einem Herrn Geheimen Oberregierungsrat oder einem Leutnant zu verkehren.«

»Nun«, sagte ich lachend, »Qualitäten habe ich nicht zu verhehlen«; als ich dann aber mit dem Hinzufügen, daß ich ein schlichter Advokat sei, meinen Namen nannte, wandte sich die

Frau wie überrascht mir zu, und ich fühlte, wie ihre Augen flüchtig auf meinem Antlitz weilten.

»Was hast du, Frau«, rief der Oberförster; »mir ist der Advokat schon recht!«

»Mir auch«, sagte sie und reichte mir eine Tasse Kaffee, dessen Duft mich mit allem einverstanden sein ließ. Sie war noch einmal aufgestanden, kehrte aber, nachdem sie eine Handvoll Brosamen aus dem offenen Fenster geworfen hatte, auf ihren Platz zurück. Draußen stürzte sich, einem Platzregen gleich, eine Flucht von Tauben von dem Dache auf den Boden herab; aus den Linden vor dem Hause kamen die Sperlinge dazu, und ein lustiger Tumult erhob sich.

»Die haben's gut!« sagte lachend der Oberförster, mit dem Kopfe nach dem Fenster winkend; »seit unser Paul in Ruhla ist! Sie kann es nicht lassen, den allzeit Hungerigen Brosamen auszustreuen; sei es nun der Bub, oder seien es nur unseres Herrgotts Krippenfresser!«

Aber die Frau setzte ruhig ihre Tasse von dem Munde: »Der Bub allein? Ich dächte, der Vater wär auch wohl dabei!«

»Komm, Alte«, rief der Oberförster, »ich merke doch, du bist mir zu gescheit; wir wollen Frieden machen!«

Wir plauderten weiter; und wenn das liebe Frauenantlitz sich zu mir wandte, konnte ich es mir nicht versagen, nach bekannten Zügen darin zu suchen; allein obgleich ein paarmal, wie im Fluge, als wolle es mir helfen, das frühere Kinderangesicht mich daraus anzublicken schien, ich mußte mir dennoch sagen: Die kennst du nicht; du hast sie nie gesehen! Ich lauschte dann auch ihrer Sprache, aber weder die uns heimische Verwechslung verwandter Vokale noch die von solchen Konsonanten kam zum Vorschein; nur ein paarmal meinte ich das scharfe S vor einem andern Konsonanten zu vernehmen, dessen ich selbst freilich mich längst entwöhnt glaubte.

Am Vormittag ging ich mit dem Oberförster in den umliegenden Wald; er wies mir seine Hauptschläge, die mit uralten und mit kaum fingerhohen Eichen, und entwickelte mir eindringlich sein System der Waldkultur; wir sahen einen Hirsch mit sechzehn Enden und ein paar Rehe; aus einem schlammigen Sumpfe schielte sogar der schwarzbraune Borstenkopf eines

Keilers aus seinen enggeschlitzten Augen nach uns hinüber. Wir gingen ohne Hunde. »Nur ruhig weiter« mahnte mein Geleitsmann; »und wir kommen ungefährdet wieder nach Hause.«

Nach dem Mittagessen führte mein Wirt mich eine Treppe hoch nach hinten zu in das mir angewiesene Zimmer. »Sie wollten noch Briefe schreiben«, sagte er; »hier finden Sie alles, was dazu nötig ist! Unser Junge hat hier vordem gewohnt; aber es ist kühl und still!« Er zog mich an eines der offenstehenden Fenster. »Hier unten sehen Sie ein Stück von unserm Garten, dahinter zieht sich der Teich herum; dann dort die grüne Wiese und dann der hohe dunkle Wald – der schützt Sie vor allem Weltgeräusch! – Nun ruhen Sie vorerst sanft nach Ihren Wanderstrapazen!« sagte er und drückte mir die Hand.

Er ging, und ich tat nach seinen Worten; und die Stimmen der Grasmücken aus dem Garten und des Pirols und der Falken aus dem nahen Walde und über seinen Wipfeln aus der blauen Luft kamen wie aus immer größerer Ferne durch die offenen Fenster, dann hörte alles auf.

Ich erwachte endlich; ich hatte lang geschlafen; der Weiser meiner Taschenuhr zeigte schon nach fünf; gleichwohl mußte der Brief geschrieben werden, denn ein Knecht sollte ihn um sechs Uhr mit zur Stadt nehmen.

So kam ich erst spät wieder in das Haus hinab. Die Frau fand ich vor demselben im Lindenschatten auf der Bank mit einer Flickarbeit beschäftigt. »Das ist für unsern Paul«, sagte sie wie entschuldigend und schob die Sachen an die Seite; »er schleißt, er ist noch jung und wild; aber noch mehr gut als wild! – Und Sie haben fest geschlafen: die Sonne will schon zur Neige gehn!«

Ich frug nach ihrem Mann.

»Er hat eine Weile geschäftshalber fortmüssen; aber er läßt Sie grüßen; wir sollten nähere Bekanntschaft machen so hat er mir gesagt – und dort die Schneise durch die Tannen hinaufspazieren; nach der andern Seite, als wo Sie heute vormittag mit ihm hinaus waren; er würd uns dort bald finden!«

Wir plauderten aber noch eine Weile, nachdem sie auf meine Bitte ihre mütterliche Arbeit wiederaufgenommen hatte; dann, da er nicht kam, erhob sie sich. »Es wird wohl Zeit!« sagte sie, und ein flüchtig Rot ging über ihr Antlitz.

So wanderten wir denn nebeneinander auf dem Wege zwischen den hohen Tannen, dessen eine Seite noch von der Sonne angeschienen war. Unser Gespräch schien ganz erloschen: nur hin und wieder prüfte ich mit einem Blicke ihr Profil; aber es machte mich nicht klüger.

»Gestatten Sie, verehrte Frau«, sprach ich endlich, »daß ich die Waldstille unterbreche; es drängt mich, Ihnen eins zu sagen und Ihnen eine Frage vorzulegen; Sie wissen wohl, daß man in der Fremde doch immer heimlich nach der Heimat sucht!«

Sie nickte. »Sprechen Sie nur!« sagte sie.

»Ich glaubte nicht zu irren«, begann ich, »Sie schienen überrascht, als ich heute morgen meinen Namen nannte. Hatten Sie ihn früher schon gehört? Mein Vater war, wenigstens im Lande, ein bekannter Mann.«

Sie nickte wieder ein paarmal: »Ja, ich erinnere mich Ihres Namens aus meiner Kinderzeit.«

Als ich dann aber meine Vaterstadt ihr nannte, wurden ihre Augen plötzlich starr und blieben unbeweglich auf den meinen ruhen; nur ein paar vorquellende Tränen verdunkelten jetzt beide.

Ich erschrak fast. »Es war nicht mein Gedanke, Ihnen weh zu tun«, sagte ich; »aber der Wirt zum Bären, der meine Heimat aus dem Fremdenbuch erfahren hatte, behauptete, wir beide seien Stadtkinder miteinander!«

Sie tat einen tiefen Atemzug. »Wenn Sie daher stammen«, sagte sie, »so sind wir es.«

»Und doch«, fuhr ich etwas zögernd fort, »ich glaube alle damaligen Familien unserer Stadt zu kennen und wüßte nicht, in welche ich Sie hineinbringen sollte.«

»Die meine werden Sie nicht gekannt haben«, erwiderte die Frau.

»Das wäre seltsam! Wann haben Sie denn die Stadt verlassen?«

»Das mag fast dreißig Jahre her sein.«

»Oh, damals war ich noch in unsrer Heimat, bevor wir, so viele, in die Fremde mußten.«

Sie schüttelte den Kopf. »Die Ursache liegt woanders: meine Wiege« – sie zögerte ein wenig und sagte dann: »Ich hatte wohl nicht einmal eine; aber die Kate, in der ich geboren wurde, war nur die Mietwohnung eines armen Arbeiters, und ich war seine Tochter.«

Sie blickte mit ihren klaren Augen zu mir auf. »Mein Vater hieß John Hansen«, sagte sie.

Ich suchte mich zurechtzufinden, aber es gelang mir nicht; der Name Hansen war bei uns wie Sand am Meer. »Ich kannte manchen Arbeiter«, erwiderte ich; »unter dem Dache des einen war ich als Knabe sogar ein wöchentlicher Gast, und für manches, was ich noch zu meinem Besten rechne, fühle ich mich ihm und seiner braven Frau verpflichtet. Aber Sie mögen recht haben, der Name Ihres Vaters ist mir unbekannt.«

Sie schien aufmerksam zuzuhören, und mir war es, als würden ihre kindlichen Augen wieder feucht.

»Sie hätten ihn kennen müssen«, rief sie, »Sie würden die, welche die kleinen Leute genannt werden, noch tiefer in Ihr Herz geschlossen haben! Als meine Mutter, da ich kaum drei Jahre alt war, starb, da hatte ich nur ihn; aber schon in meinem achten Jahre ist er plötzlich mir entrissen worden.«

Wir gingen eine Zeitlang, ohne ein Wort zu wechseln, und ließen die Spitzen der Tannenzweige, die in den Weg hingen, durch unsere Finger gleiten; dann hob sie den Kopf, als ob sie sprechen wolle, und sagte zögernd: »Ich möchte nun auch Ihnen, meinem Landsmann, etwas Weiteres vertrauen; es ist seltsam, aber es kommt mir immer wieder: mir ist oftmals, als hätt ich vorher, bei Lebzeiten meiner Mutter, einen andern Vater gehabt – den ich fürchtete, vor dem ich mich verkroch, der mich anschrie und mich und meine Mutter schlug –, und das ist doch unmöglich! Ich habe selbst das Kirchenbuch aufschlagen lassen; meine Mutter hat nur diesen einen Mann gehabt. Wir haben zusammen Not gelitten, gefroren und gehungert; aber an Liebe war niemals Mangel. Eines Winterabends entsinne ich mich noch deutlich; es war an einem Sonntag, und ich mochte etwa sechs Jahre alt sein. Wir hatten leidlich zu Mittag gegessen; doch zum Abend wollte es nicht mehr reichen; mich hungerte noch recht, und der Ofen war fast kalt geworden. Da sah mein Vater mich mit seinen schönen dunkeln Augen an, und ich streckte meine Ärmchen ihm entgegen; und bald lag ich, in ein altes

Tuch gewickelt, an der warmen Brust des mächtigen Mannes. Wir gingen durch die dunkeln Straßen, immer in eine neue; aber über uns waren alle Sterne angezündet, und meine Augen gingen von dem einen zu dem andern. ›Wer wohnt da oben?‹ frug ich endlich, und mein Vater antwortete: ›Der liebe Gott, der wird dich nicht vergessen!‹ Ich sah wieder in die Sterne, und alle blinkten so still und freundlich auf mich nieder. ›Vater‹, sagte ich, ›bitte ihn doch noch um ein kleines Stückchen Brot für heute abend!‹ Ich fühlte einen warmen Tropfen auf mein Angesicht fallen; ich meinte, er käme von dem lieben Gott. – Ich weiß, mich hungerte nachher noch in meinem Bettchen; aber ich schlief doch ruhig ein.«

Sie schwieg einen Augenblick, während wir langsam auf dem Waldweg weiterschritten.

»Aus der Zeit aber, wo ich mit meiner Mutter lebte«, sagte sie dann noch, »vermag ich keine feste Erinnerung an meinen Vater zu gewinnen; ich muß mich mit dem wüsten Schreckbild begnügen, das mein Verstand vergebens zu fassen sucht.«

Sie kniete plötzlich nieder, um eine Handvoll jener kleinen rötlichen Immortellen zu pflücken, die sich gern auf magerem Sandboden ansiedeln; da wir dann weitergingen, begannen ihre Finger einen Kranz daraus zu flechten.

Ich war noch mit ihren letzten Worten beschäftigt; mir ging im Kopf ein wüster junger Kerl herum; er war bekannt genug gewesen, aber sein Name war ein anderer. »Auch Kinder«, sagte ich endlich, während meine Augen ihren geschickten Händen folgten, »mag wohl einmal der Gedanke an den unsichtbar umhergeistenden Tod wie ein Schauder überfallen, daß sie voll Angst die Arme um ihr Liebstes klammern; dazu – Sie kannten gewiß schon von den Vätern, mit denen die Kommunen die Kinder der Armen zu beschenken pflegen – was Wunder, daß Ihre Phantasie das Schreckbild in jene von Erinnerung leere Zeit hinabschob!«

Aber die edle Frau schüttelte lächelnd ihren Kopf. »Schön ausgerechnet«, sagte sie; »aber ich habe niemals an solchen Gespensterphantasien gelitten; und die Menschen, die mich dann nach meines lieben Vaters Tode zu sich nahmen – bessere konnte kein Kind sich wünschen: es waren die Eltern meines

Mannes, die auf einer Badereise ein paar Tage in unserer Vaterstadt verweilen mußten.«

In diesem Augenblicke glaubte ich in dem Staubwege Schritte hinter uns zu hören, und als ich umblickte, sah ich den Oberförster schon in der Nähe.

»Sehen Sie wohl«, rief er mir zu, »da habe ich Sie schon! Und du, Christine« – und er ergriff die Hand seiner Frau und neigte den Kopf, um ihr in die Augen zu blicken –, »du schaust ja so nachdenklich; was ist denn?«

Sie lehnte sich lächelnd an seine Schulter: »Ja, Franz Adolf, wir sprachen von unserer Vaterstadt – denn es hat sich herausgestellt, daß wir dieselbe haben –, aber wir haben uns dort nicht finden können.«

»So ist es um so schöner«, erwiderte er und reichte mir die Hand, »daß wir ihn heute bei uns haben; das Damals wäre ja doch schon längst vorüber!«

Sie nickte nachdenklich und schob ihren Arm in seinen. So gingen wir ein paar hundert Schritte weiter bis an einen Waldteich, an dessen Ufern die gelben Iris in für mich nie gesehener Fülle blühten.

»Da ist deine Lieblingsblume!« rief der Förster; »aber du würdest dir die Schuhe überwaten; sollen wir Männer dir einen braven Strauß holen?«

»Ich verzichte diesmal auf Ritterdienste«, erwiderte sie, sich anmutig gegen uns verneigend; »ich bin heute bei den Kleinen und weiß hier eine Stelle, wo ich mein Kränzlein vervollständigen kann!«

»So erwarten wir dich hier«, rief ihr der Oberförster nach, sie mit ernsten, liebevollen Blicken verfolgend, bis sie in der nahe liegenden Lichtung verschwand.

Dann wandte er sich plötzlich zu mir. »Sie werden mir nicht zürnen«, sagte er, »wenn ich Sie bitte, mit meiner Frau nicht weiter über ihren Vater zu sprechen. Ich ging im wei.chen Wegestaub schon länger hinter Ihnen, und der leichte Sommerwind trug mir genügende Brocken Ihres Gespräches zu, um das übrige zu erraten. Hätte ich von Ihrer beider so genauen Landsmannschaft gewußt – verzeihen Sie mir dies Geständnis–, ich hätte mir die Freude Ihres Besuches versagt;

die Freude, sag ich; doch es ist so besser, wir kennen uns nun schon.«

»Aber«, entgegnete ich etwas bestürzt, »ich kann Sie versichern, es ist von einem Arbeiter John Hansen keine Spur in meiner Erinnerung.«

»Sie könnte Ihnen dennoch plötzlich kommen!«

»Ich denke nicht; jedenfalls, obgleich ich nicht die Ursache kenne, seien Sie meines Schweigens sicher!«

»Die Ursache«, erwiderte er, »will ich Ihnen mit einem Worte geben: der Vater meiner Frau hieß freilich John Hansen; von den Leuten aber wurde er John Glückstadt genannt, nach dem Orte, wo er als junger Mensch eine Zuchthausstrafe verbüßt hatte. Meine Frau weiß weder von diesem Übernamen noch von der Strafe, auf welcher er beruht; und – ich denke, Sie stimmen mir bei – ich möchte nicht, daß sie das je erführe; ihr Vater, den sie kindlich verehrt, würde mit jenem Schreckbild zusammenfallen, das ihre Phantasie ihr immer wieder vorbringt und das leider keine bloße Phantasie war.«

Fast mechanisch reichte ich ihm die Hand, und bald waren wir wieder auf dem Heimwege; die Frau ging, längst wieder an ihrem Kranze flechtend, neben mir, als ich aus andrängenden und sich ineinanderfügenden Erinnerungen wieder aufschaute. »Verzeihen Sie«, sagte ich, »es kommt mir mitunter, von einem plötzlichen Gedanken bis zur Vergessenheit der Gegenwart hingenommen zu werden. Im Elternhause sagte dann mein Bruder, des alten Volksglaubens gedenkend: ›Stört ihn nicht, seine Maus ist ihm aus dem Mund gesprungen!‹ Aber ich verspreche, sie in Zukunft besser zu überwachen.«

Aus den Augen des Oberförsters traf mich ein verständnisvoller Blick. »Auch wir haben hier den Glauben«, sagte er; »aber Sie sind bei Freunden, wenn auch nur bei neuen!«

So kamen wir wieder in Gespräch, und während die Tannenriesen schon tiefe Schatten über den Weg warfen und die Luft mit schwülem Abendduft erfüllten, gelangten wir allmählich an die Oberförsterei zurück; die Hunde, ohne zu bellen, sprangen uns entgegen, und aus der dampfenden Wiese, die hinter dem Teiche lag, scholl hin und wieder der schnarrende Laut des Wachtelkönigs; ein heimatlicher Frieden war überall.

Die Frau war uns voran ins Haus gegangen, mein Wirt und ich setzten uns auf die Seitenbänke der Haustreppe; aber seine Leute kamen einer nach dem andern, um zu berichten oder sich Anweisung für den folgenden Tag zu holen; dazwischen drängten sich die Hunde, Teckel und Hühnerhunde, voran das Prachtexemplar eines lohbraunen Schweißhundes; zu Erörterungen zwischen uns blieb keine Zeit. Dann erschien meine Landsmännin in der offenen Haustür und lud zum Abendessen; und als wir im behaglichen Zimmer bei einer guten Flasche alten Hardtweins saßen, erzählte der Oberförster die Geschichte seines Lieblings, des Lohbraunen, den er als junges Tier von einem ruinierten Spieler gekauft hatte, und von den Heldentaten, welche er schon jetzt gegen die hier insonders kühnen Wilderer verübt habe. So gerieten wir in die Jagdgeschichten, von denen eine immer die andere nach sich zog; nur einmal, in einer Pause des Gespräches, sagte Frau Christine wie aus langem Sinnen: »Ob wohl noch die Kate da ist, am Ende der Straße, und das Astloch in der Haustüre, durch das ich abends hinaussah, ob nicht mein Vater von der Arbeit komme? – Ich möcht doch einmal wieder hin!«

Sie sah mich an, und ich erwiderte nur: »Sie würden viel verändert finden!« Der Oberförster aber faßte ihre beiden Hände und schüttelte sie ein wenig.

»Wach auf, Christel!« rief er. »Was wolltest du dort? Selbst unser Gastfreund hat sich ausgebaut! Bleib bei mir, wo du zu Haus bist – und um acht Tage kommt dein Junge in die Sommerferien!«

Sie sah mit glücklichen Augen zu ihm auf. »Es war ja nicht so ernst gemeint, Franz Adolf!« sagte sie leise.

Als es auf der Hausuhr vom Flur aus zehn schlug, brachen wir auf; der Oberförster zündete eine Kerze an und begleitete mich, wie am Nachmittage die Treppe hinauf nach meinem Gastzimmer.

»Nun«, sagte er, nachdem er das Licht auf den Tisch gesetzt hatte, »nicht wahr, wir sind jetzt einig? Sie verstehen mich?«

Ich nickte. »Gewiß; ich weiß nun freilich, wer John Hansen ist.«

»Ja, ja«, rief er, »aus dem Staube des Weges haben meine lieben Eltern dies Kind für mich aufgesammelt; ich dank es ihnen jeden Morgen, wenn ich beim Aufstehen dies friedliche Antlitz noch neben mir im Schlummer sehe oder wenn sie mir vom Kissen ihren Morgengruß zunickt. Doch – gute Nacht! Auch die Vergangenheit soll schlafen!«

Wir reichten uns die Hände, und ich hörte ihn den Korridor entlang- und die Treppe hinabgehen. Aber bei mir wollte die Vergangenheit nicht schlafen; ich trat an das offene Fenster und sah auf den Teich und auf die Wasserlilien, die wie Mondflimmer auf seinem dunkeln Spiegel lagen; die Linden am Ufer hatten zu blühen begonnen, und ihr Duft wehte im Nachthauch zu mir herüber; eine mir unbekannte Vogelstimme scholl in Pausen vom Wald herüber. Aber die reiche Sommernacht nahm mich nicht gefangen; vor mein inneres Auge drängten abwechselnd sich zwei öde Orte: ein verlassener Brunnen mit vermorschtem Plankwerk, der in der Nähe meiner Vaterstadt auf einem weiten Felde lag, wo vorzeiten ein Haus, eine Schinderkate, sollte gestanden haben; als Knabe, auf einer einsamen Schmetterlingsjagd, hatte ich einst erschrocken vor ihm haltgemacht; – was damit wechselte, war das äußerste der kleinen Stadthäuser am Ende der Norderstraße, mit einem Strohdach, auf dem allzeit ein großer Hauslauch wuchs, so niedrig, daß man's mit der Hand erreichen konnte; das Ganze zum Einstürzen verfallen und so winzig, daß kaum mehr als eine Kammer und der engste Küchenherd darin Platz haben konnten. Als Junge hatte ich manchmal, von Feldstreifereien heimkehrend, davor stillgestanden und mir vorphantasiert, wie hübsch es sich in diesem Liliputer – Hause ohne Eltern und ohne Lehrer würde wohnen lassen. Später, als ich schon Sekundaner war, kam noch ein anderes hinzu; es gab oft einen Lärm in diesen engen Räumen, der die Vorübergehenden davor haltmachen ließ, und zu diesen gehörte auch ich ein paarmal. Eine kräftige Männerstimme fluchte und schalt in sich überstürzenden Worten; dröhnende Schläge, das Zerschellen von Gefäßen wurde hörbar; dazwischen, kaum vernehmbar, das Wimmern einer Frauenstimme, doch nie ein Hülferuf. Eines Abends trat danach ein junger, wilder Kerl aus dem Innern in die offene Haustür, mit erhitztem Antlitz, über das ein paar dunkle Haarlocken ihm in die Stirn hingen. Er warf den Kopf mit der starken Adlernase zurück und musterte schweigend die Umstehenden; mich blitzte er mit ein Paar Augen an, mir war, als hörte ich ihn schreien: »Mach, daß du fortkommst, du mit dem feinen Rock! Was geht's dich an, wenn ich mein Weib zerhaue!«

Das war John Glückstadt, der Vater meiner edlen Wirtin, von dem ich heute erfahren hatte, daß er eigentlich John Hansen geheißen habe.

– – John Hansen war von einem Nachbarsdorfe und hatte seine Militärzeit als tüchtiger Soldat bestanden, wenn auch zu Anfang nur der kräftigere Arm eines Kameraden schuld gewesen war, daß er den dänischen Kapitän, der ihn »tyske Hund« geheißen hatte, nicht mit dem kurzen Seitengewehre niederstach. Als aber die Dienstzeit aus und er entlassen war, da wollte die müßige, aber wilde Kraft in ihm etwas zu schaffen haben; ein Dienst als Knecht war nicht sogleich zur Hand, so ging er in die Stadt und gab sich vorerst bei einem Kellerwirte in die Kost. Aber dort verkehrte allerlei fremdes und hergelaufenes Volk; eine Menge Arbeiter, die bei einem Schleusenbau beschäftigt waren, hatten dort ihre Schlafstelle.

Einer davon, der wegen Trunkfälligkeit aus der Arbeit gejagt war, blieb trotzdem und verzehrte und vertrank seine letzten Schillinge. Er und John hatten beide nichts zu tun; so waren sie stets zusammen, lagen draußen am Deich oder saßen allein in der dämmerigen Kellerstube, und der Fremde erzählte allerlei lustige Spitzbuben- und Gewaltsgeschichten; er wußte genug davon, und bei den meisten war er selber mit dabeigewesen; aber alles war immer lustig ausgegangen.

Bei solcher Gelegenheit, da sie wieder einmal weit draußen am Haffdeich miteinander im Grase lagen, wo nur der Westwind pfiff und die Möwen schrien, überfiel den jungen Burschen die Lust, auch seinerseits einmal den Hals zu wagen; er streckte seine straffen Arme aus und schüttelte die Fäuste, ein wüstes Feuer brach aus seinen Augen. »Zum Satan!« rief er, »hätt man so was auch nur zu schaffen, da ehrliche Arbeit nicht zu haben ist!«

Der alte Halunke, der neben ihm lag und beim Erzählen nur

über sich die Wolken hatte ziehen sehn, blickte ihn von der Seite an. »Meinst du?« sagte er heimlich – »nun, Spaß würd schon dabeisein!«

John antwortete nicht; ein Trupp Arbeiter kam von draußen auf dem Deich daher. Der Fremde stand auf und sagte: »Komm, John, die kennen uns; wir wollen mit ihnen heimgehn!«

– – Am andern Nachmittage, da sich für John abermals die Aussicht auf einen Dienst zerschlagen hatte, lagen die beiden wieder an derselben Stelle. Der Fremde sprach nicht; John riß Grasbüschel aus dem Boden und warf damit nach vorbeistreichenden Schwalben.

»Du ruinierst doch den Deich, da du sonst nichts zu tun hast!« sagte der andere lachend.

John stieß einen Fluch aus. »Du wolltest mir gestern was erzählen, Wenzel!« sagte er.

Wenzel sah wie abwesend auf die See, wo draußen eben ein Segel vorbeizog. »Ich?« sagte er. »Was sollte das gewesen sein?«

– »Das mußt du selber wissen; aber Spaß sollte dabeisein. So sagtest du.«

»Ja so! Ich weiß schon; aber es ist noch mehr Gefahr als Spaß dabei.«

John lachte.

»Was lachst du!« sagte Wenzel; »es kann um Kopf und Kragen gehn!«

»Ich meinte nur, es sei das just der Spaß!«

Der andere richtete sich auf: »Ist dir dein Kopf so wohlfeil?«

»Nein, Wenzel; aber ich denk, er sitzt mir ziemlich fest. Erzähl nur, es ist profitabler!«

Sie rückten näher zusammen; ihr Reden wurde ein Flüstern; mitunter lief der eine auf den Deich und blickte scheu umher, aber keine Menschenseele ließ sich sehen. Die Dämmerung fiel herab, in tiefem Dunkel kamen die beiden zurück und stiegen in den Keller hinab, wo noch halbtrunkenes Volk an den Tischen lärmte.

– – Drei Tage nachher wurde unsere Stadt durch das Gerücht eines unerhört frechen Einbruchdiebstahls aufgeschreckt, und was an Polizei vorhanden war, hatte mit Arm und Beinen zu tun. Das Erkerhaus am großen Markt, das der Exsenator

Quanzberger allein mit seinem alten Diener bewohnte, war der Schauplatz gewesen. Der alte hagere Herr, den man gebunden, mit einem Knebel in seinem zahnlosen Munde neben seinem Bett gefunden hatte, konnte viele Wochen nachher nicht seinen pünktlichen Spaziergang durch die Gassen machen, und viele Jungen wußten deshalb nicht mehr, was die Uhr sei, und kamen viel zu spät oder zu früh in die Schule; und als er ihn wieder antrat, fehlte unter seinem Arm der rotseidene Regenschirm, und sein hoher Filzhut zitterte auf der fuchsfarbenen Perücke. Am schlimmsten aber war es daß bei seinem alten Nikolaus, der durch einen Schlag über den Schädel betäubt war, nur mit genauer Not noch Leib und Seele beieinander geblieben.

Das war es gewesen, was dem braven Soldaten John Hansen eine sechsjährige Zuchthausstrafe und den Namen John Glückstadt eingetragen hatte. Seltsam war es, daß nach Publizierung des Urteils auch unter den städtischen Honoratioren von mancher Seite für den Verurteilten Partei ergriffen wurde; man hob hervor, daß er die goldene Uhr des Exsenators, die ihm als Beuteanteil zugefallen wer, schon am Tage nach der Tat einem jungen Vetter auf dem Lande als Konfrmationsgeschenk gegeben habe, was freilich dann zuerst der Anlaß zu seiner Verhaftung geworden war. »Schad um den Burschen«, sagten die einen, »daß er ein Spitzbube geworden! Sieht er nicht aus, als hätte er General werden müssen?« Und die andern erwiderten: »Freilich, doch mehr noch wie jene vornehmen Räuber, denen es weniger um den Gewinn als um den Sport dabei zu tun war.«

Aber John mußte desungeachtet in das Zuchthaus und war vorläufig dann vergessen.

Auch sechs Jahre im Zuchthaus vergehen endlich; aber voll hatte er sie absitzen müssen, denn es war in währender Zeit im Lande weder ein König gekrönt noch einer geboren worden. Als er, wie beim Soldatendienst, mit guten Zeugnissen entlassen war, kam er abermals in unsere Stadt, um sich nach Arbeit umzutun, aber man wollte den Zuchthäusler nicht; mehr noch war es um den Grimm und Trotz, der jetzt aus seinen dunkeln Augen brach. »Der Mensch sieht gefährlich aus«, hieß es, »ich möchte in der Nacht ihm nicht allein begegnen!«

Endlich war es ihm gelungen. Zur Seite der erwähnten Norderstraße strecken sich nordwärts, wo vor ein paar hundert Jahren der dreibeinige Galgen neben Bürgermeister Luthens Fischteich stand, große uneingezäunte Felder weit von der Stadt hinauf. Sie dienten damals einem vielgeschäftigen Bürger zum Zichorienbau, und die dazu gedungenen fünfzig oder sechzig Weiber und jungen Dirnen begannen eben auf der ungeheuren Fläche das Unkraut zwischen den Pflanzen auszujäten; vom Wege aus, der an der Stadt entlanglief, hörte man schon von weitem das Schwatzen der Weiber wie einen Mühlbach rauschen; mitunter auch stieg daraus ein silberhelles Lachen in die Luft empor; dann wieder ward es plötzlich still: der Aufseher, der sich bei einem Trupp von Arbeiterinnen irgendwo am andern Ende des Feldes aufgehalten hatte, war wieder zwischen sie getreten; er sprach nicht, er übersah nur einmal mit seinen finstern Augen die ganze Schar.

Der Aufsichtsmann war John Glückstadt; man hatte ihn zu diesem Posten besonders tauglich gehalten, und da draußen auf dem Felde konnt's auch nicht gefährlich sein; überdies zeigte die Rechnung sich als richtig, denn noch niemals war das Unkraut so gründlich und so rasch verschwunden.

– Unter den Dirnen hatte ich eine, dieselbe, deren Lachen aus der Schar so hell hervorschlug, oft genug auf dem Hausflur meiner Eltern als Bettelmädchen an der Kellertreppe stehen sehen; sie schaute mich, wenn ich zufällig aus dem Zimmer trat, nur stumm mit ihren verlangenden braunen Augen an, und hatte ich einen Schilling in der Tasche, so zog ich ihn gewiß heraus und legte ihn in ihre Hand. Ich entsinne mich noch wohl, wie süß mir die Berührung dieser schmalen Hand tat, auch daß ich nachher noch eine Weile stehenblieb und wie gebannt auf die Stelle die Treppe hinabsah, von der das Mädchen sich ebenso schweigend wieder entfernt hatte.

Dem finstern Aufsichtsmann, unter dem sie jetzt in ehrlicher Arbeit stand, mochte etwas Ähnliches mitspielen; er ertappte sich darauf, daß er mitunter, statt den faulen Weibern auf die Finger zu passen, das jetzt siebzehnjährige Mädchen mit seinen Blicken verschlang. Sie mochte ihn dann wohl still mit ihren heißen Augen anschauen, denn sie war die einzigste, welche die seinen nicht fürchtete, und der Mann, in dessen Antlitz ein Zug von Seelenleiden spielte, war vielleicht für solche Weiber der gefährlichste.

Aber eines mußte noch hinzukommen. An der weiter von der Stadt liegenden Ostseite des Ackers, wo die Arbeit schon vollendet war, befand sich jener verlassene Brunnen, neben dem schon seit undenkbaren Jahren das Schinderhaus verschwunden war; um drei Pfähle hingen noch ein paar vermorschte Bretter, die keinen Widerstand zu leisten vermochten. John Glückstadt kannte ihn wohl: der Brunnen war eng und an den Seiten mit Moos und einzelnen Pflanzenbüscheln bewachsen, durch die er vergebens mit seinen Blicken den Boden zu erreichen gesucht hatte; aber tief mußte er sein, denn als John eines Abends über das leere Feld ging und im Vorbeigehen einen Stein hinabwarf, dauerte es eine ganze Weile, bevor ein Ton wie ein harter Aufschlag sein Ohr erreichte. »Gott mag wissen, was da unten liegt«, murmelte der Mann; »Wasser nicht, vielleicht nur Kröten und Unzeug!«

Und er rührte unwillkürlich seine Beine, um rascher nach Hause zu gelangen.

Als er jetzt eines Morgens auf das Feld kam, wo gegenüber schon die Mehrzahl der Arbeiterinnen versammelt war, störte ihn eine Krähe aus seinem Brüten auf, das er heute vom Bette mit ins Freie genommen hatte; der Vogel war bei seiner Annäherung mit Gekrächz von der verfallenen Brunnenplanke aufgeflogen; als John aber auf- und dann weiter hinausblickte, sah er die braune schmächtige Dirne wie in blinder Angst mit erhobenen Armen auf den Brunnen zustürzen; ein anderes, breitschulteriges Weib, das sich schon drei Jungfernkinder aufgeladen hatte, lief hinter ihr darein. Es hatte das Mädchen geneckt, daß sie dem schmucken Aufsichtsmann ihre Augen hinhalte, er solle wohl hineinfallen; die andern Frauenzimmer hatten gelacht: »Frisch, Wieb, vertreib dem Fratz seine Katzenkünste!« Da war die Dirne zornig geworden und hatte dem Weibe so gründliche Wahrheiten zugeworfen, daß es mit der Unkrauthacke in der Faust wie toll hinter der Leichtfüßigen herlief.

Der düstere John sah die wilde Flucht gerade auf das Brunnenloch zufahren und sprang rasch vor die verfallene Umzäunung. »Sie will mich totschlagen!« schrie die junge Dirne und stürzte mit solcher Gewalt in seine Arme, daß ihm selbst die Füße auf dem Boden wankten.

»Nun, Dirne«, rief er, »sollten wir hier beide in den Brunnen? Es wär vielleicht das beste!« und hielt sie fest an seiner Brust.

Sie wollte sich von ihm losringen. »Laßt mich!« rief sie. »Was wollt Ihr von mir?«

Er sah sich um, sie waren ganz allein: das große Frauenzimmer hatte vor dem Aufseher sogleich die Flucht ergriffen, die andern Weiber arbeiteten fern am Westrande des Ackers; er wandte seine Augen wieder auf das Kind in seinen Armen.

Sie hatte mit ihren kleinen Fäusten ihm ins Gesicht geschlagen. »Laß mich«, rief sie, »ich schreie; glaub nicht, daß du mir Leides antun kannst!«

Er schwieg eine Weile, und die dunkeln Augen beider sahen regungslos ineinander. »Was ich von dir will?« sagte er dann; »Leids will ich dir nicht tun – aber ich will dich heiraten, wenn du es willst!«

Sie antwortete nicht, ein paar Augenblicke lag sie wie tot an seiner Brust; er fühlte nur, das Widerstreben ihrer Glieder hatte nachgelassen.

»Willst du nicht sprechen?« frug er sanft.

Da griff sie jäh mit beiden Händen um seinen Hals, daß sie den starken Mann fast würgte. »Ja, ich will«, rief sie. »Du bist der Schönste! Komm weg vom Brunnen! Du sollst nicht drunten liegen, in meinen Armen ist's besser!« Und sie küßte ihn, bis sie den Atem verloren hatte.

»Weißt du«, sagte sie dann, »du ziehst zu uns, zu mir und meiner Mutter in das kleine Haus; du zahlst die halbe Miete!« Sie sah ihn wieder an, sie küßte ihn nochmals; dann warf sie den Kopf mit dem dunkeln Haar in den Nacken, und ihr helles Lachen stieg jetzt fast zu übermütig aus den roten Lippen. »So!« rief sie, »nun lauf ich voraus; komm aber bald mir nach und sieh zu, ob ich nicht auch die schönste von all den Weibern bin!«

Sie stürmte dem Arbeitsplatze zu, und er folgte ihr, taumelnd vor Entzücken. Wer ihn jetzt gesehen und einen Freund bedurft hätte, der würde ohn Bedenken in seine Arme gestürzt sein; der gefährliche Mensch war wie ein Kind geworden; er öffnete die Arme und schloß sie langsam wieder über seiner Brust, als müsse er das Glück umfassen, das ihm die junge Dirne zugebracht hatte, die wie ein fliegend Vöglein dort vor ihm das Feld hinanlief. »Und Arbeit«, rief er und streckte die starken Fäuste in die Luft, »die soll für uns nicht fehlen!«

Als er den Arbeitsplatz erreicht hatte, suchte die große Dirne sich vor ihm zu verbergen; aber, was sonst niemand noch gesehen hatte, seine Augen lachten nur, wenn sie auf ihr grobes Angesicht trafen. »Lauf nur, was schierst du mich!« sprach er zu sich selber, »du warst der Hund, der unversehens mir das Glück in meine Arme jagte!«

Die junge Braune aber wußte ihrem stillen Liebsten stets aufs neue zu begegnen. »Lach doch! Warum lachst du nicht?« raunte sie ihm zu und hielt ihm, selber lächelnd, ihre dunkeln Augen hin.

»Ich weiß nicht«, sagte er; »– der Brunnen!«

»Was soll der?« frug sie.

»Ich wollt, er wäre aus der Welt!« Und nach einer Weile: »Du könntst mir einmal da hineinfallen, du bist so wild, Hanna – er darf nicht offen bleiben.«

»Du bist ein Narr, John«, raunte ihm die Dirne zu, »wie sollt ich von heut an noch in den Brunnen fallen! Wenn nur die dummen Weiber nicht so nahe wären, ich fiel dir lieber an den Hals!«

Aber er ging sinnend von ihr, und als er später bei Ende der Tagesarbeit über den einsamen Acker ging, konnte er an dem Brunnen nicht vorbei; er blieb stehen und warf wieder kleine Steine in die Tiefe; er kniete dabei nieder und bog sich über den Rand und lauschte, als ob die Tiefe ein furchtbares Geheimnis berge, von dem er einen Laut erhorchen müsse.

Als auch das Abendrot am fernen Horizont verschwunden war, ging er langsam in die Stadt zurück und nach der Großstraße in das Haus seines Arbeitgebers. – Am andern Morgen erschien zur Verwunderung der Arbeiterinnen ein Zimmermann auf dem Acker und schlug ein rohes, aber derbes Brettergerüst um den alten Brunnen.

Im September, gegen Abend, wurde auf dem ersten Packboden des ungeheueren Speichers das »Zichorienbier« gefeiert, das schon am Nachmittag begonnen hatte; was in der Fabrik in Arbeit stand, der Fuhrmann, der Heizer, der Brenner und wie sie alle genannt wurden, alle waren da, es war wimmelnd voll; Gewinde von Astern und Buchsbaum und von sonstigen Herbstblumen und Blättern hingen überall an den Balken. An großen Tischen, an über Tonnen gelegten Brettern hatten sie gesessen; nun aber war der Kaffee ausgetrunken; die Lampen und Laternen, die zwischen den Kränzen hingen, wurden angezündet, und in dem dämmerigen Gemunkel wurden eine Klarinette und ein paar Geigen laut, wonach die jungen Dirnen längst die Hälse gestreckt hatten.

John tanzte schon mit seiner jungen Frau, die heiß in seinen Armen lag; er sah voll Lust über die dunkle Menschenmenge hin; aber was ging sie ihn an? – Da wurde er mit seiner Tänzerin gegen das Ende eines schweren Eichentisches gestoßen, der unter die Tanzenden hineinragte, und sie tat einen jähen Aufschrei. Es hatte nichts auf sich, aber John rief den jungen kräftigen Heizer an: »Hilf mir den Tisch fort setzen, Franz!«

Er schien es nicht zu hören; da faßte John ihn an dem Ärmel. »Was soll's?« rief der Heizer und wandte halb den Kopf.

»Nicht viel«, entgegnete John, »der Tisch muß fort, dort in die Ecke!«

»Ja, trag ihn nur dahin!« sagte der junge Mensch und drängte sich zu den andern Arbeitern, von denen ein Teil zusammenstand. »Was wollte er von dir?« frug einer von ihnen.

»Ich weiß nicht; ich sollt ihm helfen! Mag er sich selber helfen! Man hat nur keine andere Arbeit, sonst müßt man von hier fort!«

Die andern lachten und gingen auseinander, um sich Tänzerinnen zu suchen. John aber, der aus halbgehörten Worten sich genug heraushörte, klemmte die Lippen zusammen und tanzte weiter mit seinem jungen Weibe, und immer nur mit ihr.

Inmitten der Fröhlichkeit kam auch die Herrschaft mit einigen Freunden auf den Boden; auch der Bürgermeister war dabei, einer von denen, deren Teilnahme damals den Verurteilten in das Zuchthaus begleitet hatte. Jetzt folgte sein Blick dem hübschen jungen Paare.

Eine ältliche, unverheiratete Schwester der Hausfrau stand neben ihm. »Nun sehen Sie«, flüsterte die Dame und zeigte mit dem Finger nach dem Paare, »vor zehn Monaten noch am Wollspinnen im Zuchthaus, und nun tanzt er mit dem Glück im Arm!«

Der Bürgermeister nickte: »Ja, ja – Sie haben recht ... aber er selbst ist doch nicht glücklich und wird es nimmer werden.«

Die alte Jungfer sah ihn an. »Das versteh ich doch nicht ganz«, sagte sie, »solche Leute fühlen anders als unsereins. Aber freilich, Sie sind ein unverbesserlicher Junggesell!«

»Ich scherze nicht, liebes Fräulein«, erwiderte der Bürgermeister; »es tut mir leid um diesen Menschen: das Glück in seinem Arm mag echt genug sein, ihm wird es nichts nützen; denn in seinem tiefsten Innern brütet er über einem Rätsel, zu dessen Lösung ihm weder sein Glück, wie Sie das junge Kind in seinen Armen zu nennen belieben, noch irgendein anderer Mensch auf Erden verhelfen kann.«

Das alte Fräulein sah recht dumm zu dem Redenden auf. »So möge er das Brüten lassen!« sagte sie endlich.

»Das kann er nicht.«

»Weshalb nicht? Er sieht doch herrisch genug aus.«

»Das tut er«, entgegnete der Bürgermeister nachdenklich, »er könnte sogar wohl toll darüber werden, vielleicht noch einmal ein Verbrecher; denn das Rätsel heißt: Wie find ich meine verspielte Ehre wieder? – – Er wird es niemals lösen.«

»Hm!« meinte die Dame, »Herr Bürgermeister, Sie haben allzeit so besondere Gedanken; aber ich denke, wir haben jetzt genug davon; die Laubkränze verbreiten so strengen Duft, und die Lampen qualmen auch, man trägt's noch tagelang in Haar und Kleidern.«

Sie gingen alle und überließen die Armen ihrer Lustbarkeit; nur der Bürgermeister zögerte noch ein paar Minuten, da wieder das junge Paar vorübertanzte. Das siebzehnjährige Weib hing mit lachenden Augen an denen ihres Mannes, die sich, wie um alles zu vergessen, in die ihren zu bohren schienen.

»Wie lange noch wird's dauern?« murmelte der Bürgermeister, dann folgte er den andern.

Es dauerte doch noch ziemlich lange; denn das Weib war, obgleich in Lumpen aufgewachsen, jung und unschuldig. Sie wohnten in der Kate am Ende der ins Feld hinaus laufenden Norderstraße; das Kämmerlein vorn war das ihre, die Mutter hatte sich ein Lager in der engen Küche einzurichten verstanden. Sein alter Arbeitgeber wußte nun schon, daß John ein halbmal mehr als andere arbeite, und deshalb, und da auch der Bürgermeister ihm zusprach, hielt er den Mann fest, sooft ihm auch geraten wurde, den Zuchthäusler vor die Tür zu setzen. So war allzeit Arbeit da, für ihn und oftmals auch für die Frau, und die Nahrungssorge klopfte nicht an die kleine Tür. Ein Gärtlein war auch am Hause, und darin, hinten nach dem Weg hinaus, eine dichte Ligusterlaube. Hier saß die Frau meist an den Sommerabenden und harrte seiner, bis er von der Arbeit kam; dann flog sie auf ihn zu und zwang ihn, sich auf die Bank zu setzen; er aber litt sie nicht neben sich, er setzte sie auf seinen Schoß und hielt sie wie ein Kind an seiner Brust. »Komm nur«, sagte er, »so müde bin ich nicht; ich hab nicht viel, ich muß es alles in meinen Armen haben.« So sprach er eines Abends; da sah sie ihn an und strich ihm, als wollte sie etwas fortwischen, mit ihren Fingern über die Stirn. »Das da wird immer tiefer!« sagte sie.

»Was denn, Hanna?«

»Die Falte – nein, sprich nicht, John; ich kann's schon denken, die Brückenarbeiter haben heut ihr Fest, die andern sind da, sie haben dich nicht eingeladen.«

Die Falte wurde noch tiefer. »Laß das!« sagte er. »Sprich nicht davon; ich wär ja doch nicht hingegangen.« Und er klammerte die Arme fester um sein Weib. »Am besten«, sagte er, »nur wir zwei allein.«

– – Nach einigen Monaten sollte ein Kind geboren werden.

Die gutmütige Alte lief mit wirrem Kopf umher; bald stellte sie ein Töpfchen für die Wöchnerin ans Feuer, bald wieder wickelte sie die dürftigen Hemdchen auseinander, die sie für ihr erwartetes Enkelkind aus alter Leinwand in vielen Wochen genäht hatte. Das junge Weib war im Bette liegengeblieben; der Mann saß bei ihr; er hatte Arbeit Arbeit sein lassen und hörte nur auf das Stöhnen seines Weibes, die fest ihre Hand um seine preßte. »John!« rief sie, »John! Geschwind, du mußt zur Mutter Grieten laufen, aber komm gleich wieder, bleib nicht fort!«

John hatte in dumpfem Sinnen gesessen. Nur wenige Augenblicke noch, dann sollte er Vater werden; ihn schauderte; er sah sich plötzlich wieder in der Züchtlingsjacke. »Ja, ja«, rief er, »ich bin gleich wieder da!«

Es war am Morgen, und die Hebamme wohnte in derselben Straße; er lief und riß die Haustür auf, und als er in die kleine Stube trat, saß die dicke Alte an ihrem Morgenkaffee. »Na, Er ist's!« rief sie unwirsch, »ich dacht zum mindesten, es sei der Amtmann!«

»Ich hab nicht weniger ein Weib als der!«

»Was ist mit Seinem Weibe?« frug die Alte.

»Frag Sie nicht! Komm Sie mit mir; mein Weib liegt in Kindesnöten; wir bedürfen Ihrer Hülfe.«

Die Alte musterte den erregten Mann, als zähle sie im Geist die wenigen Schillinge, die dieser Dienst ihr abwerfen werde, wenn sie nicht gar verlorengingen. »Geh Er nur vorab!« sagte sie. »Ich muß erst meinen Kaffee trinken.«

John stand wie unentschlossen an der Stubentür.

»Geh Er nur!« wiederholte sie, »Sein Kind kommt früh genug!« Er hätte das Weib erdrosseln mögen; aber er biß nur die Zähne aufeinander; sein Weib bedurfte ihrer. »So bitt ich nur, Frau Grieten, trinket nicht zu langsam!«

»Ja, ja«, sagte die Alte, »ich trinke, wie ich Lust hab.«

Er ging; er sah, daß jedes seiner Worte sie nur noch widerwilliger machte.

Sein Weib fand er wimmernd auf dem heißen Bette. »Bist du es, John? Hast du sie bei dir?«

»Noch nicht; sie kommt wohl gleich.«

Das »gleich« wurde zu einer halben Stunde, während John reglos neben der jammernden Wöchnerin saß und die Alte draußen noch einmal Kaffee für Mutter Grieten kochte. »»Die können allzeit Kaffee trinken«, sprach sie zu sich selber, »man muß sie sich zu Freunden halten!«

»John!« rief in der Kammer das junge Weib, »sie kommt noch immer nicht!«

»Nein«, sagte er, »sie muß erst Kaffee trinken.« Er knirschte mit den Zähnen, und seine düsteren Brauen zogen sich zusammen. »Du hättest nur des Amtmanns Weib sein sollen!«

»John, ach John, ich sterbe!« schrie sie plötzlich.

Da sprang er auf und rannte aus dem Hause. Auf der Straße begegnete er der dicken Hebamme. »Nun«, rief sie, »ist das Kind schon da? Wohin will Er denn?«

»Zu Ihr, Frau Grieten, damit mir meine Frau nicht sterbe.«

Die Alte lachte. »Tröst Er sich, an so etwas stirbt Euresgleichen nicht!«

Sie zog ihn mit nach seiner kleinen Wohnung. Als sie in die Kammer trat, sah sie auf die Wöchnerin. »Wo ist die Alte?« frug sie. »Habt Ihr denn nichts bedacht?« Und sie zählte auf, was man bei solcher Gelegenheit für sie bereitzuhalten pflegte, und sie brachten ihr, was sie hatten.

John stand zitternd am Ende des Bettes, und endlich wurde das Kind geboren. Die Hebamme wandte den Kopf nach ihm. »Da hat Er eine Dirne, die braucht nicht Soldat zu werden!«

»Eine Züchtlingstochter!« murmelte er; dann fiel er vor dem Bette auf die Knie: »Möcht Gott sie wieder zu sich nehmen!«

Immer feindlicher stand ihm die Welt entgegen; wo er ihrer bedurfte, wo er sie ansprach, immer hörte er den Vorwurf seiner jungen Schande als die Antwort; und bald hörte er es auch, wo kein anderer es hätte hören können. Man hätte fragen mögen: »Du mit den starken Armen, mit deiner mächtigen Faust, warum duldest du das, warum bringst du sie nicht zum Schweigen?« Hatte er doch einmal, da von einem maulfrechen Matrosen sein Weib eine Betteldirne war gescholten worden, den Menschen hingeworfen und ihm fast den Schädel eingeschlagen; und nur mit Not hatte im Sühnetermin der ihm günstige Bürgermeister die Sache unter beiden ausgeglichen!

Doch das war ein anderes; wo aber eine Hand erbarmungslos an jene offene Wunde seines Lebens rührte, wo er's nur glaubt, da fielen die starken Arme ihm an seinem Leib herunter, da war nichts mehr zu schützen oder gar zu rächen.

Und dennoch, mit ihm in seinem armen Hause wohnte noch immer das Glück. Zwar, wenn seine Stirn zu finster, sein Wort zu knapp und trocken wurde, dann flog es wohl erschreckt davon, aber es kehrte doch allzeit zurück und saß mit den jungen Eltern an dem Bettchen ihres Kindes und lächelte sie an und fügte ihre Hände unvermerkt zusammen. Das Glück war noch nicht ganz gewichen; die Alte nahm sich mehr und mehr der Wartung des Kindes an, je weiter es heranwuchs, und Hanna ging wieder dann und wann auf Arbeit und half erwerben. Wer trug denn die Schuld, daß immer öfter das Glück davonflog und sie immer länger ohne die holde Genossin zwischen ihren kahlen Wänden saßen? War es der Eigenwille der Weiber oder der so lang in Schlaf versenkte Jähzorn in ihnen beiden, der nach der großen Liebesfreude allmählich aus der Tiefe immer ungebändigter hervorbrach? Oder war es in dem Manne die unsühnbare Schuld, die den bittern Unmut in ihm aufjagte? Hatte es doch, da vor geraumer Zeit sein alter Arbeitgeber durch jähen Tod gestorben war, nur kaum unter Not und Kummer gelingen wollen, daß er jetzt endlich am Wege saß und Steine klopfte.

Da war's, an einem Herbstabend, das Kind mochte ein Jahr alt sein; es lag in seinem Bettchen, das bald nach der Geburt der Vater ihm gezimmert hatte, und schlief, daß die heißen Tropfen auf der kleinen Stirne perlten. Aber Hanna saß verdrossen dabei, die kleinen Füße ausgestreckt, den einen Arm über die Stuhllehne herabhängend: das Kind hatte immer noch nicht schlafen wollen, und die alte Mutter, die ihr sonst die Last abnahm, war von einem Gichtanfall ins Bett getrieben worden.

»Du hättest auch eine Wiege zimmern können!« rief sie ihrem Manne zu, der eben müde von der Arbeit kam und sein Werkzeug in eine Ecke stellte.

»Was ist denn?« frug er, »das Kind schläft nun ein Jahr schon in dem Bettchen; du freutest dich doch selbst, als ich's gemacht hatte!«

»Nun will es aber nicht mehr«, gab sie zur Antwort.

»Es schläft ja doch!«

»Ja – über eine Stund hab ich damit herumgearbeitet!«

»Da haben wir beid gearbeitet«, sagte er kurz.

Aber sie schwieg nicht; Red um Rede ward wechselsweise schärfer und unbedachter.

»Es wird schon morgen besser schlafen oder übermorgen«,

sprach noch der Mann. »Wenn's gar nicht geht – wir kriegen dann wohl eine Wiege!«

»Woher?« frug sie. »Damals, als du das gute Holz hattest, hättst du die Wiege machen sollen!«

»Ei, so säg ich die Beine ab«, sagte John, »und schlag ein paar Gängel darunter; dann hast du deine Wiege!«

Aber dem jungen Weibe war ja die Wiege nur ein Spielwerk für ihren Unmut gewesen; ein häßlich Lachen fuhr aus dem hübschen Munde: »Soll ich das Ungeheuer denn allein regieren?«

Er riß den Kopf empor: »Willst du mich höhnen, Weib?«

»Warum nicht!« rief sie und verzog den Mund, daß ihre weißen Zähne ihm in die Augen blitzten.

»So helf dir Gott!« schrie John und hob die Faust.

Sie sah es und sah erst jetzt den Jähzorn in seinen Augen flimmern. Ein plötzliches Entsetzen fiel sie an; sie flog in eine Ecke des Zimmers und stürzte dort zusammen. »Schlag nicht, John!« schrie sie. »Um deinetwillen, schlag mich nicht!«

Aber seine stets so rasche Hand war in der Leidenschaft zu rasch gewesen. Die Hände an den Schläfen in das dunkle Haar gedrückt, mit scheuen Augen sah das Weib ihn an; seine Hand hatte ihr die Stirn nur leicht gestreift; sie selber sprach kein Wort; aber dennoch hörte er es in seinen Ohren gellen: »Weh dir, du hast dein Glück zerschlagen!«

Er fiel zu ihr nieder; er sprach, er wußte selbst nicht, was; er bat sie; er riß ihr die Hände vom Gesicht und küßte sie. Aber sein Weib antwortete ihm nicht; wie mit der List des Wahnsinnes blickte sie heimlich nach der offenen Stubentür, und plötzlich war sie unter seinen Armen fort; er hörte, wie sie hinter sich die Hoftür zuschlug.

Und als er dann sich wandte, sah er sein Kind aufrecht in dem Bettchen sitzen; es hatte mit beiden kleinen Fäusten sich das Bettuch in den Mund gestopft und sah mit großen Augen auf ihn hin; doch als er unwillkürlich näher kam, schlug es Kopf und Ärmchen rückwärts, und die Kinderstimme gellte durch das kleine Haus, als ob sie untragbar Unglück auszuschreien habe. Er erschrak, aber er hatte keine Zeit; was kümmerte ihn jetzt das Kind! Er rannte aus der Hoftür durch den dunklen

Garten. »Hanna!« rief er, und laut und immer lauter: »Hanna!« Aber nur die Baumwipfel der vielen Gärten, die hier aneinanderliegen, rauschten von den Tropfen, die jetzt vom Himmel fielen, und aus der hinterliegenden Stadt kam das Geräusch von allerlei Fuhrwerk. Mit Entsetzen fiel ihm der Brunnen ein: »Wenn sie sich ein Leids angetan hätte!« Er lief den Weg hinauf, wo der Eingang zu den Feldern war; da stolperte sein Fuß; ein Menschenlaut vom Boden wurde hörbar. »Hanna!« schrie er, »Hanna, du lebst? Gott sei Dank, du bist es!« Ein lautes Jauchzen hätte er in die Nacht geschrien, aber sein Herz, das zum zerspringen klopfte, machte es ihm unmöglich. Er hob sie wie ein Kind auf seine Arme, und da der Regen stärker fiel, zog er seinen Rock vom Leibe und hüllte sie darein; dann hielt er sie sanft an seine Brust und ging langsam, als sei er zum ersten Mal allein mit seinem jungen Weibe, in dem strömenden Regen ihrem Hause zu.

Sie hatte alles, ohne ein Zeichen des Lebens, sich gefallen lassen; erst als aus ihres Mannes Augen ein warmer Tränenschauer auf ihr Antlitz fiel, streckte sie die Hand empor und strich damit ihm sanft über seine Wange.

»Hanna, liebe Hanna!« rief der Mann. Da kam auch ihre andre Hand hervor, und beide schlossen sich um seinen Hals. Und das Glück ging wieder leis an ihrer Seite; er hatte es noch nicht verjagt.

Wer wüßte nicht, wie oft es denen, die wir »Arbeiter« nennen, zum Verhängnis wird, daß ihre Hand allein ihr Leben machen muß! Wo in der Leidenschaft das ungeübte Wort nicht reichen will, da fährt sie, als ob's auch hier von ihr zu schaffen wäre, wie von selbst dazwischen, und was ein Nichts, ein Hauch war, wird ein schweres Unheil. Und geschah es einmal, so geschieht's auch ferner; denn die meisten dieser Leute, just nicht die schlechtesten, sie leben ihre Zeit dahin und haben ihre Augen nur auf heut und morgen; was gewesen und vergangen ist, gibt ihnen keine Lehre.

So war es auch mit John. Wenn an arbeits- und verdienstlosen Tagen die Not, oder was es immer sein mochte, seine Nerven zucken machte, so faßte auch ferner seine böse Hand nach seinem Weibe, deren Blut nicht kälter rollte als das seine. Und Buben und junge Leute blieben auf der Gasse vor ihrem Häuschen stehen und ergötzten sich an dem, was von dem Elend drinnen an ihr Ohr hinausdrang. Nur einer, der alte Nachbar Tischler, kam mit gutem Willen, er ging ins Haus und sprach mitunter die Streitenden zur Ruhe, oder er trat, mit einem hübschen, leise schluchzenden Kinde auf den Armen, wieder aus der Tür; »das ist nichts für dich, du kleiner Engel«, sagte der alte Mann, »komm du mit mir!« Und er ging mit ihr in seine Wohnung, wo eine ebenso alte Frau das Kind ihm zärtlich aus den Armen nahm.

Wenn aber in dem kleinen Hause Jähzorn und Kräfte sich erschöpft hatten, dann – wovon die draußen nichts gewahrten – fielen Mann und Weib sich in die Arme und preßten und küßten sich, als ob sie so sich töten wollten. »O Hanna, sterben!« rief einmal der wilde Mann; »nun mit dir sterben!« Und aus den roten Lippen des Weibes stieg ein Seufzer; sie warf ihre trunkenen Augen auf den erregten Mann und zog das Mieder, das er vorhin über ihrer weißen Brust zerrissen hatte, noch weiter von der Schulter. »Ja, John«, rief sie, »nimm nur dein Messer und stoß es dahinein!«

Aber während er sie anstarrte, ob denn das Furchtbare ihr auch Ernst sei, rief sie plötzlich: »Nein, nein! Tu's nicht, das nicht! – unser Kind, John! – das wär Todsünde!«, und sie bedeckte hastig ihre preisgegebene Brust.

Er sagte langsam: »Ich weiß es nun, ich tauge nicht, ich bin doch wieder schlecht gegen dich!«

»Du nicht! du nicht, John!« rief sie; »ich bin die Böse, ich reiz dich, ich zerr an dir herum!«

Aber er zog sie fester an sich und verschloß ihren Mund mit Küssen.

»John!« flüsterte sie, als sie wieder frei war und wieder ihren Atem hatte, »schlag mich nur, John! Es tut wohl weh, am meisten in meinem Herzen; aber dann küß mich, küß mich tot, wenn du es kannst! Das tut noch süßer, als das Schlagen weh tut!«

Er sah sie an, und er zitterte, als er sie so in ihrer Schönheit sah: sein Weib, die keines andern war als nur die seine.

»Ich will dich nicht mehr schlagen«, sprach er; »zerr mich nur, soviel du kannst!«, und mit zärtlichen, unterwürfigen Augen blickte er auf sie hinab.

»Nein, John«, bat sie, und ihre tiefe Stimme klang so weich, »du wirst es doch tun! Aber nur eines: du tatst es gestern, aber tu's nicht wieder! Schlag nicht unser armes Kind! Ich hasse dich dann, und das, John, tut am allerwehesten!«

»Nein, Hanna, auch das Kind nicht«, sprach er wie träumend.

Und sie bückte sich und küßte seine Hand, mit der er sie vorhin geschlagen hatte.

– Das sah kein Mensch; und doch, nach ihrer beider Tode ist davon erzählt worden.

Trotz Not und Schuld war die enge Kate noch immer sein Heim und seine Burg; denn von den beiden Frauen dort rührte keine an seiner Wunde, nur dort noch war er davor sicher.

Es war das eben kein Erbarmen; sie dachten nur nicht daran, und taten sie es je, so war des Mannes Jugendschuld ihnen mehr ein Unglück als ein Verbrechen; denn in ihrem eigenen Leben lagen Recht und Unrecht oft nur kaum unterscheidbar nebeneinander. War doch auch in des Weibes Kinderzeit ein sehr alter Mann ihr guter Freund gewesen, der wegen gleichen Vergehens in der »Sklaverei« gewesen war und manches Jahr in Ketten die Karre geschoben hatte. Harmlos, wie andere von den Abenteuern ihrer Jugend plaudern, hatte er dem Kinde das erzählt. Nun wohnte er in einem nahen Dorfe und fuhr mit seiner mageren Kracke weißen Sand zur Stadt und schnitzte, wenn er daheim war, Holzschuhe und Sensenstiele. Er hatte oftmals im Vorbeifahren mit dem munteren, auf der Haustürschwelle sitzenden Kinde ein paar großväterliche Worte geredet, so daß sie allmählich aufpaßte, wenn der weißhaarige Greis mit seinem kümmerlichen Fuhrwerk von der Landstraße in die Stadt kam. Die Holzschühchen, die er ihr einmal mitgebracht hatte, standen noch auf dem kleinen Boden; sie hatte sie neulich für ihr eigen Kind hervorgesucht. – »Wo der alte Mann wohl abgeblieben ist?« hatte sie bei sich selber gesprochen, indem sie den Staub von den Schühchen wischte und sie dann sorgsam nebeneinanderstellte, »auf einmal kam er nimmer wieder.« Daß der Greis, der in so friedlichem Alter dahingegangen war, auch zu den Züchtlingen gehört hatte, das hatte weder ihn noch sie beunruhigt.

Dennoch kam eines und machte allem ein jähes Ende.

– – Es war eine Zeit leidlichen Verdienstes gewesen; aber Hannas Mutter war nach kurzem Krankenbett gestorben. Hanna hatte die alte Frau leidenschaftlich beweint; John hatte gerechnet und tat es noch; denn das verdiente Geld war dabei fortgegangen, und kleine Schulden waren noch dazu aufgelaufen. – Am Häuschen, an der Gartenseite, hatte lange Jahre ein starker Eschenbaum gestanden, in dessen Schatten die jungen Eheleute früher am Sonntagmorgen oft gesessen hatten, aber schon vor Jahr und Tag, in einer Zeit des Notstandes, hatte John ihn umgehauen; er hatte Geld aus dem schönen Stamm zu lösen gedacht, den, wie die Alte versicherte, ihr Mann einst selbst dorthin gepflanzt hatte; allein der Baum lag noch immer auf dem Hofe, und nur der erquickliche Schattensitz war verloren. Jetzt kam er doch zu Nutzen: der Nachbar Tischler nahm ihn und machte dafür der Alten einen Sarg mit hohem Deckel; so kam sie, was ihre letzte Sorge gewesen war, doch anständig in die Grube.

Aber die Totengebühren waren meist noch unbezahlt, und manches andre drückte auch noch; es bot sich wieder einmal kaum je am andern Tage eine Arbeit.

Ein Sonntagmorgen war es; Hanna hatte eben das jetzt schon dreijährige Kind in seinen dürftigen Sonntagsstaat gekleidet; John saß mit aufgestütztem Ellenbogen am Tisch vor seinem Morgenkaffee, wühlte mit der Hand in seinen dunklen Locken und schrieb mit einem Stückchen Kreide Zahlen auf die Platte.

Bald aber zerbrach und zermalmte er die Kreide zwischen seinen Fingern und starrte wie gedankenlos auf Weib und Kind. »Was hast du jetzt zu tun, Hanna?« frug er endlich.

Sie warf den Kopf herum; die Worte klangen ihr so trocken. »Nichts!« sagte sie ebenso, »das Kind ist angezogen.«

»Was tatest du denn, als du mit deiner Mutter noch allein warst und nicht einmal ein Kind zum Anziehn da war?«

»Ich ging betteln in der Stadt!« antwortete sie, und ein höhnischer Trotz klang aus den Worten; »das ging noch besser, als es jetzt geht! Du wußtest ja, daß du eine Betteldirne freitest!«

»Und schämtest du dich nicht?« fuhr es aus ihm heraus.

»Nein«, sagte sie hart und sah ihm mit starren Augen ins Gesicht.

»Warum lerntest du nicht mit feiner Wäsche umgehn? Deine Mutter konnte es doch; sie hatte bei Herrschaften gedient. Das hätte uns jetzt Geld gebracht und wär besser gewesen als das faule Umherlungern.«

Sie schwieg; es war nie daran gedacht worden. Aber in ihrem hübschen Kopfe fing es an zu kochen, als sie nichts erwidern konnte. Dazu, die Augen ihres Mannes lagen auf ihr, als wolle er sie ganz ins Nichts hinunterdrücken. Da kam ihr ein Gedanke; er versetzte ihr den Atem, aber sie konnte es nicht verhalten. »Es gibt ja noch andern Verdienst!« sagte sie, und als er schwieg: »Wir können Wolle spinnen; das hast du ja sechs Jahre lang getrieben und kannst es mich selber lehren!«

Ihm war, als hätte er einen Schlag in sein Gehirn bekommen, und sein Gesicht verwandelte sich so furchtbar, daß sich das Kind mit beiden Ärmchen an die Mutter klammerte.

»Weib! Hanna!« schrie er. »Das sagst du mir? – du?«

Und als sie jetzt wie ohne Leben ihm ihr Gesicht entgegenhielt, faßte er sie an beiden Schultern, zog sie an sich, als müsse er sich überzeugen, ob sie's auch selber wäre, und stieß sie dann gewaltsam von sich. Der Stuhl, an welchem sie gestanden hatte, fiel zurück, und das Kind stieß einen gellenden Schrei aus; das Weib aber stürzte gegen den Ofen; dann glitt sie mit einem schwachen Wehlaut auf den Boden.

Als wären die Gedanken ihm abhanden gekommen, sah John darauf hin; als er ein wenig seine Augen hob, da sah er an einem hervorstehenden Schraubenstift des Ofens, von dem das Kind den Messingknopf zum Spielen abgenommen hatte, einen Tropfen roten Blutes hängen. Er kniete nieder und fuhr suchend mit den Händen durch das volle Haar seines Weibes; plötzlich wurden ihm die Finger feucht; er zog sie hervor. »Blut!« schrie er und betrachtete mit Entsetzen seine Hand; dann fuhr er fort zu suchen, hastig, mit fliegendem Atem, und – nun hatte er es gefühlt, ein Stöhnen brach aus seinem Munde: da, da quoll es hervor, da war der Stift hineingedrungen; tief – er wußte nicht, wie tief. »Hanna!« flüsterte er, indem er sich zu ihrem Ohre beugte, und noch einmal stärker: »Hanna!«

Da kam es endlich. »John!« kam es von ihren Lippen; doch wie aus weiter Ferne.

»Hanna!« flüsterte er wieder; »bleib, o stirb nicht, Hanna! Ich hol einen Doktor; gleich, gleich bin ich wieder da!«

»Es kommt doch keiner.«

»Ja, Hanna, er soll kommen!«

Eine Hand griff tastend nach der seinen, wie um ihn zurückzuhalten. »Nein, John – kein Doktor – du bist nicht schuld – aber – sie setzen dich ins Gefängnis!«

Sie warf sich plötzlich gewaltsam herum. »Küß mich, John!« rief sie laut wie in Todesangst; doch als er seine Lippen auf die ihren drückte, küßte er nur noch eine Tote.

Scheu schlich das Kind zu ihm heran. »Ist Mutter tot?« frug es nach einer Weile, und als der Vater nickte: »Warum weinest du denn nicht?«

Da ergriff er das erschrockene Kind mit beiden Händen und drückte es an sich. »Ich kann nicht!« stammelte er heiser; »ich habe sie – – ermordet«, wollte er sagen, aber es wurde an die Tür geklopft.

Er wandte den Kopf und sah den Nachbar Tischler eintreten. Der alte Mann hatte durch die dünnen Wände den Lärm gehört, das Mitleid mit der Frau, die dessen nicht mehr bedurfte, hatte ihn hergetrieben; nun sah er erschrocken auf die Tote.

»Was ist das! Was habt Ihr hier?« frug er verwirrt.

John richtete sich auf und setzte die Kleine auf den Fußboden. »Es ist nur wieder ein Sarg zu machen«, sagte er tonlos, »und ich habe keine Eschenstämme mehr. Ich bin ein armer Lump, Nachbar!«

Der Alte sah ihn eine Weile schweigend durch seine runden Brillengläser an. »Ich weiß wohl«, sagte er dann, »daß du dies Weib nicht verdientest; du brauchst just nicht davon zu reden – wie ist denn das Unglück hier zu Platz gekommen?«

Und John berichtete, was geschehen war; ohne Auslaß, trocken, als sei es eines Dritten Sache; dann aber warf er sich wieder zu der Toten und betrachtete mit Scheu ihr Antlitz, das wie schlafend vor ihm lag; leise, als gelte es, ein Verbot zu übertreten, streckte seine große Hand sich aus und strich zitternd über die leblosen Züge. »Wie schön, o wie schön!« murmelte er; »und sie werden ein glattes Brett darübernageln, wie sie es den armen Menschen tun!«

Der Alte kannte seinen Mann; er glaubte seinem Berichte: er wußte, er brauchte nicht weiter darüber zu reden; dennoch trug er ihm mehr Groll als Mitleid. »Sei ruhig, John«, sagte er fast mürrisch; »ich mache deinem Weibe ihren Sarg wie damals ihrer Mutter; wenn wieder Arbeit kommt, so magst du zahlen, wenn du es kannst!«

Da richtete der elende Mann sich auf. »Dank, Nachbar; aber gewiß, ich bezahl's Euch, jeden Sechsling, jeden Pfennig, denn ich muß sie selbst begraben. Sonst soll mich Gott verdammen!«

Das Kind erschrak und ließ den Zipfel seines Rockes los, den es bisher gefaßt hielt.

»Soll meine Frau Euch«, frug der Tischler, »die Kleine für die nächsten Tage abnehmen? Ihr habt hier niemand mehr.«

»Nein, niemand mehr«; und aus seinen Augen flog ein Blick, wie um Erbarmen flehend, zu dem Angesicht des neben ihm stehenden Kindes. »Fragt sie selbst, Nachbar!« sagte er und ließ den Kopf auf seine Brust sinken. Aber er fühlte plötzlich die kleinen Arme zu sich emporstreben, und als er dann sein Kind emporhob, drückte er das Köpfchen fest an seine Wange; wie einen Strom von Lebensmut fühlte er es an sein Herz zurückfluten. »Nein, Nachbar«, sprach er, »seid bedankt! Aber mein Kind will doch nicht von mir; sie weiß, es ist nicht gut, so ganz allein zu sein.«

Dann, als der Alte fortgegangen war, brach ein Strom von Tränen aus seinen Augen. Er kniete nieder zu der Toten. »Hilf mir, mein Kind; es wird mir schwer, zu leben!« rief er, und die Kleine sah mit großen Augen zu ihm auf.

Vom Begräbnisse war John allein zurückgekommen, niemand hatte ihn begleitet; der alte Nachbar hatte der Toten ihren Sarg gemacht und war den letzten Weg mit ihr gegangen, dann war er in sein Haus zurückgekehrt.

John stand in seinem Zimmer und sah sich schweigend in den leeren Wänden um; hier war nun Ruhe, aber wo war das Glück? – Auf der kleinen Schatulle standen neben anderem Geschirre die zwei Tassen mit den grob gemalten Rosen, die er vor ein paar Jahren am Hochzeitsmorgen gekauft hatte. Seine Augen streiften darüber hin, er sah noch den Herbstsonnenschein, der damals über der breiten Straße gelegen hatte; er schüttelte sich, der war ja längst vergangen. Draußen auf der Gasse war wie immer das gewerbliche Getöse, aber hier in der kleinen Kammer war es furchtbar still; auch der kattunene Vorhang dort in der Ecke hing so unbeweglich, als ob nun alles aus sei. Er konnte es nicht ertragen, er trat hinzu und zog ihn zurück; da fiel ein Mieder Hannas, das sie noch selbst dahin gehangen hatte, auf den Boden. Ein wilder Schmerz durchfuhr ihn, als er es aufhob; er taumelte auf einen Stuhl und schlug die Hände vors Gesicht.

Da knarrte die nur angelehnte Kammertür; sein Töchterchen drängte sich hindurch und hielt ihm triumphierend ein Püppchen unter die Augen, ein Geschenk der Tischlerfrau, die das Kind während des Begräbnisses an sich genommen hatte. Nun aber hatte es nicht länger Ruhe gehabt; es war durch die Gärten und zur Hintertür hereingelaufen, um auch dem Vater seinen Reichtum zu zeigen.

Der sah sie mit wirren Augen an; als sie aber erwartend vor ihm stehenblieb, hob er sie auf seinen Schoß und suchte sich zu fassen. »Was hast du da, Christinchen? Wer hat dir das geschenkt?«

Aber bevor noch die Antwort des Kindes kam, wurde mit einem Stecken an die Tür geklopft, und ein alter, grauhaariger Weiberkopf guckte in die Stube; der zahnlose Mund blieb offenstehen, während der Kopf mit den kleinen munteren Augen Vater und Tochter zunickte.

John kannte das Gesicht: es gehörte der alten »Küter-Mariken«, einer jener sauberen Bettlerinnen, wie wir manche bei uns zu Hause haben. Sie war eine Schullehrertochter vom Lande, hatte in ihrer Jugend in der Stadt gedient und dort einen kleinen Handwerksmann geheiratet. Nach dessen Tode hatte sie jahrelang mit ehrlicher Arbeit sich um die Lebensnotdurft abgemüht, dann war sie früh gealtert und verarmt; nur das schwer ersparte Geld zu einem guten Leichenbegängnis trug sie unantastbar in einem Lederbeutelchen an ihrem Leibe; was sie zu ihrer Nahrung noch bedurfte, holte sie sich nun Tag für Tag bei den Leuten, wo sie einst gedient hatte, oder bei deren Kindern oder solchen, die es ihr geboten hatten. John war ihr oft auf ihren »Suppengängen«, wie sie das selber nannte, begegnet und hatte der Alten freundlich guten Weg geboten.

Auch jetzt nickte er ihr freundlich zu. »So kommt doch arm zu arm!« sagte er. »Was will Sie von mir, Mariken?«

Aber von der Alten war noch immer nur der Kopf und die Krücke ihres Steckens in dem Zimmer. »John«, sagte sie, »kannst du ein altes Weib gebrauchen? Ich möchte in eins von deinen leeren Betten kriechen!«

»Das Bettzeug ist schon verkauft, Mariken«, sagte John.

»Nein, John, das Bettzeug hab ich selber, da brauchst du nicht zu sorgen!«

»Was will Sie denn mit dem leeren Bett?«

»Ei«, erwiderte die Alte, »so will ich's nach der Ordnung sagen: du weißt doch, ich hab ein Kämmerchen bei dem Schlachter Nissen, nur sechs Fuß hin und her, doch schmuck und sauber, und jeder kann auf meine Dielen treten!«

»Nun«, unterbrach sie John, »hat der Sie jetzt hinausgeworfen?«

Die Alte war einen Schritt in die Stube getreten und drohte schmunzelnd mit der Krücke: »Beileibe nicht! Aber das alte faule Gebäu muß eingerissen werden, und in dem neuen, da passet unsereins nicht mehr hinein. So hab ich an dich gedacht, John! Sie trauen dir zwar nicht; aber ich kenn dich besser! Du gibst mir Unterschlupf; ich halte dir deine Kammer hier so schmuck wie jetzund die meine und hüte dir dein Christinchen, wenn du auf Arbeit bist.« Sie machte mit ihren Fingern ein Häschen und nickte der Kleinen freundlich zu, die unverwandt der Alten ins Gesicht starrte. »Nur«, fügte sie hinzu, »wo ich meinen alten Kopf zur Ruhe legen kann, weiter braucht's nicht; du weißt ja, mein bißchen Essen hol ich mir schon selber!«

John nickte: »Ja, ich weiß, Sie bettelt.« – Und in sich selber sprach er leis und traurig: »Mein Weib tat dies in ihrer Kindheit auch!«

Aber die Alte rief: »Was sagst du, John?« und stieß mit ihrem Stecken auf den Boden. »Das ist kein Betteln! Das geben mir meine früheren Herrschaften und ihre Freunde, das gehört sich so; ich bin ein alter Dienstbot', den dürfen sie nicht verhungern lassen!«

John sah sinnend auf das Weib; die Kleine war von seinem Schoß herabgeglitten und hielt der Alten ihre Puppe vor. »Sieh!« sagte sie, »die ist mein!« und nickte zur Bestätigung ein paarmal mit ihrem hübschen Köpfchen.

Küster-Mariken hatte sich an ihrem Stock herniedergleiten lassen und hockte vor dem Kinde auf dem Fußboden. »Ei der Tausend!« sagte sie, »das ist wohl die Prinzessin Pomphia! Ja, die kenn ich; als ich so klein war wie du, ist ihre Großmutter bei mir gewesen; von der könnt ich dir Geschichten erzählen! Wenn nur dein Vater das alte Weib nicht aus dem Hause wirft!«

»Nein, du sollst bleiben!« rief das Kind, und die Puppe wäre fast zu Fall gekommen, als sie mit ihren Händchen nach den dürren Fingern der Alten langte.

John nickte seinem Kinde zu: »Willst du sie behalten, Christine, so sag ihr, daß sie morgen kommen mag!«

Und so war es abgemacht. »Das liebe Dirnlein!« murmelte die Alte immer wieder, als sie aus dem Hause und durch die lange Straße ihrer Wohnung zu an ihrem Stecken ging.

So waren nun wieder drei Bewohner in der Kate; und doch war es darin so still, daß die Buben und Pflastertreter, welche daran vorbeigingen, vergebens einen Zeitvertreib von dort erwarteten. Nur etwas Hübsches, das sie jedoch nicht zum Stillstehn brachte, gab es im Sommer bisweilen dort zu sehn. Das war ein dürftig, aber allzeit sauber gekleidetes Dirnlein, das mit einer Puppe oder einem andern Spielwerk auf der Haustürschwelle saß, wo die Sonne auf ihrem braunen Scheitel glänzte. Wenn aber von drunten aus der Stadt die Turmuhr Mittag schlug, dann legte sie hastig ihre Puppe auf die Schwelle und ging mit vorgestrecktem Köpfchen einige Häuser, so weit Alt-Mariken es ihr erlaubt hatte, in die Stadt hinab; auch wohl, bedächtig und immer das Köpfchen rückwärts drehend, ging sie wiederum nach ihrer Haustür und nahm wie gedankenlos die Puppe in die Hand; bald aber trieb es sie aufs neue auf, und endlich, mit jenem Aufschrei vollsten Kinderglückes, flog sie dem von der Arbeit zu kurzer Ruhe heimkehrenden Vater in die ausgebreiteten Arme. Dann trug er seinen kleinen Trost die paar Häuser weit nach seiner Wohnung, wo schon die Alte mit ihren munteren Augen an der Türe harrte. »Nur herein, John! Nur herein!« rief sie; »die Kartoffeln hab ich Euch gekocht; und das Töpfchen Milch vom Nachbar Bäcker steht auch schon auf dem Tisch!« Dann band sie eine reine Schürze vor und ging mit dem irdenen Henkeltopf auf ihren eigenen Suppengang in die Stadt hinunter.

John aber und sein Christinchen setzten sich an den Tisch, nachdem er zuvor aus der Schatullenschublade ein derbes Schwarzbrot hervorgeholt hatte. Er schnitt zwei Stücke ab und brockte sie in die Milch, die in zwei Kümmchen verteilt wurde; zuletzt aßen sie mit etwas Salz die dampfenden Kartoffeln. Nachbar Tischlers bunte Katze kam herein und strich dem Kinde um die Beinchen; der warf Christinchen auch noch eine in Salz gestippte Kartoffel zu. Aber die Katze beroch sie nur, leckte einmal daran und begann sie dann mit ihren Pfötchen in der Kammer umherzurollen. Da lachten Vater und Tochter. »Die mag keine Kartoffeln«, sagte John; »das ist ein Leckerzahn! Schmeckt es denn dir, Christinchen?«

Und als die Kleine ihm schmausend zunickte, holte er noch einmal etwas aus der Schublade. »Nun merk auf!« rief er. »Nun kommt der Nachtisch!« Es war aber nur eine Messerspitze mit Butter, was er jetzt auf ihren Teller strich. »So«, sagte er, »damit iß nun deine letzte Kartoffel!« Und des Kindes Augen leuchteten vor Vergnügen.

Wenn die kleine Haustürglocke schellte und Mariken mit ihrem Topfe wieder heimkam, dann griff John nach der Mütze und ging wieder auf seine Arbeit.

Als Christinchen dann eines Tages in die Küche lief, sah sie die Alte am Herde sitzen und mit besondrem Behagen aus ihrem Topfe löffeln; ein leckerer Duft schwamm ordentlich in der Küche, und nach dem mageren Mittag mochte ein begehrlicher Ausdruck deutlich genug auf dem Kinderantlitz stehen.

Die Alte legte den Löffel aus der Hand. »Komm, Kind, und halte mit!« rief sie, »das wird dir guttun!«

Aber Christine trat zurück und schüttelte das Köpfchen: »Ich hab mit Vater schon gegessen.«

»Doch nicht von Frau Senator ihrer Sonntagssuppe!«

»Ich darf nicht«, sagte das Kind leise.

»Was?« rief die Alte. »Wer hat dir das verboten?«

»Mein Vater«, kam es ebenso von den Lippen des Kindes.

Wie Zornesröte flog es in das Gesicht der Alten. »So, so!« sagte sie und stemmte die Faust mit dem Löffel auf ihr Knie. »Ja, ja, ich glaub's: du sollst nicht mit mir von meinen Bettelsuppen essen!« Aber sie drängte die Worte zurück, die noch über ihre Zunge wollten; das Kind durfte das nicht hören. »Komm«, sagte sie und stellte ihren Topf beiseite, »ich bin satt; wir wollen in den Garten, da find ich dir noch ein paar Stachelbeeren. Du bist ein braves Kind! Sei deinem Vater allzeit so gehorsam; da wird's dir wohlgehn!«

Und sie wandten miteinander in den Garten, und so dürftig auch die Ernte ausfiel, die Alte erzählte so alles vergessen machende Geschichten von Prinzessin Pomphias Großmutter daß der Leckerappetit der Kleinen, sie wußte nicht wie, verging.

– – Das war in der Zeit, die sich so unauslöschlich dem Kinderherzen einprägte, daß dagegen alles, was vorher war, in Dämmerung versank, von der die Frau, die einstmals dieses Kind gewesen war, mir heute noch gesagt hatte, daß es in ihrer Kindheit die Rosenzeit gewesen sei.

John hatte dem Nachbar Tischler Wort gehalten: der Sarg der jungen Frau war bis auf den letzten Dreier von ihm bezahlt worden; er hatte sein Weib doch selbst begraben.

Das anmutige Kind, das so jählings mutterlos geworden, mit dem jetzt wohl nachmittags die Alte durch die Straßen prunkte, hatte das Mitleid der Stadt erweckt; und war auch diese Teilnahme nicht von langer Dauer, es hatte dem Vater doch zu Arbeiten verholfen, die ihm sonst nicht gekommen wären, und da es meist Verdingsarbeiten waren, so half seine geschickte Kraft ihm jetzt zu gutem Verdienst. Und eines Sonnabends – das Kind mochte jetzt schon reichlich seine fünf Jahre alt sein –, da John am Feierabend einen tüchtigen Wochenlohn vor sich auf den Tisch zählte und dann einen Teil davon zum Mietzins abschied, stand auch Alt-Mariken dabei, und auf die vielen Schillinge niederschauend, sprach sie: »Gib mir auch etwas davon!« Als er verwundert aufsah, fügte sie schmunzelnd bei: »Du glaubst, John, ich will nun auch bei dir betteln!«

»Nein, Mariken; aber was will Sie?«

»Nur acht Schillinge, um eine Tafel und eine Fibel dafür zu kaufen!«

»Will Sie noch schreiben und lesen lernen?«

»Nein, John, das hab ich, Gott und meinem seligen Vater Dank, nicht nötig! Aber mit Christinchen ist es an der Zeit. Und das soll sie schon von dem alten Weibe lernen; ich war einst meines Vaters beste Schülerin.«

John reichte ihr, was sie verlangte. »Sie hat wohl recht, Mariken«, sagte er.

– – Und so lernte Christine diese schwierigen Dinge leichter und um ein paar Jahre früher, als es armen Kindern sonst zuteil wird; und jetzt waren es andere Menschen als früher, nachdenkliche Leute, pensionierte Schullehrer, auch wohl alte Großmütter, die manchmal vor der kleinen Kate ihren Schritt hemmten und mit einem Ausdruck von zärtlichem Beifall auf das eifrige Kind dort auf der Haustürschwelle sahen, das, ohne umzublicken, unachtend der braunen Löckchen, die von der Stirn ihm in die Augen hingen, den Kopf über eine Fibel neigte und, alles um sich her vergessend, den kleinen Zeigefinger von einem Wort zum andern rückte, sobald das Mündlein die schwarzen Druckzeichen in den hellen Sprachlaut umgesetzt hatte.

Wenn aber am Feierabend der Vater da war, wenn sie mit aller Wichtigkeit ihm erst gezeigt hatte, wie weit sie heute auf der Tafel oder im Fibelbuch gekommen sei, und wenn sie dann miteinander ihr kleines Mahl verzehrt hatten, so ging er wohl noch einmal mit ihr hinaus unter den Sternenhimmel, auf die Straßen oder, war es dort zu Laut noch, in das Gärtchen und weiter in die Wege, die in das Feld hinausliefen. Dann hob er oft sein Kind auf beide Arme, und was er tags erfahren hatte oder was nur an Gedanken bei der Arbeit ihm gekommen war, was sie verstand oder nicht verstand, das flüsterte er in die kleinen Ohren; er hatte keinen andern Vertrauten, und ein ewig Schweigen soll kein Mensch ertragen können. Wohl bog das Kind bisweilen das Köpfchen zu dem seinen auf und lächelte ihm nickend zu; manchmal aber erschrak es und bat: »Nicht so! Oh, sag das nicht, mein Vater!« Er wußte nicht, war diese Tochter ihm ein neues Glück, war sie ihm nur ein Trost für ein verlorenes; denn immer wieder nach dem toten Weibe in Reu und Sehnsucht wollte ihm das Herz zerbrechen; noch im Traum betörte ihn der Reiz des längst vergangenen Leibes, daß er, vom Schlafe auffahrend, ihren Namen durch die dunkle Kammer schrie, bis er endlich faßte, was unrettbar der Vergangenheit gehöre. Manchmal in der Nacht hatte auch das Kind nach der Mutter gerufen und die Ärmchen weinend nach ihr ausgestreckt; wenn er dann am Abend darauf sie durch die Einsamkeit der Gassen auf seinen Armen trug, erzählte er ihr, wie Süßes oft im Traume ihm geschehen, wie schrecklich sein Erwachen gewesen sei.

Dann frug das Kind wohl zitternd: »War denn Mutter bei dir in der Nacht?«

»Nein, Christine; es war ja nur ein Traum.«

Und das Kind frug weiter: »War denn Mutter so schön?«

Dann drückte er sie heftig an sich: »Für mich das Schönste auf der Erde! Weißt du das nicht mehr? Du warst schon drei Jahre alt, als sie starb!« Als er das letzte Wort gesprochen hatte, stockte ihm die Rede plötzlich; ein Frösteln rann durch seine Glieder. Konnte er so einfach von ihrem Sterben sprechen? Er wollte sein liebes Kind doch nicht betrügen. – Die Kleine aber, die eine Weile geschwiegen hatte, sagte jetzt traurig: »Mein Vater, ich weiß gar nicht mehr, wie Mutter aussah!«

»Wir hatten nimmer Geld zu einem Bilde; wir dachten auch nicht an den Tod!« antwortete John, und seine Stimme bebte; »aber er ist immer bei uns; streck nur den Finger aus, so kommt er schon!«

Die Kleine drückte angstvoll das Köpfchen an seine Brust.

»Nein, nein«, sagte er, »so ist's doch nicht! Du kannst schon deine beiden ganzen Händchen ausstrecken! Der liebe Gott ist doch über ihm; der hat auch versprochen, daß wir die Toten alle wiedersehen sollen; so lange mußt du warten.«

»Ja, Vater«, sagte das Kind, und der kleine Mund drückte sich auf den seinen, »aber du mußt bei mir bleiben.«

»Wie Gott will.«

– – War bei ihrer Nachhausekunft Alt-Mariken noch wach

oder hatte die Haustürschelle sie wieder aufgeschreckt, dann schalt sie John, die Nacht sei nicht für Kinder; er trage sie noch in den Tod.

Er aber sagte dann wohl halb für sich selber:

> Besser früher Tod,
> Als spät die Not.

Da kam jener furchtbare Winter in den vierziger Jahren, wo die Vögel tot aus der Luft fielen und die Rehe erfroren im Walde zwischen den von Schnee gebeugten Bäumen lagen, wo die armen Leute mit ihrem leeren Magen, um nicht gleichfalls zu erfrieren, in ihre kargen Betten krochen, die in ungeheizten Kammern standen; denn auch die Arbeit war mit eingefroren.

John hatte sein Kind auf dem Schoß; er sann wohl darüber nach, warum in solcher Zeit das Mitleid nicht den Armen Arbeit schaffe; er wußte nicht, daß es an ihm vorbeigegangen war. Die lange nicht gestutzten Haare hingen über seine eingefallenen Wangen; die Arme hielt er um sein Kind geschlungen. Der Mittag war vorüber, wie die zwei leeren irdenen Teller auswiesen, die, mit Kartoffelschale bedeckt, neben einem Salzfaß auf dem Tische standen. Ein kaltes graues Zwielicht war in der Kammer; denn das Tageslicht konnte durch die dick mit Eisblumen überzogenen Scheiben nur kaum hineindringen. »Schlaf ein wenig, Christine!« sagte John. »Schlaf ist gut; es gibt nichts Besseres; es wird auch wieder Sommer werden!«

»Ja!« hauchte das Kind.

»Wart nur!« Und er nahm ein Wollentuch, das Hanna einst getragen hatte, und bedeckte sie damit. »Das ist Mutters Tuch«, sagte er, »deine kleinen Füße sind so kalt.«

Sie ließ sich das gefallen und schmiegte sich an den Vater der vergebens hoffte, daß der Schlaf ihr kommen werde. Er hatte die letzten drei Torf so vorsichtig in den kleinen Ofen geheizt, aber es war doch zu kalt geblieben. Da schellte die Haustürglocke, und Alt-Mariken trat nach einer Weile in die Kammer. Sie deckte ihre kleinen Augen mit der Hand, denn das graue Zwielicht da drinnen hatte sie geblendet; dann nickte sie den beiden zu. »Das glaub ich«, sagte sie, »ihr könnt euch aneinander wärmen! So gut hat's unsereiner nicht; denn sieh, John, das Kinderkriegen hab ich nicht verstanden. Nur einmal war's ein totes, aber das zählt ja nicht.«

John blickte nicht auf. »Da braucht Sie heute auch nur für sich allein zu frieren«, sagte er und nahm die kalten Füßchen seines Kindes in seine großen Hände.

»Nun, nun«, erwiderte die Alte; »ich weiß mir schon zu helfen; sorg nicht um mich, John! Die alte Senatorn hört gar zu gern die Geschichten von Anno damals, vom Kosakenwinter; und da kann ich aushelfen, John! Die haben mir heut drei Tassen heißen Kaffee eingebracht; da kann man's dann schon wieder aushalten, wo nur der Winter einheizt!« Sie lachte: »Ihr beiden solltet einmal tanzen! Das hat mir früher oft geholfen; die Tanzbein' sind mir nur abhanden gekommen.«

Da hob das Kind sein Köpfchen aus den Umhüllungen und sagte: »Vater, morgen ist doch Weihnachten; darf es hier dann nicht ein wenig wärmer sein?«

John sah nur finster auf sie hin; die Alte aber huckte sich neben ihm und der Kleinen zu Boden. »Kind, Gottes Engel!« rief sie und streichelte mit ihrer warmen Hand Stirn und Wangen der Kleinen; dabei griff sie mit der andern in ihre Tasche und fühlte nach den Schillingen, von denen sie nicht geredet, die sie aber neben dem Kaffee von der Frau Senatorin als Festgeschenk erhalten hatte. »Ja, ja, Christinchen, sorg nur nicht! Unser Herr Christus hat dazumal auch warm in seinem Kripplein gelegen!« John schwieg noch immer; das Wort seines Kindes war ihm wie ein Schwert durchs Herz gegangen. Aber vor seinem innern Auge stand jetzt plötzlich jener einsame Brunnen draußen auf dem Felde; er sah den Bretterzaun im Froste flimmern. Sein alter Arbeitgeber, von dem er ihn einst selbst erbeten hatte, war jahrelang tot; auch sie, um deren willen es geschah – wen kümmerte das von damals noch? Hatten die Bretter einst sein Weib geschützt, sie konnten nun sein Kind erwärmen! – Das Blut stieg ihm zu Häupten; sein Herz hämmerte heftig.

Das hörte das Kind, dessen Kopf daran lag. »Vater«, sagte sie, »was klopft so in dir?«

»Das Gewissen!« – Er war zusammengefahren. Niemand hatte das gesagt, und war ihm doch, als habe er es gehört, deutlich, dicht vor seinem Ohr.

»Mich friert!« sagte die Kleine wieder.

Da stieg aufs neu der Brunnen vor ihm auf. »Wärme dich ein Stündchen in meinem Bette!« sagte er hastig; »dort wirst du schlafen; ich wecke dich dann wieder.«

»Ja, ja, Christinchen«, rief die Alte, »ich setz mich zu dir; schlaf nur, Kind; die Welt ist gar zu kalt!« John aber stürzte aus der Kammer, dem niedrigen Verschlage zu, der auf dem Hofe war; hier in der Dunkelheit, nach zugeriegelter Tür, schärfte er seine Handsäge und schliff sein Handbeil auf dem dort stehenden Schleifstein.

– – In der Nacht, die diesem Tage folgte, fiel das Quecksilber in den Thermometern noch um mehrere Grade tiefer; die schneebedeckten Felder, auf welche die zitternden Sterne herabblinkten, schienen wie eine Öde, die nie ein Menschenfuß betreten. Dennoch vernahmen die Kranken oder in Sorgen Wachenden, welche in der Norderstraße ihre Schlafkammern nach den Gärten hatten, aus der Ferne die Schläge eines Beiles, die in der grenzenlosen Stille nach der Stadt hinüberschollen. Vielleicht mochte auch ihrer einer sich erheben und vom Bett aus, wiewohl vergebens, durch die flimmernden Fensterscheiben hinauszublicken suchen; aber wen kümmerte es weiter, wer draußen noch so geschäftig wach war.

Als aber Alt-Mariken am Morgen spät erwachte, da sah sie von ihrem Bett aus, daß in dem Beilegerofen schon ein helles Feuer prasselte und ihre Schillinge nicht mehr nötig waren. In der Kammer stand John neben seinem Töchterlein und sah schweigend zu, wie sie behaglich sich die Kleider überzog und unterweilen mit ihren Händchen an den Ofen klatschte. »Oh«, rief sie fröhlich und zog sie rasch zurück, »er hat mich ordentlich gebrannt!«

Und allmählich schmolz der Schnee; die Sonne kam immer länger auf Besuch; die Schneeglöckchen hatten ausgeblüht, und die Veilchen zeigten dicke Knospen; Vögel und allerlei Wandergäste kamen; darunter auch, die nicht willkommen waren.

John hatte eine Gartenarbeit unten in der Stadt und bog eines Abends, seinen Spaten auf dem Nacken, aus einer Nebengasse in die breite Straße ein, um durch diese und deren Verlängerung nach seiner Wohnung hinaufzugehen. Alle seine Gedanken waren bei seinem Kinde; sie kam ihm ja immer noch entgegen, wenn auch nicht so ungestüm wie früher; denn auf den Herbst hatte sie schon ihr siebentes Jahr. Da schlug von rückwärts der Schall eines Fußtrittes an sein Ohr, als ob er ihn einzuholen trachte. Er stutzte. »Wer ging doch so?« Wie eine unheimliche Erinnerung überkam es ihn; aber er konnte sich nicht entsinnen; ihm war nur, als sei ihm Unheil auf den Fersen. Er sah nicht um; aber er ging jetzt rascher, denn es war ganz hell noch auf den Gassen. Doch auch das hinter ihm ging rascher; er brütete noch: wer kann das sein? – da schob ein magerer Arm sich in den seinen, und ein bleiches bartloses Gesicht mit kurzgeschorenem Schädel sah ihn aus kleinen scharfen Augen an.

John erschrak bis in die Fußspitzen. »Wenzel!« stieß er hervor. »Wo kommst du her?«

»Wo du auch einmal sechs Jahr gewesen bist, John! Ich hatte es noch einmal versucht.«

»Laß mich!« sagte John; »ich darf nicht mit dir gesehen werden. Das Leben ist schwer genug.« Er ging noch rascher; aber der andere blieb ihm zur Seite.

»Nur die Straße hier hinauf«, sagte er. »Du trägst das Zeichen der Ehrlichkeit da auf den Schultern; das tät mir gut zu meiner Reputation!«

John stand still und trat von ihm zurück: »Du machst linksum, oder ich stoße dich hier zu Boden!«

Der schwache Züchtling mochte den Grimm des Mannes fürchten; er zog grinsend seine alte Mütze: »Auf Wiedersehn, Herr John! Du bist heut just nicht höflich gegen einen alten Kameraden!« Er steckte die Hände in die Hosentaschen und ging nach links unter den Rathausschwibbögen zur Stadt hinaus. In furchtbarer Bewegung setzte John seinen Weg fort; ihm war, als wäre alles in ihm eingestürzt. Einige Häuser vor dem seinen kam ihm das Kind entgegen und hing sich an seinen Arm. »Du sprichst ja gar nicht, Vater? Fehlt dir was?« sagte sie nach einigen Schritten.

Er schüttelte den Kopf: »Ja, Kind; wenn nur, was einmal dagewesen, nicht immer wieder zu uns kommen wollte!«

Die Kleine sah zärtlich, voll unverstandenen Mitleids, zu ihm auf. »Kann denn der liebe Gott nicht helfen?« sprach sie zaghaft.

»Ich weiß nicht, Stine; aber wir wollen zu ihm beten!«

– – Am folgenden Tage hatte John den Gefürchteten nicht gesehen; er war auch nicht durch die Stadt, er war hinter derselben an den Gärten entlang auf seine Arbeit und wiederum nach Haus gegangen. Am Abend darauf sah er ihn hier auf sich zukommen; das bleiche Züchtlingsgesicht, um das jetzt ein Stoppelbart zu wachsen begann, war nicht zu verkennen.

»Ei, Freund John«, rief Wenzel ihm entgegen, »ich glaub, du suchst mir auszuweichen; bist du denn noch so mürrisch?«

John blieb stehen. »Dein Gesicht macht mich nicht fröhlicher«, sagte er.

»Das denn vielleicht?« entgegnete Wenzel und zog ein paar Mark Geldes aus der Tasche. »Ich wollt mich auf eine Woche bei dir einmieten, John! Es ist nicht leicht für mich, Quartier zu kriegen!«

»Miet dich beim Teufel ein!« sagte John. Als er aufblickte, kam aus einem Seitenwege ein Gendarm auf sie zu. John wies auf den Polizeisoldaten; aber Wenzel sagte: »Den fürcht ich nicht; meine Papiere sind in Ordnung.«

Noch bevor dieser sie erreicht hatte, zog er sein Taschenbuch hervor und übergab es ihm, der mit amtlicher Würde den Inhalt durchstudierte. Schon streckte Wenzel seine Hand aus, um seinen Schatz sich wieder auszubitten; aber der Gendarm steckte die Papiere ruhig in seine eigne Tasche. »Er hat sich auf der Polizei noch nicht gemeldet«, sagte er kurz. »Er geht mit mir!« Und einen raschen Blick auf John werfend, ließ er den Züchtling vorangehen und folgte, die Hand am Säbelgriff.

Der Bürgermeister befand sich auf dem Rathause in seinem Arbeitszimmer, als der Gendarm eintrat und den entlassenen Züchtling Wenzel meldete.

Er lächelte. »Ein alter Bekannter!«

»Ich traf ihn hinten am Kuhsteig; der John Glückstadt stand bei ihm«, berichtete der Gendarm.

Der Beamte sann einen Augenblick: »Ja, ja – John Glückstadt, das läßt sich denken.«

»Freilich, Herr Bürgermeister; das Zusammentreffen schien mir sehr verdächtig, hinter der Stadt und um die Vesperzeit, wo niemand dort zu kommen pflegt.«

»Wie meinen Sie das, Lorenzen?« frug der Bürgermeister.

»Dieser John Hansen ist jetzt ein reputierlicher Mensch, der sich und seine Kleine ehrlich durchzubringen sucht.«

»Sehr wohl, Herr Bürgermeister; aber sie waren vordem zusammen im Zuchthaus; es dürfte nicht ohne Bedeutung sein, daß sie auch hier gleich wiederum zusammenstehen.«

Aber der Bürgermeister schüttelte den Kopf. Er hatte John im Winter ein kleines Darlehen gegeben und es in diesen Frühlingstagen zurückerhalten. »Nein, Lorenzen«, sprach er, »stören Sie mir den Mann nicht; den kenn ich besser: auch hat er Arbeit jetzt, die er nicht aufs Spiel setzen wird. Und nun lassen Sie den Wenzel kommen!«

»Befehlen«, sagte der Gendarm und drehte sich militärisch nach der Tür. Aber die Zurückweisung seiner so wohl ausgesonnenen Schlüsse auf John Glückstadt hatte heimlich ihn ergrimmt. Drum erzählte er noch am selben Tage Arbeitern und kleinen Handwerkern, mit denen er zusammentraf, und mit noch stärkeren Akzenten, die verdächtige Geschichte; die brachten es an die Dienstboten und diese an die Herrschaften, und so war bald die ganze Stadt voll von den gefährlichen Plänen, welche Wenzel und John Glückstadt in erneuerter Kameradschaft miteinander geschmiedet hätten; und obwohl Wenzel schon am folgenden Tage wieder entlassen und dann von Behörde zu Behörde gewiesen war und hier niemals wieder gesehen wurde, so hatte er doch für John des Teufels Spur zurückgelassen. Dieser hatte gehofft, die Arbeit in dem großen Garten drunten in der Stadt den ganzen Sommer, ja gar für künftige Jahre behalten zu können, denn der Besitzer hatte ihm wiederholt die Sauberkeit und Raschheit seiner Arbeit gelobt; jetzt aber kam die Botschaft von demselben, John brauche nicht wiederzukommen. Bei Anfragen in andern Häusern erhielt er trockenen Abschlag; mit Mühe bekam er endlich in einem nahe belegenen Dorfe eine schlechtbezahlte Feldarbeit; aber auch die ging bald zu Ende. Sein Mut sank; seines Kindes Antlitz drückte ihn noch tiefer, das Elend war schon halb in seiner Kate; nur der Kleinen wußte die kluge Alte unter immer neuen Vorwänden ein Teilchen von ihren Suppengängen zukommen zu lassen.

So war das Ende des August herangekommen und ein Abend, wo für den andern Tag kein Mundvoll mehr im Hause war. Er saß am Bette seines Kindes, das schon mit dem Schlafe kämpfte, und sah starr auf das liebliche Gesichtlein; aber so still er saß, er wußte vor Angst nicht, wo er mit seinen Gedanken bleiben sollte. Da, als das Kind die Augen zu ihm aufschlug, brach es aus ihm hervor: »Christine!«, aber er stockte einen Augenblick; »Christine«, sagte er nochmals, »könntest du wohl betteln?«

»Betteln!« Das Kind erschrak über das Wort. »Betteln, Vater?« wiederholte sie; »wie meinst du?« Die Kinderaugen waren plötzlich erregt auf ihn gerichtet.

»Ich meine«, sagte er langsam, aber deutlich, »zu fremden Leuten gehen und sie um einen Sechsling oder noch weniger, um einen Dreiling bitten, oder um ein Stück Brot.«

Dem Kinde stürzten die Tränen aus den Augen: »Vater, warum fragst du so? Du sagtest immer, betteln sei eine Schande!«

»Es kann auch kommen, daß Schande noch nicht das Schlimmste ist. – Nein, nein!« rief er dann laut und riß sie heftig in seine Arme. »Weine nicht, oh, weine nicht so, mein Kind! Du sollst nicht betteln; nimmer sollet du das! Wir essen nur ein bißchen weniger!«

»Noch weniger, Vater?« frug die Kleine zögernd.

Er antwortete nicht; aber ihr war, als fühlte sie ihn schluchzen, als er seinen Kopf gegen ihren kleinen Körper barg. Da wischte sie sich die Tränen vom Gesicht; und als sie eine Weile wie grübelnd dagelegen, brachte sie ihren kleinen Mund zu seinem Ohr. »Vater!« flüsterte sie leise.

»Ja, mein Kind?« Und er richtete sich empor.

»Vater, ich glaub, ich könnte doch wohl betteln!«

»Nein, nein, Christine; denk nicht mehr daran!«

»Ja, Vater«, und sie schloß ihre Ärmchen fest um seinen Hals, »wenn du krank und hungrig wärest, dann wollte ich es doch!«

»Nun, Kind; du weißt ja, ich bin kerngesund!«

Sie blickte ihn an; er sah nicht sehr gesund aus; aber er lächelte ja doch. »So, schlaf nun!« sagte er und löste die Ärmchen sanft von seinem Nacken und legte sie in ihr Bett zurück. Und sie tat, wie getröstet, ihre Augen zu und war bald entschlafen; nur ihres Vaters Hand behielt sie noch fest in der ihren, bis auch die kleinen Finger sich lösten und das ruhigere Atmen den festen Schlaf bekundete.

Er blieb noch immer sitzen; das erste Viertel des Mondes war heraufgekommen und schimmerte trübe in die Kammer. Der Mann starrte in Verzweiflung auf sein Kind: was sollte er beginnen? Zur Sparkasse? – Aber wer würde für ihn Bürgschaft leisten? Zum Bürgermeister gehen und um ein Darlehn bitten – und das im hohen Sommer? – Im Winter hatte er es getan; er wußte genau die Zeit: die Bretter des Brunnens waren verbrannt und die Kammer wieder kalt gewesen. Der Bürgermeister hatte es ihm damals auch gegeben; aber die scharfen Augen des alten Herrn hatten ihn so seltsam angesehen. »Damit Er nicht wieder in Versuchung komme, John!« hatte er dabei gesagt; ihm aber hatten plötzlich die Beine unterm Leib gezittert. Ob denn der Bürgermeister von jener Sache wisse oder nur Gedanken habe, frug er sich jetzt; dann fiel's ihm auf die Brust, er war ein Züchtling, dem wird alles zugerechnet; weshalb war denn seitdem schon immer wieder keine Arbeit für ihn dagewesen? Wie eine drückende Wolke fühlte er den Verdacht ob seinem Haupte schweben. Das geliehene Geld zwar hatte er zurückgezahlt; aber, nein – nicht noch einmal zum Bürgermeister! – – Nebenan im Garten des Tischlers standen wohl noch ein paar Reihen Kartoffeln, sie schienen ganz vergessen zu sein – aber John biß die Zähne zusammen: er hatte durch ihn sein totes Weib begraben können. Einen Augenblick entflohen ihm die Gedanken; sie hafteten dort, wo der Ofen stand, wo ein schwacher Mondschimmer auf dem Messingknopfe schimmerte. »Hanna!« murmelte er, »du bist schon recht gestorben!« Wie in unausdenkbarem Elend streckte er die Hände mit ausgespreizten Fingern vor sich hin; aber die Bilder in seinem Kopfe wechselten, und die des Hungers waren doch die stärksten. Da plötzlich streckte sich ein weites Kartoffelfeld vor seinen Augen; es war draußen auf dem Felde neben dem von ihm beraubten Brunnen, der jetzt in einem hohen Ährenfeld verborgen stand. Die Kartoffeln waren noch immer nicht aufgenommen; andere Feldarbeit war im Wege gewesen. »Nur ein paar Bülte!« murmelte er, »nur um einmal satt zu werden!« Etwas von dem Trotz der Ausgestoßenen kam über ihn. »Es kann ja morgen wieder Arbeit kommen – wenn nicht, so muß ich's mit dem lieben Gott versuchen!«

Er saß noch lange, noch manche Stunde, bis der Mond schon

unter war und er alles schlafend glaubte; da schritt er leise aus der Kammer und aus dem Hause. Die Luft war schwül; nur mitunter fuhr ein Windstoß auf, und fast undurchdringliche Finsternis lag auf der Erde. Aber John war den Weg schon oft gegangen, und endlich, an dem Kraute, das um seine Beine schlug, fühlte er, er war auf dem Kartoffelacker. Er lief noch weiter hinein, denn ihm war, als müsse er überall gesehen werden; mitunter bückte er sich und wühlte unter den Büschen, mitunter zuckte er erschreckt zurück; aber es war nur das Gezücht, das hier gelegen hatte; ein Tausendfuß, eine Kröte waren über seine Hand geschlüpft. Das Säcklein, das er mitgenommen hatte, war halb gefüllt. Er stand und wog es in der Hand: es war genug; aber ... Er hatte den Sack schon umgekehrt, um alles wieder auf den Acker auszuschütten, nur unten hielt noch seine eine Hand das Linnen zusammen. Ihm war im Kopfe, als senke eine Waage sich auf und ab; dann sprach er langsam: »Ich kann nicht, lieber Gott! Mein Kind! Es soll ans Kreuz geschlagen werden; laß mich es retten; ich bin ja nur ein Mensch!«

Er stand und horchte, als solle eine Stimme von oben aus der Nacht zu ihm herunterkommen; dann krampfte seine Hand sich um den Sack; er lief nur weiter, immer weiter; kaum fühlte er, daß jetzt hohe Ähren ihm mit ihren rauhen Köpfen ins Gesicht strichen; kein Stern zeigte ihm den Weg; er ging her und hin und kam doch nicht zum Ausgang. Ihn überfiel's, wie er vor einem Jahrzehnt als Aufsichtsmann so sicher hier geschritten war; es konnte nicht weit sein, wo einst sein Weib, ein sechzehnjährig Dirnlein, ihm in die Arme stürzte! In süßem Schauder ging er vorwärts; gleichmäßig rauschten bei seinem Schritt die Ähren; ein Vogel, ein Rebhuhn oder eine Ammer, schwirrte vor ihm auf; er hörte es kaum, er schritt nur weiter, als ob er ewig so zu schreiten habe.

Da zuckte fern unten am Horizont ein schwacher Schein; ein Gewitter schien heraufzukommen. Einen Augenblick stand er und besann sich: er hatte die dunkeln Wolken am Abend schon gesehen; er wußte plötzlich, wo Osten und Westen war. Nun wandte er sich und beschleunigte seine Schritte; er wollte rasch nach Haus, zu seinem Kinde. Da war etwas vor seinen Füßen, er kam ins Straucheln, und eh er sich besonnen, tat er einen neuen

Schritt; aber sein Fuß fand keinen Boden – ein gellender Schrei fuhr durch die Finsternis; dann war's, als ob die Erde ihn verschluckt habe.

Ein paar Vögel schreckten in die Luft, dann war alles still; kein Menschenschritt war jetzt noch in dem Korn. Eintönig säuselten die Ähren, und kaum hörbar nagten die Millionen Geziefers an den Wurzeln oder Schaften der Pflanzen, bis die immer drückendere Schwüle in einem starken Wetter sich entlud und in den hallenden Donnern und dem niederstürzenden Regen alle andern Geräusche der Erde verschwanden.

In der Kate am Ende der Norderstraße fuhr um diese Zeit ein armes Kind aus seinem Schlafe auf; ihm träumte, es habe ein Brot gefunden, aber es hatte in einen Stein gebissen. Halb im Traum noch griff es in das große Wandbett nach der Hand seines Vaters, doch es erfaßte nur den Zipfel des Kopfkissens und schlief dann ruhig weiter.

– – John Glückstadt ist niemals wieder nach Haus und nie zu seinem Kinde zurückgekommen; alle Anstalten der Polizei, eine Spur von ihm zu finden, waren vergebens. Sein Verschwinden wurde einige Tage in der kleinen Stadt besprochen; die einen meinten, er sei entflohen, um nachher mit seinem Kameraden Wenzel zusammenzutreffen und mit ihm übers Meer zu fahren, wo es den Spitzbuben gut zu gehen pflege; das Geld zur Überfahrt würden sie unterwegs nach Hamburg sich schon zu schaffen wissen, und das kleine Dings sei ja in guter Hut bei Küster-Mariken; die andern meinten, am Deich da draußen in der Schleusengrube, neben welcher er und Wenzel ihr Schelmstück einst beraten hätten, habe er den Tod gesucht, und die Ebbe habe ihn ins Meer hinausgetrieben.

Diese Meinungen wurden in einer Tischgesellschaft gegeneinander abgewogen. »Nun, und Sie, Herr Bürgermeister«, sagte zu diesem die alte Schwägerin des einstigen Zichorienfabrikanten, die er zu Tische geführt hatte, »was meinen Sie dazu?«

Der Bürgermeister, der bisher kein Wort dazu geredet hatte, nahm erst bedächtig eine Prise. »Hm«, sagte er, »was soll ich meinen? – Nachdem dieser John von Rechtes wegen seine Strafe abgebüßt hatte, wurde er, wie gebräuchlich, der lieben Mitwelt zur Hetzjagd überlassen. Und sie hat ihn nun auch zu Tode gehetzt; denn sie ist ohn Erbarmen. Was ist davon zu sagen? Wenn ich was meinen soll, so sollet ihr ihn jetzt in Ruhe lassen, denn er gehört nun einem andern Richter.«

»Wahrhaftig«, sagte die Alte ganz erstaunt, »Sie haben noch immer Ihre sonderbaren Meinungen von diesem John Glückstadt!«

»John Hansen«, berichtigte der Bürgermeister ernsthaft.

– – – Mir kam allmählich das Bewußtsein, daß ich weit von meiner Vaterstadt im Oberförsterhause an dem offenen Fenster stehe; der Mond schien von drüben über dem Walde auf das Haus, und aus den Wiesen hörte ich wieder das Schnarren des Wachtelkönigs. Ich zog meine Uhr: es war nach eins! Das Licht auf dem Tische war tief herabgebrannt. In halbvisionärem Zustande – seit meiner Jugend haftete dergleichen an mir – hatte ich ein Menschenleben an mir vorübergehen sehen, dessen Ende, als es derzeit eintrat, auch mir ein Rätsel geblieben war. Jetzt kannte ich es plötzlich; deutlich sah ich die zusammengekauerte Totengestalt des Unglücklichen in der unheimlichen Tiefe. Nachdem ich heute den Namen meiner Wirtin erfahren hatte, wußte ich jetzt auch: noch einmal aus der düsteren Gruft hatte seine lebendige Stimme ein lebendig Menschenohr erreicht; aber es war nur das eines vierzehnjährigen Knaben. Am Abend nach dem Verschwinden des Armen, da ich bei einer befreundeten Familie eingetreten war, kam der Sohn mit seinem Schmetterlingsketscher schreckensbleich ins Zimmer. »Es hat gespukt!« rief er und sah sich um, als ob er auch hier noch nicht ganz sicher sei; »lacht nur nicht, ich hab es selbst gehört!« – Zwischen den Kartoffeln auf dem Acker neben dem Schinderbrunnen war er gewesen, um sich den Totenkopf zu fangen, der in der Dämmerung dort fliegen sollte; da hatte es unweit von ihm aus dem Kornfeld seinen Namen »Christian!« gerufen, hohl und heiser, wie er solche Stimme nie gehört; und da er entsetzt davongelaufen, sei es noch einmal hinter ihm hergekommen, als ob's ihn habe greifen wollen.

Ich wußte jetzt, nach über dreißig Jahren: es hatte nicht gespukt, und nicht »Christian« hatte er es rufen hören; den Namen seiner Tochter »Christine« hatte der Mann da drunten in hoffnungsloser Sehnsucht ausgestoßen. Und noch eines wußte ich: ein Arbeiter, mein alter Freund aus der Kinderzeit, hatte einige Tage später draußen an dem Brunnen das Korn mähen helfen. »Da hätten wir bald einen Falken fangen können!« erzählte er mir eines Abends.

»Einen großen?« frug ich.

»Das mag der Herr glauben! Er war ein Stück in den alten Schinderbrunnen hinabgestoßen – der Himmel weiß, was drunten liegt –, aber seine Fluchten waren zu weit in der Spanne, er schlug und arbeitete damit in dem engen Brunnen und kam nicht gleich heraus. Wir hatten nur keine Knüppel, ihn zu schlagen; auch wehte ein übler Dunst uns an; es war, als hätte schon vordem die Kreatur an Aas gesessen!«

Ich hatte damals dieser Rede nicht geachtet; mich schauderte, da mich die Erinnerung jetzt befiel; der feuchte Nachtwind, der mich anwehte, tat mir wohl, vor allem, weil er von heut und nicht von damals war; ich wußte, der Brunnen war vor ein paar Jahren zugeschüttet. »Zu Bett!« sprach ich halblaut zu mir »und, Seele, geh du auch zu Bett!«

Ich löschte das Licht und ließ das Fenster offen, damit alles, was lebendig war, zu mir herein könne; und bälder, als ich gedacht hatte, kam der Schlaf; nur mit einem freundlichen Bilde spielte noch der Traum: ich sah die von der Morgensonne nur noch halb erleuchteten Straßen meiner Vaterstadt; ich hörte einen Wagen heranrasseln, und zwischen zwei lieben alten Leuten auf dem offenen Sitze saß die kleine Christine, und sie nickte mir freundlich zu, als sie bei mir vorbei und über dem Zingel zur Stadt hinausfuhren.

Der alten Mariken dachte ich nicht weiter; ich wußte, daß sie vor langen Jahren in St. Jürgens Stift ein ruhiges Sterbekissen gefunden hatte.

– – Als ich spät am andern Morgen in das Haus hinunterkam, erhob sich der Lohbraune von der Matte vor der Tür des Wohnzimmers und begrüßte mich wedelnd als einen Gast des Hauses; als ich aber eintrat, war niemand drinnen; nur die Magd öffnete eine Seitentür, guckte herein, als ob sie bestellt sei, meine Ankunft zu berichten, und lief dann rasch von dannen. Ich beschäftigte mich indes damit, die Bilder an den Wänden zu beschauen, aus denen deutlich zwei Generationen zu erkennen waren: auf der einen Jagd- und Tierstücke von Steffeck und dem alten Ridinger; über dem Sofa dagegen fand ich eine Kreuzesabnahme von Rubens und je zur Seite die Bildnisse von Luther und Melanchthon. Am Sofa, auf dem lichtlosen Wandstücke am Fenster, hing, wie im Schatten der Vergangenheit, eine halberloschene Photographie; aber ein Kranz von Immortellen, wie Johns Tochter sie gestern auf unserem Waldgang gepflückt hatte, wohl gar derselbe, umgab den dunkeln Rahmen.

Mit Scheu fast trat ich näher: es war das Bildnis eines Soldaten in Uniform, wie dergleichen die jungen Landleute während ihrer Dienstzeit anfertigen lassen und nach Hause schicken. Der Kopf war leidlich ausgeprägt erhalten und zeigte mir das kaum mehr als einmal gesehene, aber unvergessene Antlitz des Arbeiters John Glückstadt; nur war in diesen Zügen noch nichts von Kummer oder Schuld; der kleine dunkle Schnurrbart saß unter der kecken Adlernase, und die Augen sahen ernst, doch sicher in die Welt hinaus. Es war John Glückstadt nicht; es war John Hansen, wie er im Herzen seiner Tochter fortlebte, für den sie gestern ihren frischen dauerhaften Kranz gepflückt hatte; mit diesem John hatte der doppelgängerische Schatten noch nichts zu schaffen. Es brannte mich, meiner edlen Wirtin zuzurufen: »Laß das Gespenst in deinem Haupte fahren; der Spuk und dein geliebter Vater, sie sind nur eines: er war ein Mensch, er irrte, und er hat gelitten!«

Aber ich hörte die Stimmen meiner Wirtsleute von hinten durch die Gartentüre ins Haus kommen, und ich wandte mich von dem bekränzten Bilde ihnen entgegen, um ihren Morgengruß und ihre Scherze über meine Langschläferei in Empfang zu nehmen.

– Wir lebten noch einen schönen Frühlingstag zusammen. Als ich aber spätabends mit dem Oberförster und seinem treuen Hunde noch einen Waldgang machte, da schwieg ich nicht länger; ich erzählte ihm alles, jedes einzelne, was in der vergangenen Nacht mir in Erinnerung und im eigenen Geiste aufgegangen war.

»Hm«, machte der besonnene Mann und ließ seine Augen treuherzig auf mir ruhen; »das ist aber Poesie; Sie sind am Ende nicht bloß ein Advokat!«

Ich schüttelte den Kopf: »Nennen Sie es immer Poesie; Sie könnten es auch Liebe oder Anteil nennen, die ich rasch an meinen Wirten genommen hätte.« Es war zu dunkel, um zu sehen; aber mir war, als ob ein herzlicher Blick von ihm mich streifte. »Ich danke Ihnen, lieber Freund«, sagte er dann; »aber der Vater meiner Frau – ich hatte freilich nur weniges von ihm gehört – ist mir nimmer so erschienen.«

»Und wie denn anders?« frug ich.

Er antwortete nicht mehr, sinnend gingen wir nebeneinander, bis wir das Haus erreicht hatten.

»Ihr seid sehr langsam gegangen«, sagte Frau Christine, als sie uns entgegentrat; »ihr habt mich schier vergessen!«

– – Als ich am andern Morgen fortging, begleiteten mich beide, bis wo der Waldweg in die Landstraße ausläuft. »Wir schreiben Ihnen einmal!« sagte der Oberförster. »Ich bin sonst kein Briefsteller; aber gewiß, ich tu's; wir müssen Sie festzuhalten suchen, damit Sie einmal wieder den Weg zu uns hinaus finden!«

»Ja, kommen Sie wieder!« rief Frau Christine. »Versprechen Sie es; Ihr Abschied würde uns nicht so traurig machen!«

Ich versprach es gern; dann reichten beide mir die Hand, und ich stand und sah sie fortgehen; sie hatte sich fest an ihren Mann geschlossen; er legte sanft den Arm um ihre Hüfte. Dann kam eine Biegung des Weges, und ich sah sie nicht mehr.

»Leb wohl, John Glückstadts Tochter!« rief ich leise; »nur die erste Silbe, nur das Glück ist dein geblieben; es wird schon treu sein, denn es ist an rechter Stelle!«

– – Schon nach vierzehn Tagen kam der erste Brief des Oberförsters und ließ mich im Aktenlesen eine lange Pause machen. »Ich muß Sie auch noch Ihres Versprechens entbinden«, schrieb er; »gleich am Abend unseres Abschieds habe ich meiner Christine die Geschichte ihres Vaters erzählt, ausführlich, wie ich sie von Ihnen hörte. Sie mögen recht haben, er wird wohl so gewesen sein, und er war dann doch noch ein anderer Kerl, als wie er bisher weichselig im Herzen seiner Tochter ruhte; auch dürfen Mann und Weib nicht solch Geheimnis voreinander haben. Zwar ein leidenschaftlicher Tränensturz war die erste Folge, so daß ich schier erschrak und dachte, es möchte das Temperament des Vaters in meiner sanften Frau erwacht sein. Aber ihr eigenstes Ich erschien bald wieder; und jetzt – mein Freund, das Geißblatt am Waldesrande, das jetzt wieder blüht, so lieblich, dünkt mich, hat es fast niemals noch geduftet; und das Bild des John Glückstadt trägt nun einen vollen Rosenkranz; seine Tochter hat jetzt mehr an ihm; nicht nur den Vater, sondern einen ganzen Menschen. – Den Dank und Gruß, den Frau Christine mit für Sie aufgetragen, versteh ich in der frauenhaften Weise nicht zu Papier zu bringen; ich kann Sie nur bitten, sich das Herzlichste zu denken.«

So schrieb der Oberförster damals; aber, wie es so geht, obgleich Briefe ein paarmal in jedem Jahre zwischen uns hin und hergegangen sind, ich bin nicht wieder dort gewesen. Aber hier links in der Ecke meiner Schreibstube auf zwei Stühlen steht jetzt mein gepackter Reisekoffer; draußen an den Wallzäunen blüht einmal wieder das Geißblatt, und hier drinnen ist für eine Woche alles sauber weggeordnet; denn gewiß und wahrhaftig – morgen geht es fort zu meinen Freunden, zu John Glückstadts Tochter und zu meinem wackern Oberförster. Sein Brief, der die Antwort auf meine Anmeldung brachte, war ein rechter Jubelbrief. »Wir harren Ihrer mit Freuden«, schrieb er; »Sie kommen just zur rechten Zeit; der Junge ist auch da mit seinem Examenszeugnis in der Tasche; seine Mutter ist schier verliebt in ihn und studiert sein Antlitz, um darin immer einen neuen Zug aus dem ihres Vaters aufzufinden. Kommen Sie also; uns fehlt nur noch der Freund!«

– – Gewiß, wenn Gottes Sonnenschein mich morgen weckt, ich komme!

Der Schimmelreiter

Was ich zu berichten beabsichtige, ist mir vor reichlich einem halben Jahrhundert im Hause meiner Urgroßmutter, der alten Frau Senator Feddersen, kundgeworden, während ich, an ihrem Lehnstuhl sitzend, mich mit dem Lesen eines in blaue Pappe eingebundenen Zeitschriftenheftes beschäftigte; ich vermag mich nicht mehr zu entsinnen, ob von den »Leipziger« oder von »Pappes Hamburger Lesefrüchten«. Noch fühl ich es gleich einem Schauer, wie dabei die linde Hand der über Achtzigjährigen mitunter liebkosend über das Haupthaar ihres Urenkels hinglitt. Sie selbst und jene Zeit sind längst begraben; vergebens auch habe ich seitdem jenen Blättern nachgeforscht, und ich kann daher um so weniger weder die Wahrheit der Tatsachen verbürgen, als, wenn jemand sie bestreiten wollte, dafür aufstehen; nur so viel kann ich versichern, daß ich sie seit jener Zeit, obgleich sie durch keinen äußeren Anlaß in mir aufs neue belebt wurden, niemals aus dem Gedächtnis verloren habe.

Es war im dritten Jahrzehnt unseres Jahrhunderts, an einem Oktobernachmittag – so begann der damalige Erzähler –, als ich bei starkem Unwetter auf einem nordfriesischen Deich entlangritt. Zur Linken hatte ich jetzt schon seit über einer Stunde die öde, bereits von allem Vieh geleerte Marsch, zur Rechten, und zwar in unbehaglichster Nähe, das Wattenmeer der Nordsee; zwar sollte man vom Deiche aus auf Halligen und Inseln sehen können; aber ich sah nichts als die gelbgrauen Wellen, die unaufhörlich wie mit Wutgebrüll an den Deich hinaufschlugen und mitunter mich und das Pferd mit schmutzigem Schaum bespritzten; dahinter wüste Dämmerung, die Himmel und Erde nicht unterscheiden ließ; denn auch der halbe Mond, der jetzt in der Höhe stand, war meist von treibendem Wolkendunkel überzogen. Es war eiskalt; meine verklommenen Hände konnten kaum den Zügel halten, und ich verdachte es nicht den Krähen und Möwen, die sich fortwährend krächzend und gackernd vom Sturm ins Land hineintreiben ließen. Die Nachtdämmerung hatte begonnen, und schon konnte ich nicht mehr mit Sicherheit die Hufen meines Pferdes erkennen; keine Menschenseele war mir begegnet, ich hörte nichts als das Geschrei der Vögel, wenn sie mich oder meine treue Stute fast mit den langen Flügeln streiften, und das Toben von Wind und Wasser. Ich leugne nicht, ich wünschte mich mitunter in sicheres Quartier.

Das Wetter dauerte jetzt in den dritten Tag, und ich hatte mich schon über Gebühr von einem mir besonders lieben Verwandten auf seinem Hofe halten lassen, den er in einer der nördlicheren Harden besaß. Heute aber ging es nicht länger; ich hatte Geschäfte in der Stadt, die auch jetzt wohl noch ein paar Stunden weit nach Süden vor mir lag, und trotz aller Überredungskünste des Vetters und seiner lieben Frau, trotz der schönen selbstgezogenen Perinette- und Grand-Richard-Äpfel, die noch zu probieren waren, am Nachmittag war ich davongeritten. »Wart nur, bis du ans Meer kommst«, hatte er noch an seiner Haustür mir nachgerufen; »du kehrst noch wieder um; dein Zimmer wird dir vorbehalten!«

Und wirklich, einen Augenblick, als eine schwarze Wolkenschicht es pechfinster um mich machte, und gleichzeitig die heulenden Böen mich samt meiner Stute vom Deich herabzudrängen suchten, fuhr es mir wohl durch den Kopf. »Sei kein Narr! Kehr um und setz dich zu deinen Freunden ins warme Nest.« Dann aber fiel's mir ein, der Weg zurück war wohl noch länger als der nach meinem Reiseziel; und so trabte ich weiter, den Kragen meines Mantels um die Ohren ziehend.

Jetzt aber kam auf dem Deiche etwas gegen mich heran; ich hörte nichts; aber immer deutlicher, wenn der halbe Mond ein karges Licht herabließ, glaubte ich eine dunkle Gestalt zu erkennen, und bald, da sie näher kam, sah ich es, sie saß auf einem Pferde, einem hochbeinigen hageren Schimmel; ein dunkler Mantel flatterte um ihre Schultern, und im Vorbeifliegen sahen mich zwei brennende Augen aus einem bleichen Antlitz an.

Wer war das? Was wollte der? – Und jetzt fiel mir bei, ich hatte keinen Hufschlag, kein Keuchen des Pferdes vernommen; und Roß und Reiter waren doch hart an mir vorbeigefahren!

In Gedanken darüber ritt ich weiter, aber ich hatte nicht lange Zeit zum Denken, schon fuhr es von rückwärts wieder an mir vorbei; mir war, als streifte mich der fliegende Mantel, und die Erscheinung war, wie das erstemal, lautlos an mir vorübergestoben. Dann sah ich sie fern und ferner vor mir; dann war's, als säh ich plötzlich ihren Schatten an der Binnenseite des Deiches hinuntergehen.

Etwas zögernd ritt ich hinterdrein. Als ich jene Stelle erreicht hatte, sah ich hart am Deich im Kooge unten das Wasser einer großen Wehle blinken – so nennen sie dort die Brüche, welche von den Sturmfluten in das Land gerissen werden, und die dann meist als kleine, aber tiefgründige Teiche stehen bleiben.

Das Wasser war, trotz des schützenden Deiches, auffallend unbewegt; der Reiter konnte es nicht getrübt haben; ich sah nichts weiter von ihm. Aber ein anderes sah ich, das ich mit Freuden jetzt begrüßte: vor mir, von unten aus dem Kooge, schimmerten eine Menge zerstreuter Lichtscheine zu mir herauf, sie schienen aus jenen langgestreckten friesischen Häusern zu kommen, die vereinzelt auf mehr oder minder hohen Werften lagen; dicht vor mir aber auf halber Höhe des Binnendeiches lag ein großes Haus derselben Art; an der Südseite, rechts von der Haustür, sah ich alle Fenster erleuchtet; dahinter gewahrte ich Menschen und glaubte trotz des Sturmes sie zu hören. Mein Pferd war schon von selbst auf den Weg am Deich hinabgeschritten, der mich vor die Tür des Hauses führte. Ich sah wohl, daß es ein Wirtshaus war; denn vor den Fenstern gewahrte ich die sogenannten »Ricks«, das heißt auf zwei Ständern ruhende Balken mit großen eisernen Ringen, zum Anbinden des Viehes und der Pferde, die hier haltmachten.

Ich band das meine an einen derselben und überwies es dann dem Knechte, der mir beim Eintritt in den Flur entgegenkam: »Ist hier Versammlung?« frug ich ihn, da mir jetzt deutlich ein Geräusch von Menschenstimmen und Gläserklirren aus der Stubentür entgegendrang.

»Is wull so wat«, entgegnete der Knecht auf plattdeutsch – und ich erfuhr nachher, daß dieses neben dem Friesischen hier schon seit über hundert Jahren im Schwange gewesen sei – »Diekgraf und Gevollmächtigten un wecke von de annern Interessenten! Dat is um 't hoge Water!«

Als ich eintrat, sah ich etwa ein Dutzend Männer an einem Tische sitzen, der unter den Fenstern entlanglief, eine Punschbowle stand darauf, und ein besonders stattlicher Mann schien die Herrschaft über sie zu führen.

Ich grüßte und bat, mich zu ihnen setzen zu dürfen, was bereitwillig gestattet wurde. »Sie halten hier die Wacht!« sagte ich, mich zu jenem Mann wendend, »es ist bös Wetter draußen; die Deiche werden ihre Not haben!«

»Gewiß«, erwiderte er; »wir, hier an der Ostseite, aber glauben, jetzt außer Gefahr zu sein; nur drüben an der anderen Seite ist's nicht sicher; die Deiche sind dort meist noch mehr nach altem Muster; unser Hauptdeich ist schon im vorigen Jahrhundert umgelegt. – Uns ist vorhin da draußen kalt geworden, und Ihnen«, setzte er hinzu, »wird es ebenso gegangen sein; aber wir müssen hier noch ein paar Stunden aushalten; wir haben sichere Leute draußen, die uns Bericht erstatten.« Und ehe ich meine Bestellung bei dem Wirte machen konnte, war schon ein dampfendes Glas mir hingeschoben.

Ich erfuhr bald, daß mein freundlicher Nachbar der Deichgraf sei; wir waren ins Gespräch gekommen, und ich hatte begonnen, ihm meine seltsame Begegnung auf dem Deiche zu erzählen. Er wurde aufmerksam, und ich bemerkte plötzlich, daß alles Gespräch umher verstummt war. »Der Schimmelreiter!« rief einer aus der Gesellschaft, und eine Bewegung des Erschreckens ging durch die übrigen.

Der Deichgraf war aufgestanden. »Ihr braucht nicht zu erschrecken«, sprach er über den Tisch hin; »das ist nicht bloß für uns; Anno 17 hat es auch denen drüben gegolten; mögen sie auf alles vorgefaßt sein!«

Mich wollte nachträglich ein Grauen überlaufen: »Verzeiht!« sprach ich, »was ist das mit dem Schimmelreiter?«

Abseits hinter dem Ofen, ein wenig gebückt, saß ein kleiner hagerer Mann in einem abgeschabten schwarzen Röcklein; die eine Schulter schien ein wenig ausgewachsen. Er hatte mit keinem Worte an der Unterhaltung der anderen teilgenommen;

aber seine bei dem spärlichen grauen Haupthaar noch immer mit dunklen Wimpern besäumten Augen zeigten deutlich, daß er nicht zum Schlaf hier sitze.

Gegen diesen streckte der Deichgraf seine Hand. »Unser Schulmeister«, sagte er mit erhobener Stimme, »wird von uns hier Ihnen das am besten erzählen können; freilich nur in seiner Weise und nicht so richtig, wie zu Haus meine alte Wirtschafterin Antje Vollmers es beschaffen würde.«

»Ihr scherzet, Deichgraf!« kam die etwas kränkliche Stimme des Schulmeisters hinter dem Ofen hervor, »daß Ihr mir Euern dummen Drachen wollt zur Seite stellen!«

»Ja, ja, Schulmeister!« erwiderte der andere; »aber bei den Drachen sollen derlei Geschichten am besten in Verwahrung sein!«

»Freilich!« sagte der kleine Herr; »wir sind hierin nicht ganz derselben Meinung«; und ein überlegenes Lächeln glitt über das feine Gesicht.

»Sie sehen wohl«, raunte der Deichgraf mir ins Ohr; »er ist immer noch ein wenig hochmütig; er hat in seiner Jugend einmal Theologie studiert und ist nur einer verfehlten Brautschaft wegen hier in seiner Heimat als Schulmeister behangengeblieben.«

Dieser war inzwischen aus seiner Ofenecke hervorgekommen und hatte sich neben mir an den langen Tisch gesetzt. »Erzählt, erzählt nur, Schulmeister«, riefen ein paar der Jüngeren aus der Gesellschaft.

»Nun freilich«, sagte der Alte, sich zu mir wendend, »will ich gern zu Willen sein; aber es ist viel Aberglaube dazwischen und eine Kunst, es ohne diesen zu erzählen.«

»Ich muß Euch bitten, den nicht auszulassen«, erwiderte ich; »traut mir nur zu, daß ich schon selbst die Spreu vom Weizen sondern werde!«

Der Alte sah mich mit verständnisvollem Lächeln an. »Nun also!« sagte er. »In der Mitte des vorigen Jahrhunderts, oder vielmehr, um genauer zu bestimmen, vor und nach derselben, gab es hier einen Deichgrafen, der von Deich- und Sielsachen mehr verstand, als Bauern und Hofbesitzer sonst zu verstehen pflegen; aber es reichte doch wohl kaum denn was die studierten

Fachleute darüber niedergeschrieben, davon hatte er wenig gelesen; sein Wissen hatte er sich, wenn auch von Kindesbeinen an, nur selber ausgesonnen. Ihr hörtet wohl schon, Herr, die Friesen rechnen gut, und habet auch wohl schon über unseren Hans Mommsen von Fahretoft reden hören, der ein Bauer war und doch Bussolen und Seeuhren, Teleskopen und Orgeln machen konnte. Nun, ein Stück von solch einem Manne war auch der Vater des nachherigen Deichgrafen gewesen; freilich wohl nur ein kleines. Er hatte ein paar Fennen, wo er Raps und Bohnen baute, auch eine Kuh graste, ging unterweilen im Herbst und Frühjahr auch aufs Landmessen und saß im Winter, wenn der Nordwest von draußen kam und an seinen Läden rüttelte, zu ritzen und zu prickeln, in seiner Stube. Der Junge saß meist dabei und sah über seine Fibel oder Bibel weg dem Vater zu, wie er maß und berechnete, und grub sich mit der Hand in seinen blonden Haaren. Und eines Abends frug er den Alten, warum denn das, was er eben hingeschrieben hatte, gerade so sein müsse und nicht anders sein könne, und stellte dann eine eigene Meinung darüber auf. Aber der Vater, der darauf nicht zu antworten wußte, schüttelte den Kopf und sprach: »Das kann ich dir nicht sagen; genug, es ist so, und du selber irrst dich. Willst du mehr wissen, so suche morgen aus der Kiste, die auf unserem Boden steht, ein Buch; einer, der Euklid hieß, hat's geschrieben; das wird's dir sagen!«

– – Der Junge war tags darauf zum Boden gelaufen und hatte auch bald das Buch gefunden; denn viele Bücher gab es überhaupt nicht in dem Hause; aber der Vater lachte, als er es vor ihm auf den Tisch legte. Es war ein holländischer Euklid, und Holländisch, wenngleich es doch halb Deutsch war, verstanden alle beide nicht. »Ja, ja«, sagte er, »das Buch ist noch von meinem Vater, der verstand es; ist denn kein deutscher da?«

Der Junge, der von wenig Worten war, sah den Vater ruhig an und sagte nur: »Darf ich's behalten? Ein deutscher ist nicht da.«

Und als der Alte nickte, wies er noch ein zweites, halb zerrissenes Büchlein vor. »Auch das?« frug er wieder.

»Nimm sie alle beide!« sagte Tede Haien; »sie werden dir nicht viel nützen.«

Aber das zweite Buch war eine kleine holländische Grammatik, und da der Winter noch lange nicht vorüber war, so hatte es, als endlich die Stachelbeeren in ihrem Garten wieder blühten, dem Jungen schon so weit geholfen, daß er den Euklid, welcher damals stark im Schwange war, fast überall verstand.

Es ist mir nicht unbekannt, Herr«, unterbrach sich der Erzähler, »daß dieser Umstand auch von Hans Mommsen erzählt wird; aber vor dessen Geburt ist hier bei uns schon die Sache von Hauke Haien – so hieß der Knabe – berichtet worden. Ihr wisset auch wohl, es braucht nur einmal ein Größerer zu kommen, so wird ihm alles aufgeladen, was in Ernst oder Schimpf seine Vorgänger einst mögen verübt haben.

Als der Alte sah, daß der Junge weder für Kühe noch Schafe Sinn hatte, und kaum gewahrte, wenn die Bohnen blühten, was doch die Freude von jedem Marschmann ist, und weiterhin bedachte, daß die kleine Stelle wohl mit einem Bauer und einem Jungen, aber nicht mit einem Halbgelehrten und einem Knecht bestehen könne, ingleichen, daß er auch selber nicht auf einen grünen Zweig gekommen sei, so schickte er seinen großen Jungen an den Deich, wo er mit anderen Arbeitern von Ostern bis Martini Erde karren mußte. »Das wird ihn vom Euklid kurieren«, sprach er bei sich selber.

Und der Junge karrte; aber den Euklid hatte er allzeit in der Tasche, und wenn die Arbeiter ihr Frühstück oder Vesper aßen, saß er auf seinem umgestülpten Schubkarren mit dem Buche in der Hand. Und wenn im Herbst die Fluten höher stiegen und manch ein Mal die Arbeit eingestellt werden mußte, dann ging er nicht mit den anderen nach Haus, sondern blieb, die Hände über die Knie gefaltet, an der abfallenden Seeseite des Deiches sitzen und sah stundenlang zu, wie die trüben Nordseewellen immer höher an die Grasnarbe des Deiches hinaufschlugen; erst wenn ihm die Füße überspült waren, und der Schaum ihm ins Gesicht spritzte, rückte er ein paar Fuß höher und blieb dann wieder sitzen. Er hörte weder das Klatschen des Wassers noch das Geschrei der Möwen und Strandvögel, die um oder über ihm flogen und ihn fast mit ihren Flügeln streiften, mit den schwarzen Augen in die seinen blitzend; er sah auch nicht, wie vor ihm über die weite, wilde Wasserwüste sich die Nacht ausbreitete; was er allein hier sah, war der brandende Saum des

Wassers, der, als die Flut stand, mit hartem Schlage immer wieder dieselbe Stelle traf und vor seinen Augen die Grasnarbe des steilen Deiches auswusch.

Nach langem Hinstarren nickte er wohl langsam mit dem Kopfe oder zeichnete, ohne aufzusehen, mit der Hand eine weiche Linie in die Luft, als ob er dem Deiche damit einen sanfteren Abfall geben wollte. Wurde es so dunkel, daß alle Erdendinge vor seinen Augen verschwanden und nur die Flut ihm in die Ohren donnerte, dann stand er auf und trabte halbdurchnäßt nach Hause.

Als er so eines Abends zu seinem Vater in die Stube trat, der an seinen Meßgeräten putzte, fuhr dieser auf: »Was treibst du draußen? Du hättest ja versaufen können, die Wasser beißen heute in den Deich.«

Hauke sah ihn trotzig an.

– »Hörst du mich nicht? Ich sag, du hättst versaufen können.«

»Ja«, sagte Hauke; »ich bin doch nicht versoffen!«

»Nein«, erwiderte nach einer Weile der Alte und sah ihm wie abwesend ins Gesicht, – »diesmal noch nicht.«

»Aber«, sagte Hauke wieder, »unsere Deiche sind nichts wert!«

– »Was für was, Junge?«

»Die Deiche, sag ich!«

– »Was sind die Deiche?«

»Sie taugen nichts, Vater!« erwiderte Hauke.

Der Alte lachte ihm ins Gesicht. »Was denn, Junge? Du bist wohl das Wunderkind aus Lübeck!«

Aber der Junge ließ sich nicht irren. »Die Wasserseite ist zu steil«, sagte er; »wenn es einmal kommt, wie es mehr als einmal schon gekommen ist, so können wir hier auch hinterm Deich ersaufen!«

Der Alte holte seinen Kautabak aus der Tasche, drehte einen Schrot ab und schob ihn hinter die Zähne. »Und wieviel Karren hast du heut geschoben?« frug er ärgerlich; denn er sah wohl, daß auch die Deicharbeit bei dem Jungen die Denkarbeit nicht hatte vertreiben können.

»Weiß nicht, Vater«, sagte dieser; »so, was die anderen machten; vielleicht ein halbes Dutzend mehr; aber – die Deiche müssen anders werden!«

»Nun«, meinte der Alte und stieß ein Lachen aus; »du kannst es ja vielleicht zum Deichgraf bringen; dann mach sie anders!«

»Ja, Vater!« erwiderte der Junge.

Der Alte sah ihn an und schluckte ein paarmal; dann ging er aus der Tür; er wußte nicht, was er dem Jungen antworten sollte.

Auch als zu Ende Oktobers die Deicharbeit vorbei war, blieb der Gang nordwärts nach dem Haff hinaus für Hauke Haien die beste Unterhaltung; den Allerheiligentag, um den herum die Äquinoktialstürme zu tosen pflegen, von dem wir sagen, daß Friesland ihn wohl beklagen mag, erwartete er wie heut die Kinder das Christfest. Stand eine Springflut bevor, so konnte man sicher sein, er lag trotz Sturm und Wetter weit draußen am Deiche mutterseelenallein; und wenn die Möwen gackerten, wenn die Wasser gegen den Deich tobten und beim Zurückrollen ganze Fetzen von der Grasdecke mit ins Meer hinabrissen, dann hätte man Haukes zorniges Lachen hören können. »Ihr könnt nichts Rechtes«, schrie er in den Lärm hinaus, »so wie die Menschen auch nichts können!« Und endlich, oft im Finstern, trabte er aus der weiten Öde den Deich entlang nach Hause, bis seine aufgeschossene Gestalt die niedrige Tür unter seines Vaters Rohrdach erreicht hatte und darunter durch in das kleine Zimmer schlüpfte.

Manchmal hatte er eine Faust voll Kleiërde mitgebracht; dann setzte er sich neben den Alten, der ihn jetzt gewähren ließ, und knetete bei dem Schein der dünnen Unschlittkerze allerlei Deichmodelle, legte sie in ein flaches Gefäß mit Wasser und suchte darin die Ausspülung der Wellen nachzumachen, oder er nahm seine Schiefertafel und zeichnete darauf das Profil der Deiche nach der Seeseite, wie es nach seiner Meinung sein mußte.

Mit denen zu verkehren, die mit ihm auf der Schulbank gesessen hatten, fiel ihm nicht ein; auch schien es, als ob ihnen an dem Träumer nichts gelegen sei. Als es wieder Winter geworden und der Frost hereingebrochen war, wanderte er noch weiter, wohin er früher nie gekommen, auf den Deich hinaus, bis die unabsehbare eisbedeckte Fläche der Watten vor ihm lag.

Im Februar bei dauerndem Frostwetter wurden angetriebene Leichen aufgefunden; draußen am offenen Haff auf den gefrorenen Watten hatten sie gelegen. Ein junges Weib, die dabeigewesen war, als man sie in das Dorf geholt hatte, stand redselig vor dem alten Haien: »Glaubt nicht, daß sie wie Menschen aussahen«, rief sie; »nein, wie die Seeteufel! So große Köpfe«, und hielt die ausgespreizten Hände von weitem gegeneinander, »gnidderschwarz und blank, wie frischgebacken Brot! Und die Krabben hatten sie angeknabbert; und die Kinder schrien laut, als sie sie sahen!«

Dem alten Haien war so was just nichts Neues: »Sie haben wohl seit November schon in See getrieben!« sagte er gleichmütig.

Hauke stand schweigend daneben; aber sobald er konnte, schlich er sich auf den Deich hinaus; es war nicht zu sagen, wollte er noch nach weiteren Toten suchen, oder zog ihn nur das Grauen, das noch auf den jetzt verlassenen Stellen brüten mußte. Er lief weiter und weiter, bis er einsam in der Öde stand, wo nur die Winde über den Deich wehten, wo nichts war als die klagenden Stimmen der großen Vögel, die rasch vorüberschossen; zu seiner Linken die leere weite Marsch, zur anderen Seite der unabsehbare Strand mit seiner jetzt vom Eise schimmernden Fläche der Watten; es war, als liege die ganze Welt in weißem Tod.

Hauke blieb oben auf dem Deiche stehen, und seine scharfen Augen schweiften weit umher; aber von Toten war nichts mehr zu sehen; nur wo die unsichtbaren Wattströme sich darunter drängten, hob und senkte die Eisfläche sich in stromartigen Linien.

Er lief nach Hause; aber an einem der nächsten Abende war er wiederum da draußen. Auf jenen Stellen war jetzt das Eis gespalten; wie Rauchwolken stieg es aus den Rissen, und über das ganze Watt spann sich ein Netz von Dampf und Nebel, das sich seltsam mit der Dämmerung des Abends mischte. Hauke sah mit starren Augen darauf hin; denn in dem Nebel schritten dunkle Gestalten auf und ab, sie schienen ihm so groß wie Menschen. Würdevoll, aber mit seltsamen, erschreckenden Gebärden; mit langen Nasen und Hälsen sah er sie fern an den rauchenden Spalten auf und ab spazieren; plötzlich begannen sie wie Narren unheimlich auf und ab zu springen, die großen über die kleinen und die kleinen gegen die großen; dann breiteten sie sich aus und verloren alle Form.

»Was wollen die? Sind es die Geister der Ertrunkenen?« dachte Hauke. »Hoiho!« schrie er laut in die Nacht hinaus; aber die draußen kehrten sich nicht an seinen Schrei, sondern trieben ihr wunderliches Wesen fort.

Da kamen ihm die furchtbaren norwegischen Seegespenster in den Sinn, von denen ein alter Kapitän ihm einst erzählt hatte, die statt des Angesichts einen stumpfen Pull von Seegras auf dem Nacken tragen; aber er lief nicht fort, sondern bohrte die Hacken seiner Stiefel fest in den Klei des Deiches und sah starr dem possenhaften Unwesen zu, das in der einfallenden Dämmerung vor seinen Augen fortspielte. »Seid ihr auch hier bei uns?« sprach er mit harter Stimme; »ihr sollt mich nicht vertreiben!«

Erst als die Finsternis alles bedeckte, schritt er steifen langsamen Schrittes heimwärts. Aber hinter ihm drein kam es wie Flügelrauschen und hallendes Geschrei. Er sah nicht um; aber er ging auch nicht schneller und kam erst spät nach Hause; doch niemals soll er seinem Vater oder einem anderen davon erzählt haben. Erst viele Jahre später hat er sein blödes Mädchen, womit später der Herrgott ihn belastete, um dieselbe Tages- und Jahreszeit mit sich auf den Deich hinausgenommen, und dasselbe Wesen soll sich derzeit draußen auf den Watten gezeigt haben; aber er hat ihr gesagt, sie solle sich nicht fürchten, das seien nur die Fischreiher und die Krähen, die im Nebel so groß und fürchterlich erschienen; die holten sich die Fische aus den offenen Spalten.

Weiß Gott, Herr!« unterbrach sich der Schulmeister; »es gibt auf Erden allerlei Dinge, die ein ehrlich Christenherz verwirren können; aber der Hauke war weder ein Narr noch ein Dummkopf.«

Da ich nichts erwiderte, wollte er fortfahren; aber unter den übrigen Gästen, die bisher lautlos zugehört hatten, nur mit dichterem Tabaksqualm das niedrige Zimmer füllend, entstand eine plötzliche Bewegung; erst einzelne, dann fast alle wandten sich dem Fenster zu. Draußen – man sah es durch die unverhangenen Fenster – trieb der Sturm die Wolken, und Licht und Dunkel jagten durcheinander; aber auch mir war es, als hätte ich den hageren Reiter auf seinem Schimmel vorbeisausen gesehen.

»Wart Er ein wenig, Schulmeister!« sagte der Deichgraf leise.

»Ihr braucht Euch nicht zu fürchten, Deichgraf!« erwiderte der kleine Erzähler, »ich habe ihn nicht geschmäht, und hab auch dessen keine Ursach;« und er sah mit seinen kleinen, klugen Augen zu ihm auf.

»Ja, ja«, meinte der andere, »laß Er Sein Glas nur wieder füllen.« Und nachdem das geschehen war, und die Zuhörer, meist mit etwas verdutzten Gesichtern, sich wieder zu ihm gewandt hatten, fuhr er in seiner Geschichte fort:

»So für sich, und am liebsten nur mit Wind und Wasser und mit den Bildern der Einsamkeit verkehrend, wuchs Hauke zu einem langen, hageren Burschen auf. Er war schon über ein Jahr lang eingesegnet, da wurde es auf einmal anders mit ihm, und das kam von dem alten weißen Angorakater, welchen der alten Trin' Jans einst ihr später verunglückter Sohn von seiner spanischen Seereise mitgebracht hatte. Trin' wohnte ein gut Stück hinaus auf dem Deiche in einer kleinen Kate, und wenn die Alte in ihrem Hause herumarbeitete, so pflegte diese Unform von einem Kater vor der Haustür zu sitzen und in den Sommertag und nach den vorüberfliegenden Kiebitzen hinauszublinzeln. Ging Hauke vorbei, so mauzte der Kater ihn an, und Hauke nickte ihm zu; die beiden wußten, was sie miteinander hatten.

Nun aber war's einmal im Frühjahr, und Hauke lag nach seiner Gewohnheit oft draußen am Deich, schon weiter unten dem Wasser zu, zwischen Strandnelken und dem duftenden Seewermut, und ließ sich von der schon kräftigen Sonne bescheinen. Er hatte sich tags zuvor droben auf der Geest die Taschen voll von Kieseln gesammelt, und als in der Ebbezeit die Watten bloßgelegt waren und die kleinen grauen Strandläufer schreiend darüber hinhuschten, holte er jählings einen Stein hervor und warf ihn nach den Vögeln. Er hatte das von Kindesbeinen an geübt, und meistens blieb einer auf dem Schlicke liegen; aber ebensooft war er dort auch nicht zu holen; Hauke hatte schon daran gedacht, den Kater mitzunehmen und als apportierenden Jagdhund zu dressieren. Aber es gab auch hier und dort feste Stellen oder Sandlager; solchenfalls lief er hinaus und holte sich seine Beute selbst. Saß der Kater bei seiner Rückkehr noch vor der Haustür, dann schrie das Tier vor nicht zu bergender Raubgier so lange, bis Hauke ihm einen der erbeuteten Vögel zuwarf.

Als er heute, seine Jacke auf der Schulter, heimging, trug er nur einen ihm noch unbekannten, aber wie mit bunter Seide und Metall gefiederten Vogel mit nach Hause, und der Kater mauzte wie gewöhnlich, als er ihn kommen sah. Aber Hauke wollte seine Beute – es mag ein Eisvogel gewesen sein – diesmal nicht hergeben und kehrte sich nicht an die Gier des Tieres. »Umschicht!« rief er ihm zu, »heute mir, morgen dir; das hier ist kein Katerfressen!« Aber der Kater kam vorsichtigen Schrittes herangeschlichen; Hauke stand und sah ihn an, der Vogel hing an seiner Hand, und der Kater blieb mit erhobener Tatze stehen. Doch der Bursche schien seinen Katzenfreund noch nicht so ganz zu kennen; denn während er ihm seinen Rücken zugewandt hatte und eben fürbaß wollte, fühlte er mit einem Ruck die Jagdbeute sich entrissen, und zugleich schlug eine scharfe Kralle ihm ins Fleisch. Ein Grimm, wie gleichfalls eines Raubtiers, flog dem jungen Menschen ins Blut; er griff wie rasend um sich und hatte den Räuber schon am Genicke gepackt. Mit der Faust hielt er das mächtige Tier empor und würgte es, daß die Augen ihm aus den rauhen Haaren vorquollen, nicht achtend, daß die starken Hintertatzen ihm den Arm zerfleischten. »Hoiho!« schrie er und packte ihn noch fester; »wollen sehen, wer's von uns beiden am längsten aushält!«

Plötzlich fielen die Hinterbeine der großen Katze schlaff herunter, und Hauke ging ein paar Schritte zurück und warf sie gegen die Kate der Alten. Da sie sich nicht rührte, wandte er sich und setzte seinen Weg nach Hause fort.

Aber der Angorakater war das Kleinod seiner Herrin; er war ihr Geselle und das einzige, was ihr Sohn, der Matrose, ihr nachgelassen hatte, nachdem er hier an der Küste seinen jähen Tod gefunden hatte, da er im Sturm seiner Mutter beim Porrenfangen hatte helfen wollen. Hauke mochte kaum hundert Schritte weiter getan haben, während er mit einem Tuch das Blut aus seinen Wunden auffing, als schon von der Kate her ihm ein Geheul und Zetern in die Ohren gellte. Da wandte er sich und sah davor das alte Weib am Boden liegen; das greise Haar flog ihr im Winde um das rote Kopftuch: »Tot!« rief sie, »tot!« und erhob dräuend ihren mageren Arm gegen ihn: »Du sollst verflucht sein! Du hast ihn totgeschlagen, du nichtsnutziger Strandläufer, du warst nicht wert, ihm seinen Schwanz zu bürsten!« Sie warf sich über das Tier und wischte zärtlich mit ihrer Schürze ihm das Blut fort, das noch aus Nase und Schnauze rann; dann hob sie aufs neue an zu zetern.

»Bist du bald fertig?« rief Hauke ihr zu, »dann laß dir sagen: ich will dir einen Kater schaffen, der mit Maus- und Rattenblut zufrieden ist!«

Darauf ging er, scheinbar auf nichts mehr achtend, fürbaß. Aber die tote Katze mußte ihm doch im Kopfe Wirrsal machen; denn er ging, als er zu den Häusern gekommen war, dem seines Vaters und auch den übrigen vorbei und eine weite Strecke noch nach Süden auf dem Deich der Stadt zu.

Inmittelst wanderte auch Trin' Jans auf demselben in der gleichen Richtung; sie trug in einem alten blaukarierten Kissenüberzug eine Last in ihren Armen, die sie sorgsam, als wär's ein Kind, umklammerte; ihr greises Haar flatterte in dem leichten Frühlingswind. »Was schleppt Sie da, Trina?« frug ein Bauer, der ihr entgegenkam. »Mehr als dein Haus und Hof«, erwiderte die Alte; dann ging sie eifrig weiter. Als sie dem unten liegenden Hause des alten Haien nahe kam, ging sie den Akt, wie man bei uns die Trift- und Fußwege nennt, die schräg an der Seite des Deiches hinab- oder hinaufführen, zu den Häusern hinunter.

Der alte Tede Haien stand eben vor der Tür und sah ins Wetter. »Na, Trin'!« sagte er, als sie pustend vor ihm stand und ihren Krückstock in die Erde bohrte, »was bringt Sie Neues in Ihrem Sack?«

»Erst laß mich in die Stube, Tede Haien! Dann soll Er's sehen!« Und ihre Augen sahen ihn mit seltsamem Funkeln an.

»So kommen Sie!« sagte der Alte. Was gingen ihn die Augen des dummen Weibes an.

Und als beide eingetreten waren, fuhr sie fort: »Bring Er den alten Tabakskasten und das Schreibzeug von dem Tisch – – was hat Er denn immer zu schreiben? – – So; und nun wisch Er ihn sauber ab!«

Und der Alte, der fast neugierig wurde, tat alles, was sie sagte; dann nahm sie den blauen Überzug bei beiden Zipfeln und schüttete daraus den großen Katerleichnam auf den Tisch. »Da hat Er ihn!« rief sie; »Sein Hauke hat ihn totgeschlagen.« Hierauf aber begann sie ein bitterliches Weinen; sie streichelte das dicke Fell des toten Tieres, legte ihm die Tatzen zusammen, neigte ihre lange Nase über dessen Kopf und raunte ihm unverständliche Zärtlichkeiten in die Ohren.

Tede Haien sah dem zu. »So«, sagte er; »Hauke hat ihn totgeschlagen?« Er wußte nicht, was er mit dem heulenden Weibe machen sollte.

Die Alte nickte ihn grimmig an: »Ja, ja; so Gott, das hat er getan!« und sie wischte sich mit ihrer von Gicht verkrümmten Hand das Wasser aus den Augen. »Kein Kind, kein Lebigs mehr!« klagte sie. »Und Er weiß es ja wohl auch, uns Alten, wenn's nach Allerheiligen kommt, frieren abends im Bett die Beine, und statt zu schlafen, hören wir den Nordwest an unseren Fensterläden rappeln. Ich hör's nicht gern, Tede Haien, er kommt daher, wo mein Junge mir im Schlick versank.«

Tede Haien nickte, und die Alte streichelte das Fell ihres toten Katers: »Der aber«, begann sie wieder, »wenn ich winters am Spinnrad saß, dann saß er bei mir und spann auch und sah mich an mit seinen grünen Augen! Und kroch ich, wenn's mir kalt wurde, in mein Bett – es dauerte nicht lang, so sprang er zu mir und legte sich auf meine frierenden Beine, und wir schliefen so warm mitsammen, als hätte ich noch meinen jungen Schatz im Bett!« Die Alte, als suche sie bei dieser Erinnerung nach Zustimmung, sah den neben ihr stehenden Alten mit ihren funkelnden Augen an.

Tede Haien aber sagte bedächtig: »Ich weiß Ihr einen Rat, Trin' Jans«, und er ging nach seiner Schatulle und nahm eine Silbermünze aus der Schublade – »Sie sagt, daß Hauke Ihr das Tier vom Leben gebracht hat, und ich weiß, Sie lügt nicht; aber hier ist ein Krontaler von Christian dem Vierten; damit kauf Sie sich ein gegerbtes Lammfell für Ihre kalten Beine! Und wenn unsere Katze nächstens Junge wirft, so mag Sie sich das größte davon aussuchen, das zusammen tut wohl einen altersschwachen Angorakater! Und nun nehm Sie das Vieh und bring Sie es meinethalb an den Racker in der Stadt, und halt Sie das Maul, daß es hier auf meinem ehrlichen Tisch gelegen hat!«

Während dieser Rede hatte das Weib schon nach dem Taler gegriffen und ihn in einer kleinen Tasche geborgen, die sie unter ihren Röcken trug; dann stopfte sie den Kater wieder in das Bettbühr, wischte mit ihrer Schürze die Blutflecken von dem Tisch und stakte zur Tür hinaus. »Vergiß Er mir nur den jungen Kater nicht!« rief sie noch zurück.

– – Eine Weile später, als der alte Haien in dem engen Stüblein auf und ab schritt, trat Hauke herein und warf seinen bunten Vogel auf den Tisch; als er aber auf der weißgescheuerten Platte den noch kennbaren Blutfleck sah, frug er, wie beiläufig: »Was ist denn das?«

Der Vater blieb stehen: »Das ist Blut, was du hast fließen machen!«

Dem Jungen schoß es doch heiß ins Gesicht: »Ist denn Trin' Jans mit ihrem Kater hier gewesen?«

Der Alte nickte: »Weshalb hast du ihr den totgeschlagen?«

Hauke entblößte seinen blutigen Arm. »Deshalb«, sagte er; »er hatte mir den Vogel fortgerissen!«

Der Alte sagte nichts hierauf, er begann eine Zeitlang wieder auf und ab zu gehen; dann blieb er vor dem Jungen stehen und sah eine Weile wie abwesend auf ihn hin. »Das mit dem Kater hab ich rein gemacht«, sagte er dann; »aber, siehst du, Hauke, die Kate ist hier zu klein; zwei Herren können darauf nicht sitzen – es ist nun Zeit, du mußt dir einen Dienst besorgen!«

»Ja, Vater«, entgegnete Hauke; »hab dergleichen auch gedacht.«

»Warum?« frug der Alte.

– »Ja, man wird grimmig in sich, wenn man's nicht an einem ordentlichen Stück Arbeit auslassen kann.«

»So?« sagte der Alte, »und darum hast du den Angorer totgeschlagen? Das könnte leicht noch schlimmer werden!«

– »Er mag wohl recht haben, Vater; aber der Deichgraf hat seinen Kleinknecht fortgejagt; das könnt ich schon verrichten!«

Der Alte begann wieder auf und ab zu gehen und spritzte dabei die schwarze Tabaksjauche von sich. »Der Deichgraf ist ein Dummkopf, dumm wie 'ne Saatgans! Er ist nur Deichgraf, weil sein Vater und Großvater es gewesen sind, und wegen seiner neunundzwanzig Fennen. Wenn Martini herankommt und hernach die Deich- und Sielrechnungen abgetan werden müssen, dann füttert er den Schulmeister mit Gansbraten und Met und Weizenkringeln und sitzt dabei und nickt, wenn der mit seiner Feder die Zahlenreihen hinunterläuft, und sagt: »Ja, ja, Schulmeister, Gott vergönn's Ihm! Was kann Er rechnen?« Wenn aber einmal der Schulmeister nicht kann oder auch nicht will, dann muß er selber dran und sitzt und schreibt und streicht wieder aus, und der große dumme Kopf wird ihm rot und heiß, und die Augen quellen wie Glaskugeln, als wollte das bißchen Verstand da hinaus.«

Der Junge stand gerade auf vor dem Vater und wunderte sich, was der reden könne; so hatte er's noch nicht von ihm gehört. »Ja, Gott tröst!« sagte er, »dumm ist er wohl; aber seine Tochter Elke, die kann rechnen!«

Der Alte sah ihn scharf an. »Ahoi, Hauke«, rief er; »was weißt du von Elke Volkerts?«

– »Nichts, Vater; der Schulmeister hat's mir nur erzählt.«

Der Alte antwortete nicht darauf, er schob nur bedächtig seinen Tabaksknoten aus einer Backe hinter die andere.

»Und du denkst«, sagte er dann, »du wirst dort auch mitrechnen können.«

»O ja, Vater, das möcht schon gehen«, erwiderte der Sohn, und ein ernstes Zucken lief um seinen Mund.

Der Alte schüttelte den Kopf. »Nun, aber meinethalb; versuch einmal dein Glück!«

»Dank auch, Vater!« sagte Hauke und stieg zu seiner Schlafstatt auf dem Boden; hier setzte er sich auf die Bettkante und sann, weshalb ihn denn sein Vater um Elke Volkerts angerufen habe. Er kannte sie freilich, das ranke achtzehnjährige Mädchen mit dem bräunlichen schmalen Antlitz und den dunklen Brauen, die über den trotzigen Augen und der schmalen Nase ineinanderliefen; doch hatte er noch kaum ein Wort mit ihr gesprochen; nun, wenn er zu dem alten Tede Volkerts ging, wollte er sie doch besser darauf ansehen, was es mit dem Mädchen auf sich habe. Und gleich jetzt wollte er gehen, damit kein anderer ihm die Stelle abjage; es war ja kaum noch Abend. Und so zog er seine Sonntagsjacke und seine besten Stiefel an und machte sich guten Mutes auf den Weg.

– Das langgestreckte Haus des Deichgrafen war durch seine hohe Werfte, besonders durch den höchsten Baum des Dorfes, eine gewaltige Esche, schon von weitem sichtbar; der Großvater des jetzigen, der erste Deichgraf des Geschlechtes, hatte in seiner Jugend eine solche osten der Haustür hier gesetzt; aber die beiden ersten Anpflanzungen waren vergangen, und so hatte er an seinem Hochzeitsmorgen diesen dritten Baum gepflanzt, der noch jetzt mit seiner immer mächtiger werdenden Blätterkrone in dem hier unablässigen Winde wie von alten Zeiten rauschte.

Als nach einer Weile der lang aufgeschossene Hauke die hohe Werfte hinaufstieg, welche an den Seiten mit Rüben und Kohl bepflanzt war, sah er droben die Tochter des Hauswirts neben der niedrigen Haustür stehen. Ihr einer etwas hagerer Arm hing schlaff herab, die andere Hand schien im Rücken nach dem Eisenring zu greifen, von denen je einer zu beiden Seiten der Tür in der Mauer war, damit, wer vor das Haus ritt, sein Pferd daran befestigen könne. Die Dirne schien von dort ihre Augen über den Deich hinaus nach dem Meer zu haben, wo an dem stillen Abend die Sonne eben in das Wasser hinabsank und zugleich das bräunliche Mädchen mit ihrem letzten Schein vergoldete.

Hauke stieg etwas langsamer an der Werfte hinan und dachte bei sich: »So ist sie nicht so dösig!« dann war er oben. »Guten Abend auch!« sagte er, zu ihr tretend; »wonach guckst du denn mit deinen großen Augen, Jungfer Elke?«

»Nach dem«, erwiderte sie, »was hier alle Abend vor sich geht; aber hier nicht alle Abend just zu sehen ist.« Sie ließ den Ring aus der Hand fallen, daß er klingend gegen die Mauer schlug. »Was willst du, Hauke Haien?« frug sie.

»Was dir hoffentlich nicht zuwider ist«, sagte er. »Dein Vater hat seinen Kleinknecht fortgejagt, da dachte ich bei euch in Dienst.«

Sie ließ ihre Blicke an ihm herunterlaufen. »Du bist noch so was schlanterig, Hauke!« sagte sie; »aber uns dienen zwei feste Augen besser als zwei feste Arme!« Sie sah ihn dabei fast düster an; aber Hauke hielt ihr tapfer stand. »So komm«, fuhr sie fort; »der Wirt ist in der Stube, laß uns hineingehen!«

Am andern Tage trat Tede Haien mit seinem Sohne in das geräumige Zimmer des Deichgrafen; die Wände waren mit glasurten Kacheln bekleidet, auf denen hier ein Schiff mit vollen Segeln oder ein Angler an einem Uferplatz, dort ein Rind, das kauend vor einem Bauernhause lag, den Beschauer vergnügen konnte; unterbrochen war diese dauerhafte Tapete durch ein mächtiges Wandbett mit jetzt zugeschobenen Türen und einen Wandschrank, der durch seine beiden Glastüren allerlei Porzellan- und Silbergeschirr erblicken ließ; neben der Tür zum anstoßenden Pesel war hinter einer Glasscheibe eine holländische Schlaguhr in die Wand gelassen.

Der starke, etwas schlagflüssige Hauswirt saß am Ende des blankgescheuerten Tisches im Lehnstuhl auf seinem bunten Wollenpolster. Er hatte seine Hände über dem Bauch gefaltet und starrte aus seinen runden Augen befriedigt auf das Gerippe einer fetten Ente; Gabel und Messer ruhten vor ihm auf dem Teller.

»Guten Tag, Deichgraf!« sagte Haien, und der Angeredete drehte langsam Kopf und Augen zu ihm hin.

»Ihr seid es, Tede?« entgegnete er, und der Stimme war die verzehrte fette Ente anzuhören, »setzt Euch; es ist ein gut Stück von Euch zu mir herüber!«

»Ich komme, Deichgraf«, sagte Tede Haien, indem er sich auf die an der Wand entlanglaufende Bank dem anderen im Winkel gegenübersetzte. »Ihr habt Verdruß mit Euerem Kleinknecht gehabt und seid mit meinem Jungen einig geworden, ihn an dessen Stelle zu setzen!«

Der Deichgraf nickte: »Ja, ja, Tede; aber – was meint Ihr mit Verdruß? Wir Marschleute haben, Gott tröst uns, was dagegen einzunehmen!« Und er nahm das vor ihm liegende Messer und klopfte wie liebkosend auf das Gerippe der armen Ente. »Das war mein Leibvogel«, setzte er behaglich lachend hinzu; »sie fraß mir aus der Hand!«

»Ich dachte«, sagte der alte Haien, das letzte überhörend, »der Bengel hätte Euch Unheil im Stall gemacht.«

»Unheil? Ja, Tede; freilich Unheil genug! Der dicke Mopsbraten hatte die Kälber nicht gebörmt; aber er lag vollgetrunken auf dem Heuboden, und das Viehzeug schrie die ganze Nacht vor Durst, daß ich bis Mittag nachschlafen mußte; dabei kann die Wirtschaft nicht bestehen!«

»Nein, Deichgraf; aber dafür ist keine Gefahr bei meinem Jungen.«

Hauke stand, die Hände in den Seitentaschen, am Türpfosten, hatte den Kopf im Nacken und studierte an den Fensterrähmen ihm gegenüber.

Der Deichgraf hatte die Augen zu ihm gehoben und nickte hinüber: »Nein, nein, Tede«; und er nickte nun auch dem Alten zu; »Euer Hauke wird mir die Nachtruh nicht verstören; der Schulmeister hat's mir schon vordem gesagt, der sitzt lieber vor der Rechentafel als vor einem Glas mit Branntwein.«

Hauke hörte nicht auf diesen Zuspruch, denn Elke war in die Stube getreten und nahm mit ihrer leichten Hand die Reste der Speisen von dem Tisch, ihn mit ihren dunklen Augen flüchtig streifend. Da fielen seine Blicke auch auf sie. »Bei Gott und Jesus«, sprach er bei sich selber, »sie sieht auch so nicht dösig aus!«

Das Mädchen war hinausgegangen. »Ihr wisset, Tede«, begann der Deichgraf wieder, »unser Herrgott hat mir einen Sohn versagt!«

»Ja, Deichgraf, aber laßt Euch das nicht kränken«, entgegnete der andere, »denn im dritten Gliede soll der Familienverstand ja verschleißen; Euer Großvater, das wissen wir alle, war einer, der das Land geschützt hat!«

Der Deichgraf; nach einigem Besinnen, sah schier verdutzt aus. »Wie meint Ihr das, Tede Haien?« sagte er und setzte sich in seinem Lehnstuhl auf; »ich bin ja doch im dritten Gliede!«

»Ja, so! Nicht für ungut, Deichgraf; es geht nur so die Rede!« Und der hagere Tede Haien sah den alten Würdenträger mit etwas boshaften Augen an.

Der aber sprach unbekümmert: »Ihr müßt Euch von alten Weibern dergleichen Torheit nicht aufschwatzen lassen, Tede Haien; Ihr kennt nur meine Tochter nicht, die rechnet mich selber dreimal um und um! Ich wollt nur sagen, Euer Hauke wird außer im Felde auch hier in meiner Stube mit Feder oder Rechenstift so manches profitieren können, was ihm nicht schaden wird!«

»Ja, ja, Deichgraf, das wird er; da habt Ihr völlig recht!« sagte der alte Haien und begann dann noch einige Vergünstigungen bei dem Mietkontrakt sich auszubedingen, die abends vorher von seinem Sohne nicht bedacht waren. So sollte dieser außer seinen leinenen Hemden im Herbst auch noch acht Paar wollene Strümpfe als Zugabe seines Lohnes genießen; so wollte er selbst ihn im Frühling acht Tage bei der eigenen Arbeit haben, und was dergleichen mehr war. Aber der Deichgraf war zu allem willig; Hauke Haien schien ihm eben der rechte Kleinknecht.

– – »Nun, Gott tröst dich, Junge«, sagte der Alte, da sie eben das Haus verlassen hatten, »wenn der dir die Welt klarmachen soll!«

Aber Hauke erwiderte ruhig: »Laß Er nur, Vater; es wird schon alles werden.«

Und Hauke hatte so unrecht nicht gehabt; die Welt, oder was ihm die Welt bedeutete, wurde ihm klarer, je länger sein Aufenthalt in diesem Hause dauerte; vielleicht um so mehr, je weniger ihm eine überlegene Einsicht zu Hülfe kam, und je mehr er auf seine eigene Kraft angewiesen war, mit der er sich von jeher beholfen hatte. Einer freilich war im Hause, für den er nicht der Rechte zu sein schien; das war der Großknecht Ole Peters, ein tüchtiger Arbeiter und ein maulfertiger Geselle. Ihm war der träge, aber dumme und stämmige Kleinknecht von vorhin besser nach seinem Sinn gewesen, dem er ruhig die Tonne Hafer auf den Rücken hatte laden und den er nach Herzenslust hatte herumstoßen können. Dem noch stilleren, aber ihn geistig überragenden Hauke vermochte er in solcher Weise nicht beizukommen; er hatte eine gar zu eigene Art, ihn anzublicken. Trotzdem verstand er es, Arbeiten für ihn auszusuchen, die seinem noch nicht gefesteten Körper hätten gefährlich werden können, und Hauke, wenn der Großknecht sagte: »Da hättest du den dicken Niß nur sehen sollen; dem ging es von der Hand!« faßte nach Kräften an und brachte es, wenn auch mit Mühsal, doch zu Ende. Ein Glück war es für ihn, daß Elke selbst oder durch ihren Vater das meistens abzustellen wußte. Man mag wohl fragen, was mitunter ganz fremde Menschen aneinanderbindet; vielleicht – sie waren beide geborene Rechner, und das Mädchen konnte ihren Kameraden in der groben Arbeit nicht verderben sehen.

Der Zwiespalt zwischen Groß- und Kleinknecht wurde auch im Winter nicht besser, als nach Martini die verschiedenen Deichrechnungen zur Revision eingelaufen waren.

Es war an einem Maiabend, aber es war Novemberwetter; von drinnen im Hause hörte man draußen hinterm Deich die Brandung donnern. »He, Hauke«, sagte der Hausherr, »komm herein; nun magst du weisen, ob du rechnen kannst!«

»Uns' Weert«, entgegnete dieser; – denn so nennen hier die Leute ihre Herrschaft – »ich soll aber erst das Jungvieh füttern!«

»Elke!« rief der Deichgraf; »wo bist du, Elke! – Geh zu Ole und sag ihm, er sollte das Jungvieh füttern; Hauke soll rechnen!«

Und Elke eilte in den Stall und machte dem Großknecht die Bestellung, der eben damit beschäftigt war, das über Tag gebrauchte Pferdegeschirr wieder an seinen Platz zu hängen.

Ole Peters schlug mit einer Trense gegen den Ständer, neben dem er sich beschäftigte, als wolle er sie kurz und klein haben: »Hol der Teufel den verfluchten Schreiberknecht!«

Sie hörte die Worte noch, bevor sie die Stalltür wieder geschlossen hatte.

»Nun?« frug der Alte, als sie in die Stube trat.

»Ole wollte es schon besorgen«, sagte die Tochter, ein wenig sich die Lippen beißend, und setzte sich Hauke gegenüber auf einen grobgeschnitzten Holzstuhl, wie sie noch derzeit hier an Winterabenden im Hause selbst gemacht wurden. Sie hatte aus einem Schubkasten einen weißen Strumpf mit rotem Vogelmuster genommen, an dem sie nun weiterstrickte; die langbeinigen Kreaturen darauf mochten Reiher oder Störche bedeuten sollen. Hauke saß ihr gegenüber, in seine Rechnerei vertieft, der Deichgraf selbst ruhte in seinem Lehnstuhl und blinzelte schläfrig nach Haukes Feder; auf dem Tisch brannten, wie immer im Deichgrafenhause, zwei Unschlittkerzen, und vor den beiden in Blei gefaßten Fenstern waren von außen die Läden vorgeschlagen und von innen zugeschroben; mochte der Wind nun poltern, wie er wollte. Mitunter hob Hauke seinen Kopf von der Arbeit und blickte einen Augenblick nach den Vogelstrümpfen oder nach dem schmalen ruhigen Gesicht des Mädchens.

Da tat es aus dem Lehnstuhl plötzlich einen lauten Schnarcher, und ein Blick und ein Lächeln flog zwischen den beiden jungen Menschen hin und wider; dann folgte allmählich ein ruhigeres Atmen; man konnte wohl ein wenig plaudern; Hauke wußte nur nicht, was.

Als sie aber das Strickzeug in die Höhe zog, und die Vögel sich nun in ihrer ganzen Länge zeigten, flüsterte er über den Tisch herüber: »Wo hast du das gelernt, Elke?«

»Was gelernt?« frug das Mädchen zurück.

– »Das Vogelstricken«, sagte Hauke.

»Das? Von Trin' Jans draußen am Deich; sie kann allerlei; sie war vorzeiten einmal bei meinem Großvater hier im Dienst.«

»Da warst du aber wohl noch nicht geboren?« sagte Hauke.

»Ich denk wohl nicht; aber sie ist noch oft ins Haus gekommen.«

»Hat denn die die Vögel gern?« frug Hauke; »ich meint, sie hielt es nur mit Katzen!«

Elke schüttelte den Kopf: »Sie zieht ja Enten und verkauft sie; aber im vorigen Frühjahr, als du den Angorer totgeschlagen hattest, sind ihr hinten im Stall die Ratten dazwischengekommen; nun will sie sich vorn am Hause einen anderen bauen.«

»So«, sagte Hauke und zog einen leisen Pfiff durch die Zähne, »dazu hat sie von der Geest sich Lehm und Steine hergeschleppt! Aber dann kommt sie in den Binnenweg; – hat sie denn Konzession?«

»Weiß ich nicht«, meinte Elke. Aber er hatte das letzte Wort so laut gesprochen, daß der Deichgraf aus seinem Schlummer auffuhr. »Was Konzession?« frug er und sah fast wild von einem zu der anderen. »Was soll die Konzession?«

Als aber Hauke ihm die Sache vorgetragen hatte, klopfte er ihm lachend auf die Schulter: »Ei was, der Binnenweg ist breit genug; Gott tröst den Deichgrafen, sollt er sich auch noch um die Entenställe kümmern!«

Hauke fiel es aufs Herz, daß er die Alte mit ihren jungen Enten den Ratten sollte preisgegeben haben, und er ließ sich mit dem Einwand abfinden. »Aber, uns' Weert«, begann er wieder, »es tät wohl dem und jenem ein kleiner Zwicker gut, und wollet Ihr ihn nicht selber greifen, so zwicket den Gevollmächtigten, der auf die Deichordnung passen soll!«

»Wie, was sagt der Junge?« Und der Deichgraf setzte sich vollends auf, und Elke ließ ihren künstlichen Strumpf sinken und wandte das Ohr hinüber.

»Ja, uns' Weert«, fuhr Hauke fort, »Ihr habt doch schon die Frühlingsschau gehalten; aber trotzdem hat Peter Jansen auf seinem Stück das Unkraut auch noch heute nicht gebuscht; im Sommer werden die Stieglitzer da wieder lustig um die roten Distelblumen spielen! Und dicht daneben, ich weiß nicht, wem's gehört, ist an der Außenseite eine ganze Wiege in dem Deich; bei schön Wetter liegt es immer voll von kleinen Kindern, die sich darin wälzen; aber – Gott bewahr uns vor Hochwasser!«

Die Augen des alten Deichgrafen waren immer größer geworden.

»Und dann –«, sagte Hauke wieder.

»Was dann noch, Junge?« frug der Deichgraf; »bist du noch nicht fertig?« Und es klang, als sei der Rede seines Kleinknechts ihm schon zuviel geworden.

»Ja, dann, uns' Weert«, sprach Hauke weiter; »Ihr kennt die dicke Vollina, die Tochter vom Gevollmächtigten Harders, die immer ihres Vaters Pferde aus der Fenne holt, – wenn sie nur eben mit ihren runden Waden auf der alten gelben Stute sitzt, hü hopp! so geht's allemal schräg an der Dossierung den Deich hinan!«

Hauke bemerkte erst jetzt, daß Elke ihre klugen Augen auf ihn gerichtet hatte und leise ihren Kopf schüttelte.

Er schwieg; aber ein Faustschlag, den der Alte auf den Tisch tat, dröhnte ihm in die Ohren, »da soll das Wetter dreinschlagen!« rief er, und Hauke erschrak beinahe über die Bärenstimme, die plötzlich hier hervorbrach: »Zur Brüche! Notier mir das dicke Mensch zur Brüche, Hauke! Die Dirne hat mir im letzten Sommer drei junge Enten weggefangen! Ja, ja, notier nur«, wiederholte er, als Hauke zögerte; »ich glaub sogar, es waren vier!«

»Ei, Vater«, sagte Elke, »war's nicht die Otter, die die Enten nahm?«

»Eine große Otter!« rief der Alte schnaufend; »werd doch die dicke Vollina und eine Otter auseinanderkennen! Nein, nein, vier Enten, Hauke – aber was du im übrigen schwatzest, der Herr Oberdeichgraf und ich, nachdem wir zusammen in meinem Hause hier gefrühstückt hatten, sind im Frühjahr an deinem Unkraut und an deiner Wiege vorbeigefahren und haben's doch nicht sehen können. Ihr beide aber«, und er nickte ein paarmal bedeutsam gegen Hauke und seine Tochter, »danket Gott, daß ihr nicht Deichgraf seid! Zwei Augen hat man nur, und mit hundert soll man sehen. – – Nimm nur die Rechnungen über die Bestickungsarbeiten, Hauke, und sieh sie nach; die Kerls rechnen oft zu liederlich!«

Dann lehnte er sich wieder in seinem Stuhl zurück, ruckte den schweren Körper ein paarmal, und überließ sich bald dem sorgenlosen Schlummer.

Dergleichen wiederholte sich an manchem Abend. Hauke hatte scharfe Augen und unterließ es nicht, wenn sie beisammensaßen, das eine oder andere von schädlichem Tun oder Unterlassen in Deichsachen dem Alten vor die Augen zu rücken, und da dieser sie nicht immer schließen konnte, so kam unversehens ein lebhafter Geschäftsgang in die Verwaltung, und die, welche früher im alten Schlendrian fortgesündigt hatten und jetzt unerwartet ihre frevlen oder faulen Finger geklopft fühlten, sahen sich unwillig und verwundert um, woher die Schläge denn gekommen seien. Und Ole, der Großknecht, säumte nicht, möglichst weit die Offenbarung zu verbreiten und dadurch gegen Hauke und seinen Vater, der doch die Mitschuld tragen mußte, in diesen Kreisen einen Widerwillen zu erregen; die anderen aber, welche nicht getroffen waren oder denen es um die Sache selbst zu tun war, lachten und hatten ihre Freude, daß der Junge den Alten doch einmal etwas in Trab gebracht habe. »Schad nur«, sagten sie, »daß der Bengel nicht den gehörigen Klei unter den Füßen hat; das gäbe später sonst einmal wieder einen Deichgrafen, wie vordem sie dagewesen sind; aber die paar Demath seines Alten, die täten's denn doch nicht!«

Als im nächsten Herbst der Herr Amtmann und Oberdeichgraf zur Schauung kam, sah er sich den alten Tede Volkerts von oben bis unten an, während dieser ihn zum Frühstück nötigte. »Wahrhaftig, Deichgraf«, sagte er, »ich dacht's mir schon, Ihr seid in der Tat um ein Halbstieg Jahre jünger geworden; Ihr habt mir diesmal mit all Euren Vorschlägen warm gemacht; wenn wir mit alledem nur heute fertig werden!«

»Wird schon, wird schon, gestrenger Herr Oberdeichgraf«, erwiderte der Alte schmunzelnd; »der Gansbraten da wird schon die Kräfte stärken! Ja, Gott sei Dank, ich bin noch allezeit frisch und munter!« Er sah sich in der Stube um, ob auch nicht etwa Hauke um die Wege sei; dann setzte er in würdevoller Ruhe noch hinzu: »So hoffe ich zu Gott, noch meines Amtes ein paar Jahre in Segen warten zu können.«

»Und darauf, lieber Deichgraf«, erwiderte sein Vorgesetzter, sich erhebend, »wollen wir dieses Glas zusammen trinken!«

Elke, die das Frühstück bestellt hatte, ging eben, während die Gläser aneinanderklangen, mit leisem Lachen aus der Stubentür. Dann holte sie eine Schüssel Abfall aus der Küche und ging durch den Stall, um es vor der Außentür dem Federvieh vorzuwerfen. Im Stall stand Hauke Haien und steckte den Kühen, die man der argen Witterung wegen schon jetzt hatte heraufnehmen müssen, mit der Furke Heu in ihre Raufen. Als er aber das Mädchen kommen sah, stieß er die Furke auf den Grund.

»Nu, Elke!« sagte er.

Sie blieb stehen und nickte ihm zu: »Ja, Hauke; aber eben hättest du drinnen sein müssen!«

»Meinst du? Warum denn, Elke?«

»Der Herr Oberdeichgraf hat den Wirt gelobt!«

»Den Wirt? Was tut das mir?«

»Nein, ich mein, den Deichgrafen hat er gelobt!«

Ein dunkles Rot flog über das Gesicht des jungen Menschen: »Ich weiß wohl«, sagte er, »wohin du damit segeln willst!«

»Werd nur nicht rot, Hauke; du warst es ja doch eigentlich, den der Oberdeichgraf lobte!«

Hauke sah sie mit halbem Lächeln an. »Auch du doch, Elke!« sagte er.

Aber sie schüttelte den Kopf: »Nein, Hauke; als ich allein der Helfer war, da wurden wir nicht gelobt. Ich kann ja auch nur rechnen; du aber siehst draußen alles, was der Deichgraf doch wohl selber sehen sollte; du hast mich ausgestochen!«

»Ich hab das nicht gewollt, dich am mindsten«, sagte Hauke zaghaft, und er stieß den Kopf einer Kuh zur Seite. »Komm, Rotbunt, friß mir nicht die Furke auf, du sollst ja alles haben!«

»Denk nur nicht, daß mir's leid tut, Hauke«, sagte nach kurzem Sinnen das Mädchen; »das ist ja Mannessache!«

Da streckte Hauke ihr den Arm entgegen: »Elke, gib mir die Hand darauf!«

Ein tiefes Rot schoß unter die dunklen Brauen des Mädchens. »Warum? Ich lüg ja nicht!« rief sie.

Hauke wollte antworten; aber sie war schon zum Stall hinaus, und er stand mit seiner Furke in der Hand und hörte nur, wie draußen die Enten und Hühner um sie schnatterten und krähten.

Es war im Januar von Haukes drittem Dienstjahr, als ein Winterfest gehalten werden sollte, »Eisboseln« nennen sie es hier. Ein ständiger Frost hatte beim Ruhen der Küstenwinde alle Gräben zwischen den Fennen mit einer festen ebenen Kristallfläche belegt, so daß die zerschnittenen Landstücke nun eine weite Bahn für das Werfen der kleinen, mit Blei ausgegossenen Holzkugeln bildeten, womit das Ziel erreicht werden sollte. Tagaus, tagein wehte ein leichter Nordost: alles war schon in Ordnung; die Geestleute in dem zu Osten über der Marsch belegenen Kirchdorf, die im vorigen Jahre gesiegt hatten, waren zum Wettkampf gefordert und hatten angenommen; von jeder Seite waren neun Werfer aufgestellt; auch der Obmann und die Kretler waren gewählt. Zu letzteren, die bei Streitfällen über einen zweifelhaften Wurf miteinander zu verhandeln hatten, wurden allezeit Leute genommen, die ihre Sache ins beste Licht zu rücken verstanden, am liebsten Burschen, die außer gesundem Menschenverstand auch noch ein lustig Mundwerk hatten. Dazu gehörte vor allen Ole Peters, der Großknecht des Deichgrafen. »Werft nur wie die Teufel«, sagte er; »das Schwatzen tu ich schon umsonst!«

Es war gegen Abend vor dem Festtag; in der Nebenstube des Kirchspielskruges droben auf der Geest war eine Anzahl von den Werfern erschienen, um über die Aufnahme einiger zuletzt noch Angemeldeten zu beschließen. Hauke Haien war auch unter diesen; er hatte erst nicht wollen, obschon er seiner wurfgeübten Arme sich wohl bewußt war; aber er fürchtete, durch Ole Peters, der einen Ehrenposten in dem Spiel bekleidete, zurückgewiesen zu werden; die Niederlage wollte er sich sparen. Aber Elke hatte ihm noch in der elften Stunde den Sinn gewandt. »Er wird's nicht wagen, Hauke«, hatte sie gesagt; »er ist ein Tagelöhnersohn; dein Vater hat Kuh und Pferd und ist dazu der klügste Mann im Dorf!«

»Aber, wenn er's dennoch fertigbringt?«

Sie sah ihn halb lächelnd aus ihren dunklen Augen an. »Dann«, sagte sie, »soll er sich den Mund wischen, wenn er abends mit seines Wirts Tochter zu tanzen denkt!« – Da hatte Hauke ihr mutig zugenickt.

Nun standen die jungen Leute, die noch in das Spiel hineinwollten, frierend und fußtrampelnd vor dem Kirchspielskrug und sahen nach der Spitze des aus Felsblöcken gebauten Kirchturms hinauf, neben dem das Krughaus lag. Des Pastors Tauben, die sich im Sommer auf den Feldern des Dorfes nährten, kamen eben von den Höfen und Scheuern der Bauern zurück, wo sie sich jetzt ihre Körner gesucht hatten, und verschwanden unter den Schindeln des Turmes, hinter welchen sie ihre Nester hatten; im Westen über dem Haf stand ein glühendes Abendrot.

»Wird gut Wetter morgen!« sagte der eine der jungen Burschen und begann heftig auf und ab zu wandern; »aber kalt! kalt!« Ein zweiter, als er keine Taube mehr fliegen sah, ging in das Haus und stellte sich horchend neben die Tür der Stube, aus der jetzt ein lebhaftes Durcheinanderreden herausscholl; auch des Deichgrafen Kleinknecht war neben ihn getreten. »Hör, Hauke«, sagte er zu diesem; »nun schreien sie um dich!« Und deutlich hörte man von drinnen Ole Peters' knarrende Stimme: »Kleinknechte und Jungens gehören nicht dazu!«

»Komm«, flüsterte der andere und suchte Hauke am Rockärmel an die Stubentür zu ziehen, »hier kannst du lernen, wie hoch sie dich taxieren!«

Aber Hauke riß sich los und ging wieder vor das Haus. »Sie

haben uns nicht ausgesperrt, damit wir's hören sollen!« rief er zurück.

Vor dem Hause stand der Dritte der Angemeldeten. »Ich fürcht, mit mir hat's einen Haken«, rief er ihm entgegen; »ich hab kaum achtzehn Jahre; wenn sie nur den Taufschein nicht verlangen! Dich, Hauke, wird dein Großknecht schon herauskreteln!«

»Ja, heraus!« brummte Hauke und schleuderte mit dem Fuße einen Stein über den Weg; »nur nicht hinein!«

Der Lärm in der Stube wurde stärker; dann allmählich trat eine Stille ein; die draußen hörten wieder den leisen Nordost, der sich oben an der Kirchturmspitze brach. Der Horcher trat wieder zu ihnen. »Wen hatten sie da drinnen?« frug der Achtzehnjährige.

»Den da!« sagte jener und wies auf Hauke; »Ole Peters wollte ihn zum Jungen machen; aber alle schrien dagegen. ›Und sein Vater hat Vieh und Land‹, sagte Jeß Hansen. ›Ja, Land‹, rief Ole Peters, ›das man auf dreizehn Karren wegfahren kann!‹ – Zuletzt kam Ole Hensen: ›Still da!‹ schrie er; ›ich will's euch lehren: sagt nur, wer ist der erste Mann im Dorf?‹ Da schwiegen sie erst und schienen sich zu besinnen; dann sagte eine Stimme: ›Das ist doch wohl der Deichgraf!‹ Und alle anderen riefen: ›Nun ja, unserthalb der Deichgraf!‹ – ›Und wer ist denn der Deichgraf?‹ rief Ole Hensen wieder; ›aber nun bedenkt euch recht!‹ – – Da begann einer leis zu lachen, und dann wieder einer, bis zuletzt nichts in der Stube war als lauter Lachen. ›Nun, so ruft ihn‹, sagte Ole Hensen; ›ihr wollt doch nicht den Deichgrafen von der Tür stoßen!‹ Ich glaub, sie lachen noch; aber Ole Peters' Stimme war nicht mehr zu hören!« schloß der Bursche seinen Bericht.

Fast in demselben Augenblicke wurde drinnen im Hause die Stubentür aufgerissen, und: »Hauke! Hauke Haien!« rief es laut und fröhlich in die Nacht hinaus.

Da trabte Hauke in das Haus und hörte nicht mehr, wer denn der Deichgraf sei; was in seinem Kopfe brütete, hat indessen niemand wohl erfahren.

– – Als er nach einer Weile sich dem Hause seiner Herrschaft nahte, sah er Elke drunten am Heck der Auffahrt stehen; das

Mondlicht schimmerte über die unermeßliche weißbereifte Weidefläche. »Stehst du hier, Elke?« frug er.

Sie nickte nur: »Was ist geworden?« sagte sie; »hat er's gewagt?«

– »Was sollt er nicht!«

»Nun, und?«

– »Ja, Elke; ich darf es morgen doch versuchen!«

»Gute Nacht, Hauke!« Und sie lief flüchtig die Werfte hinan und verschwand im Hause.

Langsam folgte er ihr.

Auf der weiten Weidefläche, die sich zu Osten an der Landseite des Deiches entlangzog, sah man am Nachmittag darauf eine dunkle Menschenmasse bald unbeweglich stillestehen, bald, nachdem zweimal eine hölzerne Kugel aus derselben über den durch die Tagessonne jetzt von Reif befreiten Boden hingeflogen war, abwärts von den hinter ihr liegenden langen und niedrigen Häusern allmählich weiterrücken; die Parteien der Eisbosler in der Mitte, umgeben von alt und jung, was mit ihnen, sei es in jenen Häusern oder in denen droben auf der Geest Wohnung oder Verbleib hatte; die älteren Männer in langen Röcken, bedächtig aus kurzen Pfeifen rauchend, die Weiber in Tüchern und Jacken, auch wohl Kinder an den Händen ziehend oder auf den Armen tragend. Aus den gefrorenen Gräben, welche allmählich überschritten wurden, funkelte durch die scharfen Schilfspitzen der bleiche Schein der Nachmittagssonne; es fror mächtig, aber das Spiel ging unablässig vorwärts, und aller Augen verfolgten immer wieder die fliegende Kugel, denn an ihr hing heute für das ganze Dorf die Ehre des Tages. Der Kretler der Parteien trug hier einen weißen, bei den Geestleuten einen schwarzen Stab mit eiserner Spitze; wo die Kugel ihren Lauf geendet hatte, wurde dieser, je nachdem, unter schweigender Anerkennung oder dem Hohngelächter der Gegenpartei in den gefrorenen Boden eingeschlagen, und wessen Kugel zuerst das Ziel erreichte, der hatte für seine Partei das Spiel gewonnen.

Gesprochen wurde von all den Menschen wenig; nur wenn ein Kapitalwurf geschah, hörte man wohl einen Ruf der jungen Männer oder Weiber; oder von den Alten einer nahm seine

Pfeife aus dem Mund und klopfte damit unter ein paar guten Worten den Werfer auf die Schulter: »Das war ein Wurf, sagte Zacharies und warf sein Weib aus der Luke!« oder: »So warf dein Vater auch; Gott tröst ihn in der Ewigkeit!« oder was sie sonst für Gutes sagten.

Bei seinem ersten Wurfe war das Glück nicht mit Hauke gewesen: als er eben den Arm hinten ausschwang, um die Kugel fortzuschleudern, war eine Wolke von der Sonne fortgezogen, die sie vorhin bedeckt hatte, und diese traf mit ihrem vollen Strahl in seine Augen; der Wurf wurde zu kurz, die Kugel fiel auf einen Graben und blieb im Bummeis stecken.

»Gilt nicht! Gilt nicht! Hauke, noch einmal«, riefen seine Partner.

Aber der Kretler der Geestleute sprang dagegen auf: »Muß wohl gelten; geworfen ist geworfen!«

»Ole! Ole Peters!« schrie die Marschjugend. »Wo ist Ole? Wo, zum Teufel, steckt er?«

Aber er war schon da. »Schreit nur nicht so! Soll Hauke wo geflickt werden! Ich dacht's mir schon.«

– »Ei was! Hauke muß noch einmal werfen; nun zeig, daß du das Maul am rechten Fleck hast!«

»Das hab ich schon!« rief Ole und trat dem Geestkretler gegenüber und redete einen Haufen Gallimathias aufeinander. Aber die Spitzen und Schärfen, die sonst aus seinen Worten blitzten, waren diesmal nicht dabei. Ihm zur Seite stand das Mädchen mit den Rätselbrauen und sah scharf aus zornigen Augen auf ihn hin; aber reden durfte sie nicht; denn die Frauen hatten keine Stimme in dem Spiel.

»Du leierst Unsinn«, rief der andere Kretler, »weil dir der Sinn nicht dienen kann! Sonne, Mond und Sterne sind für uns alle gleich und allezeit am Himmel; der Wurf war ungeschickt, und alle ungeschickten Würfe gelten!«

So redeten sie noch eine Weile gegeneinander; aber das Ende war, daß nach Bescheid des Obmanns Hauke seinen Wurf nicht wiederholen durfte.

»Vorwärts!« riefen die Geestleute, und ihr Kretler zog den schwarzen Stab aus dem Boden, und der Werfer trat auf seinen Nummerruf dort an und schleuderte die Kugel vorwärts. Als der

Großknecht des Deichgrafen dem Wurfe zusehen wollte, hatte er an Elke Volkerts vorbeimüssen: »Wem zuliebe ließest du heut deinen Verstand zu Hause?« raunte sie ihm zu.

Da sah er sie fast grimmig an, und aller Spaß war aus seinem breiten Gesichte verschwunden. »Dir zulieb!« sagte er, »denn du hast deinen auch vergessen!«

»Geh nur; ich kenne dich, Ole Peters!« erwiderte das Mädchen sich hoch aufrichtend; er aber kehrte den Kopf ab und tat, als habe er das nicht gehört.

Und das Spiel und der schwarze und weiße Stab gingen weiter. Als Hauke wieder am Wurf war, flog seine Kugel schon so weit, daß das Ziel, die große weißgekalkte Tonne, klar in Sicht kam. Er war jetzt ein fester junger Kerl, und Mathematik und Wurfkunst hatte er täglich während seiner Knabenzeit getrieben. »Oho, Hauke!« rief es aus dem Haufen; »das war ja, als habe der Erzengel Michael selbst geworfen!« Eine alte Frau mit Kuchen und Branntwein drängte sich durch den Haufen zu ihm; sie schenkte ein Glas voll und bot es ihm: »Komm«, sagte sie, »wir wollen uns vertragen: das heut ist besser, als da du mir die Katze totschlugst!« Als er sie ansah, erkannte er, daß es Trin' Jans war. »Ich dank dir, Alte«, sagte er; »aber ich trink nicht.« Er griff in seine Tasche und drückte ihr ein frischgeprägtes Markstück in die Hand: »Nimm das und trink selber das Glas aus, Trin'; so haben wir uns vertragen!«

»Hast recht, Hauke!« erwiderte die Alte, indem sie seiner Anweisung folgte; »hast recht; das ist auch besser für ein altes Weib, wie ich!«

»Wie geht's mit deinen Enten?« rief er ihr noch nach, als sie sich schon mit ihrem Korbe fortmachte; aber sie schüttelte nur den Kopf, ohne sich umzuwenden, und patschte mit ihren alten Händen in die Luft. »Nichts, nichts, Hauke; da sind zu viele Ratten in euren Gräben; Gott tröst mich; man muß sich anders nähren!« Und somit drängte sie sich in den Menschenhaufen und bot wieder ihren Schnaps und ihre Honigkuchen an.

Die Sonne war endlich schon hinter den Deich hinabgesunken; statt ihrer glimmte ein rotvioletter Schimmer empor; mitunter flogen schwarze Krähen vorüber und waren auf Augenblicke wie vergoldet, es wurde Abend. Auf den Fennen aber rückte der dunkle Menschentrupp noch immer weiter von den schwarzen schon fern liegenden Häusern nach der Tonne zu; ein besonders tüchtiger Wurf mußte sie jetzt erreichen können. Die Marschleute waren an der Reihe; Hauke sollte werfen.

Die kreidige Tonne zeichnete sich weiß in dem breiten Abendschatten, der jetzt von dem Deiche über die Fläche fiel. »Die werdet ihr uns diesmal wohl noch lassen!« rief einer von den Geestleuten; denn es ging scharf her; sie waren um mindestens ein Halbstieg Fuß im Vorteil.

Die hagere Gestalt des Genannten trat eben aus der Menge; die grauen Augen sahen aus dem langen Friesengesicht vorwärts nach der Tonne; in der herabhängenden Hand lag die Kugel.

»Der Vogel ist dir wohl zu groß«, hörte er in diesem Augenblick Ole Peters' Knarrstimme dicht vor seinen Ohren; »sollen wir ihn um einen grauen Topf vertauschen?«

Hauke wandte sich und blickte ihn mit festen Augen an: »Ich werfe für die Marsch!« sagte er. »Wohin gehörst denn du?«

»Ich denke, auch dahin, du wirfst doch wohl für Elke Volkerts!«

»Beiseit!« schrie Hauke und stellte sich wieder in Positur. Aber Ole drängte mit dem Kopf noch näher auf ihn zu. Da plötzlich, bevor noch Hauke selber etwas dagegen unternehmen konnte, packte den Zudringlichen eine Hand und riß ihn rückwärts, daß der Bursche gegen seine lachenden Kameraden taumelte. Es war keine große Hand gewesen, die das getan hatte; denn als Hauke flüchtig den Kopf wandte, sah er neben sich Elke Volkerts ihren Ärmel zurechtzupfen, und die dunklen Brauen standen ihr wie zornig in dem heißen Antlitz.

Da flog es wie eine Stahlkraft in Haukes Arm; er neigte sich ein wenig, er wiegte die Kugel ein paarmal in der Hand; dann holte er aus, und eine Todesstille war auf beiden Seiten; alle Augen folgten der fliegenden Kugel, man hörte ihr Sausen, wie sie die Luft durchschnitt; plötzlich, schon weit vom Wurfplatz, verdeckten sie die Flügel einer Silbermöwe, die, ihren Schrei ausstoßend, vom Deich herüberkam; zugleich aber hörte man es in der Ferne an die Tonne klatschen. »Hurra für Hauke!« riefen die Marschleute, und lärmend ging es durch die Menge: »Hauke! Hauke Haien hat das Spiel gewonnen!«

Der aber, da ihn alle dicht umdrängten, hatte seitwärts nur nach einer Hand gegriffen; auch da sie wieder riefen: »Was stehst du, Hauke? Die Kugel liegt ja in der Tonne!«, nickte er nur und ging nicht von der Stelle; erst als er fühlte, daß sich die kleine Hand fest an die seine schloß, sagte er: »Ihr mögt schon recht haben; ich glaube auch, ich hab gewonnen!«

Dann strömte der ganze Trupp zurück, und Elke und Hauke wurden getrennt und von der Menge auf den Weg zum Kruge fortgerissen, der an des Deichgrafen Werfte nach der Geest hinaufbog. Hier aber entschlüpften beide dem Gedränge, und während Elke auf ihre Kammer ging, stand Hauke hinten vor der Stalltür auf der Werfte und sah, wie der dunkle Menschentrupp allmählich nach dort hinaufwanderte, wo im Kirchspielskrug ein Raum für die Tanzenden bereitstand. Das Dunkel breitete sich allmählich über die weite Gegend; es wurde immer stiller um ihn her, nur hinter ihm im Stalle regte sich das Vieh; oben von der Geest her glaubte er schon das Pfeifen der Klarinetten aus dem Kruge zu vernehmen. Da hörte er um die Ecke des Hauses das Rauschen eines Kleides, und kleine feste Schritte gingen den Fußsteig hinab, der durch die Fennen nach der Geest hinaufführte. Nun sah er auch im Dämmer die Gestalt dahinschreiten und sah, daß es Elke war; sie ging auch zum Tanze nach dem Krug. Das Blut schoß ihm in den Hals hinauf; sollte er ihr nicht nachlaufen und mit ihr gehen? Aber Hauke war kein Held den Frauen gegenüber; mit dieser Frage sich beschäftigend blieb er stehen, bis sie im Dunkel seinem Blick entschwunden war.

Dann, als die Gefahr sie einzuholen vorüber war, ging auch er denselben Weg, bis er droben den Krug bei der Kirche erreicht hatte, und das Schwatzen und Schreien der vor dem Hause und auf dem Flur sich Drängenden und das Schrillen der Geigen und Klarinetten betäubend ihn umrauschte. Unbeachtet drückte er sich in den »Gildesaal«; er war nicht groß und so voll, daß man kaum einen Schritt weit vor sich hinsehen konnte. Schweigend stellte er sich an den Türpfosten und blickte in das unruhige Gewimmel; die Menschen kamen ihm wie Narren vor; er hatte auch nicht zu sorgen, daß jemand noch an den Kampf des Nachmittages dachte, und wer vor einer Stunde erst das Spiel gewonnen hatte; jeder sah nur auf seine Dirne und drehte sich mit ihr im Kreis herum. Seine Augen suchten nur die eine, und endlich – dort! Sie tanzte mit ihrem Vetter, dem jungen Deichgevollmächtigten; aber schon sah er sie nicht mehr, nur andere Dirnen aus Marsch und Geest, die ihn nicht kümmerten. Dann schnappten Violinen und Klarinetten plötzlich ab, und der Tanz war zu Ende; aber gleich begann auch schon ein anderer. Hauke flog es durch den Kopf, ob denn Elke ihm auch Wort halten, ob sie nicht mit Ole Peters ihm vorbeitanzen werde. Fast hätte er einen Schrei bei dem Gedanken ausgestoßen; dann – – ja, was wollte er dann? Aber sie schien bei diesem Tanze gar nicht mitzuhalten, und endlich ging auch der zu Ende, und ein anderer, ein Zweitritt, der eben erst hier in die Mode gekommen war, folgte. Wie rasend setzte die Musik ein, die jungen Kerle stürzten zu den Dirnen, die Lichter an den Wänden flirrten. Hauke reckte sich fast den Hals aus, um die Tanzenden zu erkennen; und dort, im dritten Paare, das war Ole Peters; aber wer war die Tänzerin? Ein breiter Marschbursche stand vor ihr und deckte ihr Gesicht! Doch der Tanz raste weiter, und Ole mit seiner Partnerin drehte sich heraus. »Vollina! Vollina Harders!« rief Hauke fast laut und seufzte dann gleich wieder erleichtert auf. Aber wo blieb Elke? Hatte sie keinen Tänzer, oder hatte sie alle ausgeschlagen, weil sie nicht mit Ole hatte tanzen wollen? – Und die Musik setzte wieder ab, und ein neuer Tanz begann; aber wieder sah er Elke nicht! Doch dort kam Ole, noch immer die dicke Vollina in den Armen! »Nun, nun«, sagte Hauke; »da wird Jeß Harders mit seinen fünfundzwanzig Demath auch wohl bald aufs Altenteil müssen! – Aber wo ist Elke?«

Er verließ seinen Türpfosten und drängte sich weiter in den Saal hinein; da stand er plötzlich vor ihr, die mit einer älteren Freundin in einer Ecke saß. »Hauke!« rief sie, mit ihrem schmalen Antlitz zu ihm aufblickend; »bist du hier? Ich sah dich doch nicht tanzen!«

»Ich tanze auch nicht«, erwiderte er.

– »Weshalb nicht, Hauke?« Und sich halb erhebend, setzte sie hinzu: »Willst du mit mir tanzen? Ich hab es Ole Peters nicht gegönnt; der kommt nicht wieder!«

Aber Hauke machte keine Anstalt. »Ich danke, Elke«, sagte er; »ich verstehe das nicht gut genug; sie könnten über dich lachen;

und dann ...« Er stockte plötzlich und sah sie nur aus seinen grauen Augen herzlich an, als ob er's ihnen überlassen müsse, das übrige zu sagen.

»Was meinst du, Hauke?« frug sie leise.

– »Ich mein, Elke, es kann ja doch der Tag nicht schöner für mich ausgehn, als er's schon getan hat.«

»Ja«, sagte sie, »du hast das Spiel gewonnen.«

»Elke!« mahnte er kaum hörbar.

Da schlug ihr eine heiße Lohe in das Angesicht: »Geh!« sagte sie; »was willst du?« und schlug die Augen nieder.

Als aber die Freundin jetzt von einem Burschen zum Tanze fortgezogen wurde, sagte Hauke lauter: »Ich dachte, Elke, ich hätt was Besseres gewonnen!«

Noch ein paar Augenblicke suchten ihre Augen auf dem Boden; dann hob sie sie langsam, und ein Blick, mit der stillen Kraft ihres Wesens, traf in die seinen, der ihn wie Sommerluft durchströmte. »Tu, wie dir ums Herz ist, Hauke!« sprach sie; »wir sollten uns wohl kennen!«

Elke tanzte an diesem Abend nicht mehr, und als beide dann nach Hause gingen, hatten sie sich Hand in Hand gefaßt; aus der Himmelshöhe funkelten die Sterne über der schweigenden Marsch; ein leichter Ostwind wehte und brachte strenge Kälte; die beiden aber gingen, ohne viel Tücher und Umhang, dahin, als sei es plötzlich Frühling geworden.

Hauke hatte sich auf ein Ding besonnen, dessen passende Verwendung zwar in ungewisser Zukunft lag, mit dem er sich aber eine stille Feier zu bereiten gedachte. Deshalb ging er am nächsten Sonntag in die Stadt zum alten Goldschmied Andersen und bestellte einen starken Goldring. »Streckt den Finger her, damit wir messen!« sagte der Alte und faßte ihm nach dem Goldfinger. »Nun«, meinte er, »der ist nicht gar so dick, wie sie bei euch Leuten sonst zu sein pflegen!« Aber Hauke sagte: »Messet lieber am kleinen Finger!« und hielt ihm den entgegen.

Der Goldschmied sah ihn etwas verdutzt an; aber was kümmerten ihn die Einfälle der jungen Bauernburschen: »Da werden wir schon so einen unter den Mädchenringen haben!« sagte er, und Hauke schoß das Blut durch beide Wangen. Aber der kleine Goldring paßte auf seinen kleinen Finger, und er nahm ihn hastig und bezahlte ihn mit blankem Silber; dann steckte er ihn unter lautem Herzklopfen, und als ob er einen feierlichen Akt begehe, in die Westentasche. Dort trug er ihn seitdem an jedem Tage mit Unruhe und doch mit Stolz, als sei die Westentasche nur dazu da, um einen Ring darin zu tragen.

Er trug ihn so über Jahr und Tag, ja der Ring mußte sogar aus dieser noch in eine neue Westentasche wandern; die Gelegenheit zu seiner Befreiung hatte sich noch immer nicht ergeben wollen. Wohl war's ihm durch den Kopf geflogen, nur gradenwegs vor seinen Wirt hinzutreten; sein Vater war ja doch auch ein Eingesessener! Aber wenn er ruhiger wurde, dann wußte er wohl, der alte Deichgraf würde seinen Kleinknecht ausgelacht haben. Und so lebten er und des Deichgrafen Tochter nebeneinander hin; auch sie in mädchenhaftem Schweigen, und beide doch, als ob sie allzeit Hand in Hand gingen.

Ein Jahr nach jenem Winterfesttag hatte Ole Peters seinen Dienst gekündigt und mit Vollina Harders Hochzeit gemacht; Hauke hatte recht gehabt: der Alte war auf Altenteil gegangen, und statt der dicken Tochter ritt nun der muntere Schwiegersohn die gelbe Stute in die Fenne und, wie es hieß, rückwärts allzeit gegen den Deich hinan. Hauke war Großknecht geworden, und ein Jüngerer an seine Stelle getreten; wohl hatte der Deichgraf ihn erst nicht wollen aufrücken lassen: »Kleinknecht ist besser!« hatte er gebrummt; »Ich brauch ihn hier bei meinen Büchern!« Aber Elke hatte ihm vorgehalten: »Dann geht auch Hauke, Vater!« Da war dem Alten bange geworden, und Hauke war zum Großknecht aufgerückt, hatte aber trotz dessen nach wie vor auch an der Deichgrafschaft mitgeholfen.

Nach einem anderen Jahr aber begann er gegen Elke davon zu reden, sein Vater werde kümmerlich, und die paar Tage, die der Wirt ihn im Sommer in dessen Wirtschaft lasse, täten's nun nicht mehr; der Alte quäle sich, er dürfe das nicht länger ansehn. – Es war ein Sommerabend; die beiden standen im Dämmerschein unter der großen Esche vor der Haustür. Das Mädchen sah eine Weile stumm in die Zweige des Baumes hinauf; dann entgegnete sie: »Ich hab's nicht sagen wollen, Hauke; ich dachte, du würdest selber wohl das Rechte treffen.«

»Ich muß dann fort aus eurem Hause«, sagte er, »und kann nicht wiederkommen.«

Sie schwiegen eine Weile und sahen in das Abendrot, das drüben hinterm Deiche in das Meer versank. »Du mußt es wissen«, sagte sie; »ich war heut morgen noch bei deinem Vater und fand ihn in seinem Lehnstuhl eingeschlafen; die Reißfeder in der Hand, das Reißbrett mit einer halben Zeichnung lag vor ihm auf dem Tisch; – und da er erwacht war und mühsam ein Viertelstündchen mit mir geplaudert hatte, und ich nun gehen wollte, da hielt er mich so angstvoll an der Hand zurück, als fürchte er, es sei zum letzten Mal; aber ...«

»Was aber, Elke?« frug Hauke, da sie fortzufahren zögerte.

Ein paar Tränen rannen über die Wangen des Mädchens. »Ich dachte nur an meinen Vater«, sagte sie; »glaub mir, es wird ihm schwer ankommen, dich zu missen.« Und als ob sie zu dem Worte sich ermannen müsse, fügte sie hinzu: »Mir ist es oft, als ob er auf seine Totenkammer rüste.«

Hauke antwortete nicht; ihm war es plötzlich, als rühre sich der Ring in seiner Tasche; aber noch bevor er seinen Unmut über diese unwillkürliche Lebensregung unterdrückt hatte, fuhr Elke fort: »Nein, zürn nicht, Hauke! Ich trau, du wirst auch so uns nicht verlassen!«

Da ergriff er eifrig ihre Hand, und sie entzog sie ihm nicht. Noch eine Weile standen die jungen Menschen in dem sinkenden Dunkel beieinander, bis ihre Hände auseinanderglitten und jedes seine Wege ging. – Ein Windstoß fuhr empor und rauschte durch die Eschenblätter und machte die Läden klappern, die an der Vorderseite des Hauses waren; allmählich aber kam die Nacht, und Stille lag über der ungeheuren Ebene.

Durch Elkes Zutun war Hauke von dem alten Deichgrafen seines Dienstes entlassen worden, obgleich er ihm rechtzeitig nicht gekündigt hatte, und zwei neue Knechte waren jetzt im Hause. – Noch ein paar Monate weiter, dann starb Tede Haien; aber bevor er starb, rief er den Sohn an seine Lagerstatt: »Setz dich zu mir, mein Kind«, sagte der Alte mit matter Stimme, »dicht zu mir! Du brauchst dich nicht zu fürchten; wer bei mir ist, das ist nur der dunkle Engel des Herrn, der mich zu rufen kommt.«

Und der erschütterte Sohn setzte sich dicht an das dunkle Wandbett: »Sprecht, Vater, was Ihr noch zu sagen habt!«

»Ja, mein Sohn, noch etwas«, sagte der Alte und streckte seine Hände über das Deckbett. »Als du, noch ein halber Junge, zu dem Deichgrafen in Dienst gingst, da lag's in deinem Kopf, das selbst einmal zu werden. Das hatte mich angesteckt, und ich dachte auch allmählich, du seiest der rechte Mann dazu. Aber dein Erbe war für solch ein Amt zu klein – ich habe während deiner Dienstzeit knapp gelebt – ich dacht es zu vermehren.«

Hauke faßte heftig seines Vaters Hände, und der Alte suchte sich aufzurichten, daß er ihn sehen könne. »Ja, ja, mein Sohn«, sagte er, »dort in der obersten Schublade der Schatulle liegt das Dokument. Du weißt, die alte Antje Wohlers hat eine Fenne von fünf und einem halben Demath; aber sie konnte mit dem Mietgelde allein in ihrem krüppelhaften Alter nicht mehr durchfinden; da habe ich allzeit um Martini eine bestimmte Summe, und auch mehr, wenn ich es hatte, dem armen Mensch gegeben; und dafür hat sie die Fenne mir übertragen; es ist alles gerichtlich fertig. – – Nun liegt auch sie am Tode; die Krankheit unserer Marschen, der Krebs, hat sie befallen; du wirst nicht mehr zu zahlen brauchen!«

Eine Weile schloß er die Augen; dann sagte er noch: »Es ist nicht viel; doch hast du mehr dann, als du bei mir gewohnt warst. Mög es dir zu deinem Erdenleben dienen!«

Unter den Dankesworten des Sohnes schlief der Alte ein. Er hatte nichts mehr zu besorgen; und schon nach einigen Tagen hatte der dunkle Engel des Herrn ihm seine Augen für immer zugedrückt, und Hauke trat sein väterliches Erbe an.

– – Am Tage nach dem Begräbnis kam Elke in dessen Haus. »Dank, daß du einguckst, Elke!« rief Hauke ihr als Gruß entgegen.

Aber sie erwiderte: »Ich guck nicht ein; ich will bei dir ein wenig Ordnung schaffen, damit du ordentlich in deinem Hause wohnen kannst! Dein Vater hat vor seinen Zahlen und Rissen nicht viel um sich gesehen, und auch der Tod schafft Wirrsal; ich will's dir wieder ein wenig lebig machen!«

Er sah aus seinen grauen Augen voll Vertrauen auf sie hin: »So schaff nur Ordnung!« sagte er; »ich hab's auch lieber.«

Und dann begann sie aufzuräumen: das Reißbrett, das noch dalag, wurde abgestaubt und auf den Boden getragen; Reißfedern und Bleistift und Kreide sorgfältig in einer Schatullenschublade weggeschlossen; dann wurde die junge Dienstmagd zur Hülfe hereingerufen, und mit ihr das Gerät der ganzen Stube in eine andere und bessere Stellung gebracht, so daß es anschien, als sei dieselbe nun heller und größer geworden. Lächelnd sagte Elke: »Das können nur wir Frauen!« Und Hauke, trotz seiner Trauer um den Vater, hatte mit glücklichen Augen zugesehen; auch wohl selber, wo es nötig war, geholfen.

Und als gegen die Dämmerung – es war zu Anfang des Septembers – alles war, wie sie es für ihn wollte, faßte sie seine Hand und nickte ihm mit ihren dunklen Augen zu: »Nun komm und iß bei uns zu Abend; denn meinem Vater hab ich's versprechen müssen, dich mitzubringen; wenn du dann heimgehst, kannst du ruhig in dein Haus treten!«

Als sie dann in die geräumige Wohnstube des Deichgrafen traten, wo bei verschlossenen Läden schon die beiden Lichter auf dem Tische brannten, wollte dieser aus seinem Lehnstuhl in die Höhe, aber mit seinem schweren Körper zurücksinkend, rief er nur seinem früheren Knecht entgegen: »Recht, recht, Hauke, daß du deine alten Freunde aufsuchst! Komm nur näher, immer näher!« Und als Hauke an seinen Stuhl getreten war, faßte er dessen Hand mit seinen beiden runden Händen: »Nun, nun, mein Junge«, sagte er, »sei nur ruhig jetzt; denn sterben müssen wir alle, und dein Vater war keiner von den Schlechtesten! – Aber, Elke, nun sorg, daß du den Braten auf den Tisch kriegst; wir müssen uns stärken! Es gibt viel Arbeit für uns, Hauke! Die Herbstschau ist in Anmarsch; Deich- und Sielrechnungen haushoch; der neuliche Deichschaden am Westerkoog – ich weiß nicht, wo mir der Kopf steht; aber deiner, gottlob, ist um ein gut Stück jünger; du bist ein braver Junge, Hauke!«

Und nach dieser langen Rede, womit der Alte sein ganzes Herz dargelegt hatte, ließ er sich in seinen Stuhl zurückfallen und blinzelte sehnsüchtig nach der Tür, durch welche Elke eben mit der Bratenschüssel hereintrat. Hauke stand lächelnd neben ihm. »Nun setz dich«, sagte der Deichgraf, »damit wir nicht unnötig Zeit verspillen; kalt schmeckt das nicht!«

Und Hauke setzte sich; es schien ihm Selbstverstand, die Arbeit von Elkes Vater mitzutun. Und als die Herbstschau dann gekommen war, und ein paar Monde mehr ins Jahr gingen, da hatte er freilich auch den besten Teil daran getan.«

Der Erzähler hielt inne und blickte um sich. Ein Möwenschrei war gegen das Fenster geschlagen, und draußen vom Hausflur aus wurde ein Trampeln hörbar, als ob einer den Klei von seinen schweren Stiefeln abtrete.

Deichgraf und Gevollmächtigte wandten die Köpfe gegen die Stubentür. »Was ist?« rief der erstere.

Ein starker Mann, den Südwester auf dem Kopf, war eingetreten. »Herr«, sagte er, »wir beide haben es gesehen, Hans Nickels und ich: der Schimmelreiter hat sich in den Bruch gestürzt!«

»Wo saht Ihr das?« frug der Deichgraf.

– »Es ist ja nur die eine Wehle; in Jansens Fenne, wo der Hauke-Haien-Koog beginnt.«

»Saht Ihr's nur einmal?«

– »Nur einmal; es war auch nur wie Schatten, aber es braucht drum nicht das erstemal gewesen zu sein.«

Der Deichgraf war aufgestanden. »Sie wollen entschuldigen«, sagte er, sich zu mir wendend, »wir müssen draußen nachsehn, wo das Unheil hin will!« Dann ging er mit dem Boten zur Tür hinaus; aber auch die übrige Gesellschaft brach auf und folgte ihm.

Ich blieb mit dem Schullehrer allein in dem großen öden Zimmer; durch die unverhangenen Fenster, welche nun nicht mehr durch die Rücken der davor sitzenden Gäste verdeckt wurden, sah man frei hinaus und wie der Sturm die dunklen Wolken über den Himmel jagte.

Der Alte saß noch auf seinem Platze, ein überlegenes, fast mitleidiges Lächeln auf seinen Lippen. »Es ist hier zu leer geworden«, sagte er; »darf ich Sie zu mir auf mein Zimmer laden? Ich wohne hier im Hause; und glauben Sie mir, ich kenne die Wetter hier am Deich; für uns ist nichts zu fürchten.«

Ich nahm das dankend an; denn auch mich wollte hier zu frösteln anfangen, und wir stiegen unter Mitnahme eines Lichtes die Stiegen zu einer Giebelstube hinauf, die zwar gleichfalls gegen Westen hinauslag, deren Fenster aber jetzt mit dunklen Wollteppichen verhangen waren. In einem Bücherregal sah ich eine kleine Bibliothek, daneben die Porträte zweier alter Professoren; vor einem Tische stand ein großer Ohrenlehnstuhl. »Machen Sie sich's bequem!« sagte mein freundlicher Wirt und warf einige Torf in den noch glimmenden kleinen Ofen, der oben von einem Blechkessel gekrönt war. »Nur noch ein Weilchen! Er wird bald sausen; dann brau ich uns ein Gläschen Grog; das hält Sie munter!«

»Dessen bedarf es nicht«, sagte ich; »ich werd nicht schläfrig, wenn ich Ihren Hauke auf seinem Lebensweg begleite!«

– »Meinen Sie?« Und er nickte mit seinen klugen Augen zu mir herüber, nachdem ich behaglich in seinem Lehnstuhl untergebracht war. »Nun, wo blieben wir denn? – – Ja, ja; ich weiß schon! Also:

Hauke hatte sein väterliches Erbe angetreten, und da die alte Antje Wohlers auch ihrem Leiden erlegen war, so hatte deren Fenne es vermehrt. Aber seit dem Tode, oder, richtiger, seit den letzten Worten seines Vaters war in ihm etwas aufgewachsen, dessen Keim er schon seit seiner Knabenzeit in sich getragen hatte; er wiederholte es sich mehr als zu oft, er sei der rechte Mann, wenn's einen neuen Deichgrafen geben müsse. Das war es; sein Vater, der es verstehen mußte, der ja der klügste Mann im Dorf gewesen war, hatte ihm dieses Wort wie eine letzte Gabe seinem Erbe beigelegt; die Wohlerssche Fenne, die er ihm auch verdankte, sollte den ersten Trittstein zu dieser Höhe bilden! Denn, freilich, auch mit dieser – – ein Deichgraf mußte noch einen anderen Grundbesitz aufweisen können! – Aber sein Vater hatte sich einsame Jahre knapp beholfen, und mit dem, was er sich entzogen hatte, war er des neuen Besitzes Herr geworden; das konnte er auch, er konnte noch mehr; denn seines Vaters Kraft war schon verbraucht gewesen, er aber konnte noch jahrelang die schwerste Arbeit tun! – – Freilich, wenn er es dadurch nach dieser Seite hin erzwang, durch die Schärfen und Spitzen, die er der Verwaltung seines alten Dienstherrn zugesetzt hatte, war ihm eben keine Freundschaft im Dorf zuwege gebracht worden, und Ole Peters, sein alter Widersacher, hatte jüngsthin eine Erbschaft getan und begann ein wohlhabender

Mann zu werden! Eine Reihe von Gesichtern ging vor seinem inneren Blick vorüber, und sie sahen ihn alle mit bösen Augen an; da faßte ihn ein Groll gegen diese Menschen, er streckte die Arme aus, als griffe er nach ihnen; denn sie wollten ihn vom Amte drängen, zu dem von allen nur er berufen war. – Und die Gedanken ließen ihn nicht; sie waren immer wieder da, und so wuchsen in seinem jungen Herzen neben der Ehrenhaftigkeit und Liebe auch die Ehrsucht und der Haß. Aber diese beiden verschloß er tief in seinem Inneren; selbst Elke ahnte nichts davon.

– Als das neue Jahr gekommen war, gab es eine Hochzeit; die Braut war eine Verwandte von Haiens, und Hauke und Elke waren beide dort geladene Gäste; ja, bei dem Hochzeitessen traf es sich durch das Ausbleiben eines näheren Verwandten, daß sie ihre Plätze nebeneinander fanden. Nur ein Lächeln, das über beider Antlitz glitt, verriet ihre Freude darüber. Aber Elke saß heute teilnahmlos in dem Geräusche des Plauderns und Gläserklirrens.

»Fehlt dir etwas?« frug Hauke.

– »O, eigentlich nichts; es sind mir nur zu viele Menschen hier.«

»Aber du siehst so traurig aus!«

Sie schüttelte den Kopf; dann sprachen sie wieder nicht.

Da stieg es über ihr Schweigen wie Eifersucht in ihm auf, und heimlich unter dem überhängenden Tischtuch ergriff er ihre Hand; aber sie zuckte nicht, sie schloß sich wie vertrauensvoll um seine. Hatte ein Gefühl der Verlassenheit sie befallen, da ihre Augen täglich auf der hinfälligen Gestalt des Vaters haften mußten? – Hauke dachte nicht daran, sich so zu fragen; aber ihm stand der Atem still, als er jetzt seinen Goldring aus der Tasche zog. »Läßt du ihn sitzen?« frug er zitternd, während er den Ring auf den Goldfinger der schmalen Hand schob.

Gegenüber am Tische saß die Frau Pastorin; sie legte plötzlich ihre Gabel hin und wandte sich zu ihrem Nachbar: »Mein Gott, das Mädchen!« rief sie; »sie wird ja totenblaß!«

Aber das Blut kehrte schon zurück in Elkes Antlitz. »Kannst du warten, Hauke?« frug sie leise.

Der kluge Friese besann sich doch noch ein paar Augenblicke. »Auf was?« sagte er dann.

– »Du weißt das wohl; ich brauch dir's nicht zu sagen.«

»Du hast recht«, sagte er; »Ja, Elke, ich kann warten – wenn's nur ein menschlich Absehen hat!«

»O Gott, ich fürchte, ein nahes! Sprich nicht so, Hauke; du sprichst von meines Vaters Tod!« Sie legte die andere Hand auf ihre Brust. »Bis dahin«, sagte sie, »trag ich den Goldring hier; du sollst nicht fürchten, daß du bei meiner Lebzeit ihn zurückbekommst!«

Da lächelten sie beide, und ihre Hände preßten sich ineinander, daß bei anderer Gelegenheit das Mädchen wohl laut aufgeschrien hätte.

Die Frau Pastorin hatte indessen unablässig nach Elkes Augen hingesehen, die jetzt unter dem Spitzenstrich des goldbrokatenen Käppchens wie in dunklem Feuer brannten. Bei dem zunehmenden Getöse am Tische aber hatte sie nichts verstanden; auch an ihren Nachbar wandte sie sich nicht wieder denn keimende Ehen – und um eine solche schien es ihr sich denn doch hier zu handeln – schon um des daneben keimenden Traupfennigs für ihren Mann, den Pastor, pflegte sie nicht zu stören.

Elkes Vorahnung war in Erfüllung gegangen; eines Morgens nach Ostern hatte man den Deichgrafen Tede Volkerts tot in seinem Bett gefunden; man sah's an seinem Antlitz, ein ruhiges Ende war darauf geschrieben. Er hatte auch mehrfach in den letzten Monden Lebensüberdruß geäußert; sein Leibgericht, der Ofenbraten, selbst seine Enten hatten ihm nicht mehr schmecken wollen.

Und nun gab es eine große Leiche im Dorf. Droben auf der Geest auf dem Begräbnisplatz um die Kirche war zu Westen eine mit Schmiedegitter umhegte Grabstätte; ein breiter blauer Grabstein stand jetzt aufgehoben gegen eine Traueresche, auf welchem das Bild des Todes mit stark gezahnten Kiefern ausgehauen war; darunter in großen Buchstaben:

> Dat is de Dod, de allens fritt,
> Nimmt Kunst un Wetenschop di mit;
> De kloke Mann is nu vergahn,
> Gott gäw' ein selig Uperstahn!

Es war die Begräbnisstätte des früheren Deichgrafen Volkert Tedsen; nun war eine frische Grube gegraben, wo hinein dessen Sohn, der jetzt verstorbene Deichgraf Tede Volkerts, begraben werden sollte. Und schon kam unten aus der Marsch der Leichenzug heran, eine Menge Wagen aus allen Kirchspielsdörfern; auf dem vordersten stand der schwere Sarg, die beiden blanken Rappen des deichgräflichen Stalles zogen ihn schon den sandigen Anberg zur Geest hinauf; Schweife und Mähnen wehten in dem scharfen Frühjahrswind. Der Gottesacker um die Kirche war bis an die Wälle mit Menschen angefüllt; selbst auf dem gemauerten Tore huckten Buben mit kleinen Kindern in den Armen; sie wollten alle das Begraben ansehn.

Im Hause drunten in der Marsch hatte Elke in Pesel und Wohngelaß das Leichenmahl gerüstet; alter Wein wurde bei den Gedecken hingestellt; an den Platz des Oberdeichgrafen – denn auch er war heut nicht ausgeblieben – und an den des Pastors je eine Flasche Langkork. Als alles besorgt war, ging sie durch den Stall vor die Hoftür; sie traf niemanden auf ihrem Wege; die Knechte waren mit zwei Gespannen in der Leichenfuhr. Hier blieb sie stehen und sah, während ihre Trauerkleider im Frühlingswinde flatterten, wie drüben an dem Dorfe jetzt die letzten Wagen zur Kirche hinauffuhren. Nach einer Weile entstand dort ein Gewühl, dem eine Totenstille zu folgen schien. Elke faltete die Hände; sie senkten wohl den Sarg jetzt in die Grube: »Und zur Erde wieder sollst du werden!« Unwillkürlich, leise, als hätte sie von dort es hören können, sprach sie die Worte nach; dann füllten ihre Augen sich mit Tränen, ihre über der Brust gefalteten Hände sanken in den Schoß; »Vater unser, der du bist im Himmel!« betete sie voll Inbrunst. Und als das Gebet des Herrn zu Ende war, stand sie noch lange unbeweglich, sie, die jetzige Herrin dieses großen Marschhofes; und Gedanken des Todes und des Lebens begannen sich in ihr zu streiten.

Ein fernes Rollen weckte sie. Als sie die Augen öffnete, sah sie schon wieder einen Wagen um den anderen in rascher Fahrt von der Marsch herab und gegen ihren Hof herankommen. Sie richtete sich auf, blickte noch einmal scharf hinaus und ging dann, wie sie gekommen war, durch den Stall in die feierlich hergestellten Wohnräume zurück. Auch hier war niemand; nur durch die Mauer hörte sie das Rumoren der Mägde in der Küche. Die Festtafel stand so still und einsam; der Spiegel zwischen den Fenstern war mit weißen Tüchern zugesteckt und ebenso die Messingknöpfe an dem Beilegerofen; es blinkte nichts mehr in der Stube. Elke sah die Türen vor dem Wandbett, in dem ihr Vater seinen letzten Schlaf getan hatte, offenstehen und ging hinzu und schob sie fest zusammen; wie gedankenlos las sie den Sinnspruch, der zwischen Rosen und Nelken mit goldenen Buchstaben darauf geschrieben stand:

> Hest du din Dagwark richtig dan,
> Da kummt de Slap von sülvst heran.

Das war noch von dem Großvater! – Einen Blick warf sie auf den Wandschrank; er war fast leer; aber durch die Glastüren sah sie noch den geschliffenen Pokal darin, der ihrem Vater, wie er gern erzählt hatte, einst bei einem Ringreiten in seiner Jugend als Preis zuteil geworden war. Sie nahm ihn heraus und setzte ihn bei dem Gedeck des Oberdeichgrafen. Dann ging sie ans Fenster; denn schon hörte sie die Wagen an der Werfte heraufrollen; einer um den anderen hielt vor dem Hause, und munterer, als sie gekommen waren, sprangen jetzt die Gäste von ihren Sitzen auf den Boden. Händereibend und plaudernd drängte sich alles in die Stube; nicht lange, so setzte man sich an die festliche Tafel, auf der die wohlbereiteten Speisen dampften, im Pesel der Oberdeichgraf mit dem Pastor; und Lärm und lautes Schwatzen lief den Tisch entlang, als ob hier nimmer der Tod seine furchtbare Stille ausgebreitet hätte. Stumm, das Auge auf ihre Gäste, ging Elke mit den Mägden an den Tischen herum, daß an dem Leichenmahle nichts versehen werde. Auch Hauke Haien saß im Wohnzimmer neben Ole Peters und anderen kleineren Besitzern.

Nachdem das Mahl beendet war, wurden die weißen Tonpfeifen aus der Ecke geholt und angebrannt, und Elke war wiederum geschäftig, die gefüllten Kaffeetassen den Gästen anzubieten; denn auch der wurde heute nicht gespart. Im Wohnzimmer an dem Pulte des eben Begrabenen stand der Oberdeichgraf im Gespräche mit dem Pastor und dem weißhaarigen Deichgevollmächtigten Jewe Manners. »Alles gut, ihr Herren«, sagte der erste, »den alten Deichgrafen haben wir mit Ehren beigesetzt; aber woher nehmen wir den neuen? Ich denke, Manners, Ihr werdet Euch dieser Würde unterziehen müssen!«

Der alte Manners hob lächelnd das schwarze Sammetkäppchen von seinen weißen Haaren: »Herr Oberdeichgraf«, sagte er, »das Spiel würde zu kurz werden; als der verstorbene Tede Volkerts Deichgraf, da wurde ich Gevollmächtigter und bin es nun schon vierzig Jahre!«

»Das ist kein Mangel, Manners; so kennt Ihr die Geschäfte um so besser und werdet nicht Not mit ihnen haben!«

Aber der Alte schüttelte den Kopf. »Nein, nein, Euer Gnaden, lasset mich, wo ich bin, so laufe ich wohl noch ein paar Jahre mit!«

Der Pastor stand ihm bei: »Weshalb«, sagte er, »nicht den ins Amt nehmen, der es tatsächlich in den letzten Jahren doch geführt hat?« Der Oberdeichgraf sah ihn an: »Ich verstehe nicht, Herr Pastor!«

Aber der Pastor wies mit dem Finger in den Pesel, wo Hauke in langsam ernster Weise zwei älteren Leuten etwas zu erklären schien. »Dort steht er«, sagte er, »die lange Friesengestalt mit den klugen grauen Augen neben der hageren Nase und den zwei Schädelwölbungen darüber! Er war des Alten Knecht und sitzt jetzt auf seiner eigenen kleinen Stelle; er ist zwar etwas jung!«

»Es scheint ein Dreißiger«, sagte der Oberdeichgraf, den ihm so Vorgestellten musternd.

»Er ist kaum vierundzwanzig«, bemerkte der Gevollmächtigte Manners; »aber der Pastor hat recht: was in den letzten Jahren Gutes für Deiche und Siele und dergleichen vom Deichgrafenamt in Vorschlag kam, das war von ihm; mit dem Alten war's doch zuletzt nichts mehr.«

»So, so?« machte der Oberdeichgraf; »und Ihr meinet, er wäre nun auch der Mann, um in das Amt seines alten Herrn einzurücken?«

»Der Mann wäre es schon«, entgegnete Jewe Manners; »aber ihm fehlt das, was man hier ›Klei unter den Füßen‹ nennt; sein Vater hatte so um fünfzehn, er mag gut zwanzig Demath haben, aber damit ist bis jetzt hier niemand Deichgraf geworden.«

Der Pastor tat schon den Mund auf, als wolle er etwas einwenden, da trat Elke Volkerts, die eine Weile schon im Zimmer gewesen, plötzlich zu ihnen: »Wollen Euer Gnaden mir ein Wort erlauben?« sprach sie zu dem Oberbeamten; »es ist nur, damit aus einem Irrtum nicht ein Unrecht werde!«

»So sprecht, Jungfer Elke!« entgegnete dieser; »Weisheit von hübschen Mädchenlippen hört sich allzeit gut!«

– »Es ist nicht Weisheit, Euer Gnaden; ich will nur die Wahrheit sagen.«

»Auch die muß man ja hören können, Jungfer Elke!«

Das Mädchen ließ ihre dunklen Augen noch einmal zur Seite gehen, als ob sie wegen überflüssiger Ohren sich versichern wolle: »Euer Gnaden«, begann sie dann, und ihre Brust hob sich in stärkerer Bewegung, »mein Pate, Jewe Manners, sagte Ihnen, daß Hauke Haien nur etwa zwanzig Demath im Besitz habe; das ist im Augenblick auch richtig, aber sobald es sein muß, wird Hauke noch um soviel mehr sein eigen nennen, als dieser, meines Vaters, jetzt mein Hof an Demathzahl beträgt; für einen Deichgrafen wird das zusammen denn wohl reichen.«

Der alte Manners reckte den weißen Kopf gegen sie, als müsse er erst sehen, wer denn eigentlich da rede. »Was ist das?« sagte er; »Kind, was sprichst du da?«

Aber Elke zog an einem schwarzen Bändchen einen blinkenden Goldring aus ihrem Mieder: »Ich bin verlobt, Pate Manners«, sagte sie; »hier ist der Ring, und Hauke Haien ist mein Bräutigam.«

– »Und wann – ich darf's wohl fragen, da ich dich aus der Taufe hob, Elke Volkerts – wann ist denn das passiert?«

– »Das war schon vor geraumer Zeit; doch war ich mündig, Pate Manners«, sagte sie; »mein Vater war schon hinfällig worden, und da ich ihn kannte, so wollt ich ihn nicht mehr damit beunruhigen; itzt, da er bei Gott ist, wird er einsehen, daß sein Kind bei diesem Manne wohl geborgen ist. Ich hätte es auch das Trauerjahr hindurch schon ausgeschwiegen; jetzt aber, um Haukes und um des Kooges willen, hab ich reden müssen.« Und zum Oberdeichgrafen gewandt, setzte sie hinzu: »Euer Gnaden wollen mir das verzeihen!«

Die drei Männer sahen sich an; der Pastor lachte, der alte Gevollmächtigte ließ es bei einem »Hm, hm!« bewenden, während der Oberdeichgraf wie vor einer wichtigen Entscheidung sich die Stirn rieb. »Ja, liebe Jungfer«, sagte er endlich, »aber wie steht es denn hier im Kooge mit den ehelichen Güterrechten? Ich muß gestehen, ich bin augenblicklich nicht recht kapitelfest in diesem Wirrsal!«

»Das brauchen Euer Gnaden auch nicht«, entgegnete des Deichgrafen Tochter, »ich werde vor der Hochzeit meinem Bräutigam die Güter übertragen. Ich habe auch meinen kleinen Stolz«, setzte sie lächelnd hinzu; »ich will den reichsten Mann im Dorfe heiraten!«

»Nun, Manners«, meinte der Pastor, »ich denke, Sie werden auch als Pate nichts dagegen haben, wenn ich den jungen Deichgrafen mit des alten Tochter zusammengebe!«

Der Alte schüttelte leis den Kopf »Unser Herrgott gebe seinen Segen!« sagte er andächtig.

Der Oberdeichgraf aber reichte dem Mädchen seine Hand: »Wahr und weise habt Ihr gesprochen, Elke Volkerts; ich danke Euch für so kräftige Erläuterungen und hoffe auch in Zukunft, und bei freundlicheren Gelegenheiten als heute, der Gast Eures Hauses zu sein; aber – daß ein Deichgraf von solch junger Jungfer gemacht wurde, das ist das Wunderbare an der Sache!«

»Euer Gnaden«, erwiderte Elke und sah den gütigen Oberbeamten noch einmal mit ihren ernsten Augen an, »einem rechten Manne wird auch die Frau wohl helfen dürfen!« Dann ging sie in den anstoßenden Pesel und legte schweigend ihre Hand in Hauke Haiens.

Es war um mehrere Jahre später: In dem kleinen Hause Tede Haiens wohnte jetzt ein rüstiger Arbeiter mit Frau und Kind, der junge Deichgraf Hauke Haien saß mit seinem Weibe Elke Volkerts auf deren väterlicher Hofstelle. Im Sommer rauschte die gewaltige Esche nach wie vor am Hause; aber auf der Bank, die jetzt darunterstand, sah man abends meist nur die junge Frau, einsam mit einer häuslichen Arbeit in den Händen; noch immer fehlte ein Kind in dieser Ehe; der Mann aber hatte anderes zu tun, als Feierabend vor der Tür zu halten; denn trotz seiner früheren Mithülfe lagen aus des Alten Amtsführung eine

Menge unerledigter Dinge, an die auch er derzeit zu rühren nicht für gut gefunden hatte; jetzt aber mußte allmählich alles aus dem Wege; er fegte mit einem scharfen Besen. Dazu kam die Bewirtschaftung der durch seinen eigenen Landbesitz vergrößerten Stelle, bei der er gleichwohl den Kleinknecht noch zu sparen suchte; so sahen sich die beiden Eheleute, außer am Sonntag, wo Kirchgang gehalten wurde, meist nur bei dem von Hauke eilig besorgten Mittagessen und beim Auf- und Niedergang des Tages; es war ein Leben fortgesetzter Arbeit, doch gleichwohl ein zufriedenes.

Dann kam ein störendes Wort in Umlauf. – Als von den jüngeren Besitzern der Marsch- und Geestgemeinde eines Sonntags nach der Kirche ein etwas unruhiger Trupp im Kruge droben am Trunke festgeblieben war, redeten sie beim vierten oder fünften Glase zwar nicht über König und Regierung – so hoch wurde damals noch nicht gegriffen –, wohl aber über Kommunal- und Oberbeamte, vor allem über Gemeindeabgaben und -Lasten, und je länger sie redeten, desto weniger fand davon Gnade vor ihren Augen, insonders nicht die neuen Deichlasten; alle Siele und Schleusen, die sonst immer gehalten hätten, seien jetzt reparaturbedürftig; am Deiche fänden sich immer neue Stellen, die Hunderte von Karren Erde nötig hätten; der Teufel möchte die Geschichte holen!

»Das kommt von eurem klugen Deichgrafen«, rief einer von den Geestleuten, »der immer grübeln geht und seine Finger dann in alles steckt!«

»Ja, Marten«, sagte Ole Peters, der dem Sprecher gegenübersaß; »recht hast du, er ist hinterspinnig und sucht beim Oberdeichgraf sich 'nen weißen Fuß zu machen; aber wir haben ihn nun einmal!«

»Warum habt ihr ihn euch aufhucken lassen?« sagte der andere; »nun müßt ihr's bar bezahlen.«

Ole Peters lachte. »Ja, Marten Fedders, das ist nun so bei uns, und davon ist nichts abzukratzen; der alte wurde Deichgraf von seines Vaters, der neue von seines Weibes wegen.« Das Gelächter, das jetzt um den Tisch lief, zeigte, welchen Beifall das geprägte Wort gefunden hatte.

Aber es war an öffentlicher Wirtstafel gesprochen worden, es blieb nicht da, es lief bald um im Geest- und unten in dem Marschdorf, so kam es auch an Hauke. Und wieder ging vor seinem inneren Auge die Reihe übelwollender Gesichter vorüber, und noch höhnischer, als es gewesen war, hörte er das Gelächter an dem Wirtshaustische.

»Hunde!« schrie er, und seine Augen sahen grimmig zur Seite, als wolle er sie peitschen lassen.

Da legte Elke ihre Hand auf seinen Arm. »Laß sie; die wären alle gern, was du bist!«

– »Das ist es eben!« entgegnete er grollend.

»Und«, fuhr sie fort, »hat denn Ole Peters sich nicht selber eingefreit?«

»Das hat er, Elke; aber was er mit Vollina freite, das reichte nicht zum Deichgrafen!«

– »Sag es lieber: er reichte nicht dazu!« Und Elke drehte ihren Mann, so daß er sich im Spiegel sehen mußte, denn sie standen zwischen den Fenstern in ihrem Zimmer. »Da steht der Deichgraf!« sagte sie; »nun sieh ihn an; nur wer ein Amt regieren kann, der hat es!«

»Du hast nicht unrecht«, entgegnete er sinnend, »und doch... Nun, Elke; ich muß zur Osterschleuse, die Türen schließen wieder nicht!«

Sie drückte ihm die Hand: »Komm, sieh mich erst einmal an! Was hast du, deine Augen sehen so ins Weite?«

»Nichts, Elke; du hast ja recht.«

Er ging; aber nicht lange war er gegangen, so war die Schleusenreparatur vergessen. Ein anderer Gedanke, den er halb nur ausgedacht und seit Jahren mit sich umhergetragen hatte, der aber von den drängenden Amtsgeschäften ganz zurückgetreten war, bemächtigte sich seiner jetzt aufs neue und mächtiger als je zuvor, als seien plötzlich die Flügel ihm gewachsen.

Kaum daß er es selber wußte, befand er sich oben auf dem Hafdeich, schon eine weite Strecke südwärts nach der Stadt zu; das Dorf, das nach dieser Seite hinauslag, war ihm zur Linken längst verschwunden; noch immer schritt er weiter, seine Augen unablässig nach der Seeseite auf das breite Vorland gerichtet; wäre jemand neben ihm gegangen, er hätte es sehen müssen, welche eindringliche Geistesarbeit hinter diesen Augen vorging.

Endlich blieb er stehen: das Vorland schwand hier zu einem schmalen Streifen an dem Deich zusammen. »Es muß gehen!« sprach er bei sich selbst. »Sieben Jahr im Amt; sie sollen nicht mehr sagen, daß ich nur Deichgraf bin von meines Weibes wegen!«

Noch immer stand er, und seine Blicke schweiften scharf und bedächtig nach allen Seiten über das grüne Vorland; dann ging er zurück, bis wo auch hier ein schmaler Streifen grünen Weidelands die vor ihm liegende breite Landfläche ablöste. Hart an dem Deiche aber schoß ein starker Meeresstrom durch diese, der fast das ganze Vorland von dem Festlande trennte und zu einer Hallig machte; eine rohe Holzbrücke führte nach dort hinüber, damit man mit Vieh und Heu- und Getreidewagen hinüber- und wieder zurückgelangen könne. Jetzt war es Ebbzeit, und die goldene Septembersonne glitzerte auf dem etwa hundert Schritte breiten Schlickstreifen und auf dem tiefen Priel in seiner Mitte, durch den auch jetzt das Meer noch seine Wasser trieb. »Das läßt sich dämmen!« sprach Hauke bei sich selber, nachdem er diesem Spiele eine Zeitlang zugesehen; dann blickte er auf, und von dem Deiche, auf dem er stand, über den Priel hinweg, zog er in Gedanken eine Linie längs dem Rande des abgetrennten Landes, nach Süden herum und ostwärts wiederum zurück über die dortige Fortsetzung des Prieles und an den Deich heran. Die Linie aber, welche er unsichtbar gezogen hatte, war ein neuer Deich, neu auch in der Konstruktion seines Profiles, welches bis jetzt nur noch in seinem Kopf vorhanden war.

»Das gäbe einen Koog von zirka tausend Demath«, sprach er lächelnd zu sich selber; »nicht groß just; aber ...«

Eine andere Kalkulation überkam ihn: das Vorland gehörte hier der Gemeinde, ihren einzelnen Mitgliedern eine Zahl von Anteilen, je nach der Größe ihres Besitzes im Gemeindebezirk oder nach sonst zu Recht bestehender Erwerbung; er begann zusammenzuzählen, wieviel Anteile er von seinem, wie viele er von Elkes Vater überkommen und was an solchen er während seiner Ehe schon selbst gekauft hatte, teils in dem dunklen Gefühle eines künftigen Vorteils, teils bei Vermehrung seiner Schafzucht. Es war schon eine ansehnliche Menge; denn auch von Ole Peters hatte er dessen sämtliche Teile angekauft, da es diesem zum Verdruß geschlagen war, als bei einer teilweisen Überströmung ihm sein bester Schafbock ertrunken war. Aber das war ein seltsamer Unfall gewesen, denn so weit Haukes Gedächtnis reichte, waren selbst bei hohen Fluten dort nur die Ränder überströmt worden. Welch treffliches Weide- und Kornland mußte es geben und von welchem Werte, wenn das alles von seinem neuen Deich umgeben war! Wie ein Rausch stieg es ihm ins Gehirn; aber er preßte die Nägel in seine Handflächen und zwang seine Augen, klar und nüchtern zu sehen, was dort vor ihm lag: eine große deichlose Fläche, wer wußt es, welchen Stürmen und Fluten schon in den nächsten Jahren preisgegeben, an deren äußerstem Rande jetzt ein Trupp von schmutzigen Schafen langsam grasend entlangwanderte; dazu für ihn ein Haufen Arbeit, Kampf und Ärger! Trotz alledem, als er vom Deich hinab- und den Fußsteig über die Fennen auf seine Werfte zuging, ihm war's, als brächte er einen großen Schatz mit sich nach Hause.

Auf dem Flur trat Elke ihm entgegen: »Wie war es mit der Schleuse?« frug sie.

Er sah mit geheimnisvollem Lächeln auf sie nieder. »Wir werden bald eine andere Schleuse brauchen«, sagte er; »und Sielen und einen neuen Deich!«

»Ich versteh dich nicht«, entgegnete Elke, während sie in das Zimmer gingen; »was willst du, Hauke?«

»Ich will«, sagte er langsam und hielt dann einen Augenblick inne, »ich will, daß das große Vorland, das unserer Hofstatt gegenüber beginnt und dann nach Westen ausgeht, zu einem festen Kooge eingedeicht werde: die hohen Fluten haben fast ein Menschenalter uns in Ruh gelassen; wenn aber eine von den schlimmen wiederkommt und den Anwachs stört, so kann mit einemmal die ganze Herrlichkeit zu Ende sein; nur der alte Schlendrian hat das bis heut so lassen können!«

Sie sah ihn voll Erstaunen an: »So schiltst du dich ja selber!« sagte sie.

– »Das tu ich, Elke; aber es war bisher auch soviel anderes zu beschaffen!«

»Ja, Hauke; gewiß, du hast genug getan!«

Er hatte sich in den Lehnstuhl des alten Deichgrafen gesetzt, und seine Hände griffen fest um beide Lehnen.

»Hast du denn guten Mut dazu?« frug ihn sein Weib.

– »Das hab ich, Elke!« sprach er hastig.

»Sei nicht zu rasch, Hauke; das ist ein Werk auf Tod und Leben; und fast alle werden dir entgegen sein, man wird dir deine Müh und Sorg nicht danken!«

Er nickte: »Ich weiß!« sagte er.

»Und wenn es nun nicht gelänge!« rief sie wieder; »von Kindesbeinen an hab ich gehört, der Priel sei nicht zu stopfen, und darum dürfe nicht daran gerührt werden.«

»Das war ein Vorwand für die Faulen!« sagte Hauke; »weshalb denn sollte man den Priel nicht stopfen können?«

– »Das hört ich nicht; vielleicht, weil er gerade durchgeht; die Spülung ist zu stark.« – Eine Erinnerung überkam sie, und ein fast schelmisches Lächeln brach aus ihren ernsten Augen. »Als ich Kind war«, sprach sie, »hörte ich einmal die Knechte darüber reden; sie meinten, wenn ein Damm dort halten solle, müsse was Lebigs da hineingeworfen und mit verdämmt werden; bei einem Deichbau auf der anderen Seite, vor wohl hundert Jahren, sei ein Zigeunerkind verdämmt worden, das sie um schweres Geld der Mutter abgehandelt hätten; jetzt aber würde wohl keine ihr Kind verkaufen!«

Hauke schüttelte den Kopf »Da ist es gut, daß wir keins haben; sie würden es sonst noch schier von uns verlangen!«

»Sie sollten's nicht bekommen!« sagte Elke und schlug wie in Angst die Arme über ihren Leib.

Und Hauke lächelte; doch sie frug noch einmal: »Und die ungeheuren Kosten? Hast du das bedacht?«

– »Das hab ich, Elke; was wir dort herausbringen, wird sie bei weitem überholen, auch die Erhaltungskosten des alten Deiches gehen für ein gut Stück in dem neuen unter; wir arbeiten ja selbst und haben über achtzig Gespanne in der Gemeinde, und an jungen Fäusten ist hier auch kein Mangel. Du sollst mich wenigstens nicht umsonst zum Deichgrafen gemacht haben, Elke; ich will ihnen zeigen, daß ich einer bin!«

Sie hatte sich vor ihm niedergehuckt und ihn sorgvoll angeblickt; nun erhob sie sich mit einem Seufzer: »Ich muß weiter zu meinem Tagewerk«, sagte sie, und ihre Hand strich langsam über seine Wange; »tu du das deine, Hauke!«

»Amen, Elke!« sprach er mit ernstem Lächeln; »Arbeit ist für uns beide da!«

– – Und es war Arbeit genug für beide, die schwerste Last aber fiel jetzt auf des Mannes Schulter. An Sonntagnachmittagen, oft auch nach Feierabend, saß Hauke mit einem tüchtigen Feldmesser zusammen, vertieft in Rechenaufgaben, Zeichnungen und Rissen; war er allein, dann ging es ebenso und endete oft weit nach Mitternacht. Dann schlich er in die gemeinsame Schlafkammer – denn die dumpfen Wandbetten im Wohngemach wurden in Haukes Wirtschaft nicht mehr gebraucht – und sein Weib, damit er endlich nur zur Ruhe komme, lag wie schlafend mit geschlossenen Augen, obgleich sie mit klopfendem Herzen nur auf ihn gewartet hatte; dann küßte er mitunter ihre Stirn und sprach ein leises Liebeswort dabei, und legte sich selbst zum Schlafe, der ihm oft nur beim ersten Hahnenkraht zu Willen war. Im Wintersturm lief er auf den Deich hinaus, mit Bleistift und Papier in der Hand, und stand und zeichnete und notierte, während ein Windstoß ihm die Mütze vom Kopf riß und das lange, fahle Haar ihm um sein heißes Antlitz flog; bald fuhr er, solange nur das Eis ihm nicht den Weg versperrte, mit einem Knecht zu Boot ins Wattenmeer hinaus und maß dort mit Lot und Stange die Tiefen der Ströme, über die er noch nicht sicher war. Elke zitterte oft genug für ihn; aber war er wieder da, so hätte er das nur aus ihrem festen Händedruck oder dem leuchtenden Blitz aus ihren sonst so stillen Augen merken können. »Geduld, Elke«, sagte er, da ihm einmal war, als ob sein Weib ihn nicht lassen könne; »ich muß erst selbst im reinen sein, bevor ich meinen Antrag stelle!« Da nickte sie und ließ ihn gehen. Der Ritte in die Stadt zum Oberdeichgrafen wurden auch nicht wenige, und allem diesen und den Mühen in Haus- und Landwirtschaft folgten immer wieder die Arbeiten in die Nacht hinein. Sein Verkehr mit anderen Menschen außer in Arbeit und Geschäft verschwand fast ganz; selbst der mit seinem Weibe wurde immer weniger. »Es sind schlimme Zeiten, und sie werden noch lange dauern«, sprach Elke bei sich selber, und ging an ihre Arbeit.

Endlich, Sonne und Frühlingswinde hatten schon überall das Eis gebrochen, war auch die letzte Vorarbeit getan; die Eingabe an den Oberdeichgrafen zu Befürwortung an höherem Orte, enthaltend den Vorschlag einer Bedeichung des erwähnten Vorlandes, zur Förderung des öffentlichen Besten, insonders des Kooges, wie nicht weniger der Herrschaftlichen Kasse, da höchstderselben in kurzen Jahren die Abgabe von zirka tausend Demath daraus erwachsen würden, – war sauber abgeschrieben und nebst anliegenden Rissen und Zeichnungen aller Lokalitäten, jetzt und künftig, der Schleusen und Siele und was noch sonst dazu gehörte, in ein festes Konvolut gepackt und mit dem deichgräflichen Amtssiegel versehen worden.

»Da ist es, Elke«, sagte der junge Deichgraf, »nun gib ihm deinen Segen!«

Elke legte ihre Hand in seine: »Wir wollen fest zusammenhalten«, sagte sie.

– »Das wollen wir.«

Dann wurde die Eingabe durch einen reitenden Boten in die Stadt gesandt.

Sie wollen bemerken, lieber Herr«, unterbrach der Schulmeister seine Erzählung, mich freundlich mit seinen feinen Augen fixierend, »daß ich das bisher Berichtete während meiner fast vierzigjährigen Wirksamkeit in diesem Kooge aus den Überlieferungen verständiger Leute, oder aus Erzählungen der Enkel und Urenkel solcher zusammengefunden habe; was ich, damit Sie dieses mit dem endlichen Verlauf in Einklang zu bringen vermögen, Ihnen jetzt vorzutragen habe, das war derzeit und ist auch jetzt noch das Geschwätz des ganzen Marschdorfes, sobald nur um Allerheiligen die Spinnräder an zu schnurren fangen.

Von der Hofstelle des Deichgrafen, etwa fünf- bis sechshundert Schritte weiter nordwärts, sah man derzeit, wenn man auf dem Deiche stand, ein paar tausend Schritt ins Wattenmeer hinaus und etwas weiter von dem gegenüberliegenden Marschufer entfernt eine kleine Hallig, die sie ›Jeverssand‹, auch ›Jevershallig‹ nannten. Von den derzeitigen Großvätern war sie noch zur Schafweide benutzt worden, denn Gras war damals noch darauf gewachsen; aber auch das hatte aufgehört, weil die niedrige Hallig ein paarmal, und just im Hochsommer, unter Seewasser gekommen und der Graswuchs dadurch verkümmert und auch zur Schafweide unnutzbar geworden war. So kam es denn, daß außer von Möwen und den anderen Vögeln, die am Strande fliegen, und etwa einmal von einem Fischadler, dort kein Besuch mehr stattfand; und an mondhellen Abenden sah man vom Deiche aus nur die Nebeldünste leichter oder schwerer darüber hinziehen. Ein paar weißgebleichte Knochengerüste ertrunkener Schafe und das Gerippe eines Pferdes, von dem freilich niemand begriff, wie es dort hingekommen sei, wollte man, wenn der Mond von Osten auf die Hallig schien, dort auch erkennen können.

Es war zu Ende März, als an dieser Stelle nach Feierabend der Tagelöhner aus dem Tede Haienschen Hause und Iven Johns, der Knecht des jungen Deichgrafen, nebeneinanderstanden und unbeweglich nach der im trüben Mondduft kaum erkennbaren Hallig hinüberstarrten; etwas Auffälliges schien sie dort so festzuhalten. Der Tagelöhner steckte die Hände in die Tasche und schüttelte sich. »Komm, Iven«, sagte er, »das ist nichts Gutes; laß uns nach Haus gehen!«

Der andere lachte, wenn auch ein Grauen bei ihm hindurchklang: »Ei was, es ist eine lebige Kreatur, eine große! Wer, zum Teufel, hat sie nach dem Schlickstück hinaufgejagt! Sieh nur, nun reckt's den Hals zu uns hinüber! Nein, es senkt den Kopf; es frißt! Ich dächt, es wär dort nichts zu fressen! Was es nur sein mag?«

»Was geht das uns an!« entgegnete der andere. »Gute Nacht, Iven, wenn du nicht mitwillst; ich gehe nach Haus!«

– »Ja, ja; du hast ein Weib, du kommst ins warme Bett! Bei mir ist auch in meiner Kammer lauter Märzenluft!«

»Gut Nacht denn!« rief der Tagelöhner zurück, während er auf dem Deich nach Hause trabte. Der Knecht sah sich ein paarmal nach dem Fortlaufenden um; aber die Begier, Unheimliches zu schauen, hielt ihn noch fest. Da kam eine untersetzte, dunkle Gestalt auf dem Deich vom Dorf her gegen ihn heran; es war der Dienstjunge des Deichgrafen. »Was willst du, Carsten?« rief ihm der Knecht entgegen.

»Ich? – nichts«, sagte der Junge; »aber unser Wirt will dich sprechen, Iven Johns!«

Der Knecht hatte die Augen schon wieder nach der Hallig: »Gleich; ich komme gleich!« sagte er.

»Wonach guckst du denn so?« frug der Junge.

Der Knecht hob den Arm und wies stumm nach der Hallig. »Oha!« flüsterte der Junge; »da geht ein Pferd – ein Schimmel – das muß der Teufel reiten – wie kommt ein Pferd nach Jevershallig?«

– »Weiß nicht, Carsten; wenn's nur ein richtiges Pferd ist!«

»Ja, ja, Iven; sieh nur, es frißt ganz wie ein Pferd! Aber wer hat's dahin gebracht; wir haben im Dorf so große Böte gar nicht! Vielleicht auch ist es nur ein Schaf; Peter Ohm sagt, im Mondschein wird aus zehn Torfringeln ein ganzes Dorf. Nein, sieh! Nun springt es – es muß doch ein Pferd sein!«

Beide standen eine Weile schweigend, die Augen nur nach dem gerichtet, was sie drüben undeutlich vor sich gehen sahen. Der Mond stand hoch am Himmel und beschien das weite Wattenmeer, das eben in der steigenden Flut seine Wasser über die glitzernden Schlickflächen zu spülen begann. Nur das leise Geräusch des Wassers, keine Tierstimme war in der ungeheueren Weite hier zu hören; auch in der Marsch, hinter dem Deiche, war es leer; Kühe und Rinder waren alle noch in den Ställen. Nichts regte sich; nur was sie für ein Pferd, einen Schimmel, hielten, schien dort auf Jevershallig noch beweglich. »Es wird heller«, unterbrach der Knecht die Stille; »ich sehe deutlich die weißen Schafgerippe schimmern!«

»Ich auch«, sagte der Junge, und reckte den Hals; dann aber, als komme es ihm plötzlich, zupfte er den Knecht am Ärmel: »Iven«, raunte er, »das Pferdsgerippe, das sonst dabeilag, wo ist es? Ich kann's nicht sehen!«

»Ich seh es auch nicht! Seltsam!« sagte der Knecht.

– »Nicht so seltsam, Iven! Mitunter, ich weiß nicht, in welchen Nächten, sollen die Knochen sich erheben und tun, als ob sie lebig wären!«

»So?« machte der Knecht; »das ist ja Altweiberglaube!«

»Kann sein, Iven«, meinte der Junge.

»Aber, ich mein, du sollst mich holen; komm, wir müssen nach Haus! Es bleibt hier immer doch dasselbe.«

Der Junge war nicht fortzubringen, bis der Knecht ihn mit

Gewalt herumgedreht und auf den Weg gebracht hatte. »Hör, Carsten«, sagte dieser, als die gespensterhafte Hallig ihnen schon ein gut Stück im Rücken lag, »du giltst ja für einen Allerweltsbengel; ich glaub, du möchtest das am liebsten selber untersuchen!«

»Ja«, entgegnete Carsten, nachträglich noch ein wenig schaudernd, »ja, das möcht ich, Iven!«

– »Ist das dein Ernst? – dann«, sagte der Knecht, nachdem der Junge ihm nachdrücklich darauf die Hand geboten hatte, »lösen wir morgen abend unser Boot; du fährst nach Jeverssand; ich bleib so lange auf dem Deiche stehen.«

»Ja«, erwiderte der Junge, »das geht! Ich nehme meine Peitsche mit!«

»Tu das!«

Schweigend kamen sie an das Haus ihrer Herrschaft, zu dem sie langsam die hohe Werft hinanstiegen.

Um dieselbe Zeit des folgenden Abends saß der Knecht auf dem großen Steine vor der Stalltür, als der Junge mit seiner Peitsche knallend, zu ihm kam. »Das pfeift ja wunderlich!« sagte jener.

»Freilich, nimm dich in acht«, entgegnete der Junge; »ich hab auch Nägel in die Schnur geflochten.«

»So komm!« sagte der andere.

Der Mond stand, wie gestern, am Osthimmel und schien klar aus seiner Höhe. Bald waren beide wieder draußen auf dem Deich und sahen hinüber nach Jevershallig, die wie ein Nebelfleck im Wasser stand. »Da geht es wieder«, sagte der Knecht; »nach Mittag war ich hier, da war's nicht da; aber ich sah deutlich das weiße Pferdsgerippe liegen!«

Der Junge reckte den Hals: »Das ist jetzt nicht da, Iven«, flüsterte er.

»Nun, Carsten, wie ist's?« sagte der Knecht. »Juckt's dich noch, hinüberzufahren?«

Carsten besann sich einen Augenblick; dann klatschte er mit seiner Peitsche in die Luft: »Mach nur das Boot los, Iven!«

Drüben aber war es, als hebe, was dorten ging, den Hals, und recke gegen das Festland hin den Kopf. Sie sahen es nicht mehr;

sie gingen schon den Deich hinab und bis zur Stelle, wo das Boot gelegen war. »Nun, steig nur ein!« sagte der Knecht, nachdem er es losgebunden hatte. »Ich bleib, bis du zurück bist! Zu Osten mußt du anlegen; da hat man immer landen können!« Und der Junge nickte schweigend und fuhr mit seiner Peitsche in die Mondnacht hinaus; der Knecht wanderte unterm Deich zurück und bestieg ihn wieder an der Stelle, wo sie vorhin gestanden hatten. Bald sah er, wie drüben bei einer schroffen, dunklen Stelle, an die ein breiter Priel hinanführte, das Boot sich beilegte, und eine untersetzte Gestalt daraus ans Land sprang. – War's nicht, als klatschte der Junge mit seiner Peitsche? Aber es konnte auch das Geräusch der steigenden Flut sein. Mehrere hundert Schritte nordwärts sah er, was sie für einen Schimmel angesehen hatten; und jetzt! – ja, die Gestalt des Jungen kam gerade darauf zugegangen. Nun hob es den Kopf, als ob es stutze; und der Junge – es war deutlich jetzt zu hören – klatschte mit der Peitsche. Aber – was fiel ihm ein? Er kehrte um, er ging den Weg zurück, den er gekommen war. Das drüben schien unablässig fortzuweiden, kein Wiehern war von dort zu hören gewesen; wie weiße Wasserstreifen schien es mitunter über die Erscheinung hinzuziehen. Der Knecht sah wie gebannt hinüber.

Da hörte er das Anlegen des Bootes am diesseitigen Ufer, und bald sah er aus der Dämmerung den Jungen gegen sich am Deich heraufsteigen. »Nun, Carsten«, frug er, »was war es?«

Der Junge schüttelte den Kopf »Nichts war es!« sagte er. »Noch kurz vom Boot aus hatte ich es gesehen; dann aber, als ich auf der Hallig war – weiß der Henker, wo sich das Tier verkrochen hatte; der Mond schien doch hell genug; aber als ich an die Stelle kam, war nichts da als die bleichen Knochen von einem halben Dutzend Schafen, und etwas weiter lag auch das Pferdsgerippe mit seinem weißen, langen Schädel und ließ den Mond in seine leeren Augenhöhlen scheinen!«

»Hm!« meinte der Knecht; »hast auch recht zugesehen?«

»Ja, Iven, ich stand dabei; ein gottvergessener Kiewiet, der hinter dem Gerippe sich zur Nachtruh hingeduckt hatte, flog schreiend auf, daß ich erschrak und ein paarmal mit der Peitsche hintennach klatschte.«

»Und das war alles?«

»Ja, Iven; ich weiß nicht mehr.«

»Es ist auch genug«, sagte der Knecht, zog den Jungen am Arm zu sich heran und wies hinüber nach der Hallig. »Dort, siehst du etwas, Carsten?«

– »Wahrhaftig, da geht's ja wieder!«

»Wieder?« sagte der Knecht; »ich hab die ganze Zeit hinübergeschaut, aber es ist gar nicht fortgewesen; du gingst ja gerade auf das Unwesen los!«

Der Junge starrte ihn an; ein Entsetzen lag plötzlich auf seinem sonst so kecken Angesicht, das auch dem Knechte nicht entging. »Komm!« sagte dieser, »wir wollen nach Haus: von hier aus geht's wie lebig, und drüben liegen nur die Knochen – das ist mehr, als du und ich begreifen können. Schweig aber still davon, man darf dergleichen nicht verreden!«

So wandten sie sich, und der Junge trabte neben ihm; sie sprachen nicht, und die Marsch lag in lautlosem Schweigen an ihrer Seite.

– – Nachdem aber der Mond zurückgegangen, und die Nächte dunkel geworden waren, geschah ein anderes.

Hauke Haien war zur Zeit des Pferdemarktes in die Stadt geritten, ohne jedoch mit diesem dort zu tun zu haben. Gleichwohl, da er gegen Abend heimkam, brachte er ein zweites Pferd mit sich nach Hause; aber es war rauhhaarig und mager, daß man jede Rippe zählen konnte, und die Augen lagen ihm matt und eingefallen in den Schädelhöhlen. Elke war vor die Haustür getreten, um ihren Eheliebsten zu empfangen: »Hilf Himmel!« rief sie, »was soll uns der alte Schimmel?« Denn da Hauke mit ihm vor das Haus geritten kam und unter der Esche hielt, hatte sie gesehen, daß die arme Kreatur auch lahme.

Der junge Deichgraf aber sprang lachend von seinem braunen Wallach: »Laß nur, Elke; es kostet auch nicht viel!«

Die kluge Frau erwiderte: »Du weißt doch, das Wohlfeilste ist auch meist das Teuerste.«

– »Aber nicht immer, Elke; das Tier ist höchstens vier Jahr alt; sieh es dir nur genauer an! Es ist verhungert und mißhandelt; da soll ihm unser Hafer guttun; ich werd es selbst versorgen, damit sie mir's nicht überfüttern.«

Das Tier stand indessen mit gesenktem Kopf: die Mähnen hingen lang am Hals herunter. Frau Elke, während ihr Mann nach den Knechten rief, ging betrachtend um dasselbe herum; aber sie schüttelte den Kopf: »So eins ist noch nie in unserem Stall gewesen!«

Als jetzt der Dienstjunge um die Hausecke kam, blieb er plötzlich mit erschrocknen Augen stehen. »Nun, Carsten«, rief der Deichgraf, »was fährt dir in die Knochen? Gefällt dir mein Schimmel nicht?«

»Ja – o ja, uns' Weert, warum denn nicht!«

– »So bring die Tiere in den Stall; gib ihnen kein Futter; ich komme gleich selber hin!«

Der Junge faßte mit Vorsicht den Halfter des Schimmels und griff dann hastig, wie zum Schutze, nach dem Zügel des ihm ebenfalls vertrauten Wallachs. Hauke aber ging mit seinem Weibe in das Zimmer; ein Warmbier hatte sie für ihn bereit, und Brot und Butter waren auch zur Stelle.

Er war bald gesättigt; dann stand er auf und ging mit seiner Frau im Zimmer auf und ab. »Laß dir erzählen, Elke«, sagte er, während der Abendschein auf den Kacheln an den Wänden spielte, »wie ich zu dem Tier gekommen bin: Ich war wohl eine Stunde beim Oberdeichgrafen gewesen; er hatte gute Kunde für mich – es wird wohl dies und jenes anders werden als in meinen Rissen; aber die Hauptsache, mein Profil, ist akzeptiert, und schon in den nächsten Tagen kann der Befehl zum neuen Deichbau dasein!«

Elke seufzte unwillkürlich: »Also doch?« sagte sie sorgenvoll.

»Ja, Frau«, entgegnete Hauke; »hart wird's hergehen; aber dazu, denk ich, hat der Herrgott uns zusammengebracht! Unsere Wirtschaft ist jetzt so gut in Ordnung, ein groß Teil kannst du schon auf deine Schultern nehmen; denk nur um zehn Jahr weiter – dann stehen wir vor einem anderen Besitz.«

Sie hatte bei seinen ersten Worten die Hand ihres Mannes versichernd in die ihrigen gepreßt; seine letzten Worte konnten sie nicht erfreuen. »Für wen soll der Besitz?« sagte sie. »Du müßtest denn ein ander Weib nehmen; ich bring dir keine Kinder.«

Tränen schossen ihr in die Augen; aber er zog sie fest in seine

Arme: »Das überlassen wir dem Herrgott«, sagte er; »Jetzt aber, und auch dann noch sind wir jung genug, um uns der Früchte unserer Arbeit selbst zu freuen.«

Sie sah ihn lange, während er sie hielt, aus ihren dunklen Augen an. »Verzeih, Hauke«, sprach sie; »ich bin mitunter ein verzagt Weib!«

Er neigte sich zu ihrem Antlitz und küßte sie: »Du bist mein Weib und ich dein Mann, Elke! Und anders wird es nun nicht mehr.«

Da legte sie die Arme fest um seinen Nacken: »Du hast recht, Hauke, und was kommt, kommt für uns beide.« Dann löste sie sich errötend von ihm. »Du wolltest von dem Schimmel mir erzählen«, sagte sie leise.

»Das wollt ich, Elke. Ich sagte dir schon, mir war Kopf und Herz voll Freude über die gute Nachricht, die der Oberdeichgraf mir gegeben hatte; so ritt ich eben wieder aus der Stadt hinaus, da, auf dem Damm, hinter dem Hafen, begegnet mir ein ruppiger Kerl; ich wußt nicht, war's ein Vagabund, ein Kesselflicker oder was denn sonst. Der Kerl zog den Schimmel am Halfter hinter sich; das Tier aber hob den Kopf und sah mich aus blöden Augen an; mir war's, als ob es mich um etwas bitten wolle; ich war ja auch in diesem Augenblicke reich genug. ›He, Landsmann!‹ rief ich, ›wo wollt Ihr mit der Kracke hin?‹

Der Kerl blieb stehen und der Schimmel auch. ›Verkaufen!‹ sagte jener und nickte mir listig zu.

›Nur nicht an mich!‹ rief ich lustig.

›Ich denke doch!‹ sagte er; ›das ist ein wacker Pferd und unter hundert Talern nicht bezahlt.‹

Ich lachte ihm ins Gesicht.

›Nun‹, sagte er, ›lacht nicht so hart; Ihr sollt's mir ja nicht zahlen! Aber ich kann's nicht brauchen, bei mir verkommt's; es würd bei Euch bald ander Ansehen haben!‹

Da sprang ich von meinem Wallach und sah dem Schimmel ins Maul und sah wohl, es war noch ein junges Tier. ›Was soll's denn kosten?‹ rief ich, da auch das Pferd mich wiederum wie bittend ansah.

›Herr, nehmt's für dreißig Taler!‹ sagte der Kerl, ›und den Halfter geb ich Euch darein!‹

Und da, Frau, hab ich dem Burschen in die dargebotene braune Hand, die fast wie eine Klaue aussah, eingeschlagen. So haben wir den Schimmel, und ich denk auch, wohlfeil genug! Wunderlich nur war es, als ich mit den Pferden weggritt, hört ich bald hinter mir ein Lachen, und als ich den Kopf wandte, sah ich den Slowaken; der stand noch sperrbeinig, die Arme auf dem Rücken, und lachte wie ein Teufel hinter mir drein.«

»Pfui«, rief Elke; »wenn der Schimmel nur nichts von seinem alten Herrn dir zubringt! Mög er dir gedeihen, Hauke!«

»Er selber soll es wenigstens, soweit ich's leisten kann!« Und der Deichgraf ging in den Stall, wie er vorhin dem Jungen es gesagt hatte.

– – Aber nicht allein an jenem Abend fütterte er den Schimmel; er tat es fortan immer selbst und ließ kein Auge von dem Tiere; er wollte zeigen, daß er einen Priesterhandel gemacht habe; jedenfalls sollte nichts versehen werden. – Und schon nach wenig Wochen hob sich die Haltung des Tieres; allmählich verschwanden die rauhen Haare; ein blankes, blaugeapfeltes Fell kam zum Vorschein, und da er es eines Tages auf der Hofstatt umherführte, schritt es schlank auf seinen festen Beinen. Hauke dachte des abenteuerlichen Verkäufers. »Der Kerl war ein Narr oder ein Schuft, der es gestohlen hatte!« murmelte er bei sich selber. – Bald auch, wenn das Pferd im Stall nur seine Schritte hörte, warf es den Kopf herum und wieherte ihm entgegen; nun sah er auch, es hatte, was die Araber verlangen, ein fleischlos Angesicht; draus blitzten ein Paar feurige braune Augen. Dann führte er es aus dem Stall und legte ihm einen leichten Sattel auf; aber kaum saß er droben, so fuhr dem Tier ein Wiehern wie ein Lustschrei aus der Kehle; es flog mit ihm davon, die Werfte hinab auf den Weg und dann dem Deiche zu; doch der Reiter saß fest, und als sie oben waren, ging es ruhiger, leicht, wie tanzend, und warf den Kopf dem Meere zu. Er klopfte und streichelte ihm den blanken Hals; aber es bedurfte dieser Liebkosung schon nicht mehr; das Pferd schien völlig eins mit seinem Reiter, und nachdem er eine Strecke nordwärts den Deich hinausgeritten war, wandte er es leicht und gelangte wieder an die Hofstatt.

Die Knechte standen unten an der Auffahrt und warteten der

Rückkunft ihres Wirtes. »So, John«, rief dieser, indem er von seinem Pferde sprang, »nun reite du es in die Fenne zu den anderen; es trägt dich wie in einer Wiege!«

Der Schimmel schüttelte den Kopf und wieherte laut in die sonnige Marschlandschaft hinaus, während ihm der Knecht den Sattel abschnallte, und der Junge damit zur Geschirrkammer lief; dann legte er den Kopf auf seines Herrn Schulter und duldete behaglich dessen Liebkosung. Als aber der Knecht sich jetzt auf seinen Rücken schwingen wollte, sprang er mit einem jähen Satz zur Seite und stand dann wieder unbeweglich, die schönen Augen auf seinen Herrn gerichtet. »Hoho, Iven«, rief dieser, »hat er dir Leids getan?« und suchte seinem Knecht vom Boden aufzuhelfen.

Der rieb sich eifrig an der Hüfte: »Nein, Herr, es geht noch; aber den Schimmel reit der Teufel!«

»Und ich!« setzte Hauke lachend hinzu. »So bring ihn am Zügel in die Fenne!«

Und als der Knecht etwas beschämt gehorchte, ließ sich der Schimmel ruhig von ihm führen.

– – Einige Abende später standen Knecht und Junge miteinander vor der Stalltür; hinterm Deiche war das Abendrot erloschen, innerhalb desselben war schon der Koog von tiefer Dämmerung überwallt; nur selten kam aus der Ferne das Gebrüll eines aufgestörten Rindes oder der Schrei einer Lerche, deren Leben unter dem Überfall eines Wiesels oder einer Wasserratte endete. Der Knecht lehnte gegen den Türpfosten und rauchte aus einer kurzen Pfeife, deren Rauch er schon nicht mehr sehen konnte; gesprochen hatten er und der Junge noch nicht zusammen. Dem letzteren aber drückte etwas auf die Seele, er wußte nur nicht, wie er dem schweigsamen Knechte ankommen sollte. »Du, Iven!« sagte er endlich, »weißt du, das Pferdsgeripp auf Jeverssand!«

»Was ist damit?« frug der Knecht.

»Ja, Iven, was ist damit? Es ist gar nicht mehr da; weder Tages noch bei Mondschein; wohl zwanzigmal bin ich auf den Deich hinausgelaufen!«

»Die alten Knochen sind wohl zusammengepoltert?« sagte Iven und rauchte ruhig weiter.

»Aber ich war auch bei Mondschein draußen; es geht auch drüben nichts auf Jeverssand!«

»Ja«, sagte der Knecht, »sind die Knochen auseinandergefallen, so wird's wohl nicht mehr aufstehen können!«

»Mach keinen Spaß, Iven! Ich weiß jetzt; ich kann dir sagen, wo es ist!«

Der Knecht drehte sich jäh zu ihm. »Nun, wo ist es denn?«

»Wo?« wiederholte der Junge nachdrücklich. »Es steht in unserem Stall; da steht's, seit es nicht mehr auf der Hallig ist. Es ist auch nicht umsonst, daß der Wirt es allzeit selber füttert; ich weiß Bescheid, Iven!«

Der Knecht paffte eine Weile heftig in die Nacht hinaus. »Du bist nicht klug, Carsten«, sagte er dann; »unser Schimmel? Wenn je ein Pferd ein lebigs war, so ist es der! Wie kann so ein Allerweltsjunge wie du in solch Altemweiberglauben sitzen!«

– – Aber der Junge war nicht zu bekehren: wenn der Teufel in dem Schimmel steckte, warum sollte er dann nicht lebendig sein? Im Gegenteil, um desto schlimmer! – Er fuhr jedesmal erschreckt zusammen, wenn er gegen Abend den Stall betrat, in dem auch sommers das Tier mitunter eingestellt wurde, und es dann den feurigen Kopf so jäh nach ihm herumwarf. »Hol's der Teufel!« brummte er dann; »wir bleiben auch nicht lange mehr zusammen!«

So tat er sich denn heimlich nach einem neuen Dienste um, kündigte und trat um Allerheiligen als Knecht bei Ole Peters ein. Hier fand er andächtige Zuhörer für seine Geschichte von dem Teufelspferd des Deichgrafen; die dicke Frau Vollina und deren geistesstumpfer Vater, der frühere Deichgevollmächtigte Jeß Harders, hörten in behaglichem Gruseln zu und erzählten sie später allen, die gegen den Deichgrafen einen Groll im Herzen oder die an derart Dingen ihr Gefallen hatten.

Inzwischen war schon Ende März durch die Oberdeichgrafschaft der Befehl zur neuen Eindeichung eingetroffen. Hauke berief zunächst die Deichgevollmächtigten zusammen, und im Kruge oben bei der Kirche waren eines Tages alle erschienen und hörten zu, wie er ihnen die Hauptpunkte aus den bisher erwachsenen Schriftstücken vorlas: aus seinem Antrage, aus dem

Bericht des Oberdeichgrafen, zuletzt den schließlichen Bescheid, worin vor allem auch die Annahme des von ihm vorgeschlagenen Profiles enthalten war, und der neue Deich nicht steil wie früher, sondern allmählich verlaufend nach der Seeseite abfallen sollte; aber mit heiteren oder auch nur zufriedenen Gesichtern hörten sie nicht.

»Ja, ja«, sagte ein alter Gevollmächtigter, »da haben wir nun die Bescherung, und Proteste werden nicht helfen, da der Oberdeichgraf unserem Deichgrafen den Daumen hält!«

»Hast wohl recht, Detlev Wiens«, setzte ein Zweiter hinzu; »die Frühlingsarbeit steht vor der Tür, und nun soll auch ein millionenlanger Deich gemacht werden – da muß ja alles liegenbleiben.«

»Das könnt ihr dies Jahr noch zu Ende bringen«, sagte Hauke; »so rasch wird der Stecken nicht vom Zaun gebrochen!«

Das wollten wenige zugeben. »Aber dein Profil!« sprach ein Dritter, was Neues auf die Bahn bringend; »der Deich wird ja auch an der Außenseite nach dem Wasser so breit, wie Lawrenz sein Kind nicht lang war! Wo soll das Material herkommen? Wann soll die Arbeit fertig werden?«

»Wenn nicht in diesem, so im nächsten Jahre; das wird am meisten von uns selber abhängen!« sagte Hauke.

Ein ärgerliches Lachen ging durch die Gesellschaft. »Aber wozu die unnütze Arbeit; der Deich soll ja nicht höher werden als der alte«, rief eine neue Stimme; »und ich mein, der steht schon über dreißig Jahre!«

»Da sagt Ihr recht«, sprach Hauke, »vor dreißig Jahren ist der alte Deich gebrochen; dann rückwärts vor fünfunddreißig, und wiederum vor fünfundvierzig Jahren; seitdem aber, obgleich er noch immer steil und unvernünftig dasteht, haben die höchsten Fluten uns verschont. Der neue Deich aber soll trotz solcher hundert und aber hundert Jahre stehen; denn er wird nicht durchbrochen werden, weil der milde Abfall nach der Seeseite den Wellen keinen Angriffspunkt entgegenstellt, und so werdet ihr für euch und euere Kinder ein sicheres Land gewinnen, und das ist es, weshalb die Herrschaft und der Oberdeichgraf mir den Daumen halten; das ist es auch, was ihr zu eurem eigenen Vorteil einsehen solltet!«

Als die Versammelten hierauf nicht sogleich zu antworten bereit waren, erhob sich ein alter weißhaariger Mann mühsam von seinem Stuhle; es war Frau Elkes Pate, Jewe Manners, der auf Haukes Bitten noch immer in seinem Gevollmächtigtenamt verblieben war. »Deichgraf Hauke Haien«, sprach er, »du machst uns viel Unruhe und Kosten, und ich wollte, du hättest damit gewartet, bis mich der Herrgott hätt zur Ruhe gehen lassen; aber – recht hast du, das kann nur die Unvernunft bestreiten. Wir haben Gott mit jedem Tag zu danken, daß er uns trotz unserer Trägheit das kostbare Stück Vorland gegen Sturm und Wasserdrang erhalten hat; jetzt aber ist es wohl die elfte Stunde, in der wir selbst die Hand anlegen müssen, es auch nach all unserem Wissen und Können selber uns zu wahren und auf Gottes Langmut weiter nicht zu trotzen. Ich, meine Freunde, bin ein Greis; ich habe Deiche bauen und brechen sehen; aber den Deich, den Hauke Haien nach ihm von Gott verliehener Einsicht projektiert und bei der Herrschaft für euch durchgesetzt hat, den wird niemand von euch Lebenden brechen sehen; und wolltet ihr ihm selbst nicht danken, euere Enkel werden ihm den Ehrenkranz doch einstens nicht versagen können!«

Jewe Manners setzte sich wieder; er nahm sein blaues Schnupftuch aus der Tasche und wischte sich ein paar Tropfen von der Stirn. Der Greis war noch immer als ein Mann von Tüchtigkeit und unantastbarer Rechtschaffenheit bekannt, und da die Versammlung eben nicht geneigt war, ihm zuzustimmen, so schwieg sie weiter. Aber Hauke Haien nahm das Wort; doch sahen alle, daß er bleich geworden. »Ich danke Euch, Jewe Manners«, sprach er, »daß Ihr noch hier seid, und daß Ihr das Wort gesprochen habt; ihr anderen Herren Gevollmächtigten wollet den neuen Deichbau, der freilich mir zur Last fällt, zum mindesten ansehen als ein Ding, das nun nicht mehr zu ändern steht, und lasset uns demgemäß beschließen, was nun not ist!«

»Sprechet!« sagte einer der Gevollmächtigten. Und Hauke breitete die Karte des neuen Deiches auf dem Tische aus. »Es hat vorhin einer gefragt«, begann er, »woher die viele Erde nehmen? – Ihr seht, soweit das Vorland in die Watten hinausgeht, ist außerhalb der Deichlinie ein Streifen Landes frei gelassen; daher und von dem Vorlande, das nach Nord und Süd von dem neuen

Kooge an dem Deiche hinläuft, können wir die Erde nehmen; haben wir an den Wasserseiten nur eine tüchtige Lage Klei, nach innen oder in der Mitte kann auch Sand genommen werden! – Nun aber ist zunächst ein Feldmesser zu berufen, der die Linie des neuen Deiches auf dem Vorland absteckt! Der mir bei Ausarbeitung des Planes behülflich gewesen, wird wohl am besten dazu passen. Ferner werden wir zur Heranholung des Kleis oder sonstigen Materiales die Anfertigung einspänniger Sturzkarren mit Gabeldeichsel bei einigen Stellmachern verdingen müssen; wir werden für die Durchdämmung des Prieles und nach den Binnenseiten, wo wir etwa mit Sand fürlieb nehmen müssen, ich kann jetzt nicht sagen, wieviel hundert Fuder Stroh zur Bestickung des Deiches gebrauchen, vielleicht mehr, als in der Marsch hier wird entbehrlich sein! – Lasset uns denn beraten, wie zunächst dies alles zu beschaffen und einzurichten ist; auch die neue Schleuse hier an der Westseite gegen das Wasser zu ist später einem tüchtigen Zimmermann zur Herstellung zu übergeben.«

Die Versammelten hatten sich um den Tisch gestellt, betrachteten mit halbem Aug die Karte und begannen allgemach zu sprechen; doch war's, als geschähe es, damit nur überhaupt etwas gesprochen werde. Als es sich um Zuziehung des Feldmessers handelte, meinte einer der Jüngeren: »Ihr habt es ausgesonnen, Deichgraf; Ihr müsset selbst am besten wissen, wer dazu taugen mag.«

Aber Hauke entgegnete: »Da ihr Geschworene seid, so müsset ihr aus eigener, nicht aus meiner Meinung sprechen, Jakob Meyen; und wenn ihr's dann besser sagt, so werd ich meinen Vorschlag fallenlassen!«

»Nun ja, es wird schon recht sein«, sagte Jakob Meyen.

Aber einem der Älteren war es doch nicht völlig recht; er hatte einen Brudersohn; so einer im Feldmessen sollte hier in der Marsch noch nicht gewesen sein; der sollte noch über des Deichgrafen Vater, den seligen Tede Haien, gehen!

So wurde denn über die beiden Feldmesser verhandelt und endlich beschlossen, ihnen gemeinschaftlich das Werk zu übertragen. Ähnlich ging es bei den Sturzkarren, bei der Strohlieferung und allem anderen, und Hauke kam spät und fast erschöpft auf seinem Wallach, den er noch derzeit ritt, zu Hause an. Aber als er in dem alten Lehnstuhl saß, der noch von seinem gewichtigen, aber leichter lebenden Vorgänger stammte, war auch sein Weib ihm schon zur Seite. »Du siehst so müd aus, Hauke«, sprach sie und strich mit ihrer schmalen Hand das Haar ihm von der Stirn.

»Ein wenig wohl!« erwiderte er.

– »Und geht es denn?«

»Es geht schon«, sagte er mit bitterem Lächeln; »aber ich selber muß die Räder schieben und froh sein, wenn sie nicht zurückgehalten werden!«

– »Aber doch nicht von allen?«

»Nein, Elke; dein Pate, Jewe Manners, ist ein guter Mann; ich wollt, er wär um dreißig Jahre jünger.«

Als nach einigen Wochen die Deichlinie abgesteckt und der größte Teil der Sturzkarren geliefert war, waren sämtliche Anteilbesitzer des einzudeichenden Kooges, ingleichen die Besitzer der hinter dem alten Deich belegenen Ländereien durch den Deichgrafen im Kirchspielskrug versammelt worden; es galt, ihnen einen Plan über die Verteilung der Arbeit und Kosten vorzulegen und ihre etwaigen Einwendungen zu vernehmen; denn auch die letzteren hatten, sofern der neue Deich und die neuen Siele die Unterhaltungskosten der älteren Werke verminderten, ihren Teil zu schaffen und zu tragen. Dieser Plan war für Hauke ein schwer Stück Arbeit gewesen, und wenn ihm durch Vermittelung des Oberdeichgrafen neben einem Deichboten nicht auch noch ein Deichschreiber wäre zugeordnet worden, er würde es so bald nicht fertiggebracht haben, obwohl auch jetzt wieder an jedem neuen Tage in die Nacht hinein gearbeitet war. Wenn er dann todmüde sein Lager suchte, so hatte nicht wie vordem sein Weib in nur verstelltem Schlafe seiner gewartet; auch sie hatte so vollgemessen ihre tägliche Arbeit, daß sie nachts wie am Grunde eines tiefen Brunnens in unstörbarem Schlafe lag.

Als Hauke jetzt seinen Plan verlesen und die Papiere, die freilich schon drei Tage hier im Kruge zur Einsicht ausgelegen hatten, wieder auf den Tisch breitete, waren zwar ernste Männer zugegen, die mit Ehrerbietung diesen gewissenhaften Fleiß betrachteten und sich nach ruhiger Überlegung den billigen Ansätzen ihres Deichgrafen unterwarfen; andere aber, deren Anteile an dem neuen Lande von ihnen selbst oder ihren Vätern oder sonstigen Vorbesitzern waren veräußert worden, beschwerten sich, daß sie zu den Kosten des neuen Kooges hinzugezogen seien, dessen Land sie nichts mehr angehe, uneingedenk, daß durch die neuen Arbeiten auch ihre alten Ländereien nach und nach entbürdet würden; und wieder andere, die mit Anteilen in dem neuen Koog gesegnet waren, schrien, man möge ihnen doch dieselben abnehmen, sie sollten um ein Geringes feil sein; denn wegen der unbilligen Leistungen, die ihnen dafür aufgebürdet würden, könnten sie nicht damit bestehen. Ole Peters aber, der mit grimmigem Gesicht am Türpfosten lehnte, rief dazwischen: »Besinnt euch erst, und dann vertrauet unserm Deichgrafen! der versteht zu rechnen; er hatte schon die meisten Anteile, da wußte er auch mir die meinen abzuhandeln, und als er sie hatte, beschloß er, diesen neuen Koog zu deichen!«

Es war nach diesen Worten einen Augenblick totenstill in der Versammlung. Der Deichgraf stand an dem Tisch, auf dem er zuvor seine Papiere gebreitet hatte, er hob seinen Kopf und sah nach Ole Peters hinüber: »Du weißt wohl, Ole Peters«, sprach er, »daß du mich verleumdest; du tust es dennoch, weil du überdies auch weißt, daß doch ein gut Teil des Schmutzes, womit du mich bewirfst, an mir wird hängenbleiben! Die Wahrheit ist, daß du deine Anteile los sein wolltest, und daß ich ihrer derzeit für meine Schafzucht bedurfte; und willst du Weiteres wissen, das ungewaschene Wort, das dir im Krug vom Mund gefahren, ich sei nur Deichgraf meines Weibes wegen, das hat mich aufgerüttelt, und ich hab euch zeigen wollen, daß ich wohl um meiner selbst willen Deichgraf sein könne; und somit, Ole Peters, hab ich getan, was schon der Deichgraf vor mir hätte tun sollen. Trägst du mir aber Groll, daß derzeit deine Anteile die meinen geworden sind – du hörst es ja, es sind genug, die jetzt die ihrigen um ein Billiges feilbieten, nur weil die Arbeit ihnen jetzt zuviel ist!«

Von einem kleinen Teil der versammelten Männer ging ein Beifallsmurmeln aus, und der alte Jewe Manners, der dazwischenstand, rief laut: »Bravo, Hauke Haien! Unser Herrgott wird dir dein Werk gelingen lassen!«

Aber man kam doch nicht zu Ende, obgleich Ole Peters schwieg, und die Leute erst zum Abendbrote auseinandergingen; erst in einer zweiten Versammlung wurde alles geordnet; aber auch nur, nachdem Hauke statt der ihm zukommenden drei Gespanne für den nächsten Monat deren vier auf sich genommen hatte.

Endlich, als schon die Pfingstglocken durch das Land läuteten, hatte die Arbeit begonnen: unablässig fuhren die Sturzkarren von dem Vorlande an die Deichlinie, um den geholten Klei dort abzustürzen, und gleicherweise war dieselbe Anzahl schon wieder auf der Rückfahrt, um auf dem Vorland neuen aufzuladen; an der Deichlinie selber standen Männer mit Schaufeln und Spaten, um das Abgeworfene an seinen Platz zu bringen und zu ebnen; ungeheuere Fuder Stroh wurden angefahren und abgeladen; nicht nur zur Bedeckung des leichteren Materials, wie Sand und lose Erde, dessen man an den Binnenseiten sich bediente, wurde das Stroh benutzt; allmählich wurden einzelne Strecken des Deiches fertig, und die Grassoden, womit man sie belegt hatte, wurden stellenweis zum Schutz gegen die nagenden Wellen mit fester Strohbestickung überzogen; bestellte Aufseher gingen hin und her, und wenn es stürmte, standen sie mit aufgerissenen Mäulern und schrien ihre Befehle durch Wind und Wetter; dazwischen ritt der Deichgraf auf seinem Schimmel, den er jetzt ausschließlich in Gebrauch hatte, und das Tier flog mit dem Reiter hin und wider, wenn er rasch und trocken seine Anordnungen machte, wenn er die Arbeiter lobte oder, wie es wohl geschah, einen Faulen oder Ungeschickten ohn Erbarmen aus der Arbeit wies. »Das hilft nicht!« rief er dann; »um deine Faulheit darf uns nicht der Deich verderben!« Schon von weitem, wenn er unten aus dem Koog heraufkam, hörten sie das Schnauben seines Rosses, und alle Hände faßten fester in die Arbeit: »Frisch zu! Der Schimmelreiter kommt!«

War es um die Frühstückszeit, wo die Arbeiter mit ihrem Morgenbrot haufenweis beisammen auf der Erde lagen, dann ritt Hauke an den verlassenen Werken entlang, und seine Augen waren scharf, wo liederliche Hände den Spaten geführt hatten.

Wenn er aber zu den Leuten ritt und ihnen auseinandersetzte, wie die Arbeit müsse beschafft werden, sahen sie wohl zu ihm auf und kauten geduldig an ihrem Brote weiter; aber eine Zustimmung oder auch nur eine Äußerung hörte er nicht von ihnen. Einmal zu solcher Tageszeit, es war schon spät, da er an einer Deichstelle die Arbeit in besonderer Ordnung gefunden hatte, ritt er zu dem nächsten Haufen der Frühstückenden, sprang von seinem Schimmel und frug heiter, wer dort so sauberes Tagewerk verrichtet hätte, aber sie sahen ihn nur scheu und düster an, und nur langsam und wie widerwillig wurden ein paar Namen genannt. Der Mensch, dem er sein Pferd gegeben hatte, das ruhig wie ein Lamm stand, hielt es mit beiden Händen und blickte wie angstvoll nach den schönen Augen des Tieres, die es, wie gewöhnlich, auf seinen Herrn gerichtet hielt.

»Nun, Marten!« rief Hauke; »was stehst du, als ob dir der Donner in die Beine gefahren sei?«

– »Herr, Euer Pferd, es ist so ruhig, als ob es Böses vorhabe!«

Hauke lachte und nahm das Pferd selbst am Zügel, das sogleich liebkosend den Kopf an seiner Schulter rieb. Von den Arbeitern sahen einige scheu zu Roß und Reiter hinüber, andere, als ob das alles sie nicht kümmere, aßen schweigend ihre Frühkost, dann und wann den Möwen einen Brocken hinaufwerfend, die sich den Futterplatz gemerkt hatten und mit ihren schlanken Flügeln sich fast auf ihre Köpfe senkten.

Der Deichgraf blickte eine Weile wie gedankenlos auf die bettelnden Vögel und wie sie die zugeworfenen Bissen mit ihren Schnäbeln haschten; dann sprang er in den Sattel und ritt, ohne sich nach den Leuten umzusehen, davon; einige Worte, die jetzt unter ihnen laut wurden, klangen ihm fast wie Hohn. »Was ist das?« sprach er bei sich selber. »Hatte denn Elke recht, daß sie alle gegen mich sind? Auch diese Knechte und kleinen Leute, von denen vielen durch meinen neuen Deich doch eine Wohlhabenheit ins Haus wächst?«

Er gab seinem Pferde die Sporen, daß es wie toll in den Koog hinabflog. Von dem unheimlichen Glanze freilich, mit dem sein früherer Dienstjunge den Schimmelreiter bekleidet hatte, wußte er selber nichts; aber die Leute hätten ihn jetzt nur sehen sollen, wie aus seinem hageren Gesicht die Augen starrten, wie sein Mantel flog, und wie der Schimmel sprühte!

– – So war der Sommer und der Herbst vergangen; noch bis gegen Ende November war gearbeitet worden, dann geboten Frost und Schnee dem Werke Halt; man war nicht fertig geworden und beschloß, den Koog offen liegenzulassen. Acht Fuß ragte der Deich aus der Fläche hervor; nur wo westwärts gegen das Wasser hin die Schleuse gelegt werden sollte, hatte man eine Lücke gelassen; auch oben vor dem alten Deiche war der Priel noch unberührt. So konnte die Flut, wie in den letzten dreißig Jahren, in den Koog hineindringen, ohne dort oder an dem neuen Deiche großen Schaden anzurichten. Und so überließ man dem großen Gott das Werk der Menschenhände und stellte es in seinen Schutz, bis die Frühlingssonne die Vollendung würde möglich machen.

– – Inzwischen hatte im Hause des Deichgrafen sich ein frohes Ereignis vorbereitet: im neunten Ehejahr war noch ein Kind geboren worden. Es war rot und hutzelig und wog seine sieben Pfund, wie es für neugeborene Kinder sich gebührt, wenn sie, wie dies, dem weiblichen Geschlechte angehören; nur sein Geschrei war wunderlich verhohlen und hatte der Wehmutter nicht gefallen wollen. Das Schlimmste war, am dritten Tage lag Elke im hellen Kindbettfieber, redete Irrsal und kannte weder ihren Mann noch ihre alte Helferin. Die unbändige Freude, die Hauke beim Anblick seines Kindes ergriffen hatte, war zu Trübsal geworden; der Arzt aus der Stadt war geholt, er saß am Bett und fühlte den Puls und verschrieb und sah ratlos um sich her. Hauke schüttelte den Kopf: »Der hilft nicht; nur Gott kann helfen!« Er hatte sich sein eigen Christentum zurechtgerechnet; aber es war etwas, das sein Gebet zurückhielt. Als der alte Doktor davongefahren war, stand er am Fenster, in den winterlichen Tag hinausstarrend, und während die Kranke aus ihren Phantasien aufschrie, schränkte er die Hände zusammen; er wußte selber nicht, war es aus Andacht oder war es nur, um in der ungeheuren Angst sich selbst nicht zu verlieren.

»Wasser! Das Wasser!« wimmerte die Kranke. »Halt mich!« schrie sie; »halt mich, Hauke!« Dann sank die Stimme; es klang, als ob sie weine: »In See, ins Haf hinaus? O, lieber Gott, ich seh ihn nimmer wieder!«

Da wandte er sich und schob die Wärterin von ihrem Bette; er fiel auf seine Knie, umfaßte sein Weib und riß sie an sich: »Elke! Elke, so kenn mich doch, ich bin ja bei dir!«

Aber sie öffnete nur die fieberglühenden Augen weit und sah wie rettungslos verloren um sich.

Er legte sie zurück auf ihre Kissen; dann krampfte er die Hände ineinander: »Herr, mein Gott«, schrie er; »nimm sie mir nicht! Du weißt, ich kann sie nicht entbehren!« Dann war's, als ob er sich besinne, und leiser setzte er hinzu: »Ich weiß ja wohl, du kannst nicht allezeit, wie du willst, auch du nicht; du bist allweise; du mußt nach deiner Weisheit tun – o, Herr, sprich nur durch einen Hauch zu mir!«

Es war, als ob plötzlich eine Stille eingetreten sei; er hörte nur ein leises Atmen; als er sich zum Bette kehrte, lag sein Weib in ruhigem Schlaf; nur die Wärterin sah mit entsetzten Augen auf ihn. Er hörte die Tür gehen. »Wer war das?« frug er.

»Herr, die Magd Ann Grete ging hinaus; sie hatte den Warmkorb hereingebracht.«

– »Was sieht Sie mich denn so verfahren an, Frau Levke?«

»Ich? Ich hab mich ob Eurem Gebet erschrocken; damit betet Ihr keinen vom Tode los!«

Hauke sah sie mit seinen durchdringenden Augen an: »Besucht Sie denn auch, wie unsere Ann Grete, die Konventikel bei dem holländischen Flickschneider Jantje?«

»Ja, Herr; wir haben beide den lebendigen Glauben!«

Hauke antwortete ihr nicht. Das damals stark im Schwange gehende separatistische Konventikelwesen hatte auch unter den Friesen seine Blüten getrieben; heruntergekommene Handwerker oder wegen Trunkes abgesetzte Schulmeister spielten darin die Hauptrolle, und Dirnen, junge und alte Weiber, Faulenzer und einsame Menschen liefen eifrig in die heimlichen Versammlungen, in denen jeder den Priester spielen konnte. Aus des Deichgrafen Hause brachten Ann Grete und der in sie verliebte Dienstjunge ihre freien Abende dort zu. Freilich hatte Elke ihre Bedenken darüber gegen Hauke nicht zurückgehalten; aber er hatte gemeint, in Glaubenssachen solle man keinem dreinreden: das schade niemandem, und besser dort doch als im Schnapskrug!

So war es dabei geblieben, und so hatte er auch jetzt geschwiegen. Aber freilich über ihn schwieg man nicht; seine Gebetsworte liefen um von Haus zu Haus: er hatte Gottes Allmacht bestritten; was war ein Gott denn ohne Allmacht? Er war ein Gottesleugner; die Sache mit dem Teufelspferde mochte auch am Ende richtig sein!

Hauke erfuhr nichts davon; er hatte in diesen Tagen nur Ohren und Augen für sein Weib; selbst das Kind war für ihn nicht mehr auf der Welt.

Der alte Arzt kam wieder, kam jeden Tag, mitunter zweimal, blieb dann eine ganze Nacht, schrieb wieder ein Rezept, und der Knecht Iven Johns ritt damit im Flug zur Apotheke. Dann aber wurde sein Gesicht freundlicher, er nickte dem Deichgrafen vertraulich zu: »Es geht! Es geht! Mit Gottes Hülfe!« Und eines Tags – hatte nun seine Kunst die Krankheit besiegt, oder hatte auf Haukes Gebet der liebe Gott doch noch einen Ausweg finden können – als der Doktor mit der Kranken allein war, sprach er zu ihr, und seine alten Augen lachten: »Frau, jetzt kann ich's getrost Euch sagen: heut hat der Doktor seinen Festtag; es stand schlimm um Euch; aber nun gehöret Ihr wieder zu uns, zu den Lebendigen!«

Da brach es wie ein Strahlenmeer aus ihren dunklen Augen: »Hauke! Hauke, wo bist du?« rief sie, und als er auf den hellen Ruf ins Zimmer und an ihr Bett stürzte, schlug sie die Arme um seinen Nacken. »Hauke, mein Mann, gerettet! Ich bleibe bei dir!«

Da zog der alte Doktor sein seiden Schnupftuch aus der Tasche, fuhr sich damit über Stirn und Wangen und ging kopfnickend aus dem Zimmer.

– – Am dritten Abend nach diesem Tage sprach ein frommer Redner – es war ein vom Deichgrafen aus der Arbeit gejagter Pantoffelmacher – im Konventikel bei dem holländischen Schneider, da er seinen Zuhörern die Eigenschaften Gottes auseinandersetzte: »Wer aber Gottes Allmacht widerstreitet, wer da sagt: ich weiß, du kannst nicht, was du willst – wir kennen den Unglückseligen ja alle; er lastet gleich einem Stein auf der Gemeinde – der ist von Gott gefallen und suchet den Feind Gottes, den Freund der Sünde zu seinem Tröster; denn nach irgendeinem Stabe muß die Hand des Menschen greifen. Ihr aber, hütet euch vor dem, der also betet; sein Gebet ist Fluch!«

– – Auch das lief um von Haus zu Haus. Was läuft nicht um in einer kleinen Gemeinde? Und auch zu Haukes Ohren kam es. Er sprach kein Wort darüber, nicht einmal zu seinem Weibe; nur mitunter konnte er sie heftig umfassen und an sich ziehen: »Bleib mir treu, Elke! Bleib mir treu!« – Dann sahen ihre Augen voll Staunen zu ihm auf: »Dir treu? Wem sollte ich denn anders treu sein?« – Nach einer kurzen Weile aber hatte sie sein Wort verstanden: »Ja, Hauke, wir sind uns treu; nicht nur, weil wir uns brauchen.« Und dann ging jedes seinen Arbeitsweg.

Das wäre soweit gut gewesen; aber es war doch trotz aller lebendigen Arbeit eine Einsamkeit um ihn, und in seinem Herzen nistete sich ein Trotz und abgeschlossenes Wesen gegen andere Menschen ein; nur gegen sein Weib blieb er allezeit der gleiche, und an der Wiege seines Kindes lag er abends und morgens auf den Knien, als sei dort die Stätte seines ewigen Heils. Gegen Gesinde und Arbeiter aber wurde er strenger; die Ungeschickten und Fahrlässigen, die er früher durch ruhigen Tadel zurechtgewiesen hatte, wurden jetzt durch hartes Anfahren aufgeschreckt, und Elke ging mitunter leise bessern.

Als der Frühling nahte, begannen wieder die Deicharbeiten; mit einem Kajedeich wurde zum Schutz der jetzt aufzubauenden neuen Schleuse die Lücke in der westlichen Deichlinie geschlossen, halbmondförmig nach innen und ebenso nach außen; und gleich der Schleuse wuchs allmählich auch der Hauptdeich zu seiner immer rascher herzustellenden Höhe empor. Leichter wurde dem leitenden Deichgrafen seine Arbeit nicht; denn an Stelle des im Winter verstorbenen Jewe Manners war Ole Peters als Deichgevollmächtigter eingetreten. Hauke hatte nicht versuchen wollen, es zu hindern; aber anstatt der ermutigenden Worte und der dazugehörigen zutunlichen Schläge auf seine linke Schulter, die er so oft von dem alten Paten seines Weibes einkassiert hatte, kamen ihm jetzt von dem Nachfolger ein heimliches Widerhalten und unnötige Einwände und waren mit unnötigen Gründen zu bekämpfen; denn Ole gehörte zwar zu den Wichtigen, aber in Deichsachen nicht zu den Klugen; auch war von früher her der »Schreiberknecht« ihm immer noch im Wege.

Der glänzendste Himmel breitete sich wieder über Meer und Marsch, und der Koog wurde wieder bunt von starken Rindern, deren Gebrüll von Zeit zu Zeit die weite Stille unterbrach; unablässig sangen in hoher Himmelsluft die Lerchen; aber man hörte es erst, wenn einmal auf eines Atemzuges Länge der Gesang verstummt war. Kein Unwetter störte die Arbeit, und die Schleuse stand schon mit ihrem ungestrichenen Balkengefüge, ohne daß auch nur in einer Nacht sie eines Schutzes von dem Interimsdeich bedurft hätte; der Herrgott schien seine Gunst dem neuen Werke zuzuwenden. Auch Frau Elkes Augen lachten ihrem Manne zu, wenn er auf seinem Schimmel draußen von dem Deich nach Hause kam: »Bist doch ein braves Tier geworden!« sagte sie dann und klopfte den blanken Hals des Pferdes. Hauke aber, wenn sie das Kind am Halse hatte, sprang herab und ließ das winzige Dinglein auf seinen Armen tanzen; wenn dann der Schimmel seine braunen Augen auf das Kind gerichtet hielt, dann sprach er wohl: »Komm her; sollst auch die Ehre haben!« Und er setzte die kleine Wienke – denn so war sie getauft worden – auf seinen Sattel und führte den Schimmel auf der Werft im Kreise herum. Auch der alte Eschenbaum hatte mitunter die Ehre; er setzte das Kind auf einen schwanken Ast und ließ es schaukeln. Die Mutter stand mit lachenden Augen in der Haustür; das Kind aber lachte nicht, seine Augen, zwischen denen ein feines Näschen stand, schauten ein wenig stumpf ins Weite, und die kleinen Hände griffen nicht nach dem Stöckchen, das der Vater ihr hinhielt. Hauke achtete nicht darauf, er wußte auch nichts von so kleinen Kindern; nur Elke, wenn sie das helläugige Mädchen auf dem Arm ihrer Arbeitsfrau erblickte, die mit ihr zugleich das Wochenbett bestanden hatte, sagte mitunter schmerzlich: »Das Meine ist noch nicht so weit wie deines, Stina!« Und die Frau, ihren dicken Jungen, den sie an der Hand hatte, mit derber Liebe schüttelnd, rief dann wohl: »Ja, Frau, die Kinder sind verschieden; der da, der stahl mir schon die Äpfel aus der Kammer, bevor er übers zweite Jahr hinaus war!« Und Elke strich dem dicken Buben sein Kraushaar aus den Augen und drückte dann heimlich ihr stilles Kind ans Herz.

– – Als es in den Oktober hineinging, stand an der Westseite die neue Schleuse schon fest in dem von beiden Seiten schließenden Hauptdeich, der bis auf die Lücken bei dem Priele nun mit seinem sanften Profile ringsum nach den Wasserseiten abfiel und um fünfzehn Fuß die ordinäre Flut überragte. Von seiner Nordwestecke sah man an Jevershallig vorbei ungehindert in das Wattenmeer hinaus; aber freilich auch die Winde faßten hier schärfer; die Haare flogen, und wer hier ausschauen wollte, der mußte die Mütze fest auf dem Kopf haben.

Zu Ende November, wo Sturm und Regen eingefallen waren, blieb nur noch hart am alten Deich die Schlucht zu schließen, auf deren Grund an der Nordseite das Meerwasser durch den Priel in den neuen Koog hineinschoß. Zu beiden Seiten standen die Wände des Deiches; der Abgrund zwischen ihnen mußte jetzt verschwinden. Ein trocken Sommerwetter hätte die Arbeit wohl erleichtert; aber auch so mußte sie getan werden, denn ein aufbrechender Sturm konnte das ganze Werk gefährden. Und Hauke setzte alles daran, um jetzt den Schluß herbeizuführen. Der Regen strömte, der Wind pfiff; aber seine hagere Gestalt auf dem feurigen Schimmel tauchte bald hier, bald dort aus den schwarzen Menschenmassen empor, die oben wie unten an der Nordseite des Deiches neben der Schlucht beschäftigt waren. Jetzt sah man ihn unten bei den Sturzkarren, die schon weither die Kleierde aus dem Vorlande holen mußten, und von denen eben ein gedrängter Haufen bei dem Priele anlangte und seine Last dort abzuwerfen suchte. Durch das Geklatsch des Regens und das Brausen des Windes klangen von Zeit zu Zeit die scharfen Befehlsworte des Deichgrafen, der heute hier allein gebieten wollte; er rief die Karren nach den Nummern vor und wies die Drängenden zurück; ein »Halt!« scholl von seinem Munde; dann ruhte unten die Arbeit; »Stroh! ein Fuder Stroh hinab!« rief er denen droben zu, und von einem der oben haltenden Fuder stürzte es auf den nassen Klei hinunter. Unten sprangen Männer dazwischen und zerrten es auseinander und schrien nach oben, sie nur nicht zu begraben. Und wieder kamen neue

Karren, und Hauke war schon wieder oben und sah von seinem Schimmel in die Schlucht hinab, und wie sie dort schaufelten und stürzten; dann warf er seine Augen nach dem Haf hinaus. Es wehte scharf, und er sah, wie mehr und mehr der Wassersaum am Deich hinaufklimmte und wie die Wellen sich noch höher hoben; er sah auch, wie die Leute trieften und kaum atmen konnten in der schweren Arbeit vor dem Winde, der ihnen die Luft am Munde abschnitt, und vor dem kalten Regen, der sie überströmte. »Ausgehalten, Leute! Ausgehalten!« schrie er zu ihnen hinab. »Nur einen Fuß noch höher; dann ist's genug für diese Flut!« Und durch alles Getöse des Wetters hörte man das Geräusch der Arbeiter; das Klatschen der hineingestürzten Kleimassen, das Rasseln der Karren und das Rauschen des von oben hinabgelassenen Strohes ging unaufhaltsam vorwärts; dazwischen war mitunter das Winseln eines kleinen gelben Hundes laut geworden, der frierend und wie verloren zwischen Menschen und Fuhrwerken herumgestoßen wurde; plötzlich aber scholl ein jammervoller Schrei des kleinen Tieres von unten aus der Schlucht herauf. Hauke blickte hinab; er hatte es von oben hinunterschleudern sehen; eine jähe Zornröte stieg ihm ins Gesicht. »Halt! Haltet ein!« schrie er zu den Karren hinunter; denn der nasse Klei wurde unaufhaltsam aufgeschüttet.

»Warum?« schrie eine rauhe Stimme von unten herauf; »doch um die elende Hundekreatur nicht?«

»Halt! sag ich«, schrie Hauke wieder; »bringt mir den Hund! Bei unserm Werke soll kein Frevel sein!«

Aber es rührte sich keine Hand; nur ein paar Spaten zähen Kleis flogen noch neben das schreiende Tier. Da gab er seinem Schimmel die Sporen, daß das Tier einen Schrei ausstieß, und stürmte den Deich hinab, und alles wich vor ihm zurück. »Den Hund!« schrie er; »ich will den Hund!«

Eine Hand schlug sanft auf seine Schulter, als wäre es die Hand des alten Jewe Manners; doch als er umsah, war es nur ein Freund des Alten. »Nehmt Euch in acht, Deichgraf!« raunte der ihm zu. »Ihr habt nicht Freunde unter diesen Leuten; laßt es mit dem Hunde gehen!«

Der Wind pfiff, der Regen klatschte; die Leute hatten die Spaten in den Grund gesteckt, einige sie fortgeworfen. Hauke neigte sich zu dem Alten: »Wollt ihr meinen Schimmel halten, Harke Jens?« frug er; und als jener noch kaum den Zügel in der Hand hatte, war Hauke schon in die Kluft gesprungen und hielt das kleine winselnde Tier in seinem Arm; und fast im selben Augenblick saß er auch wieder hoch im Sattel und sprengte auf den Deich zurück. Seine Augen flogen über die Männer, die bei den Wagen standen. »Wer war es?« rief er. »Wer hat die Kreatur hinabgeworfen?«

Einen Augenblick schwieg alles; denn aus dem hageren Gesicht des Deichgrafen sprühte der Zorn, und sie hatten abergläubische Furcht vor ihm. Da trat von einem Fuhrwerk ein stiernackiger Kerl vor ihn hin. »Ich tat es nicht, Deichgraf«, sagte er und biß von einer Rolle Kautabak ein Endchen ab, das er sich erst ruhig in den Mund schob; »aber der es tat, hat recht getan; soll Euer Deich sich halten, so muß was Lebiges hinein!«

– »Was Lebiges? Aus welchem Katechismus hast du das gelernt?«

»Aus keinem, Herr!« entgegnete der Kerl, und aus seiner Kehle stieß ein freches Lachen; »das haben unsere Großväter schon gewußt, die sich mit Euch im Christentum wohl messen durften! Ein Kind ist besser noch; wenn das nicht da ist, tut's auch ein Hund!«

»Schweig du mit deinen Heidenlehren«, schrie ihn Hauke an, »es stopfte besser, wenn man dich hineinwürfe.«

»Oho!« erscholl es; aus einem Dutzend Kehlen war der Laut gekommen, und der Deichgraf gewahrte ringsum grimmige Gesichter und geballte Fäuste; er sah wohl, daß das keine Freunde waren; der Gedanke an seinen Deich überfiel ihn wie ein Schrecken: was sollte werden, wenn jetzt alle ihre Spaten hinwürfen? – Und als er nun den Blick nach unten richtete, sah er wieder den Freund des alten Jewe Manners; der ging dort zwischen den Arbeitern, sprach zu dem und jenem, lachte hier einem zu, klopfte dort mit freundlichem Gesicht einem auf die Schulter, und einer nach dem anderen faßte wieder seinen Spaten; noch einige Augenblicke, und die Arbeit war wieder in vollem Gange. – Was wollte er denn noch? Der Priel mußte geschlossen werden, und den Hund barg er sicher genug in den Falten seines Mantels. Mit plötzlichem Entschluß wandte er seinen Schimmel gegen des nächsten Wagen: »Stroh an die Kante!« rief er herrisch, und wie mechanisch gehorchte ihm der Fuhrknecht; bald rauschte es hinab in die Tiefe, und von allen Seiten regte es sich aufs neue und mit allen Armen.

Eine Stunde wurde noch so gearbeitet; es war nach sechs Uhr, und schon brach tiefe Dämmerung herein; der Regen hatte aufgehört; da rief Hauke die Aufseher an sein Pferd. »Morgen früh vier Uhr«, sagte er, »ist alles wieder auf dem Platz; der Mond wird noch am Himmel sein; da machen wir mit Gott den Schluß! Und dann noch eines!« rief er, als sie gehen wollten; »Kennt ihr den Hund?« und er nahm das zitternde Tier aus seinem Mantel.

Sie verneinten das; nur einer sagte: »Der hat sich taglang schon im Dorf herumgebettelt; der gehört gar keinem!«

»Dann ist er mein!« entgegnete der Deichgraf. »Vergesset nicht: morgen früh vier Uhr!« und ritt davon.

Als er heimkam, trat Ann Grete aus der Tür: sie hatte saubere Kleidung an, und es fuhr ihm durch den Kopf, sie gehe jetzt zum Konventikelschneider. »Halt die Schürze auf!« rief er ihr zu, und da sie es unwillkürlich tat, warf er das kleibeschmutzte Hündlein ihr hinein. »Bring ihn der kleinen Wienke; er soll ihr Spielkamerad werden! Aber wasch und wärm ihn zuvor; so tust du auch ein gottgefällig Werk, denn die Kreatur ist schier verklommen.«

Und Ann Grete konnte nicht lassen, ihrem Wirt Gehorsam zu leisten, und kam deshalb heute nicht in den Konventikel.

Und am anderen Tage wurde der letzte Spatenstich am neuen Deich getan; der Wind hatte sich gelegt; in anmutigem Fluge schwebten Möwen und Avosetten über Land und Wasser hin und wider; von Jevershallig tönte das tausendstimmige Geknorr der Rottgänse, die sich's noch heute an der Küste der Nordsee wohl sein ließen, und aus den weißen Morgennebeln, welche die weite Marsch bedeckten, stieg allmählich ein goldner Herbsttag und beleuchtete das neue Werk der Menschenhände.

Nach einigen Wochen kamen mit dem Oberdeichgrafen die herrschaftlichen Kommissäre zur Besichtigung desselben; ein großes Festmahl, das erste nach dem Leichenmahl des alten

Tede Volkerts, wurde im deichgräflichen Hause gehalten; alle Deichgevollmächtigten und die größten Interessenten waren dazu geladen. Nach Tische wurden sämtliche Wagen der Gäste und des Deichgrafen angespannt; Frau Elke wurde von dem Oberdeichgrafen in die Karriole gehoben, vor der der braune Wallach mit seinen Hufen stampfte; dann sprang er selber hinten nach und nahm die Zügel in die Hand; er wollte die gescheite Frau seines Deichgrafen selber fahren. So ging es munter von der Werfte und in den Weg hinaus, den Akt zum neuen Deich hinan und auf demselben um den jungen Koog herum. Es war inmittelst ein leichter Nordwestwind aufgekommen, und an der Nord- und Westseite des neuen Deiches wurde die Flut hinaufgetrieben; aber es war unverkennbar, der sanfte Abfall bedingte einen sanfteren Anschlag; aus dem Munde der herrschaftlichen Kommissäre strömte das Lob des Deichgrafen, daß die Bedenken, welche hie und da von den Gevollmächtigten dagegen langsam vorgebracht wurden, gar bald darin erstickten.

– Auch das ging vorüber; aber noch eine Genugtuung empfing der Deichgraf eines Tages, da er in stillem, selbstbewußtem Sinnen auf dem neuen Deich entlang ritt. Es mochte ihm wohl die Frage kommen, weshalb der Koog, der ohne ihn nicht da wäre, in dem sein Schweiß und seine Nachtwachen steckten, nun schließlich nach einer der herrschaftlichen Prinzessinnen »der neue Karolinenkoog« getauft sei; aber es war doch so: auf allen dahin gehörigen Schriftstücken stand der Name, auf einigen sogar in roter Frakturschrift. Da, als er aufblickte, sah er zwei Arbeiter mit ihren Feldgerätschaften, der eine etwa zwanzig Schritte hinter dem anderen, sich entgegenkommen. »So wart doch!« hörte er den Nachfolgenden rufen; der andere aber – er stand eben an einem Akt, der in den Koog hinunterführte – rief ihm entgegen: »Ein andermal, Jens! Es ist schon spät; ich soll hier Klei schlagen!«

– »Wo denn?«

»Nun hier, im Hauke-Haien-Koog!«

Er rief es laut, indem er den Akt hinabtrabte, als solle die ganze Marsch es hören, die darunter lag. Hauke aber war es, als höre er seinen Ruhm verkünden; er hob sich im Sattel, gab seinem Schimmel die Sporen und sah mit festen Augen über die weite Landschaft hin, die zu seiner Linken lag. »Hauke-Haien-Koog!« wiederholte er leis; das klang, als könnt es alle Zeit nicht anders heißen! Mochten sie trotzen, wie sie wollten, um seinen Namen war doch nicht herumzukommen; der Prinzessinnen-Name – würde er nicht bald nur noch in alten Schriften modern? – Der Schimmel ging in stolzem Galopp; vor seinen Ohren aber summte es: »Hauke-Haien-Koog! Hauke-Haien-Koog!«In seinem Gedanken wuchs fast der neue Deich zu einem achten Weltwunder; in ganz Friesland war nicht seinesgleichen! Und er ließ den Schimmel tanzen; ihm war, er stünde inmitten aller Friesen; er überragte sie um Kopfeshöhe, und seine Blicke flogen scharf und mitleidig über sie hin.

– – Allmählich waren drei Jahre seit der Eindeichung hingegangen; das neue Werk hatte sich bewährt, die Reparaturkosten waren nur gering gewesen; im Kooge aber blühte jetzt fast überall der weiße Klee, und ging man über die geschützten Weiden, so trug der Sommerwind einem ganze Wolken süßen Dufts entgegen. Da war die Zeit gekommen, die bisher nur idealen Anteile in wirkliche zu verwandeln und allen Teilnehmern ihre bestimmten Stücke für immer eigentümlich zuzusetzen. Hauke war nicht müßig gewesen, vorher noch einige neue zu erwerben; Ole Peters hatte sich verbissen zurückgehalten, ihm gehörte nichts im neuen Kooge. Ohne Verdruß und Streit hatte auch so die Teilung nicht abgehen können; aber fertig war er gleichwohl geworden; auch dieser Tag lag hinter dem Deichgrafen.

Fortan lebte er einsam seinen Pflichten als Hofwirt wie als Deichgraf und denen, die ihm am nächsten angehörten; die alten Freunde waren nicht mehr in der Zeitlichkeit, neue zu erwerben war er nicht geeignet. Aber unter seinem Dach war Frieden, den auch das stille Kind nicht störte; es sprach wenig, das stete Fragen, was den aufgeweckten Kindern eigen ist, kam selten und meist so, daß dem Gefragten die Antwort darauf schwer wurde; aber ihr liebes, einfältiges Gesichtlein trug fast immer den Ausdruck der Zufriedenheit. Zwei Spielkameraden hatte sie, die waren ihr genug: wenn sie über die Werfte wanderte, sprang das gerettete gelbe Hündlein stets um sie herum, und wenn der

Hund sich zeigte, war auch klein Wienke nicht mehr fern. Der zweite Kamerad war eine Lachmöwe, und wie der Hund »Perle«, so hieß die Möwe »Claus«.

Claus war durch ein greises Menschenkind auf dem Hofe installiert worden: die achtzigjährige Trin' Jans hatte in ihrer Kate auf dem Außendeich sich nicht mehr durchbringen können; da hatte Frau Elke gemeint, die verlebte Dienstmagd ihres Großvaters könnte bei ihnen noch ein paar stille Abendstunden und eine gute Sterbekammer finden, und so, halb mit Gewalt, war sie von ihr und Hauke nach dem Hofe geholt und in dem Nordwest-Stübchen der neuen Scheuer untergebracht worden, die der Deichgraf vor einigen Jahren neben dem Haupthause bei der Vergrößerung seiner Wirtschaft hatte bauen müssen. Ein paar der Mägde hatten daneben ihre Kammer erhalten und konnten der Greisin nachts zur Hand gehen. Rings an den Wänden hatte sie ihr altes Hausgerät: eine Schatulle von Zuckerkistenholz, darüber zwei bunte Bilder vom verlorenen Sohn, ein längst zur Ruhe gestelltes Spinnrad und ein sehr sauberes Gardinenbett, vor dem ein ungefüger, mit dem weißen Fell des weiland Angorakaters überzogener Schemel stand. Aber auch was Lebiges hatte sie noch um sich gehabt und mit hieher gebracht: das war die Möwe Claus, die sich schon jahrelang zu ihr gehalten hatte und von ihr gefüttert worden war; freilich, wenn es Winter wurde, flog sie mit den anderen Möwen südwärts und kam erst wieder, wenn am Strand der Wermut duftete.

Die Scheuer lag etwas tiefer an der Werfte; die Alte konnte von ihrem Fenster aus nicht über den Deich auf die See hinausblicken. »Du hast mich hier als wie gefangen, Deichgraf!« murrte sie eines Tages, als Hauke zu ihr eintrat, und wies mit ihrem verkrümmten Finger nach den Fennen hinaus, die sich dort unten breiteten. »Wo ist denn Jeverssand? Da über den roten oder über den schwarzen Ochsen hinaus?«

»Was will Sie denn mit Jeverssand?« frug Hauke.

– »Ach was, Jeverssand!« brummte die Alte. »Aber ich will doch sehen, wo mein Jung mir derzeit ist zu Gott gegangen!«

– »Wenn Sie das sehen will«, entgegnete Hauke, »so muß Sie sich oben unter den Eschenbaum setzen, da sieht Sie das ganze Haf!«

»Ja«, sagte die Alte; »ja, wenn ich deine jungen Beine hätte, Deichgraf!«

Dergleichen blieb lange der Dank für die Hülfe, die ihr die Deichgrafsleute angedeihen ließen; dann aber wurde es auf einmal anders. Der kleine Kindskopf Wienkes guckte eines Morgens durch die halbgeöffnete Tür zu ihr herein. »Na«, rief die Alte, welche mit den Händen ineinander auf ihrem Holzstuhl saß, »was hast du denn zu bestellen?«

Aber das Kind kam schweigend näher und sah sie mit ihren gleichgültigen Augen unablässig an.

»Bist du das Deichgrafskind?« frug sie Trin' Jans, und da das Kind wie nickend das Köpfchen senkte, fuhr sie fort: »So setz dich hier auf meinen Schemel! Ein Angorakater ist's gewesen – so groß! Aber dein Vater hat ihn totgeschlagen. Wenn er noch lebig wäre, so könntest du auf ihm reiten.«

Wienke richtete stumm ihre Augen auf das weiße Fell; dann kniete sie nieder und begann es mit ihren kleinen Händen zu streicheln, wie Kinder es bei einer lebenden Katze oder einem Hunde zu machen pflegen. »Armer Kater!« sagte sie dann und fuhr wieder in ihren Liebkosungen fort.

»So!« rief nach einer Weile die Alte; »jetzt ist es genug; und sitzen kannst du auch noch heut auf ihm; vielleicht hat dein Vater ihn auch nur um deshalb totgeschlagen!« Dann hob sie das Kind an beiden Armen in die Höhe und setzte es derb auf den Schemel nieder. Da es aber stumm und unbeweglich sitzen blieb und sie nur immer ansah, begann sie mit dem Kopfe zu schütteln. »Du strafst ihn, Gott der Herr! Ja, ja, du strafst ihn!« murmelte sie; aber ein Erbarmen mit dem Kinde schien sie doch zu überkommen; ihre knöcherne Hand strich über das dürftige Haar desselben, und aus den Augen der Kleinen kam es, als ob ihr damit wohl geschehe.

Von nun an kam Wienke täglich zu der Alten in die Kammer; sie setzte sich bald von selbst auf den Angoraschemel, und Trin' Jans gab ihr kleine Fleisch- und Brotstückchen in ihre Händchen, welche sie allezeit in Vorrat hatte, und ließ sie diese auf den Fußboden werfen; dann kam mit Gekreisch und ausgespreizten Flügeln die Möwe aus irgendeinem Winkel hervorgeschossen und machte sich darüber her. Erst erschrak das Kind und schrie auf vor dem großen, stürmenden Vogel; bald aber war es wie ein eingelerntes Spiel, und wenn sie nur ihr Köpfchen durch den Türspalt steckte, schoß schon der Vogel auf sie zu und setzte sich ihr auf Kopf oder Schulter, bis die Alte ihr zu Hülfe kam und die Fütterung beginnen konnte. Trin' Jans, die es sonst nicht hatte leiden können, daß einer auch nur die Hand nach ihrem »Claus« ausstreckte, sah jetzt geduldig zu, wie das Kind allmählich ihr den Vogel völlig abgewann. Er ließ sich willig von ihr haschen; sie trug ihn umher und wickelte ihn in ihre Schürze, und wenn dann auf der Werfte etwa das gelbe Hündlein um sie herum- und eifersüchtig gegen den Vogel aufsprang, dann rief sie wohl: »Nicht du, nicht du, Perle!« und hob mit ihren Ärmchen die Möwe so hoch, daß diese, sich selbst befreiend, schreiend über die Werfte hinflog, und statt ihrer nun der Hund durch Schmeicheln und Springen den Platz auf ihren Armen zu erobern suchte.

Fielen zufällig Haukes und Elkes Augen auf dies wunderliche Vierblatt, das nur durch einen gleichen Mangel am selben Stengel festgehalten wurde, dann flog wohl ein zärtlicher Blick auf ihr Kind; hatten sie sich gewandt, so blieb nur noch ein Schmerz auf ihrem Antlitz, den jedes einsam mit sich von dannen trug; denn das erlösende Wort war zwischen ihnen noch nicht gesprochen worden. Da eines Sommervormittags, als Wienke mit der Alten und den beiden Tieren auf den großen Steinen vor der Scheuntür saß, gingen ihre beiden Eltern, der Deichgraf seinen Schimmel hinter sich, die Zügel über dem Arme, hier vorüber; er wollte auf den Deich hinaus und hatte das Pferd sich selber von der Fenne heraufgeholt; sein Weib hatte auf der Werfte sich an seinen Arm gehängt. Die Sonne schien warm hernieder; es war fast schwül, und mitunter kam ein Windstoß aus Südsüdost. Dem Kinde mochte es auf dem Platze unbehaglich werden. »Wienke will mit!« rief sie, schüttelte die Möwe von ihrem Schoß und griff nach der Hand des Vaters.

»So komm!« sagte dieser.

– Frau Elke aber rief. »In dem Wind? Sie fliegt dir weg!«

»Ich halt sie schon; und heut haben wir warme Luft und lustig Wasser, da kann sie's tanzen sehen.«

Und Elke lief ins Haus und holte noch ein Tüchlein und ein

Käppchen für ihr Kind. »Aber es gibt ein Wetter«, sagte sie; »macht, daß ihr fortkommt, und seid bald wieder hier!«

Hauke lachte: »Das soll uns nicht zu fassen kriegen!« und hob das Kind zu sich auf den Sattel. Frau Elke blieb noch eine Weile auf der Werfte und sah, mit der Hand ihre Augen beschattend, die beiden auf den Weg und nach dem Deich hinübertraben; Trin' Jans saß auf dem Stein und murmelte Unverständliches mit ihren welken Lippen.

Das Kind lag regungslos im Arm des Vaters; es war, als atme es beklommen unter dem Druck der Gewitterluft; er neigte den Kopf zu ihr. »Nun, Wienke?« frug er.

Das Kind sah ihn eine Weile an: »Vater«, sagte es, »du kannst das doch! Kannst du nicht alles?«

»Was soll ich können, Wienke?«

Aber sie schwieg; sie schien die eigene Frage nicht verstanden zu haben.

Es war Hochflut; als sie auf den Deich hinaufkamen, schlug der Widerschein der Sonne von dem weiten Wasser ihr in die Augen, ein Wirbelwind trieb die Wellen strudelnd in die Höhe, und neue kamen heran und schlugen klatschend gegen den Strand; da klammerte sie ihre Händchen angstvoll um die Faust ihres Vaters, die den Zügel führte, daß der Schimmel mit einem Satz zur Seite fuhr. Die blaßblauen Augen sahen in wirrem Schreck zu Hauke auf »Das Wasser, Vater! das Wasser!« rief sie.

Aber er löste sich sanft und sagte: »Still, Kind, du bist bei deinem Vater; das Wasser tut dir nichts!«

Sie strich sich das fahlblonde Haar aus der Stirn und wagte es wieder, auf die See hinauszusehen. »Es tut mir nichts«, sagte sie zitternd; »nein, sag, daß es uns nichts tun soll; du kannst das, und dann tut es uns auch nichts!«

»Nicht ich kann das, Kind«, entgegnete Hauke ernst: »aber der Deich, auf dem wir reiten, der schützt uns, und den hat dein Vater ausgedacht und bauen lassen.«

Ihre Augen gingen wider ihn, als ob sie das nicht ganz verstünde; dann barg sie ihr auffallend kleines Köpfchen in dem weiten Rocke ihres Vaters.

»Warum versteckst du dich, Wienke?« raunte der ihr zu; »ist dir noch immer bange?« Und ein zitterndes Stimmchen kam aus den Falten des Rockes: »Wienke will lieber nicht sehen; aber du kannst doch alles, Vater?«

Ein ferner Donner rollte gegen den Wind herauf. »Hoho?« rief Hauke, »da kommt es!« und wandte sein Pferd zur Rückkehr. »Nun wollen wir heim zur Mutter!«

Das Kind tat einen tiefen Atemzug; aber erst als sie die Werfte und das Haus erreicht hatten, hob es das Köpfchen von seines Vaters Brust. Als dann Frau Elke ihr im Zimmer das Tüchelchen und die Kapuze abgenommen hatte, blieb sie wie ein kleiner stummer Kegel vor der Mutter stehen. »Nun, Wienke«, sagte diese und schüttelte sie leise, »magst du das große Wasser leiden?«

Aber das Kind riß die Augen auf »Es spricht«, sagte sie; »Wienke ist bange!«

– »Es spricht nicht; es rauscht und toset nur!«

Das Kind sah ins Weite. »Hat es Beine?« frug es wieder; »kann es über den Deich kommen?«

– »Nein, Wienke; dafür paßt dein Vater auf, er ist der Deichgraf.«

»Ja«, sagte das Kind und klatschte mit blödem Lächeln in seine Händchen; »Vater kann alles – alles!« Dann plötzlich, sich von der Mutter abwendend, rief sie: »Laß Wienke zu Trin' Jans, die hat rote Äpfel!«

Und Elke öffnete die Tür und ließ das Kind hinaus. Als sie dieselbe wieder geschlossen hatte, schlug sie mit einem Ausdruck des tiefsten Grams die Augen zu ihrem Manne auf, aus denen ihm sonst nur Trost und Mut zu Hülfe gekommen war.

Er reichte ihr die Hand und drückte sie, als ob es zwischen ihnen keines weiteren Wortes bedürfe; sie aber sagte leis: »Nein, Hauke, laß mich sprechen: das Kind, das ich nach Jahren dir geboren habe, es wird für immer ein Kind bleiben. O, lieber Gott! es ist schwachsinnig; ich muß es einmal vor dir sagen.«

»Ich wußte es längst«, sagte Hauke und hielt die Hand seines Weibes fest, die sie ihm entziehen wollte.

»So sind wir denn doch allein geblieben«, sprach sie wieder.

Aber Hauke schüttelte den Kopf. »Ich hab sie lieb, und sie schlägt ihre Ärmchen um mich und drückt sich fest an meine Brust; um alle Schätze wollt ich das nicht missen!«

Die Frau sah finster vor sich hin. »Aber warum?« sprach sie; »was hab ich arme Mutter denn verschuldet?«

– »Ja, Elke, das hab ich freilich auch gefragt; den, der allein es wissen kann; aber du weißt ja auch, der Allmächtige gibt den Menschen keine Antwort – vielleicht, weil wir sie nicht begreifen würden.«

Er hatte auch die andere Hand seines Weibes gefaßt und zog sie sanft zu sich heran. »Laß dich nicht irren, dein Kind, wie du es tust, zu lieben; sei sicher, das versteht es!«

Da warf sich Elke an ihres Mannes Brust und weinte sich satt und war mit ihrem Leid nicht mehr allein. Dann plötzlich lächelte sie ihn an; nach einem heftigen Händedruck lief sie hinaus und holte sich ihr Kind aus der Kammer der alten Trin' Jans, und nahm es auf ihren Schoß und hätschelte und küßte es, bis es stammelnd sagte: »Mutter, mein liebe Mutter!«

So lebten die Menschen auf dem Deichgrafshofe still beisammen; wäre das Kind nicht dagewesen, es hätte viel gefehlt.

Allmählich verfloß der Sommer; die Zugvögel waren durchgezogen, die Luft wurde leer vom Gesang der Lerchen; nur vor den Scheunen, wo sie beim Dreschen Körner pickten, hörte man hie und da einige kreischend davonfliegen; schon war alles hart gefroren. In der Küche des Haupthauses saß eines Nachmittags die alte Trin' Jans auf der Holzstufe einer Treppe, die neben dem Feuerherd nach dem Boden lief. Es war in den letzten Wochen, als sei sie aufgelebt; sie kam jetzt gern einmal in die Küche und sah Frau Elke hier hantieren; es war keine Rede mehr davon, daß ihre Beine sie nicht hätten dahin tragen können, seit eines Tages klein Wienke sie an der Schürze hier heraufgezogen hatte. Jetzt kniete das Kind an ihrer Seite und sah mit seinen stillen Augen in die Flammen, die aus dem Herdloch aufflackerten; ihr eines Händchen klammerte sich an den Ärmel der Alten, das andere lag in ihrem eigenen fahlblonden Haar. Trin' Jans erzählte: »Du weißt«, sagte sie, »ich stand in Dienst bei deinem Urgroßvater, als Hausmagd, und dann mußt ich die Schweine füttern; der war klüger als sie alle – da war es, es ist grausam lange her; aber eines Abends, der Mond schien, da ließen sie die Hafschleuse schließen, und sie konnte nicht wieder zurück in See. O, wie sie schrie und mit ihren Fischhänden sich ihre harten struppigen Haare griff! Ja, Kind, ich sah es und hörte sie selber schreien! Die Gräben zwischen den Fennen waren alle voll Wasser, und der Mond schien darauf, daß sie wie Silber glänzten, und sie schwamm aus einem Graben in den anderen und hob die Arme und schlug, was ihre Hände waren, aneinander, daß man es weither klatschen hörte, als wenn sie beten wollte; aber, Kind, beten können diese Kreaturen nicht. Ich saß vor der Haustür auf ein paar Balken, die zum Bauen angefahren waren, und sah weithin über die Fennen; und das Wasserweib schwamm noch immer in den Gräben, und wenn sie die Arme aufhob, so glitzerten auch die wie Silber und Demanten. Zuletzt sah ich sie nicht mehr, und die Wildgänse und Möwen, die ich all die Zeit nicht gehört hatte, zogen wieder mit Pfeifen und Schnattern durch die Luft.«

Die Alte schwieg; das Kind hatte ein Wort sich aufgefangen. »Konnte nicht beten?« frug sie. »Was sagst du? Wer war es?«

»Kind«, sagte die Alte; »die Wasserfrau war es; das sind Undinger, die nicht selig werden können.«

»Nicht selig!« wiederholte das Kind, und ein tiefer Seufzer, als habe sie das verstanden, hob die kleine Brust.

– »Trin' Jans!« kam eine tiefe Stimme von der Küchentür, und die Alte zuckte leicht zusammen. Es war der Deichgraf Hauke Haien, der dort am Ständer lehnte: »Was redet Sie dem Kinde vor? Hab ich Ihr nicht geboten, Ihre Mären für sich zu behalten, oder sie den Gäns' und Hühnern zu erzählen?«

Die Alte sah ihn mit einem bösen Blick an und schob die Kleine von sich fort: »Das sind keine Mären«, murmelte sie in sich hinein, »das hat mein Großohm mir erzählt.«

– »Ihr Großohm, Trin'? Sie wollte es ja eben selbst erlebt haben.«

»Das ist egal«, sagte die Alte; »aber Ihr glaubt nicht, Hauke Haien; Ihr wollt wohl meinen Großohm noch zum Lügner machen!« Dann rückte sie näher an den Herd und streckte die Hände über die Flammen des Feuerlochs.

Der Deichgraf warf einen Blick gegen das Fenster; draußen dämmerte es noch kaum. »Komm, Wienke!« sagte er und zog sein schwachsinniges Kind zu sich heran; »komm mit mir, ich will dir draußen vom Deich aus etwas zeigen! Nur müssen wir zu Fuß gehen; der Schimmel ist beim Schmied.« Dann ging er mit ihr in die Stube, und Elke band dem Kinde dicke wollene Tücher um Hals und Schultern; und bald danach ging der Vater mit ihr auf dem alten Deiche nach Nordwest hinauf, Jeverssand vorbei, bis wo die Watten breit, fast unübersehbar wurden.

Bald hatte er sie getragen, bald ging sie an seiner Hand; die Dämmerung wuchs allmählich; in der Ferne verschwand alles im Dunst und Duft. Aber dort, wohin noch das Auge reichte, hatten die unsichtbar schwellenden Wattströme das Eis zerrissen, und, wie Hauke Haien es in seiner Jugend einst gesehen hatte, aus den Spalten stiegen wie damals die rauchenden Nebel, und daran entlang waren wiederum die unheimlichen närrischen Gestalten und hüpften gegeneinander und dienerten und dehnten sich plötzlich schreckhaft in die Breite.

Das Kind klammerte sich angstvoll an seinen Vater und deckte dessen Hand über sein Gesichtlein: »Die Seeteufel!« raunte es zitternd zwischen seine Finger; »die Seeteufel!«

Er schüttelte den Kopf: »Nein, Wienke, weder Wasserweiber noch Seeteufel; so etwas gibt es nicht; wer hat dir davon gesagt?«

Sie sah mit stumpfem Blicke zu ihm herauf, aber sie antwortete nicht. Er strich ihr zärtlich über die Wangen. »Sieh nur wieder hin!« sagte er, »das sind nur arme hungrige Vögel! Sieh nur, wie jetzt der große seine Flügel breitet, die holen sich die Fische, die in die rauchenden Spalten kommen.«

»Fische«, wiederholte Wienke.

»Ja, Kind, das alles ist lebig, so wie wir; es gibt nichts anderes; aber der liebe Gott ist überall!«

Klein Wienke hatte ihre Augen fest auf den Boden gerichtet und hielt den Atem an; es war, als sähe sie erschrocken in einen Abgrund. Es war vielleicht nur so; der Vater blickte lange auf sie hin, er bückte sich und sah in ihr Gesichtlein; aber keine Regung der verschlossenen Seele wurde darin kund. Er hob sie auf den Arm und steckte ihre verklommenen Händchen in einen seiner dicken Wollhandschuhe: »So, mein Wienke« – und das Kind vernahm wohl nicht den Ton von heftiger Innigkeit in seinen Worten –, »so, wärm dich bei mir! Du bist doch mein Kind, unser einziges. Du hast uns lieb...!« Die Stimme brach dem

Manne; aber die Kleine drückte zärtlich ihr Köpfchen in seinen rauhen Bart.

So gingen sie friedlich heimwärts.

Nach Neujahr war wieder einmal die Sorge in das Haus getreten; ein Marschfieber hatte den Deichgrafen ergriffen; auch mit ihm ging es nah am Rand der Grube her, und als er unter Frau Elkes Pfleg und Sorge wieder erstanden war, schien er kaum derselbe Mann. Die Mattigkeit des Körpers lag auch auf seinem Geiste, und Elke sah mit Besorgnis, wie er allzeit leicht zufrieden war. Dennoch, gegen Ende des März, drängte es ihn, seinen Schimmel zu besteigen und zum ersten Male wieder auf seinem Deich entlangzureiten; es war an einem Nachmittage, und die Sonne, die zuvor geschienen hatte, lag längst schon wieder hinter trübem Duft.

Im Winter hatte es ein paarmal Hochwasser gegeben; aber es war nicht von Belang gewesen; nur drüben am andern Ufer war auf einer Hallig eine Herde Schafe ertrunken und ein Stück vom Vorland abgerissen worden; hier an dieser Seite und am neuen Kooge war ein nennenswerter Schaden nicht geschehen. Aber in der letzten Nacht hatte ein stärkerer Sturm getobt; jetzt mußte der Deichgraf selbst hinaus und alles mit eigenem Aug besichtigen. Schon war er unten von der Südostecke aus auf dem neuen Deich herumgeritten, und es war alles wohl erhalten; als er aber an die Nordostecke gekommen war, dort, wo der neue Deich auf den alten stößt, war zwar der erstere unversehrt, aber wo früher der Priel den alten erreicht hatte und an ihm entlanggeflossen war, sah er in großer Breite die Grasnarbe zerstört und fortgerissen und in dem Körper des Deiches eine von der Flut gewühlte Höhlung, durch welche überdies ein Gewirr von Mäusegängen bloßgelegt war. Hauke stieg vom Pferde und besichtigte den Schaden in der Nähe: das Mäuseunheil schien unverkennbar noch unsichtbar weiter fortzulaufen.

Er erschrak heftig; gegen alles dieses hätte schon beim Bau des neuen Deiches Obacht genommen werden müssen; da es damals übersehen worden, so mußte es jetzt geschehen! – Das Vieh war noch nicht auf den Fennen, das Gras war ungewohnt zurückgeblieben; wohin er blickte, es sah ihn leer und öde an. Er bestieg wieder sein Pferd und ritt am Ufer hin und her: es war Ebbe, und er gewahrte wohl, wie der Strom von außen her sich wieder ein neues Bett im Schlick gewühlt hatte und jetzt von Nordwesten auf den alten Deich gestoßen war; der neue aber, soweit es ihn traf, hatte mit seinem sanfteren Profile dem Anprall widerstehen können.

Ein Haufen neuer Plag und Arbeit erhob sich vor der Seele des Deichgrafen: nicht nur der alte Deich mußte hier verstärkt, auch dessen Profil dem des neuen angenähert werden; vor allem aber mußte der als gefährlich wieder aufgetretene Priel durch neuzulegende Dämme oder Lahnungen abgeleitet werden. Noch einmal ritt er auf dem neuen Deich bis an die äußerste Nordwestecke, dann wieder rückwärts, die Augen unablässig auf das neugewühlte Bett des Priel heftend, der ihm zur Seite sich deutlich genug in dem bloßgelegten Schlickgrund abzeichnete. Der Schimmel drängte vorwärts und schnob und schlug mit den Vorderhufen; aber der Reiter drückte ihn zurück, er wollte langsam reiten, er wollte auch die innere Unruhe bändigen, die immer wilder in ihm aufgor.

Wenn eine Sturmflut wiederkäme – eine, wie 1655 dagewesen, wo Gut und Menschen ungezählt verschlungen wurden – wenn sie wiederkäme, wie sie schon mehrmals einst gekommen war! – Ein heißer Schauer überrieselte den Reiter – der alte Deich, er würde den Stoß nicht aushalten, der gegen ihn heraufschösse! Was dann, was sollte dann geschehen? – Nur eines, ein einziges Mittel würde es geben, um vielleicht den alten Koog und Gut und Leben darin zu retten. Hauke fühlte sein Herz stillstehen, sein sonst so fester Kopf schwindelte; er sprach es nicht aus, aber in ihm sprach es stark genug: Dein Koog, der Hauke-Haien-Koog müßte preisgegeben und der neue Deich durchstochen werden!

Schon sah er im Geist die stürzende Hochflut hereinbrechen und Gras und Klee mit ihrem salzen schäumenden Gischt bedecken. Ein Sporenstich fuhr in die Weichen des Schimmels, und einen Schrei ausstoßend, flog er auf dem Deich entlang und dann den Akt hinab, der deichgräflichen Werfte zu.

Den Kopf voll von innerem Schrecknis und ungeordneten Plänen kam er nach Hause. Er warf sich in seinen Lehnstuhl, und als Elke mit der Tochter in das Zimmer trat, stand er wieder auf und hob das Kind zu sich empor und küßte es; dann jagte er das gelbe Hündlein mit ein paar leichten Schlägen von sich. »Ich muß noch einmal droben nach dem Krug!« sagte er und nahm seine Mütze vom Türhaken, wohin er sie eben erst gehängt hatte.

Seine Frau sah ihn sorgvoll an: »Was willst du dort? Es wird schon Abend, Hauke!«

»Deichgeschichten!« murmelte er vor sich hin, »ich treffe von den Gevollmächtigten dort.«

Sie ging ihm nach und drückte ihm die Hand, denn er war mit diesen Worten schon zur Tür hinaus. Hauke Haien, der sonst alles bei sich selber abgeschlossen hatte, drängte es jetzt, ein Wort von jenen zu erhalten, die er sonst kaum eines Anteils wertgehalten hatte. Im Gastzimmer traf er Ole Peters mit zweien der Gevollmächtigten und einem Koogseinwohner am Kartentisch.

»Du kommst wohl von draußen, Deichgraf?« sagte der erstere, nahm die halb ausgeteilten Karten auf und warf sie wieder hin.

»Ja, Ole«, erwiderte Hauke; »ich war dort; es sieht übel aus.«

»Übel? – Nun, ein paar hundert Soden und eine Bestickung wird's wohl kosten; ich war dort am Nachmittag.«

»So wohlfeil wird's nicht abgehen, Ole«, erwiderte der Deichgraf, »der Priel ist wieder da, und wenn er jetzt auch nicht von Norden auf den alten Deich stößt, so tut er's doch von Nordwesten!«

»Du hättest ihn lassen sollen, wo du ihn fandest!« sagte Ole trocken.

»Das heißt«, entgegnete Hauke, »der neue Koog geht dich nichts an; und darum sollte er nicht existieren. Das ist deine eigne Schuld! Aber wenn wir Lahnungen legen müssen, um den alten Deich zu schützen, der grüne Klee hinter dem neuen bringt das übermäßig ein!«

»Was sagt Ihr, Deichgraf?« riefen die Gevollmächtigten; »Lahnungen? Wie viele denn? Ihr liebt es, alles beim teuersten Ende anzufassen!«

Die Karten lagen unberührt auf dem Tisch. »Ich will's dir sagen, Deichgraf«, sagte Ole Peters und stemmte beide Arme auf, »dein neuer Koog ist ein fressend Werk, was du uns gestiftet hast! Noch laboriert alles an den schweren Kosten deiner breiten Deiche; nun frißt er uns auch den alten Deich, und wir sollen ihn verneuen! – Zum Glück ist's nicht so schlimm; er hat diesmal gehalten und wird es auch noch ferner tun! Steig nur morgen wieder auf deinen Schimmel und sieh es dir noch einmal an!«

Hauke war aus dem Frieden seines Hauses hieher gekommen; hinter den immerhin noch gemäßigten Worten, die er eben hörte, lag – er konnte es nicht verkennen – ein zäher Widerstand, ihm war, als fehle ihm dagegen noch die alte Kraft. »Ich will tun, wie du rätst, Ole«, sprach er; »nur fürcht ich, ich werd es finden, wie ich es heut gesehen habe.«

– Eine unruhige Nacht folgte diesem Tage; Hauke wälzte sich schlaflos in seinen Kissen. »Was ist dir?« frug ihn Elke, welche die Sorge um ihren Mann wach hielt; »drückt dich etwas, so sprich es von dir; wir haben's ja immer so gehalten!«

»Es hat nichts auf sich, Elke!« erwiderte er, »am Deiche, an den Schleusen ist was zu reparieren; du weißt, daß ich das allzeit nachts in mir zu verarbeiten habe.« Weiter sagte er nichts; er wollte sich die Freiheit seines Handelns vorbehalten; ihm unbewußt war die klare Einsicht und der kräftige Geist seines Weibes ihm in seiner augenblicklichen Schwäche ein Hindernis, dem er unwillkürlich auswich.

– – Am folgenden Vormittag, als er wieder auf den Deich hinauskam, war die Welt eine andere, als wie er sie tags zuvor gefunden hatte; zwar war wieder hohl Ebbe, aber der Tag war noch im Steigen, und eine lichte Frühlingssonne ließ ihre Strahlen fast senkrecht auf die unabsehbaren Watten fallen; die weißen Möwen schwebten ruhig hin und wider, und unsichtbar über ihnen, hoch unter dem azurblauen Himmel, sangen die Lerchen ihre ewige Melodie. Hauke, der nicht wußte, wie uns die Natur mit ihrem Reiz betrügen kann, stand auf der Nordwestecke des Deiches und suchte nach dem neuen Bett des Priels, das ihn gestern so erschreckt hatte; aber bei dem vom Zenit herabschießenden Sonnenlicht fand er es anfänglich nicht einmal; erst da er gegen die blendenden Strahlen seine Augen mit der

Hand beschattete, konnte er es nicht verkennen; aber dennoch, die Schatten in der gestrigen Dämmerung mußten ihn getäuscht haben; es kennzeichnete sich jetzt nur schwach; die bloßgelegte Mäusewirtschaft mußte mehr als die Flut den Schaden in dem Deich veranlaßt haben. Freilich, Wandel mußte hier geschafft werden, aber durch sorgfältiges Aufgraben und, wie Ole Peters gesagt hatte, durch frische Soden und einige Ruten Strohbestickung war der Schaden auszuheilen.

»Es war so schlimm nicht«, sprach er erleichtert zu sich selber, »du bist gestern doch dein eigner Narr gewesen!« – Er berief die Gevollmächtigten, und die Arbeiten wurden ohne Widerspruch beschlossen, was bisher noch nie geschehen war. Der Deichgraf meinte eine stärkende Ruhe in seinem noch geschwächten Körper sich verbreiten zu fühlen; und nach einigen Wochen war alles sauber ausgeführt.

Das Jahr ging weiter, aber je weiter es ging und je ungestörter die neugelegten Rasen durch die Strohdecke grünten, um so unruhiger ging oder ritt Hauke an dieser Stelle vorüber, er wandte die Augen ab, er ritt hart an der Binnenseite des Deiches; ein paarmal, wo er dort hätte vorübermüssen, ließ er sein schon gesatteltes Pferd wieder in den Stall zurückführen; dann wieder, wo er nichts dort zu tun hatte, wanderte er, um nur rasch und ungesehen von seiner Werfte fortzukommen, plötzlich und zu Fuß dahin; manchmal auch war er umgekehrt, er hatte es sich nicht zumuten können, die unheimliche Stelle aufs neue zu betrachten; und endlich, mit den Händen hätte er alles wieder aufreißen mögen, denn wie ein Gewissensbiß, der außer ihm Gestalt gewonnen hatte, lag dies Stück des Deiches ihm vor Augen. Und doch, seine Hand konnte nicht mehr daran rühren; und niemandem, selbst nicht seinem Weibe, durfte er davon reden. So war der September gekommen; nachts hatte ein mäßiger Sturm getobt und war zuletzt nach Nordwest umgesprungen. An trübem Vormittag danach, zur Ebbezeit, ritt Hauke auf den Deich hinaus, und es durchfuhr ihn, als er seine Augen über die Watten schweifen ließ; dort, von Nordwest herauf, sah er plötzlich wieder, und schärfer und tiefer ausgewühlt, das gespenstische neue Bett des Prieles; so sehr er seine Augen anstrengte, es wollte nicht mehr weichen.

Als er nach Hause kam, ergriff Elke seine Hand: »Was hast du, Hauke?« sprach sie, als sie in sein düsteres Antlitz sah; »es ist doch kein neues Unheil? Wir sind jetzt so glücklich; mir ist, du hast nun Frieden mit ihnen allen!«

Diesen Worten gegenüber vermochte er seine verworrene Furcht nicht in Worten kundzugeben.

»Nein, Elke«, sagte er, »mich feindet niemand an; es ist nur ein verantwortlich Amt, die Gemeinde vor unseres Herrgotts Meer zu schützen.«

Er machte sich los, um weiteren Fragen des geliebten Weibes auszuweichen. Er ging in Stall und Scheuer, als ob er alles revidieren müsse; aber er sah nichts um sich her; er war nur beflissen, seinen Gewissensbiß zur Ruhe, ihn sich selber als eine krankhaft übertriebene Angst zur Überzeugung zu bringen.

– – Das Jahr, von dem ich Ihnen erzähle«, sagte nach einer Weile mein Gastfreund, der Schulmeister, »war das Jahr 1756, das in dieser Gegend nie vergessen wird; im Hause Hauke Haiens brachte es eine Tote. Zu Ende des Septembers war in der Kammer, welche ihr in der Scheune eingeräumt war, die fast neunzigjährige Trin' Jans am Sterben. Man hatte sie nach ihrem Wunsche in den Kissen aufgerichtet, und ihre Augen gingen durch die kleinen bleigefaßten Scheiben in die Ferne; es mußte dort am Himmel eine dünnere Luftschicht über einer dichteren liegen; denn es war hohe Kimmung, und die Spiegelung hob in diesem Augenblick das Meer wie einen flimmernden Silberstreifen über den Rand des Deiches, so daß es blendend in die Kammer schimmerte; auch die Südspitze von Jeverssand war sichtbar.

Am Fußende des Bettes kauerte die kleine Wienke und hielt mit der einen Hand sich fest an der ihres Vaters, der daneben stand. In das Antlitz der Sterbenden grub eben der Tod das hippokratische Gesicht, und das Kind starrte atemlos auf die unheimliche, ihr unverständliche Verwandlung des unschönen, aber ihr vertrauten Angesichts.

»Was macht sie? Was ist das, Vater?« flüsterte sie angstvoll und grub die Fingernägel in ihres Vaters Hand.

»Sie stirbt!« sagte der Deichgraf.

»Stirbt!« wiederholte das Kind und schien in verworrenes Sinnen zu verfallen.

Aber die Alte rührte noch einmal ihre Lippen: »Jins! Jins!« und kreischend, wie ein Notschrei, brach es hervor, und ihre knöchernen Arme streckten sich gegen die draußen flimmernde Meeresspiegelung: »Hölp mi! Hölp mi! Du bist ja bawen Water ... Gott gnad de annern!«

Ihre Arme sanken, ein leises Krachen der Bettstatt wurde hörbar; sie hatte aufgehört zu leben.

Das Kind tat einen tiefen Seufzer und warf die blassen Augen zu ihrem Vater auf: »Stirbt sie noch immer?« frug es.

»Sie hat es vollbracht!« sagte der Deichgraf und nahm das Kind auf seinen Arm: »Sie ist nun weit von uns, beim lieben Gott.«

»Beim lieben Gott!« wiederholte das Kind und schwieg eine Weile, als müsse es den Worten nachsinnen. »Ist das gut, beim lieben Gott?«

»Ja, das ist das Beste.« – In Haukes Innerem aber klang schwer die letzte Rede der Sterbenden. »Gott gnad de annern!« sprach es leise in ihm. »Was wollte die alte Hexe? Sind denn die Sterbenden Propheten – -?«

– – Bald nachdem Trin' Jans oben bei der Kirche eingegraben war, begann man immer lauter von allerlei Unheil und seltsamem Geschmeiß zu reden, das die Menschen in Nordfriesland erschreckt haben sollte; und sicher war es, am Sonntage Lätare war droben von der Turmspitze der goldne Hahn durch einen Wirbelwind herabgeworfen worden; auch das war richtig, im Hochsommer fiel, wie ein Schnee, ein groß Geschmeiß vom Himmel, daß man die Augen davor nicht auftun konnte, und es hernach fast handhoch auf den Fennen lag, und hatte niemand je so was gesehen; als aber nach Ende September der Großknecht mit Korn und die Magd Ann Grete mit Butter in die Stadt zu Markt gefahren waren, kletterten sie bei ihrer Rückkunft mit schreckensbleichen Gesichtern von ihrem Wagen. »Was ist? Was habt ihr?« riefen die anderen Dirnen, die hinausgelaufen waren, da sie den Wagen rollen hörten.

Ann Grete in ihrem Reiseanzug trat atemlos in die geräumige Küche. »Nun, so erzähl doch!« riefen die Dirnen wieder, »wo ist das Unglück los?«

»Ach, unser lieber Jesus wolle uns behüten!« rief Ann Grete.

»Ihr wißt, von drüben, überm Wasser, das alt' Mariken vom Ziegelhof, wir stehen mit unserer Butter ja allzeit zusammen an der Apothekerecke, die hat es mir erzählt, und Iven Johns sagte auch, ›das gibt ein Unglück!‹ sagte er; ›ein Unglück über ganz Nordfriesland; glaub mir's, Ann Gret!‹ Und« – sie dämpfte ihre Stimme – »mit des Deichgrafs Schimmel ist's am Ende auch nicht richtig!«

»Scht! scht!« machten die anderen Dirnen.

– »Ja, ja; was kümmert's mich! Aber drüben, an der anderen Seite, geht's noch schlimmer als bei uns! Nicht bloß Fliegen und Geschmeiß, auch Blut ist wie Regen vom Himmel gefallen; und da am Sonntagmorgen danach der Pastor sein Waschbecken vorgenommen hat, sind fünf Totenköpfe, wie Erbsen groß, darin gewesen, und alle sind gekommen, um das zu sehen; im Monat Augusti sind grausige rotköpfige Raupenwürmer über das Land gezogen und haben Korn und Mehl und Brot und was sie fanden, weggefressen, und hat kein Feuer sie vertilgen können!«

Die Erzählerin verstummte plötzlich; keine der Mägde hatte bemerkt, daß die Hausfrau in die Küche getreten war. »Was redet ihr da?« sprach diese. »Laßt das den Wirt nicht hören!« Und da sie alle jetzt erzählen wollten: »Es tut nicht not; ich habe genug davon vernommen; geht an euere Arbeit, das bringt euch besseren Segen!« Dann nahm sie Ann Gret mit sich in die Stube und hielt mit dieser Abrechnung über ihre Marktgeschäfte.

So fand im Hause des Deichgrafen das abergläubische Geschwätz bei der Herrschaft keinen Anhalt; aber in die übrigen Häuser, und je länger die Abende wurden, um desto leichter, drang es mehr und mehr hinein. Wie schwere Luft lag es auf allen; und heimlich sagte man es sich, ein Unheil, ein schweres, würde über Nordfriesland kommen.

Es war vor Allerheiligen, im Oktober. Tagüber hatte es stark aus Südwest gestürmt; abends stand ein halber Mond am Himmel, dunkelbraune Wolken jagten überhin, und Schatten und trübes Licht flogen auf der Erde durcheinander; der Sturm war im Wachsen. Im Zimmer des Deichgrafen stand noch der geleerte Abendtisch; die Knechte waren in den Stall gewiesen, um dort des Viehes zu achten; die Mägde mußten im Hause und auf den Böden nachsehen, ob Türen und Luken wohlverschlossen seien, daß nicht der Sturm hineinfasse und Unheil anrichte. Drinnen stand Hauke neben seiner Frau am Fenster; er hatte eben sein Abendbrot hinabgeschlungen; er war draußen auf dem Deich gewesen. Zu Fuße war er hinausgetrabt, schon früh am Nachmittag; spitze Pfähle und Säcke voll Klei oder Erde hatte er hie und dort, wo der Deich eine Schwäche zu verraten schien, zusammentragen lassen; überall hatte er Leute angestellt, um die Pfähle einzurammen und mit den Säcken vorzudämmen, sobald die Flut den Deich zu schädigen beginne; an dem Winkel zu Nordwesten, wo der alte und der neue Deich zusammenstießen, hatte er die meisten Menschen hingestellt; nur im Notfall durften sie von den angewiesenen Plätzen weichen. Das hatte er zurückgelassen; dann, vor kaum einer Viertelstunde, naß, zerzaust, war er in seinem Hause angekommen, und jetzt, das Ohr nach den Windböen, welche die in Blei gefaßten Scheiben rasseln machten, blickte er wie gedankenlos in die wüste Nacht hinaus; die Wanduhr hinter ihrer Glasscheibe schlug eben acht. Das Kind, das neben der Mutter stand, fuhr zusammen und barg den Kopf in deren Kleider. »Claus!« rief sie weinend; »wo ist mein Claus?«

Sie konnte wohl so fragen, denn die Möwe hatte, wie schon im vorigen Jahre, so auch jetzt ihre Winterreise nicht mehr angetreten. Der Vater überhörte die Frage; die Mutter aber nahm das Kind auf den Arm. »Dein Klaus ist in der Scheune«, sagte sie; »da sitzt er warm.«

»Warum?« sagte Wienke, »ist das gut?«

– »Ja, das ist gut.«

Der Hausherr stand noch am Fenster: »Es geht nicht länger, Elke!« sagte er: »ruf eine von den Dirnen; der Sturm drückt uns die Scheiben ein; die Luken müssen angeschroben werden!«

Auf das Wort der Hausfrau war die Magd hinausgelaufen; man sah vom Zimmer aus, wie ihr die Röcke flogen; aber als sie die Klammern gelöst hatte, riß ihr der Sturm den Laden aus der Hand und warf ihn gegen die Fenster, daß ein paar Scheiben zersplittert in die Stube flogen und eins der Lichter qualmend auslosch. Hauke mußte selbst hinaus, zu helfen, und nur mit

Not kamen allmählich die Luken vor die Fenster. Als sie beim Wiedereintritt in das Haus die Tür aufrissen, fuhr eine Böe hintendrein, daß Glas und Silber im Wandschrank durcheinanderklirrten; oben im Hause über ihren Köpfen zitterten und krachten die Balken, als wolle der Sturm das Dach von den Mauern reißen. Aber Hauke kam nicht wieder in das Zimmer; Elke hörte, wie er durch die Tenne nach dem Stalle schritt. »Den Schimmel! Den Schimmel, John! Rasch!« so hörte sie ihn rufen; dann kam er wieder in die Stube, das Haar zerzaust, aber die grauen Augen leuchtend. »Der Wind ist umgesprungen!« rief er –, »nach Nordwest, auf halber Springflut! Kein Wind; – wir haben solchen Sturm noch nicht erlebt!«

Elke war totenblaß geworden: »Und du mußt noch einmal hinaus?«

Er ergriff ihre beiden Hände und drückte sie wie im Krampfe in die seinen. »Das muß ich, Elke.«

Sie erhob langsam ihre dunklen Augen zu ihm, und ein paar Sekunden lang sahen sie sich an; doch war's wie eine Ewigkeit. »Ja, Hauke«, sagte das Weib; »ich weiß es wohl, du mußt!«

Da trabte es draußen vor der Haustür. Sie fiel ihm um den Hals, und einen Augenblick war's, als könne sie ihn nicht lassen; aber auch das war nur ein Augenblick. »Das ist unser Kampf!« sprach Hauke; »ihr seid hier sicher; an dies Haus ist noch keine Flut gestiegen. Und bete zu Gott, daß er auch mit mir sei!«

Hauke hüllte sich in seinen Mantel, und Elke nahm ein Tuch und wickelte es ihm sorgsam um den Hals; sie wollte ein Wort sprechen, aber die zitternden Lippen versagten es ihr.

Draußen wieherte der Schimmel, daß es wie Trompetenschall in das Heulen des Sturmes hineinklang. Elke war mit ihrem Mann hinausgegangen; die alte Esche knarrte, als ob sie auseinanderstürzen solle. »Steigt auf, Herr!« rief der Knecht, »der Schimmel ist wie toll; die Zügel könnten reißen.« Hauke schlug die Arme um sein Weib: »Bei Sonnenaufgang bin ich wieder da!«

Schon war er auf sein Pferd gesprungen; das Tier stieg mit den Vorderhufen in die Höhe; dann gleich einem Streithengst, der sich in die Schlacht stürzt, jagte es mit seinem Reiter die Werfte hinunter, in Nacht und Sturmgeheul hinaus. »Vater, mein Vater!« schrie eine klägliche Kinderstimme hinter ihm darein: »Mein lieber Vater!«

Wienke war im Dunkeln hinter dem Fortjagenden hergelaufen; aber schon nach hundert Schritten strauchelte sie über einen Erdhaufen und fiel zu Boden.

Der Knecht Iven Johns brachte das weinende Kind der Mutter zurück; die lehnte am Stamme der Esche, deren Zweige über ihr die Luft peitschten, und starrte wie abwesend in die Nacht hinaus, in der ihr Mann verschwunden war; wenn das Brüllen des Sturmes und das ferne Klatschen des Meeres einen Augenblick aussetzten, fuhr sie wie in Schreck zusammen; ihr war jetzt, als suche alles nur ihn zu verderben und werde jäh verstummen, wenn es ihn gefaßt habe. Ihre Knie zitterten, ihre Haare hatte der Sturm gelöst und trieb damit sein Spiel. »Hier ist das Kind, Frau!« schrie John ihr zu; »haltet es fest!« und drückte die Kleine der Mutter in den Arm.

»Das Kind? – Ich hatte dich vergessen, Wienke!« rief sie; »Gott verzeih mir's.« Dann hob sie es an ihre Brust, so fest nur Liebe fassen kann, und stürzte mit ihr in die Knie: »Herr Gott und du mein Jesus, laß uns nicht Witwe und Waise werden! Schütz ihn, o lieber Gott; nur du und ich, wir kennen ihn allein!« Und der Sturm setzte nicht mehr aus; es tönte und donnerte, als solle die ganze Welt in ungeheuerem Hall und Schall zugrunde gehen.

»Geht in das Haus, Frau!« sagte John; »kommt!« Und er half ihnen auf und leitete die beiden in das Haus und in die Stube.

– – Der Deichgraf Hauke Haien jagte auf seinem Schimmel dem Deiche zu. Der schmale Weg war grundlos; denn die Tage vorher war unermeßlicher Regen gefallen; aber der nasse, saugende Klei schien gleichwohl die Hufen des Tieres nicht zu halten, es war, als hätte es festen Sommerboden unter sich. Wie eine wilde Jagd trieben die Wolken am Himmel; unten lag die weite Marsch wie eine unerkennbare, von unruhigen Schatten erfüllte Wüste; von dem Wasser hinter dem Deiche, immer ungeheurer, kam ein dumpfes Tosen, als müsse es alles andere verschlingen. »Vorwärts, Schimmel!« rief Hauke; »wir reiten unseren schlimmsten Ritt!«

Da klang es wie ein Todesschrei unter den Hufen seines Rosses. Er riß den Zügel zurück; er sah sich um: ihm zur Seite dicht über dem Boden, halb fliegend, halb vom Sturme geschleudert, zog eine Schar von weißen Möwen, ein höhnisches Gegacker ausstoßend; sie suchten Schutz im Lande. Eine von ihnen – der Mond schien flüchtig durch die Wolken – lag am Weg zertreten: dem Reiter war's, als flattere ein rotes Band an ihrem Halse. »Claus!« rief er. »Armer Claus!«

War es der Vogel seines Kindes? Hatte er Roß und Reiter erkannt und sich bei ihnen bergen wollen? – Der Reiter wußte es nicht. »Vorwärts!« rief er wieder, und schon hob der Schimmel zu neuem Rennen seine Hufen; da setzte der Sturm plötzlich aus, eine Totenstille trat an seine Stelle; nur eine Sekunde lang, dann kam er mit erneuter Wut zurück; aber Menschenstimmen und verlorenes Hundegebell waren inzwischen an des Reiters Ohr geschlagen, und als er rückwärts nach seinem Dorf den Kopf wandte, erkannte er in dem Mondlicht, das hervorbrach, auf den Werften und vor den Häusern Menschen an hochbeladenen Wagen umher hantierend; er sah, wie im Fluge, noch andere Wagen eilend nach der Geest hinauffahren; Gebrüll von Rindern traf sein Ohr, die aus den warmen Ställen nach dort hinaufgetrieben wurden. »Gott Dank! sie sind dabei, sich und ihr Vieh zu retten!« rief es in ihm; und dann mit einem Angstschrei: »Mein Weib! Mein Kind! – Nein, nein; auf unsere Werfte steigt das Wasser nicht!«

Aber nur ein Augenblick war es; nur wie eine Vision flog alles an ihm vorbei.

Eine furchtbare Böe kam brüllend vom Meer herüber, und ihr entgegen stürmten Roß und Reiter den schmalen Akt zum Deich hinan. Als sie oben waren, stoppte Hauke mit Gewalt sein Pferd. Aber wo war das Meer? Wo Jeverssand? Wo blieb das Ufer drüben? – Nur Berge von Wasser sah er vor sich, die dräuend gegen den nächtlichen Himmel stiegen, die in der furchtbaren Dämmerung sich übereinanderzutürmen suchten und übereinander gegen das feste Land schlugen. Mit weißen Kronen kamen sie daher, heulend, als sei in ihnen der Schrei alles furchtbaren Raubgetiers der Wildnis. Der Schimmel schlug mit den Vorderhufen und schnob mit seinen Nüstern in den Lärm hinaus; den Reiter aber wollte es überfallen, als sei hier alle Menschenmacht zu Ende; als müsse jetzt die Nacht, der Tod, das Nichts hereinbrechen.

Doch er besann sich: es war ja Sturmflut; nur hatte er sie selbst noch nimmer so gesehen; sein Weib, sein Kind, sie saßen sicher auf der hohen Werfte, in dem festen Hause; sein Deich aber – und wie ein Stolz flog es ihm durch die Brust – der Hauke-Haien-Deich, wie ihn die Leute nannten, der mochte jetzt beweisen, wie man Deiche bauen müsse!

Aber – was war das? – Er hielt an dem Winkel zwischen beiden Deichen; wo waren die Leute, die er hieher gestellt, die hier die Wacht zu halten hatten? – Er blickte nach Norden den alten Deich hinan, denn auch dorthin hatte er einzelne beordert. Weder hier noch dort vermochte er einen Menschen zu erblicken; er ritt ein Stück hinaus, aber er blieb allein; nur das Wehen des Sturmes und das Brausen des Meeres bis aus unermessener Ferne schlug betäubend an sein Ohr. Er wandte das Pferd zurück: er kam wieder zu der verlassenen Ecke und ließ seine Augen längs der Linie des neuen Deiches gleiten; er erkannte deutlich: langsamer, weniger gewaltig rollten hier die Wellen heran; fast schien's, als wäre dort ein ander Wasser. »Der soll schon stehen!« murmelte er, und wie ein Lachen stieg es in ihm herauf.

Aber das Lachen verging ihm, als seine Blicke weiter an der Linie seines Deiches entlangglitten: an der Nordwestecke – was war das dort? Ein dunkler Haufen wimmelte durcheinander; er sah, wie es sich emsig rührte und drängte – kein Zweifel, es waren Menschen! Was wollten, was arbeiteten die jetzt an seinem Deich? – Und schon saßen seine Sporen dem Schimmel in den Weichen, und das Tier flog mit ihm dahin; der Sturm kam von der Breitseite; mitunter drängten die Böen so gewaltig, daß sie fast vom Deiche in den neuen Koog hinabgeschleudert wären; aber Roß und Reiter wußten, wo sie ritten. Schon gewahrte Hauke, daß wohl ein paar Dutzend Menschen in eifriger Arbeit dort beisammen seien, und schon sah er deutlich, daß eine Rinne quer durch den neuen Deich gegraben war. Gewaltsam stoppte er sein Pferd: »Halt!« schrie er; »halt! Was treibt ihr hier für Teufelsunfug?«

Sie hatten in Schreck die Spaten ruhen lassen, als sie auf einmal den Deichgraf unter sich gewahrten; seine Worte hatte der Sturm ihnen zugetragen, und er sah wohl, daß mehrere ihm zu antworten strebten; aber er gewahrte nur ihre heftigen Gebärden; denn sie standen alle ihm zur Linken, und was sie sprachen, nahm der Sturm hinweg, der hier draußen jetzt die Menschen mitunter wie im Taumel gegeneinanderwarf, so daß sie sich dicht zusammenscharten. Hauke maß mit seinen raschen Augen die gegrabene Rinne und den Stand des Wassers, das, trotz des neuen Profiles, fast an die Höhe des Deichs hinaufklatschte und Roß und Reiter überspritzte. Nur noch zehn Minuten Arbeit – er sah es wohl – dann brach die Hochflut durch die Rinne, und der Hauke-Haien-Koog wurde vom Meer begraben!

Der Deichgraf winkte einem der Arbeiter an die andere Seite seines Pferdes. »Nun, so sprich!« schrie er, »was treibt ihr hier, was soll das heißen?«

Und der Mensch schrie dagegen: »Wir sollen den neuen Deich durchstechen, Herr, damit der alte Deich nicht bricht!«

»Was sollt ihr?«

– »Den neuen Deich durchstechen!«

»Und den Koog verschütten? – Welcher Teufel hat euch das befohlen?«

»Nein, Herr, kein Teufel; der Gevollmächtigte Ole Peters ist hier gewesen, der hat's befohlen!«

Der Zorn stieg dem Reiter in die Augen. »Kennt ihr mich?« schrie er. »Wo ich bin, hat Ole Peters nichts zu ordinieren! Fort mit euch! An eure Plätze, wo ich euch hingestellt!«

Und da sie zögerten, sprengte er mit seinem Schimmel zwischen sie: »Fort, zu euerer oder des Teufels Großmutter!«

»Herr, hütet Euch!« rief einer aus dem Haufen und stieß mit seinem Spaten gegen das wie rasend sich gebärdende Tier; aber ein Hufschlag schleuderte ihm den Spaten aus der Hand, ein anderer stürzte zu Boden. Da plötzlich erhob sich ein Schrei aus dem übrigen Haufen, ein Schrei, wie ihn nur die Todesangst einer Menschenkehle zu entreißen pflegt; einen Augenblick war alles, auch der Deichgraf und der Schimmel, wie gelähmt; nur ein Arbeiter hatte gleich einem Wegweiser seinen Arm gestreckt; der wies nach der Nordwestecke der beiden Deiche, dort wo der neue auf den alten stieß. Nur das Tosen des Sturmes und das Rauschen des Wassers war zu hören. Hauke drehte sich im Sattel: was gab das dort? Seine Augen wurden groß: »Herr Gott! Ein Bruch! Ein Bruch im alten Deich!«

»Euere Schuld, Deichgraf!« schrie eine Stimme aus dem Haufen. »Euere Schuld! Nehmt's mit vor Gottes Thron!«

Haukes zornrotes Antlitz war totenbleich geworden; der Mond, der es beschien, konnte es nicht bleicher machen; seine Arme hingen schlaff, er wußte kaum, daß er den Zügel hielt. Aber auch das war nur ein Augenblick; schon richtete er sich auf, ein hartes Stöhnen brach aus seinem Munde; dann wandte er stumm sein Pferd, und der Schimmel schnob und raste ostwärts auf dem Deich mit ihm dahin. Des Reiters Augen flogen scharf nach allen Seiten; in seinem Kopfe wühlten die Gedanken: Was hatte er für Schuld vor Gottes Thron zu tragen? – Der Durchstich des neuen Deichs – vielleicht, sie hätten's fertiggebracht, wenn er sein Halt nicht gerufen hätte; aber – es war noch eins, und es schoß ihm heiß zu Herzen, er wußte es nur zu gut – im vorigen Sommer, hätte damals Ole Peters' böses Maul ihn nicht zurückgehalten – da lag's! Er allein hatte die Schwäche des alten Deichs erkannt; er hätte trotz alledem das neue Werk betreiben müssen: »Herr Gott, ja ich bekenn es«, rief er plötzlich laut in den Sturm hinaus, »ich habe meines Amtes schlecht gewaltet!«

Zu seiner Linken, dicht an des Pferdes Hufen, tobte das Meer; vor ihm, und jetzt in voller Finsternis, lag der alte Koog mit seinen Werften und heimatlichen Häusern; das bleiche Himmelslicht war völlig ausgetan; nur von einer Stelle brach ein Lichtschein durch das Dunkel. Und wie ein Trost kam es an des Mannes Herz; es mußte von seinem Haus herüberscheinen, es war ihm wie ein Gruß von Weib und Kind. Gottlob, sie saßen sicher auf der hohen Werfte! Die anderen, gewiß, sie waren schon im Geestdorf droben; von dorther schimmerte so viel Lichtschein, wie er niemals noch gesehen hatte; ja selbst hoch oben aus der Luft, es mochte wohl vom Kirchtum sein, brach solcher in die Nacht hinaus. »Sie werden alle fort sein, alle!« sprach Hauke bei sich selber; »freilich auf mancher Werfte wird ein Haus in Trümmern liegen, schlechte Jahre werden für die überschwemmten Fennen kommen Siele und Schleusen zu reparieren sein! Wir müssen's tragen, und ich will helfen, auch denen, die mir Leid's getan; nur, Herr, mein Gott, sei gnädig mit uns Menschen!«

Da warf er seine Augen seitwärts nach dem neuen Koog; um ihn schäumte das Meer; aber in ihm lag es wie nächtlicher Friede. Ein unwillkürliches Jauchzen brach aus des Reiters Brust: »Der Hauke-Haien-Deich, er soll schon halten; er wird es noch nach hundert Jahren tun!«

Ein donnerartiges Rauschen zu seinen Füßen weckte ihn aus diesen Träumen; der Schimmel wollte nicht mehr vorwärts. Was war das? – Das Pferd sprang zurück, und er fühlte es, ein Deichstück stürzte vor ihm in die Tiefe. Er riß die Augen auf und schüttelte alles Sinnen von sich: er hielt am alten Deich, der Schimmel hatte mit den Vorderhufen schon darauf gestanden. Unwillkürlich riß er das Pferd zurück; da flog der letzte Wolkenmantel von dem Mond, und das milde Gestirn beleuchtete den Graus, der schäumend, zischend vor ihm in die Tiefe stürzte, in den alten Koog hinab.

Wie sinnlos starrte Hauke darauf hin; eine Sündflut war's, um Tier und Menschen zu verschlingen. Da blinkte wieder ihm der Lichtschein in die Augen; es war derselbe, den er vorhin gewahrt hatte; noch immer brannte der auf seiner Werfte; und als er jetzt ermutigt in den Koog hinabsah, gewahrte er wohl, daß hinter dem sinnverwirrenden Strudel, der tosend vor ihm hinabstürzte, nur noch eine Breite von etwa hundert Schritten überflutet war; dahinter konnte er deutlich den Weg erkennen, der vom Koog heranführte. Er sah noch mehr: ein Wagen, nein, eine zweirädrige Karriole kam wie toll gegen den Deich herangefahren; ein Weib, ja auch ein Kind saßen darin. Und jetzt – war das nicht das kreischende Gebell eines kleinen Hundes, das im Sturm vorüberflog? Allmächtiger Gott! Sein Weib, sein Kind waren es; schon kamen sie dicht heran, und die schäumende Wassermasse drängte auf sie zu. Ein Schrei, ein Verzweiflungsschrei brach aus der Brust des Reiters: »Elke!« schrie er; »Elke! Zurück! Zurück!«

Aber Sturm und Meer waren nicht barmherzig, ihr Toben zerwehte seine Worte; nur seinen Mantel hatte der Sturm erfaßt, es hätte ihn bald vom Pferd herabgerissen; und das Fuhrwerk flog ohne Aufenthalt der stürzenden Flut entgegen. Da sah er, daß das Weib wie gegen ihn hinauf die Arme streckte: Hatte sie ihn erkannt? Hatte die Sehnsucht, die Todesangst um ihn sie aus dem sicheren Haus getrieben? Und jetzt – rief sie ein letztes Wort ihm zu? – Die Fragen fuhren durch sein Hirn; sie blieben ohne Antwort: von ihr zu ihm, von ihm zu ihr waren die Worte all verloren: nur ein Brausen wie vom Weltenuntergang füllte ihre Ohren und ließ keinen anderen Laut hinein.

»Mein Kind! O Elke, o getreue Elke!« schrie Hauke in den Sturm hinaus. Da sank aufs neue ein großes Stück des Deiches vor ihm in die Tiefe, und donnernd stürzte das Meer sich hintendrein; noch einmal sah er drunten den Kopf des Pferdes, die Räder des Gefährtes aus dem wüsten Greuel emportauchen und dann quirlend darin untergehen.

Die starren Augen des Reiters, der so einsam auf dem Deiche hielt, sahen weiter nichts. »Das Ende!« sprach er leise vor sich hin; dann ritt er an den Abgrund, wo unter ihm die Wasser, unheimlich rauschend, sein Heimatsdorf zu überfluten begannen; noch immer sah er das Licht von seinem Hause schimmern; es war ihm wie entseelt. Er richtete sich hoch auf und stieß dem Schimmel die Sporen in die Weichen; das Tier bäumte sich, es hätte sich fast überschlagen; aber die Kraft des Mannes drückte es herunter. »Vorwärts!« rief er noch einmal, wie er es so oft zum festen Ritt gerufen hatte: »Herr Gott, nimm mich; verschon die anderen!«

Noch ein Sporenstich; ein Schrei des Schimmels, der Sturm und Wellenbrausen überschrie; dann unten aus dem hinabstürzenden Strom ein dumpfer Schall, ein kurzer Kampf.

Der Mond sah leuchtend aus der Höhe; aber unten auf dem Deiche war kein Leben mehr als nur die wilden Wasser, die bald den alten Koog fast völlig überflutet hatten. Noch immer aber ragte die Werfte von Hauke Haiens Hofstatt aus dem Schwall hervor, noch schimmerte von dort der Lichtschein, und von der Geest her, wo die Häuser allmählich dunkel wurden, warf noch die einsame Leuchte aus dem Kirchturm ihre zitternden Lichtfunken über die schäumenden Wellen.«

Der Erzähler schwieg; ich griff nach dem gefüllten Glase, das seit lange vor mir stand; aber ich führte es nicht zum Munde; meine Hand blieb auf dem Tische ruhen.

»Das ist die Geschichte von Hauke Haien«, begann mein Wirt noch einmal, »wie ich sie nach bestem Wissen nur berichten konnte. Freilich die Wirtschafterin unseres Deichgrafen würde sie Ihnen anders erzählt haben; denn auch das weiß man zu berichten: jenes weiße Pferdsgerippe ist nach der Flut wiederum, wie vormals, im Mondschein auf Jevershallig zu sehen gewesen; das ganze Dorf will es gesehen haben. – So viel ist sicher: Hauke Haien mit Weib und Kind ging unter in dieser Flut; nicht einmal ihre Grabstätte hab ich droben auf dem Kirchhof finden können; die toten Körper werden von dem abströmenden Wasser durch den Bruch ins Meer hinausgetrieben und auf dessen Grunde allmählich in ihre Urbestandteile aufgelöst sein – so haben sie Ruhe vor den Menschen gehabt. Aber der Hauke-Haien-Deich steht noch jetzt nach hundert Jahren, und wenn Sie morgen nach der Stadt reiten und die halbe Stunde Umweg nicht scheuen wollen, so werden Sie ihn unter den Hufen Ihres Pferdes haben.

Der Dank, den einstmals Jewe Manners bei den Enkeln seinem Erbauer versprochen hatte, ist, wie Sie gesehen haben, ausgeblieben; denn so ist es, Herr: dem Sokrates gaben sie ein Gift zu trinken, und unseren Herrn Christus schlugen sie an das Kreuz! Das geht in den letzten Zeiten nicht mehr so leicht; aber – einen Gewaltsmenschen oder einen bösen stiernackigen Pfaffen zum Heiligen, oder einen tüchtigen Kerl, nur weil er uns um Kopfeslänge überwachsen war, zum Spuk und Nachtgespenst zu machen – das geht noch alle Tage.«

Als das ernsthafte Männlein das gesagt hatte, stand es auf und horchte nach draußen. »Es ist dort etwas anders worden«, sagte er und zog die Wolldecke vom Fenster; es war heller Mondschein. »Seht nur«, fuhr er fort, »dort kommen die Gevollmächtigten zurück; aber sie zerstreuen sich, sie gehen nach Hause; – drüben am anderen Ufer muß ein Bruch geschehen sein; das Wasser ist gefallen.«

Ich blickte neben ihm hinaus; die Fenster hier oben lagen über dem Rand des Deiches; es war, wie er gesagt hatte. Ich nahm mein Glas und trank den Rest: »Haben Sie Dank für diesen Abend!« sagte ich; »ich denk, wir können ruhig schlafen!«

»Das können wir«, entgegnete der kleine Herr; »ich wünsche von Herzen eine wohlschlafende Nacht!«

– – Beim Hinabgehen traf ich unten auf dem Flur den Deichgrafen; er wollte noch eine Karte, die er in der Schenkstube gelassen hatte, mit nach Hause nehmen. »Alles vorüber!« sagte er. »Aber unser Schulmeister hat Ihnen wohl schön was weisgemacht; er gehört zu den Aufklärern!«

– »Er scheint ein verständiger Mann!«

»Ja, ja, gewiß; aber Sie können Ihren eigenen Augen doch nicht mißtrauen; und drüben an der anderen Seite, ich sagte es ja voraus, ist der Deich gebrochen!«

Ich zuckte die Achseln: »Das muß beschlafen werden! Gute Nacht, Herr Deichgraf!«

Er lachte: »Gute Nacht!«

– – Am anderen Morgen, beim goldensten Sonnenlichte, das über einer weiten Verwüstung aufgegangen war, ritt ich über den Hauke-Haien-Deich zur Stadt hinunter.

Worterklärungen

Bestickung: Belegung und Besteckung mit Stroh bei frischen Deichstrecken.
Demath: ein Landmaß in der Marsch.
Dossierung oder *Böschung:* die Abfall-Linie des Deiches.
Fenne: ein durch Gräben eingehegtes Stück Marschland.
Geest: das höhere Land im Gegensatz zur Marsch.
Haf: das Meer.
Hallig: kleine unbedeichte Insel.
Interessenten: die wegen Landbesitzes bei den Deichen interessiert sind.
Kajedeich: Hilfsdeich.
Klei: fest gewordener Schlick.
Koog: ein durch Eindeichung dem Meere abgewonnener Landbezirk.
Lahnungen: Zäune von Buschwerk, die zur besseren Anschlickung vom Strande in die Watten hinausgesteckt werden.
Marsch: dem Meere abgewonnenes Land, dessen Boden der fest gewordene Schlick, der Klei, bildet.
Pesel: ein für außerdordentliche Gelegenheiten bestimmtes Gemach, in den Marschen gewöhnlich neben der Wohnstube.
Priel: Wasserlauf in den Watten und Außendeichen.
Profil: das Bild des Deiches bei einem Quer- oder Längenschnitt.
Schlick: der graue Ton des Meeresbodens, der bei Ebbe bloßgelegt wird.
Springfluten: die ersten nach Voll- und Neumond eintretenden Fluten.
Vorland: der Teil des Festlandes vor den Deichen.
Watten: von der Flut bespülte Schlick- und Sandstrecken an der Nordsee.
Werfte: zum Schutze gegen Wassergefahr aufgeworfener Erdhügel in der Marsch, worauf die Gebäude, auch wohl Dörfer liegen.

Der kleine Häwelmann

Es war einmal ein kleiner Junge, der hieß Häwelmann. Des Nachts schlief er in einem Rollenbett und auch des Nachmittags, wenn er müde war; wenn er aber nicht müde war, so mußte seine Mutter ihn darin in der Stube umherfahren, und davon konnte er nie genug bekommen.

Nun lag der kleine Häwelmann eines Nachts in seinem Rollenbett und konnte nicht einschlafen; die Mutter aber schlief schon lange neben ihm in ihrem großen Himmelbett. »Mutter«, rief der kleine Häwelmann, »ich will fahren!« Und die Mutter langte im Schlaf mit dem Arm aus dem Bett und rollte die kleine Bettstelle hin und her, und wenn ihr der Arm müde werden wollte, so rief der kleine Häwelmann: »Mehr, mehr!« und dann ging das Rollen wieder von vorne an. Endlich aber schlief sie gänzlich ein; und so viel Häwelmann auch schreien mochte, sie hörte es nicht; es war rein vorbei. – – Da dauerte es nicht lange, so sah der Mond in die Fensterscheiben, der gute alte Mond, und was er da sah, war so possierlich, daß er sich erst mit seinem Pelzärmel über das Gesicht fuhr, um sich die Augen auszuwischen; so etwas hatte der alte Mond all sein Lebtag nicht gesehen. Da lag der kleine Häwelmann mit offenen Augen in seinem Rollenbett und hielt das eine Beinchen wie einen Mastbaum in die Höhe. Sein kleines Hemd hatte er ausgezogen und hing es wie ein Segel an seiner kleinen Zehe auf; dann nahm er ein Hemdzipfelchen in jede Hand und fing mit beiden Backen an zu blasen. Und allmählich, leise, leise, fing es an zu rollen, über den Fußboden, dann die Wand hinauf, dann kopfüber die Decke entlang und dann die andere Wand wieder hinunter. »Mehr, mehr!« schrie Häwelmann, als er wieder auf dem Boden war; und dann blies er wieder seine Backen auf, und dann ging es wieder kopfüber und kopfunter. Es war ein großes

Glück für den kleinen Häwelmann, daß es gerade Nacht war und die Erde auf dem Kopf stand; sonst hätte er doch gar zu leicht den Hals brechen können.

Als er drei Mal die Reise gemacht hatte, guckte der Mond ihm plötzlich ins Gesicht. »Junge«, sagte er, »hast du noch nicht genug?«

»Nein«, schrie Häwelmann, »mehr, mehr! Mach mir die Tür auf! Ich will durch die Stadt fahren; alle Menschen sollen mich fahren sehen.« – »Das kann ich nicht«, sagte der gute Mond; aber er ließ einen langen Strahl durch das Schlüsselloch fallen; und darauf fuhr der kleine Häwelmann zum Haus hinaus.

Auf der Straße war es ganz still und einsam. Die hohen Häuser standen im hellen Mondschein und glotzten mit ihren schwarzen Fenstern recht dumm in die Stadt hinaus; aber die Menschen waren nirgends zu sehen. Es rasselte recht, als der kleine Häwelmann in seinem Rollenbette über das Straßenpflaster fuhr; und der gute Mond ging immer neben ihm und leuchtete. So fuhren sie Straßen aus, Straßen ein; aber die Menschen waren nirgends zu sehen. Als sie bei der Kirche vorbei kamen, da krähte auf einmal der große goldene Hahn auf dem Glockenturm. Sie hielten still. »Was machst du da?« rief der kleine Häwelmann hinauf. – »Ich krähe zum ersten Mal!« rief der goldene Hahn herunter. – »Wo sind denn die Menschen?« rief der kleine Häwelmann hinauf. – »Die schlafen«, rief der goldene Hahn herunter, »wenn ich zum dritten Mal krähe, dann wacht der erste Mensch auf.« – »Das dauert mir zu lange«, sagte Häwelmann, »ich will in den Wald fahren, alle Tiere sollen mich fahren sehen!« – »Junge«, sagte der gute alte Mond, »hast du noch nicht genug?« – »Nein«, schrie Häwelmann, »mehr, mehr! Leuchte, alter Mond, leuchte!« Und damit blies er die Backen auf, und der gute alte Mond leuchtete, und so fuhren sie zum Stadttor hinaus und übers Feld und in den dunkeln Wald hinein. Der gute Mond hatte große Mühe, zwischen den vielen Bäumen durchzukommen; mitunter war er ein ganzes Stück zurück, aber er holte den kleinen Häwelmann doch immer wieder ein.

Im Walde war es still und einsam; die Tiere waren nicht zu sehen; weder die Hirsche noch die Hasen, auch nicht die kleinen

Mäuse. So fuhren sie immer weiter, durch Tannen- und Buchenwälder, bergauf und bergab. Der gute Mond ging nebenher und leuchtete in alle Büsche; aber die Tiere waren nicht zu sehen; nur eine kleine Katze saß oben in einem Eichbaum und funkelte mit den Augen. Da hielten sie still. »Das ist der kleine Hinze! « sagte Häwelmann, »ich kenne ihn wohl; er will die Sterne nachmachen.« Und als sie weiter fuhren, sprang die kleine Katze mit von Baum zu Baum. »Was machst du da?« rief der kleine Häwelmann hinauf. – »Ich illuminiere!« rief die kleine Katze herunter. – »Wo sind denn die andem Tiere?« rief der kleine Häwelmann hinauf. – »Die schlafen!« rief die kleine Katze herunter und sprang wieder einen Baum weiter, »horch nur, wie sie schnarchen!« – »Junge«, sagte der gute alte Mond, »hast du noch nicht genug?« – »Nein«, schrie Häwelmann, »mehr, mehr! Leuchte, alter Mond, leuchte!« und dann blies er die Backen auf, und der gute alte Mond leuchtete; und so fuhren sie zum Walde hinaus und dann über die Heide bis ans Ende der Welt, und dann gerade in den Himmel hinein.

Hier war es lustig; alle Sterne waren wach und hatten die Augen auf und funkelten, daß der ganze Himmel blitzte. »Platz da!« schrie Häwelmann und fuhr in den hellen Haufen hinein, daß die Sterne links und rechts vor Angst vom Himmel fielen. – »Junge«, sagte der gute alte Mond, »hast du noch nicht genug?« – »Nein!« schrie der kleine Häwehnann, »mehr, mehr!« Und – hast du nicht gesehen! fuhr er dem alten guten Mond quer über die Nase, daß er ganz dunkelbraun im Gesicht wurde. »Pfui!« sagte der Mond und nieste drei Mal, »alles mit Maßen!« und damit putzte er seine Laterne aus, und alle Steme machten die Augen zu. Da wurde es im ganzen Himmel auf einmal so dunkel, daß man es ordentlich mit Händen greifen konnte. »Leuchte, alter Mond, leuchtet« schrie Häwelmann, aber der Mond war nirgends zu sehen und auch die Sterne nicht; sie waren schon alle zu Bett gegangen. Da fürchtete der kleine Häwelmann sich sehr, weil er so allein im Himmel war. Er nahm seine Hemdzipfelchen in die Hände und blies die Backen auf; aber er wußte weder aus noch ein, er fuhr kreuz und quer, hin und her, und niemand sah in fahren, weder die Menschen noch die Tiere, noch auch die lieben Sterne.

Da guckte endlich unten, ganz unten am Himmelsrande ein rotes rundes Gesicht zu ihm herauf, und der kleine Häwelmann meinte, der Mond sei wieder aufgegangen. »Leuchte, alter Mond, leuchte!« rief er, und dann blies er wieder die Backen auf und fuhr quer durch den ganzen Himmel und gerade darauf los. Es war aber die Sonne, die geradeaus dem Meere heraufkam. »Junge«, rief sie und sah ihm mit ihren glühenden Augen ins Gesicht, »was machst du hier in meinem Himmel?« Und – eins, zwei, drei! nahm sie den kleinen Häwelmann und warf ihn mitten in das große Wasser. Da konnte er schwimmen lernen.

Und dann?

Ja und dann? Weißt du nicht mehr? Wenn ich und du nicht gekommen wären und den kleinen Häwelmann in unser Boot genommen hätten, so hätte er doch leicht ertrinken können!

Die Regentrude

Einen so heißen Sommer, wie nun vor hundert Jahren, hat es seitdem nicht wieder gegeben. Kein Grün fast war zu sehen; zahmes und wildes Getier lag verschmachtet auf den Feldern.

Es war an einem Vormittag. Die Dorfstraßen standen leer; wer nur konnte, war ins Innerste der Häuser geflüchtet; selbst die Dorfkläffer hatten sich verkrochen. Nur der dicke Wiesenbauer stand breitspurig in der Torfahrt seines stattlichen Hauses und rauchte im Schweiße seines Angesichts aus seinem großen Meerschaumkopfe. Dabei schaute er schmunzelnd einem mächtigen Fuder Heu entgegen, das eben von seinen Knechten in die Diele gefahren wurde. – Er hatte vor Jahren eine bedeutende Fläche sumpfigen Wiesenlandes um einen geringen Preis erworben, und die letzten dürren Jahre, welche auf den Feldern seiner Nachbarn das Gras versengten, hatten ihm die Scheuern mit duftendem Heu und den Kasten mit blanken Krontalern gefüllt.

So stand er auch jetzt und rechnete, was bei den immer steigenden Preisen der Überschuß der Ernte für ihn einbringen könne. »Sie kriegen alle nichts«, murmelte er, indem er die Augen mit der Hand beschattete und zwischen den Nachbarsgehöften hindurch in die flimmernde Ferne schaute; »es gibt gar keinen Regen mehr in der Welt.« Dann ging er an den Wagen, der eben abgeladen wurde; er zupfte eine Handvoll Heu heraus, führte es an seine breite Nase und lächelte so verschmitzt, als wenn er aus dem kräftigen Duft noch einige Krontaler mehr herausriechen könne.

In demselben Augenblicke war eine etwa fünfzigjährige Frau ins Haus getreten. Sie sah blaß und leidend aus, und bei dem schwarzseidenen Tuche, das sie um den Hals gesteckt trug, trat der bekümmerte Ausdruck ihres Gesichtes nur noch mehr hervor. »Guten Tag, Nachbar«, sagte sie, indem sie dem Wiesenbauer die Hand reichte, »ist das eine Glut; die Haare brennen einem auf dem Kopfe!«

»Laß brennen, Mutter Stine, laß brennen«, erwiderte er, »seht nur das Fuder Heu an! Mir kann's nicht zu schlimm werden!«

»Ja, ja, Wiesenbauer, Ihr könnt schon lachen; aber was soll aus uns andern werden, wenn das so fortgeht!«

Der Bauer drückte mit dem Daumen die Asche in seinen Pfeifenkopf und stieß ein paar mächtige Dampfwolken in die Luft. »Seht Ihr«, sagte er, »das kommt von der Überklugheit. Ich hab's ihm immer gesagt; aber Euer Seliger hat's allweg besser verstehen wollen. Warum mußte er all sein Tiefland vertauschen! Nun sitzt Ihr da mit den hohen Feldern, wo Eure Saat verdorrt und Euer Vieh verschmachtet.«

Die Frau seufzte.

Der dicke Mann wurde plötzlich herablassend. »Aber, Mutter Stine«, sagte er, »ich merke schon, Ihr seid nicht von ungefähr hergekommen; schießt nur immer los, was Ihr auf dem Herzen habt!«

Die Witwe blickte zu Boden. »Ihr wißt wohl«, sagte sie, »die fünfzig Taler, die Ihr mir geliehen, ich soll sie auf Johanni zurückzahlen, und der Termin ist vor der Tür.«

Der Bauer legte seine fleischige Hand auf ihre Schulter. »Nun macht Euch keine Sorge, Frau! Ich brauche das Geld nicht; ich bin nicht der Mann, der aus der Hand in den Mund lebt. Ihr könnt mir Eure Grundstücke dafür zum Pfand einsetzen; sie sind zwar nicht von den besten, aber mir sollen sie diesmal gut genug sein. Auf den Sonnabend könnt Ihr mit mir zum Gerichtshalter fahren.«

Die bekümmerte Frau atmete auf. »Es macht zwar wieder Kosten«, sagte sie, »aber ich danke Euch doch dafür.«

Der Wiesenbauer hatte seine kleinen klugen Augen nicht von ihr gelassen. »Und«, fuhr er fort, »weil wir hier einmal beisammen sind, so will ich Euch auch sagen, der Andrees, Euer Junge, geht nach meiner Tochter!«

»Du lieber Gott, Nachbar, die Kinder sind ja miteinander aufgewachsen!«

»Das mag sein, Frau; wenn aber der Bursche meint, er könne

sich hier in die volle Wirtschaft einfreien, so hat er seine Rechnung ohne mich gemacht!«

Die schwache Frau richtete sich ein wenig auf und sah ihn mit fast zürnenden Augen an. »Was habt Ihr denn an meinem Andrees auszusetzen?« fragte sie.

»Ich an Eurem Andrees, Frau Stine? – Auf der Welt gar nichts! Aber« – und er strich sich mit der Hand über die silbernen Knöpfe seiner roten Weste – »meine Tochter ist eben meine Tochter, und des Wiesenbauers Tochter kann es besser belaufen.«

»Trotzt nicht zu sehr, Wiesenbauer«, sagte die Frau milde, »ehe die heißen Jahre kamen –!«

»Aber sie sind gekommen und sind noch immer da, und auch für dies Jahr ist keine Aussicht, daß Ihr eine Ernte in die Scheuer bekommt. Und so geht's mit Eurer Wirtschaft immer weiter rückwärts.«

Die Frau war in tiefes Sinnen versunken; sie schien die letzten Worte kaum gehört zu haben. »Ja«, sagte sie, »Ihr mögt leider recht behalten, die Regentrude muß eingeschlafen sein; aber – sie kann geweckt werden!«

»Die Regentrude?« wiederholte der Bauer hart. »Glaubt Ihr auch an das Gefasel?«

»Kein Gefasel, Nachbar!« erwiderte sie geheimnisvoll. »Meine Urahne, da sie jung gewesen, hat sie selber einmal aufgeweckt. Sie wußte auch das Sprüchlein noch und hat es mir öfters vorgesagt, aber ich habe es seither längst vergessen.«

Der dicke Mann lachte, daß ihm die silbernen Knöpfe auf seinem Bauche tanzten. »Nun, Mutter Stine, so setzt Euch hin und besinnt Euch auf Euer Sprüchlein. Ich verlasse mich auf mein Wetterglas, und das steht seit acht Wochen auf beständig Schön!«

»Das Wetterglas ist ein totes Ding, Nachbar; das kann doch nicht das Wetter machen!«

»Und Eure Regentrude ist ein Spukeding, ein Hirngespinst, ein Garnichts!«

»Nun, Wiesenbauer«, sagte die Frau schüchtern, »Ihr seit einmal einer von den Neugläubigen!«

Aber der Mann wurde immer eifriger. »Neu- oder altgläubig!« rief er, »geht hin und sucht Eure Regenfrau und sprecht Euer Sprüchlein, wenn Ihr's noch beisammenkriegt! Und wenn Ihr binnen heut und vierundzwanzig Stunden Regen schafft, dann –!« Er hielt inne und paffte ein paar dicke Rauchwolken vor sich hin. »Was dann, Nachbar?« fragte die Frau.

»Dann – – dann – zum Teufel, ja, dann soll Euer Andrees meine Maren freien!«

In diesem Augenblicke öffnete sich die Tür des Wohnzimmers, und ein schönes schlankes Mädchen mit rehbraunen Augen tret zu ihm auf die Durchfahrt hinaus. »Topp, Vater«, rief sie aus, »das soll gelten!« Und zu einem ältlichen Manne gewandt, der eben von der Straße her ins Haus trat, fügte sie hinzu: »Ihr habt's gehört, Vetter Schulze!«

»Nun, nun, Maren«, sagte der Wiesenbauer, »du brauchst keine Zeugen gegen deinen Vater aufzurufen; von meinem Wort da beißt dir keine Maus auch nur ein Titelchen ab.«

Der Schulze schaute indes, auf seinen langen Stock gestützt, eine Weile in den freien Tag hinaus; und hatte nun sein schärferes Auge in der Tiefe des glühenden Himmels ein weißes Pünktchen schwimmen sehen, oder wünschte er es nur und glaubte es deshalb gesehen zu haben, aber er lächelte hinterhältig und sagte: »Mög's Euch bekommen, Vetter Wiesenbauer, der Andrees ist allewege ein tüchtiger Bursch!«

Bald darauf, während der Wiesenbauer und der Schulze in dem Wohnzimmer des erstern über allerlei Rechnungen beisammensaßen, trat Maren an der andern Seite der Dorfstraße mit Mutter Stine in deren Stübchen.

»Aber Kind«, sagte die Witwe, indem sie ihr Spinnrad aus der Ecke holte, »weißt du denn das Sprüchlein für die Regenfrau?«

»Ich?« fragte das Mädchen, indem sie erstaunt den Kopf zurückwarf.

»Nun, ich dachte nur, weil du so keck dem Vater vor die Füße tratst.«

»Nicht doch, Mutter Stine, mir war nur so ums Herz, und ich dachte auch, Ihr selber würdet's wohl noch beisammen bekommen. Räumt nur ein bissel auf in Eurem Kopfe; es muß ja noch irgendwo verkramet liegen!«

Frau Stine schüttelte den Kopf. »Die Urahn ist mir früh gestorben. Das aber weiß ich wohl noch, wenn wir damals große Dürre hatten, wie eben jetzt, und uns dabei mit der Saat oder dem Viehzeug Unheil zuschlug, dann pflegte sie wohl ganz heimlich zu sagen: ›Das tut der Feuermann uns zum Schabernack, weil ich einmal die Regenfrau geweckt habe!‹

»Der Feuermann?« fragte das Mädchen, »wer ist denn das nun wieder?«

Aber ehe sie noch eine Antwort erhalten konnte, war sie schon ans Fenster gesprungen und rief: »Um Gott, Mutter, da kommt der Andrees; seht nur, wie verstürzt er aussieht!«

Die Witwe erhob sich von ihrem Spinnrade: »Freilich, Kind«, sagte sie niedergeschlagen, »siehst du denn nicht, was er auf dem Rücken trägt? Da ist schon wieder eins von den Schafen verdurstet.«

Bald darauf trat der junge Bauer ins Zimmer und legte das tote Tier vor den Frauen auf den Estrich. »Da habt ihr's!« sagte er finster, indem er sich mit der Hand den Schweiß von der heißen Stirn strich.

Die Frauen sahen mehr in sein Gesicht als auf die tote Kreatur. »Nimm dir's nicht so zu Herzen, Andrees!« sagte Maren. »Wir wollen die Regenfrau wecken, und dann wird alles wieder gut werden.«

»Die Regenfrau!« wiederholte er tonlos. »Ja, Maren, wer die wecken könnte! – Es ist aber auch nicht wegen dem allein; es ist mir etwas widerfahren draußen.« –

Die Mutter faßte zärtlich seine Hand. »So sag es von dir«, ermahnte sie, »damit es dich nicht siech mache!«

»So hört denn!« erwiderte er. – »Ich wollte nach unsern Schafen sehen und ob das Wasser, das ich gestern abend für sie hinaufgetragen, noch nicht verdunstet sei. Als ich aber auf den Weideplatz kam, sah ich sogleich, daß es dort nicht seine Richtigkeit habe; der Wasserzuber war nicht mehr, wo ich ihn hingestellt, und auch die Schafe waren nicht zu sehen. Um sie zu suchen, ging ich den Rain hinab bis an den Riesenhügel. Als ich auf die andre Seite kam, da sah ich sie alle liegen, keuchend, die Hälse lang auf die Erde gestreckt; die arme Kreatur hier war schon krepiert. Daneben lag der Zuber umgestürzt und schon gänzlich ausgetrocknet. Die Tiere konnten das nicht getan haben; hier mußte eine böswillige Hand im Spiele sein.«

»Kind, Kind«, unterbrach ihn die Mutter, »wer sollte einer armen Witwe Leides zufügen!«

»Hört nur zu, Mutter, es kommt noch weiter. Ich stieg auf den Hügel und sah nach allen Seiten über die Ebene hin; aber kein Mensch war zu sehen, die sengende Glut lag wie alle Tage lautlos über den Feldern. Nur neben mir auf einem der großen Steine, zwischen denen das Zwergenloch in den Hügeln hinabgeht, saß ein dicker Molch und sonnte seinen häßlichen Leib. Als ich noch so halb ratlos, halb ingrimmig um mich her starrte, hörte ich auf einmal hinter mir von der andern Seite des Hügels her ein Gemurmel, wie wenn einer eifrig mit sich selber redet, und als ich mich umwende, sehe ich ein knorpsiges Männlein im feuerroten Rock und roter Zipfelmütze unten zwischen dem Heidekraut auf und ab stapfen. – Ich erschrak mich, denn wo war es plötzlich hergekommen! – Auch sah es gar so arg und mißgeschaffen aus. Die großen braunroten Hände hatte es auf dem Rücken gefaltet, und dabei spielten die krummen Finger wie Spinnenbeine in der Luft. Ich war hinter den Dornbusch getreten, der neben den Steinen aus dem Hügel wächst, und konnte von hier aus alles sehen, ohne selbst bemerkt zu werden. Das Unding drunten war noch immer in Bewegung; es bückte sich und riß ein Bündel versengten Grases aus dem Boden, daß ich glaubte, es müsse mit seinem Kürbiskopf vornüber schießen; aber es stand schon wieder auf seinen Spindelbeinen, und indem es das dürre Kraut zwischen seinen großen Fäusten zu Pulver rieb, begann es so entsetzlich zu lachen, daß auf der andern Seite des Hügels die halbtoten Schafe aufsprangen und in wilder Flucht an dem Rain hinunterjagten. Das Männlein aber lachte noch gellender, und dabei begann es von einem Bein auf das andre zu springen, daß ich fürchtete, die dünnen Stäbchen müßten unter seinem klumpigen Leibe zusammenbrechen. Es war grauenvoll anzusehen, denn es funkelte ihm dabei ordentlich aus seinem kleinen schwarzen Augen.«

Die Witwe hatte leise des Mädchens Hand gefaßt.

»Weißt du nun, wer der Feuermann ist?« sagte sie. Maren nickte.

»Das Allergrausenhafteste aber«, fuhr Andrees fort, »war seine Stimme. ›Wenn sie es wüßten, wenn sie es wüßten!‹ schrie er, ›die Flegel, die Bauerntölpel!‹ Und dann sang er mit seiner schnarrenden, quäkenden Stimme ein seltsames Sprüchlein; immer von vorn nach hinten, als könne er sich gar daran nicht ersättigen. Wartet nur, ich bekomm's wohl noch beisammen!«

Und nach einigen Augenblicken fuhr er fort:

>»Dunst ist die Welle,
>Staub ist die Quelle!«

Die Mutter ließ plötzlich ihr Spinnrad stehen, das sie während der Erzählung eifrig gedreht hatte, und sah ihren Sohn mit gespannten Augen an. Der aber schwieg wieder und schien sich zu besinnen.

»Weiter!« sagte sie leise.

»Ich weiß nicht weiter, Mutter; es ist fort, und ich hab's mir unterwegs doch wohl hundertmal vorgesagt.«

Als aber Frau Stine mit unsicherer Stimme selbst fortfuhr:

>»Stumm sind die Wälder,
>Feuermann tanzet über die Felder!«

da setzte er rasch hinzu:

> Nimm dich in Acht!
> Eh du erwacht,
> Holt dich die Mutter
> Heim in die Nacht!«

»Das ist das Sprüchlein der Regentrude!« rief Frau Stine; »und nun rasch noch einmal! Und du, Maren, merk wohl auf, damit es nicht wiederum verlorengeht!«

Und nun sprachen Mutter und Sohn noch einmal zusammen und ohne Anstoß:

> Dunst ist die Welle,
> Staub ist die Quelle!
> Stumm sind die Wälder,
> Feuermann tanzet über die Felder!

Nimm dich in Acht!
Eh du erwacht,
Holt dich die Mutter
Heim in die Nacht!«

»Nun hat alle Not ein Ende!« rief Maren; »nun wecken wir die Regentrude; morgen sind alle Felder wieder grün, und übermorgen gibt's Hochzeit!« Und mit fliegenden Worten und glänzenden Augen erzählte sie dem Andrees, welches Versprechen sie dem Vater abgewonnen habe.

»Kind«, sagte die Witwe wieder, »weißt du denn auch den Weg zur Regentrude?«

»Nein, Mutter Stine; wißt Ihr denn auch den Weg nicht mehr?«

»Aber, Maren, es war ja die Urahne, die bei der Regentrude war; von dem Wege hat sie mir niemals was erzählt.«

»Nun, Andrees«, sagte Maren und faßte den Arm des jungen Bauern, der währenddes mit gerunzelter Stirn vor sich hin gestarrt hatte, »so sprich du! Du weißt ja sonst doch immer Rat!«

»Vielleicht weiß ich auch jetzt wieder einen«, entgegnete er bedächtig. »Ich muß heute mittag den Schafen noch Wasser hinauftragen. Vielleicht, daß ich den Feuermann noch einmal hinter dem Dornbusch belauschen kann! Hat er das Sprüchlein verraten, wird er auch noch den Weg verraten; denn sein dicker Kopf scheint überzulaufen von diesen Dingen.«

Und bei diesem Entschluß blieb es. Soviel sie auch hin und wieder redeten, sie wußten keinen bessern aufzufinden.

Bald darauf befand sich Andrees mit seiner Wassertracht droben auf dem Weideplatze. Als er in die Nähe des Riesenhügels kam, sah er den Kobold schon von weitem auf einem der Steine am Zwergenloch sitzen. Er strählte sich mit seinen fünf ausgespreizten Fingern den roten Bart; und jedesmal, wenn er die Hand herauszog, löste sich ein Häufchen feuriger Flocken ab und schwebte in dem grellen Sonnenschein über die Felder dahin.

Da bist du zu spät gekommen, dachte Andrees, heute wirst du nichts erfahren, und wollte seitwärts, als habe er gar nichts gesehen, nach der Stelle abbiegen, wo noch immer der umgestürzte Zuber lag. Aber er wurde angerufen. »Ich dachte, du hättst mit mir zu reden!« hörte er die Quäkstimme des Kobolds hinter sich.

Andrees kehrte sich um und trat ein paar Schritte zurück. »Was hätte ich mit Euch zu reden«, erwiderte er; ich kenne Euch ja nicht.«

»Aber du möchtest den Weg zur Regentrude wissen?«

»Wer hat Euch denn das gesagt?«

»Mein kleiner Finger, und der ist klüger als mancher großer Kerl.«

Andrees nahm all seinen Mut zusammen und trat noch ein paar Schritte näher zu dem Unding an den Hügel hinauf. »Euer kleiner Finger mag schon klug sein«, sagte er, »aber den Weg zur Regentrude wird er doch nicht wissen, denn den wissen auch die allerklügsten Menschen nicht.«

Der Kobold blähte sich wie eine Kröte und fuhr ein paarmal mit seiner Klaue durch den Feuerbart, daß Andrees vor der herausströmenden Glut einen Schritt zurücktaumelte. Plötzlich aber den jungen Bauer mit dem Ausdrucke eines überlegenen Hohns aus seinen bösen kleinen Augen anstarrend, schnarrte er ihn an: »Du bist zu einfältig, Andrees; wenn ich dir auch sagte, daß die Regentrude hinter dem großen Walde wohnt, wo würdest du doch nicht wissen, daß hinter dem Walde eine hohle Weide steht.«

Hier gilt's, den Dummen spielen, dachte Andrees; denn obschon er sonst ein ehrlicher Bauer war, so hatte er doch auch seine gute Portion Bauernschlauheit mit auf die Welt bekommen. »Da habt Ihr recht«, sagte er und riß den Mund auf, »das würde ich freilich nicht wissen!«

»Und«, fuhr der Kobold fort, »wenn ich dir auch sagte, daß hinter dem Wald die hohle Weide steht, so würdest du doch nicht wissen, daß in dem Baum eine Treppe zum Garten der Regenfrau hinabführt.«

»Wie man sich doch verrechnen kann!« rief Andrees. »Ich dachte, man könnte nur so geradeswegs hineinspazieren.«

»Und wenn du auch geradeswegs hineinspazieren könntest«, sagte der Kobold, »so würdest du immer noch nicht wissen, daß dir Regentrude nur von einer reinen Jungfrau geweckt werden kann.«

»Nun freilich«, meinte Andrees, »da hilft's mir nichts; da will ich mich nur gleich wieder auf den Heimweg machen.«

Ein arglistiges Lächeln verzog den breiten Mund des Kobolds. »Willst du nicht erst dein Wasser in den Zuber gießen?« fragte er; »das schöne Viehzeug ist ja schier verschmachtet.«

»Da habt Ihr zum vierten Male recht!« erwiderte der Bursche und ging mit seinen Eimern um den Hügel herum. Als er aber das Wasser in den heißen Zuber goß, schlug es zischend empor und verprasselte in weißen Dampfwolken in der Luft. Auch gut, dachte er, meine Schafe treibe ich mit mir heim, und morgen mit dem frühesten geleite ich Maren zu der Regentrude. Die soll sie schon erwecken!

Auf der andern Seite des Hügels aber war der Kobold von seinen Steinen aufgesprungen. Er warf seine rote Mütze in die Luft und kollerte sich mit wieherndem Gelächter den Berg hinab. Dann sprang er wieder auf seine dürren Spindelbeine, tanzte wie toll umher und schrie dabei mit seiner Quäkstimme einmal übers andre: »Der Kindskopf, der Bauernlümmel! dachte mich zu übertölpeln und weiß noch nicht, daß die Trude sich nur durch das rechte Sprüchlein wecken läßt. Und das Sprüchlein weiß keiner als Eckeneckepenn, und Eckeneckepenn, das bin ich!« –

Der böse Kobold wußte nicht, daß er am Vormittag das Sprüchlein selbst verraten hatte.

Auf die Sonnenblumen, die vor Marens Kammer im Garten standen, fiel eben der erste Morgenstrahl, als sie schon das Fenster aufstieß und ihren Kopf in die frische Luft hinausstreckte. Der Wiesenbauer, welcher nebenan im Alkoven des Wohnzimmers schlief, mußte davon erwacht sein; denn sein Schnarchen, das noch eben durch alle Wände drang, hatte plötzlich aufgehört. »Was treibst du, Maren?« rief er mit schläfriger Stimme. »Fehlt's dir denn wo?«

Das Mädchen fuhr sich mit dem Finger an die Lippen; denn sie wußte wohl, daß der Vater, wenn er ihr Vorhaben erführe, sie nicht aus dem Hause lassen würde. Aber sie faßte sich schnell.

»Ich habe nicht schlafen können, Vater«, rief sie zurück, »ich will mit den Leuten auf die Wiese; es ist so hübsch frisch heute morgen.«

»Hast das nicht nötig, Maren«, erwiderte der Bauer, »meine Tochter ist kein Dienstbot.« Und nach einer Weile fügte er hinzu: »Na, wenn's dir Pläsier macht! Aber sei zur rechten Zeit wieder heim, eh die große Hitze kommt. Und vergiß mein Warmbier nicht!« Damit warf er sich auf die andre Seite, daß die Bettstelle krachte, und gleich darauf hörte auch das Mädchen wieder das wohlbekannte abgemessene Schnarchen.

Behutsam drückte sie ihre Kammertür auf. Als sie durch die Torfahrt ins Freie ging, hörte sie eben den Knecht die beiden Mägde wecken. Es ist doch schnöd, dachte sie, daß du so hast lügen müssen, aber – und sie seufzte dabei ein wenig – was tut man nicht um seinen Schatz!

Drüben in seinem Sonntagsstaat stand schon Andrees ihrer wartend. »Weißt du dein Sprüchlein noch?« rief er ihr entgegen.

»Ja, Andrees! Und weißt du noch den Weg?«

Er nickte nur. »So laß uns gehen!«

Aber eben kam noch Mutter Stine aus dem Hause und steckte ihrem Sohne ein mit Met gefülltes Fläschchen in die Tasche. »Der ist noch von der Urahne«, sagte sie, »sie tat allezeit sehr geheim und kostbar damit, der wird euch gut tun in der Hitze!«

Dann gingen sie im Morgenschein die stille Dorfstraße hinab, und die Witwe stand noch lange und schaute nach der Richtung, wo die jungen kräftigen Gestalten verschwunden waren.

Der Weg der beiden führte hinter der Dorfmark über eine weite Heide. Danach kamen sie in den großen Wald. Aber die Blätter des Waldes lagen meist verdorrt am Boden, so daß die Sonne überall hindurchblitzte; sie wurden fast geblendet von den wechselnden Lichtern. – Als sie eine geraume Zeit zwischen den hohen Stämmen der Eichen und Buchen fortgeschritten waren, faßte das Mädchen die Hand des jungen Mannes.

»Was hast du, Maren?« fragte er.

»Ich hörte unsre Dorfuhr schlagen, Andrees.«

»Ja, mir war es auch so.«

»Es muß sechs Uhr sein!« sagte sie wieder. »Wer kocht denn

dem Vater nur sein Warmbier? Die Mägde sind alle auf dem Felde.«

»Ich weiß nicht, Maren, aber das hilft nun doch weiter nicht!«

»Nein«, sagte sie, »das hilft nun weiter nicht. Aber weißt du denn auch noch unser Sprüchlein?«

»Freilich, Maren!

> Dunst ist die Welle,
> Staub ist die Quelle!«

Und als er einen Augenblick zögerte, sagte sie rasch:

> »Stumm sind die Wälder,
> Feuermann tanzet über die Felder!«

»Oh«, rief sie, »wie brannte die Sonne!«

»Ja«, sagte Andrees und rieb sich die Wange, »es hat auch mir ordentlich einen Stich gegeben.«

Endlich kamen sie aus dem Walde, und dort, ein paar Schritte vor ihnen, stand auch schon der alte Weidenbaum. Der mächtige Stamm war ganz gehöhlt, und das Dunkel, das darin herrschte, schien tief in den Abgrund der Erde zu führen. Andrees stieg zuerst allein hinab, währen Maren sich auf die Höhlung des Baumes lehnte und ihm nachzublicken suchte. Aber bald sah sie nichts mehr von ihm, nur das Geräusch des Hinabsteigens schlug noch an ihr Ohr. Ihr begann angst zu werden, oben um sie her war es so einsam, und von unten hörte sie endlich auch keinen Laut mehr. Sie steckte den Kopf tief in die Höhlung und rief: »Andrees, Andrees!« Aber es blieb alles still, und noch einmal rief sie: »Andrees!« – Da nach einiger Zeit war es ihr, als höre sie es von unten wieder heraufkommen, und allmählich erkannte sie auch die Stimme des jungen Mannes, der ihren Namen rief, und faßte seine Hand, die er ihr entgegenstreckte. »Es führt eine Treppe hinab«, sagte er, »aber sie ist steil und ausgebröckelt, und wer weiß, wie tief nach unten zu der Abgrund ist!«

Maren erschrak. »Fürchte dich nicht«, sagte er, »ich trage dich; ich habe einen sichern Fuß.« Dann hob er das schlanke Mädchen auf seine breite Schulter; und als sie die Arme fest um seinen Hals gelegt hatte, stieg er behutsam mit ihr in die Tiefe. Dichte Finsternis umgab sie; aber Maren atmete doch auf, während sie so Stufe um Stufe wie in einem gewundenen Schneckengange hinabgetragen wurde; denn es war kühl hier im Innern der Erde. Kein Laut von oben drang zu ihnen herab; nur einmal hörten sie dumpf aus der Ferne die unterirdischen Wasser brausen, die vergeblich zum Lichte emporarbeiteten.

»Was war das?« flüsterte das Mädchen.

»Ich weiß nicht, Maren.«

»Aber hat's denn noch kein Ende?«

»Es scheint fast nicht.«

»Wenn dich der Kobold nur nicht betrogen hat!«

»Ich denke nicht, Maren.«

So stiegen sie tiefer und tiefer. Endlich spürten sie wieder den Schimmer des Sonnenlichts unter sich, das mit jedem Tritt leuchtender wurde; zugleich aber drang auch eine erstickende Hitze zu ihnen herauf.

Als sie von der untersten Stufe ins Freie traten, sahen sie eine gänzlich unbekannte Gegend vor sich. Maren sah befremdet umher. »Die Sonne scheint aber doch dieselbe zu sein!« sagte sie endlich.

»Kälter ist sie wenigstens nicht«, meinte Andrees, indem er das Mädchen zur Erde hob.

Von dem Platze, wo sie sich befanden, auf einem breiten Steindamm, lief eine Allee von alten Weiden in die Ferne hinaus. Sie bedachten sich nicht lange, sondern gingen, als sei ihnen der Weg gewiesen, zwischen den Reihen der Bäume entlang. Wenn sie nach der einen oder andern Seite blickten, so sahen sie in ein ödes, unabsehbares Tiefland, das so von aller Art von Rinnen und Vertiefungen zerrissen war, als bestehe es nur aus einem endlosen Gewirre verlassener See- und Strombetten. Dies schien auch dadurch bestätigt zu werden, daß ein beklemmender Dunst, wie von vertrocknetem Schilf, die Luft erfüllte. Dabei lagerte zwischen den Schatten der einzeln stehenden Bäume eine solche Glut, daß es den beiden Wanderern war, als sähen sie kleine weiße Flammen über den staubigen Weg dahinfliegen. Andrees mußte an die Flocken aus dem Feuerbarte des Kobolds denken. Einmal war es ihm sogar, als sähe er zwei dunkle Augenringe in dem grellen Sonnenschein; dann wieder glaubte er deutlich neben sich das tolle Springen der kleinen Spindelbeine zu hören. Bald war es links, bald rechts an seiner Seite. Wenn er sich aber wandte, vermochte er nichts zu sehen; nur die glutheiße Luft zitterte flirrend und blendend vor seinen Augen. Ja, dachte er, indem er des Mädchens Hand erfaßte und beide mühsam vorwärts schritten, sauer machst du's uns, aber recht behältst du heute nicht!

Weiter und weiter gingen sie, der eine nur auf das immer schwerere Atmen des andern hörend. Der einförmige Weg schien kein Ende zu nehmen; neben ihnen unaufhörlich die grauen, halb entblätterten Weiden, seitwärts hüben und drüben unter ihnen die unheimlich dunstende Niederung.

Plötzlich blieb Maren stehen und lehnte sich mit geschlossenen Augen an den Stamm einer Weide. »Ich kann nicht weiter«, murmelte sie; »die Luft ist lauter Feuer.«

Da gedachte Andrees des Metfläschchens, das sie bis dahin unberührt gelassen hatten. – Als er den Stöpsel abgezogen, verbreitete sich ein Duft, als seien die Tausende von Blumen noch einmal zur Blüte auferstanden, aus deren Kelchen vor vielleicht mehr als hundert Jahren die Bienen den Honig zu diesem Tranke zusammengetragen hatten. Kaum hatten die Lippen des Mädchens den Rand der Flasche berührt, so schlug sie schon die Augen auf. »Oh«, rief sie, »auf welcher schönen Wiese sind wir denn?«

»Auf keiner Wiese, Maren; aber trink nur, es wird dich stärken!«

Als sie getrunken hatte, richtete sie sich auf und schaute mit hellen Augen um sich her. »Trink auch einmal, Andrees«, sagte sie; »ein Frauenzimmer ist doch nur ein elendiglich Geschöpf!«

»Aber das ist ein echter Tropfen!« rief Andrees, nachdem er auch gekostet hatte. »Mag der Himmel wissen, woraus die Urahne den gebraut hat!«

Dann gingen sie gestärkt und lustig plaudernd weiter. Nach einer Weile aber blieb das Mädchen wieder stehen. »Was hast du, Maren?« fragte Andrees.

»Oh, nichts, ich dachte nur –«

»Was denn, Maren?«

»Siehst du, Andrees! Mein Vater hat noch sein halbes Heu draußen auf den Wiesen; und ich gehe da aus und will Regen machen!«

»Dein Vater ist ein reicher Mann, Maren; aber wir andern haben unser Fetzchen Heu schon längst in der Scheuer und unsre Frucht noch alle auf den dürren Halmen.«

»Ja, ja, Andrees, du hast wohl recht; man muß auch an die andern denken!« Im stillen bei sich selber aber setzte sie später hinzu: Maren, Maren, mach dir keine Flausen vor; du tust ja doch alles nur von wegen deinem Schatz!

So waren sie wieder eine Zeitlang fortgegangen, als das Mädchen plötzlich rief: »Was ist denn das? Wo sind wir denn? Das ist ja ein großer, ungeheurer Garten!«

Und wirklich waren sie, ohne zu wissen wie, aus der einförmigen Weidenallee in einen großen Park gelangt. Aus der weiten, jetzt freilich versengten Rasenfläche erhoben sich überall Gruppen hoher prachtvoller Bäume. Zwar war ihr Laub zum Teil abgefallen oder hing dürr und schlaff an den Zweigen, aber der kühne Bau ihrer Äste strebte noch in den Himmel, und die mächtigen Wurzeln griffen noch weit über die Erde hinaus. Eine Fülle von Blumen, wie die beiden sie nie zuvor gesehen, bedeckte hie und da den Boden; aber alle diese Blumen waren welk und düftelos und schienen mitten in der höchsten Blüte von der tödlichen Glut getroffen zu sein.

»Wir sind am rechten Orte, denk ich!« sagte Andrees.

Maren nickte. »Du mußt nun hier zurückbleiben, bis ich wiederkomme.«

»Freilich«, erwiderte er, indem er sich in dem Schatten einer großen Eiche ausstreckte. »Das übrige ist nun deine Sach! Halt nur das Sprüchlein fest und verred dich nicht dabei!« –

So ging sie denn allein über den weiten Rasen und unter den himmelhohen Bäumen dahin, und bald sag der Zurückbleibende nichts mehr von ihr. Sie aber schritt weiter und weiter durch die Einsamkeit. Bald hörten die Baumgruppen auf, und der Boden senkte sich. Sie erkannte wohl, daß sie in dem ausgetrockneten Bette eines Gewässers ging; weißer Sand und Kiesel bedeckten den Boden, dazwischen lagen tote Fische und blinkten mit ihren Silberschuppen in der Sonne. In der Mitte des Beckens sah sie einen grauen fremdartigen Vogel stehen; er schien ihr einem Reiher ähnlich zu sein, doch war er von solcher Größe, daß sein Kopf, wenn er ihn aufrichtete, über den eines

Menschen hinwegragen mußte; jetzt hatte er den langen Hals zwischen den Flügel zurückgelegt und schien zu schlafen. Maren fürchtete sich. Außer dem regungslosen unheimlichen Vogel war kein lebendes Wesen sichtbar, nicht einmal das Schwirren einer Fliege unterbrach hier die Stille; wie ein Entsetzen lag das Schweigen über diesem Orte. Einen Augenblick trieb sie die Angst, nach ihrem Geliebten zu rufen, aber sie wagte es wiederum nicht; denn den Laut ihrer eignen Stimme in dieser Öde zu hören, dünkte sie noch schauerlicher als alles andre.

So richtete sie denn ihre Augen fest in die Ferne, so sich wieder dichte Baumgruppen über den Boden zu erheben schienen, und schritt weiter, ohne rechts oder links zu sehen. Der große Vogel rührte sich nicht, als sie mit leisem Tritt an ihm vorüberging, nur für einen Augenblick blitzte es schwarz unter der weißen Augenhaut hervor. – Sie atmete auf. – Nachdem sie noch eine weite Strecke hingeschritten, verengte sich das Seebett zu der Rinne eines mäßigen Baches, der unter einer breiten Lindengruppe durchführte. Das Geäst dieser mächtigen Bäume war so dicht, daß ungeachtet des mangelhaften Laubes kein Sonnenstrahl hindurchdrang. Maren ging in dieser Rinne weiter; die plötzliche Kühle um sie her, das hohe dunkle Gewölk der Wipfel über ihr; es schien ihr fast, als gehe sie durch eine Kirche. Plötzlich aber wurden ihre Augen von einem blenden Licht getroffen; die Bäume hörten auf, und vor ihr erhob sich ein graues Gestein, auf das die grellste Sonne niederbrannte.

Maren selbst stand in einem leeren sandigen Becken, in welches sonst ein Wasserfall über die Felsen hinabgestürzt sein mochte, der dann unterhalb durch die Rinne seinen Abfluß in den jetzt verdunsteten See gehabt hatte. Sie suchte mit den Augen, wo wohl der Weg zwischen den Klippen hinaufführte. Plötzlich aber schrak sie zusammen. Denn das dort auf der halben Höhe des Absturzes konnte nicht zum Gestein gehören; wenn es auch ebenso grau war und starr wie dieses in der regungslosen Luft lag, so erkannte sie doch bald, daß es ein Gewand sei, welches in Falten eine ruhende Gestalt bedeckte. – Mit verhaltenem Atem stieg sie näher. Da sah sie es deutlich; es war eine schöne mächtige Frauengestalt. Der Kopf lag tief aufs Gestein zurückgesunken; die blonden Haare, die bis zur Hüfte hinabflossen, waren voll Staub und dürren Laubes. Maren betrachtete sie aufmerksam. Sie muß sehr schön gewesen sein, dachte sie, ehe diese Wangen so schlaff und diese Augen so eingesunken waren. Ach, und wie bleich ihre Lippen sind! Ob es denn wohl die Regentrude sein mag? – Aber die da schläft nicht; das ist eine Tote! Oh, es ist entsetzlich einsam hier!

Das kräftige Mädchen hatte sich indessen bald gefaßt. Sie trat ganz dicht herzu, und niederkniend und zu ihr hinabgebeugt, legte sie ihre frischen Lippen an das marmorblasse Ohr der Ruhenden. Dann, all ihren Mut zusammennehmend, sprach sie laut und deutlich:

>»Dunst ist die Welle,
>Staub ist die Quelle!
>Stumm sind die Wälder,
>Feuermann tanzt über die Felder!«

Da rang sich ein tiefer klagender Laut aus dem bleichen Munde hervor; doch das Mädchen sprach immer stärker und eindringlicher:

>»Nimm dich in Acht!
>Eh du erwacht,
>Holt dich die Mutter
>Heim in der Nacht!«

Da rauschte es sanft durch die Wipfel der Bäume, und in der Ferne donnerte es leise wie von einem Gewitter. Zugleich aber und, wie es schien, von jenseits des Gesteins kommend, durchschnitt ein greller Ton die Luft, wie der Wutschrei eines bösen Tieres. Als Maren emporsah, stand die Gestalt der Trude hoch aufgerichtet vor ihr. »Was willst du?« fragte sie.

»Ach, Frau Trude«, antwortete das Mädchen noch immer kniend. »Ihr habt so grausam lang geschlafen, daß alles Laub und alle Kreatur verschmachten will!«

Die Trude sah sie mit weit aufgerissenen Augen an, als mühe sie sich, aus schweren Träumen zu kommen.

Endlich fragte sie mit tonloser Stimme: »Stürzt denn der Quell nicht mehr?«

»Nein, Frau Trude«, erwiderte Maren.

»Kreist denn mein Vogel nicht mehr über dem See?«

»Er steht in der heißen Sonne und schläft.«

»Weh!« wimmerte die Regenfrau. »So ist es hohe Zeit. Steh auf und folge mir, aber vergiß nicht den Krug, der dort zu deinen Füßen liegt!«

Maren tat, wie ihr geheißen, und beide stiegen nun an der Seite des Gesteins hinauf. – Noch mächtigere Baumgruppen, noch wunderbarere Blumen waren hier der Erde entsprossen, aber auch hier war alles welk und düftelos. – Sie gingen an der Rinne des Baches entlang, der hinter ihnen seinen Abfall vom Gestein gehabt hatte. Langsam und schwankend schritt die Trude dem Mädchen voran, nur dann und wann die Augen traurig umherwendend. Dennoch meinte Maren, es bleibe ein grüner Schimmer auf dem Rasen, den ihr Fuß betreten, und wenn die grauen Gewänder über das dürre Gras schleppten, da rauschte es so eigen, daß sie immer darauf hinhören mußte.

»Regnet es denn schon, Frau Trude?« fragte sie.

»Ach nein, Kind, erst mußt du den Brunnen aufschließen!«

»Den Brunnen? Wo ist denn der?«

Sie waren eben aus einer Gruppe von Bäumen herausgetreten. »Dort!« sagte die Trude, und einige tausend Schritte vor ihnen sah Maren einen ungeheuren Bau emporsteigen. Er schien von grauem Gestein zackig und unregelmäßig aufgetürmt; bis in den Himmel, meinte Maren, denn nach oben hinauf war alles wie in Duft und Sonnenglanz zerflossen. Am Boden aber wurde die in riesenhaften Erkern vorspringende Front überall von hohen spitzbogigen Tor- und Fensterhöhlen durchbrochen, ohne daß jedoch von Fenstern oder Torflügeln selbst etwas zu sehen gewesen wäre.

Eine Weile schritten sie gerade darauf zu, bis sie durch den Uferabsturz eines Stromes aufgehalten wurden, der den Bau rings zu umgeben schien. Auch hier war jedoch das Wasser bis auf einen schmalen Faden, der noch in der Mitte floß, verdunstet; ein Nachen lag zerborsten auf der trockenen Schlammdecke des Strombettes.

»Schreite hindurch!« sagte die Trude. »Über dich hat er keine Gewalt. Aber vergiß nicht, von dem Wasser zu schöpfen; du wirst es bald gebrauchen!«

Als Maren, dem Befehl gehorchend, von dem Ufer herabtrat, hätte sie fast den Fuß zurückgezogen, denn der Boden war hier so heiß, daß sie die Glut durch ihre Schuhe fühlte. Ei was, mögen die Schuhe verbrennen! dachte sie und schritt rüstig mit ihrem Kruge weiter. Plötzlich aber blieb sie stehen; der Ausdruck des tiefsten Entsetzens trat in ihre Augen. Denn neben ihr zerriß die trockene Schlammdecke, und eine große braunrote Faust mit krummen Fingern fuhr daraus hervor und griff nach ihr.

»Mut!« hörte sie die Stimme der Trude hinter sich vom Ufer her.

Da erst stieß sie einen lauten Schrei aus, und der Spuk verschwand.

»Schließe die Augen!« hörte sie wiederum die Trude rufen. – Da ging sie mit geschlossenen Augen weiter; als sie aber das Wasser ihren Fuß berühren fühlte, bückte sie sich und füllte ihre Krug. Dann stieg sie leicht und ungefährdet am andern Ufer wieder hinauf.

Bald hatte sie das Schloß erreicht und trat mit klopfendem Herzen durch eines der großen offenen Tore. Drinnen aber blieb sie staunend an dem Eingange stehen. Das ganze Innere schien nur ein einziger unermeßlicher Raum zu sein. Mächtige Säulen von Tropfstein trugen in beinahe unabsehbarer Höhe eine seltsame Decke; fast meinte Maren, es seien nichts als graue riesenhafte Spinngewebe, die überall in Bauschen und Spitzen zwischen den Knäufen der Säulen herabhingen. Noch immer stand sie wie verloren an derselben Stelle und blickte bald vor sich hin, bald nach einer und der andern Seite, aber diese ungeheuren Räume schienen außer nach der Front zu, durch welche Maren eingetreten war, ganz ohne Grenzen zu sein; Säule hinter Säule erhob sich, und wie sehr sie sich auch anstrengte, sie konnte nirgends ein Ende absehen. Da blieb ihr Auge an einer Vertiefung des Bodens haften. Und siehe! Dort, unweit von ihr, war der Brunnen; auch den goldenen Schlüssel sah sie auf der Falltür liegen.

Während sie darauf zuging, bemerkte sie, daß der Fußboden nicht etwa, wie sie es in ihrer Dorfkirche gesehen, mit Steinplatten, sondern überall mit vertrockneten Schilf- und Wiesenpflanzen bedeckt war. Aber es nahm sie jetzt schon nichts mehr wunder.

Nun stand sie am Brunnen und wollte eben den Schlüssel ergreifen; da zog sie rasch die Hand zurück. Denn deutlich hatte sie es erkannt, der Schlüssel, der ihr in dem grellen Licht eines von außen hereinfallenden Sonnenstrahl entgegenleuchtete, war von Glut und nicht von Gold rot. Ohne Zaudern goß sie ihren Krug darüber aus, daß das Zischen des verdampfenden Wassers in den weiten Räumen widerhallte. Dann schloß sie rasch den Brunnen auf. Ein frischer Duft stieg aus der Tiefe, als sie die Falltür zurückgeschlagen hatte, und erfüllte bald alles mit einem feinen feuchten Staube, der wie ein zartes Gewölk zwischen den Säulen emporstieg.

Sinnend und in der frischen Kühle aufatmend, ging Maren umher. Da begann zu ihren Füßen ein neues Wunder. Wie ein Hauch rieselte ein lichtes Grün über die verdorrte Pflanzendecke, die Halme richteten sich auf, und bald wandelte das Mädchen durch eine Fülle sprießender Blätter und Blumen. Am Fuße der Säulen wurde es blau von Vergißmeinnicht; dazwischen blühten gelbe und braunviolette Iris auf und verhauchten ihren zarten Duft. An den Spitzen der Blätter klommen Libellen empor, prüften ihre Flügel und schwebten dann schillernd und gaukelnd über den Blumenkelchen, während der frische Duft, der fortwährend aus dem Brunnen stieg, immer mehr die Luft erfüllte und wie Silberfunken in den hereinfallenden Sonnenstrahlen tanzte.

Indessen Maren noch des Entzückens und Bestaunens kein Ende finden konnte, hörte sie hinter sich ein behagliches Stöhnen wie von einer süßen Frauenstimme. Und wirklich, als sie ihre Augen nach der Vertiefung des Brunnens wandte, sah sie auf dem grünen Moosrande, der dort emporgekeimt war, die ruhende Gestalt einer wunderbar schön blühenden Frau. Sie hatte ihren Kopf auf den nackten glänzenden Arm gestützt, über den das blonde Haar wie in seidenen Wellen herabfiel, und ließ ihre Augen oben zwischen den Säulen an der Decke wandern.

Auch Maren blickte unwillkürlich hinauf. Da sah sie nun wohl, daß das, was sie für große Spinngewebe gehalten, nichts andres war als die zarten Florgewebe der Regenwolken, die durch den aus dem Brunnen aufsteigenden Duft gefüllt und schwer und schwerer wurden. Eben hatte sich ein solches Gewölk in der Mitte der Decke abgelöst und sank leise schwebend herab, so daß Maren das Gesicht der schönen Frau am Brunnen nur noch wie durch einen grauen Schleier leuchten sah. Da klatschte diese in die Hände, und sogleich schwamm die Wolke der nächsten Fensteröffnung zu und floß durch dieselbe ins Freie hinaus.

»Nun!« rief die schöne Frau. »Wie gefällt dir das?« Dabei lächelte ihr roter Mund, und ihre weißen Zähne blitzten.

Dann winkte sie Maren zu sich, und diese mußte sich neben ihr ins Moos setzen; und als eben wieder ein Duftgewebe von der Decke niedersank, sagte sie: »Nun klatsch in deine Hände!« Und als Maren das getan und auch diese Wolke, wie die erste, ins Freie hinausgezogen war, rief sie: »Siehst du wohl, wie leicht das ist! Du kannst es besser noch als ich!«

Maren betrachtete verwundert die schöne übermütige Frau. »Aber«, fragte sie, »wer seid Ihr denn so eigentlich?«

»Wer ich bin? Nun, Kind, du bist aber einfältig!«

Das Mädchen sah sie noch einmal mit ungewissen Augen an; endlich sagte sie zögernd: »Ihr seid doch nicht gar die Regentrude?«

»Und wer sollte ich denn anders sein?«

»Aber verzeiht! Ihr seid ja so schön und lustig jetzt!«

Da wurde die Trude plötzlich ganz still. »Ja«, rief sie, »ich muß dir dankbar sein. Wenn du mich nicht geweckt hättest, wäre der Feuermann Meister geworden, und ich hätte wieder hinab müssen zu der Mutter unter die Erde.« Und indem sie ein wenig wie vor innerem Grauen die weißen Schultern zusammenzog, setzte sie hinzu: »Und es ist ja doch so schön und grün hier oben!«

Dann mußte Maren erzählen, wie sie hierhergekommen, und die Trude legte sich ins Moos zurück und hörte zu. Mitunter pflückte sie eine der Blumen, die neben ihr emporsproßten, und steckte sie sich oder dem Mädchen ins Haar. Als Maren von dem mühseligen Gange auf dem Weidendamme berichtete, seufzte die Trude und sagte: »Der Damm ist einst von euch Menschen selbst gebaut worden; aber es ist schon lange, lange her! Solche

Gewänder, wie du sie trägst, sah ich nie bei ihren Frauen. Sie kamen damals öfters zu mir, ich gab ihnen Keime und Körner zu neuen Pflanzen und Getreiden, und sie brachten mir zum Dank von ihren Früchten. Wie sie meiner nicht vergaßen, so vergaß ich ihrer nicht, und ihre Felder waren niemals ohne Regen. Seit lange aber sind die Menschen mir entfremdet, es kommt niemand mehr zu mir. Da bin ich denn vor Hitze und lauter Langerweile eingeschlafen, und der tückische Feuermann hätte fast den Sieg erhalten.«

Maren hatte sich währenddessen ebenfalls mit geschlossenen Augen auf das Moos zurückgelegt, es taute so sanft um sie her, und die Stimme der schönen Trude klang so süß und traulich.

»Nur einmal«, fuhr diese fort, »aber das ist auch schon lange her, ist noch ein Mädchen gekommen, sie sah fast aus wie du und trug fast ebensolche Gewänder. Ich schenkte ihr von meinem Wiesenhonig, und das war die letzte Gabe, die ein Mensch aus meiner Hand empfangen hat.«

»Seht nur«, sagte Maren, »das hat sich gut getroffen! Jenes Mädchen muß die Urahne von meinem Schatz gewesen sein, und der Trank, der mich heute so gestärkt hat, war gewiß von Eurem Wiesenhonig!«

Die Regenfrau dachte wohl noch an ihre junge Freundin von damals; denn sie fragte: »Hat sie denn noch so schöne braune Löckchen an der Stirn?«

»Wer denn, Frau Trude?«

»Nun, die Urahne, wie du sie nennst!«

»O nein, Frau Trude«, erwiderte Maren, und sie fühlte sich in diesem Augenblick ihrer mächtigen Freundin fast ein wenig überlegen –, »die Urahne ist ja ganz steinalt geworden!«

»Alt?« fragte die schöne Frau. Sie verstand das nicht, denn sie kannte nicht das Alter.

Maren hatte große Mühe, ihr es zu erklären. »Merket nur«, sagte sie endlich, »graues Haar und rote Augen und häßlich, verdrießlich sein! Seht, Frau Trude, das nennen wir alt!«

»Freilich«, erwiderte diese, »ich entsinne mich nun; es waren auch solche unter den Frauen der Menschen; aber die Urahne soll zu mir kommen, ich mache sie wieder froh und schön.«

Maren schüttelte den Kopf.

»Das geht ja nicht, Frau Trude«, sagte sie, »die Urahne ist ja längst unter der Erde.«

Die Trude seufzte. »Arme Urahne.«

Hierauf schwiegen beide, während sie noch immer behaglich ausgestreckt im weichen Moose lagen. »Aber Kind!« rief plötzlich die Trude, »da haben wir über all dem Geplauder ja ganz das Regenmachen vergessen. Schlag doch nur die Augen auf! Wir sind ja unter lauter Wolken ganz begraben; ich sehe dich schon gar nicht mehr!«

»Ei, da wird man ja naß wie eine Katze!« rief Maren, als sie die Augen aufgeschlagen hatte.

Die Trude lachte. »Klatsch nur ein wenig in die Hände, aber nimm dich in acht, daß du die Wolke nicht zerreißt!«

So begannen beide leise in die Hände zu klopfen; und alsbald entstand ein Gewoge und Geschiebe, die Nebelgebilde drängten sich nach den Öffnungen und schwammen, eins nach dem andern, ins Freie hinaus. Nach kurzer Zeit sah Maren schon wieder den Brunnen vor sich und den grünen Boden mit den gelben und violetten Irisblüten. Dann wurden auch die Fensterhöhlen frei, und sie sah weithin über den Bäumen des Gartens die Wolken den ganzen Himmel überziehen. Allmählich verschwand die Sonne. Noch ein paar Augenblicke, und sie hörte es draußen wie einen Schauer durch die Bäume und Gebüsche wehen, und dann rauschte es hernieder, mächtig und unablässig.

Maren saß aufgerichtet mit gefalteten Händen. »Frau Trude, es regnet«, sagte sie leise.

Diese nickte kaum merklich mit ihrem schönen blonden Kopfe; sie saß wie träumend.

Plötzlich aber entstand draußen ein lautes Prasseln und Heulen, und als Maren erschrocken hinausblickte, sah sie aus dem Bette des Umgebungsstromes, den sie kurz vorher überschritten hatte, sich ungeheure weiße Dampfwolken stoßweise in die Luft erheben. In demselben Augenblicke fühlte sie sich auch von den Armen der schönen Regenfrau umfangen, die sich zitternd an das neben ihr ruhende junge Menschenkind schmiegte. »Nun gießen sie den Feuermann aus«, flüsterte sie, »horch nur, wie er sich wehrt! Aber es hilft ihm doch nichts mehr.«

Eine Weile hielten sie sich so umschlossen; da wurde es stille draußen, und es war nun nichts zu hören als das sanfte Rauschen des Regens. – Da standen sie auf, und die Trude ließ die Falltür des Brunnens herab und verschloß sie.

Maren küßte ihre weiße Hand und sagte: »Ich danke Euch, liebe Frau Trude, für mich und alle Leute in unserm Dorfe! Und« – setzte sie ein wenig zögernd hinzu – »nun möchte ich wieder heimgehen!«

»Schon gehen?« fragte die Trude.

»Ihr wißt es ja, mein Schatz wartet auf mich; er mag schon wacker naß geworden sein.«

Die Trude erhob den Finger. »Wirst du ihn auch später niemals warten lassen?«

»Gewiß nicht, Frau Trude!«

»So geh', mein Kind; und wenn du heimkommst, so erzähle den andern Menschen von mir, daß sie meiner fürder nicht vergessen. – Und nun komm! Ich werde dich geleiten.«

Draußen unter dem frischen Himmelstau war schon überall das Grün des Rasens und an Baum und Büschen das Laub hervorgesprossen. – Als sie an den Strom kamen, hatte das Wasser sein ganzes Bett wieder ausgefüllt, und als erwartete er sie, ruhte der Kahn, wie von unsichtbarer Hand wiederhergestellt, schaukelnd an dem üppigen Grase des Uferrandes. Sie stiegen ein, und leise glitten sie hinüber, während die Tropfen spielend und klingend in die Flut fielen. Da, als sie eben an das andre Ufer traten, schlugen neben ihnen die Nachtigallen ganz laut aus dem Dunkel des Gebüsches. »Oh«, sagte die Trude und atmete so recht aus Herzensgrunde, »es ist noch Nachtigallenzeit, es ist noch nicht zu spät!«

Da gingen sie an dem Bach entlang, der zu dem Wasserfall führte. Der stürzte sich schon wieder tosend über die Felsen und floß dann strömend in der breiten Rinne unter den dunklen Linden fort. Sie mußten, als sie hinabgestiegen waren, an der Seite unter den Bäumen hingehen. Als sie wieder ins Freie traten, sah Maren den fremden Vogel in großen Kreisen über einem See schweben, dessen weites Becken sich zu ihren Füßen dehnte. Bald gingen sie unten längs dem Ufer hin, fortwährend die süßesten Düfte atmend und auf das Anrauschen der Wellen horchend, die über glänzende Kiesel an dem Strande hinaufströmten. Tausende von Blumen blühten überall, auch Veilchen und Maililien bemerkte Maren, und andere Blumen, deren Zeit eigentlich längst vorüber war, die aber wegen der bösen Glut nicht hatten zur Entfaltung kommen können. »Die wollen auch nicht zurückbleiben«, sagte die Trude, »das blüht nun alles durcheinander hin.«

Mitunter schüttelte sie ihr blondes Haar, daß die Tropfen wie Funken um sie her sprühten, oder sie schränkte ihre Hände zusammen, daß von ihren vollen weißen Armen das Wasser wie in eine Muschel hinabfloß. Dann wieder riß sie die Hände auseinander, und wo die hingesprühten Tropfen die Erde berührten, da stiegen neue Düfte auf, und ein Farbenspiel von frischen, nie gesehenen Blumen drängte sich leuchtend aus dem Rasen.

Als sie um den See herum waren, blickte Maren noch einmal auf die weite, bei dem niederfallenden Regen kaum übersehbare Wasserfläche zurück; es schauerte sie fast bei dem Gedanken, daß sie am Morgen trockenen Fußes durch die Tiefe gegangen sei. Bald mußten sie dem Platze nahe sein, wo sie ihren Andrees zurückgelassen hatte. Und richtig! Dort unter den hohen Bäumen lag er mit aufgestütztem Arm; er schien zu schlafen. Als aber Maren auf die schöne Trude blickte, wie sie mit dem roten lächelnden Munde so stolz neben ihr über den Rasen schritt, erschien sie sich plötzlich in ihren bäuerischen Kleidern so plump und häßlich, daß sie dachte: Ei, das tut nicht gut, die braucht der Andrees nicht zu sehen! Laut aber sprach sie: »Habt Dank für Euer Geleite, Frau Trude, ich finde mich nun schon selber!«

»Aber ich muß doch deinen Schatz noch sehen!«

»Bemüht Euch nicht, Frau Trude«, erwiderte Maren, »es ist eben ein Bursch wie die andern auch und just gut genug für ein Mädel vom Dorf.«

Die Trude sah sie mit durchdringenden Augen an. »Schön bist du, Närrchen!« sagte sie und erhob drohend ihren Finger: »Bist du denn aber auch in deinem Dorf die Allerschönste?«

Da stieg dem hübschen Mädchen das Blut ins Gesicht, daß ihr die Augen überliefen. Die Trude aber lächelte schon wieder. »So merk denn auf!« sagte sie; »weil nun doch alle Quellen wieder springen, so könnt ihr einen kürzern Weg haben. Gleich unten links am Weidendamm liegt ein Nachen. Steig getrost hinein; er wird euch rasch und sicher in eure Heimat bringen! – Und nun leb wohl!« rief sie und legte ihren Arm um den Nacken des Mädchens und küßte sie. »Oh, wie süß frisch schmeckt doch solch ein Menschenmund!«

Dann wandte sie sich und ging unter den fallenden Tropfen über den Rasen dahin. Dabei hub sie an zu singen; das klang süß und eintönig; und als die schöne Gestalt zwischen den Bäumen verschwunden war, da wußte Maren nicht, hörte sie noch immer aus der Ferne den Gesang, oder war es nur das Rauschen des niederfallenden Regens.

Eine Weile noch blieb das Mädchen stehen; dann, wie in plötzlicher Sehnsucht, streckte sie die Arme aus. »Lebt wohl, schöne, liebe Regentrude, lebt wohl!« rief sie. – Aber keine Antwort kam zurück; sie erkannte es nun deutlich, es war nur noch der Regen, der herniederrauschte.

Als sie hierauf langsam dem Eingange des Gartens zuschritt, sah sie den jungen Bauer hoch aufgerichtet unter den Bäumen stehen. »Wonach schaust du denn so?« fragte sie, als sie näher gekommen war. »Alle Tausend, Maren!« rief Andrees, »was war denn das für ein sauber Weibsbild?«

Das Mädchen aber ergriff den Arm des Burschen und drehte ihn mit einem derben Ruck herum. »Guck dir nur nicht die Augen aus!« sagte sie, »das ist keine für dich; das war die Regentrude!«

Andrees lachte. »Nun, Maren«, erwiderte er, »daß du sie richtig aufgeweckt hast, das hab' ich hier schon merken können; denn so naß, mein ich, ist der Regen noch nimmer gewesen, und so etwas von Grünwerden hab' ich auch all mein Lebtag noch nicht gesehen! – Aber nun komm! Wir wollen heim, und dein Vater soll uns sein gegebenes Wort einlösen.«

Unten am Weidendamm fanden sie den Nachen und stiegen ein. Das ganze weite Tiefland war schon überflutet, auf dem Wasser und in der Luft lebte es von aller Art Gevögel; die schlanken Seeschwalben schossen schreiend über ihnen hin und tauchten die Spitzen ihrer Flügel in die Flut, während die Silbermöwe majestätisch neben ihrem fortschießenden Kahn dahinschwamm; auf dem grünen Inselchen, an denen sie hier und dort vorbeikamen, sahen sie die Bruushähne mit den goldenen Kragen ihre Kampfspiele halten.

So glitten sie rasch dahin. Noch immer fiel der Regen, sanft, doch unablässig. Jetzt aber verengte sich das Wasser, und bald war es nur noch ein mäßig breiter Bach.

Andrees hatte schon eine Zeitlang mit der Hand über den Augen in die Ferne geblickt. »Sieh doch, Maren«, rief er, »ist das nicht meine Roggenkoppel?«

»Freilich, Andrees; und prächtig grün ist sie geworden! Aber siehst du denn nicht, daß es unser Dorfbach ist, auf dem wir fahren?«

»Richtig, Maren; aber was ist denn das dort? Das ist ja alles überflutet!«

»Ach, du lieber Gott!« rief Maren, »das sind ja meines Vaters Wiesen! Sieh nur, das schöne Heu, es schwimmt ja alles.«

Andrees drückte dem Mädchen die Hand. »Laß nur, Maren!« sagte er, »der Preis ist, denk ich, nicht zu hoch, und meine Felder tragen ja nun um desto besser.«

Bei der Dorflinde legte der Nachen an. Sie traten ans Ufer, und bald gingen sie Hand in Hand die Straße hinab. Da wurde ihnen von allen Seiten freundlich zugenickt; denn Mutter Stine mochte in ihrer Abwesenheit doch ein wenig geplaudert haben.

»Es regnet!« riefen die Kinder, die unter den Tropfen durch über die Straße liefen. »Es regnet!« sagte der Vetter Schulze, der behaglich aus seinem offenen Fenster schaute und den beiden mit kräftigem Drucke die Hand schüttelte. »Ja, ja, es regnet!« sagte auch der Wiesenbauer, der wieder mit der Meerschaumpfeife in der Torfahrt seines stattlichen Hauses stand. »Und du, Maren, hast mich heute morgen wacker angelogen. Aber kommt nur herein, ihr beiden! Der Andrees, wie der Vetter Schulze sagt, ist allewege ein guter Bursch, seine Ernte wird heuer auch noch gut, und wenn es etwan wieder drei Jahre Regen geben sollte, so ist es am Ende doch so übel nicht, wenn Höhen und Tiefen beieinander kommen. Drum geht hinüber zu Mutter Stine, da wollen wir die Sache allfort in Richtigkeit bringen!«

Mehrere Wochen waren seitdem vergangen. Der Regen hatte längst wieder aufgehört, und die letzten schweren Erntewagen waren mit Kränzen und flatternden Bändern in die Scheuern eingefahren; da schritt im schönsten Sonnenschein ein großer Hochzeitszug der Kirche zu. Maren und Andrees waren die Brautleute; hinter ihnen gingen Hand in Hand Mutter Stine und der Wiesenbauer. Als sie fast bei der Kirchentür angelangt waren, daß sie schon den Choral vernahmen, den drinnen zu ihrem Empfang der alte Kantor auf der Orgel spielte, zog plötzlich ein weißes Wölkchen über ihnen am blauen Himmel auf, und ein paar leichte Regentropfen fielen der Braut in ihren Kranz. – »Das bedeutet Glück!« riefen die Leute, die auf dem Kirchhof standen. »Das war die Regentrude!« flüsterten Braut und Bräutigam und drückten sich die Hände.

Dann trat der Zug in die Kirche; die Sonne schien wieder, die Orgel aber schwieg, und der Priester verrichtete sein Werk.

Oktoberlied

Der Nebel steigt, es fällt das Laub;
Schenk' ein den Wein, den holden!
Wir wollen uns den grauen Tag
Vergolden, ja vergolden!

Und geht es draußen noch so toll,
Unchristlich oder christlich,
Ist doch die Welt, die schöne Welt,
So gänzlich unverwüstlich!

Und wimmert auch einmal das Herz –
Stoß an, und laß es klingen!
Wir wissen's doch, ein rechtes Herz
Ist gar nicht umzubringen.

Der Nebel steigt, es fällt das Laub;
Schenk' ein den Wein, den holden!
Wir wollen uns den grauen Tag
Vergolden, ja vergolden!

Wohl ist es Herbst; doch warte nur,
Doch warte nur ein Weilchen!
Der Frühling kommt, der Himmel lacht,
Es steht die Welt in Veilchen.

Die blauen Tage brechen an;
Und ehe sie verfließen,
Wir wollen sie, mein wackrer Freund,
Genießen, ja genießen!

Die Stadt

Am grauen Strand, am grauen Meer
Und seitab liegt die Stadt;
Der Nebel drückt die Dächer schwer,
Und durch die Stille braust das Meer
Eintönig um die Stadt.

Es rauscht kein Wald, es schlägt im Mai
Kein Vogel ohn Unterlaß;
Die Wandergans mit hartem Schrei
Nur fliegt in Herbstesnacht vorbei,
Am Strande weht das Gras.

Doch hängt mein ganzes Herz an dir,
Du graue Stadt am Meer;
Der Jugend Zauber für und für
Ruht lächeld doch auf dir, auf dir,
Du graue Stadt am Meer.

Februar

Im Winde wehn die Lindenzweige,
Von roten Knospen übersäumt;
Die Wiegen sind's, worin der Frühling
Die schlimme Winterzeit verträumt.

März

Und aus der Erde schauet nur
Alleine noch Schneeglöckchen;
So kalt, so kalt ist noch die Flur,
Es friert im weißen Röckchen.

April

Das ist die Drossel, die da schlägt,
Der Frühling, der mein Herz bewegt;
Ich fühle, die sich hold bezeigen,
Die Geister aus der Erde steigen.
Das Leben fließet wie ein Traum –
Mir ist wie Blume, Blatt und Baum.

Mai

1

Die Kinder schreien »Vivat hoch!«
In die blaue Luft hinein;
Den Frühling setzen Sie auf den Thron,
Der soll ihr König sein.

2

Die Kinder haben die Veilchen gepflückt,
All', all', die da blühten am Mühlengraben.
Der Lenz ist da; Sie wollen ihn fest
In ihren kleinen Fäusten haben.

Die Nachtigall

Das macht, es hat die Nachtigall
Die ganze Nacht gesungen;
Da sind von ihrem süßen Schall,
Da sind in Hall und Widerhall
Die Rosen aufgesprungen.

Sie war doch sonst ein wildes Kind;
Nun geht sie tief in Sinnen,
Trägt in der Hand den Sommerhut
Und duldet still der Sonne Glut
Und weiß nicht, was beginnen.

Das macht, es hat die Nachtigall
Die ganze Nacht gesungen;
Da sind von ihrem süßen Schall,
Da sind in Hall und Widerhall
Die Rosen aufgesprungen.

Bettlerliebe

O laß mich nur von ferne stehn
Und hangen stumm an deinem Blick;
Du bist so jung, du bist so schön,
Aus deinen Augen lacht das Glück.

Und ich so arm, so müde schon,
Ich habe nichts, was dich gewinnt.
O wär' ich doch ein Königssohn
Und du ein arm' verlornes Kind!

Die Kleine

Und plaudernd hing sie mir am Arm;
Sie, halberschlossen nur dem Leben;
Ich zwar nicht alt, doch aber dort,
Wo uns verläßt die Jugend eben.

Wir wandelten hinauf, hinab
Im dämmergrünen Gang der Linden;
Sie sah mich froh und leuchtend an,
Sie wußte nicht, es könne zünden.

Ihr ahnte keine Möglichkeit,
Kein Wort von so verwegnen Dingen,
Wodurch es selbst die tiefste Kluft
Verlockend wird zu überspringen.

Nelken

Ich wand ein Sträußlein morgens früh,
Das ich der Liebsten schickte;
Nicht ließ ich sagen ihr, von wem,
Und wer die Blumen pflückte.

Doch als ich abends kam zum Tanz
Und tat verstohlen und sachte,
Da trug sie die Nelken am Busenlatz
Und schaute mich an und lachte.

Lied des Harfenmädchens

Heute, nur heute
Bin ich so schön;
Morgen, ach morgen
Muß Alles vergehn!
Nur diese Stunde
Bist du noch mein;
Sterben, ach sterben
Soll ich allein.

Verirrt

Ein Vöglein singt so süße
Vor mir von Ort zu Ort;
Weh, meine wunden Füße!
Das Vöglein singt so süße,
Ich wandre immerfort.

Wo ist nun hin das Singen?
Schon sank das Abendrot;
Die Nacht hat es verstecket,
Hat Alles zugedecket –
Wem klag' ich meine Not?

Kein Sternlein blinkt im Walde,
Weiß weder Weg noch Ort;
Die Blumen an der Halde,
Die Blumen in dem Walde,
Die blühn im Dunkeln fort.

Waisenkind

Ich bin eine Rose, pflück mich geschwind!
Bloß liegen die Würzlein dem Regen und Wind.

Nein, geh nur vorüber und laß du mich los!
Ich bin keine Blume, ich bin keine Ros'.

Wohl wehet mein Röcklein, wohl faßt mich der Wind,
Ich bin nur ein vater- und mutterlos Kind.

Im Volkston

Ein schwarzbraunes Mädel,
So flink wie 'ne Katz,
Das hätt' gern ein jeder,
Doch keiner noch hat's.

Ei lauf nur! Die Zeit
Folgt dir doch auf den Fuß,
Wo du denkst, daß ein jedes
Gehabt werden muß.

Das Mädchen mit den hellen Augen

Das Mädchen mit den hellen Augen,
Die wollte Keines Liebste sein;
Sie sprang und ließ die Zöpfe fliegen,
Die Freier schauten hinterdrein.

Die Freier standen ganz von Ferne
In blanken Röcken lobesam.
»Frau Mutter, ach, so sprecht ein Wörtchen
Und macht das liebe Kindlein zahm!«

Die Mutter schlug die Händ' zusammen,
Die Mutter rief: »Du töricht' Kind,
Greif zu, greif zu! Die Jahre kommen,
Die Freier gehen gar geschwind!«

Sie aber ließ die Zöpfe fliegen
Und lachte alle Weisheit aus;
Da sprang durch die erschrocknen Freier
Ein toller Knabe in das Haus.

Und wie sie bog das wilde Köpfchen,
Und wie ihr Füßchen schlug den Grund,
Er schloß sie fest in seine Arme
Und küßte ihren roten Mund.

Die Freier standen ganz von Ferne,
Die Mutter rief vor Staunen schier:
»Gott schütz dich vor dem ungeschlachten,
Ohn' Maßen groben Kavalier!«

Ständchen

Weiße Mondesnebel schwimmen
Auf den feuchten Wiesenplanen;
Hörst du die Gitarre stimmen
In dem Schatten der Platanen?

Dreizehn Lieder sollst du hören,
Dreizehn Lieder, frisch gedichtet;
Alle sind, ich kann's beschwören,
Alle nur an dich gerichtet.

An dem zarten schlanken Leibchen
Bis zur Stirne auf und nieder,
Jedes Fünkchen, jedes Stäubchen,
Alles preisen meine Lieder.

Wahrlich, Kind, ich hab' zu Zeiten
Übermütige Gedanken!
Unermüdlich sind die Saiten,
Und der Mund ist ohne Schranken.

Vom geheimsten Druck der Hände
Bis zum nimmersatten Küssen!
Ja, ich selber weiß am Ende
Nicht, was du wirst hören müssen.

Laß dich warnen, laß mich schweigen,
Laß mich Lied um Liebe tauschen;
Denn die Blätter an den Zweigen
Wachen auf und wollen lauschen.

Weiße Mondesnebel schwimmen
Auf den feuchten Wiesenplanen;
Hörst du die Gitarre stimmen
In dem Schatten der Platanen?

Hyazinthen

Fern hallt Musik; doch hier ist stille Nacht,
Mit Schlummerduft anhauchen mich die Pflanzen:
Ich habe immer, immer dein gedacht,
Ich möchte schlafen, aber du mußt tanzen.

Es hört nicht auf, es ras't ohn' Unterlaß;
Die Kerzen brennen und die Geigen schreien,
Es teilen und es schließen sich die Reihen,
Und Alle glühen; aber du bist blaß.

Und du mußt tanzen; fremde Arme schmiegen
Sich an dein Herz; o leide nicht Gewalt!
Ich seh' dein weißes Kleid vorüberfliegen
Und deine leichte, zärtliche Gestalt. – ––

Und süßer strömend quillt der Duft der Nacht
Und träumerischer aus dem Kelch der Pflanzen.
Ich habe immer, immer dein gedacht;
Ich möchte schlafen; aber du mußt tanzen.

Lose

Der einst er seine junge
Sonnige Liebe gebracht,
Die hat ihn gehen heißen,
Nicht weiter sein gedacht.

Drauf hat er heimgeführet
Ein Mädchen still und hold;
Die hat aus allen Menschen
Nur einzig ihn gewollt.

Und ob sein Herz in Liebe
Niemals für sie gebebt,
Sie hat um ihn gelitten
Und nur für ihn gelebt.

Eine Fremde

Sie saß in unserm Mädchenkreise,
Ein Stern am Frauen-Firmament;
Sie sprach in unsres Volkes Weise,
Nur leis, mit klagendem Akzent.
Du hörtest niemals heimverlangen
Den stolzen Mund der schönen Frau;
Nur auf den südlich blassen Wangen
Und über der gewölbten Brau
Lag noch Granada's Mondenschimmer,
Den sie vertauscht um unsern Strand;
Und ihre Augen dachten immer
An ihr beglänztes Heimatland.

Nun sei mir heimlich zart und lieb

Nun sei mir heimlich zart und lieb;
Setz' deinen Fuß auf meinen nun!
Mir sagt es: ich verließ die Welt,
Um ganz allein auf dir zu ruhn;

Und dir: o ließe mich die Welt,
Und könnt' ich friedlich und allein,
Wie deines leichten Fußes jetzt,
So deines Lebens Träger sein!

Zur Nacht

Vorbei der Tag! Nun laß mich unverstellt
Genießen dieser Stunde vollen Frieden!
Nun sind wir unser; von der frechen Welt
Hat endlich uns die heilige Nacht geschieden.

Laß einmal noch, eh' sich dein Auge schließt,
Der Liebe Strahl sich rückhaltlos entzünden;
Noch einmal, eh' im Traum sie sich vergißt,
Mich deiner Stimme lieben Laut empfinden!

Was gibt es mehr! Der stille Knabe winkt
Zu seinem Strande lockender und lieber;
Und wie die Brust dir atmend schwellt und sinkt,
Trägt uns des Schlummers Welle sanft hinüber.

Schließe mir die Augen beide

Schließe mir die Augen beide
Mit den lieben Händen zu!
Geht doch Alles, was ich leide,
Unter deiner Hand zur Ruh'.
Und wie leise sich der Schmerz
Well' um Welle schlafen leget,
Wie der letzte Schlag sich reget,
Füllest du mein ganzes Herz.

Morgens

Nun gib ein Morgenküßchen!
Du hast genug der Ruh';
Und setz' dein zierlich Füßchen
Behende in den Schuh!

Nun schüttle von der Stirne
Der Träume blasse Spur!
Das goldene Gestirne
Erleuchtet längst die Flur.

Die Rosen in deinem Garten
Sprangen im Sonnenlicht;
Sie können kaum erwarten,
Daß deine Hand sie bricht.

Abschied
1853

Kein Wort, auch nicht das kleinste, kann ich sagen,
Wozu das Herz den vollen Schlag verwehrt;
Die Stunde drängt, gerüstet steht der Wagen,
Es ist die Fahrt der Heimat abgekehrt.

Geht immerhin – denn eure Tat ist euer –
Und widerruft, was einst das Herz gebot;
Und kauft, wenn dieser Preis euch nicht zu teuer,
Dafür euch in der Heimat euer Brot!

Ich aber kann des Landes nicht, des eignen,
In Schmerz verstummte Klagen mißverstehn;
Ich kann die stillen Gräber nicht verleugnen,
Wie tief sie jetzt in Unkraut auch vergehn. –

Du, deren zarte Augen mich befragen –
Der dich mir gab, gesegnet sei der Tag!
Laß nur dein Herz an meinem Herzen schlagen,
Und zage nicht! Es ist derselbe Schlag.

Es strömt die Luft – die Knaben stehn und lauschen,
Vom Strand herüber dringt ein Möwenschrei;
Das ist die Flut! Das ist des Meeres Rauschen;
Ihr kennt es wohl; wir waren oft dabei.

Von meinem Arm in dieser letzten Stunde
Blickt einmal noch ins weite Land hinaus,
Und merkt es wohl, es steht auf diesem Grunde,
Wo wir auch weilen, unser Vaterhaus.

Wir scheiden jetzt, bis dieser Zeit Beschwerde
Ein andrer Tag, ein besserer, gesühnt;
Denn Raum ist auf der heimatlichen Erde
Für Fremde nur und, was den Fremden dient.

Doch ist's das flehendste von den Gebeten,
Ihr mögt dereinst, wenn mir es nicht vergönnt,
Mit festem Fuß auf diese Scholle treten,
Von der sich jetzt mein heißes Auge trennt! –

Und du mein Kind, mein jüngstes, dessen Wiege
Auch noch auf diesem teuren Boden stand,
Hör mich! – denn alles Andere ist Lüge –
Kein Mann gedeihet ohne Vaterland!

Kannst du den Sinn, den diese Worte führen,
Mit deiner Kinderseele nicht verstehn,
So soll es wie ein Schauer dich berühren
Und wie ein Pulsschlag in dein Leben gehn!

Gräber in Schleswig
1863

Nicht Kranz noch Kreuz; das Unkraut wuchert tief;
Denn die der Tod bei Idstedt einst entboten,
Hier schlafen sie, und deutsche Ehre schlief
Hier dreizehn Jahre lang bei diesen Toten.

Und dreizehn Jahre litten Jung und Alt,
Was leben blieb, des kleinen Feindes Tücken,
Und konnten nichts, als, stumm die Faust geballt,
Den Schrei des Zorns in ihrer Brust ersticken. –

Die Schmach ist aus; der eh'rne Würfel fällt!
Jetzt oder nie! Erfüllet sind die Zeiten,
Des Dänenkönigs Totenglocke gellt;
Mir klinget es wie Osterglockenläuten!

Die Erde dröhnt; von Deutschland weht es her,
Mir ist, ich hör' ein Lied im Winde klingen,
Es kommt heran schon wie ein brausend' Meer,
Um endlich alle Schande zu verschlingen! – –

Törichter Traum! – Es klingt kein deutsches Lied,
Kein Vorwärts schallt von deutschen Bataillonen;
Wohl dröhnt der Grund, wohl naht es Glied an Glied;
Doch sind's die Reiter dänischer Schwadronen.

Sie kommen nicht. Das Londoner Papier,
Es wiegt zu schwer, sie wagen's nicht zu heben.
Die Stunde drängt. So helft, ihr Toten hier!
Ich rufe euch, und hoffe nichts vom Leben.

Wacht auf, ihr Reiter! Schüttelt ab den Sand,
Besteigt noch einmal die gestürzten Renner!
Blast, blast, ihr Jäger! Für das Vaterland
Noch einen Strauß! Wir brauchen Männer, Männer!

Tambour, hervor aus deinem schwarzen Schrein!
Noch einmal gilt's, das Trommelfell zu schlagen;
Soll euer Grab in deutscher Erde sein,
So müßt ihr noch ein zweites Leben wagen! –

Ich ruf' umsonst; ihr ruht auf ewig aus;
Ihr wurdet eine duldsame Gemeinde.
Ich aber schrei' es in die Welt hinaus:
Die deutschen Gräber sind ein Spott der Feinde!

1864

Ein Raunen erst und dann ein Reden;
Von allen Seiten kam's herbei,
Des Volkes Mund ward laut und lauter,
Die Luft schlug Wellen von Geschrei.

Und die sich stets entgegenstemmen
Dem Geist, der größer ist als sie,
Sie waren in den Kampf gerissen
Und wußten selber kaum noch wie.

Sie standen an den deutschen Marken
Dem Feind entgegen unverwandt,
Und waren, eh' sie es bedachten,
Das Schwert in ihres Volkes Hand.

Antwort

Nun ist geworden, was du wolltest;
Warum denn schweigest du jetzund?
– Berichten mag es die Geschichte;
Doch keines Dichters froher Mund.

Wir können auch die Trompete blasen
Und schmettern weithin durch das Land;
Doch schreiten wir lieber in Maientagen,
Wenn die Primeln blühn und die Drosseln schlagen,
Still sinnend an des Baches Rand.

Abseits

Es ist so still; die Heide liegt
Im warmen Mittagssonnenstrahle,
Ein rosenroter Schimmer fliegt
Um ihre alten Gräbermale;
Die Kräuter blühn; der Heideduft
Steigt in die blaue Sommerluft.

Laufkäfer hasten durch's Gesträuch
In ihren goldnen Panzerröckchen,
Die Bienen hängen Zweig um Zweig
Sich an der Edelheide Glöckchen;
Die Vögel schwirren aus dem Kraut –
Die Luft ist voller Lerchenlaut.

Ein halbverfallen' niedrig' Haus
Steht einsam hier und sonnbeschienen;
Der Kätner lehnt zur Tür hinaus,
Behaglich blinzelnd nach den Bienen;
Sein Junge auf dem Stein davor
Schnitzt Pfeifen sich aus Kälberrohr.

Kaum zittert durch die Mittagsruh
Ein Schlag der Dorfuhr, der entfernten;
Dem Alten fällt die Wimper zu,
Er träumt von seinen Honigernten.
- Kein Klang der aufgeregten Zeit
Drang noch in diese Einsamkeit.

Hinter den Tannen

Sonnenschein auf grünem Rasen,
Krokus drinnen blau und blaß;
Und zwei Mädchenhände tauchen
Blumen pflückend in das Gras.

Und ein Junge kniet daneben,
Gar ein übermütig Blut;
Und sie schau'n sich an und lachen –
O wie kenn' ich sie so gut!

Hinter jenen Tannen war es,
Jene Wiese schließt es ein –
Schöne Zeit der Blumensträuße,
Stiller Sommersonnenschein!

Ein grünes Blatt

Ein Blatt aus sommerlichen Tagen,
Ich nahm es so im Wandern mit,
Auf daß es einst mir möge sagen,
Wie laut die Nachtigall geschlagen,
Wie grün der Wald, den ich durchschritt.

Im Walde

Hier an der Bergeshalde
Verstummet ganz der Wind;
Die Zweige hängen nieder,
Darunter sitzt das Kind.

Sie sitzt in Thymiane,
Sie sitzt in lauter Duft;
Die blauen Fliegen summen
Und blitzen durch die Luft.

Es steht der Wald so schweigend,
Sie schaut so klug darein;
Um ihre braunen Locken
Hinfließt der Sonnenschein.

Der Kuckuck lacht von ferne,
Es geht mir durch den Sinn:
Sie hat die goldnen Augen
Der Waldeskönigin.

Regine

Und webte auch auf jenen Matten
Noch jene Mondesmärchenpracht,
Und stünd' sie noch im Waldesschatten
Inmitten jener Sommernacht;
Und fänd' ich selber wie im Traume
Den Weg zurück durch Moor und Feld,
Sie schritte doch vom Waldessaume
Niemals hinunter in die Welt.

Sommermittag

Nun ist es still um Hof und Scheuer,
Und in der Mühle ruht der Stein;
Der Birnbaum mit blanken Blättern
Steht regungslos im Sonnenschein.

Die Bienen summen so verschlafen;
Und in der offnen Bodenluk',
Benebelt von dem Duft des Heues,
Im grauen Röcklein nickt der Puk.

Der Müller schnarcht und das Gesinde,
Und nur die Tochter wacht im Haus;
Die lachet still, und zieht sich heimlich
Fürsichtig die Pantoffeln aus.

Sie geht und weckt den Müllerburschen,
Der kaum den schweren Augen traut:
»Nun küsse mich, verliebter Junge;
Doch sauber, sauber! nicht zu laut!«

Im Garten

Hüte, hüte den Fuß und die Hände,
Eh' sie berühren das ärmste Ding!
Denn du zertrittst eine häßliche Raupe,
Und tötest den schönsten Schmetterling.

Frauen – Ritornelle

Blühende Myrte –
Ich hoffte süße Frucht von dir zu pflücken;
Die Blüte fiel; nun seh ich, daß ich irrte.

Schnell welkende Winden –
Die Spur von meinen Kinderfüßen sucht' ich
An eurem Zaun, doch konnt' ich sie nicht finden.

Muskathyazinthen –
Ihr blühtet einst in Urgroßmutters Garten;
Das war ein Platz, weltfern, weit, weit dahinten.

Juli

Klingt im Wind ein Wiegenlied,
Sonne warm herniedersieht,
Seine Ähren senkt das Korn,
Rote Beere schwillt am Dorn,
Schwer von Segen ist die Flur –
Junge Frau, was sinnst du nur?

August
Inserat

Die verehrlichen Jungen, welche heuer
Meine Äpfel und Birnen zu stehlen gedenken,
Ersuche ich höflichst, bei diesem Vergnügen
Womöglich insoweit sich zu beschränken,
Daß sie daneben auf den Beeten
Mir die Wurzeln und Erbsen nicht zertreten.

Ein Ständchen

In lindem Schlaf schon lag ich hingestreckt,
Da hat mich jäh dein Geigenspiel erweckt.
Doch, wo das Menschenherz mir so begegnet,
Nacht oder Tag, die Stunde sei gesegnet!

Immensee

Aus diesen Blättern steigt der Duft des Veilchens,
Das dort zu Haus auf unsren Heiden stand,
Jahr aus und ein, von welchem keiner wußte,
Und das ich später nirgends wiederfand.

»Ein grünes Blatt«

Verlassen trauert nun der Garten;
Der uns so oft vereinigt hat;
Da weht der Wind zu euern Füßen
Vielleicht sein letztes grünes Blatt.

Morgane

An regentrüben Sommertagen,
Wenn Luft und Flut zusammenragen,
Und ohne Regung schläft die See,
Dann steht an unserm grauen Strande
Das Wunder aus dem Morgenlande,
Morgane, die berufne Fee.

Arglistig halb und halb von Sinne,
Verschmachtend nach dem Kelch der Minne,
Der stets an ihrem Mund versiegt,
Umgaukelt sie des Wandrers Pfade
Und lockt ihn an ein Scheingestade,
Das in des Todes Reichen liegt.

Von ihrem Zauberspiel geblendet,
Ruht manches Haupt in Nacht gewendet
Begraben in der Wüste Schlucht;
Denn ihre Liebe ist Verderben,
Ihr Hauch ist Gift, ihr Kuß ist Sterben,
Die schönen Augen sind verflucht.

So steht sie jetzt im hohen Norden
An unsres Meeres dunklen Borden,
So schreibt sie fingernd in den Dunst;
Und quellend aus den luftgen Spuren
Erstehn in dämmernden Konturen
Die Bilder ihrer argen Kunst.

Doch hebt sich nicht wie dort im Süden
Auf rosigen Karyatiden
Ein Wundermärchenschloß in's Blau;
Nur einer Hauberg graues Bildnis
Schwimmt einsam in der Nebelwildnis,
Und Keinen lockt der Hexenbau.

Bald wechselt sie die dunkle Küste
Mit Libyens sonnengelber Wüste
Und mit der Tropenwälder Duft;
Dann bläst sie lachend durch die Hände,
Dann schwankt das Haus, und Fach und Wände
Verrinnen quirlend in die Luft.

Meeresstrand

An's Haf nun fliegt die Möwe,
Und Dämm'rung bricht herein;
Über die feuchten Watten
Spiegelt der Abendschein

Graues Geflügel huschet
Neben dem Wasser her;
Wie Träume liegen die Inseln
Im Nebel auf dem Meer.

Ich höre des gärenden Schlammes
Geheimnisvollen Ton,
Einsames Vogelrufen –
So war es immer schon.

Noch einmal schauert leise
Und schweiget dann der Wind;
Vernehmlich werden die Stimmen,
Die über der Tiefe sind.

An Klaus Groth

Wenn't Abend ward,
Un still de Welt un still dat Hart;
Wenn möd up't Knee di liggt de Hand,
Un ut din Husklock an de Wand
Du hörst den Parpendikelslag,
De nich to Woort keem över Dag;
Wenn't schummern in de Ecken liggt,
Un buten all de Nachtswulk flüggt;
Wenn denn noch eenmal kiekt de Sünn
Mit golden Schiin to't Finster rin,
Un, ehr de Glåp kümmt un de Nacht,
Noch eenmal Allens lävt un lacht, –
Dat is so wat vör't Minschenhart,
Wenn't Abend ward.

Letzte Einkehr

Noch wandert er; doch hinter ihm
Schon liegen längst die blauen Berge;
Kurz ist der Weg, der noch zu gehn,
Und tief am Ufer harrt der Ferge.

Doch blinket schon das Abendrot
Und glühet durch das Laub der Buchen;
So muß er denn auch heute noch
Wie sonst am Wege Herberg suchen.

Die liegt in grünen Ranken ganz
Und ganz von Abendschein umglommen;
Am Tore steht ein blondes Kind
Und lacht ihn an und sagt Willkommen.

Seitab am Ofen ist der Platz;
Schon kommt der Wirt mit blankem Kruge.
Das ist ein Wein! – So trank er ihn
Vor Jahren einst in vollem Zuge.

Und endlich schaut der Mond herein
Von draußen durch die dunkeln Zweige;
Es wird so still; der alte Mann
Schlürft träumerisch die letzte Neige.

Und bei des bleichen Sternes Schein
Gedenkt er ferner Sommertage,
Nur halb ein lauschend Ohr geneigt,
Ob jemand klopf' und nach ihm frage.

Weihnachtsabend

An die hellen Fenster kommt er gegangen
Und schaut in des Zimmers Raum;
Die Kinder alle tanzten und sangen
Um den brennenden Weihnachtsbaum.

Da pocht ihm das Herz, daß es will zerspringen;
»Oh«, ruft er, »laßt mich hinein!
Was Frommes, was Fröhliches will ich euch singen
Zu dem hellen Kerzenschein.«

Und die Kinder kommen, die Kinder ziehen
Zur Schwelle den nächtlichen Gast;
Still grüßen die Alten, die Jungen umknien
Ihn scheu in geschäftiger Hast.

Und er singt: »Weit glänzen da draußen die Lande
Und locken den Knaben hinaus;
Mit klopfender Brust, im Reisegewande
Verläßt er das Vaterhaus.

Da trägt ihn des Lebens breitere Welle –
Wie war so weit die Welt!
Und es findet sich mancher gute Geselle,
Der's treulich mit ihm hält.

Tief bräunt ihm die Sonne die Blüte der Wangen
Und der Bart umsprosset das Kinn;
Den Knaben, der blond in die Welt gegangen,
Wohl nimmer erkennet ihr ihn.

Aus goldenen und aus blauen Reben
Es mundet ihm jeder Wein;
Und dreister greift er in das Leben
Und in die Saiten ein.

Und für manche Dirne mit schwarzen Locken
Im Herzen findet er Raum; –
Da klingen durch das Land die Glocken,
Ihm war's wie ein alter Traum.

Wohin er kam, die Kinder sangen,
Die Kinder weit und breit;
Die Kerzen brannten, die Stimmlein klangen,
Das war die Weihnachtszeit.

Da fühlte er, daß er ein Mann geworden;
Hier gehörte er nicht dazu.
Hinter den blauen Bergen im Norden
Ließ ihm die Heimat nicht Ruh.

An die hellen Fenster kam er gegangen
Und schaut' in des Zimmers Raum;
Die Schwestern und Brüder tanzten und sangen
Um den brennenden Weihnachtsbaum.« –

Da war es, als würden lebendig die Lieder
Und nahe, der eben noch fern;
Sie blicken ihn an und blicken wieder;
Schon haben ihn Alle so gern.

Nicht länger kann er das Herz bezwingen,
Er breitet die Arme aus:
»Oh, schließet mich ein in das Preisen und Singen,
Ich bin ja der Sohn vom Haus!«

Das Harfenmädchen

Das war noch im Vaterstädtchen;
Du warst du gar zierlich und jung,
Ein süß' schwarzäugiges Dirnlein,
Zur Liebe verständig genung.

Und wenn dir die Mutter zu singen
Und Harfe zu spielen gebot,
So scheutest du dich vor den Leuten
Und klagtest mir heimlich die Not.

»Wann treff ich dich wieder und wo doch?« –
»Am Schlosse, wenn's dunkel ist.«
Und Abends bin ich gekommen
Und habe dich fröhlich geküßt.

Sind sieben Jahre vergangen,
Daß ich dich nicht gesehn;
Wie bleich sind doch deine Wangen,
Und waren so blühend und schön!

Wie greifst du so keck in die Saiten
Und schaust und äugelst umher!
Das sind die kindlich scheuen,
Die leuchtenden Augen nicht mehr.

Doch kann ich den Blick nicht wenden,
Du einst so reizende Maid;
Mir ist, als schaut' ich hinüber
Tief, tief in vergangene Zeit.

Märchen

Ich hab's gesehn, und will's getreu berichten;
Beklagt euch nicht, wenn ich zu wenig sah!
Nur sommernachts passieren die Geschichten;
Kaum graut die Nacht, so rückt der Morgen nah,
Kaum daß den Wald die ersten Strahlen lichten,
Entflieht mit ihrem Hof Titania;
Auf Weg und Steg spazieren die Philister,
Das wohlbekannte leidige Register.

Kein Zauber wächst für fromme Bürgersleute,
Die Tags nur wissen, wie die Glocke geht.
Die gründlich kennen gestern, morgen, heute,
Doch nicht die Zeit, die mitten drin besteht;
Ich aber hörte wohl das Waldgeläute,
Ein Sonntagskind ist immer der Poet;
So laßt euch denn in blanken Liederringen
Von Reim zu Reim ins Land der Märchen schwingen.

In Bulemanns Haus

Es klippt auf den Gassen im Mondenschein;
Das ist die zierliche Kleine,
Die geht auf ihren Pantöffelein
Behend und mutterseelenallein
Durch die Gassen im Mondenscheine.

Sie geht in ein alt' verfallenes Haus;
Im Flur ist die Tafel gedecket,
Da tanzt vor dem Monde die Maus mit der Maus,
Da setzt sich das Kind mit den Mäusen zu Schmaus,
Die Tellerlein werden gelecket.

Und leer sind die Schüsseln; die Mäuslein im Nu
Verrascheln in Mauer und Holze;
Nun läßt es dem Mägdlein auch länger nicht Ruh,
Sie schüttelt ihr Kleidchen, sie schnürt sich die Schuh,
Dann tritt sie einher mit Stolze.

Es leuchtet ein Spiegel aus goldnem Gestell,
Da schaut sie hinein mit Lachen;
Gleich schaut auch heraus ein Mägdelein hell,
Das ist ihr einziger Spielgesell;
Nun wolln sie sich lustig machen.

Sie nickt voll Huld, ihr gehört ja das Reich;
Da neigt sich das Spiegelkindlein,
Da neigt sich das Kind vor dem Spiegel zugleich,
Da neigen sich beide gar anmutreich,
Da lächeln die rosigen Mündlein.

Und wie sie lächeln, so hebt sich der Fuß,
Es rauschen die seidenen Röcklein,
Die Händchen werfen sich Kuß um Kuß,
Das Kind mit dem Kinde nun tanzen muß,
Es tanzen im Nacken die Löcklein.

Der Mond scheint voller und voller herein,
Auf dem Estrich gaukeln die Flimmer:
Im Takte schweben die Mägdelein,
Bald tauchen sie tief in die Schatten hinein,
Bald stehn sie in bläulichem Schimmer.

Nun sinken die Glieder, nun halten sie an
Und atmen aus Herzens Grunde;
Sie nahen sich schüchtern, und beugen sich dann
Und knie'n voreinander, und rühren sich an
Mit dem zarten unschuldigen Munde.

Doch müde werden die beiden allein
Von all' der heimlichen Wonne;
Sehnsüchtig flüstert das Mägdelein:
»Ich mag nicht mehr tanzen im Mondenschein,
Ach, käme doch endlich die Sonne!«

Sie klettert hinunter ein Trepplein schief
Und schleicht hinab in den Garten.
Die Sonne schlief, und die Grille schlief.
»Hier will ich sitzen im Grase tief,
Und der Sonne will ich warten.«

Doch als nun Morgens um Busch und Gestein
Verhuschet das Dämmergemunkel,
Da werden dem Kinde die Äugelein klein;
Sie tanzte zu lange bei Mondenschein,
Nun schläft sie bei Sonnengefunkel.

Nun liegt sie zwischen den Blumen dicht
Auf grünem, blitzendem Rasen;
Und es schauen ihr in das süße Gesicht
Die Nachtigall und das Sonnenlicht
Und die kleinen neugierigen Hasen.

Herbst

1

Schon in's Land der Pyramiden
Flohn die Störche über's Meer;
Schwalbenflug ist längst geschieden,
Auch die Lerche singt nicht mehr.

Seufzend in geheimer Klage
Streift der Wind das letzte Grün;
Und die süßen Sommertage,
Ach, sie sind dahin, dahin!

Nebel hat den Wald verschlungen,
Der dein stillstes Glück gesehn;
Ganz in Duft und Dämmerungen
Will die schöne Welt vergehn.

Nur noch einmal bricht die Sonne
Unaufhaltsam durch den Duft,
Und ein Strahl der alten Wonne
Rieselt über Tal und Kluft.

Und es leuchten Wald und Heide,
Daß man sicher glauben mag,
Hinter allem Winterleide
Lieg' ein ferner Frühlingstag.

2

Die Sense rauscht, die Ähre fällt,
Die Tiere räumen scheu das Feld,
Der Mensch begehrt die ganze Welt.

Und sind die Blumen abgeblüht,
So brecht der Äpfel goldne Bälle;
Hin ist die Zeit der Schwärmerei,
So schätzt nun endlich das Reelle!

Waldweg

Fragment

Durch einen Nachbarsgarten ging der Weg,
Wo blaue Schleh'n im tiefen Grase standen;
Dann durch die Hecke über schmalen Steg
Auf einer Wiese, die an allen Randen
Ein hoher Zaun vielfarb'gen Laubs umzog;
Buscheichen unter wilden Rosenbüschen,
Um die sich frei die Geißblattranke bog,
Brombeergewirr und Hülsendorn dazwischen;
Vorbei an Farrenkräutern wob der Eppich
Entlang des Walles seinen dunklen Teppich.
Und vorwärts schreitend störte bald mein Tritt
Die Biene auf, die um die Distel schwärmte,
Bald hörte ich, wie durch die Gräser glitt
Die Schlange, die am Sonnenstrahl sich wärmte.
Sonst war es kirchenstill in alle Weite,
Kein Vogel hörbar; nur an meiner Seite
Sprang schnaufend ab und zu des Oheims Hund;
Denn nicht allein wär' ich um solche Zeit
Gegangen zum entlegnen Waldesgrund;
Mir graute vor der Mittagseinsamkeit. –
Heiß war die Luft, und alle Winde schliefen;
Und vor mir lag ein sonnig offner Raum,
Wo quer hindurch schutzlos die Steige liefen.
Wohl hatt' ich's sauer und ertrug es kaum;
Doch rascher schreitend überwand ich's bald.
Dann war ein Bach, ein Wall zu überspringen;
Dann noch ein Steg, und vor mir lag der Wald,

In dem schon herbstlich rot die Blätter hingen.
Und drüber her, hoch in der blauen Luft,
Stand beutesüchtig ein gewaltger Weih',
Die Flügel schlagend durch den Sonnenduft;
Tief aus der Holzung scholl des Hähers Schrei.
Herbstblätterduft und Tannenharzgeruch
Quoll mir entgegen schon auf meinem Wege,
Und dort im Walle schimmerte der Bruch,
Durch den ich meinen Pfad nahm in's Gehege.
Schon streckten dort gleich Säulen der Kapelle
An's Laubgewölb' die Tannenstämme sich;
Dann war's erreicht, und wie an Kirchenschwelle
Umschauerte die Schattenkühle mich.

Über die Heide

Über die Heide hallet mein Schritt;
Dumpf aus der Erde wandert es mit.

Herbst ist gekommen, Frühling ist weit –
Gab es denn einmal selige Zeit?

Brauende Nebel geisten umher,
Schwarz ist das Kraut und der Himmel so leer.

Wär' ich hier nur nicht gegangen im Mai!
Leben und Liebe – wie flog es vorbei!

Schlaflos

Aus Träumen in Ängsten bin ich erwacht;
Was singt doch die Lerche so tief in der Nacht!

Der Tag ist gegangen, der Morgen ist fern,
Auf's Kissen hernieder scheinen die Stern'.

Und immer hör' ich den Lerchengesang;
O Stimme des Tages, mein Herz ist bang.

Es ist ein Flüstern

Es ist ein Flüstern in der Nacht,
Es hat mich ganz um den Schlaf gebracht;
Ich fühl's, es will sich was verkünden
Und kann den Weg nicht zu mir finden.

Sind's Liebesworte, vertrauet dem Wind,
Die unterwegs verwehet sind?
Oder ist's Unheil aus künftigen Tagen,
Das emsig drängt sich anzusagen?

Beginn des Endes

Ein Punkt nur ist es, kaum ein Schmerz,
Nur ein Gefühl, empfunden eben;
Und dennoch spricht es stets darein,
Und dennoch stört es dich zu leben.

Wenn du es Andern klagen willst,
So kannst du's nicht in Worte fassen;
Du sagst dir selber: »Es ist nichts!«
Und dennoch will es dich nicht lassen.

So seltsam fremd wird dir die Welt,
Und leis verläßt dich alles Hoffen,
Bis du es endlich, endlich weißt,
Daß dich des Todes Pfeil getroffen.

Knecht Ruprecht

Von drauß' vom Walde komm ich her;
Ich muß euch sagen, es weihnachtet sehr!
Allüberall auf den Tannenspitzen
Sah ich goldene Lichtlein sitzen;
Und droben aus dem Himmelstor
Sah mit großen Augen das Christkind hervor;
Und wie ich so strolcht' durch den finstern Tann,
Da rief's mich mit heller Stimme an:
»Knecht Ruprecht«, rief es, »alter Gesell,
Hebe die Beine und spute dich schnell!
Die Kerzen fangen zu brennen an,
Das Himmelstor ist aufgetan,
Alt' und Junge sollen nun
Von der Jagd des Lebens einmal ruhn;
Und morgen flieg ich hinab zur Erden;
Denn es soll wieder Weihnachten werden!«
Ich sprach: »O lieber Herre Christ,
Meine Reise fast zu Ende ist;
Ich soll nur noch in diese Stadt,
Wo's eitel gute Kinder hat.«
– »Hast denn das Säcklein auch bei dir?«
Ich sprach: »Das Säcklein, das ist hier;
Denn Äpfel, Nuß und Mandelkern
Fressen fromme Kinder gern.«
– »Hast denn die Rute auch bei dir?«
Ich sprach: »Die Rute, die ist hier;
Doch für die Kinder nur, die schlechten,
Die trifft sie auf den Teil, den rechten.«
Christkindlein sprach: »So ist es recht;
So geh mit Gott, mein treuer Knecht!«
Von drauß' vom Walde komm' ich her;
Ich muß euch sagen, es weihnachtet sehr!
Nun sprecht, wie ich's hierinnen find'!
Sind's gute Kind', sind's böse Kind'?

Weihnachtslied

Vom Himmel in die tiefsten Klüfte
Ein milder Stern herniederlacht;
Es brennt der Baum, ein süß' Gedüfte
Durchschwimmet träumerisch die Lüfte,
Und kerzenhelle wird die Nacht.

Mir ist das Herz so froh erschrocken,
Das ist die liebe Weihnachtszeit!
Ich höre ferne Kirchenglocken
Mich lieblich heimatlich verlocken
In märchenstille Herrlichkeit.

Ein frommer Zauber hält mich wieder,
Anbetend, staunend muß ich stehn;
Es sinkt auf meine Augenlider
Ein goldner Kindertraum hernieder,
Ich fühl's, ein Wunder ist geschehn.